Travaux
d'Humanisme et Renaissance

N° CCXCVII

ISABELLE PANTIN

LA POÉSIE DU CIEL
EN FRANCE

DANS LA SECONDE MOITIÉ
DU SEIZIÈME SIÈCLE

LIBRAIRIE DROZ S.A.
11, rue Massot
GENÈVE
1995

ISBN: 2-600-00105-0

© 1995 by Librairie Droz S.A., 11, rue Massot, Geneva (Switzerland)

1000751274

REMERCIEMENTS

Ce travail a été réalisé sous la direction de Jean Céard, et il a mis bien largement à contribution son sens critique et sa bienveillance, son art de suggérer des pistes, sa connaissance familière des textes littéraires et philosophiques de la Renaissance, sa disponibilité constante à s'intéresser aux recherches des autres, alors que les siennes propres pourraient suffire à l'accaparer. Je tiens donc à lui exprimer ma profonde gratitude.

Je voudrais aussi remercier Nicole Cazauran, qui a éveillé ma vocation de seiziémiste et dont le soutien amical m'a toujours accompagnée, et Françoise Joukovsky qui m'a confié ce sujet de la poésie du ciel à une époque déjà lointaine, quand je ne possédais encore rien qui me permît de le traiter.

D'autres professeurs, d'autres collègues, d'autres amis m'ont ouvert des horizons et m'ont facilité l'accès à des domaines nouveaux; je suis tout spécialement reconnaissante à Jeanne Veyrin-Forrer qui a transformé ma façon de regarder les livres, lors des quatre ans que j'ai passés à la Réserve des Imprimés de la Bibliothèque Nationale, et aux membres de l'équipe d'histoire de l'astronomie ancienne de l'Observatoire de Paris, Michel Lerner, Alain Segonds et Jean-Pierre Verdet.

Et comment ne pas dire aussi merci à mes proches les plus proches, Jacques, Emmanuelle et Clément? De mes travaux ils ont surtout expérimenté les aspects les plus ingrats; et leur patience, leurs impatiences et leur humour m'ont aidée tour à tour à persévérer et à garder la mesure.

AVANT-PROPOS

En France, la seconde moitié du XVIème siècle a vu se développer de manière surprenante ce qu'Albert-Marie Schmidt, son premier historien, a appelé la "poésie scientifique".[1] Et à l'intérieur de cette poésie, les sujets proprement cosmologiques et astronomiques occupent une place dominante: une grande partie de *L'Amour des amours* de Jacques Peletier du Mans[2] est fictivement attribuée à Uranie, la Muse céleste. Ronsard consacre des Hymnes[3] au Ciel et aux Etoiles; et lorsqu'il célèbre l'Eternité, c'est pour s'interroger sur la façon dont elle porte en elle le cosmos visible et mortel. Cette question est reprise, avec une autre ampleur, par *L'Encyclie* de Guy Le Fèvre de la Boderie.[4] Plusieurs *Hexaméra* décrivent la naissance de l'Univers, avant d'inventorier ses richesses et d'évoquer les débuts de l'histoire humaine; Scève[5] aussi bien que Du Bartas[6] mettent le plus grand soin à dessiner le cadre cosmique qui se déploie autour d'Adam. Un poème médical, comme *La génération de l'homme et le temple de l'âme* de Guy Bretonnayau,[7] ne laisse jamais oublier que le microcosme a la même structure que le macrocosme; il ne saurait montrer et expliquer l'oeil ou le cerveau qu'à travers la description de l'appareil des sphères célestes. L'on ne s'étonne pas qu'ait finalement vu le jour une oeuvre fleuve, entièrement consacrée au ciel: *L'Uranologie* de Jean Edouard Du Monin.[8]

Cette production n'est pas une nouveauté, ni même une résurgence inattendue. Chacun des auteurs qui viennent d'être cités a pu se sentir conforté dans son entreprise par d'illustres exemples, et s'inspirer de divers modèles. L'Antiquité et le Moyen-Age ont connu une poésie philosophique, ou tout au moins une poésie didactique, s'attachant à décrire la nature. La

[1] A.-M. Schmidt, *La poésie scientifique...*
[2] Lyon, Jean de Tournes, 1555.
[3] Paris, 1555 et 1556.
[4] Anvers, Plantin, 1571.
[5] *Le Microcosme*, Lyon, Jean de Tournes, 1562.
[6] *La Sepmaine*, Paris, 1578.
[7] Paris, 1583.
[8] Paris, G. Julien, 1583.

naissance du monde, son organisation, les levers et couchers des
constellations, l'influence des astres, la croissance des plantes, la géographie,
la physiologie semblent avoir toujours été des sujets admis pour les poètes.
En témoignent Les *Travaux et les Jours* et la *Cosmogonie* d'Hésiode, les
Géorgiques de Virgile, le *De natura rerum* de Lucrèce, les *Astronomica* de
Manilius ou le *Roman de la Rose*, toutes oeuvres considérées au XVIème
siècle comme des réussites littéraires et comme des réserves de science,
alliant grand style et grand sujet.[9] A la Renaissance, la tradition ne se perd
pas.   En Italie, malgré l'exemple de Dante,[10] les humanistes préfèrent
exploiter cette veine en latin: l'*Urania* de Pontano[11] décrit le monde céleste,
la *Syphilis* de Fracastor s'occupe de médecine.[12] Tandis qu'en France, sous
l'influence de la Pléiade, les grands textes de poésie scientifique s'écrivent en
langue vernaculaire. Poèmes en latin et poèmes en français coexistent, sans
se situer sur le même plan. Les *Asterismi* et la *Sphaera* de Mizauld[13] sont à
peu près contemporains des *Hymnes* de Ronsard ou de *L'Amour des Amours*
de Peletier; et pourtant ils ne tiennent pas le même discours: ils restent

---

[9] Ramus fait l'éloge de Lucrèce dans l'*Oratio de studiis philosophiae et eloquentiae
conjungendis* (Paris, J. Bogard, 1546); dans le discours *Pro philosophica parisiensis
Academiae disciplina oratio* (Paris, M. David, 1551), il donne l'exemple des *Géorgiques*, des
Métamorphoses et du *De natura rerum* pour montrer combien la philosophie peut gagner de
son union avec la poésie et la littérature. Sébillet cite les *Métamorphoses* aux côtés de
l'*Iliade* et de l'*Enéide*, quand il s'agit de définir le "grand Oeuvre"; pour s'en tenir à la France,
il se rabat sur le *Roman de la rose*: "Pour ce si tu désires exemple, te faudra recourir au Roman
de la rose, qui est un des plus grands oeuvres que nous lisons aujourd'hui en notre poésie
Française" (*Art poétique*, l. II, ch. 14; éd. F. Goyet, dans *Traités de poétique...*, p. 145); et Du
Bellay lui fait écho: "De tous les anciens poëtes Françoys, quasi un seul, Guillaume de Lauris
et Jan de Meun, sont dignes d'estres leuz [...]" (*La Deffense...*, L. II, ch. 2: *Des Poëtes
Françoys*).
[10] Le poème de Dante, considéré comme le texte fondateur de la Renaissance italienne, a été
plusieurs fois édité au XVème siècle, sans commentaire (*La comedia di Dante Allighieri...*,
Foligno, J. Numeister et E. Angelini, 1472), ou avec les commentaires de Jacopo della Lana
(Venise, Wendelin von Speier, 1477), de Martino Paolo Nidobeato (Milan, 1477/1478), de
Cristoforo Landino (*Comento [...] sopra la comedia di Danthe*, Florence, Nicolaus Laurentii,
1481 etc.). La première édition aldine (*Le terze rime di Dante*), établie par Pietro Bembo et
sans commentaire, date de 1502; elle donna lieu, ca. 1503 et ca. 1506, à deux contrefaçons
lyonnaises attribuables à Balthazar de Gabiano et servit de modèle à beaucoup d'autres. A.
Vellutello publia un nouveau commentaire en 1544 (Venise, Francesco Marcolini); en 1555,
parut la première édition avec le titre de *Divina commedia* (Venise, Gabriel Giolito de'Ferrari,
éd. de L. Dolce). L'histoire du texte connut encore une évolution importante avec l'édition
préparée par l'Accademia della Crusca en 1595 (Florence, Domenico Manzani). Notons qu'en
France le poème de Dante ne fut imprimé qu'à Lyon: après les contrefaçons aldines, Jean de
Tournes donna une édition en 1547, et Guillaume Rouillé en 1551 (nouvelle émission en
1552), et en 1571. Voir aussi L. Dorez, "François Ier et la *Commedia*"; A. Farinelli, *Dante e
la Francia*.
[11] Imprimée à Venise, par Alde Manuce, en 1505, avec d'autres poèmes de Pontano: les
Meteorologica et les *Horti Hesperidum* (voir M. Lowry, *Le Monde d'Alde...*, p. 230-231).
[12] *Syphilis sive morbus gallicus*, Vérone, 1530.
[13] Antoine Mizauld, *Asterismi sive stellatarum octavi caeli imaginum officina*, Paris, C.
Guillard, 1553; *De mundi sphaera sive cosmographia*, Paris, Cavellat, 1552. Ce dernier
poème ne se cache pas d'être la mise en rimes de la *Sphaera mundi*, traité en prose d'Oronce
Fine, maître de Mizauld.

parallèles aux manuels en prose, en exposant méthodiquement leur matière, ce qui n'est pas le cas des autres.

Ici surgit une première question: nos poèmes en français n'étaient pas seuls à parler du cosmos, ils se trouvaient en concurrence, au même moment et peut-être pour les mêmes lecteurs, avec d'autres types de textes; ce qui invite à s'interroger sur leur spécificité, sur leur finalité et sur leur réception. Car l'idée d'une poésie astronomique n'allait pas de soi. Pour commencer, une poésie didactique, "pédante" répondait fort mal à l'idéal des humanistes. D'autre part, l'astronomie du XVIème siècle était une discipline mathématique déjà sûre de sa méthode; l'idée d'exprimer en vers ses théories et sa doctrine pouvait paraître largement anachronique. Lorsque Ronsard prétendait "suivre les pas d'Orphée" pour "découvrir les secrets de Nature et des Cieux",[14] ses propos signalaient clairement le choix d'une voie particulière, totalement séparée de celle des spécialistes. Ils proclamaient l'alliance nécessaire de la science et de la poésie, mais en se rapportant à l'univers du mythe, et en réveillant le souvenir d'un passé très lointain. Aux alentours de 1555, le lecteur de Ronsard cherchait sûrement de la poésie dans ses *Hymnes*; il est beaucoup moins sûr qu'il en attendît une information scientifique.

Dans ces conditions, l'on est conduit à s'interroger sur le choix du thème, en essayant de comprendre pourquoi les poètes de cette période ont ainsi jeté leur dévolu sur le cosmos et les étoiles, en s'engageant de plus en plus sur la voie aride de la description et de l'explication philosophiques. Car les poèmes cosmologiques qui s'échelonnent depuis *L'Amour* de Peletier jusqu'à la *Semaine* de Christophe de Gamon (1609) forment un véritable ensemble dont la cohésion est renforcée par les liens de l'intertextualité: toutes ses composantes s'imitent réciproquement, se copient, surenchérissent les unes sur les autres, se rendent hommage par des allusions ou se corrigent; *La Semaine ou Creation du monde contre celle du Sieur du Bartas* de Gamon est bien représentative de ce dialogue des oeuvres, malgré son acrimonie marquée. D'autre part, ce corpus nous donne le spectacle d'une sorte d'évolution accélérée. Il naît dans l'enthousiasme de la création de la Pléiade, puis il grossit en produisant des poèmes de plus en plus longs, de plus en plus méthodiquement savants, qui développent de façon de plus en plus explicite leur projet apologétique ou didactique: il y a un monde entre l'*Hymne du Ciel* de Ronsard et l'*Uranologie* de Du Monin, qui se réclame pourtant de ce brillant prédécesseur.

De plus, il se situe à un moment particulier. L'astronomie n'avait cessé d'occuper, depuis l'Antiquité, une position élevée dans la hiérarchie des sciences profanes, tout en maintenant avec la théologie des liens plus ou moins visibles, mais très solides: la lecture de la Bible et l'idée de la progression vers la Cité de Dieu, depuis la Genèse jusqu'au Jugement, s'appuyaient sur une certaine cosmologie. Le ciel des étoiles retenait l'attention pour des raisons philosophiques et religieuses, mais surtout à cause du rôle de l'astrologie qui régnait sur deux éléments fondamentaux de la vie sociale: la médecine et le gouvernement des états. Or à la Renaissance, cet intérêt d'habitude se raviva en se transformant. La méthode critique des humanistes et la découverte des textes anciens produisit aussi

---

[14] *L'Hymne de l'Eternité*, v. 3.

ses fruits dans le domaine cosmologique. Des théories physiques peu orthodoxes revirent le jour ou excitèrent une curiosité nouvelle. Les conceptions bizarres des présocratiques se diffusaient, grâce au succès du *De placitis philosophorum*.[15] Plusieurs éditions de Lucrèce[16] firent connaître l'atomisme épicurien, l'*Arénaire* d'Archimède, commenté en 1557 par un lecteur royal, Pascal Du Hamel,[17] décrivait le système héliocentrique d'Aristarque. L'hypothèse d'Héraclide du Pont (qui fait tourner Vénus et Mercure autour du soleil) était restée connue durant tout le Moyen-Age, notamment grâce au *De nuptiis* de Martianus Capella;[18] elle contribua à alimenter la copieuse diversité des idées cosmologiques. Cette vive concurrence ne remettait pas en cause les grands textes canoniques, le prestigieux *Timée* de Platon et le *De Caelo* d'Aristote; mais elle donnait l'exemple d'une inventivité qui stimulait probablement les modernes. Toujours est-il que plusieurs systèmes du mondes virent le jour au XVIème siècle, parfois novateurs, parfois rétrogrades et puristes.

Certains philosophes[19] cherchaient à retrouver l'orthodoxie aristotélicienne compromise par Ptolémée et à sauver les phénomènes astronomiques en recourant seulement à des sphères concentriques: les *homocentrica* d'Amico[20] et de Fracastor.[21] Copernic inversa les positions de la terre et du soleil, en s'autorisant des Pythagoriciens; et pour finir Tycho Brahe réalisa un compromis commode pour conserver les principaux avantages de l'héliocentrisme, sans être obligé de mettre la terre en mouvement. Le milieu des spécialistes était donc agité de débats dont seul un faible écho parvenait au public; mais il suffisait probablement de savoir que la marche du ciel fait l'objet de discussion pour ressentir un surcroît d'intérêt à son égard.

Cette fermentation théorique s'accompagnait d'une façon nouvelle de regarder les astres. Avant Tycho Brahe, nul ne pratiquait l'observation méthodique et systématique; les instruments étaient archaïques et les astronomes souvent routiniers. Il n'empêche qu'on commençait à apercevoir parmi les astres des objets inhabituels. L'apparition, en 1572, d'une supernova exceptionnellement brillante était un hasard; mais le fait qu'un bon nombre d'observateurs de divers pays d'Europe se soient aussitôt mis à

---

[15] Faussement attribué à Plutarque. Ce recueil avait été traduit en latin par Guillaume Budé.

[16] Le *De natura rerum* était resté ignoré au Moyen Age. En 1418, l'humaniste Poggio en découvrit un manuscrit en Alsace. Plusieurs copies s'en répandirent en Italie. L'oeuvre fut imprimée à Brescia, vers 1473, édition suivie de plusieurs autres. En France, le *De natura rerum* fut imprimé à Paris dès 1514, avec le commentaire de Baptista Pius, très hostile à l'épicurisme. En 1564, Denis Lambin, professeur au collège royal produisit une meilleure édition, avec un commentaire (Paris, Rouillé). Le deuxième chant de son Lucrèce était dédié à Ronsard. Voir W. B. Fleischmann, "Titus Lucretius Carus".

[17] *Paschasii Hamelii [...] Commentarius in Archimedis de numero arenae*, Paris, Cavellat, 1557. Ce traité avait été imprimé pour la première fois à Bâle, en 1544, c'est-à-dire après la parution du *De revolutionibus* de Copernic.

[18] *De nuptiis*, l. VIII, 857; voir O. Neugebauer, "On the allegedly heliocentric theory...".

[19] Dans l'ensemble de ce travail, le terme de "philosophe" sera employé avec le sens qu'il avait à la Renaissance, pour désigner les hommes de science s'occupant de philosophie naturelle, c'est-à-dire de tout ce qui concerne la nature physique.

[20] *De motibus corporum coelestium*, Venise, 1536. Voir N. Swerdlow, "Aristotelian planetary theory ...; M. Di Bono, "Il modello ..."; Idem, *Le sfere omocentriche...*

[21] G. Fracastor, *Homocentrica*, Venise, 1538. Voir E. Peruzzi, "Note e ricerche ...".

l'étudier ne l'était pas. La *nova stella* surgie dans Cassiopée fit largement sensation: c'était le signe d'une époque attentive aux présages, mais aussi celui d'une époque qui ne regardait plus seulement ce qu'elle s'attendait à voir.

L'astronomie a connu à la Renaissance une période spécialement active, un renouvellement vécu dans un certain désordre. Par une coïncidence bien connue, l'ébranlement du modèle ancien du monde se produisit au moment où la chrétienté d'Occident perdait son unité. Ces événements avaient chacun leurs propres causes, mais ils ne manquèrent pas de réagir l'un sur l'autre. Dans la seconde moitié du XVIème siècle, la défense du cosmos traditionnel faisait partie des soucis des théologiens. Sans être le plus obsédant, il entrait dans leur programme général de raffermissement doctrinal: le choix d'hypothèses originales ou même le simple doute n'étaient plus de saison, comme devait le rappeler la massive *Sphaera* du Père Clavius.

Les meilleures conditions étaient donc réunies pour faire du ciel un sujet intéressant. Est-ce un hasard si une poésie des étoiles se développa alors en France? Cet accès de fièvre uranienne témoignait-t-il de curiosités ou d'inquiétudes réelles, ou bien ne visait-il qu'à construire un beau trompe-l'oeil, fondé sur des idées *a priori*? La Pléiade s'est sûrement lancée dans certaines entreprises pour accélérer artificiellement l'épanouissement de la poésie française; elle aurait pu choisir exprès le ciel parce que c'était, dans l'opinion courante, le sujet le plus grand, le plus beau et le plus difficile.

Telles sont les questions qui accompagneront tout au long notre lecture des textes, une lecture qui restera jusqu'au bout largement contextuelle. Après avoir dressé un tableau rapide des conditions philosophiques, littéraires et, plus généralement, culturelles de l'apparition de cette poésie, après avoir cherché à définir la poétique à laquelle elle se rattachait et la finalité qu'elle se donnait, à travers l'étude de *L'Amour des amours* de Peletier et des "hymnes naturels" de Ronsard, nous essaierons de démêler quelques unes des raisons de sa profonde transformation, au cours du dernier tiers du siècle: sa production la plus bizarre et la plus ambitieuse, *L'Uranologie* de Jean Edouard du Monin, nous servira de base d'observation pour juger du chemin parcouru depuis les premiers essais de la Pléiade.

Ière PARTIE: CONTEXTE ET TOPIQUE

CHAPITRE PREMIER

LE CIEL EN PROSE I: LE CIEL DES UNIVERSITÉS

Avant d'étudier nos poèmes, il importe de les comparer avec l'ensemble des textes qui, à la Renaissance, parlent des étoiles et du cosmos. Ce travail ne vise pas à dresser un inventaire des sources possibles mais à indiquer des repères, et à dessiner un arrière-plan, dans ses très grandes lignes. Indépendamment de tout jugement de valeur esthétique ou scientifique, il permet de mieux cerner les prétentions et les intentions des poètes, tout en s'assurant une assise relativement ferme. En effet, si la poésie philosophique du XVIème siècle paraît être un ensemble complexe, à la définition fuyante, la prose philosophique (et en particulier celle qui traite du cosmos) donne une impression beaucoup plus claire: elle a été ordonnée et hiérarchisée par des siècles de pratique scolaire et universitaire.

La littérature du ciel et ses catégories[*]

Depuis le temps des Grecs, un classement s'était opéré dans la littérature du ciel en fonction de deux critères, celui de la matière et celui de la difficulté technique. Le premier correspondait à la distinction traditionnelle entre philosophie et mathématiques. La philosophie naturelle s'occupait de la "nature des choses"; appuyée sur le corpus des traités physiques d'Aristote (la *Physica*, le *De generatione et corruptione*, le *De Caelo*, les *Meteorologica* etc.), elle se prononçait sur la constitution réelle de l'univers, sur son fonctionnement interne, sur sa causalité. Tandis que les mathématiques, qui convraient l'ensemble du *quadrivium*, n'avaient en principe affaire qu'à

---

[*] Cette étude s'occupe des textes décrivant l'univers et les astres, laissant de côté les ouvrages techniques, comme les tables, qui jouaient aussi un rôle dans la formation universitaire des mathématiciens. C'est qu'ils n'ont guère de rapport avec la poésie des étoiles.

des nombres, à des schémas géométriques, à des combinaisons harmoniques. Le spécialiste du cosmos, qui décrivait l'agencement des sphères et s'interrogeait sur l'animation des astres ou sur la matière céleste était donc, théoriquement, un personnage différent du spécialiste des mouvements célestes, uniquement chargé de "sauver les phénomènes",[1] en dressant des tables astronomiques, elles-mêmes fondées sur des constructions géométriques qui rendaient compte, idéalement, des positions observées des astres.

Cette distinction s'était maintenue dans l'organisation des universités médiévales.[2] Au XVIème siècle, elle commençait à paraître excessivement artificielle. Les philosophes ne la contestaient pas, tsatisfaits de leur monopole et de leur prééminence que consacrait un salaire élevé. Mais les mathématiciens supportaient de moins en moins de se voir confinés dans une position fausse. Leur mécontentement avait des raisons financières et sociales,[3] et des raisons intellectuelles. Il était difficile de prétendre que les astronomes se contentaient de la pure abstraction mathématique, alors qu'ils étaient à peu près tous des astrologues et parfois, en même temps, des médecins (*physici*). D'autre part, la Renaissance a été, dans l'ensemble, une période plutôt réaliste. L'humanisme ne s'est pas contenté de couvrir de ridicule le formalisme de la logique scolastique et de se moquer de ses "chimères bourdonnant dans le vide",[4] il a formé des spécialistes du ciel qui ne se voyaient pas en simples calculateurs: c'est bien l'un des rares points communs qui rapprochent Peurbach,[5] les homocentristes italiens, Copernic[6]

---

[1] *Sôzein ta phainomena*: cette expression apparaît, attribuée à Platon, dans le commentaire de Simplicius sur le *De Caelo* d'Aristote. Elle devient ensuite quasiment proverbiale. Voir Geminos, *Introduction aux phénomènes*, I, 19-20; Ptolémée, III, 3 (trad. Toomer, p. 141) etc. Voir aussi P. Duhem, *Le système du monde*, t. I.

[2] Sur le principe consistant à classer les disciplines en fonction de leur objet, de leur degré d'abstraction et de leur méthode, voir notamment Aristote, *Métaphysique*, 1026a, 1064b; Boèce, *De Trinitate*, 2; Thomas d'Aquin, *In librum Boetii De Trinitate*, Q. 6, a. 1; Dominicus Gundissalinus, *De divisione philosophiae*. Voir aussi J. Marietan, *Le problème de la classification*; J.A. Weisheipl, "Classification of the sciences..."; L. Elders, *Faith and science...*

[3] Les professeurs de mathématiques étaient moins considérés et moins payés que les philosophes. Les conclusions de M. Biagioli ("The social status...") sont valables pour toute l'Europe.

[4] "Quaestio subtilissima, utrum Chimera in vacuo bombinans possit comedere secundas intentiones [...]", Rabelais, *Pantagruel*, ch. VII; éd. V. L. Saulnier; p. 39 (ap. crit.). La dérision féroce des humanistes qui déguise les logiciens, philosophes et théologiens médiévaux en Janotus de Bragmardo et autres *magistri nostri* dont le langage broie du vide, traduit un refus de comprendre. Voir notamment A. de Libera, *Penser au Moyen Age*, p. 36-38, cf. p. 73-75.

[5] Les *Theoricae novae planetarum* de Peurbach proposent une représentation réaliste du système de Ptolémée, avec des orbes épais, capables de loger une horlogerie compliquée. Ce réalisme vient d'ailleurs des *Hypothèses des planètes* de Ptolémée, transmis par l'astronomie arabe. Voir *infra*, p. 29 sq.

[6] L'avertissement d'Osiander qui présentait l'héliocentrisme comme une simple hypothèse mathématique, n'a convaincu que ceux qui voulaient l'être: elle entrait en contradiction trop manifeste avec les déclarations de Copernic lui-même, notamment dans sa dédicace à Paul III. Les vrais lecteurs du *De revolutionibus*, qu'il s'agisse de Maestlin, de Kepler, de Raimar

ou Tycho Brahe. Fracastor s'exprimait clairement sur le point lorsqu'il affirmait avoir échafaudé les constructions compliquées de son système pour atteindre "la vérité même, qui doit être la chose la plus désirable, et connaître les propres causes des mouvements célestes".[7] Ses sphères homocentriques étaient principalement destinées à réconcilier la philosophie et l'astronomie, en supprimant les cercles excentriques et les épicycles

> contre lesquels la philosophie entière, ou plutôt la nature elle-même et les orbes en personne réclament toujours. Car on n'a encore trouvé aucun philosophe qui puisse entendre que <ces> sphères monstrueuses soient installées parmi ces corps divins et absolument parfaits.[8]

Enfin, à l'aube de la révolution scientifique, le vieillissement de la méthode scolastique, et son insuffisance dans le domaine de la physique devenaient trop visibles, tandis que les "mathématiciens" s'apercevaient que leur instrument propre offrait une voie d'accès privilégiée à la connaissance du réel. L'éloge platonicien de la certitude des mathématiques n'était plus seulement un lieu commun mais devenait le meilleur argument d'une revendication de plus en plus assurée.

> Car les dittes mathématiques [...] sont au premier degré de certitude: à cause qu'elles dependent immediatement de leurs principes et fondemens, qui sont inviolables et à tous manifestes. L'excelence desquelles, avec leur ordre, et raisonnable deduction, preparent et rendent la voye facile à tout noble sçavoir, et perfette erudition.[9]

Dès la fin de la Renaissance, la cosmologie physique et l'astronomie ne devaient plus constituer des domaines séparés, sinon aux yeux de professeurs d'université attachés à la tradition.[10] Quoi qu'il en soit, vers

---

Ursus, ou de Tycho Brahe, savaient (et disaient) que Copernic avait voulu décrire la structure réelle du monde. - Sur l'utilisation de cette préface par les sceptiques, voir *infra*, p. 157.

[7] "[...] et ad veritatem ipsam, qua nihil optatius esse debet, et ad proprias coelestium motuum causas pernoscendas" (*Homocentrica*, ch. 1, dans Fracastor, *Opera omnia*, Venise, Giunta, 1555, f. 3 r°). Au début du XVIIème siècle, Kepler devait employer des formules similaires pour défendre un projet mieux inspiré.

[8] "Verum enimvero adversus hosce (quantum ad Eccentricos pertinebat) omnis semper Philosophia, imo ipsa Natura magis, ac orbes ipsi semper reclamavere. Nemo enim qui Philosophus esset, hactenus inventus est, qui inter divina illa et perfectissima corpora monstrosas spheras statui audire posset" (*Homocentrica*, déd. au pape Paul III, éd. cit., f. 1 v°). Sur ce thème, voir *infra*, p. 93 sq., 156 sq.

[9] Oronce Fine, *Lesphere du monde, proprement ditte cosmographie*, Paris, Vascosan, 1551, f. aa 2 r°-v°. En France, Jacques Peletier a aussi été un grand défenseur des mathématiques et de leur application à la science (voir *infra* p. 165-6 sq.).

[10] Dans le *Dialogo* (1632), par exemple, Galilée devait exprimer ce qu'il attendait de l'"astronomo filosofo", opposé à l'"astronomo puro calculatore" (éd. Favaro, VII, p. 369). - Sur cette évolution irréversible, voir C.B. Schmitt, "Science in the italian universities..."; R.S. Westman, "The astronomer's role..."; Idem, "Humanism and scientific roles in the XVIth century"; P. Dear, "Jesuit mathematical science..."; N. Jardine, *The Birth of history*, p. 225-257.

1550, ce mariage n'était pas encore consacré, et surtout pas dans le monde des écoles et de la librairie. L'on continuait à apprendre la cosmologie dans Aristote et l'astronomie dans Ptolémée ou bien dans Regiomontanus et dans Peurbach.

A cette première distinction s'ajoutait celle de la difficulté technique, qui correspondait à peu près aux degrés du cursus universitaire: il y avait les livres pour les professeurs, ceux qui étaient réservés aux étudiants débrouillés, et les ouvrages d'initiation dans lesquels on apprenait les rudiments de la "sphère", généralement au cours de la première année à la faculté des arts. Cette dernière catégorie s'élargit considérablement à la Renaissance, en donnant place à ce que nous appellerions des livres de vulgarisation pour le grand public cultivé. A ce niveau, d'ailleurs, les connaissances étaient si réduites et le langage si simple, que la distinction entre philosophie et mathématiques s'estompait, faute de raison d'être.

Le ciel des philosophes

Au XVIème siècle, le ciel des philosophes était encore largement celui d'Aristote: la cosmologie sortait presque tout entière du *De Caelo*, avec quelques emprunts à la *Physique* ou à la *Métaphysique*. Et l'on n'utilisait des renforts extérieurs (notamment les sources platoniciennes) que pour étayer ou enrichir ce discours fondamental, et le corriger par endroits, là où il adoptait des positions trop ouvertement contraires à l'enseignement de la Bible.

En effet, le *De Caelo* commence mal, en affirmant l'éternité d'un ciel "inengendré et indestructible".[11] Pour connaître l'origine du monde et prévoir sa fin, l'on s'en remettait donc à l'autorité de Moïse;[12] et s'il fallait vraiment trouver des garants dans la philosophie grecque, le *Timée*, qui traite de la formation du monde par un démiurge, pouvait être utilisé. Louis

---

[11] *De Caelo*, I, 3, 270a, 12-13.

[12] Le statut de la Bible comme source de connaissances cosmologiques est difficile à évaluer. L'Ecriture ayant été dictée par l'Esprit, son autorité dépassait celle de tous les livres profanes. D'un autre côté, chacun reconnaissait que la cosmologie biblique ne concordait pas parfaitement avec celle des philosophes et des astronomes; la raison en était admise par tous: le texte biblique s'adressait aux simples et leur parlait de ce qu'ils pouvaient constater chaque jour, avec des images tirées de l'expérience quotidienne. Il fallait donc distinguer: certaines affirmations, celles dont la fausseté était indubitablement démontrée, pouvaient être comprises au sens figuré, par exemple "Il a étendu les cieux comme une peau"; mais les autres devaient l'être littéralement, comme, par exemple, le premier verset de la *Genèse*: "au commencement, Dieu créa le ciel et la terre"; cf. Calvin: "Le premier livre de Moyse merite bien d'estre tenu pour un thresor inestimable, lequel pour le moins nous donne certitude infallible de la creation du monde: sans laquelle, nous ne sommes pas dignes que la terre nous soustiene." (*Commentaires sur les V livres de Moyse. Genese est mise à part*, Genève, Francois Estienne, 1564, f. *3 v°). Cette distinction, qui manquait de frontières nettes devait être une source de malentendus. - Sur les problèmes posés par l'alliance de la cosmologie et de la théologie, voir *infra*, chapitre VI, en particulier les notes 45 et 52.

Le Roy rappelait encore, dans la dédicace de sa traduction, que Platon était "celuy entre tous les philosophes gentilz, qui a plus pres approché de la religion chrestienne".[13]

Le *Timée* avait été connu en Occident dès le VIème siècle, grâce à la version de Chalcidius qui donna même lieu à des commentaires universitaires, comme celui de Guillaume de Conches, et servit parfois de support à des cours. Boèce et saint Augustin avaient mis en évidence et accentué autant que possible les affinités entre la cosmologie platonicienne et le christianisme, ce qui favorisa sa diffusion.[14] A la Renaissance, il bénéficia du renouveau platonicien; retraduit et commenté par Ficin,[15] il fut certainement très lu, à en juger par ses éditions assez nombreuses,[16] et par les multiples citations qui en sont faites. Sans servir de manuel, il continua à fournir bien des matériaux aux propres commentateurs d'Aristote, de Pline ou de Sacrobosco.

Dès le début de son discours, Timée affirme que le monde est nécessairement né puisqu'il est corporel.[17] Il a été formé, d'après le meilleur modèle possible (le modèle éternel, intelligible et toujours identique à soi-même), parce qu'il est "la plus belle des choses qui soient nées".[18] Le Dieu qui l'a formé était bon, et il a voulu "que toutes choses naquissent le plus possible semblables à lui [...] que toutes choses fussent bonnes".[19] Cette bonté des choses se manifestant par leur ordre: "et ainsi, toute cette masse visible, il l'a prise, dépourvue de tout repos, changeant sans mesure et sans ordre, et il l'a amenée du désordre à l'ordre".[20]

---

[13] *Le Timee de Platon [...] translaté de grec en françois, avec l'exposition des lieux plus obscurs et difficiles*, Paris, Vascosan, 1551, f. A 3 v°. Calvin lui-même concédait avec réticence ce léger avantage à Platon: "Mesme Aristote le principal Philosophe, et lequel a surmonté tous les autres, tant en subtilité qu'en savoir, en disputant que le monde est eternel, a fait servir tout ce qu'il avoit de vivacité, à frauder Dieu de sa gloire. Combien que Platon son maistre ait eu quelque peu plus de religion en soy, et qu'il donne quelque signe d'avoir este embu (sic) de quelque goust de meilleure cognoissance: toutesfois les principes de verité qu'il touche sont si maigres, et il les mesle et corrompt de tant de fictions et resveries, que ceste façon contrefaite d'enseigner nuist plus qu'elle ne profite" (*Commentaires sur les V livres de Moyse*, éd. cit., f. *3 r°).

[14] Voir R. Klibansky, *The continuity of the platonic tradition*.

[15] Sa traduction fut imprimée à Florence, par Lorenzo de Alopa, en 1485; elle ne supplanta pas complètement celle de Chalcidius qui continua à être lue et imprimée.

[16] La liste de ses éditions parisiennes, jusqu'en 1551 (qui ne comprend pas les éditions collectives des oeuvres de Platon) est assez significative: Edition du texte grec, Wechel, 1532 (B.N.: R. 1516); Jean Loys Tiletanus, 1542 (Rés. R. 728). - Trad. et comm. de Chalcidius, éd. par Agostino Giustiniani, Paris, Josse Bade, 1520 (B.N.: 4°. C. 11; Rés. C. 16). - Trad. par Marsilio Ficino, éd. par Francesco Zampino, Prigent Calvarin, 1527; *ibidem*, 1536 (B.N.: R. 47000); Jacques Bogard, 1544; Th. Richard, 1551 (B.N.: Rés. R. 729). - Voir aussi *Ex Platonis Timaeo particula, Ciceronis de Universitate libro respondentia. Qui duo libri inter se conjuncti et respondentes, nunc primum opera Joachimi Perioni ... proferuntur in lucem*, Paris, Tiletanus, 1540 (B.N.: R. 5828; Rés. R. 730). - Voir S. F. Hoffmann, *Bibliographisches Lexikon...*; R. Bunker, *A bibliographical study ...*

[17] *Timée*, 28 b-c; éd. Rivaud, p. 141.

[18] *Timée*, 29 a.

[19] *Timée*, 29e-30a; éd. Rivaud, p. 142.

[20] *Timée*, 30 a; éd. Rivaud, p. 142-143. Cette phrase pose le problème de la matière première. Dieu a-t-il créé une matière informe pour ensuite la mettre en forme, ou s'est-il

Le *Timée* se distingue aussi des traités aristotéliciens en ce qu'il considère l'univers comme un grand animal intelligent.[21] L'Ame du monde, surtout si on tendait à la confondre avec la force vivificatrice du Saint-Esprit, inspirait quelque méfiance aux théologiens. Dans la condamnation d'Abélard par Innocent II, en 1140, figurait l'interdiction de cette proposition: "Quod Spiritus Sanctus sit anima mundi".[22] En 1571, Claude d'Espence publia, chez le libraire parisien Somnius, un traité *De coelorum animatione*, principalement occupé par la réfutation du *De anima coeli compendium* de Paulus Ricius, paru plus de cinquante ans auparavant.[23] Mais la thèse de l'animation du monde, des astres, de la terre et même des pierres et des métaux n'en jouissait pas moins d'une grande audience.[24] C'était une doctrine respectable que le titre de la traduction de la traduction de Louis Le Roy mettait bien en évidence: *Le Timée de Platon traittant de la nature du monde, et de l'homme, et de ce qui concerne universelement tant l'ame que le corps des deux*. Elle était adoptée sans discussion par tous ceux qui s'inspiraient de la philosophie platonicienne, à commencer par Ficin lui-même, et de nombreux aristotéliciens l'admettaient sans réticence.[25] Jean Riolan concluait une dissertation sur ce thème en affirmant qu'il "n'était pas d'un homme sage de juger que le monde était privé d'âme",[26] mais en invitant à ne pas confondre cette âme avec l'essence divine, étant bien entendu que Dieu "connaît une existence bienheureuse à l'extérieur et au-dessus de toute matière".[27]

Telle qu'elle se trouvait exprimée dans le *Timée*, la doctrine de l'Ame du monde permettait de rendre compte de l'harmonieuse organisation du cosmos. Dans ce texte en effet, l'Ame du monde est composée grâce au

---

contenté de travailler à partir d'une matière première donnée? Les néoplatoniciens devaient adopter la seconde solution, qui s'oppose au récit biblique.

[21] *Timée*, 30 b-c.

[22] Voir T. Gregory, *Anima mundi*; P. Dronke, "Integumenta Virgilii"; P. Courcelle, *Lecteurs païens* ..., t. I, p. 478-479.

[23] A Augsbourg, en 1519.

[24] Elle était même un *topos* littéraire. Voir I. Pantin, "*Spiritus intus alit ...*".

[25] La plupart des philososophes du XVIème siècle, même ceux qui ont gagné une réputation de scolastiques butés, comme les adversaires de Ramus, Jean Riolan ou Jacques Charpentier, étaient des "concordistes" ou tout simplement des éclectiques. Ils professaient un aristotélisme truffé d'éléments platoniciens. L'aristotélisme médiéval n'avait jamais été pur puisqu'il était parvenu à l'Occident par la voie de traductions et de commentaires grecs et surtout judéo-arabes, très influencés par le néo-platonisme et franchement monothéistes; l'humanisme, loin de corriger cet aspect, n'avait fait que l'accentuer. Sur cette question, voir notamment L. Bianchi et E. Randi, *Vérités dissonantes...*, p. 3-16; et, pour la Renaissance, C.B. Schmitt, *Aristotle and the Renaissance*, p. 10-33 et 89-109; E. Grant, "Ways to interpret the terms *aristotelian* and *aristotelianism* ...". Sur le problème particulier de la "concorde" entre Aristote et Platon, voir J. Moreau, "De la concordance d'Aristote avec Platon"; S. Matton, "Le face à face Charpentier-La Ramée...".

[26] "[...] Non arbitror esse hominis sapientis arbitrari anima carere mundum", J. Riolan, "De anima mundi", *Opuscula metaphysica*, Paris, Adrien Perier, 1598; l'opuscule était paru séparément chez Thomas Brumen, en 1570, sous le titre de: *Nobilis et philosophica exercitatio de anima mundi*.

[27] Riolan combattait ici le *De abditis rerum causis* de Fernel qui prêtait à Aristote l'idée que Dieu informait le monde, alors qu'il est séparé de la matière ("qui extra et supra materiam omnem degit aevum beatissimum"), *op. cit.*, f. 12 r°-v°.

mélange de la substance indivisible et de la substance divisible, un mélange divisé suivant une série de rapports mathématiques et harmoniques.[28] Elle est donc, par essence, musicale, et une fois partout répandue dans le corps du monde et tout autour de lui elle garantit son ordre, sa beauté, sa symétrie, et la parfaite chorégraphie de ses mouvements. Si le temps, qui naît des révolutions célestes, est une "imitation mobile de l'éternité [...] qui progresse suivant la loi du nombre",[29] c'est bien parce que les cieux sont mus par une âme respectueuse des lois mathématiques.[30]

Pour le reste, le monde de Platon ressemble à celui d'Aristote: il est unique,[31] il a la forme d'une sphère, la seule figure qui englobe toutes les figures possibles, comme l'univers englobe tous les vivants, mais aussi la seule figure parfaite et absolument identique à soi-même.[32] Il est lisse, autonome; il ne dépend pas d'un milieu extérieur.[33] D'autre part, bien qu'il constitue un véritable organisme, bien que son corps soit partout composé à partir des quatre éléments,[34] ses différentes parties ne semblent pas investies d'une égale dignité. Il possède une organisation hiérarchique qui s'inscrit dans l'espace: ses êtres les plus nobles se trouvent en haut, vers la périphérie, là où vit "l'espèce céleste des Dieux [...], le Dieu a, pour la plus grande part, façonné de feu sa structure, afin qu'elle fût la plus brillante et la plus belle à voir, et, la formant à l'imitation du Tout, il lui a donné une figure bien arrondie".[35] A ce peuple divin des étoiles et des planètes,[36] animé de mouvements circulaires, s'opposent non pas tant la terre, "la première et la plus vieille des divinités qui sont nées à l'intérieur du ciel"[37] que la foule des créatures mortelles, fabriquées par les premiers dieux avec de la matière et les résidus de l'Ame du monde.[38]

---

[28] *Timée*, 35 a-36b.

[29] *Timée*, 37 d; éd. Rivaud, p. 151. - L'idée même de la Grande Année découle de cette conception; dans le ballet bien réglé des astres, les périodes sont commensurables entre elles: "le nombre parfait du Temps a accompli l'année parfaite, lorsque les huit révolutions ... reviennent au point initial" (39 d; éd. Rivaud, p. 153-154). Le *Timée* comporte un exposé astronomique, mais fort sommaire (38 c-39d).

[30] Cf. Macrobe, *In Somnium Scipionis*, II, 3: "Nous avons déjà dit que l'Ame du monde possède en elle les causes de la musique, avec lesquelles elle a été tissée, or cette Ame du monde distribue la vie à tous les vivants [...]. C'est donc à bon droit que tout ce qui vit est captivé par la musique, parce que l'Ame céleste, par laquelle l'univers est animé, a pris son origine de la musique. "

[31] *Timée* 30 d-31 a.

[32] *Timée* 33 b.

[33] *Timée*, 33 c-d.

[34] *Timée*, 31 b-32 c. Cette constitution élémentaire de la totalité de l'univers distingue la cosmologie platonicienne de celle d'Aristote qui oppose le monde sublunaire (composé à partir des quatre éléments), et le monde céleste (fait d'éther ou de quintessence).

[35] *Timée*, 40 a; éd. Rivaud, p. 154.

[36] Les planètes, qui ont un mouvement plus complexe que les étoiles, ne sont apparues qu'après elles (40 b).

[37] *Timée*, 40 c; éd. Rivaud, p. 155. On ne trouve pas chez Platon la dévalorisation de la terre qui apparaîtra chez des platoniciens plus tardifs, comme Macrobe.

[38] *Timée*, 42 d sqq.

La cosmologie lacunaire et parfois énigmatique du *Timée* se prêtait mal à l'enseignement. En revanche le *De Caelo* traitait sa matière de façon méthodique et servit fréquemment de manuel dans les facultés des arts. Depuis 1255, l'étude du corpus aristotélicien avait été rendue obligatoire à l'Université de Paris,[39] et les statuts édictés par le cardinal d'Estouteville, en 1452, rappelaient encore qu'aucun étudiant ne serait admis à se présenter à la licence es-arts sans avoir reçu un enseignement sur la *Physique*, le *De Generatione*, le *De Caelo et mundo* e les *Parva naturalia*:[40] tous ces textes constituaient le programme de la deuxième année. L'application effective de telles consignes est notamment attestée par l'activité des libraires travaillant pour l'université; Thomas Brumen a, par exemple, publié très régulièrement des collections des traités physiques d'Aristote. Ses éditions du *De Caelo*, dans la traduction de Joachim Périon corrigée par Nicolas de Grouchy,[41] sont datées de 1560, 1564, 1567, 1571, 1573 et 1577; elles sont généralement accompagnées par des éditions du traité apocryphe *De mundo ad Alexandrum* également inclus dans le programme.[42]

Après avoir exposé quelques principes fondamentaux,[43] le *De Caelo* présente, démontre, et défend contre les théories rivales, les principaux caractères de son ciel: la finitude,[44] l'unicité[45] et l'éternité accompagnée

---

[39] Henri Denifle éd., *Chartularium Universitatis Parisiensis*, t. I, p. 277-279.

[40] "Item illud statutum innovamus, quod nullus admittatur ad licentiam in dicta facultate, nec in examine Beate Marie, nec in examine Beate Genovefe, nisi ultra predictos libros audierit parisius, vel in alio studio generali, librum Phisicorum, de Generatione et corruptione, de Celo et mundo, Parva naturalia [...]" (*Chartularium U.P.*, t. IV, p. 729). Il fallait avoir aussi étudié le *De anima*, l'*Ethique*, la *Métaphysique* et "aliquos libros mathematicales". Les statuts de 1452 restèrent en vigueur au XVIème siècle.

[41] Les traductions aristotéliciennes de Périon, réalisées en réaction contre la technique médiévale du *verbum e verbo* s'étaient efforcées de s'en tenir à un latin cicéronien, en abandonnant le vocabulaire philosophique consacré par les philosophes médiévaux (voir son *De optimo genere interpretandi*, publié en 1540 avec la traduction de l'*Ethique*). Elles avaient été immédiatement critiquées, et Nicolas de Grouchy les avait revues. - Les traductions de Johannes Argyropoulos, réalisées à la fin du XVème siècle (pour le *De anima*, l'*Ethique*, le *De Caelo* et la *Physique*), étaient généralement considérées comme plus fiables: elles reprenaient une grande partie du vocabulaire utilisé au XIIIème siècle par Guillaume de Moerbeke. Voir C. H. Lohr, "Renaissance latin Aristotle commentaries", *Renaissance Quarterly*, 30, 1977, p. 707 (sur Grouchy); 32, 1979, p. 574-576 (sur Périon); et, plus généralement, C. B. Schmitt, *Aristotle in the Renaissance*, p. 64-88. - Sur les éditions d'Aristote, voir F.E. Cranz, *A bibliography of Aristotle editions 1501-1600*.

[42] Renouard, *Fascicule Brumen*. L'édition du *De Coelo* et celle du *De mundo* (dans la traduction de Guillaume Budé) suivaient celles qu'avait imprimées Vascosan en 1555.

[43] Notamment l'analyse des différents genres de mouvements simples, les seuls qui conviennent à des corps simples: Aristote établit qu'il n'en existe que deux, le mouvement rectiligne (centrifuge ou centripète), et le mouvement circulaire (I, ch. 3 et 4); c'est là-dessus que se fondera, finalement, l'opposition entre le ciel (qui ne connaît pas la pesanteur, et qui est animé de mouvements circulaires éternels), et le monde sublunaire (où les corps montent ou descendent, en fonction de leur pesanteur relative, et où les mouvements naturels sont nécessairement finis).

[44] *De Caelo*, I, ch. 5-7.

[45] *De Caelo*, I, ch. 8-9. Sur l'utilisation de la démonstration d'Aristote au XVIème siècle, voir *infra*, p. 422 sq.

d'incorruptibilité.[46] Il procède ensuite à la description de l'univers. L'univers comporte un centre immobile "parce qu'une partie du corps soumis au mouvement circulaire, à savoir celle qui occupe le centre, doit nécessairement demeurer immobile".[47] Ce centre est la terre avec ses éléments; cette terre avec ses corps est perpétuellement soumise à la génération, laquelle est causée par les mouvements des cieux, ce qui rend nécessaire une pluralité de cieux, animés de rotations diverses.[48]

La sphère est le plus parfait et le premier des solides: elle convient au premier des corps. De plus, cette forme sphérique du premier corps se transmet à ceux qui lui sont contigus.[49] L'univers ressemble donc à une "encyclie", à une boule qui renferme à son tour une série d'orbes creux, emboîtés les uns dans les autres et renfermant la boule de la terre. Le ciel est soumis à une rotation parfaitement régulière et uniforme, sans début, milieu, ni fin, sans accélération, ni ralentissement.[50] Les sphères dont il est constitué portent des astres, faits de la même matière: celle qui est "naturellement douée du mouvement circulaire".[51] Ces astres, également sphériques, sont donc véhiculés par leurs sphères;[52] d'aucuns ont imaginé que tous les mouvements célestes engendraient une harmonie, mais Aristote réfute cette hypothèse.[53]

Il resterait à aborder plus en détail les mouvements des étoiles et des planètes; mais le philosophe se dispense de le faire et renvoie son lecteur "aux données de l'astronomie". Il se contente d'énoncer quelques généralités. Il rappelle que la dernière sphère (ou premier mobile), animée du mouvement le plus rapide, est responsable de la révolution diurne: elle entraîne tous les cieux du levant au couchant, suivant l'axe de l'équateur, parachevant un tour complet en l'espace de vingt-quatre heures. Les autres sphères, en revanche, (il faut comprendre les sphères des planètes) accomplissent chacune leur révolution propre en sens contraire, suivant

---

[46] *De Caelo*, I, ch. 10-12; II, ch. 1.

[47] *De Caelo*, II, ch. 3, 286 a, 13-15; éd. Moraux, p. 61. La question de la terre est reprise plus en détail en II, ch. 13-14. Il y est démontré (notamment par la théorie du lieu naturel), que la terre est un corps grave, immobile et sphérique.

[48] *De Caelo*, II, ch. 3. Ce chapitre énonce le principe de base de l'astrologie naturelle.

[49] *De Caelo*, II, ch. 4, 286 b,16-287a 11. Dans le reste du chapitre, Aristote ajoute d'autres arguments: le ciel est animé d'une rotation ; or il a été établi (dans la réfutation de l'infini et de la pluralité des mondes), qu'il n'existe rien à l'extérieur de son corps, pas même un lieu vide; seul un univers sphérique permet donc de remplir ces conditions. Ou bien: le ciel a le mouvement le plus rapide, or "de toutes les lignes qui partent d'un point et y retournent, la circonférence est la plus courte". Et enfin: la surface de l'eau est sphérique, ce qui l'entoure doit aussi l'être.

[50] *De Caelo*, II, ch. 6.

[51] *De Caelo*, II, ch. 7, 289a 15-16; éd. Moraux, p. 71. - Le principe du mouvement des sphères porteuses n'est pas exposé dans le *De caelo*, mais dans le livre XII de la *Métaphysique*, ch. 6 à 8: il y est question de la substance éternelle et immuable (ch. 6); le mouvement éternel de la dernière sphère sert à démontrer l'existence d'un premier moteur éternel et immobile qui meut en suscitant le désir de l'objet mu (ch. 7); puis l'existence de plusieurs moteurs immobiles est déduite de celle d'une pluralité de cieux (ch. 8): c'est la théorie des intelligences séparées adoptée, et christianisée par saint Thomas (voir T. Litt, *Les corps celestes dans l'univers de saint Thomas d'Aquin*, notamment p. 99-109).

[52] *De Caelo*, II, ch. 8. Voir aussi les ch. 11-12.

[53] *De Caelo*, II, ch. 9.

l'axe de l'écliptique, et en des temps variables. Plus ils sont proches du premier mobile, plus ils ressentent son impulsion qui ralentit leur marche. Il faut donc en conclure que la durée de leurs révolutions est proportionnelle à leur distance de ce premier mobile.[54] A la fin du livre II, le cosmos d'Aristote se trouve donc dessiné dans ses grandes lignes, avec son opposition fondamentale entre le centre et la périphérie,[55] et le ciel des philososophes acquiert ainsi pour longtemps ses caractéristiques.

A l'Université de Paris, le texte même d'Aristote servait généralement de base à l'enseignement,[56] sans que fût compromis le durable succès de quelques vieux commentaires. Les oeuvres complètes *cum commentariis Averrois*, publiées à Venise par Giunta de 1550 à 1552, restèrent probablement jusqu'au XVIIème siècle l'édition la plus consultée en Europe.[57] Et le commentaire de saint Thomas sur le *De Caelo*, était encore utilisé à la Renaissance.[58] D'autre part, il existait une abondante littérature secondaire qui présentait la cosmologie d'Aristote, et même l'ensemble de sa philosophie, sous la forme de paraphrases[59] ou d'abrégés.[60] A la limite, le corpus entier, réduit à une série de sentences, se trouvait condensé dans un florilège. Un recueil très répandu au Moyen Age, les *Auctoritates Aristotelis*

---

[54] *De Caelo*, II, ch. 10. Cet exposé sur le double mouvement peut être rapproché de *Timée*, 36 b-d.

[55] Le *De Caelo* comporte encore deux autres livres, mais qui ne concernent pas directement l'astronomie et la cosmologie. Le livre III traite des éléments et de la génération, le livre IV du problème de la pesanteur.

[56] La fréquence des éditions en témoigne. Voir aussi cette recommandation des statuts de 1452, en faveur de l'enseignement oral: "[...] precipimus omnibus et singulis magistris regentibus et docentibus, quatenus *circa textum Aristotelis scolaribus suis exponendum de puncto in punctum intendant, sive de capitulo in capitulum* diligenter commenta' et expositiones philosophorum et doctorum studeant et exquirant, ita quod lectiones suas elaborato studio suis discipulis ore proprio dicant et pronunciant [...]" (H. Denifle éd., *Chartularium Universitatis Parisiensis*, t. IV, p. 727, nos italiques). - Les méthodes d'enseignement au XVIème siècle restent mal connues, voir cependant M. Reulos, "L'enseignement d'Aristote dans les collèges au XVIème siècle".

[57] Il en parut à plusieurs reprises de nouvelles éditions remises à jour; voir F.E. Cranz, "Editions of the latin Aristotle accompanied by the commentaries of Averroes"; C. B. Schmitt, "Renaissance Averroism ...". - Voir aussi F. Van Steenberghen, "Le problème de l'entrée d'Averroes en Occident".

[58] Voir F.E. Cranz, "The publishing history of the Aristotle commentaries of Thomas Aquinas". On peut citer l'édition de Giunta (Venise, 1516): *S. Thoma de Celo et mundo [...]*, ou bien l'édition parue chez Kerver, à Paris, en 1536: *Commentarii in quatuor libros de Caelo et mundo*.

[59] Voir par exemple J. Lefèvre d'Etaples, *Totius philosophiae naturalis paraphrases*, Paris, Estienne, 1510.

[60] Ces abrégés s'occupaient principalement de la *Physique*, qui est un traité assez long, mais il y était beaucoup question de cosmolologie. Voir, par exemple Ermolao Barbaro, *Compendium scientiae naturalis* (1ère éd., 1545); Joannes Lonicer, *Librorum Aristotelis de physica auscultatione, de generatione et corruptione [etc.] compendium*, Marbourg, Chr. Egenolph, 1540; Benito Pereira, *De communibus omnium rerum naturalium principiis et affectionibus* (1576). Jacques Charpentier publia un abrégé de l'*Organum* et une *Descriptio universae naturae ex Aristotele* (Paris, Buon, 1560-1564; éd. revue et augm. 1562-1566): il s'agit de petits extraits des livres d'Aristote, suivis de commentaires.

était encore imprimé dans la première moitié du XVIème siècle[61] et ne tomba en désuétude que pour être remplacé par d'autres collections, conçues selon le même principe, comme le *Thesaurus Aristotelis* de Pierre Sainctfleur, professeur au collège de Navarre, ou les *Flores Aristotelis* de Jacques Bouchereau. Les démonstrations du *De Caelo* y prenaient la forme de quelques formules péremptoires: "Coelum animatum est. Lib. 2 de Coelo cap. 2. In Coelo est principium motus ejus. Ibid.";[62] ou bien: "Id quod infinitum est, ferri non potest. Lib. I de Caelo. cap. 5",[63] "Mundi ornatus et ordo aeternus est. Lib. 2. De Caelo cap. 14".[64] Pour Charles Schmitt, qui en a soigneusement établi la typologie,[65] l'abondance de cette littérature dérivée montre que l'aristotélisme débordait largement du cadre de l'université. La représentation du monde qu'il proposait était certainement devenue une sorte de bien commun, qu'il était impossible de remettre en cause sans tomber dans le paradoxe.

Le ciel des mathématiciens

Le ciel des mathématiciens s'était constitué lui aussi dans l'Antiquité grecque, mais il s'était fixé un peu plus tard, de sorte qu'il souffrait d'un certain décalage avec la philosophie sur laquelle il s'appuyait. La somme théorique où les astronomes du XVIème siècle puisaient l'essentiel de leur doctrine (et souvent même les raisons de leurs réformes) a été composée au deuxième siècle de notre ère, en opérant la synthèse d'observations et de travaux poursuivis depuis l'époque de Platon.

Si l'*Almageste* de Ptolémée (la *Grande syntaxe mathématique* si l'on veut traduire exactement son titre grec), résume la cosmologie d'Aristote dans son premier livre, elle tient compte ensuite d'une réalité céleste autrement compliquée. Au moment où le *Timée* et le *De Caelo* se contentaient d'évoquer, en général, le double mouvement des cieux, les astronomes avaient déjà constaté que les planètes, malgré la perfection supposée de leur principe moteur, montraient moins de discipline qu'on n'aurait dû l'attendre: au lieu de se déplacer le long de l'écliptique avec une régularité imperturbable, elles accéléraient, ralentissaient, s'arrêtaient, rétrogradaient, repartaient vers l'avant, avant de recommencer le même manège.[66]

---

[61] Voir J. Hamesse, *Les Auctoritates Aristotelis. Un florilège médiéval: étude historique et édition critique*, Louvain, 1974. Ce recueil datait de la fin du XIIIème siècle.

[62] P. Sainctfleur, *Thesaurus*, Paris, Martin Lejeune, 1562, f. 121 r°. On voit que l'idée d'un univers animé avait été absorbée par l'aristotélisme courant.

[63] J. Bouchereau, *Flores Aristotelis*, Paris, Marnef et Cavellat, 1575, f. 274 r°.

[64] *Ibid.*, f. 274 v°.

[65] *Aristotle and the Renaissance*, éd. cit., p. 34-63.

[66] Ces séquences de mouvements n'ont qu'une réalité optique: elles résultent de la projection du mouvement orbital de la terre (où se trouve l'observateur). A cela s'ajoute que les planètes ne se déplacent pas sur des cercles, à une vitesse uniforme, mais qu'elles décrivent des ellipses, dont un foyer est occupé par le soleil, et vont d'autant plus vite qu'elles sont proches de ce soleil. Depuis l'Antiquité, les astronomes distinguaient le *mouvement moyen* de la planète (tout à fait régulier) et son *mouvement vrai*, la différence entre les deux (soit en moins, soit en plus) s'appelait l'*équation*.

Eudoxe de Cnide, un disciple de Platon, avait essayé de rendre compte de ces étranges phénomènes, sans renoncer au principe de la rotation uniforme de cieux concentriques. Il avait imaginé un système compliqué de nombreuses sphères "compensatrices" ou "rétrogradantes", emboîtées les unes dans les autres, et se transmettant mutuellement un certain mouvement, de façon à expliquer les changements de cadence et les effets de recul. Sa tentative fut sans grand lendemain, du moins dans l'immédiat,[1] car il fallut recourir à des solutions plus radicales: les observations rendaient en effet manifeste que les astres ne se contentaient pas de ralentir ou de reculer, mais que leur distance variait par rapport à la terre (c'était notamment évident dans le cas de la lune, ou bien dans celui de Mars qui subit de grandes variations d'éclat). La nouvelle astronomie, celle qui abandonnait les cieux concentriques, mit longtemps à se perfectionner; toujours est-il que l'*Almageste* en donne un description achevée.

L'*Almageste*, qui date du deuxième siècle de notre ère, faisait partie de ces "livres des professeurs" dont il était question plus haut. Il est même fort probable que peu de professeurs du XVIème siècle l'avaient sérieusement lu, étant donné sa grande difficulté technique. Il donne une description complète du système céleste, en le construisant pièce par pièce, à l'aide de démonstrations géométriques. Après qu'aient été exposées les bases de la cosmologie et de la sphère armillaire,[2] les théories du soleil et de la lune, celle du ciel des étoiles fixes et celles des cinq dernières planètes y sont réalisées séparément, bien qu'en usant de constructions et de calculs similaires. Il serait impossible d'en donner un résumé rapide,[3] nous nous contenterons d'évoquer sommairement les procédés auxquels Ptolémée a recouru pour sauver les phénomènes, tout en préservant la plus grande cohérence possible et en s'efforçant de respecter la règle du mouvement circulaire uniforme.[4]

---

[1] L'astronome grec Callippe poursuivit le travail d'Eudoxe. L'hypothèse des sphères compensatrices fut reprise au Moyen-Age par les philosophes arabes, notamment par Averroès, puis, à la Renaissance, par les "homocentristes", Amico et Fracastor (voir *supra*, p. 12, et *infra*, p. 94). Le système d'Eudoxe et de Callippe est exposé dans la *Métaphysique* d'Aristote (l. XII, ch. 8, 1073b 17-40), et dans le commentaire de Simplicius au *De Caelo* d'Aristote (circa 532). Voir P. Duhem, *Le système du monde*, t. I, p. 102-129; O. Neugebauer, *A history of ancient mathematical astronomy*, p. 677-685.

[2] C'est-à-dire les cercles, réels ou imaginaires qui permettent de repérer et de calculer les mouvements des astres: l'écliptique, l'équateur, l'horizon etc.

[3] Pour une analyse de l'*Almageste*, voir O. Pedersen, *A survey of the Almagest*.

[4] Cette règle, formulée par Platon (*Timée*, 36 c-d) et reprise par Aristote (*De Caelo*, II, 7, 289a, 9-10), n'est nullement récusée par Ptolémée qui, au contraire, réaffirme sa nécessité: "Nous croyons [...] que l'objet que le mathématicien doit se proposer et atteindre est le suivant: montrer que tout ce qui apparaît au ciel est produit par des mouvements circulaires et uniformes" (*Almageste*, l. III, ch. 2; éd. et trad. Halma, t. I, p. 165). La définition du mouvement circulaire uniforme est donnée au chapitre suivant: "les droites que l'on imagine comme faisant tourner les astres ou les cercles qui portent ces astres, en toutes circonstances et uniformément, couvrent, en des temps égaux, des angles égaux, et cela autour du centre de chacun des mouvements circulaires" (l. III, ch. 3; éd. et trad. Halma, t. I, p. 170).

Le premier est celui de l'excentrique: Ptolémée a admis que les planètes pouvaient se déplacer sur des sphères dont le centre ne coïncidait pas avec la terre. Grâce à cette concession, il pouvait justifier les apparences du mouvement solaire (qui ne présente ni station, ni rétrogradation).[5] Pour les cas plus difficiles, il fallait associer à l'excentrique, l'épicycle: dans cette construction, le grand orbe qui tourne autour de la terre (et qu'on appelle aussi le cercle déférent), ne porte pas directement le corps de la planète, celui-ci se trouve sur un autre cercle plus petit (l'épicycle), dont le centre est sur le déférent (et suit sa rotation). L'épicycle est aussi animé d'une rotation, et la combinaison de ces mouvements circulaires (qui parfois s'additionnent, parfois se contrarient), explique les fantaisies apparentes des planètes.[6] Pour s'adapter soigneusement aux observations, il arrive aussi que l'on utilise un épicycle d'épicycle. Le troisième procédé mis en oeuvre dans l'*Almageste* s'appelle l'équant. Il sert à justifier le fait qu'un cercle excentrique, porteur d'une planète, ne tourne uniformément ni par rapport à la terre (où se trouve l'observateur), ni par rapport à son propre centre. Ptolémée a imaginé de trouver, sur le diamètre qui joint les deux premiers "centres", un autre point, l'équant, par rapport auquel la rotation se produit uniformément.

L'*Almageste* fournit toute la base de la doctrine astronomique jusqu'à la fin de la Renaissance, mais c'était un ouvrage illisible pour le public, et même pour les étudiants. Répandu en Occident à partir de la fin du XIIème siècle, dans la version de Gérard de Crémone (faite sur l'arabe),[7] le traité ne fut imprimé qu'en 1515.[8] La version de Georges de Trébizonde, faite sur le grec mais assez fautive, parut dix ans plus tard.[9] Il n'existe, pour la Renaissance, qu'une seule édition du texte grec, celle de 1538.[10] A la fin du XVème siècle Georg Peurbach et son élève Johannes Regiomontanus réalisèrent une adaptation de l'*Almageste* qui suivait le livre de Ptolémée

---

[5] Vu de la terre, le soleil ne se déplace pas à une vitesse régulière (puisque la terre décrit une ellipse autour de lui et va plus vite quand elle s'en rapproche). Chez Ptolémée le soleil se déplace régulièrement par rapport au centre de sa sphère, mais irrégulièrement par rapport à la terre.

[6] Théoriquement, le centre de l'épicycle, entraîné par le déférent, était censé tourner uniformément autour du centre de ce déférent. Parfois ce n'était pas le cas, d'où l'invention de l'équant (voir *infra*). L'irrégularité du mouvement du centre de l'épicycle par rapport à la terre constituait la première inégalité (ou anomalie) de la planète, l'irrégularité concernant le mouvement de l'épicycle constituait la seconde inégalité.

[7] La version de Gérard de Crémone, dite arabo-latine, date de 1175; elle comporte de nombreuses déformations de termes, dues au passage par l'arabe; les noms propres y sont souvent méconnaissables (Hipparque devient Abrachis etc.); ces déformations se retrouvent dans beaucoup de textes astronomiques de la première moitié du XVIème siècle: en effet, Peurbach et Regiomontanus se sont servis de la version arabo-latine pour composer leur *Epitome* qui a beaucoup servi à diffuser l'astronomie ptoléméenne. Les premiers manuscrits grecs de l'*Almageste* parvinrent en Italie au XVème siècle. - Sur la version arabo-latine, voir P. Kunitzsch, *Der Almagest*, p. 11-112; sur Trébizonde, voir J. Monfasani, *George of Trebizond*.

[8] A Venise, par Pierre de Liechtenstein, dans la version de Gérard de Crémone.

[9] Venise, 1525; nouvelle édition, corrigée par Luca Gaurico, à Venise, chez Giunta, en 1528; puis à Bâle, chez H. Petri, en 1541 et en 1551.

[10] Bâle, J. Walder. Elle comporte également le commentaire grec de Théon d'Alexandrie et le commentaire de Pappus sur le livre V.

chapitre par chapitre, le résumait, simplifiait ses démonstrations et le complétait, en utilisant les traités traduits en latins des astronomes arabes, comme Alfraganus et Albategnius.[11] Cet *Epitome* parut à Venise, en 1496,[12] et fut réédité à Bâle en 1543,[13] puis à Nuremberg en 1550.

Mais l'*Almageste*, par sa difficulté, par son organisation systématique et par son recours constant aux démonstrations mathématiques, resta sans équivalent et sans rival jusqu'à la parution du *De revolutionibus orbium coelestium* , en 1543.[14] Copernic y refaisait entièrement la théorie des sphères célestes, avec de nouvelles démonstrations et de nouvelles constructions géométriques conformes à l'hypothèse héliocentrique, tout en continuant à s'inspirer du plan de l'*Almageste*, qui constituait pour les astronomes un modèle et une référence irremplaçables. Le *De revolutionibus* eut une deuxième édition en 1566,[15] et une troisième en 1617,[16] ce qui indique une diffusion régulière, mais limitée.[17] En France, Copernic eut quelques lecteurs, notamment parmi les membres de la Pléiade, mais peu d'entre eux durent dépasser le livre I, qui expose les données de la nouvelle cosmologie dans un langage accessible aux non-mathématiciens.[18]

---

[11] Les *Rudimenta astronomica* d'Alfraganus sont un résumé non mathématique de l'*Almageste*, en trente chapitres, rédigé vers le milieu du IXème siècle. Ils comportent notamment des estimations chiffrées des distances et des grosseurs des astres, prises aux *Hypothèses des planètes* de Ptolémée. Ils furent traduits par Jean de Séville (Johannes Hispalensis) en 1135, puis par Gérard de Crémone, vers 1175. Ils furent imprimés à Ferrare, chez A. Gallus, en 1493 (voir aussi l'éd. donnée à Paris par Chrétien Wechel, en 1546). Regiomontanus les avait expliqués à l'université de Padoue et en avait préparé une édition, comprenant également le *De motu stellarum* d'Albategnius. Cette édition parut à Nuremberg, chez J. Petreius, en 1537, avec une préface de Melanchthon.

[12] *Epytoma [...]*, Venise, par J. Hamman de Landoia, dit Herzog, 1496.

[13] Chez H. Petri. Notons que le titre de cette édition présente l'*Epitome* presque comme un ouvrage de vulgarisation, capable de mettre la doctrine de Ptolémée, à la portée des étudiants moyennement avancés: *Epitome [...] continens propositiones et annotationes, quibus totum Almagestum, dilucida et brevi doctrina ita declaratur et exponitur, ut mediocri quoque indole et eruditione praediti sine negotio intelligere possint*. L'*Epitome* n'en était pas moins un livre réservé aux seuls spécialistes.

[14] *De revolutionibus orbium coelestium libri VI. Habes in hoc opere jam recens nato, motus stellarum, tam fixarum, quam erraticarum, cum ex veteribus, tum etiam ex recentibus observationibus restitutos: et novis hypothesibus ornatos. Habes etiam tabulas ex quibus eosdem ad quodvis tempus quam facillime calculare poteris*, Nuremberg, J. Petreius, 1543. - Voir l'édition, traduction et commentaire préparés par M. Lerner, A. Segonds et J.-P. Verdet, 3 vol., Paris, Les Belles Lettres, à paraître; et, pour l'analyse du contenu, N. Swerdlow, *Mathematical astronomy*...

[15] Avec la *Narratio prima* de Rheticus, Bâle, ex officina Henricpetrina.

[16] *Astronomia instaurata libris sex comprehensa, qui de revolutionibus orbium coelestium inscribuntur*, éd. par N. Mulerius, Amsterdam, W. Jansonius.

[17] Owen Gingerich a réalisé une enquête sur les localisations et les marques de possesseurs de tous les exemplaires connus des deux premières éditions. Voir W.J. Broad, "A bibliophile's quest for Copernicus".

[18] Sur les exemplaires du *De revolutionibus* conservés en France, voir M. Cazenave et R. Taton, "Contribution à l'étude de la diffusion du *De revolutionibus* de Copernic", *Revue d'histoire des sciences*, 27 (1974), p. 307-27. - Le premier français à mentionner Copernic fut Omer Talon, *Academicae questiones*, Paris, 1550, l. XLIV, p. 104. Dans les *Dialogues* de Guy de Bruès (1557), Ronsard et Baïf discutent de l'hypothèse héliocentrique (éd. Morphos,

Les grands traités mathématiques, où se révélaient "les causes entières et les profons fondemens de <la> doctrine", pour reprendre la formule de Jean Pierre de Mesmes,[19] sont donc restés des sommets aussi rares que peu fréquentés. Ils inspiraient le respect et contribuaient à nourrir le prestige dont jouissait l'astronomie, tout en maintenant le profane à distance, aussi bien que la foule de praticiens peu éclairés qui formait la plus grande part des *mathematici*. Notons qu'aucun d'entre eux ne fut imprimé ailleurs qu'en Italie et dans les pays germaniques.

Les manuels

A l'ombre de ces livres fondamentaux, prospéraient les manuels destinés à l'enseignement. Plus nombreux, apparemment plus divers, et beaucoup plus fréquemment réédités, ils se contentaient de résumer les ouvrages cités plus haut, en les amputant de tout leur appareil démonstratif. L'astronomie de Ptolémée, avec son horlogerie compliquée, se trouvait ainsi décrite dans les *Theoricae novae planetarum* de Georg Peurbach. Cet ouvrage était à l'origine un cours, professé en 1454 au *Collegium civium* de Vienne. Très vite diffusé sous forme manuscrite, il fut imprimé à Nuremberg, vers 1471, par les soins de Regiomontanus, et ensuite maintes fois réédité avec différents commentaires.[20] En 1557, l'astronome écossais Jacques Bassantin (ou Bassantyne), en réalisa une belle paraphrase en langue française,

---

p. 102-103 et 149). Pontus de Tyard possédait un exemplaire de la première édition (B.M. de Vienne, B. 898): les corrections et soulignements montrent qu'il a spécialement lu le ch. 7 du l. I, sur les objections au mouvement de la terre, ainsi que le catalogue d'étoiles du l. II. Jean Pierre de Mesmes, qui était un astronome professionnel a largement annoté son propre exemplaire (B.N.: Rés. V. 217). Jacques Peletier du Mans, Oronce Fine, Jean Pena, Louis le Roy et Elie Vinet font aussi partie des premiers lecteurs français de Copernic. Voir J. Plattard, "Le système de Copernic ..."; et surtout F. J. Baumgartner, "Scepticism and french interest in Copernicanism to 1630".

[19] *Les institutions astronomiques*, Paris, Vascosan, 1557, l. III, ch. 4, p. 165.

[20] Ces *Theoricae* se qualifiaient de *novae*, pour se distinguer de celles de "Gérard" (à tort identifié avec Gérard de Crémone, l'auteur de la version arabo-latine de l'*Almageste*) que Peurbach et Regiomontanus jugeaient très fautives (Cf. les *Disputationes contra Cremonensia in planetarum theoricas deliramenta* de Regiomontanus, Venise, 1485). Voir O. Pedersen, "The *Theorica planetarum* literature ...". - Peurbach a été commenté par Franciscus Capuanus de Manfredonia, professeur à l'université de Padoue (Venise, 1495), par Albert de Brudzewo (Milan, 1495), par Silvestro Mazolini da Priero (Milan, 1514), par Erasmus Reinhold (Wittenberg, J. Lufft, 1542), par Erasmus Oswaldus Schreckenfuchsius (Fribourg-en-Brisgau, 1556), et par Pedro Nuñez (Bâle, 1566). Oronce Fine (à Paris, chez R. Chaudière et P. Vidoue, en 1525) et Pierre Apian (à Ingolstadt, en 1528) donnèrent des éditions corrigées du traité. A Paris, les commentaires de Capuanus et Mazolini furent imprimés chez R. Chaudière, M. Lesclencher et J. Petit, en 1515; celui de Reinhold chez Chrétien Wechel, en 1543 (puis chez Charles Perier en 1553 et en 1556). Oronce Fine a librement traduit Peurbach dans sa *Theorique des cielz, mouvemens et termes practiques des sept planetes* (Paris, 1528; rééd. chez Cavellat et ses successeurs en 1557 et 1607). - Sur le travail d'éditeur, de traducteur et de commentateur d'Oronce Fine, voir D. Hillard et E. Poulle, "Oronce Fine et l'horloge ...".

L'Astronomique discours, splendidement imprimé à Lyon, par Jean de Tournes.[21]

Les combinaisons de cercles, abstraitement construites dans l'*Almageste*, y sont présentées avec un indéniable souci de réalisme, puisque les *Theoricae* s'appliquent à loger déférents et épicycles dans des orbes suffisamment épais pour que la machine des cieux fonctionne sans heurts.[22] Elles présentent d'abord une série de modèles adaptés à chaque type de planètes: la théorie du soleil (la plus simple de toutes puisqu'elle se contente d'un excentrique), puis celles de la lune, des trois planètes supérieures (étudiées dans le même chapitre car leur comportement obéit à des règles similaires), et des deux planètes inférieures, Vénus et Mercure qui forment aussi un couple. Peurbach commence donc par décrire les différents cercles dont l'action conjuguée est censée entraîner les aberrations apparentes observées dans le ciel. Il explique ainsi que le grand orbe concentrique à l'univers qui délimite le cours de chaque planète en contient d'autres, de conformation et d'assiette diverses. Deux de ces sortes d'anneaux sont "difformes", car ils ont une face concentrique à l'univers, et l'autre (la face concave pour le plus extérieur, la face convexe pour le plus intérieur) excentrique: ils sont responsables des déplacements de la planète à l'apogée et au périgée. Entre eux tourne le déférent, lequel est "uniforme", car ses deux faces sont parallèles, et excentrique: il peut porter directement le corps de la planète, ou seulement l'épicycle. L'usage de l'équant est également exposé. Ce schéma de base est naturellement reproduit pour chaque planète, avec des variantes plus ou moins importantes, et l'on constate que les rotations des différents cercles s'accomplissent autour de centres et selon des axes particuliers, avec des inclinaisons variables vers le nord ou vers le sud, et à des vitesses différentes, afin de donner au système la capacité de s'adapter aux bizarreries des phénomènes. En plus de leur fonction descriptive, les *Theoricae* dispensent un enseignement pratique; elles comportent des figures géométriques avec les définitions de tous les cercles, les arcs et les lignes nécessaires au calcul de la position des planètes avec l'aide des tables astronomiques.

Une deuxième partie, plus brève, intitulée *passiones planetarum*, recense tout ce qui peut affecter la marche des planètes: leurs irrégularités d'allure qui fait alterner marche directe, station et rétrogradation; leurs mouvements en latitude, la variation de leur éclat. Elle comporte aussi une étude des parallaxes[23] et des éclipses. Enfin, Peurbach a ajouté une théorie de la

---

[21] La Bibliothèque nationale de Paris en possède un exemplaire de présentation sur grand papier, probablement offert à Catherine de Médicis, en avril 1558, lors du mariage entre le dauphin et Marie Stuart (Rés. V. 222). Une édition augmentée fut réimprimée à Genève en 1613 (B.N.: Rés. gr. V. 466). - Bassantyne enseigna durant quelques années les mathématiques à Paris, sous le règne d'Henri II. En 1562, il était de retour en Ecosse. Son travail sur les *Theoricae planetarum* nous semble parallèle à celui que Jean Pierre de Mesmes réalisa sur Sacrobosco (voir *infra* p. 43 sq.).

[22] Ce réalisme a été certainement emprunté aux astronomes arabes, qui eux-mêmes le devaient aux *Hypothèses des planètes* de Ptolémée. Voir B.R. Goldstein, "The Arabic version ..."; et, pour le problème général de la réalité des cercles, E.J. Aiton, "Celestial spheres and circles".

[23] Sur les parallaxes, voir *infra*, p. 464, n. 42.

huitième sphère qui s'inspire non seulement de Ptolémée mais des découvertes plus récentes des astronomes médiévaux.[24]

Les *Theoricae* donnaient donc une représentation assez fidèle des modèles construits par les astronomes pour interpréter et justifier les phénomènes célestes, mais elles l'exposaient sous une forme scolaire, sans les démonstrations qui en expliquent la genèse. Elles requéraient pourtant certaines connaissances mathématiques, de sorte qu'elles restaient réservées aux étudiants de deuxième année à la faculté des arts. Il en existait d'ailleurs des résumés ou des adaptations, par exemple dans la *Margarita philosophica* de Gregor Reisch, une encyclopédie des arts libéraux d'abord publiée à Heidelberg, en 1496, et plusieurs fois réimprimée au cours du XVIème siècle.[25]

Les débutants complets trouvaient de quoi apprendre les rudiments de la cosmologie et de l'astronomie dans le *Tractatus de sphaera* composé vers 1220 par un moine anglais, devenu professeur de mathématiques à Paris, Johannes de Sacrobosco. Ce court traité fut rapidement et durablement adopté par les principales universités d'Europe et connut une diffusion exceptionnelle.[26] Ses manuscrits ne se comptent pas, il fut le premier livre d'astronomie imprimé (à Ferrare, en 1472), et donna continuellement lieu à de nouvelles éditions jusqu'au XVIIème siècle.[27] Très sommaire et clairement distribué, il se prêtait bien aux commentaires, qui ne manquèrent pas de se multiplier. De cette foule de *quaestiones in sphaeram*, il nous est parvenu un grand nombre qui restituent autant de cours d'astronomie, donnés en des temps et des lieux divers.[28] De fait, ils donnent plutôt une

---

[24] Sur la question de la huitième sphère, voir *infra*, ch. XX.

[25] La *Margarita* parut ensuite à Fribourg en 1503; à Strasbourg, chez Grüninger, en 1504, 1508, 1512 et 1515; à Bâle, chez M. Furterius, en 1517 etc.; Oronce Fine en prépara une édition, imprimée à Bâle, chez H. Petri et C. Reschius, en 1535 (B.N.: R. 1775). Le livre VII (*De principiis astronomiae*) est consacré à l'astronomie, les ch. 28 à 39 (p. 561-595 de l'édition de 1535) contiennent des théories des planètes conformes au modèle de Peurbach.

[26] Sacrobosco était généralement étudié lors de la première année à la facultés des arts: tous les étudiants recevaient ainsi une petite teinture de cosmologie.

[27] Les éditions publiées à Paris furent d'abord celles qu'avaient établies Jacques Lefèvre d'Etaples (Hopyl, 1495 n. st. et 1500; Henri Estienne, 1507, 1511, 1516; Simon de Colines, 1521, 1527) et Oronce Fine (Regnault Chaudière, 1516, 1519, 1524, 1527 et 1538). En 1543, Jean Loys et Guillaume Richard copièrent celle de Mélanchthon, parue en 1531, laquelle fut maintes fois reproduite par la suite.

[28] On a conservé, par exemple, les commentaires de Michel Scot, Campanus de Novarra et Robert l'Anglais, au XIIIème siècle; ceux de Cecco d'Ascoli et de Pierre d'Ailly, au XIVème siècle; ceux de Prodoscimo de Beldomandis, de Franciscus Capuanus de Manfredonia et de Lefèvre d'Etaples au XVème siècle; au XVIème siècle, ceux de Joannes Baptista Capuanus et de Bartolomeo Vespucci (Venise, 1508), celui d'Elie Vinet (Paris, 1551), celui de Christoph Clavius (1570). Certains commentaires médiévaux furent imprimés à la Renaissance: ceux de Michel Scot, de Campanus, de Cecco d'Ascoli (Venise, 1499 etc.), et de Pierre d'Ailly (Venise, 1508; Paris, J. Petit, 1515 etc.). Voir L. Thorndike, *The Sphere of Sacrobosco*. - On peut signaler aussi d'autres tentatives, comme celle d'Hartmann Beyer, professeur de mathématiques à Wittenberg (jusqu'en 1545) puis à Francfort, qui présenta la substance habituelle du traité de la sphère sous forme de questions et réponses (voir L. Thorndike, *A History of magic...*, t. VI, p. 10). Ses *Quaestiones novae in libellum de sphaera* parurent à Francfort, chez D. Brubach, en 1549, et à Wittenberg en 1550; elles furent rééditées à Paris,

impression d'uniformité. Les commentaires de la Renaissance, les seuls qui nous intéressent directement ici, avaient intégré des informations nouvelles, mais ils ne remettaient pas en cause l'organisation du manuel, ni l'essentiel de son contenu. Même celui de Clavius, qui marquait l'ultime étape du développement du genre, réussit à caser son énorme matière entre les phrases de Sacrobosco.[29]

La *Sphaera* visait modestement à donner un schéma sommaire de l'organisation du monde et de ses parties, en indiquant les repères indispensables pour situer les astres et comprendre leurs trajectoires; elle n'entrait dans l'examen un peu détaillé que des phénomènes les plus facilement observables: les levers des constellations et les éclipses. Le premier chapitre se consacre à la "composition de la sphere",[30] c'est-à-dire à la description générale du monde. Après avoir donné la définition géométrique de la sphère, il montre que l'univers est rond et constitué de sphères concentriques, étagées à partir de la terre jusqu'au neuvième ciel ou premier mobile.[31] Il pose la distinction aristotélicienne entre la zone élémentaire et la zone céleste:

> L'universelle machine du monde est divisee en deux parties: c'est à sçavoir en la region celeste, et en la region elementaire. L'elementaire estant continuellement ouverte et subjecte à l'alteration se divise en quatre parties. Car la terre comme centre du monde, elle est située au milieu dudict monde, à l'entour d'elle est l'eaue: à l'entour de l'eaue, l'aer: à l'entour de l'aer, le feu pur et clair[*illic purus et non turbidus*], lequel touche le ciel de la Lune, comme dict Aristote, au livre

chez Guillaume Cavellat puis chez Marnef et Cavellat, en 1551 et 1560. Voir Renouard, *Cavellat*, n° 26 et 156.

[29] Le Père Christoph Clavius, était professeur de mathématiques au *Collegio Romano* (voir U. Baldini, "C. Clavius ..."; C. Naux, "Le Père C. Clavius..."; E. Knobloch, "Sur la vie et l'oeuvre de C. Clavius"; J.M. Lattis, *C. Clavius ...*; Idem, *Between Copernicus ...*). Son commentaire sur Sacrobosco, paru en 1570, eut de nombreuses rééditions. Il servit de manuel dans les collèges jésuites jusqu'en 1620, date à laquelle Giuseppe Biancani produisit sa propre *Sphaera*, où se trouvaient intégrées certaines des découvertes de la nouvelle astronomie (celle de Tycho Brahe, de Kepler et de Galilée). Tout en restant un manuel élémentaire, qui ne fait appel à aucune démonstration mathématique quelque peu difficile, le commentaire de Clavius manifeste une volonté encyclopédique. A propos de chaque question, il passe en revue les opinions; et au lieu du maigre exposé de Sacrobosco, il fournit de substantielles informations: par exemple, une table des étoiles fixes, aussi complète que celle de l'*Almageste*, mais mise à jour.

[30] D'après le sommaire (*La Sphere ... mis<e> de latin en françois par Guillaume Des Bordes*, Paris, Marnef et Cavellat, 1570, f. 9 r°).

[31] Sacrobosco ne reconnaissait que neuf sphères, car il se contentait de la précession établie par Ptolémée (voir *infra*, note 36), mais la plupart des commentateurs, qui attribuaient, d'après Peurbach, un mouvement plus compliqué à la huitième sphère, en ajoutaient une dixième. Par exemple G. des Bordes, qui abrège les notes d'Elie Vinet, dans la traduction citée: "Les Astrologues qui de plus fraische memoire ont escrit, ilz ont adjousté la dixiesme Sphere pour raison du troisiesme mouvement qu'ilz ont congneu et entendu en la huictiesme Sphere: lequel ilz ont appellé le mouvement de Trepidation ou tremblement: et le mouvement de l'aprochement et reculement: duquel Purbachius parle en ses Theoriques" (f. 10 v°). - Sur la théorie de la huitième sphère, voir *infra* le ch. XX.

des Metheores:[32] car ainsi l'a constituee et disposee le glorieux, tout puissant et treshault Dieu. Et ces quatre parties s'appellent Elements, lesquelz d'eulx mesmes tour à tour s'alterent, corrumpent et se regenerent [...] tous les elements sont mobiles, excepté la terre, laquelle comme estant le centre du monde, par sa pesanteur (fuyant de tous costés esgalement le grand mouvement des extremitez) tient et possede le milieu de la sphere ronde. A l'entour de la region elementaire est la region celeste, claire et luysante: laquelle par son essence immuable est exempte de tout changement, et ne reçoit aucune varieté: neantmoins tourne circulairement avec mouvement continuel: et si est appellée des Philosophes quinte essence [...].[33]

Il établit le principe du double mouvement des cieux, c'est-à-dire la combinaison de la révolution diurne, générale et accomplie selon l'axe de l'équateur, et des mouvements propres qui suivent le Zodiaque:

L'ung est du ciel dernier sur les deux bouts de l'essieu, c'est à sçavoir les poles arctique et antarctique d'Orient en Occident, retournant derechef à Orient: et l'aequinoctial divise ce mouvement par le milieu.[34] Il y a encores ung aultre mouvement des spheres inferieures opposite à cestuy cy par une obliquité sur ses poles distans des premiers qui sont les poles du monde, vingt troys degrez, et trente troys minutes.[35]

Cette analyse est tout-à-fait conforme à celle d'Aristote dans le *De caelo*; Sacrobosco ne va pas plus loin, ne se risquant pas même à mentionner les irrégularités du mouvement propre des planètes, leurs stations et rétrogadations: il ne le fera qu'au chapitre IV, lorsqu'il en aura besoin pour l'explication des éclipses. Il donne simplement la liste des périodes des "sphères inférieures": le firmament avance d'un degré en 100 ans,[36] puis s'échelonnent les planètes: Saturne achève sa révolution en 30 ans, Jupiter en 12, Mars en 2, le soleil lui-même en 365 jours et six heures, Vénus et Mercure "à peu près de même",[37] et la lune en 27 jours et 8 heures.

---

[32] *Meteor.*, I, ch. 1-3, sur la répartition des quatre éléments. Le feu situé sous la lune, si pur qu'il en est invisible, est distingué du feu terrestre.

[33] Trad. cit., f. 12 r°-v°.

[34] Parce que l'équateur est, par définition, à égale distance de ses deux poles.

[35] Trad. cit., f. 12 v°-13 r°. Les "spheres inferieures" sont les huit sphères attribuées aux astres, qui se trouvent au-dessous du premier mobile. - L'axe de l'équateur fait un angle de 23 degrés environ avec celui de l'écliptique, ce qui explique la dernière phrase.

[36] C'est le phénomène de la précession des équinoxe, inconnu d'Aristote, découvert par Hipparque et décrit dans l'*Almageste*. La valeur donnée par Sacrobosco (un degré par siècle, c'est-à-dire une révolution en 36000 ans) est celle de Ptolémée.

[37] *Fere similiter*. Situées entre le soleil et la terre, Vénus et Mercure ont exactement le même "mouvement moyen" que le soleil, puisque celui-ci vient de la projection du mouvement orbital de la terre autour du soleil (et donc aussi autour de Vénus et de Mercure); la révolution des deux "planètes inférieures" autour du soleil correspondait, dans l'astronomie ptolémeénne, au mouvement de leurs épicycles. mais Aristote avait soutenu que les périodes des planètes devaient être proportionnelles à leurs distance par rapport au premier mobile, et les astronomes avaient peine à attribuer la même période à trois planètes différentes. Le *fere similiter* bien ambigu de Sacrobosco traduit cette gêne. Sur ce problème, voir I. Pantin, "Mercure et les astronomes ...".

Sacrobosco démontre alors que le ciel est rond; il fait de même pour la terre, dont il établit ensuite qu'elle se trouve bien au milieu de l'univers et qu'elle a l'importance d'un point indivisible au regard de l'immensité du firmament:

> Semblablement, nous avons marque et signe evident que la terre est comme un centre et poinct, ayant esgard au firmament: car si la terre estoit de quelque quantité au pris du firmament, la moytié du ciel ne se pourroit voir [...]. Aussi Alphragan dict que la moindre des estoilles fixes, qui se peuvent voir, est plus grande que toute la terre: mais icelle estoille, ayant esgard au firmament, est comme un poinct, et centre: par plus forte raison la terre sera un poinct, au regard d'iceluy, veu qu'elle est moindre qu'icelle estoille.[38]

La terre est aussi parfaitement immobile, en raison de sa lourdeur: reprenant cette affirmation déjà posée au début, Sacrobosco en donne un semblant de démonstration, basée sur la théorie aristotélicienne du lieu naturel, réduite à sa plus simple expression.

> Que la terre soit immobile, et située au milieu du monde, veu qu'elle est fort pesante, il nous est donné à entendre par sa pesanteur: car toute chose pesante tend naturellement au centre: le centre est un poinct au milieu du firmament. La terre donc veu qu'elle est de grande pesanteur, tend naturellement à iceluy poinct. Item toute chose qui est tirée ou se meut hors le centre et poinct du milieu, monte à la circunference du ciel. Si donc la terre se meut du centre et milieu du ciel, elle monte à la circunference d'iceluy: ce qu'on laisse pour impossible.[39]

Le chapitre se termine par l'estimation de la circonférence et du diamètre terrestres, telle qu'elle avait été réalisée par Eratosthène.[40]

Le deuxième chapitre construit la sphère armillaire. Il décrit les cercles imaginaires qui divisent géométriquement le ciel et fournissent les repères et les coordonnées grâce auxquels se mesurent les positions des astres et se situent les lieux terrestres. Il parle d'abord des grands cercles (ceux qui divisent la sphère en deux moitiés égales): de l'équateur avec ses pôles, du Zodiaque et de ses signes, des deux colures qui se coupent à angles droits aux pôles de l'équateur, en passant, l'un par les équinoxes, l'autre par les solstices. Parmi eux, le Zodiaque bénéficie d'une insistance spéciale, en raison de son rôle astrologique:

> Ce cercle s'appelle Zodiaque de *zoè*, qui vault autant à dire comme vie: car selon les mouvements des Planettes soubz iceluy les choses inferieures ont vie [...]. Aristote au second livre de la generation et corruption, l'appelle cercle oblique, et en ce lieu il dit que selon l'approchement et esloignement du soleil au cercle oblique, les generations et corruptions sont faictes és choses inferieures.[41]

---

[38] Trad. cit., f. 19 v°-20 v°. "Alphragan" est Alfraganus (voir ci-dessus, p. 28).
[39] Trad. cit., f. 20 r°.
[40] IIIème s. av. J. C. Pour Eratosthène, la terre avait 252000 stades de circonférence, c'est-à-dire environ 46000 km.
[41] Trad. cit., f. 24 r°-v°.

Après les cercles qui ne changent jamais de place, viennent ceux qui suivent tous les déplacements de l'observateur: le méridien "qui passe par les poles du monde [= de l'équateur] et par le zénith de notre tête", et l'horizon. Ici se place l'importante distinction entre "sphère droite" et "sphère oblique", appelée à jouer un grand rôle dans la détermination du lever des signes, étudiée dans le chapitre suivant. Ont l'"horizon droit" et la "sphère droite", ceux qui vivent sous l'équateur (pourvu que cette région soit habitable), puisque leur horizon, passant par les pôles du monde, coupe cet équateur à angles sphériques droits. La "sphère oblique" est le lot de tous les autres: ceux qui habitent sous d'autres latitudes et voient le pôle un tant soit peu haut dans le ciel; l'équateur est éloigné de leur zénith et tombe de biais sur leur horizon. Les petits cercles succèdent aux grands: ce sont les tropiques, que décrit la révolution diurne du soleil aux deux solstices, et les cercles polaires, dessinés par la rotation quotidienne des pôles de l'écliptique autour des pôles du monde.[42] Ces quatre petits cercles sont appelés les parallèles et délimitent cinq zones célestes auxquelles correspondent cinq zones terrestres: la zone torride et inhabitable située entre les deux tropiques, les deux zones glacées, et également inhabitables, que renferment les cercles polaires arctique et antarctique, et les deux zones tempérées qui se partagent le restant de l'espace.

Le troisième chapitre s'occupe "du lever et coucher des signes, de la diversité des jours et nuits, et de la division des climats".[43] Après avoir traité des "levers poétiques": les levers "cosmique", "chronique" et "héliaque" dont on trouve nombre d'exemples dans Virgile ou dans Lucain, il s'occupe des levers astronomiques, c'est-dire qu'il donne quelques règles simples pour calculer en combien de temps un signe donné monte au dessus de l'horizon, dans la sphère droite et dans la sphère oblique.[44] Un tel calcul, nécessaire en astrologie pour dresser les figures célestes, trouve également à s'appliquer dans l'estimation de la durée respective du jour et de la nuit, en fonction des latitudes et des saisons. Assez logiquement, le chapitre se conclut en montrant que la terre est divisée, de l'équateur aux pôles, en bandes parallèles, appelées les "climats". La largeur de ces bandes est variable (assez grande vers l'équateur, elle diminue ensuite progressivement), et se détermine en fonction de la durée du plus long jour d'été: entre le début et la fin de chaque climat, il existe à cet égard une différence de trente minutes. De l'équateur, où il n'a que douze heures, au pôle, où il en a le double, vingt-quatre climats ont donc la place de s'échelonner.

Le quatrième chapitre donne un aperçu plus que sommaire "des cercles et mouvements des Planettes", en anticipant vaguement sur le programme des *theoricae planetarum*, et s'intéresse de beaucoup plus près aux "causes des Eclipses et de la Lune".[45] Puisqu'il se propose d'expliquer que les éclipses lunaire et solaire se produisent respectivement lors de l'opposition et de la conjonction des luminaires, il lui faut dire pour quelle raison elles n'ont pas lieu tous les mois, et justifier les écarts qui empêchent la lune de se

---

[42] Ces cercles ont donc chacun 23° de rayon.
[43] Trad. cit., f. 33 r°.
[44] Il s'agit de déterminer avec quel arc de l'équateur, l'arc d'écliptique en question monte au-dessus de l'horizon.
[45] Trad. cit., f. 55 r°.

trouver à chaque cycle sur la ligne qui joint le soleil à la terre, ou sur son prolongement: les planètes ne se meuvent pas régulièrement sur des cercles concentriques, elles ont toutes, même le soleil, un "déférent" excentrique, et le mécanisme de la lune est spécialement compliqué. En effet, la "superfice" (le plan) de son déférent ne coïncide pas avec celle de l'écliptique "ains l'une moytié d'icelle decline vers Septentrion, et l'autre vers Midy".[46] Ce déférent excentrique coupe donc en deux un cercle lunaire imaginaire, concentrique à la terre et situé dans le plan de l'écliptique: "la figure de l'intersection s'appelle le Dragon".[47] A cela s'ajoute l'épicycle:

> Aussi chasque planète, excepté le Soleil, a epicycle. L'epicycle, c'est un petit cercle, par la circunference duquel est porté le corps du planette, et le centre de l'epicycle est porté tousjours en la circunference du Deferant.[48]

Le traité décrit alors brièvement les effets de la rotation de l'épicycle, c'est-à-dire l'alternance, pour toutes les planètes, de phases de station, de marche directe et de retrogradation. Puis vient l'explication du mécanisme des éclipses, et de leurs différences; et le chapitre se termine par une discussion sur l'assombrissement du soleil lors de la Passion.

> Des choses devant dictes il appert, que puis que l'eclipse du Soleil estoit en la passion du Seigneur, et que ceste passion adveint au plein de la Lune qu'un tel eclipse ne fut point naturel, ains miraculeux, et contraire à nature: car l'eclipse du Soleil doibt advenir à la nouvelle Lune, ou environ, à cause de quoy on lit que Denys Areopagite en ce mesme temps de la passion, dict ainsi, Ou le Dieu de nature souffre, ou la Machine du monde sera destruite et totallement ruinée.[49]

---

[46] Trad. cit., f. 55 v°.
[47] Trad. cit., f. 56 r°.
[48] Trad. cit., f. 56 v°.
[49] Trad. cit., f. 60 r°. Ce passage donne au traité sa conclusion.

CHAPITRE DEUXIÈME

LE CIEL EN PROSE II: HUMANISTES ET *CURIEUX*

Le ciel des humanistes

Aux XVIème siècle, le quasi monopole de la *Sphaera* dans l'enseignement élémentaire de l'astronomie n'était nulle part sérieusement menacé. Mais certains humanistes souhaitaient lui substituer des textes mieux écrits, ou ancrés dans une plus prestigieuse Antiquité, de sorte qu'ils cherchèrent à lancer, ici ou là, d'autres manuels. Ces tentatives réussirent parfois, sans transformer sensiblement le paysage pédagogique. La *Sphaera* faussement attribuée à Proclus[1] fut traduite en latin par Thomas Linacre et parut chez Alde Manuce, à Venise, en 1499;[2] il s'ensuivit de nombreuses éditions, en grec et en latin, et quelques commentaires. La traduction de Linacre fut le deuxième livre imprimé à Wittenberg, en 1502, l'année même de la fondation de l'université.[3] A Paris, elle fut publiée sept fois entre 1510 et 1578,[4] tandis qu'elle se répandait dans diverses villes d'Europe.[5] Elie

---

[1] Il s'agit, en fait, des ch. 3, 4, 12 et 2 de l'*Introduction aux phénomènes* de Géminos.

[2] Texte grec et texte latin, publiés avec les *Astronomica* de Firmicus et de Manilius et avec les *Phaenomena* d'Aratos commentés par Théon. Voir G. Barber, "Thomas Linacre: a bibliographical survey...", p. 290-292. La collection fut réimprimée à Reggio Emilia, par F. Mazalis, en 1503.

[3] La *Sphaera* parut aussi à Leipzig, chez M. Landsberg, en 1503/1504. Voir D. E. Rhodes, "Two early German editions of Proclus". - Dans le règlement de Wittenberg de 1526, Proclus était au programme (W. Friedensburg, *Urkundenbuch* ..., p. 147).

[4] Paris, E. Gourmont, [1510]; C. Wechel, 1534; P. Gromors, 1544; M. Le Jeune, 1553; M. Le Jeune, 1556 (avec un comm. de J. Toussain); G. Cavellat, 1560 (comm. de J. Toussain); J. Parant, 1578 (grec et latin).

[5] Vienne, H. Vietor, 1511. - Cracovie, F. Ungler, 1512. - Cologne, H. de Nussia, 1515. - Londres, R. Pynson, [1522] et 1523. - Bâle, J. Bebel, 1523 (grecolat.); Herwagen, 1535, 1549 et 1570 (grecolat.); J. Walder, 1536 (grecolat., avec des scholies de Ziegler); H. Petri, 1561 et 1585 (grec et latin). - Bologne, C. Achillini, 1525. - Strasbourg, W. Rihel, 1539. - Leipzig, J. Bärwald, 1543 (avec des *Prolegomena* de J. Schöner). - Anvers, J. van der Loe, 1553/1554. - Breslau, J. Scharffenberg, 1579 (grec et latin). - Heidelberg, H. Commelinus, 1589. - Lyon, J. Degabiano, 1608 (grec et latin). Voir Barber, *op. cit.*, p. 307-328.

Vinet en donna deux nouvelles versions, l'une en latin, en 1554,[6] l'autre en français.[7] La *Sphaera* du pseudo-Proclus rencontra donc un net succès , elle donna matière à des cours, mais sans devenir un livre de classe inlassablement commenté, comme le manuel de Sacrobosco.

Le livre II de Pline fit l'objet d'autres essais. Il est inutile de rappeler le vif intérêt suscité à la Renaissance par l'*Histoire naturelle*;[8] nous ne nous arrêterons pas non plus sur le travail des philologues, ni sur la curiosité des humanistes, soucieux de retrouver dans cette encyclopédie de rares témoignages sur la physique et l'astronomie hellénistiques, notamment celles de Posidonius. Il nous suffira ici de mentionner que le livre II a parfois tenté les pédagogues. Joachim Sterck von Ringelbergh, d'Anvers, introduisit de nombreux passages de Pline dans ses *Institutiones astronomicae* publiées à Bâle en 1528.[9] Plusieurs commentaires furent rédigés par des professeurs de mathématiques ou de philosophie naturelle, à l'occasion de cours; ils manifestent généralement la volonté de ramener Pline à la norme, en expliquant son astronomie en termes ptoléméens, et sa physique en termes aristotéliciens. En 1502, Giovanni Pietro Valla édita le cours de son père adoptif, Giorgio Valla.[10] Cette *expositio* sur les passages "les plus obscurs" recourt à un schéma combinant déférents excentriques et épicycles pour expliquer les stations et rétrogradations des planètes, là où Pline attribue tous ces mouvements à l'action des rayons solaires.[11] Elle tente pourtant (sans grand succès) de proposer une lecture du chapitre consacré aux planètes inférieures (Vénus et Mercure), en respectant les données de l'astronomie plinienne qui n'utilise que des cercles excentriques.[12] Le cours de Georg Tannstetter de Thanau, dit Collimitius, médecin de Maximilien Ier et professeur de mathématiques à Vienne, doit dater de 1519,[13] mais il ne fut imprimé qu'en 1531, avec le commentaire de Jacob Ziegler, dont la vocation pédagogique est plus douteuse.[14] Ces

---

[6] Bordeaux, F. Morpain, 1554; 2ème éd., Paris, Cavellat, 1557. Voir L. Desgraves, *E. Vinet*, p. 88; Renouard, *Cavellat*, n° 130, p. 118-119.

[7] Cette traduction serait parue à Poitiers, chez Enguilbert de Marnef, en 1544; mais on connait seulement des exemplaires de la 2ème éd., Paris, Marnef et Cavellat, 1573. Voir Desgraves, *op. cit.*, p. 87; Renouard, *Cavellat*, n° 305, p. 250-251.

[8] Voir notamment C.G. Nauert, "Caius Plinius Secundus", p. 297-422; Idem, "Humanists, scientists and Pliny ...". Pour le Pline médiéval, voir M. Chibnall, "Pliny's *Natural history* and the Middle Ages". - Sur le livre II, voir B.S. Eastwood, "Plinian astronomy ..."; I. Pantin, "Les commentaires sur le livre II".

[9] Puis à Venise, chez Ant. de Nicolinis de Sabio, en 1535. Voir B.S. Eastwood, *op. cit.*, p. 215.

[10] Venise, Marcus Firmanus et Simon Bevilaqua, 1502 (Maz. Inc. 479). Voir Nauert, "C. Plinius", p. 350-352.

[11] Ed. cit., g1 v°. Cf. Pline, II, 68-71 (ch. 16 des éd. anciennes).

[12] Ed. cit., g3 r°. Cf. Pline, II, 72-73 (ch. 17 des éd. anciennes). Valla interprète l'expression *apsides conversae* en supposant que, pour Pline, l'apogée des planètes supérieures est diamétralement opposé à celui des planètes inférieures. Sa démonstration met finalement en évidence la supériorité de l'astronomie ptoléméenne.

[13] Collimitius enseigne la norme, tout en reconnaissant que Pline s'en écarte, notamment par son héliodynamisme (il attribue les mouvements des planètes à l'action des rayons solaires). Voir Nauert, "C. Plinius", p. 378 sqq.; Eastwood, *op. cit.*, p. 217.

[14] Bâle, H. Petrus, 1531; voir Nauert, "C. Plinius", p. 375-378; Eastwood, *op. cit.*, p. 217-218. Ziegler, astronome et géographe, joua un rôle actif dans les controverses religieuses

diverses tentatives signalent l'intérêt des mathématiciens humanistes pour le livre II de l'*Histoire naturelle* de Pline, mais elles ne visent pas à l'utiliser comme un ouvrage d'initiation.

En revanche Jacob Milich, disciple de Melanchthon et professeur à Wittenberg, a cherché à lui faire compléter la *Sphaera* et le *De caelo*. Les liminaires de son ouvrage, d'abord publié en 1535,[15] indiquent clairement l'intention de le transformer en manuel pour les débutants. La dédicace à Georg prince d'Anhalt, présente un vibrant éloge de la philosophie et de l'astronomie, représentées par Thalès et par Ptolémée, et affirme que l'étude de la nature est un devoir religieux;[16] il en déduit l'utilité particulière du livre II pour former la jeunesse,

> En effet, il contient beaucoup d'astronomie et présente une très bonne collection de ce qu'on appelle les météores; et dans ces matières il surpasse les autres auteurs parce qu'il recense de nombreux événements tirées des chroniques, ce qui incite précisément les jeunes gens à admirer ces choses et ces disciplines.[17]

Le livre II, plus soucieux de l'histoire que le *De Caelo*, donnait une meilleure vision de la Providence divine, objet essentiel de l'enseignement de la physique, et sa piété n'ôtait rien à son efficacité: l'*Argumentum* vante à nouveau le caractère synthétique du résumé de Pline où l'on trouve

> en ce seul petit ouvrage de nombreux volumes d'Aristote, le *De Caelo*, les *Meteora*, le *De Mundo*; il ajoute aussi plusieurs données astronomiques,

(catholique, il prit parti contre la papauté; en 1523, il publia une défense d'Erasme contre Stunica); il ne fut jamais titulaire d'une chaire; son commentaire est surtout celui d'un humaniste qui s'intéresse à l'histoire de l'astronomie, et d'un mathématicien qui tente de construire des théories des planètes qui cadrent avec le texte de Pline, ou lui donnent un sens; il note les divergences entre la cosmologie de Pline et celle d'Aristote et de Ptolémée à laquelle il se rallie: pour lui, il est impossible de rendre compte des apparences sans faire appel aux épicycles.

[15] *Commentarii in librum secundum Historiae Mundi C. Plinii*, Hagenau, P. Brubach, 1535; éd. augm. et remaniée, Swabische Halle, P. Brubach,1538; Francfort, P. Brubach, 1543; Francfort, P. Brubach, 1553. Jacob Milich mourut en 1559. Son successeur, Bartholomaeus Schonborn publia une nouvelle édition de son commentaire en 1573. Voir Nauert, "C. Plinius", p. 384-386; Eastwood, *op. cit.*, p. 218-220. - Sur la collaboration entre Milich et Melanchthon, voir S. Kusukawa, *The transformation...*, p. 81, 136-137.

[16] "Nam ut ingenue dicam quod res est, valde dissentio et a veteribus Epicureis, et ab ineruditis quibusdam nostrae aetatis hominibus, qui cum indicia divinitatis, impressa naturae, obruant insulsis cavillationibus, a Physices studiis ingenia abducunt. Nec vero obscure refutat hos Pauli auctoritas, qui gravissime inquit, tam prope adesse Deum, pene ut manibus prehendi, et contractari possit: significat enim expressa vestigia atque indicia divinitatis in natura extare, quae convincunt animos hunc mundum non casu extitisse, sed ab aliqua aeterna mente conditum esse et gubernari [...]" (éd. Francfort, 1543, f. A4 r°). - Sur ce thème, voir *infra*, p. 66 sq.

[17] *Ibid.*, A4v°-B1 r°: "Utilis autem cum primis est adolescentiae Plinii secundus liber: quia elementa atque initia utri/usque partis Physices tradit. Nam et Astronomica multa complectitur, et ea quae vocantur [en grec:] *meteora*, aptissime collegit, et in his hoc praestat caeteris autoribus, quod ex historiis multos recenset eventus, quod ipsum invitat adolescentes ad admirationem harum rerum atque artium." Milich mentionne le commentaire de Ziegler, tout en observant qu'il est incomplet, d'où l'utilité de son propre travail (B1v°).

nécessaires dans un tel ouvrage et qu'Aristote ne mentionne pourtant pas, parce qu'à mon avis les Grecs <d'alors> ne connaissaient pas suffisamment encore les mouvements des planètes.[18]

Si l'introduction de Pline à Wittenberg avait d'abord été inspirée par l'hostilité de Luther envers la scolastique, Melanchthon, changea rapidement d'orientation.[19] Il trouvait visiblement au livre II des mérites que ne possédait pas le *De Caelo*, mais à condition de le placer sous tutelle. La paraphrase de Milich est en effet farcie de références et de démonstrations aristotéliciennes, parfois même au mépris du sens du texte. Elle finit par constituer un petit traité de cosmologie et de météorologie traditionnelles, dont la matière se répartit entre des rubriques familières: *An finitus sit mundus, et an unus. De forma ejus. Cur mundus dicatur. De quatuor elementis. De septem planetis* etc.[20]

Les *Quaestiones naturales* de Sénèque offraient une dernière possibilité. Mais elles ne se répandirent guère dans les classes de mathématiques et de philosophie naturelle, sinon à titre expérimental. Jacques Louis d'Estrebay les présentait comme une alternative souhaitable aux manuels existants, dans la belle édition parue chez Vascosan en 1540.[21] Il faisait observer la rareté des livres de physique provenant de l'Antiquité latine; il déplorait la corruption du langage et du savoir dans les écoles où les professeurs ne savaient philosopher que dans un jargon barbare. Pour y remédier, il avait lui-même fait un cours sur le livre II de Pline, et persuadé Vascosan d'éditer séparément les *Quaestiones naturales* pour en faciliter l'étude et l'explication.[22]

Le recours à Pline ou à Sénèque[23] resta pourtant un phénomène limité. Encouragé par des humanistes intéressés par l'histoire et soucieux de beau langage, il n'en était pas moins artificiel dans son principe puisqu'il choisissait un texte de base que le commentaire allait inévitablement

---

[18] *Ibid.*, p. 7: "[...] elegimus hunc librum Plinii, qui quasi in compendium contraxit praecipuos locos universae Physices: inclusit enim breviter in hunc unum libellum multa Aristotelis Volumina, librum de caelo, *meteora*, de mundo, addit et pluraque Astronomica, necessaria in tali opere, quae tamen non attigit Aristoteles, credo quod Graecis nondum satis noti essent planetarum motus".

[19] Voir P. Petersen, *Geschichte der aristotelischen Philosophie* ..., t. I, p. 51-55; S. Kusukawa, *The transformation* ..., p. 27-82. Le mouvement anabaptiste aurait convaincu Melanchthon de la nécessité de donner aux théologiens une solide formation littéraire et philosophique. Sur ce dernier plan, Aristote était irremplaçable. - Il existe un autre commentaire du livre II, rédigé par un professeur de Wittenberg, celui de Paulus Eberus qui date de 1544-1545. Voir Nauert, "C. Plinius", p. 400-402; Eastwood, *op. cit.*, note 115, p. 232-233.

[20] Ces titres sont simplement ceux qui sont donnés aux chapitres de Pline.

[21] Dans le texte établi par Matteo Fortunato (1ère éd. Venise, Alde, 1522) et par Erasme (Sénèque, *Opera omnia*, Bâle, Froben, 1529; la 1ère éd. -Bâle, Froben, 1515- avait été désavouée par Erasme).

[22] Ed. cit., A1v°-A2v°: "Jacobus Lodoicus Strebaeus ad lectores". - J. L. d'Estrebay n'était pourtant nullement un adversaire intransigeant de la tradition scolastique: il avait été le premier à s'opposer à la traduction "cicéronisante" d'Aristote par J. Perion; voir son traité: *Quid inter Lodoicum Strebaeum et Joachimum Perionem non conveniat in Politicôn Aristotelis interpretatione*, Paris, Vascosan, 1543.

[23] Sur un aspect particulier de la diffusion des *Questions naturelles*, voir *infra* le ch. XXI.

corriger. En effet, la cosmologie stoïcienne ne coïncidait pas avec la doctrine officielle, qui s'enseignait à Wittenberg aussi bien qu'à Paris.[24] De plus, elle était liée à des croyances religieuses qui s'exprimaient parfois sans discrétion et pouvaient faire regretter aux pédagogues la réserve aristotélicienne ou le pieux conformisme d'un Sacrobosco.[25]

Les nouveaux livres du monde

Au lieu d'aller chercher d'autres textes à commenter, certains professeurs, astronomes ou humanistes, songèrent à faire évoluer le genre même du traité de la sphère, à rendre sa présentation moins scolaire et à actualiser son contenu. Leurs initiatives eurent sans doute plus d'influence sur la diffusion du savoir cosmologique, car elles visaient un public plus large que celui des collèges et des universités.

Alessandro Piccolomini, archevêque de Patras, écrivit en italien un traité de la sphère assez élégamment rédigé, rempli de connaissances utiles,[26] et témoignant d'une réelle volonté de faciliter l'accès à la science, *De la sfera del mondo libri quattro*. Paru à Venise en 1540, il fut traduit en français par le médecin Jacques Goupil.[27] Cette traduction, précédée d'une belle dédicace à Catherine de Médicis, fut imprimée à Paris en 1550, chez Guillaume Cavellat. Le libraire avait bien pris soin de mentionner au titre la qualité de l'auteur ("gentilhomme italien"), et la "grande facilité" de l'ouvrage.[28] Francesco Maurolico, un mathématicien humaniste de Messine,[29] imagina d'employer la forme dialoguée dans sa *Cosmographia* en trois livres qui enseigne les rudiments de l'astronomie. Le maître Nicomédès, et l'élève Nicomachus y échangent des répliques plutôt convenues, mais le procédé est assez souple pour permettre de véritables discussions sur les problèmes préoccupants, comme la place de Vénus et de

[24] En ce qui concerne, notamment, la durée du monde, le principe de son animation, la matière des cieux et des astres.

[25] On pense à l'affirmation de la divinité du monde, et à la théorie de l'évhémérisme, au début du livre II de Pline.

[26] Par exemple, les ch. 7 à 11 du livre IV montrent comment construire et utiliser un astrolabe. L'ouvrage suit le plan de Sacrobosco, mais il introduit des chapitres sur des questions intéressantes. Ainsi, le ch. 13 du livre IV traite, d'après Alfraganus, des grandeurs et des distances des astres.

[27] Plus tard professeur de médecine au Collège royal.

[28] *La sphere du monde, composee par Alexandre Piccolomini gentilhomme Italien, en si grande facilité, que chacun ayant les principes ci apres mis, pourra le tout facilement entendre [...]*, Paris, Guillaume Cavellat, 1550 (B.N.: V. 20694). Les "principes" sont un ensemble de définitions géométriques: "Principes requis pour entendre les choses contenues en ces quatre livres de la sphere du monde" (B6 r°-C7r°).

[29] 1494-1575, abbé de Santa Maria del Parto en 1550, et professeur de mathématiques à l'université de Messine à partir de 1569. Il joua un grand rôle dans la remise en honneur des mathématiciens et physiciens grecs: bien que son travail soit resté inédit en grande partie, il édita et commenta Théodose, Ménélaos, Autolicos, Euclide, Apollonios de Perga et Archimède. Ce programme est exposé dans la dédicace de la *Cosmographia*, adressée au cardinal Pietro Bembo et datée de janvier 1540.

Mercure[30] ou la précession des équinoxes.[31] D'autre part, sans faire de mathématiques, l'ouvrage commence à initier son lecteur à la technique des astronomes: il explique, par exemple, schéma à l'appui, ce que c'est que la parallaxe.[32] La *Cosmographia* parut à Venise, chez les héritiers de Giunta, en 1543, et fut rééditée à Paris, chez Guillaume Cavellat, en 1558.

Des habitudes nouvelles se créaient donc. L'emploi de la langue vulgaire n'était plus considéré comme un pis-aller, dû au besoin d'atteindre un public de praticiens peu instruits;[33] et en même temps s'affirmait l'idée d'étoffer le propos maigrelet de Sacrobosco, de le charger d'une science un peu plus substantielle et mieux à jour, tout en échappant au carcan formel du discours scolaire. Vers le milieu du XVIème siècle, la fièvre des traductions gagna la littérature astronomique, et, c'est là le plus significatif, bénéficia à des livres récents: à la *Sfera* de Piccolomini, on vient de le voir, mais aussi au *De principiis astronomiae et cosmographiae* de Gemma Frisius.[34] Oronce Fine traduisit lui-même sa *Sphaera mundi* en 1551.[35] Pour nous en tenir au domaine français, deux ouvrages, publiés en 1557, tranchent cependant sur la production contemporaine. *Les Institutions astronomiques* de Jean-Pierre de Mesmes et *L'Univers* de Pontus de Tyard ne sont pas des livres écrits par des professeurs, en marge d'un enseignement. Leurs auteurs étaient nourris de mathématiques[36] et de philosophie, mais c'étaient aussi des humanistes, des proches de la Pléiade[37], des poètes.

[30] Ed. Paris, 1558, f. 30v°-33v°. Voir I. Pantin, "Mercure et les astronomes...", p. 140-142.
[31] Ed. Paris, 1558, 36 r°. - Sur la précession, voir *infra* le ch. XX.
[32] 30 v°-31 r°. Sur la parallaxe, voir *infra*, p. 464, n. 42.
[33] Sans même évoquer la précoce et longue existence d'une littérature encyclopédique en langue vulgaire (voir Ch.-V. Langlois, *La connaissance* ...), l'usage du français pour les éphémérides, les almanachs et autres "usages de l'astrolabe" était courant: ces livres s'adressaient surtout à des faiseurs de pronostics qui ne lisaient pas le latin. Mais il existait aussi un "vernaculaire de prestige", comparable, *mutatis mutandis*, au *vulgare illustre* de Dante, et répondant à une volonté politique. A cet égard, l'oeuvre d'Evrard de Conty ou d'Oresme, sous Charles V, constitue un précédent notable. La guerre des langues, si elle a existé à la Renaissance, ne se réduisait pas à une opposition entre français et latin: il y avait deux sortes de latin depuis les débuts de l'humanisme, et au moins deux sortes de français. Vers 1550, écrire l'astronomie en français pour les gens du métier ou l'écrire dans un français "poli" n'étaient pas deux projets équivalents. On ne peut considérer du même oeil la publication des *Canons et documens tres amples touchant l'usaige des communs almanachs* d'O. Fine (Paris, Colines, 1543), ou de l'*Explication ... de l'ephemeride celeste* d'Antoine Mizauld (Paris, Kerver, 1556), et celle des livres de J. P. de Mesmes et de Pontus de Tyard. Jacques Peletier du Mans insista sur la nouveauté de la présentation de son *Aritmetique* (Poitiers, Marnef, 1549), alors qu'il existait depuis le début du siècle une tradition du livre d'arithmétique et de géométrie en français (voir N. Z. Davis, "Sixteenth-century french arithmetics ..."; R. Taton, "Bovelles et les premiers traités ..."). Peletier se rendait compte que son utilisation de la langue différait de celle d'un Chuquet, et que son public n'était pas le même. - Voir aussi I. Pantin, "Latin et langue vernaculaire...".
[34] Le *De principiis* était d'abord paru à Louvain et Anvers en 1530, mais la traduction de Claude de Boissière (Paris, Cavellat, 1556), se fit sur le texte remanié imprimé, également à Anvers, en 1553. Voir F.G. Van Ortroy, *Bio-bibliographie de Gemma Frisius...*, n°42 et p. 199-207; Renouard, *Cavellat*, n° 102.
[35] O. Fine, *Lesphere du monde*, Paris, Vascosan, 1551.
[36] L'un et l'autre, comme on l'a vu, possédaient la première édition du *De revolutionibus* et en avaient annoté plus que le livre I. J. P. de Mesmes a traduit et commenté le *Traité de l'astrolabe* de Johann Stöfler (Paris, Cavellat, 1560); Pontus de Tyard a écrit plusieurs

Jean Pierre de Mesmes

Plusieurs phrases de la préface des *Institutions astronomiques* contiennent des déclarations très semblables à celles de Du Bellay, dans la *Deffense*, ou de Peletier dans son *Aritmetique* de 1549. Jean Pierre de Mesmes y adresse un vibrant éloge à la France "princesse des nations": elle domine dans l'art militaire, le commerce, le "labeur", la "manufacture", la jurisprudence, et cette prééminence se traduit par une grande richesse linguistique.[38] Malheureusement, toutes les disciplines n'y vont pas du même train,

> car je voy desja la poësie et l'histoire Françoise hors de page: les deux philosophies, moralle et naturelle, sortans de nourrice: et les mathematiques en leur naissance. O bon Dieu, faictes moy la grace de les voir une fois toutes hors de tutelle et d'aage, et (ce que plus je desire) vrayes et bonnes Françoises.[39]

Jean Pierre de Mesmes n'hésite pas plus que Du Bellay à intervertir les causes et les effets suivant les circonstances, car il partage la même conception dynamique des rapports entre les mots et ce qu'ils expriment: la langue française est faible en mathématiques parce que les Français ont "tousjours eu à desdain ceste partie",[40] mais si l'on répare délibérément ses lacunes, alors le pays entier se mettra à l'étude, car il n'attend rien d'autre.

dialogues sur des sujets mathématiques (au sens ancien du terme): le *Solitaire second, ou prose de la musique* (Lyon, Jan de Tournes, 1555), le *Discours du temps, de l'an et de ses parties* (Lyon, 1556), et *Mantice, discours de la vérité de divination par astrologie* (Lyon, J. de Tournes et G. Gazeau, 1558).

[37] J. P. de Mesmes figure parmi les membres de la "Brigade" dans la première version des *Isles fortunées* de Ronsard, publiée avec les *Amours* de 1553. Il avait participé au *Tombeau de Marguerite de Valois* (1551), et joint de petits poèmes, en italien ou en français, aux *Odes* de Ronsard (1550) et aux *Amours de Francine* de Baïf. Sur les liens de Tyard avec la Pléiade, voir notamment K. Hall, *Pontus de Tyard* ..., p. 17-25.

[38] *Les Institutions astronomiques*, ê1 v°: "Ou est aujourdhuy la nation qui surmonte la nostre en ces cinq poincts, soit en l'execution d'iceux, ou abondance de termes". L'on retrouve ici l'idée, fermement exposée dans le premier chapitre de la *Deffence*, qu'une langue est le produit d'une culture.

[39] *Ibid.* - Dans la préface à sa traduction des *Principes d'astronomie* de Gemma Frisius (Paris, Cavellat, 1556), Claude de Boissière exprime des idées voisines, il voit dans la traduction le moyen d'illustrer la langue, d'enrichir son vocabulaire technique et de promouvoir l'étude des mathématiques. Il s'agissait de lieux communs, utilisés dans toutes les disciplines par les utilisateurs de la langue vulgaire, mais qui prenaient une résonance particulière dans le domaine astronomique où la France était effectivement déficiente.

[40] *Ibid.* - Voir aussi Peletier, *L'Aritmetique*, Lyon, 1554 (éd. pr. 1549), p. 121-122: "Nous pouvons juger des inclinacions, meurs, e exercices de ceus d'un païs, par leur langue vulgere: de sorte que selon qu'elle ét copieuse ou souffreteuse des termes de quelque art: on peut bien assurement estimer s'ils l'ont, ou autre foes ont ù an recommandacion ou non [...]".

[...] les bons esprits François ne consumeront plus la meilleure partie de leurs
premiers ans à parler et escrire disertement en Grec et Latin, comme ilz font
aujourdhuy: car prevoyans la vie des hommes estre de peu de duree, les arts et
sciences longues, difficiles à comprendre, et plus difficiles à practiquer et mettre
en usage par les lettres estrangieres. Ilz les apprendront en François sur la
verdeur de leurs aages, et les observeront a mesure que la raison, le jugement et
l'aage croistront. Par ainsi les sciences speculatives viendront à leur poinct
parfaict, et mesmement la celeste doctrine, qui gist totalement en longues et
continuelles observations. J'espere encores voir, avant que rendre le dernier
souspir, en temps de paix le gentilhomme, le marchant, le citoyen: et en temps
de guerre, le bon capitaine, disputer, et user de ceste noble partie, en laissant et
mettant jus les livres prophanes, impudiques et damnables [...][41]

Pratiquer l'astronomie dans sa propre langue ne représentait pas
seulement un gain de temps, mais l'espoir d'une excellence. Du Bellay avait
averti les poètes néo-latins qu'ils cherchaient vainement à rivaliser avec les
Anciens, car ceux-ci "usoint des Langues, qu'ilz avoint succées avecques le
laict de la nourrice";[42] les mathématiciens et les philosophes pouvaient
s'inspirer de ses conseils et veiller à ne pas augmenter artificiellement la
distance entre les mots et les idées, comme Jacques Peletier l'avait rappelé
peu auparavant:

> car quand nous avons ferme connoessance de quelque chose, soët simple ou
> composee: notre antandement ne peut souffrir aucun delay, qu'il ne lui donne sa
> propre denominacion.[43]

L'ambition de Jean Pierre de Mesme avait donc un double aspect: il ne
lui suffisait pas de transférer des "connoessances" d'une langue dans une
autre, il voulait leur trouver leur "propre denominacion" et les acclimater
réellement à leur nouveau pays, en commençant par les marquer de son
propre style. Plutôt que de traduire, il préféra "piller" à son gré la littérature
ancienne et contemporaine pour réaliser une synthèse bien personnelle où
les citations d'Hermes Trismégiste ont une présence aussi naturelle que la
paraphrase d'un récent traité de Reinhold sur les mouvements de la huitième
sphère;[44] plutôt que de transplanter dans son texte le vocabulaire
astronomique grec, latin ou arabe, d'"usurper termes tous nouveaus
deguisez",[45] il forgea de nouveaux mots, français dans leurs racines et leurs
sonorités, et imagina force périphrases aussi poétiques que pédagogiques.
Dans les *Institutions astronomiques*, le soleil décrit quotidiennement des
cercles recoquillants, et non des *spires*, quand il fait le tour de la terre sans
revenir exactement à son point de départ puisqu'il progresse en même

---

[41] *Ibid.*, f. ê1 v°-ê2 r°. Ce souhait, et ce regret du temps perdu à l'apprentissage des langues
anciennes, s'inspirent étroitement de la *Deffense* (L. I, ch. 10, éd. H. Chamard, Paris, 1948,
p. 65-66), qui elle même traduit le *Dialogo delle lingue* de Sperone Speroni (Venise, 1542).
[42] *La Deffense*, I, ch. 11; éd. cit., p. 81. Cette expression, devenue proverbiale, figurait déjà
dans le *De vulgari eloquentia* de Dante.
[43] Peletier, *L'Aritmetique*, Lyon, 1554, p. 122.
[44] Voir I. Pantin, *Les Institutions astronomiques de J. P. de Mesmes*. Sur la question de la
huitième sphère, voir *infra*, ch. XX.
[45] Peletier, *L'Aritmetique*, éd. cit., p. 125.

temps sur l'écliptique. Grâce à de telles formules, débonnaires et imagées, la doctrine perd son caractère exotique et ésotérique pour devenir "vraye et bonne Françoyse". Ce n'est pas tout; loin de réunir une somme de connaissances relativement abstraites et intemporelles sous les vieilles rubriques de Sacrobosco, Jean Pierre de Mesme enseignait une astronomie élémentaire mais réelle.

Les principales publications allemandes et italiennes de la première moitié du siècle sont citées et utilisées dans son livre; les problèmes du moment, comme celui de la longueur de l'année et de la précession, y sont traités avec un soin particulier. D'autre part, le lecteur auquel il s'adresse n'est pas un collégien, mais plutôt un curieux désireux d'apprendre vraiment à s'orienter dans le ciel, à observer une éclipse, ou bien à comprendre ce que voulaient dire Virgile et Lucain lorsqu'ils évoquaient poétiquement les levers des constellations. Pour répondre à cette attente, les *Institutions* contiennent une foule d'enseignements utiles, exposés avec une précision et une netteté incomparables; elles mettent tant de gentillesse et de patience à expliquer comment se servir d'une table, ou comment dresser un horoscope qu'elles restent le meilleur livre d'initiation à la théorie et à la pratique de l'astronomie ancienne. Livre d'humaniste et de poète qui propose, à titre d'intermèdes, nombre d'imitations en vers français des psaumes, des *Métamorphoses* d'Ovide ou des *Astronomica* de Manilius, elles ne s'approprient pas moins la matière des livres des spécialistes, comme les éphémérides, les tables et leurs canons, ou les traités de l'astrolabe. C'est pourquoi, sans atteindre à la difficulté des grands livres d'astronomie mathématique, elles incitent leur lecteur à faire un petit effort:

> Parquoy je conseille tout bon esprit de sçavoir mesurer, et par especial calculer, et si ne peult entierement, au moins mediocrement: car (comme il est escrit) le Seigneur feit toutes choses par pois, nombre et mesure. Moyennant donq les nombres et mesures tous les passages de ces Institutions astronomiques vous seront ouvers, Amy lecteur [...][46]

Pontus de Tyard

L'Univers de Pontus de Tyard s'écarte plus encore du modèle traditionnel. A la différence des *Institutions astronomiques*, il n'affiche aucune intention didactique, et sa forme n'est pas celle d'un "livre de la sphère". Alors que Jean Pierre de Mesmes avait composé une grande paraphrase de Sacrobosco, et "rangé" sa matière "avec la mesme methode et suyte, que noz autheurs precedens ont de long temps observee et gardee",[47] afin de simplifier l'apprentissage de son lecteur, Tyard n'a cherché qu'à poursuivre la série de ses discours philosophiques en écrivant un nouveau dialogue sur le thème du cosmos.

Après que le *Solitaire premier* eut débattu de la "fureur poétique", très largement conçue comme le moyen d'accéder aux "plus abstraites et sacrees choses auxquelles l'humain Entendement puisse aspirer", voire à la "vraye et

---

[46] *Les Institutions astronomiques*, 1557, f. ê2 v°. Réf. à Sapience, 11: 20.
[47] *Ibid.*

certaine cognoissance de toutes les disciplines",[48] le *Solitaire second ou prose de la Musique* (Lyon, 1555) avait abordé un sujet plus technique et apparemment plus étroit; mais l'exposé des règles mathématiques de la musique grecque s'y concluait par des spéculations sur l'harmonie du monde et celles de l'âme et du corps humain.[49] Le Curieux, personnage récurrent des *Discours philosophiques* et généralement chargé d'y incarner le discours et l'enquête sur la diversité des choses, était responsable de cet élargissement du projet initial.[50] Le troisième dialogue de Tyard abordait plus directement les thèmes cosmologiques. Ce *Discours du temps, de l'an, et de ses parties* (Lyon, 1556) ne se contentait pas de faire discuter abstraitement le Solitaire et Scève sur la nature du temps, il s'intéressait à la façon dont il est mesuré par les révolutions célestes et consigné dans les chronologies et les calendriers.[51] Avec *L'Univers, ou discours des parties et de la nature du monde*, la philosophie naturelle, jusque-là éclipsée par les mathématiques, devenait la matière principale, tandis que le Curieux s'emparait des rênes du dialogue;[52] il s'agissait pourtant de la même exploration des domaines du savoir humain, exploration consciencieuse et déterminée, mais dépourvue d'excessive assurance et toujours disposée à mettre en doute ses propre fondements. Tyard a pu faire l'effet d'un sceptique;[53] et même si ce jugement donne une image trop simple et trop fixe de son attitude envers le savoir, il repose au moins sur une évidence immédiate: ses derniers *Discours* ont abandonné tout projet pédagogique. Une fois disparu le personnage de Pasithée, personne n'y a plus repris le rôle de l'élève attentif; à partir du *Discours du temps*, et surtout à partir de *L'Univers* les participants au dialogue ont tous également le droit de suivre leur propre voie vers la vérité, et de contredire l'opinion des autres.

[48] Pontus de Tyard, *Solitaire premier, ou, prose des Muses, et de la fureur poëtique* (éd. pr. Lyon, J. de Tournes, 1555), éd. Baridon, p. 17-18. Tyard se réfère ici à la tradition platonicienne reformulée dans le *Commentaire sur le Banquet de Platon* de Ficin. Sur les sources des *Discours philosophiques*, voir notamment, K. Hall, *P. de Tyard* ..., p. 60 sq.

[49] Les spéculations sur la *musica mundana* et la *musica humana* étaient normales dans un traité sur l'art musical: il en figurait de telles dans le premier livre du *De musica* de Boèce, qui reste la source principale du *Solitaire second*, mais aussi à la fin du quatrième livre du *De Harmonia musicorum* de Gafurio (1518), au début du *Dodecachordon* de Glareanus (1547) etc.

[50] Le Curieux vient interrompre le dialogue du Solitaire et de Pasithée au début de la leçon sur les modes grecs (éd. Yandell, p. 179), à laquelle il participe; il introduit ensuite le thème de la musique mondaine et humaine que le Solitaire avait écarté au départ (éd. cit. p. 215). Le Curieux est une figure ambivalente qui incarne aussi bien l'aspiration fondamentale et légitime à la connaissance universelle que la vanité de l'éparpillement et l'excessive subtilité. Sur ce point, voir K. Hall, *op. cit.*, notamment p. 35-53; S. Bokdam, "La figure du Curieux ...".

[51] Il parle notamment de la réforme du calendrier (*Discours du temps*, Lyon, de Tournes, 1556, p. 79). - Sur ce texte, voir V.-L. Saulnier, "Maurice Scève vu par Pontus de Tyard ...".

[52] Cette promotion du Curieux, chargé de l'exposé substantiel de la doctrine, alors qu'il ne jouait qu'un rôle discret dans le *Solitaire second*, s'exprime dans les titres des deux parties du livre: *Le premier Curieux* et *Le second Curieux*.

[53] H. Busson (*Le rationalisme* ..., p. 400-406) juge le fait évident, et il décèle une forte influence de l'averroisme padouan sur notre auteur. La discussion a été reprise par K. Hall (*P. de Tyard....*) et par S. Bokdam ("La figure du Curieux..."; voir ainsi l'introduction à son édition du *Mantice* de Tyard). F. J. Baumgartner, ("Scepticism and french interest...") établit un lien entre le scepticisme de Tyard et son intérêt pour Copernic. - Voir aussi *infra*, p. 157.

L'entreprise de Pontus de Tyard possédait bien sûr quelques traits communs avec celle de Jean Pierre de Mesmes. Dans l'édition de 1578, la dédicace du *Second curieux* à Henri III développait des arguments analogues en faveur du français. Après Du Bellay, après Peletier et après le modeste auteur des *Institutions*, Tyard y exprimait le désir d'ouvrir à sa langue le registre philosophique, au lieu de la limiter "au froid récit de quelques plaisans contes, ou à la plainte de quelque amoureuse langueur",[54] et de l'enrichir à cette fin, en suivant l'exemple des Romains.[55] Il reprenait aussi l'idée des avantages irremplaçables de la langue maternelle:

> chacun exprime en sa langue naturelle plus naifvement les imaginations de son esprit, qu'en un langage aprins, tant prompt et familier le puisse-il avoir. Et de mon advis celuy tesmoigne trop de son servile et esclave naturel, et combien il a la langue dure et miserablement empeschée, non sans tache de vaine ostentation qui tasche de s'expliquer mieux en un langage estranger qu'au sien propre, mesmes entre ceux qui le sçavent entendre.[56]

D'autre part, *L'Univers* aborde souvent les mêmes sujets que les *Institutions*, et parfois dans le même ordre: l'organisation générale du monde et la distinction de "la celeste et elementaire region",[57] la rondeur des sphères étroitement emboîtées,[58] l'hypothèse du mouvement de la terre,[59] l'estimation du nombre des cieux liée au problème de la précession et de la "trépidation",[60] les cercles imaginaires,[61] l'ordre des planètes et leurs cours et qualités,[62] les dimensions cosmiques,[63] les éclipses,[64] ou encore la nature de la Voie lactée.[65] Cependant il s'y mêle d'autres éléments qui dépassent la portée d'un traité de la sphère, comme la discussion sur l'infini,[66] sur la substance éthérée, la solidité des sphères et la réalité des déférents et

---

[54] *L'Univers*, éd. Lapp, p. 128.

[55] *Ibid.*, p. 129: "Et quelle encre ont-ils employé pour escrire leurs livres? Je veux dire en quel style ont-ils publié la cognoissance qu'ils avoyent des doctrines? Ce n'a esté en tel langage qu'ils discouroyent de leurs privez affaires entre leurs domestiques. Ils hausserent vrayment et esleverent les façons de parler, ils s'enrichirent de mots bien choisis, et balancerent leurs parolles de mieux mesurée, plus aggreable, et plus douce cadence: la lettre missive, ou epistre familiere, l'oraison, et le discours philosophique, avoyent chacun leur propre et peculiere mode."

[56] *Ibid.*, p. 128-129.

[57] *Ibid.*, p. 5.

[58] *Ibid.*, p. 8-9

[59] *Ibid.*, p. 9-10 et p. 100-105.

[60] *Ibid.*, p. 10-16. Sur précession et trépidation, voir *infra*, ch. XX.

[61] *Ibid.*, p. 17.

[62] *Ibid.*, p. 23-43. Sur ce chapitre, Tyard n'hésite pas à entrer sur le terrain des *Théories des planètes*, et à expliquer stations et rétrogradations grâce au schéma excentrico-épicyclique (p. 24-27, p. 37-39, à propos de Vénus et Mercure, et p. 42, à propos de la lune).

[63] *Ibid.*, p. 37.

[64] *Ibid.*, p. 43.

[65] *Ibid.*, p. 80-81.

[66] *Ibid.*, p. 5-8. La question de l'infini, strictement réservée aux philosophes, est traitée dans le premier livre du *De Caelo*, mais Tyard n'a pas imité la méthode d'Aristote, ni reproduit ses arguments, il a réuni son propre corpus de sources et d'exemples, faisant appel à l'*Arénaire* d'Archimède aussi bien qu'à l'*Hymne de l'Eternité* de Ronsard.

épicycles,[67] où sont largement accueillies les idées venues des horizons stoïcien et platonicien. Et surtout le propos de l'auteur s'y révèle plus ambitieux. Là où *Les Institutions* se contentent de décrire sommairement la machine du Ciel et de donner à son lecteur le moyen d'observer et de comprendre ses phénomènes ordinaires, *L'Univers* s'intéresse à des secrets moins accessibles; c'est pourquoi le *Premier curieux*, consacré à la philosophie naturelle, est suivi d'un *Second Curieux [...] traitant des choses intellectuelles*. L'on y débat de l'âme humaine, des correspondances entre macrocosme et microcosme, de Dieu, de la Création et de la fin du monde.[68]

Le préambule de *L'Univers* tient un discours comparable à celui du "proëme" des *Institutions*, et même à celui de nombreux "éloges de l'astronomie", chargés d'introduire de plus humbles traités. Si l'un exalte la dignité de l'homme et les pouvoirs de son esprit pour justifier sa vocation à arpenter intellectuellement l'univers et son espoir d'être initié à de plus hauts secrets,

> L'homme sur toutes créatures doit infiniment admirer, reverer, et remercier la seule bonté de son Createur, pour avoir esté faict vray simulacre et image de sa divinité et du monde. Il est vray image de Dieu par intelligence et par action. L'homme, quand bon luy semble, peult par intelligence sans bouger d'un lieu passer tout le grand Ocean à pied sec: il traverse les entrailles de la terre: il monte au ciel sans ailes: il va et revient avec les revolutions des Cieux: il ne craint leur impetuosité ordinaire, ny l'ardeur du Soleil, ny la haute capacité de ce grand univers: ains passant oultre, va penetrant les grans secrets de la divine majesté, et se met au rang de la grande Hierarchie des anges [...][69]

l'autre affirme que "l'homme est nay pour contempler le monde", que son esprit "doit se nourrir de la cognoissance des causes et puissances";[70] et les premières paroles qu'il fait prononcer au Curieux rappellent, suivant la doctrine de Platon, que les disciplines mathématiques occupent le sommet du système des connaissances et quelles conduisent au seuil de la théologie,

> Quel autre chemin, je vous prie, plus droict nous meine à la theologie, que l'astronomie et ses servantes? Veu qu'elles seules en leur demonstrations, qui ont hors tout doute la raison pour fondement, descouvrent, comme vous diriez à nud, la prochaineté des substances immuables, perpetuelles, et impassibles, aux mouvantes, temporelles, muables et passibles, et, comme favorisant, pour non dire prevenant, la theologie, nous eslevent au plus haut degré de perspicacité, enamourant nos âmes de la divine beauté.[71]

Mais Jean Pierre de Mesmes n'a songé qu'à élaborer un superbe frontispice, pour donner de l'éclat et du sens à un projet en soit fort raisonnable, qui respecte les frontières instituées par la tradition entre les

[67] *Ibid.*, p. 45-48.
[68] *Ibid.*, p. 134-143, 144-172, 172-192.
[69] J. P. de Mesmes, *Les Institutions astronomiques*, Paris, 1557, f. â3 r°.
[70] Pontus de Tyard, *L'Univers*, éd. Lapp, p. 1 et 2. Sur ces motifs, voir le chapitre suivant.
[71] *Ibid.*, p. 3-4. Les "servantes" de l'astronomie, ce sont l'arithmétique et la géométrie.

disciplines; tandis que Pontus de Tyard semble presque avoir énoncé un programme.

Du ciel en prose au ciel en vers

Il n'y a jamais eu de mathématiques dans la poésie du XVIème siècle, et personne, ou presque, n'a osé y dépasser le niveau des traités de la sphère. Le *Microcosme* de Scève se singularise lorsqu'il introduit dans sa leçon d'astronomie le jargon, sinon la substance, des *Theoricae planetarum:*

> Chacune se mouvant sous divers orbe errant,
> Concave, ou convexé, ou l'Oge deferant,
> Selon la ligne equant, ou la diversité
> Epicyclant le tour de l'eccentricité
> Pour suivre lentement son cours stationaire
> Trepignant retrograde au tour orbiculaire [...][72]

Les poètes avaient bien trop conscience des deux risques majeurs que leur faisaient courir les mathématiques et la philosophie, à savoir l'âpreté et l'obscurité, pour beaucoup s'inspirer de cet exemple. Même l'entreprise d'un Lucrèce, qui fuit pourtant l'abstraction et la technicité, leur semblait remarquablement courageuse:

> Les faits de la Nature se peuvent aussi traiter en Poésie: combien encore que l'âpreté des termes et la contrainte de la matière, qui est sans ornements et figures, fasse que l'entreprise est rare pour le Poète. Si est-ce pourtant que Lucrèce y a assez heureusement traité ses conceptions Epicuriennes, selon la pauvreté de la langue de son temps, dont il se plaint.[73]

Ce jugement est d'une prudence remarquable, car il est formulé par l'auteur d'un tout récent poème philosophique expérimental, *L'Amour des amours*. Or quelques chapitres plus loin, le spectre de l'obscurité est évoqué après celui de l'âpreté. Peletier accepte entièrement la règle de Quintilien, *Nobis prima sit virtus perspicuitas*,[74] bien qu'il l'interprète en fonction de sa propre expérience[75] et de sa sympathie pour les courants novateurs de son temps, pour qu'il n'encourage pas les poètes au prosaïsme, ni les lecteurs à la paresse:

---

[72] Maurice Scève, *Microcosme* (1562), III, v. 151-156; éd. Giudici, p. 216. A.-M. Schmidt (*La poésie scientifique...*, p. 183) et V.-L. Saulnier (*Maurice Scève*, t. I p. 483, t. II, p. 234) ont rapproché ce texte du chapitre de la *Margarita* de Reisch sur le mouvement de Saturne (l. VII, 1, 28). La *Margarita*, comme on l'a vu, est de toute façon une adaptation de Peurbach et reprend son vocabulaire. Sur la valeur de ce langage pédant et obscur, voir *infra*, p. 378-9.

[73] Peletier, *L'Art poëtique* (1555), l. I, ch. 3 (éd. F. Goyet, *Traités de poétique ...*, p. 249).

[74] Quintilien, VIII, 12, 22.

[75] Peletier a aussi affronté le problème de l'obscurité dans ses livres mathématiques en français; il avait déjà cité Quintilien dans son *Aritmetique* de 1549: "la premiere vertu de l'oraison c'est la perspicuité" (éd. de 1552, p. 28, cité par A. Boulanger dans son éd. de *L'Art poëtique*, Paris, 1930, p. 126, note 2).

[...] Comme donc nous avons dit la clarté être le plus insigne ornement du Poème: ainsi l'obscurité se comptera pour le premier vice [...]. Mais il y a manière de juger les obscurités. Car si le Poète n'use point de mots trop loin cherchés, ni trop affectés, ni impropres: s'il n'est point trop bref: s'il a suivi bon ordre (qui sont les points qui garantissent d'obscurité): alors s'il n'est entendu, ce sera la faute du Lecteur et non pas de l'Auteur. Comme si pour quelque fable alléguée par atteinte: *si pour quelque noeud de Philosophie mis par enrichissement*: si pour quelque histoire touchée par bref incident: somme, si pour quelque bonne allusion le Lecteur est tard à comprendre: qu'il s'en accuse, et non pas l'Auteur: lequel plutôt serait accusable, s'il avait écrit trop au long: et s'il enseignait comme en une Ecole [...][76]

Un tel passage autorise aussi bien les tentatives de la nouvelle poésie philosophique[77] que les audaces pindariques d'un Ronsard, mais il avertit clairement des limites à ne pas franchir: passé un certain degré de difficulté, "l'Auteur" ne se mettrait-il pas lui-même dans l'obligation "d'enseigner comme en une Ecole"? Le bon sens invitait donc à se contenter d'une doctrine qu'un lecteur de bonne volonté pût comprendre sur une simple allusion; et la doctrine de Sacrobosco convenait parfaitement dans sa simplicité. Moins courageuse que celle de Lucrèce (ou de Giordano Bruno), la poésie française du XVIème siècle a rarement cherché à changer la vision du monde de ses contemporains, ou à lui inculquer une autre philosophie: au début, ce fut peut-être en partie pour s'épargner de laborieuses explications, et à la fin, le tabou du didactisme une fois surmonté, ce fut par un conservatisme délibéré et par ignorance.

Essayer de poursuivre à travers les textes l'image du monde des poètes serait donc une entreprise excessivement répétitive. D'un auteur à l'autre, les styles peuvent varier, mais l'objet semble toujours le même: c'est le ciel d'Aristote et de Sacrobosco, pourvu de ses caractéristiques immuables, et décrit de façon à ne jamais dépayser le lecteur, à ne jamais l'effaroucher par une technicité rebutante. Unique, fini et rond, il propose sa boule familière, aussi bien chez Ronsard:

> Tu prens tout, tu tiens tout dessous ton arche ronde
> D'un merveilleux circuit le Terre couronnant,
> Et la grand'Mer qui va la terre environnant,
> L'air espars, et le feu: et bref, on ne voit chose,
> Ou qui ne soit à toy, ou dedans toy enclose [...][78]

---

[76] L. I, ch. 10: *Des vices de poésie* (éd. Goyet, p. 279, nos italiques). - Sur les problèmes posés par la poésie didactique, voir *infra* le chapitre X.

[77] Ce n'est pas un hasard si l'éloge de Lucrèce, montré comme un modèle de poète en avance sur son temps, se glisse encore à cette occasion: "Vrai est que Lucrèce est grandement louable, vu le temps où il a vécu et le Sujet qu'il a choisi, de soi obscur et maltraitable: et se connaît bien à son style combien il est mieux né, celui qui approche en avant, encore qu'il n'arrive jusqu'au but: que celui qui est, tant soit peu passé [...]" (*Ibid.*, p. 280).

[78] Ronsard, *Hymne du ciel*, v. 94-98 (éd. Laumonier, t. VIII, p. 147).

que chez Du Bartas:

> O beau Rond cinq fois double [...]
> Qui bornes, non borné, d'un grand tour toute chose,
> Qui tiens, toute matiere en toy, ou sous toy close [...][79]

Il est constitué de sphères où sont enchâssés les astres, depuis le jour où Jupiter

> D'un lien aimantin leurs plantes attacha,
> Et comme de grans cloux dans le Ciel les ficha, [...][80]

ou mieux, depuis la Création:

> Donques tant de brandons n'errent à toute bride
> Par la claire espaisseur d'un plancher non solide,
> Tout ainsi que çà-bas d'un branslement divers
> Les oiseaux peinturez nagent entre deux airs:
> Ains plustost attachez à des rouantes voutes
> Suyvent et nuict et jour, bon-gré mau-gré, leurs routes:
> Tels que les clous d'un char, qui n'ont point mouvement
> Que comme estans roulez d'un autre roulement.[81]

Bien qu'ils soulignent volontiers la diversité des mouvements célestes et leur harmonieuse complexité, les poètes en décrivent fort sommairement le mécanisme. Aussi modestes que Sacrobosco, ils se contentent d'opposer à la révolution diurne, causée par le premier mobile, les révolutions particulières des autres sphères. Chez Ronsard, la simplification du contenu est voilée par un style allusif qui suggère une réalité moins facilement saisissable:

> De ton bransle premier, des autres tout divers,
> Tu tires au rebours les corps de l'Univers,
> Bien qu'ilz resistent fort à ta grand'violence,
> Seulz à-part demenans une seconde dance,
> L'un deçà, l'autre là, comme ilz sont agitez
> Des discordans accordz de leurs diversitez [...][82]

Tandis que les poètes de la fin du siècle détaillent la leçon et ne laissent subsister aucun flou

> Or ainsi que le vent fait tournoyer les voiles
> D'un moulin equipé de sou-souflantes toiles [...]
> Ainsi le plus grand ciel, dans quatre fois six heures
> Visitant des mortels les diverses demeures,
> Par sa prompte roideur emporte tous les cieux

---

[79] *La Sepmaine*, 2d Jour, v. 979 et 990-991.
[80] Ronsard, *Hymne des astres*, v. 83-84; éd. Laumonier, t. VIII, p. 153.
[81] Du Bartas, *La Sepmaine*, 4ème Jour, v. 113-120.
[82] Ronsard, *Hymne du Ciel*, v. 35-40; éd. Laumonier, t. VIII, p. 143.

Qui dorent l'Univers des clers rais de leurs yeux:
Et les traine en un jour par sa vistesse estrange,
Du Gange jusqu'au Tage, et puis du Tage au Gange.
Mais les ardans flambeaux qui brillent dessous luy,
Faschez d'estre tousjours sujets au gré d'autruy,
De ne changer jamais de son, ni de cadance,
D'avoir un mesme Ciel tousjours pour guide-dance,
S'obstinent contre luy: et d'un oblique cours,
Qui deçà, qui delà, marchent tout au rebours:
Si bien que chascun d'eux (bien qu'autrement il semble)
En un mesme moment marche et recule ensemble,
Monte ensemble et descend et d'un contraire pas
Chemine en mesme temps vers Inde et vers Athlas.[83]

Le même monde, le même ciel se retrouvent donc toujours, malgré les variantes qui affectent telle ou telle description.[84] La couleur stoïcienne domine parfois chez Ronsard[85] qui imagine un ciel de feu, un ciel vivant et distillant une vertu fécondante:

Du grand et large tour de ta celeste voûte
Une ame, une vertu, une vigueur degoute
Tousjours dessur la terre, en l'air et dans la mer,
Pour fertiles les rendre et les faire germer:
Car sans ta douce humeur qui distille sans cesse,
La terre par le temps deviendroit en vieillesse [...][86]

---

[83] Du Bartas, *La Sepmaine*, 4ème Jour, v. 303-304 et 315-330. - Voir aussi Isaac Habert, *Les Météores* (1585), f. 4 v°:

Sur tous ces quatre corps la grand' Sphere des Cieus
Tournoie incessamment d'un tour laborieus,
Les cercles inegaus des flammes argentees
Font apres dessous luy leurs courses limitees,
Et biaisant le rond de ce large Univers
S'esclatent de raions en courant de travers.
Le Ciel premier mouvant d'une viste carriere
En seize heures et huit finit sa course entiere
Du Gange vers Atlas, entrainant quant et soy
Les Cieus courbez sous luy qui reçoivent sa loy,
Mais obstinez à part usant de resistance
De l'Espagne à l'Aurore ils font une autre dance.

[84] De telles variantes, par rapport à la norme aristotélicienne, étaient tout à fait admissibles, surtout dans un texte poétique, étant donné l'eclectisme régnant.

[85] I. Silver a tenté une étude générale de la cosmologie de Ronsard qui met au jour les divers courants d'idées auxquels il se rattache (voir notamment *Three Ronsard Studies*, p. 11-107. Sur les limites d'une telle enquête, voir *infra*, p. 259 sq.

[86] *Hymne du Ciel*, add. de l'éd. de 1587 (après le v. 100); éd. Laumonier, t. VIII, p. 147. A rapprocher de Pline, II, ch. 1. Cf. le v. 45 de l'éd. originale ("D'un feu vif et subtil ta voute est composée"), qui s'écarte de la thèse aristotélicienne de la quintessence. Voir aussi les v. 87-93 (Tu n'as en ta grandeur commencement ne bout, / Tu es tout dedans toy, de toutes choses tout, / Non contrainct, infiny, faict d'un finy espace, / Qui sans estre borné toutes choses embrasse, / Sans rien laisser dehors, et pour ce, c'est erreur, / C'est peché contre toy,

La couleur platonicienne s'impose dans l'*Encyclie* de La Boderie qui développe une conception de l'Ame du monde découlant de celle du *Timée*:

> Puisqu'il demeure vray que la grand'Ame soit
> Dedans et hors le Monde, et puisqu'elle reçoit
> Entre le courbe ply de son estente large
> Autres Ames qui vont coulantes en la marge
> De son sein épanché, ainsi que meint ruisseau
> Qui couleroit amont contre le fil de l'eau
> D'une grosse riviere [...][87]

Cette diversité reflète celle des traités contemporains: Jean Pierre de Mesmes et Pontus de Tyard concèdent aussi une large place aux idées stoïciennes et platoniciennes. Elle ne remet pas profondément en cause le principe de la répétition, de la permanence et de l'uniformité. Qu'elle s'y réfère allusivement ou qu'elle les imite à sa façon, la poésie des étoiles s'inscrit dans la perspective des livres de la sphère; elle évoque le même ciel, simple, compréhensible et presque maniable.

c'est fureur, c'est fureur, / De penser qu'il y ait des mondes hors du Monde [...]), qui paraphrasent le début du livre II de l'*Histoire naturelle*.
[87] *L'Encyclie*, Anvers, Plantin, 1571, p. 102.

CHAPITRE TROISIÈME

ÉLOGES I: ASTRES, THÉOLOGIE ET DIGNITÉ HUMAINE

Voyez oyseaus planer, aucuns s'apesantir
Et raser les estangs, et l'Aigle tant connue
D'oeil percer le Soleil, et des ailes la nue.[1]

En plaçant au seuil de son livre de la sphère un vibrant éloge des pouvoirs de l'esprit humain, tout inspiré par les écrits hermétiques, Jean Pierre de Mesmes sacrifiait à une vieille coutume; et Pontus de Tyard n'avait pas non plus songé à s'y dérober, bien que son *Univers* ait été d'une conception assez neuve: il avait simplement choisi un autre *topos* pour exalter son sujet, celui de la proximité entre astronomie et théologie.[2] Il est bien naturel qu'une discipline et les ouvrages qui en traitent cherchent à se valoriser en soulignant leur noblesse, leur intérêt et leur utilité; c'est même une règle élémentaire de rhétorique que les auteurs et les professeurs du XVIème siècle se gardaient d'oublier. Qu'il s'agît de médecine, de musique ou de grammaire, ils trouvaient toujours de bons arguments pour nourrir leurs préfaces et leurs leçons inaugurales. Mais les astronomes et les philosophes du cosmos étaient spécialement favorisés. Ils disposaient d'une collection de thèmes non seulement riches et variés, mais universellement reconnus.

Un escrimeur ou un grammairien pouvaient bien prétendre que leur art visait le bien général et faisait honneur au genre humain; ils ne devaient s'attendre à convaincre qu'un public limité et relativement spécialisé. Tandis que l'astronome était sûr de recevoir une approbation quasi unanime lorsqu'il entonnait son hymne professionnel. Un lecteur rebelle aux mathématiques n'éprouvait pas pour autant de l'indifférence envers les astres; il se sentait regardé par eux, se réjouissait de les voir domptés par les calculs de plus savants que lui, et en tirait même un certain orgueil. Il n'avait pas grand mal à accorder une importance essentielle à la science de ces

---

[1] La Boderie, *L'Encyclie*, Anvers, 1571, p. 19.
[2] Les prologues des *Institutions* et de *L'Univers*, sont cités *supra* p. 48.

beaux objets, en songeant que, sans elle, l'idée même de l'homme, de sa vocation originelle et de ses fins dernières, n'auraient pas atteint leur perfection. C'est tout au moins le sentiment qu'on gagne à parcourir la littérature du XVIème siècle. L'éloge de l'astronomie n'y reste pas enfermé dans les livres spécialisés, il se répand largement au-dehors, comme si c'était un bien commun. Une telle *diaspora* des *topoi* n'a sûrement pas suffi à déterminer l'engouement des poètes pour le cosmos, nous dirons simplement qu'il révèle une orientation favorable. Le ciel de la Renaissance, largement hérité de la tradition, s'offrait comme un objet privilégié: philosophiquement important, universellement glorifié, encore assez formidable pour tenter un courage héroïque, mais déjà apprivoisé par la littérature. "L'honneur nourrit les Arts, nous sommes tous par la gloire enflammez à l'étude des Sciences, et ne s'elevent jamais les choses qu'on voit estre deprisées de tous".[3]

L'astronomie, science première

Les astronomes pouvaient se prévaloir d'une ancienneté exemplaire puisque la science des astres passait pour la première que Dieu eût enseignée à Adam ou à ses fils.[4] Dans le *Microcosme* de Scève, Adam, à peine réveillé du songe prophétique qui l'a consolé de la mort d'Abel, raconte à Eve l'histoire de leur descendance, puis il aborde le chapitre des "Inventions, et arts, mesmement libéraux":[5] sa première leçon traite des "revolutions des signes syderaux"

> Pour lesquels luy monstrer la soustenant la meine
> Sur le mont descouvrant et le ciel, et la plaine.
> Mais montans pas à pas se reposent à l'ombre
> Un peu cy, un peu là, attendant la nuict sombre.
> Et ce pendant assis son alaine il reprent:
> Puis Astronome au ciel son voyage entreprent [...][6]

Adam et Eve, éprouvés par le deuil, échappent au désespoir en prenant conscience du vaste champ de l'histoire à venir; or cette ouverture de l'horizon temporel s'accompagne du besoin d'explorer le cadre spatial jusqu'en ses confins. Apparue avant toutes les autres sciences, l'astronomie se manifeste comme la plus nécessaire à l'homme qui ne serait pas achevé sans elle, mais qui n'aurait jamais pu l'inventer de par ses propres forces:

> Certains affirment que Dieu insuffla à Adam, fraîchement modelé du limon, la connaissance des mouvements célestes, parce qu'elle <lui> était nécessaire, en même temps que le souffle divin lui donnait la vie avec les facultés de l'âme.

---

[3] Du Bellay, *La Deffence...*, II, 5 (éd. Chamard, p. 133), d'après Cicéron, *Tusculanes*, I, ii, 4. Avouons que la citation est ici légèrement détournée de son sens. Du Bellay pense surtout aux encouragements que les princes devraient dispenser aux poètes.
[4] Sur la fortune de cette idée, voir S. Bokdam, "Les mythes ...", p. 57-72.
[5] Scève, *Microcosme*, III, v. 35; éd. Giudici, p. 212.
[6] *Ibid.*, v. 36-42.

> Qui pourrait attribuer en effet un si grand <mérite> à l'industrie de l'homme ou à
> la sagacité de son esprit qu'il l'affirmerait capable de comprendre les si grands
> mystères du Dieu créateur, sans que <ce> maître et plasmateur lui serve
> d'interprète ou le conduise par la main?[7]

Un peu plus tard, quand les vices de l'humanité sont noyés sous le
Déluge, la doctrine céleste est soigneusement conservée, pour avoir été
gravée sur des colonnes de brique et de pierre par les enfants de Seth.[8] De
toutes les sciences, en effet, seules les mathématiques (c'est-à-dire
l'arithmétique, la géométrie, l'astronomie et la musique) survivent à la
catastrophe. C'est dire l'importance primordiale de ces

> Quatre filles du Ciel, quatre soeurs les plus belles,
> Que l'Esprit eternel d'un double esprit ysseu
> Ait engendré jamais, et nostre ame conceu.[9]

Du Bartas, qui rappelle cette aventure du savoir englouti et retrouvé, accorde
d'ailleurs visiblement la prééminence à l'astronomie. La prière initiale des
"Colomnes" ne fait allusion qu'à elle seule:

> O Pere de lumiere, ô source de doctrine [...],
> Il est tems qu'espuré des passions humaines,
> Par les brillans climats du Ciel tu me promenes:
> Que bien-heureux j'accolle Uranie, et ses soeurs:
> Que j'enyvre mes sens des charmeuses douceurs
> Des Syrenes du Pole: et qu'en paix je contemple
> Le lambris estoillé d'un si superbe temple:
> A fin que tout ainsi que nos premiers ayeux
> Receurent de ta main les loix du cours des cieux,

[7] Johannes Stadius, *Tabulae Bergenses*, Cologne, héritiers d'Arnold Birckmann, 1560, p. 1:
"[...] Sunt qui Adamum jam recens e limo effictum, simul atque animae facultatibus divina
aspiratione animaretur, motum caelestium cognitionem affirment DEUM ut necessariam
inspirasse. Quis enim hominis industriae, aut ingenii sagacitati tantum tribuerit, ut ex suae
naturae dotibus, tantorum numinis et opificis mysteriorum capacem, sine gubernatoris aut
efformatoris interpretatione, aut *cheiragôgè* adfirmaverit?"
[8] Voir Flavius Josèphe, *Les Antiquités judaïques*, I, 2. Ce récit, sur lequel s'appuiera Du
Bartas, dans la *Seconde Semaine*, était très connu. Il est rapporté à deux reprises dans le *De
inventoribus* de Polidoro Vergilio (ed. pr. 1499): à propos de l'invention de l'astronomie (l.
I, ch. 17: "[...] à primordio statim orbis, liberi Seth, Adami primi hominis filii, teste
Josepho authore sane gravissimo, in primo antiquitatum, disciplinam rerum coelestium
primum invenerunt [suit l'histoire des colonnes]", éd. Lyon, Seb. Gryphius, 1546, p. 56), et
à propos de celle de l'alphabet: si l'invention des lettres hébraïques devait être attribuée à
Abraham, d'après Philon, l'existence des colonnes posait le problème d'une écriture
antédiluvienne; voir M. L. Demonet, *Les voix du signe* ..., p. 53. - Sur Vergilio et le genre de
l'heurématologie, voir B. Copenhaver, "The historiography of discovery ...". - En 1574,
Tycho Brahe citait encore ce récit dans sa leçon inaugurale à l'université de Copenhague: "Ut
enim de Astronomiae vetustissima origine primum dicamus, quid Adamo ejusque filiis
antiquius? Ex quibus Seth siderum cognitionem invenisse et posteris tradidisse, ab eodem, de
quo diximus, Josepho asseritur [...]" (éd. Dreyer, t. I, p. 147-148).
[9] Du Bartas, *La Seconde Semaine*, VIII, v. 74-76. Le v. 75 fait allusion au dogme de la Trinité
(à l'Esprit Saint qui "procède du Père et du Fils", selon les termes du *Credo*).

> Tu me dictes un vers, qui grand et beau responde
> Aux grandeurs et beautez des plus clairs feux du Monde.[10]

Le poète, reprenant une image platonicienne, affirme que l'arithmétique et la géométrie lui servent d'ailes,[11] et il lui consacre la plus grande partie de son chant.[12] Tenant compte de cette primauté des mathématiques, La Boderie leur consacre le premier cercle de sa *Galliade*, qui raconte l'histoire circulaire des arts et des sciences, depuis leur perfection première (et antédiluvienne) jusqu'à leur nouvel épanouissement dans la France des Valois,[13] et c'est à leur propos qu'il rappelle à son tour l'artifice des colonnes.[14]

La grande antiquité de l'astronomie ne la rendait pas seulement vénérable, elle manifestait sa supériorité sur d'autres disciplines plus tardivement nées, ou tout simplement dérivées. Rien n'était plus beau qu'une science directement "engendrée" par l'Esprit Saint, une science, sinon éternelle, du moins contemporaine de la Création, comme le disait Regiomontanus dans la leçon inaugurale d'un cours sur Alfraganus:

> Entre toutes ces disciplines, l'Astronomie, comme une perle, précède de loin non seulement ses soeurs, je veux dire les sciences moyennes, mais encore la Géométrie et l'Arithmétique, mères de toutes les disciplines, elle dont nous ne réussissons pas à découvrir l'origine, pour sa trop grande antiquité, de sorte qu'on n'aurait pas tort de la croire éternelle, ou créée avec le monde.[15]

Sa qualité de savoir premier ne l'empêchait pas d'entretenir des relations particulièrement riches avec l'histoire humaine. Regiomontanus, dans le même discours, montrait comment l'astronomie s'était développée au cours du temps. Après avoir rendu hommage à ses héros mythiques, Abraham, Prométhée, Atlas et Hercule, il n'en affirmait pas moins le rôle fondateur d'Hipparque et de Ptolémée:

[10] *Ibid.*, v. 5 et 9-18.

[11] *Ibid.*, v. 241-242: "[Or d'autant] Qu'homme ne peut monter sur les croupes jumelles / Du Parnasse estoillé, que guindé sur leurs ailes [...]".

[12] v. 237-672 (l'arithmétique et la géométrie occupent les v. 77-236, la musique les v. 679-746).

[13] Pour La Boderie, qui suit ici l'enseignement de Postel, toute la civilisation s'est répandue dans le monde grâce aux Gaulois. Ceux-ci ont reçu la science de Dis ou Samothes, petit-fils de Noé venu s'établir chez eux après le Déluge: "Eux la tenoient de Dis, Dis de son pere Atlant, / Atlant du bon Noach, et Noach pere-grand / Sur les vieux fondemens l'avoit plus haut bastie / Depuis les fils de Seth [...]". Samothes est donc bien le père de l'astronomie, c'est lui "Qui du Prince des Arts est l'Autheur et le Prince, / De la Mathematique assise en union / Dessus la verité, non sur l'opinion, / Et qui tient le milieu en sa riche peinture / Entre l'Art sainct de Dieu, et l'Art de la Nature" (*La Galliade*, Paris, 1578, f. 28 r°-v°).

[14] *Ibid.*, f. 28 r°.

[15] "Inter omnes hasce disciplinas Astronomia instar margaritae non modo sorores suas, reliquas inquam scientias medias, verumetiam omnium disciplinarum matres Geometriam et Arithmeticam longe antecellit, cujus ortum prae vetustate nimia haud satis comperimus, ita ut aeternam aut mundo concreatam non inique putaveris", Regiomontanus, "Oratio habita Patavii in praelectione Alfragani", dans Alfraganus, *Rudimenta astronomica*, Nuremberg, 1537, f. b1 v° (facsimilé Schmeidler, p. 46). Sur ce discours, voir P.L. Rose, *The Italian Renaissance* ..., ch. 4; N.M. Swerdlow, "Science and humanism ...".

Mais on estimera à bon droit qu'Hipparque de Rhodes est le premier père de cette discipline, tandis que Ptolémée d'Alexandrie est son prince et auteur. En effet, avant Hipparque, bien peu des mouvements des astres a été convenablement étudié [...][16]

Puis il déroulait la liste de ceux qui avaient apporté une contribution significative à la discipline: Théon d'Alexandrie, Albategnius et Alfraganus, Pietro d'Abano et Giovanni de Dondi.[17] Tycho Brahe, dans sa leçon inaugurale de 1574, *De disciplinis mathematicis*, suivait encore la même démarche: c'était une chose que de spéculer sur la parfaite science de nos premiers pères, en suivant Flavius Josèphe et Philon,[18] c'en était une autre que de faire l'histoire de la discipline, à partir de ses textes majeurs. La seconde méthode donnait la vision sensiblement différente d'une astronomie grecque (et non pas juive, ni même égyptienne), qui s'était lentement constituée et dont les héros s'appelaient Ptolémée et Copernic:

Mais pour nous en tenir à ce qui est parvenu jusqu'à nous de la science des astres, on jugera que Timocharis <est venu> d'abord, d'après Ptolémée, et qu'ensuite Hipparque de Rhodes a été son père le plus important [...]. Grâce à ses découvertes et à ses travaux, qu'il a surtout réunis avec les siens, Ptolémée d'Alexandrie a réalisé la synthèse mathématique de cette science, l'a ramenée à des hypothèses certaines, et s'est ainsi acquis une gloire immortelle auprès de toutes les générations futures [...]. Après lui, Albategnius s'est efforcé de restituer plus précisément certaines choses, surtout en ce qui concerne les règles du soleil, de la lune et des fixes. A partir de là, Alphonse, le roi d'Aragon, avec l'aide de ces savants qu'il avait attirés à grands frais, s'occupa de faire dresser ce fatras de tables qui nous est parvenu sous son nom, en s'appuyant principalement sur Ptolémée, et avec d'autres soutiens. Mais de notre temps Nicolas Copernic, qu'on n'aurait pas tort d'appeler un autre Ptolémée [...], a arrangé autrement les hypothèses, grâce à son admirable intelligence, et a si bien restauré la science des mouvements célestes que personne avant lui n'avait plus exactement spéculé sur le cours des astres. En effet, bien qu'il ait construit certaines <hypothèses> contraires aux principes de la physique, comme le repos du soleil au centre de l'univers, le triple mouvement de la terre (avec les éléments et la lune) autour du soleil, et l'immobilité de la huitième sphère, il n'a pourtant rien admis d'absurde en ce qui concerne les axiomes mathématiques

---

[16] "Hipparchus tamen Rhodius, hujus disciplinae primus parens, Claudius autem Ptolemaeus Alexandrinus author atque princeps non injuria praedicabitur. Nam ante Hipparchum pauci admodum astrorum motus expedite contemplati sunt.", f. b1v°-b2r°; facsimilé, p. 46-47.

[17] F. b2 r°; facsimilé, p. 47. Les deux derniers nommés étaient padouans, ce qui permettait à Regiomontanus de faire l'éloge de la cité qui l'accueillait. Sur l'importance de Dondi, voir *infra*, p. 87.

[18] Tycho Brahe, *Oratio* ..., éd. cit., p. 148: "Similia Philo [...] de Abrahamo narrat, quem dum Deum saltem ex coelestium corporum consideratione novisset, et Astronomus esset, Abram primum, postea vero, cum ex Dei peculiari dono Theologus una factus esset, Abrahamum dictum esse". Réf. à Philon, *De Abrahamo*, 18, 82.

[...]. Tout ce que notre époque comprend et connaît des révolutions des astres, a été établi et transmis par ces deux astronomes, Ptolémée et Copernic.[19]

Une telle attitude, alliant une profonde révérence pour une science biblique perdue dans la nuit des temps et une conscience assez vive des réalités historiques, semble avoir été largement partagée. Un personnage beaucoup moins brillant que Tycho Brahe ou Regiomontanus, Lambertus Ludolphus Pithopoeus, qui enseignait à Heidelberg, prononçait en 1589 un éloge comparable des inventeurs de l'astronomie. Après avoir résumé Flavius Josèphe et parlé d'Orion et d'Atlas, il coupait court, pour introduire un exposé historique commençant à Ptolémée: "Sed dimittimus fabulas, ad res factas veniamus".[20] Les "fables" si dédaigneusement rejetées devaient être les fables grecques, et non pas les récits des *Antiquités judaïques*; il n'empêche que les fils d'Adam se retrouvaient situés du même côté que les héros païens. Un tel voisinage ne signifiait pas leur discrédit, ni même peut-être un affaiblissement du prestige de la science biblique; il résultait d'une claire séparation entre deux réalités différentes: l'astronomie idéale, aussi prestigieuse qu'inconnue, et l'astronomie réelle. Pour faire l'éloge de leur discipline, les professeurs avaient avantage à évoquer l'une et l'autre, et ils ne les confondaient pas, tandis que les poètes, qui puisaient dans la même topique mais se conformaient à leurs propres codes, se contentaient plus souvent de la première. La tentative de La Boderie, visant à rattacher par des liens exacts la science de Seth à celle d'Oronce Fine[21] est restée singulière. Poètes ou professeurs acceptaient sans regret, pour la plupart, que les secrets inscrits sur les colonnes eussent sombré définitivement dans l'oubli. L'astronomie, dans sa réalité actuelle, n'était pas une science révélée, mais

---

[19] "Quantum vero ad nos in astrorum scientia pervenit, Timochares primum, citante Ptolemaeo, et deinde Hyparchus Rhodius praecipuus ejus parens censetur [...]. Hujus inventis et considerationibus Ptolemaeus Alexandrinus cum suis potissimum collatis, totam artem in certas hypotheses, unaque in numeros redegit, et immortalem apud omnem posteritatem hinc sibi peperit memoriam [...]. Post illum Albategnius quaedam enucleatius restituere laboravit, praesertim quo ad Solis et Lunae fixarumque normas. Ex quibus Rex Aragoniae Alphonsus per eos quos magnis sumptibus allexerat artifices, pro majori parte assumptis quibusdam a Ptolomaeo, et aliis adminiculis, eam quam adhuc sub ipsius nomine habemus, tabularum farraginem construi curavit. Nostra vero aetate Nicolaus Copernicus quem alterum Ptolomaeum non immerito dixeris [...] admiranda ingenii solertia, hypothesibus aliter constitutis, coelestium motuum scientiam ita restauravit, ut nemo ante ipsum exactius de siderum cursu sit philosophatus. Quamvis enim phisicis principiis quaedam contraria struat, ut Solem in centro universi quiescere, Terram cum admistis elementis et Luna moveri circa Solem motu triplici, octavam sphaeram consistere immotam, tamen quo ad Mathematica axiomata nihil absurdi admittit [...]. Ex his duobus artificibus, Ptolemaeo et Copernico, omnia illa, quae nostra aetate in astrorum revolutionibus perspecta et cognita habemus, constituta ac tradita sunt.", *Ibid.*, p. 149. Sur cette perception historique de l'astronomie, voir N. Jardine, *The Birth of history* ..., notamment p. 158-286.

[20] Lambertus Ludolfus Pithopoeus Daventriensis, *Oratio de astronomia*, Heidelberg, A. Smesmann, 1589, f. D 3 r°. - Henri de Monantheuil combinait également l'hommage à Adam, à Noé et à Seth, et la reconnaissance des traces historiques montrant le progrès de la discipline (*Oratio pro mathematicis artibus*, Paris, D. du Pré, 1574, f. 12 r°-15 r°).

[21] La Boderie établit des filiations et donne l'impression d'une transmission continue en introduisant des listes de savants (f. 28 v°; 31 v°-32 v°).

une science laborieusement construite;[22] c'était probablement la plus belle conquête de l'intelligence humaine, le témoignage le plus sûr de la similitude entre cette intelligence et celle de Dieu. Il n'y avait donc rien d'illogique à combiner ces deux attitudes apparemment contradictoires, de rêver à l'astronomie adamique, tout en reconstituant l'histoire de l'astronomie ptoléméenne. Comme le rappelait encore Du Bartas, dans la *Seconde Semaine*, les mathématiques étaient à la fois engendrées par l'Esprit Saint et conçues par l'âme humaine.[23]

Astronomie et dignité de l'homme

Le discours de Tycho Brahe conclut son évocation historique par un éloge de l'esprit humain, de son aptitude à la contemplation, du zèle inlassable qu'il consacre à la recherche des causes, de sa perfection native qui ne saurait trouver de correspondant parmi les objets sublunaires. Retrouvant tout naturellement des formules virgiliennes et ovidiennes, il vante son origine céleste qui le voue à l'étude des astres.

> C'est pourquoi, d'autant la haute masse éthérée surpasse cette nature inférieure par sa grandeur, sa forme, la loi perpétuelle et admirable de son mouvement, et sa délectable beauté, d'autant doit-on penser, à bon droit, que <l'astronomie> et plus noble et plus excellente que tous les autres arts qui s'occupent de ces objets inférieurs et caducs; elle qui donne une dignité sublime aux esprits qui ne s'attachent pas aux choses basses et terrestres, comme fait le bétail, mais qui possèdent *une vigueur ignée et une origine céleste*. Que pourrait-il y avoir, je le demande, de plus beau et de plus digne de l'homme que de soumettre à son esprit cette immense machine du ciel, le ballet exquis et admirable des luminaires et de toutes les étoiles, et la très plaisante harmonie de leurs mouvements?[24]

---

[22] Nombre de discours similaires retracent sommairement l'histoire de la discipline; voir Luca Gaurico, *Oratio de astronomiae seu astrologiae inventoribus*, 1508 (*Opera*, Bâle, 1575, t. I, p. 1-8); Erasmus Reinhold, préf. aux *Tabulae prutenicae*, Wittenberg, 1551; Johannes Stadius, "Astronomiae aetas, usus, peregrinatio, incrementum, utilitas", préf. aux *Tabulae Bergenses*, Cologne, 1560. La plupart suivent le schéma traditionnel en accordant les plus grandes louanges à Ptolémée puis aux "restaurateurs" de la Renaissance, Regiomontanus et Copernic; Ramus suit au contraire une voie originale en portant aux nues l'astronomie babylonienne (*Prooemium mathematicum*, Paris, 1567, p. 212-216). Voir *infra*, p. 157-8.

[23] Du Bartas, *La Seconde Semaine*, VIII, v. 74-76. Vers cités ci-dessus.

[24] *Ibid.*, p. 150: "Quapropter quam aethera illa moles hanc inferiorem naturam sua magnitudine, forma, motus perpetua et admiranda lege ac delectabili pulchritudine antecellit: in tantum coeteris artibus, quae circa haec inferiora et caduca occupantur, nobilior et praestantior jure meritoque censeri debet: cujus sublimem dignitatem, non humilia et terrae, more pecudum, affixa capiunt ingenia, sed quibus igneus inest vigor et coelestis origo. Quid quaeso pulchrius et homine dignius esse potest, quam immensam illam coeli machinam, luminarium, stellarumque omnium exquisitas et admirandas vicissitudines, motuumque jucundissimas harmonias suo submittere ingenio?". On retrouve dans ce passage le souvenir du discours d'Anchise sur l'Ame du monde: "Igneus est ollis vigor et caelestis origo / Seminibus" (*Enéide*, VI, v. 730-731). Ce texte n'est pas sans rapport avec le récit de la création de l'homme dans le livre I des *Métamorphoses* d'Ovide (I, v. 76-88, voir la note suivante); le poète y formule deux hypothèse: le créateur à pu former "sanctius his animal

Bientôt après vient la citation attendue des *Métamorphoses* d'Ovide, qui met en relation la position debout de l'être humain et sa vocation à contempler les cieux:

> Os sublime dedit, coelosque tueri
> Jussit, et erectos ad sidera tollere vultus.[25]

Dans cet éloge rédigé vers la fin du XVIème siècle se trouvent donc rassemblés presque tous les *topoi* appartenant au genre; *topoi* venus de la tradition platonicienne et qui mettent inlassablement en correspondance, dans un carrousel bien réglé, la beauté de l'objet, celle de son Créateur, celle de la science qui le décrit et celle de l'esprit qui l'appréhende. Tous ces thèmes traversent, comme on l'a vu, les leçons inaugurales, mais aussi les préfaces, afin de donner un peu de lustre à des traités parfois bien modestes, et nos poètes des étoiles et du cosmos n'ont pas manqué de s'en emparer.

L'une de leurs premières sources est le *Timée* qui justifie par les causes finales la structure du corps humain, en privilégiant la tête et, parmi les organes des sens, la vue dont la fonction essentielle est de faire connaître à l'âme la régularité des mouvements célestes, afin qu'elle conçoive les sciences et qu'elle se règle elle-même:

> De fait, la vue, selon mon raisonnement, a été créée pour être, à notre profit, le principe de la plus grande utilité. Car de tous les discours que l'on peut faire maintenant sur le Monde, nul n'aurait oncques pu être tenu, si les hommes n'avaient jamais pu voir, ni les astres, ni le soleil, ni le ciel. Mais dans l'état actuel, ce sont le jour et la nuit, les mois, les périodes régulières des saisons, les équinoxes, les solstices, toutes choses que nous voyons, qui nous ont procuré l'invention du nombre, fourni la connaissance du temps, et permis de spéculer sur la nature de l'univers [...]. Pour nous, nous dirons que la cause en vertu de laquelle le dieu a inventé la vision et nous en a fait présent est la suivante et toujours la même. Ayant contemplé les mouvements périodiques de l'intelligence dans le Ciel, nous les utiliserons, en les transportant aux mouvements de notre propre pensée, lesquels sont de même nature, mais troublés, alors que les mouvements célestes ne connaissent pas de trouble.[26]

Si les yeux sont situés dans la tête, et la tête plantée au sommet d'un corps en station droite; c'est que la tête est le siège de l'âme intelligente,

> cette âme nous élève au-dessus de la terre, en raison de son affinité avec le ciel, car nous sommes une plante non point terrestre, mais céleste. Et en effet c'est du

mentisque capacius altae" soit directement à partir d'un "germe divin" ("divino semine"), soit à partir de "germes célestes" ("semina caeli") encore restés attachés à la terre. L'opposition entre l'homme qui s'intéresse à des objets élevés et les animaux qui regardent vers le bas se trouve dans le même texte d'Ovide (voir la note suivante).

[25] *Ibid.*, p. 151. Ovide, *Métamorphoses*, I, v. 85-86: "Il a donné à l'homme un visage levé; il a voulu qu'il regarde les cieux, qu'il lève les yeux et les porte vers les astres". La citation du premier vers est inexacte: le texte porte: "Os homini sublime dedit caelumque videre". Sur la tradition de ce thème, voir la bibliographie donnée *infra*, notes 31 et 32.

[26] *Timée*, 47 a et 47 b-c; trad. Rivaud, p. 164.

côté du haut du haut, du côté où eut lieu la naissance primitive de l'âme, que le Dieu a suspendu notre tête, qui est comme notre racine et, de la sorte, il a donné au corps tout entier la station droite.[27]

L'anthropologie du *Timée*[28] a été reprise, pour l'essentiel, le *De natura deorum* de Cicéron,[29] dans les *Métamorphoses* d'Ovide, chez Manilius, qui lui donne un sens favorable à la divination,[30] et, au-delà, dans toute une littérature de la *dignitas hominis*,[31] où l'éloge de l'astronomie trouvait naturellement sa place. Son imitateur le plus précis a peut-être été Maurice Scève, dont le *Microcosme* développe l'image de l'arbre renversé:

> Teste en pié racineux et maint endroit persé,
> Qui devoit soustenir cest arbre renversé
> Tiré des cieux cy bas [...][32]

L'arbre revêtu de chair reçoit de l'Esprit Saint l'âme et la vie

> Qui firent ce corps vif bouger, mouvoir, courir,
> Et apte en tout, par tout, et de tout discourir.
> Et de passible actif luy ouvrirent les yeux
> Tournoyans çà et là, et admirant les cieux

---

[27] *Timée*, 90 a-b; trad. Rivaud, p. 225.

[28] Pour une analyse plus complète, voir Festugière, *La révélation* ..., t. II, p. 132-152.

[29] *De natura deorum*, II, 140: "Primum eos humo excitatos et erectos constituit, ut deorum cognitionem, caelum intuentes, capere possint."

[30] Manilius, IV, v. 905-914 (éd. Goold, p. 294): "[...] stetit unus in arcem / erectus capitis victorque ad sidera mittit / sidereos oculos propiusque aspectat Olympum / inquiritque Jovem; nec sola fronte deorum / contentus manet, et caelum scrutatur in alvo / cognatumque sequens corpus se quaerit in astris. / huic in tanta fidem petimus, quam saepe volucres / accipiunt trepidaeque suo sub pectore fibrae. / an minus est sacris rationem ducere signis / quam pecudum mortes aviumque attendere cantus?": "lui seul se tient debout pour donner une citadelle à sa tête; victorieux, il dirige vers les étoiles ses yeux étoilés, regarde l'Olympe de plus près et s'enquiert de Jupiter; il ne se contente pas de la seule apparence des dieux, il scrute les profondeurs du ciel, et, recherchant un corps qui lui soit apparenté, il se cherche lui-même dans les astres. Pour ce <ciel>, nous réclamons autant de foi qu'en reçoivent souvent les oiseaux, et les entrailles qui frémissent sous leur propre poitrine. Est-il moins important de tirer raison des signes sacrés que de s'intéresser à la mort du bétail et au chant des oiseaux?" Les vers 908-909 opposent l'astronomie, qui décrit simplement les apparences célestes, à l'astrologie, qui plonge dans leur signification.

[31] Sur cette question, voir notamment, E. Garin, "La *dignitas hominis* ..."; Ch. Trinkaus, *In our image and likeness* ...; L. Sozzi, "La *dignitas hominis* dans la littérature française ..."; Idem, "La *dignitas hominis* chez les auteurs lyonnais ...".

[32] Scève, *Microcosme*, I, v. 121-123; éd. Giudici, p. 151. Au v. 121, on préfèrerait lire "*en* maint endroit": c'est le *pié racineux* qui est *persé* (par les organes des sens). - Comme l'ont montré H. Staub (*Le curieux désir*, p. 102), et L. Sozzi (art. cit. note 31), l'image platonicienne de la *coelestis planta* a été transmise par une longue tradition; elle se trouve notamment chez Philon: "illud divinum opificium [...] cujus radices conditor in caelum usque protendit, et ad extremam illam fixarum quas vocant stellarum religavit circumferentiam. Solam enim in terris caelestem plantam fecit hominem, caeterarum in terra defixit capita: omnes enim humi caput habent, soli homini sublime dedit, ut alimenta caelitus incorruptibilia quaerat [...]" (*Opera*, Lyon, héritiers de Seb. Gryphe, 1561, p. 150-151). Voir aussi M. Pellegrino, "Il *topos* dello *status erectus* ...".

Se contemplans en luy, qui jà tout respiroit
De vie humaine, et jà l'eternelle aspiroit [...]

Melanchthon se référait plus banalement au *Timée* dans sa lettre à Simon Grynaeus qui sert de préface à son édition de Sacrobosco:

Et puis que la propre nature conduict la volunté des hommes bien nays et leur donne un désir d'apprendre, et sçavoir ces artz, il fault juger que ceux la n'ont aucun entendement, qui ne sont affectionnés, ni esmeus d'une telle beaulté et douceur de l'aise qui provient de la cognoissance de choses tant admirables. Plato n'a point dit sans raison, que les yeulx ont esté donnés aux hommes à cause de l'Astronomie. Car il vouloit par cela faire entendre, qu'il n'estoit au monde chose plus excellente, et dequoy l'homme deust plus avoir de contentement, que regardant ces feuz et lumieres celestes [...][33]

Ronsard, dans une autre perspective, utilisait l'argument pour répondre à ses diffamateurs:

Je ne suis ni rocher, ny Tygre, ny Serpent
Mon regard contrebas brutalement ne pend,
J'ay le chef eslevé pour voir et pour cognoistre
De ce grand univers le seigneur et le maistre,
Car en voyant du ciel l'ordre qui point ne faut,
Je suis tres assuré qu'un Moteur est là haut,
Qui tout sage et tout bon gouverne cest empire,
Comme un Pilote en mer gouverne son navire:
Et que ce grand Palais si largement vosté
De son divin Ouvrier ensuit la volonté.[34]

[33] La *Sphère* de Sacrobosco, trad. par M. de Perer revue par G. Des Bordes, Paris, Marnef et Cavellat, 1584, p. 6 (1ère éd., *Ibid.*, 1570). Le texte latin (1531) est le suivant: "Itaque cum ducat homines natura ad has artes, prorsus humana mente carere judicandi sunt, qui pulchritudine illarum rerum, et cognitionis suavitate nihil afficiuntur. Ac praeclare Plato ait astronomiae causa oculos hominibus datos esse. Volebat enim significare in omnibus corporibus nihil esse pulchrius, quam illa caelestia lumina, et homines natura ad hanc pulchritudinem fruendam praecipue rapi [...]" (Sacrobosco, *Sphaera*, Paris, Richard et Tiletanus, 1543, f. A3 r°). - Sur le lien de cette préface avec la philosophie de Melanchthon, et sur sa diffusion, voir I. Pantin, "La lettre de Melanchthon ...". Sur Melanchthon et l'astrologie, voir K. Hartfelder, "Der Aberglaube ..."; W. Maurer, "Melanchthon und die Naturwissenschaft ..."; Idem, *Der junge Melanchthon* ..., t. I, p. 129-170; S. Caroti, "Comete, portenti ..."; Idem, "Melanchthon's astrology"; D. Bellucci, "Melanchthon et la défense de l'astrologie"; Idem, "Genèse I, 14 ..."; S. Kusukawa, "*Aspectio divinorum operum* ..."; Eadem, *The transformation* ..., p. 124-173. - Voir aussi *infra*, p. 67-8, 130.
[34] Ronsard, *Responce aux injures*, éd. Laumonier t. XI, p. 135, v. 349-358. Daniel Ménager a montré qu'à la date où elle s'exprimait (avril 1563), cette profession de foi s'appuyant sur la théologie naturelle n'allait plus de soi, le Concile de Trente préférant une théologie fondée sur l'Ecriture ("Le *Credo* de Ronsard"). - Le motif de l'*homo erectus* est un *topos* de la poésie du XVIème s. Cf. Du Bellay, *Divers Jeux rustiques*, XXXVIII, "Hymne de la surdité", v. 77-80, éd. Chamard, t. V, p. 189; Ronsard, *Sixiesme livre des poèmes*, "Discours d'un amoureux desespéré ...", v. 326-340: "[l'Amour rappelle à l'amoureux combien il était imparfait avant de le connaître:] Ton ame estoit en ton corps une mace, / Et mal en-point, malpropre et mal vestu, / Niais, badin, eslongné de vertu, / Allois errant comme un homme sauvage / Sans

Malgré l'orientation chrétienne de ces vers, et la couleur aristotélicienne du terme de "Moteur", Ronsard se conformait encore à la logique finaliste de Platon. Pour lui, le regard "eslevé" était l'organe de la contemplation du ciel, et cette contemplation le prélude à l'adoration du Créateur. Socrate explique en effet dans la *République* comment l'astronomie doit être pratiquée pour contribuer à la formation du philosophe: elle ne doit pas se contenter de scruter les étoiles "brodées dans une matière visible", comme on admire les ornements d'un plafond, mais se fixer pour objet l'être et l'invisible:

> nous ne nous arrêterons pas à ce qui se passe dans le ciel, si nous voulons réellement tirer de cette étude de quoi rendre utile la partie naturellement intelligente de notre âme, d'inutile qu'elle était auparavant.[35]

L'astronomie ne devait pas trouver sa fin en elle-même, mais ouvrir sur d'autres connaissances plus essentielles, par une sorte d'ascèse; Fracastor ne craignait pas de l'affirmer dans ses *Homocentrica*, au seuil de ce traité fort aride mais destiné à rendre au ciel sa véritable figure:

> De plus, on voit que cette spéculation n'amène pas peu à régler aussi les âmes, d'une part parce qu'il n'existe pas de meilleur moyen de connaître notre propre petitesse et celle de notre vie qu'en admirant la grandeur et la perpétuité de ces corps immortels, de l'autre parce qu'en élevant notre âme au-dessus des commerces terrestres nous l'habituons aux divins. C'est par là que nous avons d'abord acquis une connaissance sur les dieux, par là que nous les avons aimés et vénérés, par là qu'est née une première admiration pour l'éternité.[36]

C'est en vertu de cet idéal que Jacques Charpentier dénigrait l'application pratique les sciences mathématiques, en critiquant âprement le programme exposé par Ramus dans son *Proemium mathematicum*: ces sciences ne pouvaient avoir de finalité qui leur fût extérieure, et surtout pas de finalité "mécanique"; "leur dignité consistait en une authentique contemplation", elles ouvraient, par leur abstraction, une voie vers l'extase philosophique où s'offrirait "la vision des premiers intelligibles".[37]

_____

eslever vers le Ciel le visage [...]"; Des Autels, *Repos de plus grand travail*, Lyon, 1550, p. 62-63, 99 sq. (totale christianisation du *topos*). - Dans la *Concorde des deux langaiges* de Jean Lemaire de Belges, Genius dresse un portrait affligeant du vieillard "Le chief baissé loing du cours des estoilles" (v. 447, éd. Frappier, p. 26); selon Ann Moss ("Fabulous narrations ...", p. 25), cette vision révèle la philosophie du personnage, incapable de concevoir la dimension rationnelle et religieuse de l'homme.

[35] *Rép.*, VII, 530c; trad. Chambry, p. 169. Voir Festugière, *La révélation*, t. II, p. 132-133.

[36] "Praeterea et ad componendos quoque animos non parum conducere videtur haec speculatio, tum quidem quod parvitatem nostrimet et vitae nostrae non aliter magis cognoscimus quam eorum immortalium corporum magnitudinem et perpetuitatem admirantes, tum quod animum ab his terrestribus attollentes divinorum commerciis assuescimus. Hinc primum de Diis cognitio habita, hinc eorum amor et veneratio, hinc prima aeternitatis admiratio fuit" (*Opera omnia*, Venise, Giunta, 1555, f. 3 r°).

[37] "Dixeram in artibus mathematicis non esse quaerendam externum finem in dirigendis mechanicis, sed earum dignitatem ingenua contemplatione contineri: quae se ipsa terminatur aut si ad aliud referenda sit, ad mechanica minime se abjiciat, sed potius erigat ad

Astronomie et théologie

En incitant les hommes à lever les yeux, l'astronomie préparait donc la conversion de leurs âmes. Mieux encore, elle était censée mettre en lumière l'intervention d'un Créateur. Chez Platon,[38] comme dans les *Mémorables* de Xenophon,[39] ce qui deviendrait la preuve cosmologique[40] avait trouvé une première formulation: l'ordre du monde supposait qu'il fût gouverné par une intelligence. La philosophie stoïcienne s'était ensuite appuyée sur l'idée de la providence manifestée par l'organisation cosmique; et les traités hermétiques célèbrent à diverses reprises la visibilité de Dieu dans l'univers, en reprenant parfois certains motifs des psaumes:

> [...] Tous ces astres qui sont dans le ciel n'accomplissent-ils pas, chacun de son côté, une course semblable ou équivalente? Qui a déterminé pour chacun d'eux le mode et la longueur de sa course? Voici l'Ourse qui tourne autour d'elle-même, entraînant dans sa révolution le ciel entier: qui est-ce qui possède cet instrument? Qui est-ce qui a enfermé la mer dans ses limites? Qui est-ce qui a assis la terre sur son fondement? Car il existe quelqu'un, ô Tat, qui est le créateur et le maître de toutes ces choses [...][41]

Il n'existait donc guère de contradiction sur ce point entre les traditions platonicienne, stoïcienne, hermétique, biblique et chrétienne. Pierre du Val, évêque de Seez, pouvait résumer en ces termes la vocation de l'homme:

> Si luy as tu donné langue et entendement,
> Et les yeuls elevez vers ton clair firmament,
> Pour lire et contempler tes oeuvres admirables,
> Et puis les raconter en tous lieus habitables.[42]

contemplationem ejus quod est, in qua summa est futuri philosophi perfectio. Ad hanc vero mathematica hoc ipso animum erigere: quod hunc exercent in abstractionibus: in quibus consistit praeludium quoddam ad philosophicam solutionem animi a corpore, per quam hic fruitur primorum intelligibilium aspectu [...]" (Charpentier, *Platonis cum Aristotele ...comparatio*, Paris, du Puys, 1573, p. 172). Voir aussi l'*Admonitio ad Thessalum* (Paris, Brumen, 1567), leçons inaugurales sur la Sphère, dirigées contre le *Prooemium* de Ramus (surtout aux f. 16 v°- 38 r°). Sur l'extase du mathématicien, voir *infra*, p. 118.
[38] Voir le *Philèbe*, 28c- 30d. - Le R.P. Festugière a montré l'évolution suivie par Platon à cet égard: dans la *République*, l'astronomie n'est encore qu'une sorte de "dressage"; dans le *Timée*, elle mène à la connaissance du Principe, car le cosmos, par son Ame, est intégré dans l'Intelligible; dans les *Lois*, la contemplation du ciel est celle de l'ordre divin: elle donne au sage la béatitude; dans l'*Epinomis*, dont l'authenticité est douteuse, les astres sont l'objet d'un culte (*La révélation* ..., t. II, p. 135-140 et p. 196-218).
[39] I, 4, 4-8 et IV, 3. Voir Festugière, *La révélation d'Hermès Trismégiste*, t. II, p. 75-81
[40] St Thomas, *Somme théol.*, Ière p., qu. 2, art. 3: "Quinta via sumitur a gubernatione rerum...". Trad. Raulin, t. I, p. 173: tous les êtres agissent en vue d'une fin; c'est qu'ils sont dirigés "par un être connaissant et intelligent... par lequel toutes choses naturelles sont ordonnées à leur fin". Sur cette question, voir aussi *infra*, p. 94 sq.
[41] *C. H.* V, 3; voir Festugière, *La révélation*, p. 55-57. Cf. Ps. 136, 5-6; *Sapience*, 11.
[42] *De la puissance, sapience et bonté de Dieu*, Paris, Vascosan, 1558, f. 2v°. - L'on peut rapprocher ces vers du début du psaume 19. Du Bellay a félicité Pierre du Val, en en reprenant les termes: "Puis que Nature et l'oeuvre de ses mains / De toutes parts racontent aux humains /

Madeleine Des Roches oubliait presque la médiation astronomique et offrait directement à la créature l'image de son Créateur:

> Il voulut former de sa main
> L'homme devot, clement, humain,
> D'excellente nature:
> Luy levant la teste et les yeux
> Pour contempler dedans les Cieux,
> Sa divine peinture.[43]

L'ordre des cieux prouvait donc l'existence d'un créateur doué de raison. En défenseur assidu de l'astronomie (spéculative aussi bien que divinatrice), Melanchthon ne cessait de s'indigner contre les "épicuriens" et de souligner le rapport entre leur athéisme, leur cosmologie qui laisse place au hasard et leur mépris des mathématiques:

> Mais il y a maintenant quelques uns qui ressemblans aux Epicuriens [*nonnulli Epicurei Theologi*] se mocquent de tout ce genre de doctrine, et non seulement commandent de ne croire point aux predictions qui se font par l'Astrologie, ains blasment aussi et vilipendent la doctrine des mouvementz des corps celestes, lesquels aussi nous laisserons resver et follatrer avec les Epicuriens.[44]

Un peu plus haut, dans la même lettre de 1531 à Simon Grynaeus, il avait cité le *Timée*, en lui donnant un sens clairement religieux:

> Car il ne se peult faire que l'esprit humain ne constitue en son entendement quelque divine intelligence, laquelle par une tresbelle ordonnance regit et gouverne toutes choses, s'il considere et prend garde diligemment à ces cours ordinaires, et aux reigles certaines descrites des mouvemens des grandz orbes celestes, et des estoilles qui y font leur residance. Une chose si grande et si esmerveillable ne peult estre conduite fortuitement, ou par autre violence: et ne peult demeurer stable et ferme comme elle est sans estre regie par une divine intelligence. Pour raison dequoy si l'Astronomie confirme ceste opinion, et Dieu l'engrave au coeur des hommes, Plato non seulement a tresdoctement dit, mais doit estre jugé avoir religieusement proferé, que les yeux nous avoient esté donnez, à cause de l'Astronomie. Et certainement pour ceste cause seule nous les avons: et aussi afin qu'ilz nous puissent conduire à faire recherche affin qu'ayons quelque cognoissance de Dieu et de ses secretz admirables en tant que l'homme

---

Du grand ouvrier les oeuvres non pareilles: / Docte Du-Val, combien est ton esprit / Emerveillable, ayant si bien descript / Le sainct discours de si sainctes merveilles?" ("Sonnets divers", XXXII, v. 9-14; éd. Chamard, t. II, p. 282).

[43] *Les Oeuvres de Mesdames Des Roches*, 2de éd. augm., Paris, L'Angelier, 1579, Ode VII, p. 21; éd. Larsen, p. 112-113.

[44] Sacrobosco, *La Sphère* (Paris, 1584), p. 9. Texte latin: "Sed sunt nonnulli Epicurei Theologi, qui totum hoc doctrinae genus irrident, nec solum praedictionibus fidem detrahunt, sed etiam vituperant motuum cognitionem, quos sinamus una cum Epicuro ineptire" (éd. Paris, 1543, f. A4 v°). Cf. la préface de J. Milich à son commentaire de Pline (citée *supra*, p. 39, cf. *infra*, p. 100). Voir S. Kusukawa, *The transformation...*, p. 124-173.

peult sçavoir. Et pour ceste cause nous voyons, que de tous les Philosophes seullement ceux la ont esté Atheistes, qui ont mesprisé l'Astronomie, lesquelz apres qu'ilz ont eu osté, et ont desnié la providence, par mesme moyen ilz ont aussi osté l'immortalité des ames.[45]

L'importance accordée à la divination par les textes de Melanchthon les empêchait de se fondre entièrement dans la masse indifférenciée des éloges de l'astronomie: sans être vraiment insolite, elle pouvait éveiller des scrupules.[46] Mais pour le reste, il ne s'y trouvait rien qui pût dépayser un lecteur du XVIème siècle, quelle que fût sa confession. Ecrite à Wittenberg par un collaborateur de Luther, la lettre à Grynaeus se fit rapidement connaître en terre catholique, et notamment en France; chacun y admirait un modèle d'éloquence où se trouvait habilement rassemblés tous les arguments servant à "prouver que l'Astrologie est tresutile, et necessaire au genre humain: et qu'elle ne doibt estre mesprisée de l'homme Chrestien".[47] Pierre du Val, évêque de Seez, entrait tout à fait dans la même logique:

> Arriere donc insensez Atheistes
> Epicuriens, et foulz Empedoclistes,
> Qui ne voulez aucun Dieu recevoir,
> Ou lui ostez providence et sçavoir.
>
> Ostez ostez les songes et fantosmes
> De voz courans et voletans atomes:
> Par cas et sort ce beau monde ne prit
> Son origine, ains par un sage esprit.[48]

---

[45] *Ibid.*, p. 7. Texte latin: "Neque enim fieri potest, quin statuat humanus animus, mentem aliquam esse, quae regat et gubernet omnia, si animadverterit illos ratos cursus, et leges magnorum orbium et stellarum. Nihil enim tale casu, aut alia vi ulla sine mente existere aut constare potest. Quare si Astronomia confirmat hanc de Deo opinionem in animis hominum, Plato non solum erudite, sed etiam religiose dixisse judicandus est. Astronomiae causa nobis oculos datos esse. Sunt enim certe ob hanc causam praecipue dati, ut ad quaerendam aliquam Dei notitiam duces essent. Proinde ex Philosophis soli isti, qui Astronomiam aspernati sunt, ex professo fuerunt [en grec:] *atheoi*, et sublata providentia, etiam immortalitatem animorum nostrorum sustulerunt." (éd. Paris, 1543, f. A3 r°-v°). - Cf. la "Praefatio in libros de judiciis nativitatum Johannis Schoneri" (1545): "[bonae mentes] eo certitudinem motuum considerant, ut in mentibus suis hanc sententiam confirment: hunc mundum et hanc totam rerum naturam non casu ortam esse, aut volvi, sed ab aliqua aeterna mente architectatrice conditam esse. Id clarissime ostendit hic ipse ordo motuum perpetuus summa arte institutus: nam casu orta non feruntur certis et aeternis legibus, et ordine ad vitae utilitatem accomodato ac perpetuo. Hoc mirificum spectaculum ideo propositum est hominum mentibus, ut de deo nos commonefaceret quem ita prope monstrat, ut Paulus dicat, paene manibus contrectari deum posse, ostendentem se nobis in hoc suo opificio" (*Opera*, éd. Bretschneider, t. V, n°3241, col. 818-819). Pour la réf. à St Paul, voir *infra*, notes 50 et 54.

[46] Sur le problème de l'astrologie divinatoire, voir *infra*, p. 126 sq.

[47] Au titre de Sacrobosco, *La Sphère*, trad. remaniée par G. Des Bordes, Paris, 1570. La première trad., par Martin de Perer (Paris, Jean Loys, 1546), comportait une formule analogue: "[...] avec une Preface contenant arguments evidents, par lesquels est prouvée l'utilité d'Astrologie, et qu'icelle ne doibt estre mesprisee de l'homme Chrestien".

[48] Pierre du Val, *De la grandeur de Dieu*, Paris, Vascosan, 1553, f. 22 r°. - Voir aussi, par exemple, J. E. Du Monin, "Hymne de la nuit", *Nouvelles oeuvres*, Paris, [ca. 1581], p. 135-

Le lien établi par les apologistes catholiques ou réformés entre l'astronomie et la piété du "vray chrestien" avait l'évidence des lieux communs:

> Contemplant le soleil, les astres et la lune,
> L'ordre des elemens, la richesse commune
> D'un magazin de biens qui renaissent tousjours,
> Contemplant les saisons, la nuict brune, et les jours:
> Bref considerant tout, qui voudra ne connoistre
> Un souverain Moteur de toutes choses maistre?[49]

L'habitude de chercher dans les cieux la manifestation de la divinité, car "depuis la création du monde les attributs invisibles de Dieu sont rendus visibles à l'intelligence par ses oeuvres",[50] a sans doute influencé la façon de les décrire. Rares sont les textes qui trahissent un sentiment de l'obscurité nocturnes, de "ce grand vague autour de nous espars".[51] La plupart représentent la voute étoilée comme une "riche peinture",[52] un reliquaire constellé de pierres précieuses, ou une "chapelle ardente",[53] comme pour se conformer à l'esthétique d'un art religieux lourdement chargé.

> Car le témoignage le plus brillant de Dieu, c'est ce très beau théâtre du ciel, orné et paré des lumières variées et de la foule admirable des astres, et comme sculpté et ciselé, d'où vient même, semble-t-il, qu'on a donné au ciel son nom [...][54]

136: "Car quand on void de Nuit le ciel encortiné, / Et des luisans falôs l'ôt si bien ordonné [...] / Qui est l'esprit plombé, duquel la masse dure, / (Bien que pleine du lait du pourceau Epicure) / Qui ne paigne étonné, en son tableau mortel, / De la divinité un craion immortel, / Jugeant que tant de feus ne sont mis en parade / Pour enrocher d'émoi la champestre brigade, / Ains pour d'un tel aspect se tracer un sentier / Pour visiter par l'oeuvre un si parfet ouvrier. / Ainsi le noir Nuital est le maitre d'école / Qui nous fait lire Dieu en cet étoilé rôle". L'idée de la "champestre brigade" vient de *La Sepmaine* (IV, v. 405-408).

[49] Amadis Jamyn, "Que prier Dieu est chose trés-necessaire et digne d'un vray chrestien. Au Roy", *Les oeuvres poetiques* (1575), éd. Carrington, p. 181, v. 137-142.

[50] St Paul, *Romains*, I, 20; cf. *Sagesse*, 13, 3-5 (cf. *infra*, note 54). - Ce verset est cité comme une variante du *Caeli enarrant gloriam Dei*, ou bien dans le contexte des prodiges. Voir *infra* le chapitre sur les comètes.

[51] Scévole de Sainte-Marthe, *Palingène*, "Chant de la Providence", (*Les Oeuvres*, Paris, 1579, f. 83 v°. - Le *topos* de la nuit effrayante apparaît seulement dans la poésie amoureuse.

[52] "Là d'un oeil asseuré voit la riche peinture / De tant de feux brillants, beaux yeux de la nature", La Boderie, *La Galliade*, f. 5 v°.

[53] "Toute ceste Courtine en mille, et mille pars / De nouveaux clous brillans distinctement espars / Fust semee en clarté assés plus evidente, / Que le bas Monde auroit pour sa chapelle ardente [...]", M. Scève, *Microcosme*, I, v. 47-50.

[54] "Nam maxime illustria de Deo testimonia sunt hoc pulcerrimum (*sic*) caeli theatrum, variis astrorum luminibus et admirabili copia distinctum ornatumque et quasi sculptum caelatumque, unde etiam caelo nomen inditum esse videtur [...]", L. Pithopoeus, *Oratio de astronomia*, Heidelberg, 1589, f. B2 r°. Passage suivi par une citation de *Romains*, I, 20: "Quae Dei sunt invisibilia dum ex rebus conditis intelliguntur, ex creatione mundi perspiciuntur, aeternae videlicet Dei tum potentia, tum divinitas" (f. B 3 r°). - L'étymologie *caelum/caelatum* vient de Varron, cité par Pline (*H.N.*, II, 4, 8).

Les cieux richement travaillés, brochés et rebrodés manifestent l'art inégalable de "l'Ouvrier Tout-puissant",[55] le plus bel exemple s'en trouve dans *La Sepmaine* qui fait appel à tous les corps de métiers pour étaler les "tresors" de son firmament, dont le "rideau d'azur" disparaît presque sous le jaune éclatant de "flambantes rouelles",[56] et sous un Zodiaque multicolore:

> Ce cercle, honneur du Ciel, ce baudrier orangé,
> Chamarré de rubis, de fil d'argent frangé,
> Bouclé de bagues d'or [...][57]

Les sphères brillamment ornées figuraient tour à tour un temple à admirer et un rideau d'apparences à traverser.[58] Pour un peu, il n'y aurait eu qu'un pas à faire de l'étude des cieux à la béatitude éternelle, comme l'expliquait Pierre du Val, avec un optimisme presque candide.

> [Pour connaître et contempler la création, Dieu] a créé l'homme, et luy a donné un esprit pourtraict à sa semblance, et un corps ayant le chef, et les yeux eslevez pour considerer ses oeuvres admirables, et en les considerant le louer et magnifier et par ce moyen parvenir à la bienheureuse vie eternelle, qui gist en la cognoissance, amour, et reverence de sa majesté.[59]

L'éloge funèbre de Kepler par Gassendi devait encore reprendre ce thème:

> Au moins, que son âme bienheureuse vive désormais sur les cieux éthérés auxquels, lorsqu'il était mortel, il a appliqué de si immenses échelles; elle est digne de participer désormais aux mystères les plus cachés; elle est digne d'être désormais comblée par cette musique si grande et si douce vers laquelle elle s'est frayé un chemin avec tant d'effort afin de pouvoir l'entendre.[60]

Plus indulgents que Socrate envers les mérites propres de leur discipline, les astronomes de la Renaissance n'en admettaient pas moins sa dimension

---

[55] Du Bartas, *La Sepmaine*, IV, v. 405. - Cf. v. 277-280: "C'est ainsi que ce jour les mains du Tout-puissant, / Du huitieme rideau les toiles retissant, / D'un art sans art brocha ses pantes azurees / De mille milions de platines dorees." Ptolémée ne recensait que 1022 étoiles, mais la Bible était plus généreuse: "l'armée du ciel qu'on ne peut dénombrer [...]" (*Jér.*, 33: 22).

[56] *La Sepmaine*, IV, v. 171-182. Cf Du Monin, *L'Uranologie*, Paris, 1583, f. 3 r°: "Sur la haute courtine ayant dressé tes ailes, / Voi l'azur painturé, et merqueté d'étoiles, / Avise un rideau pers, de jaune tavelé, / De flambans ecussons haut et bas piolé, / Houpé de flocons d'or, parsemé de chandelles, / Chamarré de brandons de brilhantes roüelles"; ou Isaac Habert, *Oeuvres poetiques*, Paris, 1582, f. 22 r°: "Soit que l'humide nuict nous monstre ces rideaux / Semez de houppes d'or et de luisans flambeaux [...]".

[57] *La Sepmaine*, IV, v. 199-201.

[58] Sur le ciel-temple, voir Cicéron, *De legibus*, II, 10, 26; *De divinatione*, I, 20, 41. Voir aussi P. Boyancé, *Etudes* ..., p. 115-119; R.P. Festugière, *La révélation*, II, p. 233-238.

[59] Pierre du Val, *De la grandeur de Dieu...*, Paris, 1553, déd. au roi, f. A2 r°.

[60] "[...] vivat jam saltem Anima foelix super Aethera, cui dum mortalis degeret adeo ingenteis admovit scalas, digna illa, quae jam mysteriis penitioribus intersit; digna, quam jam excipiat, et compleat tantus ille, et tam dulcis sonus, ad quem exaudiendum ipsa sibi viam tanta contentione aperuit", lettre de Pierre Gassendi à Wilhelm Schickard, Paris, 13 janvier 1631 (Gassendi, *Opera omnia*, t. VI, Lyon, 1658, p. 44) .

religieuse.[61] Regiomontanus lui adressait une véritable prière, en l'appelant la "messagère la plus fidèle de Dieu", non seulement parce qu'elle révélait l'ordre de la création, mais parce qu'elle savait lire les configurations astrales où le Tout-Puissant avait gravé les signes des événements futurs. L'homme foulait la terre où il était appellé à commander, tandis que son visage tourné vers le ciel le destinait à "jouir de divins délices". Des délices qui n'étaient pas purement religieux, car la simple étude de l'astronomie semblait être déjà un paradis sur terre: "cette discipline angélique ne nous rapproche pas moins du Dieu immortel que les autres arts nous éloignent des bêtes".[62]

La sincérité de cet enthousiame ne doit cependant pas faire illusion: le thème de la religion cosmique n'a pas suscité beaucoup d'échos dans la France du XVIème siècle. Elle est restée une tentation écartée. Ronsard, dans la *Remonstrance au peuple de France*, se rêvait en adorateur du soleil et de la lune, avant de reconnaître l'impossibilité d'une telle conversion,

> Mais l'Evangile sainct du Sauveur Jesus-Christ
> M'a fermement gravée une foy dans l'esprit,
> Que je ne veux changer pour une autre nouvelle [...][63]

Du Bartas n'était pas loin d'imaginer un ciel électrique, traversé par les courants de l'amour et de la haine, tout en résistant à cette tendance.[64] La croyance répandue en l'Ame du Monde aurait également risqué d'évoluer vers le panthéisme, si elle n'avait été aussi fermement encadrée. Son plus grand poète fut La Boderie, un apologiste fervent qui imposa la vision d'un cosmos chrétien, rigoureusement hiérarchisé.[65] L'Ame du monde, entièrement absorbée dans l'esprit de Dieu, participait à sa transcendance:

> Ton infalible esprit le monde remplissant,
> En nul lieu commençant, nulle part finissant,
> Tout reside en tous lieux par puissance et presence,
> Et surpasse les cieulx par infinie essence.[66]

[61] Le caractère sacré de l'astronomie se lit dans l'iconographie des pages de titre des éditions incunables de Sacrobosco. Voir I. Pantin, "Une *Ecole d'Athènes* ...".

[62] "Oratio ... in praelectione Alfragani", facsimilé Schmeidler, p. 51-52: "Te igitur divinum Astrologiae numen appello, tuis velim aspires praeconiis, beneficia tua immensa mortalibus demonstratura venias. Tu es procul dubio fidelissima immortalis Dei nuncia, quae secretis suis interpretandis legem praebes, cujus gratia coelos constituere decrevit omnipotens, quibus passim ignes sidereos, monimenta futurorum impressit. Tales spectare jussit Astrorum choros, dum mortalibus ora daret sublimia rerum conditor, dignum profecto arbitratus quem universis praefecerat creaturis medium inter eas considere, ut pede quidem calcante terrenis imperare videretur, fronte autem surgente atque erecta divinis frueretur deliciis. Quid enim jucundius, quid amoenius? quid denique suavius afficere oculos potest, quam illa tot et tantorum luminum venustissima atque ordinata series? eo quippe si rapiaris animo experieris nihil te unquam sensisse in omni vita delectabilius. Per hanc disciplinam angelicam non minus immortali deo propinqui reddimur, quam per caeteras artes a beluis segregamur".

[63] Ronsard, *Remonstrance au peuple de France* (1563), v. 85-87.

[64] Voir *infra*, p. 388 sq.

[65] Voir *infra*, notamment p. 94 sq.

[66] Pierre du Val, *De la puissance, sapience et bonte de Dieu*, Paris, Vascosan, 1558, f. 2 r°.

L'univers était le temple d'un seul Dieu, juché à son sommet, *supra verticem summi caeli consistens*,[67] ou trônant majestueusement sous sa coupole:

> Tu as tout l'univers où ta gloire on contemple,
> Pour marchepied la terre et le ciel pour un temple[68]

De l'astronomie à la théologie la distance était donc courte et le passage naturel;[69] ce n'était qu'une question d'élan, comme le suggèrent ces vers où Du Bartas évoque l'irrésistible ascension de l'esprit humain:

> Par les degrez de l'air il monte, audacieux,
> Sur les planchers du monde, il visite les cieux
> Estage apres estage, il contemple leurs voutes,
> Il remarque l'accord de leurs contraires routes,
> D'un infaillible get, et d'un certain compas
> Il conte leurs brandons, il mesure leurs pas,
> Il aulne leur distance, et comme si le monde
> N'enfermoit dans le clos de sa figure ronde
> Des subjects assez beaux, il s'eslance dehors
> Les murs de l'univers, et loin, loin de tous corps,
> Il void Dieu face à face, il void les chastes gestes,
> Et le zele fervent des courtisans celestes.[70]

La hâte avec laquelle l'esprit, ses travaux d'arpentage fébrilement accomplis, s'enfuit hors du monde, est un peu comique, mais le texte montre bien comment les jets et les compas, appliqués à de dignes objets, mènent à Dieu.

---

[67] *Asclepius*, ch. 27.

[68] D'Aubigné, *Les Tragiques*, I, v. 1313-1316; éd. Garnier-Plattard, p. 134. Cf. Isaïe, 66, 1-2: "Ces cieux sont mon trône, et la terre est le marchepied de mes pieds".

[69] Ce passage était même justifié philosophiquement par la théorie des trois mondes, celui des éléments, celui des sphères célestes, et celui des anges, formant ensemble une "encyclie", l'être humain, c'est-à-dire le microcosme ou quatrième monde, reproduisait cette structure tripartite (voir la préface de l'*Heptaplus* de Pico). La *Hiérarchie céleste* du Pseudo-Denys décrit l'organisation du cosmos angélique, avec ses neuf ordres (comme il existait neuf sphères célestes); et la correspondance entre les cieux et les anges était l'un des thèmes de la Cabale. L'*Oratio de hominis dignitate* de Pico voit dans la capacité de participer aux trois mondes le fondement de la grandeur humaine, et résume ainsi le parcours des initiés: "[qu'après être purifiés] ils contemplent eux aussi, dans le sacerdoce de la philosophie, tantôt l'éclat multicolore de la cour supérieure de Dieu, c'est-à-dire la beauté de son palais constellé d'astres, tantôt le candélabre céleste divisé en sept lumières [les planètes], tantôt les éléments recouverts de peau, afin que finalement reçus dans le sanctuaire du temple, grâce à la sublime théologie, ils jouissent finalement de la gloire divine [...]" (trad. Boulnois, p. 27).

[70] Du Bartas, *La Sepmaine* (1578), 6ème Jour, v. 801-812.

CHAPITRE QUATRIÈME

ÉLOGES II: MICROCOSME, VOYAGES CÉLESTES ET SPHÈRES DE VERRE

La parenté entre l'astronomie et la théologie se fondait partiellement sur une vague confusion entre le ciel paradisiaque et celui des étoiles, et sur la solide croyance en leur proximité[1] qui permettait d'imaginer les astronomes passant dans l'au-delà, pour peu que leur élan eût été fort; elle tenait aussi à ce que "les cieux racontent la gloire de Dieu", mieux que nulle autre partie de la création. Mais elle dépendait finalement d'une certaine anthropologie: à quoi eût-il servi que le ciel donnât accès à Dieu s'il fût resté impénétrable à l'homme? L'astronomie, on vient de le voir, fournissait de bons arguments aux défenseurs de la *dignitas hominis*; elle prouvait la ressemblance entre Adam et son créateur. Les Pères de l'Eglise avaient commenté les versets de la *Genèse* sur la création de l'homme[2] dans un sens qui les rendaient compatibles avec la conception platonicienne ou stoïcienne du microcosme: Adam, pétri de limon, était devenu l'image de Dieu par l'intellect que celui-ci lui avait insufflé.[3] L'interprétation religieuse du thème du microcosme se trouve par exemple exprimée dans ce sonnet de Madeleine des Roches:

> Le souverain avec intelligence
> Forma le siege à sa Divinité;
> Puis au dessous de son palais vouté
> Rengea les sept maistres de l'influence,

[1] Dans la représentation traditionnelle du cosmos, les cieux visibles sont entourés par les sphères invisibles du crystallin et de l'Empyrée, et ce dernier se confond avec le Paradis. C'est le modèle illustré par Dante. Voir M. Lerner, *Le monde des sphères*.

[2] *Genèse*, I, 26-27.

[3] C'était, par exemple, l'interprétation de St Basile (*Sur l'origine de l'homme*, P.G. 44, 261 A-268 D): "l'homme est une créature de Dieu, douée de raison, faite à l'image de son Créateur", ou de St Augustin (*Confessions*, l. XIII, xxxii, 47): "l'homme créé à votre image et à votre ressemblance exerce son hégémonie sur les animaux sans raisons, grâce à cette similitude même, c'est-à-dire par le privilège de la raison et de l'intelligence". - Voir M. Alexandre, *Le commencement du livre*, p. 175-188; R. M. Wilson, "The early history..."; C. Trinkaus, *In our image ...*; *Dictionnaire de spiritualité*, art. "Image et ressemblance".

> En leur donnant sur la terre puissance,
> Et que par eux tout corps fut agité.
> Mais desirant sa haute Deité
> Faire un pourtrait de sa divine essence,
>   Pour l'ame il feit la terrestre maison;
> Puis feit l'esprit maistre de la prison,
> Clair, simple et pur de la plus belle Idée,
>   Lequel, pressé du corps funeste et noir,
> Cherche tousjours son antique manoir,
> Volant au Ciel d'une aile mieux guidée.[4]

Un tel sonnet pourrait apparaître, à la rigueur, comme un résumé de la *Genèse*, et sa signification chrétienne n'a pas lieu d'être mise en doute, même s'il parle un langage platonicien (analogue à celui de Du Bellay dans les derniers sonnets de l'*Olive*), où se glissent des allusions hermétiques.[5] C'est que l'anthropologie biblique offrait quelque ressemblance structurelle avec celles du *Timée*, de la philosophie stoïcienne, ou des traités hermétiques qui fabriquaient l'homme à partir d'un mélange de matière et d'âme cosmique: dans un cas l'accent portait sur la ressemblance avec Dieu, dans l'autre avec le monde, mais cet obstacle n'était pas insurmontable; il était possible de combiner les deux idées, en soutenant, par exemple, que la parenté de l'esprit de l'homme avec l'Ame du Tout lui permettait de participer aux mouvements célestes et de les comprendre, cette science et cette victoire sur la pesanteur lui ouvrant ensuite un accès vers le divin.

Voyages et visions célestes

Nul texte n'a mieux dépeint que l'*Asclepius* la merveilleuse agilité de l'esprit humain, plongeant, nageant et volant en tous lieux de l'univers, comme si la matière la plus épaisse et les sphères célestes ne formaient pour lui qu'un seul milieu fluide et transparent.

> [...] il se mêle aux éléments par la vitesse de la pensée, par la pointe de l'esprit il s'enfonce dans les abîmes de la mer. Tout lui est loisible; le ciel ne lui semble pas trop haut, car il le mesure comme de tout près grâce à son ingéniosité. Le regard que son esprit dirige, nul brouillard de l'air ne l'offusque [...][6]

---

[4] *Les Oeuvres*, s. 29, éd. Larsen, p. 148-149.
[5] Les "sept maistres de l'influence", c'est-à-dire les planètes, font penser aux "sept gouverneurs" d'Hermès, voir le *Pimandre*, 9: "Or le Noûs Dieu [...] enfanta d'une parole un second Noûs démiurge qui, [...] façonna des Gouverneurs, sept en nombre, lesquels enveloppent dans leurs cercles le monde sensible [...]" (éd. et trad. Nock et Festugière, t. I, p. 9); le *Pimandre*, poursuivant son récit de la Genèse, raconte ensuite la création de l'homme: "Or le Noûs, Père de tous les êtres, étant vie et lumière, enfanta un Homme semblable à lui dont il s'éprit comme de son propre enfant. Car l'Homme était très beau, reproduisant l'image de son Père [...]" (ch. 12, éd. cit., p. 10).
[6] *Asclepius*, 6, 10-17; éd. Nock et Festugière, t. II, p. 302. Passage précédé par une allusion au *Timée*: "Il élève son regard vers le ciel".

Le traité X, préfigurant l'*Oratio* de Pic, célèbre la supériorité de l'homme sur les dieux définitivement fixés au ciel,

> L'homme au contraire s'élève même jusqu'au ciel, et il le mesure, et il sait ce qui dans le ciel est en haut, ce qui est en bas, et il apprend tout le reste avec exactitude, et, merveille suprême, il n'a même pas besoin de quitter la terre pour s'établir en haut, si loin s'étend son pouvoir! Il faut donc oser le dire, l'homme terrestre est un dieu mortel, le dieu céleste un homme immortel.[7]

Ce passage a été paraphrasé avec enthousiasme par Jean Pierre de Mesmes,[8] et de nombreux textes lui font écho. Etienne Forcadel le rattache un peu gauchement à la définition de l'âme et à l'idée chrétienne de la mort:

> L'ame ne tient de quelconque element,
> Mais est par soy continu mouvement,
> Que les Gregeois nomment Endelechie,
> Nette de mal et de bien enrichie.
> Va discourant hors les murs de ce monde,
> Et dans ce corps de soy vil et immonde
> Passe la Mer, et n'a fin ne limite.
> Puis sus le Ciel il demeure et habite.[9]

Pierre du Val admire l'inconcevable agilité du regard, "ministre et messager de l'ame":

> Quelle merveille à voir une estincelle,
> Et petit ray d'un oeil qui va sans aesle,
> En un moment, d'un vol audacieux
> Droit penetrer jusqu'au sommet des cieux?[10]

Ronsard, dans l'*Hymne de la Philosophie* évoque les vagabondages de l'âme, déliée du corps,

> Haute s'attache aux merveilles des Cieux,
> Vaguant par tout, et sans estre lassée,
> Tout l'Univers discourt en sa pensée [...][11]

Tandis que l'*Hymne du Ciel* rappelle sa parenté avec le premier mouvant, c'est-à-dire plus probablement avec l'Ame cosmique des Stoïciens, qui lui permet d'épouser sa rotation incroyablement rapide:

---

[7] *C. H.*, X, 25; éd. cit., t. I, p. 126. Sur le thème de l'exploration cosmique qui a fleuri à l'époque hellénistique, voir Festugière, *La révélation* ..., t. II, p. 441 sqq.

[8] Texte cité *supra*, p. 48.

[9] Etienne Forcadel, *Opuscules*, "La forest Dodone" (1551), v. 323-333, *Les oeuvres poetiques*, éd. Joukovsky, p. 110. Sur l'entéléchie, voir *infra*, p. 88 sq.

[10] P. du Val, *De la grandeur de Dieu*..., Paris, Vascosan, 1553, f. 8 r°.

[11] V. 26-28; éd. Laumonier, VIII, p. 86-87. - Sur ce motif chez Ronsard, voir M. Simonin, "Ronsard et l'exil de l'âme"; V. E. Graham, "Fables of flight ...". Voir aussi, sur une thématique proche, M. Eigeldinger, "Le mythe d'Icare ...".

Seulement le penser de l'humaine sagesse,
Comme venant de toy egalle ta vitesse.[12]

Le motif de l'errance investigatrice, où dominait souvent l'idée d'une montée à travers les sphères, pouvait être relié à celui de la libération de l'âme, soit par le songe et l'extase,[13] soit par la mort. Ce *topos*, fréquemment développé à l'époque hellénistique,[14] s'est surtout fait connaître en Occident à travers le *Commentaire au Songe de Scipion* de Macrobe.[15] A la Renaissance, il a parfois été utilisé en relation avec le thème de la connaissance, et non pas seulement pour sa valeur morale ou religieuse.[16] *L'Hymne triumphal sur le trepas de Marguerite de Valois* présente une psychomachie suivie d'une métamorphose astrale. Continuant sa montée, il suit l'âme de la reine qu'un ange charge "à son col / L'emport<ant> d'un roide vol" jusqu'au paradis où règne l'éternité "Entre ceulx qui plus ne meurent / Incorporés avec Dieu".[17] Or la "nouvelle Saincte" ne se perd pas dans la contemplation de la lumière divine; elle continue à voir ce qui est au-dessous d'elle et à s'y intéresser, de la même façon que Scipion, au terme de son ascension, plongeait du regard vers la terre. Cette conception de la béatitude éternelle était parfaitement orthodoxe: selon les théologiens, les âmes unies à Dieu "voient tout le créé", et leur désir de connaissance "ne serait pas assouvi si, parvenue là, elles ne compreniaient pas complètement l'ordre de l'univers créé";[18] mais la perception globale dont elle dispose semble lui inspirer un vrai plaisir d'observateur et de savant:[19][...]

[12] V. 21-22, éd. Laumonier, VIII, p. 142. Lourdement imité par Du Bartas: "[...] ton aile / Sur nous vole si tost que nostre entendement / Seul peut, comme tien fils, suivre ton mouvement (*La Sepmaine*, II, v. 982-984). Dans le VIème Jour, Du Bartas affirme à nouveau que l'esprit peut voler "Et d'Imave outre Calpe, et de la Terre au Pole, / Plus viste que celuy qui d'un flamboyant tour / Tout ce grand univers postillonne en un jour. / Car quittant quelquefois les terres trop cogneues / D'une alegre secousse il saute sur les nues, / Il noue par les airs [...]" (v. 792-797). Mais il arrive aussi à Du Bartas d'être plus humble (voir *infra*, p. 123 sq.).
[13] Sur cette forme   d'extase que représentait la *furor*, voir *infra*, p. 106 sq., 177 sq.
[14] Voir notamment R.M. Jones, "Posidonius and the flight of the mind"; F. Cumont, *After life* ...; Idem, *Recherches*...; R.P. Festugière, *La révélation* ..., t. II, p. 441 sqq.
[15] Le *Songe* appartient au l. VI de la *République* de Cicéron, texte perdu jusqu'au XIXème siècle, et connu par des sources indirectes (notamment Lactance et St Augustin). Voir A. Comparot, "La tradition de la *République* ...". - Sur l'influence de Macrobe, voir Macrobius, *Commentary on the Dream of Scipio*, trad.   Stahl, introd., p.39-55 et 59-64; H. Sylvestre, "Note sur la survie de Macrobe ..."; C.R. Ligota, "L'influence de Macrobe ..."; D. Desrosiers-Bonin, "Le *Songe de Scipion* ...".
[16] Voir B. S. Ridgely, "The cosmic voyage ..."; G. Demerson, *La mythologie*..., p. 421-422. - Voir aussi *infra*, le chapitre XI.
[17] V. 389-390 et 395-396; éd. Laumonier, t. III, p. 73.
[18] "Non impleretur [desiderium mentium], nisi ordinem illic universi creatum undique comprehenderent", Ficin, *Théologie platonicienne*, XVIII, ch. 6; éd. Marcel, t. III, p. 215 (trad. un peu modifiée). Dans ce chapitre, Ficin suit saint Thomas, *Summa contra Gentiles*, III, lviii-lix. - Voir aussi S. Champier, *De quadruplici vita*, III, 6.
[19] Le thème de la vision des élus était souvent traité de façon moins détaillée: voir B. Zanchi, *Hymnus de gaudiis caelitum*, 1540 ("Sub pedibus ... nòvem spectare volumina Mundi"); Marguerite de Navarre, *Prisons*, II. Ronsard, même lorsqu'il est rapide, insiste sur la diversité du tableau qui s'offre à l'âme délivrée: "[...] Tu es au Ciel là haut assise avecques Dieu, / D'où tu vois sous tes piedz les Astres et les nues, / La Mer et les Citez et les terres congnues [...]" (*Les Hymnes* (1555), "Epitaphe de Loyse de Mailly", v. 94-96; éd. Laumonier, VIII, p. 233).

Tu es (ô Princesse) allée,
Où sous tes piedz maintenant
Tu voys la Terre avallée,
Tu voys sous tes piedz saillir
Le jour pour naistre et faillir,
Tu voys la Mer et ses voiles,
Tu sçais le nom des Estoilles [...]

Là, sous tes piedz, les saisons
Recueillent leurs pas qui glissent,
Là, tu connois les raisons
Des longs jours qui s'apetissent,
Tu sçais pourquoy le Soleil,
Ores palle, ores vermeil
Predit le vent et la pluye,
Et le serain qui l'essuye,
Tu scais les deux trains de l'eau,
Ou si c'est l'air qui sejourne,
Ou si la Terre qui tourne
Nous porte comme un batteau.[20]

L'idée se précise dans l'*Hymne de la mort*: à l'existence dans la nature, sous le signe d'un travail universellement partagé,

car on ne saurait voir
Rien de né qui ne soit par naturel devoir
Esclave de labeur, non seulement nous hommes,
Qui vrais enfans de peine et de misere sommes:
Mais le Soleil, la Lune, et les Astres des Cieux
Font avecque travail leur tour laborieux [...][21]

succède une complète libération: l'âme n'est plus obligée de rentrer dans un corps, ni d'habiter aucune partie du monde, en se changeant en étoile ou en "vagant par l'air dans les nüaiges";[22] sortie pour toujours, elle échange la vie active contre la vie contemplative; mais ce nouvel état de perpétuelles "vacances"[23] ne s'accompagne pas d'indifférence: montée plus haut, l'âme peut désormais percevoir l'ensemble de la réalité:

---

[20] *Ibid.*, v. 398-404 et 409-420, p. 73-74. - Cf. Etienne Forcadel, "Sonets sus le trespas de Damoiselle Marguerite Nicolaï", III, v. 4-8: "[...] Mais le haut ciel en son sein la reçoit, / Où le beau jour tant de clarté conçoit, / Que ses rayons au vespre ne limite. / Là ceste fleur entre Roses herite, / Et souz ses pieds les astres apperçoit." (*Oeuvres poetiques*, Paris, Chaudière, 1579, p. 193). Sur les poèmes funèbres de Forcadel, voir F. Joukovsky, 'Complaintes et épitaphes d'E. Forcadel". - Sur le *topos* de la montée au ciel après la mort dans la poésie médiévale latine, voir E. Garin, *Moyen-Age et Renaissance*, p. 53.

[21] *Hymne de la Mort*, v. 57-62; éd. Laumonier, VIII, p. 165.

[22] *Ibid.*, v. 295, p. 177.

[23] En donnant au mot le sens de *vacatio animae* qui implique la libération des servitudes de la matière. Cf. Ficin, *Theol. platon.*, l. XIII, ch. 2, "Septem vacationis genera".

> [...] en toute saison
> Demourant dans le Ciel, son antique maison,
> Pour contempler de DIEU l'eternelle puissance,
> Les Daimons, les Herôs, et l'angelique Essence,
> Les Astres, le Soleil, et le merveilleux tour
> De la voute du Ciel qui nous cerne à-l'entour,
> Se contentant de voir dessous elle les nüés,
> La grand'Mer ondoyante, et les terres congnües,
> Sans plus y retourner [...][24]

Une telle conclusion, où s'exprime tout le soulagement d'un *suave mari magno* définitif, s'écarte un peu de la morale du *Songe de Scipion*, qui valorise jusqu'au bout l'action et le service de la patrie.[25]

Le songe cosmique[26] jouissait aussi d'un grand prestige. Réservé aux âmes pures, ou tout au moins débarrassées des fumées de la "concoction", il était une forme privilégiée du songe prophétique. L'âme libérée du soin du corps, expliquait Pantagruel à Panurge,

> s'esbat et reveoit sa patrie, qui est le ciel. De là receoit participation insigne de sa prime et divine origine et en contemplation de ceste infinie et intellectuale sphaere, le centre de laquelle est en chascun lieu de l'univers, la circonference poinct (c'est Dieu scelon la doctrine de Hermes Trismegistus) [...] est dicte vaticinatrice et prophete.[27]

Traitant le même thème avec plus de détail et moins de mystique emphase, Ronsard a raconté le périple de l'âme du dormeur à travers les

---

[24] *Hymne de la Mort*, v. 297-303, p. 177. - Le premier chant du livre IV de la *Consolatio* de Boèce offre un semblable contraste entre la vision des tribulations naturelles et le refuge dans le repos divin. La Philosophie y offre à l'esprit des ailes qui lui permettront de monter à travers le cosmos, jusqu'au premier moteur immobile, d'où la terre n'apparaîtra plus que comme un séjour nocturne, un lieu d'exil (éd. Rand et Tester, p. 314-316).

[25] Voir les dernières paroles de l'Africain: "[ton âme immortelle] exerce-la aux plus nobles activités. Les plus nobles, ce sont les soins accordés au salut de la patrie; l'âme qui a passé par ces luttes et cet entraînement parviendra plus vite, dans son vol, jusqu'à la région où nous sommes, où lui est réservée une demeure; elle atteindra plus promptement à ce résultat si, pendant la période où elle est encore enfermée dans le corps, elle s'élève déjà hors de lui et si, grâce à la contemplation de de ce qui est au-delà, elle réussit à se dégager du corps autant que possible." (*De rep.*, VI, xxvi, 29; trad. Bréguet, p. 117-118; cf. Macrobe *In Somn. Scip.*, II, 17): les vies active et contemplative sont ici solidaires (sur ce thème, voir *infra* le ch. VII).

[26] Il constituait l'une des six catégories retenues par Macrobe (*In Somn. Scip.*, I, 3, 10-11) et par Artémidore (I, 2).

[27] Rabelais, *Tiers Livre*, ch. 13; éd. Screech, p. 99-100. C'est parce que l'âme a eu accès à l'éternité qu'elle peut connaître à la fois le passé et le futur. Voir J. Céard, *La nature et les prodiges*, p. 138-140; R. Antonioli, "Rabelais et les songes"; F. Berriot, "A propos des chapitres ...". - Les personnages de Rabelais ont inspiré à François Habert un *Songe de Pantagruel* (1542, voir l'éd. Lewis) vaguement inspiré par le *Songe de Scipion*.

cieux, dans l'élégie composée pour introduire le Tite Live d'Amelin. Revenue vers son possesseur, cette âme lui communique toute sa science fraîchement acquise

> à fin de l'asseurer
> Par mysteres si hauts que nostre ame est divine,
> Ayant prise de Dieu sa première origine.[28]

Le lecteur doit ici admettre le rapport entre la filiation divine et la connaissance du cosmos, en se passant d'explications, alors que le transfert de l'idée stoïcienne ou hermétisante dans l'univers chrétien pourrait sembler brutal. La vertu scientifique du songe se comprend beaucoup mieux si on la justifie par les théories de l'Ame du monde et du microcosme.

Le songe, explique le sieur Du Petit Bois, prouve que l'esprit n'est pas attaché au corps,

> Mais qu'estant composé d'une essence divine,
> Semblable à son auteur, qui cette grand' machine
> Conduit, present partout, par ses membres espars,
> Non enclos toutesfois en l'une de ses parts,
> Comprenant non compris, ainsi qu'il se diffonde,
> Adjoint plustost qu'enclos, par tout ce petit monde [...][29]

Ces vers font allusion au discours d'Anchise (... *totamque infusa par artus / Mens agitat molem et magno se corpore miscet*),[30] en restituant les fonctions de l'Ame du Monde stoïcienne à la puissance vivifiante de Dieu (c'est-à-dire à l'Esprit-Saint), conformément à une tradition bien établie.[31] De cette façon, l'analogie est presque parfaite entre le grand monde, où la vertu divine pénètre partout, sans s'y confondre ni s'y mélanger,[32] et le petit monde, régi par une âme (ou un esprit) qui reste libre, tout en ayant la faculté de "se diffondre" par tout le corps. "Anima in corpore est non comprehensa, sed comprehendens".[33] Et la capacité qu'à l'intelligence humaine d'explorer de fond en comble l'univers matériel, comme le décrivent les textes hermétiques, s'en trouve plus clairement justifiée.

---

[28] *Second livre des Meslanges*, "Elegie", v. 60-62; éd. Laumonier, X, p. 104. A partir de 1567, le poème prit le titre de "L'excellence de l'esprit de l'homme". Voir J. Céard, *La nature et les prodiges*, p. 221-223; M. Simonin, "Ronsard et l'exil de l'âme", p. 27-28; C. Faisant, "L'imaginaire du songe chez Ronsard".

[29] *Chant pastoral à ... François de la Trimouille, sr de l'isle de Noirmoutiers*, Poitiers, Bouchetz, 1576, f. B 2 v°- B 3 r° (B.N.: Rés. Ye. 458).

[30] Virgile, *Enéide*, VI, v. 726-727.

[31] Sur ce texte et sa fortune, voir P. Boyancé, *Sur le discours...*; P. Courcelle, *Lecteurs païens ...*, I, p. 472-479; A. Tarabochia, *Esegesi biblica...*; T. Gregory, *Anima mundi...*.

[32] Le danger de l'analogie entre l'Ame du monde et l'Esprit Saint, c'était de mener à l'idée d'un Dieu immanent; la plupart des poètes qui traitaient ce thème prenaient soin de rappeler que l'esprit infus et diffus dans les membres du monde n'en continuait pas moins à l'embrasser. Voir I. Pantin, "*Spiritus intus alit...*".

[33] Ficin, *Theol. platon.*, VI, 6; éd. Marcel, p. 243. L'âme immatérielle, n'a pas de lieu.

> Tant bien chercher aux cieux leur substance plus pure
> Que n'est l'elementaire, et en leurs actions
> Merquer les tours, les temps, les inclinations,
> Mesme en leurs feux tout nom, tout cours, ordre et figure:
>   Descrire en l'element du feu la nourriture
> Qu'il prend, les qualitez et les impressions:
> Chanter en l'air ses corps subtils, ses regions,
> Sa pluye, foudre, et vents, neige, et gresle plus dure:
>   Chanter tant bien en l'eau, sa liqueur, ses reflus,
> Son sel, ses animaux: puis ce qui est réclus
> Dans terre, ou qui sur elle et vegete et chemine:
>   Comme un BAIF fera, chasque chose en son lieu,
> C'est monstrer qu'on a l'ame en tout vrayment divine,
> Qui par tout dans ce Tout se mesle ainsi que Dieu.[34]

Dieu est présent dans l'ensemble de la nature, sans être contenu par elle: bien au contraire, c'est lui qui la "comprend"; et l'âme a la même relation avec le corps. Si l'on combine les termes de l'analogie, l'on concevra aussi que l'esprit humain puisse se disperser dans l'univers, à la recherche de la science, tout en l'englobant intellectuellement:

> Aussi, mercy des sciences, le sage est estimé demeurer au monde, comme en une republique de laquelle il est chef, et où il n'y a rien, dont la disposition ne soit escrite et portraite en son esprit, tellement qu'il comprend en soy tout cest univers, c'est à dire, la disposition bien ordonnée de tout, duquel le centre est la terre, la circonference la convexité du ciel, et le contenu d'un à autre, est la celeste et elementaire region [...][35]

Des thèmes apparemment incompatibles, celui de l'homme qui s'évade de lui-même pour vagabonder vers les confins, celui du microcosme, et celui du savant qui tient dans sa main un petit globe, image et résumé du monde, se révèlent complémentaires, ou même équivalentes.

---

[34] Jodelle, "Sur les Météores de J. A. de Baïf. Sonnet"; éd. Balmas, I, p. 144. Cette pièce, composée vers 1567, fut publiée par Charles de La Mothe, dans son édition posthume des *Oeuvres* du poète (Paris, Nicolas Chesneau, 1574). - Bretonnayau exprime une idée analogue: l'intellect humain, seul dans la nature à être "prédestiné" à la vie éternelle, a pour unique objet "l'essence des choses" ainsi que "la premiere cause infiniment parfaite [...] Qui tout orne et dispose, entretient et gouverne, / Par son esprit diffus, dont tout est comble et plein, / Ne laissant rien dehors, ny dedans qui soit vain. / Son essence ne peut en parts estre partie, / Car toute en tout ell'est, toute en chasque partie" (*La generation de l'homme*, Paris, Langelier, 1583, f. 82 r°). L'on peut se demander si les deux derniers vers se rapportent à l'intellect ou bien à la "premiere cause": cette incertitude n'a pas de grandes conséquences, tant l'intellect ressemble à son objet.

[35] Pontus de Tyard, *L'Univers*, éd. Lapp, p. 4-5. Ces paroles sont prononcées par le Curieux, mais reçoivent une approbation générale: "Ce propos estendu en quelques autres briefves et presque semblables descriptions du monde, nous tira en admiration de tant esmerveillable machine [...]". - Sur le motif du "regard tout-puissant", voir F. Lestringant, *L'atelier du cosmographe*, p. 36 sq.

Microcosmes, points de mire et mondes capturés

Le motif du microcosme a occupé une place importante dans la poésie encomiastique et surtout, dans la poésie amoureuse du XVIème siècle. Il a été souvent interprété de façon à privilégier les correspondances célestes: l'objet de la louange concentrait en sa personne le meilleur de ce que pouvait donner la terre, mais il était surtout le résumé des cieux, le principe de leur harmonie, le miroir où ils se contemplaient amoureusement, le bénéficiaire privilégié de leurs dons.

> Les Elementz, et les Astres, à preuve
> Ont façonné les raiz de mon Soleil,
> Et de son teint le cinabre vermeil,
> Qui çà ne là son parangon ne treuve.
> Des l'onde Ibere où nostre jour s'abreuve
> Jusques au lict de son premier reveil,
> Amour ne voyt un miracle pareil,
> N'en qui le Ciel tant de ses graces pleuve [...][36]

Ce motif, déjà présent chez Pétrarque et ses imitateurs italiens, appartient autant à l'école lyonnaise qu'à la Pléiade. Maurice Scève présente sa Délie comme le point de mire de la création, le centre où s'accomplit et se révèle sa perfection:

> Le Naturant par ses haultes Idées
> Rendit de soy la Nature admirable.
> Par les vertus de sa vertu guidées
> S'esvertua en oeuvre esmerveillable.
> Car de tout bien, voyre es Dieux desirable,
> Parfeit un corps en sa parfection,
> Mouvant aux Cieux telle admiration [...][37]

L'idée de microcosme apparaît ici comme dans son milieu d'origine, accompagné de références à la *Genèse* et au *Timée*,[38] non sans quelques souvenirs du *Pimandre*, dans la relation presque narcissique d'admiration amoureuse qui relie à la créature les "Dieux", les "Cieux", et jusqu'au "Naturant". La dame a été formée pour que la puissance ordonnatrice de l'univers en tire sa plus haute "satisfaction", s'y voyant pleinement réalisée:

> Voulant tirer le hault ciel Empirée[39]
> De soy à soy grand' satisfaction

---

[36] Ronsard, *Amours* (1552), s. lxii, v. 1-8; éd. Laumonier, t. IV, p. 63.

[37] Scève, *Délie*, 2, v. 1-7; éd. Parturier, p. 6.

[38] Voir le début de ce chapitre. Le s. 158 de Chariteo, signalé par E. Parturier (*ibid.*), est moins philosophique: "Come natura exempio al mondo diede / Del suo perfetto, angelico valore / Per mezzo del tuo volto, ove'l fulgore / Di celeste beltà qua giù si vede [...]".

[39] Moteur immobile des sphères et lieu de lumière où séjournent les anges, l'Empyrée représente la puissance divine opérant dans la nature, il joue donc un rôle analogue à celui du "Naturant" du dizain 2.

> Des neuf Cieulx a l'influence empirée[40]
> Pour clorre en toy leur operation,
> Ou se parfeit ta decoration.[41]

Les mêmes analogies célestes ont traversé les recueils amoureux, du milieu à la fin du siècle. Pontus de Tyard avait peint sa dame sous les traits du soleil, de la lune et des étoiles, sans oublier de la doter d'une puissance comparable à "la vertu qui gouverne et décore / Ce Ciel mortel".[42] Pierre Le Loyer, plus de vingt ans après, traitait encore le même sujet à sa façon, en faisant assaut de précision:

> Quand j'apperçoy la face de ma belle,
> Je l'accompare au Soleil radieux:
> Son front me semble une voûte des cieux,
> Et son double oeil une estoille jumelle.
>   Son nacre blanc qui de rouge estincelle,
> C'est une Lune esclairante à mes yeux:
> Et son beau ris c'est un ciel gracieux,
> Quaucune nuë et brouillas ne recelle.
>   Son col poli c'est l'esseul soustenant
> Le Ciel, qui va tout autour se tournant:[43]
> Et son doux chant qui charme ma poitrine,
>   C'est des neuf cieux l'accord parfaict et beau:
> Et son esprit enclos dans son cerveau,
> C'est l'ame aussi qui mouve la machine.[44]

L'être aimé, ou l'être admiré, car le thème figurait aussi bien dans l'éloge des princes, des savants ou des artistes, reflète la nature au point de devenir une image exemplaire, dont la contemplation vaut un voyage cosmique. Ronsard se proclamait jaloux du miroir de Cassandre,

> [...] envieux, je t'admire,
> D'aller mirer le miroer où se mire
> Tout l'univers dedans luy remiré.[45]

Jodelle, dressant à Thevet un tombeau anticipé, devait méditer plus gravement sur le "tesmoignage" offert par cet être rare:

---

[40] A prendre au sens étymologique: "enflammée". L'Empyrée transmet sa vertu de feu et de lumière aux autres cieux (cf. le *Pimandre*).

[41] Scève, *Délie*, 4, v. 1-5; éd. Parturier, p. 7. Voir aussi le dizain 173, v. 1-4: "Ceincte en ce point et le col, et le corps / Avec les bras te denote estre prise / De l'harmonie en celestes accordz, / Ou le hault Ciel de tes vertus se prise [...]" (éd. Parturier, p. 126). Voir aussi, *infra*, le chapitre sur Peletier.

[42] Pontus de Tyard, *Continuation des erreurs amoureuses* (1551), s. 2 (devenu, à partir de 1555, le s. 3 du livre II des *Erreurs amoureuses*), v. 12-13; éd. McClelland, p. 194.

[43] C'est-à-dire l'axe des pôles, autour duquel se fait la rotation diurne.

[44] "Les Amours de Flore", s. 6, *Les Oeuvres et meslanges poetiques*, Paris, 1575, f. 2 v°.

[45] Ronsard, *Amours*, s. 63 ("Je parangonne à voz yeulx ce crystal..."), v. 9-11; éd. Laumonier, IV, p. 64. La variante de 1584 transforme l'image: "D'aller mirer les beaux yeux où se mire / Amour, dont l'arc dedans est recelé".

> Le Grand Moteur du Ciel et Nature féconde,
> Pour en un seul sujet faire voir en ce monde
> Comme est grand leur pouvoir, reduit en son effet,
> D'un accord accompli THEVET avoit parfait.
> Le Ciel la plus belle ame en ses beaux feux choisie
> Emprunta pour ici luire une belle vie:
> Et Nature choisit ses plus riches thrésors,
> Pour ce beau don du Ciel loger en digne corps.
>   Ainsi le sainct honneur du Ciel et de Nature
> Fut découvert çà bas en une creature:
> Qui d'esprit et de corps tesmoigna la grandeur
> De sa forme et matiere, et de son createur [...][46]

Un sonnet des *Amours de Pasithée* de Joachim Blanchon montre, par l'évolution de son argument, que le motif du microcosme céleste équivalait à celui du voyage cosmique. Il commence par énumérer les beautés de l'univers, en insistant sur son immensité, son mystère et ses harmonies; or cette préparation mentale, au lieu de se conclure par un envol à travers les sphères, trouve sa fin dans la contemplation de la dame. L'intérêt émerveillé suscité par la nature, atteint son comble lorsqu'il cesse de se disperser dans "ce large univers", pour se fixer sur l'objet qui le résume parfaitement; la "vertu", l'"excellence", ce qui est "saint" et "immortel" n'est plus recherché vers les hauteurs, mais au centre:

> J'admire la grandeur de ce large univers,
> J'admire le parfait de la voute aetherée,
> La cave profondeur de la plaine azurée,
> Et le bal compassé de tant d'astres divers.
>   J'admire encore plus tant de secrets couvers,
> Leur nombre, leur accord, et leur forme spherée,
> Incomprise, infinie, indicte, immesurée,
> Ouvrages admirez incongneuz à mes vers.
>   Mais plus que tout encor, LA BOISSIERE, j'admire,
> Les tresors estoillez ou mon ame se mire,
> Au miroir excellent admiré dans les Cieux.
>   Ou reluit la vertu d'une immortelle sainte,
> En qui l'infinité de toute grace est peinte,
> Et m'est plus grand miracle admiré à mes yeux.[47]

---

[46] "Pour le tombeau de M. Thevet cosmographe du Roy", v. 1-12; éd. Balmas, t. I, p. 125. Cette pièce figurait dans l'édition des *Oeuvres* de Jodelle, publiée par Charles de La Mothe en 1574, un an après la mort de Jodelle; Thevet ne mourut qu'en 1592. Cf. l'inscription "A la Royne d'Escosse" de Du Bellay, v. 1-4: "Pour nous monstrer, ainsi qu'en un miroir, / Tout ce qui est de grand et d'admirable, / De precieux, de beau, de desirable, / Le ciel vous feit en ce monde apparoir [...]" (*Entreprinse du Roy-Daulphin*, recueil Morel, 1559; éd. Chamard, VI, p. 68); ou bien A. Jamyn, "Au Roy sur son retour de Pologne", v. 39-42: "[...] Car tout le ciel, qui dedans vous s'assemble, / Vous fait miroir de tous les dieux ensemble, / Temple d'honneur, temple de majesté, / Exemple heureux de la Divinité." (*Les oeuvres poétiques*, 1575; éd.Carrington, p. 156).

[47] Joachim Blanchon, "Amours de Pasithée", l. II, s. 28, *Les premieres oeuvres poetiques*, Paris, Thomas Perier, 1583, p. 111.

A défaut même d'un objet extérieur, le poète pouvait lui-même se regarder au miroir de ses vers,

> Il n'y a point de corps si beau comme le Ciel,
> Et ce qu'il a de beau c'est sa belle lumiere:
> Mais la science est belle autant sur la lumiere,
> Que l'ame est excellente et belle sur le Ciel,
>   L'ame est en l'univers de l'homme, comme ciel:
> Mais l'ame sans science est un ciel sans lumiere,
> Monstrez donc en voz vers une belle lumiere,
> Qui monstre que vostre ame est plus ciel que le ciel [...][48]

Du Perron s'adressait ainsi à Isaac Habert, auteur d'*Amours de Diane*, mais destiné à publier des *Météores*, révélateurs d'une savoir plus ostensible. Qu'il y eût ou non pensé, son sonnet restait abstrait et n'attribuait à la "science" aucune définition. Il ne représentait pas une âme-ciel portant en elle l'image de l'autre ciel, préférant la saturer de lumière. Mais cette lumière n'en était pas moins une sorte de contenu, puisqu'on pouvait la transférer dans de la poésie pour la manifester au monde extérieur. A cet égard, Du Perron rencontrait un thème plus précisément exploité et suivi dans tous ses méandres par Jodelle, en l'honneur des *Météores* de Baïf. Faisant l'éloge des savants dont l'âme n'avait pu rester enfermée dans le corps, il passait de l'idée du voyage cosmique à celle du macrocosme contenu dans le microcosme, avant de comparer le monde changé en poème à la sphère d'Archimède.

> [Dieu n'abandonne pas l'âme dans sa prison,]
> Parfois doncq la tirant et jusqu'au feste de ses ronds,
> En voletant, se ficher sur chasque chose la fait.
>
> Lors de ce haut sur tous Elemens treshaute se comprend,
> Ains comprend dedans soy l'oeuvre de tous Elemens,
>
> Voire le rond des Cieux, voire ainsi tout ce que sans fin
> Cause le Vuide, le Feu, l'Onde, la Terre, le Ciel.
>
> Puis au corps derechef se logeant, par son grave discours
> Enclos dans son corps tient de ce monde le corps.
>
> Tant qu'un monde petit clost un grand monde dedans soy,
> Un miracle encor peut de la chose venir,
>
> L'ame de soy retirant par l'art de la Muse ce grand Tout,
> Comme le peut retirer par ce poëme BAIF;
>
> (Mieux que celuy qu'on veit (ce dit-on) d'un verre se bastir
> Un monde en ce petit verre de Dieu se moquant.)

---

[48] Jacques Davy Du Perron, sonnet joint aux *Oeuvres poétiques* d'Isaac Habert, à la fin du *Second livre des amours de Diane*, Paris, L'Angelier, 1582, f. 70 r°. B.N.: Rés. Ye. 1021.

> Tous les cieux vrayment figurez peut clorre de ses vers,
> Clorre la Terre encor, l'Onde, le Vuide, le Feu.[49]

Jodelle évoque avec une grande précision les rapports d'inclusion qui lient les divers éléments, il leur restitue une valeur spatiale concrète: l'âme, dans son léger vagabondage, fait rentrer en elle-même le monde; revenue dans le corps, elle y pénètre avec son nouveau contenu, désormais doublement enveloppé par l'âme et par le corps; puis, grâce à "l'art de la Muse", le "grand Tout" est finalement transvasé dans le poème, où il trouve définitivement son lieu: ainsi réduit, lisible, il manifeste clairement sa soumission à l'ordre humain. Le début de l'élégie condamnait les terreurs et les superstitions, nées de l'ignorance,

> Or donc cesse le Feu, l'Air, l'Onde, la Terre, de leurs faits
> Intimider nos sens, tromper, époindre, ravir.
>
> Mesme le Ciel, par faute de voir de sa Danse le vray cours
> Cesse de mille liens l'ame pesante lier [...][50]

Ses derniers vers proclament la victoire de la science et de la poésie et témoignent d'une sorte de prise de pouvoir, comme le marque l'allusion à Archimède "en ce petit verre de Dieu se moquant". L'épigramme de Claudien, à laquelle se réfère Jodelle, décrit en effet la réaction du roi des Dieux, à la fois amusé et offusqué par le dernier prodige de l'intelligence humaine:

> Comme Jupiter voyait les cieux dans une petite <boule de> verre, il rit et dit aux Dieux "Jusqu'où la puissance de la diligence humaine n'est-elle pas allée? Mon oeuvre n'est-elle pas désormais un jeu dans un globe fragile? Voici qu'un vieillard de Syracuse a transporté par son art les règles des cieux, l'ordre de la nature et les loix des dieux. Un esprit <qu'il y a> enfermé assiste les différents astres et anime vivement l'ouvrage de mouvements déterminés. Un Zodiaque feint parcourt sa propre année, et une fausse Cynthie revient au début de chaque mois: désormais le génie audacieux s'amuse en faisant tourner son propre monde et commande aux étoiles grâce à l'intelligence humaine. Pourquoi m'étonner de l'inoffensif Salmonée, avec son faux tonnerre? Il s'est trouvé une petite main qui rivalise avec la nature.[51]

[49] Etienne Jodelle, Elégie "A la France", v. 21 sqq.; éd. Balmas, t. I, p. 143. Pièce publiée avec *Le premier des Météores* de Baif (Paris, R. Estienne, 1567).

[50] *Ibid.*, v. 7-10, p. 142.

[51] "Juppiter in parvo cum cerneret aethera vitro, / risit et ad superos talia dicta dedit: / "hucine mortalis progressa potentia curae? / iam meus in fragili luditur orbe labor? / jura poli rerumque fidem legesque deorum / ecce Syracusius transtulit arte senex. / inclusus variis famulatur spiritus astris / et vivum certis motibus urget opus. / percurrit proprium mentitus Signifer annum, /et simulata novo Cynthia mense redit, /jamque suum volvens audax industria mundum / gaudet et humana sidera mente regit. / quid falso insontem tonitru Salmonea miror? / aemula naturae parva reperta manus." Claudien, *In sphaeram Archimedis* (épigr. 51 -68-); éd. Platnauer, p. 278-280. Voir aussi Claudianus, *Opera*, Paris, Simon de Colines, 1530, f. 175 v° (mauvaise leçon: "legemque *virorum*" au v. 5).

La sphère d'Archimède

L'humour démystificateur de l'épigramme *Juppiter in parvo*, son ambiguïté (que signifie le rire du dieu?), sont d'autant plus notables qu'elle exploite un thème déjà utilisé, mais dans une perspective différente. Cicéron s'était intéressé à la sphère d'Archimède dans sa démonstration conjointe de la divinité de l'esprit humain et de la Providence. Le travail imitateur de l'ingénieur prouvait, par analogie et *a fortiori*, que la nature était une oeuvre d'art. Si les barbares de Scythie avaient pu deviner que le modèle du monde, présenté par Posidonius, était l'oeuvre d'une intelligence, la contemplation de l'ordre des cieux devait mener à une conclusion encore plus nécessaire.[1]

En insistant sur la rivalité avec le créateur, Claudien se rapprochait plutôt des proclamations triomphantes de l'*Asclepius*. L'enchaînement des idées, dans la préface des *Institutions astronomiques*, le montre assez bien: après avoir dit, d'après "Mercure Trismégiste", que l'homme est l'image de Dieu parce qu'il va partout "sans bouger d'un lieu", Jean Pierre de Mesmes y énumère les miracles accomplis par l'homme: ce sont tous les chefs-d'oeuvre de la création artistique ou technique grâce auxquels la nature vivante s'est trouvée parfaitement imitée, les tableaux de Zeuxis et d'Apelles, la Vénus de Praxitèle,[2] les automates d'Architas de Tarente, d'Albert le Grand et de Boèce, les idoles animées des prêtres égyptiens.[3] La progression est constante de la plate peinture à la représentation humaine qui marche et qui parle sous l'effet des enchantements hermétiques, mais on en vient à la plus grande merveille:

> Archimede sembloit quasi provoquer au combat la puissance divine, en forgeant une modele des Cieux, et de tout l'univers de fin verre, si subtilement, et avec tel artifice, que les sept corps errans y estoyent veuz faisans leurs tours et retours, avec une si merveilleuse symmetrie et raison, qu'ilz s'accordoyent sensiblement en tous poincts avec les naturelz et celestes. Sabor Roy de Perse s'enfermoit dans une sphere de verre, et assis au centre d'icelle, prenoit plaisir de voir le remuement journel et naturel des sept corps vagabonds. Il ne se faut donq plus esbahir, si Mercure nomme l'homme, le grand miracle des miracles: l'animal honorable, garny d'un esprit divin, et instruict d'une science occulte et cachee.[4]

---

[1] Cicéron, *De natura deorum*, II, 34-35, 88. Voir aussi le *De republica*, I, 14, 21 (inaccessible au XVIème s.); et les *Tusculanes*, I, 25, 62-63.

[2] J. P. de Mesmes indique comme source: Pline, l. 25, ch. 10, et l. 36, ch. 5. - Ce rapprochement entre les beaux arts et les "arts et sciences" existait déjà chez Cicéron (dans les textes cités ci-dessus), et il avait été repris par Ficin (*Theol. platon.*, XIII, ch. 3; éd. Marcel, t. II, p. 223). - L'argument de l'artiste faisait partie de la preuve cosmologique de l'existence de Dieu; voir, par exemple, le *Corpus hermeticum*, V, 8: "Nul n'avance qu'une statue ou une peinture puisse avoir été produite sans sculpteur ou sans peintre, et cette Création serait venue à l'être sans Créateur?". Cf. *C.H.* XIV, 8.

[3] *Asclepius*, ch. 9.

[4] *Les Institutions astronomiques*, f. â 3 r°. - Ficin, dans le chapitre cité ci-dessus (*Theol. platon.*, XIII, ch. 3), énumère, dans le même ordre, tous les exemples donnés par J. P. de Mesmes; et Du Bartas en fait autant, dans le 6ème Jour de la *Sepmaine*, pour prouver l'excellence de l'esprit humain (v. 813-924; éd. Bellenger, p. 289-294).

Les automates jouissaient d'un grand prestige depuis l'Antiquité, même si leur réussite était attribuée à la magie autant qu'à l'habileté des inventeurs. Ils relevaient d'ailleurs plutôt de la légende dorée de la technique que de son archéologie. A partir du XIVème siècle, cependant, les horloges mécaniques à poids, à échappement mais sans balancier, firent leur apparition en Occident:[5] plusieurs d'entre elles étaient des horloges astronomiques.[6] Ces monuments qui s'imposaient sur les places des grandes villes, dans les beffrois ou les cathédrales, pouvaient apparaître comme de laborieuses imitations du chef-d'oeuvre d'Archimède: ils ne donnaient pas du ciel une représentation aussi parfaite, puisqu'ils se contentaient généralement d'inscrire sur des cadrans les mouvements des astres et qu'ils utilisaient, au lieu de verre, de solides roues dentées en métal, mais ils restituaient la complexité des révolutions célestes et transformaient la grande machine en une petite. A côté de cette tradition, visant à traduire les mouvements célestes en les décomposant géométriquement, c'est-à-dire à réaliser mécaniquement l'équivalent des *theoricae planetarum*,[7] il en existait une autre, disons plus réaliste, qui cherchait à reproduire le modèle du monde, si possible en l'animant. Le roi Christian de Danemark offrit un automate de ce genre, tout en argent, au roi de Moscovie, qui n'en comprit pas la beauté, et l'empereur Maximilien s'en fit construire un, si grand qu'il fallait douze hommes pour le porter: son petit-fils Ferdinand l'envoya finalement à Constantinople, pour en faire présent à Soliman, selon le témoignage de Paolo Giovio.[8]

> Hé! pourroy-je cacher sous un obscur silence
> Ce nouveau ciel d'argent, qui n'aguere à Bizance
> Fut au grand roy des Turcs mandé par Ferdinand?
> Là dedans un esprit sans fin se proumenant
> Agitoit la machine: et bien que l'une sphere
> Glissast fort lentement, et que l'autre au contraire
> Diligentast ses pas, leurs astres toutesfois
> Des astres naturels ne transgressoyent les loix [...][9]

[5] Le ressort moteur fut inventé au XVème siècle et permit la miniaturisation des horloges.
[6] La première à reproduire les mouvements de toutes les planètes fut l'*Astrarium* de Giovanni de Dondi (Padoue, circa 1365), voir S. Bedini et Fr. Maddison, *Mechanical universe...*; Giovanni de Dondi, *Astrarium*, éd. Poulle. Il subsiste plusieurs horloges planétaires de la Renaissance: l'horloge de la cathédrale de Bourges, construite en 1423 par Jean Fusoris, chanoine de Notre-Dame de Paris, celle de la cathédrale de Lyon (fin XIVème, restaurée au XVIème siècle), celle de la bibliothèque Ste-Geneviève, probablement construite dans le sud de l'Allemagne à la fin du XVème siècle et devenue la propriété du cardinal Charles de Lorraine qui la confia à Fine pour réparations; l'horloge de Ph. Immser, 1555 (Wien, Technisches Museum); celles d'Eberhart Baldewein, 1561-1568 (Kassel, Staatliche Kunstsammlungen; Dresde, Staatlicher Mathematisch-Physikalischer Salon); le planétaire de Jost Bürgi (Wien, Kunsthistorischen Museum). Voir D. Hillard et E. Poulle, "Oronce Fine et l'horloge planétaire"; Idem, *Science et astrologie ...*; E. Poulle, *Un constructeur ...* ; J. H. Leopold, *Astronomen Sterne Geräte...*, p. 60-71 et 186-203.
[7] Tradition à laquelle se rattache la construction des équatoires. Voir E. Poulle, *Equatoires ...*
[8] P. Giovio, *Historiarum sui temporis l. XLV.* (*Opera*, Bâle, 1578, t. II, p. 459-460). Récit cité tout au long par Ramus dans son *Prooemium mathematicum* (Paris, 1567, p. 292-296).
[9] Du Bartas, *La Sepmaine*, VI, v. 891-898; éd. Bellenger, p. 293.

Perpetuum mobile

L'intérêt des princes allemands pour les globes et les planétaires mécaniques est largement attesté; les collections des landgraves de Hesse ou de l'empereur Rodolphe II contenaient de rares merveilles, conçues par les meilleurs facteurs d'Europe, comme Eberhard Baldewein ou Jost Bürgi.[10] En 1586, ce dernier avait même réalisé pour Wilhelm IV, à Kassel, un modèle du système du monde imaginé par son ami Raimar Ursus, afin de convaincre le landgrave de la pertinence de ses hypothèses.[11] En France, il ne semble pas avoir existé d'ingénieurs ainsi spécialistes de machines astronomiques,[12] Ronsard n'en donnait pas moins à Abel Foulon, valet de chambre de Henri II, la stature de l'Archimède de Claudien:

> L'autre qui est Abel, imite d'artifice
> Cela que DIEU bastit dans le grand edifice
> De ce Monde admirable, et bref ce que DIEU fait
> Par mouvement semblable est par luy contrefait.[13]

Cet éloge, probablement disproportionné, n'en est que plus significatif. La façon dont Ronsard a tourné son compliment laisserait volontiers croire que Foulon, loin d'élaborer un cosmos artificiel, se bornait à imiter une partie de son contenu. En ce cas, l'emphase et l'ambiguïté de l'expression sont d'autant plus notables: s'il n'était question de "contrefaire" que de menus objets, pourquoi évoquer pompeusement "le grand edifice / De ce Monde admirable"? Selon La Croix du Maine, Abel Foulon aurait composé, entre autres choses, une *Description du mouvement perpétuel*, restée manuscrite.[14] Un titre qui pourrait faire penser à ce passage des *Tusculanes* où Cicéron définit à sa façon la conception aristotélicienne de l'âme:

---

[10] Voir J. H. Leopold, *Astronomen Sterne..*; B. T. Moran, "Princes, machines..."; P.A. Kirchvogel, "Wilhelm IV ..."; R. Bauer et H. Haupt, "Das Kunstkammerinventar ..."; *Prag um 1600...;*, t. I, n°447, p. 562-563; K. Maurice et O. Mayr, *The Clockwork Universe*, et notamment, dans ce dernier recueil, l'art. de F. Huber, "The clock as intellectual artefact".

[11] Nicolaus Raimarus Ursus, *De astronomicis hypothesibus*, Prague, 1597, f. A2 v°. Voir N. Jardine, *The birth of history* ..., p. 36. Le système d'Ursus, qui ressemblait fort à celui de Tycho Brahe (d'où une sanglante querelle de priorité), faisait tourner la terre sur elle-même en vingt-quatre heures, la lune et le soleil tournant autour de la terre, le reste des planètes autour du soleil, et la huitième sphère restant fixe.

[12] Ramus, qui faisait grand cas des automates astronomiques allemands, disait n'en avoir vu que deux à Paris, et qu'ils venaient de l'étranger: "Tales autem Sphaerae Lutetiae duas vidimus, non vitreas tamen, sed ferreas: alteram apud Ruellium medicum, e bellicis Siciliae rapinis huc allatam: alteram apud Orontium mathematicum professorem Regium germanico bello similiter direptam" (*Prooemium mathematicum*, 1567, p. 128, cf. p. 287 sq.). - Sur les collections royales d'horloges et d'automates, voir cependant A. Chapiro et al., *Musée national de la Renaissance, Château d'Ecouen. Catalogue de l'horlogerie ...*

[13] Ronsard, Hymne de Henr II, v. 519-522, éd. Laumonier, VIII, p. 32-33. Foulon émerge de l'évocation anonyme des artisans ("L'un est Peintre, Imager, Armeurier, Entailleur...").

[14] La Croix du Maine, éd. Rigoley de Juvigny, t. I, p. 1. Humaniste et mathématicien, Foulon publia un *Usaige et description de l'holometre* (Paris, 1555); il aurait écrit un *Traité de machines, engins, mouvements, fontes métalliques et autres inventions*, resté inédit.

Aristote [...] estime [...] qu'il existe une cinquième essence spéciale d'où procède la pensée: imaginer, prévoir, apprendre, enseigner, inventer, se rappeler tant de choses, aimer et haïr, désirer et craindre, s'affliger et se réjouir et les fonctions analogues ne peuvent relever d'aucune de ces quatre catégories [des éléments]. Il a donc recours à une cinquième catégorie qui n'a pas de nom et est conduit, en ce qui concerne l'âme même, à la désigner par un terme nouveau, *endéléchéia*, ce qui revient à dire une espèce de mouvement ininterrompu et perpétuel.[15]

L'entéléchie a bien un peu agité les philosophes du XVIème siècle ("Que dictes-vous? interroguent-ils; dictes-vous Entelechie ou Endelechie? - Beaux cousins, respondit Panurge, nous sommes gens simples et idiots");[16] Ronsard ne songea à se mêler au débat, mais il en connaissait les enjeux. En 1552, le sonnet 56 de ses *Amours* ("L'oeil qui rendroit...") s'achevait sur une probable allusion aux *Tusculanes*:

Pour me donner et force et mouvement,
N'estes-vous pas ma seule Endelechie?[17]

Chapitré par Muret, au nom d'un aristotélisme rigoureux ("[...] le mot, Entelechie, signifie une forme essentielle, non pas un perpetuel mouvement, comme l'a exposé Ciceron [...]"),[18] Ronsard se corrigea un peu: il commença par adopter la graphie la plus orthodoxe (*entéléchie*), dès 1553, et finit par modifier légèrement sa définition (*Pour me donner l'estre et le mouvement...*), dans l'édition de 1584. Cette ultime variante ne touchait d'ailleurs pas à l'essentiel et semble montrer que le poète ne voyait aucune raison d'abandonner l'association traditionnelle entre l'âme et le mou-

---

[15] Cicéron, *Tusculanes*, I, X, 22; trad. Humbert, p. 17. Les textes d'Aristote comportent le terme d'*entéléchéia*: "ce qui a sa fin en soi". Mais "l'erreur" de Cicéron n'est pas dénuée de sens: elle fonde sur l'analogie entre l'âme et la quintessence céleste (définie par sa capacité à courir perpétuellement en rond). Voir Festugière, *La révélation* ..., t. II, p. 248. - Cicéron fut critiqué par Budé (*De asse*, Paris, Bade, 1527, f. 6v°-9r°. Voir Busson, *Le rationalisme*, p. 150-151); et le sens (comme l'orthographe) du mot entéléchie fit l'objet de vives discussions à Paris, vers 1540, dans le milieu des disciples de Vicomercato (voir Busson, p. 221-225). Il n'empêche que la définition cicéronienne était assez largement admise: l'âme "est par soy continu mouvement, / Que les Gregeois nomment Entelechie", disait Forcadel ("La forest Dodone", v. 324-325; texte déjà cité *supra* p. 86). Dans ses *Dialogues* (1557), Guy de Bruès a fait réciter par son sceptique ("Baïf"), la kyrielle des opinions sur l'âme, notamment celle d'Aristote: "Aristote <nomme l'âme> entelechie, c'est à dire, perfection du corps, ou en l'escrivant avec un d (comme Ciceron l'interprete) continuelle motion du corps naturel organizé, lequel peut avoir vie" (éd. Morphos, p. 139).

[16] Rabelais, *Vème Livre*, ch. 18.

[17] V. 13-14; éd. Laumonier, t. IV, p. 58. Le s. deviendra finalement le n° 68.

[18] *Le premier livre des Amours ...commentees par Marc Antoine de Muret* (1ère éd. 1553), dans Ronsard, *Les Oeuvres*, Paris, Nicolas Buon, 1623, p. 38. - H. Busson ("Ronsard et l'entéléchie"; *Le rationalisme...*, p. 379-380) incline à lire dans ces vers l'affirmation d'une position doctrinale . Quoi qu'il en soit, le Ronsard des *Dialogues* de Guy de Bruès affiche une position clairement aristotélicienne: "toutesfois nous sçavons bien, que l'ame est la perfection du corps, auquel elle donne estre et vie: car soubdain qu'elle l'abandonne, il reste sans vie, et sans avoir aucun mouvement" (éd. Morphos, p. 140).

vement.[19] "Imiter d'artifice", "par mouvement semblable" les corps de l'univers qui portent en eux-mêmes leur principe moteur, c'était approcher de plus près, en le représentant fictivement, le mystère de la distribution des âmes.

Les automates cosmiques devaient donc garder leur pouvoir de fascination et leur charge symbolique, alors même qu'ils existaient matériellement et possédaient un statut assez clair: le statut d'objets très précieux, mais aussi d'instruments de précision, utiles pour les travaux astronomiques. Même les philosophes les plus sérieux les donnaient en exemple, lorsqu'ils dissertaient sur les arcanes de la création. Jean Riolan s'en servait, par exemple, pour faire comprendre que la puissance divine était sans limite, qu'elle ferait sans peine surgir du néant la matière d'un autre monde, et tout aussi bien des formes et des intelligences motrices:

> Il serait bien plus facile à Dieu de faire et dispenser des essences motrices qu'à un ouvrier de faire les concerts harmoniques grâce auxquels des automates se meuvent d'eux-mêmes.[20]

Malgré sa formulation un peu négative, cette phrase suggère bien que le mystère ultime de la création, quels que soient les termes philosophiques dont on l'habille, tient à la production du mouvement spontané, dans les grands comme dans les petits objets, mais les textes poétiques exprimaient parfois cette conscience d'une façon moins cérémonieuse. Dans L'Hymne de Henri II, Ronsard projetait sur l'ingénieur le rêve d'une *mimesis* absolue, qui reproduisît "ce que Dieu fait", en lui donnant le mouvement et comme une sorte de vie. Cette idée l'intéressait probablement davantage que les secrets de la mécanique. En prenant aux *Argonautiques*, dans l'*Hymne de l'hiver*, l'idée d'une balle cosmique, il a mis le jouet en branle. Là où Apollonios

---

[19] Cette conception remontait à Platon, qui définissait l'âme par son automotricité (*autokinetos*). Voir le *Phèdre*, 245 c- 246 a; les *Lois*, X, 894 c-896 a. Voir aussi, entre autres textes, Macrobe, *In Somn. Scip.*, II, ch. 12-13; le ch. 12 examine notamment la comparaison, faite par Cicéron, entre la façon dont Dieu meut le monde et celle dont l'âme meut le corps. - Contrairement à ce qu'affirme H. Busson, Muret ne remettait pas en cause le sens du sonnet, d'ailleurs irréprochable (Ronsard ne disait pas que l'entéléchie *était* du mouvement, mais simplement qu'elle le *donnait*); son commentaire était plus explicatif que critique: "Aristote dit et enseigne, que chacune chose naturelle a deux parties essentielles, c'est à sçavoir la matiere [...], et la forme [...]. Dit en outre que ceste forme ou Entelechie donne essence et mouvement en toutes choses" (*loc. cit.*); la définition qu'il jugeait la plus correcte (celle de "forme essentielle") n'était pas en contradiction avec l'autre. Dans la *Theologia platonica*, Ficin les a combinées: il adopte un théorie de l'âme forme du corps, proche de celle de saint Thomas (voir notamment VI, ch. 4 et 7, VIII, ch. 10); il n'oublie pas non, plus l'idée de "perfection": l'âme *corpus perficit* (l. VI, ch. 6 etc.). Et d'autre part, il donne pour première raison de l'immortalité de l'âme le fait "qu'elle se meut par elle-même et d'un mouvement circulaire" (V, ch. 1; trad. Marcel, t. I, p. 174).

[20] "Deo longe facilius motrices essentias facere et dispensare, quam artifici harmonicos concentus quibus *automata* cientur sponte", J. Riolan, "An deus sit primus motor", *Opuscula metaphysica*, Paris, A. Perier, 1598, f. 31 v°. Ce texte était d'abord paru séparément chez Thomas Brumen, en 1571, sous le titre d'*Exercitatio philosophica an deus sit primus motor*. Sur la problématique de l'omnipotence divine, voir *infra*, p. 424 sq.

insistait sur la perfection de l'assemblage et faisait briller les matières précieuses,

> Elle est formée d'anneaux en or; chacun, de part et d'autre, est entouré de deux bagues qui les cerclent; mais les sutures sont invisibles et un méandre de smalt court sur toute leur surface.[21]

Ronsard imagine une vraie sphère armillaire et l'anime de rotations perpétuelles; le cadeau a d'autant plus de sens qu'il est promis à la Nuit par Jupiter; au contraire de ce qui se passe dans les *Argonautiques* (où Cypris destine au petit Eros l'ancien jeu du petit Jupiter), il n'est plus question d'enfantillages.[22]

> Nuit, repos des mortels, si tu me veux complaire,
> Tu auras un présent qu'autrefois je fis faire
> Ainsi qu'un beau joüet, à sept voutes, tout rond,
> Voutes qui *en tournant d'elles-mesmes* s'en vont
> En biez haut et bas à l'entour d'une pomme,
> Et si *jamais le temps leur course ne consomme*.[23]

[21] Apollonius de Rhodes, *Les Argonautiques*, III, v. 137-140. Le jouet avait été fabriqué pour Zeus par sa nourrice Adrastée, lorsqu'il était tout petit; Cypris promet de le donner à Eros, s'il frappe Médée de ses flèches. Il est couramment admis que la balle représente l'univers, mais, à lire le texte, il n'en est qu'un symbole assez vague, et non pas une imitation.

[22] Les mignardises puériles, très développées chez Apollonios, existent dans les *Saisons* mais ailleurs: elles concernent les personnages principaux, et notamment l'Automne.

[23] *Nouvelles poesies*, "Hymne de l'Hyver" (1563), v. 247-252 (nos italiques), voir aussi *infra*, p. 305-6. - Baïf a de nouveau imité le passage dans l'*Amymone* (éd. Marty-Laveaux, t. II, p. 134-135, v. 223-258): il a repris la fiction d'Apollonius et le ton enfantin. L'objet décrit est clairement une sphère armillaire, mais la précision même de l'évocation, son caractère décoratif, font passer à l'arrière plan la sensation du mouvement:

> C'est un fetis moulinet
> De ce grand monde l'image,
> Que j'ay dans mon cabinet
> Un des plus exquis ouvrage,
> Construit de cerceaux divers
> Mis de long et de travers.
>
> Deux croisez en mesmes pars
> L'ouvrage quarrent et bornent,
> Peints d'azur, où sont espars
> Mille astres d'or qui les ornent:
> Un esseul d'argent les joint
> D'un gon double en double poinct.
>
> Au milieu de cet esseul
> Une boule est suspendue
> De Jaspe, par qui à l'oeil
> Double couleur est rendue:
> D'une part un palle-verd,
> De l'autre un teint plus couvert.
>
> Cinq cercles mis de travers
> Eloignez d'egal espace,
> Embrassent le rond divers
> De la tournoyante masse.
> Sous les trois un estendu
> Est de biais suspendu.
>
> Au dessous par son contour
> Mainte figure étoilee,
> S'entresuivant tout-au-tour,
> Marque les mois de l'annee
> D'argent un bel astre blanc
> Plus bas traverse en son ranc.
>
> Soudée à l'esseul d'argent,
> Comme un Soleil, la voliere
> D'or et d'azur se changeant,
> Sureclate une lumiere
> Plus brillante que par l'air,
> Ne luit l'astre le plus clair [...]

La balle cosmique a reçu le don de la vie, ce qui l'apparente aux artefacts les plus sérieux, comme celui d'Archimède où les étoiles "D'elles-mesmes tournaient d'un réglé mouvement",[24] ou bien celui de l'empereur Ferdinand qui enfermait "un esprit sans fin se proumenant".[25] L'émerveillement prédominait sans doute devant ces reproductions en miniature de l'oeuvre de la création jusque dans son secret le plus profond, mais sans chasser l'inquiétude. L'*Asclepius*, c'était une chose bien connue, n'apprenait pas à jouer avec les âmes (à les capter pour les enfermer dans des corps inertes), sans l'aide des démons. Et la rivalité, même ludique, avec Dieu comportait un aspect diabolique. Dans l'*Hymne de la Philosophie*, l'astronomie est montrée comme l'art d'une sorte d'Archimède qui ferait du ciel un "jouet" pour nous le mettre "entre les mains"; or cet art lui-même est comparé à celui d'une "sorcière importune" qui attire les astres hors de leur place légitime "par ses charmes".[26]

"Par esprit sans autre effort": Cardan et les ingénieurs

Plus averti des réalités concrètes de la mécanique, Cardan n'a pourtant guère manifesté de hâte à rectifier les légendes, quand il s'est intéressé aux planétaires dans le livre XVII du *De subtilitate*: "Des arts et inventions artificieuses". Tout ce qu'il savait, par expérience, sur les inventions de la Renaissance, semble avoir servi à alimenter ses réflexions sur Claudien et le roi Sabor, plutôt que le contraire. Les travaux de Guillaume Zelandin et de Janellus Turianus de Crémone, auteurs d'admirables modèles de l'univers destinés à l'Empereur, précèdent, dans son texte, l'évocation du roi perse. Et celle-ci ressemble à une méditation sur une image emblématique:

> On recite que Sabor Roy des Persiens, fist construire de vitre une machine de telle façon tant grande, qu'il estoit assis au centre d'icelle, comme en la spherule et rotondité de la terre, voyant souz ses pieds les astres, et les estoilles qui se couchoient et levoient, en sorte que neantmoins qu'il fut mortel, il sembloit estre sus toute la hautesse et expectation de mortalité. Quelle chose plus grande et divine peut venir au sens de l'homme, mesmement à un Roy qui possede tout le monde, qu'apres la possession des terres et mers, il semble posseder du ciel et des astres, le domicile de Dieu?[27]

La description technique passe à l'arrière-plan, l'auteur préférant imaginer, avec une délectation visible, les sentiments d'un roi, tout-puissant sur la terre, qui s'assied fictivement à la place de Dieu. Le jeu de Sabor est en effet complexe: il s'enferme dans sa sphère pour mieux jouir du manège

---

[24] Du Bartas, *La Sepmaine*, VI, v. 890 (éd. Bellenger, p. 293).

[25] *Ibid.*, VI, v. 894. Le passage est plus longuement cité *supra*, p. 87.

[26] Ronsard, *Hymne de la Philosophie*, v. 55-62; éd. Laumonier, VIII, p. 89. - Sur l'ambivalence de cette image, voir J. Céard, "La révolte des Géants ... Voir aussi *infra*, p. 150-1.

[27] Cardan, *De la subtilité*, trad. Le Blanc, éd. 1578, f. 391r°-v°. Le *De subtilitate* était paru en 1550, à Nuremberg, chez J. Petreius (B.N.: R. 777). La première édition de la traduction de Le Blanc date de 1556 (Paris, G. Le Noir).

universel et se donner l'impression qu'il tourne pour lui ou même qu'il en est le moteur; mais Cardan souligne surtout qu'il voit glisser les astres à leur passage dans l'hémisphère inférieur.[28] "Voyant souz ses pieds les astres et les estoiles", Sabor, niché au coeur de son microcosme artificiel, partage aussi la vision surplombante des valeureux explorateurs cosmiques ou des âmes bienheureuses. A la fois au milieu et au-dessus, comme l'Ame du Monde anime de l'intérieur et enveloppe le branle général, il éprouve quelque chose de l'ubiquité divine.

La suite du passage, qui rapporte une discussion entre Cardan et Honorat Janius Valentin, précepteur de Philippe II, se présente comme une réflexion sur l'épigramme de Claudien et entraîne une comparaison entre le passé et le présent. Les deux interlocuteurs reconnaissent la supériorité de la machine antique "imitatrice vrayement du Ciel", avec son appareil de sphères transparentes, tandis que les modernes sont obligés d'utiliser un métal opaque et de recourir à des représentations de convention, en figurant les cieux par des "tableaux". En effet, leur mécanique met en oeuvre un dispositif encombrant et qu'il faut camoufler,

> afin que ce qui est des roües, des poix, meules, chariots, denticules, cloches, verges, cordes, et d'autres instruments soit caché interieurement [...]. Dont il appert que la construction antique de ceste machine estoit trop plus excellente, et plus belle que la nostre: vray est que la nostre dure plus longtemps [...].[29]

Cette critique de la lourde sophistication moderne allait assez loin: Cardan notait qu'Archimède avait disposé d'un système du monde plus simple, attribuant à chacun de ses ciels un seul mouvement autour d'un centre unique, soit qu'il se fut rangé au système d'Eudoxe et de Callippe, soit qu'il eût adopté celui de l'*Arénaire*, "laquelle opinion Nicolas Copernicus a ensuyvie de nostre temps",[30] alors que les ingénieurs de la Renaissance devaient s'accommoder de l'horlogerie complexe élaborée par Ptolémée. Au XVIème siècle, les railleries commençaient à pleuvoir sur l'invraisemblable dispositif proposé par les astronomes, en guise de description du monde: si on le prenait au sérieux, il transformait le Créateur en bricoleur caricatural, peuplant le ciel de "ses cordages, ses engins et ses roües".[31] Certains souhaitaient revenir à un modèle plus simple, plus conforme aux exigences de la physique aristotélicienne. En Italie, les adversaires de la machinerie ptoléméenne s'étaient montrés spécialement déterminés. Pontano préférait douer les astres d'une volonté et d'un pouvoir

---

[28] Cf. Du Bartas, *La Sepmaine*, VI, 870-872; éd. Bellenger, p. 292: "Sous ses pieds orgueilleux il voyoit comme un Dieu / Les feux de l'autre Ciel se cacher sous Neree, / Pour tirer hors des flots leur perruque doree".

[29] F. 392 r°. Cardan rend cependant hommage à Janellus de Crémone qui a simplifié le mécanisme: "combien que Janellus n'y ait entremeslé les poix ne les cordes, mais il a constitué le tout de fer et denticules par artifice admirable".

[30] F. 392 v°. La traduction (comme le latin de Cardan) est ambiguë, et laisse croire que les systèmes d'Eudoxe et de Callippe, celui d'Aristarque (exposé dans l'*Arénaire* d'Archimède) et celui de Copernic sont équivalents. Sur ces systèmes, voir le premier chapitre.

[31] *Essais*, II, 12; éd. Villey, p. 537. Montaigne considère évidemment ce fatras comme l'invention de la philosophie. Voir aussi *supra*, p. 17, et *infra*, p. 156 sq.

de locomotion autonome, plutôt que de les assujettir à des rouages matériels,[32] tandis qu'Achillini, Nifo, Fracastor et Amico militaient pour un retour à l'astronomie des sphères concentriques.[33] Une simple comparaison entre les globes mécaniques de la Renaissance et celui d'Archimède révélait durement l'echec de la *mimesis* scientifique. Une fois posée la supériorité des Anciens, le mystère n'en demeurait pas moins: il ne tenait pas tant à la forme de la maquette, qu'au principe de son mouvement. La façon dont Le Blanc a traduit les vers 7 et 8 de Claudien (*inclusus variis famulatur spiritus astris / et vivum certis motibus urget opus*) est assez significative: imprécise et même infidèle, elle met pourtant l'accent sur l'essentiel.

> Aux astres sert illec une ame enclose
> Diversement, qui certes fait mouvoir
> Un oeuvre vif, et rempli de pouvoir.[34]

Le commentaire de Cardan cherche aussi principalement à savoir comment Archimède réussissait à mouvoir sa machine "par esprit sans autre effort",[35] étant donné qu'il ne pouvait songer à la remonter comme une horloge

> [...] il est patent que telles machines n'estoient mouvees par poix ou contrepois: car à peine les poix pouvoient estre enclos, et estans enclos, ils n'eussent eu le mouvement continu, et eussent ainsi maculé la beauté de l'oeuvre [...][36]

Il oscille entre plusieurs solutions, esquisse une analogie avec l'artillerie, louant par-dessus tout la mise en oeuvre d'une force "latente, cachée, et omise, comme si elle n'estoit point", si bien que l'objet semblait

> Estre l'effigie de la machine se mouvant de soymesme, et de son propre esprit, non pas que nous interpretions l'air pour l'esprit, ains une ame.[37]

La Boderie et la preuve cosmologique: Le poète ingénieur

Ces interrogations sur la petite machine d'Archimède ressemblaient à celles que suscitait l'observation de la grande. Même si ses doutes étaient résolus par l'adhésion à un modèle platonicien, La Boderie n'en devait pas moins ressentir la difficulté d'imaginer un globe fermé, animé d'un mouvement perpétuel grâce à une source d'énergie aussi bien interne qu'externe. Selon lui, l'Ame divine, le moteur infini enveloppant l'univers, communiquait son dynamisme à d'autres âmes, anges ou sirènes, chargées de mettre en branle les diverses sphères:

[32] *De rebus coelestibus* (1ère éd. posthume, Naples, 1512), *Opera*, Bâle, 1556, p. 2113.
[33] Alessandro Achillini, *Quatuor libri de orbibus* (1494), "Dubium tertium. Utrum eccentrici et epicicli sint ponendi" (*Opera*, Venise, 1555, f. 28 v°-35 v°); Agostino Nifo, *In Aristotelis libros de coelo et mundo*, Naples, 1517.
[34] *De la subtilité*, éd. 1578, f. 391 v°.
[35] *Ibid.*, f. 392 v°.
[36] *Ibid.*, f. 392 r°.
[37] *Ibid.*, f. 393 r°.

> Puisqu'il demeure vray que la grand'Ame soit
> Dedans et hors le Monde, et puisqu'elle reçoit
> Entre le courbe ply de son estente large
> Autres Ames qui vont coulantes en la marge
> De son sein épanché, ainsi que meint ruisseau
> Qui couleroit amont contre le fil de l'eau
> D'une grosse riviere [...][38]

Mais cette vérité se représentait malaisément:

> Diray-je qu'il est meu par quelque violence
> En façon de Roüet, ou d'un dard qu'on élance?
> Comme entretient-il donc d'une mesme roideur
> Jamais n'interrompant sa course en la rondeur?
> Ou quelle torte vis, quelle est l'estrange force
> Qui si violamment luy donne telle étorse?
> Diray-je qu'il se pert, et se va retrouvant /
> Comme Engin fantastic de soy mesme mouvant?
> Mais par quels instrumens et de quelle pratique?
> Quel Archimede fait telle Mathematique?[39]

Le recours à des notions appartenant à l'art des ingénieurs venait d'un désir de comprendre. A défaut d'être Archimède, un poète ayant l'ambition de mettre le ciel en vers et de rendre lisible le principe de son mouvement, devait pouvoir dire quelle sorte de machine c'était. Il se trouvait confronté à des problèmes d'horloger: les solutions simples échouaient parce que ses sphères n'avaient pas le même centre.

> Les fait elle[40] cerner en replis, et caroles,
> Ainsi que l'Enginier vire plusieurs viroles
> En deus sortes d'un coup: l'aiguille du parmi
> Tordant le demi-rond par le cercle demi?
> Non: car bien qu'il convint dans les Sféres admettre
> Un esseul traversant en égal Diamétre,
> Qui n'est qu'imaginé: encor en chasque Ciel
> L'artifice seroit surartificiel.
> Pour autant qu'au premier le second aneau n'entre,
> Ni au second le tiers, ains chascun a son centre:[41]

Finalement, la difficulté a été surmontée grâce à l'analogie avec l'orgue, analogie traditionnelle, mais traitée avec un soin particulier. Pour accroître sa pertinence, le poète s'est astreint à la justifier techniquement, en s'inspirant probablement du savoir-faire des facteurs de la Renaissance.

---

[38] La Boderie, *L'Encyclie*, VI, éd. 1571, p. 102.
[39] *Ibid.*, p. 93-94.
[40] L'Ame.
[41] *L'Encyclie*, VI, éd. 1571, p. 96.

Et quoy qu'un tout seul vent dans un soufflet s'engorge,
Du soufflet au Canal, le canal le regorge,
Par les conduits fourchus, lesquels sont dégorgés
Dans le Coffre es tuyaus des Orgues arrengés: /
Et que du vent coulis telle suite épanchée
S'entretienne si pres qu'elle ne soit trenchée,
En nul des soupiraus, que le souffle entonné
En la ronde longueur des Orgues n'ait sonné:
Et que par la Soupape il n'ait trouvé l'issue
Qui le remette en l'Air, où sa source est conçeue,
Dont chascun des deus flans le hume, et souffle encor
Du canal aus goulets, flutes, clerons, et cor
D'une longue bouffée, et tousjours en la sorte:
Si est-ce qu'il n'auroit force ni mouvement
Si le soufflet n'estoit ébranlé vivement
D'un bras dextre et puissant, qui fait que ce vent dure [...][42]

L'hydraulique vient alors relayer la pneumatique pour que les cieux s'animent comme de gracieux automates, au son de leur propre symphonie, en épousant enfin la forme la plus parfaite qu'un ingénieur du XVIème siècle pût leur donner: celle d'une horloge astronomique.

Mais comme l'Air enclos entre deus eaus qui vont
Par un tuyau soudé lentement contremont,
Les fait dedans sinter par des épreintes fieres
Où le glacis est cambre, et tors en genouillieres,
Tant qu'il soit parvenu d'impetueus effort
Au soupirail béant, et adoncques il sort,
Et sortant fait sortir de secousse en secousse
Hors sa concavité l'eau qu'il anime, et pousse,
Laquelle séringuée en autres Vases fins
Meut toutes les façons d'Hydrauliques engins:
Soit pour representer les danses mignonettes,
Que font nombreusement les gentes Marionnettes:
Soit pour faire siffler au tournoyment des eaus
Le jargon fleureté du gosier des Oiseaus:
Ou soit pour areuner Horloges mesurées
Sur le tour naturel des Sféres azurées:
Quand par telle eau qui tombe en la Conque, est haussé
Le Liége ou le Timpan en demi rond bossé,
Qui garni d'une aiguille à l'egal dentelée
Meut ceste et celle Roüe en dessus crenelée,
Et les Roüets encor emmenent à leur tour
Mainte petite Image en un cerne à l'entour,
L'une desquelles saut par une estroite porte
Qui est au bout d'en bas, laquelle en sa main porte

---

[42] *Ibid.*, p. 102-103.

> Une verge qui sert de touche pour monstrer
> Quelles Heures du Jour se viennent rencontrer.[43]

Dans une circonstance analogue, Du Bartas allait se contenter d'évoquer plus grossièrement un moulin à vent et une horloge pour montrer comment le premier mouvant entraîne les autres sphères:

> Or ainsi que le vent fait tournoyer les voiles
> D'un moulin equipé de sou-souflantes toiles,
> Des voiles la roideur anime l'arbre ailé,
> L'arbre promeine en rond le rouet dentelé,
> Le rouet la lanterne, et la lanterne vire
> La pierre qui le grain en farine deschire:
> Et tout ainsi qu'on void en l'horloge tendu,
> Qu'un juste contrepois justement suspendu
> Esmeut la grande roue, et qu'encor elle agite
> Par ses tours mainte roue et moyenne et petite,
> Le branslant balancier, et le fer martelant,
> Les deux fois douze parts du vray jour esgalant.[44]

Ces exemples illustrent deux cas de transmission d'un mouvement: dans le premier l'impulsion vient du dehors, les ailes du moulin captant un peu du grand souffle qui se répand ailleurs, dans l'autre elle vient d'un "contrepois", appartenant à la machine elle-même. Mais ils ne cherchent pas à restituer vraiment l'idée du ciel. Ni ce moulin modestement soumis au vent, ni cette horloge sans mystère, avec ses poids et son balancier, ne soutiendraient une comparaison avec la sphère d'Archimède; ils n'en ont pas l'aspect merveilleux et inquiétant, et leur description va trop vite pour imiter leur mécanisme et sembler le construire. Ici se marque la différence entre un pédagogue prudent, et un poète qui cherche la raison des choses. Dans l'Encyclie, en effet, la description du monde entre dans une démonstration serrée, pour obliger le lecteur à reconnaître la vérité.

> Donc afin que plustost vous puissiez terre prendre,
> Et fermes vous ancrer; tournez de la Raison
> Le Rouet esclarcy, et faites bas descendre
> (Devuydant du cordeau toute la liaison)
> La sonde jusqu'au fons, tant que puissiez entendre
> Combien profonde est l'eau et en quelle saison
> Vous pourrez arriver à la cause Premiere,
> Et au port de Salut contempler la lumiere.[45]

l'analogie entre Dieu et l'ingénieur prouve l'absence du hasard:

> Mais dites, je vous pry comment ce peult-il faire
> Que voyant un Tableau bien depeinct et orné,

---

[43] *Ibid.*, p. 104.
[44] *La Sepmaine*, IV, v. 303-314; éd. Bellenger, p. 165-166.
[45] *L'Encyclie*, épître dédicatoire, éd. 1571, p. 14-15.

> Ou un juste quadran, une horloge, une Sfere
> D'un mouvement egal et en soy retourné
> Vous disiez que sans art homme n'a peu pourtraire
> Un si riche Tableau, ni estre ainsi borné
> Le quadran sans compas, ni l'horloge ou la Boule
> Se mouvoir sans un pois qui par art monte et coule.
> Touteffois contemplans du Monde le bel ordre,
> Qui contient tous ces ars et tous leurs artisans,
> Vous osez impudens ou mesconnoistre ou mordre
> Du Moteur le conseil, aveugles médisans;
> Et ne voyez vous point que l'on ne pourroit tordre
> Ces cercles encerclés par mouvemens duisans
> Sans une grand Raison; veu que pour les entendre,
> Il nous faut tout l'Esprit et la Raison estendre?[46]

La petite *mimésis* des artistes et des ingénieurs, sert ici de base pour appréhender le grand modèle et son maître. Au lieu de se moquer de Dieu, Archimède se donne en exemple pour convaincre l'incrédule.

> Archimede pourra dessus la grand ceinture
> Absent faire marcher sans erreur les Errans,
> Et Dieu ne pourra pas present en la Nature
> Mener les sept flambeaus un chacun en ses rangs;
> Ains vous croirez plustost que pas cas d'aventure
> Que par conseil divin ils vont ainsi courans?[47]

L'Encyclie ne traite pas un sujet original; elle suit un canevas proposé par le *De natura deorum* ou par la *Theologia platonica* pour démontrer conjointement, grâce à la preuve cosmologique, l'existence de Dieu et l'immortalité de l'âme. En revanche, la manière dont ce projet y a été conduit retient l'attention. Elle manifeste une tension peu commune. Le poète semble avoir eu la conviction que la moindre négligence eût tout fait échouer: si la raison ne parvenait pas à "comprendre" le monde, pouvait-elle espérer "s'étendre" j'usqu'à son principe? Là où d'autres se contentaient d'allusions ("Un globe contiendra les miracles du Pole"),[48] il a tâché, en poète ingénieur, de construire réellement une sorte de sphère d'Archimède poétique. Paradoxalement, cet humaniste accompli a tiré un meilleur parti de la technique moderne que le mathématicien Cardan. C'est qu'il ne voulait pas se contenter de rêver à des sphères de verres, mues par des esprits invisibles; il lui fallait travailler lui-même à une oeuvre "imitatrice vrayement du Ciel", pour montrer qu'elle était possible.

---

[46] *Ibid.*, p. 15.
[47] *Ibid.*, p. 15-16.
[48] Du Bartas, *La seconde sepmaine*, VIII, v. 230.

CHAPITRE CINQUIÈME

ÉLOGES III: ASTRES, ASCÈSE ET POÉSIE

S'ils craignaient de s'abandonner aux vertiges du très grand et du très petit, ou au jeu des miroirs et des voyages extraordinaires, les admirateurs de l'astronomie pouvaient aussi s'ancrer sur le terrain plus ferme des valeurs morales et noter combien l'intérêt pour les étoiles abolissait les préoccupations terrestres; comme s'il eût été impensable, à moins d'un divin délire, d'être à la fois astronome, amoureux et buveur. Les "vrayes sciences", affirmait Jacques Goupil, dans une dédicace qui ressemble à un sermon, ne doivent pas se mesurer "par les commoditez de ceste vie, ne par la necessité du ventre, qui nous est commune avec les bestes".[1] Et l'astronomie nous fait approcher plus que toutes les autres, après la théologie "de la vraye noblesse de l'esprit: qui n'est autre chose qu'un jugement droit, c'est à dire, un mespris de ces choses basses, et une admiration des grandes et divines".[2] Cette idée, présentée ici de manière un peu vague, de l'utilité morale des sciences les plus élevées, était intégrée par Melanchthon à un véritable projet pédagogique. Le réformateur de Wittenberg insistait volontiers sur les heureux fruits de la philosophie et des mathématiques, tant sur le plan des convictions religieuses que sur celui des moeurs et du règlement des passions, mais il n'ignorait pas que leur acquisition exigeait certaines dispositions morales ou, tout au moins, une éducation bien conduite.[3] Un chapitre de ses *Initia doctrinae physicae* discute de l'hypothèse du mouvement de la terre. Avant même de la réfuter, par des arguments surtout pris à l'Ecriture, l'auteur médite sur la nocivité des paradoxes pour de jeunes esprits: au cours de son apprentissage, l'élève doit d'abord se fier au

---

[1] Alessandro Piccolomini, *La Sphere du monde*, trad. par Jacques Goupil, déd. à la reine, datée du 10 août 1550, Paris, Denise Cavellat, 1608, p. 10 (1ère éd. Paris, Cavellat, 1550).

[2] *Ibid.*, p. 16.

[3] Voir S. Kusukawa, *The transformation...* Les anabaptistes, ces ignorants qui croyaient vivre en accord avec la loi divine, constituaient pour Melanchthon une sorte de repoussoir. - L'idée que la contemplation des mouvements célestes aide à régler ceux de l'âme est exprimée par Platon (*Timée*, 47 c).

jugement consensuel des spécialistes, avant d'être capable de reconnaître la vérité pour ce qu'elle est, une vérité dont le premier bénéfice concerne la piété et le bon gouvernement de la vie.

> Au début de leur éducation <les jeunes> doivent aimer les idées approuvées par le commun accord des spécialistes, celles qui ne sont en rien absurdes; et lorsqu'ils comprennent que la vérité a été montrée par Dieu, qu'ils s'y attachent avec révérence et se reposent en elle; et qu'ils rendent grâce à Dieu pour avoir allumé et préservé une certaine lumière dans le genre humain. Ils doivent ensuite considérer quel accès vers Dieu se fait par cette lumière et comment la connaissance de la vérité doit assister et diriger la vie.[4]

Les doctrines scientifiques, tout spécialement dans le domaine cosmologique, n'avaient pas à donner matière à des jeux intellectuels ou à de libres débordements spéculatifs; leur acquisition était soigneusement guidée et leur finalité déterminée dans le cadre de la foi et de la morale chrétiennes, si bien que les inventeurs de paradoxes, ou leurs défenseurs, commettaient une faute bien plus grave qu'une simple erreur de raisonnement. Les astronomes révolutionnaires, non contents d'ignorer l'Ecriture et de mépriser la tradition, risquaient de corrompre la jeunesse. La science devait être pratiquée avec les moyens donnés par Dieu pour produire de bons fruits, et ceux qui s'en désintéressaient complètement ou ceux qui préféraient emprunter des chemins de traverse, en ne se fiant qu'à eux-mêmes, menaient une mauvaise vie.[5]

Poursuivant ce raisonnement, les apologistes en prose ou en vers n'avaient aucune peine à établir un lieu entre le matérialisme bestial des épicuriens, leurs égarements voluptueux ou mondains, et leur incapacité à apprécier les harmonies célestes. C'était encore l'idée de Melanchthon, par exemple, et La Boderie l'exprimait avec élégance dans l'"epistre dedicatoire" de l'*Encyclie*:

> Si vous n'avez loysir d'employer vostre estude
> A suivre les Errans, et si mieus vous aymez
> Errer aus voluptez sans grand sollicitude,
> Que remarquer de Dieu les oeuvres estimez;
> Si la tourbe vous plaist et non la solitude,
> Ne permettez pourtant vos sens estre abismez
> Tant qu'ils soyent abrutis, n'osans lever la teste
> De peur de voir le jour, vers la voute celeste.[6]

---

[4] "Ament autem in prima institutione sententias receptas communi artificium consensu, quae minime sunt absurdae: et ubi intelligunt veritatem a Deo monstratam esse, reverenter eam amplectantur ac quiescant in ea: et Deo gratias agant, aliquam accendenti lumen, et servanti in genere humano. Deinde considerent quis ad Deum aditus sit per eam lucem, et quomodo vita regenda et juvanda sit agnitione veritatis", Melanchthon, *Doctrinae physicae elementa sive initia*, Lyon, J. de Tournes et G. Gazeau, 1552, p. 56.
[5] Sur les conséquences de cette condamnation de la "science sans conscience", voir *infra*, p. 116 sq.
[6] *L'Encyclie*, Anvers, 1571, p. 20.

Dans cet ordre d'idées, le texte exemplaire était un célèbre passage du premier livre des *Fastes*, ainsi traduit par Jean Pierre de Mesmes:

> Heureux sept fois les premiers esperits,
> Qui ont des cieux les grans secretz appris:
> Heureux espritz, qui par vives raisons
> Allerent voir les celestes maisons.
> Croire nous faut, qu'en oubliant tous vices,
> Tous passetemps, toutes foles delices,
> Que jusqu'au Ciel leurs testes esleverent,
> Et de leurs chefz tous humains surpasserent.
> Ny le vin pur, ny la Cour, ny l'Amie,
> Ny les procez, ne la guerre ennemie,
> Ny le beau fard de la gloire vanteuse,
> Ny des estatz la chasse ambitieuse,
> Ny l'aspre faim des biens et grans honneurs,
> Ne sçeurent onq solliciter leurs coeurs.
> Mieux ont aymé mettre devant noz yeux
> Les corps errans, leurs haulteurs, et leurs lieux:
> Et feirent tant que tous leurs mouvemens
> Furent forgez dans leurs entendemens.
> Voila comment il faut au ciel monter,
> Non le mont Oss' sur l'Olympe porter,
> Ny Pelion sur Osse estançonner,
> pour les haults Dieux, et le Ciel estonner.[7]

Le texte se conclut bien par une montée au ciel, mais sa principale visée est de faire de l'astronome le modèle du contemplatif. Ovide avait présenté plus laconiquement et de façon plus équilibrée le panorama des tentations refusées: Vénus, le vin, les "devoirs civils" et les "épreuves militaires", la "futile ambition", la "gloire drapée de pourpre" et la "soif des richesses".[8] Jean Pierre de Mesmes a insisté davantage sur la "Cour", les "procez", la "chasse" aux "estats" (c'est-à-dire la quête des charges), et l'"aspre faim des ... grans honneurs", de façon à esquisser une sorte de portrait de l'anti-courtisan. Il retrouvait ainsi un thème familier à ses amis de la Pléiade.[9]

---

[7] Jean Pierre de Mesmes, *Les Institutions astronomiques*, Paris, 1557, p. 296. Cette traduction figurait déjà dans *Les principes d'astronomie et cosmographie* de Gemma Frisius, trad. par Claude de Boissière, publié à Paris, chez Guillaume Cavellat, en 1556 (elle était jointe à la dédicace à François de Carnavalet).

[8] Ovide, *Fastes*, I, v. 301-304: "Non Venus et vinum sublimia pectora fregit / Officiumque fori militiaeve labor. / Nec levis ambitio perfusaque gloria fuco / Magnarumque fames sollicitavit opum." Le passage entier occupe les v. 297-308.

[9] Voir *infra*, p. 107. - Dans les *Dialogues* de Le Caron, le Courtisan est justement celui qui refuse de s'intéresser à l'astronomie, comme à toutes les disciplines spéculatives, et il est vivement critiqué par l'auteur: "Que les courtisans se moquent tant qu'ilz voudront de l'estude des choses celestes, si nostre entendement considere bien ce qui lui est propre et naturel, à elles seules entierement il s'adonnera" (éd. Buhlmann et Gilman, p. 174).

L'astronome à la croisée des chemins

L'idée sous-jacente, issue d'une longue tradition moraliste, était celle de la nécessaire canalisation de l'énergie et de l'impossibilité de se partager entre la terre et le ciel. Le renoncement à la première constituait un préalable nécessaire à l'acquisition des vertus qui propulsaient triomphalement les héros vers les royaumes éthérés. Il était largement récompensé par le don d'une puissance surhumaine, comme Du Bartas le rappelait flatteusement aux "vrais Endymions", "Atlas non fabuleux, colomnes eternelles / Du Palais du Seigneur", c'est-à-dire aux "doctes astronomes".

> C'est vous qui parcourez les celestes provinces
> En moins d'un tourne-main: qui plus grands que nos Princes,
> Possedez tout le monde: et faites, demy-dieux,
> Tourner entre vos mains les clairs Cercles des cieux.[10]

Lorsque Ronsard dégageait le sens allégorique de la légende d'Atys, il voyait dans sa métamorphose en pin et dans son amour pour Cybèle, le symbole d'un adieu au monde et aux passions, où les valeurs perdues étaient remplacées par le don d'une nouvelle puissance investigatrice. La fable ne signifiait

> que la Philosophie,
> Qui la premiere aux Astres s'esleva,
> Leur fit des noms, qui premiere trouva
> Leurs tours, retours, leur grandeur et puissance.[11]

L'astronome d'Ovide et de Jean Pierre de Mesmes, ou l'Atys de Ronsard, avaient donc victorieusement surmonté l'épreuve du choix, comme jadis Hercule à la croisée des chemins.[12] L'on ne s'étonnera pas qu'un héros

---

[10] *La Seconde Semaine*, VIII, v. 669-672; éd. Bellenger, p. 479-480.

[11] *Septiesme livre des poëmes*, "Le Pin au Seigneur de Cravan", v. 138-141 (éd. Laumonier, t. XV-2, p. 184). - S'adressant à Catherine de Médicis, Ronsard, loue d'un même souffle ses "vertus" et ses compétences mathématiques: "Le comble de ton sçavoir, / Et de tes vertus ensemble, / Dit, que l'on ne sçauroit voir / Rien que toi qui te resemble. / Quelle Dame a la pratique / De tant de mathematique, / Et quelle Roine entent mieus / Du grand monde la peinture, / Les chemins de la nature, / Ou la musique des cieus?" (*Premier livre des odes*, 2, "A la Royne", épode 2, v. 63-72; éd. Laumonier, t. I, 69).

[12] L'apologue, attribué à Prodicos, est raconté par Xénophon dans les *Mémorables* (II, 1, 21-34). Ce petit conte moral, repris par Cicéron dans le *De officiis* (I, 32, 118; III, 5, 25), n'a pas intéressé les mythographes du Moyen-Age. Le motif reparaît seulement dans le *De vita solitaria* de Pétrarque (en I, 4, 2, et surtout en II, 9, 4). Tout en suivant Cicéron, Pétrarque introduit l'expression *in bivio*, par association d'idées avec un symbole connu: l'*upsilon* des pythagoriciens (Y) qui représentait la double voie de la vie (voir Servius, *In Aeneidem* VI, 136; Perse, *Satires*, 3, 56-57; Martianus Capella, *De nuptiis*, II, 102 etc.). Il existait un adage médiéval exprimant la nécessité d'un choix de vie: "Ad Pythagoricae litterae bivium pervenire". Le thème d'*Hercules in bivio* a été ensuite exploité par Coluccio Salutati dans son *De laboribus Herculis*: Hercule y devient l'emblème de la liberté du sage. Au XVème siècle, le motif s'installe dans la pédagogie, tandis qu'apparaissent les représentations iconographiques. Il inspire même un projet architectural, il est vrai imaginaire, celui de la *Casa della Virtù e del Vizio* du *Trattato d'architettura* de Filarete (ca. 1460) qui y combine

moins averti, et tombé dans le piège des séductions terrestres, se soit fermé justement l'accès à la connaissance du cosmos. Le thème du Jugement de Pâris, utilisé durant tout le Moyen-Age pour illustrer les avantages de la vie contemplative (voire monastique), autorisait quelques variantes astronomiques. Le Pâris de Florent Chrestien reste indifférent à Pallas, lorsqu'elle essaie de le séduire par l'aimable tableau de ses protégés, voués à la science:

> Avec elle jouer vont par mainte contree
> Jusqu'au sein de nature, auquel ils ont entree
> Par son moyen, de là sautent jusques aux cieux
> Se promenans le pas tout alentour d'iceux,
> Contemplent à loisir les Planetes insignes
> Entre les autres corps, les cercles et les signes,
> Qui departent entre eux les mois et les saisons,
> De l'annee, et sur tout les certaines raisons
> Ils recherchent là hault des labeurs de la Lune
> Et du Soleil aussi, et n'est merveille aucune
> Des astres produisans de terribles effects,
> Dont, s'ils y prennent garde, ils ne soyent satisfaicts.
> Heureux deux et trois fois, saichans de toutes choses
> Qui sont en l'univers les veritables causes:
> Mesme pourquoy Phoebus se monstre si petit,
> Et tous les feux du ciel qui esclairent la nuict,
> Veu que chascun est grand plus que toute la terre [...][13]

l'allégorie de la montagne de Vertu (143 r°, éd. Fimoli-Grassi, p. 534), et celle du Parnasse au double sommet (145 v°; éd. Fimoli-Grassi, p. 542). Voir T.E. Mommsen, "Petrarch and the story ..."; E. Panofsky, *Hercules* ...; ; R. G. Witt, *Hercules at the crossroads* ...; E. Tietze-Conrat, "Notes on Hercules ..."; K. Hikada, "La Casa della Virtù ...". Voir aussi, sur le personnage d'Hercule, M.-R. Jung, *Hercule* ...; M. Simon, *Hercule et le christianisme*. - Hercule était parfois cité parmi les pères de l'astronomie, pour avoir porté la sphère d'Atlas, et il était devenu lui-même une constellation, en récompense de sa vertu.

[13] Florent Chrestien, *Le Jugement de Paris*, s. l., 1567, f. B1 v°-B2r° (B.N.: Rés. Ye. 1767). - L'interprétation morale et chrétienne de la fable est formulée par Fulgence (VIème siècle) qui valorise uniquement Pallas, c'est-à-dire la vie du moine: il condamne aussi bien la luxure de Vénus que la cupidité représentée par Junon. L'optique est semblable dans l'*Ovide moralizé*, oeuvre d'un franciscain anonyme, datant du début du XIVème siècle. L'*Ovidius moralizatus* du bénédictin Pierre Bersuire comporte, dans sa version révisée (Paris, 1342), une interprétation plus philosophique: les trois déesses représentent trois facultés de l'âme, Pallas est la raison, qui possède la sagesse, Junon la mémoire, siège de la connaissance, Vénus la *voluntas* qui entraîne au plaisir. Pâris, quant à lui, représente le pêcheur (voir M. J. Ehrhart, *The judgment* ...). - Selon H. Damisch (*Le jugement de Pâris*), la conception rigide de la *triplex vita*, qu'incarne l'histoire de Pâris, s'assouplirait à la Renaissance sous l'influence de Ficin pour qui l'Amour et Vénus mènent à tout, y compris l'extase intellectuelle. Dans la dédicace à Laurent de Médicis du commentaire sur le *Philèbe*, Ficin insiste sur le danger de choisir une voie au détriment des deux autres. Pâris le voluptueux, Hercule le courageux, Socrate le sage ont chacun été punis par les deux déesses qu'ils n'avaient pas choisies. Le prince ne devra donc rien sacrifier: il recevra de Pallas la sagesse, de Junon le pouvoir et de Vénus la grâce, la poésie et la musique (Ficin, *Opera omnia*, Bâle, 1576, p. 919. Cité par Damisch, *op. cit.*, p. 117). - Sur le rôle de la fureur dans la transformation des valeurs éthiques, voir ce qui suit.

L'amour charnel, et le vin de l'ivrogne sont incompatibles avec l'étude des étoiles, ce qui justifie ces instructions données par Ronsard à Belleau, pour la décoration de sa tasse:

> Aussi ne m'y grave pas
> Ny le Soleil ni la Lune,
> Ny le Jour ny la Nuict brune,
> Ny les Astres ny les Ours:
> Je n'ay souci de leurs cours,
> Encor' moins de leur Charrete,
> D'Orion ny de Boëte!
> Mais pein moy je te suppli,
> D'une treille le repli
> Non encore vendangée [...][14]

L'opposition entre les spéculations célestes et les charmants plaisirs de la terre constituait en effet un *topos* de l'invitation anacréontique. Jacques Courtin de Cissé conseillait ainsi à Guillaume Gosselin d'oublier un moment ses mathématiques pour goûter les joies de la bouteille, du luth et de la poésie amoureuse:

> Laisse aujourd'huy ton subtil Diophante,
> Ton Ptolomee, et de peine sçavante
> Ne monte plus aux Cieux,
> Les nombres sourds, et les discrets encore,
> Et l'art caché du docte Pythagore
> Ne sont que trop facheux.[15]

Dans le *Folastrissime voyage d'Hercueil*, l'ardeur "qui vauldra mieux" des poètes du Chaos et des phénomènes astronomiques s'oppose donc à celle de l'amateur de "flaccons":

> Mais moy dont la basse Idée
> N'est guindée
> Dessus un cable si hault,
> Qui ne permet que mon ame
> Se r'enflamme
> De l'ardeur d'un feu si chault,
>
> En lieu de telles merveilles,
> Deux bouteilles
> Je pendray sus mes rougnons [...][16]

---

[14] Ronsard, "Du grand Turc je n'ay souci..." (pièce imitée d'Anacréon, d'abord publiée dans le *Livret de Folastries*, 1553), *Quatriesme livre des Odes*, éd. Céard et al., I, p. 825, v. 26-35; éd. Laumonier, V, p. 79-80.

[15] J. de Courtin de Cissé, *Les Oeuvres poetiques*, Paris, Beys, 1581 (B.N.: Rés. Ye. 1919); Odes, "Au seigneur Guill. Gosselin de Caen".

[16] *Les Bacchanales...* (1552), v. 61-69; éd. Laumonier, t. III, p. 188.

A moins, peut-être, que le vin ne soit destiné à "hausser la fantaisie" du poète jusqu'aux étoiles. En effet, la sainte fureur bachique favorise la montée vers les astres, car elle dissipe la torpeur, calme les passions, exalte le courage et fortifie les vertus héroïques. Le vin des inspirés suscite des visions célestes,

> Il tient en paix en nous les discordans acordz,
> Il chasse nostre crainte et croist nostre courage,
> Il chasse la paresse, et fait bien davantage,
> Car d'une saincte force il fait veoir à noz yeux
> Les poles, les cerceaux, et les Astres des cieux,
> Il faict veoir de Phebus la flambante carriere,
> Il faict veoir de Phebé l'inconstante lumiere [...][17]

L'amour joue la même sorte de double jeu. Il invite à l'insouciance:

> A quoy m'emploiray-je mieux?
> Veux tu que je cerche aux Cieux
> Des astres la quint'-essence,
> Dont je n'ay la congnoissance? [...]

> Quand j'auray les cheveux gris
> Et que les jeux et les riz
> De ma folâtre jeunesse
> Deplairont à ma vieillesse,
> Lors je seray soucieux
> De philosopher des Cieux,
> De leur puissance et de l'heure
> Qu'il conviendra que je meure [...][18]

Le feu du désir ne peut coexister avec l'ardeur à l'étude: c'est ainsi qu'entre eux, la vieillesse venue, se produit comme un échange:

> Ny l'age ny sang ne sont plus en vigueur,
> Les ardents pensers ne m'eschauffent le coeur:
> Plus mon chef grison ne se veut enfermer
> Sous le joug d'aimer [...]
> Je veux d'autre feu ma poitrine eschaufer,
> Cognoistre Nature et bien philosopher,
> Du Monde sçavoir et des Astres le cours,
> Retours et destours.[19]

---

[17] Olivier de Magny, *Odes*, III: "L'hymne de Bacchus, à Pierre de Ronsard Vandosmois" (*Les Odes* , éd. Courbet, p. 56). - Voir N. Mahé, *Le mythe de Bacchus*, p. 228-229.
[18] Jacques Tahureau, *Sonnets, odes et mignardises amoureuses de l'Admirée* (1554); éd. Blanchemain, t. II, p. 99.
[19] Ronsard, "Vers Sapphiques" (1578), v. 1-4 et 13-16; éd. Laumonier, t. XVII, p. 398. - Sur le thème du vieillard astronome, voir *infra*, p. 167 sq.

Et l'amour porte même à douter de l'utilité des sciences, impuissantes contre la passion:

> Qu'atten-je donq' de toy, ou toy de moy (Amie)
> Des esprits eslevez hautaine Astronomie?[20]

Dans un madrigal de la *Continuation des Amours*, adressé à Jacques Peletier du Mans, Ronsard semble exprimer un espoir contraire, mais c'est pour confirmer l'incompatibilité entre les sciences et les amours: les unes peuvent chasser les autres, elles ne pourront jamais s'entendre:

> Aide moy, Peletier, si par Philosophie
> Ou par le cours des Cieux tu as jamais appris
> Un remède d'amour, dy-le moy je te prie.[21]

Ce remède d'amour n'est probablement qu'un remède à l'amour; mais le madrigal risque d'être à peu près contemporain de la parution de l'*Amour des amours* qui raconte un voyage céleste, sous la protection de la Dame et d'une Uranie bien semblable à la Vénus céleste.[22] En adressant à son ami cette prière découragée, Ronsard n'ignorait pas la réversibilité du *topos*. L'Eros futile vous attache à la terre, mais il est frère de l'Eros vertueux et savant qui vous mène au ciel.

> L'ample sujet d'amour presque enclost toute chose,
> Que tout autre sujet à nos discours propose:
> Luy des Dieux premier né, nous fait parler des Dieux,
> Rechercher leur substance et compasser les cieux
> S'accordans par luy seul, tellement que sans peine
> Là haut de cercle en cercle un haut sens il pourmeine,
> Pour commencer l'essence et les cours et les rangs
> Des astres arrestez, et des astres errans [...][23]

---

[20] Pontus de Tyard, *Nouvelles oeuvres poetiques*, "Elegie à P. de Ronsard", v. 99-100; éd. Marty-Laveaux, p. 240.

[21] Ronsard, *Second livre des Amours*, madrigal "Mon docte Peletier" (paru dans la *Continuation des Amours*, 1555), v. 9-11; éd. Céard et al., I, p. 178 (Cf. éd. Laumonier, VII, p. 119).

[22] Voir ci-après p. 241 sqq.

[23] Etienne Jodelle, *Contre la Riere Venus*, éd. Balmas, II, p. 350-351. Ce poème inachevé doit dater de 1573; il est paru dans l'édition posthume préparée par Charles de La Mothe (Paris, Chesneau, 1574). - Voir aussi, par exemple, les effets de la méditation amoureuse du berger Violier, dans la "Bergerie" de Catherine Des Roches: "Et là j'entretiendray un penser agreable, / Un penser qui m'est plus que le Soleil aimable, / Le Soleil donne jour à nos yeux corporelz, / Ce beau penser fait voir les espritz immortelz, / Il leur fait contempler sur la voute AEtherée, / Des sept Globes divins la dance mesurée: / Tous ceux qui ont des yeux ne la connoissent pas, / Mais le divin penser est juge de leurs pas, / Lisant evidemment au sein de la Nature, / Le passé, le present, et la cause future." (Madeleine et Catherine Des Roches, *Secondes oeuvres*, Poitiers, N. Courtoys, 1583, f. 23 r°).

Fureur et vertu

Fureur pour fureur, la fureur poétique n'était pas en reste, puisqu'elle possédait la même énergie ascensionnelle et la même exigence ascétique:

> Il faut qu'entierement l'homme hors l'homme sorte,
> S'il veut faire des vers qui puissent longuement
> Jouir de ce clair jour, il faut que saintement
> Une douce manie au plus haut ciel l'emporte.
> D'autant que tout ainsi que la fureur humaine
> Rend l'homme moins qu'humain; la divine fureur
> Rend l'homme plus grand qu'homme, et d'une sage erreur
> Sur les poles astrés à son gré le pourmene.[24]

Ce passage de *L'Uranie*, qui joue sur l'équivoque entre le ciel des bienheureux et celui des astronomes, suggère avec insistance que les spectacles sidéraux ne se déploient que pour les âmes pures, débarrassées de leurs scories par une rude ascèse. Son homme "sorti" de "l'homme" rappelle le poète "mort à soi-même" de Du Bellay, autant que les exhortations de saint Paul. C'est que la *Muse chrestienne* de Du Bartas ne fait qu'exploiter à outrance une veine déjà présente dans l'éthique de la Pléiade. Ronsard, Du Bellay ou Jodelle se sont fréquemment choisi pour repoussoir le "mignon de Cour", personnage superficiel, voué à la douceur de vivre et aux rimes insignifiantes; ils ne craignaient pas d'endosser, par contraste, la personnalité austère, héroïque et un peu farouche de l'intellectuel détaché des ambitions mondaines, du paladin des bibliothèques.

> Et vous autres si mal equipez [...] oserez vous bien endurer le soleil, la poudre, et le dangereux labeur de ce combat? Je suis d'opinion que vous retiriés au bagaige avecques les paiges et laquais, ou bien (car j'ay pitié de vous) soubz les fraiz umbraiges, aux sumptueux palaiz des grands seigneurs et cours magnifiques des princes, entre les dames et damoizelles, où voz beaux et mignons ecriz, non de plus longue durée que vostre vie, seront receuz, admirés et adorés: non point aux doctes etudes et riches byblyotheques des sçavans.[25]
> Les allechementz de Venus, la gueule et les ocieuses plumes ont chassé d'entre les hommes tout désir de l'immortalité: mais encores est ce chose plus indigne, que ceux qui d'ignorance et toutes especes de vices font leur plus grande gloire, se moquent de ceux qui en ce tant louable labeur poëtique employent les heures que les autres consument aux jeuz, aux baings, et autres menuz plaisirs.[26]

---

[24] Du Bartas, *La Muse chrestienne*, "L'Uranie", v. 49-56; éd. Holmes, p. 176.
[25] Du Bellay, *La Deffence...*, l. II, ch. 11 (éd. Chamard, p. 173-174).
[26] Du Bellay, *La Deffence*, l. II, ch. 5 (éd. Chamard, p. 135-136). Les sources indiquées par Chamard montrent bien que, par delà l'imitation de Pétrarque (s. 7: "La gola, e'l sonno, e l'oziose piume / Hanno del mondo ogni virtù sbandita."), Du Bellay se refère au modèle de la vertu militaire, chère aux vieux Romains (voir notamment Salluste, *Jugurtha*, II, 4).

Le choix du poète était un choix moral, comme celui d'Hercule, et presque un choix religieux, il nécessitait une sorte de conversion à la vie solitaire, propice à la rencontre des Muses; c'est pourquoi il entretenait de profondes affinités avec celui du philosophe ou de l'astronome. Dans *L'Ode à Michel de L'Hospital*, l'antinomie entre le "vice" et l'inspiration est fermement affirmée:

> Le trait qui fuit de ma main
> Si tost par l'air ne chemine,
> Comme la fureur divine
> Vole dans un cueur humain:
> Pourveu qu'il soit preparé,
> Pur de vice et reparé
> De la vertu precieuse.
> "Jamais les Dieux saincts et bons
> "Ne repandent leurs saincts dons
> "Dans une ame vicieuse.[27]

Et ce *topos* de la pureté du serviteur des Muses s'associe au motif céleste:

> Dieu vous gard, jeunesse divine, [...]
> Dessilléz moy l'ame assoupie
> En ce gros fardeau vicieux,
> Et faictes que tousjours j'espie
> D'oeil veillant les secretz des cieulx [...][28]

Dans l'*Hymne de l'Hyver*, le roc où le poète va chercher un rameau de laurier pour le "planter au jardin" du dédicataire, le "docte Bourdin", a pris l'aspect "difficile à grimper" du mont de la Vertu, comme pour donner une suite à la fiction élaborée en 1555.[29] Le vrai protégé des Muses y monte

---

[27] *Cinquiesme livre des odes*, "Ode à Michel de L'Hospital", épode 13 (Discours de Jupiter). La détestation du vice est liée ici au caractère sacré du poète, beaucoup plus qu'à sa mission traditionnelle de "louer la vertu et blâmer les vices". Sur ce vieil idéal éthique, dont Ronsard s'affranchit en partie, ou plutôt selon le moment, voir O.B. Hardison, *The enduring monument...*; C. Kallendorf, *In praise of Eneas*. - Sur l'aspect intellectuel, et non plus éthique, de la fureur, voir *infra* le chapitre VIII: "Muses, gravité et doctrine".

[28] *Ibid.*, strophe 16. Voir aussi le discours de Calliope à Jupiter: "[...] Donne nous ceste double grace / De fouler l'Enfer odieux, / Et de sçavoir la courbe trace / Des feux qui dancent par les Cieux: / Donne nous encor la puissance / D'arracher les âmes dehors / Le salle bourbier de leurs corps, / Pour les rejoindre à leur naissance." (antistr. 11, v. 357 sqq.).

[29] Ronsard, *Hymne de l'Hyver* (1563), v. 1-42. Dans l'*Hymne de la Philosophie* qui décrit longuement la roche inaccessible où est allée se loger cette déesse "Pour mieux se faire, avec peine, chercher" (v. 189; éd. Laumonier, t. VIII, p. 97). Ce passage a été supprimé en 1584, peut-être en raison de l'évolution du poète, voir *infra* p. 177 sqq. - L'histoire du Mont de Vertu remonte au moins à Hésiode, cité par Platon dans les *Lois*: "Hésiode ... dit que la route du vice est plane et permet de cheminer sans sueur, car elle est fort courte; mais *devant la vertu*, dit-il, *les dieux immortels ont mis la sueur; long, ardu est le sentier qui y mène, et âpre tout d'abord; mais atteins seulement la cime, et le voici dès lors aisé à supporter, pour difficile qu'il soit*" (IV, 718e-719a). - Voir H. Franchet, *Le poète ...*, p. 103-113.

"avecq' travail brusquement".[30] La plante une fois conquise, il recevra tous les dons et offrira l'exemple d'une totale maîtrise des passions,

> Philosophe hardy constant de toutes pars,
> Armé de sa vertu comme de grands rempars.[31]

Or on croit comprendre pourquoi ce laurier qui rend poète et philosophe s'est logé sur une cime "fascheuse et hautaine",[32] propre à dérourager les "jeunes apprentis deloyaux à leur maistre".[33] Car aussitôt après il est question de la première partie de la philosophie, celle qui s'intéresse au ciel et à la grande nature. Et cette philosophie semble être la patronne des ascensions périlleuses; elle ignore la "paresse" ou la "peur", elle pratique le "vol audacieux" à travers les cieux et encourage ses adeptes à traverser "sans avoir frayeur" les "cloistres enflammés" qui entourent la terre.[34] Le sens du prologue de l'*Hymne de l'Hyver* n'est pas absolument clair, car ce texte juxtapose des éléments thématiquement reliés, sans toujours préciser leurs rapports logiques: il n'est pas certain, par exemple, que la "vive vertu"[35] présidant à la conquête des arcanes de la nature soit identique, ou même apparentée à celle qui inspire le poète.[36] Quoi qu'il en soit il peut suffire, pour ce premier survol topique, de remarquer la proximité de quelques thèmes: celui de la vertu et celui du laurier, celui de la dure ascension, celui de la recherche philosophique et du vol audacieux. Le poète et l'astronome n'étaient sans doute pas lancés dans des entreprises comparables, mais tous deux avaient un "coeur hardi" et un "esprit veinqueur".

Dans des textes moins compliqués et moins riches, l'éloge des hommes de sciences les plus zélés reprenait tout aussi volontiers les mêmes motifs que l'éloge des poètes:

> Quoi? ceus qui par la science
> D'une longue experience,
> Et d'un soin ingenieus
> Ont vagué par tous les cieus,
> Ont les etoilles nombrees,
> Et d'un nom propre nommees,
> Ont d'un oser plus qu'humain

---

[30] *Hymne de l'Hyver*, v. 5.

[31] *Ibid.*, v. 25-26.

[32] *Ibid.*, v. 40.

[33] *Ibid.*, v. 27.

[34] *Ibid.*, v. 43-58. - Ce texte est inspiré par l'éloge d'Epicure du *De natura rerum*.

[35] *Ibid.*, v. 51.

[36] Il est question juste après (v. 59-70) de la seconde philosophie, terrestre et pratique, qui n'est pas aussi courageuse: "le coeur qui luy defaut / Ne luy laisse entreprendre un voyage si haut" (v. 61-62). Or cette philosophie humaine et civilisatrice n'est nullement dévalorisée par rapport à l'autre. Sur l'interprétation de ce texte, voir *infra* "Ronsard et la double philosophie", p. 146 sq.

> Cherché Dieu jusques au sein,
> Meurent-ils?[37]

Tous ces thèmes entremêlés, formaient donc, grâce à l'analogie, des combinaisons diverses et souvent circulaires: l'astronomie était un voyage vers les astres et vers un paradis natal où le savant rejoignait les saints. Elle nécessitait un tel courage et tant d'abnégation qu'elle rendait ses adeptes dignes d'Hercule. Hercule lui fournissait d'ailleurs tout naturellement son patronage puisqu'il avait porté la sphère d'Atlas, et qu'il était monté lui aussi par-dessus les sphères, pour se récompenser de ses labeurs. Car l'immortalité correspondait toujours à une ascension, soit qu'on volât vers un Empyrée bienheureux, soit qu'on se changeât en étoile, pour éclairer les nuits des hommes. Mais l'immortalité n'était nullement réservée aux astronomes; elle était promise à tous les vertueux, aux artistes valeureux et "furieux", à ceux qui se dévouaient héroïquement à une activité désintéressée et libérale. Les doctes poètes s'y dirigeaient tout droit: doués d'un esprit céleste, curieux et non "ocieux", ils recherchaient "les secretz de Nature et des Cieux". *Sic itur ad astra,*[38] comme dit le poète, ou si l'on préfère,

> Pour te hausser à la maison jolie
> Des astres blonds, vertu sert de poulie.[39]

---

[37] Ronsard, *Cinquiesme livre des odes*, "Epitaphe de Jan Martin"; éd. Laumonier, t. V, p. 253, v. 13-21. Jean Martin n'était pas astronome, mais plutôt polymathe. Traducteur de livres d'architecture, il touchait aux mathématiques.

[38] Virgile, *Enéide*, IX, v. 651. L'idée sous jacente est celle de l'apothéose par la vertu. Voir H. Hommel, "*Per aspera ad astra*".

[39] Etienne Forcadel, *Opuscules*, "La forest Dodone" (1551), v. 369-370, dans *Oeuvres poetiques*, éd. F. Joukovsky, p. 111. L'avertissement, prononcé par l'oracle, s'adresse au poète.

CHAPITRE SIXIÈME

CONTRE-ÉLOGES I: CURIOSITÉS ILLICITES

Le concert de louanges qui permettait d'évoquer magnifiquement les pouvoirs de l'esprit, sous couvert de décrire une discipline, avait sa contrepartie. L'alliance tant célébrée de l'astronomie et de la théologie pouvait se révéler excessivement contraignante si on la prenait à la lettre au lieu d'y voir simplement un vieil emblème, aussi respectable que valorisant: elle restreignait la liberté de recherche en discréditant toute entreprise scientifique dégagée des tutelles et soucieuse de progresser selon ses propres lois. D'autre part, l'équilibre fondamental de l'univers moral voulait qu'à l'exaltation de la *dignitas hominis* répondît la déploration de la *miseria hominis*, et que tout orgueil excessif fût tempéré par la méditation des vanités. Dans la tradition chrétienne, les deux discours, optimiste et pessimiste, se complétaient sans se contredire; ils contribuaient à construire une image cohérente de l'insignifiante créature perdue dans la nature, subjuguée par de fausses idoles, mais dignifiée par sa filiation divine et promise à la rédemption. Cependant, l'astronomie ne sortait pas indemne de ce renversement de perspective. La merveille intellectuelle, la petite soeur de la théologie, se dévaluait jusqu'au ridicule et devenait l'exemple de la sophistication inutile et du donquichottisme intellectuel.

La curiosité dans la tradition théologique

A la limite, l'astronomie s'exposait même à subir une attaque définitive, englobée dans la condamnation de toutes les spéculations rationnelles. L'opposition entre la vraie sagesse et la dispersion du vain savoir est un thème récurrent de toutes les religions gnostiques, et certains passages du *Corpus hermeticum* en donnent une formulation énergique, d'autant plus frappante qu'elle s'oppose diamètralement aux éloges du voyage cosmique qui s'y trouvent aussi.[1] Dans la *Korè Kosmou*, Momus blâme Hermès d'avoir créé l'homme, cette créature possédée par un désir insatiable de s'immiscer dans les secrets de la nature:

> C'est une oeuvre hardie que d'avoir créé l'homme, cet être aux yeux indiscrets et à la langue bavarde [...]. Est-ce bien lui que tu as décidé, ô Créateur, de laisser libre de tout souci, lui qui dans son audace, doit contempler les beaux mystères de la nature? [...] les hommes poursuivront la réalité jusqu'en haut, avides d'apprendre par leurs observations quel est l'ordre établi du mouvement céleste?[2]

Le désir d'explorer le monde jusqu'en ses parties les plus cachées se trouve ainsi dévalorisé et vu comme une "curiosité importune", une *periergia*, qui empêche l'accès à la pure philosophie.[3] Sans remonter jusqu'à la première pomme, ni même jusqu'aux déclarations désabusées de l'*Ecclésiaste*, la pensée juive et chrétienne a toujours connu une méfiance comparable envers les tentations de la connaissance centrifuge.

> Veuillez à ce que nul ne vous prenne au piège de la philosophie, cette creuse duperie à l'enseigne de la tradition des hommes, selon les éléments du monde et non selon le Christ.

Cette phrase de saint Paul, dans l'*Epître aux Colossiens*,[4] pose nettement l'opposition entre l'étude de la nature et l'amour du Christ, qui doit pousser le fidèle à une conversion radicale, dans un complet renoncement au monde. Elle trouve un écho dans l'enseignement d'un saint Augustin voulant faire oublier les étoiles pour ne plus penser qu'au Créateur:

> [Seigneur] vous êtes inaccessible aux superbes, leur curieuse habileté sût-elle d'ailleurs le compte des étoiles et des grains de sable, eût-elle mesuré les régions célestes et exploré la route des astres. C'est avec leur intelligence, c'est par le génie que vous leur avez donné, qu'ils cherchent ces secrets; ils en ont beaucoup découvert, ils annoncent plusieurs années d'avance les éclipses de soleil et de lune, et le jour, et l'heure, et le degré [...] Leur superbe impie les écarte de votre immense lumière; ils prévoient d'avance l'éclipse du soleil, mais en attendant, ils ne se rendent pas compte de celle qu'ils subissent eux-mêmes.[5]

---

[1] Voir ci-dessus le chapitre IV.

[2] *Korè kosmou*, 44-46, *C. H.*, trad. Festugière, t. IV, p. 14-16.

[3] Cf. l'*Asclepius*, 14: "Adorer la divinité d'un coeur et d'une âme simples..., telle est la philosophie que n'entache nulle curiosité malencontreuse de l'esprit [*haec est nulla animi importuna curiositate violata philosophia*]". Voir Festugière, *La révélation*, t. III, p. 84-85.

[4] "Videte ne quis vos decipiat per philosophiam et inanem fallaciam: secundum traditionem hominum, secundum elementa mundi, et non secundum Christum" (Vulgate), *Colos.*, 2, 8. Ce verset est cité dans la question sur la curiosité de la *Somme théol.*, St Thomas considérant qu'il vise ceux qui abusent de la philosophie pour combattre la foi. (IIa, IIae, qu. 167, art. 1, trad. Raulin, t. 3, p. 947). - En août 1527, Melanchthon fit imprimer une dissertation *In locum ad Colossenses, videte ne quis vos decipiat per philosophiam inanem* (éd. Bretschneider, XII, 695 sq.): il y rappelait la distinction entre l'Evangile et la philosophie, *doctrina vitae corporalis*. Voir S. Kusukawa, *The transformation...*, p. 65-67.

[5] *Confessions*, l. V, iii, 3-4; trad. Labriolle, t. I, p. 94-95. Voir H. I. Marrou, *St Augustin ...*, p. 278-279, 351, 472-473. - St Augustin était une sorte d'emblème de l'humiliation de la

Les Pères et Docteurs de l'Eglise prirent rarement à la lettre l'avertissement de saint Paul qui contribua pourtant à alimenter un courant de pensée hostile au libre développement de la spéculation.[6] Engagé dans sa lutte apologétique, Tertullien condamnait radicalement la curiosité philosophique, même et peut-être surtout lorsqu'elle semblait élever l'intelligence vers les cieux.[7] Saint Jérôme faisait de la tour de Babel un emblème de l'intelligence orgueilleuse, qui cherche à monter plus haut qu'il ne lui est permis, en sondant des domaines interdits.[8] Saint Augustin établissait un rapport entre l'avidité intellectuelle, notamment celle qui incite à connaître la nature, et la concupiscence charnelle.[9] Et son oeuvre fait clairement apparaître le lien, déjà présent chez saint Paul, entre la question de la théologie naturelle et celle de la curiosité; commentant l'*Epître aux Romains*, il montrait que les plus sages des philosophes païens avaient pu atteindre une certaine connaissance de Dieu à travers sa création; or ils s'étaient contentés d'en tirer orgueil, au lieu d'en rendre grâce à Dieu: cette science "curieuse", dévoyée dans l'idôlatrie, faisait porter aux Gentils la responsabilité de leur impiété.[10]

spéculation excessive. Cet aspect de son personnage est illustré par la légende de sa rencontre avec l'enfant qui vidait la mer avec une cuillère, alors que lui-même réfléchissait sur la Trinité: cet épisode, qui apparut comme *exemplum* au XIIIème siècle, devint un motif iconographique privilégié à partir du XVème siècle (il figure, entre autres, dans le cycle réalisé par Benozzo Gozzoli, sur les indications du théologien Domenico Strambi, à la Chiesa Sant'Antonio de San Giminiano, ou sur le panneau de Botticelli pour l'autel de San Barnaba, au musée des Offices de Florence). Voir H. I. Marrou, "Saint Augustin et l'ange ...". J. et P. Courcelle, "Scènes anciennes...", p. 69. Idem, *Iconographie de saint Augustin*. II, p. 141, 148, 157 et 185; III, p. 153. - A la Renaissance, Augustin est fréquemment représenté dans son *studiolo*, entouré par tous les instruments du savoir; Botticelli, dans sa *Vision de Saint Augustin* (Florence, Chiesa d'Ognissanti), fait passer les rayons de la lumière miraculeuse (qui annonce la montée de saint Jérôme au paradis) à travers une sphère armillaire, ce qui peut recevoir diverses interprétations; il n'est nullement évident que le peintre ait voulu représenter la défaite des sciences spéculatives. Sur ce tableau, voir M. Kemp, "Taking and use ..."; et sur son thème, H. Roberts, "St. Augustine ...".
[6] Voir A. Labhardt, "*Curiositas*..."; H. A. Oberman, *Contra vanam curiositatem*, Zurich, 1973; E. Peters, "*Libertas inquirendi* ..."; C. Ginsburg, "L'alto ed il basso...".
[7] C''est, notamment, un thème récurrent, de l'*Ad nationes*. Voir A. Labhardt, "*Curiositas*...", p. 216-219; Idem, "Tertullien et la philosophie ..."; J. C. Fredouille, *Tertullien* ...
[8] *Epistolae*, 21, 8; cité par A. Labhardt, "*Curiositas*...", p. 217.
[9] "Outre la concupiscence de la chair, qui consiste dans la délectation de tous les sens [...], il existe dans l'âme une autre forme de convoitise. Elle passe par les mêmes sens corporels, mais vise, non pas tant à une jouissance charnelle, qu'à une expérience dont la chair est l'instrument: vaine curiosité qui se couvre du nom de connaissance et de science" ("Praeter enim concupiscentiam carnis, quae inest in delectatione omnium sensuum [...] inest animae per eosdem sensus corporis quaedam non se oblectandi in carne, sed experiendi per carnem vana et curiosa cupiditas nomine cognitionis et scientiae palliata"), *Confessions*, l. X, 35, 54, éd. Labriolle, t. II, p. 280. A rapprocher de I Jean, 2: 16: "omne quod est in mundo concupiscentia carnis est et concupiscentia oculorum et ambitio saeculi".
[10] "Expositio quorumdam propositionum ex Epistola ad Romanos, 3-7", dans *Augustine on Romans*, éd. Fredriksen Landes, p. 2-4. D. C. Steinmetz, qui cite ce commentaire, montre qu'il a été repris et développé par les exégètes de la fin du Moyen-Age, notamment par Denis le Chartreux, et que ses thèmes se retrouvent chez plusieurs théologiens protestants, tels Melanchthon, Bullinger et Bucer ("Calvin and the natural knowledge of God", p. 145-146).

Au XIème siècle, saint Anselme voyait dans la *curiositas*, l'une des façons par lesquelles l'homme essaie indûment d'affirmer une *propria voluntas*, attribut qui n'appartient légitimement qu'à Dieu; elle se traduisait, selon lui, par une sorte de passion à acquérir des connaissances inutiles,[11] parmi lesquelles l'astronomie: mesurer la distance ou la dimension du soleil et de la lune n'était pour un chrétien, et *a fortiori* pour un moine, qu'un moyen de se détourner de ses devoirs essentiels. La *curiositas* a également constitué un thème majeur de la querelle entre saint Bernard et les "nouveaux théologiens" du XIIème siècle, dialecticiens indiscrets ou platoniciens imprudents; quand le premier dénonçait la *superbia* d'une recherche poursuivie sans contrôle, les autres déploraient l'obscurantisme monacal, et rappelaient que la recherche des causes était l'une des vocations de l'intelligence humaine: *in omnibus rationem esse quaerendum*[12] Même l'analyse très bienveillante que saint Thomas a consacrée a la curiosité intellectuelle, devait rappeler cette exigence d'orienter l'étude vers une fin religieuse: le désir de connaître la vérité était bon en soi, parce qu'il venait de Dieu, mais il pouvait être perverti par l'orgueil.

> C'est pourquoi saint Augustin dit: "Certains, abandonnant toute vertu et ignorant qui est Dieu et combien est grande la majesté de sa nature immuable, pensent faire quelque chose de grand en se livrant avec une curiosité et une ardeur insatiables à la connaissance de cette masse universelle de matière que nous appelons le monde. De là naît un tel orgueil qu'ils se figurent habiter le ciel pour cette raison qu'ils en parlent souvent."[13]

La recherche profane ne devait pas détourner de l'étude des textes sacrés, ni recourir à des sources illicites;[14] la "vraie fin" de toute science restait la connaissance de Dieu, et il fallait veiller à ne pas présumer de sa capacité:

> C'est pourquoi on lit dans l'Ecclésiastique: *Ne cherche pas ce qui est trop difficile pour toi, ne scrute pas ce qui est au-dessus de tes forces*.[15]

Aux XIVème et au XVème siècles, la critique du *vitium curiositatis* se poursuivit sous l'influence de la *devotio moderna* et de la reviviscence de l'augustinisme dans les milieux humanistes.[16] L'*Imitation de Jésus Christ* ne tenait pas, sur ce point, un autre discours que celui de saint Anselme:

---

[11] "Curiositas est studium perscrutandi ea, quae scire nulla est utilitas", St Anselme, *De humanis moribus*, éd. Southern et Schmitt, p. 47-50, cité dans E. Peters, art. cit., p. 91.

[12] Guillaume de Conches, *Max. biblioth. patrum*, vol. XX, Lyon, 1667, p. 1002. Cité dans E. Peters, art. cit., p. 92. Voir aussi T. Gregory, *Anima mundi*; B. Smalley, "Ecclesiastical attitudes..."; E. Gilson, *La théologie* ..., p. 85 et 182; R. Brague éd., *St Bernard* ...

[13] *Summa theol.*, IIa, IIae, qu. 167; trad. Raulin, t. 3, p. 946; réf. à Augustin, *De moribus ecclesiae*, 21 (P.L. 32, 1327). - St Thomas, par sa manière "philosophique" de pratiquer la théologie, subit lui-même le reproche de "curiosité", notamment de la part de saint Bonaventure (voir M.-D. Chenu, *La théologie* ...; Idem, *Dialogue et dissensions...*).

[14] *Ibid.*, p. 946; saint Thomas dénonce "ceux qui interrogent les démons sur l'avenir, ce qui est une curiosité superstitieuse". Sur cette question, voir *infra*, p. 126 sq.

[15] *Ibid.*, p. 947. Réf. à l'*Ecclésiastique*, 3: 21.

[16] Voir E. Peters, art. cit., p. 95.

> Gardez-vous du désir outré de savoir. Il est bien des connaissances qui ne sont
> guère utiles à l'âme, ou même pas du tout. Et il est vraiment fou celui qui tend à
> autre chose qu'à ce qui sert à son salut.[17]

Le même courant a traversé la philosophie d'Erasme qui, dans son
commentaire sur l'*Epître aux Colossiens* mettait ensemble la science des
philosophes et celle des pharisiens, pour l'opposer à la sagesse du Christ:

> nous n'avons rien à attendre de la sagesse humaine, qu'il s'agisse des promesses
> des philosophes de ce monde, des offres des docteurs de la Loi juive, ou des
> prétentions de ceux qui se disent instruits par l'entretien des anges, puisque en ce
> seul [secret révélé par le Christ] sont renfermés et cachés tous les trésors de la
> sagesse et de la connaissance féconde. C'est à cette source, en somme, que l'on
> peut puiser tout ce qui vise au salut véritable. Et nos paroles tendent à ce que
> vous preniez garde, encore et encore, qu'un habile, armé par les disciplines
> humaines contre la simplicité de la doctrine évangélique, ne vous jette de la
> poudre aux yeux et ne vous en impose par un discours mensonger.[18]

Jean Trithème,[19] appuyait sur cette tradition son rejet des vaines recherches;
et le titre de la *Declamatio* composée par Cornelius Agrippa contre les
prétentions des spécialistes de toutes disciplines[20] oppose clairement
l'"incertitude et la vanité des sciences" à l'"excellence du Verbe de Dieu".[21]
Ce point de vue paulinien se confirme dans les derniers chapitres du livre
qui rejettent toutes les sciences parmi les "traditions humaines", comme pour
mettre fin aux rêveries sur le songe d'Adam ou les colonnes rescapées du
Déluge, et attribuent la palme de la sagesse aux simples d'esprit du Sermon
sur la Montagne.[22] La péroraison s'adresse d'ailleurs aux "ânes", seuls
capables d'être éclairés par l'Esprit-Saint.

---

[17] "Quiesce a nimio sciendi desiderio. Multa sunt quae scire parum vel nihil animae prosunt.
Et valde insipiens est qui aliquibus intendit quam his quae saluti suae inserviunt", *Imitatio
Christi*, I, 2, 2.
[18] "[...] nihil nobis expetendum humanae sapientiae, sive quid promittunt hujus mundi
philosophi, sive quid pollicentur Mosaicae legis doctores, sive quid alii jactant sese doctos
ex angelorum colloquiis, cum in hoc uno [patefacto jam arcano per Jesum Christum]
reconditi sint et abstrusi omnes thesauri sapientiae, et cognitionis fructiferae. Ex hoc fonte
compendio licet haurire, quicquid ad veram salutem pertinet. Atque haec quae dicimus eo
tendunt, ut etiam atque etiam caveatis, ne quis humanis artibus instructus adversus
evangelicae doctrinae simplicitatem, fucum vobis faciat, et imponat falso sermone [...]",
Paraphrases in N. T., Bâle, 1541, t. II, p. 206. Le passage commenté est cité ci-dessus.
[19] Sur Trithème, abbé bénédictin réformateur qui reprend la lutte traditionnelle contre les
excès de la curiosité, dans la lignée de saint Bernard, en dépit de son intérêt personnel pour la
magie spirituelle et la théurgie néoplatonicienne, voir J. Dupèbe, "Curiosité et magie ...".
[20] Voir R. Crahay, "Un manifeste religieux d'anticulture ...".
[21] *De incertitudine et vanitate scientiarum et artium atque excellentia Verbi Dei declamatio*,
Anvers, J. Grapheus, 1530. - Sur ce texte, voir *infra*, p. 127 sq., 156.
[22] *Ibid.*, ch. 101.

L'indépendance contestée des philosophes

Le "désir outré de savoir" devenait un vice grave s'il tendait à s'assouvir en suivant la seule voie de la recherche profane, sans se soumettre à une finalité supérieure. Dans l'université médiévale, une sorte de méfiance s'exerçait envers les philosophes heureux de leur sort, ceux qui n'aspiraient plus haut: "l'on ne devait pas vieillir à la Faculté des Arts".[23] Au XIIIème siècle, plusieurs *artistae* spécialement brillants, comme Siger de Brabant et Boèce de Dacie, revendiquèrent l'autonomie de leur discipline, qui devait trouver sa fin en elle-même, au lieu de constituer une sorte d'échelle conduisant vers les degrés les plus élevés de la *sapientia christiana*.[24] S'inspirant en partie de l'*Ethique à Nicomaque*,[25] largement imbibée de néoplatonisme par les commentaires arabes, ils tracèrent au philosophe un programme idéal qui devait lui faire acquérir au suprême degré l'ensemble des vertus intellectuelles et morales, et le mener à la *voluptas intellectualis*:

> Et le plaisir consiste dans la connaissance théorique, et il est d'autant plus grand que les objets de l'intellection sont plus nobles. Par conséquent, le philosophe mène une vie pleine de plaisir (*vitam valde voluptuosam*).[26]

A cette volonté d'indépendance et à cette affirmation que la vie théorétique pouvait atteindre d'elle-même sa perfection, les théologiens opposèrent une série d'interdictions, incluses dans le décret promulgué par l'évêque de Paris, Etienne Tempier, en 1277.[27] Plusieurs des propositions incriminées touchaient l'excellence suprême du statut de philosophe, la possibilité d'un accès à la béatitude en cette vie, ou la capacité "des vertus intellectuelles et morales dont parle le Philosophe dans son *Ethique*" à mener vers le Paradis.[28] La condamnation de 1277 dénonçait de

---

[23] "Non est consenescendum in artibus, sed a liminibus sunt salutandae". Cet adage, déjà répandu au XIIème s., dérive de Sénèque: "Nec ego nego prospicienda ista, sed prospicienda tantum et a limine salutanda" (*Ad Lucilium*, ep. 49, 6; à propos de l'étude de la poésie et de la dialectique); voir M.-Th. d'Alverny, *Alain de Lille*, p. 146 et 275.

[24] Voir M. M. Mc Laughlin, *Intellectual freedom* ...; M. Corti, *La felicità mentale..*;; A. J. Celano, "Boethius of Dacia..."; L. Bianchi, "La felicità intellettuale ..."; Idem, *Il vescovo e i filosofi* ; L. Bianchi et E. Randi, *Vérités dissonantes*, p. 25-32 et 39-70.

[25] Notamment le l. X, ch. 7 à 9, qui démontre la supériorité de la vie théorétique. Dans le *De summo bono*, Boèce de Dacie reprend cette thèse: le bonheur le plus grand est donné par le développement maximal des meilleures facultés de l'individu: la *potentia practica*, orientée vers la pratique du bien, et la *potentia speculativa*, qui vise la connaissance de la vérité; or la première est subordonnée à la seconde (*De summo bono*, éd. Green-Pedersen, p. 370-375). - Boèce ne niait pas le bonheur surnaturel: il se contentait de parler en philosophe.

[26] Boèce de Dacie, *De summo bono* (éd. cit., p. 375-376), cité dans L. Bianchi et E. Randi, *Vérités dissonantes*, p. 28. - Les "plus nobles objets de l'intellection" sont les premiers principes, mais les êtres mathématiques et les étoiles ne se trouvaient pas mal placés dans la hiérarchie. Cf., pour le XVIème s., les textes cités *infra*, p. 118).

[27] Voir R. Hissette, *Enquête sur les 219 articles* ...; et L. Bianchi, *Il vescovo...*

[28] Il s'agit, dans le classement de R. Hissette (*op. cit. supra*, p. 15-20 et 263 sq.), des pr. 1: "Quod non est excellentior status quam vacare philosophiae"; 2: "Quod sapientes mundi sunt philosophi tantum"; 170: "Quod omne bonum, quod homini possibile est, consistit in virtutibus intellectualibus"; 171: "Quod homo ordinatus quantum ad intellectum et affectum, sicut potest esse per virtutes intellectuales et alias morales, de quibus loquitur Philosophus

nombreuses "erreurs" philosophiques, parmi lesquelles plusieurs thèses cosmologiques, et à cet égard elle se contentait de prendre place dans une série de condamnations similaires, mais elle avait aussi une portée plus générale. Comme l'a montré Luca Bianchi, elle refusait "la possibilité d'un exercice de l'intelligence qui ne fût pas appliqué à la foi", et interdisait l'existence indépendante de programmes de recherche rationnelle, ni opposés ni soumis à la théologie.[29] Sa signification était d'autant plus claire qu'elle visait un groupe de professeurs sincèrement fidèles à l'Eglise.[30]

Au cours du siècle suivant, les relations entre théologiens et *artistae* redevinrent paisibles, grâce à un partage effectif des domaines de compétence,[31] ce qui ne signifiait pas que la Faculté des arts fût devenue l'asile de la *libertas inquirendi*: les licenciés n'en devaient pas moins jurer de toujours conclure leurs discussions philosophiques "pro parte fidei".[32] Mais, d'une façon plus conforme à la tradition, l'accusation de curiosité fut principalement utilisée par les théologiens contre l'activité de leurs propres collègues. C'est ainsi que le chancelier Gerson prononça, en 1402, ses deux leçons *Contra curiositatem in negotio fidei* pour calmer l'effervescence intellectuelle des maîtres et des étudiants de la faculté de théologie.[33] L'opposition à la "vaine curiosité" ne prit plus jamais la forme extrême d'une rivalité entre deux conceptions de la vie théorétique.

A la Renaissance, bien des intellectuels choisirent de se vouer aux plaisirs de la recherche scientifique, sans être censurés pour autant. Regiomontanus pouvait avouer avec candeur sa béatitude d'astronome: la sincérité de sa piété et la validité de sa démarche ne risquaient pas d'en devenir suspects. Plus d'un siècle après, Johannes Kepler, qui avait failli être pasteur, choisit de lire la Parole de Dieu dans les révolutions des astres; et si son projet conserva toujours une orientation fondamentalement religieuse, il mit au point sa méthode dans une complète indépendance, en tenant compte

---

in Ethicis, est sufficienter dispositus ad felicitatem aeternam", et 172: "Quod felicitas habetur in ista vita et non in alia".

[29] L. Bianchi, *L'errore di Aristotele*. .., p. 177.

[30] R. Hissette a montré que les *artistae* n'avaient pas réellement professé un certain nombre des opinions incriminées. De plus le décret condamnait plusieurs thèses à l'hétérodoxie douteuse, et qui se trouvaient parfois dans les écrits de Thomas d'Aquin. L'évêque de Paris Etienne de Bourret le révoqua donc le 14 février 1325: "[...] supradictam articulorum condempnationem ex excommunicationis sententia, quantum tangunt vel tangere asseruntur doctrinam beati Thome predicti, ex certa scientia tenore praesentium totaliter annulamus, articulos ipsos propter hoc non approbando seu etiam reprobando, sed eosdem discussioni scolastice libere relinquendo", H. Denifle éd., *Chartularium Univ. Parisiensis*, t. II, p. 281.

[31] Voir, par exemple, les termes de la révocation de la sentence de Tempier (note préc.).

[32] "Jurabitis quod dum contingit vos determinare quaestionem aliquam de philosophia, illam semper pro parte fidei determinabitis et rationes philosophi in oppositum factas dissolvetis" (Gerson, *Opera*, t. I, Strasbourg, 1494, f. 20, R. Cité par Thorndike, *A history of magic...*, t. IV, p. 120). - Pour une vision plus positive des rapports entre la science et l'Eglise au Moyen-Age, voir les travaux de D.C. Lindberg: "Science and the early church"; "Science and the medieval church"; "Science as handmaiden".

[33] Voir A. Combes, "Les deux *lectiones* ...". Gerson donnait son thème dès le début en citant l'Evangile de saint Marc (2: 15): *Paenitemini et credite Evangelio*, pour lui, la meilleure approche de Dieu n'était pas intellectuelle mais affective ("Cognitio dei per theologiam mysticam melius acquiritur per penitentem affectum, quam per investigantem intellectum", *De mystica theologia speculativa*, dans *Opera*, 1494-1502, t. III, lxv, consid. 28).

uniquement des exigences de sa discipline. Quant aux "artistes", ils continuaient à commenter Aristote selon leur manière propre, et à s'autoriser de l'*Ethique à Nicomaque* pour placer au sommet des ambitions humaines la "perfection de la vie philosophique".[34] Certaines pages de Jacques Charpentier développent des idées comparables à celles de Boèce de Dacie. Dans sa *Platonis cum Aritotele comparatio*, par exemple, il cite et commente le livre X de l'*Ethique*, en le rapprochant de textes platoniciens, comme le *Philèbe* pour qui "la vie des philosophes, traversée dans la contemplation, est la plus divine de toutes".[35] Les mathématiques, qu'il voulait garder pures, offraient le meilleur moyen de parvenir à cet idéal, notamment l'astronomie qui constituait le premier degré de la contemplation philosophique".[36] L'*Oratio pro mathematicis artibus* d'Henri de Monantheuil contenait d'encore plus belles pages sur le bonheur extatique des savants et donnait en exemple le ravissement d'Archimède bondissant hors de sa baignoire.[37] Cette science éthérée conduisait ouvertement vers la "volupté intellectuelle", version terrestre des joies paradisiaques, mais de tels propos, nourris de *topoi* très usés, n'étaient pas de nature à scandaliser leurs lecteurs.

Le conflit n'était pourtant pas éteint, puisque ses causes lointaines perduraient et qu'il en naissait de nouvelles: l'essor et la prise d'indépendance des mathématiques rendaient désuète la prétention de la théologie à coiffer l'ensemble des sciences; conscient de ce changement (et du rôle qu'il y jouait lui-même), Copernic écrivit un éloge de l'astronomie, science souveraine, destiné à servir de préambule au *De revolutionibus*[38] mais que ses éditeurs préférèrent laisser de côté. La crise se déclara vraiment lors des procès de Giordano Bruno et surtout de Galilée, philosophe trop libre qui cherchait à renverser l'ordre normal des choses en donnant certaines leçons aux interprètes de l'Ecriture, en leur reprochant "d'établir des décrets dans les professions qu'ils n'exerç<aient> ni n'étudi<aient>".[39]

---

[34] Voir les maximes courantes de la morale aristotélicienne dans le *Thesaurus Aristotelis* de Pierre Sainctfleur: "Beatitudo est in optima parte mentis. lib. 10. Eth. c. 7 [...]. Quam late patet contemplatio, tam etiam beatitudo. lib. 10. Eth. cap. 8 [...]. Beatis philosophia est necessaria. lib. 7 de Rep. cap. 15" etc. (éd. Paris, Martin Le Jeune, 1562, f. 69 v°-70 r°).

[35] "Quare philosophorum vitam quae in contemplando transfigitur omnium maxime esse divinam Plato scribit in Philebo", *Platonis ... comparatio*, Paris, 1573, p. 12.

[36] *Ibid.*, p. 173: "in mathematicis primus gradus contemplationis philosophicae positus esse videtur". Cf. p. 172: "Ut in Astronomiam incumbentes, inquit, ab iis quae oculis percipiuntur ad inaspectabilem et intelligibilem essentiam deducimur", réf. à *Rép.*, l. VII.

[37] "Unius mathematicae propositionis veritate incredibiles animo capiuntur voluptates [...]: testatus est Archimedes prope furiosa voce exclamans suum *eurêka*, cum nudus exiliret e balneo, quod in ipso meditabundus viam invenisset" (Paris, D. du Pré, 1974, f. 20 r°).

[38] *De revolutionibus*, éd. Lerner et al., Appendice I, 1. - Copernic lui-même s'attendait à être attaqué "à cause de quelque passage de l'Ecriture malignement détourné de son sens" (dédicace à Paul III, *De revolutions des orbes célestes*, éd. et trad. par A. Koyré, Paris, 1934, p. 47).

[39] Galilée, *Lettre à Christine de Lorraine*, dans A. Favaro éd. *Le opere di Galileo Galilei*, 20 vol., Florence, 1890-1909, t. V, p. 325. Dans cette lettre, qui connut une grande circulation manuscrite, Galilée suggérait que les théologiens auraient avantage à demander l'avis des spécialistes compétents pour l'interprétation des passages cosmologiques de la Bible (afin de s'éviter, par exemple, le ridicule d'un Lactance, défenseur d'une image du monde pré-aristotélicienne), plutôt que de leur imposer des contraintes.

Calvin et les philosophes de la nature

La Renaissance ne manqua pas de théologiens, de l'une et l'autre confession, qui jugeaient important de restaurer l'unité menacée de la *sapientia christiana*. Leur effort rejoignait d'ailleurs, à certains égards et en dépit des apparences, celui des contempteurs des "éléments du monde" et des "traditions humaines". Lorsqu'Erasme mettait en garde ses lecteurs contre les "promesses des philosophes de ce monde", il donnait à la "philosophie" un contenu peu précis; surtout préoccupé par la morale et la piété, il ne s'intéressait guère à la science de la nature. Calvin, en revanche, dut affronter le problème de la théologie naturelle, c'est-à-dire celui de la connaissance que l'on peut avoir de Dieu par sa création, grâce à une certaine capacité de la déchiffrer correctement. Ce problème, on l'a vu, était positivement résolu par les laudateurs de l'astronomie, qui s'appuyaient sur la tradition platonicienne. Les poèmes de Pierre du Val, l'*Encyclie* de La Boderie et certains passages de *La Sepmaine* nous donnent, par exemple, une vision simplifiée de ce raisonnement: à la divine perfection des mouvements célestes répond la divine intelligence semée par Dieu en l'âme humaine, de façon à transporter l'astronome jusque chez les anges.[40] Calvin était théologien et ne pouvait se permettre ces brillants raccourcis, d'autant qu'il ne partageait pas un tel optimisme. Sa position à l'égard de la philosophie naturelle était pour le moins nuancée. D'un côté il ne pouvait nier son utilité: l'homme avait certainement été mis au monde pour y contempler l'oeuvre du créateur; mais de l'autre il nourrissait quelques doutes sur son efficacité (l'intelligence humaine n'était-elle pas obscurcie par le péché?), et sur sa juste orientation (les entreprises des savants n'étaient-elles pas perverties par l'orgueil?). Un passage de son commentaire sur l'*Epître aux Romains* pose assez nettement le problème:

> Admettons donc cette distinction: la démonstration de Dieu, par laquelle il rend visible sa gloire dans ses créatures, est assez évidente quant à sa lumière propre, mais quant à notre aveuglement elle ne suffit pas. Cependant, nous ne sommes pas aveugles au point de pouvoir invoquer le prétexte de notre ignorance pour éviter d'être accusés de perversité.[41]

Dans son oeuvre exégétique ou dans l'*Institution*, Calvin n'a pas formellement condamné la science profane, mais il ne lui a pas non plus

---

[40] Voir ci-dessus, chapitre III.

[41] "Sit ergo haec distinctio: Demonstrationem Dei qua gloriam suam in creaturis perspicuam facit, esse, quantum ad lucem suam, satis evidentem: quantum ad nostram caecitatem, non adeo sufficere. Caeterum non ita caeci sumus, ut ignorantiam possimus praetexere quin perversitatis arguamur", Calvin, *Comm. in Epist. Pauli ad Romanos*, éd. Parker, p. 30, cité par D. C. Steinmetz, "Calvin and the natural Knowledge...", p. 151-152. Il est bien entendu que la connaissance que l'on a de Dieu par ses oeuvres est celle de sa majesté et de sa puissance, et non pas celle de son essence. - L'idée de l'aveuglement par le péché était traditionnelle dans le discours chrétien contre la "curiosité". Gerson, par exemple, exhortait maîtres et étudiants à faire pénitence pour cette raison (voir *infra*, p. 117). Dans la préface à son commentaire sur la *Genèse*, Calvin recommande de lire le texte de la création avec les lunettes de la foi, pour remédier à l'inévitable myopie du pécheur.

accordé sa confiance. La plupart du temps, il l'a tenue à distance en jugeant qu'elle n'était pas du ressort des théologiens. Cependant, il apparaît qu'il la jugeait assez inutile dans la perspective du salut.

> Or en constituant le monde comme un miroir, auquel il faut regarder Dieu, je n'enten pas que nous ayons les yeux assez aigus pour voir ce que l'ouvrage du ciel et de la terre represente: ou que la cognoissance qu'on en peut avoir suffise à salut.[42]

La contribution des philosophes à l'édification du seul savoir valable, c'est-à-dire la juste appréhension de la création, se révélait fort dérisoire:

> Mesme Aristote le principal Philosophe, et lequel a surmonté tous les autres, tant en subtilité qu'en savoir, en disputant que le monde est eternel, a fait servir tout ce qu'il avoit de vivacité, à frauder Dieu de sa gloire. Combien que Platon son maistre ait eu quelque peu plus de religion en soy, et qu'il donne quelque signe d'avoir este embu de quelque goust de meilleure cognoissance: toutesfois les principes de verité qu'il touche sont si maigres, et il les mesle et corrompt de tant de fictions et resveries, que ceste façon contrefaite d'enseigner nuist plus qu'elle ne profite.[43]

Le danger de la *vana curiositas* venait de deux "extremitez", moins opposées qu'elles ne paraissaient: ceux qui "delaissans Dieu, appliquent toute la force et vertu de leur esprit à considerer nature" ne valant pas mieux que ceux qui "sans tenir conte des oeuvres de Dieu volent en haut par une fole curiosité, voire enragee, pour cercher l'essence Divine".[44] Tous étaient aveuglés par l'orgueil et se lançaient dans une recherche sans issue, d'autant plus illusoire qu'elle se croyait libre. En commentant la *Genèse*, Calvin rappelait constamment son absence de prétentions scientifiques et la simplicité de son langage qui la rendait accessible à tous. Moïse n'avait voulu parler que de ce que "les plus rudes et ignorans voyent", et la Bible n'enseignait aucune physique: "Que celuy qui voudra apprendre l'Astronomie et autres arts exquis et cachez les cerche ailleurs".[45]

---

[42] *Comm.. sur les V livres de Moyse*, Genève, 1564, déd. à Henri de Navarre, f. *6 v°-7 r°.

[43] *Ibid.*, f. * 3 r°. - Aristote est traité avec égard, malgré son erreur: sa cosmologie appuyée sur le bon sens paraissait moins perverse à Calvin que les "resveries" platoniciennes.

[44] *Ibid.*, f. * 6 r°. - Cf le commentaire sur le Psaume 29 (verset 5): "Car il ne semble pas aux Philosophes qu'ils discutent des causes inferieures assez subtilement sinon qu'ils separent Dieu de ses oeuvres d'une fort longue distance. Mais ceste science-la est diabolique, laquelle nous amusant en la contemplation de nature, destourne nos sens de Dieu. Si quelqu'un voulant cognoistre un homme, ne prend nullement garde a sa face, mais jette sa veuë sur les ongles de ses pieds, on le tiendra à bon droict pour un fol. Or les Philosophes sont encore bien plus insensez, qui se font des voiles des causes moyennes et prochaines, de peur qu'ils ne soyent contraints de congnoistre la main de Dieu, laquelle oeuvre manifestement et en veuë", *Le livre des Pseaumes exposé par Jehan Calvin* (Genève), Conrad Badius, 1558, p. 179. .

[45] *Ibid.*, p. 5; à propos des eaux surcélestes. - Cette idée était traditionnelle (Cf. St Thomas, *Summa theol.*, II, qu. 98, art. 3: "secundum opinionem populi loquitur Scriptura"; trad. Raulin, t. II, p. 623), elle autorisait, dans de strictes limites (voir ci-dessous, note 52), un recours à la lecture allégorique. Voir A. Funkenstein, *Theology...*, p. 213-219.

> Il faut encore repeter ce que j'ay dit auparavant: qu'il ne devise point ici à la façon des philosophes, combien est grand le Soleil au ciel, et quelle grandeur ou petitesse a la lune, mais quelle lumiere nous en provient. Car il parle ici à nos sens, afin que la cognoissance des dons de Dieu, desquels nous jouissons, ne s'escoule. Pour entendre donc le sens de Moyse, nous n'aurons que faire de voler par dessus les cieux: ouvrons seulement les yeux, pour voir la lumiere que Dieu nous a allumee sur la terre.[46]

Une semblable attitude ne préservait qu'en apparence l'autonomie de la recherche. Le théologien Calvin se désintéressait de la philosophie naturelle qui ne lui servait à rien. Moïse, David et Salomon avaient eu toute la science du monde à leur portée,[47] mais ne s'étaient servi que de leurs yeux, de leur bon sens éclairé par l'Esprit et du langage le plus direct pour formuler quelques vérités essentielles: la stabilité de la terre, la course bénéfique du soleil et de la lune. Dès lors, l'indifférence pour les "subtilités" de la science profane pouvait se changer en mépris, et la simplicité de la consigne ("ouvrons seulement les yeux") prendre toute sa dimension restrictive. Le livre de la Création devait se lire, en dernière analyse, avec les mêmes instruments dont s'étaient servi les prophètes, même si l'on pouvait bénéficier sans inconvénient d'un certain progrès de la civilisation et même si l'astronomie, dans son usage licite, restait la plus belle science du monde (car le réformateur acceptait, dans l'ensemble, l'anthropologie du *Timée*). Toute autre approche était privée de légitimité; et les héros de la spéculation, ceux qui échafaudaient des théories novatrices et paradoxales, en se fiant à leur seule intelligence, se voyaient suspectés de perversité. Le "séparatisme" de Calvin nourrissait donc un conservatisme foncier, lié à sa méfiance envers les initiatives d'une raison livrée à elle-même. La condamnation de l'héliocentrisme, dénichée par R. Stauffer[48] dans un sermon sur la première *Epître aux Corinthiens*, montre bien son refus de dissocier l'attitude scientifique de l'attitude morale et religieuse; l'adhésion à nouvelle thèse cosmologique y est attribuée à la *curiosa singularitas*.[49]

---

[46] *Ibid.*, p. 6; à propos du verset 15: "soient pour luminaires". Cf. *ibid.*, à propos de "Et soyent en signes": "Il faut bien retenir ce qui a esté dit, que Moyse ne philosophe point subtilement de quelques mysteres cachez, mais recite les choses qui sont communement connues voire des plus rudes, et sont en usage commun".

[47] Calvin admettait l'excellence de la science juive, voir notamment son commentaire sur *Actes* 7: 22: "Moïse fut instruit en la science des Egyptiens" (1552; éd. Baum, 48, 141-142): il y apparaît que Moïse a renoncé volontairement aux plaisirs et prestiges de la science, pour s'adresser au commun des hommes. - la Bible est dictée par l'Esprit Saint, omniscient et pourtant hostile au pédantisme; voir le commentaire sur le Psaume 136: "Car ce n'a point este l'intention du sainct Esprit d'enseigner l'astrologie, mais d'autant qu'il proposoit une doctrine commune mesme aux plus rudes et idiots, il a parlé par Moyse et les Prophetes d'une façon qui fust familiere au commun populaire, afin que nul sous ombre de difficulte ne cherchast des subterfuges, pour dire que la doctrine qui est proposee, est trop haute et cachee. Combien donc que Saturne soit plus grand que la lune, touteffois pource qu'a cause de la longue distance iceluy n'apparoist pas devant les yeux, le sainct Esprit a mieux aimé, par maniere de dire, beguayer, que de fermer le moyen d'apprendre aux ignorans et idiots", *Le livre des Pseaumes exposé par Jehan Calvin*, (Genève), Conrad Badius, 1558, p. 853.

[48] R. Stauffer, *Dieu, la Création et la Providence...*, p. 183-190.

[49] Cf. Gerson, *Lectiones*, éd. Ellies du Pin, Anvers, 1706, t. I, col. 91; cité par A. Combes, "Les deux *Lectiones*...", p. 310: "La singularité est le vice par lequel, négligeant ce qui est

ne soyons pas semblables à ces fantastiques qui ont un esprit d'amertume et de contradiction, pour trouver à redire à tout, et pour pervertir l'ordre de nature. Nous en verrons d'aucuns si frénétiques, non pas seulement en la religion, mais pour montrer partout qu'ils ont une nature monstrueuse, qu'ils diront que le Soleil ne se bouge, et que c'est la Terre qui se remue et qu'elle tourne. Quand nous voyons de tels esprits, il faut bien dire que le diable les ait possédés, et que Dieu nous les propose comme des miroirs, pour nous faire demeurer en sa crainte. [...]. Mais voilà comme il a des forcenés qui voudraient avoir changé l'ordre de la nature, même avoir ébloui les yeux des hommes, et avoir abruti tous leurs sens.[50]

Tout en renvoyant les philosophes à leurs études spécifiques, Calvin tenait donc fondamentalement à l'unité du savoir, sous le patronage de la théologie; et, de façon assez logique, sa méfiance envers les incartades de la science profane s'accompagnait de la glorification de la belle et juste astronomie, celle qui accomplissait la vocation de l'homme et menait à Dieu.

Les hommes voyent journellement le ciel et les astres: mais qui est celuy qui pense à l'autheur de ces choses? Ils sont tellement formés de nature qu'on les voit avoir esté mis au monde pour contempler les cieux, afin de recognoistre le Seigneur d'iceux; car Dieu a abaissé les bestes contre la pasture terrestre, et a fait l'homme seul droit, pour l'inciter à contempler le lieu de sa demeurance. [...] Car ce n'est point par fortune que les estoilles ont chacune leur place, ce n'est point à la volee qu'elles s'avancent esgalement avec une telle vistesse, et en faisant beaucoup de tours cheminent neantmoins d'un droit fil, tellement qu'elles ne se destournent pas d'un seul petit poinct hors du chemin que Dieu leur a limité.[51]

La position de Calvin nous semble radicale en raison même de sa franchise et de sa cohérence: après tout, le réformateur ne faisait que traduire clairement le discours vague et enveloppé des lieux communs, en dégageant jusqu'au bout sa logique. De plus, sa situation dans l'histoire lui donne un aspect rétrograde. L'extrême sévérité de saint Paul envers la philosophie était justifiée par les circonstances, tout comme l'attitude réservée et prudente d'un saint Basile ou d'un saint Augustin. En revanche, la condamnation des pervers voulant "changer l'ordre de la nature" rend un son désagréable. Pour l'admettre, il faut mesurer à quel point elle s'accordait à l'esprit du temps; elle exprimait, sous une forme claire et tranchante, le point de vue de la plupart des théologiens, et celui du public moyen. Le sentiment de l'infaillibilité du texte biblique était si fort qu'on ne concevait

plus utile, l'homme se consacre à étudier des doctrines exotiques et insolites". - Cette attention portée à la signification et aux conséquences morales d'une attitude scientifique est comparable à celle de Melanchthon (voir *supra*, p. 99-100).

[50] Calvin, 8e sermon sur I Corinthiens 10: 19-24 (prédication de 1556 éditée en 1558), éd. Baum, 49 p. 677.

[51] Sur le texte: "Eslevez vos yeux en haut, et regardez qui a creé ces choses" Esaïe, 40: 26), *Commentaires sur le prophete Isaie, reveuz, corrigez et augmentez* ..., Genève, F. Perrin, 1572, f. 248 r°. - La combinaison d'une admiration pour l'astronomie et d'une condamnation de la science profane "curieuse" était classique.

pas d'explorer la nature, en faisant abstraction de son "caractère normatif".[52] Au XVIème siècle, bien rares étaient ceux qui concevaient la philososophie, et singulièrement la cosmologie, en dehors de toute perspective religieuse: Copernic n'avait-il pas lui-même dédié le *De revolutionibus* au pape?[53]

Le vitium curiositatis en poésie

La poésie se nourrissait de *topoi*, et son rôle consistait à les faire briller, non pas à les pousser jusqu'à leurs extrêmes conséquences, à jeter sur eux le soupçon, ni à extraire et réactiver leur virulence latente. Personne ne se souciant, avant Giordano Bruno, d'emboîter le pas à Lucrèce, elle n'apparaissait pas non plus faite pour discuter des hypothèses risquées, pour soutenir des combats d'avant-garde, ou même pour rendre compte des développements récents de la science.[54] En dépit de quelques fières déclarations, elle ne mettait aucune témérité à ses "affrontements" avec les astres et leurs "cloistres enflammés", et semblait à peine entrevoir les risques pris par les spécialistes. La science dont elle parlait était tranquille et respectait la tradition comme le sens commun: elle ne pouvait susciter ni l'effroi, ni le scandale. Il n'y avait donc guère de raisons pour que ses effusions admiratives débouchent sur d'aigres récriminations, ou sur de solennels avertissements adressés aux théoriciens imprudents. D'autre part, une réflexion morale ou philosophique sur la validité et la finalité d'une science aussi ambitieuse ne pouvait trouver place que dans des oeuvres à fort contenu doctrinal; or celles-ci (qui commencèrent à abonder à partir de 1560) avaient pris une autre orientation: elles faisaient grand cas du songe d'Adam ou de l'histoire des colonnes (comme le *Microcosme* et *La Seconde Semaine*), ou bien elles adoptaient un platonisme intransigeant et les certitudes de la théologie naturelle (comme *L'Encyclie* et *L'Uranologie*). Il est donc assez difficile d'y repérer les traces du discours augustinien, sinon chez certains poètes réformés et notamment chez Du Bartas.

La *Sepmaine* voit généralement la science sous son jour le plus riant: elle se conforme à cet égard à la norme poétique qui exigeait une certaine idéalisation de l'objet, et elle traduit les goûts de son auteur, amateur

---

[52] J. Dillinberger, *Protestant thought...*, p. 61. Voir aussi D.C. Lindberg, "Science and the medieval church", p. 22; A. Williams, *The common expositor*, p. 174. - L'immobilité de la terre et le mouvement du soleil sont affirmés en *Job* 9: 6-7; 26: 7; 38: 4-6. *Josué* 10: 12-14. *Psaumes* 18: 6-7; 92: 1; 103: 5; 118: 90. *Ecclésiaste* 1: 4-6. I *Chroniques* 16: 30. *Proverbes* 3: 19. *Isaie* 38: 8. Ces textes étaient censés exprimer "ce que nos yeux voient" avec la confirmation de l'Esprit Saint. Les Eglises admettaient l'archaïsme de certains éléments de la cosmologie mosaïque (voir *supra*, note 45), mais elles ne cédaient sur un point qu'après une démonstration irréfutable: ses règles d'interprétation avaient été fixées par St Augustin, *De Genesi ad litteram*, I, 21, 41. Toute construction hypothétique, toute projection vers le futur tombait donc dans le domaine de la *vana curiositas*. Voir F. Laplanche, "Herméneutique biblique...". - Sur cette liaison entre cosmologie et théologie, P.-N. Mayaud a réuni un important dossier de témoignages, à paraître aux éditions Champion.

[53] Le pape semble avoir été le destinataire privilégié de ce type d'ouvrage. Paul III reçut également la dédicace des *Homocentrica* de Fracastor.

[54] Sur le caractère inactuel de la poésie philosophique du XVIème siècle en France, et sur le rôle joué par Ronsard à cet égard, voir *infra*, notamment p. 259 sq.

bienveillant d'encyclopédies. Mais elle se donne à elle-même, dès le début, ses propres limites. Le mot d'"essence" à peine prononcé (quand il est question de la Trinité), entraîne aussitôt une réaction de recul:

> Tout beau, Muse, tout beau, d'un si profond Neptune
> Ne sonde point le fond: garde toy d'approcher
> Ce Carybde glouton, ce Capharé rocher:
> Où mainte nef, suivant la raison pour son Ourse,
> A fait triste naufrage au milieu de sa course.[55]

Le poète se propose de "costoyer la rive", guidé par la foi, l'Esprit saint et la Bible, avec une prudence étrangère à l'ivresse des aventures hermétiques. La déclaration d'intention du *Premier jour* suit fidèlement la préface du commentaire de Calvin sur la *Genèse*,[56] et il n'y a pas lieu de suspecter sa sincérité: *La Sepmaine* entendait réellement "Pour mieux contempler Dieu contempler l'univers", sans chercher à satisfaire une curiosité mal inspirée. Mais elle reprenait aussi, en raison même de son statut littéraire, de nombreux *topoi* de l'éloge de l'astronomie. Ceux-ci n'entraient pas toujours en contradiction avec les positions initialement affichées, mais ils exprimaient une philosophie de la connaissance moins scrupuleusement retenue. Dans le *Sixiesme Jour*, l'esprit humain "monte, audacieux, / Sur les planchers du monde",[57] et finit par d'élancer au-delà des limites de l'univers

>   et loin, loin de tous corps,
> Il void Dieu face à face, il void les chastes gestes,
> Et le zele fervent des courtisans celestes.[58]

Le ton est alors presque triomphal, bien différent de celui qui domine dans le *Premier Jour*:

> Eschelle qui voudra les estages des cieux,
> Franchisse qui voudra d'un saut ambitieux
> Les murs de l'univers: et bouffi d'arrogance,
> Contemple du grand Dieu face à face l'essence [...][59]

Il ne s'agit pas d'une contradiction, car la pieuse ascension vers le Paradis est radicalement différente de la quête présomptueuse de l'inaccessible essence,[60] mais plutôt du passage d'un état d'esprit à un autre.

---

[55] *La Sepmaine*, I, v. 76-80, éd. Bellenger, p. 5.
[56] Notamment aux vers 105-178.
[57] *La Sepmaine*, VI, v. 801-802; passage plus longuement cité *supra*, p. 72.
[58] *Ibid.*, VI, v. 810-812.
[59] *Ibid.*, I, v. 105-108.
[60] La clef de cette différence est même explicitement donnée dans le *Premier Jour*. "Mais celui qui la Foy reçoit pour ses lunettes, / Passe de part en part les cercles des Planettes: / Comprend le grand Moteur de tous ces mouvements [...]" (v. 171-173). L'on observera cependant que dans ces vers Du Bartas se montre nettement plus enthousiaste que le texte auquel il se réfère. Calvin se borne à rappeler que Dieu nous a donné l'Ecriture "tout ainsi comme si on bailloit des lunettes ou miroirs à ceux qui ont la vue debile [...]. Ce heraut [Moyse] donc est adjusté pour nous resveiller et nous rendre plus attentifs, afin que nous

De tels passages ne sont pas si rares dans *La Sepmaine*. L'éloge confiant des acquis de la philosophie naturelle s'y trouve périodiquement troublé par de frémissants rappels qui peuvent prendre pour cible un excès de rationalisme,

> Quel superbe desir, mais plutost quelle rage,
> Vous fait de Dieu sans Dieu dechifrer tout l'ouvrage?[61]

ou bien la folie perverse qui entraînait les coperniciens à quitter une thèse bien établie pour un paradoxe:

> Il se treuve entre nous des esprits frenetiques
> Qui se perdent tousjours par des sentiers obliques
> Et, de monstres forgeurs, ne peuvent point ramer
> Sur les paisibles flots d'une commune mer.[62]

Ces turbulences ne remettent pas véritablement en cause l'optimisme foncier du texte, mais elles donnent parfois une impression d'inconséquence, le lecteur ne comprenant pas toujours pourquoi la confiance libéralement accordée à l'esprit humain lui est brusquement, et temporairement, refusée. Leur objet principal est de rappeler, dans un livre forcément nourri de philosophie naturelle et qui ne saurait mettre continuellement ses sources en accusation, que l'exercice de la connaissance doit rester sous contrôle. Du Bartas ne songeait pas à dévaloriser l'effort de la raison humaine, si nécessaire pour apprécier la création, mais à le maintenir dans la modestie. Et la science des cieux,[63] la plus efficace pour "raconter la gloire de Dieu" et cependant la plus arrogante, se trouvait donc dans une position fort instable, tour à tour exposée au blâme et à l'éloge.[64]

---

sachions que nous sommes mis en ce theatre pour y contempler la gloire de Dieu [...]" (Commentaire sur la Genèse, éd. cit., f. * 7 r°).

[61] *La Sepmaine*, II, v. 741-742.

[62] *Ibid.*, IV, v. 125-128. Les coperniciens sont comparés à des malades qui développent des goûts contre-nature, en recherchant des "vivres moins frians" (v. 124). - Sur l'aspect moral de la condamnation de Copernic chez les réformés, voir *supra*, p. 99-100, 121-2.

[63] En donnant au terme son double sens, Du Bartas jouant constamment sur son ambivalence.

[64] Sur les flottements de Du Bartas, voir aussi *infra* p. 161 sq., 413 sq.

L'astrologie: concupiscence des yeux et tradition humaine

La condamnation des outrances de la raison spéculative trouvait donc difficilement sa place en poésie. Mais la dénonciation de la *vana curiositas* comportait un autre thème, plus commun et mieux à sa portée. Si l'astronomie servait volontiers de cible aux adversaires de la *libido sciendi*, c'était principalement comme art divinatoire. Le désir de connaître l'avenir, en empiétant sur le domaine réservé de l'omniscience et de la providence divines, constituait le type même de la curiosité malsaine et interdite, et la science des jugements célestes était souvent englobée dans la condamnation des arts magiques. Ceux-ci étaient déjà réprouvés dans l'Ancien Testament, en la personne des mages de Pharaon confondus par Moïse,[1] et les *Actes des apôtres* les présentaient comme contraires à la vraie foi: ils montraient comment la prédication de saint Paul à Ephèse avaient poussé les adeptes des *curiosa* à brûler publiquement leurs livres.[2] De son côté, l'Antiquité païenne voyait dans la magie et la divination une forme coupable de la curiosité: ce thème est spécialement développé dans les *Métamorphoses* d'Apulée.[3] Chez les apologistes et les Pères de l'Eglise, l'astrologie servit aussi fréquemment de cible: Tertullien l'assimilait à la magie démoniaque et à l'hérésie, en l'opposant à la simplicité limpide du fidèle chrétien;[4] et saint Augustin, dans les *Confessions*, lui assurait sa place parmi les "concupiscences des yeux".[5] A partir du XIIIème siècle, l'association entre la *curiositas* et les arts magiques et divinatoires devint très fréquente.[6]

Nous ne tenterons pas de résumer ici l'histoire des controverses suscitées par l'astrologie.[7] Nous laisserons notamment de côté toutes les discussions techniques ou épistémologiques auxquelles elle a pu donner lieu, pour nous contenter d'évoquer l'aspect moral et religieux de la question (le seul, pour ainsi dire, qui apparaisse en poésie). L'influence des astres sur tous les corps sublunaires était inscrite dans la physique aristotélicienne, selon laquelle les mouvements célestes déterminaient la vie et le changement ici-bas, et personne, à la Renaissance, ne pouvait vraiment réfuter cette thèse.[8]

---

[1] *Exode*, 7: 8 sq.

[2] *Actes*, 19: 19. Voir aussi la rencontre de Paul et du mage Elymas (*Actes*, 13: 6-12).

[3] Voir S. Lancel, "*Curiositas* ..."; H. Rüdiger, "*Curiositas* und Magie ...".

[4] *De praescriptione hereticorum*, 7, 3; cité dans A. Godin, "*pia / impia curiositas*", p. 32.

[5] *Confessions*, l. X, 35, 56: "Déjà, il est vrai, j'ai perdu la passion du théâtre; je n'ai cure de connaître le cours des astres; jamais mon âme n'a interrogé les ombres". Cf. l. IV, 3, 4: "Aussi ne renonçais-je pas à consulter tout bonnement ces charlatans que l'on nomme mathématiciens [...]. Et cependant, la vraie piété chrétienne, logique avec ses principes, rejette ces pratiques, et les condamne."

[6] E. Peters (*The magician...*, p. 89-90) cite le ch. 24 du *De legibus* de Guillaume d'Auvergne qui inclut l'astrologie dans la dénonciation de toutes les formes d'idolâtrie.

[7] Voir E. Garin, *Le zodiaque de la vie*; L. Thorndike, *A history of magic ...*; P. Duhem, *Le système du monde*, t. VIII; J.D. North, "Celestial influence ..."; E. Grant, "Medieval and Renaissance scholastic conceptions ...".. Pour la France, voir les introductions d'O. Millet et de S. Bokdam à leurs éditions de l'*Advertissement* de Calvin et du *Mantice* de Tyard .

[8] Rares étaient ceux qui le tentaient. Dans le *Mantice* de Tyard, le Curieux affiche une position extrême, en refusant de "rapport<er> les causes des effets de çà bas au ciel", avec cette concession minimale: "Mais à fin que je ne sois estimé croire le Ciel tout povre et privé de puissance, je confesse et recognois de luy les deux plus nécessaires choses, qui

Le débat portait surtout ailleurs: sur la validité des méthodes (les astrologues humanistes préféraient s'en tenir à Ptolémée et refusaient l'apport des arabes), sur la capacité des praticiens, sur les limites qu'il fallait assigner d'une part à la vertu astrale, et de l'autre à la curiosité humaine. L'Eglise se préoccupait seulement de contrôler ces derniers points. Elle avait connu de farouches adversaires de l'astrologie, tels que saint Augustin, soucieux de détruire tous les arguments du fatalisme,[9] mais elle en était venue à accepter une position moyenne, assez bien représentée par saint Thomas: les astres affectaient le corps et donc les organes de l'âme (comme les yeux); ils avaient également pouvoir sur les passions qui sont des mouvements de l'appétit sensitif. Par là, l'intellect pouvait en être affecté, mais seulement *indirecte* et *per accidens*. Donc l'homme soumis à ses passions subissait par là même l'influence des astres; mais il pouvait leur résister en utilisant sa raison et son libre-arbitre. Et saint Thomas citait l'adage ptoléméen: *Sapiens homo dominatur astris.*[10] Le Concile de Trente, en dépit de sa sévérité envers toutes les formes de divination, ne devait pas adopter une position vraiment différente; la bulle de Sixte-Quint "contra exercentes artem Astrologiae judiciariae" reconnaissait toujours la validité d'une lecture naturelle des signes donnés par les astres, si elle avait pour but d'améliorer la vie des hommes dans les limites prescrites par Dieu.[11] Cette analyse ouvrait des perspectives raisonnables à l'astrologie conjecturale; elle autorisait à formuler certaines prévisions, à condition d'en user modérément et de ne jamais les présenter comme certaines. Mais certains tenaient un discours plus sévère, au premier rang desquels les dénonciateurs de la curiosité. Gerson, par exemple, n'éprouvait guère de scepticisme à l'égard de l'astrologie, mais il jugeait indigne d'un chrétien de rester suspendu à ses jugements.[12]

A la Renaissance, si l'on met à part le dossier préparé par Pic de la Mirandole, le *De incertitudine et vanitate scientiarum* d'Agrippa a peut-être été le véhicule le plus efficace de la diffusion des principaux arguments

---

soustiennent et accommodent nostre vie: ce sont la Chaleur et la Lumiere" (éd. Bokdam, p. 103). Dans sa liste, le Curieux supprime le mouvement, contrairement à Pic ("non aliud communicari materiae patienti quam motum, lumen et calorem", *Disputationes*, éd. Garin, t. I, p. 178), bien qu'il admette l'effet des phases lunaires sur les humeurs (éd. cit., p. 105). Il enlève ainsi tout argument aux astrologues. Il nie aussi qu'Aristote ait soutenu l'astrologie (éd. cit., p. 87). - Sur l'utilisation d'Aristote par les astrologues, voir R. Lemay, *Abu Ma'shar...*

[9] Saint Augustin, *Cité de Dieu*, l. V, ch. 1-10.

[10] *Summa theol.*, Ia, qu. 115, a. 4. Voir aussi la *Summa contra gentiles*, III, 86. - L'analyse de saint Thomas est reprise dans de nombreux textes médiévaux, y compris littéraires. Voir le *Roman de la Rose*: "Mais je sai bien, trestout de voir, / Conbien que li ciel i travaillent / Qui les meurs naturels leur baillent / Qui les enclinent a ce faire / Qui les fait a ceste fin traire / Par la matiere obeïssant / Qui leur cuers va si flechissant, / Si pueent il bien par doctrine / [...] Et par bonté d'entendement, / Procurer qu'il soit autrement, / Pour qu'il aient comme senez / Leur meurs naturels refrenez." (v. 17074-17090, éd. Strubel, p. 986).

[11] Bulle du 5 janvier 1585 (*Bullarum [...] collectio*, éd. Charles Coquelines, t. IV, part. IV, Rome, 1747, p. 176-179). Voir J. Céard, *La nature ...*, p. 117. - La notion d'utilité était importante: la *Genèse* disait que les astres avaient été créés pour servir de "signes"; il ne fallait pas négliger ce don de Dieu (pour l'agriculture, la médecine etc.).

[12] Voir L. Thorndike, *A history of magic...*, t. IV, p. 114-131.

contre l'astrologie.[13] Le chapitre 31 comporte d'ailleurs un vif éloge de Pic et s'attache à démontrer l'absurdité de l'art des jugements célestes, tout comme l'incompétence et la malhonnêteté de ses pratiquants. Mais il développe aussi l'aspect moral et religieux de la question. Il dénonce "l'obscure sorcelerie"[14] qui préside à cette forme de divination, souligne sa nocivité,[15] et montre qu'elle s'oppose à l'Ecriture. Pour démentir ceux qui croient que tous les êtres naturels, herbes, pierres, métaux, plantes ou animaux, dépendent de l'influx astral, il reprend le vieil argument des hexaméra "que Dieu avait créé les herbes, les plantes et les arbres avant les cieux et les étoiles".[16] Il récuse l'adage de Ptolémée, pourtant cité par saint Thomas, sans hésiter à en déformer légèrement le sens,

> car le sage n'a aucun commandement sur les astres, ny les astres sur luy: mais l'un et l'autre sont souz l'auctorité et puissance de Dieu".[17]

Et il montre que l'intérêt pour les prédictions est incompatible avec la vie chrétienne:

> [...] et estans hommes, enquerrons nous des choses humaines, sans attenter ce qui est plus haut, et qui surpasse nostre entendement et nos forces, voire estans baptisez en nostre Seigneur Jesus Christ auquel nous croyons, laissons à Dieu son pere les heures et les moments qui sont en sa seule main et puissance.[18]

La plupart des érasmiens ont manifesté de façon tenace leur hostilité à l'astrologie qui constituait pour eux l'exemple même d'une curiosité indiscrète et dévoyée. Erasme paraphrasait ainsi la réponse du Christ à ses disciples, inquiets de savoir quand il reviendrait rétablir son royaume:

[13] Condamné par les théologiens de Paris (1544), puis inscrit à l'Index romain, le *De incertitudine* fut pourtant très diffusé au XVIème siècle: il eut plus de trente éditions, dont plusieurs en vulgaire. Voir J. M. De Bujanda éd., *Index de l'Université de Paris*, p. 124; A. Prost, *Les sciences* ..., t. II, p. 507-510. - Sur le texte, voir R. Crahay , "Un manifeste..."; Ch. Nauert, *Agrippa and the crisis* ...; P. Zambelli, "C. Agrippa..."; B. C. Bowen, "Cornelius Agrippa's De vanitate..."; M.M. Keefer, "Agrippa's dilemma ...". Voir aussi *infra* et *supra* p. 115-16, 156.
[14] Trad. Louis de Mayerne-Turquet (1ère éd. 1582), éd. s. l. 1603, p. 175 (mal ch. 162). Agrippa était lui-même adepte de la magie spirituelle, ce qui était fort différent (voir J. Dupèbe, "Curiosité ...").
[15] "Astrologi reip<ublicae> obsunt", manchette du f. LXII v°, éd. [Paris, N. Savetier, ca. 1532], Moreau, IV, 318.
[16] "Omniumque animantium, lapidum, metallium, haerbarum, et quaecumque in his inferioribus creata sunt effectus, vires, ac motus, ab his ipsis coelis syderibusque defluere, omninoque dependere ac indagari posse affirmant, homines profecto increduli, nec minus impii, vel hoc unum non agnoscentes, quod Deus jam herbas, plantas, arbores ante coelos et stellas condiderat", *Ibid.*, f. LX v°. L'argument se trouvait chez Philon (*De opificio mundi*, 14: 5sq.), chez saint Basile (88 C, 120 C), chez saint Ambroise (166 C) etc.
[17] Trad. Mayerne-Turquet, p. 178 (mal ch. 168). - Cf. éd. Paris, ca. 1532, f. LXII r°: "cum re vera, nec astra Sapienti, nec Sapiens astris, sed utrisque dominatur Deus".
[18] Trad. Mayerne-Turquet, p. 180 (mal ch. 170). - Cf. éd. Paris, ca. 1532, f. LXII v°: "[...] atque homines cum simus, non plus quam oporteat ultra vires nostras altum, sed humana dumtaxat sapimus? quin et Christiani cum simus, credentes Christo, linquimus horas et momenta deo patri, qui ea posuit in sua potestate".

> Il ne vous appartient donc pas de connaître en quelle année, quel mois, à quelle heure viendra le royaume d'Israel, comme le recherchent les astrologues sottement curieux.[19]

Dans sa *Pantagrueline pronostication* et dans ses *Almanachs* Rabelais formulait, sous le voile de l'ironie, une dénonciation vigoureuse des égarements de la curiosité:

> [...] tous humains naturellement desirent sçavoir; c'est à dire que Nature a en l'homme produit convoitise, appetit et desir de sçavoir et apprendre, non les choses presentes seulement, mais singulierement les choses advenir, pource que d'icelles la cognoissance est plus haute et admirable. Parce doncques qu'en ceste vie transitoire ne peuvent venir à la perfection de ce sçavoir - "Car l'entendement n'est jamais rassasié d'entendre, comme l'oeil n'est jamais sans convoitise de voir, ny l'oreille de ouyr" (*Eccles. i*) - et Nature n'a rien fait sans cause [...] s'ensuit qu'une autre vie est aprez cette-cy, en laquelle ce desir sera assouvi. Je dis ce propos, pour autant que je vous voids suspens, attentifs et convoiteux d'entendre de moy presentement l'estat et disposition de ceste année 1535. Et reputeriez en gaing mirifique, si certainement on vous en predisoit la verité. Mais si à cettuy fervent desir voulez satisfaire entierement, vous convient souhaiter (comme saint Pol disoit *Philipp. i:* "*Cupio dissolvi et esse cum Christo*"), que vos ames soient hors mises cette chartre tenebreuse du corps terrien, et joinctes à Jesus le Christ.[20]

Tel *Propos de table* de Luther indique même un lien direct entre le refus de l'astrologie et la condamnation paulinienne de la sagesse du monde: "Das ist *traditio humana* [...]".[21] L'astrologie judiciaire n'était pas une véritable science inspirée par Dieu, comme l'astronomie, de sorte qu'elle tombait dans le lot des disciplines fausses, vaines et pernicieuses.

D'une façon bien significative, l'*Advertissement* de Calvin n'entreprenait pas de critiquer la discipline en elle-même. Son propos différait de celui des *Disputationes* de Pic de la Mirandole, car il ne visait en l'astrologie qu'une de ces "curiositez qui regnent aujourd'huy au monde".[22] Le début du traité indique clairement que la cible choisie n'était qu'un exemple

---

[19] "Non igitur est vestrum nosse quo anno, quo mense, qua hora sit futurum regnum Israeliticum, qualia scrutantur astrologi stulte curiosi", *Paraphr. in Act. Apost.* (sur 1: 7), dans Erasme, *Paraphrases in N. T.*, Bâle, 1541, t. I, p. 654. Trad. dans A. Godin, "Erasme: *pia / impia* ...", p. 27. - L'interprétatio s'imposait d'autant plus qu'au verset 11, les anges font ce reproche aux disciples, après l'Ascension: "Viri Galilei, quid statis aspicientes in caelum?". En 1614, Tommaso Caccini devait fonder sur ce thème un sermon dirigé contre Galilée (et ses curiosités intempestives), dans l'église de Santa Maria Novella (voir A. Fabroni, *Lettere inedite di uomini illustri*, Florence, 1773-1775, t. I, p. 47).

[20] Rabelais, *Almanach pour l'an 1535 [...]*, éd. Screech, p. 45-46.

[21] Luther, *Tischreden*, éd. de Weimar, 6250 (*Colossiens*, 2, 8); cité par P. Freyburger, "Le problème du fatalisme ...", p. 36. Voir aussi I. Ludolphy, "Luther über Astrologie"; Eadem, "Luther und die Astrologie"; K. Lämmel, "Luthers Verhältnis ...". - Luther a toujours été très hostile à l'astrologie, en quoi il se rapprochait de saint Augustin.

[22] Comme l'indique son titre complet: *Advertissement contre l'astrologie judiciaire, et autres curiositez qui regnent aujourd'huy au monde*, Genève, 1549.

particulier, choisi dans la foule des comportements absurdes, où Dieu "laisse tomber" les hommes victimes de leur orgueil, "puisqu'arrogance est la droite racine de toutes heresies, fantasies extravagantes, fausses et meschantes opinions".[23] La position de Calvin, quant aux limites du pouvoir des astres, restait proche de celle de saint Thomas, même s'il insistait davantage sur l'action "spéciale" de la Grâce:

> il nous faut limiter la vertu des astres à ce qui attouche le monde et appartient au corps, et est *de l'inclination premiere de nature*, exceptant ce que Dieu donne de special aux uns et aux autres, sans s'aider des moyens ordinaires, et sur tout la reformation qu'il fait en ses eleus, les renouvellant par son Esprit.[24]

Il ne niait pas l'utilité d'une pratique raisonnable de l'astrologie naturelle,[25] mais attirait l'attention sur les abus qui transformaient l'art légitime en "superstition diabolique", par une "folle curiosité de juger par les astres de tout ce qui doibt advenir aux hommes".[26] Et il estimait cette attitude d'autant plus coupable qu'elle semblait ignorer la révélation de l'Evangile: l'*Advertissement* ne sortait pas de la perspective paulinienne et en revenait toujours, malgré une subtile gradation, à opposer la philosophie du monde et celle du Christ.

> [Puisque Dieu] nous a remis les ars et sciences en leur entier, et sur tout nous a restitué la pure cognoissance de sa doctrine celeste pour nous mener jusques à lui et nous introduire en ses hautz secretz et admirables, s'il advient qu'aucuns, au lieu d'en faire leur profit, ayment mieux de vaguer à travers champs que de se tenir entre les bornes, ne meritent ilz pas d'estre chastiez au double?[27]

La question religieuse et morale se présentant ainsi, l'on ne s'étonnera pas que les défenseurs de l'astrologie aient fait porter leur démonstration sur deux points principaux: sur l'origine divine de cette discipline (pour échapper à l'argument de la *traditio humana*), et sur son utilité (pour éviter celui de la *vana curiositas*). Melanchthon, suivi et cité par Gervasius Marstaller,[28] a ainsi recensé tous les passages de l'Ecriture qui paraissaient fonder sa thèse, tout en s'efforçant de prouver que l'astrologue véritable n'était pas un charlatan ni un rêveur extravagant, mais un chrétien honnête, bienveillant pour son prochain, soucieux du bien commun et attentif aux signes envoyés par Dieu. Son gendre Caspar Peucer, malgré son approche

---

[23] Calvin, *Advertissement*, éd. Millet, p. 51.

[24] *Ibid.*, p. 62 (nos italiques).

[25] C'est-à-dire "la vraye astrologie, qui est la cognoissance de l'ordre naturel et disposition que Dieu a mise aux estoilles et planettes, pour juger de leur office, proprieté et vertu, et reduire le tout à sa fin et à son usage", *Ibid.*, p. 53-54.

[26] *Ibid.*, p. 51.

[27] *Ibid.*, p. 52-53. Comme le remarque O. Millet, Calvin "est très soucieux ... de ne pas passer pour un obscurantiste" (éd. cit., p. 38-39). Il approuve les sciences dans la mesure où elles sont données par Dieu. En ce cas, elles ne s'opposent pas à la philosophie du Christ, bien qu'elles procurent une lumière infiniment plus faible.

[28] Sur l'astrologie de Melanchthon, voir *supra* p. 64, sur Marstaller, disciple de Melanchthon et éditeur d'un recueil d'*Encomia* à la louange de l'astrologie divinatoire (Paris, Wechel, 1549), voir L. Thorndike, *A history of magic...*, t. V, p. 297-298.

beaucoup plus prudente, devait se retourner lui aussi contre les détracteurs de toute divination, en leur reprochant de rester sourds au langage du Créateur et de négliger ainsi ses dons:

> Ce serait une grande meschanceté et impiété contre Dieu, de vouloir, en rejettant les impostures dont le diable a diffamé l'oeuvre de Dieu, desroguer à la certitude des tesmoignages et révélations prophetiques, ou nier les choses dont les causes apparaissent en nature, et qui sont créées ou pour monstrer l'avenir et par certain presentiment avertir les hommes de ce qu'ils ne voyent pas, ou leur representer par l'instinct et ordre de leur naturel quelques signes de ce qui est inconu et à venir, pour le considerer et en juger.[29]

La critique morale de l'astrologie en poésie

Les allusions à l'astrologie étaient très fréquentes en poésie, mais s'en tenaient le plus souvent à des effets de "couleur locale" en s'abstenant de tout jugement scientifique, moral ou religieux: l'on se contentait au mieux du rappel machinal des conditions fixées par l'Eglise pour contenir cette pratique dans des limites acceptables. Il était rare que l'aspect intellectuel de la question fût abordé: les plaisanteries sur l'ignorance des astrologues étaient courantes, mais les poètes ne songeaient guère à s'interroger sur la validité d'une science qui osait chercher à projeter quelque lumière sur le futur, sauf lorsqu'ils abordaient le genre didactique prévu à cet effet.[30] Les raisons de cette abondance et de cette faible propension à la critique doivent être à la fois littéraires et statistiques: l'astrologie entrait dans de nombreux *topoi* de la poésie amoureuse ou encomiastique, et chacun s'accorde à penser qu'elle était devenue au XVIème siècle une sorte de phénomène de société. Calvin ne rêvait probablement pas lorsqu'il l'accusait d'infester la cour de France.[31] Bien qu'elle ne fût pas régulièrement enseignée à la Faculté des arts et dans les collèges, elle avait droit de cité dans la poésie philosophique: le *Microcosme*,[32] l'*Encyclie*,[33] la *Galliade*,[34] ou l'*Uranologie*[35] lui ont consacré de substantiels exposés, pour ne retenir que les exemples les plus importants. De plus, un nombre significatif de poètes semble avoir possédé des compétences en la matière, qu'il s'agisse d'amateurs, comme Mellin de Saint-Gelais ou Pontus de Tyard et ses amis lyonnais, ou de véritables professionnels comme Peletier.

---

[29] Gaspar Peucer, *Commentarius de praecipuis divinationum generibus* (Wittenberg, 1553, f. 12 r°), dans la trad. de Simon Goulart, *Les devins, ou commentaire des principales sortes de divinations*, Anvers, 1584, p. 7-8; cité par P. Freyburger, "Le problème du fatalisme ...", p. 43; sur l'attitude de Peucer à l'égard des signes, voir J. Céard, *La nature ...*, p. 178-186; W.-D. Müller-Jahncke, "Kaspar Peucers Stellung zur Magie". - Sur l'importance accordée à la lecture des signes divin, voir aussi *infra*, p. 467 sq.

[30] Voir la fin du chapitre.

[31] Voir notamment l'introd. d'O. Millet à son éd. de l'*Advertissement* de Calvin, p. 17-22.

[32] L. III, éd. Giudici, p. 221 sq.

[33] Dans le "Tabernacle" (éd. 1571, p. 153 sq.); il s'agit d'une astrologie cabalistique, montrant la transmission de la puissance divine des Sephiroth aux planètes, puis à la nature.

[34] Le Cercle I contient un exposé de topo-astrologie (éd. 1578, f. 13 r° sq.).

[35] L. IV (f. 93 r°-108 r°); le l. V contient cependant une dénonciation de l'astrologie.

La présence du thème astrologique en poésie ne créait donc ni scandale, ni surprise; l'affirmation d'un rigoureux déterminisme y était même admise:

> Hélas! nous ne pouvons despuis nostre naissance
> Eviter nostre point limité dans les Cieux,
> Nul ne peult empescher le sort audacieulx,
> Bien souvent ordonné d'une contre influence [...][36]

En poésie amoureuse, l'allusion à la fatalité devenait même quasiment obligatoire:

> Divins flambeaux des cieux esclairans la nuict brune,
> Qui dardez sur mon corps vos constellations,
> Gouvernans ma nature et mes affections,
> Et guidans mon destin, ma vie et ma fortune [...][37]

On allait jusqu'au pédantisme. Le médecin Filber Bretin, auteur d'un *Discours de la nature d'amour* où les vers alternaient avec la prose, rappelait sentencieusement la nécessaire participation des étoiles à l'union des amants:

> Ainsi donc (chose seure)
> Amour ne se parfait,
> Si l'heureuse figure
> De quelque astre ne fait,
> Que vouloir chose mesme
> S'estende à ceste extreme
> Qui les deux satisfait.
> Icy faut noter que les astres sont bien generales causes efficientes d'Amour: comme sera dit cy apres.[38]

Philibert Bugnyon commentait tout haut son horoscope:

> Je voy Saturne, helas, peu favorable
>   A celle fin par moy tant pretendue:
>   Et qui n'est moins de ma Dame attendue,
>   En mon besoin, ah ah, peu secourable.
> Mars est encor' plus que luy detestable,
>   Demolissant l'amour promise et duë:
>   L'amour qui m'est trop cherement venduë
>   Par ma Riante, humaine et honnorable.
> Mercure donq' tantost bon, tantost autre,
>   Entretiendra la bienveillance nôtre,

---

[36] Joachim Blanchon, *Premieres oeuvres poetiques*, Paris, T. Perier, 1583, p. 296 ("épitaphe de Jehan Mazantin").

[37] Pierre Le Loyer, *Les oeuvres et meslanges poetiques*, "Amours de Flore", s. 58, Paris, J. Poupy, 1575, f. 25 r°. - Les astres des yeux de la dame avaient même le pouvoir d'agir directement sur les âmes: "Ces tiens, non yeulx, mais estoilles celestes, / Ont influence et sur l'Ame, et le Corps: / Combien qu'au Corps ne me soient trop molestes / En l'Ame, las, causent mille discordz [...]", Maurice Scève, *Délie*, d. 243, éd. Parturier, p. 169.

[38] Filber Bretin, *Poesies amoureuses ...*, Lyon, Rigaud, 1576, f. 7 r°-v°.

> Souz un arrest de Foy perpetuelle,
> Son inconstance au Ciel dominera.
> L'heur qui le suit enfin s'enclinera,
> Pour accomplir nôtre amour mutuelle.[39]

Dans le chapitre des "pompes et circonstances", les astres foisonnaient. Les cortèges ou les mascarades donnaient volontiers un rôle aux planètes pour leur permettre d'affirmer leur pouvoir sur le monde et leur sollicitude envers les princes.[40] Et la poésie satirique se contentait de retourner les mêmes *topoï*, en ourdissant de calamiteux horoscopes:

> Quand la chienne porte flame
> Sur le quadruple humoral,
> Qui ça bas range nostre ame,
> Faisoit son cours memoral
> Des aspects de soy naissans
> Espaississoit tous tes sens,
> Recuisant l'imaginaire
> En durté qui recevoit
> L'impression qu'on y voit
> D'une envie temeraire.[41]

La critique de la curiosité astrologique faisait partie intégrante de la même topique, indifféremment prise à l'endroit ou à l'envers, comme le montre la chute de ce sonnet de Jacques Tahureau:

> Ce n'est plus moy qui croit à la puissance
> Du mouvement des astres ou des cieux,
> Car trop en vain j'ay esté curieux
> De l'ascendant fatal de ma naissance [...]
> Douze maisons, mais douze abus de l'art,
> Vous me trompez, tout branle par hazard!
> Traitres aspectz d'oroscope amyable,
> En vain m'avez apasté d'un bon heur:
> Mon ascendant est en l'oeil admirable
> De la beauté qui predit mon malheur.[42]

[39] Philibert Bugnyon, *Erotasmes de Phidie et Gelasine* , s. 88, Lyon, Temporal, 1557, p. 80.
[40] Voir, par exemple les *Vers chantez et recitez à l'hymenee du Roy Charles IX* de Jodelle (nov. 1570), éd. Balmas, t. II, p. 278.
[41] Filbert Bretin, "Satyre à un calomniateur de ses vers, sourd et mal sain, en forme d'Ode", *op. cit.*, f. 57 v°. Voir aussi Baïf, *Tiers livre des poèmes*, "A Monsieur Brulard, Secretaire d'Estat", v. 249 sq., éd. Marty-Laveaux, t. II, p. 249 sq.
[42] Jacques Tahureau, *Sonnets, odes et mignardises de l'Admirée* (1554), s. 35, éd. Blanchemain, t. II, p. 29. - Sur le topos du dénigrement de l'astrologie ou de l'astrologue, voir aussi Antoine de Cotel, *Le premier livre des mignardes et gaies poesies*, Paris, Robinot, 1578, s. 28 "A D. Astrologue": "Recherche curieux l'effect de la Comete..."; Du Bellay, *Divers jeux rustiques*, 29, v. 23-30, éd. Chamard, t. V, p. 112; Baïf, *Mimes* ..., II, v. 685-687: "L"astrologie est vraye et stable: / Mais l'astrologue veritable / Jusqu'ici ne s'est peu trouver", J. Vigne, p. 192; ou bien A. d'Aubigné, *Hécatombe à Diane*, s. 52: "Le sot qui espiant mal à propos un astre...", éd. H. Weber, p. 71.

Malgré le caractère routinier de l'astrologie poétique, le rappel des exigences de l'Eglise restait assez fréquent, si le contexte s'y prêtait. Madeleine des Roches, toujours si raisonnable, conseillait la résistance:

> L'estoile nous peut avancer,
> Mais non pas pourtant nous forcer;
> L'homme est forgeur de sa fortune.
> Reprimant son affection,
> Il reprime l'influxion
> De son Mars et de son Saturne.[43]

Jehan Doublet consolait son frère en lui rappelant qu'à défaut de connaître un sort riant, il restait toujours possible de se dérider soi-même:

> Mais ne croi pas que l'humaine franchise
> Perde le gré de ses libres raisons,
>   Quelconque Planete maitrise
>   Du Ciel les fatales maisons.
> Nos jours, peut-estre, et minutes legeres
> Pendent la haut, jusqu'à la mort contés,
>   Mais nos bonnes et pires cheres,
>   Sont au franc de nos volontés.[44]

En revanche, la condamnation de la curiosité pour les prédictions semble avoir été plus rare. C'était dans le cadre d'un pamphlet que Des Periers exprimait en vers les mêmes idées que Rabelais dans ses almanachs, et apostrophait le badaud avide de présages:

> Dont vient cela que, soit en prose ou vers,
> Tu vas cherchant partout, les yeux ouverts,
> Si tu verras point choses nompareilles,
> Et qu'à tous motz tu lèves les oreilles?
> O curieux! Jamais n'es à requoy;
> Tu vas toujours requerant ne sçay quoy.[45]

Mais le thème n'a jamais été courant. Il se dessine parfois chez Ronsard qui a proclamé à diverses reprises son faible intérêt pour les prédictions, ou plutôt son dédain pour ceux qui y perdent leur vie. Dans une ode à Charles de Pisseleu, les diverses activités des hommes sont opposées à la vocation du poète:

---

[43] *Les Oeuvres* (1579), Ode 9, v. 19-24), éd. Larsen, p. 121; voir aussi les s. 2 et 3, p. 123-124. - Cf. G. Des Autels, *Repos de plus grand travail. Dialogue moral*, Lyon, de Tournes, 1550: dans le deuxième "dialogue moral", entre le Ciel, l'Esprit, la Terre, la Chair et l'Homme, le Ciel accuse les hommes de rejeter sur lui la responsabilité de leurs péchés: "Mais qu'ainsi soit que mes astres incitent, / Fault il pour tant dire qu'ilz necessitent?", p. 131.

[44] *Elegies*, 7 "A David Doublet son frere", Paris, L'Angelier, 1559, f. 12 r°.

[45] *La prognostication des prognostication* (1537), v. 245-6; cité par J. Lewis, "Les pronostications ...", p. 79.

> L'un grave en bronze et dans le marbre à force
> Veut le labeur de Nature imiter,
> Des corps errans l'astrologue s'efforce
> Vouloir par art le chemin limiter:
>
> Mais tels estats inconstans de la vie
> Ne m'ont point pleu [...]
> L'honneur sans plus du verd laurier m'agrée [...][46]

On reconnaît là un lieu commun de l'éloge de la poésie, mise au-dessus de tous les autres arts; mais au lieu de se contenter de peser la valeur et la pérennité des diverses produits de l'activité humaine, Ronsard a légèrement déplacé l'argument: il a comparé des "estats". L'astrologie s'est donc retrouvée du côté des métiers incertains, en face du seul travail important.

Ronsard associait sans difficulté apparente un fatalisme ouvertement reconnu,[47] et un refus de s'inquiéter trop curieusement du futur:

> A propos l'ignorant
> Va tousjours discourant
> Le ciel plus haut que lui:
> Lâs! malheur sur les hommes,
> Nés certes nous ne sommes
> Que pour nous faire ennui [...][48]

Cette attitude allait probablement au-delà de la sagesse immémoriale qui s'exprime à plusieurs endroits des *Mimes* de Baïf:

> Nul ne prevoit son avanture:
> Et s'il la prevoit d'aventure
> Que luy profite la prevoir?[49]

Qu'il ait pensé à l'*Ecclésiaste* ("Qui augmente le savoir augmente la douleur"),[50] ou qu'il se soit souvenu du raisonnement de Favorinus sur le malheur de connaître l'avenir,[51] Ronsard connaissait bien ce thème de l'inutilité d'une projection inquiète vers le futur, à laquelle le sage devrait

---

[46] Ronsard, *Odes*, l. III, i, v. 41-46, 49; éd. Laumonier, t. II, p. 3-4.

[47] Voir *infra*, p. 256 sq. - Voir aussi J. Céard, *La nature et les prodiges*..., p. 212-226.

[48] "A Gaspar d'Auvergne" (1550), v. 9-14; éd. Laumonier, II, p. 170. Voir aussi *infra*, p. 159 sq.

[49] Baïf, *Mimes*..., II, v. 1891-1893; éd. Vignes, p. 243.

[50] *L'Ecclésiaste*, 1: 18; voir aussi I: 13, dont cette version (différente de celle de la Vulgate) figure parmi les inscriptions de la librairie de Montaigne: "Cognoscendi studium homini dedit Deus ejus torquendi gratia". Cf. *Les Essais*, II, 17, éd. Villey, p. 635: "La curiosité de connoistre les choses a esté donnée aux hommes pour fleau, dit la saincte parole". Voir J. Céard, "Montaigne et l'Ecclésiaste". - Le *Discours sur les vertus*... (voir *infra*, p. 150 sq.) comporte aussi des souvenirs de l'*Ecclésiaste*.

[51] Dans les *Nuits Attiques* d'Aulu Gelle (XIV, 1), Favorinus montre que la prédiction d'un malheur ou d'un bonheur, qu'elle soit vraie ou fausse, est nuisible dans tous les cas: elle donne de l'inquiétude, de l'impatience et empêche les bonnes surprises. L'argument est rapporté par le Curieux dans le *Mantice* de Tyard (éd. Bokdam, p. 98).

toujours préférer la tranquille jouissance du présent. Il s'y ajoutait une sorte de mépris aristocratique pour le détail du métier des astrologues, mépris qui explique en partie l'absence du vocabulaire et des notions techniques dans ses propres poèmes astrologiques.[52] Et certains signes laisseraient penser que sa façon de mettre à distance un art divinatoire, dont il ne contestait pas l'efficacité, résultait d'un choix philosophique et traduisait sa vision des rapports entre l'homme et le monde. Dans le *Discours à Julien Chauveau*, il est troublant de voir combien sa propre indifférence de poète ayant mieux à faire qu'à jouer à l'astrologue répond à l'indifférence des étoiles:

> On a pensé les flames immobiles
> Du Ciel garder les sceptres et les villes [...]
> Soit faulx ou vray mes vers n'en disent rien,
> *Ce n'est mon but*: toutesfois je scay bien
> Que du haut Ciel les flambeaux ordinaires
> N'ont si grand soin de noz humains affaires.[53]

Quoi que suggère une note de P. Laumonier, ce *Discours à Chauveau* ne contredisait pas l'*Hymne des Astres*: il ne niait pas l'influence céleste quand il refusait de prendre parti sur un point technique; et il ne disait rien de neuf en rappelant l'impassibilité des étoiles. Une fois de plus, Ronsard insistait sur la spécificité de sa vocation, et sur son désir de se consacrer à un travail essentiel plutôt qu'à de vaines spéculations. On soutiendrait pourtant difficilement que les vers de Ronsard condamnent l'astrologie; ils expriment un simple détachement, suggéré de façon occasionnelle et indirecte.

Dans la poésie du XVIème siècle, les reproches adressés à la discipline ne se laissent parfois deviner qu'à travers la stratégie défensive mise en oeuvre par ses adeptes. C'est ainsi que Maurice Scève pourrait bien lutter contre l'idée de la *traditio humana* lorsqu'il fait entrer l'astrologie dans le songe d'Adam et dans la leçon qu'il dispense à Eve:

> L'Astronomie estant seulement le prologue
> A connoistre les pars du futur Astrologue [...].[54]

Et Ferrand de Bez, dans son *Epistre à Uranie* s'efforce d'imposer l'image d'une astrologie sagement utile:

> Pour abbreger nostre vie est regie
> Par le moien de vostre astrologie.
> Les medecins par les celestes signes
> Sçavent quand faut ordonner medecines.
> Et congnoistra sçachant le cours lunaire
> Quand doit cueillir l'herbe l'apoticaire.
> Les chirurgiens par vostre astronomie

---

[52] Voir *infra*, p. 262 sq.
[53] *Sixiesme livre des poemes*, "Discours à maistre Juliain Chauveau", v. 169-170 et 175-178; éd. Laumonier, t. XV, p. 160-161 (nos italiques).
[54] Maurice Scève, *Microcosme*, III, v. 331-332; éd. Giudici, p. 221.

Sçavent quand faut faire phlebotomie [...][55]

Uranie enseigne même les commandements de Dieu; et le tableau étale des avantages si positifs et si innocents que l'examen des aspects négatifs ne ternit pas l'éloge de la Muse:

> Point ne vous plaist l'astrologue bourdeur:
> Lequel predit à son sot demandeur
> Le bien, ou mal qui lui doit advenir
> Pour eviter, entreprendre, ou jouir.
> L'heure sçachant de la nativité
> Du temps futur promet la vérité.
> Ce qu'au Dieu seul appartient, sondera
> Ce que le cueur de l'homme pensera [...][56]

C'est encore sur l'argument de l'utilité que s'est replié Du Bartas pour venir à bout d'une entreprise délicate. Le *Quatrième jour* recommande en effet de pratiquer consciencieusement l'art conjectural, non pour sombrer dans le fatalisme mais pour acquérir plus de lucidité, reconnaître l'étendue de son asservissement au péché et implorer plus ardemment la miséricorde divine:

> Mais il faut cependant qu'à part chacun s'efforce
> De conoistre du Ciel et la route et la force:
> Afin qu'apercevant sous combien de tyrans
> Nous fusmes asservis, lors que nos fols parens,
> Perdirent leur justice [...]
> Nous desenflions nos coeurs, et ployant les genoux,
> Appaisions par souspirs du grand Dieu le courroux,
> Le priant d'escarter les gresles, les orages [...]
> De nous donner un frein pour brider l'insolence
> Où nous pousse l'effort d'une triste naissance [...]
> D'acoiser en nos coeurs les passions diverses,
> Qui naissent du limon de nos humeurs perverses.[57]

Ce texte surprenant élimine par avance tout ce qui tendrait à classer l'astrologie parmi les sciences trop curieuses. Il lui donne un rôle dans le gouvernement des passions, de façon à retourner l'argument de Favorinus;[58] mais surtout il la remet dans le giron divin en lui donnant une vocation aussi pieuse qu'à sa respectable soeur, l'astronomie spéculative. Aussi pieuse et, paradoxalement, plus modeste puisqu'elle ne vise pas à escalader les cieux mais à régler la vie courante et surtout à humilier l'orgueil. En la moralisant et en la présentant comme une discipline utile au chrétien, Du

---

[55] "Epistre à Uranie", *Les epistres heroïques amoureuses aux Muses*, Paris, 1579, 44v°.
[56] *Ibid.*, f. 47 v°.
[57] *La Sepmaine*, IV, v. 479-483, 485-487, 491-492, 495-496
[58] Voir ci-dessus, note 51.

Bartas allait dans la même direction que Melanchthon,[59] mais sa démarche semble être restée plutôt isolée.

L'attitude conventionnelle vis-à-vis de l'astrologie s'exprime plutôt dans les deux "psaumes" apologétiques composés par Pierre du Val; leur intérêt est de la présenter clairement, presque sous la forme d'une leçon. De l'un à l'autre, une évolution sensible a d'ailleurs eu lieu. Dans le premier, publié en 1553, Du Val affirmait une tranquille croyance en l'influence des astres:

> Le rouge Mars et Saturne le blesme,
> Venus la blonde en sa beauté supresme,
> Le blanc Mercure, et jaune Juppiter
> Par maintz rayons font nos cueurs inciter.[60]

Il se défendait pourtant d'insister pour ne pas cautionner les pronostiqueurs: il ne contestait nullement la possibilité de l'astrologie (ses jugements avaient au moins une valeur conjecturale),[61] mais le futur appartenait à Dieu.[62]

Le poème publié cinq ans plus tard, *De la puissance, sapience et bonté de Dieu*, montrait une sévérité accrue. La mise en garde était placée en tête:

> Les astres contempler, c'est honneste plaisir,
> Et de chercher leurs cours c'est louable désir:
> Mais bien garder nous fault de plus oultre entreprendre,
> Et vouloir le futur par leurs aspectz comprendre.[63]

La reconnaissance de la vertu astrale était assortie de correctifs plus fermes; une véritable explication rappelait les points essentiels de la doctrine catholique.[64] Et désormais les horoscopes perdaient toute valeur prédictive; ils n'étaient plus capables d'orienter correctement les conjectures, car ils émanaient de charlatans indignes de confiance:

> Voyez bien les escritz de ces divinateurs,
> Ilz sont tous ambiguz, ou clairement menteurs.[65]

L'indignité des astrologues n'était même pas seule en cause; l'échec de l'astrologie signalait les limites de l'intelligence humaine, des limites fixées par Dieu et que nul ne pouvait faire reculer:

---

[59] Voir *supra*, p. 130. Mais Du Bartas est plus prudent: il parle surtout de prévisions météorologiques. Voir aussi *infra*, p. 478.

[60] P. du Val, *De la grandeur...*, Paris, Vascosan, 1553, f. 5 v°.

[61] Les pronostics restaient licites, dans la mesure où ils ne prétendaient pas à la certitude.

[62] *De la grandeur...*, f. 6 r°: "Je me tairay de la signifiance / De leurs aspectz, pour n'ajoutter fiance / Aux jugemens de leurs conjunctions, / Tiers et quartiers et oppositions: // Non qu'on ne puisse en tirer conjecture / Par l'horoscope, et par la geniture, / Mais il vaut mieux à Dieu seul se tenir, / Qui seul cognoit les choses à venir".

[63] *De la puissance...*, Paris, Vascosan, 1558, f. 8 v°.

[64] *Ibid.*, f. 9 r°: "Le ciel apporte bien une inclination, / Induisant nostre cueur à quelque affection: / Mais tousjours nous pouvons par ta grace bien faire, / Jamais n'estans forcez par destin necessaire".

[65] *Ibid.*, f. 9 v°.

> A peine voyons nous ce qui nous pend aux yeulx,
> Comment cognoistrons nous ce que disent les cieux? [...]

> L'humain entendement rien cognoistre ne peult,
> Qu'autant que ton esprit descouvrir luy en veult:
> Si par toy sa puissance a esté limitee,
> Que veult-il embrasser oultre plus sa portee?[66]

Le passage se concluait par le refus énergique de toute divination et magie, en invitant à renoncer totalement aux curiosités illicites, vaguement comparées à l'assaut des Géants et autres tentatives babéliennes:

> Ne faisons plus sur Dieu superbes entreprises,
> Mais humblement cherchons les sciences permises.[67]

Il est rare de trouver dans un poème une dénonciation aussi claire et circonstanciée de la *libido sciendi* divinatoire, mais le texte de Pierre du Val présente un autre intérêt: il émane d'un partisan convaincu de la théologie naturelle, habitué à reconnaître à l'homme de vastes capacités intellectuelles:

> Mais beaucoup plus de l'ame raisonnable
> L'entendement est faict à Dieu semblable:
> C'est un rayon de la divinité
> Couvert dessoubz l'obscure humanité.

> C'est ce qui fait l'omme entendre et apprendre,
> Prevoir, pourveoir, maintz beaux secretz comprendre:
> Voir le present, le passé retenir,
> Syllogiser pour l'affaire advenir.
> C'est ce qui a par longue experience
> Quis et trouvé la celeste science[68]

Le constat humiliant qu'il fait de la myopie et de l'infirmité humaine doit donc être situé dans sa juste perspective; il n'a qu'une valeur relative et nous invite à interpréter prudemment d'autres lamentations du même genre, qui trahissent rarement un véritable scepticisme.[69]

Près de trente ans plus tard, la condamnation poétique de l'astrologie divinatoire suivait encore le même trajet. Dans le livre V de *L'Uranologie*, Du Monin commençait par confondre les astrologues, en leur opposant un

---

[66] *Ibid.*, f. 10 r°.

[67] *Ibid.*, f. 10 v°.

[68] *De la grandeur*, Paris, 1553, f. 9 v°. - Le poème de 1558 est à peine moins élogieux, bien qu'il insiste davantage sur le rôle de la foi: "Ore il nombre et mesure et la terre et les cieulx, / Et discourt au rapport de l'oreille et des yeulx, / Et notant les effectz des natures visibles, / Il s'efforce d'atteindre aux causes invisibles. / [...] Les effectz merveilleux nous font chercher l'autheur, / Le mouvement reiglé l'infallible moteur: / Puis la foy nous conduict ou l'oeil ne peult s'estendre, / Et ce qu'on ne peult veoir la foy nous faict entendre." (f. 14 r°).

[69] Voir *infra* le chapitre VIII.

bon nombre d'arguments techniques, généralement empruntés à la *Cité de Dieu*,[70] puis il les accusait de ruiner la religion et la morale,

> Donnant aus uns l'espoir, aus autres lache bride,
> Selon leur vieil tyran, ordonnant aux humains
> Contre leur Roi le Ciel n'embesongner leurs mains,
> Sur le seul port des Cieus attacher leur Commande
> Faire de tout leur mieus aus Cieus devote ofrande [...][71]

L'innovation vient de la prolixité argumentative du texte (la condamnation du fatalisme astral y occupe deux-cent-cinquante vers), et surtout d'un processus d'exagération et de grandiloquence perpétuelles, caractéristiques de l'auteur: les astrologues deviennent une confrérie diabolique, qui prépare une rébellion générale des créatures contre Dieu; ils "ordonnent aux humains" de rendre au ciel un culte idolâtre. Et non contents de méconnaître la Grâce, ils entendent la confisquer à leur profit; le poète imagine en effet une invasion du Paradis, sous la direction de cette "troupe incirconcise", qui donnerait aux âmes le pouvoir d'entrer dans "la Cité de Dieu par les astriques lois". Le cauchemar s'achève ("O des maus le Solstice !") sur la vision d'un Dieu dépossédé:

> [...] l'humaine main comme Emperiere née
> Tiendroit de soi la clef de sa predestinée,
> Si que DIEU ne pourroit se dire auteur de rien,
> Sinon comme facteur du mortel oeuvre-rien.[72]

Du Monin s'est laissé prendre au jeu des renversements paradoxaux, transformant les esclaves du ciel physique en maîtres du ciel divin, mais il n'a fait que travailler sur le noyau des arguments traditionnels qu'il a revêtus d'une enveloppe à l'originalité un peu criarde et animés d'un souffle épico-burlesque: la curiosité niaise des amateurs d'horoscopes chapitrés par les moralistes s'est ainsi métamorphosée en démesure luciférienne.

Cette belle réfutation ne masque pourtant pas entièrement la discrétion du discours critique des poètes: il occupe relativement peu de place (eu égard à la fréquence du thème de l'influence des étoiles), et ne se développe un tant soit peu que dans les oeuvres dont la portée didascalique s'affirme nettement, alors que les éloges peuvent se rencontrer partout: la poésie préférait manifestement la lumière à l'ombre et l'admiration à l'humeur chagrine.

---

[70] L. V, ch. 1-10.
[71] Du Monin, *L'Uranologie*, V, f. 151 r°.
[72] *Ibid.*, f. 152 r°. Dieu, bien que "facteur" du monde (et de l'homme) ne serait plus complètement son auteur puisqu'il perdrait l'attribut de la Providence.

CHAPITRE SEPTIÈME

CONTRE-ÉLOGES II: CURIOSITÉS GUINDÉES

Le philosophe au puits

Pour condamner les excès de la *vana curiositas*, les théologiens, ou plus simplement les moralistes chrétiens pouvaient s'inspirer d'une antique tradition, hostile à l'idéalisme excessif ou peu indulgente envers les prétentions outrées des philosophes. Mais l'orientation de cette critique des sages était sensiblement différente: elle ne visait pas à défendre la supériorité de la religion, mais à rappeler quelques vérités premières, en contraignant les spéculateurs éthérés à revenir sur terre, à se regarder sans masque, et à se souvenir d'exercer les vertus pratiques. C'était plutôt dans cette perspective que le courant sceptique avait préparé des arguments pour les dénonciateurs de la vanité du savoir, ou que le stoïcisme avait enseigné à se défier des illusions par lesquelles l'homme croit sortir de sa condition et se disperse en mille recherches inutiles, au lieu d'accomplir ses devoirs civiques.[1] Le *De finibus* de Cicéron s'achève par l'exposé de la morale aristotélicienne qui fait coïncider le souverain bien et la possession de la sagesse;[2] il est très favorable à la curiosité intellectuelle,[3] mais accorde la place la plus haute à l'exercice des vertus morales:

---

[1] Selon le *De officiis* de Cicéron, c'est un vice (*vitium*) que de se passionner pour les recherches trop difficiles et non nécessaires (*res obscuras atque difficiles [...]. easdemque non necessarias*). Voir A. Labhardt, "*Curiositas...*", p. 210-216: la notion d'*utilitas* était fondamentale chez les Romains, ce qui contrebalançait l'attrait pour la spéculation désintéressée héritée du platonisme et de l'aristotélisme. - Sur les prolongements de cette question à la Renaissance, voir P.O. Kristeller, "The active and the contemplative life...".
[2] Sur l'influence de l'*Ethique à Nicomaque*, voir *supra*, p. 116 sq. La sagesse aristotélicienne est une vertu intellectuelle, bien qu'elle commande l'exercice des vertus morales.
[3] Voir notamment *De finibus*, V, XVIII 48-XIX, 54.

Ainsi donc, voilà du moins qui est bien clair: nous sommes nés pour agir. Mais il y a plusieurs genres d'activités [...], les plus nobles sont les suivants: d'abord l'observation et l'étude des choses célestes, ainsi que l'étude des choses que la nature tient cachées et qu'on ne voit point, mais que la raison peut essayer d'atteindre; puis la gestion des affaires publiques ou la science de cette gestion; enfin la raison sous les formes de la prudence, de la tempérance, du courage et de la justice, ainsi que toutes les autres vertus et les actions qui répondent aux vertus.[4]

Les épicuriens, pour leur part, attribuaient pour seule fonction à la science la lutte contre la peur superstitieuse, et chez les platoniciens, ordinairement si guindés, la critique de l'astronomie et de toutes les sciences qui visent au-delà de l'humain trouvait même à s'appuyer sur l'autorité de Socrate.

Socrate semblait en effet avoir blâmé les philosophes perdus dans leurs pensées au point d'en oublier leur rôle dans la cité, ceux dont l'esprit avait définitivement quitté le corps et voletait librement dans le cosmos "comme dit Pindare, *sondant les abîmes de la terre*, mesurant les étendues et poursuivant la marche des astres *tout en haut du ciel*", et il avait raconté l'aventure de Thales, tombé au fond d'un puits, alors qu'il observait les étoiles, sous les moqueries d'une petite servante Thrace.[5] Cette anecdote, dont le premier narrateur n'avait pas tiré de conclusion univoque, était devenue une fable,[6] puis un *exemplum*: Tertullien s'en était saisi, dans sa campagne contre les philosophes.[7] Elle était bien connue à la Renaissance[8] et servait à illustrer la vanité des sciences spéculatives et à rappeler l'urgence prioritaire des devoirs domestiques et civils. Agrippa en rapportait plusieurs versions dans son *De incertitudine et vanitate scientiarum*,[9] et Louis le Caron la mettait dans la bouche de son courtisan anti-philosophe:

---

[4] *De finibus*, V, XXI, 58; éd. Martha, t. II, p. 145.

[5] Platon, *Théétète*, 173 c-174 a. L'histoire est aussi racontée par Diogène Laërce (34). Sa signification chez Platon n'est pas claire: il constate que le sage est la risée du vulgaire, sans engager le lecteur à rire avec la servante. Le Socrate des *Mémorables* de Xénophon, était bien plus hostile envers l'astronomie, recommandant à ses disciples d'apprendre le calendrier, et de s'arrêter là pour ne pas perdre leur temps. Quant aux phénomènes célestes, "il était convaincu que ce sont des secrets impénétrables aux hommes et il croyait qu'on déplairait aux dieux en recherchant ce qu'ils n'ont pas voulu nous révéler" (ch. VII, 4-7).

[6] Esope, 65: *L'Astrologue*

[7] Tertullien, *Ad nationes*, 2, 4, 19; cité par A. Labhardt ("*Curiositas*...", p. 216-217), qui renvoie aussi à saint Augustin, *Sermones*, 241, 3, 3.

[8] Elle figure dans plusieurs livres d'emblèmes, voir A. Saunders, *The sixteenth century* ..., p. 171-173. - Baïf, dans ses *Mimes*, l'a mentionnée deux fois: "Un de nuict les hauts cieux regarde / Et les astres: et par mégarde / Dans une fosse creuse cheut [...]" (l. III, v. 673 sq., éd. Vignes, p. 314-315); "O que c'est une grand' folie / De s'amuser toute sa vie / A ce vain curieux sçavoir, / Qui faisant oublier la terre / Fait les badins humains enquerre / Des choses qu'on ne peut avoir. / Qui cependant que l'oeil il hausse / Se laisse choir dans une fosse, / Il luy mesavient à bon droit. / Ce qu'il foule aux pieds il ignore: / Et ne le sçachant pas encore / Les cieux escheler il voudroit" (l. IV, v. 403-414; éd. Vignes, p. 362).

[9] A propos d'Anaximène, puis de Thales (*De incertitudine*, Paris, ca. 1532, f. LIX v°).

> Mais regarde quel proufit ces Physiciens ont rapporté de chercher le ciel. Thales songeant aux astres feüt moqué d'une vieille, par ce qu'il tomba en une fosse, laquelle il n'avisa devant ses pieds.[10]

Tandis que Jacques Charpentier la faisait figurer dans une discussion sur les mérites comparés des vertus intellectuelles et morales; elle se rattachait à éloge de l'engagement au service de la cité, d'après le premier livre du *De officiis*, et côtoyait une citation de la lettre de Platon à Architas de Tarente: "nullum nostrum sibi soli natum esse".[11]

L'histoire donnait d'autant plus à réfléchir, que son narrateur ne pouvait être accusé de matérialisme obtus; il écoutait les avis d'un "démon",[12] et avait une réelle expérience de l'extase.

> Socrate, écrit Platon, restait debout depuis le lever du soleil jusqu'au retour de l'aurore, sans fermer les yeux, sans faire un mouvement, toujours à la même place, le visage et les yeux fixés sur le même point, plongé dans ses réflexions et comme isolé de son corps.[13]

Il était le contraire d'un esprit borné, ou fermé au surnaturel, ce qui lui donnait une pleine autorité lorsqu'il conseillait de ne pas lever les yeux au ciel, mais de les abaisser vers ses pieds, ou plutôt de les tourner vers ses proches. Saint Augustin avait rendu justice à cet aspect du personnage, en montrant la finalité très haute de son rejet des sciences de la nature. Socrate, selon lui, ne s'était tourné vers la morale, à la différence de ses prédécesseurs, que pour inviter les âmes à se purifier avant de songer à appréhender les vérités éternelles.[14]

---

[10] *Dialogues* (1556), II; éd. Buhlmann et Gilman, p. 143. Le courtisan sera bientôt réfuté par l'auteur. Le Caron raconte ici la version de Diogène Laerce (voir *supra*), probablement d'après le *Phaedrus* de Jacques Sadolet (Lyon, 1538). Voir Busson, *Le rationalisme...*, p. 102, et, plus généralement, D.R. Kelley, "Louis Le Caron philosophe".

[11] J. Charpentier, *Platonis cum Aristotele comparatio*, Paris, Du Puys, 1573, p. 13.

[12] Voir notamment le dialogue de Plutarque, *De deo Socratis*.

[13] Ficin, *Theologia platonica*, l. XIII, ch. 2; trad. Marcel, t. II, p. 201.

[14] *La Cité de Dieu*, l. VIII, ch. 3, "De socratica disciplina", saint Augustin, *Quintus tomus operum [...] continens XXII. libros de Civitate Dei. Cui accesserunt commentarii Io. Lodo. Vivis*, Paris, Claude Chevallon, 1531, f. 93 v°-94 r°. Dans son commentaire, Vives cite Lactance (*De divinis institutionibus*, l. III, ch. 20, "De Socratis disciplina et dictis"). Or celui-ci, soucieux de confondre la fausse sagesse des païens, éclaire différemment le personnage: il reconnaît qu'il a été "un peu plus sage que les autres" (*paulo cordatiorem*), en condamnant la curiosité des violateurs du ciel qui cherchaient à percer "les arcanes du monde" et à "profaner de leurs disputes ce temple céleste" (*hoc celeste templum profanari impiis disputationibus*), malgré l'inanité d'un tel effort: "Non enim descendit aliquis de caelo, qui sententiam de singulorum opinionibus ferat. Quapropter nemo dubitaverit, eos qui ista conquirant, stultos, ineptos, insanos esse". Mais il n'en blâme pas moins son esprit terre-à-terre qui s'exprime dans sa légendaire devise: "Quod supra nos, nihil ad nos". Socrate, selon lui, aurait dû au contraire contempler le ciel et sa lumière pour y reconnaître des signes de la Providence (éd. Cologne, P. Quentel, 1544, p. 95). De telles différences de lecture ont toujours caractérisé l'interprétation du personnage de Socrate.

Le Socrate de Montaigne

On connaît l'importance de la figure de Socrate pour les humanistes, d'Erasme à Montaigne, et la richesse de ses significations. Le maître de Platon représentait le comble des vertus: "entendement plus que humain, vertus merveilleuse, couraige invincible"[15]; il offrait le modèle d'un héroïsme surhumain et d'une perfection quasi-divine; il était l'"exemplaire parfait en toutes grandes qualités"[16], l'homme des "conceptions admirables"[17], le philosophe capable de s'abstraire entièrement de la "servitude corporelle", sachant que l'âme "entend la verité des choses, quand elle est grandement retirée du corps".[18] Mais en même temps il incarnait la modestie, l'humilité d'une sagesse presque terre-à-terre, le refus de la tentation des confins. Ce curieux mélange n'était pas seulement dû au contraste entre l'aspect extérieur et la richesse intérieure de ce personnage-Silène, il tenait aussi à la dissemblance de ses portraits: le céleste Socrate du *Banquet* ou du *Phédon*, ne coïncidait pas avec son double des *Mémorables*.

Le paradoxe de Socrate, personnage extrême et médiocre, était bien résumé par la façon dont Montaigne louait son discours devant ses juges: "Voila pas un plaidoyer sec et sain, mais quant et quant naïf et bas, d'une hauteur inimaginable [...]".[19] Mais Montaigne résolvait le paradoxe en même temps qu'il l'explicitait, parce qu'il souhaitait rompre le cercle vicieux de la *miseria* et de la *dignitas*; selon lui, la "hauteur inimaginable", venait de l'acceptation de la bassesse.[20] A l'opposé des exaltés qui invitaient impérieusement l'homme à s'envoler vers les sphères, dans un grand élan spéculatif, mystique ou poétique, Montaigne faisait redescendre la vertu sur terre et dévaluait considérablement non seulement la figure du rhétoricien ballonné, mais celle du philosophe. D'aucuns vouaient une admiration sans borne aux aventures intellectuelles les plus ambitieuses, et pensaient qu'il fallait le courage de César pour penser comme Aristote. Montaigne leur répondait en renvoyant leurs héros dos à dos:

> Vraiment, il est bien plus aisé de parler comme Aristote et vivre comme César, qu'il n'est aisé de parler et vivre comme Socrate. Là loge l'extrême degré de perfection et de difficulté: l'art n'y peut joindre.[21]

Socrate ne se perdait pas dans la contemplation des astres, ni ne s'embarrassait de questions insolubles et inutiles, et son disciple Montaigne considérait avec une distance ironique le jeu des hypothèses des astronomes. Prenant franchement parti pour la servante moqueuse, il lui supposait même une malignité qui n'était pas dans l'histoire:

---

[15] Rabelais, prologue de *Gargantua*; éd. Calder et Screech, p. 10.
[16] Montaigne, III, 12, *De la physionomie*, éd. Villey-Saulnier, p. 1057.
[17] *Ibid.*, p. 1037.
[18] Louis Le Caron, *Dialogues*, III; éd. Buhlmann et Gilman, p. 242. Réf. à *Phédon*, 82d-84a.
[19] *Ibid.*, p. 1054.
[20] Montaigne acceptait également le Socrate platonicien et celui des *Mémorables* (voir I, 12; éd. Villey, p. 535). Il ne semble pas avoir été très sensible à leurs contradictions.
[21] *Ibid.*, p. 1055.

Je sçay bon gré à la garse Milésienne qui, voyant le philosophe Thales s'amuser continuellement à la contemplation de la voute celeste et tenir tousjours les yeux eslevez contremont, luy mit en son passage quelque chose à le faire broncher, pour l'advertir qu'il seroit temps d'amuser son pensement aux choses qui estoient dans les nues, quand il auroit prouveu à celles qui estoient à ses pieds. Elle lui conseilloit certes bien de regarder plustost à soy qu'au ciel [...].[22]

Du Bellay et la critique de l'idéalisme

Sans refléter fidèlement l'univers des moralistes, la poésie en retenait quelque chose. La critique des disciplines spéculatives s'y trouve parfois exprimée sous sa forme religieuse ou laïque. Dans son univers saturé d'idéalisme, le fantôme d'un Socrate moqueur fait quelques apparitions fugaces. Alors que Ronsard menait triomphalement l'entreprise de la grande poésie philosophique, Du Bellay, dans les *Regrets*, rappelait la légitimité d'une parole moins gonflée d'illusions. Non sans nostalgie, il regardait de loin les vieilles idoles de la jeune Pléiade, l'idéologie platonisante et hermétisante dont elle était la dupe et qu'elle exploitait sans vergogne. Le premier sonnet du recueil prenait donc le contre-pied des pompeuses déclarations qui émaillaient les *Hymnes*:

Je ne veulx point fouiller au seing de la nature,
Je ne veulx point chercher l'esprit de l'univers,
Je ne veulx point sonder les abysmes couvers,
Ny desseigner du ciel la belle architecture [...][23]

Du Bellay se forgeait un personnage opposé au modèle ronsardien: il se représentait en poète "de ce lieu".[24] Il pouvait bien adresser un vif éloge à Pontus de Tyard, tout naturellement passé du pétrarquisme éthéré de ses *Erreurs* au discours scientifique de *L'Univers*, mais non sans lui glisser un avertissement ironique:

Thiard qui as changé en plus grave escritture
Ton doulx stile amoureux, Thiard, qui nous a fait
D'un Petrarque un Platon, et si rien plus parfait
Se trouve que Platon, en la mesme nature:
Qui n'admire du ciel la belle architecture,
Et de tout ce qu'on voit les causes et l'effect,
Celuy vrayement doit être un homme contrefait
Lequel n'a rien d'humain que la seule figure.
Contemplons donq (Thiard) ceste grand'voulte ronde,
Puis que nous sommes faits à l'exemple du monde:
Mais ne tenons les yeux si attachez en hault,

---

[22] *Essais*, II, 12 (texte de 1580); éd. Villey, p. 538. Une citation de Cicéron est ajoutée après 1588: "Quod est ante pedes, nemo spectat; coeli scrutantur plagas" (*De divinatione*, II, xiii).
[23] Du Bellay, *Les Regrets*, s. 1, v. 1-4.
[24] *Ibid.*, v. 7. Il s'agissait, au moins en partie, d'un rôle de composition, voir I. Pantin, "Le haut et le bas ...".

Que pour ne les baisser quelquefois sur la terre,
Nous soions en danger par le hurt d'une pierre
De nous blesser le pied, ou de prendre le sault.[25]

Ce sonnet est ambivalent. Pour rendre hommage au philosophe et au savant, il entre dans sa vision du monde, il en adopte les valeurs, au point d'utiliser un "nous" qui donne beaucoup de chaleur à la reprise des lieux communs: l'admiration des beautés célestes touche à l'essence même de la condition humaine, et celui que les étoiles laissent froid est nécessairement "contrefait"; la contemplation astronomique est une nécessité de notre nature "puisque nous sommes faits à l'exemple du monde": le microcosme doit se mirer en son modèle. Mais, après s'être docilement glissé dans ce moule, il prend une voix plus moqueuse, et laisse le lecteur méditer sur l'image ridicule du philosophe qui trébuche.

Ronsard et la double philosophie

Les Regrets n'imposaient aucune morale, ils suggéraient qu'il y a plusieurs manières d'envisager la vocation humaine, et qu'il semblerait raisonnable d'éviter les excès et l'enflure. A cet égard, leur position n'était pas si éloignée de celle de Ronsard. Ronsard avait plusieurs registres, et, comme tel, il pouvait sembler avoir plusieurs philosophies. Tour à tour pindarique, mignard, pompeux, héroïque, orphique ou anacréontique, il lui arrivait de se moquer de ce qu'il avait adoré, et vice-versa. Son projet d'artiste visait à restituer l'insondable diversité des choses, et non à développer, de bout en bout, une leçon. Malgré sa forte personnalité et la cohérence de ses choix, il devait s'estimer tenu à une certaine universalité, et sa poésie est souvent celle du pour et du contre, de l'envers et de l'endroit, du proche et du lointain. A l'époque des Odes et des Hymnes, l'enthousiasme scientifique et l'idéalisme platonicien semblent s'être conjugués pour imposer leur ton, mais les recueils les plus ambitieux, les plus "guindés", délivrent une vision assez équilibrée de la condition humaine: on ne s'y intéresse pas seulement à l'Eternité ou au Ciel, mais à l'Or, à la Justice, à la Fortune, à la Mort. Les Hymnes ne choisissent pas entre le ciel et la terre, ils cherchent, pour reprendre une expression de Jean Céard, "à jeter un peu de lumière sur <leur> relation complexe".[26]

La guerre entre vie active et vie contemplative n'éclate jamais vraiment dans l'oeuvre poétique de Ronsard, tout au moins dans sa première période, et la question du choix entre l'astronomie et le soin du ménage semble ne pas s'y poser de façon sévère. Ces deux activités paraissent se combiner avec aisance, même si la seconde a le dernier mot: le voyageur céleste finit toujours par retomber sur terre, mais son expédition ne l'a pas déçu. L'Hymne de la Philosophie balaie tout l'espace sans discrimination, sinon sans ordre, et ne monte jusqu'au dernier ciel que pour revenir vers les hommes et songer à leur être utile. La même infatigable exploratrice vole

---

[25] Les Regrets, s. 155; éd. Chamard, p. 230.
[26] La nature ..., p. 200. J. Céard a aussi montré que la dimension "cosmique" apparaît dans les hymnes relevant de la philosophie pratique ("Dieu, les hommes et le poète...").

des cieux aux Enfers, puis vient "revisiter les Villes", pour leur donner "des polices civiles".[27] Il est vrai, comme l'a noté Jean Céard,[28] que cette première évocation laisse brusquement place à une autre, quand la Philosophie, cessant de servir l'humanité, s'en va loger en haut d'un rocher "D'où, nul vivant, sans grand travail, n'aproche". Mais elle a choisi cette retraite "Pour mieux se faire, avec peine, chercher",[29] c'est à dire pour solliciter l'effort des hommes vertueux. *L'Hymne des Astres* ne conçoit pas non plus d'élan vers la science d'en-haut sans retour vers les hommes:

> Aux autres vous donnez des metiers bien meilleurs,
> Et ne les faictes pas mareschaux, ny tailleurs,
> Mais philosophes grans, qui par longues estudes
> Ont faict un art certain de voz incertitudes:
> Ausquelz avez donné puissance d'escouter
> Voz mysteres divins, pour nous les raconter.[30]

Dans *L'Hymne de l'Hyver*, un partage se dessine. Le poète admet que "Toute philosophie est en deux divisée". Et par le choix de ce verbe, autant que par l'économie du texte qui juxtapose deux éloges (celui de "L'une" et celui de "L'autre"), sans établir entre eux de passage, il fait plus que reprendre la division traditionnelle, illustrée par Boèce au début du *De consolatione philosophiae*.[31] Il reconnaît l'existence d'une séparation entre le domaine de la connaissance spéculative et celui de la pratique, alors qu'il était entendu, depuis l'*Ethique à Nicomaque*, que la première gouvernait la seconde et l'amenait à sa perfection. Ce schisme n'entraîne pourtant pas de prise de parti ostensible. Avant de faire l'éloge de la philosophie qui "a pour son subject les negoces civiles / L'equité, la justice et le repos des villes", Ronsard évoque en termes vibrants l'élan héroïque de la philosophie spéculative:

> L'une est aiguë, ardente, et prompte et advisée,
> Qui sans paresse ou peur, d'un vol audacieux
> Abandonne la terre et se promeine aux cieux.
> Hardis furent les coeurs qui les premiers monterent
> Au ciel, et d'un grand soing les Astres affronterent:
> Là, sans avoir frayeur des cloistres enflamés,
> Du monde, où tant de corps divers sont enfermés,

---

[27] V. 167-168; éd. Laumonier, VIII, p. 95. - On pourrait rapprocher de ce texte un passage des *Douze dames de rhétorique* d'A. de Vergy, où Dame Science évoque son inlassable activité exploratrice: "Je monte au ciel, je descens es enfers, / Je plonge en mer, je parvole les aers; / Mon oeil j'embusche ou courrant des estoilles, / Je porte ou seing tout l'entier univers [...] Je vay foullant par les parfondes mines, / J'attouche au doy les vaines métalines [...]" (Ms Moulins, 1838, 16 v°; cité par F. Joukovsky, *Poésie et mythologie*, p. 27-28).

[28] "La grande voyageuse qui paraissait d'abord la figure du savoir conquérant des hommes devient elle-même l'objet de leur quête", J. Céard, "Les mythes dans les *Hymnes*...", p. 28.

[29] *Hymne de la Philosophie*, v. 192 et v. 189.

[30] *Hymne des Astres* (1555), v. 151-156.

[31] Le narrateur y voit apparaître une femme dont la tête touche le ciel; sur sa robe sont brodées deux lettres grecques: *pi* (*Pratica*) et *thêta* (*Theoretica*); l. I, I, 1-25 (ed. Tester, p. 133). - Sur la fortune de ce texte, voir P. Courcelle, *La consolation de Boèce ...*

> Par leur vive vertu s'ouvrirent une entrée,
> Et virent dans le sein la Nature sacrée [...][32]

Ce morceau se fonde en partie sur l'imitation de l'éloge d'Epicure; o r Ronsard n'en a pas seulement emprunté les images, il en a respecté le sens, tout en lui donnant une tournure plus chrétienne: l'évasion vers les sphères ne trouve pas en soi sa fin, elle n'est pas même une fuite vers les territoires angéliques: elle est utile à la communauté. Les explorateurs de la Nature qui ont réussi à "espier" Dieu, sont redescendus "conter aux hommes ses secrets";[33] et s'ils n'ont pas, comme Epicure, oeuvré pour délivrer l'humanité de la superstition, au moins ont-ils donné à leur entreprise une fin morale:

> Et en pillant le Ciel, comme un riche butin,
> Mirent desoubs leurs pieds Fortune et le Destin.[34]

Il n'y a donc pas d'opposition radicale entre cette philosophie supralunaire[35] et celle qui "habite soubs la nue,"

> A qui tant seulement cette terre est cognue,
> Sans se loger au ciel [...][36]

Et l'évocation des disciplines de la vie active, politique, législation, médecine ou recherche des minerais n'est en rien ternie par leur prestigieux voisinage.

Inversement, la valorisation de la vie pratique n'implique pas le refus absolu de l'autre postulation. On pourrait le croire en lisant l'éloge de Socrate, dans le *Sixiesme livre des poemes*, paru en 1569:

> Tel fut Socrate, et toutefois alors,
> En front severe, en oeil melancholique,
> Estoit l'honneur de la chose publique,
> Qui rien dehors, mais au dedans portoit
> La saincte humeur dont Platon s'alaittoit,
> Alcibiade et mille dont la vie

---

[32] *Nouvelles poesies*, I, "L'Hymne de l'Hyver", v. 43-52; éd. Laumonier, XII, p. 70-71.

[33] *Ibid.*, v. 53-54, p. 71. - Le même motif se trouvait dans l'*Hymne de la Philosophie* où cette dernière triomphait des "espoventementz vains": "Et la premiere asseura les humains, / Les guarissant du mal de l'Ignorance..." (v. 101-103; éd. Laumonier, VIII, p. 91-92).

[34] *Ibid.*, v. 57-58, p. 71. Ces vers font allusion à l'astrologie, mais aussi à la conquête de la sagesse, fondée sur la connaissance des principes qui gouvernent le monde (cf. v. 55-56: "Et d'un esprit veinqueur eurent la cognoissance / De ce qui n'est point né, de ce qui prend naissance"). - Voir aussi *Géorgiques*, II, v. 490 sq.

[35] Françoise Charpentier a commenté ce passage en suggérant qu'il donne une image de la création poétique: le poète "voleur de feu" dépasserait "l'apprentissage patient des choses sublunaires, objet de la seconde philosophie" ("Mythes et fantasmes ...", p. 99). Malcolm Smith a soutenu la thèse inverse: "The distinction between divine science (ll. 43-58) and human science (ll. 59-70) echoes the *Remonstrance au peuple de France* [...]: Ronsard, like other Roman Catholic writers including Montaigne, sought to establish that divine revelation is not subject to refutation by human reason" ("The hidden meaning ...", p. 92). Ces interprétations ne nous semblent pas justifiées par la logique de l'ensemble du texte: à aucun moment le poète ne s'identifie aux adeptes de l'une ou l'autre philosophie.

[36] *Ibid.*, v. 59-61, p. 71.

> Se corrigea par la Philosophie,
> Que du haut Ciel aux villes il logea,
> Reprint le peuple, et les moeurs corrigea:
> Et le savoir qu'on preschoit aux escolles
> Du Cours du Ciel, de l'assiette des Poles,
> De nous predire et le mal et le bien,
> Et d'embrasser le monde en un lien,
> Il eschangea ces discours inutiles
> Au reglement des citez et des villes,
> Et sage fit la contemplation,
> Un oeuvre vain, tomber en action.[37]

La "contemplation" semble ici définitivement rejetée pour sa vanité, et la plus grande réussite de la science du ciel, qui consiste à "embrasser le monde en un lien" par la compréhension des lois du cosmos se voit dénoncée comme un "discours inutile". La sphère d'Archimède qui reproduisait "le cours du ciel" et démontrait "l'assiette des pôles" ne représenterait plus, dans cette perspective, qu'un jouet puéril. Cependant, la suite du texte tempère sensiblement la rigueur de cette proscription. Il compare à Socrate le dédicataire du poème, Belot, dont la mine mélancolique, la contenance "morne et lente et pensive" cache un esprit spécialement agile. Or Belot ne s'illustre pas seulement en histoire, en politique ou en science du droit, il émerveille aussi son auditoire par des connaissances moins pratiques:

> Ou quand tu veux monter jusques aux Cieux,
> Et discourir des Astres et des Dieux,
> Ou a propos de quelque autre science:
> Lors de ta voix distille l'Eloquence,
> Un vray Socrate, et ton docte parler
> Fait le doux miel de tes levres couler [...][38]

Les deux moments du poème n'expriment pas exactement le même point de vue, ni ne restituent la même image du philosophe: au Socrate pédestre et réaliste, surtout inspiré par Xénophon,[39] succède un Socrate platonicien, mieux doué pour la spéculation, et capable de réunir la beauté des paroles et la profondeur de la doctrine. Mais ils ne se contredisent pas non plus franchement. Le premier Socrate déteste les "presches" des "escolles", tandis que le second favorise les discours de "miel", ce qui n'a rien d'incompatible. Le poème de Ronsard développe une conception du savoir proche de celle des humanistes et des habitués des académies qui méprisaient la doctrine aride et les raisonnements sans grâce des scolastiques. Le savoir des nouveaux Socrate de la Cour[40] se rendait utile à la cité, il s'occupait de

---

[37] "A monsieur de Belot conseiller, et maistre des requestes de l'hostel du Roy", v. 196-212; éd. Laumonier, t. XV-1, p. 25. Cette pièce s'intitulera "La Lyre" à partir de l'édition de 1584.
[38] *Ibid.*, v. 243-248, p. 26-27.
[39] Voir *supra*, p. 172 note 5.
[40] D'abord conseiller au Parlement de Bordeaux, Jean Dutreuilh de Belot obtint la charge de maître des requêtes de l'Hôtel du roi en janvier 1569, et s'installa à Paris.

morale et de politique, il projettait sur toutes les sciences la lumière d'une éloquence inspirée. Et surtout, il ne s'embarrassait pas des clivages qui morcelaient l'érudition universitaire, en la rendant définitivement inféconde; il parcourait librement la gamme des sujets et des intérêts, depuis la terre jusqu'au ciel.

Il serait pourtant difficile de ne pas voir que le statut de la philosophie contemplative a subi une détérioration progressive dans l'oeuvre de Ronsard, même si elle n'y a jamais été entièrement désavouée.[41] Et il serait tentant de comparer l'élégie à Belot à un discours en prose composé par Ronsard en 1576, pour l'une des premières séances de l'Académie du Palais. Ce discours sur un thème imposé, les vertus intellectelles et morales, comporte en effet un éloge de Socrate qui rappelle fort celui de 1569:

> Socrate fut le premier lequel, voyant les philosophes auparavant luy s'estre amusez du tout à la congnoissance des météores et tousjours plantez sur une montagne, avoient les yeux attachez aux nues pour sçavoir les causes des foudres, tonnerres, tempestes, comètes, nèges, pluyes, gresles et telles impressions de l'air, luy, cognoissant que cela estoit inutille et qu'aussi bien, soit qu'on en sache la cause ou que on ne la sache point ils ne laissent pas d'estre, il attira la philosophie, qui estoit en l'air (comme on dict que les sorcières de Thessalie tirent la lune et la font venir en terre), la communicqua aux hommes et la logea dedans les citez, tournant la contemplation en l'action.[42]

Les mêmes idées, les mêmes mots et les mêmes motifs reviennent: le rejet de l'inutile, la dévalorisation des hauteurs désertes, opposées aux "cités" où la philosophie, enfin "communiquée aux hommes", cesse de se dissiper en vapeurs. Curieusement aussi, le texte évoque le souvenir lointain de l'*Hymne de la philosophie* qui défendait pourtant une thèse apparemment contraire en vantant les bienfaits de la météorologie et d'autres sciences encore plus ambitieuses.[43] L'image de la sorcière y servait en effet à vanter les pouvoirs de l'astronomie:

> Et comme on voit la sorciere importune
> Tirer du Ciel par ses charmes la Lune,
> Elle, sans plus, la Lune ou le Soleil

---

[41] A l'appui de cette idée, on peut encore citer la suppression, en 1584, des v. 191-322 de l'*Hymne de la Philosophie* qui identifaient cette Philosophie (à la fois théorétique et pratique) à la Vertu sous toutes ses formes (y compris la vertu morale). Il est vrai que ce qui restait était encore éloquent. - J. Céard ("La révolte des Géants...", p. 227) a montré qu'un thème récurrent de la poésie de Ronsard, la gigantomachie, ne symbolise pas seulement la menace du chaos, mais aussi la "curieuse audace" de la science humaine: ébauchée dans l'*Hercule chrétien* (v. 245--252; éd. Laumonier, VIII, p. 220), l'idée s'affirme dans le *Discours à la Royne* de 1562 (éd. Laumonier, XII, p. 27).

[42] Ronsard, "Des vertus intellectuelles et morales" (1576), éd. dans E. Fremy, *Origines de l'Académie* ..., p. 228. Voir aussi R.J. Sealy, *The Palace*..., notamment p. 7, 177-9.

[43] Dans l'*Hymne du Ciel*, Ronsard reprend à Lucrèce l'idée que la recherche des causes naturelles a pour fonction de délivrer les hommes de la crainte: dans cette perspective, elle devient donc une activité pratique. Ce qui est qualifié de "vains", en 1555, ce sont les "époventementz" à tort suscités par les météores (v. 96-101; éd. Laumonier, VIII, p. 91. L'*Hymne de l'Hyver* raisonne de la même façon sur l'astronomie (voir *supra*, p. 148).

> N'atire à bas par son art nompareil,
> Mais tout le Ciel fait devaller en terre [...][44]

Le sens n'était évidemment plus le même: en 1576 il ne s'agissait plus de s'extasier sur un "miracle grand", analogue aux prouesses d'Archimède, mais de donner en exemple l'acte d'un bon citoyen, insensible aux chimères spéculatives.

Ces réminiscences d'anciens motifs poétiques subissent donc un sensible changement, ainsi éclairées par la lumière nette de la prose et placées dans un contexte qui leur enlève toute ambiguïté. Le discours de Ronsard a pour but de montrer que "les vertus morales[...] sont à préférer aux intellectuelles",[45] et à cet effet il rabaisse, sans contrepartie ni espoir de rachat, les "sciences intellectuelles qui ne sont utiles au maniment des affaires publicques, comme est la phisique, l'astrologie, la judiciere et beaucoup d'autres telles curiositez".[46] Son interprétation n'en est d'ailleurs pas facilitée. Il faut tenir compte des écarts temporels entre les différents textes (sans espérer pour autant dresser une chronologie de l'évolution de Ronsard), et surtout des conventions de leurs genres littéraires respectifs. L'esprit critique ou le manque d'enthousiasme auraient été certainement mal venus dans un hymne; mais il n'y a pas lieu d'attribuer *a priori* plus de naturel ou de sincérité à la condamnation sans nuances du discours. Une dispute académique ne visait pas à susciter des professions de foi; héritière policée des exercices scolaires, elle constituait un entraînement à la dialectique et à l'éloquence, en même temps qu'une exhibition des talents acquis. A l'Académie du Palais, le roi choisissait le sujet, il ne laissait pas à ses orateurs le loisir de se dérober, et l'intérêt du jeu voulait que les deux thèses, celle du pour et celle du contre, fussent également défendues:[47] Ronsard n'obéissait vraisemblablement pas à un élan spontané en dissertant sur la supériorité des vertus morales devant un auditoire choisi. De plus, si l'on parcourt les quatre conférences parvenues jusqu'à nous,[48] l'uniformité des arguments et des modes de raisonnement frappe plus que la diversité des points de vue. Comme l'a noté Frances Yates,[49] les matériaux mis en oeuvre tirent principalement leur origine de l'*Ethique à Nicomaque*, qu'ils en proviennent directement ou par l'intermédiaire de la *Somme* de saint Thomas.[50] Ronsard n'a pas échappé à cette règle, se donnant les allures d'un

---

[44] *Hymne du Ciel,* v. 59-63; éd. Laumonier, VIII, p. 89. Sur ce passage, et sur l'ambivalence de la comparaison, voir *supra*, p. 92.

[45] Fremy, *op. cit.*, p. 230.

[46] *Ibid.*, p. 228. "L'astrologie, la judiciere" signifie: l'astronomie et l'astrologie.

[47] Une lettre d'Agrippa d'Aubigné nous apprend ainsi que dans le débat sur les vertus intellectuelles et morales madame de Retz et madame de Lignerolles étaient antagonistes (éd. Réaume et Caussade, t. I, p. 447-448; cité par F. Yates, *The french academies...*, p. 32).

[48] Celles de Ronsard, de Desportes, de Jamyn et d'un participant non identifié. Elles sont conservées dans un manuscrit de la Bibliothèque royale de Copenhague (Thottshe Saml. n°315. Fol.), et E. Fremy en a donné une édition (*op. cit.*, p. 221-241).

[49] *French academies*, p. 110.

[50] Dans la première section de la première partie, un ensemble de questions traite de tous les problèmes soulevés par la dispute: notamment les qu. 58 (la distinction entre vertus morales et vertus intellectuelles), 63 (la cause des vertus), 64 (le juste milieu des vertus), 66 art. 3

élève qui s'est bien "apresté"[51] lorsqu'il distingue les parties "raisonnable" et "irraisonnable" de l'âme, ou lorsqu'il souligne que les "vertus moralles sont habitudes acquises et aprises par longue accoustumance"[52] et qu'elles "consistent tousjours en la médiocrité et au milieu de deux vices".[53]

Cependant son discours ne saurait se réduire à une collection de lieux communs. Il est tout de même significatif qu'il soit le seul (sur les quatre conservés) à prendre parti pour les vertus morales. D'autant qu'il va jusqu'à rudoyer vivement la spéculation: ce qui n'était nullement conforme aux intentions d'Aristote et de saint Thomas, non plus qu'à celles du roi, autant qu'on puisse en juger. De fait, ce discours ne semble pas être celui d'un parfait courtisan, surtout si on le compare à ceux de Desportes et de Jamyn, qui sont entièrement lisses et dénués d'agressivité, bref incapables d'incommoder qui que ce soit. En adressant au roi un éloge appuyé de la tempérance, de la force et de la libéralité, Ronsard a adopté le ton d'un véhément sermonneur; et l'ensemble de sa harangue tourne autour du même thème: l'urgente nécessité des vertus civiques.

> Anaxagore, Thales, Democrite, se sont amusez à la contemplative; aussi ils n'ont jamais rien proffité à leur république pour en acquérir le nom de bons citoyens.
>
> Au contraire, Péricle, Thémistocle, Aristide, pour se mesler du maniment des affaires civiles et politiques, ils ont bien institué leur cité de bonnes loix en temps de paix; en temps de guerre bien ordonné les batailles, raporté force victoires et triomphes, au grand honneur et contentement d'eulx et de leurs citoyens.
>
> On ne laisse pas d'estre homme d'honneur et de vertu et de vivre bien et sainctement sans sçavoir telles curieuses vanitez qui nous estonnent du nom seullement et dont l'effect n'est que vent.[54]

Les motifs convenus des éloges de la raison sont pris à rebours, dans un réquisitoire où la mauvaise humeur se conjugue à un scepticisme modéré:

> Je n'en veux pas trop opiniastrement disputer, mais je sçay bien que jamais homme ne congneut parfaitement la cause des choses, sinon par umbre et en nue

(comparaison des vertus morales avec les vertus intellectuelles). Voir Saint Thomas, *Somme théologique*, trad. Raulin, t. II, p. 354 sq.

[51] Cf. le début du discours rappelant "la question que Vostre Majesté nous proposa l'autre jour, nous commandant de nous en aprester" (éd. Fremy, p. 225).

[52] *Ibid.*

[53] *Ibid.*, p. 226.

[54] *Ibid.*, p. 228. - On pourrait comparer à ce texte l'éloge de la philosophie grecque adressé au jeune Charles IX en 1563: "Puis se laissant par les Astres descendre / Leur fit des noms, et congnut leur vertu, / Vit le Soleil de flames revestu, / De fin argent vit la Lune accoustrée, / Et son beau char qui conduit la serée: / Congnut leurs tours, distances et retours, / Congnut les ans, les heures et les jours: / Sceut le Destin, et ce qu'on dit Fortune: / Congnut le haut et le bas de la Lune, / L'un immortel, l'autre amy du trespas: / Sceut la raison pourquoy tombent ça bas / Flames, esclairs et foudres et tonnerres: / Congnut de l'air les accords et les guerres, / Congnut la pluye et la neige et le vent [...]" (*Elegies, mascarades et bergeries*, "Elegie à la magesté du Roy mon maistre", v. 132 sq.; éd. Laumonier, XIII, p. 137-138).

et que Dieu a mis telles curiositez en l'entendement des hommes pour les tourmenter.[55]

Qu'ai-je affaire de la cause qui fait estre le soleil ce qu'il est, s'il est plus grand ou plus petit, s'il est rond ou faict en dos de navire, s'il s'allume au matin ou s'estainct au soyr? Cela ne sert de rien ny à moy ny au publicq.

Mais de cognoistre ses effectz et opérations, comme il eschauffe la terre et la faict fructifier par ses rayons, que je sens et que je voy, de cela véritablement m'appartient la cognoissance.[56]

Emboîtant le pas au Socrate des *Mémorables*, le poète orateur réduit la portée de la science à la connaissance des effets immédiatement utiles, et semble prendre un malin plaisir à dévaluer les arguments des adversaires de l'épicurisme.[57] Ce discours, dont l'orientation a sans doute été outrée par le jeu polémique, prend un meilleur relief pour avoir été prononcé en un lieu principalement voué au culte des vertus intellectuelles, et devant un roi assez fier de ses aptitudes en ce domaine. Quelques années plus tard, Ronsard devait d'ailleurs lui dédier un *Panegyrique de la Renommée* qui lui renvoyait de lui-même ce portrait flatteur:

Il a voulu sçavoir ce que peult la Nature,
Et de quel pas marchoit la premiere closture
Du ciel, qui, tournoyant, se ressuit en son cours,
Et du Soleil qui faict le sien tout au rebours.
Il a voulu sçavoir des Planettes les dances,
Tours, aspects et vertus, demeures et distances;
Il a voulu sçavoir les cornes du Croissant,
Comme d'un feu bastard il se va remplissant,
Second Endymion amoureux de la Lune.
Il a voulu sçavoir que c'estoit que Fortune,
Que c'estoit que Destin, et si les actions
Des Astres commandoient à nos complexions [...][58]

Ronsard savait probablement que la thèse qu'il défendait n'était pas la mieux en cour, même si elle était largement justifiée par le contexte politique, mais il n'a rien fait pour en adoucir la sévérité. Sa conclusion le montre: au lieu de quitter l'auditoire sur une synthèse conciliatrice (comme

---

[55] Sur cette idée, déjà formulée dans l'"Ode à Gaspar d'Auvergne", et sur la possible référence à l'*Ecclésiaste*, voir *supra*, p. 135-6.

[56] Ed. Fremy, p. 229.

[57] Pour les épicuriens, les astres sont comme on les voit; leurs adversaires idéalistes insistaient donc sur la supériorité de la connaissance rationnelle qui corrige les informations des sens; l'un de leurs exemples était celui de la forme et de la grosseur du soleil; voir notamment La Boderie, *L'Encyclie*, épître dédicatoire au duc d'Alençon: "Quoy qu'il ne semble pas plus grand qu'une rondelle, / Si excede-il encor cent soissante et six fois / La grandeur de la Terre, et va tout autour d'elle / Filant le siecle, l'an, l'heure, le jour, le mois" (éd. Anvers, 1571, p. 19-20).

[58] Ronsard, *Panegyrique de la Renommée* (publié en plaquette en 1579 et ensuite intégré dans le *Bocage royal*), v. 201 sq.

devaient le faire Desportes et Jamyn),[59] il en vient à retirer à la spéculation ce qui lui était reconnu par hypothèse, c'est-à-dire la qualité de vertu. Cette opinion peu conformiste est introduite par une prétérition bien révélatrice:

> Quant à moy, *si ce n'estoit de peur de honte*, je dirois que je ne congnois point tant de vertus intellectuelles, qui sont propres aux endormis et agravez de longue paresse, comme les hermites et autres telles gens fantastiques et contemplatifs, me retirant du tout du costé de l'action. Car que sert la contemplation sans l'action? De rien, non plus qu'une espée qui est tousjours dans ung fourreau ou ung cousteau qui ne peult couper.[60]

L'harmonie qui réglait les relations entre les deux parties de la philosophie est ici rompue; la contemplation n'est plus cette ouvrière infatigable qui ne cessait d'apporter aux cités des nouvelles du monde, pour qu'elles en tirent leçon; elle est devenue une paresseuse, privée de toute vertu opératoire, et l'action a tout avantage à s'en passer. Il serait imprudent de faire de cette vigoureuse condamnation l'expression directe d'une opinion, et d'opposer à la franchise d'un tel discours, l'expression plus fardée et conventionnelle des hymnes et des poèmes. Reconnaissons au moins qu'elle sonne juste, et sachons lui gré de nous donner quelques indications sur l'écart entre la poésie et la prose. Les pièces qui parlaient un peu longuement de l'astronomie et des disciplines spéculatives étaient généralement d'un style grave, l'on ne s'y permettait pas des sorties aussi franches, et (quand on était Ronsard) l'on n'y disputait pas non plus.[61]

---

[59] Pour Desportes il faut pratiquer les unes et les autres vertus, compte tenu de son âge et de ses aptitudes (éd. Fremy, p. 237-238); pour Jamyn la "pratique" doit servir de "chambrière" à la "théorique" (éd. Fremy, p. 241).
[60] Ed. Fremy, p. 230.
[61] Sur ce refus de la ratiocination philosophique en vers, voir *infra*, p. 262 sq.

CHAPITRE HUITIÈME

CONTRE-ÉLOGES III: LE CIEL ET L'IGNORANCE

Même si l'attitude des poètes de la Pléiade envers l'astronomie n'est pas restée figée dans l'admiration, on aurait donc peine à trouver dans leur oeuvre en rime la marque d'un rejet complet, exprimé sur le mode sérieux.[1] L'astronomie, et tout ce qu'elle représentait, était pour cela trop liée à leur idéologie fondatrice. Si la poésie, comme l'a proclamé Ronsard, était une forme de la spéculation, si elle était par nature expansive, au lieu de se replier sur un étroit domaine, et si elle avait une vocation universelle,[2] elle ne pouvait renier complètement une science qui se jouait aux limites des capacités humaines et qui régnait sur le plus grand espace imaginable. Il est assurément significatif que le discours sceptique, pourtant assez répandu dans la seconde moitié du siècle, ait suscité peu d'échos dans les textes poétiques. Alors que les envols triomphants, les apothéoses et les variations sur l'*os sublime dedit* s'y multiplient, rares sont ceux qui avouent l'échec de l'intelligence devant des cieux impénétrables.

Le scepticisme des astronomes

Richard Popkin[3] et Charles Schmitt[4] ont évoqué le développement du scepticisme à la Renaissance. Même si les véritables pyrrhoniens ou les "académiciens" radicaux restèrent probablement fort peu nombreux, les idées et les arguments de ce courant philosophique connurent une certaine diffusion et firent l'objet de discussions, notamment grâce à l'édition des

---

[1] Sur le mode folâtre, c'était différent (voir par exemple le poème de "Du grand Turc je n'ai souci", cité *supra*, p. 104).
[2] Voir *infra*, ch. IX et XI.
[3] R. Popkin, *The history*...; Idem, "Skepticism and the Counter-Reformation..."; R. Popkin et C.B. Schmitt éds., *Scepticism* ...
[4] C.B. Schmitt, *Cicero scepticus*...; Idem "The rediscovery ...". Voir aussi D.C. Allen, *Doubt's boundless sea*...; E. N. Tigerstedt, *The decline* ...

principales sources: les *Academica* de Cicéron[5] et les oeuvres de Sextus Empiricus.[6] L'astronomie, science de l'inaccessible, constituait une cible assez facile. La complication de l'appareil géométrique conçu pour "sauver les apparences" prouvait l'ingéniosité de ses inventeurs, mais aussi leur incapacité à comprendre le monde tel que Dieu l'avait créé: ces "gens outrecuidez, forgeurs de monstres et prodiges", maîtres d'une discipline "toute fabuleuse et trompeuse", fabriquaient en suivant leur fantaisie

> des mesures aux estoilles, des mouvements, figures, images, accords et harmonies, les descrivans, representans ainsi que s'ils estoient descendus naguieres d'en haut, où ils eussent longuement hanté et habité.[7]

Singes du Créateur, ils ne donnaient que des produits sans beauté ni raison:

> Je passe aussi ce qu'ils disent des eccentriques, concentriques, epicycles, retrogradations, trepidations, ou tremblements, accez et esloignement, ravissement, et autres especes de mouvements, et des cerceaux descrits par iceux mouvements, d'autant que toutes celles choses ne sont oeuvres de Dieu ny de nature, ains monstres imaginaires des mathematiciens et bourdes prinses des fables des poetes, ou de la bourbe d'une philosophie corrompue [...][8]

Pour compléter ce tableau décourageant, Agrippa détaillait les perpétuels désaccords des astronomes et signalait leur incapacité à venir à bout de quelques problèmes délicats, comme celui de la nature de la Voie Lactée et surtout celui de la huitième sphère.

---

[5] Voir notamment l'édition commentée d'Omer Talon (1548), et son *Academia* (1550); les principaux véhicules des arguments "académiques" au Moyen-Age avaient été Lactance et saint Augustin, également très lus à la Renaissance.

[6] 1ères éd., dans la traduction latine d'Henri II Estienne, en 1562 et 1569. Voir F. Joukovsky, "Le commentaire d'Henri Estienne ...". Voir aussi L. Floridi, "The diffusion...".

[7] Agrippa, *De vanitate*, trad. Mayerne-Turquet, 1603, p. 159. Cf. *De incertitudine*, [Paris, Savetier, ca. 1532], f. 56 v°: "Supremo jam loco sese offert ASTROLOGIA, tota prorsus fallax, Poetarumque fabulamentis multo nugacior, cujus magistri audaces profecto homines, et pridigiorum authores, impia curiositate pro eorum libito supra humanam sortem (tanquam Basilides Haeretici Abraxas) fabricant orbes coelorum, syderum mensuras, motus, figuras, imagines, numeros concentusque, tanquam nuper e coelis delapsi, ac in illis aliquandiu versati depingunt [...]". La dernière phrase contient d'ailleurs une réminiscence des *Institutions* de Lactance ("De socratica disciplina", voir le texte cité *supra*, p. 143).

[8] Trad. cit., p. 167-168. Cf. éd. Savetier, f. LIX r°: "Transeo etiam de eccentricis, concentricis, epicyclis, retrogradationibus, trepidationibus, accessibus, recessibus, raptibus, caeterisque motibus, et motuum circulis, sermonem prorogare, cum omnia haec non sint, nec Dei, nec Naturae opera, sed Mathematicorum monstra, et fingentium nugae, a corrupta Philosophia, et Poetarum fabulis derivata [...]". A partir de la mention des "trépidations" le texte fait référence aux mouvements de la huitième sphère (voir *infra*, ch. XX). Cf. Montaigne: "[la philosophie] nous donne en payement et en presupposition les choses qu'elle mesme nous aprend estre inventées: car ces epicycles, excentriques, concentriques, dequoy l'Astrologie s'aide à conduire le bransle de ses estoilles, elle nous les donne pour le mieux qu'elle ait sçeu inventer en ce sujet [...]" (II, 12; éd. Villey, p. 537). Voir aussi *supra*, p. 93.

L'apparition d'un nouveau système du monde, mathématiquement satisfaisant mais dépourvu de toute preuve matérielle, augmenta encore, pour certains, l'impression que la réalité céleste échappait à l'esprit humain. Copernic avait audacieusement développé son idée, sans hésiter à contredire l'évidence sensible. Les adversaires d'Aristote, au premier rang desquels les ramistes, lui savaient donc gré de cette pierre jetée dans le jardin du dogmatisme.[9] D'autre part, nombreux furent ceux qui s'inspirèrent de l'avis au lecteur ajouté par Osiander au début du *De revolutionibus* pour affirmer le caractère purement hypothétique des théories astronomiques.[10] Si différents modèles parvenaient à rendre compte des mêmes phénomènes, aucun d'entre eux ne s'imposait avec évidence. Ptolémée avait lui-même introduit cette idée de l'*aequipollentia hypothesium*, en notant que, dans certains cas, la solution de l'excentrique et celle de l'épicycle étaient interchangeables.[11] Au XVIème siècle, d'aucuns n'hésitèrent pas à glisser de la notion d'hypothèse à celle de "supposition fausse", en assimilant abusivement le cas de l'astronomie et celui de la dialectique.[12] Aristote avait admis, en effet, que, dans certains cas, "de prémisses fausses on peut tirer une conclusion vraie".[13] Ne pouvait-on pas dire que les astronomes pratiquaient cette forme de syllogisme lorsqu'ils se servaient de cercles fictifs pour justifier les observations et prédire les futures positions planétaires? Dans son commentaire au *De coelo* (Naples, 1517), Agostino Nifo utilisa par exemple cet argument, en se réclamant d'Averroès, pour accuser Ptolémée d'erreur.[14] Ramus dénonça son absurdité, en visant à

[9] Voir notamment O. Talon, *Academia*, Paris, 1550, p. 104. - Cf. Montaigne: "Le ciel et les estoilles ont branlé trois mille ans ..." (II, 12; éd. Villey, p. 570).

[10] Cet avis, non signé, présentait l'oeuvre comme un simple exercice mathématique. Elle entrait en contradiction avec la dédicace de Copernic à Paul III, de sorte que les lecteurs attentifs s'aperçurent qu'elle ne pouvait lui être attribuée. - Sur la branche astronomique du scepticisme, voir N. Jardine, "The forging ..."; Idem, *The birth of history* ..., p. 211-257; F.J. Baumgartner, "Scepticism ...". - Jardine souligne que le "fictionalisme", c'est-à-dire l'idée que les constructions géométriques destinées à "sauver les phénomènes" ne décrivaient pas la réalité du ciel, n'était que rarement lié à un vrai scepticisme. Il n'empêchait pas de rester fortement attaché à des certitudes cosmologiques fondamentales, comme l'immobilité terrestre, c'était notamment le cas de Melanchthon (voir *The birth...*, p. 239-243).

[11] Voir *supra*, p. 27.

[12] La "supposition fausse", c'était l'*aitéma* aristotélicien, défini dans les *Seconds analytiques* (I, 10, 72b, 23-24) comme une assomption "fausse ou illégitime".

[13] Aristote, *Premiers analytiques*, II, 2, 53 b; trad. Tricot, Paris, 1936, p. 210. Aristote insiste sur le fait que le "pourquoi", c'est-à-dire le raisonnement portant sur les causes, ne peut faire l'objet d'un syllogisme à prémisses fausses, ce dont Clavius et Kepler tireront argument pour déclarer la règle dialectique *ex falso sequitur verum* irrecevable dans le domaine de la physique. Pour Kepler (*Mysterium*, ch. 1; *Contra Ursum*, ch. 1), les combinaisons de cercles, même si elles sont hypothétiques, rendent compte de quelque chose de "vrai": le mouvement de la planète. Clavius (*In sphaeram*, éd. 1581, p. 434-435), rejette l'argumentation sceptique au point d'admettre la réalité des épicycles. Voir P. Duhem, *Sozein* ..., p. 120-121; R.M. Blake, "Theory of hypothesis ..."; R. Westman, "Kepler's theory of hypothesis ..."; N. Jardine, "Forging ..."; M. Lerner, *Le monde des sphères*.

[14] A. Nifo, *In Aristotelis libros de coelo*, Venise, 1549, f. 82. Averroès avait affirmé dans son commentaire à la *Métaphysique* (*In Met.*, XII, 8, comm. 45) qu'il avait tenté sans succès de construire une astronomie ne faisant appel qu'à des cercles concentriques, pour remplacer celle de Ptolémée (voir F.J. Carmody, "The planetary theory of Ibn-Rushd", p. 572). Sur la reprise de cette tentative au 16ème siècle, voir *supra* p. 94).

disqualifier conjointement le syllogisme aristotélicien et la fabrication d'hypothèses astronomiques; selon lui, Aristote, Eudoxe et Calippe avaient eu tort de croire que leurs hypothèses étaient vraies, mais par la suite, une fable encore plus insensée avait vu le jour, celle qui consistait à croire "que la vérité sur les choses naturelles peut être démontrée à partir de causes fausses".[15]

Dans l'entourage de la Pléiade, ces questions étaient probablement agitées, ne serait-ce qu'en raison de ses liens avec le milieu ramiste.[16] En 1557, Guy de Bruès donna les noms de Ronsard et de Baïf à deux des personnages de ses *Dialogues contre les nouveaux académiciens*.[17] Le second, qui représente le sceptique, attaque les prétentions des astronomes avec des arguments comparables à ceux d'Agrippa. Il ne manque pas de dresser le vertigineux catalogue de leurs opinions contradictoires.[18] Le pire, selon lui, c'est la nécessité où se trouve l'astronomie de fonder ses raisonnements sur des hypothèses manifestement contraires à la vérité:

> ils ont aussi mis des Epicicles, eccentriques, et defferens aux cieux des planetes, chose qui n'a aucune apparence: et n'est pas vraysemblable, qu'un corps simple ait plusieurs mouvementz differentz, et qu'il y ait aussi telle difformité ès cieux. Mais ils ne sçavoient plus clairement manifester leur ignorance, et qu'en tout n'y avoit qu'une opinion,[19] sinon lors qu'ils n'ont peu venir à la vraye supputation des mouvemens des corps celestes, sans faire des suppositions fauces, et contraires à la nature.[20]

Le seul trait que "Baïf" retienne de l'héliocentrisme, c'est sa capacité à ébranler les certitudes les plus fortement ancrées:

> nonobstant qu'encore ce qu'ilz ont tenu plus asseuré, les autres l'ont repris: comme l'immobilité de la terre, car il en y a qui, la supposant mobile, viennent plus exactement (selon leur avis) à la supputation des mouvemens celestes, que ne font les autres qui la pensent immobile.[21]

---

[15] "At in posteris fabula est longe absurdissima, naturalium rerum veritatem per falsas caussas demonstrare", *Prooemium mathematicum*, Paris, 1567, p. 215. Comme chez Nifo, l'on observe un glissement de la notion d'hypothèse à celle de "supposition fausse alléguée comme cause". Pour Ramus, l'astronomie idéale se contentait de séries d'observations de positions planétaires, sans le support de modèles géométriques. Il pensait que telle avait été l'astronomie des Babyloniens, des Egyptiens et des Grecs avant Eudoxe et Aristote.

[16] Voir notamment K. Meerhoff, *Rhétorique* .... Voir aussi la note suivante.

[17] Bruès était entré en relations avec la Pléiade vers 1554. Il contribua, avec Ronsard, Belleau, Peletier, Des Masures, Denisot et Pasquier, à l'édition française de la *Dialectique* de Ramus (1555), en fournissant des traductions de citations latines. - Sur l'utilisation de la *persona* de Ronsard dans les dialogues philosophiques, voir E. Kushner, "Le personnage...".

[18] Ed. Morphos, p. 133-136.

[19] C'est-à-dire: que tout n'était qu'opinion (et non pas science). Cf. p. 149: malgré la certitude mathématique de ses démonstrations l'astronomie se trouve entièrement sous le régime de l'"opinion", car "il n'y a aucune asseurance ez principes, et suppositions d'icelle".

[20] Ed. Morphos, p. 135. - L'hypothèse, comme chez Ramus, devient "supposition fausse".

[21] Ed. Morphos, p. 139. Cf. p. 149.

Dans l'*Univers* de Pontus de Tyard, le narrateur souligne aussi l'impossibilité de se décider dans les questions les plus difficiles ce qui l'amène à mettre malicieusement en balance la raison et l'autorité:

> En bonne foy, dy-je, je croy que sans erreur l'on ne peut se donner quelque asseurance de ces mouvemens de la huitiesme sphere en si grande diversité d'opinions car telle fois les moins authorisez ont plus de raison, et d'autre part ceux qui sont honorez de la plus approuvée authorité, s'esgarent incorrigiblement en leurs discours.[22]

Le Curieux lui-même reconnaît une certaine faillibilité à la science qu'il pratique et admire, venant de ce qu'elle doit souvent "fonder raison de grande chose sur certains petis et presque non choisissables mouvemens".[23] Dans l'édition de 1587, Copernic se voit même attribuer certaines arrière-pensées subversives:

> [Il] a voulu subtilement faire preuve, que l'opinion vulgaire ne traine après soy par son auctorité, une necessaire consequence de verité, laquelle neanmoins se peut tirer quelquefois d'une suposition douteuse, suspecte ou mensongere.[24]

L'ignorance en poésie

Des textes "vulgaires", produits dans l'entourage de la Pléiade, maniaient donc les principaux arguments du scepticisme, ce qui rend significative leur absence presque complète en poésie. Leur relative aridité ne constitue pas une justification suffisante: ils pouvaient se passer d'une formulation technique et le thème de la connaissance ou des pouvoirs de l'intelligence était assez répandu. En vertu de quoi aurait-il été poétique de vanter la capacité de l'esprit humain à connaître les étoiles, et non poétique de soutenir la position contraire? Il arrivait pourtant bien moins souvent d'adopter la seconde attitude. Ronsard, dans l'"ode à Gaspard d'Auvergne", esquisse à peine une méditation sur l'ignorance:

> Pourquoi m'irai-je enquerre des Tartares,
> Ou des païs étranges, et barbares,
> Quand à grand peine ai-je la connoissance
>   Du lieu de ma naissance?
>
> A propos l'ignorant
> Va tousjours discourant
> Le ciel plus haut que lui:
> Lâs! malheur sur les hommes,
> Nés certes nous ne sommes
> Que pour nous faire ennui.

---

[22] Ed. Lapp, p. 16 (texte de 1557). Cf. un peu plus bas: "... je m'en rapporte à ce siecle, qui nourrit presque autant de diverses opinions astronomiques comme d'astronomes divers".

[23] Ed. Lapp, p. 31-32. A propos de l'apogée solaire.

[24] Ed. Lapp, p. 105. Ces paroles sont attribuées au narrateur.

> C'est se mocquer de genner et de poindre
> Le bas esprit des hommes, qui est moindre
> Que les conseils de Dieu, ou de penser
>   Sa volunté passer.
>
> Tousjours en lui metton nostre esperance,
> Et en son fils nostre ferme asseurance [...][25]

Comme l'a signalé P. Laumonier, ces vers sont partiellement imités d'Horace, mais Ronsard a transformé le sens de sens de son modèle. L'ode *Quid bellicosus Cantaber* ne s'occupe pas d'évaluer la hauteur de l'"esprit des hommes", et encore moins de le comparer aux "conseils de Dieu", elle invite à la sieste sous les platanes, dans une totale indifférence à ce qui pourrait se passer au-delà de l'Adriatique.[26] La dévalorisation du savoir, dans une perspective chrétienne, est donc un élément nouveau, mais sa portée ne doit pas être exagérée. Ce n'est pas l'édifice entier de l'astronomie qui semble ici mis en cause, mais seulement les prétentions de l'"ignorant" trop soucieux de lire son destin dans les astres et de régler sa conduite d'après l'opinion qu'il en tire. Quel est cet ignorant? Un superstitieux sans cervelle? Ou n'importe quel discoureur du ciel, de Ptolémée au dernier des charlatans? Le texte ne permet pas d'en décider: son propos essentiel est d'humilier l'astrologie en la rapportant à l'ordre divin du monde. Il entre dans le cadre des dénonciations de la mauvaise curiosité[27] et n'exprime donc pas un vrai scepticisme, sa critique de la "connoissance" reste toute relative: l'"esprit des hommes" n'est pas absolument bas, il est "moindre / Que les conseils de Dieu", et le ciel est "plus haut que lui".

Les poètes n'expriment généralement de sérieuses réserves sur la portée de la science que dans un contexte religieux. Louis des Masures présente les connaissances astronomiques (dont la valeur, ni surtout l'origine divine ne sont mises en doute) comme un petit îlot dans un océan de mystères:

> Et bien que de ses mains
> Ayent receu les humeins
> Les dons à tant de sommes:
> Que du ciel etheré
> Le cours consideré
> Soit entendu aux hommes.
> Bien que son sang eternel Uranie
> Leur ayt montré comment de l'univers
> L'ordre en son tour se conduit et manie,
> Et tant de cas en lui grans et divers:
> Du Soleil les chevaux:
> Ses annuels travaux
> A temperer la terre:
> Et que l'on entende or

---

[25] V. 5-20; éd. Laumonier, II, p. 170-171.
[26] Horace, *Carmina*, II, xi; éd. Villeneuve, p. 70-71.
[27] Voir *supra*, p. 135 sq.

La Lune au cercle d'or
Qui luit, et qui tant erre.
De l'Orion l'absconser, et la course
Des sept Trions que ne baigne Tethys,
De l'ardant chien, de la froide et lente ourse,
De Bootes et ses chevaux retifs:
D'où fut premier issant
Le genre florissant
De tant d'hommes qui naissent:
Des aërez oiseaux:
Des poissons par les eaux:
Et des bestes qui paissent.
Bien que de tant et de tant d'autres choses
L'homme ayt atteint à la science avoir,
Plus, sans nombrer, de causes à nous closes
S'est reservé le souverain savoir.[28]

La *Sepmaine* de Du Bartas manifeste le même mélange d'humilité et de confiance en un savoir donné par Dieu. Conformément aux exigences des théologiens de l'une et l'autre confession, le poème témoigne d'un réalisme fondamental: ne se méfiant ni des sens, ni du bon sens, ni des autorités vénérables, et se gardant seulement de l'abstraction inutile et surtout des "sentiers obliques" ou des songes des "frénétiques".[29] Il discourt sans retenue des "aërez oiseaux", des "poissons par les eaux" ou même du "ciel plus haut que lui", sans mettre en doute l'enseignement des manuels. Mais il ne laisse pas oublier que la philosophie ne pèse rien en face de l'Ecriture:

J'aime mieux ma raison desmentir mille fois,
Qu'un seul coup desmentir du sainct Esprit la voix [...][30]

Nul éloge, nul inventaire ne sauraient rendre compte de la richesse de la Création dont les sens et la raison n'obtiennent qu'une vision partielle:

Mais pourquoi fols humains, allez vous compassant
Du compas de vos sens les faits du Tout-puissant? [...]
Quant à moy, je sçay bien qu'un homme docte peut
Rendre quelque raison de tout ce qui se meut
Dessous le ciel cambré: mais non, non si solide
Qu'elle laisse un esprit de tout scrupule vuide.[31]

---

[28] "Vers lyriques", *Oeuvres poëtiques*, Lyon, J. de Tournes et G. Gazeau, 1557, p. 11-12.
[29] Voir *supra*, p. 121-2, 125. Melanchthon, Calvin et les théologiens catholiques dont la position, en matière de cosmologie, est bien représentée pas Clavius, affirmaient d'une part la possibilité d'une connaissance naturelle du monde (limitée mais non trompeuse), d'autre part celle d'une interprétation infaillible de l'Ecriture. Ce qui aboutissait, dans les trois cas, à l'adoption d'un aristotélisme adapté aux enseignements de la Bible.
[30] *La Sepmaine*, II, v. 1027-1028; éd. Bellenger, p. 89. A propos des eaux surcélestes.
[31] *Ibid.*, II, v. 739-746, éd. Bellenger, p. 73-74. A propos des météores.

C'est pourquoi l'auteur change parfois de point de vue et sort brutalement de son dogmatisme tranquille, bercé "sur les paisibles flots d'une commune mer",[32] pour de brefs accès de colère contre les prétentions des savants.

Le feu élémentaire, celui qui se loge entre l'air et la lune, n'est nulle part mentionné dans la Bible et personne ne l'a jamais vu. Ceux qui nient son existence, en s'opposant à Aristote, n'en subissent pas moins une vive attaque, accusés de "donner plus de creance / Aux yeux qu'à la raison."[33] Mais ceux qui utilisent leur raison pour disputer de la matière des cieux, fussent-ils Aristote, ne sont pas mieux traités :

> Voila jusqu'où s'estend la superbe fureur
> Des hommes aveuglez d'ignorance et d'erreur [...][34]

Parler de quintessence (ou de feu céleste) serait donc une sorte d'abus de pouvoir; en revanche, l'on est fondé à dire que les astres sont "attachez à des rouantes voutes".[35] Quant aux "subtiles raisons"[36] de Copernic, elles sont proprement délirantes. Elles ne méritent même pas le bénéfice du doute car elles s'opposent à trop de certitudes. Dans ce contexte fluctuant, la cote de l'intelligence humaine subit de sensibles variations; sa capacité à pratiquer l'astronomie est le plus souvent reconnue, comme dans l'invocation au ciel :

> ton aile
> Sur nous vole si tost que nostre entendement
> Seul peut, comme tien fils, suyvre ton mouvement [...][37]

Mais il lui arrive aussi d'être taxée d'insuffisance :

> Je sai bien que les clous qui brillent dans les cieux,
> Fuyent si vistement et nos mains et nos yeux,
> Que le mortel ne peut parfaitement conoistre
> Leur chemin, leur pouvoir, et moins encor leur estre.
> Mais si l'esprit humain par conjecture peut
> Atteindre à ce grand corps, qui, se mouvant, tout meut:
> Je di que [...][38]

Cette prudente entrée en matière introduit un exposé de cosmologie traditionnelle, dont le caractère conjectural n'est plus jamais rappelé.

---

[32] *Ibid.*, IV, v. 128. - Sur les fluctuations du poète, voir aussi *supra*, p. 123-5.
[33] *Ibid.*, II, v. 853-854; éd. Bellenger, p. 79.
[34] *Ibid.*, II, v. 939-940; éd. Bellenger, p. 84.
[35] *Ibid.*, IV, v. 117; éd. Bellenger, p. 152.
[36] *Ibid.*, IV, v. 156; éd. Bellenger, p. 155.
[37] *Ibid.*, II, v. 982-984. Voir aussi le VIème jour, v. 801 sqq.
[38] *Ibid.*, IV, v. 55-60 et 69; éd. Bellenger, p. 148-149. Nous citons le texte de 1578; en 1581, Du Bartas ajouta les v. 61-68, de manière à offrir le choix entre l'hypothèse biblique et l'hypothèse aristotélicienne.

Louanges de la science: Peletier et la docte ignorance

Albert-Marie Schmidt a cru reconnaître dans les *Louanges* de Peletier les signes d'"une sorte de pyrrhonisme désespéré",[39] jugement bien excessif. Peletier refusait l'idée d'une connaissance infuse, immédiatement parfaite, et orgueilleuse au point d'entrer en rivalité avec celle de Dieu,[40] mais il n'est jamais allé au-delà du relativisme professé par Nicolas de Cuse. En adoptant le point de vue du mathématicien et non celui du théologien, il a même donné une interprétation spécialement stimulante des positions de la "docte ignorance".[41]

L'intelligence humaine est astreinte à l'effort, elle chemine lentement à travers les discussions et les doutes, et elle reste de l'ordre du fini.

> Que pourrons nous savoer de toe, supreme Etant?
> Vu que les plus savans ont tousjours controverse,
> Des fez les plus abstrus an Nature universe:
> Sans cesse proposans doutes, e questions,
> Du nombre d'Elemens, e de leurs mistions.
> A l'homme c'et beaucoup qu'il veille, e qu'il contample,
> Tousjours conjecturant, par cause e par example [...][42]

Mais ce tâtonnement dans la multiplicité des conjectures est aussi le signe d'une richesse. Le "proème" de l'*Algèbre* affirme, par exemple, que le rêve de l'uniformité, en soi impossible à réaliser en ce monde, ne constitue qu'une utopie mal inspirée. Par son inventivité, même désordonnée, l'esprit se montre digne de la diversité qui l'entoure; il s'y exerce et il y réagit. C'est-à-dire que ses tentatives révèlent ses relations fécondes avec les choses, à l'opposé de ce que voudraient les sceptiques.

> E ét autant impossible, d'imaginer toutes choses étre egales: comme étre les hommes tous d'une volonte, d'une pansee e d'une affeccion. Il faudroèt mesurer les diversitez e contrarietez qui sont an l'Univers toutes a un point: la beaute e la

---

[39] A.-M. Schmidt, *La poésie scientifique...*, p. 89.

[40] "Savoer outrecuide, e qui ét trop sublime, / Et un vrei non-savoer, qui tombe an un abime", Peletier, *Euvres poetiques intitulez Louanges*, Paris, R. Coulombel, 1581, f. 58 r°.

[41] Le *De docta ignorantia* et le *De conjecturis* semblent fournir la base de son épistémologie: l'intelligence humaine est finie, relative à elle-même, elle ne peut accéder à la connaissance absolue des choses; la science est donc un savoir en perpétuel progrès, jamais définitif ni précis, qui se contente d'établir des rapports en mesurant le plus et le moins, d'où l'importance des mathématiques. Lefèvre d'Etaples avait donné une édition de Nicolas de Cuse, chez Josse Bade, en 1514, et sa philosophie était bien connue des évangélistes français, notamment de ceux qui s'intéressaient aux mathématiques, comme Bovelles, or Peletier était mathématicien et probablement érasmien. Contrairement à Bovelles, Lefèvre ou Clichtove, il a cependant très peu développé la *theologia mathematica*, c'est-à-dire l'utilisation symbolique des nombres dans une perspective mystique. Sur l'influence de Nicolas de Cuse, voir G. Cappello, "Niccolò Cusano ..."; B. Copenhaver, "Lefèvre d'Etaples ..."; E. Garin, *L'Età nuova...*, p. 293-317; S. Meier-Oeser, *Die Präsenz...*, p. 36-52. - Les rapports entre Peletier et le Cusain ont été signalés par Staub (*Le curieux désir*); sur l'énigmatique position religieuse de Peletier, voir N.Z. Davis, "Peletier and Beza ...".

[42] *Ibid.*, f. 40 v°.

ledeur: la grandeur e la petitesse. Ce seroèt limiter e captiver l'apprehansion de l'homme: laquele n'à rien de plus propre que la liberte. Il faudroèt premier epuiser cete mer e cet abime des choses qui sont an la Nature: laquele ne se lassera jamais de produire nouveautez e d'ang'andrer nouvelles convoetises an l'esprit des hommes: e qui travalhera tousjours plus (s'il faut dire einsi) an son abondance, qu'an sa povrete [...][43]

Même si son succès n'est jamais assuré, la science n'en demeure pas moins la vocation de l'homme.[44] Dieu ne révèle pas à sa créature tout ce qu'il sait, il "incite" son esprit "au labeur", et lui donne "exercice an la diversite",[45] afin de mieux éveiller ses facultés:

> La Reson par les sans, fit l'Homme emerveiller:
> Puis la merveille fit le Desir eveiller:
> L'ardant Desir emut l'Etude et Dilig'ance:
> Le dilig'ant Labeur, ouvrit l'Intelig'ance.[46]

Les sciences, nées d'une "admiracion" perpétuellement renouvelée,[47] se sont lentement développées et ne sauraient trouver la perfection, mais elles témoignent d'une "emulacion" constante,[48] elles progressent:

> Donq l'Homme ne pouvant rien savoer tout acoup
> De filet an filet il ourdit son beaucoup,
> (Si beaucoup de savoer se peut trouver an l'Homme)[49]

---

[43] Peletier, *L'Algèbre*, Lyon, J. de Tournes, 1554, f. a 5 r°-v°.

[44] Cf. Nicolas de Cuse, *De docta ignorantia*, I, 1: toute créature aspire à réaliser sa finalité; l'homme , être de raison, aspire donc à connaître la vérité: "sanum liberum intellectum verum, quod insatiabiliter indito discursu cuncta perlustrando attingere cupit, apprehensum amoroso complexu cognoscere dicimus..." (*Philosophisch...*, éd. Gabriel, I, p. 194).

[45] *Ibid.*, f. 42 r°.

[46] *Ibid.* Peletier s'inspire du début de la *Métaphysique* d'Aristote. - Cf. le *De constitutione horoscopi*: "Dans cet admirable théâtre de la Nature, la variété des choses partout répandue a d'abord incité l'esprit des hommes à rechercher les causes, grâce à un désir inné de connaissance: puis, des discussions ayant surgi de toutes parts, des opinions probables sont apparues" ("In hoc spectatissimo Naturae Theatro, rerum varietas undique diffusa, primum ad causarum disquisitionem excitavit animos hominum, cognitionis insita cupiditate: inde disputationibus ultro citroque inductis, opinionum probabilitas suborta"), *Commentarii tres*, Bâle, 1563, p. 49. - La multiplicité des "conjectures" découle de la finitude et de la relativité de la connaissance (Voir Nicolas de Cuse, début du *De conjecturis*).

[47] Cf. *L'Algebre*, f. a 5 v°-a 6 r°: "Cete variete d'objez meùt e incite les vertuz de l'ame inegalemant: laquele de degre an degre se hausse jusques a l'ebahissemant. Vrey ét, que quand les choses se sont lessees attirer an parfette connoessance: elles font d'une part, cesser la merveille: mes elles l'augmantet de l'autre". La suite du texte oppose l'"admiracion" du vulgaire, qui reste stérile, et celle du philosophe et du mathématicien.

[48] "Ce peu que nous savons, de ce qui ét immanse, / Nous met dedans le keur un zele et vehemance, / Pour tousjours plus savoer: quand les sines du moins, / D'un si riche surplus nous sont si seurs temoins", f. 60 r°.

[49] *Ibid.*, f. 43 r°.

La parenthèse signifie seulement que le *savoer* humain n'est rien en face de celui de Dieu, elle ne trahit nulle méfiance à son égard. Pour Peletier, ni les sens ni la raison ne sont trompeurs; bien au contraire, "l'essance Mantale" est

> Mise divinemant an nous, pour admirer,
> La Nature, e ses fez, e Sciance an tirer,
> Par cele faculte dedans ele informee,
> Délors qu'aveq le Cors ele fut conformee.[50]

Bien loin de maintenir les hommes dans l'ignorance ou dans l'erreur, le créateur ne songe qu'à les instruire:

> Dieu, qui fez noz Espriz voiager par les Cieus,
> Pour an fere raport an ces Terrestres lieus:
> E qui par ton pouvoer les atrez, e r'anvoes,
> Pour les randre exercez an tes plus droetes voees [...]
> Fè moe vivant choesir tant parmi les Discrez,
> Que par les Continuz,[51] leurs plantureus secrez,
> E savoer comparer aus fez innumerables
> De Nature e de toe, leurs rapors mesurables.[52]

Les deux *Louanges* expriment surtout une admiration et comme une reconnaissance profondes envers les mathématiques, présentées comme les disciplines les plus capables de décrire la nature:

> Mais le nom de Sciance et tant seulemant du
> Aus quatre, dont le sans ét par Cause antandue [...]
> Qui sont quatre protrez de cete grand' Fabrique,
> Et de tout l'Univers comme une Teorique.[53]

Les *Louanges* ne sont donc pas l'oeuvre d'un sceptique, elles nous donnent plutôt le rare témoignage poétique d'un homme de science qui a réfléchi sur les pouvoirs de sa discipline, et sait pourquoi il n'est pas sceptique. Peletier, ne donnait pas aux "hypothèses" un sens aussi fort que Kepler ou Clavius, mais, à la différence d'un Ramus, il connaissait la valeur et l'usage de ces instruments d'une connaissance humaine. Dans le *De constitutione horoscopi*, il avait mentionné l'idée de l'*aequipollentia hypothesium*. Après avoir signalé la difficulté particulière de l'astronomie qui ne peut toucher ses objets ni bénéficier d'une vérification expérimentale, il avait donné l'exemple, désormais banal, des deux hypothèses contraires concernant le mouvement de la terre; mais au lieu de conclure comme les sceptiques, en tirant argument de cette discussion impossible à trancher pour décourager les chercheurs, il avait conseillé d'aller de l'avant: "de fait,

---

[50] *Ibid.*, f. 44 v°.
[51] Aussi bien parmi les nombres (de l'arithmétique) que parmi les grandeurs (de la géométrie).
[52] *Ibid.*, f. 51 r°. L'idée du "rapport mesurable" est typiquement cusanienne.
[53] *Ibid.*, f. 50 v°: conclusion de la première *Louange de la Sciance*. - Voir aussi l'éloge de l'astronomie, f. 54 r°-v°. La louange des mathématiques est un thème récurrent chez Peletier.

même une fausse hypothèse <peut> conduire à la connaissance du vrai".[54] Cette phrase ne cherche pas à jeter le discrédit sur les hypothèses, et l'accent doit porter sur sa dernière partie. Pour Peletier la science humaine, dans son infirmité, devait souvent faire confiance à des fondements incertains et se décider sur des "conjectures", mais la vérité existait à son horizon, et, à défaut de pouvoir l'atteindre, il restait possible de s'orienter vers elle.

> [Dieu] tout grand, e tout bon, de tout savoer Auteur,
> E qui set tout ansamble, e seul et son docteur,
> Peut aussi tot qu'il veut. Mes l'Homme, qui recole,
> Au long, e peu a peu, a besoin d'une Ecole,
> Pour son aprantiçage. Einsi an anseignant
> Ce qui lui samble vrei, le faus il va feignant:
> E recherchant tousjours quelques fondemans fermes,
> Il polit la Sciance an ses Regles e termes:
> Tant de moyens divers ont ete progetez,
> Un tams tenuz pour bons, puis apres regetez:
> E tant il a falu d'hipoteses premetre,
> Eins que tant de Sugez an leur doctrine metre:
> Ancor et-ce beaucoup, que sans absurdite,
> L'Esprit an puisse user a sa commodite:
> E de pouvoer trouver un Art, qui tant nous valle,
> Que ne defallant point, le savoer point ne falle:
> Savoer? si je n'etoè Matematicien,
> Je me fusse randu Academicien.[55]

Les poètes de la vanité

Ces rares attaques contre la certitude de la science du ciel ne semblent donc guère virulentes. En revanche, la poésie morale ou spirituelle qui s'est surtout développée durant le dernier tiers du siècle, a volontiers pris pour cible les ambitions démesurées des astronomes. Alors que les apologistes, de Pierre Du Val à La Boderie ou Du Bartas, s'en faisaient plutôt des alliés pour mieux traiter le thème du *Caeli enarrant*, les poètes de la *vanitas* ou de la *miseria hominis* voyaient en eux les victimes d'une illusion perverse. La méditation sur la vanité des sciences se confondait presque avec le scepticisme, tous deux venant souvent de la même attitude religieuse. Le Baïf des *Dialogues* de Bruès cite l'*Ecclesiaste*:

> Après avoir discouru toutes les disciplines et opinions des hommes, je ne voy qu'il y ait en tout fors qu'une resverie et confusion: ce que le sage mesmes ateste, quand apres avoir voulu par grande curiosité sçavoir toutes les choses, lesquelles estoient soubz le ciel du Soleil, tout confus en soy mesmes, il dit, tout n'estre que vanité des vanitez, et tout vanité [...][56]

---

[54] "Nam et falsa hypothesis ad veri cognitionem ducit",. Voir *supra*, p. 157.
[55] *Ibid.*, f. 57 r°-v°.
[56] Ed. Morphos, p. 132. Ref. à *Ecclesiaste*, I, 2.

Dans "Les regretz de Marc Antoine et de Cleopatre", Guillaume Belliard éclairait d'un jour pessimiste l'orgueilleux tableau de l'excellence humaine:

> Mais l'homme, bien qu'il soit capable de raison,
> Bien qu'il attende au Ciel sa divine maison,
> Bien qu'eslevé tout droict, il contemple à son ayse,
> Des Astres aetherez l'estincellante braise:
> Bien que tous animaux autant grandz que petitz,
> Ayent dessouz sa main estez assubjectiz,
> Et que son intellect rende participante,
> De la divinité son ame icy vivante:
> Si est-ce toutesfois, qu'en sa debilité,
> Apparoist plus qu'en tous l'humaine infirmité.[57]

Les deux volets du discours de la *dignitas* et de la *miseria* sont sèchement confrontés, au lieu d'être pris dans une dialectique porteuse d'espoir, de sorte que l'éloge initial s'en trouve terni, bien qu'il souligne les vraies raisons de la grandeur de l'homme, et qu'il mette en relation ses aptitudes astronomiques et sa filiation céleste. Mais le discours de la *vanitas* marquait un refus plus sévère parce qu'il n'offrait à la discipline méprisée aucune chance de réhabilitation; l'astronomie était mise au rebut, parmi d'autres dépouilles de la fausse grandeur:

> Que sert il d'acquerir tous les tresors du monde,
> Les honneurs, les faveurs, et que sert il d'avoir
> D'un Prince, ou d'un grand Roy le superbe pouvoir,
> Ou d'estre seul seigneur de la terre et de l'onde.
> De cognoistre le fond d'une abisme profonde,
> Des astres et des cieux les mouvemens sçavoir,
> Et n'atteindre jamais le but de nostre espoir,
> Maudits du createur de la machine ronde [...][58]

L'intérêt pour les étoiles, expression la plus exaltée de la curiosité scientifique, pouvait aussi être dénoncé comme une forme de divertissement, d'autant plus pernicieuse qu'elle semblait honorable. "L'ame du vieillard" de Guillaume Du Buys nous présente d'abord une sorte de vieux savant idéal, dont le désir de connaissance se libère et s'exprime, à mesure que décroisssent ses forces physiques:

> Tant plus je sens les ans rendre mon dos courbé,
> Tant plus un beau desir rend mon cueur enflambé
> De tousjours mieux apprendre, aussi n'est-il science
> Dont je n'aye souvent entiere intelligence,
> Soit pour cognoistre un Dieu, et toutes ses grandeurs,
> Le mouvement des Cieux, des astres les splendeurs,
> Ce que peut le bonheur de leur douce influance,

---

[57] *Le premier livre des poemes de Guillaume Belliard*, Paris, Claude Gauthier, 1578, f. 15 v°.
[58] Martin Spifame, "Sonnets spirituels", 16, *Les premieres oeuvres poetiques*, Paris, Veuve Breyer, 1583, f. 13 v°.

> De leur malin aspect la desastreuse offence,
> Le flus de l'Ocean, la qualité des vens
> Comme un discord s'accorde entre les elemens [...][59]

La science du vieillard respecte l'ordre hiérarchique, en descendant de Dieu, aux astres puis au monde élémentaire, et elle offre une démonstration exemplaire des pouvoirs de l'esprit sur la matière, contre les philosophes mal-intentionnés qui iraient affirmer que l'âme pâtit du déclin du corps.[60] Cependant le poème ne porte pas jusqu'au bout le flambeau de l'idéalisme triomphant; il change de registre et aborde le thème du *memento mori*.

> Mais d'où provient cela que l'homme curieux
> Recherche à compasser et la terre et les cieux,
> Desbrouille du cahos la confuse meslange,
> Et de Phebe, et des flots, sçait la merveille estrange,
> Du cours et du decours, et des planetes veut
> Sçavoir encor sur nous que l'influance peut?
> Toutesfois il ne tasche à cognoistre soy-mesme,
> Ce qui cher le rendroit à la bonté supresme,
> Et feroit que tandis que de vent il se paist,
> La seule mort seroit son plus aymé souhait.[61]

Au lieu de se disperser follement et de courir le monde et les cieux pour se repaître de vent, l'homme est invité à revenir en lui-même, à renoncer au divertissement, à méditer le précepte delphique et à se préparer joyeusement à mourir.[62] Le discours du moraliste, qui rejoint (la religion en sus) certains aspects de la sagesse socratique, sans oublier de dénoncer au passage la coupable curiosité d'un vieillard trop anxieux de lire le futur dans les astres, prend ici le contre-pied de l'invitation au voyage des traités hermétiques.

---

[59] G. Du Buys, "L'ame du vieillard", dans *Les Oeuvres*, Paris, G. Bichon, 1585, f. 34 v°.

[60] Les "averroïstes" padouans tiraient les dernières conséquences de la solidarité de l'âme et du corps, en affirmant la mortalité de l'âme individuelle; mais la plupart des médecins et des philosophes reconnaissaient l'effet de la maladie et de la vieillesse sur les facultés intellectuelles.

[61] Du Buys, "L'ame du vieillard", éd. cit., f. 47 v°-48 r°.

[62] Le thème de ce poème était un lieu commun, également traité en peinture. Voir "le Mélancolique", gravure d'après Jacob De Gheyn II (M. Préaud, *Mélancolies*, Paris, 1982, p. 22); ou bien les deux tableaux de Gottfried Kneller (1646-1723), *Vieillard en méditation* (Musée du Louvre) et *Vieux savant devant une vanité* (Musée de Lübeck). Il représentent un vieil homme devant les attributs symboliques de la *vita voluptuaria*, de la *vita pratica* et de la *vita contemplativa* (avec la bougie, le livre et la sphère). L'appellation ancienne du premier tableau était: *Socrate*. Voir A. Tapié dir., *Les vanités dans la peinture au 17ème siècle*, Caen, Musée des Beaux-Arts, 1990, p. 200-201.

Ce rapide parcours topique montre à quel point l'astronomie était encore à la Renaissance une science valorisée et bien en vue. Elle ne l'était jamais autant que dans les livres de ses propres praticiens et dans les vers des poètes qui l'admiraient de loin. Même ses détracteurs, dont l'acrimonie était toute relative, empruntaient naturellement l'ornière creusée par ses laudateurs et reprenaient leurs thèmes. Elle n'était d'ailleurs mise en cause qu'en raison de sa position éminente et de sa richesse symbolique. Solidement campée à la cime du savoir spéculatif (là où la philosophie profane rejoignait la philosophie sacrée), sous une coupole étoilée extrêmement décorative, elle était la mieux placée pour recevoir les foudres de quelques moralistes. Ainsi haut perchée, elle se voyait de loin et de partout, noble figure allégorique qui pouvait impressionner favorablement jusqu'aux plus ignorants: il n'existait pas de meilleur emblème des pouvoirs de l'intelligence humaine.

L'on pourrait s'étonner de la monotonie des éloges poétiques qu'on lui décernait. Une monotonie que l'acidité des critiques venait rarement réveiller: la principale fonction de la poésie était d'embellir et de magnifier, or les sphères, leurs étoiles, leur ordre admirable et leur merveilleuse science s'y prêtaient tout naturellement. D'autre part, le ciel avait visiblement été accaparé par une certaine philosophie platonisante ou hermétisante, saturée de thèmes chrétiens. Il serait peut-être exorbitant de réclamer, au XVIème siècle, un hymne à l'astronomie d'orientation matérialiste; mais on n'en trouve même guère de simplement naturalistes. Lorsque les poètes imaginaient des voyages à travers l'espace, en s'inspirant de l'*Asclepius*, ils leur donnaient le Paradis pour destination. Lorsque Ronsard imitait l'éloge d'Epicure, il ménageait à Dieu sa place, comme s'il eût été impensable de lever les yeux vers le ciel sans y reconnaître sa maison natale et les signes de la Providence.

Les étoiles se prêtaient bien à quelques variations plus légères. Dans la poésie amoureuse, "fatales lumieres"[63] et "feux jumeaux",[64] "estoilles blondes"[65] ou "inhumaines"[66] se rencontraient partout, sans être environnés d'une atmosphère d'église. Mais dès qu'on les considérait plus sérieusement, en y mêlant tant soit peu de philosophie, les réflexions pieuses, les lieux communs théologiques manquaient rarement de se profiler. Au point que l'on remarque les poètes restés sobres à cet égard, comme Jacques Peletier du Mans et Ronsard.[67] Par quelque bout qu'on la prît, l'astronomie pouvait toujours mener à un chapitre du catéchisme: sous son aspect descriptif, elle posait les bases les plus solides de la preuve cosmologique, sous son aspect divinatoire, elle était prétexte à des leçons de morale, ou bien elle entraînait une mise au point, plus ou moins discrète, sur la toute-puissance divine et

---

[63] Olivier de Magny, *Odes amoureuses*, xviii, "Elégie à sa Dame", v. 33-34: "Et par voz yeux, ma fatale lumiere, / Je recouvroy ma fortune premiere", éd. M.S. Whitney, p. 57.
[64] Ronsard, *Amours*, s. 170, v. 1: "Le feu jumeau de Madame brusloit [...]"; éd. Laumonier, IV, p. 161.
[65] Pontus de Tyard, *Erreurs amoureuses*, l. II, s. 15, v. 6: "Pour l'aspect fier de mon estoile blonde", éd. J. McClelland, p. 212.
[66] Flaminio de Birague, *Amours*, s. 100, v. 5; *Premieres oeuvres poetiques*, Paris, Perier, 1585, f. 36 r°.
[67] Voir les chapitres XI et suivants.

sur la Grâce; ou bien encore elle pouvait servir à fixer une méditation sur les vanités.

A cela s'ajoute qu'une bonne partie de la poésie cosmique française à participé au grand dessein apologétique: Pierre du Val, Lefèvre de La Boderie et Du Bartas ont fait d'Uranie une muse toute chrétienne, sise dans un empyrée paradisiaque, muse des harmonies religieuses, et surtout prodigue de révélations mystiques:

> O Filleule du Ciel, qui vois de l'Univers
> Les mysteres divins, et ois les Tons divers
> Que dix cercles tournés de roideur inegale
> Font retentir la haut par egal intervalle:
> Je t'appelle à mon aide, à toy j'ay mon recours,
> Car à haute entreprise est deu hautain secours.
> Embrasse donc le bout de la Cheine dorée,
> Et devalle icy bas du haut ciel Empiree.[68]

---

[68] La Boderie, *L'Encyclie*, Anvers, 1571, "1er cercle", p. 29. - Cf. Du Val, *De la grandeur...*, Paris, 1553, f. A 3 r°: "Muse du ciel, ô divine Uranie, / Dy moy la doulce et plaisante harmonie / Que tient le cours du Monde spacieux, / Et le reglé mouvement des hauts cieux: // Dy moy l'autheur et la cause premiere / De la tousjours flamboyante [...]". Dans son "epistre dedicatoire", La Boderie affirme suivre les traces de P. Du Val (éd. cit., p. 24). - Voir aussi Du Bartas, *La Muse chrestienne*.

IIème PARTIE: RENAISSANCE D'UNE POÉSIE DU CIEL

CHAPITRE NEUVIÈME

MUSES, GRAVITÉ ET DOCTRINE

Sed abite potius Sirenes usque in exitium dulces meisque cum Musis curandum sanandumque relinquite.[1]

L'Amour des amours de Peletier et les *Hymnes* de Ronsard, qui datent de 1555, ont marqué la renaissance de la poésie philosophique en France. Les "écoles" qui se développaient séparément à Lyon et à Paris, dans une indépendance mesurée, trouvaient ici l'une de leurs occasions de rencontre.[2] En effet, si différentes qu'elles fussent, les deux oeuvres révélaient une attitude similaire sur de nombreux points. Elles trahissaient, chacune à sa manière, la volonté de rompre avec l'image habituelle du poète français. Leurs modèles les plus proches sont néo-latins. Peletier a imité Pontano, et Ronsard Marulle, dans un oubli apparemment volontaire de la tradition du *Roman de la rose*. Et ils semblent avoir reconnu, l'un comme l'autre, une dignité toute spéciale à la description des "faits de la Nature"[3], capable de conjurer le soupçon de futilité que traîne irrémédiablement la poésie. Peletier, comme mathématicien humaniste, et Ronsard, comme gentilhomme nourri près de la Cour, redoutaient d'être confondus avec le commun des rimeurs, et la philosophie leur offrait un domaine qu'ils pouvaient investir sans risque.

---

[1] Boèce, *De consolatione philosophiae*, I, 1; éd. Rand et Tester, p. 134.
[2] Peletier est souvent considéré comme un membre de la Pléiade; il connaissait Ronsard depuis 1543; sa traduction de l'*Art poetique* d'Horace (1541, voir B. Weinberg, "La première édition ...") préfigure certains aspects de la *Deffence*.
[3] Peletier, *Art poetique*, l. I, ch. 3 "Du Sujet de Poésie...", éd. Goyet, p. 249.

Projets d'une poésie de la nature

Dans l'épître à Zacharie Gaudard qui introduit l'*Art poétique*, Peletier, relatant la genèse de son recueil, se présente d'abord comme un mathématicien en quête de récréation.[4] Épuisé par son travail sur Euclide, il aurait jeté son dévolu sur de vieux poèmes d'amour restés dans ses cartons. Puis cette conception trop modeste de la poésie, vouée au délassement de l'intellectuel, se modifie graduellement:

> Et les reconnaissant, me prit premièrement envie de les poursuivre: si bien, que je me trouve tout ébahi, que d'un passetemps, et comme d'une dépendance d'étude: j'eus de quoi faire un sérieux jeu. Car entrant en besogne, me survint un certain avis, que l'Amour était un Sujet plus capable que ne l'avais pourjeté au commencement. Et de fait, suivant cette conception, me suis aventuré, d'un Amour nu et simple, en faire un général et universel: tellement que par ma déduction je démenasse un ébat amoureux, qui comprît en soi profit et importance: faisant mon projet d'y appliquer choses naturelles, Cosmographie, Astrologie, et autres choses dignes des plus nettes et graves oreilles.[5]

L'éloge de l'amour "nu et simple" ne comporterait donc ni "profit" ni "importance"; résultant d'une occupation insignifiante et secondaire, il ne vaudrait pas la peine d'une publication. En revanche, l'entreprise deviendrait intéressante si on y "appliqu\<ait\> choses naturelles": un auteur déjà connu par ses travaux savants pourrait en être fier.

Dans ce nouvel épisode de l'antique rivalité entre littérature et science,[6] une redistribution des valeurs s'opérait discrètement. Cicéron, dans le *De oratore*, avait réclamé pour l'éloquence l'honneur de parachever la philosophie,[7] en lui donnant sa plus belle expression humaine, et l'avait ainsi tirée de son statut subalterne, voire parasite. Par la voix de Crassus, il avait plaidé en faveur d'un retour à l'ancienne alliance entre la parole active et la spéculation. Il fallait, selon lui, retrouver la *pristina communio*

---

[4] Ed. Goyet, p. 238. Le texte établit une hiérarchie entre les mathématiques et la poésie ("autre genre d'étude plus facile et de moindre spéculation"), mais place ces deux activités sous le signe de l'amour: "Qui voudra prendre garde, Seigneur Gaudard, aux desseins et affaires des hommes: il trouvera que tout est accompagné d'une certaine volupté [...]. Même ès choses les plus difficiles et laborieuses: la volupté, ou comme j'ai de coutume de parler, l'amour y est inséparable" (*Ibid.*, p. 237). A "l'ardeur extraordinaire" mise au travail sur Euclide, répond la "délectation" de l'exercice de la poésie. Un peu plus loin, l'humaniste impatient de retourner à ses mathématiques et de "faire voir de \<ses\> Écrits latins", s'avoue pris au jeu de la poésie française: "me suis tenu en l'*Amour* de mon Français. Et m'a semblé que je devais *faire plaisir* à nos *amateurs* de Poésie, en les leur communiquant" (p. 239).

[5] Ed. cit., p. 239.

[6] Entre philosophie et rhétorique (ou poésie), selon la terminologie ancienne.

[7] "Quae [= eloquentia] quanquam contempnatur ab eis [= philosophis], necesse est tamen aliquem tumulum illorum artibus afferre videatur", *De oratore*, III, 35, 143. Voir A. Michel, *Rhétorique et philosophie...* - Sur l'influence des traités cicéroniens à partir du XVème s., voir J.O. Ward, "Renaissance commentators..."; J.S. Freedman, "Cicero in XVIth ...". Sur l'alliance de la rhétorique et de la philosophie chez les humanistes italiens, voir S. Camporeale, *Lorenzo Valla*; J.E. Seigel, *Rhetoric and philosophy...*

injustement rompue par Socrate, l'adversaire des sophistes et, au-delà, de tout l'art de la parole.[8] L'union de la littérature et de la philosophie était un thème humaniste: dans une leçon inaugurale de 1476, Filippo Beroaldo avait proposé aux étudiants parisiens de parachever leur excellence philosophique (garantie par la tradition de leur Université), grâce à l'apport d'une culture littéraire qui n'avait aucune raison d'entrer en conflit avec elle:

> Ici la philosophie a grandi [...]. J'ai donc pensé faire oeuvre méritoire si j'enseignais ici les humanités et la poésie, si je montrais comme elles s'accordent et s'apparentent avec la philosophie.[9]

Vers le milieu du XVIème siècle, de telles idées revenaient dans l'air. Ramus, grand lecteur de Cicéron,[10] menait fermement la défense de l'éloquence contre les philosophes sans humanités, les aristotéliciens professionnels.[11] Et ce n'était pas un hasard si ses discours sur ce thème contenaient de fréquents éloges de la poésie cosmologique, qu'il s'agisse des *Géorgiques*, du *De natura rerum* de Lucrèce, ou des *Métamorphoses* d'Ovide: elle prouvait, selon lui, que la philosophie pouvait s'enseigner à l'aide d'exemples littéraires.[12] Ces conceptions étaient partagées, avec quelques différences dans l'interprétation,[13] par les professeurs humanistes de Paris et d'ailleurs, soucieux de retrouver la conception cicéronienne de la culture. "Nous [les littéraires]", devait dire Muret, dans un discours prononcé à Venise en 1555,

---

[8] *Ibid.*, III, 19, 72. - Socrate condamnait d'ailleurs les orateurs parce qu'ils s'étaient détachés de la philosophie. Le *Phèdre*, par exemple, est très clair à cet égard.

[9] Cité par A. Renaudet, *Préréforme et humanisme ...*, p. 116.

[10] Tout en le critiquant, il en a profondément subi l'influence, voir K. Meerhoff, "Ramus et Cicéron".

[11] Voir le discours du 4 novembre 1544, publ. dans *Tres orationes ...*, Paris, J. Bogard, 1544; le *Somnium Scipionis Ciceronis praelectionibus explicatum* (Paris, J. Bogard, 1546/1547; 2ème éd., Paris, M. David, 1550), et l'*Oratio de studiis philosophiae et eloquentiae conjungendis* (Paris, J. Bogard, 1546). La question de l'union entre éloquence et philosophie servit de thème central à sa leçon inaugurale au Collège royal (*Pro philosophica parisiensis Academiae disciplina oratio*, Paris, M. David, 1551) . Pierre Galland répliqua à ce dernier discours en soulignant l'opposition entre la grave philosophie et la littérature qu'il traitait de Sirène en des termes qui rappellent Boèce; il en profitait pour lancer une pointe contre les romans de Rabelais (*Pro schola Parisiensi contra novam academiam Petri Rami oratio*, Paris, 1551, f. 9 v°). - Voir P. Sharratt, "Peter Ramus and the reform...".

[12] *Pro philosophica ...*, Paris, M. David1551, p. 44-45. Ramus conseillait aussi la lecture de Pline et de Sénèque; sur la promotion, par les humanistes, de traités de philosophie naturelle de bonne tenue littéraire, voir *supra*, p. 37 sq.

[13] P. Sharratt montre avec une certaine malice (dans "Peter Ramus...") que Ramus n'était pas un grand littéraire et manquait de sens poétique, de sorte qu'il n'était pas le mieux placé pour exécuter son propre programme. Adrien Turnèbe lui reprocha ainsi, au nom de l'idéal cicéronien, de n'avoir ni philosophie, ni lettres et de croire que toute la culture humaine se ramenait à la logique (*Animadversiones in Rullianos Petri Rami commentarios*, 1553; voir Sharratt, *art. cit.*, p. 15-16).

nous sommes les seuls à qui il soit nécessaire, non pas sans doute de pratiquer et connaître de fond en comble toute cette variété des arts libéraux, mais au moins d'y toucher et de les goûter.[14]

Peletier allait sans doute encore un peu plus loin, quand il offrait à la poésie française, et à la poésie amoureuse, un rôle de premier plan: elle ne serait plus seulement une "dépendance d'étude", mais un "sérieux jeu", et le discours qu'elle tiendrait sur la nature aurait sa valeur propre.

Ronsard n'a rien laissé d'aussi clair sur la composition de ses *Hymnes*, mais l'économie de son oeuvre manifeste un désir d'équilibre, une conscience aiguë du poids respectif des différents genres, et comme une crainte de la légèreté excessive. Elle porte certaines marques d'un constant souci de lester et de compenser. Les *Odes* de 1550 s'affichaient comme une tentative originale et difficile, à contre-courant de la pratique convenue du "petit sonnet petrarquizé" et de la "mignardise d'amour qui continue tousjours en son propos".[15] En choisissant d'imiter Pindare, infatigable explorateur du réel, le jeune débutant s'était affirmé comme un artiste complet, puisqu'un modèle n'était qu'un moyen d'accéder à sa propre identité.[16] Or Pindare était considéré, de par ses oeuvres et sur la foi de ses anciens biographes,[17] comme le "princeps lyricorum", modèle du poète inspiré, "grave",[18] grandiloquent au meilleur sens du terme, et couvert d'honneurs en proportion de ses mérites. Zwingli, dans la préface à son édition, ne savait plus comment mettre terme à ses épithètes:

---

[14] "Nos uni (*sic*) sumus, quibus omnis illa liberalium artium varietas non pertractanda quidem, ac pernoscenda penitus; sed degustanda tamen, et delibanda necessario est", *Adversus quosdam litterarum humaniorum vituperatores...*, dans M. A. Muret, *Orationes XXIII*, Venise, Alde, 1576, p. 26. Cité par P. Sharratt, art. cit., p. 4.

[15] Ronsard, *Les odes* (1550), "Au lecteur"; éd. Laumonier, I, p. 47.

[16] "Qu'il ait ce jugement de cognoitre ses forces et tenter combien ses epaules peuvent porter: qu'il sonde diligemment son naturel, et se compose à l'immitation de celuy dont il se sentira approcher de plus pres...", *La Deffense...*, l. II, ch. 3; éd. Chamard, p. 107. Réf. à Horace: "Sumite materiam vestris, qui scribitis, aequam / viribus et versate diu quid ferre recusent, / quid valeant umeri [...]" (*Art poétique*, v. 38-40). Cf. Bartolomeo Ricci, *De imitatione* (1541), voir B. Weinberg, *A history* ..., p. 102-104.

[17] Voir M. Lefkowitz, *Pindar's lives...*, notamment p. 71-93. - Les anciennes éditions de Pindare comprenaient ses vies grecques.

[18] Pour la rhétorique cicéronienne la *gravitas* était la qualité du grand style. La Renaissance hérita de cette notion complexe qui recouvrait diverses caractérisques, tant de forme que de sens (elle concernait le choix des thèmes, l'*elocutio*, la composition rythmique). Un vers "grave" était d'abord un vers "nombreux". La perfection du "nombre", disait Pontano dans l'*Actius*, était seule capable de donner au poème *dignitas* et *gravitas*. L'idéal en la matière était naturellement représenté par Virgile, par exemple dans ce vers du début de l'*Enéide*: "*multum ille et terris jactatus et alto. Plenus his quidem est versus, sonorus, gravis, numerosus*" (*Actius*, éd. Kiefer, p. 334). Les poètes de la Pléiade voulaient obtenir des effets comparables, malgré le handicap d'une langue sans quantité (voir K. Meerhoff, *Rhétorique* ...), et Ronsard, dans sa poésie lyrique, travailla dans cette direction.

doctum, amoenum, sanctum, dextrum, antiquum, prudens, grave, jucundum, circumspectum et undique absolutum [...][19]

Ronsard s'était donc placé d'emblée parmi les grands lyriques, ceux qui pouvaient tout dire car leur "copieuse diversité", traversée d'"admirables inconstances", rivalisait avec la richesse du monde.[20] Deux ans plus tard, les *Amours* de Cassandre auraient pu représenter une sorte de concession à la frivolité, si l'auteur n'y avait finement exploité la structure intellectuelle du sonnet, et s'il n'y avait introduit à point nommé divers ornements peu banals;[21] le recueil était d'ailleurs accompagné par un *Cinquième livre des Odes*, où de grandes pièces pindariques, comme l'*Ode à Michel de L'Hospital*, laissaient prospérer sous leur ombre de petites pièces délicates et folâtres et assuraient à l'ensemble une gravité suffisante. Les publications de 1553-1555 pourraient justifier le même type d'analyse. Le *Livret de folastries* lui-même explorait toutes les veines de l'inspiration bachique. Commencé par des "sornettes", de "mignardes chansonnettes" et des "vers raillars",[22] il ne se privait pas de faire appel à un délire sacré et visionnaire, analogue à celui des Muses (tout en restant beaucoup plus gai):

> O pere, ô Bacchus, je te prie
> Que ta sainte fureur me lie
> Dessouz ton Thyrse, à celle fin,
> O pere, que j'erre sans fin
> Par tes montaignes reculées,
> Et par l'horreur de tes vallées.[23]

Les *Dithyrambes à la pompe du bouc de Jodelle*, prélude à l'*Hinne de Bacus*, accompagnaient significativement d'autres "gayetez" dépourvues de

---

[19] Pindare, *Olumpia, Puthia, Néméa, Istèmia*, éd. par U. Zwingli, Bâle, 1526 (3ème éd. du texte grec). Cité dans S. P. Revard, "Neo-latin ...", p. 585. - Sur la réception de Pindare, voir T. Schmitz, *Pindar in der französischen Renaissance*.

[20] Dans l'avis "au lecteur" des *Odes* (1550), Ronsard revendique le droit à la "copieuse diversité", dont Pindare est l'"auteur", dût-elle offenser les "oreilles de nos rimeurs, et principalement des courtizans"; il ajoute que "nulle Poësie se doit louer pour acomplie, si elle ne ressemble la nature, laquelle ne fut estimée belle des anciens, que pour estre inconstante, et variable en ses perfections" (éd. Laumonier, I, p. 47). Il s'agissait d'un *topos* qui se rencontrait notamment dans les commentaires sur l'*Art poétique* d'Horace; voir l'*Ecphrasis in ... Artem poeticam* de Francesco Filippi Pedemonte, Venise, Alde, 1546, f. 6 r°: "Nam poetica et artes quamplurimae nobiles naturam tanquam ducem sequuntur; quae quidem mirum in modum varietate gaudet". Voir aussi Erasme, *De copia*, I, 8; éd. Froben, 1540, t. I, p. 4: "La nature elle-même se plait spécialement à la variété, car il n'est rien, où que ce soit dans l'immense multitude des choses, qu'elle n'ait ornée par l'admirable artifice de la variété" (Cité dans T. Cave, *The cornucopian text*, p. 22).

[21] La "gravité" des *Amours* fut confirmée, dès la deuxième édition de 1553, par le savant commentaire de l'humaniste Muret (voir *infra*, p. 275-6).

[22] *Livret de folastries* (1553), "A Janot parisien", v. 1-2, 6 (éd. Laumonier, V, p. 3-4).

[23] *Ibid.*, "Folastrie VII", v. 77-82, p. 46. L'humour ne détruit pas l'"importance" et la richesse inspirée de la vision, comme en témoigne le délire éminemment créatif de l'ivrogne Thenot ("Folastrie VIII. Le Nuage, ou l'yvrongne"). Sur l'ambivalence du vin, qui ouvre ou ferme l'accès au ciel, voir *supra*, p. 104-5.

"segrés mistiques".[24] En Ronsard, le poète léger et le poète grave se mettaient en valeur ou même se permettaient mutuellement d'exister, dans la mesure où la vraie poésie se devait d'englober toute la gamme des styles.[25] Lui-même appréciait chez Marulle, cette faculté de jouer sur plusieurs registres:

> Lors que ses dous fredons rependent
> Les douces flames de l'amour,
> Les Heroïnes tout au tour
> De sa bouche latine pendent [...]
> Mais quand ses graves vers reveillent
> Les vieilles louenges des Dieus,
> Les Poëtes Rommains les plus vieus
> Beans à son Luc s'emerveillent [...][26]

Avec les deux *Continuations des amours*, dédiées à Marie, le poète s'aventurait plus franchement sur le terrain de la "mignardise" et de la suavité simples; mais il avertissait son lecteur que ce changement de registre était dû au changement du sujet,[27] qu'il ne trahissait pas un affaiblissement mais une réduction volontaire du débit poétique, démontrant la maîtrise d'un artiste capable de "bien escrimer à toutes mains des armes qu'il manie":[28] Ces *Amours de Marie* n'étaient d'ailleurs pas entièrement pétris de miel, de lait et de simplicité campagnarde; le poète n'y avait oublié ni sa "fureur", ni son savoir.[29] Et leur légèreté toute relative était largement contrebalancée: les *Hymnes*, publiés à la même époque, étaient consacrés à des êtres d'"importance", des dieux, des héros et les plus grands êtres de la nature; or dans cet art de la représentation qu'était la poésie, toute augmentation de l'objet, en poids, en nombre ou en dignité, entraînait une modification correspondante du style et du statut de l'oeuvre.[30] Pour un

---

[24] *Ibid.*, "Dithyrambes...", v. 17, p. 55. L'*Hinne de Bacus* (éd. Laumonier, t. VI, p. 176-190), paru dans les *Les Meslanges* (1555) et dédié à Jan Brinon, développe aux v. 179-226, juste avant la salutation finale, le motif du poète entraîné dans le cortège bachique sur lequel se fondent les *Dithyrambes*.

[25] Sur cette question et sur le caractère à la fois hiérarchique et "encyclique" de la théorie des trois styles (dans laquelle le style sublime contenait et dépassait les deux autres, au lieu de les exclure), voir J. Lecointe, *L'idéal...*, p. 113-154. L'artiste parfait était synthétique, cf. Macrobe: "unus omnino Virgilius invenitur, qui eloquentiam ex omni genere conflaverit" (*Saturnales*, V, éd. Eyssenhardt, p. 248; cité par Lecointe, p. 152).

[26] "Epitafe de Michel Marulle" (1554), v. 21-24, 29-32, éd. Laumonier, VI, p. 28-29.

[27] Voir l'"Elégie à son livre", *Nouvelle continuation des amours* (1556), , v. 169 sq.; éd. Laumonier, VII, p. 324: "Or', si quelqu'un aprés me vient blasmer de quoy / Je ne suis plus si grave en mes vers que j'estoy / A mon commencement, quand l'humeur Pindarique / Enfloit empoulément ma bouche magnifique...". - Voir A. L. Gordon, "Le protocole ...".

[28] R. Belleau, *Commentaire au Second livre des amours de Ronsard*, éd. 1560, f. 3 r°.

[29] Voir A. Gendre, *Ronsard...*

[30] Pour les poètes comme pour les peintres, le choix d'un genre, d'un style et d'un objet (les trois éléments étaient liés) correspondait à celui d'un niveau. Il indiquait une capacité. Ainsi, la peinture d'histoire était la pierre de touche de l'excellence, parce qu'elle requérait le plus grand nombre de qualités artistiques et intellectuelles: l'imagination, la culture, le sens de la composition etc. Cette idée était déjà formulée par Alberti: "Amplissimum pictoris opus non colossus sed historia. Major enim est ingenii laus in historia quam in colosso" (*De pictura*

poète séduit par Anacréon et par Tibulle, mais craignant de se voir confiné parmi les spécialistes de la mignardise ou de la "folastrie", la philosophie et les "secrets des cieux" offraient l'antidote idéal.

Idéal parce que dépourvu d'arbitraire. Chez Ronsard, comme chez Peletier, poètes en quête d'"importance", la philosophie naturelle s'est imposée comme une ressource presque évidente. Ce n'était pas seulement par respect des traditions, pour rivaliser avec Lucrèce, Virgile et l'Ovide des *Métamorphoses*; ni même pour tirer les leçons d'un inventaire des "beautés d'écrits" qui révélait l'importance des réalités de la nature parmi les meilleurs thèmes littéraires, "comme de faire parler les Dieux, de traiter l'Amour, les Jeux festifs, les Enfers, les Astres, les régions, les champs, les prés, les fontaines".[31] Leur choix reposait sur l'idée de la solidarité des Muses et de l'unité radicale des activités de l'esprit, qu'elles visent l'acquisition du savoir ou la création artistique.

La philosophie inspirée

Cette conception venait du néo-platonisme, surtout dans sa dernière version florentine. Platon distinguait le travail rigoureux des philosophes et des mathématiciens de l'enthousiasme incontrôlé des artistes,[32] même s'il reconnaissait que la recherche de la sagesse, commandée par l'amour, dépendait d'une inspiration divine.[33] Marsile Ficin a plutôt tendu à effacer les frontières. Son *Commentaire sur le Banquet*, dont on connaît l'influence sur la littérature française de la Renaissance,[34] a donné une position plus centrale et surtout une extension plus grande à la théorie des fureurs imaginée par Platon, pour en faire le pivot même de son épistémologie. Chez lui, "les amoureux fervents et les savants austères" appartenaient décidément à la même sphère et participaient d'une même ivresse poétique.[35] Sa conception de la fable allait dans le même sens. Il expliquait, par exemple, dans le *De Sole* et le *De lumine*,[36] qu'on atteint plus sûrement

-1435-, éd. Schefer, p. 158), et finit par se figer dans la conception académique de la hiérarchie des genres (voir notamment R.W. Lee, *Ut pictura poesis* ..., p. 40 sqq.). - Ronsard, vivement intéressé par le modèle de la peinture, partageait dans l'ensemble ces vues, même si, comme d'autres artistes maniéristes, il a travaillé à la réhabilitation de genres mineurs: "A Janet peintre du roi" pourrait, par exemple, être lu en ce sens; ce serait la démonstration qu'un portrait peut contenir un monde, ou encore "Le Nuage, ou l'Ivrogne".

[31] Peletier, *Art poétique*, l. I, ch. 3; éd. Goyet, p. 249-250.

[32] Voir l'*Ion* et la *République*, VII. - Sur la théorie de la fureur à partir de Pétrarque, voir C. Greenfield, *Humanist...*; J. Lecointe, *L'idéal* ..., p. 227 sq. J. Lecointe souligne (p. 228) qu'elle s'est mise en place avant la grande renaissance platonicienne du XVème siècle à laquelle elle n'aurait rien pris d'essentiel. Il n'empêche qu'elle était, dès l'origine, imprégnée de platonisme, et que Ficin ne s'est pas contenté d'y réaliser d'adroits collages pour la farcir de citations authentiques: il a achevé la synthèse de la poésie et de la philosophie inspirée.

[33] Voir le *Phèdre*.

[34] Voir R.P. Festugière, *La philosophie de l'amour* ...

[35] Notamment parce que l'âme délivrée des liens du corps bénéficie d'un type de connaissance supérieure, comme dans l'extase ou le songe prophétique (voir *supra*, p. 74 sq.).

[36] Florence, Miscomini, 1493; ces traités sont, à l'origine, un commentaire sur la fin du l. VI de la *République* qui développe une comparaison entre le soleil et le souverain bien (thème déjà d'une épître de 1479: *Comparatio orphica solis ad Deum*). Voir notamment le ch. 1 du *De*

les vérités les plus hautes en jouant avec des allégories, à la manière des poètes inspirés par Apollon, qu'en raisonnant sérieusement comme les philosophes professionnels. *Non disputant unquam cum Apolline Musae sed canunt.*[37] Cette conception de la science proposait une finalité imprécise mais assurément élevée. Elle permettait d'oublier les lenteurs de la dialectique et d'abandonner le style scolaire. Elle offrait un modèle séduisant dont les académies aristocratiques allaient partiellement s'inspirer; mais surtout, elle convenait idéalement à des poètes humanistes, curieux et amateurs de fables.

Elle s'accordait aussi à l'ancienne tradition qui mettait toute l'encyclopédie sous le patronage des Muses. Les Muses poétiques n'étaient pas toujours ces Sirènes, ces *scenicae meretriculae* que la Philosophie de Boèce met en déroute, afin de les remplacer par ses propres Muses.[38] A la Renaissance, l'épisode initial de la *Consolation* était encore parfois commenté dans les *Arts poétiques*. Joachim Vadianus précisait, par exemple, qu'il n'entraînait pas une condamnation générale de la poésie, mais seulement celle de la poésie frivole;[39] et il concluait peu après:

> Les muses de la philosophie seraient-elles différentes de celles de la poésie? Il est ridicule de le croire puisque la poésie fait pénêtrer en elle-même une grande partie de ce qu'enseigne la philosophie.[40]

L'étymologie du *Cratyle*, reprise par de nombreux mythographes, faisait des Muses les déesses de l'amour de la science, de la recherche et de l'investigation.[41] Le *Phèdre* leur donnait pour amants les âmes du premier rang, celles qui avaient contemplé le plus de vérités dans leur séjour parmi les essences,[42] c'est-à-dire les âmes des philosophes, les seules à avoir des

---

Sole: "Librum hunc allegoricum et anagogicum esse potius quam dogmaticum". Ficin y convie son lecteur à dépasser le sens littéral au profit du sens anagogique (celui qui ouvre l'esprit à la considération des réalités surnaturelles), et, dans ce but, à se préparer à entendre un discours poétique. - Sur l'adéquation entre style poétique et contemplation chez Ficin, voir P. Galand-Hallyn, "Les trois degrés ...". Sur la question de la fable, voir *infra* le ch. XIV.

[37] Ficin, *De sole*, ch. 1; *Opera*, Bâle, 1576, p. 965. Voir aussi *ibid.*: "ipse quinetiam Mercurius primus disputationum artifex etsi cum Saturno vel Jove tractat gravia, tamen cum Apolline ludit [...]".

[38] Boèce, *De consolatione philosophiae*, I, 1; éd. Rand et Tester, p. 134.

[39] Joachim Vadianus, *De arte poetica et carminis ratione ad Melchiorem Vadianum fratrem*, Vienne, Luca Atlantsee, 1518, f. o 4 r°. - Voir aussi le chapitre sur les Muses de la *Genealogia deorum* de Boccace (XI, 2; éd. Bâle, J. Hervagius, 1532, p. 270).

[40] "An aliae Philosophiae, aliae poetices musae sunt? Ridiculum est credere, cum hoc quod philosophia praecipit Poetica bona parte insinuet sibi [...]", J. Vadianus, *op. cit.*, f. o 4 v°.

[41] Platon, *Cratyle*, 406 a: "Quant aux Muses et à la musique en général, c'est du fait de désirer [*môsthai*], semble-t-il, de la recherche et de l'amour de la science que ce nom a été tiré" (éd. et trad. Méridier, p. 84). Cette étymologie douteuse était devenue un lieu commun; elle était notamment citée par les laudateurs des fictions poétiques. Voir par exemple les *Enarrationes in Hesiodum* de Melanchthon: "Musae a graeco verbo *Môsai* dictae sunt, quod proprie inquirere est [...]" (éd. Paris, J. Bogard, 1543, f. 9 v°).

[42] Platon, *Phèdre*, 248 d-e. Ces âmes supérieures inspirent de la passion pour "la sagesse, la beauté, les Muses et l'amour". En revanche le poète "ou autre artiste imitateur" ne reçoit qu'une âme du sixième rang, juste au-dessus de l'artisan et du laboureur.

ailes.[43] Filles de Zeus et de Mémoire, elles donnaient naissance à toutes les sciences,[44] et garantissaient leur unité par leur ronde autour d'Apollon.

> Les Anciens ont dit que les Muses vivent ensemble, et qu'elles mènent leurs jeux en choeur nombreux, à cause de l'alliance entre les sciences et du lien, ainsi que je l'ai dit plus haut, grâce auquel les disciplines sont unies et conjointes comme par un noeud. C'est pourquoi, à mon avis, Martianus Capella appelle les sciences *cycliques*, Vitruve parle d'*encyclie*, et l'on connaît bien ce que les Grecs nomment *encyclopédie*.[45]

Les Muses des "segrets vénérables"

Dans l'*Iliade*, comme l'a noté E. R. Curtius, les Muses ne sont pas seulement invoquées comme les inspiratrices du poète; au début du catalogue des vaisseaux, elles apparaissent surtout comme la source de son savoir: "Et maintenant, dites-moi, Muses qui habitez l'Olympe - car vous êtes, vous, des déesses: partout présentes, vous savez tout [...], dites-moi quels étaient les chefs des Danaens".[46] Les Muses de la *Theogonie* d'Hésiode "possèdent la mémoire du passé, du présent et futur".[47] D'après un vers probablement interpolé, mais conservé par les éditions anciennes, elles chantent les lois de l'univers.[48] Et un passage très souvent imité des *Géorgiques* leur attribue le pouvoir de révéler les secrets du cosmos:

> Me vero dulces ante omnia Musae,
> Quarum sacra fero ingenti percussus amore,
> Accipiant, caelique vias et sidera monstrent,
> Defectus solis varios, lunaeque labores [...][49]

---

[43] *Ibid.*, 249 b-c.

[44] Pour Boccace (*Genealogia deorum*, XI, 2; éd. Bâle, 1532, p. 269), l'origine des Muses exprime le processus même de l'acquisition de la science: "Ego autem puto, quum a deo omnis sit scientia, nec solum ad eam concipiendam intellexisse sufficiat, nisi quis <= quibus> intellecta memoriae commendaverit, et sic memoriae conservata expresserit". Gyraldi, dans le *De Musis syntagma*, note que cette science des Muses se rapportait, pour certains, aux spéculations les plus élevées: "Alii vero ita interpretantur. Jupiter, aiunt, rerum omnium parens, e Mnemosyne, hoc est, e memoria et cognitione sui Musas genuisse dicitur, quae mentis conceptus significant, aeternarum rerum contemplatrices, quae quidem res intellectu tantum percipi possunt. Nam Musae dictae sunt, ut Plato existimat, quasi indagatrices, utpote quae per naturae vestigia sensilis atque mathematicae, superna et caelestia indagant." (*Herculis vita. De Musis syntagma*..., Bâle, M. Isingrinus, 1539, p. 89).

[45] "Musas insuper antiqui simul versari, et in chorum numerumque ludos agere dixerunt, propter scientiarum copulam et nexum, ut modo dicebam, quo inter se disciplinae quodam quasi nodo copulantur et conjunguntur. Hinc opinor cyclicas scientias appellat Capella Martianus, et encyclium constituit Victruvius (*sic*), et notissima est illa à Graecis vocata encyclopaedia [...]", Gyraldi, *De Musis syntagma*, Bâle, 1539, p. 94-95.

[46] Homère, *Iliade*, II, v. 484-487; éd. Mazon, t. I, p. 48; cf. E. R. Curtius, *La littérature européenne* ..., t. I, p. 365. Voir aussi *Idem*, "Die Musen ...".

[47] Hésiode, *Théogonie*, v. 38: "Memorantes et praesentia, et futura, et praeterita", selon la traduction mot à mot publiée à Paris, par Jacques Bogard, avec le texte grec (f. 2 v°).

[48] "Canunt omniumque leges [*pantôn te vomous*], v. 66 (éd. cit., f. 2 v°).

[49] Virgile, *Géorgiques*, II, v. 475-478.

Ce thème se retrouve jusque chez les poètes néolatins français du début du XVIème siècle qui attendaient toujours des Muses l'ouverture des arcanes de la nature.[50] Et Baïf s'en est inspiré afin de justifier son intérêt pour la "Vie des chams":

> Mais tout premier les Muses amiables,
> Dont je poursui les segrets vénérables
> Etant épris d'une afexion grande,
> Degnent sur tout m'avouer de leur bande,
> Et m'enseigner les astres et la voye
> Des cieux tournans, et quelle cause envoye
> Au soleil manque et sa seur non entière
> En certain tems défaut de leur lumière [...][51]

Au début du livre III des *Astronomica*, Manilius s'adressait aux Muses, pour leur annoncer qu'il allait conquérir pour elles un domaine encore vierge, en introduisant dans le champ poétique une nouvelle matière:

> In nova surgentem maioraque viribus ausum
> nec per inaccessos metuentem vadere saltus
> ducite, Pierides. Vestros extendere fines
> conor et ignotos in carmina ducere census.[52]

Le poète reconnaissait qu'il dérangeait ces déesses de leurs habitudes, en ne reprenant pas les thèmes consacrés (assaut des Géants, guerre de Troie, expédition des Argonautes, tragédie d'Oedipe ou des Atrides), mais il ne les appelait pas moins à son aide, alors même qu'il se proposait de leur donner ce qu'elles ne possédaient pas encore: vouées à la recherche, elles étaient capables de guider une expédition dans l'inconnu.

L'entreprise de la poésie astronomique devait d'ailleurs leur convenir idéalement puisque, sous l'influence de la philosophie pythagoricienne, elles étaient couramment associées aux sphères célestes,[53] une idée plus tard illustrée dans les tarots de Mantegna,[54] et utilisée par certains théoriciens de la musique,[55] ou simplement par les partisans de la musique cosmique dont Pontus de Tyard s'est fait l'écho:

---

[50] P. de Ponte, *In invidos triloga invectatio*, Paris, 1508, f. A 5; P. Rosset, *Pratum*, Paris, s.d., f. A2 v°. Textes signalés par F. Joukovsky, *Poésie et mythologie* ..., p. 30.
[51] Baïf, *Premier livre des Poèmes*, "La vie des chams", v. 93-100; éd. Demerson, p. 107. Cette pièce, publiée en 1573 dans les *Oeuvres en rime*, daterait des environs de 1555.
[52] "Moi qui m'élève vers de nouvelles hauteurs, qui ose au-dessus de mes forces, sans craindre d'arpenter les forêts vierges, conduisez-moi Piérides. Je m'efforce d'étendre vos frontières et de réduire en chants des ressources inconnues"; Manilius, *Astronomica*, III, v. 1-4.
[53] Voir F. Cumont, *Recherches* ...; A. Bouché-Leclerc, *L'astrologie grecque*, p. 324; M.-Th. d'Alverny, "Les Muses ...". Dans le *De nuptiis* de Martianus Capella (I, 27-28), et dans le *Comm. in Somnium* de Macrobe (II, 3), les Muses meuvent les sphères. Voir aussi les nombreuses références données par F. Joukovsky, *Poésie et mythologie* .., p. 25, note 39.
[54] Voir J. Seznec, *La survivance* ..., p. 125-129. P. Kristeller, *Die Tarocchi*, Berlin, 1910.
[55] Notamment par Franchino Gaffurio, dans sa *Practica Musice* (Milan, 1496), et dans son *De harmonia* (Milan, 1518, f. 93 v°): il associe les Muses aux planètes et aux modes musicaux,

> Car à la premiere Sphere, où sied la Lune, est ordonnée Clion: [...], à celle de Mercure Euterpe: à Venus Thalie: et Melpomene au Soleil, sus lequel Terpsichore accompagne Mars, et Erato Jupiter: puis Polymnie Saturne, estant la huitiesme Ouranie logée au Ciel estoilé: mais la neufiesme (c'est Calliope) embrassant les huit, preside et comprend seule l'harmonie.[56]

La *Theologia platonica* de Ficin, dans un passage également traduit par Tyard,[57] rappellait aussi que

> la théologie d'Orphée répartit les âmes des sphères de telle manière qu'elles possèdent chacune une double puissance, l'une qui consiste dans la connaissance, l'autre dans l'animation et la direction du corps de la sphère [...]. Dans l'âme de la sphère de la lune, il appelle la première: Bacchus Licnitès, la seconde la Muse Thalie [...]; dans l'âme de la huitième sphère: Bacchus Pericion et Uranie. Dans l'âme du monde, il appelle la première puissance: Bacchus Eribromos, la seconde: la Muse Calliope.[58]

D'une liste à l'autre, l'ordre pouvait varier, mais les deux places les plus élevées étaient toujours réservées à Uranie et à Calliope, les deux Muses philosophiques, douées de la plus belle voix, qui "s'occupent spécialement du ciel et des discours des dieux et des hommes".[59]

Il n'est donc peut-être pas insignifiant que l'*Hymne du Ciel* ait été donné par Ronsard à Jean de Morel, grand protecteur de la poésie sérieuse et humaniste, pour compenser l'absence d'un *Hymne des Muses*:

> Cependant qu'à loysir l'Hymne je te façonne
> Des Muses, pren' en gré ce CIEL que je te donne [...][60]

Cet hymne fantôme, qui méritait une telle sollicitude, aurait probablement servi de pendant à l'Ode des Muses, offerte trois ans plus tôt à Michel de

de façon à les donner comme maîtresses de l'harmonie cosmique. Voir Seznec, *op. cit.*, p. 129-130; J. Haar, "The frontispiece ..."; C.V. Palisca, *Humanism* ..., p. 170-174. - Le commentaire de Jean de Sponde sur Hésiode parle encore de l'association des Muses aux sphères et cite à ce propos le mythe d'Er et les Sirènes du fuseau de la Nécessité. "Hinc est quod et caelum canere comprobant veteres illi Theologi, et quod Musas esse mundi cantum rustici etiam sciunt, qui eas camoenas, quasi canenas, a canendo dixerunt, inquid Macrobius ad Scipionis Somnium, lib. 2. c. 3." (*Hesiodi Ascraei Opera et dies. I. Spondanus... recensuit*, La Rochelle, J. Haultin, 1592, p. 4-5).

[56] *Solitaire premier*, éd. Baridon, p. 40-41. Tyard se réfère au mythe d'Er de la République (X, 617 b), et affirme que Platon, en attribuant chaque sphère à une Sirène "semble vouloir entendre les Muses". L'idée est chez Plutarque (*Quaestionum conviv.*, IX, 745 f).

[57] *Ibid.*, p. 41-42. Tyard a pu aussi s'inspirer de Gyraldi (voir la note suivante).

[58] M. Ficin, *Théologie platonicienne*, l. IV, ch. 1; éd. Marcel, t. I, p. 164-165; réf. à Orphée, *Hymni*, XLV à LIV. Le même compte rendu des hymnes orphiques se trouve dans le *De musis syntagma* de Lilio Gregorio Gyraldi (éd. Bâle, 1539, p. 88-89).

[59] Platon, *Phèdre*, 259 d.

[60] *Hymne du Ciel*, v. 9-10; éd. Laumonier, t. VIII, p. 141. Sur Jean de Morel, voir P. de Nolhac, *Ronsard* ..., p. 170-178; L. Clark Keating, *Studies* ..., p. 22-38; M.G. Davies (M.G.), "A humanist family ..."; R. Cooper, "Two figures ...". - Morel avait connu Erasme et plus tard étudié le grec avec Dorat. Il fut parmi les premiers protecteurs de la Pléiade.

L'Hospital, l'autre Ajax de la nouvelle poésie. Il ne vit jamais le jour, mais au moins avait-il été remplacé par un cadeau tout aussi approprié. Si le ciel ne se substituait pas exactement aux Muses, il pouvait leur servir d'emblème.

Doctes fureurs et poètes philosophes

Les Muses de la Renaissance étaient donc restées les fidèles gardiennes de l'harmonie cosmique et de l'accord entre les "bonnes sciences" et les "bonnes lettres", pour reprendre l'expression de Geofroy Tory.[61] Le *Champ fleury* multiplie en effet les emblèmes qui expriment cet accord. Le "I" et le "O", dont participent toutes les autres lettres, y sont étroitement associées à Apollon, à ses Muses et aux arts libéraux;[62] le "flageol" de la deuxième Eglogue de Virgile donne lieu à la même interprétation,[63] ainsi que les proportions du corps humain inscrit dans un cercle et un carré,[64] ou simplement détaillé "en ses plus nobles membres".[65] La chaîne d'or d'Homère, qui relie le ciel à la terre pour symboliser l'inspiration divine de toutes les sciences, s'accorde aussi, avec ses dix maillons, "aux neuf Muses et leur Apollo", et elle révèle que les "Letres et Sciences sont si cousines et seurs ensemble que si vous aves cognoissance a lune, vous aves entree et acces aux aultres".[66] Le rameau d'or de Virgile partage ses vingt-trois feuilles (attribuées aux lettres de l'alphabet) entre les neuf Muses, les sept arts libéraux, les quatre vertus cardinales et les trois Grâces;[67] et la plus belle figure réunit tous ces éléments, en représentant un Apollon musicien, dans un grand "O" solaire dessiné par la chaîne homérique, et d'où rayonnent, avec les lettres, les Muses, les vertus, les Grâces et les arts.[68]

Dans le *Solitaire premier*, paru à Lyon, trois ans avant *L'Amour des amours*, Pontus de Tyard appliquait un système moins rigide, mais tout aussi traditionnel, pour exprimer la complémentarité des divers aspects de l'univers intellectuel. Les Muses, selon lui, n'incarnaient pas la division du savoir et de l'art en de multiples disciplines, mais plutôt l'unité organique ordonnant les diverses fonctions de l'esprit; elles figuraient "la manière et l'ordre parfait, moyennant lesquels l'on parvient à l'intelligence accomplie des doctrines et des sciences".[69] Son analyse des fonctions des Muses

---

[61] G. Tory, *Champ fleury*, Paris, 1529, f. 10 r°. Tory donne principalement au mot "lettres", le sens typographique, mais aussi celui de "belles lettres".

[62] *Ibid.*, f. 14 v°-15 r°. Le *De nuptiis* de Martianus Capella associe les Muses au mariage entre Mercure et Philologie. Au livre II, elles vont trouver la fiancée et, par leur chant, l'invitent à monter au ciel: "Scande caeli templa Virgo / Digna tanto foedere. / Te socer subire celsa / Poscit astra Jupiter" (refrain choral); éd. Bâle, H. Petrus, 1532, p. 20 sq.

[63] *Ibid.*, f. 15 r°- 16 v°.

[64] *Ibid.*, f. 17 r°-v°.

[65] "L'homme scientifique", *Ibid.*, 23 v°.

[66] *Ibid.*, f. 26 r°.

[67] *Ibid.*, f. 28 r°.

[68] *Ibid.*, f. 28 v°.

[69] *Solitaire premier* (1552), éd. Baridon, p. 54.

s'inspirait étroitement de celle de Fulgence, déjà reproduite par Boccace:[70] Clio représentait le désir d'apprendre, Euterpe la délectation féconde qui en naît, Melpomène la "continuelle meditation", Thalie le fruit du travail, Polymnie la mémoire, Erato l'invention grâce à laquelle on enrichit la discipline étudiée, Terpsichore la danse tournoyante "autour des choses inventées"; Uranie serait l'amie "d'excellent et celeste entendement" qui permet de choisir le meilleur, et Calliope la grâce de transmettre la science acquise.[71] Mais cet ancien déchiffrement de l'allégorie se trouvait déplacé dans un livre principalement consacré à la création artistique et non pas à la simple acquisition des "doctrines", ce qui en modifiait la portée. Par son oubli des frontières entre encyclopédie et poésie, le dialogue de Tyard nous rappelle qu'un poète humaniste se voyait en intellectuel,[72] qu'il avait conscience de mettre en oeuvre toutes les facultés de son esprit: il avait donc besoin du patronage de toutes les Muses. Un peu plus haut, le Solitaire donnait d'ailleurs à Pasithée une clef de l'alliance entre philosophie et poésie, à savoir la fable. Les Muses avaient des cheveux noirs,

> ou à cause des secrets recelez souz l'obscurité (de laquelle la couleur noire est le propre symbole) des fables et poësies: ou bien pource que l'obscurité de la nuit semble estre plus propre et plus commode au studieux labeur, et à la profonde contemplation des choses hautes et méditation des disciplines.[73]

Les deux hypothèses, bien entendu, ne s'excluaient nullement. C'était avec le même zèle, et dans une visée comparable, que les poètes inventaient leurs fables et que les savants contemplaient et méditaient "des choses hautes". Le savant qui se mêle de poésie était un personnage plausible à la Renaissance. C'était, par exemple, en attendant Tycho Brahe, l'intarissable rimeur, l'astronome Jean-Pierre de Mesmes, ainsi salué par Du Bellay:

> Quel demon à ceste fois
> De sa fureur la plus doulce
> Jusqu'aux estoilles te pousse
> Sur les aelles de ta voix [...]?[74]

Le poète philosophe était aussi vraisemblable. Les érudits éthérés dont, près de trente ans plus tard, Du Bartas allait vaguement évoquer les activités nocturnes, s'occupent-ils seulement de littérature?

---

[70] *Genealogia deorum*, XI, 2; éd. Bâle, 1532, p. 270: "Ergo hic erit ordo, primum est velle doctrinam, secundum est delectare quod velis, tertium est instare ad id quod delectat; quartum est capere ad quod instes, quintum est memorare quod capis, sextum est invenire de tuo simile ad quod memineris, septimum judicare quod invenias, octavum eligere de quo judices, nonum bene proferre quod elegeris. Haec Fulgentius". Réf. à Fulgence, *Mythologiae*, I, xv ("Fabula de novem Musis"). Voir L. Spitzer, *Classical and christian ideas...*, p. 38-39.

[71] *Ibid.*, p. 55-56.

[72] Cette image du poète savant, liée au mythe de la "vie solitaire", existait déjà chez Boccace qui insistait sur "les veilles de <ces> hommes si érudits, leurs méditations, leurs études, leurs honnêtes travaux et leur modestie" ("eruditorum hominum vigilias, meditationes et studia, honestosque labores et modestiam"), cité dans A. Akkerman, "Auf der Suche ...", p. 411.

[73] *Ibid.*, p. 49. - Cf. Ronsard, *Odes*, II, xvi, v. 1: "Muses aus yeus noirs, mes pucelles...".

[74] Ed. Chamard, t. V, p. 262. Sur J. P. de Mesmes, voir *supra*, p. 43 sq.

> Seuls, seuls les nourissons des neuf doctes pucelles,
> Cependant que la nuict de ses humides ailes
> Embrasse l'Univers, d'un travail gracieux,
> Se tracent un chemin pour s'envoler aux cieux.
> Et plus haut que le Ciel d'un vol docte conduisent
> Sur l'aile de leurs vers les humains qui les lisent.[75]

Cette conception élargie des attributions du poète français[76] s'exprimait donc avec insistance, aux environs de 1550, chez ceux-là mêmes qui cultivaient leur ressemblance avec les intellectuels et tous les héros de la vie contemplative, pour s'écarter du modèle détesté du rimeur de cour, sans "doctrine" et sans vertu.[77] Et l'importance de cette nouvelle orientation semble avoir été perçue et reconnue très tôt par les contemporains, même lorsqu'ils semblaient renier une partie de l'héritage de la Pléiade se tourner vers des Muses à la piété plus stricte. En 1569, Scévole de Sainte-Marthe publia une adaptation de quelques pièces du *Zodiacus vitae*, et il expliqua en ces termes son choix de sujets philosophiques ou moraux, lié au refus de suivre les Sirènes:

> Mais j'ay pour me guider entre tous pris celuy,
> Qui poussé d'une saine et haute fantasie
> Le nom de folle et vaine oste à la poësie,
> L'ayant sceu employer d'un esprit curieux
> A la philosophie et aux Secrets des Dieux.[78]

Sainte-Marthe se référait peut-être à Palingène, sa source et son modèle, mais toutes les expressions importantes de son texte étaient prises au Ronsard des *Hymnes*, auquel il rendait donc un visible hommage.

---

[75] *La Sepmaine*, I, v. 531-536; éd. Bellenger, p. 26-27. Cf. le *Quatrième Jour*, v. 17-22: "Et vous, divins Esprits, ames doctement belles, / A qui le Ciel depart tant de plumes isnelles, / Soit pour monter là haut, soit pour disertement / De ses plus clers flambeaux peindre le mouvement: / Ça, donnez moy la main, tirez moy sur Parnasse, / Et de vos chants divins soustenez ma voix casse". Pour Du Monin, le philosophe, l'astronome et le poète deviendront complètement interchangeables (voir *infra*, notamment p. 366 sq.).

[76] Le poète néo-latin était, à cet égard, nettement en avance.

[77] Voir *supra* le chapitre V.

[78] "De l'Infiny" (*Les Oeuvres*, Paris, Mamert Patisson, 1579, f. 73 v°). Ce texte, imité d'un passage du l. XII du *Zodiacus vitae*, était d'abord paru dans les *Premieres oeuvres* de Sainte-Marthe (Paris, F. Morel, 1569, f. 30 sq.). Le *Premier livre des imitations*, où figurent les paraphrases de Palingène, était dédié à Jean de Morel qui, selon la préface au lecteur, aurait été à l'origine du projet: "Et ce fut luy qui le premier me donna courage d'oser quelque chose, et qui me fut auteur d'entreprendre la traduction du Zodiaque de la vie, de Marcel Palingène..." (*Premieres oeuvres*, 1569, f. A4 v°). - Sur l'hommage rendu au Ronsard des *Hymnes* par des poètes qui, apparemment, choisissaient des voies bien différentes, tels que La Boderie et Du Monin, voir aussi *infra*, p. 313 sq., et les ch. XVI et XVIII.

CHAPITRE DIXIÈME

PROBLÈMES D'UNE POÉSIE DE LA NATURE

La valorisation du savoir était l'un des thèmes favoris des théoriciens humanistes qui disposaient aussi de nombreux arguments, étroitement solidaires, pour justifier l'intime alliance entre poésie et philosophie. L'on s'attendrait donc à ce que la poésie de la nature ait suscité un grand enthousiasme à la Renaissance. Or elle l'a fait, mais avec une modération notable. Il est vrai, par exemple, que dans le dialogue de Pontano qui porte son nom, Sannazar se lance, en guise de péroraison, dans un grand éloge des poètes du cosmos. Il évoque Empédocle qui "par son chant, a révélé la nature au genre humain", Lucrèce et Manilius, Virgile et, pour finir, Pontano lui-même, l'auteur de l'*Urania*, avant d'adresser une prière à la poésie éducatrice, civilisatrice qui amène les hommes vers Dieu:

> Salut, donc, mère si féconde de toutes les sciences; salut de nouveau! Car tu as lutté contre <notre condition> mortelle par la perpétuité de tes inventions et de tes écrits; tu as arraché les hommes des forêts et des grottes. Par toi nous avons le savoir, par toi nous apercevons devant nos yeux le passé, par toi nous connaissons Dieu, nous maintenons la religion et la piété, et, rendus nous-mêmes agréables à Dieu, nous sommes encore appelés par lui dans la demeure d'en-haut, nous méritons avec lui autels et temples.[1]

---

[1] *Actius* (1ère éd. Naples, 1507), dans G. Pontano, *Dialoge*, éd. et Kiefer, Munich, p. 510: "Salve igitur, doctrinarum omnium mater foecundissima; salve iterum! Tu enim mortalitati occuristi, inventorum ac scriptorum tuorum perpetuitate; tu e silvis homines eruisti atque e speluncis. Per te noscimus, per te praeterita ante oculos cernimus, per te Deum sapimus religionemque retinemus ac pietatem Deoque ipsi accepti supernam etiam in sedem ab eo evocamur arasque cum ipso meremur et templa". - Sur l'*Actius*, voir A. Michel, "Les théories de la beauté littéraire ...". - L'idée du rôle civilisateur de la poésie était un topos à la Renaissance. Par exemple, ce rôle constituait pour Antonio Sebastiano Minturno (*De poeta*, 1559), l'*officium* propre de cet art (voir B. Weinberg, *A history* ..., t. II, p. 737).

A cette fervente déclaration ont correspondu, vers la fin du siècle, les louanges que de jeunes poètes français adressaient encore aux *Hymnes*, comme celles de Jean Edouard Du Monin qui rêvait de devenir le nouvel "Empedocle françois" pour remplacer le vieux Ronsard.[2] Malgré la différence de contexte, ces divers hommages s'accordaient à voir dans la poésie de la grande nature, et plus généralement dans la poésie qui donnait un enseignement sur le monde, une forme très achevée, qui accomplissait une vocation essentielle et devait aboutir à une meilleure reconnaissance de la divinité (ce que l'épopée ne faisait pas toujours). Mais en réalité cette admiration semble disproportionnée si on la compare à l'importance et à l'influence effectives des oeuvres sur lesquelles elle se portait. L'*Urania* et les *Meteora* sont restés seuls de leur espèce, et en France, avant 1565, les essais de poésie de la nature sont restés fort limités. Il fallait être Du Monin pour voir en Ronsard un second Empédocle: dans sa production, les vers strictement consacrés au cosmos n'occupent pas une grande place, et l'on pourrait s'étonner qu'ils aient joué un tel rôle, non seulement pour accroître son prestige, mais pour définir sa personnalité de poète.

Les canons de la beauté poétique

La haute réputation dont jouissait la poésie de la nature, lorsqu'on l'envisageait de loin, ne l'empêchait pas d'inspirer une certaine gêne. Cette poésie était fondamentalement et principalement didactique,[3] alors que l'épopée ne l'était que secondairement, et elle décrivait des objets au lieu de narrer des actions humaines. Or ces deux caractères s'accordaient imparfaitement aux exigences de la poétique de la Renaissance. Qu'ils fussent plutôt "scolastiques" ou fortement "humanistes",[4] inspirés d'Aristote,[5] d'Horace, des rhéteurs romains, ou d'un peu tout ensemble, les arts poétiques présentaient toujours à peu près la même image de l'oeuvre

---

[2] Voir *infra*, ch. XVI.

[3] Cf. la classification de Diomède, qui distingue une *species didascalica* dans le *genus enarrativum*: "[...] *didaskalikè* est qua comprenditur philosophica, Empedoclis et Lucreti, item astrologia, ut phaenomena *Aratou* et Ciceronis, et georgica Vergilii et his similia [...]", *Ars grammatica*, dans *Grammatici latini*, éd. Kiel, t. I, p. 482, cité dans B. Effe, *Dichtung und Lehre...*, p. 20-21. B. Effe cite également Servius qui rappelle, au début de son commentaire aux *Géorgiques*, qu'un tel poème, comme ceux d'Hésiode et de Lucrèce, avait dû obligatoirement être adressé à quelqu'un: "hi libri didascalici sunt, unde necesse est ut ad aliquem scribantur, nam praeceptum et doctoris et discipuli personam requirit [...]" (p. 21). - Sur le problème de la poésie didactique, depuis l'Antiquité, voir B. Effe, *op. cit.*, p. 9-26; A. Akkerman, "Auf der Suche...", et surtout B. Fabian, "Das Lehrgedicht ...".

[4] Pour reprendre la dichotomie, à vrai dire bien schématique, de C.C. Greenfield (*Humanist...*).

[5] Voir E. N. Tigerstedt, "Observations on the reception ...". - Si la *Poétique* n'exerça qu'une influence progressive au cours du XVIème siècle (et plus tardive en France qu'en Italie), la *Rhétorique* était déjà connue au XVème siècle. D'autre part le commentaire d'Averroès sur la *Poétique* (qui comportait de nombreux contresens) était fort répandu au Moyen Age, et encore à la Renaissance; la traduction latine d'Hermannus Alemannus (1256) fut imprimée à Venise en 1481 (et encore au moins cinq fois au XVIème siècle). Voir O.B. Hardison, "The place of Averroes's commentary...".

idéale: elle portait sur les "actions et les moeurs" de héros,[6] racontait une histoire captivante et soulevait de grandes émotions.

Sans avoir besoin de connaître la théorie du *muthos*, telle que la présente Aristote, il suffisait d'avoir lu Horace pour comprendre la nécessité primordiale d'un bon découpage de l'action; si le poète était prié d'entretenir la progression de l'intérêt au lieu de dépenser tous ses effets dans un prologue emphatique et fracassant,[7] s'il lui était conseillé de ne pas remonter à l'oeuf de Léda pour raconter la guerre de Troie,[8] c'était pour éviter à son lecteur la déception et l'ennui:

> semper ad eventum festinat et in medias res
> non secus ac notas auditorem rapit [...][9]

Vida restait dans le même esprit lorsqu'il enseignait à maintenir un savant suspense, en ménageant des surprises et des rebondissements,[10] en laissant entrevoir la fin dans un demi-jour (*maligna luce*) pour que les lecteurs ne se découragent pas en se voyant perdus dans le brouillard.[11] L'*Enéide*, telle qu'il la raconte, fait penser aux romans d'aventure que Stevenson évoque avec délectation dans ses *Essais sur l'art de la fiction*.

> Protinus illectas succende cupidine mentes,
> Et studium lectorum animis innecte legendi.[12]

---

[6] L'*Art poétique* n'envisage même pas que la poésie, narrative ou scénique, puisse évoquer autre chose que des personnages humains, et la *Poétique* d'Aristote est encore plus restrictive: pour elle l'imitation la plus parfaite, celle de la tragédie, est imitation d'actions (voir le ch. 6). Cf., par exemple, l'*In Q. Horatii Flacci Artem poeticam commentaria* d'Aulo Giano Parrasio (analysé par B. Weinberg, *A history ...*, p. 96-100): "Nihil enim aliud est poesis nisi imitatio vitae et morum ..." (éd. posth. par Bernardino Martirano, 1531, f. 68 v°). La poésie, dans la conception traditionnelle qui s'est transmise à la Renaissance, avait une finalité morale, sa fonction primordiale consistait à louer la vertu et blâmer les vices (voir O.B. Hardison, *The enduring monument...*).

[7] Horace, *L'art poétique*, v. 136 sq.

[8] *Ibid.*, v. 146 sq.

[9] *Ibid.*, v. 148-149. Ces règles sont valables aussi bien pour le théâtre que pour l'épopée.

[10] M. G. Vida, *De arte poetica* (1527), éd. Williams, p. 46, l. II, v. 56-58: "Principio invigilant non expectata legenti / Promere, suspensosque animos novitate tenere, / Atque per ambages seriem deducere rerum" ("<Les poètes> veillent, au début, à faire surgir devant le lecteur ce qu'il n'attend pas, à tenir les esprits suspendus par l'attrait du nouveau, et à conduire par des détours la série des événements"). - Sur les nombreuses éditions du *De arte poetica*, qui servit parfois de base à des cours, voir M. A. Di Cesare, *Bibliotheca vidiana...*, p. 167 sq. - Sur le texte, voir B. Weinberg, *A history* ..., II, p. 715-719.

[11] *Ibid.*, l. II, v. 124-128, p. 50: "Haud tamen omnino incertum metam usque sub ipsam / Exactorum operum lectorem in nube relinquunt. / Sed rerum eventus nonnullis saepe canendo / Indiciis porro ostendunt in luce maligna, / Sublustrique aliquid dant cernere noctis in umbra" ("<Les poètes> ne laissent pourtant pas leur lecteur dans le brouillard, dans une incertitude complète jusqu'à l'extrême fin de l'ouvrage; mais, dans leur chant, ils montrent souvent, sous un demi-jour, des signes de ce qui va se passer, ils lui donnent quelque chose à voir dans l'obscure clarté de la nuit").

[12] L. II, v. 38-39, p. 44: "Il faut d'emblée enflammer de désir les esprits séduits, et inspirer aux âmes des lecteurs l'indéracinable passion de lire". - R. Williams suggère (p. 151 de son édition) que le suspense évoqué est d'une nature noble et littérairement évoluée: il ne jouerait pas sur le désir de "savoir la fin", mais sur une curiosité portant sur le "comment", la fin étant

La peinture de caractères aussi vraisemblables qu'intéressants devait encore contribuer à captiver le lecteur et à lui faire ressentir les sentiments les plus bouleversants. Vida, qui s'adresse en principe à des enfants, raconte deux fois la mort du jeune Euryale en imaginant les flots de larmes et la colère vengeresse qu'elle ne doit pas manquer de susciter et dont ses propres vers semblent ressentir l'émotion.[13]

Car l'émotion restait la pierre de touche de la grande poésie, qu'il s'agît du pathétique le plus commun ou du frisson sacré que donne le sublime. Le *Peri Upsous* connut une diffusion assez faible avant les deux éditions données successivement par Francesco Robortello et Paolo Manuzio en 1554 et 1555;[14] mais beaucoup de ses thèmes étaient déjà familiers quand son texte était encore peu accessible, et notamment l'importance qu'il accorde à la véhémence et à l'intensité passionnelle:[15] l'idée était déjà chez Cicéron.[16] Horace se montrait moins hardi, en recommandant d'agir sur les esprits par la "douceur",[17] mais les poètes de la Renaissance semblent bien avoir compris l'avantage d'élargir autant que possible la gamme des émotions. Vida reconnaît que le style sublime, celui qui "élève le sujet au-dessus du ciel avec de merveilleuses paroles (qu'il ne faut pas prendre au mot)",[18] convient aux situations extrêmes, telles que le sac d'une ville; et ce style se nourrit des figures les plus pathétiques, métaphores audacieuses, hyperboles, interjections véhémentes: les héros éperdus et les poètes émus peuvent s'adresser inopinément à tout, aux dieux, aux fleuves, ou même "aux grottes privées de sentiment".[19] Quant à Du Bellay, dans *La Deffence*, il

---

connue d'avance. Il n'empêche que Vida attache visiblement la plus grande importance à la psychologie élémentaire de la lecture.

[13] *Ibid.*, l. I, v. 119-122, p. 10; l. II, v. 519-525, p. 76. Les scènes nombreuses que résume Vida sont toutes spécialement pathétiques. Cette lecture n'est pas si éloignée de celle de Ronsard, pour qui Virgile donne le frisson et fait dresser les cheveux sur la tête (voir la préface posthume de la *Franciade*), ou de celle de Montaigne dans "Sur des vers de Virgile".

[14] Voir B. Weinberg, "Translations and commentaries ..."; *Catalogus translationum et commentariorum*, 2, p. 194; G. Costa, "The latin translations ..."; C. Mouchel, *Cicéron et Sénèque...*, p. 77 sq. - Il y eut plusieurs traductions latines du texte avant l'édition imprimée; dans son commentaire sur Catulle, Muret affirma en avoir fait une (voir Costa, art. cit., p. 226).

[15] Voir notamment les ch. VIII (éd. Lebègue, p. 10) et XXVII (p. 39-40). Dans le ch. X, le Pseudo-Longin met, à certains égards, sur le même plan la poésie de Sapho et la *terribiltà* homérique (dans les descriptions de tempêtes).

[16] Pour Cicéron, le style élevé est caractérisé par l'émotion (à la fois ressentie et transmise par l'orateur) qui lui permet d'atteindre sa perfection. Dans le *De oratore*, Antoine fait l'éloge de Crassus pour la passion qu'il met dans son éloquence (II, XLV, 188 sq.), et un lien est établi entre la passion et l'inspiration: "saepe enim audivi poetam bonum neminem [...] sine inflammatione animorum existere posse et sine adflatu quasi furoris" (XLVI, 194). Voir, sur ce point, A. Michel, *La parole et la beauté...*, p. 59.

[17] Horace, *Art poétique*, v. 99-100: "Non satis est pulchra esse poemata; dulcia sunto / et, quocumque volent, animum auditoris agunto [...]"; cf. v. 102-103: "[...] si vis me flere, dolendum est / primum ipsi tibi [...]". D'une façon générale, Horace craignait trop l'emphase et l'enflure pour recommander beaucoup le style "terrible".

[18] Vida, *De arte poetica*, l. III, v. 116-117; éd. cit. p. 92: "Crebrius hi fando gaudent super aethera miris / Tollere res (nec sit fas tantum credere) dictis."

[19] *Ibid.*, l. III, v. 130-135, p. 92.

ne recule pas devant les sentiments forts, l'indignation, la haine, l'admiration et l'étonnement.[20]

La nature ennuyeuse

La poésie didactique était privée de tous ces attraits: elle ne pouvait procurer le plaisir (et l'utilité morale) que donne la représentation des figures et des actions humaines, ni jouer sur le suspense romanesque ou dramatique: au lieu de construire une histoire à sa fantaisie, il lui fallait décrire son objet tel qu'il était, en suivant la logique et les règles de la physique, voire en prenant modèle sur de prosaïques manuels.[21] Elle s'exposait à des risques majeurs, tels que le pédantisme, l'aridité et l'obscurité.[22] Enfin les émotions et les superbes figures du sublime lui semblaient interdites: ce n'était pas sans raisons que la vieille théorie des trois styles, illustrée par la "roue de Virgile", la cantonnait dans le registre moyen.[23]

L'on peut donc supposer que les poètes aient eu peur d'ennuyer leurs lecteurs, ou pire de les laisser froids, en leur proposant une simple description de la nature. Les traités qui mentionnaient les sujets cosmiques ne s'y attardaient pas; ils conseillaient d'en user modérément, à titre d'ornements, car les "noeud<s> de Philosophie mis par enrichissement", pour reprendre l'expression de Peletier,[24] étaient comptés parmi les grands charmes de la poésie antique. Ici encore Vida a formulé assez clairement l'opinion prévalente: l'oeuvre ne devait jamais devenir une sorte de manuel et il fallait fuir l'exemple des pédants qui étalaient leur savoir dans leurs vers,

[20] Dans la célèbre phrase: "Saches, lecteur, que celui sera véritablement le poète que je cherche en notre langue qui me fera indigner... " (*La Deffence*, l. II, ch. 11).

[21] Le contraste entre la liberté du poète, créateur et organisateur tout-puissant de fictions, et l'orateur et l'historien, limités par des objectifs précis ou contraints de respecter la vérité des faits, était, chez les humanistes, un lieu commun des éloges de la poésie et du *paragone* entre les différentes formes de discours. Cf. Aristote, *Poétique*, ch. 9, 1451 b. Pour un humaniste, la *Sphaera* d'Antoine Mizauld, calquée sur le manuel d'Oronce Fine, n'était pas de la poésie; il n'en allait pas exactement de même pour la *Sphaera* de Buchanan (voir *infra*, p. 356 sq.). - Sur l'utilisation du motif de la liberté du poète par Ronsard, voir *infra*, p. 261 sq.

[22] L'obscurité était le premier des "vices de poésie" selon Peletier (voir *supra* la fin du chapitre II); sur le pédantisme, voir *infra*, notamment p. 403 sq. Un poète ne devait pas ressembler à un philosophe professionnel: Bernardino Tomitano préférait, par exemple, Pétrarque à Dante en reprochant au premier "l'essere più dotto philosopho, et Theologo, che soave rimatore" (*Ragionamenti della lingua toscana*, Venise, G. de Farri, 1546, p. 96).

[23] La raison initiale en était la répartition de l'oeuvre de Virgile entre les styles (les *Géorgiques* revenaient au moyen). Il en résultait que la matière "scientifique" paraissait typique du style moyen; voir, par exemple, le commentaire de Josse Bade sur l'*Ars poetica* (Horace, *Opera*, Paris, 1500, f. 8 r°). De plus, le grand style n'était pas approprié à l'explication et au raisonnement (voir P. Galand-Hallyn, "Les trois degrés du style chez Ficin". Cf. *infra*, p. 384, note 3). - Sur les trois styles, voir la *Rhétorique à Herennius*, IV, 8, 11 sq.; Quintilien, *Inst. orat.*, XII, 10, 58 sq.

[24] *L'Art poétique*, I, ch. 10; éd. Goyet, p. 279. Tout était possible, à condition d'être intégré dans le "grand oeuvre"; cf. les observations de J. Lecointe sur le caractère synthétique et "récapitulatif" du poème héroïque et sublime (*L'idéal* ..., p. 144-152).

Praecipue si quid summotum, siquid opertum,
Atque parum vulgi notum auribus, aut radiantis
De caeli arcana ratione, deumve remota
Natura, aut animae obscuro impenetrabilis ortu.[25]

Ces vers, qui visent probablement Lucrèce et son projet trop visible
d'endoctriner les Romains en leur donnant les clefs de tous les secrets de la
nature, sont suivis par une allusion beaucoup plus favorable aux *Géorgiques*
puis au discours d'Anchise, dans le livre VI de l'*Enéide*:

Haud sum animi dubius, magnos memorare poetas
Interdum Solisque vias, Lunaeque labores,
Astrorumque ortus: qua vi tumida aequora surgant,
Unde tremor terris, quamvis illi orsa sequantur
Longe alia, aut duri cantantes proelia Martis,
Aut terrae mores varios, cultusque docentes.
At prius invenere locum, dein tempore capto
Talia subjiciunt parci, nec sponte videntur
Fari ea. rem credas hoc ipsam poscere; ita astum
Dissimulant, aditusque petunt super omnia molles.
Cur pater Anchises natum opportuna rogantem
Non doceat, rursus ne animae semel aethere cassae
Ad caelum redeant, blandique ad luminis auras?
Igneus an ne ollis vigor, et caelestis origo
Seminibus, quantum non noxia corpora tardant?
Quandoquidem ut varium sit opus (namque inde voluptas
Grata venit) rebus non usque haerebis in iisdem.[26]

Les plus célèbres morceaux philosophiques de la poésie antique sont donc
ici ramenés au rang de digressions agréables, d'"enrichissements" venus
alimenter la "copieuse diversité" du poème; on les loue pour leur modestie,
leur habileté à se fondre dans le tableau, sans déranger la composition, ni le

[25] Vida, *De arte poetica*, l. II, v. 196-199, éd. cit., p. 56: "surtout si <c'est> quelque chose de
peu accessible [litt.: d'éloigné], quelque chose d'abscons, peu familier aux oreilles du
vulgaire, ou si cela concerne les lois secrètes du ciel radieux, la nature inaccessible des dieux
ou la mystérieuse origine de l'âme énigmatique".
[26] *Ibid.*, l. II, v. 205-221, p. 56: "Je sais bien que les grands poètes rappellent de temps en
temps la course du soleil, les phases de la lune et les levers des astres, la force qui soulève les
flots gonflés, la cause des tremblements de terre, bien qu'ils suivent un discours fort
différent, soit qu'ils chantent les durs combats de Mars ou qu'ils enseignent la nature variée du
sol et l'agriculture. Mais c'est qu'ils ont d'abord trouvé le lieu, et ensuite, l'occasion saisie,
ils introduisent de tels morceaux avec modération et ils n'ont pas l'air d'en parler de propos
délibéré: on dirait que le sujet lui-même le réclame. Ils cachent ainsi leur ruse et recherchent
par dessus tout la douceur des transitions. Quand son fils l'interroge à point nommé, pourquoi
le vieil Anchise ne lui enseignerait-il pas si les âmes, qui ont été une première fois séparées
de l'éther, reviennent au ciel et aux brises <qui parcourent> la belle lumière <du jour>, si les
semences de vie possèdent une vigueur ignée et une origine céleste, dans la mesure où les
corps nuisibles ne leur font pas obstacle? Car pour que l'oeuvre soit variée (ce qui fait naître
plaisir et grâce), tu ne resteras pas continuellement fixé sur les mêmes choses". - Les v. 206-
208 se réfèrent aux *Géorgiques* (II, v. 477-480), et les v. 215 sq. à l'*Enéide* (VI, v. 719 sq.).

cours de l'histoire principale; et leur seul intérêt semble être d'introduire au bon moment une heureuse diversion. Vida ne prenait visiblement guère au sérieux la déclaration qui suit de près, dans les *Géorgiques*, le programme du discours cosmique:

> Felix qui potuit rerum cognoscere causas![27]

La nature idéale, celle qui se prêtait le mieux à une imitation artistique, n'était pas le paisible cosmos, exhibé et détaillé en tous ses rouages comme une sphère armillaire, c'était à la rigueur l'agréable nature des bergers d'Arcadie et des Nymphes, et c'était surtout la nature déchaînée des tempêtes et des orages:

> An memorem, quandoque omnes intendere nervos
> Quum libuit, verbisque ipsam rem aequare canendo,
> Seu dicenda feri tempestas horrida ponti,
> Ventorum et rabies, fractaeque ad saxa carinae
> Aut Siculo angusto, aut impacato Euxino?[...][28]

Il n'est pas surprenant que le tableau cosmique le plus admiré à la Renaissance, et le plus souveau reproduit, ait été aussi le plus dramatique. La description du chaos qui ouvre les *Métaphorphoses* d'Ovide évoque une nature en mouvement et qui peut susciter les sentiments violents du spectateur même si elle est totalement inhabitée.

Quant au projet de révéler à l'humanité les secrets de l'univers, les poètes devaient s'en méfier: Lucrèce ne recevait pas une admiration sans réserve[29] et Empédocle, l'ancêtre et l'emblème des poètes philosophes, était encore plus mal traité. Aristote lui avait dénié la qualité de poète, jugement ratifié par Lactance:

> On ne sait s'il faut ranger Empédocle parmi les poètes ou parmi les philosophes car il a écrit en vers sur la nature, comme Lucrèce et Varron chez les Romains.[30]

Et Horace en avait fait un "poète maniaque", de ceux qui se promènent au hasard en déclamant, les yeux au ciel, et s'exposent à tomber dans les puits.[31] Sa mort dans l'Etna (où il se serait jeté par vaine gloire),[32] se rapprochait ainsi de la chute ridicule de Thalès.

---

[27] *Géorgiques*, II, v. 490.

[28] Vida, *De arte poetica*, l. II, v. 367-371, éd. cit. p. 66: "Dirais-je les occasions où il se plait à faire résonner toutes ses cordes et, dans son chant, à égaler par ses mots la chose même, soit pour dire l'horrible tempête de la mer cruelle et la rage des vents, les vaisseaux qui se fracassent sur les rochers dans le détroit de Sicile ou sur les flots agités de la Mer-Noire?".

[29] Peletier lui-même, malgré son évidente sympathie, le louait surtout d'avoir exécuté le mieux possible un projet scabreux et semé de pièges (voir *supra*, p. 49-50).

[30] Lactance, *De divinis institutionibus*, l. II, ch. 13. Cf. Aristote, *Poétique*, I, 1447 b 15 sq.

[31] Horace, *Art poétique*, "Hic dum sublimis versus ructatur et erret, / si veluti merulis intentus decidit auceps / in puteum foveamve [...]", il s'agit du "vesanus poeta", dont les cris de détresse ne troublent plus personne. Empédocle, victime d'une autre chute mémorable et stupide, est cité juste après.

[32] *Ibid.*, v. 463-466.

Défenses de la poésie philosophique: les humanistes

Probablement conscients de ces obstacles, les poètes philosophes les plus notables de la Renaissance néo-latine semblent avoir composé leurs dialogues sur la poésie exprès pour les lever. Il est impossible de savoir dans quelle mesure nos poètes français ont eu connaissance de l'*Actius* de Pontano ou du *Naugerius* de Fracastor, mais leur plaidoyer vaut la peine d'être pris en compte, ne serait-ce que parce qu'il témoigne de la réalité des problèmes qui viennent d'être évoqués.

L'*Actius* ne se présente pas comme une défense de la poésie philosophique, son objet principal est la recherche de la spécificité et de la finalité de la poésie en général; et pour l'atteindre il suit un parcours assez sinueux, en passant par de longues discussions sur le nombre, et sur la comparaison entre la poésie et l'histoire, puis la poésie et l'éloquence. Il se trouve qu'il aboutit à une conception beaucoup plus large (beaucoup plus vague aussi) que celle des traités d'Horace ou de Vida. Comme l'exprime sa tirade finale, qui a été citée plus haut, la poésie est selon lui une sorte de langage primordial dont la vocation essentielle est la connaissance du monde, cette dernière menant à la connaissance de Dieu. D'autre part il ne renie pas la nécessité centrale de l'émotion, mais il tend à la réduire au sentiment provoqué par le sublime, ce qu'il appelle l'admiration:

> Le but commun de l'orateur et du poète est d'émouvoir et d'infléchir les sentiments de l'auditeur; mais à quoi tendent donc, à quoi, dis-je, ce pouvoir d'émouvoir et d'infléchir et ce zèle immense qu'ils y mettent tous deux? Pour l'orateur il tend à persuader le juge, pour le poète à gagner l'admiration de l'auditeur et du lecteur.[33]

Pour susciter l'admiration, le poète doit viser perpétuellement l'excellence qu'il obtient grâce à la "magnificence" et des mots et des choses.[34]

> [...] c'est la grandeur et la sublimité elle-même, jamais satisfaite du médiocre, qui est le propre du poète; ce que les *Géorgiques* de Virgile enseignent parfaitement; et pour pouvoir assouvir ces généreuses aspirations par tous les moyens, les poètes ont encore mêlé les réalités célestes à celles des mortels, et ils ont rempli leurs chants avec des mensonges et des fables, grâce auxquels la sublimité même atteint son sommet, c'est-à-dire l'admiration.[35]

---

[33] Pontano, *Actius*, éd. cit. *supra*, p. 498.

[34] *Ibid.*, p. 498-502. L'idée était chez Horace, qui refusait au poète le droit d'être médiocre (*Art poétique*, v. 366 sq.), mais Pontano lui donne un développement inusité.

[35] *Ibid.*, p. 506 (Sannazar parle): "[...] sic assentior ut semper existimaverim [...] magnitudinem sullimitatemque ipsam poetae esse propriam, nunquam mediocritate contentam, quod Virgilii agricultura docere plane potest; utque implere generosos illos spiritus quacunque ratione poetae valeant, coelestes etiam res mortalium rebus inseruisse eos refersisseque carmen suum commentis atque fabulis, quibus ipsa sullimitas ad summum usque, hoc est ad admirationem increceret".

Au contraire du pathétique admiré par Vida, l'émotion du sublime n'avait pas besoin du support des actions ou des caractères humains. L'évocation du monde, enrichie par les fables, y suffisait fort bien.

Le *Naugerius* de Fracastor se présente comme le prolongement de l'*Actius* dont il juge la définition insuffisante.[36] Ce dialogue platonicien placé, comme le *Phèdre*, sous l'inspiration de l'esprit du lieu,[37] prend parti d'emblée pour les Muses savantes, et son idée de départ est d'examiner si les poètes enseignent toutes choses.[38] Avant d'admettre ce lieu commun, et de lui donner un sens, il cherche à quelle poétique il pourrait bien s'accorder, en examinant différents problèmes. La poésie, commence-t-il par établir, ne saurait être définie par son sujet, et il serait absurde de prétendre que la peinture des caractères et des actions lui soit nécessaire: il serait fort étonnant que Virgile ait été poète dans l'*Enéide* et ne l'ait pas été dans les *Géorgiques*.[39] N'importe quel objet peut être imité par le poète, et il reste seulement à définir la spécificité de cette imitation.

Nous n'exposerons pas en détail la théorie de Fracastor qui se fonde sur la conception à la fois aristotélicienne et platonicienne de l'*idea*. Elle suppose que la poésie, à la différence des autres discours, vise à l'universel.[40] Restituant des choses leur idée "revêtue de ses beautés propres",[41] presque telles que les voient leur Créateur, la poésie est donc seule à posséder le don de "dire les choses absolument" (*dicere simpliciter*).[42] Il ne s'agit pas d'une banale capacité didactique: l'apprenti paysan ne se dirigera pas vers Hésiode ou Virgile, et la philosophie ne s'enseigne pas chez Empédocle ou Lucrèce mais chez Théophraste ou Aristote.[43] Le propre du langage poétique, dont les ornements sont essentiels, est de rendre manifestes la "perfection et la noblesse des choses".[44] Le dialogue s'achève par la mise en évidence des liens privilégiés entre la poésie et la vérité, cette vérité dût-elle s'exprimer à travers la fable, et par la critique de la thèse de Platon pour qui l'art n'était qu'une imitation dégénérée.[45]

---

[36] Fracastor, *Naugerius*, facsimilé de l'éd. de 1555 (celle des *Opera*) éd. et trad. par Ruth Kelso, f. 157 v°. - Sur ce texte (qui doit avoir été composé vers 1540), voir L. Brisca, "Il *Naugerius* ..."; B. Weinberg, *A history* ..., t. II, p. 725-729.

[37] *Ibid.*, f. 154 r°.

[38] *Ibid.*, f. 155 v°-156 r°.

[39] *Ibid.*, f. 157 r°. Pour Fracastor, l'imitation des choses, liée à l'intellect, correspond à la connaissance spéculative, ce qui la place au-dessus de l'imitation des personnes, liée à la volonté, qui correspond à la *prudentia* , selon la hiérarchie de l'*Ethique à Nicomaque*. Fracastor utilise donc Aristote contre Aristote lui-même: il lui prend ce qui cadre avec sa propre idée de la poésie philosophique (le caractère universel et général de l'imitation poétique, le rejet de la versification comme critère essentiel - voir surtout *Poétique*, 9 -), mais refuse complètement de considérer comme centrale la notion d'action.

[40] Cf. Aristote, *Poétique*, 9 (1451 b) et 25 (1461 b).

[41] *Ibid.*, f. 158 v°: "poeta vero non hoc [= rem nudam id est singularem], sed simplicem ideam pulchritudinibus suis vestitam, quod universale Aristoteles vocat". - Sur cette théorie, née d'une synthèse originale des théories esthétiques de l'Antiquité, et adoptée par beaucoup d'artistes italiens à l'époque du maniérisme, voir surtout E. Panofsky, *Idea*.

[42] *Ibid.*, f. 160 r° sq. B. Weinberg note que Fracastor fait glisser l'idée d'universalité du domaine des *res*, où elle était chez Aristote, à celui du *modus dicendi* (*A history*..., p. 727).

[43] *Ibid.*, f. 161 v°

[44] *Ibid.*, f. 162 r°-v°.

[45] Voir *infra*.

Le *Naugerius* restituait donc toute sa dignité à la poésie des choses, bien qu'elle fût loin de négliger l'épopée. Et il fut suivi par d'autres tentatives: au moment où l'influence de la *Poétique* d'Aristote stimulait la réflexion sur les genres, certains remarquèrent qu'une théorie trop centrée sur le *muthos* menait à laisser de côté des oeuvres majeures, telles que l'*Urania*, la *Syphilis*, les *Phénomènes* d'Aratos, les *Géorgiques*, ou même les poèmes perdus du légendaire Empédocle.[46] L'examen de ces textes nous entraînerait trop loin, d'autant que rien ne prouve que Peletier ou Ronsard aient cherché à se fonder sur une philosophie aussi précise. Il n'empêche qu'ils connaissaient les idées reçues en leur temps sur les canons de l'excellence poétique, et qu'ils devaient même en partager beaucoup. Ils étaient d'autre part, l'un comme l'autre, des artistes soucieux de justifier leur travail, à l'opposé des rimeurs étourdis qui se contentaient de la mode. Leur poésie de la nature répond, ou plutôt réagit à sa manière, aux questions formulées par les auteurs de traités.[47] D'autre part l'idée d'une imitation philosophique qui se donnerait pour objet le grand monde et le restituerait "en ses couleurs" et ses "beaux traits" n'était pas étrangère à la Pléiade, comme en témoigne ce sonnet composé par Amadis Jamyn en l'honneur de la *Bergerie* de Remy Belleau:

> Le peintre est le mieux né qui plus naïvement
> Sçait imiter l'object des formes naturelles,
> Et les faisant revivre en ses couleurs nouvelles
> En tire les beaux traicts plus qu'autre nettement.
>
> Le poëte est plus divin qui plus divinement
> Represente à l'esprit toutes choses mortelles,
> Les mysteres du ciel et les sciences belles,
> Comme on voit en ces vers bastiz si doctement.
>
> Venus fut si bien peinte en un tableau d'Apelle
> Qu'il sembloit qu'il eust veu le corps de l'immortelle:
> Et le divin Belleau en sa docte peinture
>
> Depeint si bien Neptun, Venus, Diane, Mars,
> Qu'il semble avoir congneu ensemble tous les arts,
> Tous les mestiers du monde et segrets de nature.[48]

---

[46] Progressivement au cours du XVIème siècle la nature (au sens de monde physique) apparaît dans les listes d'objets imitables par le poète. Pour Bernardino Daniello, le poète est, de tous les écrivains, celui qui peut exprimer le plus de choses, "non solamente tutte le cose che da tutti gli huomini si fanno: tutte quelle che sono da loro intese [...]; ma quelle ancora di Dio e di Natura", suit une référence à Orphée (*La poetica*, 1536, p. 11). Robortello, dans son commentaire de la *Poétique*, transforme ainsi le propos d'Aristote: "Quem igitur alium finem poëtices facultatis esse dicemus, quam oblectare per repraesentationem, descriptionem, et imitationem omnium actionum humanarum; omnium motionum; *omnium rerum tum animatarum tum inanimatarum*" (*In librum Aristotelis de arte poetica explicationes*, Florence, L. Torrentini, 1548, p. 2, nos italiques). Voir aussi les textes d'Antonio Riccoboni et de Scaliger, cités par B. Fabian, "Das Lehrgedicht...", p. 75-76 et p. 81.

[47] Voir *infra*, ch. XI-XV . Voir aussi I. Pantin, "Le haut et le bas...".

[48] A. Jamyn, sonnet publié à la fin de la première journée de la *Bergerie* de Belleau (1572), et repris dans *Les oeuvres poetiques* de 1575; éd. Carrington (A. J., *Premières poésies*), p. 124-125. - Jamyn interprète ici, avec une formulation qui semble influencée par les théoriciens italiens, le *topos* du poème-monde, traditionnellement réservé à l'épopée. Cf Scaliger,

Après l'humanisme: le triomphe d'Empédocle

La poétique humaniste, presque contemporaine de la renaissance d'une poésie de la nature en France , lui préparait donc un cadre, une justification théorique si elle en avait eu besoin, mais à certaines conditions. Cette poésie de la nature devait prétendre au sublime, déployer la "magnificence" d'une élocution splendide, s'orner de fables et d'allégories, et cette métamorphose, qui la débarrassait de ses "défauts", faisait passer à l'arrière-plan l'un de ses éléments spécifiques, la qualité "didascalique" (de toute façon, comme le rappelait Fracastor, personne n'aurait l'idée d'apprendre l'agriculture dans les *Géorgiques*). Or il se produisit, à partir de 1560, une sensible évolution qui aboutit à une nouvelle distribution des valeurs. Chez Pontano, "Empédocle" devait encore s'efforcer de ressembler à Homère pour se faire accepter; chez Patrizzi, il accédait tel qu'en lui-même au premier rang;[49] l'auteur de la *Deca disputata* qui, pour une fois, semblait exprimer une tendance dominante en son temps, ne vantait pas seulement la hauteur de son sujet, la "favola altissima della fabrica del mondo",[50] il glorifiait une poésie qui voulait enseigner et expliquer, en profitant des avantages mnémotechniques de la versification.[51] L'idée n'était guère originale, mais cette remise en honneur d'un thème modeste contrastait avec les propos orgueilleux des premiers défenseurs de la poésie philosophique.

Un tel changement d'état d'esprit était déjà sensible dans l'éloge de Lucrèce placé par Denis Lambin dans la dédicace au roi de son édition de 1563. La perspective aristotélicienne (les poètes travaillent *philosophorum more*, dans le vraisemblable et la fiction) y sert à valoriser une poésie dont la première fonction est d'enseigner, à la fois la morale et les sciences.[52] La liste des *epici* ne comporte aucun clivage et permet à Empédocle de voisiner non seulement avec Orphée mais avec Homère: il ne faut pas seulement y inclure ceux qui ont chanté les guerres et les exploits héroïques, la chasse, la pêche ou l'agriculture,

> mais bien davantage encore ceux qui ont expliqué au long de leurs vers les causes que la nature renferme et tient secrètes, comme Empédocle et Lucrèce.[53]

Poetices libri, 1561, I, 3, p. 11: "mixtum vero Epicum quod iccirco omnium est princeps: qui continet materias universas".

[49] *Della poetica. Deca disputata* (1586), VII: "Se Empedocle fu poeta minore o maggior di Omero". - Sur le traité, voir B. Weinberg, *A history*, p. 765-786.

[50] *Della poetica* (1586), p. 145.

[51] "perche non si concederà, che le scienze,. e l'arti, non si possano in versi poeticamente spiegare? Accioche, e i fanciulli, e la plebe stessa, e i mezzani huomini, ed anco i soprani in sapere, più agevolmente gli si possano alla memoria mandare" (*Ibid.*, p. 154-155).

[52] *De rerum natura libri A Dionysio Lambino emendati*, Paris, G. Rouillé, 1563, â2r°. Sur tous les autres points (importance du vers etc.), Lambin est résolument anti-aristotélicien.

[53] "In epicis porro non eos tantum numerandos esse duco, qui res fortiter, et praeclare gestas, bellaque cecinerunt... aut qui de agricultura scripserunt... aut qui de piscibus, et venatione...: verum etiam, multoque adeo magis eos, qui rerum causas occultas, atque a natura involutas longis versibus explicarunt, ut Empedocles, et Lucretius", éd. cit., â2v°. Lambin loue ensuite la poésie des préceptes moraux, puis il blâme ceux qui, suivant Aristote, refusent à Empédocle le titre de poète.

Lambin adoptait une position opposée à celle de Vida: il louait le caractère parfois abscons du *De natura rerum*,[54] et son choix de parler simplement au lieu d'envelopper ses propos de fables et d'ornements frivoles:[55] malgré sa doctrine épicurienne, que Lambin déclarait fausse avec sobriété, en évitant les mines scandalisées, Lucrèce était un auteur bien plus moral et plus utile que la plupart de ses confrères.

Trente ans plus tard, une partie du texte de Lambin fut incorporée par Antonio Possevino à son traité *De poësi et pictura ethnica*:[56] cette citation était précédée par une condamnation véhémente de la philosophie de Lucrèce mais elle gardait sa portée et sa signification: le *De natura rerum*, dans une édition soigneusement expurgée, était un livre bien plus recommandable que l'*Iliade*. Dans le nouveau classement de la littérature que proposait Possevino en reprenant des idées déjà exprimées, notamment par Tommaso Correa,[57] l'oeuvre d'Empédocle et de Lucrèce appartenait de plein droit à la "vraie poésie" et y occupait le second rang, juste derrière la poésie divine de Moïse et David.[58] Dans le dernier tiers du XVIème siècle, la réaction puritaine amenée par la Réforme et la Contre-Réforme tournait à l'avantage de la poésie de la nature, mais d'une façon que les humanistes n'auraient sans doute pas comprise.

---

[54] "... neque poëtam imitatorem quendam statuo tantum, sed ingenio excellentem virum, et mente concitatum, et paene dicam divinum: verbis non semper utentem usitatis, et popularibus, et de medio sumtis: sed interdum, et quidem saepius, novatis, priscis, longe arcessitis: res magnas, res admirabileis, res abstrusas, ac reconditas in lucem proferentem", *Ibid.*, â3 r°.

[55] "Lucretium sine fabularum, taliumque nugarum integumentis de principiis et causis rerum, de mundo, de mundi partibus, de vita beata, de rebus caelestibus ac terrenis, non verè illum quidem, neque piè, sed tamen simpliciter, et apertè ...", *Ibid.*, ê2 r°.

[56] *Tractatio de poësi...*, Lyon, Pillehotte, 1594, p. 150 sq. - L'opuscule constituait le l. XVII de la *Bibliotheca selecta*, parue à Rome en 1593.

[57] *De antiquitate, dignitateque poesis et poetarum differentia*, Bologne, 1586. Il s'agit du discours prononcé après sa nomination à la chaire d'humanités de Bologne. Sur ce texte, voir B. Weinberg, *A history...*, p. 319-321.

[58] *Tractatio...*, éd. 1594, p. 24-26.

CHAPITRE ONZIÈME

L'URANIE EXPÉRIMENTALE: PELETIER,

L'AMOUR DES AMOURS

L'Amour des amours a précédé de peu les *Hymnes* de Ronsard, par un jeu de circonstances assez remarquable. Les deux recueils se sont constitués indépendamment l'un de l'autre, probablement dans une mutuelle ignorance. Ils se rattachent à des esthétiques différentes et s'enracinent dans des milieux et des cultures en grande partie distincts. Peletier était un mathématicien professionnel et un poète d'occasion, tandis que Ronsard se voulait essentiellement poète et n'était nullement mathématicien.

Les *Hymnes* ont produit un plus grand effet que *L'Amour des amours*; et ils sont devenus un modèle pour la poésie philosophique,[1] même s'ils n'ont guère eu de vraie postérité, car ils proposaient une poétique clairement affirmée: lorsqu'on lit les "hymnes naturels" de Ronsard, on voit assez bien comment celui-ci comprenait la relation entre le langage poétique et le discours de la nature.[2] *L'Amour des amours* est un texte plus énigmatique et moins assuré dans ses choix: il semble les avoir découverts en chemin. Comme l'avoue l'épître à Zacharie Gaudard, le hasard, l'enchaînement des événements et les décisions non préméditées ont joué un grand rôle dans sa genèse, et il faut bien avouer qu'il comporte d'étranges tournants: après l'amour, il s'oriente vers la mystique, avant de borner ses ambitions à l'exploration scientifique. Il n'a été composé, à strictement parler, qu'avec des brouillons incomplets, remis en ordre et enrichis à la suite d'une lecture de Dante et de Pontano, non moins que sous une inspiration providentielle.

Pourtant, une thèse inverse pourrait aussi bien être soutenue: l'*Amour des amours*, loin d'être un recueil improvisé, serait exceptionnel en son temps pour être fortement dirigé par une idée, parce qu'il suit un plan, ou plutôt un programme, et que chacune de ses étapes s'y trouve justifiée par celle

---

[1] Voir *infra*, ch. XVIII.
[2] Voir *infra*, ch. XIII-XV.

qu'elle précède. Les petites pièces cosmiques qu'il contient n'auraient pas grand poids, si elles ne représentaient l'aboutissement d'une progression calculée. L'oeuvre de Peletier serait donc expérimentale à deux titres divers et presque contradictoires: elle nous offre des essais, et parfois peut-être des ébauches, au cours d'une démarche aventureuse, et elle nous fait assister à la réalisation d'un processus calculé à l'avance, même s'il s'agit en partie d'un trompe-l'oeil.

Mise en perspective

L'Amour des amours ne contient pas d'explications analogues à celles de l'épître à Zacharie Gaudard. En guise de discours justificatif, ce recueil met simplement en action ce que l'idéologie néoplatonisante proposait de manière diffuse. Faisant sortir un poème cosmique d'un recueil amoureux,[3] il a tout naturellement transformé en énergie motrice ascensionnelle l'énergie spirituelle et démonique analysée par la théorie des fureurs.

> Amour m'atire, qui ét Dieu
> An haut, an bas e au milieu.
> Espriz, un salut je vous donne,
> M'assurant bien que vous servèz
> Amour, e que vous observèz,
> Comme moe, les loes qu'il ordonne [...][4]

Empruntant à Dante l'idée du voyage cosmique guidé par la dame inspiratrice, il a donné une application concrète à une antique métaphore illustrant les pouvoirs de l'esprit humain.[5]
Pris au pied de la lettre, les *topoi* de la poésie amoureuse amènent donc le poète à percevoir une équivalence entre la contemplation d'une femme parfaite, image et abrégé idéal de l'univers, et le désir d'une connaissance qui s'étende jusqu'aux limites du monde.

> L'eulh, dont le tret và au loin e haut monte,
> Et fèt pour voère le Celeste artifice:
> L'ame ét de Dieu souverein benefice,

---

[3] *L'Amour des amours* de Peletier (Lyon, Jean de Tournes, 1555) se compose d'une série de poèmes d'amour (principalement des sonnets), suivi de deux chants, "L'Amour volant" (qui raconte l'ascension de l'amant à travers les airs, sous la conduite de sa dame), et "Le Parnasse" (où les deux héros parviennent sur la montagne des Muses: la dame y adresse un discours à son amant et l'introduit auprès d'Uranie); la dernière partie, "L'Uranie", se présente comme une transcription poétique du chant de la Muse: elle décrit les régions supérieures du monde, les météores et les planètes; elle est d'ailleurs inachevée. - Sur les rapports entre le *canzoniere* de Peletier et la poésie astronomique qui lui succède, voir I. Pantin, "Microcosme ..."; G. Demerson, "Dialectique ..."; H. Staub, *Le curieux désir*, p. 23-27.
[4] *L'Amour des amours*, Lyon, 1555, "L'Amour volant", p. 62-63. - Les "Espriz" sont les démons, habitant les régions de l'air que l'amant est en train de traverser.
[5] Voir *supra* le chapitre IV - L'influence de Dante est évidente dans l'évocation de l'envol, et dans le début du discours de la dame qui reproche au poète les erreurs de sa passion (cf. *Paradiso*, ch. 1). Sur les éditions lyonnaises de Dante, voir *supra* p. 10, note 10.

> Pour tousjours étre a le contampler pronte:
> E toutefoes sans scrupule e sans honte
> J'è consacrè des deus l'antier ofice
> A votre amour, voere è fèt sacrifice
> De tout moeméme, e si n'an tenèz conte.
> Moe, je merite an étre dispansè:
> Car vous voyant, voèr an terre è pansè
> Un cler Soleilh, des Cieus un haut chef d'euvre,
> Des Dieus le soin, le miroer e sciance [...][6]

Durement éprouvé par la passion, il espère patiemment échapper à la tyrannie de ses humeurs, comme à la pesanteur qui l'attache à la terre:

> Je vi d'ardeur, je meur de froed extréme.
> Quand seras tu, o mon ame, acomplie
> An tes desirs, comme an amour tu es?
> Au Ciel acoup voleroes anoblie [...][7]

A la fin du *canzoniere*, il subit une sorte de transfiguration, qui lui permet de prendre son envol:

> Ravi an l'amour de ma Dame,
> Je san dedans moe s'emouvoer
> Un ne sè quel nouveau pouvoer:
> Je san des pointes an mon ame
> De tous les cotez s'elancer,
> E nouveau cors me balancer.
>
> Je me san une ele cousue,
> D'Amour miraculeus labeur [...][8]

Sa dame l'entraîne dans l'aventure de la science dont elle conçoit seulement la dimension verticale: le voyage n'acquiert signification et valeur que par sa destination ultime; les pérégrinations à travers les airs et les météores

---

[6] *L'Amour des amours*, sonnet 33. Cf. le s. 10: "Lors que je voè cete grace assuree, [...] / Somme, ce tout, personne mesuree: / A qui complèt la Machine azuree [...]"; ou bien le s. 58: "D'un franc souhet Nature desirant / Voèr un chef d'euvre au point le plus parfet, / Ce beau visage an ce beau cors à fèt, / Tel, qu'elle méme an lui se và mirant [...]". - La dame est aussi un centre de lumière rayonnante, ce qui lui donne une dimension cosmique, voir l'éloge de l'amour, p. 12: "An moe tu as mis le sinal / De cete beaute qui s'alonge / Depuis le Soleilh matinal / Jusques au lieu ou il se plonge. / J'an voè les beaus reyons epars / Qui nesset d'elle e qui an isset, / Qui croeset l'er de toutes pars, / E au rond du Ciel se finisset."
[7] Sonnet 47.
[8] "L'Amour volant", p. 61 (mal ch. 25). - Cf. Dante, *Paradiso*, I, v. 70-71: "Trasumanar significar *per verba* / non si poria [...]". Dans l'édition donnée de Tournes, une manchette explique: "Trashumanar: cioe reascendere da humana natura a divina" (*Il Dante. Con argomenti...*, Lyon, 1547, p. 359). - Chez Dante comme chez Peletier, la métamorphose de l'amant est précédée par l'augmentation de l'intensité lumineuse et l'apparition d'un second soleil (*Paradiso*, I, v. 58-63; cf. *L'Amour des amours*, s. 90, s. 94).

> Ne sont qu'un passage assine,
> Qui a ce grand Ciel fait echele,
> Ce Ciel grand, ce Ciel spacieus,
> Lequel sera fet navigable
> A ton desir infatigable
> E a ton vol audacieus [...][9]

Au-delà, la dame n'envisage rien; elle ne songe pas à franchir les barrières du ciel visible. Ayant amené son amant sur le Parnasse, elle se hâte de le confier à Uranie. Cette Muse règne en effet sur les plus hautes régions du monde et, pour la dernière fois avant longtemps dans la poésie française, elle se satisfait de ce domaine:

> Elle chante des Feux Mondeins
> Les mouvemans et les pratiques,
> Et mémemant des Erratiques
> Les cours paresseus ou soudeins
> Elle chante du Sinifere
> Les domiciles aparans,
> Qui cernet, ordonnez par rans,
> An echarpe toute la Sphere [...][10]

Une telle présentation vaut un programme et annonce un discours savant sur les corps célestes. Effectivement, Uranie est une Muse didascalique; à peine a-t-elle agréé le poète qu'elle se montre "toute prete de <l'>anseigner" et lui remplit les oreilles et "tous les sans" de son "dous chant".

> Ce chant naif j'è retouchè
> Einsi que je l'è pù comprandre:
> (Car qui pourroèt vivemant randre
> Le son d'Uranie ambouchè?)
> Par une mesure intermise
> Apres elle l'è recitè,
> Usant de la diversite
> Qui aus Poëtes ét permise.[11]

L'arrivée de la poésie scientifique, qui occupe les quarante dernières pages du recueil, a donc été soigneusement préparée et mise en perspective: elle se présente comme la transcription d'un élève doublement inspiré par l'amour et par la Muse. Un tel luxe d'encadrement (d'ailleurs en partie dû au souci de ne pas laisser perdre de fonds de tiroir) n'était pas absolument nouveau; il était normal d'envelopper la science dans des fables pour la rendre plus poétique ou lui faire gagner quelque intérêt dramatique: dans le *Roman de la Rose*, le discours de Nature sur l'ordre du monde est

[9] "Le Parnasse", p. 69.
[10] *Ibid.*, p. 70.
[11] *Ibid.*, p. 73.

enveloppé dans une fiction encore plus généreuse;[12] mais on reconnaîtra la subtilité de l'agencement conçu par Peletier. Et la poésie uranienne découverte au bout de son histoire a bien gardé son air de "chant naif".

Le chant fragmenté d'Uranie

Elle le doit à l'apparente légèreté des "retouches" apportées par le poète. *L'Uranie* n'est pas une leçon continue, mais un recueil d'airs variés, presque un cahier d'exercices de la Muse, ou encore le cahier de notes de son élève: ce qui n'a pas été pris sous la dictée semble avoir été laissé en blanc. L'inachèvement augmente encore son aspect discontinu et fragmenté. Au lieu de composer un discours du ciel, en transcrivant complètement le chant d'Uranie, le poète saute d'objet en objet, en changeant de mesure à chaque fois, et il s'arrête avant la fin de la série: il abandonne son lecteur sur la planète Mars, juste après que la rumeur des batailles a été calmée grâce aux regards de Vénus.[13] D'autre part, *L'Amour des amours* est un bel exemple de style lyonnais, on dirait même de style scévien, n'était sa réelle simplicité, son caractère exact et direct et sa faible tendance à l'abstraction. L'écriture gracile, parfois maigrelette, et l'absence de liant rhétorique affectent le recueil d'une sorte d'insularité perpétuelle: les phrases se détachent sur le silence, comme les strophes et, *a fortiori*, les pièces. Aucune orchestration moelleuse ne vient remplir les vides. Et ce style concis, si nettement découpé, a même pour effet d'isoler *L'Uranie* au milieu du domaine de la poésie astronomique: il lui assure une singularité évidente, bien que Peletier ait eu modèles et imitateurs.

En effet, son projet a sûrement été assez largement influencé par l'exemple de Pontano. Il lui doit probablement son titre (*L'Uranie*), et l'idée de réaliser une série de monographies d'objets célestes, car l'*Urania* est, pour la plus grande part, une description du ciel, pièce par pièce;[14] elle avait même innové en consacrant aux planètes de vrais portraits.[15] De plus,

---

[12] La "confession" de Nature occupe les v. 16733-19409 du *Roman de la Rose*. - Sur ce type de procédés, voir J. Miernowski, "La poésie scientifique ...".

[13] "Jupiter" et "Saturne" seront publiés beaucoup plus tard, dans les *Euvres poetiques ... intitulez Louanges* (Paris, 1581, f. 62-63). Ils y sont précédées de la mention: "Ces deus Chans suivans sont pour metre apres les cinq Planetes, decrites par l'Auteur an son Uranie".

[14] Comme d'ailleurs les *Astronomica* de Manilius, et toute la poésie astronomique didactique latine et néo-latine (jusqu'à la *Sphaera* de Buchanan). Le poème de Manilius était un manuel d'astrologie en vers, il décrivait donc la sphère armillaire, puis les astres et régions du ciel, avant d'expliquer les règles de l'art (comme le calcul des levers des signes et l'établissement de l'horoscope); l'*Urania* en a gardé certains aspects, bien que son caractère didactique soit beaucoup moins évident. Sur Pontano et sur son poème, laissé probablement inachevé à la mort de son auteur (en 1503), et imprimé par Alde en 1505, voir C. M. Tallarigo, *G. Pontano ...*; B. Soldati, *La poesia astrologica ...*, p. 254-315; E. Percopo, *Vita di Giovanni Pontano*; F. Tateo, *Astrologia e moralità...*; G. Roellenbleck, *Das epische Lehrgedicht ...*, p. 92-114; Ch. Trinkaus, "The astrological cosmos ..."; F. Bottin, "Strumentalismo ...".

[15] Aratos s'intéressait principalement aux constellations et Manilius lui-même se contente d'énumérer brièvement les "astres qui luttent contre le mouvement du premier mobile": "Sunt alia adverso pugnantia sidera mundo, / quae terram caelumque inter volitantia pendent, / Saturni, Jovis et Martis Solisque, sub illis / Mercurius Venerem inter agit Lunamque volatus." (*Astronomica*, I, v. 805-808, éd. cit., p. 46).

Peletier s'est inspiré de la technique du poète astrologue en faisant alterner les renseignements d'ordre scientifique et l'affabulation mythologique. Celle-ci ne consiste jamais chez lui, pas plus que chez Pontano ou Manilius, en l'invention ou même en la reformulation d'un mythe, comme il arrive dans la poésie philosophique de Ronsard,[16] elle reprend au contraire scrupuleusement des éléments traditionnels: la tradition et l'"expérience" jouent, comme on sait, un rôle primordial en astrologie, et il n'était pas question d'innover, au risque de faire apparaître un visage inattendu de la planète et de déranger sa typologie. Dans le détail des portraits et dans leur organisation beaucoup d'éléments sont aussi passés du grand poème latin au petit recueil français, mais si Peletier s'est inspiré de Pontano, il l'a rendu méconnaissable. Sa pratique de l'imitation semble avoir été différente de celle de la Pléiade, elle se bornait, autant qu'on puisse en juger, à traiter l'auteur choisi comme une mine, sans chercher le moins du monde à "se transformer en lui". Si Ronsard a pu se donner un style pindarique, un style anacréontique et quelques autres, tous bien identifiables bien qu'entièrement recréés, Peletier n'a jamais écrit qu'à la manière de lui-même; en lui, l'imitateur ne révèle jamais l'excellent lecteur, sensible aux différences qualitatives. Lorsqu'il empruntait un motif à Dante, rien, dans son expression, ne venait trahir une sympathie particulière pour l'univers dantesque, et il a pu tranférer un peu de la poésie floride et nombreuse de Pontano dans le cadre étroit de ses blasons, en lui faisant perdre toute trace de ses origines.

En transformant une description continue en description fragmentée, Peletier perdait de vue le projet d'expliquer le fonctionnement du ciel, il ne prétendait même plus en déployer le panorama: l'*Amour des amours* ne construit pas sa propre sphère d'Archimède. Le scénario du poème, la disposition des lieux interdisent la mise en place d'un exposé synthétique. Le Parnasse, où a lieu la rencontre du poète et d'Uranie, est situé très haut dans l'air, au moins au-dessus des nuages,[17] ce qui donne un point de vue surplombant sur la zone des météores qui est effectivement décrite avec logique:[18] le cadre général est donné, le mécanisme des exhalaisons expliqué dans le poème de "L'Er", avant les blasons consacrés à la pluie ou la rosée. En revanche, le ciel va se trouver escaladé progressivement, et jamais on n'arrivera jusqu'au firmament avec son zodiaque, sur lesquels aurait pu s'inscrire l'ordre de marche des planètes. Aucune vision d'ensemble, non plus qu'aucune information préliminaire ne permettent de comprendre les relations entre les divers objets célestes.[19]

La mise en morceaux de Pontano est même allée plus loin; l'*Urania* se présente comme une sorte de récit de voyage qui s'adresse à un destinataire unique (l'élève supposé),

---

[16] Voir ci-dessous p. 368 sq.

[17] "Ce Mont, qui de sa double croupe / Les hautes Nues antrecoupe, / Sublime au dessus s'elevant" (*Le Parnase*, v. 42 sq., p. 75).

[18] Dans toute la philosophie d'inspiration aristotélicienne, l'univers se comprend en regardant de haut en bas, dans la mesure où la causalité vient d'en haut où se trouvent aussi les corps les plus simples et les plus parfaits, ceux qui servent de repères.

[19] Par exemple sur le double mouvement du ciel. Sur le type de la leçon d'astronomie à la Renaissance, en prose ou en vers, voir *supra* p. 31 sq.

> [...] juvat alta vagari
> Sydera, et immenso propius succedere caelo [...][20]

ce qui donne une unité à ses étapes successives: le narrateur évoque dans le même style, le même mètre et pour le même auditeur, malgré des variations de couleur, les jardins enchantés de Vénus et la terrible figure de Mars. Tandis que Peletier a offert chacune de ses pièces à l'astre qu'elle représente, sauf dans le cas de Mars, tenu à distance comme un être terrifiant:

> Je ne peu sans horreur ce cruel Dieu chanter,
> Ni panser sans fremir son ire sanguinere:
> E du souvenir seul me vient epouvanter [...][21]

Il a ainsi composé autant de chants votifs (on dirait des hymnes, s'ils avaient un caractère religieux plus accentué),[22] en changeant autant que possible de ton et de rythme, comme pour s'adapter au nouveau destinataire: preste et parfois sautillant dans *La Lune*:

> Divers aspez fesans du Ciel le cerne
> Tu vas keulhant des uns et puis des autres,
> An recevant ce que chacun decerne,
> Ou vans, ou froez, ou tonnerres ou austres [...][23]

il devient solennel et fervent dans *Le Soleilh*:

> Tu es le plus grand Cors des cors de l'Univers,
> Tu es le plus beau Cors de tant de cors divers [...][24]

Le recueil se trouve ainsi diversement polarisé, la leçon d'Uranie, une fois passée par la voix de son élève, se fragmente et se disperse, en retournant vers les objets qui l'ont d'abord inspirée.

Liaisons défaites

Si Peletier a beaucoup imité Pontano, il a plus soigneusement distingué les plans mythologique et astronomique. S'agissant de Mercure, il a isolé dans des groupes de strophes différents le messager des Dieux qui parcourt l'univers de haut en bas:

> Par tes ordineres messages
> Tu fés e refés les passages

---

[20] *Urania*, l. I, dans *Opera*, Bâle, 1556, t. IV, p. 2902 ("De Marte"): "il me plait de vaguer parmi les astres élevés et de me rapprocher du ciel immense".

[21] *L'Amour des amours*, "Mars", p. 106.

[22] Sur l'hymne et sur son caractère religieux, voir le chapitre XIII. Dans l'*Amour des amours*, seul "Le Soleilh" pourrait porter ce titre.

[23] *L'Amour des amours*, "La Lune", p. 92.

[24] *Ibid.*, "Le Soleilh", p. 103. "Le Soleilh" est, avec "Mars", la seule pièce en alexandrins.

Aus bas Anfers e aus haus Cieus [...]

Tu as a tes deus piez duisantes
Les Talonnieres d'or luisantes,
Dont chacune ele t'elevant,
Soèt que sus la grand' Mer tu erres,
Ou sus les spacieuses terres,
Te fèt aler quand e le vant.[25]

et la planète qui ne s'éloigne jamais du soleil:[26]

Le Soleilh, de tous Feuz la guide,
A ton feu tient la serve bride,
E lui aterme son santier:
Ne lui lessant prandre carriere,
Soèt davant lui, ou soèt derriere,
De l'espace d'un Sine antier.[27]

Tandis chez Pontano le messager à talonnières ("celer ille deorum / Nuncius, auratis nectens talaria plantis")[28] est celui-là même qui court dans le Zodiaque, à proximité du soleil. Le poète néo-latin tenait à relier la figure légendaire et la puissance astrale. Il lui importait peu que Mercure se dépensât aux Enfers ou dans les airs, et il accordait bien plus d'importance à ses visites aux autres planètes ou à leurs maisons.[29]

Ac nunc hos innisus equis, nunc convenit illos,
Aut Jovis exquirens monitus, et mitia jussa,
Consilia aut senioris avi, violentave Martis
Imperia, et motos sublata pace tumultus [...]
Ast ubi summotasque domos, et frigida adivit
Tecta senis, solioque nepos acceptus avito est,
Tum succos meditatur, et Idaeam Panaceam,
Dictamumque legit [...][30]

---

[25] *Ibid.*, p. 93-94.

[26] Pour un observateur terrestre, Mercure, situé (comme Vénus) entre la terre et le soleil, apparaît toujours à proximité de ce dernier, quelle que soit sa position sur son orbe.

[27] *Ibid.*, p. 94. - Cf. Pontano, *Urania*, I, éd. cit., p. 2887: "Sed sive immissis solem praecurrit habenis, / Seu sequitur, victusque terit spacia ultima metae, / Non ipse ingenteis oras, non liber apertas / Audet adire vias coeli: Titania tantum / Imperia, et solis timet abscessisse quadrigis. / Ergo ubi ter nonas plagas, ter nonaque mundi / Dimensus spacia, [...] / Sistit equos [...]" ("Mais soit que, relâchant ses rênes, il dépasse le soleil, soit qu'il le suive et, vaincu, parcoure l'arrière de son circuit limité, il n'ose pas aller librement de lui-même vers l'espace immense, par les routes ouvertes du ciel: il se contente <d'obéir> aux ordres de Titan et craint de s'éloigner du char solaire. Et donc, lorsqu'il a parcouru vingt-sept degrés, vingt-sept parties du monde [...], il arrête ses chevaux [...]").

[28] Pontano, éd. cit., p. 2886.

[29] L'influence de Mercure varie en fonction des planètes avec lesquelles il entre en aspect.

[30] Pontano, éd. cit., p. 2887-2888: "S'en remettant à ses chevaux, il rencontre tantôt les uns, tantôt les autres, il va chercher l'avis de Jupiter, ses ordres modérés, les conseils de son grand-père plus âgé, ou bien les violents commandements de Mars et les désordres soulevés quand la paix est rompue [...]. Mais lorsqu'il a gagné les demeures lointaines et les froides

Tous les éléments du portrait de Mercure se trouvent donc reliés dans le texte de Pontano et sa légende acquiert l'importance d'un mythe étiologique qui rend plus convaincant l'exposé astrologique sur les vertus de la planète. Chez Peletier, au contraire, tout est disjoint,[31] aucun élément n'a de valeur explicative, et la visite au grand-père devient une simple démarche de politesse familiale:

> Or il ét contant qu'on te voee
> Aus Indes, alors qu'il t'anvoee
> Hors la Mer le matin ouvrir:
> Et au soer te donne l'esance,
> De pouvoèr ta rare presance
> A ton grand pere decouvrir.[32]

Les deux derniers vers semblent un peu énigmatiques,[33] mais le lecteur de l'*Amours des amours* doit s'habituer à prendre les choses comme elles viennent, au lieu de s'ingénier à établir entre elles des relations causales. La légèreté du texte est à ce prix; il énonce, sans commentaires ni explications, et ne s'embarrasse guère de transitions entre les plans: la petite planète circumsolaire succède donc sans raison donnée à l'Hermès psychopompe.

Dans *Venus*, Peletier a fait un louable effort pour s'approcher du style voluptueux et pour arrondir les angles de ses strophes en baignant tout son poème d'une douce euphorie, mais sans atteindre l'homogénéité et le fondu de l'*Urania*. Chez Pontano, la terre de l'éternel printemps et des amours juvéniles est clairement donnée comme la planète elle-même, avec un visible souci de la cohérence et de la vraisemblance du récit. Au cours des ébats amoureux dans le fleuve, le Jeu et Cupidon font jaillir des étincelles "de l'astre maternel", et la déesse elle-même joue le rôle de Vesper et de Lucifer, en menant capricieusement son attelage autour du Soleil:

---

maisons du vieillard, et qu'il a été admis, lui le petit-fils, sur le trône de son grand-père, alors il prépare des potions, il cueille la panacée de l'Ida et le dictame." Ces derniers vers font allusion au passage de Mercure dans le signe où Saturne est exalté.

[31] Ceci n'est pas vrai dans "Mars", qui suit Pontano de plus près et s'intéresse presque uniquement au portrait mythologico-astrologique de la planète.

[32] Peletier, éd. cit., p. 94-95. - A propos des trois premiers vers, cf. Pontano, éd. cit., p. 2887: "Hic rapidum propter solem sua plaustra reflectens / Nunc matutinos agili timone vigales / Exagitat, pelagique cavo caput exerit alveo: / Nunc Atlantiacae matris memor, Hesperidumque / Rura videre parans, fulvumque in frondibus aurum, / Serus obit, sero flavum lavit aequore crinem, / Et sero Herculeas linquit post terga columnas" ("Faisant tourner son char autour du rapide soleil, tantôt il pousse son attelage matinal au timon agile et fait surgir sa tête des profondeurs de la mer, tantôt, se souvenant de sa mère l'Atlantide, il se prépare à voir les terres des Hespérides et l'or fauve dans les feuillages et se couche tard, plonge tard dans la mer ses cheveux blonds, et laisse tard derrière lui les colonnes d'Hercule"). Ce passage, comme les vers de Peletier, évoque les deux circonstances où Mercure est visible: quand il se lève avant le soleil et quand il se couche après lui.

[33] Comme le note J.-Ch. Monferran dans son édition, le "grand-père" est ici Atlas (c'est-à-dire l'Ouest), et non pas Saturne (comme dans le texte de Pontano cité *supra*, note 30).

> Ipsa refulgenteis auro interplexa capillos
> Aurorae e thalamis, radiorumque aemula solis
> Lucem aperit [...][34]

Les particularités de l'astre reçoivent toujours une justification mythologique ou astrologique:

> Ipsa umbram in tenebris obtendit ut aemula Phoebes,
> Ipsa die radios ostentat ut aemula solis,
> Et lucem terris, et coelo lumina praebet.
> Tantos laeta suo de sydere fundit honores.
> Haec decus, haec ipsa est hominumque deumque voluptas,
> Qua sine nil jocundum animis, nil dulce fatendum.[35]

Même s'il a emprunté à l'*Urania* plusieurs de ses grâces, Peletier a séparé plus strictement l'exposé astronomique (qui occupe les strophes 2 à 4) de la peinture du "beau Printans continuel", à laquelle succède une louange de la beauté idéale et de la Vénus celeste.[36] Son chant est donc à la fois mieux organisé et plus cloisonné. S'agissant, par exemple, de décrire l'éclat exceptionnel de la planète, il oublie les décorations mythologiques et les mignardises vénusiennes, pour ne s'occuper que du phénomène:

> Tele foes au Midi serein
> Aupres de lui[37] tu es visible,
> Combien que son feu souverein
> Soèt a tous autres feuz nuisible.
> Seule des cinq moindres errans
> Par la fante du logis sombre,
> Comme un nouveau Croessant, tu rans
> Aus cors oposites leur ombre.[38]

Tout en conservant l'opposition binaire de Pontano (*ut aemula Phoebes / ut aemula solis*), Peletier a cherché une plus grande netteté. Il a précisé pourquoi l'apparition de Vénus en plein jour était remarquable, et au lieu de se contenter d'une formule ambiguë, il a décrit le dispositif grâce auquel on peut observer que les corps recevant la lumière de Vénus projettent une

---

[34] *Urania*, éd. cit.; p. 2890: "Elle-même, ayant tressé ses cheveux brillants avec des lacets d'or, rivale de l'Aurore surgie de sa couche et du soleil radieux, elle ouvre la voie à la lumière".
[35] *Ibid.*, p. 2891: "Rivale de Phoebé, elle produit une ombre dans les ténèbres, rivale du soleil, elle montre ses rayons en plein jour: elle offre sa lumière à la terre et au ciel son éclat, si grands sont les honneurs qu'elle répand joyeusement depuis son astre. Elle est la gloire, elle est la volupté des hommes et des dieux, sans elle il ne se peut dire rien d'agréable à l'âme, ni rien de doux".
[36] Ed. cit., p. 101-102. Cette conclusion idéaliste et platonicienne ne figure pas chez Pontano qui se contente d'une Vénus voluptueuse et féconde, proche de celle de Lucrèce.
[37] Le soleil.
[38] Ed. cit., p. 96. - Les deux strophes précédantes, qui décrivent la circulation de Vénus autour du soleil, reprennent très sobrement la fiction de Pontano: "E puis a soe ce tien Phebus / Retire le frein de tes Cines, / Quand iz ont parfourni les buz / D'un e demi des douze Sines. / Adonq vers son feu qui tant luit / Tu retournes toute timide [...]" (p. 95-96).

ombre (en notant qu'un milieu bien obscur était nécessaire à la réussite de l'expérience).[39] Il a comparé l'intensité du rayonnement à celui de la lune en son premier quartier. Enfin, il n'a pas hésité à employer des termes presque techniques ("cors oposites" est la transcription d'une expression latine, courante dans les livres d'optique). Tout cela rapproche ce passage d'une littérature plus spécialisée. On pourrait le comparer, par exemple, avec cette phrase des *Institutions astronomiques* de Jean-Pierre de Mesmes qui propose les mêmes informations, avec une précision comparable, évoquant "nostre Venus Uranie, qui de nuict, la Lune estant vieille ou joincte au Soleil,[40] rayonne sur terre, et faict une ombre aussi grande qu'une nouvelle Lune de quatre jours".[41] Pourtant, la description de Peletier s'est allégée autant qu'il était possible sans devenir obscure, pour se loger gracieusement dans sa strophe et ne pas déborder sur la suivante où commence un chapitre nouveau, consacré à la Vénus amoureuse:

> C'ét Deesse, par ton secours,
> Qué la Nature s'evertue,
> E qu'an filant de cours an cours
> Ses siecles elle perpetue [...][42]

Points de vue mobiles

La Lune constitue un exemple assez différent, puisqu'il s'agit d'un poème sans mythologie, qui envisage seulement la description physique de l'astre, de son cours et de ses effets: le *De Luna* offrait déjà ce caractère, quoique de façon moins stricte. Mais ici encore l'organisation des deux poèmes diffère sensiblement, le développement bien lié de Pontano s'opposant à la présentation découpée de Peletier. Dans le *De Luna*, la relation entre l'astre et la terre sert de fil conducteur. Mentionnée dès le

---

[39] Cf. l'expérience rapportée par Tyard dans *L'Univers*: "Vrayment, suyvis-je, Jaques Peletier estant icy, pour, en m'honorant de sa gracieuse familiarité, se rafraischir après le travail qu'il avoit presté à son Euclide, partie revoyant son Algebre pour la donner aux Latins, partie se recreant avec moy selon qu'infinis sujets se presentoyent à nous pour philosopher ensemble; le vingt-quatriesme de May, 1557, après la minuict, comme il peust imaginer, car en sa chambre il n'avoit aucun instrument pour s'en asseurer, apperceut Jupiter esclairant de raiz si lumineux que l'ombre apparoissoit. Au matin que nous fusmes assemblez, m'en advertissant, je conceuz envie de ne perdre occasion d'observation si rare. Aussi le soir suyvant [...] nous la considerasmes en plusieurs sortes rayonnante fort lumineusement, mesme que par une demie fenestre entr'ouverte elle esclairoit tellement dedans la chambre, autrement très obscure, qu'aisément je choisissois les trasses noires et blancs espaces de quelques tables astronomiques que je tenois [...]; bien discernois-je les couleurs dessus un astrolabe, duquel l'ombre estoit rapportée contre la muraille aussi visiblement qu'on la pourroit juger sous la lune en l'un de ses quarts. Je puis encores vous asseurer d'avoir observé le corps de Mars estre assez lumineux pour faire raiz, et le chien Syrien n'estre de moindre clarté" (éd. Lapp, p. 28-29). De telles mesures de l'intensité du rayonnement lumineux, devaient importer à ceux qui s'interrogeaient sur les fondements scientifiques de l'astrologie.

[40] De sorte qu'il n'y ait aucun clair de lune.

[41] *Les Institutions astronomiques*, Paris, 1557, p. 36.

[42] *L'Amour des amours*, "Venus", éd. cit., p. 96.

début, elle justifie, dans une certaine mesure, l'évocation des phases qui aboutit à celle du flux et reflux des humeurs:

> Prima deûm terras glaciali sydere circum
> Luna meat, coelumque suo terit ultima curru [...]
> Septima quinetiam ut coelo concessit ab alto
> Mole gravis septem ore vices, septem ore figuras
> Mutat agens circum, et parvum convertit annum.
> Hinc mare quod magnum terras complectitur imas,
> Hinc vari<ae> rerum species, quaeque humida ponti
> Stagna colunt, errantque suis animalia sylvis,
> Aemula crescenti reparant à lumine vires,
> Et multo in primis implentur corpora succo [...][43]

Pontano examine alors le pouvoir de l'astre sur la région de l'air, en mettant en relation son aspect (à la fois sa couleur et sa situation dans le cycle des phases) et le temps qu'elle présage; il conclut donc sur sa puissance et sur les cultes qui lui ont été rendus, sous le nom d'Isis ou de Demeter.

Le texte de Peletier aborde, à peu près, les mêmes thèmes, mais sans avoir l'air de poursuivre une visée particulière. Au lieu de s'en tenir à un point de vue, il semble au contraire prendre plaisir à faire varier la perspective. Là où Pontano répète que la lune est la plus basse et la moins haute, il change d'idée en passant de sa position à sa vitesse:

> Seur de Phebus, la plus proche des Terres,
> Ornant la nuit de noer ammantelee,
> Plus que les sis legerement tu erres
> L'oblique tour de la voee etelee [...]

Comme Pontano, il parle de sa lumière empruntée et commence à décrire ses phases telles qu'on les voit de la terre. Et sur cette question il se montre plus vif que son modèle, qui, après avoir posé la règle fondamentale:

> [...] quantumque ab Apollinis igne recedit
> Hoc magis ipsa suum fundit mortalibus ignem [...][44]

détaille minutieusement tout le cycle. Peletier saute directement du principe à sa conséquence immédiate:

---

[43] Ed. cit., p. 2884-2885: "La lune est la première des dieux à faire courir autour de la terre son astre glacial, et elle est la dernière à parcourir le ciel avec son char [Description des phases croissantes]. De plus, à sa septième phase <croissante>, lorsque sa lourde masse s'est éloignée du plus haut du ciel [*ab alto caelo* doit désigner le zénith, que la pleine lune, en opposition avec le soleil, occupe au plus profond de la nuit], elle subit, dans sa révolution, sept changements successifs, sept phases, et achève d'accomplir sa petite année. Alors le grand océan, qui embrasse les terres les plus basses, alors les diverses espèces des choses, et tous les habitants des eaux marines, tous ceux qui errent dans leurs forêts réparent leurs forces à son exemple, grâce à sa lumière croissante, et leurs corps commencent à se remplir d'une sève abondante [...]". - L'édition de Bâle porte la leçon: "Hinc *varias* rerum species".
[44] "Plus elle s'éloigne du feu d'Apollon, plus elle répand son propre feu sur les mortels", p. 2884.

> Tant plus de lui te depars e t'elongnes,
> Plus il te rand a luire disposee:
> E lors ses rez an plein rond tu ampongnes,
> Quand tu lui es de droet fil oposee.
> Puis te refet a la raproche,
> Un vide obscur, qui se recroche,
> Demeurant clere la partie
> Que tu tiens vers lui convertie.[45]

Aucune phase n'est ici proprement décrite, sinon la pleine lune. Peletier n'immobilise pas la planète dans ses positions successives, il dégage la logique de ses transformations perpétuelles. Sacrifiant les images du latin, qui évoque des joues gonflées (*turgentia ora*), et des cheveux éclatants (*corusca coma*), il s'intéresse seulement au jeu de la lumière entre les deux boules qu'il regarde tourner, l'une brillante, l'autre réfléchissante. En somme, il délaisse les ornements de la vieille poésie astrologique, qui ne peut s'empêcher de déguiser les étoiles en divinités rubicondes, et son refus de l'anthropomorphisme l'emmène jusqu'à celui de l'anthropocentrisme: Peletier délaisse rapidement le point de vue strictement géocentrique. Il prend de la distance et considère de l'extérieur le petit système formé par la terre, la lune et le soleil, pour révéler, sous la variété apparente des aspects de la planète, la constance de son illumination:

> Non que ton lustre an soet plus grand ou moindre:
> Car soèt qu'au loin tu soès acheminee
> Ou qu'avec lui tu te vienes conjoindre,
> Tu es tousjours demie iluminee:
> E an quelque celeste place,
> Tu montres tousjours pleine face:
> E au regard de l'une ou l'une,
> Tu es tousjours an interlune.[46]

Parce qu'elle succède à une strophe très dense, qui réalise toute une démonstration en huit vers, cette strophe bâtie sur une seule idée pourrait sembler trop nonchalante: *La Lune* adopte d'ailleurs une allure volontiers inégale qui imite la fausse irrégularité de son objet. Mais le retour sur une notion déjà exprimée à la fin du quatrième vers ne produit pas de redondance. Bien qu'ils n'apportent pas d'informations nouvelles, les quatre derniers vers sont nécessaires pour accompagner l'élargissement progressif du champ visuel, au terme duquel la révolution de la lune sera appréhendée d'un seul regard, replacée dans l'ensemble du ciel: le spectateur imaginaire pourra alors voir la face lumineuse (détournée de la terre) qu'elle montre à "quelque celeste place", comme s'il observait le manège d'un automate.

A la strophe suivante, l'horlogerie du cycle lunaire cède la place à l'évocation des effets météorologiques (que Pontano avait réservée pour la

---

[45] *L'Amour des amours*, "La Lune", éd. cit., p. 91.
[46] *Ibid.*, p. 91.

fin). Le poème latin annonçait, en s'inspirant des *Géorgiques*,[47] que la lune règne sur l'air et que les changements de son visage annoncent les pluies, les vents et les tempêtes. *La Lune* se montre moins naïve:

> Or ton rond se rougit ou dore,
> Ou de pale ou blanc se colore:
> E brief, tu te montres diverse
> Au gre de l'er que l'eulh traverse.[48]

Les variations de couleurs n'apparaissent plus comme des signes, confusément revêtus d'un certain pouvoir causal, mais comme des conséquences du bouleversement de l'air: le point de vue ne coïncide avec celui de Virgile et de Pontano que pour dénoncer une illusion d'optique. Puis, pour parler des éclipses, Peletier oublie de nouveau "l'eulh" humain, enfoui sous son enveloppe aérienne, et retrouve le point de vue extérieur et un peu distant qui réunit les objets en un tableau global où se révèlent l'enchaînement et l'interdépendance de leurs déplacements. Observant le jeu de ses trois boules, il présente en raccourci deux cas inverses:

> Au demi tour de ton cours luminere[49]
> Assez souvant te nuit la Terre ombreuse,
> Qui t'antreront la faveur ordinere
> Du frere tien, e te rand tenebreuse:
> E par elle tu es noercie,
> Comme elle ét par toe obscurcie,
> Lors que tu viens an Diametre
> Antre elle e le Soleilh te metre.[50]

Cette démonstration ignore les questions incidentes: au lieu de s'appesantir sur la périodicité des éclipses et sur les raisons de leur importance variable, elle élude la difficulté avec un "assez souvant" péremptoire. Ainsi allégée, elle fait comprendre, presque d'une vision immédiate, à la fois l'analogie et la différence entre les deux éclipses, solaire et lunaire. Libérée de ses attaches avec la terre, elle réduit à rien l'illusion d'après laquelle la lune obscurcirait réellement le soleil lorsqu'elle promène la pointe de son ombre sur une petite partie de la surface terrestre. En le considérant d'un peu loin, Peletier restitue donc au phénomène ses véritables proportions; il révèle, sans insister que le petit jeu du blanc et du noir n'affecte réellement que les deux premiers corps; c'est pourquoi il concentre l'attention sur leur manège et ne met qu'indirectement en scène le soleil, astre distant et impassible. De ce soleil lointain, le poème retombe alors brutalement vers l'océan, pour entreprendre la description des effets sur les humeurs. Séparé de l'analyse des phases (qu'il remplace par plusieurs allusions), le dernier îlot strophique du poème fait le tour de ses trois objets (la mer, les "mouelles" et les animaux) sans se rattacher ostensiblement à ce qui le précède.

---

[47] I, v. 427-437.
[48] *Ibid.*, p. 92.
[49] Au milieu de ton cycle, c'est-à-dire à la pleine lune.
[50] *Ibid.*, p. 92.

La Lune n'est sûrement pas un poème incohérent; ses divers éléments n'entrent pas en contradiction mutuelle. Il leur serait d'ailleurs bien difficile de se heurter puisqu'ils se touchent à peine. Leur ordre pourrait, dans une certaine mesure, être modifié sans dommage (on intervertirait facilement, par exemple, la strophe des couleurs et celle des éclipses), mais ce manque de "suivi" ne trahit pas une faiblesse de la raison. Au contraire, Peletier semble s'être libéré de la fausse logique qui domine l'exposé de Pontano, asservi à son unique point de vue d'astrologue. Faisant varier la perspective en même temps que le sujet, il a disposé en divers lieux de son texte, les pièces séparées, saisies d'un oeil sans illusions, de son portrait de la planète.

Peletier s'était donc apparemment formé une idée bien précise de la différence existant entre un poème continu et un chant strophique: transformer l'un en l'autre exigeait plus qu'un simple découpage et requérait une façon nouvelle d'envisager la mise en oeuvre de sa matière. Plutôt que de soigner les enchaînements, il a pleinement joué sur le discontinu. Chaque pièce de *L'Uranie* a son climat, et chaque strophe sa relative indépendance. Les débuts se détachent avec clarté, en imposant leur mesure, et en profitant du dynamisme de l'invocation. Changer d'objet et de destinataire permettait de prendre un nouvel élan, dans une carrière encore vide, sans hériter d'un vrai passé textuel. La logique du recueil n'est pas cumulative, elle ne vise pas à bâtir ligne à ligne son monument, ou à terminer son voyage. C'est peut-être pour cette raison que ses petits poèmes savent mieux commencer que finir: ils rompent le silence, et ne peuvent ensuite que le laisser retomber.

Conclure et relier

Non seulement Peletier ne dit jamais adieu à ses planètes pour mettre officiellement terme à la communication établie, mais il ne se soucie pas toujours de conclure fermement. *La Lune*, par exemple, s'est débarrassée de la contrainte de l'idée générale. Elle n'illustre plus la thèse de la puissance de la lune sur la nature terrestre (même si elle continue à l'accepter) et cesse de se diriger ostensiblement vers un but. Au lieu d'aboutir aux temples et aux légendes sacrées, comme le *De Luna*, elle s'achève sur un point faible, c'est-à-dire sur la simple répétition, en plus vague, du thème de la strophe des couleurs puisqu'elle revient sur l'idée des pronostics météorologiques:

> An leurs forez les animaus sauvages,
> E les oeseaus au vague[51] tu gouvernes:
> Les poessons muz, es liquides rivages,
> Les froes serpans, an leurs ordes cavernes:
> E ton chang'ant nous sinifie
> Le tans qui se diversifie,
> E des choses les longues suites
> Par si divers chemins conduites.[52]

---

[51] Dans l'air.
[52] *Ibid.*, p. 93.

La Lune s'évapore littéralement, en laissant à sa place une image diffuse de l'universelle inconstance des "choses". La dernière phrase ne se termine pas sur l'affirmation énergique de la puissance lunaire (le verbe *tu gouvernes* n'est qu'au deuxième vers et son autorité a tôt fait de se diluer), elle se donne des rallonges (*E ton chang'ant... E des choses*), avant de suspendre le fil de son discours. Cette façon de disparaître manque d'éclat, mais elle est digne de la planète versatile et fuyante,.

Mercure a une fin encore plus évanescente puisqu'il s'interrompt juste après l'étrange rencontre du petit-fils et du grand-père. Et il serait risqué de bâtir des hypothèses sur la construction de *Mars*. Epilogue prématuré d'un recueil qui n'a pas su monter jusqu'en haut du ciel, il associe l'évocation terrible du "cruel Dieu" à la vision plus large de ses rapports avec les autres planètes (Jupiter, le soleil et Vénus), qui s'efforcent de tempérer sa mauvaise influence. Peletier a sans doute préféré éviter que *L'Amour des amours* ne s'achève sur un champ de bataille: la dernière strophe est une invocation à la Vénus victorieuse:

> Venus, dame de Mars, ne le lesse an aler
> Du lien de tes bras, dont tu le tiens e serres:
> Bese, flate le tant, de ris, d'yeus, de parler,
> Tant e tant, qu'il t'acorde une fin a ces guerres,
> Qui au bas Monde font si annuyeus efors,
> Sous les deus gouverneurs du Monde les plus fors.[53]

Ces vers marquent un souci de conclure sur un effet d'accord et non pas sur quelques notes qui s'égrèneraient isolément: ils proposent une sorte de jugement synthétique sur la marche du monde, présentée comme un difficile équilibre entre deux forces contraires, pourtant étroitement enlacées. D'autre part, ils rétablissent une liaison avec le reste du livre: avec le thème de la guerre amoureuse traité dans *Venus* et dans la série des sonnets, et avec la figure de l'invocation, délaissée partout ailleurs dans *Mars*. Bien que la dernière pièce de *L'Uranie* se soit vue fatalement consacrée à la planète la plus farouche, elle y a donc trouvé l'occasion de manifester une volonté de réconciliation et de sociabilité, astrologique et textuelle à la fois, tout à fait absente de *La Lune* ou de *Mercure*.

D'autres passages ménagent des ponts avec le reste de l'oeuvre. La fin de *Venus* ressemble, sur ce point, à la fin de *Mars*. Elle s'attarde d'abord sur le séduisant tableau des amours folâtres et de la volupté vénérienne, sans s'inquiéter de l'accommoder à la philosophie générale du recueil:

> Le Col de laitee blancheur,
> E les Cheveus d'or, qui foletet
> Au gre de la soeve frescheur
> Des Zefirs qui parmi voletet ...[54]

---

[53] *L'Amour des amours*, "Mars", éd. cit., p. 109. - Dans les trois strophes précédentes, Vénus était citée à la troisième personne.
[54] "Venus", éd. cit., p. 100. Il s'agit d'un portrait de Volupté. Cf. *Urania*, éd. cit., p. 2889: "Errat nuda genu per florida prata Voluptas, / Cui volitant flavi per candida colla capilli ...".

Puis elle renoue assez brusquement avec le thème majeur de la partie initiatique de *L'Amour des amours*, tout en annonçant la pièce suivante:

> An ce pourpris se forme un Beau
> Des Sons, des Verdures, des Gammes:
> Mes comme quoe? comme un flambeau
> Iluminant de plusieurs flammes:
> Un Beau, Idee de beautez
> Mise en reserve precieuse
> Ou les vrez desseins sont notez,
> De toute chose specieuse.
>
> Car la, un beau Son ét semè,
> La, ét une Couleur emee,
> La, le beau tret d'un cors eme,
> La, une Odeur belle ét semee.
> Brief, celle Beaute s'i epard
> De toutes Beautez la plus monde.
> Le Soleilh pourtant mis apart,
> Beaute des Idees du Monde.[55]

A la Vénus lucrétienne, maîtresse de la fécondité naturelle, dont le poème astrologique de Pontano s'occupait uniquement, a succédé la Vénus céleste du *Banquet*. La planète du "Printems eternel" devient celle des essences et des idées, où la pluralité se trouve ramenée à l'unité,[56] et l'apparence "specieuse" à la vérité, en vertu d'une logique purement platonicienne. "Un Beau", se forme à partir de divers éléments relevant de différents sens. Mais le degré ultime n'est pas atteint, et la fin du poème établit une passerelle vers le suivant. Pour la première fois, il devient possible d'imaginer le tour qu'aurait pris le recueil s'il avait suivi la piste indiquée dans *Le Parnase*, si l'amant avait autrement compris le conseil de sa dame et s'était décidé à traverser "Ce Ciel grand, ce Ciel spacieus",[57] au lieu de simplement transcrire de petits morceaux du chant de la Muse. *L'Uranie* aurait pu ressembler à un nouveau *Paradiso* où le héros serait monté de ciel en ciel, dans une lumière croissante. De ce projet dantesque, vaguement ébauché à la fin du cycle amoureux, il ne subsisterait aucune trace si le courant mystique, qu'on croyait disparu, ne ressurgissait à la fin de *Venus* pour s'épanouir dans *Le Soleilh*.

---

[55] *Ibid.*, p. 101-102.
[56] Cf. Platon, *Banquet*, 210 e-211b: "quand un homme aura contemplé les belles choses, l'une après l'autre [...], il apercevra soudainement une certaine beauté [...], il se la représentera en elle-même et par elle-même, éternellement jointe à elle-même par l'unicité de la forme [...]" (éd. Robin, p. 69). - Ficin, *Commentaire au Banquet*, VI, 18: "Il y a donc en de nombreux corps une commune nature de beauté qui permet de les nommer beaux" (éd. Marcel, p. 236).
[57] *L'Amour des amours*, éd. cit., p. 69.

Le Soleilh

Le Soleilh est le seul poème planétaire qui se relie étroitement au recueil amoureux où la dame est essentiellement présentée comme le centre d'un rayonnement sans limite et sans ombre;[1] un raccord subtil s'établit, dès ses premiers vers, avec *L'Amour volant*. La salutation au "Flambeau radieus, eulh mondein[2] qui tout voés" et que "l'eulh plus hardi ne peùt choesir a ferme"[3] répond à la courageuse résolution du voyageur:

> Il ne me faut point donner garde
> Des rez lumineus que l'oeseau
> Porteur du fulmineus fuzeau
> Seul sans nule ofanse regarde:
> Car j'è mon eulh acoutume,
> De mon beau Soleilh alume.[4]

C'est aussi la seule pièce de *L'Uranie* dont on puisse assurer qu'elle suit un plan, ou tout au moins qu'elle se consacre au développement progressif d'une idée principale. Le soleil est le Corps des corps de la même façon que l'Eros céleste est l'Amour des amours ("Tu es le plus grand Cors des cors de l'Univers, / Tu es le plus beau Cors de tant de cors divers").[5] Il est célébré comme la source et l'idée de toute la lumière visible, de toute la beauté et "de tous celestes biens", et l'orientation déterminée de son éloge (très proche de la doctrine de Ficin dans le *De Sole*) donne à son chant une unité que ne possède aucun des autres. A cela s'ajoute une forme plus définie: le poème

---

[1] Voir, par exemple, le sonnet XVI, probablement inspiré de Dante: "[...] Il se produit de sa grand' preferance [= de sa supériorité absolue], / Quand dedans soe si rondemant chemine, / Infinite de trez, dont se termine / E s'acomplit un Circonferance. // E tout ensi qu'an l'ardante chandelle / Les lustres clers salhet du moins beau d'elle, / De tout son cors sort un feu circulere, // Dont la splandeur fèt des etoeles l'une: / E ceus an ont jugemant oculere / Qui sont vivans au dessus de la Lune." (éd. cit., p. 20); voir aussi le s. XLVI: "An languissant pres de votre beaute, / Qui ambellit la lumiere du Monde, / Dont je ne voè que les rez a la ronde [...]" La lumière de la dame, comme celle qui sort du corps de Béatrice, fait le lien entre la lumière visible et la lumière surnaturelle. - Sur la thématique néo-platonicienne de la lumière reprise par Peletier, voir aussi I. Pantin, "Microcosme et *Amour volant*...", art. cit., p. 48-50.

[2] L'image de l'oeil du monde était devenue un *topos* grâce à l'influence du *De sole* de Ficin, citant lui-même les *Hymnes orphiques*: "Quas ob res Orpheus Apollinem vivificum caeli oculum appellavit. Atque summatim haec quae dicam ex hymnis Orphicis congregantur. Sol oculus aeternus omnia videns. Supereminens caeleste lumen: caelestia temperans et mundana. Harmonicum mundi cursum ducens sive trahens. Mundi dominus. Jupiter immortalis mundi oculus circum currens: habens sigillum omnia mundana figurans [...]" (ch. 6, éd. Florence, 1483, a 6 v°), voir, par exemple, Maurice Scève, *Délie*, d. 103, v. 1: "Cest Oeil du Monde, universel spectacle [...]"; Du Bellay, "A Phoebus" (composé en 1559 pour l'avènement de François II): "Ton grand oeil qui tout regarde, / D'en hault ses flesches nous darde [...]" (éd. Chamard, t. V, p. 403); notons que la strophe correspondante de l'*A d Apollinem* de Giovanni della Casa, imité par Du Bellay, ne comporte pas cette image: "Tuque dum longe jacularis arcu [...]" (v. 9; poème édité dans K. Ley, "Traduction ...").

[3] *L'Amour des amours*, "Le Soleilh", str. 1, éd. cit., p. 61

[4] *Ibid.*, "L'Amour volant", str. 5, éd. cit., p. 62.

[5] *Ibid.*, "Le Soleilh", p. 103.

est non seulement ouvert, mais fermé par une invocation. La première s'interroge sur les capacités de la parole poétique:

> Qui pourra te chanter d'une assez haute voez [...]?[6]

tandis que la dernière, adressée par la Muse à ses soeurs, répond partiellement à cette inquiétude en exprimant avec gratitude la résolution de toujours recevoir les dons de Phebus,

> Qui pourtant si souvant nous deigne visiter,
> Que tousjours il nous samble avec nous habiter [...]
> Einsi vivons tousjours contantes de ses dons,
> Qu'aus Poëtes devoz sans cesse nous randons [...][7]

A l'intérieur de ce cadre, le poème entier tend vers la célébration de l'archétype donc la clarté solaire est la révélation:

> O divine beaute, qui possedes e tiens
> Les Idees an toe de tous celestes biens![8]

Cette orientation marquée a infléchi la description de l'astre, en amenant le poète à effacer les éléments techniques ou mythologiques. Du *De Sole* de Pontano il n'a ainsi adapté que le début, en négligeant complètement de longs chapitres consacrés à la détermination du calendrier, aux pronostics, aux cultes et aux légendes solaires:

> At medios coeli tractus, medii aetheris oram
> Fons lucis sol auricomus, sol igneus ambit,
> Sol qui terrarum flammis opera omnia lustrat.
> Ipse idem superum princeps, ductorque choreae,
> Ad cujus numeros et dii moveantur, et orbis
> Accipiat leges praescriptaque foedera servet,
> Agnoscant aurae imperium, maria alta tremiscant,
> Audiet et longe tellus fatalia jussa.
> Atque hunc, ne qua opere in tanto decor ullus abesset,
> Praefecit luci rerum pater, ipse nitenteis
> Spargeret ut radios, ipse ut lustraret olympum,
> At terras simul et magnas liquidi aeris oras,
> Unde dies, quique in sua terga revolvitur annus,
> Atque aevi simulacra fluunt, et tempus, et aetas.
> Hinc ver purpureum vestit florentia prata,
> Spiceaque hinc campis flavescit messis, et aegrum
> Lenitura animum, ac dulcem inductura soporem,
> Distendit vacuas pinguis vindemia cellas,

---

[6] *L'Amour des amours*, "Le Soleilh", éd. cit., str. 1, p. 102.
[7] *Ibid.*, str. 20, p. 105. C'est le seul endroit où la Muse s'exprime de façon personnelle, en confirmant sa qualité de narratrice.
[8] *Ibid.*, str. 17, p. 105. Il s'agit du début de la strophe qui précède l'invocation finale aux Muses.

Et glacialis hyems resolutis ebria curis
Ante focum molli solatur frigora baccho.
Hasque vices pater ille deum volventibus annis
Esse dedit, quas ipsa aeterno foedere servant,
Tam certos elementa simul retinentia nexus.[9]

Cet exposé d'introduction, déjà synthétique, ne visait qu'à donner une grande idée de la puissance du soleil, installé au milieu du ciel, source de toute lumière, maître du mouvement des astres, du temps et des saisons, et par là garant de l'ensemble des lois qui fondent l'ordre naturel. Tous ces thèmes faisaient partie de l'éloge du soleil, dans la tradition stoïcienne et platonicienne, chez Cicéron,[10] chez Julien l'Apostat,[11] chez Macrobe,[12] et plus récemment chez Ficin.[13] Peletier les a repris, mais en leur accordant une importance très inégale. Celui des saisons et celui du temps ont été fortement condensés, peut-être parce qu'ils paraissaient trop concrets et trop liés aux rythmes de la vie humaine. Les gravures de calendrier ont donc disparu du texte de Peletier qui se borne à justifier le principe général de la puissance vivificatrice du soleil, en rappelant à demi-mot que son simple retour dans notre hémisphère réveille la végétation:

Tout ét rampli de toe, ranforcè, favori:
A l'aprocher, tu féz le Printans reflori:
Les parties du Tans par toe sont ordonnees
Par Siecles, Ans et Moes, par Heures e Journees.[14]

Le circuit dans le Zodiaque n'est même pas signalé, alors qu'il s'agissait déjà d'un lieu commun: les *Odes* et les *Amours* de Ronsard avaient mis à la mode l'utilisation familière du Taureau et de ses pareils pour symboliser les

[9] Pontano, *Urania*, I, "De Sole", éd. cit., p. 2891-2892: "Mais le soleil aux cheveux d'or, soleil de feu, source de la lumière, tourne au milieu du ciel, au milieu de la région éthérée, le soleil qui éclaire de ses flammes toute la nature terrestre. Il est le prince et le chef de la danse des êtres d'en-haut, de sorte que les dieux eux-mêmes se meuvent en suivant sa cadence, l'univers reçoit ses règles et respecte les lois <qu'il> prescrit; les airs reconnaissent son pouvoir, le grand océan le redoute, et même la terre lointaine entendra ses ordres fatals [par rapport aux airs et aux mers, la terre représente les confins de l'empire du soleil, d'où le *et longe*]. Pour qu'aucune beauté ne manquât à une si grande oeuvre, le père de toutes choses l'a rendu maître de la lumière pour qu'il répande lui-même ses rayons éclatants, qu'il éclaire lui-même à la fois le ciel, la terre et l'immense espace de l'air limpide. D'où vient que s'écoulent les jours, et l'année qui se recourbe sur elle-même, les marques visibles de la durée, le temps et les âges. Ainsi le brillant printemps revêt les prés de fleurs, ainsi le blé de la moisson jaunit dans les champs, la riche vendange, qui doit apaiser les chagrins et amener le doux sommeil, remplit les caves vides, et l'hiver glacé, quand l'ivresse a aboli les soucis, réchauffe la froidure au coin du feu, grâce à la douceur de Bacchus. Le père des dieux a accordé lui-même aux années qui s'écoulent l'existence de ce cycle régulier, que les éléments eux-mêmes observent aussi en vertu d'une loi éternelle, pour conserver des liens si assurés.
[10] *De republica*, VI, 17 (dans le Songe de Scipion): "Deinde subter mediam fere regionem Sol obtinet, dux et princeps et moderator luminum reliquorum, mens mundi et temperatio [...]".
[11] Discours *Sur Hélios roi*.
[12] *Commentaire au Songe de Scipion*, I, 20.
[13] *De Sole*.
[14] *L'Amour des amours*, "Le Soleilh", str. 2, éd. cit., p. 102.

PELETIER: *L'AMOUR DES AMOURS* 217

quatre temps de l'année,[15] Peletier a évidemment adopté un autre registre, incompatible avec le folklore zodiacal. Au lieu d'accumuler les détails, il les élimine au contraire pour mieux imposer l'absolue royauté du soleil et la puissance universelle de son rayonnement: l'astre n'est pas un objet qu'on localise ou qu'on mesure. Il suffit de savoir qu'il est "au haut milieu du monde",[16] c'est-à-dire à la place la plus valorisante, la connaissance de son itinéraire n'aurait rien apporté de mieux et aurait risqué au contraire de le rapprocher des autres planètes. D'une façon analogue, des informations chiffrées sur ses dimensions n'auraient fait qu'affaiblir l'assertion: "Tu es le plus grand Cors des cors de l'Univers".[17] Car entre le soleil et les étoiles de première grandeur, les astronomes n'établissaient pas une différence énorme.[18] D'ailleurs, la question de son volume apparaît secondaire, comparée à celle de sa luminosité.

Le motif du *fons lucis*, simplement énoncé par Pontano, a en effet requis toute l'attention de Peletier, et c'est pour lui qu'il a dépensé le plus de philosophie, en négligeant les éléments astronomiques. Il a accepté, pour l'essentiel, la théorie néoplatonicienne, développée dans les *Ennéades* et reprise par Ficin. Bien qu'il ait admis la nature corpusculaire du rayon lumineux, en imaginant une infinité d'atomes émanant de la source solaire:

Reyon net, acompli d'indivisibles cors,
Léquez ont parantr'eus continuez discors,
Se heurtans pele méle: e comme les uns cedet
Sans fin du plein luisant, les autres i succedet.[19]

---

[15] Ronsard, *Odes* (1550), I, xvii, v. 1-6: "Toreau, qui desus ta crope /Enlevas la belle Europe /Parmi les voies de l'eau, / Hurte du grand ciel la borne, /Poussant du bout de ta corne / Les portes de l'an nouveau [...]". Cf. III, x, v. 7-12: "L'estincelante Canicule, / Qui ard, qui cuist, qui boust, qui brule, / L'esté nous darde de là haut, / Et le souleil qui se promeine / Par les braz du Cancre, rameine / Ces mois tant pourboullis du chaut [...]"; Scève, *Délie* (1544), d. lxiii, v. 1-4: "Non celle ardeur du Procyon celeste / Nous fait sentir de Phaeton l'erreur: / Mais cest aspect de la Vierge modeste / Phebus enflamme en si ardente horreur [...]".

[16] *L'Amour des amours*, "Le Soleilh", éd. cit., p. 103.

[17] *Ibid.*, p. 103.

[18] D'après les estimations des astronomes arabes, Alfraganus et Albategnius, qui étaient généralement acceptées au XVIème siècle, les étoiles de première grandeur étaient, en volume, 107 fois et demi plus grosses que la terre (voir J.P. de Mesmes, *Les Institutions astronomiques*, Paris, 1557, I, 4, p. 9); tandis que le soleil était, selon la mesure de Ptolémée, "166 foys, et trois huictiemes plus gros que toute la terre" (*Ibid.*, I, 14, p. 34).

[19] *L'Amour des amours*, "Le Soleilh", str. 10, éd. cit., p. 104. - Cette strophe a une allure épicurienne qui ressort sur un ensemble platonicien: elle suppose que du soleil sorte un flux ininterrompu d'atomes, alors que pour Plotin, ou Ficin, "la lumière doit être considérée comme un être absolument incorporel, bien qu'elle soit l'acte d'un corps" (*Ennéades*, IV, v, 7, 40; éd. Bréhier, t. IV, p. 165). Cf. Lucrèce, *De natura rerum*, IV, v. 225-227: "Usque adeo omnibus ab rebus res quaeque fluenter / fertur, et in cunctas dimittitur undique partis, / nec mora nec requies interdatur ulla fluendi [...]" ("Tant il est vrai que de tout corps toujours s'écoule un flux qui se disperse en tous sens et partout, sans trêve ni repos, intarissable effluve [...]", éd. et trad. Kany-Turpin, p. 254-255); cf. V, v. 590-593, 602-603: "Illud item non est mirandum, qua ratione / tantulus ille queat tantum sol mittere lumen, quod maria ac terras omnis caelumque rigando / compleat [...] / Nonne vides etiam quam late parvus aquai / prata riget fons interdum campisque redundet?" ("Il n'est pas étonnant qu'un si petit soleil ait le pouvoir d'émettre une lumière si grande qu'elle emplit la mer, les terres, le ciel entiers [...].

il lui a reconnu toutes les propriétés d'un être immatériel, totalement indépendant du milieu qu'il traverse, et qui ignore les limites spatiales ou temporelles. Il a décrit un soleil inépuisable,[20] capable de répandre sa lumière dans un espace illimité sans rien perdre de son intensité initiale, car il a "a <ses> rez un infini pour terme",[21] capable aussi de la faire traverser sans encombre des corps aussi durs que le verre ou le cristal:

> Celui mieus connoétra an quel point tu agiz
> De tes Feuz eternez sur le Monde elargiz,[22]
> Qui voudra contampler les mesons fenetrees,
> De ton reyon tretiz par l'obscur penetrees [...][23]

Comme les platoniciens encore, Peletier a accordé une grande importance à la fonction esthétique de la lumière: dans l'introduction de l'hymne, il lui a consacré une strophe entière, alors que le "Printans reflori" se serre dans un seul vers. S'y exprime l'idée que tout le visible, puisqu'il est lumière, est un don du soleil, non seulement pour des raisons de simple éclairage mais parce que, suivant une formule de Ficin, "la couleur est de la lumière

---

Ne vois tu pas de même un mince filet d'eau baigner au loin les prés et parfois inonder les plaines?", *ibid.*, p. 346-349).

[20] "Tout seul luire tu veus, quelque part que tu luises / D'une vive splandeur que dedans toe tu puises", *L'Amour des Amours*, "Le Soleilh", str. 5, éd. cit., p. 103.

[21] *Ibid.* , str. 1, p. 102. La puissance du soleil n'était pas limitée, mais cela n'empêchait pas que le monde le fût: les néoplatoniciens posaient une lumière immatérielle infinie dans un univers matériel fini. Cf. Plotin, *Ennéades*, IV, v, 6, 10: "Si la distance du soleil jusqu'à nous était plusieurs fois ce qu'elle est, sa lumière n'en viendrait pas moins jusqu'à nous, si aucun obstacle ne s'interposait".

[22] Cf. Ficin, *De Sole* et *De lumine*: la lumière solaire traverse des corps solides et pénètre jusque dans l'obscur, elle se confond avec la vie et l'âme du monde car elle réside, sous une forme progressivement dégradée, jusqu'au centre de la terre.

[23] *Ibid.*, str. 9, p. 103; la strophe "atomiste" se situe juste après. Il se trouve que l'argument de la verrière était précisément utilisé par Plotin et par Ficin pour démontrer la nature incorporelle de la lumière: "Lumen quo momento penetrat molle diaphanum, eodem diaphanum transverberat vel durissimum. Item quo breve spatium: eodem quoque largissimum. Incorporeum est igitur: cui neque duritia resistit: neque spatium" ("La lumière met le même temps à pénétrer dans un corps diaphane mou qu'à traverser un corps diaphane même très dur. De plus, <elle traverse> un très grand espace dans le même <instant> qu'un petit. C'est donc un être incorporel que celui à qui ne résiste ni la dureté, ni l'espace"; Ficin, *De lumine*, ch. 9, éd. Florence, Miscomini, 1583, f. c 5 v°). Cet argument était bien connu et généralement utilisé dans un sens "immatérialiste"; voir, notamment, Ronsard, *Hymne de la Justice* (1555), v. 423-428: "Si tost que la JUSTICE en terre fut venüe, / Dessus la Court du Roy longuement s'est tenüe, / Puis, ainsi qu'un rayon du Soleil qui descend / Contre un verre et le perce, et si point ne le fend, / Tant sa claire vertu subtilement est forte, / Comme venant du Ciel [...]" (éd. Laumonier, t. VIII, p. 67). Pour le contredire, les atomistes invoquaient l'existence du vide, qui se trouvait même dans les corps les plus durs et qui pouvait laisser passage aux corpuscules lumineuses. La réfraction semblait apporter une preuve en leur faveur. Il se peut que ce problème, qui préoccupait les astronomes dans la seconde moitié du XVIème siècle, ait poussé Peletier à abandonner en partie l'optique des néoplatoniciens.

opaque", [24] et que le phénomène de la vision naît de la rencontre entre la lumière extérieure et la lumière intérieure à l'oeil: [25]

> Tu féz prandre couleur aus voyables obgez,
> Par toe les yeus voyans assuret leurs progez,
> Ecartans leurs vertuz sus les choses difuses,
> E les reconnoessans an soe par toe infuses. [26]

Ici le texte devient technique et précis pour développer une théorie optique nettement reconnaissable, celle des platoniciens qui faisaient de l'oeil un organe à la fois émetteur et récepteur. Les yeux "assuret leurs progez", c'est-à-dire qu'ils projettent des rayons doués de "vertu", qui s'"ecartent" pour former une pyramide et embrasser largement les "choses difuses". Mais leur effort prospectif ne vaudrait rien s'il n'avait sa réciproque et si la lumière solaire n'infusait en eux les couleurs des choses, pour qu'il y ait rencontre et "reconnaissance". On reconnaît là, perfectionnée par l'influence d'Euclide, et probablement modifiée par la connaissance de l'optique d'Alhazen et de Witelo, [27] la théorie esquissée dans le *Timée*:

> [Les dieux] ont fait en sorte que le feu pur qui réside au dedans de nous et qui est frère du feu extérieur, s'écoulât au travers des yeux de façon subtile et continue [...]. Lors donc que la lumière du jour entoure ce courant de la vision, le semblable rencontre le semblable, se fond avec lui en un seul tout, et il se forme, selon l'axe des yeux, un seul corps homogène [...]. Et si cet ensemble vient à toucher lui-même quelque objet ou à être touché par lui, il en transmet les mouvements à travers le corps tout entier, jusqu'à l'âme, et nous apporte cette sensation, grâce à laquelle nous disons que nous voyons. [28]

[24] Ficin, *De lumine*, ch. 2 "Descriptio luminis visibilis", éd. cit., f. c 2 v°: "Color quidem lux est opaca. Lux autem color clarus [...]".

[25] Cf. Ficin, *Commentaire au Banquet*, V, ch. 4: "[...] l'oeil ne voit rien d'autre que la lumière du Soleil. Les figures et les couleurs des corps ne sont jamais perçues qu'à moins d'être éclairées par la lumière. Elles ne pénètrent pas dans les yeux avec leur matière. Il semble pourtant nécessaire qu'elles soient dans les yeux pour qu'ils les voient. Ce qui s'offre aux yeux c'est donc la seule lumière du Soleil, parée des couleurs et des figures des corps qu'elle éclaire. [...] Il en résulte que toute la beauté de ce monde, qui est le troisième visage de Dieu, s'offre aux yeux comme incorporelle par l'intermédiaire de la lumière incorporelle du Soleil." (éd. Marcel, p. 185-186). - Peletier se rattachait à cette conception, allant lui aussi jusqu'à voir dans le soleil la "divine beaute" possédant les "Idees ... de tous celestes biens", même s'il n'admettait pas vraiment la nature incorporelle de la lumière.

[26] *L'Amour des amours*, "Le Soleilh", str. 3, éd. cit., p. 102.

[27] C'est l'*Optique* d'Euclide qui a développé la théorie géométrique de la "pyramide visuelle", ayant sa base dans l'oeil (voir G. Simon, *Le regard* ...). La théorie de l'oeil purement récepteur, développée par Alhazen et adoptée par Witelo, était officiellement acceptée par les "perspectivistes" occidentaux depuis le XIIIème siècle (voir D. C. Lindberg, *Theories of vision* ...). Mais l'influence d'Euclide, du platonisme et du galénisme entretenait un courant émissiste, comme en témoigne, par exemple, ce texte de Peletier.

[28] Platon, *Timée*, 45 b-d, éd. et trad. Rivaud, p. 162. Cf. *Théétète*, 156 d-e. Pour Platon, la vision résulte d'une collaboration entre la lumière interne et la lumière externe. La médecine galénique avait conservé cette idée que l'on trouve encore chez Ficin: "Qu'il y ait dans les yeux et dans le cerveau une certaine lumière, si faible soit-elle, beaucoup d'êtres vivants qui voient clair la nuit nous en apportent une preuve: leurs yeux brillent dans l'obscurité [...].

Cette explication scientifique survient dans un éloge délibérément vague et allusif, elle n'a pas été introduite dans un brusque élan didactique, sa fonction est probablement de souligner l'importance du thème optique. Ce n'est sûrement pas un hasard si les seules strophes un peu techniques de ce long poème touchent à l'idée de la lumière: celle de la vision, qui vient d'être citée, celle du rayon qui traverse les fenêtres, et celles de l'éclipse:

> La blancheur Cintienne on voèt bien eclipser,
> Mais ta seule clerte ne peut apeticer;
> Quelque ombreus qui s'oppose aus trez de ta lumiere:
> Pour ce qu'elle ét an toe e native e premiere.
>
> Ce n'ét pas toute foes sans desastre e mechef,
> Quand ta Seur de son cors vient couvrir ton cler chef:
> Car cete obscurite (mes l'homme ignorant erre)
> Et l'Eclipse pour vrei de l'Astre de la Terre.[29]

La démonstration est la même que dans *La Lune*, elle s'appuie sur le même transfert de point de vue qui offre à l'observateur une position extérieure grâce à laquelle il sort de son illusion géocentrique, perd son *ignorance* et découvre *pour vrei* le fonctionnement du jeu des ombres cosmiques. Mais elle a perdu sa neutralité détachée; il ne s'agit plus de voir pour voir, l'explication se dirige vers la mise en évidence d'un principe supérieur: si l'éclipse solaire n'est qu'une *erreur* de nos yeux, ce n'est pas à cause de dispositions fortuites, parce que le soleil serait le plus éloigné et le plus gros des trois corps considérés; une telle offuscation est impossible "quelque ombreus qui s'opose" puisque l'astre est rempli d'une lumière "e native et premiere". Peletier n'a donc pas cherché à passer en revue les phénomènes du soleil, comme il l'a fait pour la lune; l'analyse de la fausse éclipse (plus rapide que dans *La Lune*, et presque elliptique) joue le rôle d'un *exemplum* dans la célébration d'une planète unique au monde, entièrement rayonnante, quand tous les autres corps lui empruntent leur éclat et connaissent des défaillances:

> An toe rien n'ét obscur, a ton jour rien ne nuit [...][30]

et entièrement active, quand tous les autres corps sont passifs:

> Tout ce qui ét au Monde ét souz ton accion,
> E de nul tu ne peuz soufrir mutacion [...][31]

D'autre part que le rayon de lumière émis par les yeux entraîne avec lui la vapeur de l'esprit et que cette vapeur entraîne le sang, nous en avons une preuve dans le fait que des yeux chassieux et rouges communiquent par l'émission de leurs rayons leur propre maladie aux yeux de ceux qui les regardent [...]" (*Comm. au Banquet*, VII, ch. 4, éd. Marcel, p. 247).
[29] *L'Amour des amours*, "Le Soleilh", str. 6 et 7, éd. cit., p. 103.
[30] *Ibid.*, str. 15, p. 104.
[31] *Ibid.*, str. 8, p. 103.

Les quelques fragments d'un discours scientifique disséminés dans le poème viennent donc se fondre dans l'hymne à la lumière où ils apportent leurs témoignages, et lorsque Peletier montre que le soleil règle le mouvement des autres planètes, il procède de manière analogue en se servant de quelques éléments empruntés à la théorie astronomique pour développer un thème qui appartient à un domaine différent, le thème de la royauté absolue du soleil qui doit conduire à faire de lui une image divine.

Sur ce point, il a d'ailleurs reproduit la démarche de Ficin dans le *De Sole*. Le philosophe florentin avait cherché à établir que le soleil, maître de l'univers, était la représentation visible du souverain bien et de Dieu, et il avait développé, dans ce seul but et à sa manière, une idée présente dans l'*Almageste*. L'observateur terrestre, s'il se croit au centre du monde, attribue aux corps célestes le mouvement qu'il subit lui-même, mais cette projection ne se traduit pas de la même façon selon qu'il regarde les planètes situées entre la terre et le soleil ou celles qui se trouvent vers l'extérieur du système. Ptolémée avait donc noté que le circuit annuel du soleil entrait toujours dans la composition du mouvement des autres planètes. S'agissant de Vénus et Mercure, il coïncidait avec celui du déférent; s'agissant de Mars, Jupiter et Saturne, avec celui de l'épicycle. Ptolémée tirait argument de cette différence pour justifier l'ordre de succession des planètes.[32] Dans le *De Sole*, un chapitre est consacré aux relations des planètes avec le soleil, mais au lieu d'y chercher un critère de classement Ficin n'a songé qu'à mettre en évidence l'unanimité des planètes dans leur vénération pour leur prince:

> Les planètes supérieures montent chaque fois que le soleil s'approche d'elles. Et chaque fois qu'il les quitte, elles descendent au contraire. En conjonction avec le soleil, elles sont au sommet de leur épicycle, tandis qu'en opposition elles sont en bas. En quadrature, elles sont à une hauteur moyenne [...]. Vénus et Mercure sont en position haute lorsqu'elles se joignent au soleil durant leur marche directe, mais en position basse lorsqu'elles sont alors rétrogrades. Et les planètes n'ont pas le droit d'achever le tour de leurs épicycles avant de s'être retrouvées en conjonction avec le soleil, leur seigneur, pour ainsi dire [...][33]

Ficin n'attribuait pas à ce comportement des causes mécaniques mais psychologiques: en conjonction avec le soleil, les planètes étaient en haut de leur épicycles et en marche directe pour exprimer leur accord avec leur roi, tandis que la rétrogradation trahissait de la rebellion, aussitôt punie par l'humiliation. Peletier, plus sobre et plus concis, a adopté la même perspective. Le thème de la souveraineté solaire, introduit dès la quatrième strophe ("An ton char triomphant tu demeures assis, / Einsi qu'un Ampereur, anvironne des sis),[34] est développé un peu plus loin, sous forme

---

[32] Voir notamment *Almageste*, l. IX, ch. 1-3.

[33] Ficin, *De Sole*, ch. 4, éd. 1483, f. a 4 v°: "Planetae superiores quatenus ad eos Sol accedit ascendunt. Quatenus vero discedit contra descendunt. Conjuncti quidem Soli sunt epiciclo summi: Oppositi vero sunt infimi. In quadratura sunt altitudine medii [...]. Venus atque Mercurius si progredientes conjunguntur Soli excelsi sunt: si regredientes infimi. Neque fas est planetis epicicli sui prius explere circuitum: quam solem quasi suum dominum conjunctione reviserint [...]". Ficin mêle à cela de nombreuses considérations astrologiques.

[34] Ed. cit. p. 103. Cette façon d'entrelacer les thèmes, en séparant l'annonce du développement, est caractéristique du poème. Le même même motif revient d'ailleurs à la

d'un tableau du cortège royal. Il est rappelé que Vénus et Mercure font effectivement escorte au soleil puisqu'ils ne s'en écartent jamais:

> Tu es acompagne de Stilbon e Venus,
> Ordineres suivans pres de toe retenuz,
> Montrans plesir par tout e vigilance caute.[35]

La dernière remarque fait passer de l'information sèche à l'image des courtisans ravis, riche de sous-entendus astrologiques, tandis que la suite retombe de la fiction à la description des mouvements:

> Mars te và cotoyant, e te tient la mein haute.
> Jupiter debonnere e profitable t'ét:
> Saturne froed, pansif, de tes secrez se tét:
> Tous léquez par les chans de la vague carriere
> Tu féz marcher avant, ou retourner arriere.[36]

Tout le chapitre 4 du *De Sole* se trouve donc ici à la fois résumé et remis en ordre: au lieu de courir sans grande méthode d'un astre à l'autre, en brassant des arguments bien hétérogènes, Peletier a suivi l'ordre de succession des planètes, de Mercure à Saturne, en laissant de côté la lune dont il devait savoir que le cours ne se réglait pas sur celui du soleil.[37] Mais ce choix ne l'a pas amené à adopter une progression linéaire; il a ménagé au contraire une partie centrale (mythologique, psychologique et astrologique), en l'encadrant par les données astronomiques, qui fondaient l'image de la royauté du soleil: l'identité de son cours propre et de ceux de Mercure et Vénus, et la relation entre ce même cours et la rotation des épicycles des planètes supérieures.[38] Il est ainsi parvenu à un résultat plus exact, en rétablissant clairement la distinction ptoléméenne entre les deux types de planètes séparées par leur maître, mais il n'en a ainsi que mieux restitué la logique de la pensée de Ficin. Au-delà même de ces deux strophes, le poème tout entier, dont chaque élément converge vers la célébration du "Flambeau radieus" et vers la révélation de sa "divine beaute", montre la solidarité profonde de toutes les manifestations de la prééminence du soleil, qu'il s'agisse de son rayonnement, de sa puissance vivifiante, de sa capacité à régler les mouvements cosmiques, de la joie et du respect qu'il inspire aux autres corps célestes, ou bien encore des vertus dont il suggère une image grossière aux esprits terrestres, alors qu'il les

strophe 15: "An toe le grand Demon Signeur fèt residance, / Qui gouverne les Feuz de clere providance" (pour l'interprétation de ces vers, voir ci-dessous, note 39).

[35] *Ibid.*, str. 11, p. 104.

[36] *Ibid.*, str. 11-12, p. 104. - Cf., ci-dessus, le *De Sole* de Pontano, ou encore l'*Ad Apollinem* de Giovanni Della Casa, str. 4: "Tu novem Caeli moderaris orbes, / Siderum Princeps [...]" (éd. K. Ley, p. 423), et son imitation par Du Bellay: "Soubs les accords de ta lyre, / Qui des Dieux appaise l'ire, / Les cieux tournent par compas [...]" ("A Phoebus", éd. Chamard, t. V, p. 403). Mais des indications aussi précises que celles de Peletier sont rares.

[37] Ficin le savait sûrement aussi, mais il avait tenu à faire entrer la lune dans son chapitre et à lui attribuer une attitude déférente, pour que l'unanimité de ses courtisans soit parfaite.

[38] Nous supposons que "Tous léquez" reprend seulement "Mars", "Jupiter" et "Saturne".

possède en toute perfection.[39] C'est parce qu'il est entièrement imbu de cette philosophie que *Le Soleilh*, seul de toutes les pièces de *L'Uranie* est un poème unanime qui échappe à la fragmentation comme à l'isolement.

Si Peletier avait constamment développé le projet dantesque et platonicien esquissé dans la partie centrale de *L'Amour des amours*, *L'Uranie* aurait donc pu se terminer avec *Le Soleilh*, "an ce Paradis". Or il a également suivi le modèle offert par Pontano, en le transformant à sa manière; le recueil a tourné court, et son arrêt sur la plus méchante planète symbolise sa bizarre fortune: parce qu'il ne s'était définitivement engagé dans aucune des deux voies qu'il s'était ouvertes (la voie initiatique et la voie scientifique), il n'a pas pu s'achever, sinon sur l'image d'un contradiction, ou tout au moins d'une dualité perpétuellement surmontée et renouvelée, "sous les deus gouverneurs du monde les plus fors". Tirer des conclusions générales de l'entreprise serait donc peu approprié. La manière de Peletier suscite plutôt des remarques disjointes.

La première concerne l'absence de préoccupations apologétiques. Ce n'est pas que l'univers de *L'Uranie* soit matérialiste; bien au contraire, il apparaît, quand Peletier a l'occasion de le dire, entièrement rempli par le rayonnement de la lumière divine. Mais il n'est pas assez construit pour que la traditionnelle association de l'oeuvre d'art et de l'artiste arrive à prendre corps. De la sphère d'Archimède, il montre bien quelques pièces intéressantes, mais sans avoir en vue l'ajustement final. Le poète de *L'Amour des amours* est un mécanicien lunatique qui ne se soucie pas de donner, malgré sa réelle compétence, une idée rassurante du Grand Mécanicien. A cet égard, il diffère radicalement du futur poète de *L'Encyclie*.[40] Pour prendre un exemple en amont, l'*Urania*, sûrement plus stoïcienne que chrétienne conformément à sa couleur antique, renforce inlassablement la confiance de son lecteur en l'ordre du monde, en l'interdépendance de ses parties, et en la présence active d'une providence; tandis que *L'Uranie* se contente de se reposer tranquillement sur l'idée d'un monde en ordre, sans se croire obligée de la proclamer ou de la vérifier à tout moment. Elle a l'heureuse désinvolture des oeuvres sans thèse.

Peletier n'a donc pas utilisé son savoir de mathématicien pour scruter les arcanes de la création et prétendre en livrer les clefs; il est même permis de se demander s'il s'en est servi le moins du monde. Sans information ex-

---

[39] "Alheurs on à de toe l'imaginacion / Des trez grossemant pris par imitacion, / De vertuz, de savoer, de faveurs, de sagesse, / D'honneurs e majestez, de pouvoer e largesse. // O divine beaute, qui possedes e tiens / Les Idees an toe de tous celestes biens!" (str. 16-17, p. 105). Nous proposons l'interprétation suivante: le soleil est le siège de toute perfection et comme la demeure de Dieu (cf. le verset 5 du psaume 18/19, dans la version fautive de la Vulgate: "deum qui in sole posuit tabernaculum suum" et, chez Peletier, la str. 15, p. 104: "An toe le grand Demon Signeur fèt residance / Qui gouverne les feuz de clere providence", et la str. 18, p. 105: "E vous, o qui avéz place an ce Paradis [...]"); il en résulte que la pleine connaissance de ses "biens" ne pourrait s'offrir qu'à ceux qui l'habitent. "Alheurs", il faut se contenter de voir en lui une image de ce qu'il est réellement. Dans la philosophie platonicienne (voir notamment la *République*, VI, 508 b-c) le soleil est déjà une image du souverain bien. Notons que la str. 18: "E vous, o qui avéz place an ce Paradis [...] / Voyèz vous point ce Dieu plus grand, plus beau, plus proche, / Que ne le voyons pas an cete creuse Roche?" semble faire allusion au mythe de la Caverne, en même temps qu'au rocher des Muses.

[40] Voir ci-dessus, p. 94 sq.

térieure, devinerait-on que l'auteur de *L'Amour des amours* menait parallèlement une carrière scientifique brillante? Sa compétence réelle ne s'est pas manifestée par un enrichissement notable du contenu astronomique; il n'en a pas dit davantage que Pontano, et n'a pas adopté un style beaucoup plus savant: s'il a considérablement allégé l'*elocutio* poétique, en supprimant un grand nombre de périphrases et en diminuant la quantité des chars, des rênes, des freins, des bornes et des cheveux d'or qui envahissent le poème latin, il n'a guère augmenté la part du vocabulaire technique. La terminologie qu'il emploie est remarquablement discrète, et les mots de spécialistes n'y figurent que de loin en loin, sans afficher une tournure excentrique: "diametre", "cors opposites" ou "eclipse" appartiennent au quotidien du mathématicien. Plutôt que d'employer un terme trop spécial, par exemple "épicicle", Peletier a préféré l'allusion ("Tous léquez [...] / Tu féz marcher avant, ou retourner arriere"), et même l'allusion de type "clair" qui ne vise qu'à donner un sens plus riche aux savants, sans déconcerter les ignorants.[41] Dans l'*Art poétique*, la recommandation concernant la clarté s'associe significativement au conseil de rester abordable et point trop "superbe", comme si les obstacles mis sous les pas du lecteur n'étaient que des procédés ostentatoires pour faire valoir une orgueilleuse supériorité:

> La première et plus digne vertu du Poème est la Clarté [...]. Et cette-ci est la beauté universelle, laquelle doit apparaître par tout le corps du Poème: accompagnée d'une certaine majesté, qui ne rende point l'Oeuvre intraitable: et d'une gravité, qui ne le fasse point trouver trop superbe.[42]

Comme pour obéir à cette consigne, *L'Uranie* offre un texte accessible, et c'est plutôt par son habileté à résumer et à condenser efficacement que se reconnaît la compétence de son auteur. Il n'a jamais montré sa Muse empêtrée dans une démonstration: elle apparaît capable au contraire de venir à bout de toutes en quelques vers agiles. Les détails secondaires, les précisions chiffrées ont été abandonnés pour en venir toujours à l'essentiel. La durée des révolutions planétaires, élément déjà traditionnel et quasiment obligatoire de la poésie astronomique, a même été omise. Et Uranie domine si bien son sujet qu'elle prend de la distance et choisit toujours le meilleur point de vue sur le phénomène.

Peletier savait ce qu'était réellement l'astronomie: une construction mathématique. Il ne pouvait donc pas se laisser impressionner par la petite monnaie du savoir, dispensée par la littérature de vulgarisation, ni croire qu'il s'agissait d'un ornement de bon aloi. C'est peut-être pour cette raison qu'il n'a jamais alourdi l'information, préférant travailler sur l'efficacité de la présentation. De toutes les Uranies de la Renaissance, la sienne est la plus dégagée et, de loin, la plus intelligente.

---

[41] Cette simplicité contraste avec le parti-pris adopté par Scève dans le *Microcosme* (voir *infra*, p. 378-9)

[42] I, 10; éd. Goyet, p. 272. Réf. à Quintilien (VIII, 2), mais la mention de la "superbe" est propre à Peletier qui affirme ensuite la nécessité de l'utilité; c'est donc toute une critique de la vaine enflure qui se combine à celle de l'obscurité. Voir aussi *supra*, p. 49 sq.

CHAPITRE DOUZIÈME

L'URANIE LYRIQUE: RONSARD
DE CALLIOPE À ORPHÉE

La poésie cosmique de Ronsard pourrait nous sembler née de l'évidence, s'incrivant avec naturel dans une sorte d'harmonie préétablie. Toutes les conditions étaient réunies pour donner au poète le désir de se lancer dans l'entreprise: une conception de l'homme et de sa vocation intellectuelle toute tournée vers l'admiration des astres à laquelle il souscrivait comme tout le monde (du moins à ses débuts et dans ses déclarations poétiques); l'idée, acceptée sans réserve, que le ciel était le plus bel objet du monde, et le plus prestigieux; l'impulsion donnée par la volonté d'une rénovation de la poésie française, sous le signe de la gravité et d'un retour aux vraies Muses. Mais il y la loin de la proclamation à la réalisation. C'est une chose d'affirmer que les sujets cosmologiques appartiennent à la plus haute inspiration, d'inviter à lever vers les secrets de la nature une "pensée / Elancée, / D'une ardeur qui vauldra mieux".[1] C'en est une autre de pratiquer soi-même la description des cieux ou la narration de leur naissance. Or Ronsard n'a négligé aucune de ses deux activités; mieux même il s'est efforcé de les relier étroitement. L'une des marques distinctives de sa poésie du ciel, et plus généralement de sa poésie philosophique, est l'absence d'arbitraire. Ronsard avait un don et un goût pour les programmes, pour les déclarations d'intention suggestives; mais ses annonces ne se contentent pas de se renvoyer leur propre écho, dans un jeu narcissique. Inversement, les objets pris à la nature sur lesquels ils s'est exercé n'ont jamais l'air choisis au hasard, ni pour des raisons superficielles ou simplement obscures. Son oeuvre est animée de l'intérieur par un constant va-et-vient entre théorie et pratique, de sorte qu'elle est exceptionnellement "motivée". Ainsi ses *hymni naturales*, pour leur donner l'épithète marullienne qu'ils méritent pleinement, étaient-ils comme prévus avant d'être écrits. Leur poétique immanente s'accorde avec la poétique explicite qui les a précédés et dont ils redisent encore les formules

---

[1] *Les Bacchanales* (1552), v. 49-51; éd. Laumonier, III, p. 187.

essentielles; et leur originalité effective se réclame d'une idéologie qui leur convient exactement: nous n'irons pas prétendre que Ronsard l'a inventée de toutes pièces, mais il réalisé sa propre synthèse à partir des *topoi* qui flottaient dans l'air.

La poésie cosmique de Ronsard n'est pas apparue toute formée dans les premiers livres des *Odes*, mais il est possible de soutenir qu'elle y figurait déjà en projet. L'hypothèse d'une continuité entre les *Odes* et les *Hymnes* est de toute façon solide et ancienne. La Boderie ne songeait pas à les dissocier :

> Le Pindare François, sur la Lire a sept cordes
> Premier a r'animé les tons melodieus
> Des Grecs et des Romains, et en Hymnes et Odes
> Celebré les vertus des hommes et des Dieus:[2]

Et Guy Demerson a bien plus récemment justifié la même idée par l'intégration des deux genres dans la catégorie plus vaste de la louange lyrique.[3] Nous voudrions simplement l'examiner sous l'aspect relativement étroit de l'inspiration philosophique, en commençant par nous interroger sur la parenté de certaines figures tutélaires des deux recueils.

Les Muses des Odes

Une telle enquête ne saurait, bien sûr, espérer aboutir à des conclusions évidentes ou qui aient une portée générale. Les *Odes*, comme les *Hymnes*, tiennent un discours qui résiste également à deux tendances divergentes: l'impersonnalité et l'égocentrisme, c'est-à-dire le repli sur soi d'une parole jalouse de son autarcie; loin de se complaire dans l'autotélisme,[4] ces poèmes multiplient les liens avec l'extérieur, soit qu'ils se projettent vers un objet, soient qu'ils nouent des dialogues variés, par le biais d'allusions, d'interpellations ou de dédicaces, et créent des liens avec quantité de personnages plus ou moins actifs, plus ou moins proches, plus ou moins imaginaires: modèles, patrons, amis, dieux, nymphes ou Muses. Or cette humeur accueillante et expansive s'est apparemment donné libre cours sans esprit de système, sinon sans rime ni raison. Le choix et l'ordre des destinataires principaux obéit sûrement à une logique (fût-ce celle des circonstances), mais non pas ceux des interlocuteurs secondaires ou bien des hôtes de passage. *Les quatre premiers livres des odes* donnent tout particulièment l'impression d'une profusion assez peu disciplinée. Dans ses conditions, il n'y aurait pas grand sens à pêcher ici ou là une figure et à lui attribuer un rôle emblématique. Il est cependant possible de repérer certaines constantes; les *Odes* s'organisent autour de deux thèmes dominants, d'ailleurs fréquemment conjugués, celui des princes et de la

---

[2] *L'Encyclie*, Anvers, 1571, p. 25.
[3] G. Demerson, *La mythologie ...*, p. 10-11. M. Dassonville oppose au "lyrisme chanté" des *Odes* le "lyrisme récité" des *Hymnes* ("Eléments ...", p. 21).
[4] C'est une des raisons pour lesquelles la poésie de Ronsard ne peut s'accommoder de la définition moderne du lyrisme. Cf. l'étude révélatrice de F. Cornillat qui réfléchit sur la relation entre discours lyrique et discours épique chez Ronsard ("De l'ode à l'épopée...").

glorification des héros (le thème pindarique par excellence), et celui de la création lyrique (célébration de la poésie et louange des amis poètes).

> car outre que ma boutique n'est chargée d'autres drogues que de louanges, et d'honneurs, c'est le vrai but d'un poëte Liriq de celebrer jusques à l'extremité celui qu'il entreprend de louer.[5]

Parmi le personnel de ce premier recueil se détache donc un groupe de divinités inspiratrices, parfois représentées par des objets (le luth, la lyre, la guitare), et le plus souvent invoquées sous leur nom mythologique. Pallas, Bacchus et Apollon y figurent, avec les Grâces et les Sirènes, mais sans tenir autant de place que les Muses. Suivant l'exemple d'Horace et surtout de Pindare, le poète les appelle constamment, les remercie ou réclame leur aide; mais il n'agit pas en mythographe, ne détaille pas leur groupe ni n'analyse leurs fonctions. Elles sont "les Muses", ou "ma Muse",[6] dispensatrices du "miel" de la parole, maîtresses de la musique et de la fureur divine. Souvent aussi, et selon la tradition,[7] elles donnent le savoir:

> Et les Muses qui te prindrent
> En leurs sciences t'apprindrent,[8]

dit le poète à Madame Marguerite, lui rappelant comment elle s'est préparée à affronter "le vilain monstre Ignorance". "A son retour de Gascongne voiant de loin Paris", il salue avec bonheur

> la ville où sont infuses
> La discipline, et la gloire des Muses,
> C'est toi Paris que Dieu conserve, et gard:
> C'est toi qui as de science, avec art
> Endoctriné mon jeune age ignorant [...][9]

Cette "science" est-elle plutôt celle des savants, ou celle des poètes, ou bien les deux ensemble, il n'est pas toujours facile de le voir. Les objets familiers de l'artiste doivent révéler la double polarisation de sa vocation.

> Pelle melle dessus la table
> Les livres aussi soient ouvers,

---

[5] *Odes* (1550), "Au lecteur"; éd. Laumonier, I, p. 48. A prendre au sens pindarique, qui va au-delà du rôle moral (louer la vertu...) traditionnellement attribué à la poésie.

[6] Ni Horace, ni Pindare n'ont l'habitude de s'adresser à une Muse singulière en l'appelant par son nom. Il est fort rare que Pindare évoque Calliope (*Olymp.*, X, v. 19), Clio (*Ném.*, III, v. 145) ou Terpsichore (*Isthm.*, II, v. 12); Horace nomme une fois Euterpe, Polymnie (*Odes*, I, i, v. 33), et Clio (I, xii, v. 2); il semble faire de Melpomène l'inspiratrice de son recueil, élargissant son domaine de muse tragique (I, xxiv, v. 3; et surtout III, xxx, v., v. 16; IV, iii, v. 1); mais il dédie son ode la plus pindarique à Calliope (III, 4).

[7] Voir ci-dessus le chapitre IX.

[8] *Odes*, I, 3, v. 39-40; éd. Laumonier, I, p. 75. - Ce *topos* apparaît encore dans la *Remonstrance au peuple de France*: "Et vous sacré troupeau, sacrés mignons des Muses, / Qui avés au cerveau les sciences infuses [...]", v. 527-528, éd. Laumonier, XI, p. 90.

[9] *Bocage* (1550), xiv; éd. Laumonier, II, p. 199.

> Avecques le luc delectable
> Fidele compaignon des vers.[10]

Le plus souvent, apparemment, le mot désigne à la fois la culture, c'est-à-dire la mémoire grâce à laquelle on peut inventer les plus riches fictions, en ranimant jusqu'au très lointain passé, et la capacité à les mettre en chant:

> Que tardes-tu, veu que les Muses
> T'ont élargi tant de sçavoir,
> Que plus souvent tu ne t'amuses
> A les chanter, et que tu n'uses
> De l'art qu'ell' t'ont fait reçevoir:
> Tu as le tens qui faut avoir,
> Repos d'esprit, et patience,
> Dous instruments de la sçience [...][11]

Ronsard héritait de la tradition qui attribuait aux rimeurs deux savoirs, la *métrie* et la *poétrie*,[12] mais il ne dissociait jamais les deux aspects de son métier et le plaçait sous la protection de Muses savantes et musiciennes, gardiennes de "secrets" et inspiratrices de la "lirique faconde",[13]

> Les neuf divines Pucelles
> Gardent la gloire chez elles,
> Et mon luc qu'els on fait estre
> De leurs secrés le grand prestre,
> Bruiant un chant solennel,
> Epandra de sus ta face
> Le dous sucre de sa grace,
> Dont le gout semble eternel.[14]

De cette troupe unie et unanime, deux figures se détachent et prennent un nom. L'une d'elle est Clio, la muse de la gloire, invitée à célébrer Maclou

---

[10] *Odes*, II, xiv, "A Jan de la Hurteloire", v. 21-24; éd. Laumonier, t. I, p. 215.

[11] *Bocage*, vi, "A lui mesme [= Gaspar d'Auvergne]", v. 1-8; éd. Laumonier, II, p. 175. Cf. *L'ode de la paix* (1550): "Presque le los de tes aieus / Est pressé du tens envieus, / Pour n'avoir eu l'experience / Des Muses ne de leur science" (v. 479-482; éd. Laumonier, III, p. 34). L'ode elle-même fait la démonstration de ce que peut être la "science" des Muses. Si le poète fait "flamber" le renom des héros, c'est qu'il est capable de réactiver une très ancienne mémoire: mémoire cosmogonique (celle du chaos ramené à l'harmonie, v. 37-82), mémoire légendaire et historique (celle de Troie, ancêtre de la monarchie française, v. 83-286).

[12] Sur cette question, voir notamment P. Zumthor, *Le masque et la lumière*.

[13] *Odes*, I, vi, "Au seigneur de Carnavalet", v. 143; éd. Laumonier, I, p. 98, v. 143. - La liaison entre la "grâce" de la parole et le savoir s'accordait avec la conception unitaire des activités intellectuelles et artistiques symbolisée par les Muses (voir le chapitre IX).

[14] *Ibid.*, v. 149-156, p. 98. Cf. l'ode I, xvi, "A Joachim du Bellai Angevin", qui évoque le mariage des poètes avec les Muses: "De-là, revolans au monde / Comblés de segrés divers, / Ils chantent par l'univers / D'une vois où dieu abonde, / Et l'ardeur de leur faconde / Sert d'oracles, et sont faits / Les ministres plus parfaits / De la deité parfonde." (v. 7-8 et 17-24): le motif du secret, de la profondeur, des oracles est indissociable de celui du chant, tous deux s'enracinant dans le motif de l'inspiration par les dieux et par les Muses.

de la Haie et son talent épique fraîchement éclos, sans d'ailleurs obtenir une vraie partie soliste.[15] Mais surtout Calliope, dédicataire de trois odes[16] et discrètement promue au rang de Muse personnelle du poète, gagne une position dominante que ne lui avaient reconnue ni Pindare, ni même Horace. Cette prééminence de Calliope n'est pas surprenante: tous les mythographes la reconnaissaient et ils pouvaient, sur ce point, se prévaloir d'Hésiode ou de Platon.[17] Gyraldi, par exemple, rappelant l'étymologie de son nom ("belle voix"), affirmait qu'elle surpassait "toutes les autres par la suavité et la modulation de son chant".[18] Elle représentait donc, au dire d'Aristarque, la poésie même, ce qui en faisait la plus ancienne des Muses, "puisque la poésie est, de toutes les disciplines, la plus ancienne, tant du point de vue du temps que de la dignité";[19] et, au-delà, elle assumait un rôle cosmique essentiel:

> Or nous avons dit plus haut, d'après les théologiens anciens, que la neuvième Muse, c'est-à-dire celle qu'on appelle Calliope, est la plus grande et la plus noble parce que l'on signifie par elle l'universelle harmonie sonore des sphères célestes dont Platon, pour ne pas citer maintenant d'autres philosophes, a estimé qu'elles se mouvaient selon un accord harmonieux.[20]

Parmi ces "théologiens anciens", Orphée tout le premier faisait correspondre à Calliope l'Ame du monde, c'est-à-dire le principe même de la musique céleste.[21] Un programme conçu par l'humaniste Guarino, en 1447, pour le

[15] "A toi, et à tes seurs compaignes / il appartient par vos montaignes / L'éterniser en ce verd mois", Odes, II, xvi, "A la Muse Cleion, v. 13-15. - Maclou de la Haye avait composé un Chant de guerre, racontant la résistance de Montreuil-sur-Mer contre les Anglais (en 1544). Ce n'était pas seulement la qualité épique de son poème qui lui valait la faveur de Clio: Ronsard insiste surtout sur l'étymologie du nom de la Muse, en répétant le mot de "gloire" au début et à la fin de son poème. Chez Pindare, Clio est celle qui veut bien faire briller la gloire du jeune champion (Ném., III, v. 145 sq.); cf. Horace: "Quem virum aut heroa lyra vel acri / tibia sumis celebrare, Clio?" (Odes, I, xii, v. 1-2). - Au début de l'Hymne de la philosophie (1555), le poète rappelle que Clio lui a ouvert "Son cabinet à peu de gens ouvert, / Pour y choisir un présent d'excellence", afin de le remercier de ses huit ans de labeur au service des Muses: il y a choisi la Philosophie. Une variante de 1578 remplacera Clio par Calliope.

[16] II, 2, "A Caliope", éd. Laumonier, I, p. 174-179; III, xi, "Sur la naissance de François de Valois dauphin de France. A la Muse Caliope", éd. cit., II, p. 29-31; III, xxii, "De feu Lazare de Baïf. A Caliope", p. 60-61.

[17] Sur la Calliope d'Hésiode, voir infra, sur celle de Platon, voir le passage du Phèdre cité supra, p. 181.

[18] "Nona postremo loco Calliope Musa memoratur, quae cantus suavitate et modulatione caeteris antecedens [...]" (L. G. Gyraldi, De Musis syntagma, Bâle, 1539, p. 110-111).

[19] Ibid., p. 111.

[20] "Supra vero ex antiquis theologis ideo maximam et praestantissimam diximus nonam Musam, hoc est, Calliopen appellatam, quod per eam significetur concors sonorum universitas sphaerarum coeli, quas Plato, ne alios nunc philosophos citem, moveri existimavit motione concordis harmoniae" (Ibid., p. 111-112).

[21] Voir supra, p. 181. Cette opinion est reprise par "Jodelle" dans le quatrième dialogue de Louis Le Caron intitulé "Ronsard": "l'harmonie de l'ame de l'Univers est representée par Calliope" (éd. Buhlmann , p. 282-283); "[...] les Musiciens ont diversifié les tons jusques au nombre de sept, et ont prins le huitiéme qu'ilz appellent double ou octave, sus la consonance du huitiéme ciel. Mais ilz n'ont encores attaint à la resonnance de Calliope l'ame de l'Univers, à quoi toutesfois ilz doivent aspirer pour la perfection du nombre de neuf" (Ibid.,

studio de Leonello d'Este, à Belfiore, attribuait à la première des Muses une autre qualité à la fois artistique, intellectuelle et cosmique, celle de relier par la connaissance diverses catégories d'êtres:

> Calliope, qui est l'investigatrice des sciences et celle qui préside à la poésie, et qui donne une voix à tous les autres arts, doit être ceinte d'une couronne de laurier et combiner trois visages en un puisqu'elle explique à fond la nature des hommes, des demi-dieux et des dieux.[22]

Or si les *Odes* de 1550 accordent une place privilégiée à Calliope, elles ne semblent pas lui reconnaître toute ces prérogatives. Loin de présider à d'amples concerts, en maîtrisant le flux vertigineux du premier mobile, elle y est réduite à sa musique personnelle, monodique plus que symphonique, à son luth et à sa "vois douce".[23] Et elle ressemble plutôt surtout à la Calliope d'Hésiode, la princesse des Muses à qui revient l'honneur d'accompagner les rois et de leur insuffler assez de sagesse et d'éloquence persuasive pour qu'ils apaisent toutes les discordes.[24] L'avis "Au lecteur" ne reconnaît-il pas à l'ancienne poésie lyrique la fonction essentielle d'"accord<er> les guerres emeues entre les Rois"?[25] Au lieu d'attribuer directement le don de la parole à ces grands personnages, comme dans la *Théogonie*, Ronsard préférait seulement leur faire utiliser la médiation des poètes.[26] C'est probablement à cette affinité particulière avec les rois que Calliope doit la dédicace de l'ode "Sur la naissance de François de Valois dauphin de France". La Muse s'y voit confier la double tâche d'inspirer un chant digne de la circonstance:

> En quel bois le plus separé
> Du populaire, et en quel antre

p. 284). - Pour les théoriciens de la musique, Calliope occupait cependant plutôt le premier mobile, ce qui la situait d'ailleurs encore à la source du mouvement universel: "et l'entiere symphonie composée des huit, figure la neufiesme, nommée Calliope pour son excellence, tenant (au tesmoignage de tous les Poëtes) le premier et plus honorable lieu, comme aussi en leur assiette celeste elle embrasse tous les autres degrez. [...] La neufiesme [...] embrassant les huit, preside et comprend seule l'harmonie" (Tyard, *Solitaire premier*, éd. Baridon, p. 40-41).
[22] "Calliope doctrinarum indagatrix et poeticae antistes vocemque reliquis praebens artibus coronam ferat lauream, tribus compacta vultibus, cum hominum, semideorum ac deorum naturam edisserat", Guarino Veronese, lettre à Leonello d'Este, 5 novembre 1447 (*Epistolario*, éd. R. Sabbadini, II, Venise, 1916, P. 498-500), repr. dans M. Baxandall, *Les humanistes...*, p. 116 et 224. Voir aussi M. Baxandall, "Guarino ...".
[23] *Odes*, II, ii, "A Caliope", v. 3: "Soit de ton luc, ou soit de ta vois douce".
[24] "haec autem [Calliope] excellentissima est omnium. / Haec enim et reges venerandos comitatur. / Quemcumque honoraturae sunt Jovis filiae magni, / In lucemque editum viderint Jovis alumnorum regum, / Huic quidem super linguam dulcem fundunt cantilenam. / Hujus verba ex ore fluunt blanda. Caeterum populi / Omnes ad ipsum respiciunt, discernentem jura / Rectis judiciis hic autem tuto cauteque loquens, / Statim etiam magnam contentionem scite diremit [...]" (*Théogonie*, v. 79-87; trad. latine mot à mot, Paris, J. Bogard, 1544, f. 3 r°). Calliope, chez Pindare, est aussi une Muse de la paix, elle forme avec Arès un couple complémentaire (*Olymp.*, X, v. 19-20).
[25] Ed. Laumonier, I, p. 46.
[26] "Mais les Rois portent sur eus / Le sommét des biens heureus. / Au Poëte qui s'amuse / Comme toi de les hausser, / Caliope ne refuse / De le vouloir exaucer"*Odes*, I, x, v. 41-46.

Pren tu plaisir de me guider
O Muse ma double folie:
Afin qu'ardent de ta fureur,
Et du tout hors de moi, je chante
L'honneur de ce roial enfant
Qui doit commander à la France?[27]

et de combler l'enfant de dons,[28] tandis qu'elle est appelée à mener le deuil du grand érudit Lazare de Baïf en sa qualité de première des Muses, régnant sur "l'intelligence accomplie des doctrines et sciences".[29]

Caliope,
Et ta trope,
Baïf chantez en vois telle,
Que sa gloire
Par memoire
Soit saintement immortelle.

En maint tour,
Alentour
Du cercueil croisse l'ierre.
Nuit, et jour
Sans sejour,
A l'ignorance il eut guerre.[30]

Pourtant la véritable élection de Calliope a lieu au début du *Second livre*, dans l'ode qui lui est dédiée sans qu'elle y soit invitée à rien d'autre qu'à "descendre du ciel", dans une épiphanie célébrée pour elle-même. En souvenir de son ancienne liaison avec les rois ou bien en hommage à son rang, sa position dans le recueil la fait succéder immédiatement à Henri II et précéder Marguerite de Navarre; mais ces considérations hiérarchiques n'occupent guère de place à l'intérieur du poème qui semble oublier le monde extérieur, tout occupé à évoquer la relation personnelle entre le poète et sa Muse. La transmission du chant, de la Muse au poète, est présentée par une image physique très forte: d'une voix à une bouche.

La bouche m'agrée,
Que ta voix succrée
De son miel a peu [...][31]

---

[27] *Odes*, III, xi, v. 1-8; éd. Laumonier, II, p. 29. L'ode date de 1544. Dans ces premiers vers la Calliope d'Hésiode, protectrice des rois, se mélange à la Calliope d'Horace, maîtresse de la fureur poétique (voir Horace, *Odes*, III, iv, v. 5-8).

[28] *Ibid.*, v. 21 sq.

[29] Tyard, *Solitaire premier*, éd. S. Baridon, p. 54 (d'après Fulgence, voir *supra*, p. 182-3). - . Cf. la gravure de Léon Davent d'après un dessin du Primatice (pour les arcades de la galerie basse à Fontainebleau): la Muse y est représentée tournée vers des livres (Est., Ed. 8b rés., t. I, fol. 22; *Exposition Ronsard*, Paris, B.N., 1985, n° 51, p. 59).

[30] *Odes*, III, xxii, "De feu Lazare de Baif. A Caliope", v. 7-24; éd. Laumonier, II, p. 61.

[31] *Odes*, II, ii, "A Caliope", v. 15-17; éd. Laumonier, t. I, p. 175.

Et en retour la musique du poète s'adresse à la déesse puisqu'il est son "chantre":[32] L'ode exprime un échange: c'est le don de la Muse qui fait naître le chant du poète, qui lui-même revient vers la Muse, sous forme d'action de grâce; et cet échange constamment rappelé, notamment à travers le jeu des pronoms personnels et des possessifs de la première et de la deuxième personnes, donne au poème son rythme et sa tension.[33] La relation exclusive du "toi" au "moi" ne s'estompe qu'à la fin de l'ode où le poète, comme réveillé, s'adresse à lui-même et à son instrument:

> Sus debout ma lire,
> Un chant je veil dire
> Sus tes cordes d'or [...][34]

il commence alors à envisager des sujets possibles: "les vertus de Henri" parviennent à affirmer leur importance dans la dernière strophe.

Cette orientation délibérée, liée au projet de saisir le phénomène à sa source, a entraîné une simplification thématique, très visible si l'on se reporte au modèle principal de Ronsard, l'ode "Descende caelo". La Calliope d'Horace est en effet un personnage plus riche; elle ne se borne pas à faire la "nourrice" et la marraine, ni à entraîner son protégé dans les solitudes; c'est une protectrice des voyages lointains (chez les Bretons et les Scythes, et non dans de complets déserts);[35] Muse politique et cosmique tout à la fois, elle "recrée" César[36] et participe avec ses soeurs à l'ordre universel: la victoire des Olympiens sur le Titans est largement due à leur conseil.[37] Les mythes de pacification qui hantaient pourtant déjà la poésie politique de Ronsard[38] ont donc été rejetés à l'extérieur de l'ode dédiée à l'inspiration: il faut les imaginer dans la "suite" que prévoit la dernière strophe:

> Mais tout soudain je changerai mon stile
> Pour les vertus de Henri raconter [...][39]

---

[32] *Ibid.*, v. 14. Cf. v. 62-64: "et quel russeau sacré / A ta grandeur, me sera dous breuvage / Pour mieus chanter ta louange à mon gré?"

[33] Par exemple, v. 55-60: "Tu es ma liesse, / Tu es ma Déesse, / Mes souhets parfais: / Si rien je compose, / Si rien je dispose, / En moi tu le fais".

[34] *Ibid.*, v. 75-77. A partir de 1555, le tournant est encore plus net: "Ça, page, ma Lyre..."; à partir de 1584, par la suppression des strophes inspirées de l'Arioste, il n'existe plus de transition entre l'évocation de la solitude avec la Muse et l'apostrophe au page.

[35] Horace, *Odes*, III, iv, v. 29-36.

[36] V. 37-40: "Vos Caesarem altum ... / finire quaerentem labores / Pierio recreatis antro".

[37] V. 41-80. Les Muses ne sont pas seulement la mémoire, grâce à laquelle l'histoire des Titans perdure (v. 42: "Scimus ut impios...". Cf. Ronsard, v. 65: "Nous savons bien comme..."), elles sont, comme dans la *Théogonie*, le principe de sagesse qui amène la paix et rend la force intelligente pour qu'elle remporte la victoire sur le chaos. Cf. la correspondance entre les vers 41: "vos lene consilium et datis et dato / gaudetis" (introduction du récit des Titans), et 65 "Vis consili expers mole ruit sua..." (tableau de leur défaite).

[38] Voir notamment *L'Avantentrée du roi treschrestien a Paris* (1549), v. 10 sq. (le retour d'Astrée), v. 41 sq. (le débrouillement du Chaos), éd. Laumonier, I, p. 18-19, et surtout *L'Ode de la Paix* (1550), v. 37 sq. (la mise en ordre du cosmos), éd. Laumonier, III, p. 5 sq.

[39] Ronsard, *Odes*, II, ii, v.81-82; éd. Laumonier, I, p. 179.

L'Ode à Michel de l'Hospital

Cette nudité et cet isolement du motif de l'inspiration sont cependant provisoires. Dans son désir de transformer la poésie, d'en faire quelque chose de plus sérieux qu'un badinage pour les courtisans, Ronsard a adopté l'idée des "fureurs", élaborée par Ficin d'après Platon, tout en lui enlevant sa raideur théorique et ses cloisonnements artificiels.[40] Et il a très tôt songé à attribuer au lyrisme (né d'une émotion divine et capable de la transmettre à ses auditeurs) un pouvoir sur la nature. C'est ainsi que le prologue de *L'Hymne de France* confond le luth du poète et celui d'Orphée:

> Sus luc doré, des Muses le partaige,
> Et d'Apollon le commun heritaige [...]
> Tu peuz tirer les forez de leur place,
> Fleschir l'enfer, mouvoir les monts de Thrace,
> Voire appaiser le feu, qu'il ne saccaige
> Les verds cheveux d'un violé boucaige,
> Lors que le Ciel menace de son ire
> Les haults sourciz des montaignes d'Epire [...][41]

Cet Orphée d'emprunt[42] n'est encore qu'un ornement liminaire. Mais dans l'*Ode à Michel de L'Hospital*, le thème de l'alliance entre poésie et nature, cette fois associé à Calliope, prend une importance centrale, en même temps qu'il acquiert son plein développement et sa place légitime dans la mythologie personnelle de Ronsard. L'analogie entre la fureur poétique et le mouvement qui porte à comprendre les "secrets" de la nature est alors authentifiée par la fable, et elle s'accompagne d'aperçus fugitifs sur les raisons de l'ordre du monde et de l'accord entre ses parties. Le récit se recourbe, comme l'ode elle-même, en "couronne": il montre comment la poésie est venue du ciel sur la terre, comment ce lien poétique entre le ciel et la terre s'est rompu, et comment il a été rétabli, grâce au retour sur terre des Muses. Cette histoire se déploie dans le temps (depuis les origines jusqu'au présent), bien qu'elle vise à exprimer une vérité intemporelle sur la fonction du poète, mais aussi dans tout l'espace depuis le ciel jusqu'au fond

---

[40] Selon Ficin, le délire divin libère l'âme de sa prison corporelle et la fait accéder au plan des réalités idéales; il se manifeste sous quatre formes: la fureur poétique des Muses, la fureur mystique de Dionysos, la fureur prophétique d'Apollon, et la fureur amoureuse de la Vénus céleste. Elles constituent les étapes d'une progression: La première fureur change en harmonie la dissonance qui régne dans l'âme trop liée au corps. La deuxième oriente vers l'intelligence l'âme ainsi remise en ordre. La troisième la ramène à l'Unité. Enfin la quatrième, l'amour, accomplit le retour de l'âme vers Dieu (*Comm. sur le Banquet de Platon*, VII, xiv, éd. Marcel, p. 258-260). Chez Ronsard, les quatre "fureurs" ne sont que les aspects d'un même phénomène: L'*Ode à Michel de L'Hospital* montre le "métier" des Muses "Démembré en diverses parts, / En prophétie, en poésies, /En mystères, et en Amour, /Quatre fureurs, qui tour à tour / Chatouilleront vos fantaisies". Voir aussi *supra*, p. 182 sq.
[41] Ronsard, *L'Hymne de France* (1549), v. 1-2 et 9-14; éd. Laumonier, I, p. 24.
[42] Laumonier rapproche ce passage de Pindare, *Pyth.*, I, début, et d'Horace, *Odes*, III, xi, v. 13 sq. Même si l'imitation n'est pas évidente, il est clair que cet Orphée est traditionnel. Voir F. Joukovsky, *Orphée* ..., p. 12-60 - Voir aussi *infra*, p. 235 sq.

des mers. Elle suit d'abord le voyage des jeunes Muses à travers le monde, puis à travers les eaux vers les sources de la vie.[43] Dans le palais d'Océan, tout rempli de musique, car Apollon chante pour le banquet des dieux, Jupiter demande à ses filles, qu'il reconnaît avec plaisir, de faire la démonstration de leurs dons. C'est alors que trois fables (chantées par les Muses) s'enclavent dans le récit principal, suivant un procédé de composition "à tiroirs", caractéristique du style pindarique de Ronsard: il s'y manifeste l'esprit de "copieuse diversité", mais sans que le fil soit rompu, car elles célèbrent toutes la victoire de la civilisation, de l'ordre et de l'harmonie.[44] Jupiter "ravi", demande à ses filles d'exprimer leurs désirs, et Calliope se détache alors du groupe, formulant ainsi sa prière.

> Donne nous, mon Pere, dit elle,
> Qui le Ciel regis de tes loix,
> Que nostre chanson immortelle
> Paisse les Dieux de nostre voix:
> Fay nous Princesses des Montaignes,
> Des Antres, des Eaux, et des Bois,
> Et que les Prez, et les Campaignes
> S'animent dessoubz nostre voix:
> Donne nous encor davantage,
> La tourbe des Chantres divins,
> Les Poëtes, et les Devins
> Et les Prophetes en partage.[45]

La fin de sa harangue associe plusieurs requêtes, perçues comme convergentes sinon équivalentes. La première est exploratrice et cosmique:

> Donne nous ceste double grace
> De fouler l'Enfer odieux,
> Et de sçavoir la courbe trace
> Des feux qui dansent par les cieux:[46]

la deuxième réclame un avantage analogue pour les protégés des Muses, dont l'âme pourrait revoler au ciel;[47] la troisième est politique: c'est la reprise du thème hésiodique de la Muse qui accompagne les rois.[48] La poésie apparaît donc, dans sa mission idéale que projette ici Calliope,

---

[43] Cf.*Géorgiques*, IV, v. 380: "Oceanumque patrem rerum".

[44] La première est le mythe fondateur d'Athènes, la dispute entre Pallas et Neptune et la victoire de l'olivier, symbole de paix, sur le cheval. Le deuxième raconte la mise en ordre du cosmos. Le troisième, la défaite des géants et des titans qui voulurent conquérir le ciel et furent vaincus par les dieux (on retrouve ici le thème écarté de l'*Ode à Caliope*).

[45] *Odes*, V, viii, str. 11, v. 341-352; éd. Laumonier, III, p. 138-139.

[46] *Ibid.*, antistr. 11, v. 357-360, p. 139. Cf. Virgile, *Géorg.*, II, v. 475-478 et 492. - La formulation du v. 358 est ambiguë; Calliope peut réclamer de mépriser l'Enfer, en gagnant les cieux; ou bien suivre le programme hermétique en souhaitant étendre son domaine de l'Enfer au ciel. La seconde interprétation s'accorde mieux avec la logique de son discours.

[47] *Ibid.*, v. 361-364, p. 139: "Donne nous encor la puissance / D'arracher les ames dehors / Le salle bourbier de leurs corps, / Pour les rejoindre à leur naissance."

[48] *Ibid.*, épode 11, v. 365-374, p. 139-140.

comme la chaîne d'Homère, reliant les hommes aux dieux, les dieux à la nature et la nature aux hommes. La Muse entre ainsi par avance dans le projet de son père, dont la réponse ne fait que mieux expliciter son désir, en développant l'image platonicienne de la force aimantée:

> Comme l'Emant sa force inspire
> Au fer qui le touche de pres,
> Puis soubdain ce fer tiré tire
> Un aultre qui en tire apres [...][49]

Avec cette comparaison, prise à l'*Ion*, une image récurrente des *Hymnes* futurs apparaît donc, celle de la chaîne cosmique qui rattache la terre au ciel, établit une circulation entre eux, et attire vers le haut ce qui est en bas. Jupiter, comme Socrate, se contente de parler des dieux et des hommes:

> Et la Divinité ... attire où il lui plaît l'âme des humains, en faisant passer cette force de l'un à l'autre. A elle, comme à cette pierre-là, est suspendue une chaîne immense de choreutes et de maîtres de choeur et de sous-maîtres, obliquement rattachés aux anneaux qui dépendent de la Muse.[50]

Mais grâce à tout le récit qui précède, aux chants des Muses et surtout au discours de Calliope, la nature entière se dessine à l'arrière-plan.

L'Orphée des Hymnes

Dans l'*Ode à Michel de L'Hospital*, où le poète se représente déjà en train d'"espie<r> / D'oeil veillant les secretz des cieulx",[51] Calliope apparaît donc enfin comme la digne mère d'Orphée.[52] Muse harmonieuse, portée à établir les liens entre les diverses parties de la nature et à encourager les ascensions célestes, elle tient même déjà presque son rôle. Mais Orphée apparaît en personne dans l'*Hymne de l'Eternité*, où il est invoqué comme un guide. Comme dans la grande ode de 1552, Ronsard se rattachait ainsi,

---

[49] *Ibid.*, str. 13, v. 409-412, p. 142.

[50] Platon, *Ion*, 536 a; trad. Méridier, p. 38.

[51] *Ibid.*, str. 16, v. 517-518, p. 147. - J. Céard a souligné l'importance du verbe "espier" chez Ronsard et la façon dont il exprime sa conception de la connaissance par la poésie ("Dieu, les hommes et le poète...", p. 89).

[52] Le lien de parenté entre Orphée et Calliope était bien connu. Dans l'ode "A Jan Dorat", Ronsard semble établir une analogie entre leur couple et celui qu'il forme avec son maître: "Si j'ai du bruit il n'est mien, / Je le confesse estre tien / Dont la science hautaine / Tout alteré me treuva, / Et bien jeune m'abreuva / De l'une et l'autre fontaine. // De sa Mere l'apprentif / Peut de son luc deceptif / Tromper les bandes rurales [...]" (*Odes*, I, xiv, v. 25-33, cf. Horace, *Odes*, I, xii, 7sq.: "unde vocalem temere insecutae / Orphea silvae / *arte materna* rapidos morantem / fluminum lapsus [...]"): Dorat, "nourrice" et éducateur, est la Calliope de Ronsard, il lui a appris à charmer les rois, en guise d'arbres et de bêtes sauvages. - Cf. Boèce, *Consolatio*, III, xii, v. 20 sq.: "Illic blanda sonantibus / Chordis carmina temperans / Quidquid praecipuis deae / Matris fontibus hauserat [...] / Deflet Taenara commovens / Et dulci veniam prece / Umbrarum dominos rogat" (éd. Tester, p. 308).

allégoriquement, à un temps où poésie, musique et philosophie n'étaient pas encore dissociées, où la science était une intuition inspirée:

> Remply d'un feu divin qui m'a l'ame eschauffée,
> Je veux mieux que jamais, suivant les pas d'Orphée,
> Decouvrir les secretz de Nature et des Cieux,
> Recherchez d'un esprit qui n'est point ocieux [...][53]

Cette apparition d'Orphée est remarquablement fugitive. Le personnage est réduit à la trace qu'il a laissée. Mais l'essentiel de ce qu'il représente est résumé en ces quelques vers: l'inspiration divine, le zèle inlassable de l'intelligence, la vocation de la poésie à "découvrir" les mystères. Ce portrait indirect, en forme de déclaration d'intention, se rattache, au moins allusivement, à la tradition qui faisait d'Orphée le type même du *poeta philosophus*,[54] en lui attribuant pour thèmes principaux, les sujets cosmiques.[55] Pour Ficin, il était la meilleure preuve de la réalité des fureurs

---

[53] V. 1-4. - Comme l'"Hymne de l'Eternité", dédié à Madame Marguerite, succède à l'épître liminaire de Jodelle, ces vers sont les premiers du *Second livre des hymnes* (1556).

[54] Orphée, très présent dans la littérature antique (chez Horace - *Odes*, I, 12 -, chez Ovide - *Mét.* X, 86-105, XI, 1 sq. -, chez Virgile - *Géorg.* IV -), était resté un nom connu durant tout le Moyen-Age (voir K. Heitmann, "Orpheus im Mittelalter"; F. Joukovsky, *Orphée...*, p. 13-16); saint Augustin le mettait au nombre des "poetae theologi", non sans préciser que ses fables (comme celles de Musée et de Linus) déshonoraient les dieux (*De civitate Dei*, XVIII, 14; éd. Dombart, 36, p. 526; voir aussi le ch. 37 du même livre où ces *theologi poetae* sont situés dans le temps après Moïse, vol. cit. p. 614); et saint Thomas avait repris cette vision du personnage: "Orpheus iste fuit unus de primis philosophis qui erant quasi poetae theologi, loquentes metrice de philosophia et de Deo" (*Comm. de anima*, I, lect. 12). Mais les *Orphica* ne furent connus en Occident qu'au XVème s.: le premier ms des *Hymnes* arriva de Constantinople, grâce à Giovanni Aurispa, en 1424; Ficin les traduisit en 1462 (voir Kristeller, *Supplementum Ficinianum*, I, CXLIV-CXLV). La première édition, en grec, des *Hymnes* et des *Argonautiques orphiques* parut à Florence en 1500, chez Filippo Giunta, probablement par les soins de Constantinus Lascaris (E. Legrand, *Bibliographie hellénique*, I, LXXXVI); il s'ensuivit une douzaine d'autres (en grec et/ou en latin), notamment celle d'Henri Estienne qui replaçait Orphée au milieu des témoins de l'ancienne philosophie: *Poièsis philosophos. Poesis philosophica, vel saltem, reliquiae poesis philosophicae, Empedoclis, Parmenidis, Xenophanis, Cleanthis, Timonis, Epicharmi. Adjuncta sunt Orphei illius carmina qui a suis appellatus fuit ho theologos. Item, Heracliti et Democriti loci quidam, et eorum epistolae*, [Genève], 1573; cette édition comportait aussi la quasi totalité des fragments orphiques, dispersés dans les oeuvres de Proclus, de Clément d'Alexandrie et surtout d'Eusèbe (*Praeparatio evangelica*, éd. pr. de la trad. de Georges de Trébizonde, 1470). Bien que leur authenticité fût déjà mise en question (notamment en raison d'une remarque de Cicéron, *De natura deorum*, I, 38: "Orpheum poetam docet Aristoteles nunquam fuisse, et hoc Orphicum carmen Pythagorei ferunt cujusdam fuisse Cecropis"), la connaissance de ces textes augmenta le prestige d'Orphée. Sur la renaissance d'Orphée dans l'Italie du XVème s., voir D. P. Walker, *The ancient theology*, notamment p. 14-17 et 23-25. Sur la littérature orphique, voir P. Boyancé, *Le culte des Muses...*; M.L. West, *The orphic poems*.

[55] Les *Hymnes orphiques* s'adressent aux dieux, mais aussi au ciel, à l'éther, aux astres, au soleil. Dans les *Argonautiques orphiques*, Orphée est un poète du cosmos (et de la cosmogonie). F. Joukovsky (*Orphée...*, p. 92) montre que l'oeuvre d'Orphée apparaît au XVIème siècle "comme le modèle de toute poésie scientifique", et plus précisément de toute poésie de la nature. D. Wilson ("Ronsard's orphism..."), développe

et de leur extension aux différents domaines de l'expérience: "qu'Orphée ait été possédé par toutes ces fureurs [poétique, mystique, prophétique et amoureuse], ses oeuvres peuvent en témoigner".[56] Et Pic de la Mirandole voyait en ses mystères, soigneusement revêtus d'un fabuleux manteau, la source des plus hautes conceptions de la philosophie grecque.[57] Les lecteurs pouvaient d'autant mieux comprendre le sens d'une référence à Orphée que toutes ces idées, devenues courantes, avaient investi le discours des préfaces:

> Parmi les illustres auteurs de l'ancienne philosophie, l'antiquité a admiré par dessus tout Orphée, insigne poète et explorateur de la philosophie divine; son nom immortel est parvenu à la postérité, avec les très beaux monuments <de ses oeuvres> qui ne périront jamais d'aucune vétusté due au temps. Vénérons-le donc, lui que les Anciens ont tant honoré, en rejetant l'opinion superstitieuse de ceux qui prétendent qu'il faut entièrement s'abstenir des fables des poètes, car ils estiment qu'elles traitent de choses vaines et immorales. De fait, ils ne font que trahir leur ignorance lorsqu'ils débitent ces propos ridicules, puisque les poètes exposent, sous le fabuleux délire de leurs paroles, les mystères cachés de la nature et la doctrine morale. Ce que les philosophes expriment de façon plus claire et plus développée, les poètes le chantent secrètement, de façon obscure et concise.[58]

Dans l'*Hymne de l'Autonne* (1563), Orphée est remplacé par de multiples figures inspiratrices (les Muses et leur "Daimon", mais aussi les Nymphes), sans que la substitution modifie sensiblement le programme. Le prologue affirme toujours l'équivalence entre l'inspiration poétique et celle qui préside à la connaissance de la nature:

l'idée que l'Orphée des *Hymnes* est surtout celui des *Argonautica*. Voir aussi E. Kushner, "Le personnage d'Orphée...".

[56] "Omnibus iis furoribus occupatum fuisse Orpheum libri ejus testimonio esse possunt", Ficin, *Comm. sur le Banquet*, VII, 14; éd. Marcel, p. 260. Nous ne suivons pas la traduction de R. Marcel ("Orphée *s'est occupé de* tous ces délires..."): les *Orphica* ne contiennent pas de théorie des fureurs. - Voir aussi la *Theol. platon.*, XIII, ii, où Orphée est admis au rang des "legitimi poetae" (sur le sens de cette expression, voir *infra*, p. 274).

[57] "[ab Orpheo] quicquid magnum sublimeque habuit Graeca philosophia ut a primo fonte manavit. Sed qui erat veterum mos theologorum, ita Orpheus suorum dogmatum mysteria fabularum intexit involucris [...]", Giovanni Pico della Mirandola, *Apologia tredecim quaestionum*, dans *Opera omnia*, Venise, H. Scotus, 1557, p. 124; cité par D.P. Walker, "Orpheus ..." (1953), n. 1, p. 102. - Sur la question de la fable, voir *infra*, chapitre XIV.

[58] "Siquidem inter inclytos veteris Philosophiae scriptores, antiquitas Orpheum, insignem poetam, et divinae philosophiae indagatorem, summopere admirata est: cujus nomen immortale ad posteros venit, cum pulcherrimis monumentis, quae nulla unquam temporis vetustate peribunt. Veneremur itaque eum, quem majores tantopere coluerunt: rejicientes superstitiosam opinionem eorum, qui asserunt, a fabulis poetarum penitus abstinendum: existimantes res vanas tractare, et perniciosos hominum mores. Hi enim, cum ista ridiculose effutiunt, nihil aliud quam ignorantiam suam produnt. Siquidem poetae sub fabulosis verborum deliramentis, mysteria rerum naturalium abdita, et morum doctrinam explicant. Verum quae magis dilucide et explicate a Philosophis traduntur, illa involute et concise Poetae, tacite decantant", Bernardus Bertrandus Regiensis, "In Orphei poetae Opera praefatio", dans Orphée, *Opera*, trad. par René Perdrier, Bâle, J. Oporin, 1555, f. a 3 r°-v°. - Bertrandus se réfère ensuite au *Pro Archia* de Cicéron et développe l'idée du lien entre toutes les disciplines des *studia humanitatis* (sur ce thème, voir *supra* le chapitre IX).

> Le jour que je fu né, le Daimon qui preside
> Aux Muses me servit en ce Monde de guide,
> M'anima d'un esprit gaillard et vigoreux,
> Et me fist de science et d'honeur amoureux [...]
> Il me haussa le coeur, haussa la fantasie,
> M'inspirant dedans l'ame un don de Poësie,
> Que Dieu n'a concedé qu'a l'esprit agité
> Des poignans aiguillons de sa divinité:
> Quand l'homme en est touché, il devient un prophete
> Il predit toute chose avant qu'elle soit faite,
> Il cognoist la nature, et les segrets des cieux,
> Et d'un esprit boüillant s'esleve entre les Dieux.
> Il cognoist la vertu des herbes et des pierres,
> Il enferme les vents, il charme les tonnerres [...][59]

Le courant orphique, qui postule une analogie profonde entre l'élan de la création poétique et celui qui incite à explorer l'univers, pour en découvrir les "secrets", a donc traversé une portion significative de l'oeuvre, au moins depuis 1552 jusqu'aux *Saisons* de 1563. Il a joué son rôle dans la phase initiale de la carrière du poète, au moment où il attachait autant d'importance à formuler des programmes qu'à inaugurer des pratiques .

Le Miel et le Ciel

En guise de conclusion, et pour donner un nouvel indice de l'absence d'arbitraire dans la poésie de Ronsard et de la parfaite jointure entre sa matière et sa manière, on peut risquer certaines réflexion sur une de ses rimes familières. Depuis les *Odes*, *miel* répond souvent à *ciel*, dans l'éloge des bons poètes:

> Avecque l'ame d'Horace,
>   Telle grace
> Se distile de son miel,
> Et de sa voix Limousine
>   Vrayment digne
> D'estre Serene du Ciel.[60]

Cette association un peu facile a d'autres raisons que phoniques, elle révèle la proximité de deux notions: déjà chez Pindare le miel des Muses vient du ciel, et permet à la voix du poète de remonter vers les dieux. Mais elle finit par trouver une justification plus précise et mieux reliée à la spécificité du poème, au début de l'*Hymne des astres* :

---

[59] "L'hymne de l'Autonne", v. 1-4 et 9-18.
[60] *Les Bacchanales*, v. 601-606; éd. Laumonier, III, p. 215. Toute l'évocation du chant de Dorat joue sur cette correspondance, signalée dès le début: "n'oyez vous / De Dorat la voix sucrée / Qui recrée / Tout le Ciel d'un chant si doulx?", v. 573-576, p. 213-214). Voir aussi, l'éloge de Jean Second, dont les *Baisers* "Pour estre venuz du Ciel, / En ses vers coulent encores / Plus doulx que l'Attique miel" (*Odes*, V, xi, v. 90-92, éd. cit., III, p. 181).

> C'est trop long temps, Mellin, demeuré sur la terre
> Dans l'humaine prison, qui l'Esprit nous enserre,
> Le tenant engourdy d'un sommeil ocieux
> Il faut le delïer, et l'envoyer aux cieux:
> Il me plaist en vivant de voir souz moy les nües,
> Et presser de mes pas les espaules chenües
> D'Atlas le porte-ciel, il me plaist de courir
> Jusques au Firmament, et les secretz ouvrir
> (S'il m'est ainsi permis) des Astres admirables,
> Et chanter leurs regardz de noz destins coupables:
> Pour t'en faire un present Mellin, enfant du Ciel,
> MELLIN, qui pris ton nom de la douceur du miel
> Qu'au berceau tu mangeas, quand en lieu de nourrice
> L'Abeille te repeut de thin et de melisse.
> Aussi je ferois tort à mes vers, et à moy,
> Si je les consacrois à un autre qu'à toy,
> Qui sçais le cours du Ciel, et cognois les puissances
> Des Astres dont je parle, et de leurs influences.[61]

Ce "nous" puis ce "je", acteurs d'une aventure cosmique et déjà orphique, ne sont pas des voyageurs sans qualités, mais deux poètes. Ronsard précise bientôt que Mellin, destinataire de l'hymne, est "enfant du Ciel"; il est aussi un nourrisson du "miel", c'est-à-dire des abeilles, s'il faut en croire son nom: la parenté du ciel et du miel de la poésie ainsi affirmée et prouvée, il apparaît naturel de donner à leur "enfant" un objet céleste (et poétique). L'auteur de l'hymne joue même à se donner un rôle parallèle à celui des abeilles de la fable, lorsqu'il plonge du haut du firmament vers sa cible, pour lui restituer un bien légitimement dû à ses origines. Mais ce thème encore presque pindarique ne reste pas isolé; l'offrande des Astres à Mellin a une autre raison qu'un simple hommage a son talent, c'est la compétence de ce destinataire en matière d'astronomie. Le choix du sujet est donc doublement motivé, sans qu'il apparaisse clairement de quel côté s'exerce la plus forte influence. La curieuse organisation logique de ce prologue semble en effet lui faire décrire des boucles, le ramenant du ciel au ciel, et enfermant tour à tour dans ses anneaux les astres, le miel et le poème. Nous devons aller au ciel, dit l'auteur, j'y suis déjà et t'en ramène les astres, à toi qui es l'enfant du ciel et du miel; puisque tu es cet enfant, je "ferois tort" à mon poème de l'offrir à un autre, parce que tu connais les astres et le ciel dont je te parle. Le discours ne va pas droit, il tourne sur lui-même et regarde à la fois tous les aspects de ce vertigineux mariage entre le ciel et le miel.

Dans l'*Hymne de l'Hyver*, le même auteur reventique fièrement le laurier le plus difficilement accessible, celui de "l'arbre de Parnasse" qui rend "philosophe hardy":[62]

---

[61] Ronsard, *Hymne des Astres* (1555), v. 1-18; éd. Laumonier, VIII, p. 150-151.
[62] Ronsard, *Hymne de l'Hyver* (1563), v. 38 et 25.

> Je veux l'aller chercher sur le haut d'une roche,
> Difficile à grimper, où personne n'aproche,
> Je veux avecq' travail brusquement y monter
> M'esgraphinant les mains [...][63]

Or cette difficile ascension (moins triomphante que l'envolée céleste, mais tout aussi escarpée), et la conquête qui s'ensuit confèrent à leur héros le don de poésie,

> Et les Muses qui sont noble race du Ciel,
> Arrousent sa parolle et sa bouche de miel.[64]

Ce miel des Muses semble donc être aussi celui de la philosophie, que l'hymne se met à décrire sous ses deux aspects, céleste et terrestre, avant d'aborder son sujet propre: l'hiver, issu (comme toutes les saisons) de la liaison du ciel et de la terre. Ce prologue est moins ramassé que le précédent, moins homogène, mais il conjugue avec autant de virtuosité le *ciel* des philosophes et le *miel* des poètes, en leur faisant tour à tour échanger et partager leurs attributs.

---

[63] *Ibid.*, v. 3-6. Le roc dont il est question semble être celui-là même sur lequel la Philosophie était venue se loger, dans la dernière partie de son hymne, mais Ronsard ne le confirme nulle part. Sur l'interprétation difficile de ce prologue de l'*Hyver*, voir *supra*, p. 148.
[64] *Ibid.*, v. 13-14.

CHAPITRE TREIZIÈME

LE LANGAGE D'ORPHÉE I: L'HYMNE

Pour avoir été trop préparé, le poème philososophique aurait pu décevoir. Tant de pompe et de ferveur dépensées pour saluer les Muses exposait à la désillusion. Mais chez Ronsard l'élan a rarement le temps de retomber car les préliminaires se séparent mal de l'oeuvre; le théâtre mythologique qui se déploie autour d'elle ou annonce son arrivée lui appartient déjà. Et dans ses figures, dans sa forme, comme dans son organisation, la poésie du cosmos élaborée par Ronsard se présente sans invraisemblance comme une suite du chant d'Orphée. Ce n'est pas un discours informatif, qui risquerait d'entrer en rivalité avec la philosophie en prose, ou même de la rencontrer simplement. Les *Hymnes* ne parlent peut-être de la nature avec le langage d'Orphée (pour adopter une expression qui traduise le caractère volontairement archaïsant du projet de Ronsard) que pour se situer aux antipodes des autres livres du ciel et du monde.

Liaison entre forme et sujet

En 1555, la poésie cosmique de Ronsard s'est adaptée à la forme de l'hymne, pour un mariage à peu près définitif. S'il peut se rencontrer dans les sonnets, dans les poèmes,[1] dans les mascarades et bergeries,[2] dans la *Franciade*[3] et même dans les discours[4] quelques morceaux consacrés aux étoiles, à l'Ame du monde, ou aux rapports entre ciel et terre, ils n'y figurent qu'à titre d'ornements, d'images, d'arguments subsidiaires, pour illustrer le propos, nourrir la *copia* ou étayer le raisonnement. Dans les *Hymnes*, en revanche, le monde et son contenu peut devenir un objet exclusif. La force

---

[1] "Le Chat", *Sixiesme livre des poemes* (1569), éd. Laumonier, XV, p. 39.
[2] L'invocation au soleil des *Elégies, Mascarades et Bergerie* (1565), éd. cit., XIII, p. 110 sq.
[3] Dans le discours d'Hyanthe sur l'Ame du monde (éd. cit., XII, p. 283 sq.).
[4] Dans la *Remonstrance au peuple de France* (1563); éd. cit., XI, p. 66-67.

de cette liaison est attestée par le retour inattendu d'un cycle d'hymnes en 1563, au milieu de pièces fort différentes: *Les quatre saisons de l'an* succèdent aux discours politiques de 1562-1563 et s'insèrent dans un *Recueil de nouvelles poësies*, où dominent les élégies. C'est bien ici le thème cosmique qui semble avoir entraîné le choix de la forme.

Mais si Ronsard préférait un cosmos hymnique, il serait bien imprudent d'affirmer qu'il se mit à composer des hymnes pour parler du ciel. Orphée permettrait de relier les deux, mais Orphée n'est qu'une image dans la poésie de Ronsard, et non pas une explication ni même un véritable modèle. L'hypothèse d'une simple coïncidence ne saurait donc être exclue. Le programme lancé par l'auteur des *Odes* le destinait, tôt ou tard, à devenir un poète de la nature, et un grand poète de la nature se devait de remonter du contenu au contenant et des effets aux causes.[5] D'un autre côté, l'exploration de l'ancien domaine lyrique a logiquement amené Ronsard à essayer les hymnes. Car entre l'ode (surtout l'ode pindarique) et l'hymne, il existe une indéniable parenté; un certain nombre de caractéristiques sont communes aux deux formes, telles que l'orientation vers le chant,[6] l'importance accordée à la force inspiratrice souvent invoquée à l'intérieur de l'oeuvre,[7] la place essentielle de l'éloge, la liberté de développement qui permet d'introduire à volonté des éléments narratifs ou descriptifs: louer en racontant reste l'un des grands ressorts des hymnes. D'autre part, l'ode est déjà, presque autant que l'hymne, un poème fortement orienté vers un destinataire: l'*Ode à Caliope* est presque une prière; et il n'existe peut-être, à cet égard, aucune différence fondamentale entre l'*Ode à Michel de l'Hospital* et l'*Hymne du Ciel*, dédié à Morel.[8]

Nous ne pouvons donc établir dans quelles conditions exactes ces deux fils (celui du sujet et celui de la forme) ont fini par se nouer. Quoi qu'il en ait pu être, la nouvelle forme, comme la première, a d'abord été utilisée pour célébrer les princes héroïques et les dieux. *L'Hymne de France* (1549), l'*Hymne triumphal sur le trépas de Marguerite de Valois* (1551), l'*Hinne de Bacus* (1555), qui constituent les principales étapes vers la mise au point, par Ronsard, de son propre style hymnique, ne regardent la nature que de loin: en saluant la fertilité du royaume, en donnant à la reine de Navarre une vue plongeante sur le monde, en faisant l'éloge des vendanges. Et par la

---

[5] C'est-à-dire au ciel. Sur le lien entre l'inspiration et l'ordre de la nature, voir le ch. XII.

[6] La liaison entre hymne et musique était encore perçue au XVIème siècle, qu'il s'agît des hymnes d'église ou des hymnes grecs, dont la fonction, selon Natale Conti, était de "chanter aux autels" les louanges des Dieux (*Mythologie...*, I, 16, trad. Montlyard, 1604, p. 54).

[7] Le thème des Muses et de la "grâce" est central dans les Odes (voir le ch. XII), or il joue également un grand rôle dans les prologues des hymnes; ce caractère est spécialement accentué dans les Saisons. A la limite, le destinataire de l'hymne devient sa force inspiratrice, en remplissant le poète d'admiration et d'enthousiasme (c'est un phénomène étudié par Scaliger à propos des hymnes chrétiens, voir *infra*, p. 247).

[8] La proximité entre l'ode et l'hymne est aussi prouvée par le fait que certaines pièces ont voyagé d'une catégorie à l'autre. M. Dassonville ("Eléments ..."), propose ce critère: l'hymne renonçant à la strophe, le "lyrisme récité" succède au "lyrisme chanté" et occupe une position intermédiaire entre le lyrique et l'épique. Ronsard a pourtant admis des pièces strophiques dans la section des *Hymnes* (l'*Hynne à la Nuit, Les Estoilles*, l'*Hymne du Roy Henry III*, l'*Hynne des peres de famille à Monsieur S. Blaise*). Notons que l'*Hymne triumphal sur le trépas de Marguerite de Valois* a toujours été considéré par Ronsard comme une ode.

suite les hymnes cosmiques, peu nombreux et relativement courts, n'ont jamais conquis une position prépondérante: dans les recueils de 1555-1556, ils semblent dominés par la masse des hymnes héroïques et mythologiques. Le *Ciel* et les *Astres* n'occupent d'ailleurs qu'un rang très modeste.[9] A partir des *Oeuvres* de 1560, l'*Eternité* obtient la première place, mais cette dignité ne compense pas la faible présence du thème cosmique dans la collection.

Singularité des hymnes cosmiques?

Cette impression décevante tient d'ailleurs sans doute partiellement à notre conception inadaptée, et trop étroite, de ce qui relèverait du cosmique. La plupart des hymnes ronsardiens parlent de l'univers et de ses lois, qu'ils soient consacrés à la Justice, à l'Or, aux Daimons ou à la Mort. S'il était vraiment nécessaire d'opérer un classement, il serait donc probablement pertinent de rassembler dans une catégorie plus vaste les "hymnes de l'ordre du monde" (qui s'opposeraient aux hymnes héroïques et mythologiques tournés vers la célébration de brillants individus),[10] et de caser à l'intérieur le petit ensemble, physique et métaphysique, chargé de construire le cadre, en parlant des trois dernières enveloppes de l'univers: l'Eternité, le premier mobile et le firmament. Ce petit ensemble semble vraiment modeste, mais il faut se garder de mesurer l'importance d'une pièce par le nombre de ses vers, ou même de prêter trop de sens à sa position dans un recueil. En 1555, le poème liminaire de Dorat, *In Petri Ronsardi Hymnos*, faisait du chant de la nature la grande nouveauté du livre, même s'il exprimait l'espoir de le voir continuer au-delà et passer de la poésie cosmique à la poésie religieuse:

> Post querulos in amore modos, post dulcia mentis
> Tormenta, et tenerae ludicra nequitiae:
> Post jam consumptum patrio tibi Pindaron ore
> Dum canis et Reges, Regibus et genitos:
> Ne quid inexpertum foelix audacia linquat,
> Naturae rerum cantica docta sonas.
> Et nunc hoc tibi, nunc alio de flore corollam
> Texis, inexhausto fervidus ingenio.
> Verum age naturae cum jam percurreris omnes
> Mente tua partes, carminibus tuis,
> Quid nisi restat adhuc coelum? coelestia tenta:
> Hic tibi sunt vires, hic tua Musa valet.
> Materia cur ingenium premis usque minore?
> Coelestis coelum est dicere vatis opus.[11]

---

[9] Ils sont septième et huitième dans le premier recueil (de 1555). L'*Hymne de l'Eternité* est le premier du second recueil (de 1556); il tient lieu de dédicace à Madame Marguerite.

[10] L'individu héroïque peut importer à l'ordre du monde: un roi remplit une fonction cosmique (à la manière d'un Jupiter tenant en respect les pulsions rebelles des "Géants"); l'*Hymne du... Roy Henry II* appartiendrait donc aux deux catégories.

[11] Dorat, "In Petri Ronsardi Hymnos", éd. Laumonier, VIII, p. 4-5: "Après les modes plaintifs de l'amour, après les doux tourments de l'âme et les jeux d'une tendre oisiveté, après Pindare, désormais entièrement absorbé par la langue de tes pères, tandis que tu chantes les rois et ceux qui sont nés pour les rois, pour que ton heureuse audace ne néglige aucune

De fait, les "hymnes du monde" semblent bien avoir revêtu un caractère particulier dans l'esprit même de leur auteur. L'on remarque ainsi chez lui un refus spécialement rigoureux des doublets, lorsqu'il s'agissait de célébrer les grands éléments de la nature.[12] Alors que la fontaine Bellerie, la Muse sous toutes ses formes, les princes ou les meilleurs amis ont pu recevoir sans inconvénient des hommages répétés, les objets cosmiques paraissent avoir été astreints à la règle de l'unité. A cet égard, ils se distinguent des objets mythologiques. L'*Hymne de Castor et Pollux* redouble agréablement celui de *Calaïs et Zethes*, et Ronsard semble avoir tenu à souligner cet effet en les plaçant l'un près de l'autre, ou bien dans une position symétrique;[13] mais le *Ciel* et les *Astres* n'ont jamais bénéficié de ce type de variations multipliantes, comme s'ils restaient étrangers à l'univers de la *copia*. Le premier mobile a été célébré une fois, sans même laisser à de petits hymnes planétaires le loisir de proliférer; et les astres n'ont pas reçu un traitement plus large. Envisagés globalement et dans une sorte d'indifférenciation, bien que la carte des constellations offrît nombre d'occasions narratives ou décoratives, ils apparaissent sous leur seul aspect de messagers du destin. Leur hymne est écarté dès 1560; de nouveau admis en 1578, il cède bientôt la place aux *Estoilles* de 1575 (une ancienne ode promue hymne), comme si deux pièces sur le même sujet ne pouvaient se côtoyer.[14]

Pour donner une nouvelle preuve de cette économie sévère, la série des hymnes cosmiques est restée plutôt stable en traversant la succession des *Oeuvres*. Elle finit de se constituer, après l'adjonction notable des *Saisons* (dans les *Oeuvres* de 1567), avec le remplacement des *Astres* par les *Estoilles*. Or ce dernier changement, on l'a vu, n'était qu'une permutation sans effet sur l'équilibre général, et les *Saisons* ne faisaient pas double emploi mais comblaient au contraire un manque: après l'*Eternité*, le *Ciel*, les *Astres* et, si l'on veut, les *Daimons* elles achevaient la descente vers la terre, en racontant les péripéties de son union avec les puissances d'en-haut. Cette relative permanence est d'autant plus significative que la section dans son ensemble connaissait d'importantes modifications: arrivée de l'*Hymne de Bacchus*[15] et de l'*Hymne du roy Henri III*,[16] départ du *Temple des*

expérience, tu fais sonner les doctes chants de la nature. Et tu te tresses une guirlande de l'une ou l'autre fleur, dans l'effervescence de ton inépuisable génie. Mais va, puisque tu as déjà parcouru toutes les parties de la nature, par ton esprit et par tes chants, que reste-t-il encore, sinon le ciel? Tente <la poésie> du ciel. Pour cela, tu as les forces <nécessaires>, pour cela ta Muse a assez de valeur. Pourquoi charges tu encore ton esprit d'une matière inférieure? La tâche d'un poète céleste est de dire le ciel".

[12] Grands éléments auxquels il conviendrait probablement d'ajouter la Justice, la Mort etc.

[13] Ils constituent les pièces 2 et 3 du recueil de 1556. A partir de 1560, *Calaïs et Zethes* passe dans le *Premier livre des Hymnes* (après l'*Eternité* et l'*Hymne de Henry II*, c'est-à-dire en troisième position, comme *Castor et Pollux* dans le livre II); en 1587, *Castor et Pollux* rejoint *Calaïs et Zethes* dans le livre I. - Ces hymnes sont en rapport avec les forces naturelles, mais leur objet premier est mythologique.

[14] *Les Estoilles envoyées à Monsieur de Pibrac en Polonne* (éd. Laumonier, XVII, p. 35-44) paraissent d'abord à part, chez Buon; en 1578, elles entrent dans les *Odes*; en 1584, devenues l'*Hymne des Estoilles*, elles remplacent l'*Hymne des Astres* dans les *Hymnes*.

[15] En 1560.

[16] 1ère éd. 1569, sous le titre de *Chant triomphal pour jouer sur la lyre sur l'insigne victoire* ..., devient, dans la section des *Hymnes* des *Oeuvres* de 1578, l'*Hymne sur la victoire*...

Chastillon (avec la *Prière à la Fortune*),[17] apparition et disparition de
l'*Hymne de France*,[18] de l'*Hymne à la Nuit*,[19] de la *Suyte de l'Hymne de ...
Charles cardinal de Lorraine*,[20] brève incursion des vers saphiques en
1578,[21] et surtout introduction de cinq pièces nouvelles dans l'édition
posthume de 1587. Parmi celles-ci, la *Paraphrase du te Deum*,[22] l' *Hynne
des Peres de famille à Monsieur S. Blaise* et l'*Hynne de Monsieur Saint
Roch*[23] modifiaient sensiblement l'orientation du recueil en augmentant la
part des hymnes chrétiens. Cet ensemble d'indices n'a sans doute qu'une
valeur relative, mais il nous autorise à donner une importance particulière à
l'association entre sujet cosmique et forme hymnique; elles justifient aussi
une étude séparée du cycle du Ciel.

La tradition de l'hymne

Il n'est pas étonnant que Ronsard se soit intéressé à l'hymne. C'était, avec
l'ode, l'une des formes les plus prestigieuses de la lyrique grecque. Si on la
comparait au péan et au dithyrambe, elle présentait aussi l'avantage d'avoir
conservé de nombreux témoins et d'être restée assez vivante. Elle n'était pas
un fantôme archéologique mais une forme illustrée par Orphée, Homère ou
Callimaque. Les humanistes s'y étaient intéressés, à la fois comme poètes et
comme érudits. Marulle, par exemple, avait pratiqué d'autres formes
antiques, notamment l'épigramme, mais ses *hymni naturales* restaient son
oeuvre la plus admirée. Ronsard, dans l'épitaphe qu'il composa pour lui,
consacra une strophe émue à décrire l'effet magique de ses "graves vers" qui
"reveillent / Les vieilles louenges des Dieus".[24] Et Scaliger, qui lui reprochait
pourtant son paganisme, estimait que son hymne *AEternitati* justifiait à lui
seul sa grande réputation.[25] D'autre part la fonction et le caractère des
hymnes antiques suscitaient des curiosités d'historiens. Scaliger leur réserva
plusieurs chapitres de sa *Poétique*,[26] et Natale Conti leur accorda une place

---

[17] Ecarté en 1578, avec la *Prière à la Fortune*.

[18] Joint aux *Hymnes* en 1560 et écarté en 1578.

[19] Cet hymne avait appartenu aux *Odes* de 1550, il entra dans les *Hymnes* et 1567 et en sortit
en 1578. Il n'a à peu près rien de cosmique: son thème est érotique.

[20] 1ère éd. 1559, jointe aux *Oeuvres* de 1560, écartée en 1584.

[21] "Belle dont les yeux ..." et "Ny l'âge ni sang..." (éd. Laumonier, XVII, p. 396-399):
parues en 1578 dans la section des *Hymnes*, ces pièces rejoignent les *Odes* en 1584.

[22] Parue en 1565 dans les *Elégies*...; jointe aux *Discours* en 1567, aux *Hymnes* en 1587.

[23] Ces deux dernières pièces, comme l'*Hymne de Mercure* et la pièce-préface ("Les Hynnes
sont des Grecs..."), paraissaient pour la première fois en 1587.

[24] "Epitafe de Michel Marulle" (1554), v. 29-32, éd. Laumonier, VI, p. 29. - Sur les hymnes
de Marulle (ed. pr. Florence, 1497), voir J. Chomarat, "L'interprétation ..."; Idem,
"L'immortalité ..."; P. L. Ciceri, "Michele Marullo ..."; P. Ford, "The *Hymni* ..."(cet article
démontre leur caractère fortement orphique , autant par leur forme que par leur philosophie).

[25] "Longe excellentius atque augustius in Aeternitatis explicatione spirat. pene enim solum
poema illud universas illius famae rationes sustinere potest", J. C. Scaliger, *Poetique*, l. VI,
ch. 4 (éd. 1561, p. 299). Ce chapitre est entièrement consacré à Marulle.

[26] *Poetices*..., I, 45; III, 92 à 95; sans compter le chapitre sur Marulle.

privilégiée dans la soigneuse reconstitution de la religion antique qui ouvrait sa *Mythologie*.[27]

Car les humanistes avaient bien compris que l'essence de l'hymne ne tenait pas à des questions de forme ou de métrique,[28] et qu'elle résidait plutôt dans son esprit, son intention et sa fonction: "la louange de Dieu, écrivait Scaliger, c'est ce que les Grecs nomment *humnos*, et les latins *celebratio*".[29] Après avoir analysé les hymnes d'Orphée et de Callimaque, aussi bien que l'hymne à Vénus du *De natura rerum*, Natale Conti formulait cette conclusion significative: malgré leurs différences, tous ses poèmes donnaient voix à la piété des Anciens et ils partageaient la même volonté d'agir sur les forces divines, de les réjouir et d'attirer leur bienveillance.

> Somme, tout le sujet des hymnes estoit de faire que toutes choses s'esgaiassent et se missent en bon devoir à la venue des Dieux, de chanter aux autels leurs louanges et valeurs, et ramentevoir les biens qu'ils avoient faits aux hommes: puis en fin les prier de vouloir assister aux sacrifices qu'on leur faisoit, propices, debonnaires et favorables.[30]

Les humanistes attachaient donc la plus grande importance à cette dimension cultuelle et voyaient dans l'hymne antique l'équivalent de la prière chrétienne. C'était au point qu'ils envisageaient mal d'en composer en prenant pour objets les dieux du paganisme. Orphée, le *vetustissimus theologus*, avait inventé cette forme pour s'adresser aux *numina* qui représentaient pour lui la puissance divine, et la bonne règle de l'imitation (qui devait s'accompagner d'une réactualisation) voulait qu'un poète chrétien l'utilisât à son tour pour exprimer son propre sentiment religieux.

Cette conviction bien ancrée explique les critiques adressées à Marulle et le peu d'émulation qu'il suscita. Scaliger, traitant de la catégorie des *humnoi phusikoi*, ne trouva à peu près que lui à citer en exemple: "Ces pièces sont entièrement consacrées à la nature", observait-il non sans une vague réprobation, "c'est ainsi que Marulle aussi chante le ciel et les éléments dans ses hymnes".[31] Comme auteur de pièces "profanes" (comme les épigrammes), il n'aurait guère eu à rendre de comptes sur son emploi de la mythologie, mais avec l'hymne il avait touché à un genre sacré, et ses invocations à Jupiter, à Pallas ou à Mercure paraissaient choquantes. Les éditions de ses oeuvres étaient assorties d'avertissements ou de mises au point sur cette question. Beatus Rhenanus déplorait qu'il n'eût pas consacré son talent à de la poésie chrétienne,[32] et Guillielmus Crispius employa toute

---

[27] I, 16: "De hymnis antiquorum". Sur Conti, et sur le sens de ce panorama des formes de la piété antique au seuil d'un manuel de mythologie, voir *infra*, p. 275.

[28] C'est aussi la conclusion des modernes. F. Cairns remarque que l'hymne n'est pas caractérisé par un mètre ou une longueur, et qu'on peut le trouver partout (*Generic* ..., p. 92).

[29] *Poetices*..., III, 92: "Dicitur autem Dei laudatio à Graecis *humnos*, a Latinis *celebratio*" (éd. 1561, p. 162). Cf. I, 44, p. 48:"Hymni, qui ad aras dicebantur".

[30] Natale Conti, *Mythologie*..., I, 16, trad. J. de Montlyard, Lyon, Frelon, 1604, p. 54.

[31] "Haec itaque omnia naturalia sunt. Sic et Marullus Caelum Elementaque hymnis canit", *Poetices*..., III, 95, éd. cit., p. 163. Il cite également l'hymne à la Mort d'Orphée, et Lucrèce.

[32] "Verum quis non gravi cordolio statim afficietur lachrymasque affatim emittet, qui aspexerit Marullum [...] in prophanis ingenii periculum facientem, nominis sui im-

une préface à démentir les interprétations trop scrupuleuses "qui accus<aient ce poète d'être impie", parce qu'il avait célébré les dieux païens: il fallait, selon lui, imputer la chose à l'usage poétique du langage figuré, et ne pas condamner Marulle plus que Bembo ou Flaminio. Même s'il restait toujours préférable de composer des oeuvres vraiment religieuses, mieux valait, tout compte fait, s'immerger totalement dans la mythologie que de mélanger paganisme et christianisme:

> Il me semble que l'idée <des poètes paganisants> est plus sûre et plus saine que celle de traiter poétiquement des choses sacrées, c'est-à-dire de la vérité avec des mensonges (ce que j'ai vu un savant homme tenter de faire). La vérité ne veut pas être illustrée avec des mensonges.[33]

Scaliger était, quant à lui, réellement attristé par l'attitude de Marulle qui avait, à son avis, profané l'hymne en y mêlant les fables grecques,[34] et il racontait en ces termes sa propre expérience de poète de la célébration:

> Alors que nous composions un hymne à Dieu le Père; nous <l'>amenions, comme fondateur de toutes choses, de la création de ce monde jusqu'à nous et aux nôtres, et aussi Dieu le Fils, notre Seigneur Jésus Christ, comme Sauveur du genre humain. Et en lui nous tirions notre âme de la prison du corps pour <la conduire> vers les libres champs de la contemplation afin que <cette contemplation> me transforme en lui. Alors cette ineffable vigueur du Très Saint Esprit a été célébrée avec tant d'ardeur que l'hymne, commencé avec des nombres très doux, a été soudainement enflammé par la violence du feu divin. Tout ce qui est en Dieu est Dieu lui-même.[35]

---

mortalitatem ad posteros transmississe", éd. Strasbourg, Matthias Schürer, 1509, a 1v°; l'édition de Beatus Rhenanus fut réimprimée à Paris, par Wechel, en 1529.

[33] "Mihi sane horum tutius, et sanius consilium videtur quam (quod doctum quendam virum tentasse video) ut sacras res Poëtice tractarent, hoc est, veritatem mendaciter. Veritas mendaciis illustrari non vult" (*M. T. Marulli epigrammata et hymni*, Paris, Wechel, 1561, f. 2 v°). L'accusation portée contre les mélanges de paganisme et de christianisme vise peut-être quelque réformateur humaniste de l'Hymnaire chrétien (voir ci-dessous), mais la tentative du "savant homme" , pourrait faire songer à celle de l'*Hercule chrétien*, bien que celui-ci tende plutôt à souligner le contraste entre la vérité de la Révélation et les mensonges d'une mythologie dévoyée (voir C. Faisant, "Le sens religieux ...").

[34] "[...] quinetiam quod minus tolerabile fuit, Graecanicis fabellarum mendaciis conspurcavit", *Poetices*, VI, 4, éd. cit. p. 299. - L'abbé Goujet devait adresser à Ronsard une critique analogue: "L'Hymne qui n'étoit destiné qu'au culte des Dieux et aux Mysteres de la Religion a été employée par Ronsard à toute sorte de sujets" (*Bibliothèque française*, t. XII, p. 229). - Sur le mensonge des fables, voir le chapitre suivant.

[35] "Nanque in Deum patrem Hymnum cum scriberemus: tanquam rerum omnium conditorem ab orbis ipsius creatione, ad nos nostraque usque duximus. Deum vero filium Dominum nostrum Jesum Christum tanquam humani generis Servatorem. In quo abduximus animum nostrum a corporis carcere ad liberos campos contemplationis, quae me in illum transformaret. Tum autem sanctissimi Spiritus ineffabilis vigor ille tanto ardore celebratus est, ut cum lenissimis numeris esset inchoatus hymnus, repentino divini ignis impetu conflagrarit. In Deo quicquid est, ipsemet est Deus." (*Poetices...*, III, 92, éd. 1561, p. 162). Pour Scaliger, l'hymne requérait une totale participation de l'âme et une communion avec Dieu: "Ac Dei quidem laus semper in toto animo, universaque cogitatione nostra versari debet. Quicquid sine ejus communione facias, id vero factum ne putes. quanto magis appellendus animus ad

Ecrire un hymne, c'était donc prier, et prier avec une intensité et une efficacité particulières. Scaliger mesurait bien ce qu'avait été, dans la religion ancienne, la puissance du chant d'Orphée et, plus généralement, celle des hymnes dans les cultes à mystères;[36] mais il considérait qu'il fallait désormais la mettre sans ambiguïté au service du vrai Dieu.

A cet égard, il se situait encore dans la même perspective que les humanistes des générations précédentes. Pontano,[37] Sannazar,[38] Clichtove[39] ou Vida[40] n'avaient pas composé des hymnes dans l'idée d'un retour aux cultes païens, mais pour insuffler un peu de la vigueur antique au vénérable Hymnaire illustré par saint Hilaire de Poitiers et par saint Ambroise. Car pour un homme du XVIème siècle, l'hymne était d'abord un chant d'église servant à célébrer les diverses fêtes du calendrier liturgique et à ponctuer les heures canoniques;[41] la définition donnée par saint Augustin lui aurait encore paru largement valable:

> Les hymnes sont des chants qui contiennent la louange de Dieu; s'il y a louange et qu'elle ne concerne pas Dieu, il n'y a pas d'hymne; s'il y a louange de Dieu et

eas modulationes, quae quantum illius complectuntur, tantum ejus concipiunt divinitatis: fiuntque illorum affines concentuum, qui caelestibus anfractibus atque rotationibus sunt ab opifice attributi" ("La louange de Dieu doit toujours absorber toute notre âme et toute notre pensée. L'on ne doit pas croire que soit <vraiment> fait ce que l'on a fait sans être en communion avec Lui. Et combien l'âme est plus attirée vers ces modulations qui renferment autant de Lui qu'elles reçoivent de sa divinité: elles deviennent proches de ces concerts qui ont été attribuées par le créateuraux replis et aux rotations des cieux", *Ibidem*). Ce texte exprime bien la liaison entre la prière, la musique et l'harmonie cosmique.

[36] Sur la fonction magique de l'hymne antique et sur son rôle dans la religion cosmique, voir notamment P. Boyancé, *Le culte des Muses* ...; A. J. Festugière, *La révélation...*, t. II, ch. 11, p. 310 sq. - Sur la conception humaniste du chant orphique, voir D. P. Walker, *Music, spirit* ...; Idem, *La Magie spirituelle* ...; voir aussi G. Tomlinson, *Music* ...

[37] *De laudibus divinis* (1ère éd. dans les oeuvres de Pontano éd. par Pietro Sumonte, 2 vol., Naples, Mayr, 1505-1507). Jean Salmon Macrin en prépara une édition, imprimée à Paris par Josse Bade, vers 1515. - Après un poème cosmogonique qui sert de dédicace, le recueil comporte des hymnes à la Vierge et à différents saints. Voir S. Viarre, "Pontano ...".

[38] Hymnes à saint Gaudiose et saint Nazaire. - Ces poèmes parurent notamment dans l'anthologie de Jacques Toussain, *Pia et emuncta opuscula*, Paris, Bade, 1513.

[39] Hymnes originaux publiés dans l'*Elucidatorium ecclesiasticum*, voir ci-dessous.

[40] *Hymni de rebus divinis*, publiés dans les *Poemata omnia, tam quae ad Christi veritatem pertinent, quam ea quae haud plane disjunxit a fabula, utraque sejunctis ab alteris*, Crémone, J. Mutius et B. Locheta, 1550. Ce recueil connut une diffusion exceptionnelle, voir M. A. Di Cesare, *Bibliotheca Vidiana* ..., n° 385-461 A, p. 199 sq.

[41] Sur les hymnes liturgiques, voir U. Chevalier, *Poésie liturgique* ...; Idem, *Repertorium* ...; S. Baümer, *Histoire du bréviaire*; Josef Szövérffy, *Die Annalen* ...; H. Spitzmuller, *Poésie latine* ...; A. Michel, *In hymnis* ... - Le chant des hymnes, issu de la psalmodie juive, a toujours été pratiqué par l'Eglise, en grec puis en latin, mais il s'est strictement intégré à la liturgie à partir du IVème s.; la formule strophique adoptée par saint Ambroise s'est peu à peu généralisée. Vers 540, saint Benoît établit l'usage des hymnes pour les heures canoniques. U. Chevalier cite notamment le 13ème canon du IVème concile de Tolède (633) qui prescrit le chant des hymnes, en rattachant cette coutume à des sources bibliques: "De hymnis etiam canendis et Salvatoris et Apostolorum habemus exemplum; nam et ipse Dominus hymnum dixisse perhibetur, Matthaeo evangelista testante: *Et hymno dicto, exierunt in montem Oliveti* [Math. 26: 30]; et Paulus apostolus ad Ephesios scripsit dicens: *Implemini spiritu, loquentes vos in psalmis et hymnis et canticis spiritualibus*" (*Poésie liturgique...*, p. xv).

qu'elle ne soit pas chantée, il n'y a pas d'hymne. Un hymne doit donc comporter ces trois choses: la louange, le fait d'être consacré à Dieu et le chant.[42]

Ce patrimoine des hymnes liturgiques exerçait sur les humanistes un attrait à la fois esthétique et spirituel. Lorsqu'ils le comparaient à la poésie des Anciens, ils critiquaient son latin parfois étrange, sa métrique à leurs yeux incorrecte et son inspiration un peu étriquée, d'où leur désir de le corriger et de l'améliorer par des contributions plus conformes à leur goût. Le pape Léon X commanda même à Zaccharia Ferreri un nouvel Hymnaire, paru sous Clément VII en 1525,[43] qui ne tarda d'ailleurs pas à tomber en désuétude: il se s'imposa jamais dans les églises ni dans les monastères et le Concile de Trente mit un terme à ce genre d'innovations.[44] Jean Salmon Macrin publia à Paris, en 1537, un recueil complet d'hymnes nouveaux, les *Hymnorum libri sex*, pour un usage privé, sans la moindre intention de concurrencer la liturgie traditionnelle.[45]

Car dans le même temps, le vieil Hymnaire tel qu'en lui-même apparaissait comme un précieux héritage. Il bénéficiait de cette même curiosité, à la fois humaniste et post-tridentine, qui remit en honneur la première littérature chrétienne et qui ne s'intéressait pas seulement aux grands textes apologétiques et exégétiques mais aussi à la poésie, aux témoignages lyriques de la piété des origines.[46] Des collections des plus anciens hymnes furent imprimées au XVIème siècle, parfois entourées de soins érudits. En 1502, Josse Bade écrivit une "exposition" pour un hymnaire à l'usage de

---

[42] "Hymni cantus sunt continentes laudem Dei; si sit laus et non sit Dei, non est hymnus. Si sit laus Dei et non cantentur, non est hymnus. Oportet ergo, ut sit hymnus, habeat haec tria: et laudem, et Dei, et canticum", saint Augustin, *Commentaire sur le Psaume 149*, cité dans Spitzmuller, *Poésie latine...*, p. 1767. - L'idée de louange de Dieu ne doit pas être prise au sens étroit, puisqu'un grand nombre d'hymnes ont été adressés aux saints.

[43] *Hymni novi ecclesiastici juxta veram metri et latinitatis normam a beatiss. patre Clemente VII. pont. max. ut in divinis quisque eis uti possit approbati [...] sanctum ac necessarium opus*, Rome, L. Vicentinus et L. Perusinus, 1525 (édition unique). - Sur les hymnes de la Renaissance, voir J. Szövérffy, *Die Annalen...*, t. II, p. 369-447; A. Moss, "The Counter-Reformation latin hymn".

[44] Le Concile de Trente revint aux vieux hymnes. Les papes se contentèrent désormais de promulguer de nouvelles éditions du bréviaire, en corrigeant des "erreurs" de prosodie, et en supprimant les attributions erronées. Le nouveau bréviaire de Pie V parut en 1568, celui de Clément VIII en 1602, celui d'Urbain VIII en 1631 (voir U. Chevalier, *Poésie liturgique...*, p. xlvii-lix). - Cela n'étouffa d'ailleurs pas l'ardeur des poètes sacrés: Marc Antoine Muret publia son *Hymnorum sacrorum liber* (Rome, 1581), pour les besoins du culte post-tridentin (voir Ann Moss, art. cit. *supra*, p. 374), Seraphino Razzi joignit des compositions de sa façon à son édition d'un hymnaire pour les dominicains (Pérouse, 1587), et Benito Arias Montano composa tout un recueil (Anvers, off. plantiniana, 1589).

[45] Paris, R. Estienne, 1537; *Hymnorum selectorum libri tres*, Paris, R. Estienne, 1540. Voir I.D. Mc Farlane, "Jean Salmon Macrin...", p. 59-69.

[46] En témoigne, par exemple, l'anthologie en deux volumes imprimée par Alde, à Venise, en 1501-1502 (*Poetae christiani veteres*); les *Carmina pia et religiosa* commentés et imprimés par Josse Bade (1505); les *Pia et emuncta opuscula* édités par J. Toussain (Paris, Bade, 1513; 1514), ou encore le recueil édité par Georg Fabricius: *Poetarum veterum ecclesiasticorum opera christiana et operum reliquiae atque fragmenta*, Bâle, 1564. Les recueils de Bade mélangent les poèmes anciens et les poèmes humanistes. - L'intérêt pour l'ancienne littérature chrétienne était partagé par les catholiques et les protestants, mais les premiers s'approprièrent tout spécialement les hymnes (voir le texte de La Boderie cité ci-dessous).

Salisbury,[47] et il exécuta dix ans plus tard le même travail pour le recueil traditionnel des *hymni per totius anni circulum*;[48] Jakob Wimpheling et Pierre Baquelier préparèrent peu après, à Strasbourg, une édition corrigée du même recueil.[49] L'*Elucidatorium ecclesiasticum*, vaste collection de chants d'église assortis de commentaires réalisée par Josse Clichtove en 1516, comportait toute une section d'hymnes; il était destiné à enseigner aux prêtres peu instruits le sens des textes et leur rapport avec l'Ecriture, afin que le service de Dieu fût plus sincère et mieux informé, et il remporta un notable succès.[50] Le même intérêt se manifesta également hors de France, comme en témoignent les travaux d'Elio Antonio de Lebrija[51] ou de Georg Cassander;[52] et dans la seconde moitié du siècle il parut des éditions destinées à un usage scolaire.[53]

Comme le chant des psaumes en français avait été pour ainsi dire confisqué par les réformés, les hymnes et cantiques prirent peu à peu la valeur d'une sorte de monument de la catholicité. Les remettre en usage, afin de retrouver la piété du premier christianisme et de rendre le culte plus attrayant (au sens fort du terme), revenait à imiter le parti adverse, tout en s'en différenciant. Guy Lefèvre de la Boderie s'en expliquait très clairement en dédiant au roi sa propre traduction des *Hymnes ecclésiastiques*, une traduction dont il espérait la prochaine mise en musique: les protestants avaient indûment attiré trop de fidèles, grâce à la séduction de leur psautier,

---

[47] *Expositio hymnorum totius anni secundum usum Sarum*, éd. par Josse Bade, Londres et Paris, André Bocard et Jean Baudoin, 1502.

[48] *Expositio hymnorum [...] per totius anni circulum*, éd. par J. Bade, Paris, Denis Roce, 1512 (B.N.: Rés. B. 9823); *Idem*, Paris, E. de Marnef et J. Petit, 1515.

[49] *Expositio hymnorum [...] per totius anni circulum*, éd. par J. Wimpheling et P. Baquelier, Strasbourg, J. Knobloch, 1513 (B.N.: Rés. D. 11529); *Idem*, Paris, B. Aubry et J. Bignon, 1518; *Idem*, Paris, B. Aubry et Jean II du Pré, 1519 (B.N.: Rés. B. 9824); *Idem*, Caen, 1530 (B.N.: Rés. D. 80017). - Jacob Wimpheling avait également publié, à la fin du XVème siècle, un *De hymnorum et sequentiarum autoribus [...]* (Spire, s. d., Hain 16175, B.N.: Rés. m. Yc. 879). - Voir C. Béné, "L'humanisme de J. Wimpfeling".

[50] *Elucidatorium ecclesiasticum ad officium ecclesiae pertinentia planius exponens*, Paris, Henri Ier Estienne, 1516; *Idem*, Bâle, Froben, 1517 et 1519; 2ème éd. parisienne augmentée, Colines et Estienne, 1521; *Idem*, Paris, Jean Petit et Poncet Le Preux, 1539-1540; *Idem*, Paris, Antoine Jurien pour Jérôme et Denise de Marnef, Jean de Roigny et lui-même, 1548; *Idem*, Paris, J. de Roigny, 1556 (nouvelle émission en 1558). Des extraits de l'*Elucidatorium* furent imprimés à Venise, en 1555, sous le titre de: *Hymni et prosae ... cum explanatione Jodoci Clichtovei*. Voir F. Van der Haeghen, *Bibliographie* ..., p. 77-98; J.-P. Massaut, *Josse Clichtove* ..., t. II, p. 285-364. - Clichtove y avait joint quatre hymnes composés par lui, plus tard repris dans la collection de Cassander (voir ci-dessous, note 52), ce qui montre bien que la remise en valeur de l'ancien fonds et la composition de textes originaux étaient deux activités complémentaires.

[51] *Hymnorum recognitio [...] cum aurea illorum expositione*, s. l., 1549.

[52] *Hymni ecclesiastici, praesertim qui Ambrosiani dicuntur*, Cologne, 1556.

[53] Voir par exemple les *Hymnorum ecclesiasticorum ab Andrea Ellingero V. Cl. emendatorum, libri III . Accessere [...] et Marc Ant. Flaminii, Hercul. Strozae, Basilii Zanchii, et aliorum quorundam huc pertinentes Hymni. Omnia nunc primum ita edita ut studiosae juventutis in Scholis utiliter proponi possint: de sententia Henric. Petrei Herdesiani, Rectoris Sch. Francof.*, Francfort, Nicolas Bassé, 1578 (B.N.: Y. 8983).

je me suis avisé pour un remede et contrepoison de traduire les Hymnes Ecclesiastiques, et autres Cantiques Spirituels composez par les Saints Docteurs et anciens Peres colonnes et pilliers de nostre Religion unique et veritable, à celle fin d'essayer par ce moyen de reduire et regaigner par la douceur du vers et du chant ceux qui pour plaisir de l'aureille et de la Musique se seroyent débandez du giron de l'Eglise Catholique [...] [Je veux] par un contrechant, comme jadis Orfée, m'opposer au chant pipeur des Syrenes [...]. En quoy faisant j'ay suivy l'authorité et l'exemple de saint Jean Chrysostome, lequel voyant que les Arriens heretiques avoyent tout ainsi que ceux de nostre temps, fait traduire les Pseaumes de David en langue vulgaire, et par le chant d'iceux distrait et attiré plusieurs des Catholiques à leur secte, s'avisa de faire traduire et composer certains Hymnes et Cantiques sacrez selon de la doctrine de l'Eglise, et y faire adjouster la Musique et accords, pour revoquer au troupeau Chrestien et Catholique les ouailles qui s'en estoyent égarées [...][54]

La Boderie parlait d'Orphée pour s'être quasiment identifié avec ce poète qu'il portait à l'intérieur de son nom,[55] mais la comparaison avait aussi une signification moins étroitement personnelle: elle faisait allusion à la force du chant des hymnes, aussi puissante, l'espérait-on, dans les cérémonies de l'Eglise romaine que dans celles des anciens cultes.

Que le chef de fleurs relié, Dansant autour de vos images

Ronsard, comme la plupart de ses contemporains, devait avoir conscience de l'étroite parenté des hymnes chrétiens et païens. Helléniste trop convaincu pour goûter beaucoup l'archaïsme de la vieille liturgie, il était assez bon fils de l'Eglise pour souhaiter donner à ses fêtes toute la beauté possible. La contribution de ce clerc à la poésie canoniquement religieuse est restée infime, car il appartenait encore à cette génération d'humanistes qui ne voyaient aucun mal à "traiter poétiquement des choses sacrées, c'est-à-dire de la vérité avec des mensonges"; mais, dans sa modestie, elle semble indiquer que le poète se rapprochait davantage d'un Pontano ou d'un Sannazar que d'un La Boderie. Il mélangeait sans le moindre scrupule l'univers de la pastorale et celui des vieux cantiques. Les rituels champêtres des bergers d'Arcadie lui plurent toujours. Dans l'ode *De l'élection de son sépulcre*, il rêvait au gracieux manège des "pastoureaus" du voisinage "Lui f<aisant>, comme à Pan, / Honneur chaque an".[56] Et c'était dans le même esprit qu'il enjolivait, au début de l'*Hinne à saint Gervaise et Protaise*, les cérémonies des paroissiens de Couture:

---

[54] La Boderie, *Hymnes ecclesistiques selon le cours de l'annee, avec autres Cantiques spirituelz. Seconde edition par le commandement du Roy*, Paris, R. Le Mangnier, 1582, f. â 2 r°-v° (c'est la dédicace de la première édition, datée de Paris, 20 septembre 1578). Un peu plus loin, le poète rappelle l'exemple de Charlemagne, du "bon Roy Robert" et de saint Louis, qui avaient fait composer des hymnes, à l'instar de David et de Salomon. - Charlemagne, dans son *Ammonitio generalis* (789), avait recommandé dans les écoles l'enseignement des psaumes et des hymnes, avec leur musique, voir Spitzmuller, *Poésie latine ...*, p.CXL.
[55] Par l'anagramme "L'Un guide Orfée" (de "Guidon Le Fèvre"). Voir *infra*, p. 314.
[56] *Odes* (1550), IV, 5, v. 79-80; éd. Laumonier, II, p. 101.

> Ce beau jour qui vostre nom porte
> Chaqu'an me sera saint de sorte
> Que le chef de fleurs relié,
> Dansant autour de vos images,
> Je leur ferai humbles hommages
> De ce chant à vous dédié.[57]

Cette pièce précoce, isolée au milieu d'une production toute profane, n'a jamais été admise dans la section des Hymnes, et Ronsard ne lui attribuait sans doute pas une grande signification.[58] Mais les mêmes tendances se manifestent aussi tout à l'autre extrémité de l'oeuvre, où elles semblent revêtir plus d'importance. Dans l'édition posthume de 1587, l'*Hynne de Monsieur Sainct Roch* métamorphose encore la dévote procession vers les reliques en cortège inspiré par l'esprit de la danse. Il serait excessif d'y imaginer des bacchantes derrière les enfants de choeur,[59] mais la joie mystique et rustique qui fait bondir les fidèles sur le rythme du chant semble échapper à toute surveillance conciliaire.[60]

> Sus serrons nous les mains, sus marchons en dansant,
> Le Luth ne soit muet, le pied soit bondissant
> A pas entrecoupez, et poussons dans la nuë,
> Guidez par le Cornet, une poudre menuë.
> Que les enfans de choeur, que les chantres devant
> Nous monstrent le chemin, nous les irons suyvant
> De l'esprit et des yeux, contrefaisant la dance
> Qu'ils nous auront marquée aux loix de leur cadance.[61]

L'allégresse des villageois qui célèbrent la fête de leur saint patron avait seulement besoin d'être regardée par un oeil tant soit peu "grec" pour retrouver l'enthousiasme des cultes antiques. La continuité était réelle d'une religion à l'autre, et la nouvelle liturgie ne devait pas craindre de s'inspirer de l'ancienne pour illustrer dignement la vraie foi. La pièce qui sert d'introduction aux hymnes, dans l'édition posthume, rassemble ainsi les hymnes de Callimaque, la prière de David et les fêtes catholiques:

> Les Hynnes sont des Grecs invention premiere.
> Callimaque beaucoup leur donna de lumiere,
> De splendeur, d'ornement. Bons Dieux! quelle douceur,
> Quel intime plaisir sent-on autour du coeur
> Quand on lit sa Delos, ou quand sa Lyre sonne
> Apollon et sa Soeur, les jumeaux de Latonne,

---

[57] *Odes* (1550), "Hinne à Saint Gervaise et Protaise", v. 13-18; éd. Laumonier, II, p. 6.

[58] Elle a même été écartée dès 1567.

[59] Le cortège va traverser des solitudes (v. 33 sq.: "Mon Dieu, que de rochers pierreux et raboteux, / D'Antres entrecoupez [...]"), motif lié à la chasse de saint Roch, mais qui accompagne aussi toujours chez Ronsard l'évocation des expériences mystiques.

[60] Les décrets du Concile de Trente réaffirmaient le bien-fondé de la vénération des images et du culte des saints, mais en les soumettant au strict contrôle des évêques (voir *infra*, p. 253). D'autre part, ils freinaient le zèle des réformateurs humanistes de la liturgie.

[61] "Hynne de Monsieur Sainct Roch", v. 1-8; éd. Laumonier, XVIII, p. 280.

Ou les Bains de Pallas, Ceres, ou Jupiter!
Ah, les Chrestiens devroient les Gentils imiter
A couvrir de beaux Liz et de Roses leurs testes,
Et chommer tous les ans à certains jours de festes
La memoire et les faicts de nos Saincts immortels,
Et chanter tout le jour autour de leurs autels [...]
Tout ainsi que David sautoit autour de l'Arche,
Sauter devant l'Image, et d'un pied qui démarche
Sous le son du Cornet, se tenant par les mains
Solenniser la feste en l'honneur de nos Saincts.
L'âge d'or reviendroit: les vers et les Poëtes
Chantans de leurs patrons les louanges parfaites,
Chacun à qui mieux-mieux le sien voudroit vanter:
Lors le Ciel s'ouvriroit pour nous ouyr chanter.[62]

Le tableau de ces réjouissances esquisse le projet d'une nouvelle réforme de l'Eglise, qui prendrait le contre-pied de celles du XVIème siècle: l'image de David associée à celle de "villageois my-beus",[63] gambadant devant des statues et achetant du pain d'épice, semble faite à plaisir pour horrifier un protestant mais n'aurait pas plu davantage à un catholique sourcilleux. Le Concile avait pris des mesures pour limiter l'exubérance du culte des saints:

> Toute superstition doit être bannie dans l'invocation des saints, la vénération des reliques et le culte des images, toute recherche de profit malhonnête doit être proscrite, et enfin toute lascivité doit être évitée, de sorte que les images ne seront pas peintes ou ornées avec un charme fait pour séduire, et que l'on n'abusera pas de la célébration des saints et de la visite des reliques pour donner lieu à des parties de plaisir et à des beuveries, comme si les jours de fête en l'honneur des saints devaient être célébrés dans la dissipation et la licence. Enfin, les évêques doivent veiller avec toute la diligence nécessaire à ce qu'il n'<y> apparaisse aucun désordre, aucune manifestation déplacée et aucun tumulte, ni rien de profane et de déshonnête, puisque la sainteté sied à la maison de Dieu.[64]

Ronsard se montrait ici, une fois encore, délibérément intempestif en réactivant l'un des rêves du premier humanisme et en ressuscitant les fastes des mystères païens pour le plus grand honneur "de nos Saincts immortels".

---

[62] V. 1-12 et 17-24; éd. Laumonier, XVIII, p. 263-264.

[63] V. 16. Le côté bachique, carnavalesque et rabelaisien des festivités est assez accentué ("Vendre au peuple dévot pains d'espices et foaces / Defoncer les tonneaux, fester les Dedicaces", v. 13-14), et le texte a un côté provoquant: que penser du "Bons Dieux!" du v. 3, du voisinage de la dévotion et de la vente de pain d'épice, de la rime "fouaces / Dédicaces"?

[64] "Omnis porro superstitio in sanctorum invocatione, reliquiarum veneratione et imaginum sacro usu tollatur, omnis turpis quaestus eliminetur, omnis denique lascivia vitetur, ita ut procaci venustate imagines non pingantur nec ornentur, et sanctorum celebratione ac reliquiarum visitatione homines ad comessationes atque ebrietates non abutantur, quasi festi dies in honorem sanctorum per luxum ac lasciviam agantur. Postremo tanta circa haec diligentia et cura ab episcopis adhibeatur, ut nihil inordinatum aut praepostere et tumultuarie accommodatum, nihil profanum nihilque inhonestum appareat, cum domum Dei deceat sanctitudo", "De invocatione, veneratione et reliquiis sanctorum et sacris imaginibus", Sessio 25 (3-4 déc. 1563), *Canons and decrees* ..., éd. Schroeder, p. 484.

Mais par ses audacieux mélanges ce texte montre surtout à quoi, s'agissant de l'hymne, le poète attribuait une importance essentielle. Si un poème de style élevé comme *Les bains de Pallas* pouvait être rapproché de "haut-bois enrouez"[65] et plutôt populaires, c'était par leur commune qualité de prières. Et la prière valait par sa force à ébranler les dieux et les saints. Rien ne le suggère mieux que ce concert de louanges poétiques, aussi nombreuses et variées qu'unanimes et "parfaites", capable de ramener l'Age d'or et de faire s'ouvrir le ciel.

Le chant sacré de la nature

La pièce qui vient d'être citée a été placée au début de la section des *Hymnes*, ce qui semble indiquer que, pour ses éditeurs de 1587, Ronsard ne se serait pas opposé à lui donner une portée assez vaste et une application rétrospective. Il serait pourtant imprudent (et même impossible) de lire à sa lumière les hymnes de 1555-1556: ces pièces sont d'un style constamment élevé et d'une "couleur locale" presque uniformément antique (leurs "dédicaces" ne connaissent pas les "fouaces"), elles n'ont à peu près rien de pastoral et ne semblent viser aucune réforme du cérémonial catholique. Il n'empêche qu'elles adoptent généralement la structure (peu contraignante) de l'hymne grec, en faisant se succéder salutation initiale, éloge central et invocation finale, ce qui leur donne au moins la forme d'une prière. Et certaines d'entre elles ont un caractère religieux prédominant: l'*Hercule chrestien*, mais aussi l'*Hymne de la Mort*, et les hymnes cosmiques.[66]

L'imitation de Marulle, qui traitait vraiment l'hymne comme un chant sacré, explique en partie le hiératisme du *Ciel* et de l'*Eternité*. Il est pourtant significatif que Ronsard ait conservé l'esprit de son modèle, étant donné la liberté habituelle de sa méthode d'adaptation. Il a traduit *Coelo* et *Æternitati* par *Hymne du Ciel* et *Hymne de l'Eternité*, mais l'abandon de la tournure dative du titre[67] n'a aucune répercussion sur le contenu; les poèmes de Ronsard s'adressent au Ciel, et à l'Eternité, malgré la présence de dédicataires secondaires servant de relais,[68] et il s'y adressent comme à des forces maîtresses de la nature.

> Toy la Royne des ans, des siecles et de l'aage,
> Qui as eu pour ton lot tout le Ciel en partage,
> La première des Dieux [...]

---

[65] V. 15.

[66] Avant l'adjonction des *Saisons*, voir l'étude de ce cycle dans le chapitre XV.

[67] Probablement pour des raisons d'homogénéité: tous les hymnes définitivement reçus par Ronsard dans la section du même nom seront des "hymnes de" (quand le mot apparaissait dans leur titre). L'on peut comparer, par exemple, l'*Hynne à saint Gervaise et Protaise* (jamais admis) et l'*Hynne de Monsieur sainct Roch*. L'*Hinne à la nuit* ne fit qu'une brève apparition dans la section, l'*Hynne triumphal sur le trépas de Marguerite de Valois* resta toujours une ode, et le *Chant triomphal... sur l'insigne victoire...* finit par obéir à la norme en prenant le titre d'*Hymne du Roy Henry III*. Un génitif suffisait d'ailleurs, quelle que fût sa valeur, comme le prouve l'*Hynne des peres de famille à Monsieur S. Blaise*.

[68] Ils figurent dans l'hymne à la manière des donateurs représentés dans les tableaux votifs.

> O grande Eternité, merveilleux sont tes faictz!
> Tu nourris l'univers en eternelle paix [...][69]
>
> Sois sainct de quelque nom que tu voudras, ô Pere,
> A qui de l'Univers la nature obtempere [...][70]

Ces hymnes ne sont pas "tout entiers naturels". Dans l'*Eternité*, la signature du poète chrétien est discrète: à strictement parler, elle se limite à la seule mention du péché originel dans l'évocation de la vie misérable des humains "Aveuglez et perclus de la saincte lumiere, / Que le peché perdit en nostre premier pere";[71] mais elle est suffisamment nette pour empêcher toute équivoque et pour faire comprendre que la "Grande mere des Dieux"[72] n'est qu'une figure incarnant un attribut du Dieu unique. Que cet attribut soit presque uniquement envisagé dans ses rapports avec le monde est assez remarquable, mais on ne saurait en tirer argument pour critiquer l'orthodoxie du poème.[73] Dans le *Ciel*, où le risque de confusion était plus grave puisque l'invocation s'adressait à un corps et non plus à une entité immatérielle, les renvois à la divinité suprême sont au contraire fréquents. Le ciel est la "haute maison de Dieu"[74] et son "grand Palais",[75] il est animé par "l'Esprit de l'Eternel"[76] qui l'a "bast<i> de rien".[77] L'hymne contient même presque une allusion, il est vrai douteuse et pour ainsi dire manquée, au mystère de l'Incarnation.[78] Cependant, toutes ces précautions prises contre le danger du paganisme ne touchent pas à l'essentiel. Dans ces deux hymnes la prière s'adresse directement aux deux grands êtres cosmiques, et, à certains égards, l'adjonction d'éléments chrétiens rend la chose encore plus frappante: l'on peut alors commencer à se demander pourquoi le poète s'obstine à parler à la "maison" et non pas à son occupant.

L'*Hymne des Astres* est plus composite. Il n'a pas un caractère orphique aussi marqué que les deux autres, ni le même aspect de "célébration archaïque",[79] tout en conservant le plan canonique: le prologue est suivi

---

[69] *Hymne de l'Eternité*, v. 21-23 et 79-80.

[70] *Hymne du Ciel*, v. 113-114.

[71] *Hymne de l'Eternité*, v. 121-122.

[72] *Ibid.*, v. 137.

[73] L'Eternité est transcendante, elle existe *per se*, mais à aucun moment le poème ne donne l'occasion de la concevoir sans le cosmos sous ses pieds. Il ne fait aucune allusion à la création *ex nihilo* qui était pourtant une question liée à la réflexion sur l'éternité.

[74] *Hymne du Ciel*, v. 15.

[75] *Ibid.*, v. 117.

[76] *Ibid.*, v. 29

[77] *Ibid.*, v. 67.

[78] *Ibid.*, v. 71-78. L'étrangeté vient de ce que le texte change d'idée en cours de route: il commence par louer la bonté du Tout-puissant qui n'a pas "dédaigné nostre humaine nature", ce qui laisse attendre la mention de Jésus-Christ; or il est simplement dit que Dieu ne s'est pas construit une "autre maison" (un autre ciel? un autre monde?) en dehors du ciel. Et surtout l'accent est curieusement mis sur la différence entre le ciel et la terre, et non pas sur celle qui pourrait exister entre notre ciel et un autre: "[...] ains s'est logé chez toy, / Chez toy, franc de soucis, de peines, et d'esmoy, / Qui vont couvrant le front des terres habitables, / Des terres, la maison des humains misérables". L'homme et Dieu ne partagent donc pas la même maison: on en arrive au contraire de l'Incarnation, au prix d'une sorte de rupture logique.

[79] L'expression est employée par A. Py, dans son édition des *Hymnes* (p. 12).

d'une narration fabuleuse, à laquelle succède l'exposé des effets de la puissance des astres et de leurs qualités. L'ensemble se conclut par un adieu ("Je vous salue, Enfans de la premiere nuit..."), exceptionnellement dénué de toute demande et de toute expression d'un souhait.[80] Cette organisation ne signifierait pas grand chose en elle-même: elle ne se différencie pas beaucoup, par exemple, de celle de l'*Hymne de Henry II*. Mais il est clair que, dans les deux cas, le tableau des *erga kai dunameis* ne prend pas la même valeur. Les haut-faits et les vertus d'Henri II sont ceux d'un héros; même si leur éloge crée une sorte de rayonnement autour de la majesté royale, même s'il fait surgir à l'arrière-plan un glorieux chapitre d'histoire, s'il célèbre la fécondité du royaume et donne une leçon de philosophie politique,[81] il reste et veut rester le portrait d'un individu:

> Il [= le ciel] t'a premierement, quant à la forte taille,
> Fait comme un de ces Dieux qui vont à la bataille,
> Ou de ces Chevaliers qu'Homere nous a peints [...][82]

Tandis que l'évocation de l'influence des astres, une influence dont le caractère universel est bien souligné, exprime une loi générale de la nature et révèle l'un des principes de sa cohésion. Les étoiles sont "de Dieu les sacrez caracteres",[83] en elles "reluit plus claire / La volonté de DIEU".[84] C'est-à-dire que les arrêts divins passent par le canal de leurs rayons pour aller toucher "les corps humains",[85] après les oiseaux, les poissons "Et tous les animaux soit des champs, soit des bois, / Soit des montz caverneux".[86] Aussi leur hymne est-il pleinement religieux, bien que la prière qu'il élève vers elles n'espère pas les toucher.[87]

Il est religieux parce qu'il accomplit dans l'autre sens le trajet même de l'influence céleste, mais il n'est pas vraiment chrétien. Son "grand Dieu" pourrait être celui des stoïciens; il parle de "sa volonté",[88] jamais de sa Grâce, et n'exprime pas la moindre confiance en la liberté humaine. Tout en niant l'influence astrale sur les âmes, il se range à un fatalisme sévère:

---

[80] Cf. la dernière strophe de l'hymne *Stellis* de Marulle.

[81] Voir D. Ménager, "L'*Hymne du treschrestien* ...".

[82] *Hymne de Henry II*, v. 83-85.

[83] *Hymne des Astres*, v. 205. Cette idée est absente du *Stellis* de Marulle.

[84] *Ibid.*, v. 222-223. Même remarque qu'à la note précédente.

[85] *Ibid.*, v. 97-98). - La distinction entre les corps humains et les autres n'était pas explicitée par Marulle qui donnait cependant un aperçu de la diversité des carrières individuelles due à l'influence astrale (*Stellis*, v. 29-40, éd. Perosa, p. 122). Cette revue de la multiplicitité des cas a été beaucoup allongée par Ronsard (v. 109-182), de façon à rendre sensible l'universalité de l'action des astres: toute l'activité humaine est régie par elle.

[86] *Ibid.*, v. 103-105.

[87] Le motif de l'indifférence astrale et de l'inutilité des prières avait déjà une grande importance chez Marulle: "Nam, cur inerti numina nenia / Et nocte frustra obtundimus et die / Jovemque ridentem precesque / Totque supervacuas querelas?" (v. 17-20, éd. Perosa, p. 121).

[88] *Ibid.*, v. 207; cf. v. 210 ("ses volontez"), v. 223 ("La volonté de Dieu"). Ronsard n'emploie pas une fois le terme de providence. Ce Dieu est presque un "dieu caché", ses messages sont illisibles quand il les écrit sur les lignes de la main et les traits du visage (v. 209-221); en revanche l'écriture des astres est un peu plus claire (v. 222-224) et les "philosophes grans [...] / Ont faict un art certain de <leurs> incertitudes" (v. 153-154).

Les Estoilles adonc seulles se firent dames
Sur tous les corps humains, et non dessus les ames,
Prenant l'Occasion à leur service, à fin
D'executer çà-bas l'arrest de leur destin.
Depuis, tous les oyseaux [...]
                              furent serfz de leurs loix:
Mais l'homme, par sur tout, eut sa vie sujette
Aux destins que le Ciel par les Astres luy jette [...][89]

A plusieurs endroits, il s'oppose ouvertement à l'enseignement de l'Eglise en affirmant le caractère infrangible du sort "versé" par les astres et l'impossibilité d'y échapper: un César doit finir tué par "ses gens"

                    et ne peut fuïr la destinée
Certaine, qu'en naissant vous luy avez donnée.[90]

L'*Hymne des Astres*, comme on l'a vu, a fini par être supplanté par *Les Estoilles*, mais cette substitution n'a probablement pas eu de raisons doctrinales: en ce cas, il eût été plus simple de corriger le premier hymne, ce qui n'a jamais été fait. La rédaction du nouvel hymne astrologique a peut-être été suscitée par l'apparition de la *nova stella* de 1572,[91] mais elle n'en a pas moins consisté en une sorte de double réécriture: réécriture du *Stellis* de Marulle et réécriture des *Astres*. A peu près tous les thèmes et toutes les idées de ce dernier hymne ont été repris dans *Les Estoilles*: le "bonheur et le malheur" qui "Vient aux mortelz dés la naissance",[92] l'universelle domination sur la nature:

On cognoistra que tout
Prend son estre et son bout
Des celestes chandelles,
Que le Soleil ne void
Rien ça bas qui ne soit
En servage sous elles.[93]

la diversité des fortunes,[94] l'indifférence des astres et l'inutile résistance:

---

[89] *Ibid.*, v. 97-101 et 104-106. Vers sans équivalent direct chez Marulle.
[90] *Ibid.*, v. 181-182. - L'affirmation de la certitude du sort envoyé par les astres était anti-chrétienne (voir *supra*, p. 126 sq.).
[91] C'est l'hypothèse formulée par P. Laumonier (t. XVII de son édition, p. 38, note 1).
[92] *Les Estoilles*, v. 13-14, éd. Laumonier, t. XVII, p. 38. Cf. *Astres*, v. 182 et 245 sq.: "car apres noz naissances / Que vous avez versé dedans nous voz puissances [...]". Cf. Marulle, *Stellis*, v. 25-28: "Ipsoque patrum semine protinus / Haurimus aevi laeta dolenda, nec / Discedit a prima supremus / Lege dies variatve discors" (éd. Perosa, p. 121).
[93] *Les Estoilles*, v. 25-30, p. 38. Cf. Marulle, *Stellis*, v. 10-12: "[...] Hinc omne principium omnibus, hinc modus, / Quaecunque vitali sub aura / Sol videt exoriens cadensve" (éd. Perosa, p. 121). Cf. *Astres*, v. 101-106 et 189-204. - L'ensemble des v. 15-50 des *Estoilles* suit, de manière très reconnaissable, le tracé des v. 5-24 de Marulle (éd. Perosa, p. 121).
[94] *Les Estoilles*, v. 71-110. Cf. *Astres*, v. 109-182. Coligny qui "Pendille à Mont-faucon" remplace César tué par les siens.

En vain l'homme de sa priere
Vous tourmente soir et matin,
Il est traîné par son destin,
Comme est un flot de sa riviere,
 Ou comme est le tronçon
 D'un arraché glaçon,
 Qui roule à la traverse,
 Ou comme un tronc froissé
 Que le vent courroucé
 Culbute à la renverse.[95]

Dans *Les Estoilles*, la Fortune partage l'empire du monde avec le destin, comme dans le premier hymne l'Occasion secondait les astres.[96] Les formules restrictives, semblent contredites à peine prononcées:

Le sage seulement
Aura commandement
Sur vostre espaisse bande,
Et sur vous aura lieu
L'homme sainct qui craint Dieu,
Car Dieu seul vous commande.

Nostre esprit, une flame agile
Qui vient de Dieu, dépend de soy,
Au corps vous donnez vostre loy
Comme un potier à son argille.
 Du corps le jour dernier
 Ne differe au premier
 C'est une chaisne estrainte:
 Ce qui m'est ordonné
 Au poinct que je fu né
 Je le suy par contrainte.[97]

Le salut aux étoiles est presque repris mot pour mot.[98] Le contenu idéologique des *Estoilles* est donc sensiblement le même que celui des *Astres*. C'est à peine si les accents sont parfois différemment posés: le fatalisme de 1575 ressort mieux que celui de 1555, il bénéficie d'un allègement de la problématique et il s'affirme par des formules plus fortes, d'autant plus frappantes qu'elles viennent, ou pourraient sembler venir en

---

[95] *Les Estoilles*, v. 41-50, p. 39, voir aussi 111-120. Cf. Marulle, *Stellis*, 21-24: "[...] sed trahit omnia / Vis saeva fati turbinis in modum aut / De monte torrentis nivali . Praecipites rapientis ornos [...]" (éd. Perosa, p. 121). Cf. *Astres*, v. 181-184 et 245-250.

[96] *Les Estoilles*, v. 51-54: "Bref les humaines creatures / Sont de Fortune le jouët: / De sus le rond de son rouët / Elle tourne noz avantures". Cf. *Astres*, v. 97-100. Sans équivalent chez Marulle.

[97] *Les Estoilles*, v. 55-70. Cf. *Astres*, v. 97-98, 205-224. Sans équivalent chez Marulle.

[98] *Les Estoilles*, v. 131-140: "Je vous salue, heureuses flammes / Estoilles filles de la Nuict ...". Cf. *Astres*, v. 251-256: "Je vous salue, Enfans de la premiere nuit, / Heureux Astres divins, par qui tout se conduit ...". Cf. Marulle, *Stellis*, v. 49-50: "Gaudete, Noctis progenies sacra ..." (éd. Perosa, p. 122).

partie de l'Ecriture: le potier et l'argile de l'*Epître aux Romains*,[99] le torrent ravisseur, l'arbre coupé[100] appartiennent à l'imaginaire pessimiste de la Bible. Mais son contenu et sa justification n'ont guère changé; le grand renouvellement est d'ordre formel. Les *Estoilles* se rapprochent du cantique ou du psaume (ses strophes adoptent souvent la structure symétrique du verset); elles ont abandonné tout ce qui tendait à faire diversion, comme la fable ou la philosophie (avec la réfutation de la thèse des astres animés),[101] de manière à se réduire à l'essentiel; elles sont encore plus religieuses, s'il était possible, que les premiers "hymnes naturels" de Ronsard, en se conformant davantage aux canons des chants liturgiques.

Hymne et didascalie

Les grands modèles de la poésie philosophique se rapprochaient du genre épique. Les *Géorgiques*, le *De natura rerum* ou les *Astronomica* appartenaient à cette catégorie du "long poème" ou du "grand oeuvre", tant loué au XVIème siècle[102] et admiré pour sa grande "capacité", et son ampleur qui lui permettait d'intégrer tous les matériaux possibles. Cette poésie comportait une dimension religieuse, dans la mesure où elle visait à exprimer l'ordre du monde; elle contenait des hymnes, ou du moins des invocations aux divinités et aux forces cosmiques, mais elle restait, dans son projet d'ensemble, un long discours, continu et composé, sur la nature. La poésie philosophique néolatine avait d'ailleurs tout naturellement suivi cette tradition, qu'il s'agît de l'*Urania* de Pontano, du *Zodiacus vitae* de Palingenius ou de la *Syphilis* de Fracastor, en attendant la *Sphaera* de Buchanan. Or Ronsard a fait un choix tout différent en adoptant une forme plus brève et plus proche du discours lyrique et religieux, se prêtant mal à l'enseignement, encore moins à la discussion. Les auteurs d'hymnes, devait dire Scaliger, ne doivent pas prendre l'état d'esprit de "disputeurs moroses", mais celui de "poètes pieux".[103] Dans cette perspective, la poésie du cosmos ne visait pas à exposer des connaissances à un public attentif, mais à émouvoir un dieu, du moins fictivement, c'est-à-dire établir un lien entre le ciel et la terre: comme l'exprime la partie centrale de l'*Ode à Michel de l'Hospital*, la poésie idéale ressemble à la chaîne d'Homère.

---

[99] *Romains*, 9, 21: "Le potier n'est-il pas maître de son argile pour faire, de la même pâte, tel vase d'usage noble, tel autre d'usage vulgaire". L'image se trouve aussi dans l'*A. T.*, voir *Jérémie*, 18, 6: "Vous êtes dans ma main, gens d'Israel, comme l'argile dans la main du potier". Le passage de Paul était interprété par les protestants en faveur de la prédestination. Donner aux étoiles le rôle du potier, même pour façonner les corps, était assez audacieux.

[100] Ces deux dernières images viennent du *Stellis* de Marulle, mais elles appartiennent aussi à l'univers de la Bible, voir par exemple *Jérémie*, 22, 7: "Je consacre des hommes pour te détruire, / chacun muni de ses outils, / ils couperont tes cèdres de choix [...]", l'*Ecclésiaste*, 11, 3: "qu'un arbre tombe au sud aussi bien qu'au nord, / à l'endroit où il est tombé, il reste".

[101] *Hymne des Astres*, v. 225-242; éd. Laumonier, VIII, p. 159-160.

[102] Voir notamment Th. Sebillet, *Art poetique françois*, L. II, ch. 14: *De la Version* (éd. Goyet, p. 145); Du Bellay, *La défense*, l. II, ch. 5: *Du long Poëme Françoys*.

[103] Scaliger, *Poetices...*, l. III, ch. 112: "Non ut disputationes morosi: sed ut pii Poetae facere consuevere" (éd. 1561, p. 162).

Toute la conception de l'hymne ronsardien découle de ce choix initial. Alors que l'*Urania* avait été dédiée à un enfant, le fils de Pontano, et que la *Sphaera* devait l'être à un élève, le jeune Timoléon de Cossé dont Buchanan était le précepteur,[1] le *Ciel*, les *Astres* et l'*Eternité* ont été offerts à d'éminents personnages auxquels ils n'avaient rien à apprendre: par leur science autant que par leur vertu, Morel, Saint-Gelais et Marguerite de France dominaient déjà (dans la mesure des forces humaines) les sujets des pièces qui leur étaient présentées; les prologues soulignaient même qu'ils avaient été élus en raison de leur compétence. Ces lecteurs modèles n'avaient que faire de leçons, ils étaient conviés à une célébration à laquelle on les savait capables de participer excellemment. D'autre part, le type de représentation mise en oeuvre par les hymnes différait de celle de la poésie didactique: elle ne visait pas l'exhaustivité et n'avait pas à s'astreindre à une méthode. Là où Pontano avait déroulé le panorama entier des objets célestes, en guidant logiquement le regard de son élève (de bas en haut pour gravir l'échelle des cieux planétaires, puis en suivant le Zodiaque etc.), Ronsard allait se contenter d'aller à l'essentiel. L'*Hymne des Astres* ne décrit pas les constellations, ni ne les énumère; il analyse encore moins leurs mouvements, mais il s'interroge sur la source de leur pouvoir sur la terre. L'*Hymne du Ciel* s'intéresse davantage à la constitution physique du monde, mais son propos majeur est de montrer comment il s'anime et comment, à son tour, il transmet la chaleur, la vie et le mouvement; et l'*Hymne de l'Eternité* pourrait donner lieu à une analyse similaire. Dans ces trois cas, il y a bien une imitation de l'objet, mais extrêmement sélective; en effet, elle ne reproduit pas le rideau des apparences et cherche au contraire à le percer, afin d'identifier les forces qui le sous-tendent. A cet égard, le système du poème ronsardien reproduit le système du monde: la chaîne homérique du cosmos est restituée par celle de la poésie. Mais une telle reproduction sacrifie l'opulence du visible. Ronsard qui consacrait volontiers plusieurs pages à "peindre" un manteau ou un portrait n'a jamais vraiment décrit la grande nature; il n'a pas tenté d'en dresser le moindre inventaire. Et la très faible étendue de son oeuvre cosmique découle de cette approche "essentialiste". Il apparaît donc qu'à ses yeux, la poésie philosophique se distinguait nettement de la philosophie: dans l'hymne qui lui est consacré, cette discipline (qui ne se déguise pas en Muse) assume en effet tout un programme astronomique dont on ne doit voir la réalisation ni dans le *Ciel*, ni dans les *Astres*. Cette femme savante et efficace "entend les pratiques / Et les vertus des sept feux erratiques",[2] ne craignant pas d'utiliser des termes un peu scolaires, qui ne reviendront plus ensuite; elle se munit d'une sphère armillaire,[3] comprend le mécanisme des phases:

> Pourquoy la Lune a maintenant le front
> Mousse, ou cornu, et pourquoy toute ronde
> Ou demi-ronde elle apparoist au Monde [...][4]

---

[1] La dédicace à un élève était une convention du genre didactique (voir *supra*, p. 186).
[2] Ronsard, *Hymne de la philosophie*, v. 55-56; éd. Laumonier, VIII, p. 89.
[3] *Ibid.*, v. 63-66, p. 89.
[4] *Ibid.*, v. 82-84, p. 90.

et bien que l'immensité de la tâche impose un rythme précipité et quelques raccourcis, rien d'important n'est oublié: ni les éclipses,[5] ni le double mouvement des cieux et la vitesse variable des planètes, illustrée par le cas de Saturne.[6] L'une ou l'autre de ces questions ont pu reparaître dans les hymnes cosmiques, mais à la manière de figures libres, et jamais pour assurer un programme fixé d'avance, dont l'ordre ne dépendrait pas du poète, mais de la matière et des habitudes de la discipline.

Un tel refus de se soumettre à une logique imposée de l'extérieur correspond certainement à une conviction bien ancrée chez Ronsard, et dépasse le problème de la poésie philosophique. Dans l'"epistre au lecteur" de la *Franciade*, le poète récuse successivement deux modèles diamétralement opposés: celui d'une "Poësie fantastique" et insuffisamment composée, comme le *Roland furieux*, dont "les membres sont aucunement beaux, mais le corps est tellement contrefaict et monstrueux qu'il ressemble mieux aux resveries d'un malade de fievre continue qu'aux inventions d'un homme bien sain",[7] et celui d'un genre prosaïque comme l'histoire:

> Il faut que l'Historien de poinct en poinct, du commencement jusqu'à la fin, deduise son oeuvre, où le Poëte s'acheminant vers la fin, et redevidant le fuzeau au rebours de l'Histoire, porté de fureur et d'art (sans toutesfois se soucier beaucoup des reigles de Grammaire) et sur tout favorisé d'une prevoyance et naturel jugement, face que la fin de son ouvrage par une bonne liaison se raporte au commencement.[8]

L'absence de rationalité et d'harmonie constituait un grave défaut, mais le poème ne pouvait chercher hors de lui-même le principe de son organisation, ni se régler sur quelque grammaire prédéterminée: préférer l'*ordo artificialis* à l'*ordo naturalis* requérait donc l'adoption d'une méthode originale, même si la préface à la *Franciade* semble se contenter de rappeler un vieille recette des poètes épiques.

L'*Hymne du Ciel* ou l'*Hymne des Astres* se conforment donc à l'idée très générale de la spécificité du langage poétique; nous remarquerons seulement qu'ils l'interprètent avec une rigueur spéciale. La *Franciade* prend bien des libertés avec l'histoire,[9] mais son objet n'en reste pas moins de la raconter, de la donner en spectacle, avec éclat et dans ses détails, et d'en construire une vision orientée vers la compréhension du présent. Comme le reconnaît l'"epistre au lecteur", elle comporte donc beaucoup d'éléments communs avec le genre dont elle prend soin de se distinguer,

---

[5] *Ibid.*, v. 85, p. 90.
[6] *Ibid.*, v. 87-94, p. 91.
[7] Ronsard, *La Franciade* (1572), "Au lecteur"; éd. Laumonier, XVI, p. 4. L'aversion pour les "chimères" fantasques se conforme à la mise en garde d'Horace, au début de l'*Art poétique*. - Sur la notion de "fantastique" chez Ronsard, voir F. Joukovsky, "Ronsard *fantastique* ...".
[8] *Ibid.*, p. 4. Sur le *topos* de la comparaison entre poésie et histoire, voir *supra*, p. 189.
[9] L'épopée dynastique restait une fiction ("la fable et fiction est le seul subject des bons poëtes", éd. cit., XIV, p. 16).

comme en vehemence de parler, harangues, descriptions de batailles, villes, fleuves, mers, montaignes, et autres semblables choses, où le Poëte ne doibt non plus que l'Orateur falsifier le vray [...][10]

L'épopée entrait donc vraiment en rivalité avec l'histoire pour ce qui regardait la richesse et la précision de l'évocation. Ronsard a sans doute suivi à contrecoeur l'ordre royal d'"escrire [...] de fil en fil [...] les gestes de nos Rois",[11] mais il devait se sentir dans son élément lorsqu'il imaginait le discours d'adieu d'Andromaque à Francion,[12] ou lorsqu'il peignait le déferlement des Sarrazins dans la plaine tourangelle.[13]

Aucune comparaison de ce genre ne pourrait être établie entre les hymnes cosmiques et les livres de la sphère. Il ne suffirait pas d'invoquer, sur ce point, la question du style. Il est vrai que la littérature astronomique, à la différence de l'histoire, n'appartenait pas au genre oratoire et qu'elle se trouvait donc encore bien plus éloignée de la poésie. Mais plusieurs tentatives, depuis Manilius, avaient tout de même prouvé que sa matière était "poétisable". Et l'on trouve chez Ronsard, à propos de la nature, un refus du didactisme qui va bien au-delà d'une simple peur du prosaïsme. Ce n'est pas par hasard qu'il a évité à peu près toute rencontre entre son cosmos poétique et celui des professeurs. Alors qu'il s'est visiblement documenté pour composer la *Franciade*, et qu'il a prêté attention, ne fût-ce que pour les déclarer non pertinentes, aux objections visant ses erreurs historiques, il aurait bien pu écrire le *Ciel*, les *Astres*, l'*Eternité* et les *Estoilles* sans préparation particulière (hormis la révision de Marulle), en se fiant à sa culture générale et aux souvenirs épars de ses lectures philosophiques. Il n'a jamais tenu le même discours que les spécialistes et semble à peine avoir eu le même objet. Le point de vue sur le cosmos que donne l'*Hymne du Ciel* diffère entièrement de celui de Sacrobosco, et il n'aboutit jamais à donner une vision nette. L'abbé Goujet devait regretter l'indétermination doctrinale des hymnes de Ronsard: "la philosophie n'y est pas toujours exacte [...], et le defaut de precision y diminue souvent la force de la poesie et des raisonnemens".[14] Nous en revenons donc, malgré tout, à la question de la singularité des "hymnes naturels". Ronsard savait décrire et raconter avec surabondance. Il admettait, jusq'à un certain point, la parenté de la poésie et de l'éloquence,[15] et n'était même pas vraiment opposé à utiliser la poésie

---

[10] *Ibid.*, p. 3. - Cf. l'*Actius* de Pontano (voir *supra*, p. 192-3): le point de vue exposé par "Sannazar" est souvent proche de celui de Ronsard, mais sa conclusion va plus loin; selon lui, la poésie est la mère de toute les disciplines, et donc "l'histoire, quand elle veut être magnifique et sembler héroïque et sublime, emprunte à la poésie paroles et figures" ("Nam historia, ubi magnifica esse vult, ubi heroica videri ac grandis, et figuras et verba de poetis mutuatur", éd. Kiefer, p. 508).

[11] *Ibid.*, p. 5.

[12] *La Franciade*, I, v. 963-1014; éd. cit., XVI, p. 77-80.

[13] *La Franciade*, IV, v. 1806-1830, p. 326-327.

[14] *Bibliothèque françoise*, t. XII, p. 229-230. Notons que Goujet reproche au contraire à Ronsard de la "prodigalité" en matière d'érudition, et un abus du détail dans ses descriptions, notamment dans la *Franciade*: "Ronsard s'amuse, par exemple, à décrire le bruit que fait une coignée en frappant contre un arbre, le nombre des planches que l'on scioit pour bâtir un navire, combien de clouds l'on y employoit, etc." (*Ibid.*, p. 222).

[15] Cf. A. Gordon, *Ronsard et la rhétorique*.

comme un moyen d'exposer des idées, de discuter et de raisonner: ses
Discours nous en donnent une preuve. Et pourtant, s'agissant de la nature,
et non pas de l'histoire, de la politique ou de la morale, il a choisi un mode
d'expression lyrique, comme pour s'ingénier à décevoir les lecteurs curieux
d'apprendre.

Le système poétique du Ciel

L'*Hymne du Ciel* se définit sans peine: c'est un hymne marullien (c'est-à-
dire orphique),[16] sans narration ni allégorie. Le poète s'y contente d'offrir
au ciel sa propre image et d'offrir cette offrande à Morel, en espérant
favoriser ainsi son retour vers sa patrie céleste. Cette logique gouverne la
relation entre le cadre et l'objet central.

> Morel [...]
>   pren' en gré ce CIEL que je te donne,
> A toy digne de luy, comme l'ayant connu
> Longtemps avant que d'estre en la Terre venu [...]
> O CIEL net, pur et beau [...]
> CIEL, grand Palais de Dieu, exauce ma priere:
> Quand la Mort deslira mon ame prisonniere,
> Et celle de MOREL, hors de ce corps humain [...]
>   vueille de ta grace
> Chez toy les reloger en leur premiere place.[17]

Dans cette structure circulaire, le poète, Morel et le Ciel sont réunis au début
et à la fin, associés grâce à un motif symétrique: Morel reçoit l'hymne-ciel
parce qu'il est descendu du vrai ciel; et, réciproquement, le poète et Morel
espèrent remonter vers ce ciel, leur "première place", grâce à l'impression
favorable créée par l'hymne qui a dû resserrer et comme réactualiser le lien
primitif. Le poème est donc fondé sur l'idée d'un cycle, comme l'était l'*Ode
à Michel de l'Hospital*, et tout concourt à renforcer cet effet. On a pu
montrer, par exemple, que Ronsard a réutilisé les éléments du *Coelo* de
Marulle, de façon à renforcer sa bordure, en les regroupant au début et à la
fin de l'invocation centrale.[18] Une répartition régulière n'aurait fait que
reproduire dans le poème français la progression linéaire de l'hymne
marullien. Celui-ci constitue en effet une prière hiératique. La ferveur y
conserve une intensité régulière; tout comme la parataxe l'emporte sur
l'articulation: la reprise anaphorique du "qui" ne correspond pas à une
véritable subordination; il s'agit presque toujours d'un relatif de liaison,
chargé de relancer l'invocation sans créer de sensibles remous.

---

[16] Voir Ph. Ford, "The *Hymni naturales* ...".
[17] V. 1, 10-12, 15, 117-119, 121-122. - Sur cet hymne, voir G. Lafeuille, *Cinq hymnes* ...,
p. 31-33; I. Pantin, "L'*Hymne du Ciel*"; F. Hallyn, "L'inscription de la science...".
[18] Les trois premiers vers de Marulle donnent les principaux thèmes des v. 15-27 (le ciel
contient tout; il est le siège de Dieu), tandis que le reste de *Caelo* est imité à partir du v. 87
(le ciel règne sur la nature, il étend sa souveraineté sur les dieux, engendre le temps et relie à
lui tous les corps de l'univers, comme par une grande chaîne).

> Audi felix patria superum,
> Omnia ferens, omnia continens,
> Munde pater, sedes alta Jovis.
> Qui par nulli, similis uni,
> In te totus, tuus es totus;
> Qui fine carens, terminus omnium,
> Longo terras circuis ambitu [...]
> Qui totus teres undique, et integer
> Sua cunctis semina dividis [...]
> O sanctissime deorum pater,
> Pater Naturae, adsis precor, et,
> Utcunque mihi rite vocatus
> Tua dexter nos ope sospita.[19]

Par sa mise en scène initiale l'hymne de Ronsard a déjà une structure plus dramatique et plus mouvementée, ne serait-ce que par l'introduction du dédicataire; de plus, il donne un rôle à des personnages nouveaux: Dieu et la communauté humaine qui se situent au-dessus et au-dessous du ciel, pour renforcer l'axe vertical, toujours si important dans la poésie cosmique de Ronsard. Il a une progression plus souple et plus nourrie, avançant par de longues périodes mises en relief par la disposition typographique. Les éléments s'y engendrent les uns les autres, au lieu d'être simplement juxtaposés. C'est de cette façon qu'il devient plus logique ou, si l'on veut, plus organique que son modèle latin. Ronsard a bien fait ressortir la liaison entre les différentes propriétés du Ciel que Marulle présentait disjointes; il les fait apparaître comme les multiples faces d'une même réalité. Et lorsqu'il a utilisé des tournures paratactiques, analogues à celles de son modèle, cela a été pour obtenir un effet tout différent: accélérer le débit au lieu d'en assurer la régularité, et faire fusionner les idées au lieu de les distinguer.

> Tu metz les Dieux au joug d'Anangé la fatalle,
> Tu depars à chacun sa semence natalle,
> La Nature en ton sein ses ouvrages repend,
> Tu es premier cheinon de la cheine qui pend:
> Toy comme fecond pere en abondance enfantes
> Les siecles, et des ans les suittes renaissantes [...][20]

La juxtaposition établit ici comme une relation d'équivalence entre les différentes propositions, et le vers sur lequel s'achève le premier mouvement ("Tu es premier cheinon ...") se révèle comme l'élément central, d'où tout le reste découle (puisqu'il les contient tous). L'absence de coordination ou de subordination, inhabituelle dans l'hymne, entraîne un resserrement sensible qui accroît l'effet de correspondance et de synergie sémantique. Ronsard,

---

[19] Marulle, *Coelo*, éd. Perosa, p. 120, v. 1-7, 12-13, 19-22.
[20] *Hymne du Ciel*, v. 101-106; éd. Laumonier, VIII, p. 148. A comparer avec Marulle: "Qui Naturae sancta potentis / Ipsos vocas sub juga coelites. / Qui totus teres undique, et integer / Sua cunctis semina dividis. / Tu prona, pater, saecula parturis / Indefessam terens orbitam, / Tu perpetua cuncta catena / Prima solers nectis ab aethra [...]", v. 10-17.

sûr d'être compris, s'est permis une ellipse, là ou Marulle développait: "tu attaches, habile, toutes choses, d'une chaîne perpétuelle au premier ciel".[21]

L'hymne de Ronsard serait donc, sans jugement de valeur intempestif, plus "intelligent" que celui de Marulle, plus soucieux de percevoir les rapports entre les choses et d'exprimer une sorte de philosophie du ciel. Mais cette intelligence ne semble guère avoir été mise au service d'un projet pédagogique. En effet, l'*Hymne du ciel* relie constamment les thèmes les uns aux autres, sans construire un raisonnement, ou simplement un exposé progressif. Il n'enchaîne pas les idées pour couvrir un vaste programme; bien au contraire il tourne en rond, il se répète, et les motifs sur lesquels il insiste le plus n'ont pas un caractère nettement scientifique. Son organisation est séquentielle, et chaque mouvement successif constitue moins un chapitre de la théorie du ciel qu'un petit tableau centré sur un motif essentiel, de façon à observer l'objet sous un angle différent: le ciel en mouvement, vu dans son ensemble,[22] puis dans les "discordans accordz de <ses> diversitez",[23] le ciel de feu,[24] la belle maison,[25] et ainsi de suite. L'évocation restitue des visions inhabituelles, peint ou suggère ce qui reste normalement invisible et inaudible.

> [...] Tu fais une si douce et plaisante harmonie,
> Que nos lucz ne sont rien aux prix des moindres sons
> Qui resonnent là haut de diverses façons.
>   D'un feu vif et subtil ta voute est composée,
> Non feu materiel, dont la flamme exposée
> Cà-bas en noz fouyers, ne se contenteroit
> Saoule de mille bois, qui les luy donneroit [...][26]

Les séquences ne se juxtaposent pas sèchement: au motif principal s'ajoute un tissu de motifs secondaires, constamment repris dans une sorte de roulement pour assurer une continuité (la beauté, la rondeur, la clôture etc.). Ces thèmes secondaires, qui peuvent à tout moment venir au premier plan,[27] confèrent à l'ensemble une grande homogénéité thématique, allant presque jusqu'à imposer un régime autarcique: l'hymne semble vivre sur son propre fonds, sans faire appel à des images ou à des idées venues d'ailleurs, comme s'il n'avait pas besoin d'un nourriture extérieure incessamment renouvelée, à la manière du feu céleste,

> Sans mendier secours, car sa vive estincelle,
> Sans aucun aliment, se nourrist de-par-elle [...][28]

[21] Marulle, *Coelo*, v. 16-17: "Tu perpetua cuncta catena / Prima solers nectis ab aethra".
[22] *Hymne du Ciel*, v.15-28.
[23] *Ibid.*, v. 40.
[24] *Ibid.*, v. 45-57.
[25] *Ibid.*, v. 59-78.
[26] *Ibid.*, v. 42-48.
[27] On peut suivre, par exemple, le motif de la clôture, qui paraît au v. 16 ("qui prêtes en ton sein..."), reparaît dans le passage sur l'immanence de Dieu ("ta large closture", v. 74), devient dominant dans l'évocation de la "large voute" (v. 79-86), et de l'emboîtement des sphères (v. 94-100), et revient encore dans l'adieu (v. 120: "dedans ton sein").
[28] *Hymne du Ciel*, v. 53-54.

Ce retour des thèmes contribue à donner à l'hymne sa rondeur, et l'invocation finale, avec sa kyrielle d'adjectifs, traduit comme une volonté de réunir les différents fils dont s'est tissée la description: le ciel maître du destin ("aimantin"), avec les attributs royaux de la puissance et de la grâce, dans la beauté de sa lumière ("azuré", "tout voyant") et de son mouvement harmonique ("varié", "tournoyant").

Mais le poème de Ronsard ne se contente pas de faire tourner pour le plaisir sa sphère merveilleuse. Chacune de ses séquences n'est pas une simple image de lanterne magique, bientôt remplacée par une autre, afin de compléter une étonnante série de paysages cosmiques. Car l'univers est habité, aussi bien dans ses hauteurs (qui servent de palais à Dieu), que dans ses régions basses. Aussi le mouvement circulaire, propre au ciel, n'est-il pas le seul qui parcoure le poème; le va-et-vient vertical qui met sans cesse en relation le centre et la périphérie est au moins aussi important. Chacune des périodes de l'hymne s'achève par une descente, ou comporte au moins une allusion au centre, ce qui ne va pas sans paradoxe dans une prière au ciel, plutôt faite pour encourager l'envol. Le premier tableau mentionne les "choses"[29] et l'"Univers",[30] que le ciel contient et maintient en vie; il rappelle que la rotation vertigineuse du premier mobile reste à la mesure de l'esprit humain.[31] Le deuxième s'abaisse de l'harmonie céleste à la comparaison de "noz lucz",[32] tandis que le troisième n'oublie ni le feu de "noz fouyers",[33] ni "celluy qui se tient dans l'estomach de l'homme".[34] Dans le tableau de la grande maison, le thème humain s'affirme encore davantage: Dieu s'est bâti un si beau ciel "pour nous monstrer combien / Grande est sa Majesté".[35] Puis s'introduit l'idée, dramatiquement dédoublée, de la communauté de résidence entre l'homme et Dieu, et de leur différence, de sorte que la période finisse par un regard plongeant sur la misère terrestre:

> Or' ce DIEU tout-puissant, tant il est bon, et doux,
> S'est faict le citoyen du Monde, comme nous
> Et [...]
>   s'est logé chez toy,
> Chez toy, franc de soucis, de peines, et d'esmoy,
> Qui vont couvrant le front des terres habitables,
> Des terres, la maison des humains miserables.[36]

---

[29] *Ibid.*, v. 16.

[30] *Ibid.*, v. 28.

[31] *Ibid.*, v. 21-22.

[32] *Ibid.*, v. 43.

[33] *Ibid.*, v. 47.

[34] *Ibid.*, v. 57.

[35] *Ibid.*, v. 68-69. Il s'agit de la seconde exposition du thème, déjà exprimé au début de la phrase: "*Qui te contemplera* ne trouvera sinon / En toy [...] qu'un rond parfaict, dont l'immense grandeur, / Hauteur, largeur, bihays, travers, et profondeur / *Nous monstrent, en voyant* un si bel edifice, / Combien l'Esprit de DIEU est remply d'artifice [...]" (v. 60-61, 63-66). Notons la progression du relatif inféfini au pronom personnel, et l'usage émotif des redondances. Il s'agit d'un exposé fortement affectif de la preuve cosmologique.

[36] *Ibid.*, v. 71-73 et 75-78. Sur l'étrange logique de ce passage, voir *supra*, p. 255, note 78.

Le tableau de l'*encyclie* inverse apparemment ce point de vue en révélant, dans ses derniers vers, que la vision de l'emboîtement des sphères se déploie pour "des yeux" situés en contre-bas:

> Et de quelque costé que nous tournions les yeux,
> Nous avons pour object la grand'borne des Cieux.[37]

Mais l'effet est équivalent, il transforme une évocation impersonnelle en spectacle orienté vers un spectateur, il fait apparaître une tension dynamique, et même dramatique dans un paysage tranquille.

Cette façon de voyager de haut en bas, et inversement, ne répond à aucune nécessité pédagogique, pas plus que l'idée de peupler le cosmos, en y replaçant ses habitants les plus intelligents, les plus capables de ressentir les "soucis" et l'"esmoy" ou au contraire d'y échapper souverainement. Le *Ciel* ne prête attention ni aux poissons, ni aux oiseaux (qui doivent se contenter de grossir la foule des "choses"), mais seulement à Dieu et aux hommes, de sorte qu'il donne de l'ordre du monde une vision particulière, sélective, bien éloignée de la généralité et de la neutralité des manuels.

Philosophie inexacte

Cependant, l'hymne a d'autres moyens de se dérober aux exigences de l'information du lecteur:[38] il refuse de lui donner des repères, en se rattachant à une physique ou une astronomie déterminées, identifiables par les spécialistes: son ciel appartiendrait plutôt aux stoïciens qu'à Aristote et Ptolémée mais cette attribution reste vague et incertaine.[39] Ronsard a soigneusement évité un contact direct avec la langue des gens de métier, parlant de "voute",[40] de "closture"[41] et d'"arche ronde",[42] plutôt que d'orbe ou de sphère,[43] d'"essieux"[44] et non de pôles, de "grand Tour"[45] au lieu de de révolution, et préférant des termes à double face, capables de figurer aussi bien dans un discours commun et dans un exposé scientifique; si bien qu'il devient périlleux pour ses lecteurs de rattacher un terme à une doctrine précise. La description du double mouvement des astres illustre cet art de frôler l'exactitude théorique, sans jamais la toucher vraiment:

---

[37] *Ibid.*, v. 99-100.

[38] Il s'y soumet pourtant de façon minimale, car il lui faut bien dresser l'image du ciel. En comparaison, les *Astres*, et surtout les *Estoilles* apparaissent bien plus évasifs: composés pour affirmer la puissance des astres sur la terre, ils ne donnent aucune indication permettant d'entrevoir les principes de l'astrologie: pas même la différence entre étoiles et planètes.

[39] Sur la cosmologie de l'*Hymne du Ciel*, voir I. Silver, *Three Ronsard Studies*, p. 11-117.

[40] *Hymne du Ciel*, v. 45, v. 82.

[41] *Ibid.*, v. 74.

[42] *Ibid.*, v. 94.

[43] Le mot "sphere" apparaît une seule fois, dans une locution adverbiale et pour créer un effet de redondance: "Te faisant tournoyer en sphere rondement" (v. 32).

[44] *Ibid.*, v. 18.

[45] *Ibid.*, v. 23.

De ton bransle premier, des autres tout divers,
Tu tires au rebours les corps de l'Univers,
Bien qu'ilz resistent fort à ta grand' violence,
Seulz à-part demenans une seconde dance,
L'un deçà, l'autre là, comme ilz sont agitez
Des discordans accordz de leurs diversitez [...][46]

Bien des expressions prendraient un sens et un caractère spécialisés, s'ils se rencontraient dans un contexte adéquat: "bransle premier", "corps", "resistent", "violence", ou encore "diversitez", mais ici ils conservent leur aspect ordinaire, sans le moindre soupçon de pédantisme, et ils contribuent par leur discrétion même à recréer un spectacle suggestif, mais aperçu d'assez loin pour que les comportements particuliers des astres se fondent dans l'image du bal puis du concert.

L'indétermination domine donc l'exposé cosmologique de l'*Hymne du Ciel*: elle ne vaut pas seulement pour la philosophie naturelle et gagne aussi le domaine de la théologie. La religion de l'*Hymne du Ciel* est vague et apparemment composite: à demi chrétienne et à demi antique, elle célèbre un Dieu architecte, moteur, vivificateur et créateur *ex nihilo*,[47] qui entretient de mystérieux rapports avec les Idées, les moules et les modèles,[48] "bon et doux",[49] mais retiré à l'écart des "peines".[50] L'hymne est une prière et non pas un catéchisme, il lui suffit de s'assurer de la présence divine, et sa piété n'a pas besoin de s'appuyer sur des dogmes précis.

Cette façon de se contenter des mots de la tribu, et des notions qui leur correspondent, au lieu de puiser dans le trésor des spécialistes, accentue l'effet d'autarcie dont il a été question plus haut. L'hymne évite de se tourner vers des doctrines philosophiques qui graviteraient à l'extérieur de lui-même; il conserve une attitude de repli sur ces propres richesses, en quoi il imite d'ailleurs son objet: le ciel de Ronsard regarde vers son centre; il se rapporte constamment à l'homme, et rien ne sort de sa "closture" puisque Dieu lui-même a choisi de s'y enfermer. L'autarcie est bien-sûr un leurre, mais qui finit par imposer sa vraisemblance; car tout ce qui a été pris à la "philosophie du dehors" subit une transformation pour s'intégrer à l'hymne, perd ses caractéristiques antérieures et épouse une autre logique.

Les notions scientifiques empruntées à Aristote ou à Sacrobosco, comme le cercle, les rotations combinées ou la matière incorruptible, se transforment en motifs esthétiques et semblent n'avoir d'autre fonction que de suggérer la forme parfaite d'une "grand'boule",[51] une "vistesse aislée",[52] une "douce et plaisante harmonie",[53] une lumière éclatante comme une "vive estincelle".[54] Elles cessent de faire partie d'une démonstration ou de se

---

[46] *Ibid.*, v. 35-40.
[47] Voir notamment les vers 29-34 et 63-68.
[48] L'obscurité des v. 85-86 ("[...] toy qui es ton moule, et l'antique modelle / Sur qui DIEU patronna son Idée eternelle") ne sera probablement jamais levée: elle fait partie du texte.
[49] *Ibid.*, v. 71.
[50] Sur l'indétermination théologique des hymnes, voir *supra*, p. 255 sq.
[51] V. 17.
[52] V. 18.
[53] V. 42.
[54] V. 53.

succéder dans un ordre raisonnable pour permettre un facile apprentissage de la science astronomique. C'est ainsi que l'hymne met son ciel en branle sans avertissement, ni préparation. Il ne se soucie pas, comme un traité de la Sphère, de fixer préalablement les repères et les principes de sa rotation; et bien qu'il présente ce mouvement comme une vérité évidente, il ne songe pas non plus à en faire un axiome pour y suspendre un raisonnement, à la manière d'Aristote qui en déduit, dans le *De caelo*, toute sa théorie du monde.[55] Ronsard s'est contenté de quelques renvois furtifs à un système de connaissances situé à l'arrière-plan et quasiment invisible. C'est ainsi, par exemple, qu'il ne s'est pas soucié de donner une assiette définie à l'axe du mouvement, parlant simplement de la "grand'boule esbranlee / Sur deux essieux fichez",[56] et que ce fantôme de sphère armillaire suffit au reste du poème. La longue évocation de la révolution céleste déploie une grande richesse d'images pour donner la sensation concrète d'une immense énergie, et elle mentionne à peine, incidemment, que le tour complet s'accomplit "en l'espace d'un jour".[57] La sphéricité du ciel est justifiée par l'argument finaliste de la beauté et de la perfection maximale, sans la moindre allusion aux preuves techniques énumérées dans les livres de la sphère:

> Pour estre plus parfaict, car en la forme ronde
> Gist la perfection qui toute en soy abonde [...][58]

L'hymne ne pratique donc jamais la description méthodique du professeur, ni la démarche démonstrative du philosophe, il recrée un objet qui donne à son lecteur une perception intuitive et synthétique de la réalité du ciel. Ce lecteur n'aura guère acquis grâce à lui de connaissances astronomiques (il aura tout au plus mis en oeuvre son savoir antérieur pour mieux comprendre le poème), mais il obtiendra du cosmos et de son tournoiement vertigineux, une vision globale, saisissante et directe:

> O CIEL viste et dispos, qui parfais ton grand Tour
> D'un pied jamais recreu, en l'espace d'un jour,
> Ainçois d'un pied de fer, qui sans cesse retourne
> Au lieu duquel il part, et jamais ne sejourne,
> Trainant tout avec soy, pour ne souffrir mourir
> L'Univers en paresse à-faute de courir.
> L'Esprit de l'ETERNEL qui avance ta course,
> Espandu dedans toy, comme une grande source
> De tous costez t'anime, et donne mouvement [...][59]

Rien n'est analysé, mais le texte fait surgir un petit système du monde autonome, évident, immédiatement saisissable par l'imagination, et si bien inscrit dans le poème qu'il fait corps avec lui: une sphère d'Archimède

---

[55] Voir ci-dessus, chapitre I.
[56] V. 17-18.
[57] V. 24.
[58] V. 33-34. L'argument, très répandu, se trouve notamment chez Platon.
[59] V. 23-31.

vivante et habitée qui "roule" sans support ni horlogerie.[60] L'objet est si présent que le poète lui parle, et l'affectivité qui colore l'évocation change la description en prière, ou tout au moins en chant magique.

Il conviendrait de s'interroger sur la signification du choix initial de Ronsard, qui a délibérément laissé la science à l'extérieur de sa poésie, en la reléguant dans un espace contigu et en se contentant de lui donner une sorte de présence indirecte, par un jeu subtil d'allusions. Ce choix n'était pas sans rapport avec l'horreur du pédantisme éprouvé par les humanistes;[61] Ronsard devait craindre la froideur des "leçons de choses" et considérer la poésie comme un langage centré sur l'humain. A l'opposé de Peletier, il ne ressentait aucune passion pour les mathématiques, et il observait quelque recul à l'égard des spéculations inutiles.[62] Il n'envisageait pas les secrets de la nature sous leur angle technique et ne s'intéressait pas aux rouages du cosmos comme à l'histoire, à la morale et à la politique. S'agissant des mouvements célestes, il n'entendait pas investir le domaine des gens du métier ("L'honneur, sans plus, du vert laurier m'agrée"). Ses préoccupations devaient donc être bien éloignées de celles de Manilius et de Pontano, soucieux de promouvoir poétiquement la discipline astrologique. Quant à faire le pédagogue, il le voulait bien pour les rois, non pas pour les petits enfants qui ne savaient pas la cosmologie.

Le refus complet du pédantisme et même du discours raisonnant dans sa poésie de la nature ne vient sans doute pas d'une conception *a priori* des interdits qui, d'après lui, auraient pesé sur l'expression poétique. Ronsard n'était pas mallarméen et ses fréquentes attaques contre le prosaïsme doivent être considérées sans anachronisme: de fait, son oeuvre contient toute une gamme de styles, depuis l'éloquence rimée jusqu'à ce qui se rapproche de notre "poésie pure". Il pouvait être, selon les circonstances et selon le genre pratiqué, discursif ou lyrique. Il semblerait donc qu'on pose mal le problème en suggérant, comme A.-M. Schmidt a tendu à le faire, que Ronsard a mis au service du sujet astronomique son "goût" très sûr et son idéal poétique aussi élevé qu'exigeant. Il serait tout aussi possible d'inverser les choses. Comment ne pas remarquer que ses hymnes les plus lyriques (ou plus exactement les moins discursifs) ont eu un sujet cosmique: je pense surtout au *Ciel* et aux *Estoilles*? La nature de l'objet et l'attitude qu'il convenait d'avoir à son égard ont sans doute été déterminantes. Ronsard avait moins de choses à dire sur les astres que sur la Mort ou sur la fonction du roi, et il a vraiment pu s'en approcher en "poète pieux".

---

[60] Cette attitude vis-à-vis de l'objet cosmique est constante chez Ronsard; il suffit de comparer la façon dont lui et Baïf ont traité la même sphère prise à Apollonius de Rhodes (voir *supra*, p. 90-91).

[61] Voir ci-dessus, chapitre X.

[62] Voir *supra*, p. 146 sq.

CHAPITRE QUATORZIÈME

LE LANGAGE D'ORPHÉE II: LA FABLE

Merveilles ou mensonges

La fable avait été considérée depuis l'Antiquité comme la jointure idéale entre poésie et philosophie.[1] Porteuse d'une vision intuitive, encore voilée ou perçue par reflet, elle précédait la connaissance claire, de sorte qu'elle la dépassait et pouvait espérer toucher à des vérités presque hors de portée. L'entière idée de la *prisca theologia*, qui était une *prisca poesis*, reposait sur cette hypothèse: les secrets divins et les secrets de la nature avaient pu être devinés, et fabuleusement exprimés, avant la pleine lumière de la révélation ou de l'enquête rationnelle. Aristote lui-même avait reconnu la légitimité de cette approche imparfaite de la connaissance, plus tard si bien valorisée par Marsile Ficin:

> C'est l'étonnement qui poussa les hommes à philosopher, dans les premiers temps comme aujourd'hui [...]. Celui qui s'étonne et reste perplexe sait qu'il ne sait pas: c'est pourquoi l'amoureux des mythes est, en quelque façon, amoureux de la sagesse, puisque les mythes consistent en merveilles (*ho philomuthos philosophos pôs estin, ho gar muthos sunkeitai ek thaumasiôn*).[2]

Platon, grand adversaire et grand lecteur d'Homère,[3] avait fermement condamné l'inconsistance et la pernicieuse futilité des fictions poétiques et de leurs auteurs: tous les poètes, selon lui, n'étaient que "des imitateurs

---

[1] Voir E. Garin, *Moyen-Age...*, p. 41-73; E.-R. Curtius, *La littérature* ..., t. I, p. 327-388.

[2] *Métaph.*, I, 2, 982 b, 11-12, 19-20. Ce célèbre passage figurait dans les florilèges: "Philomythes, id est fabularum auditor, aliqualiter est philosophus, quia fabula ex miris et raris constituitur", *Auctoritates Aristotelis*, éd. Hamesse, p. 116. Aristote concédait à certaines fables une valeur philosophique: le mariage d'Ouranos et de Gaia (*Théogonie*, 116 sq.) exprimait les rapports entre le ciel et la terre (*De generat.animal.*, I, 2, 716a), la chaîne d'or d'Homère (*Iliade* VIII, 18-27) le premier moteur (*De motu animal.*, IV, 699 b); voir D.S. Margoliouth, *The Homer of Aristotle*, p. 100-137; J. Pépin, *Mythe et allégorie*, p. 121-124.

[3] Voir J. Labarre, *L'Homère de Platon*; J. Pépin, *Mythe et allégorie*, p. 112-118.

d'images et n'atteignaient pas la vérité".[4] Ils n'avaient rien à dire et se contentaient d'égarer et de séduire leur public par le miroitement de leurs mensonges. Il n'en avait pas moins créé lui-même nombre de mythes philosophiques: des mythes cette fois porteurs de sens, au lieu de vains simulacres, idoles fardées ou trompe-l'oeil;[5] de sorte qu'il devait apparaître, jusquà la Renaissance, comme l'exemple du poète philosophe qui "épie" les plus hauts mystères. Les platoniciens, dans leur ensemble, se montrèrent plus indulgents que leur maître à l'égard des *prisci poetae* et de leur obscure philosophie; mais ils gardèrent, en l'explicitant, la distinction fondamentale entre les fables arbitraires et les autres. Plutarque, par exemple, préféra adopter une perspective historique qui annonçait Vico et s'accordait avec la conception d'Aristote. Pour expliquer le changement du style de la Pythie au cours du temps, il proposait toute une théorie de l'évolution du langage qui concernait aussi la philosophie et l'ensemble de la culture humaine:

> L'emploi du langage ressemble à la circulation de la monnaie: lui aussi, c'est l'usage habituel et familier qui le consacre, et sa valeur diffère selon les époques. Il fut donc un temps où ce qui avait cours, en fait de monnaies du langage, c'étaient les vers, la musique et les chants; l'histoire et la philosophie tout entières et, en un mot, toute expression de sentiments et d'actions qui demandent un style un peu élevé, passaient dans le domaine de la poésie et de la musique [...]. Mais il survint dans le cours des choses et dans les tempéraments [*phuseis*] un changement qui modifia la manière de vivre [...]. La philosophie, désormais, préférait éclairer et instruire plutôt qu'éblouir [*to saphes kai didaskalikon ... mallon è to ekplètton*], et ne faisait plus ses recherches [*zètèsin*] qu'en prose.[6]

Le langage archaïque et révolu des mythes était donc selon lui, ou tout au moins pouvait être, un langage philososophique dont l'éclat éblouissant produisait une certaine clarté. Le traité *De Iside* introduit une ferme distinction entre les "fictions creuses, que poètes et prosateurs tissent et tendent à la manière des araignées, en tirant d'eux-mêmes leur point de départ, sans l'appuyer sur aucun fondement", et les mythes qui servent de prisme à la vérité et font dévier la pensée vers d'autres images, à la manière d'un arc-en-ciel qui traduit en couleurs la lumière réfractée du soleil.[7]
     Cette nécessité d'opérer un tri entre diverses sortes de fictions est exposée de façon beaucoup plus systématique au début du *Commentaire sur le*

---

[4] *Rép.*, X, 600 e. Voir aussi *Phèdre*, 229 c- 230 a; *Sophiste*, 242 c. Dans le *Protagoras*, ce personnage reconnaît que les anciens poètes étaient des sophistes déguisés (316 d).
[5] Voir Pépin, *Mythe* ..., p. 118-121. Cette distinction entre mythe plein et mythe creux, qui entraîne une autre distinction entre entre deux types de lecture allégoriques, la bonne lecture philosophique et la stupide, gratuite (et illégitime) lecture des "frères Lubin", nous rappelle évidemment la problématique du très platonicien prologue de *Gargantua*. Cf. l'attitude d'Erasme (voir *infra* p. 273).
[6] *De Pythiae oraculis*, 24, 406B, DE; éd. Flacelière, p. 75-76. Voir Pépin, *Mythe* ..., p. 178-188. - Cette analyse eut de nombreux échos; Natale Conti rappelle que les fables avaient été "l'ancien manoir et domicile de la Philosophie", avant que "la droicte maniere et methode de philosopher <fûtt> mise en lumière" (*Mythologie*, trad. Montlyard, éd. 1604, p. 1).
[7] Plutarque, *De Iside*, 20, 358 EF. Dans le *De audiendis poetis* (4, 19 E), Plutarque reconnaît que les mythes d'Homère ont une certaine valeur spéculative, tout en mettant en garde contre les interprétations abusives (notamment celles des stoïciens).

Songe de Scipion de Macrobe. Les conditions requises pour qu'une fable ait une valeur philosophique y sont en effet fixées: il faut qu'elle vise autre chose que la simple délectation du lecteur,[8] que son sujet se fonde sur la vérité, "tels sont les rites sacrés, les récits d'Hésiode et d'Orphée sur la filiation ... des dieux, les sentences mystérieuses des pythagoriciens";[9] et enfin, par respect envers le divin, toute immoralité en doit être proscrite.[10]

Cette conception s'imposa, sans grande transformation, dans la culture médiévale, puis dans celle de la Renaissance. Les deux visages du mythe, tournés l'un vers la vérité, l'autre vers le séduisant mensonge,[11] correspondaient assez exactement aux deux visages de la poésie dont la *Consolatio* de Boèce avait mis en scène l'opposition: la Philosophie y chasse le théâtre frivole des *scenicae meretriculae* pour installer le sien propre; elle y accueille Orphée[12] et nombre de fables ou d'images homériques, telles que les navigations d'Ulysse et sa rencontre avec Circé.[13] Les humanistes ne mirent donc nullement en cause cette exigence du sens. Même lorsqu'ils méprisaient la lettre des fables, ils cherchaient à travers elle le mystère:

> Il te faut suivre la même règle dans tous les écrits qui sont constitués, comme d'un corps et d'une âme, d'un sens immédiat et de mystère, en sorte que, méprisée la lettre, tu regardes de préférence au mystère. De ce genre sont les écrits de tous les poètes et, parmi les philosophes, des platoniciens: mais surtout les Ecritures saintes qui, quasi semblables à ces Silènes dont parle Alcibiade, cachent sous une apparence sordide et presque ridicule, une puissance divine sans mélange [...]. Il y aura peut-être un peu plus de fruits à lire la fable du poète avec le sens allégorique que le récit des Saints Livres si tu t'arrêtes à l'écorce.[14]

[8] " Hoc totum fabularum genus, quod solas aurium delicias profitetur, e sacrario suo in nutricum cunas sapientiae tractatus eliminat", *In Somn. Scipionis*, I, ii, 8; éd. Willis, p. 5.

[9] *Ibid.*, I, ii, 9; éd. Willis, p. 5. - Sur ce chapitre, voir P. Boyancé, *Etudes sur le Songe* ..., p. 37-55; J. Pépin, *Mythe et allégorie*, p. 210-214; P. Dronke, *Fabula...*, p. 14-48 (étude du commentaire de Guillaume de Conches sur ce texte).

[10] *Ibid.*, I, ii, 10-12; éd. Willis, p. 6. - Macrobe a joué au Moyen-Age un rôle très important sur le développement de la conception de la fable comme *integumentum veritatis* (Cf. *Saturn.*, I, 29, 13; *In Somn. Scipionis*, I, 9, 8 etc.). Voir P. Dronke, "Integumenta Virgilii".

[11] L'attaque contre le mensonge des fables devait connaître un regain de vigueur sous l'effet de la Réforme et de la Contre-Réforme, et prendre la forme d'une critique généralisée de la mythologie païenne (voir *infra*, p. 312 sq.); comme l'a noté G. Demerson (*La mythologie...*, p. 485-486), ce mouvement n'est pas étranger au regain d'intérêt pour la fable qui s'est manifesté chez les théoriciens à partir de 1550. Sur les théories de la fable au XVIème siècle, voir H. Weber, *La création poétique...*, p. 132-138; D.C. Allen, *Mysteriously meant*, p. 201-247; G. Demerson, *La mythologie...*, p. 485-512.

[12] Boèce, *Consolatio*, III, 12; éd. Tester, p. 306-310; le poème, qui raconte l'histoire d'Orphée, s'achève sur une "moralité": "Vos haec fabula respicit / Quicumque in superum diem / Mentem ducere quaeritis [...]" ("Cette fable vous regarde, vous tous qui cherchez à mener votre esprit vers la lumière d'en-haut..."), v. 52-54, p. 310.

[13] *Ibid.*, IV, 3, "Vela Neritii ducis..."; éd. Tester, p. 336-338.

[14] *Enchiridion militis christiani* (1504), 5ème canon, trad. Festugière et Godin, dans Erasme, *L'éloge de la folie [et alia opera]*, Paris, Laffont, 1992, p. 570. - Erasme se montrait ici proche de la position de saint Augustin (voir *infra*, p. 281), qui n'empêchait pas de craindre la pratique artificielle de l'allégorie (voir le texte cité par T. Cave, *The cornucopian* ..., p. 87), attitude partagée par nombre d'humanistes; le Solitaire de Tyard expose à Pasithée

Fureur, fable et mystère: les humanistes

Sous l'influence du néoplatonisme, et surtout de Marsile Ficin, le lieu entre l'inspiration divine et la valeur des fables fut spécialement souligné. L'effet de la *furor* consistait essentiellement à transformer le versificateur en prophète, c'est-à-dire à conjurer la menace du vain mensonge, en faisant exister la vérité sous la fable. Si Ficin, dans sa *Theologia platonica*, accordait à Orphée, Homère, Hésiode et Pindare le titre de *legitimi poetae*, c'était pour affirmer conjointement le bon aloi de leur délire et la consistance de leurs fables: "ils ont inséré dans leurs oeuvres des allusions et des données certaines concernant tous les arts".[15] De telles idées, qui étaient toujours restées attachées à la représentation idéale de la poésie, se précisèrent et se répandirent spécialement au XVIème siècle, et en France la Pléiade les confisqua quasiment à son profit.

> Orphé (*sic*), Homere, et les poëtes vieux
> Furent jadis les prophetes des dieux,
> Et à bon droit se nomme le poëte
> Leur prestre sainct, de l'avenir prophete [...]
>   Leurs vers ne sont ny mensonges ny fables
> Ainsi que croit le vulgaire ignorant,
> Peuple prophane, en ses discours errant,
> Qui n'entend pas du haut ciel les mysteres:
> Et va nommant menteuse fiction
> Ce qui leur vient par inspiration.[16]

Loin de mépriser la pratique médiévale de la "moralisation" des poètes,[17] les humanistes mirent au contraire leurs connaissances philologiques au

le sens de plusieurs fables, mais il affirme que l'exercice doit être limité: "je ne pense toutesfois estre chose fort necessaire de s'effiler le cerveau à tant serve curiosité" (*Solitaire premier*, éd. Baridon, p. 52): à trop éplucher les fables, on retombe dans une sorte de matérialisme et d'idolâtrie, et l'on devient incapable d'accéder au sens spirituel.

[15] "[...] omnium artium suis operibus certa quaedam indicia et argumenta inseruerunt", *Théol. platon.*, XIII, 2; éd. Marcel, t. II, p. 203 (trad. modifiée). Ficin s'appuie ici sur l'*Ion*. Selon Quintilien, Homère savait toutes les sciences (*Instit. orat.*, XII, 11, 21). - Sur Ficin et l'allégorie, voir aussi *supra*, p. 177-8). - Sur Orphée et la fable, voir *supra*, p. 236-7.

[16] A. Jamyn, "Avant-chant nuptial ..." (1570), v. 1-4 et 12-17, éd. Carrington, p. 77-78. - Cf Ronsard, *Response aux injures...*, v. 79 sq.: "Jadis ce grand Eumolpe, et ce grand prince Orphée, / Qui avoient d'Apollon l'ame toute echaufée, / Qui l'antique magie aporterent aux Grecz, / Qui des flambeaux du ciel cogneurent les secrets"; éd. Laumonier, XI, p. 121.

[17] L'*Ovide moralisé* en vers (début du XIVème s.) fut deux fois dérimé au XVème siècle; Pierre Bersuire composa de son côté, vers le milieu du 14ème s., un *Ovidius moralizatus*, précédé d'un petit manuel de mythologie. On imprima en 1484 l'*Ovide moralisé* en prose (dans la seconde version), avec une traduction des moralisations de Pierre Bersuire, par les soins de Colard Mansion; de nombreuses éditions s'ensuivirent. Voir P. Demats, *Fabula...*; R. Levine, "Exploiting Ovid...". Les éditions des *Ovide* médiévaux et humanistes sont étudiés par A. Moss, *Ovid* ... - L'allégorèse de la Renaissance a plutôt surenchéri sur celle du Moyen Age: Les *Disputationes camaldulenses* de Cristoforo Landino (1472) proposent un commentaire allégorique de l'*Enéide*. Voir aussi, du même Landino, *In P. Vergilii interpretationes prohemium*, Venise, 1491, f. 96 v°: "Videbis quam altos quamque profundos sensus divinus poeta sub hujuscemodi fabularum figmentis abscondat". Les *Enarrationes in*

service d'une meilleure élucidation des fables; moins sans doute pour fixer leur sens que pour sonder sa richesse. Ils exploitèrent notamment les commentaires grecs, néoplatoniciens ou stoïciens. Conrad Gesner fit ainsi paraître, en 1542 et 1544, un ensemble d'interprétations homériques: la *Moralis interpretatio errorum Ulyssis Homerici*, texte anonyme récemment découvert,[18] le *De antro nympharum* de Porphyre,[19] des extraits du commentaire de Proclus sur la *République*,[20] puis les *Allegoriae in Homeri fabulas de diis* qu'il attribuait à Héraclide du Pont.[21] Tout ce travail de l'érudition humaniste est assez bien représenté par la constitution de ce trésor des fables qu'est la *Mythologie* de Natale Conti.[22] D'une façon significative, l'ouvrage est aussi une défense de la fiction poétique, qui fait appel aux auteurs les plus recommandables, tels qu'Aristote ou Plutarque, pour la tirer d'un injuste discrédit. On a fait croire "tantost que c'estoit une vaine Theologie de fols, tantost des contes et resveries de vieilles et feintes de neant, forgees en la boutique des Poetes menteurs",[23] ce qui lui a valu la méfiance des autorités religieuses, mais un vrai travail d'explication, accompagné d'un choix judicieux qui évite toute concession à la frivolité, doit dissiper ce malentendu:

> [Nous] exposerons seulement les Fables qui elevent les hommes a la contemplation des choses celestes, qui les dressent et conduisent à la vertu, qui les destournent des voluptez et plaisirs desreglez, qui descouvrent les secrets de nature, qui menent et guident aux sciences des choses necessaires à la vie humaine, qui montrent à vivre en integrité de moeurs et rondeur de conscience, et servent beaucoup pour entendre tous les bons Autheurs.[24]

L'humaniste Muret, fort proche de Ronsard au début des années 1550,[25] avait repris dans ses grandes lignes les conceptions de Ficin, ainsi qu'en

---

Hesiodum de Melanchthon (1ère éd. Haguenau, 1532) font largement appel à l'allégorie et le travail de Sponde sur Homère (1583) et sur Hésiode (1592) suit encore ce principe. Voir A. Boase, *Vie de Jean de Sponde*, p. 35-48 et 92-96; C. Deloince-Louette, "Le *De origine* ...".

[18] Le texte grec avait été édité à Haguenau, chez J. Secerius, en 1531. Ce commentaire est d'inspiration chrétienne, mêlée d'influences stoïciennes.

[19] Ed. pr. Rome, Gymnasium Mediceum, 1518.

[20] Le commentaire de Proclus avait été intégralement publié à Bâle en 1534. - Les trois textes, édités et traduits en latin par Gesner, furent imprimés ensemble à Zurich, en 1542.

[21] Bâle, Oporinus, 1544. Le texte grec était déjà paru à Venise, chez Alde, en 1505. L'auteur serait Héraclite le rhéteur, un contemporain d'Auguste ou de Néron; voir F. Buffière, *Les mythes d'Homère* .... - Sur le travail de Gesner, voir P. Ford, "Conrad Gesner...".

[22] *Mythologia sive explicationes fabularum librum libri X*, Venise, 1568, déd. à Charles IX. - Natale Conti était un poète humaniste néolatin; bon helléniste, il traduisit notamment le *Deipnosophiste* d'Athénée, le *De figuris sententiarum* d'Alexandre le Sophiste (Venise, 1556), et, sur le conseil de Muret, le *De elocutione* attribué à Démétrius de Phalère (Venise, 1557). Sur l'influence de son traité, voir J. Mulryan, "Translations ...".

[23] *Mythologie*, trad. par Jean de Montlyard (1599), I, 1, éd. Lyon, 1604 (2e éd.), p. 2.

[24] *Ibid.* Ce mélange de religion, de morale et de science est caractéristique. - Pour prévenir d'avance les objections religieuses, Natale Conti a consacré tout son premier livre à une reconstitution de la religion antique, pour établir qu'elle était bien inférieure à la chrétienne, mais n'en révélait pas moins une piété sincère et une recherche méritoire de la vertu.

[25] Muret arriva à Paris en 1551; il enseigna aux collèges du Cardinal-Lemoine et de Boncourt et acquit une position brillante dans le milieu littéraire; en 1553, il rédigea un commentaire

témoigne son *Discours sur la précellence de la théologie*, prononcé à Paris en 1552: il y reconnaissait la capacité des anciens poètes à faire confusément allusion aux mystères religieux.[26] Pour combattre les objections des adversaires de la mythologie, il utilisait l'ancienne distinction entre les fables vaines et immorales et celles qui comportaient un contenu philosophique. Et il invitait les scolastiques à mieux lire leur maître:

> Aristote, dont ils se prétendent avec orgueil les interprètes légitimes, ne se contente pas d'utiliser partout dans ses écrits les témoignages des poètes, comme je l'ai déjà dit, il affirme même, dans le premier livre de la *Métaphysique*, que tout amateur de fables est philosophe.[27]

Or Muret a commenté la deuxième édition des *Amours* de Ronsard; et ce travail, comme l'a montré Jean Céard, comblait certainement un désir profond du poète. En retenant l'attention d'un humaniste renommé sa poésie amoureuse changeait de statut; l'épreuve de la lecture savante prouvait qu'elle soutenait la comparaison avec la *prisca poesis*: ses obscurités n'étaient pas d'inutiles faiblesses, elles invitaient à une fructueuse enquête. Un poème liminaire de Dorat mettait en lumière ce phénomène:

> Transporté de fureur par l'amour de Cassandre aussi bien que des Muses, Ronsard avait rendu des oracles profonds mais pleins d'obscurité. Aujourd'hui que Muret est son digne interprète, voici que ses oracles sont à la fois profonds et sans obscurité. Ah! bien interpréter les paroles divines d'un devin n'est permis qu'à un autre devin.[28]

Ronsard et la fable des humanistes

La réunion de Muret et de Dorat au seuil d'une édition commentée de Ronsard n'a rien pour surprendre, car Dorat partageait aussi ces idées, autant qu'on puisse le savoir,[29] c'est-à-dire qu'il n'estimait probablement légitime d'inventer des fables que si elles étaient pleines de sens. La poésie

pour le *Premier livre des Amours* de Ronsard. La même année il quitta Paris pour échapper à des poursuites et gagna l'Italie; mais il resta toujours en correspondance avec Ronsard. Voir G. Colletet, *Vie de M.A. Muret*, éd. par Tamizey de Laroque; C. Dejob, *Marc-Antoine Muret*; P. de Nolhac, *Ronsard* ..., p. 144-151; M. Morrison, "Ronsard and Catullus ..."; R. Trinquet, "Recherches chronologiques ..."; I. Silver, *The intellectual evolution of Ronsard. I* ..., p. 65-92; Idem, *Three Ronsard studies*, p. 109-167; J. Céard, "Muret commentateur ...".

[26] Voir G. Demerson, *La mythologie...*, p. 487-488.

[27] "Aristoteles autem, cujus isti se germanos esse interpretes gloriantur, non tantum, ut ante dixi, in omnibus scriptis suis identidem poetarum testimoniis utitur, verumetiam libro primo de sapientia, philosophum omnem fabularum amatorem esse confirmat" ("De utilitate ac praestantia litterarum humaniorum adversus quosdam earum vituperatores" -Venise, 1555-, *Orationes*, Lyon, 1591, p. 48; texte cité par J. Céard, "Muret commentateur...", p. 47).

[28] Trad. par J. Céard, "Muret commentateur...", p. 44; cf. éd. Laumonier, V, p. XXVI. Voir aussi le commentaire de F. Rigolot: "Ronsard et Muret ...".

[29] Voir P. de Nolhac, *Ronsard* ..., p. 69-73; Geneviève Demerson, "Dorat commentateur d'Homère"; Eadem, *Dorat en son temps...*, p. 169-200. - Sur l'influence de l'enseignement de Dorat, voir aussi P. Sharratt, "Ronsard et Pindare ..."; A. Desguine, "Deux éloges ...".

n'était pas pour lui un gazouillis d'oiseau et il dut transmettre à ses élèves l'idée que les grands poètes (disons Orphée, Homère, Hésiode et Pindare pour reprendre la liste des *legitimi poetae* de Ficin) étaient des philosophes à leur manière, et non pas ces écervelés que raillait Platon. Peu séduit par les maigres spécimens conservés des lectures de Dorat, Pierre de Nolhac a soutenu qu'elles n'avaient guère laissé de traces chez son meilleur élève, dont l'oeuvre trahirait une "absence de préoccupations allégoriques". Il en est même venu à affirmer curieusement que Ronsard aurait inauguré un usage non allégorique de la personnification et du mythe:

> chez lui l'allégorie est directe, les figures sont nettes et souvent détaillées pour les yeux [...]. D'autre part les mythes qu'il évoque ont une valeur précise et rationnelle, que le lecteur peut parfois ignorer, mais qui ne risquent nullement de l'égarer. Sauf en quelques poèmes pédants de sa jeunesse, Ronsard n'a point recherché l'obscurité; il n'a pas embrumé sa pensée des brouillards de l'allégorie morale prônée par Dorat; il n'a pas préparé des symboles enveloppés à la recherche incertaine des scoliastes.[30]

Ce jugement repose sur des bases contestables: une confusion certaine entre l'allégorie elle-même et le discours qui la déchiffre (les figures d'Homère, sur lesquelles s'exerçait la sagacité de Dorat étaient, elles aussi, souvent "détaillées pour les yeux"), l'idée que l'obscurité serait une propriété essentielle de l'allégorie, et l'établissement d'une opposition trop nette entre cette obscurité et son contraire, alors que la fable semble avoir justement été inventée pour nier une telle opposition: pour voiler l'éclat de la vérité tout en donnant une lumière qui la laisse deviner. Et surtout P. de Nolhac ne tient guère compte des propres déclarations de Ronsard.[31]

Même s'il en connaissait les pièges et les mensonges,[32] Ronsard a puisé dans l'ancien fonds des fables poétiques depuis le temps de ses premières odes. A cet égard, la principale évolution qu'on puisse observer va dans le

---

[30] *Ibid.*, p. 73. - Le jugement de P. de Nolhac est d'autant plus surprenant qu'il figure dans un livre consacré à l'examen des relations entre Ronsard et l'humanisme. Il repose en partie sur la vieille opposition entre littérature et philosophie. I. Silver n'éprouve au contraire aucune peine à admettre un usage pleinement philosophique de la fable et de l'énigme chez Ronsard (*The intellectual evolution of Ronsard. II...*, notamment le ch. XI); voir aussi P. Ford, "La fonction de l'*ekphrasis* ..."; Idem, "Ronsard and homeric allegory".

[31] Celles des *Saisons* (analysées *infra*); il s'en trouve d'autres, également proches de la conception humaniste, dans l'*Elégie à Jacques Grevin* (1561), v. 83-104 (éd. Laumonier, XIV, p. 196-197), dans l'*Abbregé de l'art poëtique françois* (1565): "Car la Poësie n'estoit au premier aage qu'une Theologie allegoricque [...]" (XIV, p. 4), et dans le *Discours à Monsieur de Cheverny* (1584): "Voila comme les vieux ont dextrement tasché / D'emmanteler le vray d'une fable caché" (v. 39-40; XVIII, p. 98). D'autre part, bien qu'elles n'aient pas la même valeur, il est possible de tenir un certain compte de celles qu'on lui a prêtées. Dans les *Dialogues* de Louis Le Caron, "Ronsard" situe son apologie de la fable poétique dans une perspective tout à fait traditionnelle: "Je rejette avec Pindare les fables bigarrées de variables mensonges, plains d'inutiles et vaines moqueries: celles me plaisent seulement, qui ont une exquise imitation de la nature des choses, et avec la delectation l'utilité conjoincte" (éd. Buhlmann et Gilman, p. 270). Réf. à Pindare, *Olymp.*, I, v. 28-35; IX, v. 35-39 etc.

[32] Sur la dénonciation, par Ronsard, des "vieux peintres menteurs" (*Prière à la Fortune*, v. 298; éd. Laumonier, VIII, p. 114), voir J. Céard, "Les mythes ...", p. 24-25.

sens d'une plus grande liberté d'invention[33] et d'un souci plus apparent de la maîtrise de la disposition. Après avoir fait miroiter des fragments, en suggérant entre eux des correspondances ou en jouant le jeu du poète débordé par l'afflux des images, il a conçu de véritables ensembles fabuleux, à la manière d'un peintre d'histoire accompli.[34] L'*Ode à Michel de l'Hospital* est bien représentative à cet égard: tous ses éléments sont subordonnés à un dessein général, à une visée expressive cohérente; et elle semble faite pour combler les voeux de Dorat qui, si l'on reprend l'analyse de Pierre de Nolhac, appréciait l'art de "coordonner si bien <les> récits qu'ils présentent toujours une allégorie d'ensemble".[35] Un tel souci d'organiser et de composer entre, bien sûr, dans un projet esthétique, mais il trahit en même temps la volonté de tenir un discours. Cependant, les déclarations théoriques sur l'usage des fables n'apparaissent que plus tard, et singulièrement dans les *Quatre saisons de l'an*, au début d'hymnes cosmiques, on peut le remarquer, puisqu'ils donnent une certaine interprétation des rapports entre le ciel et la terre.

Les hymnes de l'*Automne* et de l'*Hyver* rappellent donc, en termes très clairs (peut-être trop clairs), la fonction de la fable, voile et révélateur de la vérité. Le premier rend hommage à Dorat. Au terme du long récit d'initiation qui tient lieu de prologue, Euterpe accueille le jeune homme parmi les siens; elle l'engage à une vie solitaire, privée des hommages de la foule, depuis toujours hostile aux "doctes Poëtes" comme aux Sybilles et aux prophètes, "Et toutesfois, Ronsard, ils disoient verité".[36] Puis elle cède la place, au milieu d'un vers, à un nouveau maître:

> Ainsi disoit la Nymphe, et delà je vins estre
> Disciple de d'Aurat, qui long temps fut mon maistre,
> M'aprist la Poësie, et me montra comment
> On doit feindre et cacher les fables proprement,
> Et à bien deguiser la verité des choses
> D'un fabuleux manteau dont elles sont encloses:
> J'apris en sa maison à immortalizer
> Les hommes que je veux celebrer et priser,

---

[33] J. Céard a montré comment dans ses *Hymnes* Ronsard combine ses fables à son gré, en modifiant sans hésiter les sources antiques ("Dieu, les hommes ...", p. 94-95).

[34] M. Baxandall a montré comment l'exigence de la "composition" s'est imposée dans la peinture d'histoire au cours du XVème siècle sous l'influence d'humanistes imbus d'un modèle rhétorique (*Les humanistes* ..., p. 151-171). Chez Ronsard on pourrait observer la coexistence de deux styles: un style "dissolutus", par exemple dans "Des peintures contenues dans un tableau" (voir P. Eichel, "Quand le poète-*fictor*..."), et un style "compositus" qui s'affirmerait notamment dans la poésie philosophique. - Sur l'importance de la composition dans l'élaboration des fables des *Hymnes*, voir *infra* le chapitre XV.

[35] *Ibid.*, p. 71. - Barthelemy Aneau, dans la préface à sa traduction des *Métamorphoses* exprime une admiration analogue pour l'art de la coordination signifiante. Ovide, selon lui, a rassemblé toutes les fables des Anciens "tellement bien liées l'une à l'autre, et si bien enchaînées par continuelle poursuyte, et par artificielles transitions: que l'une semble naistre, et dependre de l'autre successivement, et non abruptement [...]. Par toutes lesquelles fables il ne veult autre chose faire entendre sinon qu'en la nature des choses les formes se muent continuellement [...]" (*Les trois premiers livres de la Metamorphose*, Lyon, Roville, 1556, f. b 5r°-v°. Cité par T. Cave, *The cornucopian text*, p. 175).

[36] Ronsard, *Hymne de l'Automne* (1563), v. 68.

> Leur donnans de mes biens, ainsi que je te donne
> Pour present immortel l'hymne de cet Autonne.[37]

Dans la souple articulation du texte le motif de la fable se relie aussi logiquement à ce qui le précède qu'à ce qui le suit: à l'idée d'une vérité périlleuse et cependant essentielle,[38] comme à celle de l'offrande d'un "bien" qui immortalise. La fabrication du déguisement se trouve donc doublement justifiée: négativement par la nécessité de cacher et d'enclore, positivement pour la beauté du poème et sans doute aussi, dans l'ordre de la connaissance, pour cette vérité qu'il revêt.[39] L'histoire de la fille du Soleil et de la Nature déroule aussitôt après son "fabuleux manteau", en donnant un visage, une parure et un rôle à tous les acteurs de ce petit drame cosmique.

Le prologue de l'*Hymne de l'Hyver* présente de façon beaucoup plus directe la nécessaire alliance de la poésie et de la philosophie, alliance que le poème est appelé à symboliser (c'est le rameau cueilli sur le roc de la Philosophie qui est planté "au jardin" du dédicataire); et la fable est donnée pour la clef de cette alliance. La Philosophie est d'abord décrite en action, comme une puissance d'investigation qui explore les deux parties du monde,[40] et l'on s'intéresse ensuite à sa transmission et à son expression:

> Puis afin que le peuple ignorant ne mesprise
> La verité cognue apres l'avoir apprise,
> D'un voile bien subtil (comme les paintres font
> Aux tableaux animez) luy couvre tout le front,
> Et laisse seulement tout au travers du voile
> Paroistre ses rayons, comme une belle estoille,
> Afin que le vulgaire ait desir de chercher
> La couverte beauté dont il n'ose approcher.
> Tel j'ay tracé cet hymne, imitant l'exemplaire
> Des fables d'Hésiode et de celles d'Homère.[41]

---

[37] *Ibid.*, v. 77-86. P. de Nolhac commente ainsi ces vers: "Telle est la doctrine admise; mais notre poète, par bonheur, en tient fort peu de compte, quand il compose" (*Ronsard...*, p. 72).

[38] Le lieu commun pythagoricien de la vérité qui expose au ridicule était déjà exprimé dans l'*Elégie à Grévin* (1561): "[Les poètes grecs divinement inspirés] qui ont à la faconde / Accouplé le mystere, et d'un voile divers / Par fables ont caché le vray sens de leurs vers, / A fin que le vulgaire, amy de l'ignorance, / Ne comprist le mestier de leur belle science, / Vulgaire qui se mocque, et qui met à mespris / Les mysteres sacrez, quand il les a compris" (v. 88-94, éd. Laumonier, XIV, p. 196). L'*Abbregé* de 1565 développe un autre lieu commun, apparemment contradictoire mais également rebattu, celui de l'utilité pédagogique des fables, la poésie ayant servi à l'origine "pour faire entrer au cerveau des hommes grossiers par fables plaisantes et colorées les secretz qu'ilz ne pouvoyent comprendre, quand trop ouvertement on leur descouvroit la verité" (XIV, p. 4): cet argument était parfois utilisé par les théologiens pour justifier le langage figuré de la Bible, et par les auteurs de commentaires destinés à la jeunesse (voir, par exemple, la préface de Melanchthon à ses *Enarrationes in Hesiodum*).

[39] Les v. 81-82 peuvent se comprendre de deux façons: le fabuleux manteau empêche la vérité d'être à découvert, ou bien: la vérité appartient au manteau et se trouve révélée par le travail du poète. Il est évident, de toute façon, que pour Ronsard la vérité n'est jamais nue.

[40] Voir aussi *supra*, p. 147-8.

[41] V. 71-80.

On retrouve ici l'argument du mépris de la foule, mais vu sous un autre angle: le poète, ici, n'a pas peur des moqueries, il veut sauver le prestige de la "vérité", en préservant le "peuple" du danger de l'indifférence philosophique. La fable n'est pas un simple écran, elle sert à maintenir le public entre le désir de voir et la peur d'"approcher", née d'un respect pour le sacré. Ce texte se rattache à l'idée aristotélicienne de la "merveille": les mythes conçus pour exprimer un étonnement conservent le pouvoir de le provoquer sans fin en ceux qui les lisent; eux aussi sont chargés, à leur manière, d'une force magnétique qui oriente les esprits vers la "vérité", sans la leur donner complètement afin d'entretenir la tension. En attribuant aux fables un rôle complexe de séduction attractive et de protection, l'élève de Dorat intégrait à sa propre poétique la conception canonique formulée par la philosophie ancienne et adoptée par les Pères de l'Eglise.

Fable et magnétisme

Dans le dialogue de Plutarque *De E delphico*, le platonicien Ammonios[42] prolonge la réflexion d'Aristote sur la valeur de l'expression figurée:

> Puisque la philosophie naît de la recherche, et celle-ci d'un étonnement et d'un embarras de l'esprit, c'est à bon droit que presque toutes les questions qui concernent le dieu sont comme recouvertes d'énigmes et appellent un *pourquoi* et l'explication de la cause [...]. Ce sont autant de questions qui sont ainsi suggérées aux hommes tant soit peu doués de raison et de sens, leur servent d'appâts et les incitent à réfléchir, à s'informer et à discuter à leur sujet.[43]

Le *Commentaire au Songe de Scipion* attribue à la nature elle-même une répugnance à se dévoiler qui la pousserait à cacher sa vérité "sous la couverture et le vêtement varié des choses", et à désirer que les sages ne parlent de ses secrets qu'à travers des fables. Il introduit un remarquable parallélisme entre les corps (ou plutôt le corps) de la nature, et les fables; les uns comme les autres protègent les mêmes "arcanes". Les objets matériels et visibles, qui sont le seul moyen d'approcher de l'"intellection" de la nature, sont aussi ce qui en défend l'accès: ils s'offrent aux sens, tout en faisant écran à ceux qui n'ont que des sens.[44] Les fables ont ce même caractère d'ouverture et de fermeture; elles permettent de trier les initiés selon leurs mérites, et maintiennent autour du savoir un climat de désir: même les plus sots sont contraints à la vénération, au lieu de sombrer dans l'indifférence ou le mépris et de rabaisser le secret au niveau de leur propre médiocrité,[45] comme si la vérité ne valait qu'en fonction de l'amour qu'on lui porte.

---

[42] Le maître de Plutarque et le personnage le plus important du dialogue.

[43] Plutarque, *De E delphico*, 385 C; éd. Flacelière, p. 14.

[44] Macrobe, *In Somn. Scip.*, I, ii, 17: "[Philosophi] sciunt inimicam esse naturae apertam nudamque expositionem sui, quae sicut vulgaribus hominum sensibus intellectum sui vario rerum tegmine operimentoque subtraxit, ita a prudentibus arcana sua voluit per fabulosa tractari" (éd. Willis, p. 7).

[45] *Ibid.*, I, ii, 18: "Sic ipsa mysteria figurarum cuniculis operiuntur ne vel haec adeptis nudam rerum talium natura se praebeat, sed summatibus tantum viris sapientia interprete veri arcani consciis, contenti sint reliqui ad venerationem figuris defendentibus a vilitate secretum"

Les Pères de l'Eglise, et tout spécialement saint Augustin, ont attribué la même valeur au langage figuré de la Bible. Les paraboles et les images n'y remplissent pas seulement une fonction protectrice (en maintenant les mystères à juste distance), et une fonction pédagogique (en parlant aux simples le langage qu'ils peuvent comprendre), ils tiennent le fidèle en haleine, excitent son zèle, renouvellent son étonnement, animent son intelligence. Grâce à elles, la lecture devient une véritable recherche et non pas la consommation tranquille d'un savoir.

> A la manière des prophètes, Isaïe mêle les expressions figurées aux termes propres, de telle sorte qu'un esprit attentif et rassis atteigne par d'utiles et salutaires efforts le sens spirituel; mais la paresse charnelle, ou la lenteur d'une intelligence inculte et inexercée qui en reste à l'écorce de la lettre, pense qu'il n'y a rien à rechercher à l'intérieur.[46]

D'une manière plus radicale, mais qui aboutit à une conclusion similaire, le pseudo-Denys affirme la supériorité des images inadéquates pour exprimer les réalités surnaturelles; représenter les anges sous les traits de splendides personnages vêtus d'or, inciterait ceux "dont l'intelligence n'a jamais dépassé le plan de la beauté sensible" à se contenter de ce qu'ils voient, tandis que les métaphores déconcertantes poussent vers la recherche du sens spirituel.

> [Ainsi la sagesse des théologiens] empêche notre tendance vers la matérialité de se contenter paresseusement d'images insuffisantes, et en même temps elle élève la partie de l'âme qui tend vers les hauteurs et, par la laideur même de ces métaphores, elle l'aiguillonne de telle façon que même des êtres trop enclins aux désirs matériels ne puissent les juger ni possibles ni véridiques [...][47]

La valeur esthétique du voile et la relation érotique qu'il favorise entre l'objet et le regard se trouve au contraire reconnue dans les *Stromata* de Clément d'Alexandrie, toujours dans l'idée d'attirer les esprits vers la vérité:

> Tout ce qui se laisse entrevoir derrière un voile grandit et ennoblit la vérité qu'il manifeste, comme les fruits qui apparaissent à travers l'eau, ou les formes

("Ainsi ces mystères sont cachés grâce aux détours des allégories afin que la nature de telles choses ne se présente pas nue même à <ses> adeptes, mais que seuls les hommes supérieurs aient connaissance de la vérité cachée, la sagesse leur servant d'interprète, tandis que les autres se contentent, pour <être maintenus dans> la vénération, des allégories qui protègent le secret de l'avilissement").

[46] "Locutiones enim tropicae propriis prophetico more miscentur, ut ad intellectum spiritalem intentio sobria cum quodam utili ac salubri labore perveniat; pigritia vero carnalis vel ineruditae atque inexercitatae tarditas mentis contenta litterae superficie nihil putat interius requirendum", *De civitate Dei*, XX, 21, 2; éd. Dombart, p. 300-303. - Voir J. Pépin, *La tradition...* , II, p. 91-136. J. Pépin met en évidence la notion centrale de la nécessité d'un étonnement continuel devant la Création ou l'Ecriture. Dieu lui même a protégé son mystère, comme la nature de Macrobe: "haec est utilitas occultorum operum Dei; ne prompta vilescant, ne comprehensa mira esse desistant" (*Contra Julianum*, VI, 7, 17; P.L. XLIV, 832; cité par Pépin, p. 93). Le *De doctrina christiana* contient aussi une défense de l'allégorie.

[47] Pseudo-Denys, *La hiérarchie céleste*, ch. 2, §3, 141 B (*Oeuvres complètes*, trad. Gandillac, p. 191-192). Texte cité par E. Gombrich, *Symbolic images*, p. 151.

cachées derrière les voiles qui les embellissent en les laissant seulement deviner. Car la lumière totale accuse les défauts.[48]

Ces idées avaient déjà été appliquées au domaine littéraire. Les commentateurs de fables exprimaient volontiers l'idée qu'aucune explication ne devait viser à une lumière totale:

> Il ne faut pas toujours chercher la raison <de tout> dans les fables, il doit suffire de comprendre à peu près ce qu'elles ont voulu dire. De même qu'en peinture il ne faut pas toujours chercher les raisons, <et se demander> pourquoi on a ainsi peint un arbre, alors qu'on aurait pu peindre une montagne; de même dans les expositions des fables il ne faut pas non plus tout scruter rigoureusement.[49]

Dans ce passage, Melanchthon ne s'attardait pas à justifier un tel respect du voile poétique, qui n'était peut-être dû qu'à la prudence. Tandis que la théorie de la fable élaborée par Barthelemy Aneau partait explicitement d'une théorie de la connaissance et d'une réflexion sur l'usage de l'énigme pour entretenir la ferveur de l'enquête. Selon lui, les bons lecteurs étaient ceux que possédaient "la curiosité d'entendre l'obscur";[50] et cette obscurité elle-même répondait à un besoin fondamental de l'âme "procédée de l'infini" et donc elle-même "infinie en ces deux propres actes de volonté, et de intelligence"; cette âme était donc possédée par un désir insatiable de savoir qui la rendait incapable de se fixer sur un objet limité, d'où son amour pour les fables qui ravivent toujours l'espoir d'un sens plus profond:

> Laquelle Ame estant infinie en ces deux puissances et actes, ne se contente de la simple et nue declaration des choses: mais oultre ce a voulu y cercher aultre sens plus secret, et attaindre à plus hault entendre: ou elle cognoissois icelluy estre abscons, et elevé: ou bien si tel n'y sembloit estre, le y a voulu adapter.[51]

Le "Ronsard" du quatrième dialogue de Louis Le Caron a également médité sur les vertus de la difficulté:

> ... les poëtes me semblent avoir prudemment regardé à la nature de l'esprit humain. Car rien n'est qui plus l'exerce en ses conceptions, qui lui apporte plus grande volupté et qui le rende plus content, que de discourir les choses plus separées de la congnoissance du vulgaire. Quel grand plaisir se donne l'esprit, quand ravi et abstrait des pensements terrestres il cherche et recherche

---

[48] Clément d'Alexandrie, *Stromata*, V, 9, 56, 5; trad. par J. Pépin, *op. cit.*, p. 105.

[49] "Porro, ut hoc quoque obiter admoneam, non est semper in fabulis ratio quaerenda, sed satis sit aliquousque depraehendisse quid significare voluerint. Nam sicut in pictura rationes non semper sunt quaerendae, cur arborem sic pinxerit, cum aliquis montem pingere potuere potuerit: ita nec in expositionibus fabularum adamussim omnia sunt rimanda", Melanchthon, *In Hesiodi libros ... enarrationes*, Paris, Bogard, 1543, f. 12 v°-13 r°. Cité par B. Aneau (*Les trois premiers livres de la metamorphose d'Ovide [...]. Avec une preparation de voie a la lecture et intelligence des Poëtes fabuleux*, Lyon, Roville, 1556, f. c5v°-c6r°).

[50] B. Aneau, *op. cit.*, f. [a] 4v°. - B. Aneau relie cette idée à l'étymologie cratylienne qui rapproche le nom "*Musa*" du verbe "enquêter" (voir *supra*, p. 178, note 41).

[51] *Ibid.*, [a] 4 v°. - Sur cette préface, voir G. Demerson, *La mythologie...*, p. 499-501; T. Cave, *The cornucopian text*, p. 175-176; M.-M. Fontaine, "*Alector ...*", p. 41.

franchement, invente, conçoit, entend, traitte et dessigne infinis discours, pour trouver la verité, de laquelle la subtile fable lui donne quelque amorce?[52]

L'image de la femme subtilement voilée, qui éveille le désir par la lumière de son regard, a donc été chargée de sens par toute une tradition qui accordait à l'allégorie un rôle privilégié dans l'ordre de la connaissance.[53] Elle permet de concevoir qu'une obscurité relative soit la condition d'un éclat plus grand. Elle est presque banale: l'étoile "qui a forcé le voille / De la nue empeschante" est une image récurrente dans la poésie de Ronsard,[54] et la Vérité voilée pour que le Temps la découvre est un motif iconographique traditionnel,[55] mais l'ellipse amplifie son pouvoir de suggestion. L'allusion à l'artifice des peintres n'est pas développée; elle contribue à conjoindre, et presque à confondre, les plans de la réflexion philosophie et de l'effet esthétique, sans être exploitée dans un sens défini. L'usage du voile était recommandé dans les traités de peinture afin de parfaire l'imitation de la vie: pour animer la toile de gracieux mouvements d'étoffe qui tantôt révèlent la nudité de corps en se plaquant contre eux, tantôt traduisent en volutes des souffles invisibles;[56] ou bien lorsqu'on devait affronter la représentation des passions extrêmes: Timanthe, dans son *Sacrifice d'Iphigénie*, avait déployé tout son art pour peindre la douleur de Chalcas, d'Ulysse et de Ménélas,

> ayant épuisé les émotions <représentables> et ne trouvant aucun moyen de montrer dignement le visage d'un père excessivement affligé, il lui couvrit la tête d'une étoffe, laissant ainsi à chacun davantage à méditer en son âme sur sa douleur, qu'il n'aurait pu en discerner par la vue.[57]

Cette opposition marquée entre ce que donne le regard et ce que l'âme reconstruit en elle-même, nous ramène à l'effet allégorique et à la gradation qu'il suppose d'un sens littéral et "visible" à un sens spirituel; elle rappelle aussi surtout que les voiles ne sont là que pour rendre plus intense et plus active la relation entre le spectateur et l'image. Si, dans le texte de Ronsard,

[52] Louis Le Caron, *Les dialogues* (1556), éd. Buhlman, p. 268-269. - Rhodiginus appuie aussi sa défense de l'allégorie sur l'idée du désir inné de savoir enfoui dans l'âme humaine (*Lectiones antiquae*, Venise, Alde, 1516, p. 156).

[53] A propos de ce voile, Claude Faisant a parlé d'une "érotique sérieuse de la connaissance" ("L'herméneutique ...", p. 109). Cependant il rapproche le prologue de l'*Hyver* de la théorie des "périodes" de la poésie: au premier âge de la "Theologie allegoricque" où la fable révélait la vérité, s'opposerait l'époque moderne du "voile", où elle servirait à la protéger du vulgaire. Cette vision chronologique paraît forcée: s'il a parfois fait allusion à une décadence de la fable, Ronsard ne semble pas avoir dissocié la fable-révélation et la fable-voile.

[54] *Hymne de Charles cardinal de Lorraine*, v. 386-387; éd. Laumonier, IX, p. 50. Dans la *Remonstrance...*, les vertus de Sapin "Fleurissoient au Palais comme parmy le voile / De la nuit tenebreuse une flambante estoille", éd. Laumonier, XI, p. 100.

[55] La Vérité apparaît sous deux formes, comme une femme entièrement nue (par exemple, dans la *Calomnie d'Apelle* de Botticelli), ou comme une femme voilée que va dévoiler le Temps. Ici Ronsard choisit une autre voie: sa Vérité doit rester voilée.

[56] Alberti, *De pictura* , éd. Schefer, p. 188-189).

[57] "Consumptis affectibus, non reperiens quo digno modo tristissimi patris vultus referret, pannis involvit ejus caput, ut cuique plus relinqueret quod de illius dolore animo meditaretur, quam quod posset visu discernere", *Ibid.*, éd. cit. p. 178, notre traduction.

nous ne savons pas rattacher à l'allusion une notion précise, si le geste des peintres reste légèrement flou, cette idée n'en parvient pas moins par s'imposer et par réunir dans la même exigence le philosophe et l'artiste. Tous deux veulent donner à "méditer" plus qu'ils ne disent ou qu'ils ne montrent; tous deux tirent paradoxalement avantage des insuffisances de la raison, du langage ou de la représentation, pour inspirer le "désir de chercher".

Cette théorie de la fable est déjà presque trop vieille lorsqu'elle se voit formulée dans les *Quatre saisons de l'an*, parce qu'elle résume une tradition menacée et qu'elle succède à sa propre mise en pratique: l'*Hymne de l'Hyver* constitue une sorte de testament de la Muse philosophique de Ronsard.[58] Mais elle s'accorde trop bien avec son univers pour manquer de naturel ou de force de conviction. Dans les *Odes*, la poésie apparaît déjà surtout comme une circulation d'énergie, qui relie, transforme et attire inlassablement: elle transmet son élan au poète et lui permet de convertir en voix les beautés et les vertus de ceux qu'il décrit, afin de les propulser par l'univers et d'y créer une commotion, d'y réveiller les auditeurs engourdis. L'*Ode à Caliope* évoque un échange amoureux, volontairement isolé du monde et du public, mais l'*Ode à Michel de l'Hospital* y fait participer la ciel, la terre, la mer et la foule des hommes, sensibles au magnétisme poétique et ainsi délivrés de la lourde paresse qui les clouait au sol. Or les *Hymnes* manifestent encore plus clairement la nature de ce magnétisme: il n'est pas seulement musical et ne se contente pas de relier une "voix sucrée" à des oreilles charmées, il fait entrer aussi la "vérité des choses" dans son cercle enchanté. Le poète, cet éternel actif, arpente l'univers sur les traces d'Orphée et de la Philosophie elle-même, et il transforme le fruit de sa quête en inventions et en fables, pour éveiller en ses lecteurs le même zèle, à force d'entretenir l'"ardeur" de leur imagination.[59]

---

[58] Par la suite, seule l'*Ode des estoilles* (Paris, Buon, 1575; éd. Laumonier, t. XVII, p. 35-44) pourrait se rattacher à ce courant, et elle est d'une conception toute différente: elle n'utilise presque pas la fable. Et les hymnes des *Quatre saisons de l'an* montrent déjà une évolution sensible par rapport aux recueils de 1555-1556 (voir ci-dessous, p. 390 sq.): paradoxalement, ils appliquent peut-être moins fidèlement la théorie qu'ils formulent.

[59] Cf. le compliment adressé au poète Lancelot de Carle, évêque de Riez, dans *Les Daimons*: "Tu retiens des oyans l'ardante fantasie".

CHAPITRE QUINZIÈME

LES FABLES DES *HYMNES*: LE CLAIR ET L'OBSCUR

Nous n'avons donc aucune raison de mettre en doute l'adhésion de Ronsard aux vues de Dorat, même s'il en a donné une interprétation personnelle, étroitement liée à sa propre idée de la poésie. La façon dont il a employé le langage de la fable à l'intérieur de ses hymnes de la nature en apporte plutôt une confirmation. Pierre de Nolhac a souligné la clarté et la franchise de sa manière, pour mieux l'opposer au goût supposé de son maître pour les labyrinthes sans merci et les élucubrations fumeuses. Ce jugement ne manque pas d'une certaine justesse: Dorat s'abandonnait sans doute parfois librement à son goût pour la mythologie rare,[1] tandis que Ronsard semble avoir tenu à garder un certain équilibre entre les séductions de l'originalité érudite et le désir d'universalité, qui invitait à éliminer les bizarreries et à fuir l'ésotérisme.[2] Dans sa poésie philosophique, pour nous en tenir là, les fables et les allégories produisent un effet par elles-mêmes. Elles peuvent receler de très savantes allusions et peut-être même parfois de véritables secrets, car il n'est pas prouvé que leur auteur n'y ait jamais rien caché et n'ait élaboré ses fictions compliquées que pour "renvoyer tout simplement à la Réalité même".[3] Mais elles sont lisibles sans recourir à des clefs extérieures. A cet égard, la relation entre le poème et le lecteur ressemble à celle du poète et de sa Muse, telle que la représente l'*Ode à Caliope*: elle a quelque chose d'exclusif et d'isolé. Les allusions parsemées dans le texte n'ont pas de propriété centrifuge, elles ne sont pas destinées à distraire l'attention en l'attirant ailleurs ou en l'occupant à d'inutiles devi-

---

[1] Par exemple lorsqu'il utilisa Nonnos pour la décoration du banquet de 1571, voir F. Yates, "Poètes et artistes ...".

[2] Nous adoptons la position de D. Wilson ("Science et allégorie ..."): Ronsard n'était pas un poète ésotérique, quoi qu'en ait dit A.-M. Schmidt (*Etudes* ..., p. 125-172), ce qui ne l'empêchait pas d'apprécier les vertus philosophiques et esthétiques de l'énigme fabuleuse.

[3] C. Faisant, "L'herméneutique ...", p. 108. Ronsard n'était pas Nostradamus, mais on va trop loin en donnant une lecture exclusivement poétique de sa mythologie. Voir *infra*, p. 308 sq, les conclusions de l'analyse des *Saisons*.

nettes. Au lieu de disperser l'énergie, elles ramènent vers le foyer tout ce qui, venu du dehors, peut servir à augmenter son éclat. Ronsard, on le sait, a pratiqué l'intertextualité d'une façon très possessive. Introduire dans un poème une énigme impossible à résoudre sans recourir à un dictionnaire ou une encyclopédie extérieures aurait entraîné l'affaiblissement, sinon l'interruption, du courant magnétique à l'oeuvre dans la lecture.[4]

L'Hymne des Astres

C'est en ce sens que les fables des ses *Hymnes* s'offrent dans une pleine clarté, comme de belles compositions auxquelles chacun peut prendre plaisir. Il ne manque rien pour s'intéresser à l'action du bref *epyllion*[5] de l'*Hymne des Astres*, dont les épisodes s'articulent avec netteté, en autant de tableaux "détaillés pour les yeux". Le récit est d'autant plus lisible que chaque scène est bien individualisée, qu'elle a son humeur et sa couleur propres, tout en s'intégrant logiquement à la narration. La nonchalante bucolique initiale ne met en scène les acteurs des rythmes cosmiques que pour suggérer un temps indifférencié, où le drame ne vient jamais poser ses accents, ni "mettre en valeur" des héros.[6]

> Quand le soleil hurtoit des Indes les barrieres
> Sortant de l'Ocean, les Heures ses portieres
> Couroient un peu devant son lumineux flambeau
> R'amasser par le Ciel des Astres le troupeau,
> Qui demenoit la dance, et les contoient par nombre,
> Ainsi que les pasteurs, qui, le matin, souz l'ombre
> D'un chesne, vont contant leurs brebis et leurs boeufz,
> Ains que les mener paistre aux rivages herbeux.
>   Quand la Lune monstroit sa corne venerable,
> Les Heures de rechef ouvroient la grande estable [...][7]

---

[4] Pour que l'effet poétique agisse pleinement, le poème doit pouvoir se nourrir de ses propres ressources, en n'ayant recours qu'à l'encyclopédie commune ou à celle qu'il aura pu construire lui-même. A cet égard, l'oeuvre de Ronsard semble tenir compte, avant la lettre, du phénomène décrit par Umberto Eco dans *Lector in fabula*: le lecteur étant muni de sa culture personnelle et de ce que le texte lui fournit, l'ouverture de l'oeuvre tient à ce que "la compétence du destinataire n'est pas nécessairement celle de l'émetteur". Mais, ajouterons-nous, si l'écart entre les deux compétences est trop grand, l'oeuvre se ferme à nouveau et expédie son lecteur vers d'autres textes, en quête d'informations. - Le caractère délibérément "centripète" de la poésie philosophique de Ronsard se vérifie, par exemple, dans l'économie de l'information pratiquée par l'*Hymne du Ciel* (voir *supra*, p. 263-270).
[5] Terme utilisé par B.R. Leslie, pour caractériser la manière épique de Ronsard (*Ronsard's successfull* ...). - W. Calin ("Ronsard's cosmic warfare...") a soutenu que la veine épique de Ronsard a été surtout exploitée dans ses *Hymnes* et ses *Discours*, il donne pour exemple le mythe de l'"Hymne des Astres".
[6] Cf. les v. 39-40, qui amènent la rupture: "Si est ce qu'à la fin un estrange malheur / (Un malheur peut servir) mist leur flamme en valeur [...]" (éd. Laumonier, t. VIII, p. 152).
[7] *Hymne des Astres*, v. 26 sq.; éd. Laumonier, VIII, p. 151-152.

Le corps de ballet, si décoratif en son gracieux va-et-vient, passe alors à l'arrière-plan, avec l'entrée fracassante des Géants qui amène enfin le danger et l'aventure. Mais il revient par le côté, et pour assumer cette fois un vrai rôle, en perdant son caractère de troupe moutonnière: l'Ourse se détache du groupe (à la manière de Calliope dans l'*Ode à Michel de l'Hospital*) et exécute son solo. L'avant-dernier tableau, avant l'épilogue, se constitue en parfait contraste avec le premier: l'éclat meurtrier remplace la douce lumière crépusculaire, et l'urgence la molle perpétuité; le désordre des batailles et la violence des gestes s'opposent à l'harmonieuse chorégraphie; le fromage macabre répond ironiquement à l'évocation paisible des bergers.

> Ja desja s'attaquoit l'escarmouche odieuse,
> Quand des Astres flambans la troupe radieuse
> Pour esbloüir la veüe aux Geantz furieux,
> Se vint droicte planter vis-à-vis de leurs yeux,
> Et alors Jupiter du traict de sa tempeste
> Aux Geantz aveuglez ecarbouilla la teste,
> Leur faisant distiller l'humeur de leurs cerveaux
> Par les yeux, par la bouche, et par les deux naseaux,
> Comme un fromage mol, qui surpendu s'égoute
> Par les trous d'un pannier, à terre goute à goute.[8]

Quant à la vision finale, elle entretient avec le début des relations de fausse symétrie qui font ressortir les éléments de variation: les étoiles y sont revenues à un état de complète soumission, mais elles ont échangé leur vacance sans but, sous le lâche contrôle du temps, pour une fixité tendue et dense, une fixité agissante.[9] Ce changement fondamental est mis en évidence par le contraste entre leurs maîtres successifs. Les Heures étaient comparées à des "pasteurs" insouciants et routiniers, travaillant sans peine "souz l'ombre d'un chesne", tandis que Jupiter, saisi par l'image au moment où il attache les étoiles au firmament, s'active dans un effort surhumain, en pleine lumière et au milieu du fracas:

> Ainsi qu'un mareschal qui hors de la fornaise
> Tire des cloux ardans, tout rayonnez de braise,
> Qu'à grandz coups de marteaux il congne durement
> A-lentour d'une roue arengez proprement [...][10]

Cette clarté de la narration, servie par l'*energeia* de l'effet pictural,[11] accompagne le développement du sens. Car l'organisation de la fable révèle une volonté de tenir un discours signifiant, rigoureusement "composé" lui aussi. Comme l'a démontré Jean Céard,[12] les mythes conçus par Ronsard

---

8 *Ibid.*, v. 69-78, p. 153.
9 Sur cet aspect, voir G. Demerson, *La mythologie...*, p. 423-426.
10 *Ibid.*, v. 85-88.
11 Sur la notion d'*energeia*, voir notamment P. Galand-Hallyn, *Les yeux de l'évidence*.
12 "Dieu, les hommes et le poète ...", p. 95-96.

ne sont pas, dans leurs détails, susceptibles d'explications indépendantes de leur sens global... Pourquoi les Astres sont-ils récompensés comme il est dit? Chaque détail est subordonné à la structure du mythe et au sens qu'elle porte.

La parenté structurelle entre plusieurs fables des recueils de 1555 et 1556,[13] confirme encore la forte cohérence interne de l'ensemble des hymnes philosophiques; elles racontent le passage, à l'occasion d'une perturbation décisive, d'un ordre lâche de la Nature à un ordre "adamantin", qui permette d'établir des relations serrées entre Dieu et les hommes: l'*Ode à Michel de l'Hospital* ne disait déjà pas autre chose.[14]

Cependant, cette cohérence interne a son revers, car elle prive le texte d'une structure extérieure à laquelle s'appuyer pour compenser d'éventuelles fragilités. Si le fil se détend un peu, si le lecteur cesse d'adhérer à l'histoire et d'en recevoir le sens, au moment où il se dessine, avec une naïveté accueillante qui réponde à la franche assurance du conteur, alors le récit perd de son évidence. Ses divers épisodes ne s'ajustent plus exactement et laissent s'installer dans les intervalles des zones floues; il devient presque mystérieux et arbitraire. Les mobiles des personnages ne sont jamais révélés, de sorte que leurs actes paraissent imprévisibles. L'aventure des étoiles pourrait à chaque instant tourner différemment. Ces belles oisives, sans responsabilités ni soucis, n'étaient pas faites pour s'inquiéter d'une "embûche" et pour prendre "tout soudain" une initiative salvatrice; aucune vertu, aucun caractère ne leur est d'ailleurs attribué qui justifierait leur conduite. Et qui aurait prêté d'avance à Jupiter ce raisonnement profond (ou tortueux), et de toute façon informulé, qui aboutit à lui faire clouer sur place ses collaboratrices? A la rigueur, la lecture littérale du texte autoriserait à penser que Jupiter a agi sans motif. Il y a bien sûr un rapport entre sa décision et la révolte des Géants qui a dû lui faire mesurer les dangers d'une organisation trop lâche. Mais ce rapport n'est explicité nulle part et il n'éclaircit pas tout: la bataille contre les Géants a aussi démontré l'utilité de la liberté de mouvement chez les sujets vraiment fidèles. D'autre part le monarque avisé qui se préoccupe si fort de mettre son royaume en ordre fait d'étranges concessions à la chance. Au lieu de dessiner soigneusement les plans de son nouveau ciel, il accepte ce qu'il trouve:

> et tous en telle place
> Qu'ilz avoient *de fortune*, et en pareille espace,
> D'un lien aimantin leurs plantes attacha [...][15]

Le contraste est très fort entre la fermeté du "lien" et le caractère aléatoire de la disposition qu'il consacre, de sorte qu'il pourrait en découler des réflexions sans fin sur les relations entre le maître des "Destinées" et le hasard. Mais le texte se commente rarement lui-même; et le poète n'indique même pas à son lecteur l'attitude qu'il souhaiterait lui voir adopter: préfèrerait-il une parfaite confiance qui ne voie que le clair et ignore l'obscur, ou une inquiétude imaginative qui finisse par défaire l'histoire à

---

[13] Celles de la *Mort* et des *Astres*, des *Daimons* et de la *Justice* (voir J. Céard, "Dieu ...").
[14] Sur le sens des *Astres*, voir J. Céard, "Les mythes ...", p. 29-30.
[15] *Hymnes des Astres*, v. 81-83; éd. Laumonier, VIII, p. 153.

force de questions? Or c'est précisément le caractère de la fable ronsardienne qui provoque une telle incertitude. Une très vieille fable, conservée dans ses moindres détails, ou bien une fable toute neuve, mais fabriquée selon les règles éprouvées de l'écriture allégorique pour habiller une thèse, ne créeraient pas ces difficultés et ne susciteraient pas le même intérêt. La fable de l'*Hymne des astres* invente son propre tracé (bien qu'elle mette en oeuvre d'anciens motifs), et d'autre part, pour reprendre une dernière fois l'analyse de J. Céard, elle n'est pas "l'allégorie d'une doctrine qui préexisterait";[16] elle possède donc une sorte de fraîcheur aventureuse qui invite à la suivre. Elle ne paraît pas aussi solide qu'une parabole évangélique ou qu'un mythe ancestral, et l'on ne s'attend pas à découvrir de grandes vérités sous chacun de ses petits mystères, mais elle donne assez d'aliments à la curiosité, tout en démontrant son sérieux par sa composition concertée, pour maintenir son public en éveil.

L'Hymne de l'Eternité

L'*Hymne de l'Eternité* ne raconte pas de fable; l'Eternité n'a pas d'histoire, et il eût été absurde de lui imaginer une généalogie, des origines, ou une simple aventure. Ce dernier volet de la trilogie cosmique adopte donc, vis-à-vis du langage figuré, une position différente de celle des deux autres: après l'*Hymne du Ciel*, qui l'exclut presque entièrement,[17] et l'*Hymne des astres*, qui comporte une narration à la manière d'Hésiode, il s'en tient au tableau vivant. Un tel choix n'avait que trop de raisons: avec le Ciel, le poète avait atteint les limites du représentable,[18] l'Eternité les dépassait et devait nécessairement se déguiser pour se faire voir, à la manière de Jupiter dans ses expéditions terrestres. D'autre part, il fallait construire une allégorie qui contînt la dimension du temps et de la vie, mais sous le contrôle d'une instance supérieure, étrangère à ces catégories. Une composition dans l'espace s'imposait donc, qui permît d'utiliser l'artifice des étages. Il en existait de nombreux exemples en peinture,[19] et les stations des entrées royales donnaient souvent à voir de telles superpositions hautement symboliques. Ainsi dans l'entrée du dauphin François à Rennes, en 1532, l'échafaud dressé au carrefour de la Laiterie présentait les quatre vertus cardinales, avec, au niveau supérieur, l'Eternité en personne, entourée par les hiérarchies angéliques "qui par art tournoient sans cesse".[20]

---

[16] "Dieu, les hommes et le poète ...", p. 96.

[17] Cet hymne s'adresse au Ciel même, et non pas à une entité chargée de le représenter (le "pied jamais recreu" du v. 24, est un emprunt au style anthropomorphique des *prisci poetae*, il ne suffit pas à susciter la vision d'un personnage). Les apparitions de la fable sont fugitives (v. 101: Anangé; v. 104: "la cheine qui pend"; v. 116: "filz de Saturne").

[18] L'hymne évoque le premier mouvant, c'est-à-dire une voute invisible (les "yeux d'Argus" ne sont mentionnés qu'une fois, v. 52); malgré la difficulté, Ronsard a tenu à suggérer de façon directe (sans médiation allégorique) la puissance incroyable de l'enveloppe du monde.

[19] Voir les compositions du type de l'*Enterrement du comte d'Orgaz*; les Vierges qui enveloppent de leur manteau toute une communauté humaine; ou bien les représentations des savants humains, surmontées par celles des Arts Libéraux, elles-mêmes surmontées par une vision de la cour céleste ou de la Sapience (voir P. Verdier, "L'iconographie ...").

[20] Cité par A. M. Lecoq (*François Ier imaginaire*, p. 368), d'après le ms. BN fr. 11533.

Quoi qu'il en fût, Ronsard a trouvé le programme de son allégorie presqu'entièrement préparé dans Marulle. Germaine Lafeuille a étudié la façon dont il a travaillé à partir de l'hymne *Aeternitati*, en conservant les grandes lignes de la composition qui met en espace la cour d'Eternité et ses dépendances.[21] C'est d'après ce modèle qu'il a campé sur un trône éminent la reine des "neuf temples voultez",[22] flanquée de Jeunesse (*Juventa*) et de Puissance éternelle (*Virtus*),[23] suivie de "bien loing" par Nature, puis par Saturne (lui-même accompagné des Heures et de l'An),[24] et entourée par la "grand trouppe des Dieux", arrangée en "belle et plaisante couronne".[25]

Une telle image se lit d'elle-même: elle regroupe autour ou au-dessous de la figure principale ses attributs et ses sujets, dans une disposition sans ambiguïté, pour constituer une sorte de définition emblématique. Ronsard l'a cependant transformée, sans en détruire radicalement l'équilibre: il y a introduit de nouveaux personnages, il a enrichi les couleurs du tableau et ajouté de nombreux détails, mais il a aussi modifié quelque peu son organisation spatiale. Le texte de Marulle ne donne guère la sensation de la verticalité; il semble avoir installé très haut le regard de l'observateur (à peu près au niveau de l'Eternité elle-même), et l'on ne découvre vraiment que dans les derniers vers la situation temporairement humiliée de celui qui prononce la prière, au nom de toute une communauté exilée et nostalgique:

Aspice nos - hoc tantum! - et, si haud indigna precamur
Coelestique olim sancta de stirpe creati,
Adsis, o, propior, cognatoque adjice coelo.[26]

Marulle ne laisse pas ignorer que la *magna parens late radiantis Olympi* gouverne le ciel et son contenu, mais sans jamais chercher à préciser la vision du monde inférieur: il se contente de l'évocation stylisée, presque géométrique, des méandres du temps, dont la fuite est entièrement contrôlée par l'Eternité qui la fait constamment revenir sur ses propres traces, en ramenant à l'unité la diversité des jours,[27] de sorte que cette image mobile (ou peut-être cette illusion de mouvement) qu'on nous fait voir de loin ne

---

21 *Cinq hymnes* ..., p. 46-53. P.J. Ford ("Ronsard et l'emploi ...", p. 93-96) a mis au jour une autre source probable de l'*Eternité*: les *Diathekai* attribuées à Orphée; mais ce modèle secondaire (important car il donne une justification supplémentaire à la présence d'Orphée au début de l'hymne), n'a pas exercé d'influence sur l'élaboration de la composition allégorique.
22 V. 55. Cf. *Aeternitati*, v. 3-4 ("quae lucida templa / Aetheris [...] tenes"), et v. 20-21 ("Celsa sedes, solioque alte subnixa perenni / Das leges, et jura polo"); éd. Perosa, p. 113.
23 *Ibid.*, v. 39-68. Cf. *Aeternitati*, v. 6-12, p. 113-114.
24 *Ibid.*, v. 69-78. Cf. *Aeternitati*, v. 13-17, p. 114.
25 *Ibid.*, v. 105-106. Cf. *Aeternitati*, v.18, p. 114 ("divum circumstipante caterva").
26 "Qu'il te suffise de nous regarder, et si nos prières ne sont pas indignes et que nous avons été jadis créés d'une sainte souche céleste, puisses-tu être plus proche et joins nous au ciel <notre> parent", *Aeternitati*, v. 34-36, p. 114. On note la présence répétée du préfixe "ad": *aspice* (et non *suspice*), *adsis*, *adjice*. L'idée de la réunion prévaut sur celle de la séparation.
27 "Atque idem totiens Annus reeansque meansque, / Lubrica servato relegens vestigia gressu" (v. 16-17); cf. l'*H. de l'Eternité*: "Et l'An qui tant de fois tourne, passe et repasse, / Glissant d'un pied certain par une mesme trace" (v. 77-78). "Perpetuoque adamante ligas fugientia saecla, / Amfractus aevi varios venturaque lapsis / Intermixta legens praesenti inclusa fideli, / Diversosque dies obtutu colligis uno" (v. 25-28); cf. l'*H. de l'Eternité*: "D'un lien aimantin les siecles tu attaches", les trois autres vers n'ont pas été traduits par Ronsard.

dépasse jamais l'abstraction du *Timée* (qui parle d'un monde avant l'humanité et avant l'histoire). Cette répugnance à abaisser le regard, se marque à la façon dont la Nature et le Vieillard à la faux sont d'abord présentés derrière l'Eternité,[28] et non pas au-dessous d'elle. Ronsard a d'ailleurs conservé cette sorte d'anomalie de la représentation, qui semble vouloir concilier le modèle de l'échafaud fixe et celui du cortège:

> Bien loing derriere toy, mais bien loing par derriere,
> La Nature te suit [...][29]

Elle se remarque alors d'autant plus que son hymne a construit une scénographie solidement implantée dans l'espace. Le haut et le bas jouent en effet un rôle de premier plan dans l'*Hymne de l'Eternité*, où la verticalité est utilisée dans un esprit théâtral, de façon à créer des effets dramatiques. Le trône de la déesse est ainsi placé "tout au plus haut du Ciel",[30] avec des superlatifs à valeur affective plutôt que logique. Le ciel, puisqu'il est sphère, n'a pas de sommet, mais la dame paraît ainsi juchée à des hauteurs vertigineuses qui obligent le spectateur à lever les yeux bien au-dessus de son horizon habituel. Eminente à l'extrême, elle n'en perd rien de son air imposant comme si elle s'étendait aussi en largeur, armée de son "grand sceptre" et enveloppée de plis, de rayures, et d'une broderie qui "De tous costez s'esclatte en riche pierrerie".[31] Elle n'a rien d'une Fortune, en équilibre précaire sur un globe glissant; tout au contraire, son personnage respire la stabilité. Aussi bien posée "dans" son trône qu'"en l'abit" de son manteau, elle "se sied", la tournure pronominale n'indiquant nullement que l'action est en cours mais suggérant plutôt un redoublement de majesté. L'importance de son inscription dans l'espace est soulignée par un rappel que rien ne nécessite, sinon le désir d'insister:

> Tout au plus haut du Ciel dans un throsne doré,
> Tu te siedz [...]
> *Et là*, tenant au poing un grand sceptre aimantin,
> Tu ordonnes [...][32]

La situation dominante de la figure par rapport au globe se marque beaucoup mieux que chez Marulle, grâce à l'apparition d'un personnage intermédiaire, le Destin, chargé de graver au ciel les loix d'Eternité, mais aussi grâce à la mention des "piedz" de l'auguste déesse. En même temps, la "boulle ronde" qu'elle foule sereinement à la manière d'une sainte Vierge, prend la consistance d'un véritable univers solidement étagé:

> Tu ordonnes tes loix au severe Destin [...]
> Faisant tourner soubz toy les neuf temples voultez,

---

28 "Pone tamen, quamvis longo, pone, intervallo", v. 13. Marulle a cependant employé ensuite le verbe "subire", qu'on ne peut traduire autrement que "s'approcher en montant".
29 V. 69-70.
30 V. 27. - Cf. le dieu de l'*Asclepius* (ch. 27), *supra verticem summi caeli consistens*.
31 V. 30.
32 V. 27-28 et 31-32 (nos italiques).

> Qui dedans et dehors[33] cernent de tous costez,
> Sans rien laisser ailleurs, tous les membres du monde,
> Qui gist dessoubz tes piedz comme une boulle ronde.[34]

La vision générale ainsi donnée, les scènes secondaires qui se présentent ensuite parviennent pour la plupart assez facilement à se situer par rapport au sujet principal. Elles obligent ainsi le regard à plusieurs va-et-vient, de droite à gauche parfois ou d'avant en arrière, mais surtout de haut en bas. Jeunesse et Puissance se tiennent des deux côtés du trône, mais leurs actions les mettent aussi en relation avec l'étage inférieur. Celles de la première semblent les plus malaisées à exécuter simultanément: la jeune fille lève un bras, pour donner à boire à sa maîtresse, dans une pose qui doit se prolonger infiniment, tandis que l'autre bras s'agite violemment pour cribler Vieillesse de "coups de poings". Ces deux gestes ont une finalité symétrique, ils préservent de la décrépitude chacun des deux éléments principaux:

> Dans un vase doré te donne de la dextre
> A boire du nectar, *afin de* te faire estre
> Toujours saine et disposte, *et afin que* ton front
> Ne soit jamais ridé comme les nostres sont.
> De l'aultre main senestre, avec grande rudesse
> Repoulse l'estomac de la triste Vieillesse,
> Et la chasse du Ciel à coups de poing, *afin*
> *Que* le Ciel ne vieillisse et qu'il ne prenne fin.[35]

Mais ils n'en possèdent pas moins un caractère presque contradictoire. Ils suggèrent une sorte de dédoublement du personnage qui agirait pour moitié hors du temps, hors du mouvement et au-dessus du ciel, pour moitié dans un temps qui force les mouvements à se multiplier (d'où la pluralité des coups de poing), et à l'intérieur du ciel (car comment "chasser" l'autre du lieu où l'on n'est pas?).[36]

Puissance possède également deux faces, bien que son comportement apparaisse plus cohérent: elle n'est pas à la fois une suave échansonne et une vigoureuse pugiliste, mais reste de bout en bout une guerrière. "Debout plantée",[37] elle monte la garde avec autant de persévérance que sa compagne verse le nectar, "Branlant et nuict et jour une espée en la main".[38]

---

[33] "Dedans et dehors" renforce "de tous costez"; allusion est aussi peut-être ainsi faite aux faces concaves et convexes des orbes qui les font servir de frontière aussi bien à ce qui est vers l'intérieur que vers l'extérieur. L'univers se présente donc ainsi comme une archiclôture.

[34] V. 32, 35-38. Comme le montre F. Joukovsky, l'image est un symbole de transcendance, mais ne suffit pas à justifier une identification avec Dieu ("Temps et éternité ...", p. 56).

[35] V. 45-52 (nos italiques).

[36] Le regard tourne autour de Jeunesse, touchant successivement la tresse qui flotte jusqu'à ses "talons" (v. 41) et "frappe", puis "ombrage" son "dos" (v. 42, versions de 1556 et de 67-78), ou bien qui "enfl<e> son estomac de vigueur et de force" (version de 84-87), son "teint" rose ou vermeil (v. 43, versions de 1556 et de 1578), et son "flanc", ceint d'une "boucle d'azur" (v. 44), ce qui accroît l'impression d'une démultiplication de l'image.

[37] V. 54.

[38] V. 56.

Armée comme l'ange de la Genèse,[39] elle ne défend pas l'entrée du paradis mais celle du royaume d'Eternité:

> Pour tenir en seurté les bordz de ton empire,
> Ton regne et ta richesse, afin qu'elle n'empire
> Par la fuitte des ans [...][40]

Plusieurs questions viennent à l'esprit, auxquelles le texte qui ne permet pas de répondre: où se trouve l'"empire", quels sont ses "bordz", et surtout d'où vient la menace? L'Eternité n'a pas de frontières, sa "richesse" et son "règne" seraient donc mieux représentés par la "boulle" si bien fermée qui roule sous ses pieds; mais la localisation de l'assaillant en deviendrait impossible à fixer: les "neuf temples voutés" ne laissant rien "ailleurs", Puissance menacerait-elle, de l'extérieur de l'"empire", un ennemi depuis toujours à l'intérieur? La suite révèle effectivement que son attention se dirige vers le bas du tableau. Elle surveille une conspiration qui se fomente au fond de l'univers, toute prête à anéantir les partisans de Discord,

> Discord ton ennemy, qui ses forces assemble
> Pour faire mutiner les Elementz ensemble
> A la perte du Monde et de ton doux repos,
> Et vouldroit, s'il pouvoit, rengendrer le cahos.
> Mais tout incontinent que cet ennemy brasse
> Trahison contre toy, la Vertu le menasse,
> Et l'envoye là bas aux abysmes d'Enfer,
> Garroté piedz et mains de cent liens de fer.[41]

Cette rébellion partie du centre du royaume, là où l'équilibre est le plus fragile, et qui cherche à s'étendre en gagnant les régions supérieures mais n'en retombe que plus bas (aussi bas qu'il est possible, "là bas"), nous ramène à histoire bien connue des Titans ou des Géants.[42] Discord y tiendrait le rôle d'un Encelade promis à l'enterrement,[43] Jupiter s'y

---

[39] Cette analogie est signalée par G. Lafeuille (*Cinq hymnes* ..., p. 47). Mais la figure de Ronsard reste très proche de la représentation traditionnelle de la vertu cardinale de la Force (*Fortitudo*), elle aussi chargée de défendre l'âme contre les assauts du mal. Cf. encore Claudel: "La Force est au midi, là où il n'y a plus de murailles [...]. Et contre la large poitrine vient se rompre la charge de l'Efrit et du diable sanglotant" (*Cinq grandes odes*, "La Maison fermée").
[40] V. 57-59.
[41] V. 61-68.
[42] Ronsard a parfois distingué (comme dans la *Théogonie*), et plus souvent confondu ces deux troupes d'assaillants, comme Ovide (*Métam.*, V, v. 346 sq.) ou Horace (*Odes*, III, iv, v. 42-70): dans l'*Ode à Michel de l'Hospital*, les Titans semblent combattre sous les ordres des Géants (v. 221-221, éd. Laumonier, III, p. 131), tandis que dans l'*Hymne des Astres* l'assaut des Géants ne se prépare qu'après l'échec de celui des Titans (v. 49-52, éd. Laumonier, VIII, p. 152). - Sur la tradition antique du thème, voir F. Vian, *La guerre des Géants*...; sur sa popularité au XVIème s., voir F. Joukovsky, "La guerre des Dieux..."; sur sa signification dans l'oeuvre de Ronsard, voir J. Céard, "La révolte des Géants...". - Sur le lien entre le concept du temps et celui du désordre vaincu, voir M. Quainton, *Ronsard's ordered Chaos*...
[43] Discord se rapproche aussi des Titans relégués au Tartare; cf. l'*Ode à Michel de l'Hospital* , v. 195 sq.: "Dedans ce gouffre beant / Hurle la trouppe heretique..." (éd. Laumonier, III, p.

dédoublerait en Eternité (la reine menacée) et en Puissance (la combattante victorieuse). Cependant, malgré l'évidence de la correspondance, les substitutions ne peuvent être poussées jusqu'au bout parce que la guerre des Géants se situe entièrement dans le cosmos, dont elle constitue un mythe explicatif, ce qui n'est plus le cas de notre hymne. Servant à relier à la figure majeure le détail le plus infime (au sens propre) du tableau, Puissance devient, autant que Jeunesse, une figure en porte-à-faux entre deux ordres. Accotée au trône immuable, elle étend son action jusqu'aux derniers abîmes, comme une sorte d'ange qui accomplirait deux missions habituellement séparées: se tenir près de Dieu (avec les Chérubins) et combattre le Diable sur ses terres avec les intelligences célestes du dernier rang.[44] "Puissance eternelle", pour reprendre son premier titre, est aussi une Vertu qui combat dans le temps, sinon contre le temps, pour ramener continuellement à l'obéissance les "Elements", prompts à se "mutiner", et pour déjouer "tout incontinent" les perpétuelles manoeuvres de l'"ennemy".[45] Montrée, comme Jeunesse, à la fois immobile et en mouvement (qui a pu "garroter" Discord?), au-dessus du monde et intervenant en lui, elle sème un peu le trouble dans notre représentation de l'espace, tout en activant le sentiment d'une tension entre le haut et le bas.

La suite du texte est loin de remettre les choses en place. Le couple de Nature et Saturne apparaît "bien loing par derriere". Or s'il n'y a rien en-dehors du monde, et si le monde est sous l'Eternité, il faut bien que les deux nouvelles figures s'y casent aussi.[46] La comparaison entre les versions joue aussi en faveur de l'interprétation verticale. Celle de 1556 donne donc une image assez brouillée des relations spatiales entre les personnages. Nature, dont on comprend qu'elle ne réside pas habituellement au ciel (puisque les dieux lui font honneur lorsqu'elle y vient), y est suivie par Saturne.

> Saturne apres la suict, le vieillard venerable,
> Marchant tardivement, dont la main honorable,
> Bien que vieille et ridée, eleve une grand faulx
> Où les heures vont d'ordre à grandz pas tous egaulx,

---

130), et les *Astres*, v. 50 sq.: "[...] dans la chartre nocturne / De l'abysme d'Enfer, où il tient enserrez / Et de mains, et de piedz, les Titans enferrez", éd. Laumonier, VIII, p. 152.

[44] Cf. le partage des rôles indiqué dans la *Hiérarchie céleste* du Pseudo-Denys. Sur le caractère crypto-biblique de la description de Discord et la relation entre les Géants et Satan, voir J. Céard, "La révolte des Géants...", p. 231; "La querelle des Géants...", p. 38-39.

[45] Comme l'a montré J. Céard, l'*Eternité* présente un univers fort proche de celui du XIème traité des *Hermetica* ou du *Politique* de Platon, il suggère que "l'état naturel de la matière est le chaos". Il faut donc "toute l'activité de l'Eternité qui donne au monde *vie et force*" ("La révolte des Géants...", p. 231. Réf. à A. J. Festugière, *La révélation...*, t. II, p. 123).

[46] G. Demerson a proposé cette solution: si Nature suit l'Eternité, c'est parce qu'elle "reçut la charge de collaborer à la Création et au maintien de l'Univers *après que* l'Eternité avait déjà déroulé des siècles des siècles; il ne s'agit pas d'une suite métaphysique mais, dans cette vision mythique, d'une succession temporelle" (*La mythologie...*, p. 427). Mais le temps ne peut succéder à l'Eternité. L'hypothèse de Richelet semble donc préférable: "parce que peut estre elle est comme son image, ainsi que dit Trismegiste au Pimandre, *cujus imago est omnis Natura*, et de là la Nature suit fort bien l'Eternité, parce qu'aucune nature ne précède Dieu [...]" (cité dans l'éd. Laumonier, VIII, n. 2, p. 250). Le rapport entre l'éternité et la nature soumise au temps cosmique est effectivement analogue à celui qui existe entre un modèle et son image, suivant les termes du *Timée*.

> Et l'An qui tant de fois tourne, passe et repasse,
> Glissant d'un pied certain par une mesme trace.[47]

Le vieillard à la faux représente ici principalement le Temps; ses rides, sa lenteur et son honorabilité le rendent idéalement assorti à la "bonne mère" courbée sur son bâton à laquelle il cède le pas: la paire des ancêtres respectés, marchant l'un derrière l'autre, contraste avec l'association frontale des jeunes filles vigoureuses. Mais que faire des Heures et de l'An? L'invraisemblance de la représentation ressort d'autant mieux que le texte fait marcher ces figures dans l'espace: il leur accorde de "grandz pas", un "pied certain", grâce auxquels elles parcourent un chemin régulier et circulaire. La version de 1587 rectifie la dernière anomalie, mais compromet l'harmonie du couple des vieillards: Nature y est désormais suivie par la planète Saturne[48] qui remplit désormais surtout son rôle cosmologique en ordonnant sous lui les luminaires, bien qu'il continue à accomplir le geste auguste du maître du temps: sa main élève toujours

> une grand faulx
> Le Soleil vient *dessous* à grands pas tous egaulx,
> Et l'an qui tant de fois tourne, passe et repasse,
> Glissant d'un pied certain par une mesme trace,
> Vive source de feu, qui nous fait les saisons,
> Selon qu'il entre ou sort de ses douze maisons;
> La Lune prend *sous luy*, qui muable transforme
> Sa face tous les mois en une triple forme,
> Oeil ombreux de la nuict guidant par les forets
> Molosses et Limiers, les veneurs et leurs rhets,
> Que la sorciere adore, et de nuict resveillée
> La regarde marcher nuds pieds, eschevelée,
> Fichant ses yeux en elle.[49]

Le soleil était venu, dès 1584, remplacer les Heures et rejoindre l'An, son *alter ego*, mais sans amener un changement décisif dans la conception de l'image: il se contentait de s'ajouter au cortège ("Le Soleil vient *apres* à grands pas tous egaulx"). En revanche, la grande addition posthume a entraîné une sorte de basculement et une réorganisation suivant l'axe vertical. La Nature s'en est trouvée isolée, réduite à processionner toute seule, et constituant désormais la dernière des allégories: à partir de 1587, ce sont des planètes qui s'étagent au-dessous de Saturne et surplombent une terre encore plus concrète, fréquentée par les chasseurs et leurs chiens. Le regard descend donc franchement, au lieu de s'égarer dans un "par derrière" indéterminé; après avoir largement embrassé les cercles cosmiques, il s'arrête sur la petite sorcière, et c'est par le relais de ses yeux qu'il rebondit vers la lune.

---

[47] V. 73-78.
[48] Les vers concernant Saturne n'ont pas changé, mais ils prennent une valeur astrologique en raison du contexte.
[49] Version augmentée de 1587, v. 75-87 (correspondant aux v. 75-79 de l'éd. originale); éd. Laumonier, VIII, p. 251, nos italiques.

Nous arrêterons ici l'analyse, bien que l'hymne poursuive jusqu'au bout son jeu de superpositions ou de va-et-vient, mettant même directement en relation la grande Eternité et les humains "journalliers".[50] Ces quelques réflexions sur la représentation de l'espace dans un allégorie où la simple disposition des objets vaut déjà tout un discours, mènent à une conclusion ambivalente. Ronsard a renforcé les lignes de forces du tableau, en privilégiant l'axe vertical, de façon à faire mieux sentir l'organisation hiérarchique de l'univers, et à lui donner une présence plus concrète. D'autre part, il a utilisé de façon dynamique la structure ainsi mise en place, pour la parcourir, à l'instar d'une échelle de Jacob, et pour établir des liens entre ses différents secteurs. L'*Eternité* fait beaucoup mieux percevoir que le poème de Marulle la distance entre le haut et le bas, il les met aussi beaucoup mieux en rapport. Sans se départir de sa majesté, il suggère des tensions, voire des drames, contenus sous le sein tranquille d'Eternité. Bref, il tient un discours plus riche et plus intéressant que son modèle; il accroît les possibilités expressives du langage figuré et donc son intelligibilité. Dans la mesure où il voulait en dire plus que Marulle, avec presque les mêmes images (et sans alourdir le commentaire), Ronsard a dû veiller plus soigneusement à la lisibilité et à la clarté de sa composition. Mais il a laissé subsister, comme dans l'*Hymne des Astres*, de petites anomalies et quelques lignes brouillées, de sorte que le déchiffrement ne soit jamais parfait.

Fable philosophique et "alexandrinisme"

Malgré ces quelques failles, les fables des "hymnes naturels" donnent globalement l'impression de "continu<er> toujours en leur propos", comme si leur auteur avait oublié les critiques qu'il avait formulé lui-même à l'égard de "petis lecteurs Poëtastres", trop soucieux de suivre le fil de leur pauvre discours.[51] Les "admirables inconstances" sont bannies de cette nouvelle poésie philosophique, au profit d'une représentation presque classique qui respecte l'unité d'action et la disposition en fonction d'un centre ou d'un axe principal. Le pindarisme (celui dont Ronsard exprimait l'essence dans la préface des *Odes*) et l'alexandrinisme n'y exercent qu'une faible influence.

La très belle étude consacrée par Terence Cave à "l'univers mythologique" de Ronsard[52] se trouve ainsi partiellement mise en défaut dans ce cas précis, comme pour confirmer son caractère exceptionnel. S'interrogeant sur la contexture du "fabuleux manteau", T. Cave le rapproche en effet de ces splendides *ekphraseis* qui parsèment l'oeuvre du poète: le manteau de Neptune dans le *Ravissement de Cephale*,[53] les robes de Castor et Pollux dans l'*Hymne de Calaïs et Zethes*,[54] la *Lyre* offerte à Belot,[55] ou encore le "riche habit" donné par Andromaque à Francus.[56] Ainsi s'affir-

---

[50] V. 117 sq., voir aussi v. 87 sq.
[51] *Les quatre premiers livres des odes* (1550), "Au lecteur"; éd. Laumonier, I, p. 47.
[52] "Ronsard's mythological universe".
[53] *Odes* (1550), IV, 16; éd. Laumonier, II, p. 134-136.
[54] *Le second livre des Hymnes* (1556); éd. Laumonier, VIII, p. 263-264.
[55] 1569; éd. Laumonier, XV, p. 29-37.
[56] *La Franciade* (1572); éd. Laumonier, XVI, p. 80-81.

merait la prédominance d'un style luxuriant, "alexandrin" ou bellifontain selon le type de références souhaité. La mythologie ronsardienne, évidemment chargée de symboles, les porterait en nappes et en tissus, noyés dans une complexité décorative à laquelle reviendrait la responsabilité du choc esthétique immédiat.[57] Et cet ensemble exubérant, où l'imagination tient le plus grand rôle, ne serait pas unifié par une intention allégorique cohérente: ici se marquerait l'écart entre Ronsard et Dorat.[58]

> Le manteau mythologique ne se borne pas à déguiser, décorer ou manifester les éléments de quelque système conceptuel extérieur: il est en soi un microcosme avec ses propres beautés "copieuses" et ses propres, et insaisissables, modes de signifier.[59]

Cette analyse est extrêmement éclairante et s'impose par sa justesse: elle rend compte à la fois du style mythologique de Ronsard et de son attitude philosophique si éloignée du dogmatisme. On lui reprocherait tout juste de confondre un peu les fables cohérentes et les fables didactiques purement illustratives, comme si l'ordre venait toujours d'ailleurs et comme s'il était impossible de concevoir un ensemble allégorique unifié sans dépendre d'un "système conceptuel extérieur".[60]

Cependant la pertinence même de cette vision générale donne de l'intérêt aux détails qui semblent la contredire. Il ne s'agit pas de la contester, mais de se demander pourquoi les *Astres* ou l'*Eternité* diffèrent du *Ravissement de Cephale* ou de *Calais et Zethes*. Leurs fables, en effet, résistent à l'exubérance et à la multiplicité. La danse des étoiles, le combat décisif sont évoqués en fonction des seules nécessités de l'action, les épisodes sont réduits à l'essentiel, les accessoires jamais décrits pour le plaisir. L'*ekphrasis* est exclue de l'*Hymne de l'Eternité*: la décoration du "throne doré", la broderie éclatante du manteau sont laissés à l'appréciation du lecteur, tout comme le vase de Jeunesse et le "corselet gravé" de Puissance. Les grandes figures ne deviennent visibles qu'à travers leurs parties ou attributs significatifs: manteau, poing, sceptre et pieds, pour l'Eternité; tresse, teint vermeil, boucle d'azur et vase doré, pour Jeunesse; corselet et épée pour

---

[57] "In most cases it would no doubt be possible to demonstrate some unifying principle [...]; but the immanence of any such unity in no way cancels out the immediate aesthetic impact", *Ibid.*, p. 165.

[58] *Ibid.*, p. 183-184.

[59] "The mythological cloak does not simply disguise, decorate or make manifest elements of some external conceptual system: it is itself a microcosm, with its own copious beauties and its own elusive modes of significance", *Ibid.*, p. 208.

[60] Dans la tradition de la fable, la distinction était assez claire entre la fiction pédagogique, du type de l'apologue, simple illustration d'une thèse préexistante, et la fiction "à mystère" qui ne pouvait dépendre d'un "système conceptuel extérieur" puisqu'elle ne pouvait pas être ramenée à une parfaite lumière (voir ci-dessus le rôle fondamental de l'obscurité dans les fables). E. Gombrich a très nettement distingué deux courants de l'allégorie: le courant clair et didactique (aristotélicien), qui aboutit à l'*Iconologia* de Ripa, et le courant mystérieux, néoplatonicien, passé dans la tradition chrétienne grâce au pseudo-Denys et adopté par Ficin (*Symbolic images*, p. 123-195). P. Ford a montré que Ronsard a pratiqué les deux types de fictions allégoriques, avec une préférence pour la seconde ("La fonction de l'*ekphrasis* ...). Nous inclinerions plutôt à croire qu'il les a mélangées.

Puissance. Elles ne donnent jamais l'illusion d'une intériorité. Et leur présence si fortement allégorique a quelque chose d'archaïque.[61] Malgré le double anachronisme, il n'est pas absurde de citer à leur propos les réflexions du narrateur de la *Recherche* sur les fresques de Giotto, à l'Arena de Padoue.[62] Il a peine à comprendre ces représentations des Vices et des Vertus où "le symbole tient tant de place", au détriment de l'expressivité des figures elles-mêmes dont le visage ne reflète ni sentiment, ni esprit:

> c'est sans paraître s'en douter que la puissante ménagère qui est représentée à l'Arena au-dessous du nom "Caritas" et dont la reproduction était accrochée au mur de ma salle d'études, à Combray, incarne cette vertu, c'est sans qu'aucune pensée de charité semble avoir jamais pu être exprimée par son visage énergique et vulgaire. Par une belle invention du peintre elle foule aux pieds les trésors de la terre, mais absolument comme si elle piétinait des raisins pour en extraire le jus ou plutôt comme elle aurait monté sur des sacs pour se hausser [...]. Mais plus tard j'ai compris que l'étrangeté saisissante, la beauté spéciale de ces fresques tenait à la grande place que le symbole y occupait, et que le fait qu'il fût représenté non comme un symbole puisque la pensée symbolisée n'était pas exprimée, mais comme réel, comme effectivement subi ou matériellement manié, donnait à la signification de l'oeuvre quelque chose de plus littéral et de plus précis, à son enseignement quelque chose de plus concret et de plus frappant.[63]

Les créatures de Ronsard ne ressemblent pas à celles de Giotto: assurément "puissantes", elles n'ont rien de "ménagères". Mais le phénomène artistique est analogue; l'absence des visages concentre l'attention sur l'objet et sur le geste. Et c'est parce qu'elle n'exprime rien que Jeunesse peut, de façon également convaincante, servir à boire à sa maîtresse et repousser rudement Vieillesse. L'Eternité n'a aucune raison de se draper dans un manteau couvert d'histoires car ce n'est pas une héroïne pourvue d'un destin, et Puissance se résume à son épée. En somme, tous ces personnages s'en tiennent rigoureusement à leur fonction allégorique, ils n'ont absolument aucun caractère romanesque,[64] ce qui donne au tableau qu'ils composent sa force, sa "beauté spéciale", son "étrangeté" et sa cohérence, sinon son absolue clarté. L'effet allégorique s'exerce même peut-être d'autant mieux qu'il sort tout entier du poème, sans référence à une doctrine extérieure clairement formulée.

---

[61] Ronsard aimait Homère et Pindare, même si l'esprit de son temps l'a poussé à imiter surtout des poètes plus tardifs. L'un des attraits de son style mythologique c'est la persistance, dans un univers plus moderne, d'éléments archaïques, conservés avec leur étrangeté. Voir quelques notes sur ce thème dans I. Pantin, "A la recherche d'Homère...".

[62] Le rapprochement entre Ronsard et Proust n'est pas si arbitraire, ils étaient tous deux des alexandrins confrontés aux problèmes de la fable philosophique.

[63] *Du côté de chez Swann. Combray II*, dans *A la recherche du temps perdu*, éd. J.-Y. Tadié, t. I, Paris, Gallimard, 1987 (bibl. de la Pléiade), p. 80-81.

[64] Les personnages de l'*Hymne des Astres* pourraient donner lieu à la même analyse en ce qu'ils agissent sans motivations: l'Ourse est seulement celle qui donne l'alarme; Jupiter est celui qui cloue les astres. Seul le geste est mis en lumière.

Les quatre saisons de l'an: retour à Alexandrie

L'examen des *Astres* et de l'*Eternité* suggère donc l'idée d'une correspondance entre le projet d'une poésie de la grande nature et l'adoption d'un style mythologique particulier: plus concis, plus soucieux d'unité, mieux centré sur le symbole. L'échantillon est si réduit qu'il interdit de tirer des conclusions, mais l'existence même de cet îlot singulier dans l'oeuvre de Ronsard a sans doute un sens: lorsque le poète parle de l'organisation du ciel et du monde, le sujet orphique par excellence, il modifierait sa manière habituelle, moderne ou "alexandrine", comme s'il voulait se rapprocher, au moins par l'intention, de la *prisca poesis*. En 1563, pourtant, ce rêve (ou ce scrupule) archaïsant semble avoir été abandonné.[1] *Les quatre saisons de l'an* évoquent les relations du ciel et de la terre dans un style plus conforme à l'esthétique habituelle de Ronsard: l'esthétique de la diversité et de la luxuriance, esquissée dans l'avis au lecteur des *Odes* et expliquée par l'image dans la préface posthume de la *Franciade*:

> [Les poètes] d'une petite cassine font un magnifique Palais, qu'ils enrichissent, dorent et embellissent par le dehors de marbre, Jaspe et Porphire, de guillochis, ovalles, frontispices et pieds-destals, frises et chapiteaux, et par dedans de Tableaux, tapisseries eslevees et bossees d'or et d'argent, et le dedans des tableaux cizelez et burinez, raboteux et difficile à tenir és mains, à cause de la rude engraveure des personnages qui semblent vivre dedans. Apres ils adjoustent vergers et jardins, compartimens et larges allees [...][2]

Alors que les hymnes *de l'Eternité* ou *des Astres* manquent délibérément nombre d'occasions décoratives et laissent finalement la maison assez nue, les *Saisons* visent d'emblée à la magnificence. Cette intention évidente et première se manifeste d'un bout à l'autre du recueil, indépendamment des sujets traités. A cet égard, le *Printemps* n'est guère moins épanoui que l'*Automne*, et l'*Hyver* plus dépouillé que l'*Eté*. Dans chacun de ces hymnes,

---

[1] F Charpentier invoque à ce propos l'épître liminaire du *Recueil des nouvelles poésies* qui parle de "soudaine mutation d'escriture": il faudrait l'entendre non seulement par rapport aux *Discours* de 1562-1563, mais par rapport aux premiers *Hymnes* ("Mythes ...", p. 89-90). Cependant l'épître marque clairement l'intention d'abandonner la polémique, pour se mettre en accord avec la politique royale (l'édit de pacification d'Amboise avait été signé en mars 1563); elle ne fait pas allusion à la poésie philosophique. D'autre part elle ne concerne pas seulement les *Saisons*. L'édition princeps du *Recueil des nouvelles poésies* est constituée par quatre plaquettes séparées. *Les quatre saisons*, publiées sans liminaires, portent la date de 1563, les trois autres plaquettes (*Le premier livre du recueil...*, *Le second livre...*, *Le troisieme livre...*) sont datées de 1564. *Le premier livre..* ne comprend qu'un titre, suivi du privilège et de l'épître liminaire: son contenu est représenté par les *Saisons*, suivies de quelques autres pièces. Voir J. P. Barbier, "Les deux premières éditions ...".

[2] Ed. Laumonier, XVI, p. 340. Il s'agit d'une apologie du style de la "magnificence", tel que l'entendaient Pontano et Fracastor (voir *supra*, p. 192 sq.). Une image analogue se trouve dans le *Naugerius*: les colonnes, les péristyles et autres beautés sont-elles *extra rem*, dès lors que la *domus simplex* suffit à protéger du froid et de la pluie? Il faut admettre que les ornements ajoutés par les grands artistes sont "essentiels et nécessaires": ils révèlent "la perfection et la noblesse des choses" (*Opera omnia*, 1555, f. 162 v°). Au début de cette préface, Ronsard donne cette finalité au langage figuré et orné: "tant pour représenter la chose, que pour l'ornement et splendeur des vers".

le cadre s'enrichit d'agréables détails, les personnages abondent, et l'intrigue se prête à de multiples rebondissements.

Pour commencer, les fables s'étendent plus largement dans leurs poèmes. L'aventure des Astres est loin d'occuper toute la partie centrale de l'hymne qui leur est consacré,[3] et le tableau allégorique de l'*Eternité* admet la représentation du monde réel à l'intérieur même de l'"échafaud" fictif qu'il construit, tandis que les *Saisons* ont pour sujet principal la narration fabuleuse.[4] Celle du *Printemps* commence avec l'hymne lui-même:

> Je chante, Robertet, la saison du Printemps,
> Et comme Amour et luy (apres avoir long temps
> Combatu le discord de la mace premiere)
> De flammes bien armés sortirent en Lumiere [...][5]

Et elle s'achève par une transition très douce. La Terre, aimée du Soleil, apparaît progressivement dans son vrai rôle de productrice de la végétation, tout en continuant jusqu'au bout à se déguiser en jeune coquette:

> Pource de mille fleurs son visage elle farde,
> Et de pareille Amour s'eschaufe, et le regarde,
> Comme une jeune fille, à fin de plaire mieux,
> Aux yeux de son amy, par un soing curieux
> S'acoutre et se fait belle, et d'un fin artifice,
> L'atire doucement à luy faire service.[6]

La salutation finale intervient, sans qu'on ait quitté cette zone indécise, à mi-chemin entre la vérité et la fantaisie.[7]

Le roman des Saisons

Les trois autres hymnes ont des prologues plus développés, qui déclinent les variables nuances de l'humeur poétique en harmonie avec les saisons chantées,[8] mais leur partie centrale est entièrement occupée par la narration

---

[3] Elle se déroule des v. 19 à 96 (et l'hymne en compte 256).

[4] Elles se rapprochent des hymnes narratifs (non cosmiques) de 1555-1556, tels que *Calais*.

[5] *Hymne du Printemps*, v. 1-4; éd. Laumonier, XII, p. 27-28.

[6] *Ibid.*, v. 111-116, p. 33.

[7] Cette façon de rôder aux frontières de l'irréel constitue, pour T. Cave, la caractéristique du style mythologique de Ronsard ("Ronsard's mythological ...", cité *supra*). Dans les *Astres* et l'*Eternité*, les plans du réel et de l'allégorie sont séparés, et cette séparation même est porteuse de sens: elle fait bien sentir la différence entre "La grand trouppe des Dieux" et "Nous aultres journalliers" (*Eternité*, v. 105 et 117; éd. cit., VIII, p. 252-253).

[8] L'*Esté* fait appel à une inspiration solaire ("Nouveau Cygne emplumé je veux voller bien hault, / Et veux comme l'Esté avoir l'estomaq chault / Des chaleurs d'Apollon [...]", v. 11-13); l'*Automne* évoque ses aspects mélancoliques ("Tu seras du vulgaire appellé frenetique, / Insencé, furieux, farouche, fantastique, / Maussade, mal plaisant [...]", v. 61-63, p. 49): le caractère ombrageux prêté au poète préfigure celui de l'héroïne; l'*Hyver* ne cache rien de l'austérité du laurier philosophique ("Il veut qu'on le recherche avec travail et peine, / Sur un

fabuleuse, sans que la moindre place soit accordée au commentaire, à la "moralité", ou à la confrontation avec le réel. Cette narration n'a pas la structure d'une tragi-comédie en miniature, comme celle de l'*Hymne des Astres*, elle ne compose pas non plus un "tableau vivant", elle s'apparenterait davantage au roman. Les épisodes s'y enchaînent sans souci de l'unité d'action.[9] L'unité du héros n'est même pas respectée; ainsi le *Printemps* renouvelle-t-il presque entièrement son personnel en cours de route. Il raconte d'abord les amours de Flore et du Printemps, et fait intervenir, avec bien des acteurs secondaires, Zephyre, Amour et Jupiter; dans la seconde partie, un nouveau couple se substitue au premier (celui de la Terre et du Soleil), et le Printemps se contente d'un rôle d'adjuvant.[10] L'*Esté* adopte une structure similaire: il développe amplement l'histoire de la liaison des parents (Nature et le Soleil), avant de mettre au premier plan le héros éponyme heureusement courtisé par Cérès. Cette seconde phase ressemble même, sous certains aspects, à une répétition abrégée de la première: dans les deux cas l'éclatant jeune homme reçoit les avances d'une dame qu'on devine nettement plus mûre.[11] Les épisodes se disposent donc en séries, au lieu de construire une action qui se suffise à elle-même.

Alors qu'il n'existe aucune interférence entre les *Astres* et l'*Eternité*, certains échos d'une *Saison* à l'autre laissent penser que leur roman n'est jamais fini, bien qu'il n'évolue pas beaucoup. Il semble parfois se raviser (les saisons naissent du couteau de Jupiter dans le *Printemps*, des amours de Nature et du Soleil dans l'*Esté*; la Terre change de mari),[12] mais il respecte aussi la permanence de certaines relations: la petite famille illégitime qui s'est créée au début de l'*Esté* reste à peu près intacte jusqu'à la fin du recueil;[13] et il lui arrive de reproduire des scènes, de façon à établir quelques correspondances transversales. La "mutinerie" des vents et des

---

roc dont la cyme est fascheuse et hautaine", v. 39-40, p. 70). Le prologue de l'*Esté* occupe une vingtaine de vers, ceux de l'*Automne* et de l'*Hyver* environ quatre-vingt.

[9] Sur les problèmes posés par l'organisation de la fable des *Saisons*, voir T. Cave, *The cornucopian text*, p. 242-244; W. K. Pietrzak, "Les *Hymnes* ...". T. Cave observe que le texte "constantly escape the constraints of symmetry" (p. 244); une saison n'a de sens que par rapport aux autres, ce qui implique leur naissance simultanée; chaque hymne raconte donc la même histoire, vue sous un angle différent, et l'ensemble ne peut composer une véritable séquence (p. 243). W. K. Pietrzak confronte le cycle au modèle constitué par Callimaque et constate de multiples anomalies. P. Ford a donné des *Saisons* une lecture néoplatonicienne qui donne sens à ses bizarreries ("Neoplatonic fictions ...", voir *infra*, p. 310 sq.).

[10] Son action est décisive (il ramène le Soleil et emprisonne l'Hyver), mais n'occupe que les v. 89-94: Thétis, qui se borne à rafraîchir le héros, retient autant l'attention (v. 100-108).

[11] La première partie est de loin la plus longue (v. 21-172), et n'accorde à l'Eté qu'une brève apparition (v. 113-118), dans la liste des enfants du couple; la deuxième partie est expédiée: l'Eté grandit en un tournemain, Cérès s'éprend aussitôt du jeune homme, et le mariage ne tarde pas à être consommé (v. 173-216).

[12] Elle épouse le Soleil dans le *Printemps*, mais dans l'*Esté*, le Soleil étant l'amant de Nature, elle est mariée au Printemps.

[13] C'est très net dans l'*Automne* qui retrace les aventures de l'enfant batard, rejeté par ses deux parents, Nature et le Soleil; mais c'est déjà beaucoup moins dans l'*Hyver*: le nourrisson hideux dont Nature accouche, avec ses "cheveux roidis à fil de glace" (v. 96), est bien celui qui a vu le jour dans l'*Esté*, "Perruqué de glaçons, herissé de froidure" (v. 121), mais il semble n'avoir plus de père, sinon Jupiter, "de tous les Dieux le pere" (*Hyver*, v. 100); et le Vent, "filz de l'Aurore et d'Astrée" (v. 156) est son "frere" (v. 117).

intempéries se dessine fugacement dans le *Printemps* [14] et prend l'ampleur d'une épopée dans l'*Hyver*. Le Soleil recule deux fois dans le Zodiaque: dans le *Printemps*, c'est par une sorte de dépit amoureux,[15] tandis que dans l'*Automne* c'est pour éviter de voir une fille indésirable.[16] L'Hyver subit deux emprisonnements: l'un dure neuf mois,[17] l'autre est suivi d'un pardon immédiat.[18] Ces reprises, toujours assorties de variations, ont un effet ambivalent: elles font se confirmer les fables les unes par les autres, elles invitent à les regarder comme appartenant à la même "suite", tout en portant le lecteur à douter de sa mémoire et en l'empêchant d'établir une chronologie stable. Au début du *Printemps*, Zephyre tend ses filets pour capturer Flore et la donner à son amoureux;[19] or cette entreprise ponctuelle, destinée à amener un heureux mariage, est devenue un sport habituel dans l'*Automne*; le Printemps se dérange même pour assister au spectacle:

> Il estoit allé voir l'industrieux Zephyre,
> Qui tendoit ses fillets, et tendus se retire
> Au beau millieu du ret, à fin d'enveloper
> Flore, quand il la peult en ses neuds atraper.[20]

Ce rappel brouille la notion du temps, en présentant successivement le même événement sous deux aspects, historique et intemporel; après avoir été l'acteur d'un drame, Zephire devient comme un sujet de pendule.

Il n'est pas question de suivre en détail les intrigues des *Saisons*. Une comparaison rapide de ces récits d'apprentissage que sont l'*Automne* et l'*Hyver* avec la fable de l'*Ode à Michel de l'Hospital* est déjà éclairante. Dans ces trois cas, le principe est similaire: il s'agit de confronter successivement les héros aux lieux, aux personnages et aux forces naturelles avec lesquels ils doivent être en rapport, de sorte que le ruban du récit, en s'enroulant sur lui-même tout en allant du passé au présent, de la jeunesse indécise à la stable maturité, finisse par composer un portrait définitif, doué de profondeur et d'intelligibilité.

L'Automne et l'Hyver sont des enfants illégitimes en quête de reconnaissance, tout comme les Muses, mais leur chemin vers la possession d'une place en ce monde est spécialement semé d'embûches. Alors que les Muses voient tout s'ouvrir devant elles, de sorte que leur trajet est extrêmement simple, les deux saisons disgraciées suivent un parcours compliqué, elles subissent échecs et rebuffades, et les diverses étapes de leur histoire ne semblent pas constituer des progrès nettement marqués; le dénouement heureux arrive sans être attendu, grâce à des interventions inespérées. Dans l'*Hyver*, Junon abandonne son rôle ordinaire d'épouse vindicative, gardienne des contrats matrimoniaux et de la légitimité,[21] pour

---

[14] *Printemps*, v. 76-80.
[15] *Printemps*, v. 81-86.
[16] *Automne*, v. 252-254.
[17] *Printemps*, v. 91-94.
[18] *Hyver*, v. 305-328.
[19] *Printemps*, v. 9-14 et 33-36.
[20] *Automne*, v. 285 sq.
[21] D'après la première préface de la *Franciade*, Junon est prise, dans cette épopée " comme presque en tous autres Poëtes pour une maligne necessité qui contredit souvent aux vertueux"

jouer celui de Clémence[22] et calmer Jupiter; dans l'*Automne*, Bacchus n'a besoin que d'arriver avec son cortège pour que la scène se transforme; l'héroïne, maudite par sa mère et vouée aux ravages et aux maladies, passe de la désolation à l'exubérance orientale et allègre d'une fête somptueuse:

> L'Automne en larmoyant s'en estoit en allée,
> Quand elle ouyt un bruit au font d'une vallée,
> Et s'aprochant de pres elle vit un grand Roy,
> Que deux Tygres portoient en magnifique arroy [...][23]

Les rencontres, motif fondamental de ces récits de quête, ne constituent pas une série progressive; leur utilité ou leur signification n'apparaît qu'avec retard, et pas toujours clairement. De plus, elles ne sont souvent que de fausses rencontres, manquées, refusées, conflictuelles. L'Automne ne réussit qu'une seule entrevue (avant la venue de Bacchus): elle trouve le vent du midi dans son antre, lui adresse une belle harangue et en obtient ce qu'elle désire (le transport au palais du Soleil), en échange d'une promesse:

> Je te jure en tes mains une ferme aliance:
> Tu seras mon amy: et si quelque puissance
> Le Soleil me depart, tu l'auras comme moy,
> Et l'Automne jamais ne se verra sans toy.[24]

Cet épisode a une importance dramatique: il lance Automne dans l'aventure, en lui faisant quitter la maison de ses "nourriciers" pour des domaines moins accueillants. D'autre part, sa signification allégorique se déchiffre aisément: le vent porte un nom prédestiné (l'Auton)[25] et sa caverne est amplement décrite comme le repaire de Maladie, vieille chienne desséchée, et de ses monstrueux enfants. Son inséparable alliance avec l'héroïne est encore rappelée dans la malédiction de Nature ("et de sur les humains, / Maligne, respendras mille maux de tes mains").[26] Et pourtant elle paraît finalement oubliée dans l'euphorie du dénouement qui accorde à Automne un compagnon bien plus joyeux, le triomphant Bacchus:

(éd. Laumonier XVI, p. 10). Dans l'*Hyver* elle joue un rôle inverse (car l'Hyver, en dépit de sa mauvaise grâce, est assurément un vertueux). - M. Smith ("The hidden meaning ...", p. 95) résout ce problème en faisant de Junon Catherine de Médicis dans son rôle pacificateur; et P. Ford ("Neoplatonic ...") lui donne la dimension de l'Héra cosmique des néoplatoniciens.

[22] Dans l'*Hymne de la Justice* (1555), Clémence adresse à Jupiter une prière pour apaiser son courroux et l'empêcher de foudroyer les humains (v. 307-344). Dans l'*Hymne de l'Hyver*, Jupiter s'apprête à "foudro<yer> l'Hyver" enchaîné (v. 305-311), or Junon, curieusement, évoque un châtiment collectif, et qui s'abattrait sur les hommes: "Hélas, pere benin, qui justement defends / Par ta loy de tuer, pardonne à *tes enfans*: / Je sçay que tu pourrois de l'esclat d'un tonnerre, / Ensoufrés et brulés, *les renverser* par terre, / Mais il vaut mieux ruer les foudres de ta main / Sur le haut des rochers, que sur le *genre humain*" (v. 317-322).

[23] V. 369-372. - Sur l'union de Bacchus et d'Automne (qui rappelle le mythe platonicien de Poros et Pénia), voir T. Cave, "Ronsard's bacchic ..."; Idem, *The cornucopian text*, p. 249.

[24] *Automne*, v. 233-236.

[25] *Ibid.*, v. 167.

[26] *Ibid.*, v. 367-368.

> Il la monte en son char en grande majesté
> Et depuis l'un sans sans l'autre ilz n'ont jamais esté,
> Tant peuvent en amour deux courages ensemble
> Quand une affection pareille les rassemble [...][27]

Ailleurs, Automne ne rencontre que des maisons vides ou des hôtes récalcitrants, et ce qu'elle gagne n'est pas toujours clair: le recul du Soleil trouverait difficilement une explication étiologique,[28] de même que la violente attaque des "grands Monstres du Ciel":[29] si tout ce remue-ménage ne vise qu'à amener Automne "au creux de la Ballance", le signe de son équinoxe, les forces déployées et l'invention fabulatrice sont mal proportionnées au résultat. Les larcins commis dans les palais des frères pourraient aussi sembler un peu gratuits; le vol des rayons chez l'Eté se comprend, mais non celui des fleurs printanières:

> à son frere ravit
> Ses bouquets et ses fleurs, et comme une larronne
> (Apres l'avoir pillé) s'en fist une couronne.[30]

Les pillages qui s'achèvent en couronnes appartiennent à l'imaginaire ronsardien,[31] mais l'impair allégorique demeure: la maîtresse des fruits parée de bouquets surprend, fût-ce dans un hymne dédié à L'Aubespine.

L'*Hyver* n'a pas de ces anomalies, car il met en oeuvre un personnel et un décor plus homogènes. Son héros n'a guère l'occasion d'y piller des jardins. A l'exception de Jupiter et de sa cour, il n'est confronté qu'à des êtres de sa sorte. Même Hercule qui commande l'armée des dieux, en reléguant à l'arrière le "jeune Mars", prend un air spécialement farouche et monstrueux pour se mettre à l'unisson; il ressemble aux Géants qu'il combat:

> Hercule à l'aborder se mist à l'avangarde
> Et de cent yeux ardens ses ennemis regarde:
> Il les presse, il les tue et les abat dessoubs
> Sa pesante massue effroyable de cloux.[32]

Le camp des adjuvants et celui des opposants se différencient mal. C'est ainsi que Jupiter fait appel à la Nuit et au Somme, et que l'Hyver se trouve

---

[27] *Ibid.*, v. 439-442. - La salutation finale reprend pourtant le motif: "Chasse je te supply toute peste maligne / Fievres, reumes, langueurs du chef de l'Aubespine" (v. 449-450).

[28] Il n'a pas de justification astronomique puisque le soleil n'atteint les tropiques (là où, selon l'étymologie, il fait demi-tour) qu'en été ou en hiver.

[29] *Automne*, v. 255.

[30] *Ibid.*, v. 300-302. - Dans la salutation finale on aura une reprise de l'idée, plus qu'une justification: "Qui as part au Printemps, qui as part en l'Esté" (v. 456). T. Cave y voit une illustration de l'ambivalence d'Automne, figure de la dévastation et de l'abondance (*The cornucopian text*, p. 251). On peut toujours trouver, avec ingéniosité, un sens approximatif à ce genre d'images qui, prises naïvement, gardent un résidu d'étrangeté.

[31] Cf. la première strophe de l'*Ode à Michel de l'Hospital*.

[32] V. 219-222. - Dans son discours à l'Hyver, Borée avait déjà mis en parallèle Hercule et les Géants: "S'il a le fort Hercule ... / Tu auras en ton camp l'ingenieux Typhée, / *Qui a cent yeux, cent bras, cent mains et cent cerveaux* [...]" (v. 139-141, nos italiques).

pris au piège par ceux qui auraient dû être ses alliés naturels, une "fille de la Terre"[33] et un Dieu à la défroque inquiétante, allant chercher ses drogues au fond des Enfers:

> et le Sommeil adonq'
> Se vestit d'un manteau comme un grand reistre long,
> Prist des souliers de feutre, et puise en la riviere
> De Styx une vapeur qui endort la paupiere.[34]

Libres fictions et scènes de genre

La richesse de l'allégorie ne contribue donc pas à sa clarté, le tissage du "fabuleux manteau" ayant pour effet de mélanger les fils symboliques: non seulement entre eux mais aussi avec d'autres fils qui ne véhiculent apparemment aucune signification utile au propos. La description minutieuse des manoeuvres de l'araignée[35] pourrait bien ne se trouver là que pour le plaisir, tout comme celle du jouet de Jupiter. Il est vrai qu'il est piquant d'offrir à la Nuit, dans une guerre contre l'Hyver, une sphère armillaire à la décoration essentiellement solaire, et que l'*ekphrasis* met un peu de lumière et de chaleur dans cette ténébreuse affaire:

> Un Cyclope apparoist au meillieu du joüet,
> Qui tient haut eslevé en sa dextre un foüet,
> En la gauche une bride, et au desoubs du ventre
> (Chose horrible à conter) il a les pieds d'un cancre.
> Un Coq de sur son front chante pour l'éveiller,
> Quand il veut au matin soubs l'onde sommeiller:
> Il a les cheveux d'or, et sa face enflamée
> Reluit comme une flame en un chaume allumée,
> Qu'un laboureur attize, et fait de peu à peu
> Sortir d'une estincelle un grand brasier de feu.[36]

Malgré l'usage d'un symbolisme fort recherché, la fantaisie règne dans ce passage, comme pour afficher un refus de l'iconographie banale. Ce soleil-cyclope, réjouissant, pittoresque et "horrible", suscite des impressions con-

---

[33] V. 238: "Nuit, fille de la Terre et mere du repos". La Nuit est la soeur des Géants.
[34] V. 285-288. Les souliers de feutre viennent bien de l'*Orlando furioso*, comme le signale Laumonier, mais non pas le long manteau de "reistre" (un mot dont la connotation était plutôt négative). Le Silence de l'Arioste porte simplement un manteau sombre ("ha le scarpe di feltro, e'l mantel bruno", *Orl. fur.*, canto XIV, st. 94). Une bonne part des troupes de l'Hyver a justement été recrutée sur les bords du Styx (voir les v. 165-168).
[35] *Automne*, v. 289-298, p. 59. C'est l'araignée à laquelle est comparé Zéphyre tendant ses filets. - P. Ford ("Neoplatonic...", p. 47) a trouvé une raison à cette insistance sur le motif du filage: le ret de Zéphyre est "ouvrage de Vulcan" (*Printemps*, v. 11), ce qui l'apparente à celui dans lequel Héphaistos enferme Arès et Aphrodite (*Odyssée*, VIII, v. 266-366), lequel est cité par Proclus dans son commentaire sur le *Timée* (comm. à 31 C): il lui compare la force qui unit les éléments (cf. Platon, *Rép.*, VI, 141-143).
[36] *Hyver*, v. 253-262. Aucun élément de cette partie de la description ne vient d'Apollonius de Rhodes (*Argon.*, III, v. 131 sq.). - Voir aussi *supra*, p. 90-91.

tradictoires; l'éclat de son visage appelle une image à la fois rustique et grandiose.[37] Dans l'*Hymne des Astres*, un bibelot aussi insolite n'aurait pas trouvé d'emploi, ce qui l'aurait rendu indésirable; ici il peut s'intégrer à la fable, sans que l'on se demande trop pourquoi: dans une collection d'objets rares, de tableaux et de curiosités, l'originalité est le contraire d'un défaut.

La sphère de Jupiter n'a donc pas un statut bien assuré: elle pourrait être une énigme philosophique, une métaphore de la fiction poétique,[38] ou bien une plaisanterie décorative. En revanche, plusieurs élément des *Saisons* se situent visiblement en dehors de l'univers du mythe. Telles sont ces petites "scènes de genre" qui agrémentent le récit: scènes de l'adultère quotidien dans l'*Esté*, quand Nature fait de tendres adieux à son amant et revient cajoler son mari pour apaiser ses soupçons,[39] ou scènes de la petite enfance et de la vie rurale au début de l'*Automne*. Le tableau de la fileuse est même placé entre parenthèses, comme pour mieux l'isoler du cours de la fable:

> Un jour que la nourrisse estoit seule amusée,
> A tourner au Soleil les plis de sa fusée,
> (Et qu'ores de la dent et qu'ores de la main
> Egalloit le filet pendu pres de son sein,
> Pinceant des premiers doigts la fillace souillée
> De la gluante humeur de la levre mouillée:
> Puis en piroüetant, alongeant et virant,
> Et en accoursissant, reserrant et tirant
> Du fuzeau bien enflé les courses vagabondes,
> Arengeoit les fillés et les mettoit par ondes)
> Elle vit [...][40]

L'image fait écho, dans une certaine mesure, à la description de la "basse court" de l'Eté qui combine de façon analogue l'évocation d'une activité ordonnée et celle de la poussière de paille emportée par les tourbillons du vent;[41] ou bien elle peut passer pour une sorte d'emblème sans légende; ses relations avec la philosophie naturelle, si elles existent, restent mystérieuses. Et mille détails semblent se moquer par avance des efforts des exégètes, comme ces précautions cosmétiques prises par le soleil levant:

> Et desja le Soleil son front avoit huilé
> De fard, à celle fin qu'il ne fust point haslé [...][42]

---

[37] La même image dépeint la force de la poésie dans la préface posthume sur la *Franciade*: "[Les poètes] d'une petite scintille font naistre un grand brazier, et d'une petite cassine font un magnifique Palais [...]" (éd. Laumonier, XVI, p. 340; la suite du texte est citée *supra*, p. 299). - Sur ce cyclope, voir P. Ford, "Neoplatonic fictions...", p. 53.

[38] La plupart des ornements descriptifs des *Saisons* pourraient être interprétés en ce sens. Voir F. Charpentier, "Mythes et fantasmes...".

[39] *Esté*, v. 155-166. Le caractère typique du tableau est souligné par une "moralité" assez inattendue dans un hymne cosmologique: "Toute espouse amoureuse avecques un tel art, / Scait doucement tromper son mary ja vieillard [...]" (v. 167 sq.).

[40] *Automne*, v. 105-115.

[41] *Ibid.*, v. 312-320. Ici encore, on pourrait songer à une image de la création poétique, associant la liberté inventive et la rigueur de la torsion.

[42] *Automne*, v. 247-248.

Causalité non philosophique

A première vue, le principe qui règle l'invention et la disposition des épisodes et des motifs dans le recueil de 1563 n'est donc pas celui de la cohérence allégorique.[1] Les hymnes de 1555-1556 ne font pas appel à une doctrine externe pour garantir la logique de leurs propos, mais ils n'en donnent pas moins corps à une sorte de doctrine interne, lisible dans l'agencement même de leurs éléments. Or si les *Saisons* possèdent une telle doctrine interne, celle-ci n'y exerce pas le même rôle organisateur. La causalité qui relie entre elles les séquences de l'histoire des *Astres* ou les figures de l'*Hymne de l'Eternité* est principalement philosophique; elle manque parfois de clarté, mais, en ce cas, rien d'autre ne vient remplacer les raisons absentes, et les gestes ou les actions restent immotivés. Tandis que les *Saisons* font largement appel à un autre type de causalité, psychologique ou romanesque. Passons sur le cas de conscience de Nature, qui nécessite un long monologue délibératif avant que l'héroïne ne se décide à l'adultère.[2] L'action de l'*Automne* et de l'*Hyver* dépend du ressort de la frustration. Le vol des fleurs par la future maîtresse des fruits s'en trouve plus facilement justifié que par des raisons cosmologiques ou agricoles. Ronsard a maintes fois raconté l'histoire des Géants sans s'apitoyer sur leur juste rancœur. Or dans l'*Hyver* il a imaginé toute une scène pour donner un motif à la révolte. Le "pauvre Hyver",[3] moqué des Dieux et précipité du ciel, connaît enfin quelque répit grâce aux soins aimants de la Thrace qui l'a recueilli, et l'on suppose qu'il pourrait désormais se tenir tranquille, quand surgit un tentateur, Borée, décidé à le dresser contre Jupiter: il expose dans un long discours, autant qu'il les réveille, les sentiments enfouis au cœur du héros, son ressentiment, sa jalousie envers des parvenus mieux traités que lui, sa confiance en sa propre valeur.[4] Ni l'Hyver, ni l'Automne ne sont des êtres sans qualités, sans visage et sans caractère, comme l'étaient les figures des *Astres* ou de l'*Eternité*. Le premier est "rechigné, pensif, et solitaire",[5] l'autre trahit sa personnalité déconcertante par un comportement d'enfant attardé et lunatique, passant de la tendresse excessive à la mauvaise humeur:

> Ses plaisirs seulement n'estoient que se farder,
> Que baizer sa nourrice, et que la mignarder,

---

[1] A moins de cesser de voir dans les *Saisons* des hymnes cosmiques: c'est ce qu'a fait M. Smith à propos de l'*Hyver*, qu'il interprète comme une représentation figurée de la première guerre de religion ("The hidden meaning..."); ou bien à moins de faire appel, comme P. Ford ("Neoplatonic...") à une doctrine véritablement absconse et puisée à des sources rares.

[2] *Esté*, v. 23-58.

[3] *Hyver*, v. 103.

[4] *Ibid.*, v. 119-158. M. Smith ("The hidden meaning...", p. 93-94) rapproche ce texte du discours d'Opinion à Luther dans la *Remonstrance au peuple de France* de 1562 (éd. Laumonier, XI, v. 269-312, p. 78-90), afin d'appuyer son identification d'Hyver avec les Réformés. Ce rapprochement n'est pas totalement concluant: le discours d'Opinion est bien plus clairement diabolique, il fait exclusivement appel à des motivations vicieuses, alors que celui de Borée s'adresse à un héros magnanime). La reprise d'un motif peut s'accompagner d'une transformation du sens, les symboles ronsardiens n'appartenant pas à un langage codé et fixe (du type de l'iconologie de Ripa). Sur cette question, voir *supra* la note 60, p. 297.

[5] *Hyver*, v. 99.

Qu'à faire de l'enfant, qu'à faire des poupées
Et toujours soupiroit quand on ne l'alettoit,
Et quand son Nourricier au col ne la portoit.
Ses actes toutesfois donnoient bien tesmoignage
Qu'elle seroit un jour de tresmauvais courage ...[6]

La remarque incidente ("Ses actes toutesfois...") situe le portrait dans sa juste perspective: le destin d'Automne est inscrit dans son caractère, qui se lit lui-même dans ses gestes habituels; et la mine renfrognée d'Hyver a la même valeur révélatrice, ce qui permet à Jupiter de prévoir "qu'il seroit quelque monstre odieux",[7] sans avoir besoin d'autre oracle.

Philosophie cachée, philosophie diffuse

Ce rôle donné à la causalité psychologique semble donc éloigner les *Saisons* de l'univers orphique. Les dieux et les allégories y prennent cet air plus bourgeois qu'ils ont déjà chez Homère et surtout chez Apollonius ou Ovide. A quoi s'ajoute l'absence de sérieux. L'humour parcourt le cycle entier.[8] Il va de la franche parodie (dans le monologue de Nature) à une ironie discrète et presque attendrie (dans le portrait de la jeune Automne). Les épisodes les plus graves et les personnages les plus sinistres conservent quelque chose de gai. La gigantomachie gagne dans l'*Hyver* une petite touche rabelaisienne qu'elle n'avait pas dans les *Odes*, ni dans les *Astres*; tel de ses combattants ne détonerait pas dans l'armée de Loup-Garou:

Bryare estoit armé d'une vieille ferraille,
En lieu d'un morion s'afubloit d'une escaille
De dragon éfroyable, et de sa bouche issoit
Un brasier enfumé qui le jour noircissoit.[9]

Comme chez Rabelais encore, l'humour va se glisser jusque dans la fantaisie de certaines descriptions surprenantes et même légèrement déplacées: le cyclope coiffé d'un coq ou la "ventreuse Arignée" des jardins sont un peu les "oisons bridés" de ce cycle peu conventionnel. Et cette légèreté de ton, plus peut-être que les détours de l'intrigue ou la transformation des figures, signale le changement. Orphée n'est pas un poète moqueur, ni même rieur, et l'on a peine à s'imaginer son disciple parti "rechercher les secrets de nature et des cieux", tout en s'amusant. Orphée figure pourtant dans le *Recueil des nouvelles poésies* où il donne son nom à une élégie,[10] mais il ne semble avoir aucun rapport avec les *Saisons*. Obsédé par son "amoureux

---

[6] *Automne*, v. 95-102.
[7] *Hyver*, v. 101.
[8] Laumonier met en rapport les *Saisons* avec la fin du livre XIV des *Macaronées* de Folengo, qui raconte l'histoire des enfants de Nature et du Soleil, rapprochement déjà effectué par E. Pasquier (*Recherches de la France*, 1611, VII, ch. 6, p. 623), éd. cit., XI, p. 27, note 1.
[9] *Hyver*, v. 207-210, p. 78.
[10] "L'Orphée. Au seigneur de Bray Parisien" (éd. Laumonier, XI, p. 126-142).

martyre",[11] il ne se soucie plus de cosmologie. Cette figure dolente pourrait difficilement être associée à la narration joyeuse, et par endroits frivole, du roman familial de la Nature.

Les hymnes de 1563 manquent donc un peu trop de ferveur et de gravité pour s'inscrire sans remous dans le sillage du chant orphique. Il semblerait même qu'ils se soient libérés de la rigueur de l'ancien style parce qu'ils ne tenaient plus à faire état de cette vénérable origine. Mais ils n'en sont pas pour autant délestés de toute philosophie. Les prologues de l'*Automne* et de l'*Hyver* ne doivent pas résumer en vain la théorie traditionnelle de la fable. Le poème devait continuer à avoir un sens, mais qui n'essayait plus de se concentrer dans une fiction simple, "chargée de peu de matière", ou dans un tableau symbolique économiquement composé.

La philosophie des *Saisons* est diffuse, et probablement plurielle, elle ressort d'un ensemble de péripéties et d'un ensemble d'images, à la fois concordantes et contrastées. D'une façon paradoxale, mais qui vérifie l'efficacité du "voile bien subtil", les *Saisons* qui paraissent bien moins sérieuses que les "hymnes naturels" de 1555-1556, et plus nettement destinées à la pure délectation, excitent davantage la curiosité. Les études qui leur ont été consacrées cherchent pour la plupart à en donner une interprétation allégorique, alors qu'un tel travail semble à peine utile, peu prometteur et presque illicite aux lecteurs des *Astres* ou de l'*Éternité* dont les figures ont une présence trop affirmative pour inviter à l'épluchage. Certaines rattachent le cycle à la philosophie du ciel, d'autres à celle de la terre, ou bien aux deux à la fois.[12] Françoise Charpentier y lit comme une métaphore filée de l'inspiration,[13] et Terence Cave, qui se défend de plonger sous leur surface pour atteindre "la vérité des choses", un emblème montrant comment le poème fonctionne: la constante mise en présence des puissances de fécondité et de destruction à l'oeuvre dans le cycle saisonnier représenterait la contradiction fondamentale de la *mimesis*:

> Les hymnes, comme artefacts textuels - couronnes, manteaux - portent et représentent la nature, mais en même temps, nécessairement, ils la chassent, ils l'éliminent, ils l'excluent de la présence.[14]

Malcolm Smith[15] bouscule plus rudement notre conception de l'hymne ronsardien en faisant de l'*Hyver* un poème à clef, en lui donnant une fonction polémique et non philosophique, une signification particulière et non universelle: si la fable ne cherche qu'à déguiser une situation politique datée, la valeur de son prologue en devient problématique, à moins qu'elle ne vise à mettre en perspective le fragment d'histoire, en lui donnant pour arrière-plan le tableau de l'ordre naturel, sans cesse conquis sur le désordre.

---

[11] V. 222, p. 136. Le côté plaintif et peu philosophique de cet Orphée de 1563 se marque avec insistance. La participation à l'expédition d'Argo lui est conseillée par Calliope comme un simple *remedium amoris*: "Tu perdras le soucy qui vient de trop aymer" (v. 336, p. 141).

[12] Voir *supra*, note 35, p. 148.

[13] "Mythes et fantasmes ...". Voir aussi F. Joukovsky ("Ronsard *fantastique* ...").

[14] *The cornucopian text*, p. 256.

[15] M. Smith, "The hidden meaning...". Voir *supra*, note 4, p. 307.

La tentative de Philip Ford est spécialement intéressante parce qu'elle propose une interprétation à la fois globale et précise, et qu'elle s'appuie sur de nombreux recoupements textuels. Elle résout presque tous les problèmes posés par le cycle, qu'il s'agisse de sa logique d'ensemble ou de ses plus curieux détails, en se référant aux commentaires de Proclus sur le *Timée* et la *République*, et aux fragments néoplatoniciens contenus dans la *Praeparatio evangelica* d'Eusèbe.[16] Selon Ford, il n'existerait ainsi aucune contradiction entre le récit de la partition des Saisons, tranchées par le couteau de Jupiter, dans le *Printemps*, et celui de leur naissance, grâce aux fécondes amours de Nature et du Soleil, dans l'*Esté*. Ronsard n'aurait fait que traduire en fables la distinction établie par Proclus entre le temps hypercosmique et le temps encosmique: le *Printemps* évoquerait la genèse du premier, sous l'effet d'un Jupiter à la fois mâle et féminin, principe d'unité et de séparation.[17] Le début de l'*Esté* montrerait l'impatience de Nature, lassée par l'immobilité et l'improductivité du premier temps, et sa volonté de s'unir au Soleil pour qu'apparaissent, avec le temps cosmique, les quatre saisons terrestres. Les répétitions qui donnent une allure étrange au développement du récit illustreraient le principe néoplatonicien des hiérarchies qui étend du ciel à la terre une "chaîne d'or" dont les différents maillons se répètent les uns les autres, aux différents étages de la réalité:

> Ainsi l'Eternité, le Temps, le Soleil et l'Eté forment une chaîne d'or de divinités mâles qui descend jusqu'à l'homme [...]. De la même façon, Nature, ou Rhea, et Cérès font partie d'une chaîne d'or de divinités féminines.[18]

Cette interprétation semble parfois bien recherchée et peu adaptée à l'insouciante bonhomie de son objet. Elle fait penser à ces lectures "curieuses" et trop tatillonnes que déconseillaient les humanistes; mais elle est la seule à relier entre eux des épisodes comme la chute de l'Hyver et la visite de Jupiter à la Nuit,[19] ou à expliquer l'obscure allusion à *Phanete*.[20]
Les indices sur lesquels Philip Ford s'est appuyé sont donc trop nombreux pour qu'on néglige son analyse, d'autant qu'elle justifie pleinement le développement sur la double philosophie, placé à la fin du cycle: si les fables des *Saisons* donnent corps à une doctrine inspirée par

---

[16] Sur la connaissance par Ronsard des commentaires de Proclus, voir Ph. Ford, "Ronsard and homeric allegory". Le texte grec des comm. sur le *Timée* et sur la *République* était paru à Bâle en 1534. Robert Estienne avait donné une édition de la *Praeparatio evangelica* en 1544.

[17] P. Ford, art. cit., p. 48; réf. à Proclus, *In Timaeum* 24 C-D et 38 C, et à Eusèbe, *Praep. ev.*, éd. Estienne, p. 69. Le temps hypercosmique et intelligible sert d'intermédiaire entre l'éternité et le temps des révolutions planétaires.

[18] Art. cit., p. 50. Notons cependant que l'éternité n'est mentionnée nulle part dans le cycle.

[19] Jupiter précipite l'Hyver "comme il fist à Vulcain" (v. 102), or selon Proclus (*In Tim.* 23 D), la chute d'Hephaistos servit à "étendre son activité créatrice dans toute l'étendue de la substance sensible". Proclus raconte aussi (*In Tim.*, prologue du l. II) comment le démiurge pénétra dans le temple de la Nuit pour y recevoir les principes de la création.

[20] *Hyver*, v. 237-241, p. 79: "Nuit, fille de la Terre, et mere du repos, / S'il te souvient du bien que je te fis à l'heure / Que Phanete voulut derober ta demeure, / Et qu'il n'eut pour le tout sinon une moitié [...]". Selon Proclus (*In Tim.*, prol. des l. II et V), Phanès est un dieu intelligible, apparu lors de la rupture de l'oeuf orphique qui donna naissance aux deux hémisphères du monde, l'un lumineux, l'autre obscur: il reçut le premier, et la Nuit le second.

celle de Proclus, elles constituent à leur tour une sorte de "chaîne d'or" qui relie le ciel à la terre en figurant le temps primordial et les divinités intelligibles, aussi bien que la nature sensible. Cette exploration très savante, qui plonge d'emblée sous la surface du texte, n'enlève d'ailleurs rien de leur intérêt et de leur pertinence aux lectures moins profondes. Et finalement, elle rend le projet du poète encore plus énigmatique: à quoi bon chercher aussi loin une philosophie aussi rare pour l'enfouir à ce point?

Dans les *Astres* ou dans l'*Eternité*, le sens explicite donne à la fable sa logique, il lui est totalement incorporé, de sorte que même ses failles, ses difficultés ou ses silences s'y matérialisent aussi et se révèlent par des trous dans la narration, des anomalies dans la représentation. Tandis que les *Saisons* présentent une trame narrative assez fournie pour que ses lacunes passent inaperçues, l'invention y est proliférante, le ton enjoué, et les inconséquences du récit facilement attribuables à la fantaisie du conteur; le lecteur, comblé d'informations, n'a rien à désirer. La doctrine néoplatonicienne qu'elles renferment peut-être est quasiment insoupçonnable; il faut une curiosité d'initié pour aller à sa recherche. Ce cycle tardif serait donc presque teinté de cet esprit ésotérique, visiblement absent des premiers hymnes. Et s'il s'avère qu'il cache réellement un mystérieux contenu, son statut n'en devient pas plus clair. La cosmogonie de Proclus, recouverte par la fable, passerait difficilement pour être l'expression définitive d'une "vérité des choses", elle ne pourrait être à son tour qu'une autre fable, une nouvelle épaisseur de voile.

Les quatre saisons de l'an sont le dernier essai de Ronsard en matière de poésie cosmique, et ces hymnes contiennent l'exposé le plus clair de la théorie de la fable; il serait tentant de conclure aussi, avec Philip Ford, que le poète y a réalisé "l'une de ses tentatives les plus étudiées pour représenter les phénomènes naturels en termes de fiction".[21] Mais, fidèle à l'esprit même de la fable philosophique, le recueil illustre plutôt l'impossibilité de conclure, impossibilité caractéristique du discours des hymnes ronsardiens, qui remplace toujours la moralité par "une élévation finale, qui est salut, envoi, prière ou voeu".[22] Il pousse même l'ambiguïté plus loin que jamais. Extrêmement attrayant et délectable, il pourrait être, avec autant de vraisemblance, superficiel ou profond. Et la doctrine qu'il renferme reste toujours insaisissable, même après un déchiffrement réussi. Elle se divise, elle se loge à différentes hauteurs ou dans divers aspects du récit et de ses images. Au moment où l'on croit l'identifier, et que l'érudition du commentateur rejoint celle de l'auteur, elle recule encore, à l'abri des replis du voile: non seulement les clefs ou les sources difficilement découvertes ne sauraient prétendre donner une vérité ultime, ou tout au moins un dernier mot du texte, mais on n'arrive pas à savoir jusqu'à quel point le poète les a prises au sérieux.

---

[21] Art. cit., p. 45.
[22] J. Céard, "Les mythes ...", p. 32.

D'une gravité à l'autre

Pour Ronsard, le moment de la poésie de la nature a duré une dizaine d'années, à peu près depuis l'*Ode à Michel de l'Hospital* et jusqu'aux *Quatre saisons de l'an*. Ce dernier recueil parut un an après le *Microcosme*, avec lequel il n'avait aucune ressemblance, comme pour faire mieux ressortir son propre caractère intempestif, car le poème de Scève annonçait à bien des égards le futur développement du genre. Ronsard s'était toujours vanté de ne pas suivre la mode et d'ouvrir constamment des voies non frayées, mais son dernier cycle cosmique était vraiment une oeuvre à contre-courant. Soit qu'il eût voulu narguer ses détracteurs, soit qu'il eût réagi spontanément à l'esprit du temps en affichant la liberté de son humeur, il avait réalisé avec lui une sorte de festival de tout ce qui n'était plus tout à fait perçu comme correct: une affabulation mythologique exubérante, qui ne s'embarrassait pas d'une moralité tatillonne, une absence totale de références à la religion chrétienne, alors qu'il s'agissait, malgré tout, de l'ordre du monde, et surtout un visible refus du sérieux. Le poète des *Hymnes*, qui avait toujours évité les leçons explicites et préféré la ferveur communicative à l'édification, atteignait à cet égard une sorte de limite. Si les fables des *Astres* ou de l'*Eternité* gardaient une certaine ouverture et une certaine ambiguïté, leur lecteur percevait de lui-même sous quel angle les envisager et dans quel état d'esprit, tandis que la petite sphère offerte à la Nuit dans l'*Hyver* pourrait servir d'emblème à l'ensemble du dernier cycle: comique et énigmatique, elle passerait facilement pour un symbole ésotérique, support d'interrogations infinies, tout en restant un jouet, purement fantaisiste et gratuit. Et bien d'autres choses dans les *Saisons* offraient l'occasion d'un jeu, comme les signes, les allégories ou la curiosité elle-même, à une époque où le discours contre la liberté des fables devenait prédominant,[1] où déclinait l'inventivité en ce domaine et où s'achevait la codification de la mythologie.[2] L'on est donc bien tenté d'imaginer une sorte de lien entre l'insouciance ostensible des derniers "hymnes naturels" de Ronsard et cette manière provocante avec

---

[1] La critique des fables païennes était plus vieille que l'Eglise puisqu'elle remontait au moins à Platon; les apologistes l'avaient beaucoup développée (voir D.C. Allen, *Mysteriously meant*); au temps des humanistes, ses arguments avaient toujours eu cours, avec des moments de recrudescence (chez Savonarole, chez Gianfrancesco Pico etc.), et les conflits religieux leur redonnèrent de la force. M. Raymond a pu montrer leur progression en France, durant la décennie 1560-1570, sous l'impulsion des écrivains protestants (*L'influence de Ronsard...*, ch. 13, t. I, p. 329-357); les catholiques n'étaient pas en reste. La septième règle "de libris prohibitis" édictée par le Concile de Trente interdit les livres lascifs et immoraux et ajoute: "Antiqui vero ab ethnicis conscripti propter sermonis elegantiam et proprietatem permittuntur; nulla tamen ratione pueris praelegendi erunt" (*Canons and decrees*, éd. Schroeder, p. 547-548). Les décrets du Concile de Trente ne furent pas publiés en France avant 1615, pour des raisons politiques, ce qui n'empêcha pas leur réelle influence. Voir H. Weber, "L'accettazione..."

[2] Les grands manuels parus à partir de 1560, comme la *Mythologie* de Conti ou l'*Iconologie* de Ripa, n'étaient plus seulement des réservoirs de fables, mais de véritables dictionnaires. Et après Dorat les explorateurs solitaires de textes rares, en quête de légendes inconnues, semblent avoir à peu près disparu. L'usage maniériste de la mythologie, tel qu'il a existé à la cour des Valois, fantaisiste, compliqué et parfois obscur, différait sensiblement de celui qui s'imposa à la fin du siècle. Voir *supra* la note 60, p. 297.

laquelle, la même année, le poète avait répondu à ceux qui l'accusaient d'irreligion, en se rêvant en paisible adorateur du soleil.[3]

Celui qui avait imposé la poésie grave vers 1550, plus activement qu'aucun autre, semblait donc revendiquer son droit à la fantaisie, au moment où la poésie de la nature allait devenir plus grave que jamais. Il n'y a pas trace d'humour dans le *Microcosme*, pas plus que dans l'*Encyclie* ou dans la *La Sepmaine*; et ces oeuvres, comme celles qui les ont suivies, ont fui la fiction autant qu'il leur était possible: elles ont évité les fables "grecques" et traité les doctrines avec respect. Il est vrai que leur gravité, fondée principalement sur un profond sérieux, ne ressemblait guère à la précédente. Pour Ronsard et pour la Pléiade, la gravité était à la fois une qualité musicale, et plus précisément rythmique, et la marque d'une capacité. Les vers graves étaient ceux qu'on avait pu charger de grands et lourds sujets, sans risque d'effondrement. Si leur vrai domaine était le genre héroïque, ils pouvaient survenir partout, même dans la poésie amoureuse et bachique, et leur humeur ou leur couleur restaient libres.[4]

La gravité de la fin du siècle, qui alla principalement se loger dans la poésie cosmique et dans la poésie religieuse, en tendant même à les confondre, a donc représenté une véritable rupture. Pour La Boderie et Du Bartas, les problèmes de la poésie de la nature ne se posaient pas dans les mêmes termes que pour la génération précédente. Leur intérêt s'était déplacé et ils ne craignaient plus autant de tomber dans la froideur des leçons de choses. Les solutions inventées par Peletier et par Ronsard n'étaient guère réutilisables, mais cette perte apparaissait d'autant moins sensible que la poésie didactique, sous sa forme la plus simple, revenait en faveur.[5] Personne ne chercha à imiter la manière rapide de Peletier dans la description des objets du ciel, cette façon d'en saisir un aspect après l'autre, d'en restituer une image claire et synthétique, mais très fugitive et qui se suffise à elle-même au lieu de s'intégrer dans un discours général du cosmos. Le modèle conçu par Ronsard créa une impression plus durable.

Le Fèvre de La Boderie déclara, au début de son *Encyclie*, son intention de changer le langage et le projet de la poésie:

> Ceste Lyre où jamais les fables mensongeres
> De ces faus Dieus Gregeois je ne veus fredonner,
> Ni les vaines chansons profanes et legeres
> De l'impudique Amour, y faire resonner;
> Ni plus renouveler les bourdes estrangeres.
> Mais puisque le grand Dieu me la voulu donner,
> Je veus tant que vivray y entonner sa gloire,
> Et de ses faicts parfaicts celebrer la memoire [...][6]

Ces paroles constituaient une critique à peine voilée de la Pléiade, comme si le jeune poète chrétien avait voulu lui lancer le même reproche de légèreté

---

[3] Dans la *Remonstrance au peuple de France*, v. 57 sq. (cf. *supra* p. 71). Il s'agissait évidemment d'une simple "expérience de pensée".

[4] Voir *supra*, chapitre IX, notamment p. 174-7.

[5] Voir la fin du chapitre X.

[6] *L'Encyclie*, Anvers, 1571, "epistre dedicatoire", p. 24.

qu'elle avait asséné aux marotiques. Or La Boderie, après avoir salué la mémoire de Pierre Du Val, ne trouvait à se comparer qu'à Ronsard.

> Le Pindare François, sur la Lire a sept cordes
> Premier a r'animé les tons melodieus
> Des Grecs et des Romains, et en Hymnes et Odes
> Celebré les vertus des hommes et des Dieus:
> Mais ô grand Dieu c'est toy qui m'accordant accordes
> Sur mon Psalterion les secretz des Hébrieus,
> Lesquels j'ay le premier d'entre tous nos Poëtes
> Ouvers, et decouvers en rimes non muettes.[7]

La comparaison restait sélective et nuancée, elle se doublait d'une opposition, mais elle était parlait d'elle-même. Le rénovateur de 1570 se tournait vers le rénovateur de 1550 et de 1555, sans tenir compte du Ronsard actuel. Il passait sur les *Amours*, comme il était naturel, mais aussi sur les *Discours* qui auraient pu attirer son attention. Seuls l'intéressaient les *Odes* et les *Hymnes*, où il voyait une ébauche imparfaite de ce qu'il espérait accomplir. Pour ses héritiers si sérieux de la fin du siècle,[8] l'essentiel du legs de Ronsard semble avoir été défini et choisi très tôt: ils retenaient de lui le grand lyrisme (celui qui "célèbre les vertus") et la poésie des "secrets", l'un n'allant pas sans l'autre. Ils reconnaissaient spontanément le lien entre une poésie philosophique, c'est-à-dire une poésie qui parle des faits de la nature au lieu de se fixer sur des objets frivoles, et une poésie religieuse. En dépit de leur sévérité post-tridendine, ils avaient compris que la gravité du propos ne valait que par la lyre (ou le psaltérion) et l'enthousiasme. La Boderie opposait son propre anagramme (*L'Un guide Orfée*) à celui de son prédécesseur:

> Guide-moy donc mon Dieu, fay que je ne m'égare
> De tes sentiers connus, et ainsi qu'on a veu
> En PIERRE DE RONSARD se REDORER PINDARE,
> Fay qu'en te connoissant, l'Un premier j'aye éleu,
> L'Un je serve, l'UN j'ayme, et de l'Un sois avare [...][9]

Mais l'Orphée qu'il s'était choisi croyait encore ressembler, malgré son obsession de l'unité et son mysticisme ombrageux, à celui de l'*Hymne de l'Eternité*.

---

[7] *Ibid.*, p. 25.

[8] Le cas de Du Bartas se rapproche, à cet égard, de celui de La Boderie, et celui de Du Monin est tout aussi clair, voir *infra* le ch. XVIII.

[9] *L'Encyclie*, éd. cit., p. 25.

IIIème PARTIE: L'ÂGE DIDASCALIQUE

CHAPITRE SEIZIÈME

L'URANIE PÉDANTE: L'IRRÉPRESSIBLE DU MONIN

L'impression créée par sa poésie lyrique a donc valu à Ronsard des successeurs aussi admiratifs qu'infidèles. Il n'en est pas de plus outrés, ni qui aient poussé plus loin le paradoxe que Jean-Edouard du Monin.[1] Ce jeune poète, installé au Collège de Bourgogne, fit paraître en 1583 une *Uranologie* de plus de six-mille-cinq-cent vers. Sans être le dernier spécimen de la poésie cosmique en français, cette oeuvre en représentait la pointe extrême. Par ses dimensions, par ses ambitions, elle franchissait une limite, tout en maintenant avec la tradition des liens très précis: Du Monin se prenait pour le meilleur disciple de Ronsard, il proclama inlassablement, et jusqu'au mépris de toute vraisemblance, sa fidélité à la ligne poétique de "l'alme Vendomois";[2] et il se considérait, pour ainsi dire, comme la réincarnation du jeune poète des années 1550, bouillonnant et provocateur. Il fit

---

[1] Voir Bayle, *Dictionnaire...*, 3ème éd. , Rotterdam, 1720, III, p. 1999; Nicéron, *Mémoires ...*, t. 31 (1735), p. 198-206. - C. P. Goujet, *Bibliotheque françoise*, t. XII, p. 377-378; Abbé Ph.-Louis Joly, *Remarques critiques sur le dictionnaire de Bayle*, Paris, 1748, t. II, p. 544-550 (je remercie Michel Magnien qui m'a communiqué cette notice particulièrement bien documentée); F. Lelut, *Lettre à mon père* ...; P. Vulliaud, "Un prétendant ..."; E. Picot, *Les français italianisants*, t. II, p. 229-240; V.-L. Saulnier, "Une pièce inédite ..."; G. Banderier, "Une dédicace inédite ..."; M. Raymond, *L'influence de Ronsard*, t. II, p. 306-313. - A. -M. Schmidt, *La poésie scientifique...*, p. 329-344. - L'article de Michel Magnien ("Une lecture catholique ...") soulève plusieurs questions importantes pour la présente étude, et notamment celle de l'érudition en poésie. - Voir aussi, sur divers aspects de l'oeuvre, C.J. Titmus, "J. E. du Monin..."; J. Dauphiné, "Une vision musicale ..."; Idem, ""Du songe ..."; Idem, "Du Monin dramaturge"; A. Gable, "Du Monin's Orbecc-Oronte...".

[2] Voir l'épître de *L'Uranologie*: "car j'aurai toujour le seul Ronsard pour seul imitable et seul inimitable" (f. 205 v°). - Du Monin célébra en vers latins la réédition de l'*Art poétique français* (Paris, Linocier, 1585). Il défendit le style ronsardien contre des réformateurs puristes (*L'Uranologie*, 1583, f. 207 v°-208 r°). M. Raymond a noté le caractère rétrograde de son attachement à "la doctrine primitive de la Pléiade" (*L'influence de Ronsard*, t. II, p. 175).

graver son portrait à vingt-trois ans, couronné de laurier, dans un médaillon ovale entouré d'une légende grecque, et l'un de ses amis y mit au-dessus un quatrain, pour éclairer ceux qui n'auraient pas compris l'allusion.[3] Or les hommages qu'il adressa au chef de la Pléiade oublient la *Franciade*, les *Discours* ou les *Poëmes*, et reviennent avec délices sur l'époque héroïque du pindarisme,[4] du mépris des "poetastres" frivoles[5] et de la philosophie orphique.[6] Du Monin justifiait ses circonlocutions les plus déroutantes en affichant un grand mépris du vulgaire[7] et en se prétendant submergé par le même flot d'inspiration qui avait enflé le langage des *Odes*:

> [Mon premier poème] gros de quinze mille vers, entrainoit, comme j'ay dit, avecq leurs torrens, un melange limoneus, lors que *totum spirabant praecordia Phoebum*, et comme parle de sa deplaisante obscurité Ronsard:
> A mon commencement, que l'honneur (*sic*) Pindarique
> Enfloit ampoulement ma bouche magnifique [...][8]

Ronsard, accablé par l'âge, ne pouvait plus être "l'Empedocle françois"[9] et c'était pour gagner ce titre à son tour qu'il prétendait lui succéder. Ses contemporains acceptèrent d'ailleurs jusqu'à un certain point d'entrer dans son

---

[3] "Voi cil à qui Phebus a legué sa couronne, /Ses cheveus, qui flotans l'atifoint autrefois: / Voi ce jeune Edouard, qui Grec-Latin-François /Pour Homere, Virgile, et Ronsard, s'en couronne", Du Monin, *Nouvelles oeuvres*, Paris (1581?), f.)(8 v°. Du Monin a ajouté au-dessous cet auto-portrait: "Gy Bourguignon mon bers: crainte en foi, ma nourrice / Pauvreté, mon Pedant: mépris, ma pension: / L'envie, mon tripot: mon degré, l'union: / Mon Parnasse, Paris: mon tombeau soit en lice." - Le portrait figure aussi dans *Le Quareme* (Paris, J. Parent, 1584, f. â 4 v°). Sur l'auto-portrait de Du Monin, voir *infra*, p. 362.

[4] "Au reste, aiant heu l'heur de M. Ronsard, qui en ses premiers cous d'essai fut appellé le tenebreus Lycophron [...] je chanterai un Io triomphal, nourri d'un certain espoir, que de mes flammes enfumées doit pareilhement sailhir ce furieus eclair de Ronsard" (*L'Uran.*, f. 207 r°).

[5] L'épître de *L'Uranologie* accable ceux qui "degra<dent> l'honneur de son Philosophique Apollon, en Phaleucizant un teton, un bouquet, ou 4. ou 5. livres d'Epigrammes pedantesques, cure-plats des valets poetiques" (f. 207 r°). Voir aussi le sonnet contre "les poëtisans sans philosophie", *Nouvelles oeuvres* (Paris, 1582, p. 82).

[6] Le premier recueil de Du Monin, *Miscellaneorum poëticorum adversaria* (Paris, Richer, 1578) contient une section d'hymnes (p. 32-87); elle comprend des hymnes religieux (p. 40-58), mais aussi un "Ad Calliopen (p. 38-40), un très long "In philosophiam [...] hymnus philosophicus" (p. 58-72), et plusieurs pièces "In Jul. Scaligerum philosophiae numen augustissimus" (p. 72-87). - Le "Discours philosophique et historial de la poesie philosophique", paru dans les *Nouvelles oeuvres* (Paris, 1581?, p. 44 sq.) est dédié à Ronsard. Dans les liminaires de *L'Uranologie*, l'"ecolier" Cyprian Perrot associe les noms de Ronsard, Orphée et Du Monin: ce dernier, selon lui, va remplacer le vieux poète promis à la mort "Qui vers le pere Orphée en Elyse le guide" (ê 2 v°). - Un certain Joachim Tecsier affirme, dans les pièces liminaires des *Nouvelles oeuvres* : "Le grand Ronsard te chante au nom d'Orphée", ce qui ferait, si le compliment était vrai, un curieux renvoi de politesse.

[7] Cf. P. de Deimier, sur son "langage de la my-nuict": "il disoit qu'il escrivoit tout expres ainsi, afin de n'estre entendu que des doctes" (*Académie de l'art poétique*, Paris, 1610, p. 259). Cette attitude pousse jusqu'à l'extrême les tendances élitistes de la jeune Pléiade.

[8] Du Monin, *Le Phoenix*, f. 128 r°. Réf. à l'"Elégie à son livre" de la *Nouvelle continuation des amours*, v. 171-172; éd. Laumonier, VII, p. 324.

[9] *Le Phoenix* (1585), dédicace à Charles de Bourbon, f. a 6 r°. - Cf. l'"Epistre" du *Quareme* (1584, f. â 3 v°): "Apres Ronsard, je ne sai en France que Du Bartas et moi qui assés heureusement puissent faire marcher la solide Philosophie à pieds poëtiques".

jeu, ou de témoigner au moins qu'ils comprenaient ses intentions. Un sonnet de "Jean Le Févre Douysien" salue en lui le nouveau héros de la lutte contre l'ignorance, comme si le temps des *Musagnoeomachies* était revenu:

> Quand j'admire, Monin, de tes fis immortels
> Les escadrons armés, qui silhonnent la France
> Et ecrasent les chefs du monstre d'Ignorance
> Plantans leurs étandars aus Phebeans autels [...][10]

Dorat, qui avait célébré la poésie cosmique de Ronsard en espérant qu'une vraie poésie du ciel la suivrait,[11] joignit une épigramme à *L'Uranologie*:

> Multis multus honos Terram cecinisse Poëtis:
>   Et quae terra Deo, mira jubente parit.
> Sed pedibus teritur tellus, caput exit in altum:
>   Et capitis Coelum est magna capaxque domus.
> Sic quibus ad coelum pertendere maximus ardor,
>   Coelo aspirantes deseruere solum.
> Qualis est hic, qui dum spretis coelestia terris
>   Concinit, In Coeli parte Moninus erit.[12]

Cette coïncidence ne dut pas échapper à Du Monin qui cita le poème liminaire des *Hymnes* parmi les textes qui l'avaient inspiré:

> En apres m'entousiazoit l'Oracle de notre maitre M. Dorat, qu'il donnoit pour pierre aguisoire à la printaniere divinité de Ronsard:
> *Materia premis Ingenium, Coelestia tenta:*
> *Coelum est coelestis dicere Vatis opus.*[13]

La citation n'était pas faite à la légère; alors que Ronsard avait organisé son oeuvre sans tenir compte des conseils de son maître, son jeune imitateur s'efforça de bâtir la sienne en ménageant une belle progression: après avoir abandonné pour la philosophie du ciel l'inspiration frivole qui se manifestait parfois dans ses *Miscellaneorum adversaria*, il déclara ne plus vouloir s'occuper que de métaphysique et de religion:

> Car aiant sur la nef d'un projet plus qu'humain
> Razé tous flos chenus de l'Ocean Mondain,
> Ne pardonnant à Port, à Havre, ou à Rivage:
> Qui n'ait eté temoin de mon lointain voiage:

---

[10] *L'Uranologie*, éd. cit., f. êl v°. Les "fis" étaient les livres déjà publiés.
[11] Voir *supra*, p. 243.
[12] "De nombreux poètes ont gagné grand honneur pour avoir chanté la terre et les merveilles qu'elle produit sur l'ordre de Dieu. Mais on foule du pied la terre, la tête se dresse vers le haut: et le ciel est sa grande et vaste demeure. Ainsi, ceux qui ont possédé la plus grande ardeur d'atteindre le ciel ont quitté la terre en aspirant au ciel. Tel est ce <poète>: Du Monin demeurera au ciel, lui qui a chanté les choses du ciel, en méprisant la terre", *L'Uran.*, f. â 8 v°.
[13] *Ibid.*, f. 205 r°.

Aiant jeté mon Anchre au bord astré des Cieus,
Bref aiant ceint ce Tout de mes murs glorieus,
Que me peut il rester? si je ne me fai pere
D'un fantasque dessein d'une triple Chymere?
Si dessus les rempars de mon Monde etoilé
Je ne vai cercher Rien au rien de Rien voilé [...][14]

L'Uranologie pourrait donc constituer une sorte de miroir grossissant où viendrait se déformer l'image de la première poésie philosophique. Elle serait l'aboutissement monstrueux du projet conçu trente ans plus tôt, et aurait l'intérêt révélateur des caricatures. Bien qu'une démarche d'historien doive éviter les jugements de valeur, il semble en effet difficile d'ignorer son côté insupportable: elle a toujours exaspéré les critiques. Adulé dans le milieu des collèges, Du Monin a été pleuré avec une solennité notable, du moins si l'on en juge par le nombre de ses tombeaux. Les *Regrets* et les *Larmes* dédiés à sa mémoire n'étaient pas tous rédigés par ses "escoliers",[15] et l'émotion soulevée par sa disparition ne tenait pas seulement à sa brutalité (le poète avait été assassiné dans son collège, une nuit de novembre 1586). Ses contemporains eurent l'impression d'enterrer un versificateur surdoué, un puits de science, bref un homme "que l'on peut dire n'avoir esté composé que de feu et d'esprit", selon Gabriel Naudé;[16] mais sa poésie les effrayait déjà. Du Monin avait de nombreux détracteurs, ce qui l'obligea à faire plusieurs fois sa propre apologie. Dès 1586, Claude Du Verdier lui réserva une place de choix dans sa *Censio in autores*[17] et lui donna les traits d'un monstre littéraire, emphatique et bizarre:

[...] Mais enfin que sont tes oeuvres? Elles sont innombrables. Tu crois qu'à toi tout seul tu as tout dit: tu t'es enfermé la tête dans un sac.[18]

Ses partisans eux-mêmes le jugeaient parfois excessif et déréglé. Son épitaphe, composée par La Croix du Maine, souligne la prodigieuse agilité intellectuelle de ce "poète et philosophe, d'un mérite au-dessus de son âge"

[14] *Quareme* (1584), p. 2. Ces vers introduisent "Le triple amour, ou l'amour de Dieu, du monde angelique, et du monde humain". Cf le *Phoenix* (1585), f. â 8 r°-v°: "[...] Car aiant ja tracé la Physique, et quelques pieces de Metaphysique j'ai voulu passer outre mon coup d'essai sur la Metaphysique [...]".
[15] J. Rigolet, *In obitum... de Monin, poetae et philosophi prope divini*, Paris, P. Hury, 1586. - E. Marchant (écolier), *Les Regrets sur le meurtre ... de M. Du Monin, excellent poëte de son temps, hebreu, grec, latin, françois et italien*, Paris, Pierre Hury, 1586. - F. Granchier (écolier), *Les larmes... sur la mort de J. E. du Monin*, Paris, Pierre Ramier, 1586. - Jean Morel (régent au collège de Bourgogne), *In ...necem Eduardi Monini funebris panegyrica oratio ad suos auditores classicos* Paris, Estienne Prevosteau, 1586. - T. Bretonnayau (écolier), *Complainte funebre ...*, Paris, Estienne Prevosteau, 1586. - *Elegie sur la mort du sieur Jean Edouart du Monin*, Paris, Estienne Prevosteau, 1586. - *Le Tombeau de Jean Edoard du Monin, PP*, Paris, Estienne Prevoteau, 1587. - *Recueil d'épitaphes en diverses langues composez par plusieurs doctes hommes de France et autres, sur le trespas de J. E. du Monin et de Jean de Caurres*, Paris, 1587 (avec l'épitaphe de La Croix du Maine).
[16] *Apologie...*, éd. 1653, p. 503.
[17] La poésie française est traitée p. 64-70; il est question de Du Monin p. 66-70.
[18] "[...] Quae tandem tua sunt opera? Innumera. Tibi omnia unus dixisse videris: sacco os occlusisti", *Censio*, 1586, p. 67.

(Du Monin n'avait guère plus de vingt-sept ans), de cet homme "très versé dans la théologie et très bon mathématicien, si zélé et si admirablement doué pour composer des vers grecs, latins et français que notre siècle a peut-être connu <un poète> qui l'égalât, mais aucun qui le surpassât".[19] Cependant, elle ne manque pas de déplorer sa démesure et son désordre:

> Il n'avait pas seulement du goût mais de la passion pour l'originalité (pour tout dire de lui, sincèrement et librement); érudit jusqu'au miracle, au jugement de tous les savants, il aurait égalé les hommes les plus célèbres s'il avait eu un maître pour canaliser son intelligence rapide, son style aigu et le torrent impétueux de son éloquence, mais laissé libre depuis sa jeunesse et finalement livré à lui-même lorsqu'il fut arrivé à Paris, il manqua d'un guide pour le modérer et s'abandonna trop souvent à son génie naturel, ce à quoi le portait son âge.[20]

Par la suite, Du Monin n'a cessé de déconcerter ses lecteurs, tout en produisant sur eux une forte impression. Une formule de Pierre Bayle résume assez bien la situation: "on l'a mis dans le Catalogue des esprits extraordinaires".[21] Depuis, Marcel Raymond ou Albert-Marie Schmidt l'ont accablé d'épithètes plus méchantes.[22] Une telle réaction a des raisons assez fortes. Du Monin, poète naturellement extravagant et toujours pressé d'aligner les vers, semble avoir poursuivi avec rage un idéal fait de sophistication et d'emphase.

Nouveauté du projet

Et pourtant *L'Uranologie* est pleine d'intérêt. Elle est le seul long poème astronomique de la littérature française de la Renaissance, et représente la dernière tentative visant à transformer le genre didactique: Du Monin a cherché à innover, alors qu'au même moment les derniers poètes du ciel exploitaient de préférence la formule bartasienne.[23] Le titre même de son

---

[19] "Poetae et Philosopho supra aetatem egregio, sacrae Theologiae studiosissimo, et Mathematicarum Artium peritissimo; in scribendis versibus Graecis, Latinis, et Gallicis ita diligenti et admirando, ut parem fortassis aliquem, superiorem vero nostra aetas habuerit neminem ." (cité par Nicéron, p. 201; l'épitaphe avait d'abord été reproduite dans le *Recueil d'épitaphes* ... , Paris, 1587, cité ci-dessus). Du Monin fut enterré dans l'église saint-Côme, près de Claude d'Espence et de Nicolas de Bèze; le monument avait été érigé et l'épitaphe composée par La Croix du Maine (d'après la partie finale de cette épitaphe).

[20] "Novitatis non solum studioso, sed etiam amatori (ut omnia quae in eo erant, vere ac libere eloquar) omnium autem Eruditorum judicio, ad miraculum usque erudito, et celebrioribus cunctis aequiparando, si praeceptore esset usus, qui ejus ingenii velocitatem, styli acumen, et excurrentis illius Orationis impetum cohibuisset: sed libertate a teneris donatus, et sui tandem compos factus, cum Lutetiam Parisiorum adiisset, moderatore carens, genio et ingenio saepius indulsit, ut illius ferebat aetas " (*Ibid.*, p. 202).

[21] *Dictionnaire* ..., vol. III, p. 1999.

[22] M. Raymond appelle Du Monin un "éberlué entouré de chimères", il juge ses oeuvres "proprement illisibles" et d'un "comique assez effrayant" (*L'influence de Ronsard*, t. II, p. 307, 310-311). A. -M. Schmidt (*La poésie ..*, p. 329-344) n'a pas plus d'indulgence.

[23] C'est aussi vrai du *Grand miroir du monde* de Joseph du Chesne (1ère éd. Lyon, Honorat, 1587) que de la *Sepmaine* de Gamon (1609). *Les quatre premiers livres de l'univers* de Milles

chef-d'oeuvre, fabriqué sur le même patron que "théologie", traduisait la volonté d'écrire un "discours de la science du ciel", englobant, synthétique et pourvu d'une certaine autorité. Du Monin n'accordait pas la primauté à la Muse, comme Pontano, à la puissance inspiratrice, comme Peletier, ni à l'acte divin de la Création, comme Du Bartas; il ne se contentait pas de nommer son objet, comme Fracastor, Ronsard, Buchanan ou Baïf, ou de tendre un miroir au monde, comme un encyclopédiste médiéval, et il ne rendait pas hommage à un grand patron, comme Bretonnayau comptait le faire dans son *Esculape*: c'était plutôt sa propre science qu'il mettait au premier plan. Ce faisant, il se créait des obligations nouvelles. *L'Uranologie* affiche certainement des ambitions insolites, et qui dépassent le domaine poétique; or on peut dire qu'elle les soutient avec énergie. C'est pourquoi ce poème anti-classique et d'une lecture extrêmement fatigante recèle une certaine force d'entraînement. Dès qu'on s'est habitué aux conventions d'un style où, par exemple, les astronomes s'appellent "Ceus qui dessus Parnasse ont tressué d'ahan",[24] l'on est prêt à suivre le déroulement de cette aventure littéraire, kitsch mais rarement ennuyeuse.

L'*Uranologie* se développe dans une agitation constante. Aucune détente ne s'y produit jamais. Lorsque Du Monin évoque les splendeurs de la voûte céleste, il s'applique à faire entendre la cavalcade effrénée qu'il imagine se dérouler là-haut, là où le "torrent du plus hautain rideau"[25] se voit "rodé par les pieds du Courrier haletant / Qui va les arcs tardifs or'fuyant or'hurtant".[26] La ferveur religieuse qui le saisit parfois a toutes les manifestations d'une fièvre violente. Il se hâte en toutes circonstances, même au milieu des démonstrations les plus lourdes. Et si malgré tout l'élan s'épuise, reste son inépuisable faculté d'indignation: Copernic, Epicure, les kabbalistes ou les envieux viennent tour à tour alimenter sa rage. Ce mouvement précipité contraste comiquement avec la rotation fluide et uniforme des sphères que célèbre paradoxalement le poème. Avec ses accélérations brusques, il semble le type même du mouvement violent et dans règles. Quoi qu'il en soit, il finit par devenir le signe sensible du caractère dominant de *L'Uranologie*: l'énergie obstinée à persévérer dans une voie difficile.

Les prédécesseurs de Du Monin, sans excepter Du Bartas, s'étaient souvent contentés de créer l'illusion qu'ils parlaient d'astronomie, en se gardant de rédiger un exposé trop méthodique. Le *Microcosme* de Scève, ou même *La Sepmaine*[27] étaient, sur le même sujet, des oeuvres incomplètes, allusives, parfois énigmatiques, de sorte qu'elles n'instruisaient qu'avec réticence ou en se camouflant derrière un rideau d'élégances poétiques; tandis que *L'Uranologie*, malgré ses confusions, ses erreurs, ses détours et ses coquetteries, dévoile avec orgueil une sorte de théâtre du savoir. Albert-Marie Schmidt a regretté cette "atmosphère de salles de classes"[28] qui baigne l'oeuvre et, selon lui, gâche tout. Cependant il serait imprudent, dans le

de Norry (Paris, G. Beys, 1583) restent un traité de la sphère en vers; cet ouvrage n'a pas l'ambition, comme *L'Uranologie*, de traiter de tous les problèmes relatifs au ciel.

[24] *L'Uranologie*, IV, éd. cit., f. 115 r°.

[25] *Ibid.*, f. 115 v°. Il faut entendre par là le premier mouvant.

[26] *Ibid.*, f. 49 v°.

[27] Sur la répugnance de Du Bartas à enfreindre les règles du beau style, voir *infra*, p. 387 sq., 407-408, 413 sq.

[28] *La poésie scientifique...*, p. 335.

cadre d'une étude comme la nôtre, de considérer *a priori* comme une tare toute tendance livresque ou pédante. Ronsard et les poètes humanistes célébraient les vertus de la science tout en dressant de subtiles barrières contre l'invasion du savoir prosaïque.[29] Réjouissons-nous donc qu'il se soit trouvé un personnage assez résolu pour tenter jusqu'au bout l'expérience d'une "poésie de la science", et pour réaliser en français une oeuvre entièrement consacrée au ciel, dont le modèle n'existait qu'en latin.

Genèse du texte: Du Monin entre deux langues

Car la signification de *L'Uranologie* réside en partie dans ce passage du latin au français. Par son projet, elle s'apparente d'avantage aux *Astronomica* de Manilius, ou même au *De mundi sphaera* de Mizauld qu'à n'importe quel poème de langue française. Ce n'est guère étonnant puisqu'elle est d'abord une paraphrase enflée de la *Sphaera* de Buchanan, laquelle avait été conçue comme un livre offert par un professeur à son élève pour lui apprendre les rudiments de l'astronomie; le titre même l'indique dans sa modestie fonctionnelle.[30] Buchanan était devenu précepteur de Timoléon de Cossé en 1554, lors de son troisième séjour en France; en 1560, il revint en Ecosse, avec son poème inachevé sur lequel il continua à travailler, dans des conditions mal connues.[31] A la mort de Buchanan, en 1582, la *Sphaera* restait inachevée (les livres IV et V étaient très incomplets); il en circulait différents manuscrits, et les amis du poètes firent plusieurs tentatives pour en donner une édition. Ce projet finit par aboutir en 1586, grâce à Johannes Pincier, professeur de médecine à Herborn;[32] l'année suivante, Pincier put donner une meilleure édition, grâce à un nouveau manuscrit, et composa

---

[29] Voir les chapitres IX à XV. Baïf est le seul poète de la Pléiade à avoir abordé franchement le problème du didactisme (dans le *Premier des météores*).

[30] Presque tous les manuels de cosmologie élémentaire s'appelaient *Sphaera*. Ce titre renvoyait à un contenu spécifique et à un ordre d'exposition, d'ailleurs suivi par Buchanan. Voir *supra*, p. 32 sq.

[31] Sur la carrière de Buchanan et sur la genèse de la *Sphaera*, voir J. R. Naiden, *The Sphaera...*; J. Durkan, "George Buchanan..."; I. D. Mac Farlane, "George Buchanan and France"; Idem, "George Buchanan's latin poems..."; Idem, "George Buchanan and french humanism"; Idem, "The history..."; Idem, *Buchanan*. - Buchanan séjourna longtemps à Paris (notamment entre 1543 et 1547, et entre 1552 et 1560), il fréquentait les mêmes milieux que la Pléiade: les cercles de Marguerite de France, de Jean Brinon, de Jean de Morel et d'Henri de Mesmes. Il connaissait Dorat et Du Bellay. Tout ceci permet d'établir un rapport, si vague soit-il, entre la *Sphaera*, commencée peu après 1554, et le projet des *Hymnes*.

[32] *Sphaera ... quinque libris descripta: nunc primum e tenebris eruta et luce donata*, Herborn, Christoph Corvin, 1586. - Cette première édition complète, à notre connaissance, avait été précédée par celle d'une partie du livre I, jointe aux autres poèmes de Buchanan (*Elegiarum liber I.*, [Heidelberg], 1584). Et Federic Morel avait imprimé en 1585, à Paris: *Sphaera... in quinque libros distributa* (basée sur deux manuscrits inconnus); il n'en subsiste que deux exemplaires incomplets: l'un (conservé à la B.N.: Rés. V. 1038) n'a que le premier livre, l'autre (à l'université de Glasgow, Murray Collection, Mu. 50. e. 33) n'a que le deuxième. Voir I. D. Mc Farlane, "G. Buchanan's latin poems..." et "The history...".

lui-même des *supplementa* pour remplacer les parties manquantes.[33] Mais cinq ans auparavant, une autre copie avait servi de canevas à *L'Uranologie*.

Du Monin a raconté lui-même comment il reçut ce manuscrit en dépôt, des mains d'"Alexandre Levinstone", neveu de Mary Livingston et petit-fils de William Livingston et d'Agnes Fleming d'après l'identification proposée par I. D. Mac Farlane,[34] qui souhaitait lui faire compléter le poème.[35] Il n'exécuta jamais le travail qu'on attendait de lui,[36] et se contenta d'utiliser ce qu'il avait entre les mains pour la composition de son *Uranologie*. Ces faits sont assez établis, mais il reste à déterminer avec exactitude comment procéda notre poète. De sa part, il fallait bien s'attendre à des protestations véhémentes plus qu'à des explications claires.

> Mais en ces deus mille ou tant de vers, je n'y voiois pas grande approche de la somme qui m'estoit necessaire au parement de mon edifice. Car bien que, sur ma méme modelle, assavoir sur Sacrobosco il avoit desseigné les diagrammes des 5. livres, toutefois le premier estoit estropié, le second saignoit au milieu de son trac, le quatrieme estoit tout en blanc, et le cinquieme n'avoit que la teste, sans conter que le troisieme me sembloit estre trop a jeun, non pas en la poesie (laquelle je ne me facherai jamais conceder aus seuls Bucanan, et Dorat, et non à autre) mais aus nerfs de la Science: si que il me faloit presque totalement vivre sur le mien, comme la confluence t'en fera foi [...]. J'ai donc à ma liberté couru à vau de routes par les Cirques du Ciel [...][37]

Placée à la fin du livre, comme en prévision d'une accusation de plagiat, cette déclaration vise principalement à réduire la dette envers Buchanan. Un peu plus haut, Du Monin avait admis que "M. Levinston Ecossois" l'avait tiré d'un grand désarroi et du "sable mouvant" où il s'engluait: "entousiazé" par divers "oracles", et notamment par les vers composés par Dorat en l'honneur des *Hymnes* de Ronsard,[38] il s'était décidé à tenter l'aventure d'une poésie du ciel ("j'avisoi si mon Atlas avoit les reins assés forts pour se soubaster aus

---

[33] *Sphaera ... quinque libris descripta, multisque in locis ex collatione aliorum exemplorum integritati restituta...*, Herborn, C. Corvin, 1587. Cette édition sert de base à notre travail.
[34] I. D. Mac Farlane, "The History...", p. 210, note 81; Idem, *Buchanan*, p. 364, note 27. Alexander Livingston, mort en 1622 a séjourné en France, avec Esmé Stuart, du 20 décembre 1582 à 1583 (voir le *Dictionary of National Biography*, XI, 1262-1263). - *L'Uranologie* comporte un poème "Lectissimo juveni Alexandro Levinstonio" (f. 188 v°).
[35] Du Monin avait probablement été choisi grâce à la réputation de sa traduction de *La Sepmaine* (la *Beresithias, sive Mundi Creatio* était parue à Paris, chez J. Parant et H. Le Bouc, en 1579): il faut croire que les amis de Buchanan ne craignaient pas de voir son oeuvre engloutie sous les additions de l'irrépressible versificateur. *L'Uranologie* contient des déclarations inquiétantes, Du Monin s'y fait fort d'"enrich<ir> ces echantilhons de Bucanan de <ses> 6. ou 7. milles vers Latins" (éd. cit., f. 207 r°). - Il se peut, d'autre part, que Dorat, ancien ami de Buchanan et lié à Du Monin, ait servi d'intermédiaire. Notre poète était certainement une étoile du milieu néo-latin, en même temps qu'un jeune homme en quête de travail.
[36] Dans *L'Uranologie* (f. 207 r°), il a prétendu n'avoir pu le faire car le manuscrit lui avait été retiré.
[37] *L'Uranologie*, éd. cit., f. 206 r°-207 r°.
[38] Voir *supra* (p. 243 et 317). Du Monin a également cité l'*Heptaplus* et un extrait de la paraphrase de Buchanan sur le *Psaume 19*: "*Insanientis gens sapientiae / Addicta mentem erroribus impiis, / Tot luce flammarum coruscum / Cerne oculis animoque Coelum*" (*Ibid.*).

fers du Ciel"),[39] sans parvenir à s'y lancer vraiment, faute "de Phare et guide françoise". Mais ici, il revendiquait la propriété de "<son> edifice", et il dressait un tableau pitoyable de l'oeuvre inachevée, "lambeaus de ce divin Poëte" est-il dit quelques phrases plus loin.

A.-M. Schmidt s'est contenté d'effectuer quelques rapprochements entre les deux textes.[40] J. R. Naiden n'a pu lire l'*Uranologie* et a simplement tenu pour établi qu'elle n'était qu'une traduction paraphrasée de la *Sphaera*,[41] opinion contestée par I. D. Mac Farlane.[42] Il nous a donc semblé utile de réaliser une comparaison systématique. Cette "confluence" a d'abord permis de vérifier que Du Monin a exploité la quasi-totalité de la *Sphaera*,[43] et elle aide à déterminer dans quelles conditions s'effectua le passage du latin au français. En effet, le cas de Du Monin est à cet égard spécialement exemplaire: seul de tous les poètes du ciel il s'est vraiment situé à la frontière entre les deux langues. Très conscient de sa double appartenance linguistique, il éprouva le besoin de la justifier en expliquant qu'elle lui permettait seule d'accomplir totalement sa vocation de poète philosophe et d'héritier de Ronsard. Le français n'avait pas l'universalité du latin, ni sa capacité de résister au temps,[44] mais son abandon complet constituait une forme de trahison ("Bien me plait avec tous au paternel coupeau / Rouler à bras courbé mon cinique tonneau).[45] Tandis que l'usage conjugué ou alterné des deux langues permettait de se prémunir contre tous les risques:

> Que si le luc françois si haut je ne remonte,
> Qu'entre ces gros bourdons mon chant soit mis en conte,
> J'ai d'autre corde en arc, et le Latin pavois
> Arme mon lut bruiant contre les airs françois:
> Sequestrant donc mes sens es mains de Calliope,
> Je veus que mon coursier d'un pas françois galope.[46]

---

[39] *Ibid.*

[40] *La poésie...*, p. 335-340.

[41] Naiden, *op. cit.*, p. 15

[42] "The history...", note 82, p. 210; voir aussi Idem, *Buchanan*, 1581, p. 364: "His own poem is unlikely to help us much: it is not certain wether he incorporated very much of Buchanan's text into his own poem, and even if he did, his exuberant and uncorsetted composition would hardly prove to be very accurate in its rendering of a manuscript whose contents are not known in detail".

[43] Voir *infra* le ch. XVII. Le texte authentique connu de la *Sphaera* comporte 2483 vers, et Du Monin a affirmé que Livingston avait été "fait heritier par la bouche du souverain testateur de quelque 2500. vers latins quités sur le metier par feu M. Bucanan en la Sphere" (f. 206 r°).

[44] *Nouvelles oeuvres* (1581?), "Avant discours de l'auteur sur son français, ou il fait mention des langues, et inconstance humaine", p. 15: "O que je plains, Ronsard, que ton soufle ampoulé / Sur un cerceau Latin n'a par les airs volé! / Tu n'avois d'Apollon la poitrine echaufée [...] / Pour fendre seulement ton bel air Vendomois [...] / Bien que tu sois divin, du choeur sacré le Pape, / Je crains que l'âpre dent du porte-fau ne sape / Le rempar de ton los [...]".

[45] *Ibid.*, p. 18. Cette allusion possible au Diogène du prologue du *Tiers Livre* s'accorderait bien avec l'idée d'un engagement national (les références à Rabelais ne sont pas rares chez Du Monin qui se comparait parfois à Panurge). Voir *infra*, p. 362.

[46] *Ibid.*, p. 18. Calliope symbolise la haute inspiration (plus précisément l'inspiration philosophique), celle qui détache des sens. Cf. *supra*, p. 229 sq.

Du Monin avait été initié à la poésie encyclopédique par une traduction en latin de la *Sepmaine*,[47] une expérience qui lui laissa des souvenirs indélébiles: les images, les tournures, les rimes de Du Bartas allaient envahir *L'Uranologie*. Sa traduction tourna à la paraphrase et transforma sensiblement le texte de départ, sans véritable arbitraire mais en vertu d'une vive conscience de la différence des domaines respectifs des poésies latine et française: la première répondant aux attentes d'un public plus savant.[48] Sur ce point, il suffira de rappeler les conclusions de l'analyse de Michel Magnien: le "texte latin bien souvent dénature et écrase l'original sous un amas de périphrases, de références mythologiques ou scientifiques",[49] et Du Monin a encore abusé des manchettes pour y caser le trop-plein de sa science, donner au lecteur des repères et l'orienter vers d'autres livres. La traduction de *La Sepmaine* serait donc révélatrice de la réaction humaniste qui s'est manifestée dans les années 1580, quand les écrivains français les plus "doctes" refluaient vers le latin, en abandonnant le français aux poètes de cour.[50] Par sa façon trop brutale de marier la philosophie et les vers, la *Beresithias* mettait aussi en évidence le malaise de la littérature humaniste, guettée par le "divorce irréversible" entre la poésie et la doctrine.[51]

La rencontre avec Buchanan offre un caractère symétrique: Livingston avait probablement été attiré par le renom de la *Beresithias*, or Du Monin, comme on l'a vu, préféra quitter la voie du néo-latin, peut-être pour mieux suivre son vénéré modèle. Le passage de la *Sepmaine* à la *Beresithias* avait correspondu à une sorte de surenchère savante; l'on aurait donc pu croire que de la *Sphaera* à *L'Uranologie* allait s'opérer une sorte de décrue de l'érudition. Il n'en a rien été, bien au contraire: en revenant à sa langue maternelle, Du Monin s'est surpassé lui-même en matière d'encyclopédisme explicite. Il a déversé dans son *Uranologie* toute une philosophie qui venait des collèges et qu'aucun poème n'avait encore jamais vue. Le va-et-vient de notre poète, entre le latin et le français, ne reflète donc que partiellement les modes de son époque. Probablement inspiré par le désir de gagner le plus de gloire possible, en cumulant celles de Dorat, de Ronsard et de Du Bartas, il lui a finalement donné de l'élan pour bousculer les conventions et déranger tous les modèles poétiques.

---

[47] *Beresithias sive Mundi creatio*, Paris, J. Parant et Hilaire Le Bouc, 1579.

[48] Geneviève Demerson l'a établi en observant le changement d'attitude de Du Bellay lorsqu'il passait d'une langue dans l'autre ("J. du Bellay traducteur de lui-même"). Cependant, il faut le préciser, "plus érudit" signifiait plus orné, plus chargé d'allusions et d'images mythologiques, et non pas plus pédant. En inaugurant la pratique systématique de la référence livresque, Du Monin a véritablement franchi une limite (voir ci-dessous, p. 543 sq.).

[49] M. Magnien, "Une lecture catholique de la *Premiere Sepmaine*...", p. 197.

[50] Réaction signalée par M. Raymond (*L'Influence de Ronsard*, II, p. 341-342 où il cite l'attaque de la préface posthume de la *Franciade* contre les "latineurs"). Voir aussi C. Faisant, "Un des aspects...". Ronsard lui-même se laissa traduire sans déplaisir (cf. éd. Laumonier, XVII, p. 22). Voir I.D. McFarlane, "Ronsard ..."; M. Smith, "Latin translations ...".

[51] Voir M. Magnien, art. cit., p. 205-206.

CHAPITRE DIX-SEPTIÈME

DU MONIN ET BUCHANAN

Un poème latin, la *Sphaera* de Buchanan, a donc joué un rôle décisif dans l'apparition du dernier avatar de la poésie du ciel, et avant toute analyse, nous avons tenté une confrontation méthodique qui permette de mieux définir la façon dont Du Monin a conçu son travail. Le texte suivi, pour la *Sphaera*, est celui qui a été publié à Herborn, en 1587. Pour *L'Uranologie*, il s'agit de l'édition unique, parue à Paris en 1583. Dans les deux cas les vers ont été numérotés. Quelques signes conventionnels ont été adoptés. Les crochets droits signalent les passages se trouvant dans un seul des deux poèmes: **[Buc]** pour ceux que Du Monin aurait négligé de traduire, et **[D.M.]** pour ceux qu'il a ajoutés de sa propre initiative. Trois autres signes: //, / et $, prétendent évaluer le degré de fidélité de la version de Du Monin. Il s'agit, bien entendu, d'unités de mesure fort subjectives, obtenues empiriquement par un simple travail de comparaison.

La double barre (//) indique une étroite correspondance entre le latin et le français. La barre simple (/) signale les moment où le texte français concilie une grande fidélité au latin, sur le plan de l'*inventio* et de la *dispositio*, et une grande liberté sur celui de l'*elocutio*. Au livre V, Buchanan et Du Monin évoquent le combat mythique de l'Ombre et de la Lumière pour décrire les éclipses. Dans la *Sphaera*, cette présentation poétique ne compromet pas la clarté de la description; mais Du Monin a organisé toute une mise en scène: assauts, demandes de rançons, embuscades. Pour Buchanan, l'ombre et le soleil restent ce qu'ils sont, tandis que le texte français les transforme en héros d'une sinistre aventure, mais sans modifier le fil des événements. Du Monin s'est contenté de maquiller un peu outrageusement les détails de son modèle. Il arrive enfin que Du Monin prenne une idée à Buchanan et la développe à sa guise, ou en puisant à une autre source: ces endroits sont marqués du signe $. Le lien qui demeure entre les deux textes ne tient alors plus qu'à la similitude de l'argument. Par exemple, quand il s'agit d'illustrer la possibilité de deux mouvements contraires pour un seul corps, Du Monin abandonne brusquement Buchanan et emprunte à du Bartas la comparaison du marin qui va et vient sur son bateau (*Uran.* II, f. 50 v°; *La Sepmaine*, IV, v. 331-338).

LA *SPHAERA* ET *L'URANOLOGIE*: TABLEAU COMPARATIF

LIVRE I: COSMOLOGIE GÉNÉRALE

Sphaera   Uranologie

p..	vers	f.	vers	analyse et évaluation
2-3	[1-28]	1r°-2v°	[1-98]	Prologue: les deux textes sont indépendants.
	29-34	3 r°	99-106	**Le cosmos: généralités** L'univers comprend tout. Sa beauté lui vaut son nom de monde. /
			[107-116]	Invitation à admirer le ciel et la beauté de la nature. [D.M.]
		3v°-6r°	[117-272]	Réfutation d'Epicure (mondes, vide...). [D.M.] Réfutation de la thèse du monde éternel. [D.M.]
4	35-48	6v°	267-298	Le monde est divisé en deux zones: céleste et élémentaire. $
	48-63		299-232	**Les éléments** Les sphères concentriques des éléments. $
5	64-92	7r°-8r°	323-394 [333-54] [373-82]	Le cas de la terre et de la mer. $ Thèses de saint Thomas et d'Averroes. [D.M.] Réfutation d'Albert le Grand. [D.M.]
	93-110	8v°	395-422	**La terre est ronde** - 1ère raison: l'heure du coucher du soleil varie selon la longitude. //
6	111-16		423-431	- 2ème raison: l'horaire des éclipses lunaires. //
	117-28	9r°	431-446	- 3ème raison: l'ombre terrestre apparaît ronde sur la lune partiellement éclipsée. //
	129-36		447-456	- 4ème raison: l'étoile polaire monte ou descend, pour qui se déplace sur un axe N-S. //
7	137-52	9v°	457-474	Monts et vallées ne détruisent pas cette rondeur. //
		10r°-11v°	[475-584]	Comparaison des volumes de la terre et de la mer. [D.M.]
	153-55		585-592	La mer est ronde aussi. $
	156-58		593-596	- Sur mer aussi le pôle monte et descend. //
	159-66	12r°	597-606	- L'expérience du bateau qui s'éloigne. //
8	166-80		607-624	- Une goutte prend naturellement la forme ronde, ainsi fait la totalité de l'eau. //
9 10	181- 250	12v° 14v°	625-755	La cupidité a entraîné les hommes dans les voyages. /
11	251-62		756-770	C'est ainsi qu'on prouva expérimentalement que l'univers est rond, la terre centrale, et que les cieux tournent. //
		15r°	[771-776]	Transition. [D.M.]
	263-78		777-794	Sphéricité de l'air et du feu. /
	279-82		795-798	**Repos de la sphère des éléments. Mouvement des cieux** Mouvements naturels rectilignes des éléments. /

12	283-92	15v°	799-810	Mouvement circulaire violent de la sphère du feu et de la région supérieure de l'air (météores ignés). //
	293-305		811-826	Agitation des régions inférieures de l'air (météores aqueux). //
	306-08	16r°	827-828 [829-30] [831-44]	Agitation de la mer. // Les marées causées par la lune. [D.M.] Dieu assure l'immobilité de la terre. [D.M.]
	308-11		845-848	La terre n'a aucune sorte de mouvement: /
13	312-25	16v°	849-862 [863-66]	- Elle n'a pas de mouvement rectiligne, / allusion au levier d'Archimède [D.M.]
	325-34		867-880	- ni de mouvement circulaire, quoi qu'en dise "la Samienne école" (d'Aristarque). //
	335-37	17r°	881-886	Invocation à Timoléon (pour Buchanan), et à la Muse (pour Du Monin). $
	338-41		887-894 [887]	**L'hypothèse du mouvement de la terre.** // Mention de Copernic. [D.M.]
14	342-45		895-910 [897-900]	Les conséquences absurdes de ce mouvement: - La flèche, l'oiseau, le vent dirigés vers l'Est sembleraient reculer. / Le caillou lancé verticalement d'un navire. [D.M.]
	346-50	17v°	911-916	- Ruine des monuments et des villes. //
	351-57		917-928	- Les oiseaux perdraient leur nid. //
		18r°	929-944	Voir ci-dessous.
	358-65		945-953	- Ce qu'il adviendrait des projectiles de deux armées affrontées (les Mèdes et les Perses pour Buchanan, les Flamands et les Bourguignons pour Du Monin. /
15	365-83	18v°	953-974	- Que la mer suive ou non le mouvement de la terre, le résultat serait catastrophique. //
	384-93	18r°	929-44	- Epouvantable fracas dû à la friction de l'air. //
	394-98		975-980 [981-990]	Preuves positives du mouvement du ciel: - Les aspects changeants des planètes. // Apostrophe aux astres. [D.M.]
	399-402	19r°	991-996	- Les éclipses. //
16	403-10		997-1022	- Le soleil dans le Zodiaque. Les saisons. $
	411-14	19v°	1023-28	- Les aspects formés par Vénus et le soleil. //
17	415-34	20r°	1029-60 [1051-4] [1061-4]	Réfutation de la thèse du feu central et de l'anti-terre. // Comparaison du feu central et du soleil. [D.M.] Invectives contre ceux qui vivent dans l'erreur. [D.M.]
	435-40		1065-72	**La terre est au centre du monde** - Conformément à la théorie des lieux naturels. //
	441-54	20v°	1073-90	- Si elle était décalée vers l'Est, les astres paraîtraient plus gros au lever qu'au coucher. //
18	455-64		1091-102	- Le soleil au zénith ne diviserait pas le jour en deux parties égales. //
	464-66		1103-06	- Si elle était décalée vers l'Ouest, le soleil descendrait plus vite qu'il ne monterait. //
	[467-468]	21 r°	[1107-1108]	- Même argument qu'aux v. 455-464. [Buc] - En toutes régions la durée totale des jours d'une année n'égalerait pas celle des nuits. [D.M.]

	469-78		1109-24	- Les ombres du soir et du matin ne seraient pas symétriques. //
19	479-05	21v°	1125-62	- Elle n'est pas non plus décalée vers le Nord ou le Sud, comme le prouve la direction des ombres selon que le soleil est à l'équateur ou à l'un ou l'autre tropique. //
		22r°	[1163-64]	- Argument des six signes sur l'horizon. [D.M.]
	506-10		1165	- Argument de l'éclipse lunaire. $
			[1166]	- Argument de l'ordre des saisons. [D.M.]
	[511-517]	22v°	[1167-1206]	Dimension de la terre Transition: [Buc] Diverses opinions sur les origines de l'astronomie. [D.M.]
20	518-533	23r°	1207-1227	Les Chaldéens posèrent les bases de cette science. //
	534-548		1228-1247	C'est au ciel qu'ils trouvèrent la mesure de la terre. //
21	548-563	23v°	1247-1266	Mesure du degré terrestre. //
	564-571	24r°	1267-1278	Calcul de la circonférence et du diamètre terrestre. //
	572-576		1279-1284	Eloge de la raison. //
22	577-582		1285-1298	Comparons au ciel cette terre dont nous sommes fiers. /
	583-594	24v°	1299-1312 [1306]	La terre n'est qu'un point au regard de l'univers. / Allusion au "chifreur Tarentin" (Archimède). [D.M.]
	595-599		1313-1314	L'horizon divise également les signes. //
23	600-616	25r°	1314-1344	La pleine lune se lève au coucher du soleil. Idem pour les coeurs du Scorpion et du Taureau. //
24	617-638	25v°	1345-1380	On voit toujours la moitié du ciel. /
	639-54	26r°	1381-1409 [1410]	Le soleil n'a qu'un pied de diamètre apparent, la terre vue du char de Phaeton serait infime, et les sphères supérieures sont bien plus grandes que celle du soleil. // Allusion à la neuvième sphère. [D.M.]
	655-57	26v°	1411-18 [1411-4]	La terre et le ciel sont incommensurables. $ Allusion à Archimède (et à l'*Arénaire*?). [D.M.]
25	658-79	27r°	1419-71 [1441-8]	Telle est la misérable demeure de l'homme, dont la petite partie habitable est ravagée par la discorde. / Les tremblements de terre. [D.M.]
		27v°	[1471-1486]	La vengeance divine aurait depuis longtemps détruit la terre, si Dieu ne l'avait bénie dès la création. [D.M.]

LIVRE II: LES SPHÈRES CÉLESTES

Sphaera   Uranologie

p.	vers	f.	vers	analyse et évaluation
27	1-4	30v° 31v°	1-62	Invitation au voyage céleste. $
	5-7		63-68	Sans imiter Icare, Phaeton, ni les Géants, /
	8-9		69-73	le poète (chez Buchanan), Dieu déléguant Mercure (chez Du Monin), servant de guide, $
	9-14	32r°	74-84	il faut aller sur les traces d'Atlas, d'Hercule, de Prométhée, de Céphée et d'Orion. /
	15-20		85-90	La splendeur du ciel montre la voie, /

28	21-28	32v°	91-106 [95-100]	mais mieux vaut se fier à la raison qu'aux sens. / Exemples d'erreurs des sens. [D.M.]
	29-37		107-122	Pour les sens, il n'y a qu'une sphère céleste, ce que dément la raison. /
	38-40		123-130 [123-124]	**Les astres et leurs sphères** Fausse hypothèse des astres animés se mouvant librement dans le ciel. / Allusion à saint Jean Chrysostome. [D.M.]
		33r°- 35r°	[131-248]	Réfutation des théories établissant l'animation des astres. [D.M.]
29	41-62	35v°	249-274	Les astres n'ont pas les mouvements imprévisibles des animaux et ne sont pas régis par le hasard. /
	63-70		275-284	La forme du corps correspond toujours à la nature du mouvement: les astres sont ronds et possèdent nécessairement un mouvement circulaire. //
	71-76		285-294	La rondeur des astres se prouve par les phases lunaires. //
	77-83	36r°	295-306 [307-312]	Les astres sont attachés à des sphères. / Ils sont de la même substance que le ciel, mais plus épaisse. Théorie d'Empédocle. [D.M.]
30	84-87		313-316 [317-324]	**Le nombre des sphères** Détermination du nombre des sphères par les Anciens. / Car les astres n'errent pas comme des météores. [D.M.]
	[87-111]	36v°	[325-344]	La succession des planètes et de la huitième sphère: [Buc] (les v. 104-111 -sur le firmament- ont été imités plus loin par Du Monin (v. 491-506, voir *infra*). Les aspects changeants des planètes ont permis aux Anciens de distinguer les huit sphères: [D.M.]
31	[112-8]		[345-348]	Pour, nos aïeux, au-delà de la huitième sphère, c'était le paradis. [Buc] Découverte d'une neuvième sphère. [D.M.]
	119-27		349-356	Découverte du mouvement Nord-Sud de la huitième sphère. / /
		37r°	[357-382]	Les observations de Timocaris, d'Hipparque et de Ptolémée dévoilent l'existence de la précession. [D.M.]
		37v°	[383-404]	Le roi Alphonse et Regiomontanus découvrent le Paradis (cf. Buchanan, 112-118), c'est-à-dire une dixième sphère. [D.M.]
32	128-42	38r°	405- 422	Le poète laisse ces questions ardues à plus compétent. Il se contentera de plus modeste: pour Buchanan, de suivre Ptolémée et les Anciens qui comptaient huit cieux, pour Du Monin, de compter neuf cieux. $
			[423-440]	Ces neuf cieux peuvent être distingués par trois moyens: les vitesses comparées, les aspects, les éclipses.
		38v°	[441-452]	La place de Vénus et Mercure. [D.M.]
		39r°	[453-490]	Le soleil et les planètes. [D.M.]
30	104-11 (voir *supra*)	39v°	491-506 [507-514]	Le firmament et son utilité pour le pélerin etc. / Imitons la modestie des Anciens qui se contentaient de neuf cieux. [D.M.] Cf Buchanan, v. 140-142, et Du Monin, v. 417-422.

	143-46		515-522	**La forme et le mouvement circulaires des sphères contre d'absurdes hypothèses** Quelques fous voudraient que le ciel fût en repos, $
	147-68	40r°-v°	523-556	alors que le mouvement diurne des astres prouve le contraire, //
33	169-96	41r°	557-592	Comme la rotation des étoiles circumpolaires. //
34	197-203		593-602	Fausseté de la théorie épicurienne des astres chaque matin nouveaux. /
			[603-607]	Invectives contre les épicuriens. [D.M.]
	203-06	41v°	607-614	- Si cette théorie était vraie, les phénomènes célestes ne seraient pas si réguliers. /
	207-14		615-628	- et l'on ne peut s'imaginer que la terre, ni la mer soient si fécondes, et seulement à l'Est. //
	215-20		629-634	- Arguments de la régularité des phases lunaires, //
35	221-37	42r°	635-660	- et de l'existence de circumpolaires australes et boréales. //
	238-41	42v°	661-666	La rapidité du cours des astres implique la sphéricité des cieux. /
			[667-686]	C'est la forme la mieux adaptée à la vitesse, comme à la solidité. [D.M.]
	242-45		687-692	L'univers devait tout contenir, et la sphère est le solide le plus capable. /
	246-51	43r°	693-698	Les Anciens ont vu qu'elle seule permettait de fonder la science astronomique. //
36	252-63		699-720	Absurdité d'un ciel triangulaire ou carré. //
	264-78	43v°-44r°	721-750	Les variations du diamètre apparent des luminaires ne signifient pas que leur distance. //
37 38	279-325	44v° 45v° 46r°-47r°	751-848	Le caractère de Dieu est imprimé dans l'univers, et plus encore en l'esprit de l'homme qui comprend que le ciel doit être rond, invulnérable etc. /
			[849-924]	Invocation au globe. [D.M.]
	326-29		925-932	Tels sont donc la forme du ciel et son mouvement perpétuellement cyclique. /
				Les révolutions des sphères célestes
	330-35	47v°	933-944	Les sept planètes (pour Buchanan), les huit sphères (pour Du Monin), suivent la révolution diurne, mais elles vont d'autant plus lentement qu'elles sont plus proches de la terre. $
	336-37		945-954	Dieu l'a voulu ainsi dans sa bonté. $
39	338-62	48r°	955-998	Si tous les cieux allaient à la même vitesse, l'homme ne pourrait les observer et les saisons seraient détraquées. Donc, seul le plus haut a une vitesse extrême. /
	[363-367]	48v°	[999-1002]	Et plus on descend vers la terre, plus le mouvement décroît: [Buc] Plus on monte, et plus la durée des révolutions propres des sphères s'allonge: [D.M.]
40	(368-374)			(les cours propres des luminaires, de Mars, Jupiter et Saturne) [Buc] passage sans doute interpolé.
			[1003-10]	Cours propres: firmament, soleil et lune. [D.M.]

	375-79		1011-24	Si on logeait en un instant donné toutes les planètes dans le Taureau, les plus lentes (à suivre le mouvement diurne) s'en éloigneraient le plus vite. /
	380-84	49r°	1025-1042	Exemples des luminaires, de Mars, de Jupiter et de Saturne. $
			[1043-46]	Exemples de Vénus et de Mercure. [D.M.]
	385-97		1047-58	Dessin des cercles concentriques des cieux. //
41	398-408	49v° 50r°	1059-78 [1079-84]	Image de la course de chars. // Image du moulin à vent. [D.M.].
	[409-410]			**La théorie du double mouvement céleste** Buchanan prévient son lecteur que la théorie qu'il va exposer n'est pas la sienne, bien qu'elle jouisse d'une grande autorité. [Buc]
42	411-434	50v°	1085-1118	Le ciel suprême entraîne les autres (vers l'Ouest), mais ceux-ci (les sept planètes pour Buchanan, les huit cieux pour Du Monin) ont un mouvement propre vers l'Est. /
	435-451	51r°	1119-1150	Exemples montrant qu'un corps peut avoir en même temps deux mouvements, l'un naturel, l'autre violent. $
	[452-455]	51v°	[1151-1168]	Les erreurs d'Oronce (Fine). [D.M.] Nul ne fera tomber Buchanan dans cette erreur. [Buc]
43	455-471	52r°	1169-1198	Quoiqu'en disent les astronomes d'Orient, un corps simple n'a qu'un mouvement, et la contrariété ne convient pas aux cieux inaltérables. $
	472-77	52v° -53r°	1199-211 [1212-73]	**La matière des cieux et des astres** Quelle est la matière des cieux toujours jeunes? $ Théories d'Averroès, de Platon et d'Aristote. [D.M.]
	478-82	53v°	1273-1284 [1285-1296]	Les cieux ne sont pas faits d'éléments: - Le monde élémentaire est un lieu de discorde. $ - Quels conflits éclateraient au ciel s'il y entrait des éléments (la guerre entre le chaud soleil et le froid Saturne). [D.M.]
		54r°-v°	[1297-1350]	- Invective contre Cardan qui croit que le soleil échauffe parce qu'il est chaud. [D.M.]
44	483-505	55r°	1351-1370	- Ce qu'il adviendrait d'un ciel fait de terre, d'eau, d'air ou de feu. //
45	[506-524]			- Les mouvements des êtres naturels. Le mouvement circulaire n'appartient pas aux éléments. [Buc]
	525-29		1371-74	Les cieux sont donc faits de quinte essence. //
46	530-51	55v°	1375-1400	La moindre parcelle de ciel est nécessairement ronde et mue d'un mouvement circulaire (analogie avec la goutte de rosée). //
	552-56		1401-06	Pas de mouvement rectiligne au ciel. $
47	557-77	56r°	1407-32	**Le ciel est-il éternel? Le ciel et Dieu.** Les cieux ignorent la naissance et la mort. /
48	578-614	56v° -57r°	1433-1480	L'expérience séculaire prouve qu'ils ne passent pas par les trois âges de la vie. /
			[1481-94]	"Hymne du Ciel". [D.M.]
	615-20		1495-1500	Pourtant le ciel a commencé, il dépend d'une cause extérieure. $
	[621-9]			Car un premier moteur est nécessaire. [Buc]

		57v° - 60v°	[1501- 1684]	Réfutation des théories antiques (éternité du monde, émanation, atomisme, chaos originel), et affirmation de la création *ex nihilo*. [D.M.]
49	630-39		1685-696	C'est ainsi que les Anciens comprirent qu'une "flame divine" (*vis*) animait tout l'univers. /
		61r°	[1697- 703]	Apostrophe à Epicure, contraint de se convertir. [D.M.]
	640-41		1704-726	Devant le spectacle de la nature, il n'est pas de barbare qui ne reconnaisse Dieu. /
		61v°	[1726-36]	Prière finale. [D.M.]

LIVRE III: SPHÈRE ARMILLAIRE, VOIE LACTÉE, COMÈTES, ZONES

Sphaera   Uranologie

p.	vers	f.	vers	analyse et évaluation
51	[1-6]			Après une si folle traversée, ralentis un peu, Timoléon, pour apprendre à délimiter les régions célestes.
	6-7	64r°	15-24	L'esprit élevé au ciel reconnaît sa région natale. $
	8-10	63v°	1-8 [9-14] [25-44]	Les brises printanières, les Muses sont favorables $ Et désormais la matière du ciel est assurée. [D.M.] Invocation du poète à son esprit, puis à Uranie. [D.M.]
52	11--29	64v°	45-72	**Cercles, pôles et armilles** Le mouvement diurne, /son axe et ses pôles. //
	30-32	65r°	73-76	Le cercle arctique. //
	33-44		77-92	Le tropique du Cancer. //
	44-54	65v°	93-110	L'équateur. //
53	55-70	66r°	111-146	Le tropique du Capricorne. //
	71-76		147-154	Le cercle antarctique. //
	77-79	66v°	155-158	Les cercles qui précèdent sont nommés "parallèles". //
54	80-95		159-184	Les colures. //
	96-103	67r°	207-215	**Le Zodiaque**, voie des planètes. / **Les écarts de Vénus et de Mars. [D.M.]
	104-10	67v°	207-215 [216-220]	C'est le seul cercle visible. / Loué soit Dieu qui dota le monde de cette ceinture de jeunesse. [D.M.]
55	111-13		221-226	Il montre des parties nouvelles selon les saisons. //
	114-18		227-240	Six signes en sont toujours visibles. /
	119-23	68r°	241-246 [247-258]	Les Anciens le divisèrent en douze signes, ayant chacun un nom et une figure particulière. // Aucune image n'est réellement dessinée au ciel. [D.M.]
				Les signes du Zodiaque: les passages ajoutés par Du Monin concernent les caractères astrologiques de chaque signe, dont Buchanan ne parle pas.
56	124-42	68v° 69r°	259-282 [283-306]	Le Bélier. // [D.M.]

	143-70	69v° 70r°	307-344 [345-360]	Le Taureau. // [D.M.]
57	171-80	70v°	361-374 [375-398]	Les Gémeaux. // [D.M.]
	181-86	71r°	399-410 [411-430]	Le Cancer. // [D.M.]
	187-96	71v°	431-442 [443-460]	Le Lion. // [D.M.]
58	197-213	72r° 72v°	461-488 [489-502]	La Vierge. // [D.M.]
	214-25	73r°	503-514 [515-540]	Le Scorpion et la Balance. // [D.M.]
59	226-37	73v°	541-562 [563-576]	Le Sagittaire. // [D.M.]
	238-51	74r° 74v°	577-596 [597-612]	Le Capricorne. // [D.M.]
60	251-58	75r°	613-628 [629-644]	Le Verseau. // [D.M.]
	259-73	75v°	645-664 [665-684]	Les Poissons. // [D.M.]
	274-84	76r°	685-694	Le Zodiaque est la voie des planètes. //
61	285-95		695-710 [711-716]	L'écliptique, et d'où vient son nom. // Du Monin s'adresse à la Muse. [D.M.]
62	296-334	76v° -77r°	717-765	L'horizon, //
63	334-46	77v°	766-782 [783-784]	distingué en horizon droit, // (cet horizon est dit "naturel"), [D.M.]
	347-53		785-792	et en horizon oblique. //
64	354-79	78r°- 79v°	793-832 [833-844] [845-896]	Le méridien. // Comment il varie selon l'observateur. [D.M.] "Hymne au Midi". [D.M.]
	380-86		897-908	**La Voie Lactée.** Sa beauté chantée par les poètes. $
65	387-404		909-924	Les légendes courant sur son origine. //
	405-09		925-936	L'hypothèse plus savante de la nuée d'étoiles (Du Monin cite saint Thomas -"l'Aquin"- et Scot -"l'Escot"-). /
		80v° -85r°	[937-1194]	**Les comètes:** discussion sur leur nature. [D.M.]
	410-29		1195-216	**Les zones** Les cinq zones célestes. //
	430-31		1217-18	Des zones terrestres leur correspondent. //
66	431-48	85v°	1219-44	Les zones polaires et leur désolation. //
	449-59	86r°	1245-58	Les zones tempérées. Celle du Nord est civilisée. //
67	460-74	86v° -87r°	1259-1306	Celle du Sud est une terre de barbarie. /
	475-88	87v°	1307-38	L'on a cru que la zone équatoriale était brulée et stérile, /
68	489-92	88r°	1339-1352 [1353-64]	Mais Posidonius (Du Monin ajoute: Avicenne) a pensé plus sagement qu'il y régnait un éternel printemps. $ Evocation du Paradis. [D.M.]
69	493-546	88v° 89v°	1365-1452	Cette zone est habitable à cause de la rapidité du passage du soleil à l'équateur et de l'humidité de l'air. //

		90r°	[1453-1480]	Réfutation d'Augustin et de Lactance: la Providence adapte toujours l'habitant à l'habitation. [D.M.]
70	547-63	90v°	1481-1520	Et les voyages de découverte ont prouvé que cette zone n'est pas déserte. //

LIVRE IV: LES AMOURS COSMIQUES.
LEVERS ET COUCHERS DES SIGNES

Sphaera *Uranologie*

p.	vers	f.	vers	analyse et évaluation
72	[1-11]			Programme: les levers et couchers des signes. [Buc]
		93r°-108r	[1-835]	**Les amours cosmiques** Le microcosme et le macrocosme. L'amour du ciel et de la terre. Les amours des astres (astrologie). [D.M.]
73	12-32	108v	836-863	**Les levers et couchers** Les verbes "naître" et "mourir" sont employés, par analogie, pour les levers et couchers des astres. //
74	35-64	109r	864-905	Les levers et couchers héliaques, cosmiques, acroniques. /
	65-74	109v	906-915	Les apparences des levers et couchers ne sont pas les mêmes sous la sphère droite //
75	75-86		916-927	et sous la sphère oblique. //
	87-98	110r	928-942	Les levers et couchers astronomiques se font quand les astres touchent l'horizon. //
76	99-113		943-961	Les durées du lever des signes (qui ne sont pas égales entre elles) se mesurent sur l'équateur. //
	114-19		962-967	Définition des levers droits et obliques. //
		110v	[968-971]	Définition du "mitoyen lever". [D.M.]
		111r 112v	[972-1097]	Théorie des levers astronomiques des signes. [D.M.]
		113r	[1098-1123]	**Les jours** Prière au Jour. [D.M.]
		113v 116v	[1124-1325]	Théorie des jours "naturels" et artisans". [D.M.]
		117r 120r	[1326-1513]	Prédiction de la fin du monde. [D.M.]

LIVRE V: LES ÉCLIPSES

Sphaera *Uranologie*

p.	vers	f.	vers	analyse et évaluation
		126r 127r	[1-58]	Le poète s'adresse au Collège de Bourgogne; il lui assure qu'il scrute les secrets de la nature. [D.M.]
		127v 129r	[59-154]	La vocation de l'homme est de contempler les cieux. [D.M.]
94	1-8		155-160	Eloge des héros, montés voir les secrets des cieux, $

			[161-172]	et qui ont connu l'apothéose stellaire, comme Céphée et sa famille, Atlas et Prométhée. **[D.M.]**
	9-20	129v	173-182	Par leur mépris du monde, ils ont mérité l'immortalité. $
95	21-50	130r 131r	183-270	Mais ceux qui s'adonnent aux plaisirs terrestres, sont la proie de l'ignorance et de la superstition. $
			[233-234]	Ils imaginent un Dieu oisif. **[D.M.]**
			[235-242]	Exemples de faux présages. **[D.M.]**
			[271-274]	Intervention de Satan. **[D.M.]**
96	51-59		275-292	Les astrologues abusent de la crédulité /
	60-79	131v 132v	293-358	les crimes sont imputés aux astres; les chefs eux-mêmes sont gagnés par la peur (histoire du désastre de Sicile, et de Pydna). /, avec d'importantes additions:
			[301-308]	Dieu, par la superstition, est asservi au sort. **[D.M.]**
			[309-328]	Apostrophe au superstitieux qui devrait reconnaître la toute puissance de Dieu, rien qu'en constatant l'ordre qui règne dans la création. **[D.M.]**
			[359-366]	L'éclipse prédite par Vespucci et Colomb. **[D.M.]**
		133r	[367-400]	La philosophie tue la sotte admiration. Il faut prouver qu'on est fils du ciel, comme l'aiglon. **[D.M.]**
97	80-98	133v	401-426	Invitation à découvrir pourquoi l'éclipse solaire est la plus rare et pourquoi la lune a des phases. /
		134r	[427-436]	Ces phases devraient prouver l'existence de Dieu, même à des épicuriens. **[D.M.]**
	99-105		437-454	Toi qui délivras les hommes de la peur, tu mérites l'apothéose comme Céphée et sa famille. /
98	106-115	134v 135r	455-497	Négligeant les hommes de mérite, les poètes préfèrent chanter les conquérants et les tyrans, mais avec l'aide de la Muse, le monde entier connaîtra Endymion. /
99-100	116-195	135v 138r	498-666	Histoire d'Endymion dont le savoir astronomique (qu'il tenait de la lune) finit par atteindre Rome, //
	196-98		667-670	où Sulpicius Gallus l'enseigna aux légions. //
101	199-207		671-684	Les événements précédant la bataille de Pydna. /
				Le discours de Sulpicius Gallus
102	208-40	138v 139v	685-742	"Une éclipse va avoir lieu; de tels phénomènes sont régis par des lois. /
	241-53		743-759	"Il existe plusieurs sortes d'ombres . //
103	254-69	140r	760-780	"Celle de la terre est conique. //
	270-84		781-802	"Comment se produisent les éclipses //
104	285-12	141r	803-842	"et les phases de la lune, //
105	313-28	141v	843-876	"et l'éclipse solaire. /
	329-38	142r	877-890	"Les terreurs du peuple ignorant. //
	339-40		891-897	"Portrait de l'homme de science. $
	341-60	142v	898-926	"Procédés pour observer l'éclipse solaire. //
		143r	[927-954]	"Pourquoi Vénus et Mercure n'ont pas d'éclipses. **[D.M.]**
		143v	[955-972]	"Pas d'éclipse quand soleil et lune sont tous deux sur l'horizon. **[D.M.]**
		144r	[991-1004]	"Rien ne sera dit sur les parhélies, qui sont des phénomènes météorologiques. **[D.M.]**
	361-73	144v	1005-24	"Pourquoi les éclipses n'ont pas lieu chaque mois. /
107	374-404	145r	1025-1072	"La fréquence et l'intensité des éclipses dépendent de la position de la lune par rapport à l'écliptique. /

	405-421	145v	1073-1100	"Mythe du partage du monde entre l'Ombre et la lumière, lors de la Création. //
109	422-459	146r 147v	1101-1196	"Episodes de la lutte de l'Ombre et de la lumière. / - *Fin de la partie authentique de la* Sphaera *de Buchanan.*
			[1196-1210]	Triomphe de l'Ombre, qui fait taire l'auteur. [D.M.]
		148r	[1211-32]	Différences des éclipses de lune et de soleil. [D.M.]
			[1233-1242]	**Astrologie et liberté** Une horrible troupe arrache le poète au repos [D.M.]
		148v	[1243-60]	Invectives contre les partisans du fatalisme. [D.M.]
		149r 150v	[1261-1362]	L'astrologie n'est ni valable, ni crédible. [D.M.]
		151r	[1363-1390]	Exemples d'astrologie pieuse et utile (Thalès, Hipparque, Bérose, César, Tibère etc.). [D.M.]
		151v 153r	[1391-1508]	Défense de la liberté humaine et de la Providence. Dieu a créé les étoiles pour nous enseigner les vertus. [D.M.]
			[1509-1522]	Transition: l'oeuvre approche de son terme. Aristote est assez servi, passons à Platon. [D.M.]
		153v 156v	[1523-1719]	Analogie avec les rapports de l'âme, du corps, et de l'Intellect. La mort extatique. [D.M.]
		157r	[1720-24]	Prière finale: aspiration à une telle mort. [D.M.]

L'exploitation intensive de la Sphaera

La confrontation des deux textes fait apparaître le soin extrême avec lequel Du Monin a tiré parti de la *Sphaera*; il n'est guère de passage qu'il n'ait réussi à intégrer à son poème, à l'exception de quelques vers des prologues, remplacés pas des invocations plus somptueuses, et de brefs exposés, situés au livre II, sur le mouvement des êtres naturels et sur la nécessité du premier moteur: nous n'avons pas la preuve qu'ils figuraient dans le manuscrit et même en ce cas leur disparition est explicable.

Le premier[1] appartient à la démonstration de la quintessence céleste et développe cet argument: les corps naturels se meuvent spontanément, en vertu d'une force interne appelée "nature", (*vis propria scilicet illis / Intestina ciens motum natura vocatur*); ces corps peuvent être simples, et doués d'un mouvement simple, ou composés, et de ce fait mus de façons imprévisible (*mobilitate incerta*). Pour s'en tenir aux corps simples, les uns se meuvent en cercle autour d'un centre, les autres fuient verticalement ce centre ou se précipitent vers lui. Or les corps éléments ne vont jamais en cercle. Du Monin a pu estimer, qu'il s'agissait d'une simple répétition, en des termes parfois ambigus[2] de la théorie aristotélicienne des lieux naturels, déjà exposée au livre I[3] et continuellement utilisée dans le livre II.

---

[1] *Sphaera*, II, v. 506-526, p. 44-45; les v. 514-518 comportent une rédaction différente dans certains manuscrits.

[2] Par exemple l'expression *vis propria intestina natura voca<ta>* dénature la notion aristotélicienne de mouvement naturel (*kata phusin*). - Sur l'aristotélisme militant et pointilleux de Du Monin, voir *infra*, notamment p. 363-4.

[3] V. 1065-1072, f. 20 r° (*Sphaera*, I, v. 435-440, p. 17). Aristote, *De Caelo* (l. I, ch. 2).

Le second passage déduit de la nécessité d'une force motrice immobile la certitude que le ciel dépend d'une cause extérieure:

> Nam neque materiae vis est ea, ut ipsa movere
> Se queat aeternum alterius non indiga causae.
> Quicquid enim specie motus quacunque movetur,
> Altera protrudit vis id violentior. Atqui
> Cum nequeat series esse infinita moventum [*sic*],
> Quae sese pariter fugiant sine fine premantque,
> Esse aliquam primam vim naturamque necesse est,
> Caetera quae motus expers queat ipse movere
> Sponte sua: non externis obnoxia causis.[1]

Ces vers s'inspirent de la démonstration aristotélicienne de la nécessité d'un premier moteur, exposée dans le livre VIII de la *Physique* et dans le livre XII de la *Métaphysique*,[2] en utilisant, comme dans l'exemple précédent, un vocabulaire teinté de stoïcisme: *vim naturamque, sponte sua*.[3] Il a pu paraître insuffisamment chrétien à Du Monin. Malgré son admiration passionnée pour Aristote, notre auteur préférait, comme Du Bartas, "dementir toute humaine sagesse, / Que ne voguer au vent de la bouche Maitresse".[4] Or la nécessité d'un premier moteur éternel et immobile, qui aurait donné son impulsion au mouvement également éternel du ciel et du monde, s'opposait à celle d'une création dans le temps. Cette thèse avait donc fait l'objet de vives discussions depuis que le corpus aristotélicien s'était imposé dans les universités,[5] et les maîtres vénérés de Du Monin s'étaient encore appliqués à la corriger. Dans les *Exercices exotériques* de Scaliger, deux des "acutiores sententiae" signalées par un index spécial concernent ce problème: "Motor primi Caeli non est Deus" et "Mundus non est aeternus".[6] Elles sapent les

---

[1] II, v. 621-629, p. 48. "Car la matière ne possède pas la propriété de pouvoir se mouvoir éternellement, sans l'aide d'une autre cause. / En effet, tout ce qui est mu de quelque espèce de mouvement est poussé par une autre force plus violente. /Or, comme il ne peut y avoir une série infinie de corps mouvants, / qui se fuient et se poursuivent mutuellement sans fin, / il est nécessaire qu'il y ait quelque force et nature première, / qui, bien que privée de mouvement, ait la faculté de mouvoir de sa propre volonté, sans dépendre de causes extérieures".

[2] *Physique*, VIII, 250b-267b; *Métaphysique*, XII, 1071 a-b.

[3] La suite du texte confirme cette tendance: au premier moteur Buchanan substitue l'Ame du monde, en se souvenant discours d'Anchise, voir *infra*, p. 345.

[4] *Uran.*, f. 4r°. Cf. "J'aime mieux ma raison desmentir mille fois, / Qu'un seul coup desmentir du sainct Esprit la voix" (*La Sepmaine*, II, v. 1027-1028).

[5] Voir notamment L. Bianchi, *L'errore di Aristotele*; Idem, *L'inizio dei tempi*. - Sur le livre VIII de la *Physique*, les *Auctoritates Aristotelis* faisaient se succéder brutalement ces deux propositions: "Motus est aeternus. Mundus est aeternus", éd. Hamesse, p. 156, n°201-202.

[6] *Exotericarum exercitationum liber quintus*, Paris, 1557, Eee 1 r°. Les deux propositions appartiennent respectivement aux *ex.* VI (consacrée à l'âme du monde, f. 9 r° sq.), et LXI ("De Caelo. De mundi aeternitate [...]", f. 91 r° sq.). - Scaliger, plusieurs fois cité dans *L'Uranologie*, était adulé par Du Monin qui lui rendait déjà hommage au titre de ses *Miscellaneorum poëticorum adversaria [...]* (1578): *Interjecta sunt philosophica pleraque, ex Platonis, Aristotelis, D. Thomae et Jul. Scalig. legitimi Philosophorum dictatoris penu eruta* ("Y sont mêlés de nombreux traits de philosophie arrachés au sanctuaire de Platon, d'Aristote, de saint Thomas et de Jules César Scaliger, légitime dictateur des Philosophes"). Deux de ses hymnes honorent le même Scaliger (éd. cit., p. 72-87). Voir *supra* p. 316, n. 6.

bases du raisonnement aristotélicien en établissant une distinction radicale
entre le premier moteur et Dieu, et en réservant à ce dernier les attributs de
l'infini et de l'éternité: "tantum abest, ut primi orbis motricem intelligentiam
statuamus infinitam".[7] Jean Riolan avait publié en 1571, chez Thomas
Brumen, une *Exercitatio philosophica an deus sit primus motor*[8] où il
prouvait, en neuf points, que Dieu ne pouvait se confondre avec le premier
moteur, qu'il n'était pas attaché au monde, mais qu'il "l'avait créé *ex nihilo* et
qu'il l'anéantirait quand il le voudrait".[9] Et Jacques Charpentier s'était
efforcé de démontrer que le corps fini du monde ne pouvait avoir les forces
infinies qui lui auraient assuré l'éternité, en tirant paradoxalement argument
de la thèse des intelligences séparées exposée dans la *Métaphysique*: même
le ciel d'Aristote ne pouvait échapper au déclin sans l'aide d'une assistance
extérieure.[10] Ce ne doit donc pas être un hasard si, dans *L'Uranologie*, le
passage s'est trouvé remplacé par une longue réfutation des doctrines du
monde éternel et du chaos originel, pour aboutir à l'affirmation éclatante de
la création *ex nihilo*.[11]

Récupérations et détournements

Il s'agit des seules omissions notables; une sorte d'instinct d'avare a incité
Du Monin à conserver l'intégralité de la *Sphaera*, alors même que son
propre poème développait une philosophie assez différente: *L'Uranologie*
est plus ostensiblemement chrétienne, voire obsessionnellement apologé-
tique; oeuvre d'un régent du collège de Bourgogne, et non d'un précepteur
humaniste, elle est aussi plus respectueuse des doctrines classiques. Il lui est
ainsi arrivé d'entrer en désaccord avec son modèle sans renoncer à l'imiter.

Buchanan rejetait la théorie canonique du double mouvement céleste,
celle qu'enseignaient les manuels et d'après laquelle les sphères obéissaient
au mouvement général d'Orient en Occident, imprimé par le premier
mobile, tout en possédant chacune leur propre mouvement vers l'Est. Dans
la *Sphaera*, au contraire, elles se contentent du premier mouvement, qu'elles

---

[7] Ed. cit., f. 11 v°.

[8] Réimprimée, avec d'autres pièces, dans les *Opuscula metaphysica* (Paris, A. Perier, 1598).

[9] *Opusc. metaph.*, éd. cit., 31 v°; voir aussi 30 r°: "[...] natura est prima vis efficiendi, Deus
autem alius est a natura [...] Primus motor vel assidet firmamento vel illud informat: At Deus
supra caelos omnes degit aevum beatissimum ut scriptum est in libris Caeli [...]"; 30 v°:
"[Dieu ne meut pas nécessairement le monde: avant la création, il ne meuvait rien] at primus
motor, Aristotelis praesertim sententia, necessario movet. Ergo alius est a Deo [...]". - "M.
Riolan segnalé Phi. et Med." est, dans *L'Uranologie*, dédicataire du "Taureau" (f. 159 r°).

[10] *Platonis cum Aristotele ...comparatio*, 1573, f. 296 r°: "Et certe cum mundi corpus finitum
sit, si ab Aristotele recte usurpatum est libro de Animalium motu, et demonstratum in
Physicis finiti corporis vires esse finitas: necesse est etiam illas interiores naturae vires in
mundo finitas esse", pour combattre la thèse platonicienne d'un monde caduc, il avait donc
conçu un palliatif: "Quae omnia Aristoteles animadvertens, in caelestibus orbibus, quorum
conversionem eternam esse volebat, naturalibus formis, quarum vires finitae sunt, adjecit, ut
paulo ante dictum est, quasi assistentes intelligentias, quae sua virtute illorum motus
perpetuarent". Il ajoutait d'ailleurs que cette interprétation n'était pas unanimement acceptée
par les péripatéticiens. - Du Monin dédia à Charpentier l'un des "signes" de son Zodiaque
poétique (*Miscellan. poëtic.*, "Neoterica paucorum sydera", éd. cit., p. 211 sq.)

[11] *Ibid.*, v. 1501-1684, f. 51 v°-60 v°.

accomplissent plus ou moins vite: elles ont l'air de se déplacer dans le sens contraire à la rotation diurne quand elles ne font que se laisser distancer. Le choix de cette théorie rare s'accordait assez bien avec la personnalité d'un humaniste raffiné. Elle est surtout connue pour avoir été adoptée par des disciples d'Aristote,[12] bien que les *Placita* l'attribuent à des présocratiques.[13] La *Sphaera* du pseudo-Proclus, dont Buchanan a possédé un exemplaire,[14] la présente pour la réfuter.[15] Durant le Moyen-Age, elle fut remise en honneur par certains astronomes arabes; Alpetragius (Al-Bitroji) essaya notamment de la faire cadrer avec les phénomènes. Son petit traité, qui date du XIIème siècle, fut traduit en latin, dès 1217, par Michel Scot, et une autre traduction fut imprimée à Venise en 1531.[16] Le texte de Buchanan est trop vague pour qu'on lui attribue une source certaine; il utilise deux comparaisons: l'une avec des pistes circulaires tracées sur le sable et parcourues par des "cursores" qui pourrait dériver du pseudo-Proclus,[17] l'autre avec une course de char, peut-être inspirée d'un passage des *Lois*.[18]

Par acquis de conscience, Buchanan a aussi présenté à son élève la théorie du double mouvement, mais l'organisation de son exposé montre clairement qu'il la jugeait fausse. Sa propre thèse, posément exposée, est d'abord illustrée grâce aux comparaisons qui viennent d'être mentionnées,[19] puis il signale la thèse contraire, tout en la tenant à distance:

> Nec me adeo fallit veterum sententia multis
> Credita jam seclis, penitusque in mentibus haerens,
> Orbis ad occasum quod sese semper ab ortu
> Torqueat extremus motu invariabilis uno,
> Ac reliquos orbes celeri vertigine secum
> Corripiat, seseque sequi prope passibus aequis
> Cuncta suis cogat famulantia legibus astra,
> Quocunque incubuit: septem tamen usque resistunt,
> Qua licet errones, tentantque accedere ad ortum.[20]

---

[12] Voir A. Bouché-Leclercq, *L'astrologie grecque*, Paris, 1899, p. 116.

[13] "Selon Anaxagore, Démocrite et Cléanthe, tous les astres se déplacent de l'Orient vers l'Occident" (Pseudo-Plutarque, *De placitis*, II, 16; éd. Lachenaud, p. 113).

[14] Voir I. D. Mac Farlane, "The history ...", p. 194. D'autre part, Buchanan était lié avec Elie Vinet, traducteur du Pseudo-Proclus, voir *supra*, p. 37-38.

[15] Géminos, *Introduction aux phénomènes*, XII, 14-23.

[16] *Sphaerae tractatus [...]. Alpetragii arabi theorica planetarum nuperrime latinis mandata literis a Calo Calonymos Hebreo Neapolitano, ubi nititur salvare apparentias in motibus planetarum absque eccentricis et epicyclis [...]*, Venise, Giunta, 1531. - Voir J.L.E. Dreyer, *A history ...*, p. 264-267. La reprise de cette théorie entrait dans le cadre de la réaction contre Ptolémée et contre la complication des hypothèses. Voir *supra*, p. 17, 93 sq., 156 sq.

[17] Géminos, *Introduction...*, XII, 16-17.

[18] "Celui d'entre <les astres> qui est le plus rapide est regardé à tort comme le plus lent ... supposons qu'à Olympie, nous nous forgions les mêmes illusions sur les chevaux qui courent ou les hommes qui font le long stade; que nous déclarions le plus lent celui qui est le plus vite, et le plus vite, celui qui est le plus lent ...", *Lois*, VII, 822 a-b; éd. Diès, p. 61.

[19] *Sphaera*, II, v. 330-408, p. 38-41.

[20] *Ibidem*, v. 409-417, p. 41: "Je n'ignore pas [*ou*: je ne vais pas jusqu'à me laisser abuser par?] l'antique théorie, approuvée déjà depuis de nombreux siècles et profondément imprimée dans les esprits, d'après laquelle, le dernier orbe invariable se meut toujours en cercle du Levant au Couchant, d'un mouvement unique, / et il emporte avec lui les autres orbes, dans sa

Il reproduit les arguments de ceux qui admettaient la coexistence de deux mouvements contraires en un seul ciel, et conclut en les repoussant:

> At mihi diversos in corpore simplice motus,
> Sive repugnantes, sive in contraria versos
> Naturae ingenio nemo persuaserit author:
> sive ille Assyriis coeli observator in oris,
> Sive Pharon propter, celsae aut Carthaginis arces,
> Seu fuerit doctis sophiae scrutator Athenis.[21]

Du Monin, quant à lui, n'a pu se résoudre à désapprouver une doctrine admise partout;[22] et il n'a pas non plus voulu renoncer à sa traduction de Buchanan. Le résultat est étrange: les deux thèses se mêlent et on finirait par les confondre si de violentes invectives, dont l'objet n'apparaît pas nettement, ne venaient soudain créer un malaise. Dans *L'Uranologie*, comme dans la *Sphaera*, la première thèse exposée est celle du mouvement simple et du "retard": les cieux ne tournent pas d'autant plus vite, qu'ils sont proches de la terre, ils sont au contraire d'autant plus lents à suivre la révolution diurne:

> Mais cil court et recourt *à plante plus tardive*
> Qui gaigne *de plus prés* nôtre bale massive.[23]

Du Monin vient pourtant de leur prêter un mouvement et une volonté propres évoqués à travers ses souvenirs bartasiens, en les prétendant "Ennüiés d'epouser toujour le vueil d'autrui / Qui leur defend *le bal de leur propre cadance*"[24] La même inconséquence se reproduit un peu plus loin, quand le poète, suivant Buchanan, attribue l'éloignement des cieux les plus rapides à la prudente bonté de Dieu:

> Car si des arcs soumis les plus prochaines voutes
> Egalloint la roideur des sur-errantes routes,
> L'oeil humain, qui toujour y doit estre planté,
> Par l'eblouissement seroit desherité
> De puissance de voir, et pour l'humaine vue,
> Le Ciel ne seroit rien qu'une bisarre nue [...]
> [Dieu a donc ordonné] que les supremes voutes

rotation rapide, et par ses lois il oblige tous les astres de sa cour à le suivre, presque à la même vitesse, où qu'il se trouve; / mais les sept planètes résistent autant qu'il est possible, et tentent d'aller vers le Levant".

[21] *Sphaera*, II, v. 452-457, p. 42: "Mais quant à croire qu'il y ait dans un corps simple divers mouvements, antagonistes ou tournés dans des directions opposées, aucun auteur ne m'en persuadera par son génie naturel, qu'il observe le ciel en Assyrie, près de Pharos ou de la citadelle de la haute Carthage, ou qu'il recherche la sagesse dans la savante Athènes".

[22] Notamment dans la *Sepmaine* que Du Monin imitait en même temps que la *Sphaera*.

[23] *L'Uranologie*, II, v. 943-944, f. 47 r°-v°.

[24] *L'Uranologie*, II, v. 934-935, f. 47 r°. Cf. *La Sepmaine*, IV, v. 321-324.

> Parferoint à roideur leurs effroiables routes,
> Routes qui toutefois n'impriment de nos yeus
> Leurs torrens ennemis du repos ocieus [...][25]

Buchanan reste logique, en réaffirmant ensuite le ralentissement progressif des sphères inférieures, tandis que Du Monin prétend qu'au contraire les cieux les plus proches du premier mobile "dépend<ent> plus de jours / A regaigner le gond d'où <leur> tour prent son cours":[26] il s'agit simplement d'une brève apparition de la thèse opposée, venue directement de *La Sepmaine*,[27] qui surgit inopinément. Et quand vient le moment de l'exposer complètement, Du Monin se dispense de signaler qu'elle contredit la première. Il va de l'une à l'autre sans la moindre solution de continuité.

L'image de la course de char, empruntée à Buchanan, illustre sans ambiguité la thèse du mouvement simple, poursuivi dans une seule direction, mais diversement exécuté par des mobiles plus ou moins rapides. Or Du Monin la fait suivre sans transition par l'image du moulin à vent et de ses engrenages, qui vient de *La Sepmaine*,[28] sans paraître se douter de sa signification entièrement différente: elle dépeint un mouvement mécaniquement contraint, qui n'admet aucune variante individuelle puisqu'elle est seulement censée représenter l'entraînement unanime de la révolution diurne. Et juste après le second mouvement refusé par Buchanan reparaît tout naturellement grâce à l'image du marin qui circule librement sur son bateau.[29] En se contentant d'enchaîner trois comparaisons, prises à deux sources différentes, il est ainsi passé d'une thèse à son contraire. *L'Uranologie* renoue alors son étroite collaboration avec la *Sphaera*, jusqu'au moment où Du Monin rencontre à nouveau les protestations de Buchanan qui refuse d'attribuer deux mouvements contraires à un corps simple.[30] Cette fois, il ne choisit pas de les étouffer simplement, il les fait dévier et les noie dans une sorte de brouillard, en faisant surgir un nouvel adversaire:

> En si facheus halier nôtre recent Oronce
> Trop vivement piqué d'une epineuse ronce,
> S'evertue à tirer ce poignant eguilhon
> Par la salubre main du blond fiz d'Apollon.
> Il dit pour se targuer sous la targue Aiacide
> "Que ce merveilheus cour qui tous les autres guide
> "Du Levant au Ponant, à nul n'est peculier,
> "Ains commun à tous cieus: mais l'autre est singulier
> "Et propre à chacun d'eus, qui retirans leurs brides
> "Les dresse à l'Orient dez le sein des Phorcides.
> Mais c'est d'un sac mouihé finement se couvrir...[31]

---

[25] *L'Uranologie*, II, v. 955-960, f. 47 v°, et v. 989-994, f. 48 r°. Cf. *Sphaera*, II, v. 338-343, p. 38, et v. 358-362, p. 39.

[26] *L'Uranologie*, II, v. 1001-2, f. 48 v°. C. *Sphaera*, III, v. 363-6, p. 39.

[27] IV, v. 339-342.

[28] IV, v. 303-320.

[29] Cf. *La Sepmaine*, IV, v. 331 sq.

[30] Vers cités *supra*, note 21.

[31] *L'Uranologie*, II, v. 1151 sq., f. 51 r°-v°.

Oronce semble donc accusé de donner une mauvaise justification du double mouvement. Il lui est reproché d'affirmer que le mouvement diurne est général à tous les cieux, tandis que le mouvement vers l'Est est propre à chacun, de sorte qu'aucun ciel n'ait à supporter de conflit entre deux mouvements propres opposés. Or cette opinion n'était pas l'invention récente d'un astronome particulier, elle était très ancienne et très répandue, puisqu'elle appartenait précisément à la thèse du double mouvement. Pour éviter l'objection de la "contrariété",[32] cette thèse avait en effet adopté pour règle de n'attribuer en propre à une sphère particulière qu'une seule rotation, tout en admettant qu'elle en puisse partager d'autres. La distinction entre mouvement "peculier" et mouvement "commun" était donc nécessaire à la bonne marche du système. Oronce Fine s'était seulement appuyé sur sa logique pour simplifier la théorie de la huitième sphère, en accord avec les vues d'Agostino Ricci.[33] Au lieu d'imaginer, comme le voulait la théorie classique, un premier mobile invisible auquel la révolution diurne était censée appartenir "en propre", il pensait que ce mouvement, suivi par tous les cieux, était "par nature" un mouvement commun:

> [...] tout le ciel et chacun desdits orbes particuliers <des planètes> ensuit le dit premier mouvement diurnel, non comme à lui propre et naturel, mais accidentalement, comme parties dudit monde universel [...]. Tout le monde doncques est le premier et vray mobile de ce premier et universel mouvement: et non aucun ciel ou orbe particulier.[34]

La vigoureuse attaque contre Oronce Fine ne se contente donc pas d'être obscure, elle fait dévier le propos vers l'examen d'un détail, alors que le choix d'une théorie générale est en jeu. Le fil du discours pourrait sembler rompu, mais l'auteur enchaîne aussitôt, et reprend sa traduction de Buchanan, en lançant à sa suite un appel à l'astronome sauveur de Pharos, d'Assyrie, de Carthage ou d'Athènes,[35] et en attaquant avec vigueur l'idée que les mouvements célestes puissent se contrarier, de façon à opposer le Ciel à la zone des éléments, des qualités antagonistes et du désordre:

> Croirai-je que d'un Ciel la toute franche barre
> Des Cieus ses compaignons les poste et cours rembarre?
> "Car d'un ban opposé entre-rompre son cours,
> "Ou contre son esprit décrire d'autres tours,
> "Cela ne tombe point qu'aus natures forsaires,
> "Aus corps s'entre choquans des qualités contraires:[36]

Ce passage ne fournit pas vraiment, comme dans la *Sphaera*, une conclusion convaincante au chapitre sur le mouvement des cieux, il est tout au plus une belle transition vers le chapitre suivant (qui traite de la

---

[32] L'un des principes de la cosmologie d'Aristote était que les astres, corps simples et parfaits, ne pouvaient avoir qu'un mouvement simple.
[33] En 1521, Oronce Fine avait fait paraître à Paris, chez Simon de Colines, le *De motu octavae sphaerae* de Ricci. Sur le problème de la huitième sphère, voir *infra* le ch. XX.
[34] O. Fine, *Lesphere du monde*, Paris, Vascosan, 1551, f. 4 v°-5 r°.
[35] F. 51 v°. Cf. Buchanan, *Sphaera*, II, v. 452 sq., p. 42, cité ci-dessus, note 21.
[36] *Ibid.*, v. 1179-1184, f. 51 v°.

différence entre la matière du ciel et celle de la région sublunaire). Le lecteur de *L'Uranologie* est donc abandonné à sa perplexité, car ce texte amnésique n'aboutit qu'à créer la confusion, bien qu'il suive un modèle très clair. Un tel exemple, peut-être trop longuement développé, montre au moins quelle sorte de traducteur est parfois Du Monin: il ne laisse rien perdre de la lettre et se soucie peu des intentions, ni même toujours du sens.

Les deux manières du traducteur

Si Du Monin s'est approprié la quasi-totalité des vers de la *Sphaera*, nous venons de voir qu'il ne leur a pas accordé à tous un traitement égal. La rigueur de sa traduction subit de grandes variations d'intensité qui ne semblent pas avoir été régies par le hasard. Il semble que le degré de fidélité de *L'Uranologie* dépende souvent de la technicité du passage à traduire. Du Monin avait choisi pour signature: "J.E.D.M. p.p." ("Jean Edouard Du Monin poète philosophe"),[37] c'est dire qu'il ne se considérait pas comme un *mathematicus*, chargé d'enseigner les rudiments de la sphère; il attachait sans doute plus de prix à ses longues discussions sur la nature des choses (de la forme et de la destinée de l'univers jusqu'à la matière des astres). Dans son poème, on voit d'ailleurs volontiers cités Aristote, Platon, Averroès, et les grands docteurs scolastiques, alors que les noms des astronomes se font plus rares, ce qui indique une culture nettement orientée.[38] Est-ce incompétence, paresse ou indifférence, il n'a fait pas preuve de beaucoup d'initiative pour détailler la sphère armillaire[39], expliquer la distinction entre sphère droite et sphère oblique[40], ou présenter quelque règle ou procédé de calcul peu susceptible d'inspirer la ferveur ou l'indignation. Citons, par exemple, le passage qui introduit la théorie de l'éclipse lunaire, en décrivant les formes diverses des ombres que peuvent produire un corps lumineux et un corps opaque dont les dimensions respectives varient:

> Tout corp qui s'oposant à la lumiere belle
> La tenebre produit par sa sombre rondelle,
> Est toujour plus petit, ou plus grand, ou egal
> A ce corps lumineus du raionnant fanal [...]
> Si l'opaque se serre en plus courte ceinture
> Que l'oposé luisant, l'ombrageuse figure
> Premierement s'egale au corp sombre et obscur,
> Elle retranche apres un peu de sa grandeur,
> Puis se ferme à la fin en une pointe aigue:[41]

---

[37] Sur la signification et la portée de ce titre, voir *infra*, p. 360 sq.

[38] Sur la distinction entre *philosophus* et *mathematicus*, voir *supra* le chapitre I, p. 15 sq.

[39] *L'Uran.*, III, v. 45-184, f. 64 r°-66 v°, et v. 685-832, f. 75 v°-78 v° // *Sphaera*, II, v. 11-95, p. 51-54, et v. 274-379, p. 60-64.

[40] *L'Uran.*, IV, v. 864-967, f. 108 v°-110 r° // *Sphaera*, IV, v. 35-119, p. 73-76.

[41] *L'Uran.*, V, v. 743-6, 755-9, f. 139 v°. Cf. *Sphaera*, V, v. 241-3, 250-3, p. 102: "Omne, quod officiet luci objectuque tenebras / Efficiet, corpus vel par fateare necesse est, / Vel minus aut majus lucentis corpore massae [...] / At si forte minor mensura in corpore denso est / Quam quae luce nitet, denso cum corpore primum / Par modus est umbrae, dein se brevioribus arctans / Concludit spatiis, et cuspide finit acuta".

La Muse est descendue de ses grands chevaux. L'invention est réduite à presque rien, la disposition suit la règle du bon sens; l'élocution cherche à se rendre utile; et l'on perçoit une sorte de discipline rythmique qui impose une récitation calme. En revanche, si Buchanan l'entraînait sur un terrain moins purement technique, Du Monin restait rarement fidèle à cet idéal de docilité et de discrétion, qui correspondait peut-être pour lui à un état de passivité ou même de torpeur. Il semble qu'un beau sujet "poétique", ou mieux un thème philosophique ne pouvaient s'offrir à lui sans faire resurgir tous les démons familiers de son style.

Le programme du livre III est austère puisqu'il se limite à construire la sphère armillaire. Or il suffit que se profile un problème intéressant, comme celui de la nature de la Voie lactée, pour que la traduction abandonne sa neutralité et se teinte d'émotion, en multipliant les broderies originales:

> Et quoi? sentier laité, chemin semé de lis,
> Pourroi je dans les flôs des Eternels oublis
> Plonger ton pur cristal? Cête craimeuse face
> Qui argente le Ciel d'une negeuse trace?
> Puis que tant d'Ecrivains ont blanchi leurs écris
> En ton lait enjonché: puis que souvent epris
> Des eclatans raïons de la Laiteuse voie
> Quand par un Aer muet tes blans raiz tu m'envoie,
> Je me fraie, dispos, un chemins à tes lieus,
> Où s'ouvre, croi-je bien, le beau portrait des Dieus!
> Non, jamais le cercueil d'une sourde oubliance,
> De ton albatre sainct n'aura la souvenance.[42]

Le texte français s'évertue à relever la simplicité du latin par tous les moyens possibles: redondances, variations sur le thème de la blancheur, jeux d'esprit (le *cristal* plongé dans les *flôs*, les écrits qui *blanchissent* dans le lait, peut-être parce qu'ils viennent de très vieux poètes, l'*oubliance* qui a *souvenance*), afin d'annoncer qu'un grand moment s'approche, après quelques pages assez fades sur l'horizon et le méridien. La Voie lactée, vieil objet poétique dûment pourvu de fables,[43] se prêtait au débat, contrairement aux autres "cercles" célestes; et Du Monin allait aligner les diverses

[42] *L'Uranologie*; III, v. 897-908, f. 79 v°. Cf. *Sphaera*, III, v. 380-387, p. 64: "Ne te praeteram veterum celeberrima vatum / Lactea carminibus via, lato limite caelum / Quae decoras, dirimisque, et sera nocte refulges, / Incurrisque oculis, toto et spectabilis orbi / Luce nites grata, quoties penetrabilis aër /Mittit inoffensos coeli ad palatia visus. / Et quia conspicuo facilis candore notaris, / Lactea nomen habes": "Je ne saurais t'oublier, Voie lactée, tant célébrée par les chants des poètes anciens, toi qui décores et partages le ciel d'un large chemin, et qui brilles dans la nuit profonde. Tu t'opposes aux regards et brilles d'une agréable lumière en te rendant visible au monde entier, chaque fois qu'un air transparent laisse aller la vue, sans la gêner, vers les palais du ciel. Et parce que tu te remarques facilement, avec ton éclatante blancheur, tu portes le nom de <Voie> lactée".
[43] Voir notamment Hyginus, *Fabulae*, II, 43; Ovide, *Métamorphoses*, I, v. 168-174; Manilius, *Astronomica*, I, v. 684-804. Buchanan, et Du Monin à sa suite, rapportent les diverses légendes liées à la Voie lactée: l'allaitement d'Héraclès par Héra, le chemin des dieux et des âmes bienheureuses, la trace du char de Phaeton.

explications en présence, avant de laisser le dernier mot à Thomas d'Aquin et à la thèse de la multitude de petites étoiles, ou plutôt du "plus fécond pepin de flambeaus" planté par Dieu dans ce "jardin" du ciel.[44] Désireux de ranimer son lecteur en lui offrant de fortes sensations littéraires, le poète s'est ainsi réveillé lui-même, non seulement pour accumuler les trouvailles stylistiques mais pour redevenir attentif au sens du texte. C'est ainsi qu'il a corrigé la formulation du passage sur la vision. Buchanan envoyait le regard vers les astres; Du Monin, probablement mieux informé des travaux des perspectivistes, a préféré la théorie de la réception,[45] sans pour autant sacrifier l'idée de la montée au ciel: il a seulement remplacé le mouvement simple de la *Sphaera* en mouvement double; dans *L'Uranologie*, la Voie lactée fait descendre ses rayons vers le poète pour l'inciter à gravir les cieux.

L'interprétation de la fin du livre II de la *Sphaera* (qui évoque l'Ame du monde) révèle une prise d'indépendance encore plus complète. Chez Buchanan, le passage suivait la démonstration de la nécessité d'un force motrice première,[46] et Du Monin, pour l'introduire, a dû effectuer un raccord assez acrobatique: venant de la réfutation des cosmologies païennes, il a réussi à enchaîner sur l'affirmation de la présence divine dans la nature.

> Les Ethniques aïeus au goufre tenebreus
> Du Chaos Naturel, en ce Charibde afreus
> Virent etinceler côte divine Flame
> Repandant les raïons du centre de côte Ame:
> "Puissante sans pouvoir, principe, fin, milieu,
> "Sans premier, milieu, fin: toute en tout sans nul lieu,
> "Eternelle sans tems, sans discours discourante,
> "Bref Ame de toute ame, immobil' mouvement,
> "Avivant de son vent au moment d'un moment
> "Tout ce qui halené de son aure feconde,
> "Par son aer musical tient sa partie au Monde.[47]

[44] *L'Uranologie*, III, f. 80 r°. - La thèse d'Aristote (pour qui la Voie lactée se situait sous la lune) était depuis longtemps réfutée (notamment par Averroès, *In Meteor.*, I, 6, et par Albert le Grand, *In Meteor.*, I, tract. 2); le débat portait sur sa nature exacte: correspondait-elle à une zone plus dense du firmament, ou était-elle formée d'une masse d'étoiles minuscules? Cette dernière thèse, la plus répandue au XVIème siècle, aurait été d'abord formulée par Démocrite, d'après les *Placita philosophorum* (III, I, 6): elle n'était pas spécialement liée au nom de saint Thomas; elle devait être établie définitivement en 1610, grâce à la lunette galiléenne.

[45] Sur les théories optiques, voir *supra*, p. 219.

[46] Voir *supra*, p. 337.

[47] *L'Uranologie*, II, v. 1685-1696, f. 60 v°. Cf. *Sphaera*, II, v. 630-9, p. 48-49:"Hanc veteres, ducti rationis lumine, caecis / Naturae in tenebris videre, et corpore cassam / Deprehendere potestatisve aevive locive / Limite conclusam nullo, exclusamve, sed omnia / Complexam, totamque in toto corpore mundi / Partibus et cunctis fusam, quae viribus iisdem / Fulciat, et moveat, vegetet, foveatque novetque, / Quicquid in immensa est brutum, aut vegetabile rerum / Congerie, quam nec vox fando, oculusque videndo, / Aut subtile queat complecti mentis acumen": "Cette <force>, les Anciens, guidés par la lumière de la raison, l'ont vue dans les aveugles ténèbres de la nature, et ils comprirent qu'elle était privée de corps, qu'elle n'était bornée ni exclue par aucune limite de puissance, de temps, et de lieu, mais qu'elle embrassait toute chose, répandue toute entière dans le corps entier du monde et dans toutes ses parties, pour qu'elle soutienne, meuve, vivifie, réchauffe et renouvelle par les

La différence des contextes ne justifie pas seule l'écart entre le latin et le français. Tout en continuant à lire Buchanan, Du Monin a été ici comme attiré dans l'orbite des poètes de langue française: le souvenir du chaos bartasien affleure; la poésie de l'Ame du Monde et de la musique cosmique, telle que l'avait surtout pratiquée La Boderie,[48] se devine à l'arrière-plan et inspire quelques motifs secondaires. Libéré de l'exactitude,[49] le poète déploie une élocution ornée, riche en paronomases et en oxymores pour se rapprocher, à son idée, des canons du style philosophique sublime.

Cette inégalité du style de la traduction en dit long sur la façon dont Du Monin lui-même envisageait son travail. Rimer les préceptes des astronomes ou évoquer l'Ame du monde appartenaient sans doute à deux faces distinctes de son activité. Il est fort possible qu'il se voit vu, dans le premier cas, en "versificateur", et en véritable "poète" dans le second, pour reprendre la distinction maintes fois établie par Ronsard. En marquant ainsi son intérêt pour les grands sujets, ce disciple bizarre croyait peut-être imiter son maître qui avait toujours préféré la vision large et englobante à l'analyse précise et technique. Chez Du Monin, régent de collège et disciple rétrograde de la première Pléiade, deux hiérarchies semblent se combiner: la hiérarchie universitaire qui mettait la métaphysique au-dessus de la philosophie naturelle, et accordait à cette philosophie plus de prestige qu'aux disciplines mathématiques; et la hiérarchie littéraire des thèmes et des styles.

Les additions

Buchanan avait laissé une oeuvre inachevée; l'on s'attendrait donc à ce que les morceaux ajoutés par Du Monin aient eu pour fonction d'en combler les vides. Or il ne semble pas que notre poète se soit contenté de ce projet. La *Sphaera* respectait le programme défini par Sacrobosco, ce que révèle son organisation d'ensemble:

I Cosmologie générale.
II Orbes célestes et mouvements des étoiles et des planètes.
III Sphère armillaire et zones célestes.
IV Levers des signes.
V Eclipses.

Quelques unes des additions de *L'Uranologie* s'intègrent à ce plan, mais beaucoup s'en écartent, comme le tableau suivant tente de le montrer.

mêmes forces tous les animaux et toutes les plantes de cet univers immense; elle que la voix, par la parole, l'oeil, par la vue, ni la pointe subtile de l'esprit ne peuvent saisir".
[48] Voir I. Pantin, "*Spiritus* ...". - Cf. notamment, pour l'idée d'une âme qui rayonne à partir d'un centre, et de la liaison avec la musique, La Boderie, *L'Encyclie*, 1571, p. 104-105.
[49] La traduction de Du Monin est de plus en plus libre et se rattache au latin par des liens de plus en plus aléatoires. Par exemple, le *nec vox fando*, qui s'applique aux créatures semble trouver un vague écho déformé dans le *sans discours discourante* qui s'applique à l'Ame.

Principales additions[1] de *L'Uranologie*

	Additions visant à compléter la *Sphaera*	Digressions capables de s'intégrer dans le plan de la *Sphaera*	Additions totalement extérieures au plan de la *Sphaera*
I		v. 117-172, f. 3r°-6r°: réfutation d'Epicure et de la thèse du monde éternel.	
II	v. 325-48 et 357-82, f. 36r°-37r°: compléments relatifs au nombre des sphères et au mouvement du firmament. v. 423-490, f. 38r°-39r°: compléments relatifs à l'ordre de succession des planètes.	v.131-248, f. 32v°-35r°: nouveaux arguments contre l'animation des astres. v. 1212-1273, f. 52r°-53r°: théories d'Averroès, de Platon et d'Aristote sur la matière céleste. v. 1297-1350, f. 53v°-54v°: Invective contre Cardan et sa théorie de la chaleur solaire.	v. 849-924, f. 45v°-47r°: Invocation au globe. v. 1501-1684, f. 57r°-60v°: Réfutation des théories antiques (éternité du monde, émanation, atomisme, chaos originel), et affirmation de la création *ex nihilo*.
III		v. 845-896, f. 78v°-79v°: Hymne au Midi.	v. 937-1190, f. 80r°-84v°: les comètes.
IV	v. 968-1097, f. 110v°-112v°: théorie des levers astronomiques des signes. v. 1124-1325, f. 113r°-116v°: théorie des jours "naturels" et "artisans".	v. 1100-1123, f. 112v°-113r°: Prière au Jour.	v. 1-835, f. 93r°-108r°: les amours cosmiques. v. 1326-1513, f. 116v°-120r°: prédiction de la fin du monde.
V		v. 1-154, f. 126r°-129r°: la vocation contemplatrice du poète et de l'homme en général.	v. 1233-1508, f. 148r°-153r°: condamnation du fatalisme astrologique. v. 1509-1724, f. 153r°-157r°: La mort extatique.

La répartition de ces additions obéit à une logique assez visible. Du Monin s'est arrangé pour compléter le traité de la sphère inachevé, mais en consacrant le meilleur de lui-même à d'autres tâches: quelques morceaux d'anthologie pastichent Ronsard,[2] La Boderie[3] ou, le plus souvent, Du Bar-

---

[1] Seules les additions de plus de 50 vers ont été retenues ici, bien que beaucoup d'additions plus brèves offrent un grand intérêt.

[2] L'invocation au globe du livre I ou l'Hymne au Midi du livre III . Voir *infra*, p. 395 sq.

[3] La fin du livre V suit le même mouvement que la fin de *L'Encyclie*.

tas;[4] de pompeuses discussions étalent un certain savoir scolastique;[5] d'autres s'envolent vers la métaphysique ou rabâchent de furieuses imprécations contre les athées. Il s'agit souvent de digressions qui ne contrarient pas trop la marche du texte, mais aussi parfois d'intrusions à peu près immotivées.

Transitions

Les deux plus longues additions du livre V n'ont, par exemple, qu'un lien très fragile avec l'exposé astronomique qu'elles encadrent. Les amours cosmiques sortent presque tout droit des *Dialoghi di amore* de Leone Hebreo,[6] et constituent une sorte de rallonge au prologue. Le poète annonce qu'il doit s'occuper du lever et du coucher des astres, ce qui lui suggère une association d'idées: il passe des lits aux amours.

> "Le chatouilheus desir du Cyprien conflit
> "Aus amans Radieus a fait trouver un lit
> "C'est pour l'amour d'Amour que chaque astre a sa couche.
> Voions donc quand, comment, et ou Amour les couche.[7]

Mais le sujet d'amour mérite justement un autre discours qu'une leçon de mathématiques; Du Monin oppose alors la caricature des pédagogues, "maitre Adam" qu'il laisse "tonner en son école",[8] aux régents du collège de Bourgogne[9] invités à "escor<ter> le vol de <sa> craquante plume / Qui s'en va voletant au Printems eternel, / Où se couronne Amour du feuilhar maternel".[10] Un jeune élève défunt, Claude Demongenet, doit lui servir de guide, en autorisant une brève escapade platonicienne:[11]

> Si je fus autrefois ton Socrate amoureus,
> Toi mon Alcibiade, ores, fait astre heureus,
> Paie moi mon Lendit, des Muses juste dime,
> Pedagogue d'Amour sers moi de Diotime:
> Et apren avec moi aus Regens de Paris

---

[4] L'imitation de Du Bartas est constante, mais les passages de polémique religieuse et la digression sur la fin du monde (cf. *La Sepmaine*, I, v. 353 sq.) lui sont spécialement redevables, même si les réécritures de Du Monin imposent une extrême dilatation à l'original.

[5] Voir ci-dessous, chapitre XIX.

[6] Voir Leone Hebreo, *De l'amour*, Lyon, J. de Tournes, 1551, surtout à partir de la p. 144.

[7] *L'Uranologie*, IV, v. 23-26, f. 93 v°.

[8] *Ibid.*, v. 33-35, f. 93 v°: "Laissons là maitre Adam tonner dans son ecole / Au bruit des môs guerriers, pour a telle parole / Faire trembler de peur son novice ecolier".

[9] *Ibid.*, v. 37 sq., 93 v°: "Vous doctes Polemons, vous doctes Philirides / Qui de Pegase avés en main toutes les brides [...] / Vous dis-je, mes Regens ma plus chere moitié, / Qui me lies au joug de vôtre alme amitie [...]". Les régents du collège de Collège de Bourgogne semblent bien être les dédicataires privilégiés de *L'Uranologie*. Traités comme les meilleurs disciples de la "docte Neuvaine", ils jouent le rôle de la Brigade du nouveau Ronsard. - Cf. *infra*, p. 361-362.

[10] *Ibid.*, v. 54-56, f. 94 r°.

[11] *Ibid.*, v. 68-69, f. 94 r°: "Il n'y a nul danger si peu mon pied s'elance / Du bal Stagirien [...]".

Qu'au Ciel vous pratiqués le metier de Cypris.[12]

La retombée vers les mathématiques, quelque huit-cents vers plus bas, s'annonce un peu comme la fin de la récréation:

> Sus donc, donnons leur pais, et tréve à mes discours,
> Qu'ils savourent le miel de leurs longues amours [...]
> Leur gite, et lit nocier soit ore mon souci:
> Pour raconter en bas d'une discrete bouche,
> Comment l'astre s'eveilhe et comment il se couche.
> Sus levons nous, Regens, voila le coup dernier
> De la cloche tinté par la main du Portier.[13]

A l'autre extrémité du livre IV, la transition entre la description du processus de l'allongement des jours et l'évocation de la fin du monde semble encore plus artificielle. Le poète se transforme brutalement de professeur en prophète, et son style s'adapte aussitôt à ce changement:

> [...] Car le naturel Jour
> A tout Jour Naturel n'aiant egal son tour,
> Divisant ces deus Jours en quatre pars semblables,
> Des artificiels sont les cours dissemblables.[14]
> Mais de quel noir bandeau se voile mon esprit?
> De tirer fil à fil la trame d'un ecrit
> Pour alonger les Jours: dont la derniere porte
> Se ferme au porte-faus avecques sa cohorte.
> J'oi deja ce me semble un cornet eclatant
> D'un Celeste Triton, d'un Ange trompetant,
> Huchant depuis Atlas au Gange aus eaus dorées
> Les hôtes empoudrés des tombes encendrées.[15]

Du Monin ne s'est donc nullement comporté en restaurateur discret qui comble des lacunes en opérant des raccords invisibles. Ses additions sont voyantes et s'écartent du propos avec ostentation; ses digressions s'affirment presque toujours supérieures au sujet principal, plus intéressantes, plus "élevées" par leur matière et par leur style.[16] Et pourtant, le désir d'élargir le cadre étroit qu'avait déterminé son prédécesseur ne l'a pas empêché d'accepter aussi son projet. L'Uranologie conduit à son terme la leçon d'astronomie laissée en suspens, sans craindre d'aborder les sujets les plus arides. En s'attaquant aux levers des signes et aux raisons de la longueur des

---

[12] *Ibid.*, v. 63-68, f. 94 r°. - Toute une section des *Miscellaneorum poëticorum adversaria* (1578) avait été consacrée au tombeau de Demongenet (p. 224-258).

[13] *Ibid.*, v. 826-827, 831-835, f. 107 v°-108 r°.

[14] Le jour naturel est limité par deux passages successifs du soleil au méridien: il n'a pas toujours strictement la même durée. D'autre part, le méridien et l'horizon le découpent, selon la date et selon le lieu, en quatre portions variables. - Le jour "artificiel" est la portion diurne du "jour naturel": celle que découpe l'horizon.

[15] *Ibid.*, v. 1322-1333, f. 116 v°- 117 r°.

[16] Cf. la fière annonce au verso du titre (citée *infra*, p. 363).

jours, Du Monin a largement dépassé les autres poètes du ciel. Au lieu de se
contenter de la partie pittoresque de l'astronomie, il s'est aventuré loin sur le
terrain des explications abstraites.

L'achèvement du traité de la sphère

La présence des additions de la première colonne montre en effet que
Du Monin avait bien résolu de composer une "uranologie" au sens premier
du terme, un "discours scientifique du ciel" ou, pour le dire simplement, un
cours sur le ciel. Là où Buchanan faisait défaut, il s'est tourné vers d'autres
sources, un peu vers Manilius et Pontano, et probablement beaucoup vers
les traités en prose française. Le style adopté en ces circonstances est "un
style tout rond",[17] sans détours ni ornements, ce qui ne l'empêche pas d'a-
voir des épines, comme le reconnaît l'auteur dont l'attitude est remarquable
à cet égard. Il avoue beaucoup peiner à rédiger ses explications techniques,
et deviner la peine de son lecteur, mais en même temps il se fait gloire de
cette difficulté qui semble constituer pour lui l'essence même du genre. La
leçon d'astronomie est un calvaire partagé par le maître et ses élèves.

> Ha je m'aperçoi bien, ma mignonne Uranie,
> Que ma plaine epineuse est ici mal unie.
> "Je voi maint ecolier de ma classe haineus
> Jeter son ecritoire au buisson epineus,
> Où maint poignant chardon d'un poinson trois fois triple
> Pique, egratigne, cuit le maître et le disciple.
> Ton obscur Lycophron ce texte m'a dicté,
> Si d'un vif Scaliger il n'apert commenté [..[.]18

Le naturel paradoxal de Du Monin et son oubli momentané des conven-
tions littéraires brillent dans cette situation critique. Il ne se déguise pas en
Muse ni ne cherche à se donner de libres allures poétiques alors qu'il est
réellement empêtré dans son sujet. Au lieu de prendre des poses pour
détourner l'attention vers un horizon plus idyllique, il entre dans son rôle,
celui d'un professeur qui doit expliquer une leçon difficile à un auditoire
qui s'ennuie déjà; et il poursuit son effort jusqu'à la fin, quand débarrassé de
ses signes, il peut s'écrier avec soulagement: "Or les voila couchés".
    Il s'agissait d'énumérer les règles servant à calculer en combien de temps
les signes du Zodiaques (qui occupent chacun trente degrés de l'écliptique)
montent sur l'horizon et descendent au-dessous. Ce temps est en effet
variable puisque l'axe de l'écliptique est incliné sur celui de l'équateur selon
lequel se fait la rotation diurne; il se mesure sur l'équateur qui est une
véritable horloge cosmique,[19] et il dépend, en gros, de la situation des signes
par rapport aux équinoxes et aux solstices. La position de l'observateur
constituait une difficulté supplémentaire. Il s'était donc établi une
distinction fondamentale entre le cas, idéal et simple, de la "sphère droite",

---

[17] *L'Uran.*, IV, v. 1009, f. 111 r°. Le style "rond" est le plus aride, voir *infra*, p. 392, n. 1.
[18] IV, v. 972-9, f. 110 v°. Allusion à l'édition des *Astronomica* de Manilius par Scaliger.
[19] Quinze degrés de l'équateur mettent toujours une heure à se lever.

où l'observateur était sous l'équateur, et celui de la "sphère oblique", pour les autres latitudes. Le calcul des levers était une opération fastidieuse mais indispensable, car il permettait de déterminer l'horoscope, c'est-à-dire de savoir quel signe montait sur l'horizon à un moment et en un lieu donnés; d'autre part, il rendait compte de la variation des jours et des nuits. Les traités de la sphère un peu détaillés lui consacraient donc au moins un chapitre.[20] Du Monin a choisi de conserver leur présentation fonctionnelle. Voici comment s'organise le début de son exposé:

111r°-v°, v. 999-1055

De tout Signe opposé l'ascension s'egale
Au tems que l'oposé (sic) en Occident devale:
Autant que le Mouton met de tems en montant,
La Livre en sa descente en depend tout autant:
Autrement l'Horizon verroit plus de sis Signes
Montrans à ses logis leurs lumieres insignes.
Cela repugne à soi: Car puisque l'Horizon
Et l'Equinoctial (sic), de la haute maison
Sont grans cercles, il faut qu'en egales parties
Ils se coupent entre eus justement departies.
Ce premier document en enfante un second
Que je vai te decrire en un stile tout rond:
D'un Signe sont egaus le lever et la couche,
Au tems que l'oposé tend aval et trebuche,
Et au contraire aussi: si tous deus on assemble.
Il faut qu'egalement l'un à l'autre ressemble.
Voila pour compasser la sphere en general,
Ordonnons à la droite un compas special.
Tous Signes retires en egal de la borne
Où le point d'Equinoxe ou Solstice se borne
Ont leur lever egal: ainsi vont le Belier
Et la Vierge enastrée au celeste escalier:
D'autant qu'egalement ils fuïent le Solstice
Assavoir le logis de la lente Ecrevice.
Telle en est la raison: c'est que ces Signes haus
Aveques l'Horizon font les angles egaus.

[I - Règles générales:]

1 - Un signe met toujours le même temps à monter sur l'horizon que son opposé en met à descendre, il en est ainsi pour le Bélier et la Balance.
Autrement, il pourrait y avoir plus de 180° de l'écliptique sur l'horizon, ce qui ne se peut: l'horizon et l'équateur (*il faudrait dire ici l'écliptique*) sont deux grands cercles de la sphère, leurs intersections les divisent donc chacun en deux parties égales.
2 - la somme des temps du lever et du coucher d'un signe est égale à la somme du lever et du coucher du signe opposé.

[I I - Règles pour la sphère droite:]

1 - Des signes également distants d'un point équinoctial ou solsticial se lèvent en un temps égal. C'est le cas du Bélier et de la Vierge, qui sont également distants du point solsticial du Cancer.
La raison en est que ces signes forment le même angle avec l'horizon.

[20] Les traités d'Oronce Fine (*De mundi sphaera*, Paris, 1542; *La Sphere du monde*, Paris, Vascosan, 1551) et de Jean Pierre de Mesmes (*Les Institutions astronomiques*, Paris, 1557), leur consacraient même l'essentiel de leur livre III. Ils fondaient leur exposé sur les *Tabulae directionum* de Regiomontanus (éd. Augsbourg, 1551-1552, pr. 5, 7, 8 et 9, f. 4 r°-5 v°). Voir aussi les *Elementa doctrinae de circulis coelestibus* de Kaspar Peucer (Wittenberg, 1551, f. N 5 r°-0 5 v°). Pour la poésie latine, voir Manilius (*Astronomica*, III, v. 275-300 et 385-509; éd. Goold, p. 184-187 et 192-205), dont l'exposé était techniquement dépassé à la Renaissance; Antoine Mizauld, *De mundi sphaera*, fin du livre II.

Tous Signes opposés ont leur levée egale:
Cela se void plus clair que la lampe Journale:
La Vierge et la Livre ont egale ascension
(Comme aiant d'Equinocce une distraction)
La Vierge et le Mouton ont egale montée:
Si donquesle Belier et la Balance astrée
Ont leur lever egal au lever Virginal,
Il faut aussi qu'entre eus leur lever soit egal.
Chacune ascension de tout Signe est egale
A ce tems qu'il depend cependant qu'il devale:
Car en la droite Sphere alors que le Mouton
Monte en quelque cartier, il descend chez Pluton
Pour un autre païs: donc en egal espace
Toujour il fait monter sur l'Horizon sa face,
Il faut que son lever soit egal au Coucher:
Il nous faut donc au point d'autre regle toucher.
Toujour avec le quart de l'Echarpe etoilée
De l'Equinoctial la quarte est devoilée:
Car en la droite Sphere en tout naturel Jour
Les deus Colures font condescendre leur tour
Aveques l'Horizon: Or ces bessons Colures
En quatre egales pars coupent ces deus cour-
                               bures:
Donc avec quatre pars de ce Cercle Egalant,
Se leve du Baudrier le quart en haut volant.
Pour céte Sphere droite une regle nous reste:
Des Signes seulement quatre levent leur téte,
Au Ciel, de droit lever, l'Archer, les feus Bes-
                               sons,
L'Ecrevice, et le Dain des roüantes maisons.
Si qu'avecques ces quatre une plus grand partie
De l'Equinoctial se montre en haut partie
Que du Bodrier retors, qui echarpant les Cieus
Porte les ecussons des Signes radieus.

2 - Les signes opposés se lèvent en des temps égaux: la Vierge et la Balance ont la même ascension,[21] étant part et d'autre de l'équinoxe d'automne (et donc à la même distance de ce point). La Vierge et le Bélier aussi (*Cf. II- 1*). Donc, les ascensions du Bélier et de la Balance, égales à celle de la Vierge, sont égales entre elles.

3 - Le temps du lever d'un signe est égal à celui de son coucher. Sous la sphère droite, quand le Bélier se lève en un endroit, il se couche en un autre, exactement dans le même temps.

4 - Un quart de l'écliptique se lève toujours avec un quart de l'équateur. Car en 24 heures chacun des deux colures[22] se confond une fois avec l'horizon; et ces colures coupent l'équateur et l'écliptique en quatre quartiers égaux.

5 - Sous la sphère droite, il y a seulement quatre signes qui ont un lever droit: le Sagittaire, les Gémeaux, le Cancer et le Capricorne.
Cela signifie que l'arc de l'équateur qui se lève avec ces Signes est plus grand que l'arc de l'écliptique correspondant.

L'auteur d'un traité de la sphère s'adressait à des débutants en astronomie, il n'avait donc pas à livrer "les causes entières ny les profons fondemens de ceste doctrine, ains seulement les simples raisons". Du Monin semble avoir retenu cet avis de Jean-Pierre de Mesmes,[23] et s'être formé des "simples raisons" une idée modeste. Dans ses vers, auxquels un mélange de précipitation et d'embarras impose un débit cahotant, on cherche en vain de quoi comprendre la logique des levers astronomiques.

Tout se ramène, en fait, à un problème de géométrie sphérique: l'écliptique et l'équateur, deux grands cercles inclinés l'un sur l'autre qui se rassemblent aux deux points équinoctiaux, sont coupés par un troisième

[21] L'ascension d'un signe, c'est l'arc de l'équateur qui se lève en même temps que lui.
[22] Les colures sont deux grands cercles qui se rencontrent aux pôles, ils coupent donc perpendiculairement l'équateur. Le colure des équinoxes passe par les points équinoctiaux, celui des solstices par les points solsticiaux, de sorte qu'ils se coupent à angles droits. Pendant la révolution diurne les colures tournent avec la sphère céleste.
[23] *Les Institutions astronomiques*, l. III, ch. 4, p. 165.

grand cercle, l'horizon, perpendiculaire à l'équateur sous la sphère droite et oblique partout ailleurs. Au cours de la révolution diurne, l'équateur et l'écliptique défilent sur l'horizon, le premier régulièrement, le second irrégulièrement. Trente degrés de l'équateur émergent toutes les deux heures; en revanche, trente degrés de l'écliptique (c'est-à-dire un signe) peuvent sortir plus vite ou plus lentement: tout dépend de l'angle que cet arc fait avec l'horizon. L'astrologue doit imaginer que la sphère est découpée en autant de bandes (ou plutôt de croissants) par douze horizons successifs qui rencontrent l'écliptique au premier degré de chaque signe.[24] Ces bandes interceptent donc toujours trente degrés du Zodiaque, mais une portion variable de l'équateur: si l'horizon fait avec l'écliptique un angle plus aigu qu'avec l'équateur, cette portion sera inférieure à trente degrés, et vice versa. Sous la sphère droite, le problème est simplifié car l'horizon est perpendiculaire à l'équateur et coïncide deux fois par jour avec les colures. C'est pourquoi les quartiers de l'écliptique déterminés par ces colures[25] se lèvent et se couchent en même temps que quatre-vingt-dix degrés de l'équateur. Il se trouve qu'ils ont chacun les mêmes composantes: un signe touchant l'un des points équinoctiaux (Bélier, Vierge, Balance, Poissons), un signe touchant un point solsticial (Gémeaux, Cancer, Sagittaire, Capricorne), et un signe intermédiaire (Taureau, Lion, Scorpion, Verseau). Chaque quartier a donc une "séquence de débit" analogue, à ce détail près que cette séquence peut s'effectuer dans les deux sens: rapide, moyen, lent, ou lent, moyen, rapide. Le signe équinoctial, le plus oblique sur l'horizon, se lève le plus vite (avec un arc de l'équateur inférieur à trente degrés), et cette "avance" est compensée par la relative lenteur du signe tropical qui accompagne plus de trente degrés de l'équateur; quant au signe intermédiaire, il monte avec l'équateur en deux heures.

De cette théorie finalement assez simple, L'Uranologie ne donne nulle part un aperçu général; elle n'en livre pas non plus clairement les clefs, et se contente d'énumérer des règles, dans un ordre approximatif, en distribuant comme au hasard des explications incomplètes ou inadéquates. Par une fâcheuse distraction, la présence permanente de six signes au-dessus de l'horizon est justifiée par le mode d'intersection de ce cercle et de l'équateur;[26] la question de l'angle de l'écliptique et de l'horizon n'est mentionnée qu'une fois, et sans grand détail.[27] D'autre part, le rapport existant entre les différentes règles n'est guère mis en lumière. Du Monin dit bien que la première règle générale "enfante" la seconde, mais sans montrer comment;[28] l'égalité des ascensions de deux signes opposés est démontrée grâce à une arithmétique assez gauche,[29] alors qu'elle pourrait l'être plus

---

[24] Pour l'astronomie géocentrique, l'horizon est immobile, tandis que tournent le ciel et ses cercles imaginaires, mais ici, il est plus simple de se représenter l'inverse.

[25] Bélier-Taureau-Gémeaux / Cancer-Lion-Vierge / Balance-Scorpion-Sagittaire / Capricorne-Verseau-Poissons.

[26] V. 1004-1007, f. 111 r°.

[27] V. 1022-1023, f. 111 r°.

[28] A et B étant deux signes opposés, lever A = coucher B et lever B = coucher A (1ère règle, v. 998-1001), et donc lever A + coucher A = lever B + coucher B.

[29] V. 1024-1031, f. 111 v°.

élégamment par la première règle de la sphère droite;[30] quant à la troisième règle de la même série, elle n'est aucunement justifiée, bien qu'elle résulte visiblement de la précédente et de la première règle générale.[31] Le principe fondamental d'après lequel, sous la sphère droite, le lever d'un quart de l'écliptique correspond au lever d'un quart de l'équateur, n'est énoncé qu'en quatrième position, de sorte que son importance n'apparaît plus;[32] il se trouve ainsi séparé de son complément, celui qui met en rapport l'inclinaison des signes sur l'horizon et leur position vis-à-vis des équinoxes et des solstices. Enfin l'énumération se termine par la liste des quatre signes "droits", donnée sans justification et avec un certain arbitraire: pourquoi ne nous dit-on rien des huit autres signes?

Si l'on tente une comparaison avec un traité de la sphère en prose, comme les *Institutions astronomiques*, la maladresse et la relative confusion du texte de Du Monin ressortent assez clairement. Même sans tenir compte des explications détaillées que donne Jean Pierre de Mesmes, on doit reconnaître que son exposé est conduit de façon plus efficace. Il limite à quatre les règles de la sphère droite et les fait se succéder logiquement. La première est la "règle des quarts":

> Les quatre principaux ars du Zodiac commençans aux quatre poincts cardinaux, se levent en mesme temps et egalement avec les quatre quartiers de l'equateur leurs adjoincts [...][33]

La deuxième règle concerne les signes commençant aux points cardinaux:

> [...] les parties opposes de l'ecliptique qui commencent aux deux poincts equinocciaux, se monstrent plus grandes: et les parties opposes de l'ecliptique, qui commencent aux deux [...] solstices, se monstrent plus petites que celles de l'équateur. Par ainsi les arcs de l'ecliptique commençans au Belier ou aux Balances, rendent des montees et descentes toutes obliques: par ce que l'arc de l'ecliptique et plus grand que celuy de l'equateur son adjoint [et l'inverse se produit pour les signes débutant aux solstices].[34]

La troisième règle tire certaines conséquences de la précédente, en s'intéressant à tous les signes "qui commencent ailleurs qu'aux poincts cardinaux": "tant plus seront pres des signes equinocciaux, et plus ilz gauchiront, et tant plus ilz s'approcheront des deux <solstices>, et plus ilz se dresseront".[35] Elle en déduit la situation moyenne des signes situés au milieu des "quartiers", l'obliquité des quatre signes contigus aux équinoxes, et la droite montée des quatre signes proches des solstices. La quatrième

---

30 V. 1016-1023, f. 111 r°. D'après cette règle, énoncée d'ailleurs peu clairement par Du Monin, les trois types d'ascensions de la sphère droite sont attribuées respectivement à trois groupes de quatre signes opposés deux à deux (Bélier-Balance, Vierge -Poissons etc.).
31 V. 1032-1038, f. 111v°. Lever A = coucher B et lever B = coucher A (règle I- 1), donc si lever A = lever B (règle II- 2), lever A = coucher A.
32 V. 1040-1047, f. 111 v°.
33 J. P. de Mesmes, *Les Institutions*, 1557, l. III, ch. 5, p. 167. - J. P. de Mesmes donne ensuite la justification géométrique de cette règle.
34 *Ibid.*, p. 168
35 *Ibid.*, p. 168.

règle, qui découle de la troisième, établit l'égalité des montées pour tous les arcs du zodiaque diamétralement opposés, et l'équivalence de la montée et du coucher d'un mesme signe.[36]

Ce petit résumé, qui omet toutes les explications géométriques, laisse entrevoir la supériorité de la présention en prose: elle exclut l'arbitraire et prend soin de montrer comment les règles se relient entre elles, là où Du Monin n'a songé qu'à égrener des préceptes mal attachés les uns aux autres. L'Uranologie semble avoir sacrifié toutes les grâces poétiques pour préserver le sérieux de la leçon; mais il est permis de s'interroger sur la finalité d'une telle ascèse. Son lecteur ne réussira jamais à comprendre le mécanisme des levers, et il tenterait vainement d'appliquer la poignée de recettes qu'il aura pu gagner. Le poème de Manilius n'était pas sensiblement meilleur sur le même sujet,[37] mais au moins donnait-il des informations utilisables. Il indiquait la valeur des ascensions à la manière d'une table, tandis qu'aucun astrologue ne saurait calculer un horoscope grâce à L'Uranologie.

Du Monin n'a donc obtenu qu'un résultat problématique; sa tentative de mettre en rimes les règles des levers astronomiques, dans le cadre prestigieux d'un "long poème français", n'est pas arrivée tout à fait à produire des vers mnémotechniques pour les écoliers. Malgré son austérité affichée, elle ne restitue pas une astronomie beaucoup moins illusoire que celle de Maurice Scève, qui suggère la complexité de la discipline par l'enchaînement serré de termes techniques, en maintenant le lecteur à distance respectueuse, ou celle de Du Bartas, qui s'est contenté d'une approche décorative. Jusque dans ses passages les plus techniques, L'Uranologie reste un discours du "semblant", au lieu de viser à donner directement accès aux choses; elle n'offre pas la science elle-même, mais son image, impressionnante et rebutante à la fois; le poète s'y est donné l'air de celui qui aurait enseigné l'astronomie. Son incapacité à transmettre un savoir n'avait rien de scandaleux: il semblerait bien qu'une grande partie de la poésie appelée didactique ne méritait pas ce nom; et l'on pourrait transposer et appliquer à bien d'autres textes cette exclamation d'Antonio Belloni, après l'étude du Scacchia ludus: "ma ... non abbiamo imparato a giocare agli scacchi!"[38] Au moins le lecteur du poème de Vida y trouvait-il largement de quoi noyer sa frustration dans le plaisir de la fable;[39] tandis que L'Uranologie, à ses moments sévères, n'offre aucune sorte de compensation.

Le passage que nous venons d'étudier n'est ni "beau", suivant les critères de la poésie de la Pléiade et de la rhétorique en général,[40] ni utile; et le lecteur du XVIème pouvait aisément s'en rendre compte, par simple comparaison: il avait à sa disposition quantité de manuels bien conçus et bien écrits, et la poésie cosmique de Ronsard ou de Pontano. Pourtant nous ne saurions sous-estimer le courage de Du Monin et l'intérêt de son projet. Il voulait composer une somme sur le ciel, en passant par tous les degrés, du technique au sublime. Ici, nous nous trouvons devant un morceau censé

---

[36] Ibid., p. 170.

[37] Astronomica, III, v. 275-300 et 385-509; éd. Goold, p. 184-187 et 192-205.

[38] A. Belloni, Il poema epico..., p. 354, cité dans M. Di Cesare, "The Scacchia ...", p. 428.

[39] Le Scacchia ludus (éd. pr. Rome, 1927) remporta un énorme succès: il répondait aux attentes du public; voir M. Di Cesare, Bibliotheca Vidiana; Idem, éd. Vida, Scacchia ludus.

[40] Sur les critères de la beauté littéraire et leur application problématique à la poésie didactique , voir supra le chapitre X.

restituer l'esprit même de l'aridité astronomique, à défaut d'enseigner grand chose.[41] Composé sans plaisir, mais non sans conviction, il nous permet d'imaginer l'auteur en train d'accomplir son devoir: compléter un traité de la sphère, en exhibant mieux que nul autre les épines de la théorie.

Philosophies divergentes

Si l'on rassemble tout ce qui, dans L'Uranologie, ne doit rien à la Sphaera, il apparaît donc que les éléments relevant de la science astronomique sont loin de dominer. Par la place qu'ils occupent, et, nous venons de le voir, par le caractère assez terne de leur style, par leur manque d'entrain qui fait ressortir la fougue d'autres passages, ils font modeste figure à côté de la masse des développements pompeux ou sublimes consacrés à la philosophie et à la religion. Dans ces derniers domaines, en effet, Du Monin ne s'est pas contenté de traduire, d'amplifier ou de continuer Buchanan, il a cherché à dépasser la Sphaera, en donnant à son propre poème une toute autre portée. Le poème latin et sa paraphrase française se rattachent à deux conceptions différentes de la poésie philosophique. Et la transformation brutale que la seconde a imposé au premier résultait d'un jeu compliqué d'influences: Du Monin était fasciné par le personnage de Ronsard, dans sa version orphique, et il possédait en même temps une idée personnelle de la philosophie.

En regardant la Sphaera comme un texte neutre, capable de se prêter à un remodelage complet entre les mains d'un traducteur entreprenant, nous ne voulons pas dire qu'elle manquait d'ambition, mais simplement qu'elle s'inscrivait, sans volonté rénovatrice, dans un courant traditionnel de la poésie latine. Buchanan était un humaniste, il ne pouvait songer à être plus poète, ni surtout plus philosophe que Virgile. Comme la plupart des poèmes didactiques néo-latins, la Sphaera est parsemée de réminiscences: les cadences et les formules de Lucrèce, de Virgile, d'Ovide, ou de Lucain se mêlent à ses vers, sans créer de dissonances.[42] Comme l'a montré son traducteur James Naiden, elle reflète, jusqu'à un certain point, la littérature astronomique du XVIème siècle,[43] mais ses matériaux modernes ne se distin-guent pas des autres; ils ne sont plus datables à première vue, pour avoir été traités dans un style néo-augustéen qui leur a donné une patine immédiate:

---

[41] A cet égard, et toutes proportions gardées, L'Uranologie traduirait un démarche parfois parallèle à celle du Microcosme (voir infra, p. 378-379).

[42] Sur l'imitation des classiques dans la Sphaera, voir J. R. Naiden, The Sphaera ..., p. 37; I. D. McFarlane, Buchanan, p. 376-377. Malgré le nombre des emprunts à Lucrèce, Manilius, Ovide, Lucain et Claudien, le modèle dominant reste Virgile.

[43] Naiden, op. cit., p. 43-45, 52-60, 66-68. Buchanan a réagi aux idées de Copernic et à certaines position de Tycho Brahe. Il mentionne les voyages de découvertes.

                    Quid cum se concita tellus
        Semper in occasum torquet, si caerulea ponti
        Aequora lenta jacent, pigrisque immota lacunis
        Interea, nonne aut terrae pars magna necesse est
        Innatet aequoribus, naturae et foedere rupto
        Unda levis rupes onerosas gurgite gestans
        Non cedet, montesque altos non perferet humor,
        Ante quidem indocilis minimos gestare lapillos?[1]

Les mots et les tournures de Lucrèce ou de Virgile, *concitus*, *aequora ponti*, *naturae foedus*, *gurges*, font de la réfutation de Copernic un discours intemporel. Les allusions les plus précises et les plus datées sont formulées avec une telle distance généralisante qu'elles prennent des allures de maximes. Il est fort probable, par exemple, que Buchanan songeait à la *nova stella* de 1572, lorsqu'il réaffirmait avec véhémence le principe de l'immutabilité des cieux dans la dernière partie du livre II:

            Non procul a vera reor is ratione recedet,
        Qui neget, aut gigni naturae viribus astra
        Posse, vel affectum senio tabescere coelum:
        Aut abitu minui, cognati aut corporis auctu
        Crescere [...][2]

Et pourtant rien ne décèle sa possible arrière-pensée; ces vers pourraient tout aussi bien se contenter de reprendre un très ancien *topos*; ils ne diffèrent pas sensiblement de tel passage des *Astronomica*:

        at manet incolumis mundus suaque omnia servat,
        quem neque longa dies auget minuitque senectus
        nec motus puncto curvat cursusque fatigat;
        idem semper erit quoniam semper fuit idem [...][3]

---

[1] Buchanan, *Sphaera*, I, v. 365-372, éd. cit., p. 14: "Eh quoi, <supposons> que la terre roule toujours à vive allure vers le couchant, si pendant ce temps les plaines azurées de la mer gisent sans mouvement, immobiles dans leurs profondeurs paresseuses, n'est-il pas nécessaire qu'une grande partie de la terre nage sur la mer, et que, le pacte de la nature rompu, l'onde légère, transportant dans son tourbillon les lourdes roches, ne cède pas, <n'est-il pas nécessaire> que l'eau supporte de hautes montagnes, elle qui, auparavant se refusait à porter les plus petits cailloux".

[2] Buchanan, *Sphaera*, II, v. 557-560, éd. cit., p. 46: "Et j'affirme qu'on ne s'éloigne pas de la vérité en niant que les forces de la nature puissent faire naître des astres, ou que le ciel, touché par la vieillesse, connaisse la décrépitude, qu'il diminue ou qu'il s'accroisse, en raison du départ ou de l'ajout d'un corps". J. Naiden (*op. cit.*, p. 59), voit dans ce passage une critique de Tycho Brahe, ce qui semble injustifié: en affirmant que de nouveaux astres ne peuvent apparaître "naturellement", Buchanan adoptait au contraire une attitude semblable à celle de l'astronome danois. Pour Tycho, en effet, la substance céleste était radicalement différente des éléments et ne connaissait pas les mêmes changements; c'est pourquoi il finit par conclure que l'apparition de la nouvelle étoile avait des causes surnaturelles (voir M. Lerner, *Tre saggi* ..., p. 82-87).

[3] Manilius, *Astronomica*, I, v. 518-521; éd. Goold, p. 44: "mais le monde [= le ciel] reste intact et conserve tout ce qui lui appartient, lui que la longueur du temps n'accroît pas, que la

Sur le chapitre de la poésie, comme sur celui de la philosophie, et sur celui de leur mariage, la *Sphaera* est donc une oeuvre inévitablement classique. Très éloignée du prosaïsme des "mises en rimes" scolaires, comme la *Sphaera mundi* d'Antoine Mizauld,[4] elle maintient tout au long de son discours un degré suffisant de "poétisation" pour se hisser au rang des oeuvres les plus admirées de la tradition virgilienne, même si elle contient beaucoup moins de mythologie et de fictions que l'*Urania* ou le *Scacchia ludus* de Vida.[5] James Naiden[6] a montré comment elle a habillé le contenu des traités de la sphère, avec divers ornements caractéristiques, des lieux commun moraux aux allégories. S'inspirant du pessimisme de Lucrèce (qui semble être devenu l'apanage des poètes du ciel, qu'il s'agisse de Manilius, de Pontano ou de Palingène), elle se lamente sur la terre ravagée par la discorde,[7] et sur la cupidité humaine qui aiguillonne les douteux progrès de la civilisation.[8] Mais elle possède aussi une perspective religieuse. Elle invite à reconnaître le caractère divin imprimé dans la nature et met facilement en relation la beauté de l'univers et la perfection de son créateur;[9] elle discerne l'action de la Providence dans l'arrangement de la mécanique céleste.[10] Elle attribue même le mouvement et la vie du monde à une force divine et y voit le principe d'une sorte de théologie naturelle qui devrait toucher jusqu'aux barbares.[11] Toutes ces idées ne brillent ni par leur originité ou leur audace, ni par leur précision: il serait difficile de démêler ce qu'elles doivent à la théologie antique, de Platon au stoïcisme, et ce qu'elles ont de spécifiquement chrétien. Elles s'expriment avec discrétion, sans l'ombre de prosélytisme, et ne suffisent pas à faire de Buchanan un apologiste déclaré: tout au plus servent-elles à rappeler à Timoléon que la science ne se suffit pas à elle-même, car le cosmos est surtout la demeure de l'homme et l'oeuvre de Dieu. D'autre part, puisqu'il n'était pas de poésie sans fable, Buchanan a raisonnablement utilisé le répertoire des mythes que l'astronomie s'était appropriés depuis l'Antiquité: la triste histoire d'Icare et de Phaeton, mais aussi, en contrepartie, les diverses légendes d'apothéose astrale. Il n'ignorait pas qu'un poète qui s'intéresse au ciel s'auréole d'un singulier prestige, incarne le meilleur de la vocation humaine et doit réclamer de sa Muse des grâces presque surnaturelles. Cette culture se révèle avec délicatesse dans les prologues. Et tout le livre V, resté inachevé, témoigne d'un travail d'élaboration poétique fort complexe. Au lieu de présenter directement la doctrine des éclipses, Buchanan a utilisé la triple médiation de la légende, de l'histoire exemplaire et du mythe, comme s'il s'était tardivement souvenu que la vérité ne brille jamais si bien qu'à travers

---

vieillesse ne diminue pas, son mouvement ne le déforme pas le moins du monde, ni sa course ne le fatigue; il sera toujours le même, car il toujours été le même".

[4] Paris, Cavellat, 1552.

[5] Sur la "poétisation" de la *Sphaera*, voir I. D. McFarlane, *Buchanan*, p. 374-377.

[6] *Op. cit.*, p. 51 sq.

[7] *Ibid.*, I, v. 658-679, p. 24-25.

[8] *Ibid.*, I, v. 181-250, p. 8-10.

[9] *Ibid.*, II, v. 279-325, p. 36-38.

[10] *Ibid.*, II, v. 336-337, p. 38: l'éloignement des cieux les plus rapides est attribué à la sollicitude de Dieu pour l'homme (voir *supra*, p. 340-341).

[11] *Ibid.*, II, v. 630-641, p. 48-49. Voir *supra*, p. 337, 345.

plusieurs épaisseurs de fiction. Le livre V raconte donc les amours d'Endymion et de la Lune dont il fait, d'après Pline, un mythe des origines de l'astronomie;[12] puis il développe, en suivant la même source,[13] l'épisode de la victoire de Paul-Emile à Pydna, emblème de la victoire de la science sur la superstition, qui devient un récit-cadre. En effet, la théorie des éclipses (dont le véritable destinataire est toujours l'élève Timoléon) est exposée à l'intérieur du discours que Sulpicius Gallus est censé adresser aux légions pour les rassurer en leur expliquant le phénomène qui va obscurcir le champ de bataille. De plus, la description des chassés-croisés de la terre, de la lune et du soleil est embellie par une allégorie cosmogonique, sorte d'interprétation orphique des premiers versets de la *Genèse*: lors de la Création, le monde a été partagé entre l'Ombre et la Lumière, et depuis ces deux personnages ne cessent de se faire la guerre, en utilisant la terre et les planètes comme les pièces d'un jeu d'échec.[14] Cette fiction est d'autant plus frappante qu'elle s'oppose au sens général du discours du Romain qui cherche à exorciser les terreurs ancestrales par les lumières de la raison.

Grâce à ces ornements, et grâce à une élocution constamment relevée, la liaison s'opère facilement entre la leçon et le discours-programme qui tend à la présenter comme une épopée du ciel, suivant les conventions du genre:

> Excute degeneres circum mortalia curas,
> Et mecum ingentes coeli spatiare per oras.
> Nec tibi Daedaliae temeraria vincula curae
> Nectere opus, volucresque jugis fraenare dracones,
> Montibus aut structis cumulare ad sidera montes [...][15]

Il ne s'agit pas d'une liaison forte, comme dans les "hymnes naturels" de Ronsard où la doctrine est entièrement dissoute dans le mythe ou dans la parole invocatoire, mais d'une liaison douce, faite d'une absence de fort contraste. La doctrine de la *Sphaera*, si éloignée qu'elle soit des mystères orphiques, ne laisse pas trop voir ses origines scolaires. Les passages les plus fonctionnels, ne manquent ni d'élégance, ni de références classiques:

> Altera majori secat orbem linea gyro,
> Qua Sol aequorei propior per sidera Cancri

---

[12] *Sphaera*, V, v. 116-195, p. 98-100. - Cf. Pline, *Hist. nat.*, II, 43. Mais Pline ne fait qu'attribuer à Endymion la première théorie de la lune, origine d'une fausse légende ("ob id amor ejus fama traditur"): l'élaboration fabuleuse ne lui doit donc rien. La légende d'Endymion, traitée dans l'*Anthologie grecque* (V, 123) est racontée par Boccace, *Genealogiae deorum*, IV, 16; voir aussi Rhodiginus, *Lectiones antiquae*, XX, ch. 7. La plupart des poètes qui reprenaient ce thème mettaient plutôt en valeur son aspect érotique; c'est notamment le cas d'Etienne Forcadel ("Le baiser de la Lune et du pasteur Endimion", "Opuscules", V; *Oeuvres poétiques*, éd. F. Joukovsky, Genève, Droz, 1977, p. 142-148).

[13] Pline, *Hist. nat.*, II, 53.

[14] *Ibid.*, V, v. 405-459, p. 108-109.

[15] *Ibid.*, II, v. 3-7, p. 27: "Chasse les soucis indignes pour des objets mortels, et voyage avec moi à travers les espaces immenses du ciel. Tu n'as pas besoin de t'attacher le harnachement téméraire conçu par Dédale, d'atteler des dragons ailés, ni d'entasser montagnes sur montagnes jusqu'aux étoiles [...]". Le poète s'adresse à Timoléon, sur le même ton que Pontano à son fils.

> Scandit, et aestivas in longum porrigit horas,
> Et lento repetens Atlantica littora flexu,
> Contrahit angustas spatio breviore tenebras.
> Hanc ubi contigerit metam Phoebeïus axis,
> Rursus in humentes sensim delabitur Austros.[16]

De plus, cette doctrine reste vague et surtout non datée; elle ne semble pas sortir de livres de classe ou de traités contemporains, mais appartenir à une sorte de patrimoine universel, à une sapience sans âge et sans modes. Lorsqu'il mentionne les découvertes des marins portugais qui ont permis de vérifier certaines idées cosmologiques,[17] Buchanan encadre et enrobe si bien son exposé qu'il devient impossible d'y lire un hommage à la modernité. Le premier acteur à apparaître est une allégorie, l'Avarice, "soeur des Harpies", instigatrice des voyages lointains, les derniers sont Bacchus, l'explorateur des Indes, Alexandre le Grand et Hercule, de sorte que le texte ne quitte pas les zones bien frayées par la tradition poétique et que les portugais perdent leur historicité pour endosser le rôle topique des aventuriers séduits par l'or.[18] Significativement, ces navigateurs curieux ne découvrent rien d'autre au bout de leur périple que la sempiternelle régularité du monde; ils acquièrent la certitude que la terre est ronde,

> Et circumfusos cunctis e partibus orbes
> Aetheris, in medium toto procumbere nisu,
> Inque globum cogi nitendo, in seque volutos
> Nectere perpetuis redeuntia secula seclis.[19]

En abordant L'Uranologie, nous entrons dans un autre univers, car Du Monin a prétendu investir réellement des domaines sur lesquels Buchanan se contentait d'ouvrir quelques perspectives. De sorte que le centre de gravité de son poème s'est déplacé. Comme le proclame sa signature, il se voyait en "poète philosophe"; et cette expression, dans son cas, prenait deux sens bien différents, mais également chargés d'un contenu fort et précis. Le premier était le sens orphique, celui que Ronsard avait imposé dans ses Hymnes: L'Uranologie, comme nous tenterons de le montrer, a repris et

---

[16] Ibid., III, v. 33-39, p. 52: "Une autre ligne coupe la sphère d'un grand cercle, dont le soleil se rapproche en gravissant les étoiles de l'humide Cancer, rallongeant les heures d'été; <là où> il tourne lentement pour revenir vers les rivages d'Atlas et où il resserre dans un plus étroit espace les courtes nuits. Quand le char de Phoebus a touché cette borne, alors il glisse de nouveau progressivement vers le sud humide". Ce passage est plus élaboré que son correspondant chez Manilius : "alter ad extremi decurrens sidera Cancri / in quo consummat Phoebus lucemque moramque / tardaque per longos circumfert lumina flexus, aestivum medio nomen sibi sumit ab aestu, / temporis et titulo potitur, metamque volantis / solis et extremos designat fervidus actus, / et quinque in partes aquilonis distat ab orbe" (Astr., I, v. 568-574).
[17] Buchanan, Sphaera, II, v. 181 sq., p. 8-10.
[18] Cf. Lucrèce, De natura rerum, V, v. 1430-1435: "Ergo hominum genus incassum frustraque laborat ... / Idque minutatim vitam provexit in altum, / et belli magnos commovit funditus aestus"; Horace, Epist., I, i, v. 45 sq.: "Impiger extremos curris mercator ad Indos [...]" etc.
[19] II, v. 259-262, p. 10-11: "Et les sphères éthérées qui entourent de tous côtés <la terre> appuient vers le centre de tout leur effort, cet effort les contraint à se ployer en rond, et roulant sur elles-mêmes elles enchaînent les siècles qui reviennent à la perpétuité des siècles".

même amplifié les principaux thèmes qui avaient justifié, vers 1550, l'émergence d'une nouvelle poésie de la nature. Le second tenait au statut même de notre auteur, professeur au collège de Bourgogne. Il prenait une valeur quasiment officielle, comme l'atteste cette formule de privilège:

> Par privilege du Roy donné à Paris le 16. jour d'Aoust 1578 il est permis à Jean Edo. du Monin, Poëte Philosophe en l'Université de Paris de [...] faire imprimer un livre intitulé *Miscellaneorum poëticorum adversaria* [...][20]

Du Monin n'était pas le poète du roi, ni même celui d'un grand seigneur. Les ferventes dédicaces de ses divers recueils ne lui valurent jamais de protecteur,[21] et il garda jusqu'à sa mort ce statut assez original de poète attaché à un collège. Or il ne cherchait pas à dissocier les deux aspects de son activité, en adaptant par exemple à son propre usage le drame mis en scène par du Bellay dans *Les Regrets*. Quels qu'aient pu être ses désirs de fortune, il ne jouait pas le rôle du poète exilé dans une salle de classe et contraint de renoncer à une vocation première. Sa fonction de régent est au contraire constamment valorisée dans ses oeuvres. Dans les liminaires, le choeur de ses collègues est aimablement relayé par celui de ses "escoliers", eux-mêmes destinataires de nombreuses pièces, comme pour attester l'existence d'une *sodalitas scolastica* du meilleur aloi. *L'Uranologie* rend plusieurs fois hommage au collège de Bourgogne, salué comme un refuge inspirateur:

> Logis vraiment roial, Bourguignonne maison,
> Déjà des chams bletiers l'ondoiante toison
> A dis fois engerbé la mere à Proserpine [...]
> Depuis qu'à pris tout franc ton gracieus repaire
> De Parnasse m'a fait libre pensionnaire,
> Caressé de Phoebus, des Muses compagnon,
> Et brief presqu'adoré sur l'autel Bourguignon.[22]

Au-delà même de l'enceinte de son collège, l'Université de Paris représentait véritablement pour Du Monin l'*alma mater*. L'"Avant discours sur son français", rappelle avec énergie sa vocation primordiale:

> C'est que j'ay engagé les outiz de ma vie
> Aus rempars assurés de la Philosophie [...][23]

Le poète y proclame son rattachement à la "Mere université, hostel des bons espris / Qui pour fiz naturels avouas mes écris [...]".[24]

---

[20] Du Monin, *Miscellaneorum...*, Paris, J. Richer, 1578, f. â1 v°.

[21] Du Monin faisait souvent allusion à son indépendance forcée. Dans les *Nouvelles oeuvres*, il se vantait de ses 25000 vers latins "qui sont autant d'enfans de mon sang, sans defraiment d'aucun seigneur", f.)(3v°. L'épître du *Quareme* exprime l'espoir d'attirer un protecteur (f. â3v°), mais il s'agit d'un texte en grande partie ironique, adressé à "Messer Quasimodo".

[22] *L'Uranologie*, V, v. 1-3 et 7-10, f. 126 r°. - Cf. *supra*, p. 348.

[23] Du Monin, *Nouvelles oeuvres* (1581?), p. 8.

[24] *Ibid.*, p. 9. - Le livre IV de *L'Uranologie* est "consacré" à "Messieurs les Regens, et (non Pedans) Pedagogues de l'Université de Paris [...]" (f. 91 r°). Du Monin tenait à la dignité de la profession et ne voulait pas être confondu avec un "pédant". Voir l'épître liminaire du

Sa pauvreté, thème récurrent des confessions et des apologies sans nombre qui parsèment ses oeuvres, n'y est pas simplement déplorée: elle devient un élément important de l'autoportrait qui se construit de page en page. Elle a participé au dressage du jeune poète philosophe ("mon pédant Pauvreté"),[25] en parachevant son personnage de Panurge diogénique.[26] Cette pauvreté fatale[27] acquiert aussi la valeur d'un signe d'élection; elle maintient celui qu'elle à distingué "en un équarté climat", comme le peuple juif "sous un bon duc Moyse", au lieu de le laisser "savourer à pieds etendus <ses> grasses marmites d'AEgypte".[28] Aussi la légende du pensionnaire au collège de Bourgogne finit-elle par suivre un tracé parallèle à celle du vieux poète du roi. Le baptême de Muses, qui sépare à jamais du vulgaire, y est remplacé par la sévère expérience du labeur philosophique et de la misère. Pourchassé par l'essaim des rivaux prospères qui le "cri<ent> sauterelle dansante en Eté, frissonnante en Hyver", le futur auteur de *L'Uranologie* se décide à "rai<er> de <son> airaire les seilhons non Terrestres, ains celestes", à "reconoitre <son> naturel païs".[29] Solitaire, méconnu et persécuté, il finira par assumer à lui seul, et dans un registre plutôt sombre, le rôle de l'anti-courtisan:

> Et croi que mon bon Mercure m'a ici poussé ces non Phoenix, ces Cignes blanchis de la craie d'autrui, afin de me servir d'excuse, si volant beaucoup plus haut que leurs amourettes, je guinde en l'air poëtique ma Calliope, un peu plus mal aisément, et umbrageusement qu'ils ne font leur courtizane Thalie, qui chasse l'autre, comme Jupiter fit Saturne, c'est a dire, *le Courtizan, le Philosophe* [...][30]

Ces reprises de motifs qui accentuent la ressemblance entre les ambitions de la première Pléiade[31] et celles de Du Monin ne doivent pas faire illusion. La philosophie que ce dernier souhaitait porter aux nues était exactement

---

Quareme où il fait la liste des bienfaits qu'il a reçus de Dieu: "4. Il m'a toujour preservé des deus Pestes des petits compagnons, qui sont, d'estre Pedant, ou Coquin", f. â 3 v°.

[25] Voir le quatrain mis sous le portrait gravé dans les *Nouvelles oeuvres* (cité *supra*, p. 316). L'expression est reprise dans la dédicace de *L'Uranologie* (f. â 4 r°).

[26] "Il vous plaira donc savoir que, jaçois que l'egard tant de mon petit tonneau, que de mes apophthegmes (desquels l'humeur melancoliquement gaie pourroit en notre Université se faire mere d'un soupçon de Metempsycose d'un Panurge en moi) sembleroit former mon etat à la diogeniane [je me comparerais plutôt aux deux Anaxagores, trompés et persécutés]", dédicace de *L'Uranologie*, f. â 4 r°. Cf. *supra*, p. 323

[27] Voir le "Dialogismus de fatali autoris paupertate" qui met en scène *Edoardus* et *Paupertas* (*Npuvelles oeuvres*, p. 262-264).

[28] Dédicace de *L'Uranologie*, f. â 4 r°.

[29] *Ibid.*, f. â 6 r°. - Sur les prolongements de ce motif, voir *infra*, p. 366-371, et notamment la note 19, p. 369.

[30] *Le Phoenix* (1585), f. â 7 v°-â 8 r°. Italiques dans le texte. Notons que Du Monin adopte ici Calliope comme Muse de la poésie philosophique, et non pas la pieuse Uranie, choisie par Du Bartas.

[31] Voir *supra* le ch. V.

celle qu'il avait apprise à l'université. La liste des "Traités ici apropriés outre l'ordinaire des autres", qui figure au verso de son titre, rapproche *L'Uranologie* des livres de Riolan ou de Charpentier. Elle mentionne d'ailleurs beaucoup de "questions" traditionnellement discutées:

1. La raison du Vuide au Cercle de l'Etre.
2. L'unité d'un Dieu uniquement un.
3. Secrets de l'un ou l'unité.
4. Si le monde est un et eternel?
5. Si le Ciel a matiere, et quelle?
6. Si le Ciel est animé [...]

Du Monin avait hérité de Ronsard le désir de bâtir une oeuvre, en explorant des voies nouvelles,[32] et d'en contrôler le développement et l'architecture. Il avait obtenu un privilège général pour tous ses livres et considérait ses divers recueils comme une série de "tomes": la mort l'empêcha d'aller au-delà du sixième.[33] Mais l'unité qu'il voulait donner à sa production ne devait pas être obtenue, comme celle de son prédécesseur, par une sorte de patient travail de jardinage. Elle aurait tenu tout entière, si le poète avait eu le temps de la réaliser, à l'application méthodique d'un programme. Du Monin avait en effet conçu le projet de traiter intégralement les matières enseignées à la faculté des arts, comme il s'en est expliqué dans *Le Phoenix*:

> J'ai voulu passer outre mon coup d'essai sur la Metaphysique, afin que me sentant assés pourveu de biscuit pour voguer à plaine mer d'Aristote, je y puisse d'un si heureus vent boufer ma voile, qu'en l'unique coquille de mon Aristotiade, je semble r'enfermer les flos de tout ce qu'on peut en 100. ans esperer de nos François philosophes.[34]

L'Uranologie constituait déjà un fragment de l'*Aristotiade*, en se présentant comme une sorte de commentaire nourri de doctrines puisées dans des livres et réanimées par les âpres discussions des collèges; ce n'était plus du

---

[32] Cf. *L'Uranologie*, "Au bien-veuillant Lecteur", f. 204 v°: "Sont environ sis mois passés, que franc du tortueus cep de mes tâches journeles, je m'etoi retiré sur Parnasse, escorté de mon traceur Genie, qui flairoit or' çà or' là, s'il pourroit découvrir quelque segrette source non encor souilhee d'ergôs d'aucun troupeau Poëtique [...]".

[33] Le chiffre du tome figure souvent sur ses titres. D'autre part chaque nouveau livre comporte, à un endroit ou à un autre, la récapitulation des productions passées. Voir aussi *Le Phoenix*, f. 128 r°, à propos de son influence sur ses nombreux disciples: "[...] il ne s'en trouve un seul sous l'age de 16 ans, qui mettant à part ce faus préjugé de moi [= sa réputation d'obscurité], ne trouve un guet de cristal en mon 2. 3. 4. 5. et sixieme tomes, latins et françois [...]". Les six tomes étaient les suivants: 1: *Miscellaneorum adversaria* (1578) . - 2: *Beresithias* (1579). - 3: *Nouvelles oeuvres* (1581?). - 4: *L'Uranologie* (1583). - 5: *Le Quareme* (1584). - 6: *Le Phoenix* (1585).

[34] F. â 8 r°-v°. *Le Phoenix* lui-même se veut une interprétation poétique du *De anima*. - Cf. *Le Quareme*, f. â 3 v°: "[...] comme j'entreprend de, seul, donner jour à l'Aristotiade, de toute la Physique, et Metaphysique, si quelque Seigneur me descharge l'aile des grais diseteus [...]". Cette phrase semble parodier les diverses déclarations de Ronsard sur le projet de la *Franciade* et la nécessaire protection des rois.

tout une imitation du chant d'Orphée, bien qu'elle eût gardé le souvenir de cette ancienne forme de la poésie philosophique. Investi d'une certaine autorité de par sa compétence reconnue et sa profession, Du Monin ne s'est pas contenté, comme l'avait fait Buchanan, d'insérer quelques réflexions morales dans son poème pour le rehausser; il l'a transformé en discours où il intervenait sans cesse, avec une énergie et une partialité d'autant plus notables qu'il était censé délivrer un message objectif et qu'il n'était presque jamais l'inventeur de ses propres paroles. Cette rage de disputer et de "régenter" l'a fait souvent dévier vers les plus graves sujets, et elle a trouvé son meilleur exutoire dans la polémique religieuse. Si elle s'opposait fortement à l'attitude effacée choisie par Buchanan qui semblait ne jamais s'indigner que par la voix de la sagesse antique et dont la parole tendait à se fondre dans une sorte d'universalité, elle ne rappelait que de très loin la façon dont le poète des *Hymnes* s'imposait face à son objet, en lui renvoyant de lui-même un portrait chargé d'une pleine évidence.

La poésie philosophique de Du Monin, qui a reçu beaucoup d'influences et les a souvent déformées, est donc un habit d'Arlequin que nous allons tenter de décrire, en suivant d'abord la piste la plus visible. Du Monin s'est affirmé disciple de Ronsard; mais il n'a pu être que l'héritier tardif d'un héritage déjà passé entre plusieurs mains, fatigué et déformé à plusieurs endroits. L'étude des traces ronsardiennes dans *L'Uranologie* ressemble donc parfois à une enquête archéologique qui traverse diverses couches de vestiges.

CHAPITRE DIXUITIÈME

L'HÉRITAGE DE RONSARD

L'alliance de la poésie et de la philosophie s'était fondée sur l'idée que rien n'avait mieux prise sur la nature qu'un langage intermédiaire entre la prose et la musique, qui jouait de l'analogie, par le biais des métaphores et des fables, et révélait l'essence ou la réalité des choses, pour reprendre l'analyse du *Naugerius*,[1] grâce aux ornements qui lui étaient propres. Cette alliance existait au moins depuis Hésiode, pour ne pas remonter jusqu'à Orphée ou Amphion. Mais Ronsard, comme on l'a vu, avait beaucoup contribué à lui redonner de l'importance et de la fraîcheur. Sa leçon à un jeune poète philosophe de la fin de XVIème siècle pouvait apparaître sous ces trois aspects principaux: l'art de laisser converger l'influence des diverses Muses, de sorte que la "douce fureur" de Calliope se confonde avec le "feu divin" qui inspire les explorateurs "de Nature et des Cieux";[2] celui de cacher et de faire entrevoir tout à la fois la "vérité des choses" par le "fabuleux manteau" des mythes; et pour finir, le secret de ce qu'A.-M. Schmidt appelle le "ton orphique", c'est-à-dire la parole invocatoire qui cherche à émouvoir les dieux et la nature, et commence par ébranler fortement la sensibilité de ses auditeurs.

Les Muses

Le premier point concernait donc les Muses et les pouvoirs qu'il fallait continuer à leur prêter pour rendre crédible un discours poétique sur les "choses": il postulait, en somme, l'identité fondamentale des divers courants de l'inspiration. Hérité d'une ancienne tradition,[3] il était entré dans les conventions; au point que le *Microcosme* créait un véritable effet en remplaçant l'invocation attendue à la Muse par une très courte prière qui

[1] Voir *supra* le chapitre X.
[2] Hymne de l'Eternité, v. 3 (éd. Laumonier, VIII, p. 246).
[3] Voir *supra* le chapitre IX.

n'était même plus un hors-d'oeuvre ou une annonce, mais l'action elle-même, restituée dans ses données essentielles:

> Dieu qui trine en un fus, triple es, et trois seras,
> Et, comme tes Eleus nous eterniseras,
> De ton divin Esprit enflamme mon courage
> pour descrire ton Homme, et louër ton ouvrage [...][4]

Ces quelques vers plongent au coeur du sujet avec une rapidité inhabituelle, en rapprochant les deux termes entre lesquels prendra place l'histoire développée par le poème: le mystère de la divinité "enceinte [...] de sa triple unité" et la béatitude définitive des créatures. Et en s'adressant directement à l'origine absolue de toute réalité et de toute parole, ils rendent par avance inutiles de possibles spéculations sur les diverses voies ou les divers courants de l'inspiration. Cependant, ils ne contradisent pas la conception ordinaire de l'inspiration, puisqu'ils continuent de demander à une puissance supérieure d'alimenter le flot du discours et de garantir sa validité.

D'une façon générale, les poètes chrétiens ont repris dans ses grandes lignes et dans sa logique la doctrine des Muses adoptée par la Pléiade pour justifier sa propre orientation vers la poésie grave. Car elle leur convenait parfaitement, une fois opérées les permutations souhaitables: elle rappelait opportunément que le savoir et la grâce venaient d'en haut, et qu'il fallait être animé par l'esprit divin pour dire la vérité des choses, au lieu de rester confiné dans l'univers factice des rimeurs frivoles.[5] La prière initiale de *La Sepmaine* n'en apporte ainsi qu'une nouvelle formulation; bien qu'elle soit spécialement solennelle et qu'elle exprime une attitude authentiquement religieuse, elle ne demande rien que Ronsard n'ait pu attendre de Calliope:

> Esleve à toy mon ame, espure mes esprits,
> Et d'un docte artifice enrichi mes escrits.[6]

Du Monin n'était pas un poète chrétien trop scrupuleux sur les questions de forme, et des Muses bien grecques, assorties de leur folklore originel, lui convenaient. Dans le prologue du livre III, il évoque les rondes printanières des "neuf Soeurs" qui l'accueillent et l'encouragent dans son entreprise scientifique et "mercurienne",[7] au moment où il va, de nouveau, escalader les cieux:

> Or sus, puisqu'un Zephire assés dous nous empoupe,
> Puisqu'un Mercure accort semble nous suivre en croupe,

---

[4] *Microcosme*, l. I, v. 1-4; éd. Giudici, p. 247. Il était normal d'énoncer son sujet au début d'un poème héroïque (*Arma virumque cano...*), mais non pas au point d'en livrer tous les ressorts.

[5] Sur la christianisation, par Du Bartas, de la doctrine de la Pléiade, voir notamment Marcel Raymond, *L'influence de Ronsard...*, ch. 26, t. II, p. 278 sq.

[6] Du Bartas, *La Sepmaine*, I, v. 5-6; éd. Bellenger, p. 1.

[7] Mercure est le dieu de l'éloquence (non poétique), mais aussi le patron des arts libéraux (c'est-à-dire des disciplines intellectuelles), comme Apollon l'est des Muses. Le voisinage de Mercure et des Muses est donc significatif. Dans ce passage, le décor de pastorale vient de Buchanan et Du Monin a ajouté presque tout ce qui concerne le thème de l'inspiration.

> Puisqu'un ventelet dous par les ombreus feuilhars
> Invite, petilhant, les oiselets mignars
> A commêtre à son dos leurs nôtes amoureuses:
> Puisque Flore nous rit sur les rives herbeuses,
> Et que non maugré soi des neuf Soeurs le troupeau
> Nous laisse promener sur son tertre gemeau:
> Puisqu'assés dextrement le Ciel porte-lumiere[8]
> Est par nous assuré sur sa ferme Matiere:
> Puisque de sa Matiere et sa Forme l'Hymen
> Sous le fief du Seigneur leur fait tenir un train,
> Qui produit, en marchant, une douce harmonie,
> Pour maitresse du choeur, ecoutant Uranie.[9]

Le choeur céleste et son "train" harmonieux, réglé par Uranie, répond au chant des oiseaux et au rire de Flore qui accompagnent l'aimable "troupeau" des Muses. Mais en se promenant sur le Parnasse,[10] le poète ne cherche pas seulement des cadences et des rimes, il est en quête d'informations philososophiques: les démonstrations d'Aristote sur la matière des cieux et le principe de leur mouvement ne sont-elles pas la source de la plus haute harmonie? Le passage des "oiselets mignars" à l'union de la matière et de la forme peut nous sembler un peu rude, malgré le tact de Du Monin qui parle d'"Hymen" (et non de mariage), grâce à sa sensibilité aux nuances du style. De tels contrastes ne se trouvent jamais chez Ronsard, mais Du Monin voulait justement mener bien plus loin que son maître l'"hymen" de la poésie et de la philosophie. Cependant, tout en cherchant à le dépasser, il restait fidèlement attaché à sa doctrine et ne se lassait pas d'interpréter ses plus vieux thèmes.

La suite du prologue entrelace les souvenirs de l'*Hymne de l'Eternité*, de l'*Hymne du Ciel*, de l'*Hymne de la Philosophie* et de l'*Ode à Michel de L'Hospital*, tout en réaffirmant l'équivalence de l'investigation scientifique et de l'acte poétique:

> Courage, mon Esprit, ba ton aileron beau
> Hors des bors limonneus de la Terre et de l'Eau,
> Pour avoir le plaisir des haus Amphitheatres,   /
> Des Arsenacs, des Arcs, des Temples, des Theatres,
> Des Colosses, des Ports, des Cirques, des Rempars
> Dans la sainte Cité pompeusement épars.
> "Et foüilhant tous les coins de si superbe sale,
> "Reconnois à part toi ta region natale,
> "Ton ancien païs, où le paintre eternel
> "La modele traça de ton étre immortel:

---

[8] Les vers qui suivent résument l'argument du livre précédent, consacré aux sphères célestes, à leur matière, à leur principe moteur et à leur mouvement.

[9] *L'Uranologie*, III, v. 1-14, f. 63 v°.

[10] Le Parnasse appartient de droit aux savants: "Ceus qui dessus Parnasse ont tressué d'ahan" ne sont pas de frivoles rimeurs, ce sont les astronomes qui ont peiné sur le calendrier et établi la différence entre le "jour naturel" et le "jour artisan" (*L'Uranologie*, IV, v. 1226 sqq., f. 115 r°). Le Parnasse particulier de Du Monin c'était le Collège de Bourgogne qui l'hébergeait depuis dix ans, voir *supra*, p. 348 et 361.

"Et te baignant neuf fois chez la docte Memoire
"Qui sur le Lethe ingrat regaigne la victoire,
Grave toi si bien tout d'ingenieus burin,
Qu'à ta memoire à peine echapant un seul brin
Des Mondes surmondains, l'Eyment de ces merveilhes
Tire ces Mondes bas au Ciel par les oreilhes:
Et qu'étant leur pilote en la grand Mer des Cieus,
Tu les opose au camp des mâtins furieus,
Qui dardans les abois d'une envie importune
Sur les rais frai-naissans de ma paisible Lune,
Mordilhent, bien qu'en vain, mon Laurier bien gaigné
Par les lentes sueurs qui neuf fois m'ont baigné,
Tant que nu, pur, et net, lecivé dans céte Onde,
Cigne nouveau, je vole aus planchers de ce Monde.[11]
Muse, qui dois ton nom au but de mon dessein
Verse dessus mon stil ton mielleus essein
Dont le decoul fileus un sentier me balaïe
Qui menant sur ma carte et ma main et ma craie,
Bien aprins, me fera Cosmographe nouveau
Du haut Monde etoilé, où luit des beaus le Beau.[12]

Cette citation est un peu longue, mais elle nous peint au naturel la personnalité poétique de Du Monin, si vulnérable à la critique, mais si dépaysante et parfois si attrayante: imaginative, embrouillée mais jamais empesée dans la solennité. Avec son débit dynamique, scandé par des échos appuyés[13] le texte fait voyager à travers les lieux communs, en gardant un ton peu conventionnel. Y contribuent ses contrastes stylistiques,[14] ses devinettes pompeuses et enfantines,[15] ses images cocasses,[16] ses métaphores bizarrement filées, comme celle du miel d'Uranie inondant le style du poète et continuant son chemin, sous forme (justement) d'un "découl fileus" qui montre la voie dans l'immensité céleste. Les tableaux vivants combinés par Du Monin ont une présence indéniable, même s'ils sont un peu compliqués et manquent de vraisemblance. Il y a quelque chose de la logique du songe dans l'histoire des "mondes bas",[17] hâlés au ciel, par la force de la mémoire et de la poésie, pilotés par l'esprit et affrontant les chiens envieux qui aboient vainement contre la lune[18] et ce consolent en mordillant des

---

[11] Les sphères célestes.

[12] *Ibid.*, III, v. 15-44, f. 63 v°-64 r°.

[13] Par exemple: "**ba** ton aileron **beau** /**Hors** des **bors** ..."

[14] "... Dans la sainte Cité pompeusement épars. /Et foüilhant tous les coins de si superbe sale ..."

[15] "Muse, qui dois ton nom au but de mon dessein".

[16] Comme celle du vent qui prend sur son dos les "notes amoureuses" des oiseaux.

[17] Les "mondes bas", ce sont probablement les hommes, ces microcosmes relégués sur terre.

[18] Cet adage se retrouve plusieurs fois dans la poésie de la Pléiade, et dans un contexte analogue: "Lors qu'un blasmeur avec ses roles, / Pleins de mes plus braves paroles, / Et des vers qui sont les plus miens, / Grinçoit la dent envenimée, / Et aboyoit ma renommée, / Comme au soir la Lune est des chiens.", Ronsard, *Odes*, V, 3, "A Madame Marguerite", v. 145 sq.; éd. Laumonier, t. III, p. 106. Voir aussi Du Bellay, "Contre les envieux poetes. A Pierre de Ronsard", v. 133 sq.: "Telz sont les chiens animez, / Qui loing de Parnase

lauriers, tandis que le poète, métamorphosé en cygne, s'envole triomphalement.[19] Ou bien cette épopée en raccourci pourrait faire penser à une série d'emblèmes énigmatiques. Mais surtout, cet entassement d'acteurs et de motifs, invités à participer à la même action, signale, pour ainsi dire, une véritable bousculade idéologique. Tous les *topoi* ronsardiens, et plus généralement platoniciens, qui exaltent la beauté de la science, l'origine céleste de l'esprit humain, l'excellence de l'astronomie et le caractère divin de l'inspiration sont ici brassés dans un mélange qui ne révèle pas seulement de la confusion mentale: il montre de manière saisissante, parce que caricaturale, la parenté de tous ces thèmes et leur nécessaire enchaînement, pour ne pas dire leur circularité qui peut mener jusqu'à l'absurde si leur carrousel s'emballe.

Le premier à paraître est celui de l'esprit prisonnier de la matière et qui s'en évade en quittant la sphère des éléments;[20] ce motif fondamental ne s'éclipse d'ailleurs jamais tout à fait, il se soumet plutôt à diverses variations: les "mondes bas", tirés "au Ciel par les oreilhes" ne font qu'imiter l'ascension de l'esprit du poète, tandis que les "mâtins" enragés contre la lune restent désespérément cloués au sol. Du Monin attribue ainsi fréquemment la jalousie manifestée par ses détracteurs à leur pesanteur invincible. Dans le prologue du livre V, il se défend d'être une charge inutile pour le collège et de rester oisif, "boufi de réverie",

> Tandis qu'en Archimede au poudrier endormi
> Je semble offrir mon col à l'estoc ennemi ,[21]

---

abondent: / Qui d'abois envenimez / Aux saintes pucelles grondent. / Mais comme la nege ilz fondent / Aux raiz de ce Dieu sçavant, / Qui a poussé bien avant / Son chef sur nostre hemisphere: / Malgré la nuit, qui espere / Sortant de son noir sejour / Rebander (ô vitupere) / Les yeux de nostre beau jour."; éd. Chamard, t. IV, p. 49.

[19] Dans la dédicace du *Phoenix*, le poète reproche aux courtisans de n'être que de faux cygnes, blanchis à la craie, qui assiste au plus haut vol de sa Calliope (texte cité *supra*, p. 362). - L'image du cygne, qui vient d'Horace (*Odes*, II, 20), est spécialement fréquente chez Du Bellay (voir *Les Regrets*, s. 189; "Contre les envieux poetes", v. 191-192, éd. Chamard, t. IV, p. 51). Voir P. Sharratt, "Du Bellay and the Icarus complex", dans K. Aspley éd., *Mélanges Steele*, Londres, 1982, p. 73-87.

[20] Sur les voyages de l'âme et les thèmes qui s'y rattachent, voir le chapitre IV. Dans le *Discours de la poésie philosophique* (*Nouvelles oeuvres*, éd. cit., p. 47), Du Monin développe une autre variante de ce thème, celle de la libération par le songe véridique et inspiré: il emprunte à Plutarque, sans doute par l'intermédiaire de Ronsard (voir *supra*, p. 79), l'image de la nourrice qui va cueillir des fleurs lorsque son bébé est endormi: notre esprit, momentanément déliée du corps par le sommeil, "va dancer à la fête / Ou carolle le choeur de la bande celeste, / Ores il prent sa part à l'Ambrosin gateau, / Et boit du dous nectar le savoureus gobeau, /Il oit, void, et entend les divines nouvelles / De ses germaines soeurs, motrices des etoiles".

[21] L'image d'Archimède absorbé par ses calculs au milieu des périls de la guerre était utilisée par Du Monin comme l'emblème du détachement des servitudes terrestres. Dans la dédicace de *L'Uranologie*, il expliquait que ses amours l'avaient longtemps empêché d'atteindre la perfection de cet état, en dépit de ses bonnes dispositions: "Et souvent m'a t-on veu, d'un oeil Arcesilaique estoquer la Terre, que je capriolois au bal des Astres (non que, fait Archimede, je m'estrangeasse de moi-même pour ne sentir le fer de Marcellus) [...]", f. â 5 r°-v°.

> Sans menager les fruis qui mon envie encorne[22]
> Dont le cor ecorné me corne mainte escorne:
> Tandis qu'opiniatre au roc contemplatif,
> Je choque l'escadron terrestrement actif,
> Qui du bord de ses pieds bornant le cours de l'ame
> Lui defend d'oeilhader céte celeste flame,
> Qui d'aparens tuiaus[23] se coulant dans les yeus
> Ne permet dégrader ce grand Pretre des Cieus,
> Qui au son murmurant de sa divine cloche
> Fendant les reins plus durs d'une[24] Scithique roche,
> Nous convie à sa messe où s'oient les motets
> De Nature sonnans les recelés secrets.[25]

Obstinément perché sur son "roc contemplatif" qui rappelle la "haute Roche / D'où nul vivant, sans grand travail n'aproche", où s'isole la Philosophie de Ronsard,[26] le poète décourage les assauts des créatures terre à terre,[27] dont l'âme ne va pas plus loin que les pieds. Ici encore, bien que le scénario se soit modifié, la hiérarchie des esprits s'inscrit dans un espace construit en fonction d'un axe vertical, et les mêmes associations s'opèrent comme automatiquement entre la vocation intellectuelle, la lumière des astres, l'ordre et l'harmonie des cieux, les secrets de la nature et la Providence.

Dans le prologue du livre III, l'organisation des motifs est cependant plus complexe. L'esprit arraché à la terre n'est pas seulement convié au "plaisir" de l'admiration et de la découverte, il entre au lieu de la mémoire, dans la "région natale": le texte s'oriente alors dans une double direction: vers l'idée de l'origine céleste de l'âme, liée à la théorie platonicienne de la réminiscence,[28] et vers celle de l'inspiration poétique, elle même confondue avec le travail scientifique. Les Muses sont filles de Mémoire, comme l'*Ode à Michel de L'Hospital* l'avait rappelé avec insistance, elles sont neuf, et elles invitent leurs protégés à se plonger dans des sources inspiratrices, selon le rite d'initiation que décrit *L'Hymne de l'Automne*. C'est pourquoi, sans doute, l'esprit du poète doit se baigner "neuf fois chez la docte Mémoire", laquelle ne lui offre pas le ciel d'emblée. Le passage des merveilles célestes de la

---

[22] Le singulier pose un problème. Il faut sans doute comprendre: sans être avare des fruits (poétiques) qui donn*ent* des cornes à la jalousie qui se déchaîne contre moi; ou bien: *que* la jalousie attaque à coups de cornes.

[23] Nous comprenons: par l'intermédiaire des rayons visibles (des astres); ou bien: par l'intermédiaire des canaux de la vue.

[24] = plus durs *qu'une*. Cf. "qui sonde les reins et les coeurs".

[25] *L'Uranologie*, V, v. 45-58, f. 127r°.

[26] Ronsard, *Hymne de la Philosophie*, v. 191-192, éd. Laumonier, VIII, p. 97.

[27] Cette opposition, mise en relief à la rime, entre le "contemplatif" et le "terrestrement actif", montre que Du Monin n'adoptait pas la même attitude que Ronsard vis-à-vis de la "double philosophie" (voir *supra*, p. 146 sq.). Mais ce thème doit aussi être rapproché de l'éloge de la pauvreté (voir *supra*, p. 362).

[28] Cf. le début de *L'Hymne du Ciel* de Ronsard, adressé à Jean de Morel (v. 10-14, p. 141; éd. Laumonier, VIII, p. 141): "[...] pren' en gré ce CIEL que je te donne, / A toy digne de luy, comme l'ayant congnu / Longtemps avant que d'estre en la Terre venu, / Et qui le recongnois, si apres la naissance / Quelque homme en eut jamais ça-bas la congnoissance". - On remarque que Du Monin est plus catégorique que Ronsard: il ne doute pas que la "reconnaissance" s'opère.

grande Mémoire à la mémoire personnelle du poète exige du zèle, de la compétence et beaucoup de soin ("Grave toi si bien tout d'ingenieus burin, / Qu'à ta memoire à peine echapant un seul brin / Des Mondes surmondains ..."): le bain répété de Mémoire s'identifie aux "lentes sueurs qui neuf fois <l'>ont baigné"; c'est un bain austère et laborieux, mais dont on n'émerge pas moins cygne. L'image de la chaîne aimantée qui, dans *L'Ode à Michel de L'Hospital*, symbolise les pouvoirs de la parole poétique, intervient donc moins arbitrairement qu'il ne semble à première vue ("grave toi si bien tout ... <que> l'Eyment de ces merveilhes / Tire ces Mondes bas au Ciel par les oreilhes");[29] elle peut bien retrouver un sens, plus docte, plus scolaire et aussi plus explicitement pieux, dans le nouveau décor offert par *L'Uranologie*.

Par sa conception de l'inspiration qui associait étroitement au thème de la "grâce" une théorie de la connaissance, une réflexion sur l'origine, la structure et la vocation de l'esprit humain et une valorisation du travail et de la science, Du Monin était donc bien un disciple tardif de Ronsard. Et c'était un disciple attentif aux détails et aux détours de la doctrine, soucieux de restaurer toute la richesse de son imaginaire et de la rapprocher de son projet personnel, même si cette tentative se révélait foncièrement factice. A cet égard, il différait de ses contemporains qui se contentaient souvent d'en saisir l'idée générale et d'en reprendre un peu machinalement les principaux *topoi*. Il jouait allègrement avec les créatures du vieux Parnasse de la Pléiade transformé en cirque baroque, en un temps où les manières guindées envahissaient la poésie grave. Et non content de les ranimer, il percevait probablement une partie de leur sens.

Non du propos mielleus, ains de la chose méme

Du Monin nourrissait la conviction que la noblesse d'un discours était garantie par celle de son objet, s'il existait entre eux une véritable correspondance. La *Prosopopée de l'auteur à son Ciel*, qui sert de prologue à *L'Uranologie* s'adresse à un texte devenu aussi superbe que ce qu'il représente et qu'il faut rappeler à la modestie:

> Tu etaies en rond de Calpes en Imave
> Tes brilhans yeus d'Argus d'un craquetant cerceau [...]
> Tu dois, tu dois penser que tu n'es ce grand rond,
> Chef d'œuvre industrieus que du Rien tou-fecond

---

[29] Cette image avait déjà été associée par Du Bartas au motif de l'exploration céleste: Du Monin a certainement pensé au prologue du *Quatrième Jour* de *La Sepmaine* (v. 1-2, 7 et 11-16, éd. Bellenger, p. 145-146): "Esprit, qui transportas dans l'ardante charrete / Sur les Cieux estoillez le cler-voyant Prophete [...] / Vueille estre mon cocher [...] / Afin qu'ayant apris [les propriétés des planètes] / Ma muse d'une voix saintement eloquente / Au peuple aime-vertu puis apres les rechante: / Sur le pole attirant les plus rebelles coeurs / Par l'eymant ravisseur de ses accens veincueurs." Du Bartas entremêle, comme plus tard Du Monin, la religion, l'astronomie et la poésie, mais il le fait de manière plus simple, en gardant une apparence plus logique.

L'Artizan nonpareil modela sur l'Idée
En sa trêpure Essence uniquement fondée [...][30]

Mais cet orgueil rabroué finit par apparaître légitime: même si le poème n'est pas directement l'oeuvre de Dieu, il a été conçu sur la même idée qui a servi à créer le vrai ciel:

[...] Puis, de vrai, tu n'es pas bati de fraile Argile,
Tu es étançonné sur la constante pile
De l'Idée du Beau, dont le divin patron
Te fait faire la nique au vagueus Acheron.[31]

Par cette déclaration, qui adopte une formulation bien trop précise pour qu'on en cherche l'équivalent chez Ronsard, Du Monin se voyait comme le grand artiste décrit par le *Naugerius*, celui qui "fait les choses telles qu'il faudrait qu'elles soient, après avoir contemplé l'idée universelle et très belle qu'en a eue son créateur".[32] La naïve prétention d'un tel discours est trop évidente, au moins prouve-t-elle que notre poète éprouvait le besoin de justifier son projet d'une poésie des choses.

Le *Discours de la poésie philosophique* confirme cette tendance. La comparaison classique du grand Créateur et du petit créateur artiste y est exposée de façon à présenter le triangle spéculaire formé par Dieu, le poète et le monde: Dieu crée le cosmos, qui reflète l'harmonie selon laquelle il a été construit, et la poésie (faite par l'esprit humain, dont on sait qu'il est l'image de Dieu), imite à la fois le Créateur et sa création, en dotant cette imitation des ressources de sa propre harmonie. Il apparaît ainsi une correspondance idéale entre le créateur, l'objet créé et le discours imitateur:

De grace, dites moi, qu'est ce que la Poisie?
N'est-ce pas imiter la Nature infinie?[33]
Car l'admirable ouvrier du lambris étoilé,
De la bouche angelique est Poëte appelé:
Comme charpentant tout en pois nombre, et mesure, /
Ainsi des Poites saints se void l'architecture.[34]

Et la finalité de l'art ne s'arrête pas à produire de beaux objets, mais à faire connaître le monde. Si Du Monin a emprunté à Scaliger la comparaison

---

[30] *L'Uranologie*, f. ê 4 v°-î 1 r°.
[31] *Ibid.*, f. î 2 v°.
[32] "[...] universalem, et pulcherrimam ideam artificis sui contemplatus res facit, quales esse deceret", Fracastor, *Naugerius*, éd. de 1555, f. 158 r°. Sur ce texte, voir *supra*, ch. X, p. 192-194.
[33] L'expression "Nature infinie" peut avoir deux sens, tous deux également satisfaisants: le plus évident est celui de *natura naturans*, c'est-à-dire Dieu (la poésie imite l'activité créatrice de Dieu), mais on peut également admettre celui de *natura naturata*, la "nature inconstante et diverse en ses perfections" dont, selon Ronsard, la poésie inépuisable de Pindare restituait si bien la fécondité (voir la préface des *Odes*): les deux cas l'imitation poétique et la création divine sont deux activités symétriques, sinon semblables et dont l'objet est identique.
[34] *Nouvelles oeuvres*, éd. cit., p. 53-54.

entre Dieu et le poète,[35] il semble lui avoir donné un sens plus intellectuel; il connaissait visiblement la philosophie esthétique de l'*idea*: *Le Phoenix* établit par exemple un rapprochement très clair entre l'ordre de la connaissance et celui de l'art:

> Car l'Homme n'est ainsi que le Masson du Monde
> Auquel de tout ce Tout la grande Idee abonde:
> Comme donc si le peintre avoit en un tableau
> Tracé tout ce qui est en ce Monde de beau,
> Si tot que l'oeil tendroit à ce beau païsage,
> Il seroit jouïssant de toute belle image:
> Ainsi quand l'Eternel se mire en son cristal
> Qui tient ideïsé tout le Destin fatal,
> Il void en un clin d'oeil ce que la boulle astree
> Emmure des lons bras de sa voûte azuree,
> Et tout ce qu'au par-sus d'un chef-d'oeuvre divers
> Se logea sur les murs du globeus Univers.[36]

Etre peintre ou poète consiste donc à voir, par la pensée, et à transmettre l'idée vraie des choses à l'intelligence des spectateurs ou des lecteurs. Le *Discours de la poésie philosophique* imagine déjà que les récepteurs de l'oeuvre d'art pourraient se mettre, grâce à elle et toutes proportions gardées, à la place de Dieu. Le caractère contagieux de l'inspiration, affirmé avec une certaine ironie dans l'*Ion* et avec sérieux dans l'*Ode à Michel de l'Hospital*, y reçoit donc une application épistémologique:

> Or Dieu, duquel le poite est expres truchement,
> De propos surdorés ne fait son batiment,
> Ains avec un clin d'oeil d'un hochement de téte
> Les siens il acconduit en sa chambre secrette:
> Aussi le Poite appris au Pieride choeur
> Tant fait que l'auditeur s'estime[37] étre l'auteur
> Non du propos mielleus, ains de la chose méme
> Qu'autrefois manouvra l'architecte supreme [...]
>   De vrai la Poisie est l'eloquente peinture
> Qui depeint le cerveau de toute creature,[38]
> Des couleurs que le Ciel lui détrempa jadis

---

[35] Pour Scaliger (*Poetices libri VII*, I, 1), le poète est un "autre Dieu", qui crée "une autre nature", au lieu de représenter les choses comme elles sont, comme l'historien ou l'orateur ("[...] at poeta et naturam alteram et fortunas plures etiam, ac demum sese isthoc ipso perinde ac Deum alterum efficit", 2ème éd., p. 6). La poésie, dans cette perspective, n'est donc pas essentiellement un instrument de connaissance. Dans son commentaire de ce passage, P. Lardet ("J.-C. Scaliger et ses maîtres ...") le rapproche cependant de la *Poétique* d'Aristote et de son idée d'une poésie "philosophe" qui porte sur le général.

[36] *Le Phoenix* (1585), f. 24 r°. - La comparaison entre Dieu et un peintre n'était pas rare (Du Bartas l'a utilisée dans le VIIème Jour de *La Sepmaine*), mais le caractère intellectuel de l'interprétation de Du Monin est assez frappant.

[37] On serait tenté de corriger en "l'estime".

[38] C'est-à-dire qui colore le cerveau, qui exécute en lui ses peintures idéales.

> Au parterre fertil du Sophique pourpris.[39]

Ce texte, plus proche par sa conception générale du *Naugerius* que de la *Poétique* de Scaliger, ne tarde pas à révéler ses sources philosophiques: l'auteur, fidèle à ses obsessions, déclare impossible de devenir "vrai poète" (et non "reveur rimeur"), sans être "matriculé d'Aristote et Platon". Puis il abandonne l'éloge des peintres de l'idée vraie pour critiquer âprement les "singes de nature".

La doctrine qui vient d'être analysée n'a pas été empruntée à Ronsard et ne pourrait se trouver dans ses écrits théoriques qui ne sont jamais aussi pompeux, mais elle ne lui est pas vraiment infidèle; nous dirions plutôt qu'elle donne une interprétation exagérée et indûment précise de certaines de ses attitudes et de ses prises de position sur la fonction de la poésie. Il se peut qu'une meilleure connaissance des théoriciens italiens de l'esthétique humaniste, ou la fréquentation de Scaliger, ait soudain jeté une lumière plus nette sur certains aspects un peu flous, ou à peine esquissés, de la pensée du chef de la Pléiade. Notons à ce propos que Pierre de Deimier, quelques années plus tard, allait appliquer le même type de déformation intellectualisante à sa lecture de l'*Art poétique françois*. Tout en citant abondamment Ronsard, l'*Academie de l'art poetique* regrette les faiblesses et les inexactitudes de sa formulation: par exemple, il aurait dû mieux faire comprendre que ce qu'il appelait "invention" ne se réduisait pas aux facultés d'une riche imagination, mais que c'était plus proprement

> une nouvelle Idee que l'esprit se forme sur la contemplation et image de quelque chose soit spirituelle ou corporelle, pour apres la representer parfaictement soit au moyen de la parole, de l'escriture, de la peincture ou d'autres humains artifices.[40]

Avec ses grands mots (et sa négligence à harmoniser ses propres oeuvres et ses proclamations théoriques), Du Monin se comportait en artiste conscient de certains enjeux. Bien qu'il dépensât le meilleur de son énergie à mettre en rime Aristote ou Sacrobosco, il devait comprendre qu'un tel travail n'allait pas de soi, d'autant que la poésie des choses n'avait pas une finalité aussi évidente que la peinture des caractères et des actions humaines. C'est pourquoi il célébrait dans son style tonitruant la liaison entre poésie et vérité que son maître avait discrètement suggérée dans les prologues de ses derniers hymnes cosmiques. La *Prosopopœe de l'auteur, à son Ciel* ne rend donc pas un hommage de pure forme au chef de la Pléiade en le comparant au soleil, régulateur de l'harmonie planétaire:

---

[39] "Discours de la poesie philosophique", *Nouvelles oeuvres*, p. 54. Le "Sophique pourpris" est le domaine de la sagesse primordiale: le dernier vers fait allusion à la doctrine de la réminiscence.

[40] Deimier, *Académie de l'art poetique*, Paris, 1610, p. 215. Cf. p. 260-261 (chap. sur la clarté): "tout de mesme que les traicts, et les couleurs que le Peintre employe à faire un tableau, luy servent à representer au naturel les images qu'il s'est figuré en son ame: tout ainsi les escrits du Poëte sont les formes visibles, les couleurs et les traicts de l'Idee, ou conception qu'il a / dans l'esprit [...] les vers ne servent d'autre subject que pour rapporter aux yeux et à l'ouye, une image qui rapporte la semblance de ce que l'esprit entretient en ses pensées."

> Ton courrier donne-Jour, ton seul Titan, Ronsard
> Fait tous tes arcs dancer au ton de son regard.[41]

Dans l'intention de Du Monin, c'était bien l'esprit des *Hymnes* qui devait souffler à travers les "voiles boufantes" de ses sphères et animer son énorme machine. On dira que ce disciple exagéré a dénaturé et ruiné le projet de son maître. En installant le Parnasse au collège, il a certainement donné à la poésie philosophique un visage caricatural; au moins lui a-t-il donné un visage précis, en détruisant le voile prometteur qui la couvrait à ses débuts. La science, dans *L'Uranologie*, n'est plus un idéal flou, objet de déclarations parfois ambiguës, c'est un travail au programme déterminé, honnêtement, quoique médiocrement, réalisé: le discours sur le ciel décrit effectivement le ciel et soulève toutes les questions qui s'y rattachent, avec ses très modestes moyens. Et cependant elle continue à se parer des mirifiques et mystiques atours rassemblés par le premier poète philosophe pour faire comprendre la signification de son entreprise. Elle les accumule même et les entortille en de bizarres compositions. Dans les *Hymnes* de Ronsard, il existait une adéquation suffisamment convaincante entre la théorie de l'inspiration philosophique et la philosophie elle-même: toutes deux avaient un pied dans le mythe et se gardaient de s'exposer en détail. Dans *L'Uranologie*, en revanche, la disconvenance semble totale entre le contenu du discours, morne et sage, et son enveloppe, chatoyante et un peu folle. On conclurait pourtant trop vite que cette dernière n'est qu'un ornement arbitraire.

La fable

Cette disconvenance tenait sans doute en partie au déclin de la fable dans le domaine de la poésie grave. Dorat lui-même s'était "converti",[42] et les poètes de la nature jugeaient désormais trop frivole de se mettre en quête de fables oubliées, comme il avait aimé à le faire, ou d'en ourdir de nouvelles en combinant des épisodes tirés du fonds traditionnel à la manière de Ronsard. Ils ne voulaient surtout plus croire aux liens secrets, mais essentiels, entre la fiction et la "vérité des choses"; et la frontière qui avait jusque-là séparé la fable philosophique de la fable vaine tendait à disparaître. Toute la mythologie grecque, quelle que fût son utilisation, se voyait soupçonnée de mensonge.

---

[41] *L'Uranologie*, "Prosopopée de l'auteur à son Ciel", f. î 2 v°. Les autres modèles invoqués par Du Monin sont Aristote (le centre), Manilius (Saturne), Ptolémée (Jupiter), Desportes (bizarrement associé à Mars), Belleau (Vénus), Buchanan (Mercure) et Du Bartas (la lune): on voit que la reconnaissance de Du Monin (qui ne s'oublie pas lui-même: il attribue à son talent, son "poëtique heritage", le premier mouvant) n'est pas mesurée par l'importance de ses emprunts textuels. Ses plus abondants "fournisseurs", Buchanan et Du Bartas n'ont droit qu'aux plus basses planètes (les plus proches, il est vrai). - Sur l'idée du soleil maître de la danse des planètes, voir *supra*, p. 221-222.

[42] C'est l'expression qu'utilise Geneviève Demerson (*Dorat et son temps*, Clermont-Ferrand, 1983, p. 119-167): cette "conversion" daterait de 1571 et aurait entraîné notamment une attitude nouvelle à l'égard des mythes.

Cette désaffection avait principalement des raisons religieuses, et les protestants jouaient à cet égard un rôle décisif en affirmant l'opposition tranchée du vrai et du faux, là où les *philomuthoi* comptaient sur le clair-obscur:

> Je ne mets point en oeuvre des pierres fausses [...] ains des vrais diamans, rubis et esmeraudes, prises dans le sacré cabinet de l'Escriture.[1]

Mais elle tenait aussi à une évolution plus générale de l'attitude à l'égard de la poésie didactique. Au début du XVIème siècle, les humanistes craignaient de délivrer un enseignement sans le couvrir d'une ornementation surabondante: dans le *Scacchia ludus* de Vida, l'épopée mythologique a totalement dévoré la leçon d'échec. Les oeuvres plus nues, comme celles de Mizauld, possédaient un autre statut et une autre destination. Elles étaient "pédantes", c'est-à-dire susceptibles d'un usage scolaire. La poésie cosmique de Ronsard et de Peletier, qui ne manquait pas d'ambitions littéraires, s'était donc inscrite très clairement dans une ligne anti-pédante: l'élistisme jouait, dans ce cas, contre l'érudition. Or il semble que la situation se soit peu à peu modifiée, sous l'influence de la réaction moralisante qui redécouvrait les vertus de la simple "didascalie";[2] dans les années 1560, le savoir des professeurs, celui qui ne consistait pas seulement à connaître Virgile par coeur, devenait digne d'être montré, et peut-être n'était-il pas loin de devenir un ornement.

La fiction supplantée: Baïf et Scève

Le premier des Meteores de Baïf, publié en 1567, apporte un témoignage intéressant à cet égard: il met sa science au premier plan, en méprisant tout enrobage, toute mise en scène artificielle. Il commence dès le premier vers à dire les choses comme elles sont:

> Tout ce qui est enclos dans le ciel de la Lune,
> Créé par le grand DIEU sous une loy comune
> D'estre et de prendre fin, naist des quatre Eléments [...][3]

Guy Demerson a bien montré, dans la préface de son édition, combien sa manière est différente de celle de Pontano, qui avait traité le même sujet plus de soixante-dix ans plus tôt:

> Si Baïf a médité sur la "manière" didactique de Pontano, c'est pour éviter soigneusement d'emprunter un style décoratif visant à guider l'imagination parmi les visions grandioses, l'anthropomorphisme fulgurant ou hallucinant d'une mythologie surabondante.[4]

---

[1] Du Bartas, *Brief advertissement* (1584), repr. dans *La Sepmaine* éd. Bellenger, p. 353-354.
[2] Sur cette évolution voir *supra*, p. 195 sq., 312 sq.
[3] Baïf, *Le premier des Meteores*, v. 1-3; éd. Demerson, p. 59.
[4] *Op. cit.*, p. 34.

Cette indifférence toute récente à l'égard des fables ne résultait pas vraiment d'une évolution de l'attitude scientifique; elle signalait plutôt que les idées sur la "poésie des choses" avaient changé. Baïf n'était sûrement pas le premier à douter de l'authenticité des légendes sur l'origine de la Voie lactée:

> Je ne suis aprenti des fables que l'on dit
> De ce lait qui jadis là haut se répandit.[5]

Mais son dédain affiché, confirmé par la simplicité de son style, signifiait surtout que pour lui les "vieux contes" (qu'il continuait pourtant à raconter: les mues esthétiques sont rarement complètes)[6] n'appartenaient qu'à la décoration. Il ne devait plus beaucoup croire à la vérité spécifique de la poésie, liée à l'usage de la fable et des ornements essentiels qui révèlent la magnificence des choses. *Le premier des Meteores* ne correspondait pas aux conceptions des artistes humanistes, dont les raisons philosophiques avaient été démêlées par Fracastor et que le vieux Ronsard allait défendre jusque dans la dernière préface de la *Franciade* ("... et d'une petite cassine font un magnifique palais...");[7] la vérité qu'il mettait en évidence et qui fondait sa valeur était celle des "historiens" de la météorologie. Or ce caractère très marqué ne l'empêcha nullement d'entrer dans le "Premier livre de Poèmes" des *Euvres en rime*, publiées en 1573: il n'était pas destiné à un public d'écoliers et représentait, pour son temps, une excellente façon de parler de la nature en vers. L'exemple du *Premier des meteores* est d'autant plus clair que son auteur ne faisait pas partie des contempteurs de la mythologie. Sa conscience de chrétien ne l'obligeait pas à y renoncer totalement, et il continuait à la regarder comme un moyen d'expression agréable et utile, spécialement adapté à la poésie: le reste de ses *Euvres en rime* suffit à le montrer.[8] Il ne pensait pas que les fables fussent nuisibles, immorales ou exagérément sottes, mais, s'agissant d'un discours sur la nature, il les jugeait inadéquates: en ce domaine, la vérité des philosophes avait plus d'intérêt à ses yeux, même pour un poète.

Le *Microcosme* nous renseigne tout autant sur ce changement en cours par une sorte d'hésitation entre deux modèles, alors que *Le premier des meteores* témoigne d'un choix bien net. Maurice Scève s'est servi d'une fable vraie, l'histoire d'Adam,[9] si bien que son poème échappe au mensonge sans renoncer aux agréments essentiels de l'ancienne esthétique. Son discours sur les sciences et les arts, comme plus tard celui de *La Sepmaine*, est enveloppé dans une narration épique: il semble jaillir des circonstances au lieu de sortir d'un livre, à la façon d'un discours d'Anchise monstrueusement

---

[5] *Le premier des Meteores*, v. 875-876, éd. cit., p. 75.
[6] Le récit des fables de la Voie lactée occupe les v. 877-936: il est fait avec ironie mais non sans un évident plaisir. - C'est l'histoire de Phaëton qui est traitée de "vieil conte" (v. 925).
[7] Texte plus longuement cité *supra*, p. 299.
[8] Et notamment le second livre, rempli des fables favorites de la Pléiade (*Les Muses*, la gigantomachie etc.): ce livre est justement, pour reprendre l'expression de Guy Demerson (*op. cit.*, p. 13), "celui de la vie poétique".
[9] Cette histoire bénéficie de la garantie biblique, tout en étant aussi fabuleuse que celle de Francus: il a fallu l'inventer entièrement à partir des indications de la *Genèse*.

grossi.[10] La leçon d'astronomie du livre III, faite par Adam à Eve pour lui redonner confiance après la mort d'Abel, tire ainsi de son cadre un rayonnement symbolique et un sens plus riches. Les deux premiers habitants du monde, accablés par le deuil, montent sur une colline et voient se déployer l'immense espace nocturne où la science révélée par Dieu leur permettra de s'orienter. A l'expérience de la mort et des limites de la condition humaines succède une ouverture soudaine de l'horizon. La science des étoiles dont la vocation est d'orienter l'esprit vers le divin, est donc exposée dans le poème au moment où son effet peut être le plus fort.

Scève n'est pourtant pas allé plus loin: en lisant isolément le discours d'Adam on ne devinerait jamais qu'il a été prononcé à un moment exceptionnel. Au contraire du discours d'Anchise, il garde son impassibilité de bout en bout. L'émotion, l'intérêt dramatique qu'on pourrait lui prêter proviennent simplement du reflet de ce qui l'entoure; car en lui-même il est parfaitement neutre: placé au coeur de la fable, il lui reste imperméable. V.-L. Saulnier a montré comment il dépend de la *Margarita philosophica* de Grégor Reisch,[11] c'est-à-dire d'un manuel universitaire et non pas d'une source classique. Scève a tiré un parti remarquable de ce livre, qui n'était en rien fait pour cet usage, en choisissant une voie toute personnelle. Il n'a pas voulu décorer le savoir avec des fictions, selon la conception humaniste de la beauté poétique, mais il n'a pas non plus cherché à l'enseigner, comme les pédants, comme Lucrèce ou comme Baïf et Du Bartas quelques années plus tard. Un lecteur novice tenterait en vain de faire son apprentissage dans la discipline en même temps qu'Eve.

Le projet de Scève, autant qu'on en puisse juger, aurait été plutôt de donner une évocation concentrée d'une science idéale, d'en faire miroiter la complexité au lieu d'en faciliter l'accès: il devait vouloir suggérer la perfection de connaissances tout fraîchement inscrites dans la mémoire d'un homme que Dieu vient d'inspirer, ce qui ne l'entraînait nullement à parler "comme en une Ecole", suivant l'expression de Peletier,[12] c'est-à-dire à mettre en vers un discours trop usé et trop connu. Son exposé n'est ni faux, ni illogique, mais il est si rapide, si dense, si hérissé de termes techniques qu'il en devient presque incompréhensible. Il fonctionne à la façon des trompe-l'oeil de la peinture antique, en inspirant de l'admiration et du désir pour la doctrine, sans permettre de la saisir.

> Chacune se mouvant sous divers orbe errant,
> Concave, ou convexé, ou l'Oge deferant,

[10] Cf. les instructions de Vida sur la nécessité d'introduire avec naturel les passages scientifiques, en saisissant les occasions offertes par la narration, au lieu d'avoir l'air d'imposer arbitrairement une leçon: "[...] nec sponte videntur / Fari ea. Rem credas hoc ipsam poscere [...]", *De arte poetica*, II, v. 212-213 (passage plus longuement cité *supra*, p. 190).

[11] V.-L. Saulnier, *Maurice Scève*, Paris, 1948, p. 483. - Sur Reisch, voir *supra*, p. 31.

[12] Voir le texte cité *supra*, p. 50. Mais Peletier ne prévoyait sans doute pas un tel usage poétique de l'obscurité savante. Cf. aussi la façon qu'avait Du Monin de mettre en avant ce qu'on pouvait juger un défaut pour renforcer l'illusion de son théâtre du savoir (voir *supra*, p. 350 sq.).

> Selon la ligne equant, ou la diversité
> Epicyclant le tour de l'eccentricité [...][13]

La science, avec son langage propre, joue donc ici toute seule le rôle d'écran (ou de voile suggestif) que Ronsard attribuait à la fable. Elle n'a plus besoin que d'elle-même pour devenir un objet poétique.

Dans le *Microcosme*, l'ordre établi par la Pléiade se trouvait donc renversé: les mots des professeurs, au lieu d'être exclus, devenaient des ornements essentiels et occupaient toute la place. La singularité de cette tentative est évidente: le discours savant sur la nature n'a jamais plus connu une telle assomption à la Renaissance, même chez Du Monin, mais il suffit d'avoir ainsi la preuve de sa possibilité. Elle montre, tout autant que l'apparition et le succès d'épopées pédantes, que la poésie perdait insensiblement son domaine réservé, qu'elle n'était plus vraiment censée parler un langage spécifique; or la fable vivait de cette spécificité.

L'Uranologie: Mythologies rétrogrades

Les plus rudes passages de *L'Uranologie*, ceux qui font entendre le tapage doctoral de l'astronomie sans rien enseigner vraiment , pourraient laisser croire que Du Monin envisageait de poursuivre l'expérience du *Microcosme*. La description des levers astronomiques, analysée plus haut,[14] est par exemple à sa manière un discours-écran qui élabore ses énigmes sans autre secours que celui de la doctrine elle-même dont il réussit à donner une image assez effrayante. D'autre part le poème dans son entier ne témoigne pas d'un grand zèle fabulateur; il ne contient guère de fiction qui ne soit simplement traduite de ses sources attitrées. L'exemple le plus notable est celui du livre V, dont une partie importante est occupée par l'histoire d'Endymion et par le mythe de l'Ombre et de la Lumière.

On aurait tort pourtant d'en conclure que Du Monin condamnait les fables, ou qu'il avait cessé de les trouver intéressantes. Les narrations du livre V prennent des proportions assez amples[15] et brodent complaisamment sur le modèle offert par Buchanan. Avec les fictions astrologiques du début du livre IV, elles sont d'ailleurs pompeusement annoncées au verso du titre, dans la liste des "traités ici apropriés outre l'ordinaire des autres":

> 12 Mythologie des Signes celestes [...]
> 14 Mythologie des fables, non les vulgaires.
> 15 Mythologie des Eclipses.

D'autre part l'abondante littérature en prose dont Du Monin a entouré sa poésie semble trahir en lui une tournure d'esprit naturellement analogique et typologique qui le faisait évoluer au milieu de figures imaginaires: il se voyait en Archimède, en Panurge, en Anaxagore, en cygne, et ses ennemis

---

[13] *Microcosme*, III, v. 151-154; éd. Giudici, p. 216.
[14] Voir *supra* p. 350 sq.
[15] Elles occupent chacune environ 200 vers, c'est-à-dire beaucoup plus que chez Buchanan: v. 498-666, f. 135r°-138r°, et v. 1073-1196.

subissaient des métamorphoses parallèles. Cette tendance est si prononcée qu'on est forcé de se demander, en lisant ses préfaces, où finit la figure de style et où commence le délire. Tout ceci prouve qu'il ne partageait pas les préventions des poètes "sérieux" de son temps; ce dont témoigne aussi le reste de son oeuvre. Le *Discours philosophique et historial de la Poësie Philosophique: auquel sont arrangés les Poëtes, jusques à cet âge, avec la Mithologie de plusieurs fables Poëtiques*, paru dans les *Nouvelles oeuvres* deux ans avant *L'Uranologie*,[16] développe une fable peu originale mais fort détaillée;[17] et *Le Phoenix*, poème sur l'immortalité de l'âme, utilise toute une fiction analogique: l'âme humaine y est comparée au Phénix dont la légende est longuement narrée. Dans ce cas encore, le poète s'est contenté de reprendre un motif connu et pourvu d'une signification symbolique bien fixée: le Phénix était par nature un animal allégorique sans mystère puisqu'il semblait n'avoir été inventé que pour figurer la résurrection.

La manière de Du Monin ne ressemble donc guère à celle de Ronsard, si imaginative et si peu dogmatique. Au lieu de raconter une histoire, parfois un peu étrange, sans en donner l'explication complète, notre poète s'évertue à identifier chaque détail et chaque personnage de son drame:

> L'Arabique Phoenix, si tôt qu'il void le train
> De Titan radieus sortir du moite bain,
> Si tot que de Phlegon les grans pas il ecoute
> Ba-batre le pavé de la Solaire voute,
> Souflant à grosse haleine, et par notre sejour
> Semer le crin doré de l'astre guide-jour;
> Quelques fois il s'épure en la veine argentine,
> Qui se plait à baigner une aile si divine,
> Et plus net qu'en Meandre un Cigne blanchissant,
> Des ailes et du bec, fretillard, tremoussant,
> Tout son oeil il captive au regard charitable
> Du Courrier journalier, son pere venerable.
> *Ainsi l'humain Phoenix* ne doit viser de l'oeil
> Qu'à l'adorable chef de son aimé Soleil,
> Qui au premier eclair de sa perruque blonde
> Ajourne l'Ame au bain d'une cristaline onde.
> *Ce soleil est vraiment* l'oeil infini de Dieu,
> Qui tout est tout sans tout, principe, fin, milieu:
> *Car comme* le Soleil, bien que mer de lumiere,
> Trop haussé de grandeur par sus notre paupiere,
> N'est veu qu'en ses effets: *Ainsi ce saint Soleil*,
> Bien que nul ne void rien qu'aus raions de son oeil,

---

[16] Paris, Parant, [1581].

[17] Il s'agit d'un songe qui amène le poète au palais d'une reine, la poésie philosophique; il y apprend ce qu'est la vraie poésie de la nature; mis en accusation par "L'Escale" (Scaliger) pour avoir abandonné la poésie aristotélicienne, il se défend en invoquant sa misère et sa solitude; la reine rend donc un jugement indulgent et le guide en la "poitique sale" où il rencontre les vrais poètes philosophes, depuis Orphée, et où il écoute un discours allégorique, inspiré de Virgile, qui révèle l'organisation secrète de la Nature.

> Nous fait à l'aguigner taupes d'oeil condamnees,
> Louches à oeillader ses traces raionnees:
> Mais ce Monde, docteur, nous montre en sa leçon
> Le nompareil pouvoir de son divin Masson.[18]

La conclusion de ce passage rappelle fortement la façon dont Du Bartas justifiait son approche pédagogique ("Vraiment cest univers est une docte eschole [...]").[19] Dans *La Sepmaine*, le Créateur est un bon maître qui fait progresser ses meilleurs élèves dans la connaissance, de sorte que le poète doit s'efforcer à la fois de lui obéir et de l'imiter, en déchiffrant le monde avec clarté et droiture, dans les limites de ses capacités et de la lumière que Dieu lui accorde:[20] l'on ne s'étonne donc pas qu'il rejette à la fois les énigmes et les mensonges des fictions. Pour un calviniste, l'obscurité des choses venait de l'imperfection d'une intelligence aveuglée par le péché; il eût donc été vainement présomptueux de chercher à l'épaissir en fabriquant d'autres petits mystères, ou de croire que les contes inventés par les païens fussent capables d'y projeter quelque lumière. Chez Du Monin, en revanche, la pratique "pédagogique" de l'allégorie accompagne une tout autre conception du statut de l'oeuvre d'art,[21] et elle a donc recours à des justifications théoriques qui ne lui conviennent guère.

Le *Discours de la poésie philosophique*, qui est dédié à Ronsard, présente ainsi une apologie du "nuage poitique" largement inspirée par l'idée du "fabuleux manteau". A.-M. Schmidt en a cité quelques vers, où il lit un "plaidoyer en faveur de l'obscurité nécessaire", manifestant le "dégoût de la lumière" qui caractériserait Du Monin.[22] Mais cette interprétation est certainement réductrice. Car l'expression "nuage poitique" ne désigne pas le flou, l'ambiguïté et l'obscurité de l'expression recherchés pour eux-mêmes, mais l'emploi d'images et d'emblèmes pour remplacer la parole commune. Le plaidoyer du *Discours* représenterait donc un effort pour sauver l'idée du langage réservé des poètes, et il viendrait donc, à sa manière, au secours de Ronsard. Il accorde une place dominante aux arguments des pythagoriciens qui voulaient que toutes les paroles importantes restassent cachées, pour être préservées des injures du vulgaire et de l'altération:

> Du bel âge doré les Pretres anciens
> Firent de leurs secrets ces voiles gardiens,
> Craignant de violer la Nature divine
> Ouvrans à tout venant leur mystique cortine [...]

> Outreplus les archifs de ces saintes reliques
> Plus seurement selés des cachets Poëtiques,
> Gardent qu'au cours des ans les bigarrés espris
> N'adulterent si tot ces mistiques ecris,

[18] *Le Phoenix*, f. 28 r°, nos italiques.
[19] Du Bartas, *La Sepmaine*, I, v. 135.
[20] Cette doctrine correspond à celle de Calvin (voir *supra*, p. 119 sq.). Sur l'importance de cette notion de pédagogie, voir notamment J. Rieu, "Du Bartas: réflexion sur *Le septième jour*".
[21] Voir *supra*, notamment p. 371 sq.
[22] *La poésie scientifique...*, p. 331.

> Qui se sont mis en garde en etroite mesure,
> Pour ne point varier par humaine torture.[23]

Mais il affirme aussi, après Ronsard, la fécondité de la fiction poétique et son rôle stimulant:

> L'autre cause est affin qu'un sens historial
> Collé avec le vrai, l'ombre avec son fanal,
> Serve d'un hameçon pour apâter nôtre âme
> Et sous ceste ombre voir une divine flame.[24]

Ces vers un peu laborieux associent au principe de la lecture allégorique le thème platonicien du soleil de la vérité et de son ombre, tel qu'il s'exprime dans le mythe de la Caverne. La poésie et ses fictions est donc ainsi reliée au processus de la connaissance, et elle devient un "appât", et par là un instrument de recherche, un mode d'accès au "vrai" et à sa "divine flame".[25]
   La façon dont il a traité la question de la fable, comme celle des "Muses", montre donc que Du Monin n'était pas un disciple stupide. Il avait identifié la doctrine sous-jacente qui donnait à l'esthétique de Ronsard sa raison d'être et sa cohérence. Il l'exposait même plus clairement que son maître, car il ne craignait pas de parler de la poésie à la manière d'un épistémologue; il se faisait aussi probablement du "vrai" une idée plus consistante. Cependant son intelligence théorique est restée comme sans effet sur son oeuvre. Le "nuage poitique" de L'Uranologie, comme celui du Phoenix, ne saurait prétendre jeter une pénombre suggestive sur une vérité réservée. Le poète s'en est servi pour illustrer de façon limpide les doctrines les mieux répertoriées, tout en se donnant des airs de mage:

> Cete ecorce fableuse encor cache soûs soi
> Le mistere couvert de l'Astrologue Loi.[26]

D'autre part Du Monin avait l'imagination un peu lourde, il manquait de talent romanesque et ne savait donner aux personnages de ses fictions "une apparence de vie ingénue", pour reprendre une expression qu'Albert-Marie Schmidt applique à Ronsard lui-même.[27] Même si l'on fait abstraction de leur fonction sémantique, ses fables ne peuvent se comparer à celles des Hymnes; elles n'en sont à aucun degré des imitations. Du Monin qui avait réfléchi à la philosophie du fondateur de la Pléiade ne semble pas avoir du tout étudié sa façon de construire des allégories. C'est à peine si le récit des

---

[23] Nouvelles oeuvres, éd. cit., p. 78-80. - Sur les sources de ces doctrines, voir supra, chapitre XIV.
[24] Ibid., p. 79.
[25] Selon A.-M. Schmidt, ces quatre vers ne représentent qu'un "argument pédagogique: pour que la mémoire retienne, pour que l'esprit appréhende, il convient, par énigmes, de les inciter" (La poésie scientifique..., p. 331). Il semble plus équitable de les rapprocher du motif du regard qui brille à travers le voile (voir supra, p. 279-284).
[26] L'Uranologie, IV, f. 103 r°. Ces vers font le lien entre la légende de Mercure et l'énoncé de sa signification astrologique.
[27] La poésie scientifique..., p. 97.

combats de l'Ombre fait parfois penser, bien vaguement, à l'entrain narratif et à la bonne humeur des *Saisons*:

> Donq quand du beau Soleil la coche brilhonnante
> S'en va prendre l'etable en la lointaine tente
> Du Capricorne astré, quand son ardant flambeau
> Fait mollement suer maint glacereus monceau,
> Deront[28] l'habit de blanc des negeuses montaignes
> Vêt de vert les forets, emailhe les campaignes:
> L'ombre qui bout et ard d'ardante ambition,
> En son chariot brun va faire ascension
> Sur la Tane frileuse, en la cime Riphée
> Des falôs artisans froidement echaufée,[29]
> Elle campe son camp tout à l'entour des murs
> Qui sous le Pole Artique englacent leurs humeurs,
> Et de noirs batailhons tant elle les assiege,
> Que tout le Ciel resent le deluge du Siege.
> Le Ciel qui d'un oeil sec ne peut soufrir de voir
> Ses clairs enfans ainsi descendre au noir manoir
> Des Mânes blemissans, voile sa claire face,
> Il prend l'habit de dueil, bref sa face s'eface,
> Et l'Ombre Tyrannique, auteur de ce mechef,
> Fait trainer sa Charette à maint superbe chef,
> Elle marche en triomphe, elle palme sa main,
> Elle fait trompeter par son clairon hautain
> Que Titan est allé au fond de l'Orque boire
> Que, monarque, elle tient le laurier de victoire,
> Sans compaignon aucun le diademe au front,
> Et le sceptre en la dextre et tout ce large rond.[30]

Cette évocation gentiment absurde de la nuit polaire, qui traite ses personnages sans respect excessif, témoigne peut-être autant du déclin de la fable que les critiques des poètes protestants. En 1583, même les défenseurs attardés du "nuage poitique" ne songeaient plus à la prendre au sérieux.

---

[28] Rompt, c'est-à-dire fait fondre.
[29] Que les feux et les flambeaux, dus à l'industrie humaine, n'arrivent pas à réchauffer?
[30] *L'Uranologie*, V, f. 147 r°-v°.

Traces orphiques: Ornementation et émotion

En bon disciple de Ronsard, Du Monin avait composé des hymnes, et de toute sorte, en latin, en français, sur des sujets religieux et philosophiques;[1] mais cette forme ne convenait pas au grand projet de l'*Aristotiade* en plusieurs tomes. Son *De Caelo*, qui n'était même plus une épopée comme le *Microcosme* ou *La Sepmaine* puisque il lui manquait un fil narratif continu, s'est donc conformé à un type tout opposé: il s'agit d'un très long discours divisé en chapitres à la façon d'un traité. Du Monin a pourtant retenu un élément important de la poétique de l'hymne, qui était la nécessaire présence de l'artiste dans sa peinture. Cette présence, manifestée par des invocations, par diverses interventions et par une animation générale, devait combattre la froideur inhérente aux leçons de choses. Elle seule permettait de rapprocher les paysages et les natures mortes des "ecstatiques descriptions" virgiliennes.[2] *L'Uranologie* est le contraire d'un texte impassible, même si l'on y retrouve avec difficulté le ton majestueusement ému des *Hymnes*: elle est bruyamment habitée et agitée par un auteur tempêtueux qui se passionne pour son objet et qui lui parle volontiers.

En compensant la perte du fabuleux par un usage insistant du mode invocatoire, ou du mode admirativement et passionnément descriptif, Du Monin faisait d'ailleurs le même choix que la plupart des poètes de la nature qui le précédaient immédiatement. En raison du déclin de la fable, l'invocation orphique (avec toutes ses variantes) semble être devenue comme la marque distinctive de la poésie philosophique. Pour mieux comprendre la fonction de cet ornement essentiel dans *L'Uranologie*, nous nous permettrons donc une digression en forme de retour en arrière.

Movere et docere dans L'Encyclie

Dans *L'Encyclie* de La Boderie, l'évolution du style, de l'intonation et de l'élaboration prosodique suit avec une précision étonnante l'évolution de la ferveur. Et cette évolution elle-même participe à la constitution du sens, rendant sensible le passage de l'argumentation rationnelle à la contemplation.[3] *Docere* et *movere*, les deux principes de l'expression

---

[1] Voir la section des Hymnes des *Miscellaneorum poëticorum adversaria* (Paris, Richer, 1578, p. 32-87), et, dans les *Nouvelles oeuvres*, l'"Hymne de la vierge Marie, tirée de la mythologie d'Apollon et Diane", l'"Hymne de la Musique", l'"Ode pindarique pour hymne" et l'"Hymne de la Nuit" (Paris, Parent, ca. 1581, p. 83-144).

[2] C'est l'expression utilisée par Ronsard dans la préface posthume de la *Franciade* (éd. Laumonier, XVI, p. 333): les exemples qu'il cite se rapportent tous à des actions et des passions humaines. Les passages les plus émouvants de l'*Enéide* (ceux qui évoquent de grands deuils ou de grandes colères) sont pour Ronsard doublement "ecstatiques", puisque ce sont eux qui transmettent l'inspiration au lecteur: "[les descriptions ecstatiques] e feront Poëte, encores que tu fusses un rocher, t'imprimeront des verves, et t'irriteront les naïfves et naturelles scintilles de l'ame [...]". Cf. *supra*, p. 188.

[3] L'attitude de La Boderie à cet égard semble proche de celle de Ficin, telle que l'a analysée Perrine Galand-Hallyn ("Les trois degrés du style chez Marsile Ficin"; voir notamment p. 32: "... Ficin a adapté les trois niveaux de style, liés aux trois fonctions rhétoriques par les Anciens: le *genus subtile* au *docere*, le *genus medium* au *delectare*, le *genus grande* au *movere*,

poétique, ont tendance à se séparer. La voix qui enseigne et la voix émue qui cherche à transmettre une émotion se conjuguent rarement. La différence est ainsi sensible, dans le Septième Cercle, entre les explications d'Uranie, qui révèle au Secrétaire le principe de la mise en branle de l'Univers en remontant des sphères visibles jusqu'au moteur immobile et infini, confondu avec le Verbe de Dieu ou sa Sagesse,[4] et l'invocation adressée aussitôt après par le Secrétaire à cette Sagesse. L'exposé d'Uranie est informatif et dogmatique, il cherche à convaincre par le raisonnement et surtout par la ferme présentation d'une vérité si immuable qu'elle n'a pas besoin de susciter l'enthousiasme:

> Car puisqu'il est ainsi que la Machine est meüe
> Et qu'elle n'a de soy ceste puissance émeüe,
> Ne void on pas qu'il faut qu'il y ait un pouvoir
> Qui procede d'ailleurs, et la face mouvoir?
> Trois donc font l'entretien: l'un est la Masse morte
> Qui est meüe, et ne meut: l'autre qui luy apporte
> Le mouvement reglé, meut et est meu aussi:
> Et le Tiers n'est point meu, et si meut cestuy-ci.
> Ce Dernier est premier dont tout l'œuvre commence,
> Il demeure Immobil, toutesfois il avance
> Et agite sans fin le Moteur métoyen
> Tant de l'Eternité que du Temps citoyen:
> Car l'Unité sans plus laquelle est stable et ferme
> Est eternellement, fut, et sera sans terme,
> Et à elle s'unit le Moyenneur dispos,
> Qui trouve en l'Infini le point de son repos.
> C'est le beau Ciel des Cieus, c'est la grande Parolle
> Fille du Souverein, conduisant la Carolle
> Des dix Esprits mouvants qui la suivent, afin
> De tirer apres eux toute essence à sa fin.[5]

Rares sont les éléments qui animent cette récitation statique et sans affectivité, et encore plus rares les ornements qui en adouciraient la sévérité. L'interrogation du début n'a aucune valeur émotive, elle a l'impassibilité des fausses questions des anciens catéchismes. Les effets d'écho, sonores et sémantiques, les oxymores, ont une fonction essentiellement pédagogique et visent à restituer le jeu serré des concepts, à résoudre leurs apparents paradoxes ("n'est point meu, et si meut", "ce dernier est premier"). Le texte ne se réveille, si l'on peut dire, qu'à l'apparition de la Parole; un réveil immédiatement sensible dans la modification du rythme qui devient

---

à son mode de pensée personnel et aux étapes progressives que sa philosophie attribue à l'ascension de l'âme humaine vers la connaissance". Cf. p. 38: "Dans le *genus grande*, la rhétorique trouve donc son point de fusion avec la poétique, et simultanément s'éloigne de la *ratio* discursive."). La Boderie semble seulement avoir laissé tomber l'étape intermédiaire du *genus medium*. Rappelons a traduit Ficin et que l'*Encyclie* doit beaucoup à la *Theologia platonica*.

[4] Sur la conception de la Sapience divine dans *L'Encyclie*, voir F. Secret, *L'ésotérisme ...*, p. 27-32. Sur la philosophie de La Boderie, voir F. Roudaut, *Le point centrique*..

[5] *L'Encyclie*, Anvers, Plantin, 1571, p. 120.

expressif et mimétique, en suggérant le dynamisme des sphères, entraînées dans leur "carolle". Ces derniers vers servent de transition entre l'exposé explicatif et l'invocation qui suit, une longue invocation "à tiroirs",[6] dont nous ne donnerons qu'un aperçu:

> *Le Secretaire*: O Sagesse! [...]
> O la premiere Vois de la Divinité!
> Vois qui par le Jardin du Monde te pourmeines,
> Unique Vois infuse en toutes les Séraines
> Qui chantent dans le Chœur du beau Temple de Dieu:
> O Saint, ô Saint, ô Saint, ta gloire est en tout lieu:[7]
> [...] En toy le premier grain de Matiere fut faict,
> Puis tu l'épanoüis en un Globe parfaict.
> Dans toy s'ouvrit en rond la Matiere soufflée [...].
>   Ainsi le grain germé des Elemens sourdit,
> Puis comme une Fïole au large s'espandit
> Quand tu y fus infuse. Et sans toy qui animes
> Et qui fais bouillonner les Sources des Abismes
> Qui dedans leurs canaus se vont ébanoyants
> (J'enten les Esprits sains aus Sféres tournoyants,
> Car tu es une Mer de laquelle ils sont fleuves)
> Sans toy, di-je, sans toy qui ton Jardin abreuves,
> Et l'arrouses de Vie et viste mouvement,
> Le Monde ne pourroit durer un seul moment,
> Non plus qu'une bulette en l'Air épanouye,
> Et puis tout aussi tost en rien évanouye.
>   Mais d'autant qu'il demeure, encor qu'il soit roulé,
> Dans le mesme Instrument auquel il fut moulé,
> Il ne se dissout point, et jamais ne se casse,
> Pource qu'en ton giron sa Rondeur se compasse,
> Et que le mesme Esprit, duquel il est couvert,
> Est entonné dedans qui l'enfle et tient ouvert.
>   Donc ô Germe luisant, ô l'Image du Pere,
> O son cher Nourrisson, Fille de Dieu prospere
> Qui jouoys devant luy, quand il establissoit
> Le Globe terrien, qu'en l'Air il balançoit
> Dessus son propre pois et gravité plombée,
> Asseurant pour jamais ceste Base fondée:
> Quand mesme il imposoit son ordre sur les Mers,
> Et qu'il leur defendoit n'outre passer leurs mers:
> Quand dessus il tendoit la Nüe mesurée,
> Comme un beau Pavillon ou Courtine asurée:[8]

Sans qu'il soit besoin d'une analyse détaillée, il apparaît immédiatement que ce passage est destiné à exprimer et à transmettre un sentiment d'enthousiasme, à rendre sensible une vision et à entraîner dans un mouvement. Bien

---

[6] Comme celle de *L'Hymne du ciel*, par exemple.
[7] *L'Encyclie*, p. 120.
[8] *Ibid.*, p. 122-124.

qu'il soit aussi informatif et narratif (il raconte et interprète l'Ecriture), sa fonction principale est émotive et poétique, et pour la remplir il adopte un autre langage, plus musical, plus cadencé et plus imagé. Désireux de convaincre l'incrédule, La Boderie utilise donc tantôt la voie de la raison et tantôt celle du coeur, en passant d'un mode d'écriture à l'autre, ce qui donnerait presque à son poème des allures d'*opera seria*, alternant les récitatifs et les airs, si ces deux éléments étaient également répartis. Mais *L'Encyclie* décrit une sorte d'initiation et suit la même évolution que son Secrétaire: les parties "parlées" dominent au début, et les parties "chantées" à la fin, quand le poète réalise pleinement la vocation exprimée dans son anagramme: *L'UN GUIDE ORFEE.*[9]

Les séquences de La Sepmaine

Chez Du Bartas, les contrastes stylistiques sont moins accusés, et ils ne sont pas toujours aussi nettement chargés de signification. *La Sepmaine* n'est pas une oeuvre qui oscille entre la démonstration et l'émotion mystique; dans ses moments "didascaliques" elle est moins abstraite et moins tendue que *L'Encyclie* (parce qu'elle raconte et décrit plus souvent qu'elle ne raisonne), et sa ferveur religieuse s'arrête en-deçà de l'extase. L'étude de chacune des journées montre cependant qu'elle est composée suivant un schéma séquentiel assez souple: des pauses lyriques s'intercalent entre les passages informatifs qui sont eux-mêmes souvent "lancés" par des invocations plus dynamiques. Le poète fait appel aux instances inspiratrices, qui lui insufflent assez d'énergie pour traiter son programme, et il interrompt périodiquement la leçon pour contempler les oeuvres de Dieu et exprimer son admiration. Ces pauses doivent beaucoup à l'esprit des *Psaumes*, mais elles remplissent aussi une fonction esthétique;[10] elles rehaussent le niveau poétique du texte quand il s'est depuis trop longtemps affaissé. D'autre part, elles trahissent un souci marqué de varier les ornements. Le *Quatrième Jour*[11] commence ainsi par une invocation du type dynamisant; [12] après une longue dissertation sur la matière et le mouvement des astres, il s'arrête pour admirer son objet:

> J'admire la grandeur d'une haute montagne [...]
> Mais plus des astres clairs j'admire, où plus j'y pense,
> La grandeur, la beauté, le nombre, la puissance.[13]

---

[9] Voir *supra*, p. 314. Le *Recueil de vers*, publié à la suite de *L'Encyclie* comporte plusieurs pièces consacrées au même anagramme, notamment un cantique: "Guidon Le Fevre de la Boderie aus Poetes de ce Temps, se jouant à bon escient sur l'Anagrammatisme de son nom", qui se termine ainsi: "Sonne donc L'UN par tout nostre Lyre étofée / Que L'UN nous guide tous, comme L'UN GUIDE ORFEE." (éd. cit., p. 201).

[10] Et elles ne sont pas toutes également pieuses. Dans le *Quatrième Jour*, notamment, elles sont plus souvent inspirées de la tradition païenne des *astronomica* que de modèles bibliques.

[11] Sur l'organisation séquentielle de ce livre et sa fonction esthétique, voir aussi I. Pantin, "Poésie, exégèse et didascalie dans le *Quatrième Jour*".

[12] "Esprit qui transporta sur l'ardente charrete...", voir "Poésie, exégèse...", art. cit. *supra*, p. 158-161.

[13] V. 165 et 169-170, éd. Bellenger, p. 156.

Cette admiration s'exprime aussitôt par la célèbre comparaison du ciel étoilé à un paon amoureux qui déploie

> les tresors de ses ailes
> Peinturees d'azur, marquetees d'estoilles,
> Rouant tout à l'entour d'un craquetant cerceau,
> Afin que son beau corps paroisse encor plus beau.[14]

Ce "traict de chef-d'oeuvre Poëtique", pour reprendre l'éloge de Simon Goulart, étale la magnificence d'un firmament vivement coloré, avec son "rideau d'azur de jaune tavelé, Houpé de flocons d'or, d'ardans yeux piolé"[15]; et il se trouve un peu plus bas redoublé par l'évocation d'un Zodiaque au luxe oriental ("ce Baudrier orangé, / Chamarré de rubis, de fil d'argent frangé, / Bouclé de bagues d'or").[16] La ronde des signes commence alors, dans une *ekphrasis* vivement animée qui représente chacune des constellations sous l'apparence familiarisée par les cartes célestes et les *astronomica*, de sorte que le ciel continue à apparaître comme un théâtre débordant de vie et d'éclat. Au début, le poète s'adresse au Bélier:

> C'est toy, Nephelien, qui choques de ta corne
> Faite à replis d'airain, de l'an nouveau la borne [...][17]

cependant la figure n'est pas reprise: il s'agit d'une simple apostrophe, artifice destiné à donner plus d'élan et plus de présence à la description qui suit. Pour réaliser logiquement son programme, le poète explique alors le double mouvement des cieux,; il donne ensuite la liste des planètes; et cette liste prend la forme poétique d'une invocation:

> Mari de Mnemosyne, ingenieux Saturne,
> Pere de l'aage d'or, combien que taciturne,
> Pensif, froidement sec, ridé, chauve, grison [...]
> Toy Jupiter benin, opulent, chasse-maux,
> Voisines à bon droit ton Pere porte-faux [...]
> Phoebus aux cheveux d'or, Appollon donne-honneurs,
> Donne-ame, porte-jour, soustien des grans seigneurs,
> Poete, medecin [...][18]

Un hymne à la manière de Ronsard s'ébauche ici. Par sa forme d'abord, qui construit un éloge à partir de la nomination des titres et qualités de l'intéressé, mais aussi grâce à une "description en action" qui prend une

---

[14] V. 173-176. Selon Thévenin, la description du paon serait empruntée à Pline, X, 20.
[15] V. 179-180, éd. Bellenger, p. 157.
[16] V. 199-201, éd. Bellenger, p. 158-159. - Sur le sens de ce luxe, voir *supra*, p. 69-70.
[17] V. 209-210, éd. Bellenger, p. 159.
[18] V. 347-349, 353-354 et 369-371, éd. Bellenger, p. 168-170.

dimension narrative.[19] L'évocation de Mars[20] semble raconter une histoire et brosser un personnage fortement passionné, alors qu'elle ne fait que décrire, dans le style imagé de la littérature astrologique, la révolution de la planète:

> Mars au cœur genereux, mais qui transporté d'ire
> Rien que guerre, que sang, que meurtre ne desire,
> Repique nuict et jour ses destriers furieux,
> Pour franchir vistement la carriere des cieux:
> Mais ses roues d'acier trouvent tant de passages
> Qui retardent, bossus, ses eternels voyages,[21]
> Que le gaillard Denis par trois fois a foulé
> D'un humide talon le raisin empoulé,
> Et Ceres par trois fois tondu sa tresse blonde,
> Ains que d'un cours tout sien il ait cerné le monde.[22]

L'esprit du texte est, lui aussi, ronsardien. En s'adressant à ses planètes, ou même en énumérant simplement (mais solennellement) leurs qualités, Du Bartas leur prête une personnalité et un pouvoir, et reconnaît le lien qui les unit aux hommes. La couleur "religieuse" de ce passage est très nettement une couleur astrologique. A cet égard, il va plus loin que la description du Zodiaque qui dépeint pourtant aussi des créatures vivantes, remuantes et parfois dangereuses. Le Lion estival "tout hérissé de rais, / Qui du soufle pesteus de ses chaudes halaines / Seche l'herbe des près"[23] ne fait peser qu'une menace météorologique. La "riche ceinture" est un cadeau de Dieu à la nature;[24] ses signes président aux vicissitudes des saisons, ils s'intègrent à l'ordre cosmique, et se surveillent mutuellement pour éviter les catastrophes. Le "traistre Scorpion" se trouve sous l'oeil du Sagittaire qui le neutralise:

> Ses pestes vomiroit es membres de ce Tout,
> Si l'archer Philiride, homme et cheval ensemble,
> Galopant par le Ciel, qui sous ses ongles tremble,
> Ne menaçoit tousjours de son trait enflammé
> Les membres bluetans du signe envenimé.[25]

---

[19] Sur les rapports subtils entre description et narration dans *La Sepmaine*, voir J. Miernowski, *Dialectique et connaissance* ....

[20] Faite à la troisième personne, seuls Saturne, Jupiter et le soleil ont droit à la deuxième. Du Bartas a sans doute voulu distinguer ainsi les planètes les plus hautes et la plus belle, et éviter la monotonie tenant à la répétition du procédé. Et la valeur affective de l'invocation s'attache en fait à l'ensemble du passage: le lecteur s'aperçoit à peine du changement de personne. - Notons que Peletier n'adressait pas non plus la parole à Mars.

[21] Allusion aux stations et rétrogradations de Mars, causées (selon l'astronomie ptolémé-enne) par la révolution de son épicycle. Cet épicycle (qui n'était en fait que la projection du mouvement orbital de la terre) avait naturellement la même taille que ceux de Jupiter et de Saturne, planètes plus éloignées, aux déférents plus grands. Proportionnellement, il sem-blait donc beaucoup plus grand et le mouvement de Mars passait pour très accidenté.

[22] V. 359-368, éd. Bellenger, p. 169-170.

[23] V. 228-230, éd. Bellenger, p. 160.

[24] V. 193-194: " la riche ceinture / Dont l'ouvrier immortel estrena la Nature".

[25] V. 242-246, éd. Bellenger, p. 161.

Le poète n'éprouve donc aucun besoin de s'adresser aux signes, il contemple leur ronde qui manifeste l'intervention d'une Providence. En revanche, il entre directement en contact avec Saturne et ses pareils, et leur bâtit un éloge comme pour les amadouer. Alors que les constellations s'occupaient les unes des autres, et les unes avec les autres, les planètes s'isolent. Seul Jupiter se soucie de "modérer" par "cent vertus contraires" la fâcheuse influence de son "Pere porte-faux". L'agressivité de Mars vise directement la communauté humaine ("Rien que guerre, que sang, que meurtre ne désire"), et pourtant la "douillette Venus" ne tente rien pour l'apaiser. La mythologie offrait à Du Bartas le moyen facile d'établir des relations réciproques entre ses planètes, comme entre ses constellations zodiacales, et un tel procédé aurait été, lui aussi, parfaitement en harmonie avec la doctrine astrologique, puisque la théorie des aspects était couramment symbolisée par le récit des amours ou des combats des divinités astrales.[26] Méfiant envers la fable païenne, qu'il n'utilisait qu'avec parcimonie, le poète préféré privilégier la liaison verticale du ciel à la terre, de sorte qu'il entre en contact avec ce qu'il décrit et, par instants, retrouve presque le ton des invocations ronsardiennes.

Après ce discret prélude, et après que la défense de l'astrologie naturelle et chrétienne ait été menée à bien, grâce à un discours argumentatif, ce ton s'impose avec autorité dans la partie finale du chant. L'éloge des luminaires est, en effet, un hymne presque achevé, ample, complexe et maîtrisé;[27] il utilise, tour à tour ou conjointement, l'invocation, la description et la narration; mais surtout il rejoint les intentions de la Pléiade en sachant exprimer et transmettre une émotion. La deuxième personne s'y maintient pendant près de trois cents vers,[28] sans que la monotonie s'installe parce que le poète fait constamment varier sa distance à son sujet, et l'angle sous lequel il se place par rapport à lui. Une brève invocation, très théâtrale, réunit d'abord les deux luminaires, déjà ensevelis sous les voiles de leurs éclipses.[29]

> Phoebé mere des mois, Phoebus, pere des ans,
> Ha! vous me cachez donc vos visages luisans?
> Quoy? vous ne voulez pas me monstrer vos estoilles
> Qu'à travers l'espaisseur de deux funebres voiles?
> Ostez moy ces bandeaux: despouillés moy ce dueil [...][30]

Puis les hymnes du frère et de la soeur se déploient séparément,[31] en n'oubliant aucun procédé capable de rendre leurs objets intéressants. Le

---

[26] Peletier parlait des relations entre les planètes (voir *supra*, notamment p. 212), et *L'Uranologie* (dans le livre IV) devait leur prêter des liaisons passionnées.

[27] Il ne lui manque qu'une clôture, s'il ne l'a pas, c'est que le Jour de Du Bartas ne pouvait s'achever qu'en s'ouvrant sur une prière au créateur; voir I. Pantin, "L'Hymne aux luminaires".

[28] V. 497-788, éd. Bellenger, p. 177-194.

[29] La description des phases et des éclipses constituait le dernier chapitre des traités de la sphère auxquels Du Bartas a emprunté le plan du Quatrième jour, voir *supra*, et I. Pantin, "*La Sepmaine* et les livres de la sphère: de l'hexameron au traité", dans J. Dauphiné éd., *Du Bartas poète encyclopédique*, p. 239-256. Les voiles de deuil et l'accent tragique sont aussi une allusion anticipée au récit de l'obscurcissement du soleil pendant la Passion (voir *infra*, p. 528).

[30] V. 497-501, éd. Bellenger, p. 177-178.

[31] Hymne au soleil: v. 507-646. Hymne à la lune: v. 647-722.

poète a mis particulièrement en valeur tout ce qui les rapprochait de l'humain, ou même du modèle héroïque: le soleil apparaît donc sous les traits d'un "Prince" accompagné d'un cortège à la fois pompeux et martial,[32] ou sous ceux du "bel espoux" et du coureur athlétique du psaume 18.[33] Et l'évocation appuyée des rapports conjugaux des luminaires semble faite exprès pour baigner d'affectivité la description des phases.[34] L'invocation aux luminaires finit par s'effacer devant le commentaire de l'Ecriture, car le chant se termine par la narration des miracles cosmiques relatés dans la Bible (le miracle de la Passion, celui d'Ezechias et celui de Josué), afin de bien manifester la supériorité de la volonté divine après avoir décrit la marche naturelle du monde. Ces récits ne pouvaient entrer dans le cadre d'un hymne de louange aux créatures puisqu'ils sont destinés à glorifier le Créateur. Et pourtant il s'y est de nouveau introduit un discours adressé au soleil. Au moment d'évoquer la Passion, le poète, à la fois éperdu d'horreur et ébloui, se tourne vers le soleil pour lui rappeler son rôle dans le drame.

> Bref, mon oeil, qui se perd en si divins spectacles,
> Treuve en ce seul miracle une mer de miracles.
> Que pouvois-tu moins faire, ô des astres l'honneur,
> Qu'en te deshonnorant honnorer ton Seigneur?
> Que porter pour un temps sur l'infame Hemisphere
> Un deuil non usité pour la mort de ton Pere?
> Que fermer en plein jour tes beaux yeux, pour ne voir
> Un crime, dont horreur l'enfer sembloit avoir?
> Et navré de douleurs d'une si grieve injure,
> Pour plaire au Tout-puissant, desplaire à la Nature?[35]

Cette tirade, pathétique et grandiloquente, ne cherche pas à atteindre directement un lecteur indifférencié et peut-être insensible. Comme au théâtre elle veut d'abord toucher le récepteur le mieux placé pour s'émouvoir: un témoin et même un acteur de la scène, un fidèle sujet et un enfant. *Il n'y a coeur si dur qui se peust contenir de pleurer.*[36]
    Un simple parcours du Quatrième Jour suffit donc à confirmer l'importance accordée par Du Bartas à l'ornementation et à l'animation de son texte; il confirme le rôle primordial accordé à l'affectivité dans la "mise en poésie". Le discours ne reste jamais longtemps froid, et les moments d'émotion y sont disposés pour lui donner un certain rythme. D'autant qu'ils suivent une progression. Le Quatrième Jour est plus didascalique au début, et ses premiers "traits de chef-d'oeuvres poetiques" sont presque profanes, ils disposent surtout à admirer la beauté matérielle de la nature; puis ils entraînent le lecteur à partager une conception religieuse du cosmos, par l'intermédiaire d'invocations de plus en plus élaborées et pathétiques.

---

[32] V. 519-530; éd. Bellenger, p. 179.
[33] V. 554-566; éd. Bellenger, p. 180-181.
[34] V. 667-686. - Voir J.-Ch. Monferran, "De quelques lunes ...".
[35] V. 747-756. - La deuxième personne se maintient dans les récits des miracles.
[36] Ronsard, préface posthume de la *Franciade*.

L'Uranologie: la description émue

L'ornementation de L'Uranologie est tellement influencée par celle de La Sepmaine que la longueur du précédent exposé s'en trouve justifiée. Le style de Buchanan avait été pétri par sa fréquentation de la grande poésie latine, mais la Sphaera, sauf au cinquième livre, offrait fort peu de morceaux de bravoure dans le nouveau goût français, Du Monin s'est donc généralement tourné vers le modèle le plus accessible: La Sepmaine qu'il connaissait par coeur et qui offrait de nombreux points communs avec son propre poème. Comme La Sepmaine, L'Uranologie comporte diverses zones, inégalement "poétisées"; sa gamme stylistique est cependant plus étendue, et elle présente des écarts et des contrastes exceptionnellement marqués: certaines parties sont faites d'un discours rigoureusement sec: ce sont les démonstrations d'astronomie technique;[1] d'autres sont parsemées de fleurs de rhétorique et traversées de grands éclats de colère et de passion afin d'agrémenter un propos essentiellement informatif ou argumentatif: l'examen des diatribes et des discussions philosophiques en fournira quelques échantillons;[2] d'autres enfin se risquent du côté du sublime (ou de sa caricature): elles correspondent, fonctionnellement, aux parties ornementales du Quatrième Jour. Mais si l'on tente une comparaison, une première différence saute aux yeux: les morceaux d'apparat sont beaucoup plus rares dans L'Uranologie, qui est aussi beaucoup plus vaste, et ils semblent perdus au milieu d'une immensité de descriptions techniques, de démonstrations et de discussions. Il est donc inutile de se demander si leur fréquence et leur disposition sont calculées, et s'ils contribuent à donner un rythme au poème ou à faciliter sa progression: seuls les prologues et les prières finales jouent un rôle structurel indiscutable. Comme l'analyse présentée plus haut[3] permet de le constater, une part insignifiante de chacun des livres s'occupe d'admirer le ciel ou de lui adresser hymnes, psaumes et cantiques. Notre poète, pourtant "opiniâtre au roc contemplatif", passe l'essentiel de son temps à s'activer, passant d'Epicure à Averroès, ou de l'équateur aux colures. Cependant cette part existe, alors que rien ne nécessitait sa présence. Du Monin a inséré dans sa traduction de Buchanan quelques petites perles de poésie française. Et toutes sont rédigées dans le style ému, soit que le poète apostrophe sa Muse ou son propre esprit, et qu'un enthousiame tout intellectuel le fasse s'envoler,[4] soit que le spectacle des sphères le bouleverse, soit enfin que l'un des objets qu'il rencontre suscite sa verve invocatoire. Comme il est d'un naturel fiévreux, l'émotion, chez lui, confine à la transe, et l'intensité de ses émois compense leur rareté.

---

[1] Voir supra p. 350 sq. Suivant les normes de la rhétorique classique, ce sont des exemples d'excès dans le style bas. Pour produire de plus grands effets, Du Monin est bien capable d'avoir visé sciemment tantôt la caricature du style simple, c'est-à-dire le style sec et pauvre [aridum et exangue genus orationis] (Rhét. à Herennius, IV, 6), tantôt celle du style élevé, c'est-à-dire le style boursouflé et emphatique [sufflata, inflata, ea quae turget], qui abuse "de néologismes, d'archaïsmes, de métaphores forcées (ou de mots étrangers transplantés de façon désagréable?), ou de mots plus pompeux que le sujet ne le demande [aut nouis aut priscis verbis aut duriter aliunde translatis aut grauioribus quam res postulat]."(Ibid., IV, 15)

[2] Voir infra, p. 422 sq.

[3] Voir supra, p. 326 sq.

[4] Voir supra, "Les Muses", p. 365 sq.

Du Monin voit souvent le firmament par les yeux de Du Bartas, mais il ajoute, de son propre crû, un rien de dynamisme; par exemple, il introduit dans le tableau un spectateur en plein vol:

> Sur la haute courtine aiant dressé tes ailes,
> Voi l'azur painturé, et merqueté d'etoiles,
> Avise un rideau pers de jaune tavelé,
> De flambans ecussons haut et bas piolé,
> Houpé de flocons d'or, parsemé de chandelles,
> Chamarré de brandons de brilhantes roüelles.[5]

Il inspire à ce spectateur des sentiments moins paisibles que la simple admiration et lui fait affronter de terrifiants spectacles:

> Mais voiant en ce cirque onder mille bannieres
> De l'ot qui par le camp des drilhantes lumieres
> Marche d'un pas superbe, arrogant, piafard,
> Mon oeil ne soufrant point l'oeil du moindre soudard,
> M'a fait glacé de poeur pancher ma vuë fraile
> Vers le terrestre nic, et secouant mon aile,
> Tôt me suis reperché dessus le sec rameau
> Du funebre Cypres du corporel tombeau.[6]

Le ciel de *L'Uranologie* a gardé la magnificence et les vives couleurs du ciel de *La Sepmaine*, et son harmonie préservée par le règne du soleil:

> Donc comme un Roi cerné de Ducs, Comtes, Barons,
> Se campe entre les flans des Roiaus escadrons:
> Ainsi Titan le Roi de la clere Lumiere
> De sis Princes flanqué, trois avant, trois arriere,
> Va, superbe, raudant les Provinces des Cieus
> "Guerdonnant ses Vassaus de ses rais gratieus [...][7]

Mais il suggère des comparaisons plus inquiétantes. Sa rondeur, gage de sa robustesse, évoque la pose du gladiateur en attente:

> Il fait de tout son corps une sphere arrondie,
> Il se r'abrege en rond, et d'une main hardie
> Halete roidement retrecissant son flanc
> Tant qu'il soit enyvré d'une mare de sang.[8]

Son extrême vitesse n'est pas vraiment à la mesure de l'homme. Du Monin a vraiment exploité le motif lucrétien des "cloîtres" périlleux; il ne se montre

---

[5] *L'Uranologie*, I, v. 107-112, f. 3 r°. Voir le texte de Du Bartas cité plus haut, p. 388.
[6] *L'Uranologie*, II, v. 31-38, f. 31 r°. Le poète fait allusion au livre I qui, après s'être intéressé au ciel, s'est mis à parler des éléments: le livre II, en revanche, sera tout céleste.
[7] *L'Uranologie*, II, v. 453-458, f. 38 v°. Cf. *La Sepmaine*, IV, v. 519-530.
[8] *L'Uranologie*, II, v. 675-678, f. 42 v°

pas seulement émerveillé par la puissance du mouvement céleste, il met en évidence sa brutalité, l'excès de son éclat et de sa sonorité.[9] Il tire ainsi un parti saisissant du passage où Buchanan justifie l'éloignement des sphères les plus rapides.[10] Alors que la *Sphaera* souligne avant tout la prudence avec laquelle le "clemens moderator Olympi" a adapté le ciel à l'usage humain ("Ad varios hominum dum sese accommodat usus"), le texte français frémit du contraste entre un ciel d'une violence "effroiable" (Buchanan disait seulement "celeres motus"), et la terre, poste d'observation "paisible", d'où l'homme doit pouvoir contempler les sphères sans affronter les périls qu'elles présentent réellement.

> Donques le tou-puissant, le pere menager,
> Soucieus de l'humain, comme du sang plus cher,
> <En> sa cour arrêta que les supremes voutes
> Parferoint à roideur leurs effroiables routes,
> Routes, qui toutefois n'impriment de nos yeus
> Leurs torrens ennemis du repos ocieus,
> Affin que comme assis en sa paisible chaire
> Il projete[11] les feus de l'Etoillé repaire,
> Sans eblouir sa vuë, ou l'oreille essourdir
> Au rouet bluetant qui ne peut s'engourdir.[12]

Le vent de l'effroi est aussi passé sur la syntaxe de la phrase, pour en brouiller un peu la logique, mais ce désordre même est expressif. Par son ordre, Dieu met en branle un mouvement insupportable à sa plus chère créature, et sa précaution secourable n'apparaît qu'au détour d'une relative ("qui toutefois..."). Le texte, qui cherche ici surtout à faire impression, transmet finalement un message opposé à celui de Buchanan; au lieu de rassurer, il sème la crainte: si l'homme, mis à l'abri, sauve ses yeux et ses oreilles, il n'en est pas moins entouré par les "torrens" insoutenables des plus hautes sphères. Du Monin évoque donc rarement le spectacle de la voûte céleste sans *tenir la bride* des *affections* de son lecteur, et sa marque propre est un certain climat de *terribiltà* qu'il laisse volontiers s'installer, dès que ses nombreuses occupations le permettent. La crainte et le tremblement sont d'ailleurs proches de la ferveur, et le ciel, séduisant et terrible, ses parties et ses attributs, font l'objet d'hymnes ou d'invocations, bien conformes à la tradition de la poésie philosophique.

[9] La vitesse inimaginable du firmament était un lieu commun (voir Michel Lerner, "L'Achille des coperniciens"), ainsi que l'épouvantable fracas des sphères, dans l'hypothèse où leur rotation aurait créé du son. Mais Du Monin a mis spécialement l'accent sur ce point.
[10] *Sphaera*, II, éd. cit. p. 37-38. Ce passage est analysé *supra*, p. 340-341.
[11] Contrairement aux apparences grammaticales, il ne faut pas imaginer Dieu sous les traits d'un projectionniste, confortablement installé sur sa chaise, et faisant apparaître les étoiles sur l'écran de la voûte céleste, c'est l'homme qui "projette" son regard vers les astres.
[12] *L'Uranologie*, II, v. 989-998, f. 48 r°.

Les "hymnes" et les invocations

Cette conformité paraît d'ailleurs surtout formelle, et les hymnes de Du Monin se lisent avec quelque déception, après ceux de Ronsard, de La Boderie et de Du Bartas. Leur isolement, au milieu de longs développements dont l'esprit est fort différent, leur donne une allure étriquée et artificielle; de plus, ils sentent souvent le pastiche, quand ils ne sont pas de pures copies. Le petit "hymne du ciel" du livre II résume ainsi, en passant de la deuxième à la troisième personne, celui de Du Bartas, lui-même inspiré de celui de Ronsard, si bien qu'en allant d'un texte à l'autre, on a l'impression de voir s'amenuiser à vue d'oeil le courant de l'inspiration philosophique. Les périodes généreuses, denses et vivement animées de l'hymne de Ronsard se sont rétrécies, chez Du Bartas,[13] pour donner de belles formules un peu figées qui imitent avec une certaine monotonie les cadences de l'original:

> O beau Rond cinq fois double, ennemi du séjour,
> Vie de l'univers,[14] sacré pere du jour,
> Sacré pere de l'an,[15] de toy-mesme modelle,[16]
> Qui ne changes de place, et toutesfois ton aile
> Sur nous vole si tost que nostre entendement
> Seul peut, comme tien fils, suyvre ton mouvement:[17]
> Infiniment fini,[18] franc de mort, d'acroissance,
> De discord, de langueur,[19] aime-son, aime dance,[20]
> Tousjours semblable à toy, tout à toy, tout en toy,[21]
> Clair, transparant, leger,[22] du bas monde la loy,[23]
> Qui bornes, non borné, d'un grand tour toute chose,
> Qui tiens toute matiere en toy, ou sous toy close,[24]
> Throne du Tout-puissant:[25] volontiers dans ces vers

---

[13] *La Sepmaine*, II, v. 979-994, éd. Bellenger, p. 87-88.

[14] Cf. Ronsard, *Ciel*, v. 23-28: "O Ciel viste et dispos, qui [...] *jamais ne sejourne,* / Trainant tout avec soy, *pour ne souffrir mourir* / *L'Univers* en paresse à-faute de courir."

[15] *Ibid.*, v. 105 sq.: " Toy comme fecond pere en abondance enfantes / Les siecles, et des ans les suittes renaissantes..."

[16] *Ibid.*, v. 85, p. 146: "[...] toy, qui es ton moule, et l'antique modelle ..."

[17] *Ibid.*, v. 17-22: "Et qui roules si tost ... que la vistesse aislée / Des Aigles, ny des ventz par l'air, ne sçauroient pas / En volant egaller le moindre de tes pas. / Seulement le penser de l'humaine sagesse, / Comme venant de toy egalle ta vitesse."

[18] *Ibid.*, v. 87-89: "Tu n'as en ta grandeur.../ ... infiny, faict d'un finy espace..."

[19] *Ibid.*, v. 76-78: "... franc de soucis, de peines et d'esmoy ...".

[20] *Ibid.*, v. 35-44: évocation de la "dance" des planètes qui contrarie celle du premier ciel; v. 41-44, p. 143-144.

[21] *Ibid.*, v. 84-85: "Toy, qui n'as ton pareil, et ne sembles qu'à un, / Qu'à toy [...]".

[22] *Ibid.*, v. 15: "O Ciel net, pur, et beau [...]".

[23] *Ibid.*, v. 114: "A qui de l'Univers la nature obtempere".

[24] *Ibid.*, v. 90: "Qui sans estre borné toutes choses embrasse", v. 94: "Tu prends tout, tu tiens tout dessous ton arche ronde", v. 97-98: "et bref, on ne voit chose, / Ou qui ne soit à toy, ou dedans toy enclose".

[25] *Ibid.*, v. 117: "Ciel, grand palais de Dieu".

> Je chanterois les lois de ton bransle divers,[26]
> S'il estoit encor temps [...]

Dans *L'Uranologie*, l'hymne a perdu tout son élan et sa spontanéité; il n'est plus un cri d'admiration, mais la conclusion de la laborieuse démonstration des caractères du ciel, sphérique, animé d'un mouvement complexe et fait de quintessence. Aux invocations ferventes de Ronsard et de Du Bartas ("O Ciel, net, pur et beau", "O beau rond"!), succède le "donc" du philosophe:

> Le Ciel est donc un rond ennemi de sejour,
> La Vie à l'Univers, immortel pere au Jour,
> Moule de son patron, patron de sa modelle,
> Immobile en son lieu, jaçois que sa souple aile
> Va si vite volant, qu'à peine de ses trais
> Il laisse les raïons en nôtre esprit portrais,
> Infiniment fini, tout grand, sans accroissance
> Du mal, marche de mort, des vifs vif guide-dance,
> Toujour semblable à soi, tout à soi, tout en soi,
> Fontaine de clarté gravant à tout sa loi:
> Dont la cloison non close, en sa ronde ceinture
> Dans soi clot ou sous soi les tresors de Nature:
> Qui seul pere des ans, et des jours, et des mois,
> Fait tête aus mois, aus ans, aus journalieres lois.[27]

L'auteur de ces vers ressemble fort peu à la diligente abeille, c'est un animal aussi "pilleur" mais surtout paresseux. Cette banale copie, d'un poète ne se souciant plus d'"errer par les champs de la grâce", et encore moins de "façonner d'une laborieuse main", justifierait à elle seule la méfiance de la Pléiade envers l'imitation intralinguistique.

Tous les "hymnes" de *L'Uranologie* ne témoignent pas d'une égale inertie créatrice, mais aucun ne remplit vraiment sa fonction originelle de louange sacrée. Ils surgissent à point nommé pour résumer les conclusions d'un développement, de sorte qu'ils se réduisent au rôle de procédés récapitulatifs; et ils sentent le "déjà lu". Le plus réussi peut-être, l'éloge du globe, rappelle, après un salut ronsardien, les enthousiasmes platoniciens et le style "pythagoricien" de La Boderie, sa façon de s'extasier sur les beautés et les mystères de la géométrie.[28] C'est l'un des très rares moments où le poète a laissé se développer un discours non argumentatif: un discours contemplatif, pour ainsi dire. L'invocation n'émerge pas brusquement de la discussion, son climat s'impose graduellement. La démonstration de la sphéricité du monde aboutit à une sorte de méditation qui prépare le mouvement par lequel le poète s'adresse finalement à son objet:

---

[26] *Ibid.*, v. 35 sq.: "De ton bransle premier, des autres tous divers ...".
[27] *Ibid.*, II, v. 1481-1494, f. 57 r°.
[28] Voir, par exemple, dans *L'Encyclie*, l'éloge du globe: "Quelle forme vois-tu plus parfaicte ny belle, / Que celle qui contient toute autre forme en elle? / Qui n'a rien d'aspreté, rien qui soit raboteus, / Rien d'angles divisé, rien qui soit tortueus / Rien qui saille dehors, rien de pente, ni fente, / Rien fosseté dedans, ni rien qui le rien sente? [...]" (éd. 1571, p. 87).

"Ainsi ce Tout fini, ce Monde en tout coté
"Son visage arrondit de toute part vouté,
"Tout à soi même egal, à soi même semblable,
"De Principe, de Fin, de nul Bout non bornable,
"Garanti de la dent du grand Faucheur grison [...]
"Se serpentant en soi dans sa même ceinture,
"Sans bers, sentier cercueil de son grand mouvement
"Tout balancé dans soi, sur son etaiement,
"Ne queimande dehors la garde de son Etre
"Nous sommant en son rond l'eternel reconnaitre.
Je te salue, ô Globe, une, deus, et trois fois,
Globe bien reconu de l'eternelle Vois,
Puisque creant ce Tout tracé sur sa modele,
Il print ton patron rond, dont la figure belle
Enclot un point en soi (merque du Dieu puissant)
Car ainsi que ce point non profond, large ou grand,
Commence toutefois et finit toutes lignes
Qu'on tire du milieu egalement insignes
"Devers l'entourement: De méme le Seigneur
"Est la qüeue et le chef de cette grand rondeur,
"Bien que l'Eternité sur un point apuiée
"De profond, large, ou grand, n'est grande mesurée:
"Ce tout nait de ce point, ce point limite tout,
"Comme DIEU de ce Tout le point et bout sans bout [...]²⁹

Cette écriture du ressassement, qui fait serpenter les idées et les mots pour les laisser revenir sur eux-mêmes, convient exactement au sujet, et elle crée un effet de litanie qui n'est pas malvenu dans un hymne. L'éloge du globe va lentement et s'étale sur près d'une centaine de vers, rare performance dans un texte où le raisonnement, la discussion et la démonstration ont pris l'habitude de "courir à vau-de-route", en s'essoufflant à la poursuite d'un ciel infatigable. Une telle ampleur n'a pas été obtenue par un effort de l'imagination qui aurait fait sortir de l'objet toutes sortes de virtualités inattendues. La surprise ne joue guère de rôle dans la poésie de Du Monin qui décrit la nature mais n'en imite pas l'inépuisable diversité, comme celle de Ronsard. Il ne "pindarise" donc pas, il développe méthodiquement la définition de la sphère et ses attributs (simplicité, infinité, invulnérabilité), ce qui est d'ailleurs la meilleure façon de suggérer la stabilité du monde:

Globe, bien que tu sois pere du mouvement
Faisant courir ton corps d'un leger voltement,
Tu porte toutefois le segnal de constance:
"Car en toute façon que ta figure dance,
"Tu es semblable à toy [...]³⁰

²⁹ *Ibid.*, II, v. 837-862, f. 45 v°-46 r°.
³⁰ *L'Uranologie*, II, v. 889-893, f. 46 v°.

Le globe de *L'Uranologie* n'a droit qu'aux voyages imaginaires de la géométrie. Ne s'offre à lui que la série limitée de ces déplacements qui engendrent des figures idéales et se décrivent dans une langue sobre:

"Quand tu changes de lieu par l'aëré repaire,
"Tu depeins par ton rond la forme colomnaire.
Te meuvant en rondeur fondé sur un seul point
Où s'apuie ton corp, ton lieu ne change point,
La Pyramide aussi, mais elle en est rentiere
A ton rond[31] qui se dit des formes la premiere.
"Ton corp pyroüetant, où nulle ligne n'est,
"En enfante une en l'aer qui de ta course nait:
Mais ce qui me ravit les espris par la vuë,
C'est que celui qui a ta nature cognue,
"Entend que ton corp seul, qui son pair n'admet point,
"A pour base et apuis le fondement d'un point [...][32]

Le chantre du globe, qu'on aurait cru intarissable, arrive donc à se fixer en l'admiration d'un point. L'ascèse géométrique a finalement eu raison des "admirables inconstances" de la première poésie philosophique. Et le style simple envahit l'ornement lui-même. L'esthétique des poètes mathématiciens, comme Peletier, ou admirateurs des mathématiques, comme Scève et La Boderie, s'impose dans une forme jusque-là surtout marquée par l'exubérance ronsardienne. Du Monin n'illustre pas la beauté de la rondeur en faisant appel à la vue, il ne la prouve pas en offrant un oeuf, il affirme dogmatiquement la nécessité du lien entre beauté et rondeur, et l'hymne se termine avec une énergie qui évoque l'éloquence de la chaire:

"Je dis que rien n'est beau sans parfaite rondeur:
Et qui bannirait donc du Beau la belle source
Des Cieus qui font tout beau par leur fuiante course?
    Voila donc, ô bon DIEU, ton charactere saint
Que, tout rond sans rondeur,[33] tu as au Monde empraint,
Lui donnant mouvement toujour mouvant sans cesse [...][34]

Le "je dis que", les "donc" signalent que le texte a retrouvé son niveau habituel, que l'invocation s'est résolue en démonstration. Mais la transition est étudiée: le poète se tourne vers Dieu, au moment où il abandonne son premier objet, de façon à donner à son hymne une fin ascensionnelle.[35]
    Ce procédé de clôture a été repris dans l'invocation au Jour, comme si Du Monin avait jugé le moyen commode pour abréger ses effusions.

---

[31] La sphère "sert une rente" à la pyramide, parce que la pyramide est un solide régulier inscriptible dans une sphère, et que c'est à ce fait qu'elle doit ses propriétés essentielles.
[32] *Ibid.*, II, v. 895-907, f. 46 v°.
[33] Toi qui possède par excellence la rondeur (dans la mesure où Dieu est infiniment tout), sans être rond (puisque Dieu ne saurait être qualifié).
[34] *L'Uranologie*, II, v. 922-927, f. 47 r°.
[35] Ceci pourrait rappeler la façon dont, dans le Quatrième Jour, Du Bartas donne à son hymne aux luminaires une fin ouverte vers le haut, en passant de la créature à son créateur (voir *supra*, p. 527-528).

Effectivement, cette invocation a des bords particulièrement escarpés: elle succède à l'aride explication des levers astronomiques, après une transition de deux vers qui congédient les signes (enfin disparus sous l'horizon du poème) et se tournent vers le chapitre suivant:

> Or les voila couchés: mais quel enfantement
> Nous temoigne des fruits de leur acouchement?[36]

La réponse à cette question est donnée par l'invocation elle même qui, pour ne pas rompre le fil, prolonge le trait d'esprit dans un registre sérieux, en brodant sur le thème de l'enfantement qui renvoie à la Genèse elle-même:

> "Dieu te gard bel enfant, bon-jour (belle journee)
> "Marchante ore à pieds cours, ore à longue trainée,
> "DIEU te sauve beau Jour, et vraiment si fera,
> "Car de ton premier Beau ce Tout il repara,
> "Faisant au lourd Chaos office de Lucine,
> "Bienheurant de ton front la premiere gesine,[37]
> Viens Jour, enfant de DIEU, Jour dont le cler berceau
> Se brigue obstinement par tout luisant flambeau [...][38]

La jonction entre la fin de l'invocation et la reprise de l'exposé est moins soignée. Le poète s'adresse soudain à sa Muse et lui demande de l'aider dans les savantes explications qui vont suivre:

> Muse empéche le Jour de tumber au cercueil,
> Ton president Titan[39] premier lui ouvrit l'oeil.
> "Le Jour marche à deus pieds, l'un se doit à Nature
> "L'autre est du cru de l'art, d'icelle la painture:
> "Le corp est plus agé que son corp painturé,[40]
> "Soit le Jour naturel en ma carte tiré:
> Puis d'un méme projet il faut que je m'essaie
> A tracer l'artizan d'ingenieuse craie.
> "Donc le Jour naturel [...][41]

---

[36] L'Uranologie, IV, v. 1098-1099, f. 112 v°. Les différentes durées du coucher (comme du lever) des signes, déterminent les longueurs respectives de la nuit et du jour.

[37] Dans l'oeuvre du Premier Jour (tel qu'il est raconté par Du Bartas), la beauté de la lumière s'oppose à la laideur du chaos originel, et l'efface. Cf. Du Bartas, La Sepmaine, I, v. 439-442 (éd. Bellenger, p. 23): "O Pere de sagesse, ô Pere de lumiere, / Et qui peut, et qui doit sortir mieux la premiere / De ce monde confus, que la vive Clarté, / Sans qui mesme le beau semble estre sans beauté!". Voir I. Pantin, "Chaos et lumière ...".

[38] L'Uranologie, IV, v. 1100-1107, f. 112 v°.

[39] Le soleil, Phoebus Apollon, patron des Muses.

[40] La nature doit exercer un droit d'aînesse sur l'art (qui l'imite), donc il faut d'abord parler du jour "naturel", celui que déterminine la révolution du soleil entre deux passages au méridien. Le jour "artisan" ou "artificiel" ne doit en fait rien à l'art, il mesure la durée de la présence du soleil au-dessus de l'horizon.

[41] L'Uranologie, IV, v. 1121-1130, f. 113 r°.

La chute progressive du ton est sensible: au bel "enfant de Dieu" s'adresse un fervent salut qui rappelle vaguement l'invocation à la lumière de *La Sepmaine* ("Clair brandon, Dieu te gard, Dieu te gard, torche sainte!")[42]; la Muse (très clairement l'Uranie des collèges) ne reçoit qu'une mise en demeure assez sèche, et pour finir il ne reste que l'auteur en train de réfléchir à son plan de cours. Ces manières expéditives pourraient déjà faire soupçonner un certain manque de respect à l'égard d'une forme littéraire vénérable, et l'examen du noyau même du passage (un très petit noyau) renforce cette impression; la prière dévie en effet, et l'éloge du Jour tend à servir de prétexte pour revenir à l'un des motifs obsessionnels de *L'Uranologie*: l'attaque contre les envieux.

> Beau-Jour n'anvite point l'Horizon de mon livre,
> "Au recoi Trophonide il est mal seur de vivre:
> Jour laisse voir à jour aus Regens et à moi,
> (Sans que l'yvraie enfante en nos yeus nul emoi)
> De quel raïon divin ta chevelure blonde
> S'atise pour dorer tous climas de ce Monde:
> "Fais que vivant chez toi, serviteur eternel
> "Je t'aie de mon nom Journalier Colonnel
> "Contre ces sots Hibous, qui vont à langue obscure
> "Faire en la Nuit d'oubli ma sombre sepulture.
> "De moi, toujour m'as veu epouser ton parti,
> "De ton trac Journalier mon pied n'est point sorti,
> Si tu ne m'envoiois pour fidelle ambassade
> Aus climas empoissés de la Nuit au teint fade.[43]

Au moment même où il s'adresse à la lumière, le poète n'oublie pas ses soucis quotidiens, son travail à faire avancer, l'injustice des critiques: son texte se rembrunit et abandonne l'éloge du Jour pour se charger d'idées nocturnes. Et quand il s'adresse au cercle de Midi, il n'interrompt même pas la leçon d'astronomie. L'invocation se différencie à peine de son contexte: la deuxième personne est d'abord utilisée, sur un mode purement pédagogique, pour donner des instructions au lecteur; et puis, sans transition, elle sert à saluer le méridien:

> Que si tu veus savoir le chemin à passer,
> Avant que ton Midi tu puisse outre passer
> Saches que si tu prens d'un des Poles ta course
> (Car par ces deus Pivôs le Midi prend sa source)
> Tendant à l'autre Pol ton Midi n'est changé:
> Mais courant d'Occident au Levant orangé,
> Ou de l'Est devers Oest prens trente miliaires,
> Avant qu'autre midi te loge en ses repaires.
> "Dieu te gard, beau Midi, dit du milieu du Jour
> "Du Jour, Pere du Beau: cercle dont le contour
> "Agrée à mon Phebus, car il forcene d'ire

---

[42] *La Sepmaine*, I, v. 483; éd. Bellenger, p. 25.
[43] *L'Uranologie*, IV, v. 1108-1121, f. 113 r°

"Quand le ferré Destin de ton logis le tire.[44]

Ainsi introduite, l'invocation ne crée pas une forte sensation; elle ne fait même plus l'effort de pasticher Ronsard, et se contente de semer ici ou là une expression typique ("ferré Destin"); ses répétitions s'écrasent platement, au lieu de se renvoyer des échos toniques. Très vite, le poète semble même confondre ses interlocuteurs; et il détaille au méridien ses usages, comme il en parlerait à un élève:

> Outre, par ton equierre, ô beau Cercle vouté,
> L'on connoit la largeur de chacune Cité:
> C'est aussi, beau Midi, c'est ta fidelle regle,
> Où la longueur des lieus artistement se regle,
> Pource, Geographie, et ses germaines soeurs
> Te doivent le plus beau de leurs savans docteurs.[45]

Les invocations de *L'Uranologie* ne sont donc que les copies, infidèles et presque insignifiantes, de modèles plus prestigieux, mais surtout plus vivants et moins arbitraires. Ce sont de vagues simulacres, des écorces flottantes, des singeries auraient-dit les théoriciens de la Pléiade. A les lire, on ne ressent guère cette correspondance entre la forme, le sens et la fonction qui donne leur force aux invocations ronsardiennes. Du Monin semble ne leur avoir attribué en propre qu'une finalité incertaine puisque, par crainte de perdre son temps, il a cherché à leur faire accomplir le même travail qu'aux autres parties de son oeuvre. Dans *L'Uranologie*, la leçon du méridien (pour conserver l'exemple le plus net) n'a sacrifié aucun détail, et elle reste froide, un défaut majeur pour les amateurs de poésie formés par l'humanisme.

Cependant ces invocations fossiles ont gardé le souvenir de leurs origines. Elles ne sont pas venues apporter, au hasard, un peu de lustre à un poème trop utilitaire. Leurs objets ont été choisis: le globe, le Jour et son jumeau le Midi, représentent l'essence même de la beauté cosmique. Pour un lecteur du XVIème siècle, imprégné de notions platoniciennes et aristotéliciennes, la rondeur représentait la perfection de la forme, et la lumière la perfection du visible.[46] Toutes deux permettaient, exigeaient même, de passer de l'admiration pour la créature à la dévotion envers Dieu, ce qui justifiaient la prière. Si Ronsard, La Boderie ou Du Bartas avaient eu à composer des hymnes pour *L'Uranologie*, il auraient sans doute choisi les mêmes destinataires. Du Monin en était conscient, comme le montre la prière finale de l'invocation au globe, et surtout, plus naïvement, la façon dont le méridien s'est vu expliquer la raison de son élection: de tous les cercles de la sphère armillaire, il a été le seul à recevoir une pieuse offrande, parce que seul il symbolisait une vertu agréable à Dieu.

> Bref entre tous les rons de la Celeste bande,
> Tu auras en ton tronc de ma Muse l'offrande:
> "Pource que le Daemon Concierge de ton fort

---

[44] *L'Uranologie*, III, v. 837-848, f. 78 v°.
[45] *Ibid.*, III, v. 881-886, f. 79 r°-v°.
[46] Voir *supra*, p. 214 sq.

"(Qui le plus outrageus de l'Orque ombrageus sort)
"N'a point estropié ma constance fidelle,
"Que tu targues[47] du rond de ta forte rondelle:
"Et pource que toujour qui tient le droit milieu,
"Comme toi, sans failhir trouve grace envers DIEU,
"Envers DIEU, qui tout un, de la ronde machine
"Est le centre, milieu, point, qui point ne chemine.[48]

Un vrai disciple de Ronsard n'aurait jamais écrit de tels vers: ils font allusion à l'inventaire exhaustif des objets célestes, un projet qui n'aurait pu avoir de sens à ses yeux, et ils déploient les artifices criards d'un style qui préfère l'audace des mélanges à la convergence des effets. Il n'aurait peut-être même pas apprécié ce réjouissant sujet de tableau: une Muse dévote qui fait le tour des troncs, mais ne donne qu'une fois, le démon de Midi sous les traits d'un concierge infernal et le bouclier brandi par le méridien. Et pourtant Du Monin laissait voir ici qu'il connaissait les vieux ressorts de l'allégorie et le sens des invocations.

L'héritage de la première poésie philosophique subsiste donc dans *L'Uranologie* ; les anciennes formules des *Hymnes* tentent de s'y adapter à un projet pour lequel elles n'étaient pas faites. Car Du Monin, toujours sensible à leur prestige, était en même temps entraîné ailleurs. Cet habile récupérateur a chargé de nouvelles significations le Parnasse de Ronsard et de nouvelles missions ses formes préférées. Il a ainsi détruit un équilibre, pour en recréer un autre. Dans son poème, les parties invocatoires ne jouent plus de rôle critique. L'animation de ce grand texte leur échappe: elle n'est plus le fait du "poète pieux", mais du dialecticien furieux.

---

[47] Protèges.
[48] *L'Uranologie*, III, v. 887-896, f. 79 v°.

CHAPITRE DIX-NEUVIÈME

LA PHILOSOPHIE DU COLLÈGE

Usages littéraires des noms

Du Monin, qui se voyait pourtant tout autrement,[1] s'est acquis la réputation d'un pédantisme effréné. A.-M. Schmidt a donné de ses "manies scolaires" une rapide analyse qui met au jour la racine du mal: la passion de la référence, due à un souci exclusif de la "gloriole savante".

> Il semble prendre en guignon qu'un régent de collège, un collègue, comme Buchanan, ait la noble pudeur de vouloir dissimuler les origines de sa science et s'avancer sous le masque. Il ... ne peut s'empêcher d'avertir le lecteur que lorsque le grand humaniste écossais met en lumière les vers suivants:
> > *Finge animo, pigris immoto corpore flammis*
> > *Stare polum...*
> c'est à Copernic qu'il songe.[2]

Cette remarque montre la permanence des réactions des amateurs de littérature. Un lecteur du XVIème siècle aurait pu exprimer le même agacement en face de l'érudition trop précise de notre poète.

Depuis l'Antiquité, le texte littéraire cache ses sources, alors même qu'il est savant et transmet les doctrines d'auteurs bien identifiés. Cette habitude semble se profiler déjà chez les Grecs, bien qu'il soit difficile d'en analyser les motifs. S'ils n'hésitent jamais à nommer des personnages réels, les dialogues de Platon sont plutôt moins scrupuleux dans leurs références que les traités didactiques d'Aristote, lesquels observent pourtant certains silences; Aristote a instauré la méthode dialectique en philosophie et l'habitude de récapituler les thèses en présence afin de les discuter, mais il ne ressentait pas le besoin de les attribuer systématiquement à un auteur ou même à une

---

[1] Voir sa déclaration contre les pédants, citée *supra*, p. 362, note 24.
[2] *La poésie scientifique...*, p. 339-340. Réf. à Buchanan, *Sphaera*, éd. cit., p. 13.

école; il a même souvent été discret sur le compte de ses adversaires: dans le
De Caelo, exemple, les thèses des atomistes (l'existence du vide, l'infini, la
pluralité des mondes) sont réfutées sans citer personne. Le travail de la
doxographie s'accomplissait ailleurs, dans les recueils de *placita philoso-*
phorum, composés à partir de l'époque de Théophraste,[3] dans ces *Vies et*
opinions dont l'oeuvre de Diogène Laerce[4] constitue pour nous le seul
exemple subsistant. Chez les Latins, Virgile et Lucrèce ne suivaient pas le
même usage que Pline ou le Sénèque des *Questions naturelles*.[5] Il est bien
naturel que le célèbre discours sur l'âme du monde de l'*Enéide* se présente
comme une révélation d'outre-tombe, sans une allusion aux doctrines dont
il est tributaire, parce que l'*Enéide* est une fiction. Mais le *De natura rerum*
n'en est pas une: la façon directe dont ce livre présente et prêche la
philosophie d'une "secte" a même fourni le motif central de son rejet par
Ronsard.[6] Or il tresse bien des couronnes aux grandes figures de l'atomisme
antique, mais sans posséder un véritable caractère doxographique. Il se
réfère à "l'avis sacré" de Démocrite[7], mais évite de citer les atomistes plus
récents. Ses éloges d'Epicure ne nomment pas une fois la "gloire de la
Grèce", le "père", le "divin génie", le "maître glorieux" qu'ils portent aux
nues,[8] et, pour nous en tenir au livre V (celui de la cosmogonie et de
l'astronomie de notre monde), les diverses hypothèses qu'il expose res-
semblent à des simulacres théoriques saisis au vol. Nous ne chercherons pas
à sonder les raisons de cette "noble pudeur", nous contentant d'observer à
quel point elle a durablement imposé sa nécessité.

A la Renaissance, quand l'érudition jouissait d'une rare considération et
les recueils doxographiques d'un large succès, la pratique de la référence
variait en fonction du genre, et surtout des prétentions littéraires du texte.
Les humanistes citaient avec précision dans leurs divers travaux
philologiques, par rigueur; et les philosophes des universités le faisaient
aussi, par respect de la tradition scolastique.[9] Cependant, les uns et les autres
avaient parfois de singulières réticences, à l'image de leurs antiques
devanciers. Ils parlaient moins volontiers de leurs contemporains que des
auteurs bien patinés par le temps, surtout s'il s'agissait d'adversaires. La

---

[3] Théophraste a été le successeur d'Aristote à la tête du Lycée. Du genre des *placita*, il ne
subsiste que des exemples tardifs: le *De placitis philosophorum* du pseudo-Plutarque et les
Eclogae et le florilège de Stobée (Vème s.). Voir Diels, *Doxographi graeci*, Diels-Krans,
Fragmente der Vorsokratiker, et J.P. Dumont, *Les Présocratiques*.
[4] Fin du IIème siècle.
[5] Sénèque procède à la revue des opinions d'une façon souvent claire, mais parfois il reste
dans le vague; il ne nomme quasiment jamais les maîtres de sa propre école, les Stoïciens.
[6] Préface posthume de la *Franciade*: "mais parce qu'il a escrit ses frenesies, lesquelles il
pensoit estre vrayes selon sa secte, et qu'il n'a pas basti son oeuvre sur la vray-semblance et
sur le possible, je luy oste du tout le nom de Poëte ..." (éd. Laumonier, XVI, p. 338). -
Ronsard ne reprochait pas à Lucrèce d'être épicurien mais d'être sorti de la fiction. Sa critique
rejoignait donc celle de Vida (voir *supra*, p. 190).
[7]*De nat. rer.*, V, v. 622. Cf. III, v. 370-371). Lucrèce cite également Anaxagore, Héraclite,
Empédocle, notamment dans le livre I qui expose les grands principes cosmologiques.
[8] *De natura rerum*, I, v. 62-79; III, v. 1-30; V, v. 1-54; VI, v. 1-42.
[9] La méthode d'un traité scolastique (qui dérive de celle d'Aristote) consiste, pour chaque
question, à examiner et à réfuter successivement toutes les thèses disponibles, avant de
présenter la sienne: elle impose d'indiquer les passages soumis à discussion.

plupart faisaient grand usage de l'antonomase toponymique, dans l'idée que "le Stagirite" était plus élégant qu'"Aristote". On a parfois l'impression que les progrés de la méthode scientifique ont entraîné un emploi de plus en plus systématique de la citation, dans toutes les disciplines. Ce n'est pas faux. L'histoire de la typographie montre, notamment, que le livre savant a rapidement amélioré sa présentation, au cours du XVIème siècle, pour faciliter le repérage des références.[10] Les *Institutions astronomiques* de Jean Pierre de Mesmes innovaient par exemple en comportant une quantité d'indications bibliographiques récentes et précises.[11] Mais il faut se garder de généraliser. Parmi les astronomes et les philosophes de la fin de la Renaissance, deux attitudes opposées se rencontraient: le danois Tycho Brahe a inauguré la pratique de la revue commentée des publications savantes traitant d'une question donnée;[12] en revanche, au début du XVIIème siècle, Galilée et Descartes évitaient les références avec un art consommé: tous deux rejetaient la méthode scolastique et ses lourdeurs; tous deux se souciaient de la qualité littéraire de leurs écrits.

Car dans le domaine des belles lettres, on répugnait à désigner des sources. Rabelais constitue une exception, mais les références dont il a parsemé ses romans sont généralement parodiques: elles se moquent, gentiment ou non, des habitués de Saint-Victor, des juristes tatillons, ou même des humanistes consciencieux. Montaigne citait constamment et nommait volontiers les auteurs latins qu'il chérissait, mais il ne songeait qu'exceptionnellement à renvoyer à un endroit précis d'un livre. En poésie, la règle s'était précisée depuis le passage de la Pléiade qui avait accentué la distinction et agrandi l'écart entre deux attitudes vis-à-vis du nom: la mise en évidence élogieuse et la citation référentielle. Justement parce qu'elle se voulait érudite, elle avait édifié de solides défenses contre le pédantisme.

Les poètes de la Pléiade avaient d'abord enrichi et amélioré les diverses manières de se passer des noms. *La Deffence et illustration* ne vantait pas pour rien les mérites de l'anagramme et de l'antonomase.[13] Ces figures n'étaient pas seulement destinées à augmenter la richesse sémantique d'un texte, en remplaçant un simple mot par plusieurs, qui actualisaient ses virtualités; elles pouvaient servir à des tactiques de silence. Ronsard, par exemple n'a jamais franchi certaines frontières. Il y a beaucoup de noms propres dans son oeuvre, mais presque aucune référence. Nommer n'est pas citer. Or Ronsard ne citait à peu près jamais, bien que son oeuvre fût exceptionnellement savante. C'est tout juste s'il saluait de temps en temps Homère, Epicure ou Platon,[14] avec cordialité mais sur un ton souvent léger et ironique. Car chez lui, un peu comme chez Rabelais, l'érudition ostensible

---

[10] Notamment grâce à la généralisation de la manchette.

[11] C'était nouveau parce qu'il s'agissait d'un manuel élémentaire, et que, dans ce type d'ouvrage, l'usage n'était pas de renvoyer aux livres plus spécialisés. - Voir *supra*, p. 43 sq.

[12] Voir *infra*, p. 471. Tycho avait entrepris la collecte systématique des écrits sur la nova de 1572 ou la comète de 1577.

[13] "Entre autres choses, je t'averty' user souvent de la figure ANTONOMASIE, aussi frequente aux anciens poëtes, comme peu usitée, voire incongnue des Françoys. La grace d'elle est quand on designe le nom de quelque chose par ce qui luy est propre [...]", *La Deffence...*, II, 9. - Sur l'anagramme, voir II, 8.

[14] Des sommités devenues quasiment légendaires.

apparaît généralement dans un registre comique. Chez lui, les théories scientifiques ne sortent pas d'un livre extérieur. Elles se réalisent subitement et se proposent au lecteur, avec l'évidence d'un spectacle saisi au vol:

> Ces petitz corps culbutans de travers,
> Parmy leur cheute en byais vagabonde,
> Heurtez ensemble, ont composé le monde
> S'entr'acrochans d'acrochementz divers.[15]

Ou bien elles coulent directement de la source des Muses. Lorsque Ronsard renvoyait au Ciel sa propre image, il n'avait aucun besoin de chercher des garants, il affirmait, avec une pleine autorité et une pleine franchise.

> De ton bransle premier, des autres tout divers
> Tu tires au rebours les corps de l'Univers [...][16]

Le poème était une fiction autonome, même s'il comptait sur la mémoire et sur la culture de son lecteur, il n'était pas censé s'appuyer sur les doctrines des "sectes", et encore moins y renvoyer.[17]

Nommer ses sources après Ronsard

Après Ronsard, la poésie philosophique devint réellement didactique et se mit à défendre des thèses facilement identifiables: les diverses formes de théologie naturelle adoptées par La Boderie et Du Bartas ne pouvaient être confondues avec les "frénésies" d'une "secte", mais elles se rapportaient chacune à un corps de doctrine dûment constitué et forcément livresque. Si les poètes de la nature continuèrent à faire semblant d'ignorer les livres, cette fiction tendit à perdre de sa crédibilité. Les vieux artifices de présentation pouvaient encore sembler valables, qu'il s'agît du songe d'Adam, dans le *Microcosme*, de la leçon d'Uranie au Secrétaire, dans *L'Encyclie*, ou de l'histoire des *Colonnes* dans la *Seconde Semaine*, mais ils s'accordaient imparfaitement avec ce qu'ils encadraient. Il était peu vraisemblable, aurait pu dire Ronsard, que Dieu eût récité à Adam la *Margarita philosophica*. Les apparences n'en étaient pas moins sauves: ni Scève, ni Du Bartas ne devaient se voir en poètes pédants.

La Boderie a sans doute été le premier à pratiquer la référence dans un esprit foncièrement différent de celui de la Pléiade: sa *Galliade* est une histoire universelle des arts et des sciences, et il ne pouvait faire autrement sans tomber dans la confusion. A.-M. Schmidt l'a bien remarqué, qui accuse "sa manie de boursoufler ses vers de références érudites".[18] Les noms propres envahissent *La Galliade*, noms de la Bible, noms gaulois, noms restitués à la manière de Postel, noms historiques et noms mythiques, mais aussi noms des savants, des poètes ou des musiciens contemporains

---

[15] *Amours de Cassandre*, s. 37, v. 1-4.
[16] *Hymne du Ciel*, v. 35-36, éd. Laumonier, VIII, p. 143.
[17] Sur le rapport entre l'autonomie du texte et le refus du pédantisme, voir *supra*, p. 259-270.
[18] *La poésie scientifique*, p. 247.

dont La Boderie reconnaissait la contribution.[19] La nomination dans *La Galliade* reste en grande part une nomination de célébration:

> HAMEL, qui d'un labeur doux et delicieux
> As mesuré la Terre, et fait mouvoir les Cieux:
> Et les honneurs gemeaux de la Belgique Gaule,
> Les GEMME qui le Ciel ont porté sur l'espaule [...][20]

Mais elle remplit aussi une autre fonction, puisqu'elle sert à authentifier et à fixer historiquement le récit. Le texte est d'ailleurs bordé de notes qui sont parfois de simples explications, parfois de véritables références.[21] Par ces nouveaux usages, le poète admettait donc sa dette envers l'écrit. A.-M. Schmidt a vu dans cette évolution une "dégénération capitale: érudit livresque, La Boderie chante les travaux des métiers sans voir vraiment les ouvriers à la tâche".[22] Effectivement, elle correspondait à une modification profonde du rôle de l'érudition: au lieu de viser à donner de la magnificence au langage "tant pour *représenter la chose*, que pour l'ornement et splendeur des vers",[23] elle tendait à servir de simple relai (et peut-être d'écran) entre le poète et les choses. Mais elle n'en dénotait pas moins le désir de s'adapter, sans hypocrisie, aux nouvelles missions de la poésie philosophique, en la tirant d'une position ambiguë vis-à-vis du savoir.

En 1578, la même année que *La Galliade*, paraissait *La Sepmaine*, qui avait dû poser à son auteur des problèmes analogues: un hexaméron ne transmet pas des connaissances tombées du ciel, il examine diverses théories philosophiques pour vérifier leur compatibilité avec l'Ecriture, et un tel travail ne peut s'accommoder de la "noble pudeur" du beau style. Or Du Bartas a fait ce qu'il a pu pour ressembler davantage à un disciple de Ronsard qu'à un maître d'école. Presque tout l'exposé astronomique du Quatrième Jour est ainsi mené à bonne fin sans qu'y figure un seul nom d'astronome. Copernic apparaît fugacement sous le couvert d'une périphrase ("ce docte Germain").[24] Le poète reconnaît, dans le prologue, que le chant n'a pas été composé sous la seule dictée du Saint Esprit, mais les remerciements qu'il adresse à ses sources écrites restent flous:

> Et vous, divins Esprits, ames doctement belles,
> A qui le Ciel départ tant de plumes isnelles,
> Soit pour monter là haut, soit pour disertement
> De ses plus clers flambeaux peindre le mouvement:
> Çà, donnez moy la main, tirez moy sur Parnasse,
> Et de vos chants divins soustenez ma voix casse.[25]

---

[19] Cet envahissement était d'ailleurs lié aux idées qu'avait La Boderie sur l'étymologie.
[20] *La Galliade*, I, éd. cit., f. 32 r°. La Boderie rend ici hommage à Pascal Du Hamel, professeur de mathématiques au Collège royal, à Gemma Frisius et à Cornelius Gemma.
[21] Par exemple au f. 7 r°: "Plin. livre 7. Diod. livr. 4."; f. 27 v°: "Berose et Eusebe de la preparation Evang. livr. livr. 10. chap. 3."
[22] *La poésie scientifique...*, p. 263-264.
[23] Voir *supra*, p. 299 et 192 sq.
[24] *La Sepmaine*, IV, v. 156, éd. Bellenger, p. 155.
[25] *Ibid.*, IV, v. 17-22, éd. Bellenger, p. 146.

On se demande quels sont ces "chants divins" qui peignent les mouvements célestes d'une façon si docte, et sur quelle sorte de Parnasse ils entraînent le poète. Celui-ci ne le précise jamais, pas plus qu'il n'attribue d'auteurs déterminés aux théories qu'il accepte ou qu'il attaque: celle de l'identité de la substance du ciel et des étoiles appartient aux "Grecs"[26], celle de l'animation des astres à des "forgeurs de fables".[27] Le Premier et le Second Jour sont moins discrets parce qu'ils sont plus polémiques: le poète s'en prend clairement au "resveur Democrit"[28] et à Leucippe;[29] et lorsqu'il discute de la matière céleste, il nomme les auteurs des deux doctrines rivales:

> Mes pas dessus les pas d'Aristote imprimant
> Je prive d'elements le doré firmament [...]
> Puis soudain revenant disciple studieux
> De l'Attique Platon je les mets dans les cieux.[30]

Cette liberté est sans doute possible car il s'agit de philosophes extrêmement illustres et très anciens, mais les divergences d'opinions de mathématiciens moins insignes ne sont nullement traitées avec la même précision:

> Mais tout autant ou plus, es escoles mortelles
> Pour le nombre des cieux s'esmeuvent de querelles.
> Cestui-ci n'en croit qu'un [...]
> L'autre, faisant par l'oeil un certain jugement [...]
>   [...] divise ingenieux,
> En huit estages ronds le bastiment des Cieux.
> Et l'autre, et l'autre encor, remarquant en la dance
> Du plus estoilé Ciel une triple cadence,
> Et qu'un corps n'a qu'un cours qui lui soit naturel,
> En conte et neuf et dix [...][31]

L'astronomie de *La Sepmaine* est donc une science très anonyme où les "escoles" s'affrontent dans le brouillard. Chez Ronsard, la doctrine était si simple et si évidente que l'absence d'auteur n'enlevait rien à son autorité; chez Du Bartas, le lecteur commence à soupçonner la complexité des choses, et il se pose quelques questions auquel le texte, fidèle à sa poétique réserve, ne répond pas.[32] Chez Du Monin, le paysage s'éclaire et les fantômes qui disputaient sous le masque trouvent enfin une identité. Ce poète auquel on reproche son "dégoût de la lumière",[33] a été l'un des rares en son siècle à dire sans réticence ce qu'il voulait dire, et à nommer les gens dont il parlait. Son *Uranologie* n'a jamais eu de Simon Goulart et n'en avait pas besoin: elle se commentait elle-même.

---

[26] *Ibid.*, IV, v. 68, éd. Bellenger, p. 149.

[27] *Ibid.*, IV, v. v. 89, éd. Bellenger, p. 150.

[28] *Ibid.*, I, v. 18, éd. Bellenger, p. 2.

[29] *Ibid.*, I, v. 314, éd. Bellenger, p. 17.

[30] *Ibid.*, II, v. 895-896 et 919-920, éd. Bellenger, p. 81-82 et 83.

[31] *Ibid.*, II, v. 953-955, 959, 963-968, éd. Bellenger, p. 84-86.

[32] Les commentaires de Simon Goulart et de Pantaléon Thévenin répondent à sa place.

[33] *La poésie scientifique...*, p. 331. Ref. à M. Raymond, *L'influence de Ronsard*, p. 311-312.

Du Monin pédant

Du Monin était un personnage entre deux mondes qui ne s'inquiétait guère des contradictions. Chez les poètes, il avait gagné l'amour des périphrases; chez les professeurs, la fierté de son savoir et le désir de l'exposer dans tous ses détails. Son *Uranologie* avait pour premiers destinataires les régents du collège de Bourgogne, il était donc assez naturel qu'elle leur parlât leur langue.[34] Il en est résulté un mélange original; le texte est saturé d'informations qui tantôt s'accumulent avec une franchise un peu brutale, tantôt s'enrobent de circonlocutions. De toute façon, Du Monin ne contournait plus les noms pour les éviter mais seulement pour les parer.

L'Uranologie n'exclut à priori aucune catégorie. Alors que *La Sepmaine* ne cite que les plus grands philosophes grecs, alors que la *Sphaera* se maintient dans une sereine intemporalité et semble à peine s'apercevoir que l'astronomie ait progressé depuis le deuxième siècle, ce poème fait figurer les personnages familiers des cours de philosophie et de mathématiques. Le "Phoenix Aristote"[35] tient évidemment la première place, mais il est accompagné de moindres lumières, plus anciennes ou beaucoup plus récentes. D'un côté le poète s'intéresse aux présocratiques et à leurs opinions originales: à Leucippe et à Démocrite, qu'il poursuit de sa hargne et affuble d'épithètes bartasiennes,[36] à Anaxagore,[37] Thalès,[38] et Empédocle:

> Ainsi disoit fort bien le sage Agrigentin,
> Que le Ciel étant Feu, par semblable destin
> Le Feu formoit aussi ses medailhes luisantes [...][39]

De l'autre, il prend en considération toute la tradition de la philosophie chrétienne. Il critique la cosmologie d'Origène, mais n'hésite pas à le nommer.[40] Les grands docteurs scolastiques, comme Thomas d'Aquin,[41] Duns Scot,[42] Albert le Grand, viennent prendre parti dans ses débats:

> Ce tableau t'a fait voir à proportion même
> Que Neptun, comme épous, la Terre en épouse aime,
> Si que de l'un et l'autre au bord exterieur
> La surface n'est qu'une en parfaite rondeur.
> Ce que combat Albert, qui fait l'eau la ceinture,
> Fermant cerclairement nôtre pile plus dure,
> Passant d'un Pole en l'autre, à voie du Ponant,

---

[34] Voir *supra*, p. 348, 361, 369-370.

[35] *L'Uranologie*, II, v. 161, f. 33 v°.

[36] F. 41 r°: "N'entend-je pas rever ce rieur Democrite, / Leucipe phrenetic, qui mes leçons depite? / Et Epicure encor au clos Cecropien [...]".

[37] F. 33 r°: "Mémes Anaxagore accusé rudement / En l'Attique Parquet fut fait serf du torment, / Pour avoir assuré que le globe celeste / Etoit autre que DIEU voilant des cieus sa tête."

[38] F. 150 v°.

[39] F. 36 r°. Cf. Pseudo-Plutarque, *De placitis*, II, 13, 888E.

[40] F. 33 r°.

[41] F. 7 r°; f. 80 r°.

[42] F. 80 r°.

Et par l'Aube à son port sa course allant bornant.[43]

La philosophie arabe est aussi représentée. Averroès est cité sous diverses périphrases ("le commentateur du regent Aristote",[44] "l'Arabe subtil"),[45] mais aussi tout simplement.[46] Le "grave Avicenne, honneur Arabien" est loué pour ses travaux sur les climats.[47]

Dans l'*Uranologie*, l'astronomie a une histoire. La recherche du nombre des sphères est racontée dans deux styles différents. D'abord, comme dans *La Sepmaine* ou dans la *Sphaera*, d'une façon poétique, vague et idéale:

> *Ces sages* epians le grand Vague étoilé
> D'un oeil tout Lyncean de nuls brouilhars voilé,
> Virent les Feus errans des luisantes Planettes
> Or' plus prés, or' plus loin s'entre-baiser les têtes [...]
> Comme voians plus haut tant de menus flambeaus
> Ni plus ni moins entre eus aprocher leurs chevaus,
> Ils les camperent tous en la huitieme tente
> Car d'un pavilhon seul un tel ôt se contente.
> L'Aigle plus genereus d'un esprit curieus
> Emporta *quelque esprit* en plus haut lieu des cieus,
> Qui outre ces huit arcs vid encor une bande [...][48]

Puis d'une façon précise et prosaïque: l'"esprit" indéterminé trouve une identité et, à sa suite, défile la théorie des astronomes:

> A Tymocare on doit ce segret mouvement,
> Qui trop tôt condamné au cendreus monument,
> Laissa ses heritiers de si rare science
> En proces quereleus, tant qu'enfin par sentence
> Du Juge sans appel, Eparch[49] fut appellé
> Pour devoiler ce cours à maintes clefs celé:
> A cetui succeda ce grand Roi Ptolomée [...]
> Alphonse[50] et Montreal,[51] espris vraiment moulés
> Sur quelque saint patron des cercles étoillés,
> Plantant ores plus haut leur Delienne echelle
> Ont rencontré ce Monde où sans cesse ruisselle
> Maint fleuve de Nectar [...][52]

---

[43] F. 7 v°-8 r°. La thèse d'Albert le Grand s'oppose à celle du globe terraqué. - Sur cette question, voir W.G.L. Randles, *De la terre plate ...*
[44] F. 52 r°.
[45] F. 53 r°
[46] F. 52 v°: "Averroës ainsi choque la vérité".
[47] F. 87 r°.
[48] F. 36 v°. Sur cette question, voir *infra*, chapitre XX.
[49] Hipparque. Ce nom est orthographié de façon plus classique au livre V (f. 150 v°).
[50] Alphonse le Sage supposé être l'auteur des Tables alphonsines (voir *infra*, p. 438-9).
[51] Regiomontanus.
[52] F. 37 r°-v°.

Les astronomes de la Renaissance assument la responsabilité de leurs hypothèses. Oronce Fine, comme on l'a vu, est accusé de se "couvrir d'un sac mouilhé", à cause de sa théorie de la huitième sphère.[53] Les "esprits frénétiques" de *La Sepmaine* s'incarnent en un fondateur de système:

> Fains avec Copernic, que l'animal du ciel
> Comme aiant avalé du somme le dous miel,
> A deus pieds etendus mollement se repose,
> Et que pour tout jamais sa paupiere soit close.[54]

Le souci de l'exactitude n'exclut pas la fantaisie. Du Monin s'est livré à de petits jeux pour exercer la sagacité de son lecteur. Jean Chrysostome, malheureux défenseur de la thèse des astres animés, devient:

> [...] ce bon docteur sacré
> Qui emprunta son nom du langage doré.[55]

Cardan est un sujet de plaisanterie:

> Je crois, ardant Cardan, que ton ardant cerveau
> Est par la Salamandre etint en son forneau.[56]

Au moment même où il se réclamait du grand style de *La Sepmaine*, Du Monin n'a pas résisté à l'attrait de l'humour des collèges:

> Si veus toutefois [...]
> Savoir et dire à tous d'un stile plus auguste
> Moulé sur le patron du bien salé Saluste,
> Les differens cachôs, où sont emprisonnés
> Et Phébus et Phébé d'Eclipse condamnés [...][57]

Toutes ces apparitions de noms savants ne sont pas d'une utilité évidente. Certaines paraissent surtout destinées à faire valoir la culture de l'auteur ou à placer une idée ingénieuse. Ainsi Du Monin a-t-il fait plusieurs fois allusion à Archimède dans le seul but de donner plus d'intensité à ses affirmations: la terre est si stable que même le levier d'Archimède ne pourrait la déloger;[58] ou bien, la grandeur de la terre a si peu de rapport avec celle du ciel que même Archimède ne parviendrait pas à en établir:

> Il ne se trouve jet chez le Syracusain
> Qui mille fois doublant nôtre globe Terrain,
> Puisse couper le Ciel de part, tant et tant moindre

---

[53] Voir *supra*, p. 341-342.
[54] F. 17 r°.
[55] F. 32 v°.
[56] F. 54 r°. La plaisanterie est filée tout au long de la discussion sur la chaleur céleste.
[57] F.147 v°. Cf. f. 150 v°: "... Berose / De son docte pourpris fit loin fleurer la rose".
[58] F. 16 v°.

> Qui puisse en quelque egard la Terre au Ciel conjoindre,
> A ce Ciel, qui cindrant l'univers de ses bras,
> Du petit point central ne peut faire nul cas.[59]

Cette pratique assidue de la référence s'accordait à une nouvelle conception des convenances du style. Du Monin a choisi d'opérer un mariage brutal entre des éléments peut enclins à se mélanger. Rien n'est moins homogène que ces vers qui parlent plusieurs jargons à la fois:

> Mais le plus juste pois du Posidonien,
> Et du grave Avicenne, honneur Arabien,
> Ont plus exactement assuré les minutes
> Des habitations que l'on tenoit pour brutes,
> Pour hermites climâs, pour desers solitaires
> A l'homme et au troupeau cadnassant ses repaires [...]
> Je tiens avecques eus, qu'en la moyenne trace
> Du Ciel moitoienant, un éternel Printems
> Se couronne de fleurs, qui ne cèdent aus dens
> De Borée outrageus, et que l'Alme Nature
> N'y porte jamais dueil, fiz d'une saison dure [...][60]

Le langage des métiers, prudemment admis par la Pléiade, s'impose ici sans gêne: le vocabulaire des notaires ajoute sa petite note aux doctes précisions du philosophe, et les coquetteries poétiques, pourtant dispensées sans compter, n'ont plus l'air de sortir de la bouche des Muses, ce sont des particularités linguistiques qui marquent, elles aussi, l'appartenance à une certaine profession. Dans *L'Uranologie*, la poésie a cessé de venir d'un autre monde, et la science en a fait autant. Toutes deux se présentent manifestement comme des productions humaines, comme une habileté et un savoir acquis dans les écoles et dans les livres. Les racines sacrées ou mythiques sont définitement coupées, malgré les proclamations emphatiques qui semblent dire le contraire. Nous nous garderons d'apprécier le résultat artistique de ce déracinement; et le résultat scientifique, dont il sera question un peu plus loin, n'est pas exceptionnellement brillant. Quoi qu'il en soit, la voix de Du Monin a des accents très aisément reconnaissables, et sa science a quelque chose de vivant; elle a une dimension historique, elle nous transmet un peu de la réalité des collèges parisiens, aux alentours de 1580.

---

[59] F. 26 r°-v°. Si Archimède multipliait la terre par mille, et divisait le ciel autant qu'il voulait, il ne réussirait pas à les rendre commensurables. - L'*Arénaire*, vulgarisé en France par la traduction de Du Hamel valait à Archimède sa réputation de calculateur fabuleux.
[60] F. 87 v°. Buchanan citait seulement Posidonius. Il s'agit du climat de la zone équatoriale.

Les disputes

Le même oubli des conventions se retrouve dans l'élément probablement le plus original de *L'Uranologie*: les discussions grâce auxquelles le poète impose laborieusement et âprement ses vues (des vues fort peu révolutionnaires), après avoir exposé les thèses adverses dans la meilleure tradition scolastique. Pas plus que la référence, et pour les mêmes raisons, la discussion n'avait de raison d'être dans la poésie philosophique de Ronsard. Si la nature était l'objet d'une saisie intuitive, elle n'avait rien à attendre de la dialectique; les vociférations des *disputationes*, ou même les démonstrations et réfutations des docteurs lui restaient tout à fait étrangères. Mais cette exclusion pouvait devenir artificielle; car au XVIème siècle la discussion était indissociable de la vie philosophique qui se déroulait encore principalement dans le cadre universitaire.[1] A partir du moment où les poètes assignaient une tâche précise à leur philosophie: démontrer l'immortalité de l'âme, pour La Boderie, contribuer à l'élaboration d'un hexaméron, pour Du Bartas, ils rejoignaient le monde réel des professeurs et se trouvaient contraints d'admettre leurs façons de discourir et de discuter. L'Uranie de *L'Encyclie* raisonne doctoralement, avant de contempler l'Unité.[2] Et dans *La Sepmaine*, les thèses cosmologiques de Platon, d'Aristote et d'Epicure sont examinées, comparées et réfutées quand il le faut vraiment.

Du Bartas "armé de raisons"?

Pas plus qu'il ne le faut, car Du Bartas a recouru le moins souvent possible à ce mode d'exposition, et il a évité d'y mettre une passion excessive. Il lui est arrivé plusieurs fois d'affirmer sans démontrer, et de remplacer la discussion par un rappel émouvant à l'humilité chrétienne: la terre ne représente qu'un point en regard de l'univers, c'est une chose entendue,

> [...] Humains, voila le lieu
> Pour qui vous mesprisez le sainct palais de Dieu.[3]

---

[1] Depuis le Moyen-Age, la "disputatio" constituait avec la "lectio" (lecture commentée d'un texte), l'instrument essentiel de la formation dans les facultés médiévales. L'un des participants "proposait" une thèse qu'il devait défendre en répondant aux objections d'un adversaire qui soutenait le point de vue inverse. Le déroulement du débat suivait des règles précises. Voir P. Moraux, "La joute dialectique..."; I. Angelelli, "The technique of disputation ..."; *Lexicon des Mittelalters*, t. III, Munich/Zurich, 1986, col. 1116-1120. - Les humanistes critiquèrent la *disputatio* pour son caractère formaliste et son agressivité excessive, en l'accusant de mener au mépris de la vérité et au sectarisme (voir notamment J. L. Vives, *De corruptis artibus*, dans le *De disciplinis*, Anvers, Michæl Hillenius, 1531, f. 13v°-16r°), mais ils continuèrent à recommander son emploi bien réglé. La *disputatio* continua donc à jouer son rôle dans la pédagogie de la Renaissance. Sur son usage dans le domaine de la philosophie naturelle et de la théologie, voir L. Thorndike, *A History of magic* ...., t. VII, p. 338-371; U. Gerber, *Disputatio als Sprache des Glaubens*.

[2] Voir *supra*, p. 384 sq.

[3] *La Sepmaine*, III, v. 439-440. Suit une condamnation de l'ambition qui évoque Lucrèce. Buchanan a composé un développement comparable à l'endroit correspondant de sa *Sphaera*.

Les conseils de Calvin allant, pour une fois et par hasard, dans le même sens que les conventions littéraires, Du Bartas a pu éviter de prendre parti dans bien des débats. Confronté à diverses questions physiques, traditionnelles et pourvues d'une longue bibliographie, le poète de *La Sepmaine* se garde de s'échauffer, prend ses distances et papillonne avec grâce, effleurant les différentes thèses, avant de tout remettre entre les mains de Dieu.

> Je ressemble, incertain, à la fueille inconstante,
> Qui sur le faiste aigu d'un haut clocher s'esvente:
> Qui n'est point à soy mesme, ains change aussi souvent
> De place et de seigneur, que l'air change de vent [...][4]

avoue-t-il au moment de confronter les opinions d'Aristote et de Platon sur la matière des cieux, ce qui donne une entrée en matière bien peu combattive. En effet, la colère du poète ne vise pas telle ou telle réponse à la question, mais l'audace même de l'enquête:

> Voila jusqu'où s'estend la superbe fureur
> Des hommes aveuglez d'ignorance et d'erreur,
> Qui, comme s'ils avoyent mille fois calcinee
> La matiere d'en haut, d'une langue effrenee,
> Osent acertener, sans preuve et sans raison,
> De quel bois l'Eternel charpenta sa maison.
> Or cent fois j'aime mieux demeurer en ce doute,
> Qu'en errant faire errer le simple qui m'escoute,
> Attendant qu'un saint Paul redescende des cieux [...][5]

Ces scrupules, dont la sincérité ne saurait être mise en doute,[6] s'expriment bien à propos pour éviter les lourdeurs d'une discussion scolaire: lorsqu'il s'agit simplement de décrire le ciel et ses astres, le poète n'hésite pas à en dire long et à s'embarquer hardiment sur le char d'Elie, sans attendre d'être "deschargé du manteau vicieux / De ce rebelle corps".[7]

Devant les sujets consacrés des débats scolastiques, Du Bartas refuse donc de s'engager et d'engager son lecteur, de sorte qu'il use rarement d'un discours directif, préférant les diverses formules de l'alternative. Depuis la fin de l'Antiquité, la question des rapports de la terre et de la mer préoccupait les philosophes, soucieux de concilier les données de l'expérience et la théorie des quatre éléments,[8] or le Second Jour ne privilégie aucune hypothèse et s'abstient même de manifester une curiosité déplacée: les eaux ont pu laisser apparaître la terre par divers moyens:

---

[4] II, v. 889-892; éd. Bellenger, p. 81.

[5] *Ibid.*, II, v. 939-947; éd. Bellenger, p. 84.

[6] Sur les fondements religieux de cette condamnation, voir *supra*, p. 119 sq.

[7] *Ibid.*, II, v. 948-949; éd. Bellenger, p. 84.

[8] Dans cette théorie, les éléments constituent quatre cercles concentriques. La mer devrait donc entièrement recouvrir la terre. Plusieurs solutions étaient avancées: la mer était contenue dans les gouffres de la terre et retenue par ses reliefs; ou bien les sphères de la terre et de l'eau étaient décalées, elles n'avaient pas le même centre (ou pas le même centre de gravité), ce qui laissait émerger une bonne portion de terre; ou bien la terre était bossue etc. Voir W.G.L. Randles, *De la terre plate au globe terraqué.*

> Soit qu'au commencement l'imparfaite lumiere
> Eust attiré beaucoup de ceste humeur premiere
> Es lieux plus eslevez [...]
> Soit que le Tout-puissant fist de nouveaux espaces
> Pour y loger ses flots, soit qu'ouvrant les crevasses
> Et des monts et des champs, il luy pleust d'enfermer
> Sous terre quelque bras d'une si large mer.
> Soit que pressant ces eaux [...]
> Il les emprisonnast dans le clos de ces bords
> Contre qui l'Ocean perd ore ses efforts [...][9]

et plusieurs raisons permettraient d'expliquer qu'elles restent à leur place,

> O Dieu, seroit-ce point dautant que tousjours l'onde
> Tend de son naturel vers le centre du monde:
> Et que les flots salez vers le fond de ce fonds
> Voulans tomber à-plomb demeurent tousjours ronds?
> Ou bien seroit-ce point pour autant que les rives
> Dans leurs superbes flancs tiennent les eaux captives?
> Ou que nos Océans sont comme soustenus
> De mille rocs semez entre leurs flots chenus?
> Ou bien seroit-ce point ta puissance absolue
> Qui la courbe à l'entour de la terre velue?[10]

Le poète montre une réserve d'autant plus notable que la question ici abordée n'a pas d'importance théologique: il ne "s'émeut pas de querelle" et ne cherche pas même à dialoguer avec les "écoles mortelles". Tout entier tourné vers Dieu, il s'émerveille des multiples ressources de sa puissance.

> Et qu'est-ce qu'en la mer pouvoit estre impossible
> A ce grand Amiral [...]?[11]

Ses interrogations expriment davantage cette admiration qu'une incertitude inquiète: il connaît l'ultime solution de tous les mystères de la science:

> O grand Dieu! c'est ta main, c'est sans doute ta main
> Qui sert de pilotis au domicile humain.[12]

Du Bartas ne se met donc en colère, et en frais d'argumentation, que s'il perçoit une réelle menace contre la vision chrétienne du cosmos. Ses cibles sont les atomistes, qui affirment la pluralité des mondes[13] et l'animation des

---

[9] *La Sepmaine*, III, v. 41-43, 45-49, 51-52; éd. Bellenger, p. 99.

[10] *Ibid.*, III, v. 381-390. - A propos de la matière des astres, Du Bartas présente l'hypothèse des Pères (des astres créés par division de la lumière du Premier Jour), puis celle d'Aristote, sans contraindre le lecteur à choisir la première: "Que si, trop altéré, ton esprit aime mieux / Boire dans les ruisseaux des Grecs que des Hebrieux, / Je di que [...]" (IV, v. 67-68).

[11] *Ibid.*, III, v. 61-62; éd. Bellenger, p. 99.

[12] *Ibid.*, III, v. 391-392; éd. Bellenger, p. 116.

[13] *Ibid.*, I, v. 305-334; éd. Bellenger, p. 17-18.

astres;[14] les "frénétiques" partisans de l'héliocentrisme[15] qui voudraient enlever le "domicile humain" du "siege qui lui fut assigné par <la> grace" divine,[16] et tous ceux qui n'attribuent aucune influence aux étoiles, comme si Dieu les avait créées pour la montre.[17] Lors de ces polémiques, le poète "s'arme de raisons" et les défend avec une certaine chaleur:

> Je ne voy point comment tant de courriers dorez
> Puissent postillonner par les cieux azurez,
> Que le Ciel par moment ne s'entr'ouvre et resserre [...]
> Je ne voy point comment en tant de corps spheriques
> On puisse imaginer des membres organiques.
> Je ne voy point comment et la terre et les eaux
> Puissent alimenter tant et tant de flambeaux [...][18]

cependant son élan retombe vite, il ne s'acharne jamais sur l'adversaire et fait même preuve d'un étrange détachement à l'égard de ses propres arguments. Après avoir opposé à Copernic la série ordinaire des objections au mouvement de la terre, il reconnaît l'inutilité de ce travail (parce que l'astronome est trop "subtil" pour le bon sens aristotélicien? parce que le système héliocentrique dénonce par lui-même son irréalisme?), invoque le temps qui presse, et met fin au débat en réaffirmant sa propre hypothèse:

> Armé de ces raisons je combatrois en vain
> Les subtiles raisons de ce docte Germain [...]
> Et pource qu'à ce coup le temps et la matiere
> Ne me permettent point de me donner carriere
> En un stade si long: je pren pour fondement
> De mes futurs discours l'aetheré mouvement.[19]

Le texte enchaîne alors sur la belle comparaison du paon et la description du Zodiaque: de toute évidence, l'auteur de *La Sepmaine* ne se plait guère à disputer, et reprend aussitôt que possible sa vraie mission de poète.

Le discours autoritaire et batailleur de L'Uranologie

Pourtant, si limitées qu'elles soient, ce sont presque toujours les discussions bartasiennes qui ont fourni le noyau de celles de *L'Uranologie*, tant pour leurs thèmes, que pour leur orientation idéologique. Simplement, Du Monin y a mis plus de conviction. Il est dans son élément quand il réfute, quand il invective ou quand il approuve l'un ou l'autre savant docteur. Bien que sa piété rivalise avec celle de Du Bartas (à l'en croire, tout au

---

[14] *Ibid.*, IV, v. 89-112; éd. Bellenger, p. 150-151.

[15] *Ibid.*, IV, v. 137-154; éd. Bellenger, p. 153-154.

[16] *Ibid.*, III, v. 410; éd. Bellenger, p. 117.

[17] *Ibid.*, IV, v. 391-470: il s'agit de la démonstration la plus longue, et de beaucoup.

[18] *Ibid.*, IV, v. 99-101, 105-8. Cf., dans la défense de l'astrologie: "Je ne croirai jamais que l'Ouvrier Tout-puissant / Ait peint de tant de feux le Ciel tousjours-glissant / Pour servir seulement d'une vaine parade, / Et de nuict amuser la champestre brigade" (IV, v. 405-9).

[19] *Ibid.*, IV, v. 155-6, 161-4; éd. Bellenger, p. 154-156.

moins), il prend un intérêt et un plaisir évidents à se mêler aux querelles des "écoles mortelles". Le personnage du controversiste, qui joue un rôle encore discret dans *La Sepmaine*, s'épanouit et s'anime dans *L'Uranologie*. Il se démultiplie, lance des interjections, interroge à la cantonade, interpelle l'adversaire absent au point de lui donner un semblant d'existence.

> *N'entend-je pas* rever ce rieur Democrite,
> Leucippe phrenetic, qui mes leçons depite?
> Et Epicure encor au clos Cecropien,[20]
> M'opposans que les clous du tertre Etherien
> Tous les jours vont mourir dans la fosse Thetide,
> Et tous les jours reprendre une Lucine en guide
> De leur renaissant étre? et que les flôs chenus
> Noient le blond Titan, et autres feus congnus!
> *C'est non!* c'est bien sonder au puis inepuisable
> De l'alme verité la lampe venerable.
> Chetifs, veufs de bon sens, orfelins de Raison
> "De quel venin pesteus, et subite poison
> "Sont mors vos jugemens? *ne savés vous encore*
> "Que tout ce qui par sort sort au jour de l'Aurore,
> "Chancelle à pieds boiteus? et que les fils du Cas
> "Ne cheminent jamais d'un uniforme pas? [...]
> *Mais qui de nous croira* que la Mer ou la Terre
> Si divine vertu dans sa matrice enserre,
> Que de pouvoir couver ces corps demesurés,
> Puis tuer tot aprés si grans arcs azurés? [...]
> *Mais que dirai-je plus? voi* la part de Borée,
> Là de maints Astres beaus une bande sacree
> Fuyant l'atouchement de l'Eau, toute la nuit   /
> De ses yeus raïonnans te permet l'usufruit [...]
> *Et quoi?* qu'Arctophylax avec l'alme Coronne [...][21]

La thèse "épicurienne"[22] des astres chaque jour renouvelés était depuis longtemps regardée comme un curieux vestige dont personne n'aurait imaginé faire un cheval de bataille, et tous les arguments présentés ici pour la réfuter sont traditionnels; Du Monin les a d'ailleurs empruntés à Buchanan,[23] mais en ajoutant de son cru une mise en scène dramatique et des

---

[20] Le "clos Cecropien", ce sont les jardins d'Athènes (dont Cecrops fut un roi légendaire). Ces vers s'inspirent de Buchanan, qui restait plus neutre (*Sphaera*, p. 33: "Nec mihi Democriti persuaserit acris acumen / Leucippusque, aut Cecropiis Epicurus in hortis").

[21] *L'Uran.*, II, f. 41r°-42r°, nos italiques. Cf. Du Bartas, *La Sepmaine*, IV, v. 89-112.

[22] Rien ne permet de l'attribuer à Leucippe et à Démocrite. C'est simplement l'une des hypothèses évoquées, sans citer de source, dans le livre V du *De natura rerum* de Lucrèce (v. 523-5; 660-2; 731-4). Pour les atomistes les astres étaient des corps matériels, voir le *De placitis* : "[Sur la substance des astres], Démocrite dit que ce sont des pierres" (II, xiii, 4; Dumont, p. 789). Ce recueil attribue d'ailleurs l'hypothèse à Héraclite et à Hécatée d'Abdère: "Héraclite [...] déclare que les astres se nourrissent à partir des exhalaisons en provenance de la terre" (XVII, 4; Dumont, p. 139); "Héraclite et Hécatée disaient que le soleil est un flambeau doué d'intelligence, et qu'il naît de la mer (II, 20, 16; Dumont, p. 964).

[23] *Sphaera*, II, v. 197-237, p. 33-35.

couleurs inédites; il les défend avec une vivacité qui leur redonne de la fraîcheur: les exclamations, les interrogations, les cahots rythmiques, les jeux de mots douteux ("ce qui par sort sort ..."), les périphrases *sui generis* ("les fils du cas")[24] trahissent davantage la joyeuse excitation de la dispute qu'une réprobation sourcilleuse. En matière d'images, Du Monin n'était jamais entravé par la peur du ridicule, si bien qu'il a donné à la théorie le charme d'une légende primitive et une réalité visuelle assez marquante, du "blond Titan" noyé dans les "flots chenus",[25] à la maternité terrible de la terre censée "couver ses corps demesurez, / Puis tuer tot apres si grans arcs azurés".[26]

Loin du détachement bartasien, le poète de *L'Uranologie* adopte une attitude autoritaire, et même lorsqu'il traduit fidèlement Buchanan, il s'arrange pour rendre sa démonstration plus contraignante:

> *Prens pour exemple* encor les brandons assurés[27]
> Fixement tournoyans par les arcs azurés:
> *Ils t'aprendront comment* les planchers de ce Monde
> Vollent sur l'Univers d'une tournure ronde.
> *Voi donc* la Cynosure au haut sommet des Cieus,
> *Voi* l'Ourse à Lycaon, *voi* le plis tortueus
> Du Serpent argenté, qui flambant environne
> Et l'un et l'autre bout de cete Ourse bessone,
> *Voi* l'Artique Bouvier, qui charriant reluit
> Sans que son char de nous se derobe la nuit.
> *Ne vois tu point* qu'en haut la clere Cynosure
> Cerne son globe court d'une tardive allure? [...]
> *Certes* ces Feus encor à grans arcs de lumiere
> *Nous montrent* le Ciel rond en leur longue carriere [...]
> *Puis que donques* ces Feus, qui toute la nuitée
> Eclairent à nos yeus, font leur route voutée:
> *Puis que* les Feus qui vont l'Ocean visiter,
> Au compas de leur cours tachent un arc vouter,
> *Il s'ensuit que* le Ciel qui tourne tout ce Monde,
> Tourne son grand roüet d'une spirale ronde.[28]

---

[24] Les fils du hasard. D'après Cicéron (*De fato*, XVII, 39), Démocrite attribuait tout au destin et à la nécessité; mais Aristote vise les atomistes, quand il s'en prend à ceux qui "tiennent le hasard pour responsable de notre ciel et de tous les mondes"; pour ces philosophes, les plantes et les êtres vivants ne sont pas engendrés par la fortune (car la génération est un processus bien réglé), "mais touchant le ciel et les plus divins des objets visibles, ils pensent qu'ils sont le fruit du hasard et que leur cause n'est en rien comparable à celle des animaux et des plantes" (*Physique*, II, IV, 196 a 24). Cf. Buchanan qui dit, plus banalement: "Nam fortuito quae parturit ortu / Casus, in iis nunquam manet invariabilis ordo" (II, p. 34).

[25] Cf. Buchanan: "Phoebeos fluctibus ignes / Extingui" (*Sphaera*, II, p. 34).

[26] Buchanan: "Sed neque vis tanta est brutae telluris, et undae, / Ut subito immensos educant luminis orbes, / Eductos perimant" (*Sphaera*, II, v. 207-209, p. 34).

[27] Les "brandons assurés", ce sont les étoiles fixes.

[28] *L'Uranologie*, II, f. 40v°-41r°. - Cette démonstration était traditionnelle dans les traités de la Sphère, voir J. P. de Mesmes, *Les Institutions astronomiques*, I, ch. 2, p. 4: "[on voit] au Ciel certain nombre d'estoilles joignant le pol Artique, ou Ursin, qui jamais ne se couchent, jamais ne se levent ... et toutes ensemble roulent lentement et de mesme teneur autour du pol Ursin, ce pendant que d'autres estoilles, qui sont joignant, ou soubz l'Equateur, tournent au

Dans le passage correspondant, Buchanan invitait plus calmement Timoléon à observer la rotation des constellations, et à en tirer de justes conclusions:

> Nec minus id fixis *poteris cognoscere* stellis,
> Continuo coelum circum se volvere flexu,
> Quotidieque novos, dum circumvolvitur orbes
> Claudere. Conspicuo Cynosuram in vertice mundi
> *Aspice* sublimem, junctamque Lycaonis ursam [...]
> *Nonne vides*, Cynosura breves ut colligat orbes? [...]
> *Quando igitur* totis qui lucent noctibus ignes
> Perficiunt orbes totos, quae mersa profundo
> Sidera se condunt, arcu sinuantur, ut orbes
> Fingere conentur: *certum est* se volvere in orbem,
> Cuncta suo motu quod torquet sidera, coelum.[29]

Le texte de la *Sphaera* est tout aussi efficace, celui de *L'Uranologie* plus fiévreux (comme si la sphéricité du ciel était vraiment une question controversée) et plus ostensiblement démonstratif.

Le discours autoritaire de *L'Uranologie* se montre aussi volontiers batailleur. Depuis l'Antiquité, la métaphore du combat venait d'ailleurs naturellement à l'esprit de ceux qui parlaient des *disputationes*. Vives, évoquant la dégénérescence de ces exercices, déplorait que les participants fussent désormais poussés par la cupidité et par un vain désir de gloire,

> de sorte que comme au combat, ils recherchent seulement la victoire et non la mise au jour de la vérité, qu'ils défendent vigoureusement n'importe quoi, à partir du moment où eux l'ont dit, et qu'ils terrassent et piétinent l'adversaire.[30]

Effectivement, dans le langage de Du Monin convaincre signifiait vaincre. A cette fin, il n'hésitait pas à manier l'injure et le sarcasme, en oubliant qu'il pratiquait une forme aussi noble que celle du long poème philosophique. Le ciel était le plus beau thème poétique, mais s'il faisait l'objet d'un débat entre les maîtres tous les écarts de langage devenaient permis. Un zèle religieux peut justifier ses fréquents accès de colère contre Epicure:

> Epicure chetif, Cyprès infructueux
> Lève ore ton louche oeil aus planchers radieus [...][31]

Mais Cardan n'est guère mieux traité quand son seul tort est de s'opposer à Aristote, en soutenant que la chaleur réside effectivement au ciel:

---

tour de la terre: mais bien plus soudainement et plus au large. Cela vous doit donc persuader, le pol Ursin estre le vray gond et pivot des estoilles arrestees..."

[29] Buchanan, *Sphaera*, II, p. 33.

[30] "... tanquam in pugna sola spectarent victoria, non elucidatio veritatis, ut et ipsi quicquid semel dixissent strenue tuerentur, et adversarium prosternerent, ac conculcarent." (Vives, *De corruptis artibus*, dans *De disciplinis*, Anvers, 1531, f. 14 r°). Cf. Montaigne, *Les Essais*, III, 8; ed. Villey-Saulnier, p. 926-927. Voir aussi I. Pantin, "La querelle...".

[31] *L'Uran.*, f. 60v°: Epicure est invité à admirer les cieux pour reconnaître la Providence.

Tu te routis, Cardan, pour échaufer les Cieus,
Ce feu, croi-je, a silhé tes yeus faits chassieus [...][32]

Le poète-controversiste règne sur les débats de *L'Uranologie*, et cette situation privilégiée ne l'incline pas à la modération et à la clémence. Il veut que l'adversaire avoue sa défaite, adversaire qu'il interpelle ou désigne tour à tour à la deuxième et à la troisième personne, dont il annihile méthodiquement les ressources, sans oublier de garder lui-même ses positions, tandis que des expressions militaires investissent le texte:

Or *je te convaincrai* si[33] tu veus donner lieu
Aus elemens, es cieus vrai temple du grand Dieu.
Tu confesseras donc que l'Ame sensuelle
N'avive point le corp de cette Citadelle.
Si donques des haus Cieus le corp est animé,
Pour entendre et mouvoir *tel doit étre* estimé:
Or l'esprit n'a besoin du corporel usage,
Si ce n'est que le Sens lui presente l'image
Du corporel objet, quand entendre il le veut,
Mais nous avons prouvé que faire il ne se peut
Que le Ciel soit doué de sensuelle force,
Donc si fort argument mon fort encor ne force.
Que si au mouvement tel esprit est voüé,
A quel propos l'esprit en ce clos est cloüé?
Si le tourneur meut bien assistant à sa roüe,   /
Que faut-il de besoin que quelque ame s'encloüe
Dans le ventre du Ciel recreusement tortu?
L'esprit influe asses prés de lui sa vertu:
Et *ce méme argument le leur premier rebouche,*
L'Ange tournant le Ciel *leur doit boucher la bouche* [...][34]

---

[32] *Ibid.*, f. 53 v°.

[33] Même si. Du Monin réfute la thèse des astres animés; il a envisagé l'hypothèse du ciel fait de quintessence, puis, ici, la thèse platonicienne des cieux élémentaires qui rend sa position plus difficile à défendre.

[34] *L'Uran.*, f. 34r°-v°. Du Monin s'en tient, en simplifiant beaucoup, au point de vue de St Thomas. Celui-ci avait christianisé la théorie d'Aristote (*Métaph.*, XI), elle-même déjà réinterprétée dans le *De substantia orbis* d'Averroès (qui démontre notamment que l'astre incorruptible ne saurait avoir d'âme végétative). Pour Aristote, chaque sphère est mue par une intelligence immobile absolument séparée de son corps, et par une vertu motrice unie à ce corps; pour Thomas la fonction motrice est assurée par des anges créés et délégués par Dieu. Dans la *Somme théol.*, 1ère p., qu. 70, art 3 ("Utrum luminaria caeli sint animata"), l'ange a une opération intellectuelle (séparée du corps et tournée vers la connaissance), et une opération motrice (au contact du corps - *per contactum virtutis* -, et non pas unie à lui comme une âme ni même comme une forme). Voir P. Duhem, *Le système du monde*, t. V, p. 539-559; T. Litt, *Les corps célestes* ..., p. 54-109. - Dans l'extrait présenté ici, Du Monin commence par exclure la possibilité d'une âme sensitive, et examine les deux fonctions retenues par Thomas: "pour entendre [= comprendre, connaître] et mouvoir". Il démontre que "l'Ange tournant le ciel" n'a rien de commun avec les animaux: sa connaissance ne lui vient pas des sens, et pour mouvoir, il n'a pas besoin d'être "encloué" (c'est-à-dire uni) au corps de l'astre ou de la sphère: sa vertu agit par contact ("L'esprit infue asses prés de lui sa vertu").

Bien qu'il affecte de prendre constamment à témoin l'interlocuteur, le disputeur ne cherche nullement à dialoguer, ses interrogations n'ont rien de socratique, et la démonstration tourne au jeu de massacre:

> Leur cinquieme soldat saignera tôt du né
> Comme par l'Aquinois justement condamné [...][35]

Malgré ce sang, l'escarmouche est encore légère. La dernière dispute du poème prend en revanche des proportions épiques. Le héros fatigué (car il se fait tard) voit s'avancer à l'horizon la ténébreuse armée des astrologues ("Mais quelle est céte troupe, horrible, decharnée [...]?")[36]. En dépit de son apparence satanique, elle est reçue comme elle le mérite:

> Mais leur demarche fiere et visage hagard
> Ne me fait perdre coeur aus dars de leur regard:
> J'ai pour les attaquer et leur faussaire bande,
> Vrai Prevôt escrimeur du Prince de Mirande:[37]
> Mais d'autant que je voi Vesper ja m'advertir
> Que de mon Horizon Titan se veut partir,
> Je ne veus que tirer deus ou trois cous de tailhe[38]
> Pour leur faire vomir leur Arcadique entrailhe.[39]
> Que si refourmilhans d'un projet Geantin[40]
> Ils viennent en sursaut m'eveilher un matin,
> Armé de pied en cap, fort en champ et en ville,[41]
> Genereus écolier du Mars Gaulois GOVILLE,
> D'un estoc assuré entr'ouvrant leur dur flanc
> J'engirerai mon fer des mares de leur sang.
> Mais choquans seulement à pointe râbatue[42]
> Et à parer mes cous vôtre main s'evertue.
> Quoi? pyrouetés vous aus tournans moulinets?[43]
> Eh! que bien peu je crain le fust et les balets [...][44]

Ces fières déclarations ne sont pas des vantardises, les astrologues voient effectivement leurs arguments repoussés, avant même d'avoir eu le loisir de les défendre. Est-ce le combat de Matamore? Est-ce celui de Rodrigue?

---

[35] *L'Uranologie*, II, v. 231-232, f. 34v°.
[36] *Ibid.*., V, f. 148r°.
[37] J'ai de quoi les attaquer..., moi qui suis le sous-maître d'escrime de Pic de la Mirandole (allusion aux *Disputationes adversus astrologos*).
[38] La taille est le tranchant de l'épée (l'estoc étant la pointe).
[39] Leurs entrailles d'ânes. L'Arcadie était proverbialement réputée pour ses ânes.
[40] Analogue à celui des Géants qui tentèrent d'envahir l'Olympe.
[41] D'après le proverbe: avoir l'oeil au champ et à la ville (= veiller à tout)?
[42] L'épée rabattue n'a ni pointe, ni tranchant.
[43] Faire le moulinet, c'est se défendre en faisant tourner très vite un bâton ou une épée; le "fust" étant le bâton, les "balets" doivent être des balais plutôt que des ballets.
[44] *L'Uranologie*, V, v. 1261-1278, f. 148v°-149r°.

L'un et l'autre probablement. Une fois échappé des normes stylistiques, Du Monin pouvait bien être burlesque sans cesser d'être héroïque. La proximité des ânes d'Arcadie n'enlève peut-être rien de leur démesure aux assauts des Géants. Il est vrai que l'enjeu n'est pas vraiment sérieux, ni le climat vraiment grave. Comme il arrive plus d'une fois dans le *Roland furieux*, l'assaut qui promettait d'être terrible s'achève sans faire grand mal à personne; des grands coups d'épée sanguinaires, on en vient aux "moulinets". Le poète n'en est pas moins parvenu à ses fins, il a semé la panique dans les rangs des astrologues. Rien ne lui servirait de se rappeler qu'au début de son livre IV il a fait lui-même une grande leçon d'astrologie, inspirée de Léon L'Hébreu, sous couvert de parler des amours des astres: les bons disputeurs peuvent défendre toutes les thèses.

Une disputatio poétique: La question de l'unicité du monde

En traitant de l'unicité du monde, après Du Bartas[45] et surtout d'après Aristote,[46] Du Monin investissait le terrain pleinement philosophique des principes de la cosmologie et s'y révélait plus sûr de lui, mieux stimulé par son sujet que lorsqu'il s'agissait, par exemple, d'établir la sphéricité du ciel en suivant Buchanan. Cette aisance ne l'a pas incité à renouveler l'argumentation disponible, ou à la critiquer, tout son effort consistant à interpréter avec conviction ce qu'il trouvait à sa portée, en théâtralisant l'acte même de disputer.

Pour traiter du même problème, *La Sepmaine* n'avait conservé de la tradition scolastique qu'une ombre d'argumentation, se contentant de rapporter deux conséquences absurdes de la pluralité des mondes, le retour au chaos et l'existence du vide.[47] *L'Uranologie* exploite un matériel beaucoup plus important et moins homogène. La confusion des mondes est invoquée pour commencer, l'impossibilité du vide pour finir, mais au milieu s'intercale un discours d'inspiration vaguement pythagoricienne, introduit par une question typiquement scolastique qui met en cause la toute-puissance de Dieu. Mais surtout, Du Monin a très tôt laissé s'installer une équivoque en glissant insensiblement de la notion d'unicité à celle d'unité.

---

[45] *La Sepmaine*, I, v. 313-334. Pas d'équivalent dans la *Sphaera*.

[46] *De Caelo*, I, ch. 8 et 9.

[47] Le *De Caelo* d'Aristote ne fait qu'une rapide allusion à l'impossibilité du vide, à la fin de sa réfutation des mondes innombrables (I, 9, 279a, trad. Moraux, p. 36: "En même temps, il est clair qu'il n'y a ni lieu, ni vide, ni temps hors du ciel."). L'existence du vide (intérieur et extérieur au monde) est réfutée ailleurs: dans le livre IV de la *Physique* (ch. 6 à 9). Cependant la tradition scolastique avait annexé l'argument du vide à la démonstration de l'unicité du monde, au moins à partir du XIIIème siècle. P. Duhem en a trouvé le premier témoignage dans la deuxième *quaestio* de l'*Expositio in Sphaeram* composé par Michel Scot sur la demande de l'empereur Frédéric II. L'*Expositio* de Scot a été imprimée plusieurs fois au XVIème siècle; elle faisait partie des collections de commentaires à Sacrobosco publiées à Venise (deux fois en 1518, par Octavianus Scotus et par Giunta; puis en 1531, par Giunta). Voir P. Duhem, *Le système du monde*, VIII, p. 28.

L'argument du lieu naturel

La différence entre les deux projets se manifeste dès le début. Le poète de *La Sepmaine* ne donne pas l'explication de la catastrophe qu'il décrit assez naïvement; il ne fait aucune allusion à l'argument aristotélicien du lieu naturel qu'il est pourtant en train d'utiliser:

> Veu que si la Nature embrassoit plusieurs mondes,
> Du plus haut univers les terres et les ondes,
> Vers le monde plus bas descendroyent sans repos,
> Et tout se refondroit en l'antique Chaos.[1]

Tandis que Du Monin a essayé de restituer un peu de la logique du raisonnement d'Aristote, même s'il n'a obtenu qu'un résultat confus:

> Car songer on ne peut qu'un milieu, qu'un extreme:
> Si toutes pesanteurs sont d'une espece même,
> Et les legeretés, nul ne me peut nier
> Que la terre d'en haut ne vint à delier
> Le noeud de son clos rond, pour courir à grand erre
> Aù logis equarté de sa germaine Terre:
> Aussi le Feu leger, de son frere germain
> Gagneroit, violant, le repaire hautain,
> Si que tel choc mortel retitroit (sic) pêle-mêle,
> De l'antique Chaos la mutine querelle.[2]

Il commence par formuler les postulats sur lesquels repose sa démonstration, celui qui refuse l'homogénéité d'un espace privé de repères,[3] et celui de la ressemblance nécessaire des divers mondes: le deuxième et le troisième vers doivent correspondre au passage où Aristote affirme que

> tous les mondes doivent nécessairement être constitués des mêmes corps, si, du moins, ils ont une nature identique. Or il faut nécessairement que chacun des corps, je veux dire, par exemple, le feu, la terre et leurs intermédiaires, ait une

---

[1] *La Sepmaine*, I, v. 315-8. - On trouve dans *L'Encyclie* un examen beaucoup plus détaillé de l'hypothèse: s'il y a plusieurs mondes, "ou ils ont mesme centre, / Ou centres differens: s'ils ont un mesme Point / Et que par le milieu l'un a l'autre soit joint / ... la Terre de l'un tout droit vers l'autre Terre / Aura son mouvement: et se feront la guerre / Les autres Elémens confus de toutes pars. / Que si nous disions donc ces Mondes innombrables / Avoir centres divers, et formes non semblables, / Il faudroit dire aussi que les Ronds, Aguisés, / Quarrés, et Longs choquans seroient entrebrisés: / Et si ne sçauroit-on mettre des differences / Entre le haut et bas de leurs circonferences, / Et leurs centriques points, si au Vuide à l'écart / Bricoloyent comme éteufs au tripot de rempart. / Car l'un montant dessus l'autre viendroit descendre / Qui le hurtant pourroit l'éclater ou le fendre, / Si non qu'on les pensast d'haims crochus étofez / Dond ils fussent entre eus de bihais agrafez, / Ainsi que s'ils estoyent Atômes d'Epicure / Plus petis que cyrons, ou que poudriere obscure". (*L'Encyclie*, p. 85-86)
[2] *L'Uranologie*, I, v. 127-136, f. 3v°.
[3] Dans l'univers d'un Bruno, il y a une infinité de "milieux" et d'"extremes", tous relatifs.

puissance identique... Dès lors, il est clair que parmi ces éléments, il en est un qui fuit naturellement le centre [= le feu] et un autre qui le gagne [= la terre].[4]

Les "pesanteurs" et les "légèretés" seraient donc les mêmes dans tous les mondes, et toutes obéiraient à la loi du lieu naturel, d'après laquelle les corps pesants cherchent à gagner le centre pour y demeurer en repos, tandis que les corps légers cherchent à fuir vers la circonférence. Puisqu'il n'existe qu'un seul "milieu", et qu'un "extreme", la situation deviendrait impossible.[5] Les voyages de grandes masses d'éléments, venues de divers mondes, les unes vers les autres entraîneraient de spectaculaires mélanges, c'est-à-dire un chaos, avant que tout ne rentre dans l'ordre (par la constitution d'un nouveau monde unique, suivant le modèle aristotélicien), mais surtout, ils constitueraient en soi une absurdité physique: la terre, le feu, la mer et l'air s'ébranleraient à la fois d'un mouvement naturel (puisqu'ils chercheraient à gagner leur "nouveau" lieu naturel) et d'un mouvement violent (puisqu'ils s'éloigneraient de l'ancien). Alors que Du Bartas n'avait pas cherché à comprendre le raisonnement d'Aristote et en donnait un résumé dépourvu de sens, Du Monin en a saisi l'essentiel: c'est pour cela qu'il a insisté sur l'idée de la terre qui "déli< e> le noeud de son clos rond", ou qu'il note le caractère "violent" du déplacement du feu. Son texte est donc plus intelligent, il est aussi plus dogmatique; plus dogmatique même que son lointain modèle, car Aristote admettait la circularité de sa démonstration:

> De deux choses l'une: ou bien nous ne poserons pas que les corps simples ont même nature dans les cieux multiples, ou bien si nous l'affirmons, nous ne devrons reconnaître qu'un seul centre et une seule extrémité; mais s'il en est ainsi, il ne peut y avoir plus d'un monde.[6]

Dans L'Uranologie, au contraire, les postulats sont assénés, et leur caractère hypothétique effacé ("Car songer on ne peut qu'un milieu ..."): le disputeur aguerri ne laisse pas subsister la moindre faille. Il ne tarde d'ailleurs pas à subir de nouveaux assauts, en rencontrant une difficulté inconnue d'Aristote: refuser l'existence de mondes innombrables, n'est-ce pas limiter la puissance de Dieu? Cette question ne se contente pas de faire rebondir la discussion, elle commence à la faire dérailler.

La toute-puissance de Dieu

L'objection de la toute-puissance divine et de sa nécessaire expression dans un univers infini pesait probablement d'un poids réel durant ces années 1580, ne serait-ce que parce que la philosophie de Giordano Bruno était en train de s'échafauder sur elle.[7] Comme l'a montré Henri Busson,[8]

---

[4] De Caelo, I, 8, 276 a-b; trad. Moraux, p. 28.

[5] Cf. De Caelo 276 b; trad. Moraux, p. 28.

[6] Ibid., 276 b; trad. Moraux, p. 29.

[7] Bruno resta à Paris de la fin de 1581 au début de 1583; il y donna trente leçons publiques sur les attributs de Dieu, d'après St Thomas, et Henri III, séduit par ses connaissances en l'art de la mémoire, le nomma lecteur extraordinaire. Du Monin put fort bien en entendre parler.

l'idée d'assimiler Dieu et la Nature a cheminé tout au long du XVIème siècle français, en prenant diverses formes, souvent assez bénignes: le vague panthéisme d'un Ronsard, identifiant, comme beaucoup de stoïcisants, le souffle divin et l'Ame du Monde,[9] n'avait presque rien de commun avec les conceptions franchement antichrétiennes faisant du monde matériel le corps de Dieu et lui attribuant, de ce fait, une extension infinie; ces dernières n'apparurent pas dans les livres des modernes avant les dialogues de Bruno, mais elles s'exprimaient avec force, sinon en toute clarté, dans un texte aussi connu que le prologue du livre II de l'*Histoire naturelle*:

> Le monde [...] dont la voûte couvre la vie de tout l'univers, doit être tenu pour une divinité, éternelle, immense, sans commencement comme sans fin.[10]

D'autre part, la compatibilité d'une création finie et d'un créateur tout-puissant avait beau avoir été défendue par les Pères de l'Eglise (surtout d'ailleurs à propos de la finitude temporelle du monde, contre l'aristotélisme et le néoplatonisme), elle resta matière à discussion pour la physique et la théologie médiévales: elle fournit le thème d'une des *questions* traditionnelles des docteurs scolastiques. Avant les *articuli parisienses* de 1277, ceux-ci s'accordaient généralement à penser que la pluralité des mondes était impossible, conformément à la position d'Aristote,[11] mais que cette impossibilité ne constituait pas une limitation de la puissance divine. Ils avaient l'habitude de distinguer entre la toute-puissance absolue de Dieu (celle qui s'arrête seulement là où commence la contradiction), et sa toute-puissance "ordonnée", modérée et réglée par la sagesse divine.[12] Michel Scot, dans son commentaire à Sacrobosco, distinguait ainsi entre la *potentia absoluta* de Dieu et sa puissance rapportée au sujet de son opération, c'est-à-dire la nature: Dieu pouvait, dans l'absolu, créer une infinité de mondes, mais la nature ne le pouvait subir.[13] Guillaume d'Auvergne proposait un raisonnement similaire: Dieu a créé le monde par pure bonté; en théorie, il aurait pu en créer une infinité puisque sa bonté ni sa puissance n'ont de limites; mais ces mondes, si nombreux qu'ils soient ne sauraient exprimer suffisamment la bonté de Dieu, "car toute chose qui existe hors de Dieu ... n'est rien en comparaison de lui". La création de mondes infinis ne présenterait donc pas de réel avantage. Or il se trouve que Dieu n'a pu créer

---

Voir V. Spampanato, *Vita* ..., t. I, p. 307-29; t. II, p. 681 et 700-1. - En 1584, à Londres, Bruno publia pour la première fois ses thèses cosmologiques dans trois dialogues italiens: *La Cena de le Ceneri*, *De la causa, principio e uno*, et *De l'infinito, universo e mondi*. Dès la *Cena*, l'infinité de monde était présenté comme l'effet infini d'une cause infinie.

[8] H. Busson, *Le rationalisme*..., notamment p. 463-468.

[9] Voir Busson, *op. cit.*, p. 384-388; I. Pantin, "*Spiritus intus alit*".

[10] Pline, *Hist. nat.*, II, I: 1; trad. Beaujeu, p. 8. Pline s'opposait d'ailleurs à l'idée de la pluralité des mondes et du monde infini. - Sur le l. II au XVIème siècle, voir *supra*, p. 38 sq.

[11] Ils ne se sentaient d'ailleurs pas contraints par tous les termes du raisonnement d'Aristote: ils rejetèrent toujours l'argument de la quantité finie la de matière possible, entièrement utilisée dans notre monde (*De Caelo*, I, 8). Sur la critique des arguments d'Aristote avant la condamnation de Tempier, voir L. Bianchi et E. Randi, *Vérités dissonantes*..., p. 78-81.

[12] Voir W.J. Courtenay, "The dialectic of omnipotence ..."; Idem, *Capacity and volition*...; E. Randi, *Il sovrano e l'orologiaio*...; A. Funkenstein, *Theology* ..., p. 124-152.

[13] Voir Duhem, *Le Système du monde*, t. IX, p. 365.

ces mondes, "cette impossibilité n'a pas pour cause un défaut de puissance en Dieu [...], mais plutôt un défaut de la part des mondes, qui ne peuvent pas être multiples", pour les raisons données par Aristote: Dieu ne contrarie pas plus les lois de la physique que les lois mathématiques.[14]

En 1277, le décret de l'évêque de Paris, Etienne Tempier,[15] condamna cette proposition: "La cause première ne peut faire plusieurs mondes",[16] ce qui amena les docteurs à remettre en cause le caractère inviolable et absolu de la thèse du lieu naturel. Certains, comme Jean de Jandun, Jean Buridan et Albert de Saxe, restèrent strictement fidèles à Aristote, mais d'autres (Richard de Middleton, Guillaume Varon, Jean de Bassoles, Thomas de Strasbourg, Guillaume d'Ockham, Nicole Oresme) admirent cet aménagement important: la thèse du lieu naturel valait pour ce monde-ci, ou pour chacun des mondes possibles pris isolément: chaque terre, s'il y en avait plusieurs (ce qui restait une pure hypothèse), aurait tendance à gagner le centre de son propre monde.[17] Pierre Duhem a certainement exagéré la portée du décret de 1277 quand il en a fait le geste libérateur qui permit aux physiciens de raisonner et d'imaginer des hypothèses en dehors du cadre aristotélicien: la critique de l'argument du lieu naturel avait été formulée dès le milieu du XIIIème siècle,[18] le développement d'une réflexion sur les possibles, tout au long du siècle suivant, n'a pas été la conséquence directe de la condamnation, et il existe une profonde différence entre les *imaginationes* des scotistes et des ockhamistes et les "expériences de pensée" telles que devait les entendre un Galilée.[19] Il n'empêche que les *articuli parisienses* ont probablement contribué à renforcer la liaison entre la notion de la toute-puissance divine et la question de l'univers infini ou des mondes innombrables.

Chez les philosophes du XVIème siècle, l'un de ces thèmes appelait encore souvent l'autre. Scaliger, dans ses *Exercitationes*, discutait par exemple de la possibilité d'un monde meilleur,[20] ce qui l'amenait à réfléchir sur la *potentia Dei absoluta* et, de là, sur l'éventualité d'une création infinie:

---

[14] *De Universo*, I-1, chap. XVI, dans *Opera*, Paris, 1516, fol. C, col. a et b. Cité par Duhem, *loc. cit.*, p. 367. St Thomas, dans son comm. sur le *De Caelo* d'Aristote, l. I, lect. 19, apporte de plus ces arguments: 1- Créer plusieurs mondes semblables serait vain, créer des mondes dissemblables signifierait qu'aucun n'aurait la perfection de comprendre la totalité de la nature du corps sensible. 2- Il faut plus de puissance pour créer un individu parfait que plusieurs imparfaits. 3- L'unité est la raison de la bonté du monde. Voir Duhem, p. 372-3.

[15] Sur ce décret, voir *supra*, p. 116 sq.

[16] Art. 27, R. Hissette, *Enquête* ..., p. 64-65. Cf. art. 29: "Quod prima causa posset producere effectum sibi aequalem, nisi temperaret potentiam suam" (Hissette, p. 66-67).

[17] Plutarque, dans le *De facie in orbe Lunae*, avait été plus loin en affirmant qu'à l'intérieur de notre monde une planète comme la lune pouvait être une autre terre, c'est-à-dire un autre centre qu'entoureraient de l'eau, de l'air et du feu. Mais son traité n'était peut-être pas connu des docteurs du XIVème siècle. Sur cette discussion, voir Duhem, *op. cit.*, t. IX, p. 373-408.

[18] Voir L. Bianchi et E. Randi, *Vérités dissonantes*..., p. 81.

[19] La thèse de Duhem a été reprise par E. Grant, "The condemnation..."; elle est réfutée de façon très convaincante dans L. Bianchi, *Il vescovo*..., notamment p. 63-148. L. Bianchi a également démontré que Galilée, loin de favoriser la spéculation sur l'infinité des mondes, a réagi contre l'utilisation abusive de l'idée de la *potentia Dei absoluta* ("Ucelli d'oro...").

[20] Sur le caractère traditionnel de cette question, voir A. Maurer, "Ockham ...".

Les sages répondent qu'il faut distinguer la puissance absolue de la <puissance> ordonnée. dans le cadre de cette puissance ordonnée, disent-ils, l'agent qui crée selon la loi correcte se trouve soit sous la loi, soit au-dessus. S'il est sous la loi, il ne pourrait correctement créer d'une autre manière. S'il c'est lui-même qui a fait la loi, il pourrait aussi faire une autre loi grâce à l'autre puissance, c'est-à-dire la puissance absolue, et ensuite agir ordonnément selon cette <nouvelle> loi. Et ainsi Dieu pourrait encore créer autrement. Parce que cette loi <différente> serait aussi correcte, si Dieu le décidait. Leur raisonnement est assurément subtil, et pourtant ils n'enlèvent pas l'incertitude. Parce qu'il est manifeste que si Dieu faisait une autre loi cette loi serait correcte. Mais nous posons cette question: Dieu pourrait-il, sur ce même objet, faire une autre loi correcte contre cette loi correcte? [mais Dieu, qui ne peut que le souverain bien]. En effet lui-même ne peut pas créer un être infini par son essence, car il créerait un autre Dieu. C'est pourquoi il faut dire: Dieu peut assurément toujours créer quelque chose de mieux, mais cette chose ne peut recevoir l'infinité.[21]

Jean Riolan, traitant de la question: "Dieu est-il le premier moteur?", réfutait cette hypothèse en montrant que le Créateur ne pouvait s'identifier, ni même s'attacher nécessairement à notre ciel, puisqu'il eût ainsi perdu la possibilité d'en créer d'autres, et il en venait à disserter sur cette puissance absolue de Dieu, grâce à laquelle, puisqu'il avait déjà créé un monde, il garderait éternellement le pouvoir d'en créer un nouveau.[22]

De telles méditations sur les possibles n'étaient pas le fait d'un commentateur du premier verset de la *Genèse*: "Au commencement, Dieu créa le ciel et la terre". Du Bartas, dans *La Sepmaine*, se fondait simplement sur la doctrine générale de l'Eglise quand il affirmait que le monde matériel n'était pas l'émanation nécessaire de la puissance divine, que Dieu restait indépendant de sa création, qu'il n'en avait nul besoin: celui qui "richement en tous thresors abonde" n'étant pas "necessiteux sans les thresors du Monde".[23] Le thème revenait à propos de la finitude à la fois spatiale et temporelle:

> Dieu ne fit seulement unique la nature:
> Ains il la fit bornee et d'aage, et de figure,

---

[21] "Respondent Sapientes, absolutam potestatem ab ordinaria distinguendo. Agens, inquiunt, ordinarie, qui secundum legem rectam facit, aut est sub lege, aut supra legem. Si est sub lege: non potest aliter recte facere. Si ipse fecit legem: potest et aliam legem facere alia potestate, id est absoluta. Deinde secundum eam legem ordinarie agere. Sic Deus potest etiam aliter facere. Quia lex esset illa quoque recta, si statueretur a Deo. Haec illi subtiliter quidem. At enimvero non tollunt dubitationem. Quia manifestum est: si Deus aliam fecerit legem, rectam illam legem futuram. Verum quaerimus hoc. An Deus super hac eadem re aliam rectam legem possit facere, praeter hanc rectam legem [...]. Non enim potest ipse facere ens essentia infinitum. Faceret enim alium Deum. Quare dicendum est: Deum quidem posse facere semper aliquid melius: Rem autem illam non posse suscipere illam infinitatem", J. C. Scaliger, *Exoter. exercit.*, 1557, exerc. 249, 3. "An Deus facere possit melius quod fecit", f. 320 r°-v°. - Sur l'impossibilité d'une créature infinie, cf. l'article 29 de la condamnation de 1277, cité *supra*, note 16. L'argumentation de Scaliger est traditionnelle.
[22] Jean Riolan, *Opusc. metaph.*, 1598, f. 31 r°-32 r°. L'*Exercitatio philosophica an Deus sit primus motor* était parue antérieurement chez Brumen, en 1571.
[23] *La Sepmaine*, I, v. 51-52.

> Voulant que l'être seul de sa Divinité
> Se vid tousjours exempt de toute quantité.[24]

La séparation de Dieu et de la nature, leur incommensurabilité ne faisaient pas l'objet d'une démonstration défensive; le poète affirmait les certitudes de sa foi, sans songer à discuter. Toute autre était l'attitude de Du Monin qui formulait de lui-même l'objection, tout en se prémunissant contre elle:

> Or jacoit (sic) que le trac de cet ordre commun
> Me rende partizan de ceus qui n'en font qu'un:
> Point je n'encheine aus fers de la puissance humaine
> Le tout-puissant pouvoir de la main souveraine:
> Qui comme au fecond Rien, matrice de ce Tout,
> Ponnud (sic) au Verbe saint ce Monde, et rien au bout,
> Ainsi croulant son chef, par sa bonne Sagesse
> En peut mille enfanter sans Lucine ou detresse.[25]

Ces vers semblent se fonder sur la distinction traditionnelle entre la puissance ordonnée (celle qui correspond au "trac de cet ordre commun") et la puissance absolue. Le poète donne ensuite la parole aux tenants de la thèse des mille mondes, comme pour s'offrir l'occasion de les combattre. Il présente d'abord l'argument de la possibilité matérielle et formelle: Dieu pouvait-il être à court de matériaux ou à court d'idées pour bâtir?

> Lors que ses soliveaus[26] eclos d'un Rien sans rien
> Fondoint l'essieu celeste, et le pied[27] Terrien,
> Eut-il provision de matiere plus ample,
> Qu'apres avoir dressé ce Monde à bon exemple?[28]
> Si l'architecte clôt de cent et cent maisons
> Le dessein Ideal: les divines Raisons
> Ne bastent seulement[29] à soubaster un Monde
> Modelé au niveau d'une idée feconde.[30]

Puis il met en cause de la démonstration aristotélicienne qui a été donnée pour irréfutable quelques vers plus haut:

> Joint que quand sur ce Monde un monde enté seroit,
> Le lien les liant pourtant ne se romproit:
> Châque monde tiendroit sa propre oeconomie,

---

[24] *Ibid.*, I, v. 335-338.
[25] *L'Uran.*, f. 3 v°.
[26] La matière première créée *ex nihilo*. Les termes grec et latin (*hylè, silva*) donnaient l'idée du bois; Du Bartas compare Dieu à un armateur pourvu d'un "grand amas de bois" (I, v. 207-9).
[27] La terre est comme le pied du compas dont "l'essieu", en tournant, dessine la roue du ciel.
[28] Après avoir créé notre monde, Dieu n'était pas plus à court de matière qu'à l'instant de la création *ex nihilo*. Cf. Ockham: "le ciel comprend toute la matière convenable déjà existante, mais non pas toute la matière qui peut exister...", *Super IV l. sentent. annotat*, l. I, dist. 44; trad. par P. Duhem, *Le système...*, IX, p. 391.
[29] N'ont pas seulement la capacité suffisante pour (Cf. l'italien *bastare*).
[30] *L'Uranologie*, I, v. 149-156, f. 3 v°-4 r°.

> Sans avare souci, sans blemissante envie,
> Et s'arrangeant au joug de la divine Loi,
> Porteroit sur son front la grandeur de son Roi.
>   Et pourquoi s'encourroit à la Terre la Terre,
> Ecartelant le ciel qui de son tour l'enserre?
> Car elle s'armeroit contre la pesanteur,
> Qu'en son giron cacha le doigt du Createur.[31]

Ces mondes autonomes, s'organisant chacun une vie harmonieuse pour mieux exprimer la gloire de Dieu, sans souci des lois définies par Aristote, anticipent à peine sur les visions bruniennes,[32] mais le poète ne leur laisse pas le temps de s'épanouir. Peut-être déconcerté de trouver en face de lui des docteurs, et non plus de farouches épicuriens, il s'échappe en se réfugiant dans la foi, une foi au contenu et aux garants d'ailleurs bien imprécis:

> Ainsi cette carriere en cent pars buissonnée
> De nos haliers mondains, rend ma muse etonnée:
> N'estoit qu'ici la Foi par son saint sauf-conduit
> Loin de moi donne fuite à cête obscure nuit [...][33]

Les arguments de l'adversaire sont donc laissés sans réfutation, lacune aussitôt masquée par une vibrante célébration de l'unité:

> "Le Caractere empraint par la mere Nature
> "Dans le sein plus secret de toute créature,
> "Dictant qu'Un fit tout un (disoit le Samien)[34]
> "Et qu'à l'Un tout retourne, et non au vain d'un rien,
> "Anime tant ce Tout à l'Unité premiere,
> "Que de l'Unité seule on va traçant l'orniere.[35]

Du Monin fait appel au principe le plus élémentaire de la numérolologie, d'après lequel tous les nombres sont constitués d'unités ("De tout Nombre, Un se dit la premiere matiere"),[36] en l'associant au verset biblique: "Tu as tout disposé par poids, nombre et mesure".[37] Et il y mêle l'idée platonisante de l'analogie: le feu a une "puissance" étroitement apparentée à l'influence

---

[31] *L'Uranologie*, I, v. 157-166, f. 4 r°.

[32] Cf. aussi Oresme; *Traité du ciel et du monde*, l. I, ch. 19; ms. B.N. Fr. 1083, fol. 21; cité par P. Duhem, *Le système du monde*, t. IX, p. 405.

[33] *Ibid.*, I, v. 167-170, f. 4v°.

[34] Du Monin doit songer à Pythagore, or d'après le Pseudo-Plutarque, "Parmi les principes, l'un tend selon <Pythagore> vers la cause efficiente et formelle, c'est-à-dire l'intellect, la divinité, tandis que la <dyade> tend vers la cause passive et matérielle, c'est-à-dire le monde visible" (*De placitis*, I, 3, 876E-F; trad. Lachenaud, p. 74. Cf. I, 7, 881E). Pour défendre l'unité du monde visible, il aurait donc été plus judicieux de se référer à Parménide.

[35] *L'Uran.*, I, v. 187-192, f. 4 v°.

[36] *Ibid.*, I, v. 211, f. 5 r°.

[37] ""Que si tout est bati de figure Nombreuse, / Comme chante des vieus la page curieuse, / L'Un déploie l'enseigne" (*Ibid.*, v. 207-209, f. 4 v°) Cf. *Sagesse*, 11: 20/21; voir I. Petri, "*Omnia in mensura* ...". - Du Monin ne semble pas voir que son raisonnement justifierait encore mieux l'atomisme qui compose l'univers d'une infinité de petites unités.

du soleil, et notre esprit des "facultés" et des connaissances semblables à celles de l'intelligence angélique (bien que celle-ci soit mieux "dotée"), car l'un et l'autre ont reçu de Dieu la même empreinte.[38] Ce montage de notions à l'authenticité douteuse[39] manque de cohésion. En admettant même la pertinence des raisons présentées, on se demande quelle force elles peuvent avoir contre la thèse des mondes multiples. Mais leur cible n'est peut-être pas aussi précise; elles ne sont peut-être qu'un écran de fumée facilitant le passage vers le dernier moment de la discussion: la démonstration conjointe de l'unité du monde et de l'inexistence du vide.

Unicité (ou unité) du monde et inexistence du vide

Dans la tradition scolastique, l'unicité du monde et l'inexistence du vide allaient ensemble. Et sans chercher si loin, Du Monin aurait pu relier assez simplement ces deux questions en s'inspirant de *La Sepmaine*:

> Il faudroit d'autre-part entre ces divers mondes
> Imaginer un vuide, où leurs machines rondes
> Se peussent tournoyer, sans que l'un mouvement
> Au mouvement voisin donnast empeschement
> Mais tous corps sont liez d'un si ferme assemblage
> Qu'il n'est rien vuide entre eux [...][40]

Chez Du Bartas, cette négation du vide ne fait pas l'objet d'une démonstration, mais d'une illustration, grâce à quelques exemples tirés de l'expérience quotidienne:[41] le poète n'émet pas l'idée qu'à l'extérieur du monde, il puisse en aller autrement qu'à l'intérieur. Quoi qu'il en soit, la manière dont il présente son argument ne diffère pas beaucoup de celle

---

[38] *L'Uranologie*, f. 5 r°. - Cette conception d'un monde unifié par l'analogie et cependant hiérarchisé est néoplatonicienne; elle se trouve, entre autre, chez Ficin.

[39] On serait tenté de lui comparer la fin de la démonstration de *L'Encyclie* (p. 86), qui s'appuie sur le *Timée* et ce qu'il dit du temps astronomique: si les mondes étaient éloignés et séparés par le vide, alors, le monde ne pourrait plus être l'image de l'Eternité: "Or si par contrepois iceus se tenoient fermes / Loing entre euls séparés dans le Vuide sans termes, / Vrayment ce Monde icy parfait en l'Unité / A l'exemple et patron de ceste Eternité, / Ne seroit plus nommé le Simulacre d'elle, / Et elle ne seroit du Monde le Modelle / Car elle qui comprend tous Ars, et tous Espris, / Seroit comprise alors d'autre plus grand pourpris / L'autre encor d'un plus grand; et ce dernier tres ample / De nostre Monde plein seroit le seul exemple. / Mais comme il n'y a point plus d'une Eternité, / Laquelle embrassetout en son Infinité, / Et qui ne laisse rien qui soit pur entendible: / Ainsi le Monde enclot toute chose sensible, / Sans rien laisser ailleurs qui puisse estre perceu / De Goust, d'Odeur, d'Ouïe, ou d'Objet aperceu? / Et pource voion-nous le tout-unique Monde / Ceint et environné de la figure Ronde".

[40] *La Sepmaine*, I, v. 319-324; éd. Bellenger, p. 17.

[41] Ces exemples sont de ceux dont Aristote disait qu'ils n'ont pas de portée démonstrative contre l'existence du vide, ils font simplement "voir que l'air est une réalité, en pressant des outres, montrant ainsi que l'air résiste..." (*Phys.*, IV, 6, 213a; trad. Carteron, t. I, p. 136).

qu'avait adoptée son possible inventeur, Michel Scot.[42] Pourtant, au XVIème siècle, la question du vide ne se posait plus exactement comme au XIIIème. Les cosmologies non-aristotéliciennes suscitaient une curiosité bienveillante, à défaut d'une adhésion sans réserve. Le *De placitis* du pseudo-Plutarque, contenait par exemple deux chapitres relatifs au vide; on y trouvait mentionnée la doctrine des Stoïciens pour lesquels le monde était entouré d'un vide infini.[43] Le *Timée* de Platon ne se prononçait pas de manière explicite sur l'existence d'un espace hors du monde, mais il enveloppait ce monde dans l'Ame, tandis que le mythe d'Er de la *République* imposait l'image d'un univers tournant sur les genoux de la nécessité, c'est-à-dire que ces deux textes en donnaient une vision de l'extérieur, à la différence du *De caelo* d'Aristote.[44] Et les néoplatoniciens croyaient que le monde était suspendu au sein d'une lumière immatérielle.[45] D'autre part, soutenir l'absurdité du vide n'était plus la règle. En 1277, l'évêque Tempier avait interdit d'affirmer "que Dieu ne pourrait mouvoir le ciel d'un mouvement rectiligne", en invoquant comme raison "qu'alors il laisserait un vide".[46] Quelle qu'ait été l'influence de ce décret, il est certain que les docteurs des XIVème et XVème siècles ont réexaminé la question du vide sans continuer à tenir pour évidents les arguments d'Aristote. La façon dont Nicole Oresme concluait sa propre réflexion sur ce sujet le montre assez bien:

> Et donques hors le ciel est une espace vuide incorporèle, d'autre manière que n'est quelconque espace plaine et corporèle [...] Item, ceste espace dessus dicte est infinie et indivisible, et est l'immensité de Dieu, et est Dieu meisme [...]. Je conclu doncques que Dieu puet et pourroit faire par sa toute-puissance un autre monde que cestui, ou plusieurs semblables ou dissemblables, et Aristote ne prouva oncques, ne autre, souffisamment le contraire. Mais oncques de fait ne fu, et ja ne sera, fors un seul monde corporel, si comme il est dit devant.[47]

Le raisonnement d'Oresme, fondé sur une analogie entre l'éternité et l'infini spatial, n'appartenait plus à la physique;[48] toujours est-il que sa vision d'un monde matériel suspendu dans une immensité incorporelle se trouvait couramment exprimée à la Renaissance, sans qu'on puisse parler d'influence:

---

[42] Michel Scot, *Super auctorem Sphaerae ... expositio*, qu. 2. Voir P. Duhem, *Le système du monde*, VIII, p. 29. La démonstration aristotélicienne de l'impossibilité du vide, tant à l'intérieur qu'à l'extérieur du monde, se trouve dans la *Physique*, IV, ch. 6 à 9, 213a-217b.

[43] *De placitis*, I, 18; 883E-F; II, 9, 887F-888A .

[44] *Timée*, 34b; *République*, X, 616c sqq.

[45] Voir notamment Martianus Capella, *De nuptiis*, éd. Dick, Leipzig, 1925, p. 76-77.

[46] "Quod Deus non possit movere caelum motu recto. Et ratio est quia tunc relinqueret vacuum" (art. 66; Hissette, *Enquête*...p. 118-120). P. Duhem (*Le système* ..., VIII, p. 7sq.; *Le mouvement absolu* ..., p. 62) et A. Koyré ("Le vide et l'espace infini ...") ont compris que l'article faisait allusion à un déplacement de l'ensemble de l'univers dans un espace extérieur, ce qui n'a pas de sens en termes aristotéliciens. mais R. Hissette a prouvé, grâce à des recoupements avec des textes contemporains, que la thèse en cause concernait un rapprochement des parois du ciel (c'est-à-dire un mouvement rectiligne vers le centre).

[47] *Traictie du ciel* , ms. B.N., Fr. 1083, fol. 22; cité par P. Duhem, *op. cit.*, t. VIII, p. 58-59.

[48] Le texte d'Oresme est intéressant par sa mise en relation du vide et de la pluralité des mondes, mais les théologiens admettaient, depuis le XIIème siècle, que le monde était entouré par le ciel immatériel des bienheureux. Voir W.G.L. Randles, "Le ciel de l'Empyrée...".

chez l'italien Palingenius, dont l'orthodoxie était douteuse, mais aussi chez un chrétien aussi averti que La Boderie. Toutes ces raisons ont-elles traversé la tête de notre poète? Ont-elles contribué à le dissuader de prendre la voie la plus courte pour lier la négation du vide à celle de la pluralité des mondes? Force est de constater que sa démarche est incroyablement tortueuse ou, pour mieux dire, décousue et inefficace.

Sa démonstration commence normalement, en affirmant que la nature n'a que faire d'un vide inutile et improductif ("la Generation / Ne se peut faire au Vuide, où n'est nulle action").[49] Surgit alors une question, dont on a peine à identifier l'émetteur (ami ou ennemi?) et qui semble faire dévier le propos, comme dans un débat mal organisé:

> Mais pourquoi l'element auquel Vulcan préside
> Se rend il sous Cerés, pour en bannir le Vuide,
> Forlignant le barreau de son particulier
> Qui loge pres des cieus ce Feu vite-legier?[50]

Si le feu vient loger dans les trous de la terre (par exemple, pour former les volcans), c'est bien que le vide est des plus indésirables. Cependant, la chose pose des problèmes: pourquoi le feu est-il ainsi obligé de quitter son lieu naturel? La réponse vient de très haut, comme un oracle doctoral:

> "C'est (dit Thomas d'Aquin) que toute moindre forme
> "Au bien plus general son mouvement conforme:
> "Ainsi l'Ange sur soi cherit son Createur,
> "Comme general bien, des autres biens auteur.
>   Or le Monde contient de deus formes l'Idée,
> L'une est Universelle au bien de l'Un bandée
> L'autre est particulière engravee en chacun,
> Pour garder son espece en son étre commun.[51]

L'on aura bien compris pourquoi le feu désobéit parfois aux règles particulières de sa propre "espèce" pour s'acquitter d'une tâche urgente qui regarde le bien général de la nature. Puis le texte revient tout doucement vers son propos. Il réexamine tout d'abord la question de l'unité: il faut que la création ressemble à son créateur ("Car en Dieu ne differe à l'Agent l'Action"),[52] mais elle ne saurait lui ressembler tout à fait:

> Comme Dieu donc est Un, Un est céte machine,
> Mais non une du Tout: si l'Essence divine
> Est Tout, cet Univers est Tout, non de tout point:
> Dieu seul est eternel, le Monde ne meurt point,
> Mais non tout eternel; sa durée eternelle
> Git en succession d'une race nouvelle.

---

[49] *L'Uranologie*, I, v. 225-226, f. 5 r°.
[50] *Ibid.*, v. 227-230, f. 5 r°.
[51] *Ibid.*, v. 231-238, f. 5 r°.
[52] *Ibid.*, v. 245, f. 5 v°.

> "Il doit son entretien à continuité,
> "Qui lui garde le droit de sa propre Unité.[53]

De chrétiennes considérations sur les rapports de Dieu et de l'Univers (qui ne concernent pas le vide), Du Monin a glissé vers un discours aristotélicien, initialement conçu pour marquer la différence entre la terre et le ciel. Dans le chapitre X du *De generatione et corruptione*,[54] Aristote rappelle que le cycle des générations dans le monde élémentaire est dû à la révolution céleste et que, celui-ci étant éternel, il s'ensuit nécessairement que "la génération des choses et des êtres est elle aussi continue". Cette continuité, ou cette perpétuité, n'est pas l'éternité, puisqu'il faut tenir compte de l'imperfection des êtres sublunaires, mais elle est ce que la nature peut produire de mieux. Une fois de plus, dans cette étrange discussion, Du Monin emprunte donc un argument en le sortant de son contexte et pour l'utiliser à contre-emploi; car sa source probable, le *De generatione*, s'intéresse à l'ensemble formé par le ciel et la terre, il ne s'occupe pas de prouver l'unicité du monde. D'autre part, la continuité et l'unité ne sont pas des notions équivalentes, et le lien qui peut exister entre elles n'a pas été explicité par le texte, non plus que leur rapport avec le vide. Il est pourtant probable que le poète n'avait pas complètement perdu le fil de son raisonnement. La réfutation de l'existence du vide qui conclut la discussion s'appuie effectivement sur la conception de la nature qu'exprime le *De generatione* et que Du Monin a très vaguement esquissée: la nature, malgré son imperfection, recherche le maximum de cohésion et de continuité, le maximum d'être. Or le vide est une absence d'être et un facteur de désunion,

> soit qu'il s'étende à travers l'ensemble de la nature corporelle et la divise de façon à en rompre la continuité, comme le disent Leucippe, Démocrite et beaucoup d'autres physiologues, soit qu'il existe à l'extérieur de la nature corporelle qui resterait continue.[55]

Aristote parlait surtout du vide intérieur au monde, mais Du Monin, qui confondait au besoin unité et unicité, n'en parvenait pas moins à ses fins:

> Car si le Vuide étoit, ce qu'est, seroit un rien,
> Un seroit un non Un; et la part sans lien:[56]
> Car ou le Vuide est part, ou non, s'il est partie
> De ce Tout, ce qui n'est, à l'être a departie;[57]
> Si le Vuide n'est part, il est donc hors du Tout:
> Donc le Monde n'est Tout parfait de bout en bout.
> Ainsi du grand foier de la pleine Nature

---

[53] *Ibid.*, v. 247-254, f. 5 v°.
[54] *De generat. et corrupt.*, X, 336 a-b.
[55] Aristote, *Phys.*, IV, 6, 213 a-b (éd. Carteron, p. 136). Nous faisons cette citation car elle nous semble correspondre à ce que Du Monin avait en tête, mais sans qu'elle ait valeur de source.
[56] La partie ne serait pas liée au tout (puisqu'elle serait isolée par le vide).
[57] Le Tout étant considéré comme la totalité de l'être, y supposer du vide, c'est-à-dire du rien, du non-être, serait contradictoire.

Dieu le Vuide exila hors de céte cloture:[58]
Donc ou borgne, tu fais banqueroute à tes sens,
Ou que le Monde est Un, rondement tu consens.[59]

Cet échange serré peut donner l'impression de transmettre le langage du collège quasiment à l'état brut et d'anéantir la contradiction par une logique de fer, bien qu'il se contente de faire tourner en rond quelques notions: s'il y a du vide l'un n'est pas un et le tout n'est pas tout, donc il n'y a pas de vide, donc le monde est un. "Un" dans tous les sens possibles: il est unique (c'était la question posée au départ), et il a une unité, ce qui fournit une habile introduction au passage suivant, consacré à la distinction entre mondes sublunaire et supralunaire.

Nous n'avons pas entrepris cette laborieuse "lecture suivie" d'une des grandes discussions de *L'Uranologie* dans le but de démontrer l'incohérence foncière du poème; ce serait un peu injuste: il existe ailleurs des "disputes" plus faciles et mieux conduites, comme celle de la matière des astres qui fait s'affronter en assez bon ordre Averroès, Platon, Aristote et Cardan.[60] Cet exemple a plus simplement le mérite de nous faire mesurer la difficulté d'évaluer une telle oeuvre et de la comprendre, même si nous réussissons à la déchiffrer. Elle nous apporte des témoignages que nous ne sommes pas capables d'utiliser. Elle nous fait entendre de loin un langage apparemment organisé et relativement connu: le bruit des salles de classes, l'enchaînement des raisonnements magistraux, des bribes d'arguments familiers, les noms de Démocrite ou de saint Thomas, les grandes questions cosmologiques qui agitaient sans doute encore les collèges de 1580; bref, un contenu plus riche, plus "daté" et plus vivant que celui de la poésie philosophique ordinaire, trop respectueuse des conventions littéraires pour n'avoir pas soigneusement trié sa matière. A l'inverse de Buchanan, Du Monin n'a pas l'air d'avoir songé à créer dans l'intemporel et pour tous les temps, en s'inspirant des grands classiques et en purifiant artificiellement l'atmosphère. *L'Uranologie* n'est pas une oeuvre très maîtrisée, très contrôlée ou qu'il soit facile de rapporter à une norme. C'est, en partie, ce qui constitue son intérêt; mais c'est aussi ce qui la rend énigmatique: nous ne savons jamais quand Du Monin est sérieux et quand il s'amuse; s'il essaie de construire un vrai raisonnement ou s'il se contente d'imiter les raisonneurs, en produisant un grand remous de paroles; s'il fait appel à son expérience de régent lorsqu'il reconstitue un débat au tracé incertain, ou s'il cherche seulement une belle transition pour coller un morceau de *La Sepmaine* à un morceau de la *Sphaera*.

---

[58] Et pourtant, selon Du Monin, il n'y a pas de vide hors du monde. Cf. Du Bartas (qui nie, lui aussi, le vide extérieur): "Il n'est qu'un Univers, dont la voute supreme / Ne laisse rien dehors, si ce n'est le Rien mesme" (*La Sepmaine*, I, v. 307-308).

[59] *L'Uranologie*, I, v. 257-266, f. 5 v°.

[60] *Ibid.*, II, v. 1212-1350, f.52 r°-54 v°.

CHAPITRE VINGTIÈME

POÉSIE ET ASTRONOMIE RÉELLE:

LA HUITIÈME SPHÈRE

L'Uranologie est une somme. L'on y trouve un aperçu de toutes les sortes de discours qui se tenaient sur le ciel à la Renaissance, ou auxquels le ciel pouvait servir de prétexte: de la "belle" poésie descriptive, de la polémique religieuse, quelques effusions mystiques, les envolées éroti-cosmiques de Leon L'Hébreu, l'exposition laborieuse des principes de la sphère, et un bon lot de disputes philosophiques. Reste à se demander si une voix ne manquerait pas dans ce copieux concert, celle des astronomes eux-mêmes. Du Monin, accaparé par ses diverses tâches ou conscient de son incompétence, aurait pu négliger d'évoquer les préoccupations des spé-cialistes de la discipline qu'il portait aux nues. Il est certain que presque toute la doctrine qu'il a mise en vers, d'après la *Sphaera*, pourrait aussi bien sortir d'un manuel médiéval. L'actualité céleste ne tient guère de place dans son poème où il a pourtant voulu faire entrer un peu de l'air du temps, laissant à Buchanan ses allures romaines. Cette place n'est cependant pas nulle. Par exemple, Du Monin s'en est pris nommément à Copernic. Nous ne retiendrons pas cet exemple, car il ne révèle pas véritablement chez notre auteur un intérêt spécial pour l'astronomie de son temps: en réfutant l'héliocentrisme, il n'a fait que reprendre l'argumentation présentée par Du Bartas et par Buchanan.[1] Et la présence de près de deux-cents vers anti-

---

[1] Du Bartas (*La Sepmaine*, IV, v. 121-164) et Buchanan (*Sphaera*, I, v. 338-434, p. 13-17) reprenaient une argumentation très ancienne: la réfutation du mouvement de la terre était un chapitre traditionnel des manuels de cosmologie, bien avant Copernic. Les objections dérivent pour la plupart d'une remarque d'Aristote, dans le *De Caelo*: "On voit donc que c'est une nécessité manifeste pour la terre d'être au centre et d'y rester immobile [entre autres preuves parce que] les corps lourds lancés verticalement vers le haut retombent à leur point de départ, même si la force les projetait infiniment loin." (II, 14, 296b; trad. Moraux, p. 97), et d'un argument analogue développé dans l'*Almageste* de Ptolémée (I, ch. 7): si la terre tournait sur elle même, tous les objets qui ne reposent pas sur le sol paraîtraient aller vers l'ouest etc.

coperniciens dans *L'Uranologie* signale surtout que le thème devenait un *topos*. En revanche, les développements consacrés aux mouvements de la huitième sphère et aux comètes pourraient être plus significatifs. Ces deux questions n'étaient neuves ni l'une ni l'autre, mais toutes deux avaient beaucoup retenu l'attention des astronomes du XVIème siècle; la première plutôt avant 1550, la seconde dans les années qui précédèrent immédiatement la rédaction de *L'Uranologie*. En examinant comment Du Monin les a traitées et si son attitude diffère sensiblement de celle des autres poètes "didascaliques", nous tenterons donc de voir s'il a vraiment songé à établir des liens nouveaux entre la poésie et la science réelle.

La huitième sphère: d'Hipparque à Tycho Brahe

La théorie de la huitième sphère a constitué un problème important pour les astronomes, à partir du moment où Hipparque,[2] au 2ème siècle avant J.C., découvrit que cette sphère des fixes ne se contentait pas de tourner sur elle-même en vingt-quatre heures, d'Orient en Occident, avec une régularité d'horloge, mais qu'elle avait un mouvement composé, à l'instar des sphères des planètes: en plus de sa révolution diurne, elle glissait lentement vers l'Est, en suivant l'axe de l'écliptique. Cette découverte avait de graves conséquences car elle enlevait aux étoiles leur qualité de repère universel et absolument fixe. De fait, elle touchait d'importants domaines de l'activité des astronomes. Le calendrier tout d'abord, qui exigeait l'exacte détermination de l'année solaire. Avant Hipparque, l'année tropique (qui sépare deux passages du soleil au point vernal) pouvait être considérée comme identique à l'année sidérale (qui sépare deux passages du même soleil devant une étoile déterminée); après Hipparque, il fallait reconnaître que la seconde était légèrement plus longue que la première et ne pouvait lui servir d'unité de mesure, ce qui compliquait les choses.[3] Les théories planétaires utilisaient aussi les repères et les coordonnées de la huitième sphère et avaient besoin d'un écliptique précisément calé sur l'équateur; d'autre part, l'on pouvait se demander si les déférents des planètes suivaient le second mouvement de la huitième sphère comme ils suivaient sa révolution diurne. Les astrologues comptaient sur la coïncidence entre le Zodiaque des constellations, visiblement marqué au ciel, et le Zodiaque du calendrier (celui qui attribue le Bélier, le Taureau et les Gémeaux au printemps, et ainsi de suite); et si le point vernal était mobile, cette coïncidence cessait d'être garantie. Enfin ceux qui construisaient la maquette idéale du cosmos avaient besoin de

---

(trad. Toomer, p. 45). Melanchthon avait réfuté Copernic dès 1549, dans ses *Initia doctrinae physicae*: après avoir cité les témoignages de la Bible, il énumérait quatre preuves physiques: la nécessité d'un centre immobile, la théorie du lieu naturel, l'argument de la partie qui partage la nature du tout (un petit morceau de terre a tendance à demeurer en repos, donc etc.), et enfin l'impossibilité de secouer la matrice de tous les êtres naturels (la terre était comme une mère perpétuellement enceinte, or la génération demande une *collectio*, il fallait donc la laisser tranquille pour éviter la *dissipatio*); éd. Lyon, 1552, p. 57-60.

[2] Hipparque était de Nicée, en Bithynie. On sait de lui ce que Ptolémée en a rapporté près de trois siècles après sa mort: ses observations se répartissent de 147 à 127 avant Jésus-Christ.

[3] Le point vernal, c'est-à-dire l'intersection de l'équateur et de l'écliptique au point équinoctial du printemps, est parfaitement abstrait; tandis qu'une étoile est un repère visible.

mettre au point la théorie de la huitième sphère pour déterminer le nombre des cieux: par hypothèse, chaque ciel ne pouvait posséder en propre qu'un seul mouvement, et donc si le firmament avait une autre rotation que la révolution diurne (ou plusieurs), il fallait le coiffer de nouvelles sphères sans astres, uniquement chargées d'une fonction motrice. Le problème de la huitième sphère était donc d'intérêt général; or il présentait de grandes difficultés, le mouvement propre des étoiles étant très difficile à mettre en évidence. Au XVIème siècle, il était encore l'objet de recherches et de discussions, après une histoire déjà longue, dont nous nous contenterons de résumer les principales étapes.

A notre connaissance, le premier texte astronomique qui mentionne le mouvement propre des fixes est l'*Almageste* de Ptolémée qui décrit le phénomène et raconte l'histoire de sa découverte.[4] Hipparque avait comparé la distance entre l'Epi de la Vierge et l'équinoxe d'automne, telle que l'avait observée Timocharis, entre 294 et 283 avant J.C., et celle qu'il pouvait mesurer de son temps, c'est-à-dire quelque 160 ans plus tard. Il avait trouvé que l'étoile avait progressé de 2 degrés vers l'Est, et en avait conclu que la sphère des fixes tournait lentement suivant l'axe de l'écliptique; pour vérifier son hypothèse, il s'était livré à des comparaisons entre l'année tropique et l'année sidérale. Reprenant ces calculs, et y ajoutant ses propres observations et celles de Menelaos (qui observait à Rome, sous le règne de Trajan), Ptolémée put confirmer dans son *Almageste* que les étoiles du Zodiaque glissaient régulièrement le long de l'écliptique, en progressant d'un degré par an et en effectuant donc une révolution complète en 36000 ans.[5] Il avait mis en évidence le phénomène de la précession des équinoxes: d'année en année, ou plutôt de siècle en siècle, le point vernal change en effet de position si l'on se repère sur les étoiles. Jusqu'à la fin de l'Antiquité et durant tout le Moyen-Age, l'*Almageste* resta le grand livre d'astronomie, étudié et commenté dans le monde grec des civilisations alexandrine et byzantine. A partir de la fin du VIIIème siècle, il fut traduit en syriaque puis, plusieurs fois, en arabe. En 1175, Gérard de Crémone le retraduisit en latin et sa version se répandit en Occident, en attendant que plusieurs manuscrits grecs ne gagnent l'Europe au cours du XVème siècle. L'hypothèse de la précession ne fut donc jamais oubliée, mais elle ne manqua pas d'être discutée, corrigée et contestée.

Au IXème siècle, il parut un traité *Sur le mouvement de la huitième sphère*, attribué à Thâbit ben Qurra (Thebit).[6] Cet opuscule, qui s'inspirait peut-être d'idées déjà formulées par des astronomes grecs,[7] proposait une

---

[4] Sur l'*Almageste* voir *supra*, p. 26 sq. Ce sont les ch. 2 et 3 du livre VII qui traitent du mouvement propre de la huitième sphère, c'est-à-dire de la précession des équinoxes. Ces chapitres servent à introduire le grand catalogue des étoiles fixes.

[5] La précession est en fait plus rapide et le tour complet effectué en 26000 ans.

[6] Astronome de Damas, 826-901. La traduction latine, jamais imprimée, fut très répandue en mss, sous le titre de *De motu octavae sphaerae*. Voir F.J. Carmody éd., *The astronomical works of Thâbit B. Qurra*, Berkeley, 1960; trad. angl. dans O. Neugebauer, "Thabit ben Qurra...", p. 290-299. Voir aussi W. Hartner, "Trepidation ..."; R. Mercier, "Studies...".

[7] Les *Tables manuelles* de Théon d'Alexandrie (IVème s. après J.C.) rapportent une "ancienne" hypothèse (probablement postérieure à Hipparque et antérieure à Ptolémée, d'après laquelle la huitième sphère aurait en propre un mouvement "d'accès et de recès", elle glisserait de 8° vers l'Est, puis reculerait de 8° vers l'Ouest etc. Cette hypothèse était connue

nouvelle théorie.[8] Il fallait imaginer, au-dessus des huit sphères, une sphère sans astres, uniquement animée de la révolution diurne et pourvue d'un écliptique immuable. Le firmament étoilé, situé donc au-dessous, était agité par une "trépidation" qui imprimait à son propre écliptique un mouvement ainsi analysé: les premiers degrés du Bélier et de la Balance de cet écliptique mobile tournaient autour des points correspondants de l'écliptique fixe de la neuvième sphère, de façon à dessiner deux petits cercles de 4° 16' 43" de rayon en 4171 ans et demi; tandis que les premiers degrés du Cancer et du Capricorne de l'écliptique mobile restaient sur l'écliptique fixe, mais en effectuant un va-et-vient. Le firmament visible "titubait", ses pôles décrivant des sortes de "huit" dont l'intersection était occupée par les pôles de la neuvième. Dans ce dispositif, le mouvement en longitude des étoiles n'était plus continu, comme dans l'*Almageste*: il avait une amplitude déterminée, s'effectuait successivement dans les deux sens (vers l'Est, puis vers l'Ouest et ainsi de suite) et sa vitesse se modifiait en fonction de la position des premiers degrés du Bélier et de la Balance mobiles sur leurs petits cercles.

L'hypothèse du *De motu octavae sphaerae* se fit connaître en Occident, non seulement par la diffusion du traité lui-même, mais aussi par l'intermédiaire des *Tables de Tolède*, publiées au XIème siècle sous la direction d'al-Zarqâllu (Arzaquiel ou Arzahel en latin).[9] Vers 1320, de nouvelles tables astronomiques en latin firent leur apparition dans le milieu des docteurs parisien Jean de Murs, Henri Bate de Malines, Jean de Lignières et Guillaume de Saint-Cloud. Ces *Tabulae alphonsinae*, dont les canons furent rédigés par Jean de Saxe en 1339, se donnaient pour la traduction de tables castillanes, dressées en 1252 grâce à la libéralité du roi Alphonse X, surnommé Alphonse le Sage.[10] Accompagnées de cette légende, destinée à édifier les princes moins généreux, elles s'imposèrent

---

des astronomes arabes. Albategnius (Al-Battani, fin IXème-début du Xème siècle) la mentionne (et la rejette) dans le ch. 52 de son traité d'astronomie: il préfère conserver l'hypothèse ptoléméenne de la précession continue, à laquelle il attribue seulement un rythme plus rapide: 1° en 66 ans, et non plus en un siècle. L'ouvrage d'Albategnius, traduit en latin dans la première moitié du XIIème siècle par Platon de Tivoli et très connu en Occident fut imprimé avec une préface de Melanchthon et des notes de Regiomontanus (Albategnius, *De motu stellarum* [publié avec] Alfraganus, *Rudimenta astronomica*, Nuremberg, 1537). - Le traité d'Alfraganus est un résumé de l'*Almageste* en trente chapitres qui retient donc aussi l'hypothèse de la précession continue.

[8] La conception d'une nouvelle théorie était devenue nécessaire car, si l'on se fait aux données disponibles, la précession avait une vitesse variable: elle avait été plus lente entre Timocaris et Ptolémée qu'entre Ptolémée et Albategnius.

[9] Ces tables ne sont connues que dans des traductions latines, voir G.J. Toomer, "A survey of the *Toledan tables*". - Dans un traité sur le mouvement des étoiles fixes (conservé grâce à une version hébraïque), al-Zarqâllu expliquait par la "trépidation" la variation conjointe de l'obliquité de l'écliptique et de la vitesse de la précession. B. Goldstein, "On the theory of trepidation ..." a montré que son modèle était un peu plus compliqué que celui de Thâbit.

[10] L'origine castillane de ces tables n'est sans doute qu'une fiction, comme l'a démontré E. Poulle, à partir de l'examen de la tradition manuscrite: celle-ci commence avec l'*Expositio intentionis regis Alfonsii circa tabulas ejus* de Jean de Murs (1321). Voir E. Poulle, "Jean de Murs ..."; Idem éd., *Les tables alphonsines* (d'après l'éd. prin., Venise, 1483).

rapidement, et pour longtemps, auprès des astronomes de toute l'Europe, favorisant ainsi la diffusion d'une nouvelle théorie de la huitième sphère.[11]

En effet, les *Tabulae Alphonsinae* tenaient compte d'un modèle combinant la précession continue de Ptolémée et la "trépidation" du *De motu octavae sphaerae*; et elles attribuaient respectivement à ces deux mouvements des périodes de 49000 et de 7000 ans. La huitième sphère se trouvait donc animée de trois mouvements distincts, pris en charge par trois sphères, dotées chacune d'une écliptique différente, comme Jean Pierre de Mesmes l'expliquait encore au milieu du XVIème siècle:[12]

> Le premier mouvement du 8 Ciel, ou du Firmament, se faict par la force et soudaine impetuosité du premier Ciel,[13] lequel se remue journellement contre l'ordre des 12 signes en 24 heures d'Orient en Occident. [Ce ciel est pourvu d'un équateur et d'un écliptique découpé par les points équinoctiaux et solsticiaux qui sont] invariablement et tousjours nouez avec l'equateur,[14] de sorte que ces deux cercles s'en vont inseparablement d'Orient en Occident, puis d'Occident à minuict[15] pour retourner en Orient, trainans quant et eux tous les neuf cieux, qui font la totale revolution en 24 heures, et entre les deux pivots du monde et du premier mouvant. Et notez, que pour avoir les vrays mouvemens des ecliptiques seconde et tierce, des corps celestes, il vous faut tousjours adresser et compter les signes, degrez, minutes, secondes et tierces, en ceste ecliptique: pource qu'elle n'endure qu'un seul et simple mouvement[16] [...]
> Le second mouvement du 8 Ciel, tout contraire au premier, se faict d'Occident en Orient, par le tardif et paresseux mouvement du neufieme, auquel vous donnerez aussi une ecliptique [...], qui marche reigleement entre les pivotz de la premiere ecliptique[17] [...] En 49000 ans, elle faict sa totale revolution, qui est la grande annee Platonique [...]
> Le tiers mouveent du 8 Ciel ne tient rien du premier ny du second, ains est tout propre à soy mesme: car il est regulier et uniforme, moyennant deux petis poincts que nous imaginons au firmament, l'un estant tout opposite à l'autre, qui sont appellez les chefz du Belier et des Balances du 8 Ciel. Ces deux petits

---

[11] Pour une analyse de cette théorie, voir R. Mercier, "Studies...". Il reste de très nombreux manuscrits des tables alphonsines. La première édition fut imprimée à Venise, par Ratdolt, en 1483, avec les canons de Jean de Saxe; et elle fut suivie par beaucoup d'autres, avec de nouveaux canons. Pascal Du Hamel en prépara une édition corrigée, d'après celle de Luca Gaurico (Paris, Wechel, 1545). Au XVIème siècle, cependant, les astronomes se plaignaient de leur inexactitude. En 1551, E. Reinhold publia à Tubingen ses *Prutenicae tabulae*, basées sur les données et les modèles géométriques du *De revolutionibus* de Copernic. Les tables pruténiques firent autorité jusqu'à la parution des *Tabulae rudolphinae* de Kepler (1627).

[12] *Les Institutions astronomiques*, 1557, l. II, ch. 5 et 6, p. 89-92. J.P. de Mesmes s'est largement inspiré du *De motu octavae sphaerae* d'E. Reinhold, petit traité inclus dans son commentaire sur les *Theoricae novae* de Peurbach (Wittemberg, 1542; éd. rév. 1553).

[13] Le premier mouvant, c'est-à-dire le dixième ciel.

[14] Les points équinoctiaux (les "chefs", c'est-à-dire les premiers degrés, du Bélier et de la Balance) coupent l'équateur en deux points fixes, et les points solsticiaux (les "chefs" du Cancer et du Capricorne) gardent toujours la même latitude parce que l'inclinaison de cet écliptique fixe (l'angle qu'il forme avec l'équateur) ne change jamais.

[15] Le "minuict" ou "poinct de minuict", c'est le Nadir, opposé au Zénith, ou "poinct de Midi".

[16] C'est le seul à pouvoir jouer le rôle de repère absolu.

[17] Il a le même axe que l'écliptique fixe et pourrait se confondre avec lui, si ses poincts équinoctiaux ne glissaient lentement vers l'Est.

poincts font au concave du neufieme Ciel, deux petis cercles opposites au tour des poincts du Belier et des Balances de la seconde ecliptique, lesquelz poincts servent de deux centres aux petis cercles, qui font leur totale revolution en 7000 ans, selon les tables Alfonsines.

Cette théorie complexe, n'était pas de nature à dérouter tout à fait les spécialistes des mouvements célestes, habitués à combiner les révolutions des grands cercles et les petites rotations épicycliques; mais elle présentait un immense inconvénient: les rouages qu'elle mettait ingénieusement en oeuvre n'étaient calés sur aucun repère assuré, de sorte qu'elle faisait reposer l'édifice entier des tables sur des bases incertaines. Erasmus Reinhold devait affirmer nettement qu'elle constituait le vrai point faible de l'astronomie de son temps, d'autant que ses prétendus inventeurs, les astronomes du roi Alphonse, s'étaient bien gardés d'élucider ses fondements.[18] Elle fut donc sévèrement remise en cause à la Renaissance, période où la réforme du calendrier, finalement accomplie en 1582 après de multiples tentatives, contribuait à attirer l'attention sur la huitième sphère.[19]

Dans le livre VII de l'*Epitome*, Regiomontanus examinait le problème de la variation du mouvement propre des étoiles et mentionnait les diverses hypothèses concurrentes; puis il émettait un doute: les instruments des Anciens étaient-ils parfaitement fiables? La huitième sphère aurait-elle un mouvement qui nous reste caché?[20] La solution du problème ne lui semblait ni facile, ni surtout proche. Regiomontanus réalisa, avec son disciple Bernard Walther de nombreuses observations, publiées par Johannes Schöner en 1544,[21] et plus tard utilisées par Tycho Brahe. Johannes Werner, mathématicien de Nuremberg, continua à travailler dans ce sens. Il rédigea deux traités *De motu octavae sphaerae* qui reprenaient tous les calculs en les confrontant à de nouvelles observations. Sans contester le principe des cieux invisibles et des écliptiques multiples, il proposait un réaménagement

---

[18] "Non enim libet mihi pluribus commentari in speculationem non modo obscure propositam, verum nullis etiam nixam fundamentis et observationibus", Comm. à Peurbach, éd. Paris, 1553, f. 163 r°

[19] A strictement parler, le problème du calendrier et celui de la précession étaient indépendants, mais ils se rencontraient sur certains points, comme la détermination des équinoxes, et parce que l'obliquité de l'écliptique était censée varier en fonction de la trépidation. D'une façon générale, les difficultés des réformateurs du calendrier et celles des théoriciens de la précession représentaient conjointement l'échec d'une astronomie trop "curieuse". - Les imperfections du calendrier julien (qui donne à l'année tropique une valeur un peu trop forte) étaient connues depuis longtemps. Les conciles de Constance (1414) et de Bâle (1436) s'étaient déjà penchés sur le problème. Nicolas de Cues publia une *Reparatio Kalendarii* (Strasbourg, 1488). En 1475, Sixte IV fit venir Regiomontanus à Rome pour travailler à la réforme. Le cinquième concile de Latran (1512-1517) institua une commission du calendrier, présidée par l'évêque de Fossombrone, Paul de Middelberg (qui fit appel à Copernic). Après bien d'autres efforts, le pape Grégoire XIII promulgua enfin un nouveau calendrier, par la bulle "inter gravissimos" du 24 février 1582. Voir N. Swerdlow, "The origin ..."; D. Marzi, *La questione della riforma*...; G.V. Coyne éd. *The Gregorian reform* ...

[20] *Epytoma*, 1496, l. VII, pr.. 6, f. h8r° (facsimilé Schmeidler, p. 177).

[21] *Scripta... Regiomontani de torqueto ... Item observationes motuum solis ac stellarum tam fixarum quam erraticarum...*, Nuremberg, 1544. Voir L. Thorndike, *A History*, t. V, p. 365-6.

du dispositif et adressait les plus durs reproches aux tables alphonsines.[22] L'ouvrage fut sévèrement critiqué par Copernic qui composa, en 1524, une *Lettre contre Werner* adressée à Bernard Wapowski et restée manuscrite.[23]

Cependant le modèle lui même commençait à être sérieusement mis en cause. Il fut l'objet d'une querelle entre Marco da Benevento, de l'ordre des Célestins, un disciple de Domenico Maria Novara, et Albertus Pighius, futur docteur en théologie de l'Université de Paris. Le premier fit paraître un *De motu octavae sphaerae*,[24] et le second un traité *De aequinoctiorum solsticiorumque inventione*[25] qui reprochait à ses confrères de se tromper entièrement dans l'interprétation des *Tables alphonsines*. Marco da Benevento ne tarda pas à répliquer, et il s'ensuivit un petite polémique.[26] Pighius mettait en doute la combinaison de mouvements attribuée au firmament et il refusait absolument de croire aux superpositions de sphères invisibles:

> Et je ne saurais croire qu'il y ait aucun ciel au-dessus du firmament ou huitième sphère (il n'est pas question ici du séjour des bienheureux), car personne, quelle qu'ait été sa vue de lynx, n'a jamais rien pu voir au-dessus du firmament, et jusqu'ici on n'a trouvé aucune raison qui puisse m'en persuader [...] D'ailleurs, même si l'on voulait vraiment croire que tout est disposé dans cette armée des cieux comme nos astronomes l'ont imaginé et combiné, et qu'existent vraiment ces deux mouvements divers dans la huitième sphère (à savoir le mouvement d'accès et de recès et le mouvement des auges et des étoiles fixes),[27] à chacun desquels il faudrait assigner un mobile propre, je ne fabriquerais pourtant pas une neuvième sphère [et donnerais au firmament une théorie comparable à celle des planètes, en attribuant le mouvement de précession à un déférent].[28]

---

[22] J. Werner, *Libellus super vigintiduobus elementis conicis [...] De motu octavae sphaerae tractatus duo; ejusdem summaria enarratio theoricae motus octavae sphaerae*, Nuremberg, 1522. Werner revisait les valeurs, interchangeait les rôles de la 8ème et de la 9ème sphère, imaginait une double trépidations en ajoutant une rotation aux points solsticiaux et une onzième sphère. Voir J. Dobrzycki, "J. Werner's theory ...; A. Bäumer, "J. Werners Abhandlung...". - En 1585, Tycho Brahe demanda à Thaddeus Hagecius de lui procurer l'ouvrage, ce qui fut fait en 1588 (Brahe, *Opera omnia*, éd. Dreyer, t. VII, p. 95,104 et 147.

[23] Bernard Wapowski avait envoyé le livre de Werner à Copernic. L'*Epistola*, qui circula sous forme manuscrite (T. Brahe en avait une copie, voir l'éd. Dreyer, t. IV, p. 292), a été éditée avec le *De revolutionibus* à Varsovie en 1854, puis par M. Curtze ("Der Brief ..."); voir aussi E. Rosen, *Three copernican treatises*, 3ème éd., New York, 1971, p. 93-106; Copernic, *Oeuvres complètes,* II, Paris-Varsovie, 1992, doc. LVIII sq.

[24] S.l.n.d. Ce traité parut en Italie, au début du XVIème siècle.

[25] Paris, Conrad Resch,1520. Voir L. Thorndike, *A History*..., t. V, p. 279-282.

[26] Marco da Benevento, *Apologeticum opusculum*..., Naples, 9 mars 1521. - Idem, *Novum opusculum ... referentem ad eclypticam immobilem*, Naples, 12 août 1521. - A. Pighius, *Adversus novam Marci Beneventani astronomiam... Apologia*, Paris, Simon de Colines, 1522. Moreau, t. III, 1522-386. Voir L. Thorndike, t. V, p. 199-201.

[27] C'est-à-dire la trépidation et la précession continue.

[28] "Nec ego coelum ullum supra firmamentum aut orbem octavum esse crediderim (de beatorum sede hic nullus sermo est) quoniam nemo quantumvis linceus supra firmamentum aliquid videre potuit, nec aliqua adhuc ratio est inventa, quae mihi id persuadere possit [...]. Alioqui, etsi omnino credere libeat cuncta ita esse disposita in coelesti illa militia, qualia ab astronomis nostris comenta sunt et excogitata, sintque vere duo illi motus diversi in octava sphaera, videlicet motus accessus et motus augium et stellarum fixarum, quorum unicuique

Oronce Fine s'intéressa vivement à la dispute et exposa le *De aequinoctiorum inventione* à ses élèves; il lui "tomba opportunément dans les mains", selon ses propres termes, le *De motu octavae sphaerae* d'Agostino Ricci, [29] traité paru en 1513[30] qu'il se hâta de faire imprimer à Paris.[31] Cet ouvrage examinait l'ensemble des hypothèses relatives à la huitième sphère depuis Ptolémée. Il souhaitait revenir à un modèle plus simple, requérant seulement huit cieux, et attaquait tout spécialement la construction des *Tables alphonsines*. Se prétendant informé par son maître, Abraham Zaccut, un kabbaliste de Salamanque, il affirmait qu'elle avait été artificiellement conçue par les rabbins employés par Alphonse le Sage, afin d'obtenir une concordance entre le calendrier cosmique et le calendrier religieux; les 7000 ans de la "trépidation" correspondaient à mille années sabbatiques, et les 49000 ans de la précession continue à 1000 années jubilaires.[32] Il concluait en proposant de revenir prudemment à la solution d'Albategnius (une simple précession continue d'1° parcourus en 66 à 70 ans), tout en admettant la possibilité d'un mouvement du ciel inconnu des hommes.[33] Et il combattait, en se recommandant d'Aristote, l'idée d'un premier mobile distinct du ciel visible: puisque la révolution diurne était suivie par l'ensemble des sphères, c'était tout cet ensemble qui, à cet égard, devait être appelé premier mobile.[34] Oronce Fine, qui ne se rallia pas ouvertement à la position de Ricci, le suivit au moins sur ce point.[35]

A l'époque où il rédigeait sa lettre contre Werner, Copernic avait déjà depuis longtemps sa propre idée sur la huitième sphère et sur la précession des équinoxes puisque la première esquisse qu'il ait rédigée de son système date probablement des années 1511-1513.[36] Ce *Commentariolus* évoque le phénomène qu'il attribue à un mouvement de l'axe de la terre:

> [...] il a été montré, sur un long intervalle de temps, que la position <de l'axe> de la terre change par rapport aux configurations des étoiles fixes, et, pour cette raison, il a semblé à la plupart des astronomes que la sphère des étoiles elle-même est mue de quelques mouvements dont la loi n'était pas encore bien

proprium mobile assignari oporteat, non tamen effingam nonam sphaeram [...]", A. Pighius, *De aequinoctiorum solsticiorumque inventione*, éd. cit. *supra*, f. XX r°.

[29] Thorndike (*A History*, V, p. 264) l'identifie avec Augustinus Ricchus, plus tard médecin de Paul III.

[30] A. Ricius, *De motu octave sphere...*, in oppido Tridini, 10 septembre 1513. Voir P. Duhem, *La système du monde*, t. II, p. 263-264.

[31] A. Ricius, *De motu octavae sphaerae,...*, Paris, Simon de Colines, 22 avril 1521 (n. st.). Moreau, t. III, 1521-215. Dans la dédicace, O. Fine explique les circonstances de l'édition. Voir Thorndike, *A History...*, t. V, p. 284. - La même année 1521, Simon de Colines imprima une nouvelle édition des *Tables alphonsines* (Moreau, t. III, 1521-7).

[32] *De motu...*, Paris, 1521, f. 44 r°-48 r°: "Respondetur rationi cabalistarum...".

[33] *Ibid.*, f. 51 r°-v°.

[34] "[...] totum coelestium orbium aggregatum primum est mobile", *Ibid.*, f. 10 r°.

[35] Voir *supra*, p. 341-2. Les traités de Ricci et Pighius sont abondamment cités par E. Reinhold (*op. cit. supra*, p. 440).

[36] Le *Commentariolus* ou, plus exactement, "un manuscrit de six feuilles exposant la théorie d'un auteur qui affirme que la terre se déplace tandis que le soleil est immobile" est signalé dans l'inventaire de la bibliothèque de Matthias de Miechow, professeur à Cracovie, dressé le 1er mai 1514. Voir H. Hugonnard et al., *Introduction à l'astronomie de Copernic*, p. 25-6.

comprise. Mais il est moins étonnant de faire résulter tous ces phénomènes du mouvement de la terre.[37]

En 1540, Rheticus publia à Gdansk une présentation du *De revolutionibus* de Copernic, achevé mais encore inédit, la *Narratio prima*. Les six premiers chapitres traitaient du mouvement des fixes, de la longueur de l'année tropique et de la variation de l'obliquité de l'écliptique, trois phénomènes dont ils affirmaient la liaison. A cet endroit du livre, Rheticus n'avait pas encore exposé l'hypothèse héliocentrique, mais il préparait ce renversement de perspective: à l'inverse de ce qui s'était fait jusque-là, il n'attribuait plus le mouvement de précession à la sphère des étoiles, il faisait bouger les équinoxes par rapport à la sphère,[38] idée à laquelle le *De revolutionibus* devait donner une formulation précise:

> Il semble évident, d'après ce qui précède, que les équinoxes et les solstices se déplacent avec un mouvement non uniforme; et l'on ne saurait peut-être mieux expliquer ce phénomène que par une certaine déviation de l'axe de la terre et des pôles de l'équateur. C'est bien là, en effet, ce qui semble résulter de l'hypothèse du mouvement de la terre, puisqu'il est évident que l'écliptique demeure perpétuellement immuable... tandis que l'équateur se déplace.[39]

En expliquant la précession par un changement d'orientation de l'axe de la terre, Copernic transformait donc radicalement la théorie, et surtout il restituait au firmament visible sa qualité de repère absolu et fixe; mais pour le reste, il acceptait dans l'ensemble le modèle en vigueur: le mouvement "non uniforme" de ses équinoxes se composait pour lui d'un mouvement "vrai" ou "moyen", qui leur faisait accomplir lentement une révolution complète, et d'un mouvement d'anomalie de faible amplitude, la "libration", due à une rotation sur deux petits épicycles symétriques. A cet égard, le *De revolutionibus* héritait de la combinaison "alphonsine".[40]

Le premier à simplifier définitivement le problème de la précession fut donc un astronome moins hardi, mais aussi beaucoup plus soigneux dans ses observations et, par là, mieux préparé à juger celles des autres. A la fin du XVIème siècle, Tycho Brahe passa de nouveau en revue toutes les données disponibles et jugea plus sage d'abandonner des complications théoriques qui pouvaient ne reposer que sur des erreurs; car les accélérations et les ralentissements présumés du firmament lui paraissaient suspects. Dans ses *Progymnasmata*, la huitième sphère cessa donc définitivement de "tituber" pour adopter une précession régulière de 51" par an.[41]

---

[37] *Commentariolus*, trad. cit., p. 76-77.

[38] G. J. Rheticus, *Narratio prima*, éd. et trad. par H. Hugonnard-Roche et al., p. 95: "il faut poser que les points équinoctiaux sont mus d'un mouvement rétrograde...".

[39] *De revolutionibus*, Nuremberg, 1543, l. III, ch. 3.

[40] Pour Copernic, la révolution du mouvement moyen est de 25816 années égyptiennes, celle du mouvement d'anomalie est de 1717 années égyptiennes (*De rev.*, III, ch. 6). Voir K.P. Moesgaard, "The 1717 Egyptian years..."; N. Swerdlow, "On Copernicus' theory...".

[41] Tycho Brahe, *Opera omnia*, éd. Dreyer, t. II, p. 253-256 (la première édition des *Progymnasmata* est de 1602). Voir aussi J.L.E. Dreyer, *Tycho Brahe*, p. 354-355.

La précession en poésie

Les mouvements du firmament n'appartenaient pas au programme de la cosmologie élémentaire et les traités de la sphère se contentaient généralement d'y faire allusion. Comme la poésie astronomique ne se haussait pas au-dessus de ce niveau, il eût été bien étonnant qu'elle s'attaquât à la question. Effectivement, il arrivait aux poètes de mentionner plus de huit cieux, mais ils n'en exposaient à peu près jamais les raisons astronomiques:

> Près du premier-mouvant la grand'Sfère estoilée
> Va d'un contraire tour par son Ange ébranlée,
> Ne pouvant se hâter pour le cours violent,
> Qui luy est trop voisin, et le fait le plus lent
> De tous les autres cieux. Son allure est si tarde
> Que l'homme ingénieux (combien qu'il y prinst garde)
> Vivant plus que Nestor, ne s'aviseroit pas
> Au dernier de ses ans qu'il avance d'un pas.[1]

La Boderie ne fit aucune tentative pour décrire le mécanisme de la huitième sphère. Dans *L'Encyclie*, qui se fonde sur la conception des trois mondes enveloppés les uns par les autres,[2] le "visible monde est couvert et tendu / De dis cieux azurés",[3] parce qu'il est lui-même revêtu des dix sephiroth:

> Mais outre l'Orizon où l'Image mouvant
> Qui suit l'Eternité, va dedans soy couvant
> Siécles, et Ans, et Mois, Sepmaines, Jours et Heures.[4]
> Sont les dix Sefiroth des dix Sféres meilleures.
> Les dix luysans Habitz comme éclair foudroyant
> Dond se vestit jadis l'Eternel tout-voyant,
> Alors qu'il arracha la semence féconde
> Du ventre du Chaos dond fut formé le Monde:[5]

Le rapport entre les cieux astronomiques et ces sephiroth est précisé un peu plus loin, dans la prière du Secrétaire:

> O Toy *Ehie* qui es, qui fus, et qui seras,
> Tu fais les Serafins, tu les feis, et feras,

---

[1] Baïf, *Le premier des météores* (1567), v. 57-64, dans Baif, *Le premier livre des poèmes*, éd. Demerson, p. 58. L'"Ange" est ici, de façon traditionnelle, le principe moteur du ciel.
[2] Le monde "archetype", le monde céleste et le monde élémentaire, auquel s'ajoute un quatrième monde, l'homme microcosme qui participe des uns et des autres. Cette conception est courante dans la kabbale mais aussi dans le néoplatonisme. A la Renaissance, elle a été particulièrement développée par Pic de la Mirandole (notamment dans l'*Heptaplus*), ou encore par Francesco Giorgio, dans le *De harmonia mundi*, traduit par La Boderie en 1578. Le cercle IV de la *Galliade* (celui de l'harmonie) lui est spécialement consacré.
[3] *L'Encyclie*, "Le Tabernacle", éd. cit., p. 143.
[4] L'"Image..." signifie les cieux. Cf. *Timée* (37d), selon lequel le temps astronomique est une imitation mouvante de l'éternité. - Cf. Ronsard, *Hymne de l'Eternité*, v. 21, et v. 73-81.
[5] *L'Encyclie*, p. 143-144. D'après F. Secret, La Boderie s'inspirerait d'une traduction latine, par Paulus Ricius, de Joseph ibn Giqatilia (*Les kabbalistes*, p. 67; *L'ésotérisme...*, p. 91).

Tu affermis le tour de la Sfére Empirée,
Dedens un lieu sans lieu enclose et assurée:
Et ne delaisses point le Rien dedans son Rien,
Ainçois le mesme Rien Tu combles de ton Bien:
    O *Yah* les Cherubins comme enfans tu enfantes,
Tu meus le premier Ciel des neuf Sféres mouvantes,
Et ne cesses jamais de traiter et mollir
Le non formé Chaos afin de le pollir.
    YHWYH tu assieds les Thrones en leur ordre,
Et le Ciel ételé tu viens virer et tordre,
Mesme viens imprimer dans le coulant ruisseau
De la prime Nature, et la forme, et le seau [...][6]

Le poète s'intéressait au seul rapport vertical unissant les mondes angélique, stèllaire et la sublunaire, en laissant à peine deviner le système astronomique sous-jacent. Dans *La Galliade*, il a fait plus grand cas du contenu des sciences dont il retraçait l'histoire. Samothes, instruit par son grand-père Noé/Janus et par son père Atlant, ouvre aux Gaulois "les grands secrets de la terre et du ciel".[7] Après avoir décrit les mouvements des planètes,

De là vole plus haut, et guinde sa pensee,
A la Sfere qui est en cent ans avancee
D'un degré seulement, et branle, ce dict-on,
Sur le poinct de la Livre, et le poinct du Mouton.[8]

L'allusion au dispositif "alphonsin" est claire bien que vague. La Boderie a évité d'entrer dans les détails ou de donner le moindre éclairage historique.
    Du Bartas, dans *La Sepmaine*, pensait aussi au mécanisme compliqué du firmament lorsqu'il comptait le nombre des sphères, mais il se contentait d'expliquer pourquoi il avait fallu imaginer de nouveaux cieux:

Et l'autre, et l'autre encor, remarquant en la dance
Du plus estoilé Ciel une triple cadence,
Et qu'un corps n'a qu'un cours qui lui soit naturel,
En conte et neuf et dix [...][9]

Et lorsqu'il donnait plus de précisions, il montrait vite les limites de son savoir, comme il arrive dans le Quatrième Jour:

    Ion tient que ceste Tente riche,
Que l'immortel Brodeur, d'une dextre peu chiche,
Parsema d'escussons ardemment reluisans,
Emploie en son voyage environ sept mill'ans.[10]

---

[6] Ibid., p. 153. Voir F. Secret, *Les kabbalistes chrétiens*, p. 95; *L'ésotérisme...*, p. 92-93.
[7] *La Galliade*, 1578, f. 5 r°.
[8] *La Galliade*, 1578, f. 5 v°.
[9] *La Sepmaine*, II, v.965-968; éd. Bellenger, p. 85-86.
[10] *La Sepmaine*, IV, v. 343-6. - Passage imité par Du Monin (voir *infra*). *Les trois livres des météores* d'Isaac Habert portent la même erreur (Paris, J. Richer, 1585, f. 4v°).

Les sept mille ans sont bien ceux de la "trépidation" que les *Tables alphon-sines* attribuaient au firmament; mais le poète, qui insiste sur la longueur du "chemin" parcouru, a visiblement confondu les petites rotations des chefs du Bélier et de la Balance avec la grande révolution de la précession qui ramène lentement la sphère au "poinct où commence son cours".[11]

En 1583, la même année que *L'Uranologie*, Milles de Norry fit paraître ses *Quatre premiers livres de l'Univers* qui adoptaient la perspective religieuse devenue traditionnelle pour la poésie de la nature ("O divine grandeur! ô majesté divine! / Du feu de mon ardeur eschaufe ma poitrine, / Pour chanter dignement à la posterité / Ce grand palais construit de ta divinité").[12] Cette orientation marquée se combinait avec des intentions didascaliques tout aussi nettes: *L'Univers*, qui ne possède en rien le pédantisme flamboyant du poème de Du Monin ni sa philosophie proliférante, est beaucoup plus scolaire que *La Sepmaine* ou *La Galliade*. Il enseigne l'architecture céleste, sans recourir à des ellipses, ce qui lui fait rencontrer deux fois le problème de la huitième sphère. Dans le premier livre, le poète décrit les cercles célestes, il en vient au Zodiaque puis, par un mouvement typiquement bartasien, il se sent à la fois aspiré et intimidé par le Paradis:

> Ne montons point plus haut, Muse mon esperance,
> Ce pas n'est point franchy de l'humaine science,
> L'humain entendement est icy rebouté,
> Comme aux rays du Soleil de nostre oeil la clarté.
> La foy tant seulement aux ailes enflammees
> Volle jusqu'au sejour des ames bien heurees,
> Et là heureusement void le lieu appresté
> A ceux qui ont suivy justice et equité.[13]

Il se replie donc sur le domaine plus accessible de l'astronomie:

> Descendons donc plus bas, et voyons quel usage
> Donne au neufieme Ciel l'ouvrier prudent et sage.
> Mon Dieu, qu'il est tardif, et quoy tout au rebours
> Du mobille premier il tourne et fait son cours,
> Traynant son eclyptique engourdie et debile

---

[11] Thévenin a rétabli les choses: "Il ne dit rien du Ciel Crystalin, mais Ariel Bicard es questions sur la Sphere, dit qu'il y employe 49000 ans... Or dit l'Autheur que le Firmament, situé apres le Ciel Crystalin employe à faire son cours 7000 ans... ce qui se doit entendre du mouvement de trepidation..." (Comm. sur *La Sepmaine*, Paris, 1584, p. 387). Réf. à Hartmann Beyer (Ariel Bicardus), *Quaestiones in sphaeram*.

[12] *Les quatre premiers livres de l'univers*, Paris, 1583, f. 3 v°-4 r°. Cf. 1 r°: "Qui veut chanter l'Amour, estant d'Amour espris, / Qu'il invoque l'Amour et sa mère Cypris. / Qui veut chanter de Mars, que guerrier il entonne / Le sang, le feu, la peur, la mort, Mars et Bellonne. / Mais qui d'une autre ardeur sainctement agité, / Hautain veut ressentir plus de divinité, / Architecte parfait doit lever d'avantage, / Orné d'un plus grand Dieu, le frond de son ouvrage [...]". Le poème commence par de longues prières à l'éternité divine et à l'Uranie chrétienne.

[13] F. 6v°. Cf. 3v°: "Jusqu'au dixieme Ciel l'humain entendement / Peut avecques raison discourir sainement: / Mais qui audacieux pretend avec science / Tenter de l'Immortel l'eterne sapience, / Un nouveau Phaëton se treuve foudroyé, / Ou confus en la mer comme Ycare noyé".

> Soubs celle mesmement mise au premier mobile,
> Se coullant en cent ans un degré seulement,
> Contre le cours journal du premier mouvement,
> Par lequel chacun jour est contrainte de faire
> Tout ainsi comme luy une course ordinaire:
> Et toutesfois pourtant ses Polles sont divers
> Des Polles arrestez de ce grand Univers.
> Car si le plan de l'un dedans l'autre ecliptique
> Juste sans decliner se repose et applique:
> Un Polle dessous l'autre se trouvera,
> Et un essieu tout seul à tous deux servira.
> Ce ne sera donc point sur les Polles du monde
> Qu'aura son mouvement cette Spere seconde:
> Mais de son Ecliptique, he mon Dieu qui sera
> Celuy qui achevé son propre cours verra?
> Son cours qui passe l'an heraclit et cinique,
> Finira, finissant le grand an Platonique,
> De sept fois sept mille ans: et alors ces beaux corps
> Se pourront retrouver en leurs premiers accords [...]¹⁴

Ce passage montre un souci de précision inhabituel puisqu'il s'évertue à exposer le principe de la multiplication des écliptiques. Mais il est confus et un peu faux. Evoquer la précession attribuée à la neuvième sphère, sans avoir parlé du mouvement de la dixième ni de celui de la huitième,¹⁵ est une erreur pédagogique. De plus il existe une contradiction évidente entre la vitesse annoncée de cette précession ("en cent ans un degré", c'est-à-dire l'estimation de Ptolémée) et la durée totale de sa révolution, qui est celle des *Tables alphonsines* (49 000 ans). Et enfin l'exposé sur les écliptiques est aussi long qu'inefficace: dans la théorie "alphonsine" l'écliptique de la neuvième sphère glissait sur celui de la dixième en partageant le même "essieu". Le fait d'avoir des pôles distincts des "Polles du monde" (c'est-à-dire de ceux de l'équateur) ne lui était pas propre: tout écliptique avait la même caractéristique. Ce premier aperçu du mécanisme des derniers cieux se trouve complété un peu plus loin; le nouvel exposé est à la fois correct et clair: il est vrai qu'il est aussi moins ambitieux et ne songe qu'à reproduire exactement la description des manuels.

> Du mobile premier la vehemence forte
> D'Orient par Midy en Occident le porte en Orient:
> Mais de son mouvement on ne l'estime faire
> En aucun lieu du Ciel aucun plein circulaire,
> Fors qu'autour des deux poincts en deux concavitez
> Du neufieme Ciel, esquels sont arrestez
> Aries et Libra, à l'entour desquels mesme
> Aries et Libra de la Sphere huictieme
> Demeurent sept mille ans pour achever le tour
> De deux Cercles qui vont trassant en leur entour,

---

¹⁴ *Ibid.*, f. 6 v°- 7 r°.
¹⁵ Qui sera traité quatre pages plus loin, voir *infra*.

Approchant quelque fois la region Australle,
Et quelque fois aussi la Septentrionalle.
Ce mouvement se dit de trepidation,
Cheminant du Midy au froid Septentrion,
Et du poinct opposé en la mesme intervalle
Du froid Septentrion en la partie Australle.[16]

L'Univers apparaît donc comme un poème mieux informé que ses prédécesseurs et surtout moins craintif devant la nécessité d'une explication technique, mais le problème de la huitième sphère révèle ses limites: la fragilité d'un savoir que la première difficulté met en défaut, et surtout l'incapacité de son auteur à quitter la perspective du "livre de classe". Milles de Norry ne pouvait voir en l'astronomie qu'un corps de doctrines figé; et il exposait comme une vérité de tout temps prouvée une théorie relativement récente, vivement contestée depuis un siècle, et désormais à peu près dépassée.

Du Monin: l'Annotation des aequinocces

L'incompétence ou le désintérêt ont donc longtemps écarté la précession du domaine de la poésie; mais Du Monin n'excluait *a priori* aucun sujet et il était relativement bien informé. L'une des notices en prose qui séparent les livres de *L'Uranologie* montre en effet qu'il était averti des problèmes du calendrier et les mettait en relation avec la théorie de la huitième sphère. Cette "Annotation des AEquinocces et Solstices" se trouve à la fin du livre IV, qui explique les raisons de la variation des longueurs respectives des jours et des nuits. Elle aborde successivement les deux difficultés liées à la détermination des équinoxes, celle de leur date précise et celle de leur relation avec les signes du Zodiaque. La première venait de l'évaluation légèrement inexacte de l'année tropique dans le calendrier julien qui avait amené l'équinoxe vernale à remonter lentement vers le début de mars. Tandis que la seconde dépendait de la précession. La note de *L'Uranologie* offre d'autant plus d'intérêt que le livre est paru en 1583, c'est-à-dire presque au moment où la réforme grégorienne entrait en usage en France.[17] Du Monin n'y a pas fait allusion, ce qui pourrait indiquer que son texte a été rédigé avant la fin de 1582.

Je penseroi mon discours Astronomique être leger de deux grains, si en cette part je ne tenois mon tonneau, à la Diogeniane,[18] apres tant de curieus, à la refor-

---

[16] *L'Univers*, f. 8 v°.

[17] La réforme grégorienne comportait deux points: corriger l'erreur accumulée au cours des siècles, en enlevant dix jours à l'année en cours; puis éviter que le décalage ne se reproduise, étant donné que le calendrier restait le même (année de 365 jours, avec un jour de plus tous les quatre ans), en supprimant à l'avenir trois bissextes tous les quatre cents ans. La réforme entra en vigueur à Rome, en Espagne, au Portugal, et pour toute l'Eglise catholique, en octobre 1582: le lendemain du jeudi 4 octobre fut le vendredi 15 octobre. En France, Henri III l'appliqua en décembre 1582: le lendemain du 9 décembre fut le 20 décembre.

[18] Allusion probable au prologue du *Tiers Livre*, voir *supra*, p. 323 et 362.

mation des tems, sur les AEquinocces et Solstices: (ainsi me contraint parler la pauvreté de nôtre langue) veu mémes que ce n'est moins marié à mes traités, que les chenons d'Homere, ou l'anneau de Platon à ses parcelles. J'enterrai donc par les huis de mon deu, au cabinet que quelquefois m'ont defermé mes maitres, pour y fouiller les jours et poins du Zodiaque où se vuide ce proces[19]

L'histoire du calendrier julien est alors retracée dans ses grandes lignes: César avait "enveloppé au replis annaire", c'est-à-dire attribué à l'année tropique, 365 jours et six heures, "et comme ces six heures n'etoint annuellement tirées en compte, quatrannairement l'an croissoit d'un jour".[20] A cette époque, l'équinoxe de printemps revenait toujours le 25 ou le 26 mars, "3. jours apres la fete de Pallas".[21] Mais au temps du Concile de Nicée, elle se produisait le 21,[22] "en après le 18. et finalement le 11.". Sont données ensuite, avec plusieurs erreurs, les estimations de l'année tropique par Ptolémée,[23] Albategnius,[24] les *Tables alphonsines*[25] et "la bouche commune".[26] L'auteur en tire les conséquences pour le décalage entre l'année du calendrier et l'année tropique réelle, et propose une solution, en retenant paradoxalement l'estimation de Ptolémée, selon laquelle l'année julienne aurait été trop longue d'un trois-centième de jour.[27] Publiée l'année même de la réforme grégorienne, qui vit la nécessité de rattraper un retard de 10 jours accumulé en 12 siècles et demi, *L'Uranologie* ne manifestait donc pas un trop grand souci de mise à jour. Du Monin se défendait d'ailleurs d'entrer dans des calculs trop complexes et s'en déchargeait sur autrui:

mais Stocl. [*sic*] sur Procle, Albert Picl. [*sic*] en ses aequinocces, et Campanus en son Compot m'en relevent de la peine...[28]

---

[19] *L'Uranologie*, f. 123v°.

[20] *Ibid.*, 124r°. "Quatrannairement", c'est-à-dire toutes les années bissextiles.

[21] *Ibid.* Réf. au "commentaire sur les Fastes", et auparavant à Macrobe, *Saturnales*, I.

[22] Le Concile de Nicée eut lieu en 325 et s'occupa de fixer la date de Pâques. Cette année-là, l'équinoxe tomba le 21 mars; les évêques pensèrent qu'il en serait toujours ainsi.

[23] *L'Uranologie*, f. 124r°: "Ptolomee a fermé l'an de 365. jours 6. heures, moins une trois-centieme part d'un jour", c'est-à-dire 365 jours 5h. 55' 12". Cf. l'*Almageste*, III, 1.

[24] *Ibid.*, "Abbateg. y fait entrer 365. jours 5. heures une centieme d'un jour". Du Monin voulait probablement dire: "365 j. 6 h. moins un centième de jour". Cf. Regiomontanus, *Epitome*, l. III, pr. 2, f. c3 v° (facsimilé, p. 98): "Posuit igitur [Albategnius] annum solarem .365. dies. 5. horas. 46. minuta: et duas quintas unius".

[25] *Ibid.*, f. 124v°: "Alphonse qui semble en ses tables avoir été lincee, arrondit ce cours annaire de la somme de 365 jours, 6. heures, 40. m. 15. deuziemes. 5. trois. 49. quatriemes, 46. cinq. 46. six." Cette évaluation est aberrante. Voir la note suivante.

[26] *Ibid.*: "La bouche commune baptize l'an de 365 jours 5. heures. 49. minut. et 26 deuziemes". Cf. la valeur donnée par J.P. de Mesmes comme celle des tables alphonsines: 365 jours 49' 16" (*Les Institutions astronomiques*, 1557, p. 80).

[27] *Ibid.* "J'ai apprins un cataplasme aplicable à cette plaie, si de 300 ans en 300 ans l'on retranche 1. jour".

[28] *Ibid.*, f. 124v°-125r°. Réf. à J. Stöffler, *In Procli sphaeram commentarius*, Tubingen, 1534; A. Pighius, *De aequinoctiorum inventione*, Paris, [1520]; Campanus de Novare, *Tractatus de computo majori*. Ce dernier traité datait du 13ème siècle; il figurait dans deux collections publiées en 1518: *Sphaera cum commentis [...]*, Venise, héritiers d'O. Scotus, 19 janvier 1518; *Sphaera mundi noviter recognita [...]*, Venise, Giunta, 30 juin 1518.

Le second point de la note, celui qui concerne la précession, est ensuite abordé, avec le même curieux mélange de relative précision et d'erreurs.

> Touchons du bout du doigt l'endroit des equinocces au Zodiac. La note Cesarienne au printanier assigneroit le 1. degré d'Aries. Pline au l. 2. c. 19 le 8. degré.[29] Les notres leurs donnent la premiere enfance au premier berceau du Mouton, et de la Balance. La cause de telle diversité a eté, crois je, leur ignorance de la neuvieme Sphere, et du mouvement de la huitieme de l'Occident en l'Orient: car de là s'ensuivoit, qu'en memes poins du Zodiac ne pouvoint echoir les equinocces, le Soleil se meuvant de l'Occident en Orient, donc ils concluoint, qu'il ne couperoit l'equinoctial en mémes poins. Partant n'est de merveille, si les vieus ont advisé que le Soleil acouplé aus etoiles fixes plantées à la téte d'Aries, n'equinocceroit, ains en quelque autre degré.[30]

Ce texte avait de quoi étonner un astronome du XVIème siècle. En effet, pour parler de la précession, Du Monin n'utilisait pas les observations canoniques de Timocaris, Hipparque, Ptolémée, Albategnius etc. Il se contentait de citer l'*Histoire naturelle*, qui n'a jamais fait autorité en la matière, et semblait attribuer à la précession un mouvement extravagant: l'équinoxe aurait avancé de 8 degrés entre César et Pline (c'est-à-dire en un siècle à peu près), au lieu de reculer sagement d'un degré par siècle comme le pensait Ptolémée,[31] pour revenir inexplicablement à son point de départ, puisqu'il ne doit exister aucune différence entre le 1er degré d'Aries et le "premier berceau du Mouton". L'incohérence du texte tient sans doute en partie au fait que Du Monin n'indique pas s'il parle des constellations réelles, ou bien de l'écliptique fixe. La fin de la note énonce assez raisonnablement le principe des deux écliptiques, mais s'achève sur une sottise:

> Sur quoi j'embrasse la leçon de mon maitre qui m'enseignoit, que ces pieds vagabonds marcheront droit, si à clous raisonnans nous attachons un Zodiac stable en la neuvieme Sphere, qui toujour atteindra en mémes poins l'equinoccial: ainsi à libre langue nous prononcerons les Equinocces prendre naissance au sueil d'Aries et de Libra de la 9. Sphere, et quant à la 8. en quelques

---

[29] Pline, *Hist. nat.*, II, 17 (19): Quant au soleil, il subit quatre variations: deux fois, il égale la nuit au jour, au printemps et à l'automne, lorsqu'il darde ses rayons droit au centre de la terre et se trouve dans le 8ème degré du Bélier et de la Balance [...]" (trad. Beaujeu, p. 35).

[30] *Ibid.*, 125 r°.

[31] Cette indication est aberrante puisque toutes les sources sont d'accord pour attribuer aux étoiles un mouvement suivant l'ordre des signes (d'Ouest en Est), et donc aux équinoxes un mouvement contre l'ordre des signes. Dans les *Institutions astronomiques* de J. P. de Mesmes, le glissement du point vernal par rapport au début du Bélier est donné ainsi:

	°	'
"en la premiere Olympiade, c'est à dire, 775 ans devant ... nostre Seigneur, le poinct Equinoctial d'esté suyvoit les cornes du Belier figuré au 8 Ciel, de	5	52
En l'annee qu'Alexandre mourut, de	1	58
Du temps de Jules Caesar, le poinct Equinoctial precedoit lesdictes cornes de	4	50
En l'annee que nostre Rachepteur nasquit, de	5	16
Au temps de Ptolemee, de	6	40
En ce temps cy, de	27	35

(II, ch. 3, p. 79). Cf. E. Reinhold, comment. aux *Theoricae novae* de Peurbach, éd. Paris, 1553, f. 160 v°. Il ressort de ce tableau que sous César le point vernal avait déjà commencé à remonter le signe des Poissons dont la traversée était presque achevée au XVIème siècle.

> autres degrés: Car, à l'avis de Ptolomee, les premieres marches de Aries et de Libra de la 8. Sphere, ne sont logées sous les premieres marches de Aries et de Libra de la 9. Sphere, ains à la queue des Poissons. Voila, lecteur, la sedule que j'ai degagée de tes mains, de la monnoie de mes mâitres plus oeillés à ces misteres, que nos queimende bruit pedantotribles à presser et reptesser les grappillons reglannés de leurs glosses d'Orleans.[32]

Puisque le firmament glisse vers l'Est, suivant l'ordre des signes, l'Aries visible prend de l'avance sur son correspondant fixe, il ne recule pas vers les Poissons: notre poète a simplement interverti les deux sphères D'autre part, l'on s'interroge sur la portée de "l'avis de Ptolémée": vaut-il pour son propre temps ou pour celui de la Renaissance?[33] S'occupant d'un phénomène essentiellement historique, Du Monin a curieusement estompé les repères et fini par ôter de leur importance aux modifications apportées par le temps.

La note sur les équinoxes laisse donc perplexe. Elle témoigne d'un certain intérêt pour un problème central de l'astronomie du XVIème siècle, d'une conscience de ses difficultés et d'un effort de documentation (Du Monin a pu citer trois ouvrages spécialisés sur le sujet). Mais d'un autre côté le nombre des erreurs qu'elle renferme trahit une rédaction assez désinvolte. Et sa finalité paraît bien incertaine. A quoi bon parler d'une question d'actualité sans rendre compte des recherches de ses contemporains et en présentant comme des vérités inaltérables les observations et les résultats depuis longtemps corrigés des Anciens? Car au moment même où la réforme grégorienne entrait en vigueur, Du Monin a choisi de mettre en valeur l'année tropique de Ptolémée. Sa note présente une petite collection de données, négligemment transcrites, elle n'en fait pas la critique ni n'en cherche la logique. Les auteurs de poèmes n'avaient pas coutume d'introduire des explications en prose à l'intérieur de leur oeuvre, sans recourir aux services d'un commentateur extérieur. A cet égard, l'idée de Du Monin est intéressante. Mais à quoi pouvait donc servir ce texte illisible?

La discussion sur le nombre des sphères

Dans *L'Uranologie*, Du Monin a sensiblement perfectionné l'exposé de Buchanan sur le nombre des sphères et en y abordant le problème compliqué du mouvement des étoiles fixes. Cette initiative ne manquait pas de raisons. Il considérait que le sujet était de son ressort, comme en témoigne le début de l'"Annotation sur les aequinocces", et il se flattait d'avoir eu des maîtres "oeillés à ces misteres". D'autre part, le contexte ne l'incitait pas à limiter ses ambitions. Le livre II de la *Sphaera* et, à sa suite, celui de *L'Uranologie*, s'ouvrent sur un éloge de la connaissance rationnelle, bien supérieure à celle qui se fie uniquement au témoignage des sens. Or dans le poème de Du Monin l'identification des sphères est présentée comme le triomphe de la raison, triomphe d'autant plus méritoire que l'objet était lointain et complexe: c'était déjà beaucoup que de distinguer les

---

[32] F. 125 r°-v°.
[33] D'autant que l'idée des écliptiques multiples ne se trouve pas dans l'*Almageste*.

planètes et le ciel des fixes, mais la découverte du mouvement propre des étoiles, entraînant celle d'une neuvième sphère invisible avait encore fait gravir un échelon sur cette sorte d'échelle de Jacob qu'est l'astronomie:

> L'Aigle plus genereus d'un esprit curieus
> Emporta quelque esprit en plus haut lieu des cieus [...][34]

Les sphères cachées derrière le mécanisme compliqué du firmament prouvaient que la limite du visible pouvait être franchie et menaient les astronomes au seuil du paradis. Cependant, l'ascension devait se mériter par un effort. Le poète s'est donc obligé à suivre les traces des explorateurs des confins de l'univers, au lieu d'en venir directement aux séraphins comme La Boderie. Son point de départ, comme souvent, a été la *Sphaera*:

> Attamen assidua observans coelestia cura
> Lumina posteritas, coelum non simplice motu
> Credidit octavum celeres absolvere gyros.
> Quin modo Maenaliam paulatim vergere ad Arcton,
> Nunc regredi, pluviosque magis deflectere ad Austros,
> Sed lento et sensim prope decipiente recessu,
> Ut duo vix unam titubet per secula partem
> E gradibus novies vicenis: quippe latentis
> Tot gradibus mundi cardo est secretus ab Arcto.
> Haec, quibus indulsit coelum majora benignum
> Ocia, et ingenii vires maturior aetas
> Firmavit, quaesisse juvet, perque ardua montium
> Ire juga, et qua nulla hominum vestigia signat
> Orbita, secretos Musarum accedere fontes [...][35]

Buchanan évoquait donc très allusivement le mouvement de la "trépidation", et tout en se réclamant de Ptolémée ("nos [...] Qua Pelusiaci cura est progressa magistri / Contenti novisse polos")[36], il ne mentionnait même pas la précession continue. Il est vrai que, dans sa conception, ce mouvement vers l'Est n'aurait eu qu'une existence soustractive, se contentant de ralentir l'entraînement de la révolution diurne.[37] Toujours est-il qu'il restait inhabituel de réduire la titubation à un déplacement en latitude.[38] Buchanan

---

[34] *L'Uranologie*, II, v. 345-348, f. 36 v°. Le passage est plus longuement cité *supra*.
[35] Buchanan, *Sphaera*, II, v. 119-132, p. 31: "Mais la postérité, observant les astres avec un soin assidu, a cru que le huitième ciel n'accomplissait pas ses courses rapides d'un mouvement simple, et que tantôt il montait lentement vers l'Ourse ménalienne, tantôt il reculait et s'abaissait davantage vers l'Auster pluvieux, mais d'un lent recul et presque imperceptible, de façon qu'en deux siècles il titube seulement d'un degré sur cent quatre vingt: car c'est le nombre de degrés qui sépare de l'Ourse le pôle du monde caché.[35] Plaise à ceux qu'un ciel favorable a gratifié de plus de loisir et dont un âge plus mûr a affermi l'intelligence, d'entreprendre ces recherches, de parcourir des cîmes élevées et d'accéder aux sources secrètes des Muses, là où aucun sentier ne porte la trace d'un pas humain."
[36] Quant à nous, nous nous contentons d'aller, dans la connaissance des cieux, jusqu'où a progressé l'étude du maître de Péluse [Ptolémée]" (*Sphaera*, II, v. 134 et 137-138).
[37] Voir *supra*, p. 338 sq.
[38] Buchanan parle d'un cercle passant par les deux pôles, c'est-à-dire d'un méridien.

a pu s'inspirer de diverses sources qui mentionnaient ce déplacement, en l'envisageant comme une conséquence de la rotation sur les petits cercles:

> [...] les derniers observateurs [...] s'aviserent que plusieurs estoilles, qui estoyent lors joignant la ligne equinoctiale deça l'equateur, se retiroyent vers le pol Ursin, et au rebours celles qui estoyent dela l'equateur, s'approchoyent de luy, se reculans du pol Antartiq ou Contr'ursin. Exemple. Celle estoille que je nomme Ursine, pour ce qu'elle est plantee au bout de la queuë de la petite Ourse (l'Italien la nomme *La tramontana*) estoit du temps de Hipparque, à 12 degrez prez du pol ou pivot universel, aujourdhuy se voit à 4 degrez prez.[39]

La description de Buchanan s'est trouvée transplantée dans *L'Uranologie*:

> Car tantot peu à peu il flechissoit vers l'Ourse,
> Tantot devers l'Autan rampoit à lente course.
> (De vrai ce Ciel neufieme, en un siecle doublé
> De neuf fois vint degres d'une part[40] a tremblé)
> Car d'autant de degrés le gond de l'obscur Monde
> Se recule de l'Ourse à lens pas vagabonde.[41]

Dans son nouveau contexte, ce passage semble plus étrange, d'autant qu'il attribue le "tremblement" au "ciel neufieme", contre l'avis le plus répandu.[42] De plus, la chronologie n'est pas respectée: la découverte du va-et-vient du Nord au Sud semble avoir directement succédé à celle des huit autres cieux, alors qu'elle a été précédée par la reconnaissance de la précession. Dans la *Sphaera*, cette ellipse n'est pas choquante car Buchanan avait seulement prétendu faire allusion à un phénomène mystérieux; mais elle l'est dans *L'Uranologie* où Du Monin se pose en historien. La suite aggrave d'ailleurs la situation en raccordant arbitrairement la description de la trépidation et le récit de la découverte de la précession, tel qu'on le trouve dans l'*Almageste*:

> A Tymocare on doit ce segret mouvement,
> Qui trop tôt condamné au cendreus monument,
> Laissa ses heritiers de si rare science
> En procés quereleus, tant qu'en fin par sentence
> Du Juge sans appel, Eparch fut appellé
> Pour devoiler ce cours à maintes clefs celé:
> A cetui succeda ce grand Roi Ptolomée,
> Qui [...]
> Cercha ce mouvement par les armes des cieus:
> Si qu'aiant establi de ce Ciel l'ordonnance
> Il fit croire à châcun cète tremblante dance.[43]

---

[39] Mesmes, *Les Inst.*, p. 19. Cf. Reinhold, Comm. aux *Theoricae*, éd. 1553, f. 158v°-159r°). - 8° en 17 siècles environ font à peu près 1° tous les deux siècles, comme chez Buchanan.

[40] Il faut comprendre (comme chez Buchanan): "d'une part (= d'un degré) sur neuf fois vingt".

[41] *L'Uranologie*, II, v. 351-356, f. 36 v°.

[42] Dans le système traditionnel, les cieux les plus élevés ont droit aux mouvements les plus simples. La "trépidation" revient donc au firmament, la précession au neuvième ciel etc.

[43] *L'Uranologie*, II, v. 357-368, f. 37 r°.

L'expression "tremblante dance" confirme bien qu'il est toujours question de la trépidation, théorie dont Ptolémée se trouve inopinément crédité. Dans ce récit l'inexactitude est partout présente. Etant donné la lenteur du mouvement du firmament, il est ridicule de s'attendrir sur la mort précoce qui aurait empêché Timocaris de mener à bien ses travaux. La simple image du "procés quereleus" tombe à faux: Timocaris était bien incapable de laisser en héritage une "si rare science", propre à semer la discorde, puisque son rôle se borna à fournir le repère initial qui devait rendre significatives les observations ultérieures. Ce recours systématique à la déformation surprend d'autant plus que le poète connaissait la véritable histoire de la précession, comme le montre le passage suivant:

> Ils prindrent pour fanal le cler Epi d'Astrée,[44]
> Qui blondit les seilhons de la campagne astrée:
> Ils virent cet Epi étre devant le front
> Du Trebuchet[45] du Ciel huit degrés tout en rond:
> Puis deus cens ans coulés, davant céte Balence,
> De sis degrés l'Epi leur donnoint aparence
> Puis au lon cours des ans l'Epi s'est rencontré
> Tout droitement logé au Trebuchet astré:
> Donc s'ensuit que les clous de la huitieme Sphere
> Se meuvent par le trac du biaizant repaire
> Des douze images beaus de l'Echarpe houpée
> De flocons emperlés, de fil d'or chamarrée![46]

Le texte, revenu à la pure doctrine de la précession ptoléméenne et semble avoir totalement oublié les déplacements du ciel "vers l'Ourse" et "vers l'Autan", ce qui perturbe sensiblement sa logique. En effet, l'exposé se résume ainsi: le "secret" de la trépidation qui fait "trembler" le firmament suivant l'axe d'un méridien a été percé grâce à Timocaris et à ses successeurs qui ont observé que ce ciel se mouvait suivant l'axe de l'écliptique. Par négligence, ou parce que son désir de ne rien perdre de la *Sphaera* l'avait une fois de plus égaré, Du Monin donnait donc une curieuse idée du travail des astronomes, tout en continuant à le présenter comme un modèle de rationalité. De plus, il avait opéré une sorte de court-circuit qui lui interdisait toute progression ultérieure: il ne pouvait plus réintroduire la "tremblante danse" et l'attribuer aux progrès de la science médiévale et moderne. C'est pourquoi il s'est vu contraint d'exécuter une retraite vers les positions sagement occupées par Du Bartas et par Buchanan. Afin de ne pas renoncer totalement à ses ambitions d'historien, il a encore lancé les grands noms du roi Alphonse et de Regiomontanus, mais sans être capable de leur

---

[44] L'Epi, dans la constellation de la Vierge, maintenant *alpha Virginis*.
[45] La Balance: ici le point équinoctial d'automne et non pas la constellation réelle.
[46] *Ibid.*, II, v. 369-382, f. 37 r°. Dans l'*Almageste*, l. VII, ch. 2, Ptolémée cite le traité d'Hipparque *Sur le déplacement des points solsticiaux...*: "si, par exemple, au temps de Timocharis l'Epi précédait le point équinoctial d'abord de huit degrés, en suivant la longitude des constellations du Zodiaque, et que maintenant il le précède de 6 seulement [...]", puis il donne ses propres estimations. (éd. Halma, II, p. 10-3; trad. Toomer, p. 327-9).

prêter aucune découverte précise. Il les a simplement associés, de façon un peu arbitraire,[47] pour les faire arriver ensemble au paradis.

> Alphonse et Mont-real, espris vraiment moulés
> Sur quelque saint patron des cercles etoillés,
> Plantant ores plus haut leur Delienne[48] echelle
> Ont rencontré ce Monde où sans cesse ruisselle
> Maint fleuve de Nectar [...][49]

L'Uranologie rejoint ici le Second Jour de *La Sepmaine*:

> Et l'autre, et l'autre encor [...]
> En conte et neuf et dix, sans sous un nombre tel
> Comprendre l'Empyree: où sans cesse ruisselent
> Les fleuves de nectar: où sans fin s'amoncelent
> Plaisirs dessus plaisirs: où l'on void en tout temps
> Fleurir heureusement les beautez d'un printemps:
> Où vit tousjours la vie: où Dieu tient ses assises,
> Cerné de Seraphins et des ames acquises
> Par le sang de ce corps, dont le vol glorieux
> Jadis logea plus haut la terre que les cieux.
> Car aussi je ne veux que mon vers se propose
> Pour sujet les discours d'une si haute chose.[50]

Le séjour des bienheureux est le même dans les deux poèmes, mais non pas la logique de la présentation. Du Bartas distingue les cieux des astronomes et celui de la religion; des premiers il ne dit presque rien; du dernier il s'approche avec précaution, pour en faire miroiter les splendeurs avant de rappeler que les mystères sacrés réclament le silence. Cette attitude correspond à la personnalité du poète de *La Sepmaine*: un philosophe amateur qui ne croit pas que les arcanes des sciences se prêtent à la mise en vers, et dont le projet essentiel est de déchiffrer le livre de la nature pour y

---

[47] Alphonse passait, comme on l'a vu, pour avoir combiné la "trépidation" et la précession. Tandis que Regiomontanus, bien plus tard, a plutôt critiqué et mis en doute cette théorie.

[48] De Délos: d'Apollon, patron des astronomes comme des poètes pour Du Monin.

[49] *L'Uranologie*, II, v. 383-387, f. 37 r°-v°.

[50] *La Sepmaine*, II, v. 965 et 968-78. - Dans la *Sphaera*, Buchanan parle du séjour des bienheureux, mais il s'agit de celui des païens. Les Anciens, dit-il, n'ont connu que les huit cieux, "et ils ne pensaient pas qu'il y eût rien au delà, si ce n'est les temples secrets des Dieux, où les maladies, les deuils, les soucis angoissants ne font pas trembler de crainte les âmes misérables, mais où résident le sûr repos, la vie qui ignore la vieillesse, la bonne foi avec la paix , et celle qui, la dernière, a quitté nos terres coupables, offensée par nos vices [la justice]" ("Hos orbes tantum veteres novere, nec ultra / Esse rati quicquam, praeter secreta Deorum / Templa: ubi nec morbi, nec luctus, et anxia cura / Sollicitant miseras trepida formidine mentes: / Sed secura quies, et nescia vita senectae, / Et cum pace fides habitant, quaeque ultima terras / Deseruit nostris vitiis offensa nocentes." (*Sphaera*, II, p. 30-31). Buchanan semble avoir songé à la fois aux Champs-Elysées, et aux "inter-mondes" épicuriens (voir Lucrèce, *De nat. rerum*, III, v. 16-27; Cicéron, *De natura deorum*, I, 55-56).

dévoiler la présence de Dieu.[51] Mais l'auteur de *L'Uranologie* a des ambitions plus dispersées et bien plus floues. Il veut être "oeillé" à tous les mystères et a tendance à les confondre. Héritier fantasque du Ronsard orphique, il laisse volontiers accéder au troisième ciel des passagers très variés: des saints, des prophètes, des astronomes, des poètes et les philosophes du collège. C'est pourquoi il n'hésite pas à transporter directement "Alphonse et Mont-réal" au paradis. Mais finalement, comme s'il oubliait le rapport hiérarchique entre la théologie et la philosophie, ce ne sont pas des considérations religieuses qui freinent son élan, mais les difficultés de la science. Après avoir emprunté son ciel à Du Bartas, il revient en effet vers Buchanan, pour imiter tardivement sa modestie:

> Ceus sonderont ceci de leur docte epreuvelle
> A qui fut plus qu'à moi, favorable l'etoile
> De leur dous Ascendant [...]
> Mais moi trop jeune encor, qui veuf d'experience
> M'emprisonne ore au cep de mon humble ignorance,
> Je me tiens satisfait si ces neuf escaliers
> Veulent montrer leur ordre à mes bons écoliers [...][52]

La discussion sur le nombre des sphères s'arrête donc à neuf, ce qui la met d'accord avec l'"Annotation sur les equinocces". Reste à savoir si les "bons écoliers" ne se sont pas égarés dans un texte qui sautille de la *Sphaera* à *La Sepmaine*, ne faisant preuve d'initiative qu'à contre-temps. Ceux qui auraient d'ailleurs compris, au terme de cette étape, que l'auteur s'en tient à doctrine du "grand Roi Ptolomée" ne tarderaient pas à être détrompés: une dizaine de pages plus loin, quelques vers inspirés de Du Bartas attribuent aux étoiles une révolution en 7000 ans, c'est-à-dire la période de la trépidation des *Tables alphonsines*.[53]

Il apparaît donc que les améliorations apportées par Du Monin au modèle habituel de la description de la huitième sphère ne sont que coups d'épée dans l'eau, et ses effets de modernité que trompe-l'oeil. Son astronomie n'était pas plus à jour que celle de Du Bartas; et lorsqu'il citait des personnages importants (comme Regiomontanus), il ne faisait qu'agiter des noms. *L'Uranologie* manifeste une façon nouvelle de s'intéresser à la science, d'en faire l'éloge et d'en reconnaître la réalité. Elle laisse parfois soupçonner que cette science est moins facile et moins stable que ne le disent les manuels élémentaires; elle projette de vagues lueurs sur le travail des spécialistes et lui attribue une grande valeur, mais elle n'en perce aucun secret. Et tout en le portant aux nues, elle n'en imite jamais la cohérence.

---

[51] Et cette lecture, est-il bien dit dans le Premier Jour qui reprend l'argumentation de Calvin (Préface au commentaire sur la *Genèse*), doit rester accessible "aux plus grossiers": "Pour lire là dedans il ne nous faut entendre / Cent sortes de jargons [...] / L'enfant qui n'a sept ans, le chassieux vieillard, / Y lit passablement, bien que dépouvu d'art." (I, v. 163-4, 169-70).
[52] *L'Uranologie*, II, f. 38 r°.
[53] "Ainsi mon art m'aprent que la tente roiale / ... emploie set mille ans / A faire son voiage en ses cernes luisans" (*L'Ur.*, II, f. 48 v°). Cf. le texte de Du Bartas cité *supra*, note 10).

CHAPITRE VINGT ET UNIÈME

POÉSIE ET ASTRONOMIE RÉELLE: LES COMÈTES

Le problème des comètes fournit aussi un bon critère pour évaluer l'aptitude de la poésie à refléter l'astronomie de son temps. Apparemment ce phénomène avait peu de choses en commun avec la précession: au lieu d'être réservé aux spécialistes, il intéressait tout le monde et trouvait sa place dans les almanachs populaires et dans la poésie légère aussi bien que dans la poésie savante inspirée des *Meteora* de Pontano. Il appartenait à l'expérience presque banale et imposait au regard ou à l'imagination, sa présence à la fois inquiétante et décorative, ses "grands cheveux"

> qui sont envenimés de feux,
> Qui deça qui dela leurs grands rayons espandent,
> Et de l'air en glissant quelques fois ils descendent
> Sur le mast d'un navire, ou sur une cité
> Que Dieu veut chastier pour sa mechanceté.[1]

Dans *L'Uranologie*, le discours sur la comète est présenté comme une libre échappée, une initiative échappant au contrôle magistral:

> Que si me detraquant du sentier ancien,
> Je n'en suis le parti de mon Stagirien,
> C'est tout un à présent [...]
> Et pour voir que je suis un poulain detaché,
> Qui encore le frain en bouche n'a maché,
> Je vais errer seulet au fond d'un bois sauvage,
> Ou de bons vagabons fouler le mol herbage:
> "Puis (comme de Pallas la mule est sans lien)
> J'irer cercher au creus du sable Libien,
> Un clou Diamentin, pour cloüer la Comete
> Avec les clous dorés de la voute Celeste.[2]

---

[1] Ronsard, *Hymne de l'Hyver*, v. 193-198; éd. Laumonier, XII, p. 77.
[2] *L'Uranologie*, III, v. 937-9 et 949-956, f. 80 r°-v°.

Or cette attitude pourrait avoir été fortement encouragée par l'actualité. En effet, la Renaissance a été une grande époque pour les comètes. Non seulement parce qu'elle y sont apparues nombreuses, et que le contexte politique, particulièrement agité, a incité les astrologues à les guetter avec un zèle redoublé; mais aussi parce qu'elles ont profité de cette période pour passer d'un statut théorique à un autre: à la fin du XVème siècle, la comète était encore généralement reconnue comme un météore, à la fin du XVIème elle était devenue un objet céleste aux yeux des principaux astronomes de l'Europe. Dans cette mutation le rôle décisif fut joué par la comète de 1577, qui déclencha une sorte de "fureur" (le terme est de Doris Hellman)[3] chez les pronostiqueurs comme chez les spécialistes. Il n'est donc pas indifférent que Du Monin, dont *L'Uranologie* parut en 1583, ait pris prétexte des comètes pour jouer au poulain échappé des écuries d'Aristote.

La théorie des comètes: la tradition antique

Les *Meteorologica* d'Aristote consacrent deux chapitres aux comètes. Le premier dresse le catalogue des théories antérieures, et les réfute. Ces théories ont en commun de loger les comètes parmi les planètes, ce qu'Aristote n'admet pas. A Démocrite, à Anaxagore et aux Egyptiens, qui "prétendent que les comètes sont une conjonction de planètes",[4] ou de planètes avec des étoiles fixes,[5] aux Pythagoriciens qui en font des planètes rarement visibles et difficilement observables parce qu'elles restent très basses sur l'horizon comme Mercure,[6] il répond assez facilement que les comètes se promènent souvent en-dehors du Zodiaque, qu'il en apparaît parfois plusieurs alors même que les cinq planètes sont visibles sur l'horizon, qu'elles disparaissent en plein ciel par un évanouissement progressif qui ne laisse aucune trace étoilée au lieu de se coucher, qu'il a lui-même observé des conjonctions astrales sans en voir sortir de comètes, et que les étoiles ont l'aspect de points indivisibles qui ne sauraient "former une grandeur supérieure" par leur conjonction.[7] Hippocrate de Chios,[8] suivi par un certain Eschyle, avaient élaboré une théorie optique pour expliquer la formation de la queue de la comète; d'après eux, celle-ci était due à la réflexion des rayons solaires par l'humidité traînée derrière la comète; ce phénomène ne pouvait avoir lieu que dans la partie septentrionale de la course de la comète.[9] Aristote objecte à cela que les comètes n'apparaissent pas seulement au Nord, et qu'on en a vu dans des circonstances telles qu'il aurait été impossible de les attribuer à un phénomène de réflexion.[10]

---

[3] C. Doris Hellman, *The comet of 1577...*
[4] *Meteor.*, I, 6, 342b 27-30 (trad. Louis, p. 15). Cf. FVS 46 A 81.
[5] *Meteor.*, I, 6, 343b 28-30.
[6] *Meteor.*, I, 6, 342b 30-35. Cf. FVS 55 A 92.
[7] *Meteor.*, I, 6, 343a 22-26 et 30-35, 343b 14-344a 2.
[8] Un géomètre du Vème s. avant J.C.
[9] *Meteor.*, I, 6, 342b 35-343a 20.
[10] *Meteor.*, I, 6, 343a 35-343b 7.

Le chapitre suivant propose donc une nouvelle thèse: la région supérieure de l'atmosphère, juste au-dessous des cercles des planètes, est le lieu où se concentrent des exhalaisons chaudes et sèches, montées de la terre et dont Aristote a dit un peu plus haut que c'étaient "une sorte de feu".[11] Cette zone est emportée, avec ce qu'elle contient, par le mouvement circulaire du ciel. Il arrive qu'une combustion s'y produise, et si celle-ci n'est ni trop rapide, ni trop faible, si l'exhalaison venue d'en bas est convenablement mélangée, une comète peut se former. La plupart du temps, elle se produit indépendamment des corps célestes qui évoluent au-dessus d'elle, mais la concentration d'exhalaison et la combustion ont parfois lieu sous une étoile ou une planète; en ce cas la comète suit le mouvement de cet astre auquel elle donne une queue ou une sorte de halo. Pour terminer, le chapitre évoque les conséquences des comètes qui provoquent vents et sécheresses.[12]

En attribuant fermement la naissance des comètes à un phénomène de combustion, localisé sous la sphère de la lune (car au-dessus, il ne pouvait y avoir ni feu, ni rien pour l'alimenter), Aristote excluait donc les deux hypothèses rivales, celle de leur nature planétaire et l'hypothèse optique qui les réduisait à de simples illusions lumineuses, créées par la rencontre entre des rayons et des vapeurs. Sa thèse obtint une durable prépondérance; mais parmi les textes antiques qui traversèrent le Moyen-Age, les *Météorologiques* n'était pas le seul à s'intéresser à la question.

L'*Histoire naturelle* de Pline[13] n'enrichissait guère le dossier théorique, puisqu'elle rangeait prudemment les comètes parmi ces merveilles difficilement explicables qui manifestent la puissance de la nature. Se fondant sur leur apparence plus que sur l'analyse de leurs causes, et se gardant de se prononcer sur leur nature, elle n'en faisait pas moins des étoiles (*sidera*) qui naissent subitement en plein ciel;[14] et surtout elle proposait une somme d'informations incomparablement riche. Les chapitres 22 à 37 du livre II sont en effet un catalogue exhaustif, pittoresque dans le meilleur sens du

[11] "*Hoion pur*", *Meteor.*, I, 3, 340b 29.

[12] *Meteor.*, I, 7, 343b 5-345a 10.

[13] L'*Histoire naturelle* fut achevée en 77 ap. J.C. - Voir aussi *supra* p. 38 sq.

[14] Pline, *Hist. nat.*, II, 22, éd. Beaujeu, p. 38: "et in ipso caelo stellae repente nascuntur". Le développement sur les phénomènes atmosphériques ne commence que plus tard, après cette transition caractéristique: "Hactenus de mundo [ce terme désigne l'enveloppe de l'univers, c'est-à-dire le ciel] ipso sideribusque: nunc reliqua caeli memorabilia". La suite précise que le *caelum* dont il va désormais être question est le ciel inférieur, la région de l'air qui se trouve sous la lune: "Infra lunam haec sedes multoque inferior" (*Hist. nat.*, II, 38; éd. Beaujeu, p. 45). Il est vrai que le découpage de Pline est bien moins strict que celui d'Aristote. Parlant des comètes et autres *sidera* qu'il juge similaires, il mêle à son énumération les feux-follets ou les feux Saint-Elme qui se posent sur les javelots ou les navires (*Ibid.*, II, 37). A la fin du ch. 23, Pline mentionne simplement, sans exprimer de préférence, les deux principales hypothèses en présence: "Certains croient que ces astres aussi sont permanents et ont leur propre révolution, mais ne sont visibles qu'abandonnés par le soleil; selon d'autres, ils naissent de la présence fortuite d'humidité et de force ignée et, par conséquent, se dissolvent" (trad. Beaujeu, p. 41); dans le ch. 27, il affirme que la science des comètes et autres feux célestes reste à construire: "Je juge, quant à moi, que ces phénomènes, comme tous les autres phénomènes de la nature, se produisent à des moments déterminés, et non pas, comme la plupart des gens, qu'ils dépendent des causes variées qu'imaginent les esprits ingénieux [...]" (éd. Beaujeu, p. 42-43, notre traduction): dans ce passage, Pline insiste sur l'idée que les comètes sont des phénomènes prédéterminés, beaucoup plus qu'il ne s'intéresse à leur cause.

terme, qui associe à chaque nom une description et, lorsque c'est possible, des exemples historiques. Des générations d'astrologues ou de curieux, et quelques poètes scientifiques, ont appris dans Pline à distinguer les vraies comètes chevelues "qui sont hérissées d'une touffe de poils couleur de sang, se dressant à leur sommet", des *pogonies* qui traînent "une crinière en forme de longue barbe", mais aussi des *aconties* qui ressemblent à des javelots, des tonneaux, des cornes, ou encore des boucs "d'aspect poilu, enveloppés d'une sorte de nuage"[15]. Ils retrouvaient grâce à lui le souvenir d'apparitions singulières, comme celle de la comète du roi Typhon, qui avait l'aspect d'une spirale de feu.[16] Et surtout ils pouvaient établir une relation entre cet astre terrifiant (*terrificum sidus*) et les événement dont il avait été le présage:

> On l'a bien vu lors des troubles civils ... à notre époque aussi, vers le temps de l'empoisonnement qui assura à Domitius Néron la succession de l'empereur Claude César, et ensuite durant son règne, où le phénomène fut presque continuel et funeste.[17]

Les *Questions naturelles* de Sénèque[18] donnaient, elles aussi, le point de vue d'un philosophe stoïcien sur les comètes. Son livre VII, *De cometis*, rappelait beaucoup la méthode aristotélicienne, par son organisation dialectique, mais il soutenait une thèse si peu conformiste qu'elle resta longtemps sans écho. Sénèque ne cherchait pas à inventorier les feux célestes, son souci premier n'était pas de mettre en rapport des présages et des événements présagés; son projet était plus ambitieux et visait à démontrer ce que l'*Histoire naturelle* allait se contenter d'affirmer sans preuves: la régularité du phénomène cométaire et son aptitude à s'intégrer dans le système rationnel de la connaissance, même s'il échappait encore à une science trop imparfaite. Dans ce but, il rejettait la théorie formulée par Aristote (et reprise par Posidonius), bien qu'elle fût déjà largement admise et presque consacrée, pour poser une nouvelle fois la question fondamentale: les comètes sont-elles, ou non, des astres? Une telle enquête entrait bien évidemment dans le cadre du combat stoïcien contre les superstitions nées de l'ignorance; mais Sénèque lui donnait aussi une destination proprement scientifique. Selon lui, le choix d'un système du monde géocentrique ou héliocentrique exigeait que fût éclairci le statut des comètes:

> Si donc tous les astres sont des corps terreux, les comètes sont aussi terreuses. Si les comètes ne sont pas autre chose qu'un feu pur qui se maintient pendant six mois sans que le dissipe la rapide rotation du monde, les étoiles aussi

---

[15] *Ibid.*, II, 22; éd. Beaujeu, p. 38-39.

[16] *Ibid.*, II, 23; éd. Beaujeu, p. 39-40.

[17] *Ibid.*, II, 23; éd. Beaujeu, p. 40. - Pour Pline, les comètes sont bien des présages et non pas des causes, surtout pas des causes fortuites, elles manifestent que le monde est ordonné par une providence qui assure une correspondance entre différentes séries de faits, même si la clef nous en échappe: "[les comètes] ont été les présages d'immenses malheurs, mais ceux-ci, à mon avis, ne sont pas arrivés parce que ces phénomènes s'étaient produits: au contraire, les phénomènes se sont produits parce que les malheurs allaient arriver; mais leur rareté fait que le principe qui règle leurs apparitions (*rationem*) reste inconnu" (II, 27, notre traduction).

[18] Les *Questions naturelles* ont été composées avant l'*Histoire naturelle* (Sénèque est mort en 65): cet exposé classe les oeuvres d'après leur influence, plus qu'en suivant la chronologie.

peuvent être formées d'une matière subtile et ne pas être pourtant dissoutes par le perpétuel mouvement du ciel. La réponse que nous ferons à ces questions intéressera aussi un autre problème: est-ce le monde qui tourne autour de la terre immobile, ou le monde est-il fixe et la terre roule-t-elle dans l'espace?[19]

Pour mener à bien son entreprise, Sénèque procédait donc un peu comme Aristote, en exposant, en examinant et en réfutant successivement les thèses proposées. D'abord celle d'un certain Epigénès, qui expliquait les comètes par des embrasements d'exhalaisons et apportait quelques modifications à la théorie d'Aristote, tout en en conservant le ressort essentiel;[20] puis celle d'Anaxagore et Démocrite, renouvelée par Artémidore;[21] et enfin celles des stoïciens: pour Zénon de Citium, les comètes étaient un trompe-l'oeil, résultant de conjonctions astrales;[22] quant à Posidonius, suivi par la plupart des stoïciens, il avait adopté une nouvelle variante de la thèse météorologique.[23] En rassemblant des arguments contre les défenseurs de la comète-illusion ou de la comète-exhalaison, Sénèque étayait sa propre thèse qu'il présentait au centre de son livre, en l'attribuant à un certain Apollonius de Myndos "très versé dans l'art de tirer des horoscopes".[24] Apollonius pensait que beaucoup de comètes étaient des planètes inconnues qui se rendaient périodiquement visibles:

> Une comète franchit les parties les plus élevées du monde et n'apparaît à nos regards que lorsqu'elle arrive au bas de sa course.[25]

Personne n'était pas encore en état de démontrer la vérité de cette thèse, ni d'attribuer aux comètes un trajet déterminé; mais le temps allait permettre de surmonter cette incapacité provisoire. Au lieu de rester sur la défensive, Sénèque laissait entendre à d'éventuels sceptiques qu'ils étaient prisonniers d'une conception réductrice de la nature et de la science:

> On nous dit que <la comète> se trouverait dans le Zodiaque, si elle était une planète. Qui impose aux planètes une seule voie? Qui confine à l'étroit les créations divines? [...]. Croyez-vous que, dans ce corps immense et parfaitement beau de l'univers ... cinq étoiles seulement aient loisir de se mouvoir et que

---

[19] *Quaest. nat.*, VII, ch. 2, 2-3; trad. Oltramare, p. 302-303. - Ce passage n'est pas très clair, mais il semble bien que la trajectoire de la comète ne soit pas ici en cause. Sénèque met plutôt en rapport la matière des corps célestes, leur subtilité ou leur solidité, leur nature terreuse ou ignée, et leur capacité à être entraînés par un mouvement énergique sans être dissous.

[20] *Ibid.*, VII, ch. 4-10; éd. Oltramare, t. II, p. 304-311. - Epigénès est inconnu; d'après Sénèque, c'était un disciple des Chaldéens (*ibid.*, ch.4, 1).

[21] C'est-à-dire celle de la conjonction planétaire. Sénèque (ch. 12) ne nomme pas les deux présocratiques, en revanche, il s'en prend nommément à Artémidore qui croyait qu'il existe bien plus d'étoiles que nous n'en voyons: l'enveloppe du ciel, percée de soupiraux, laissait pénétrer, selon lui, des flammes venues d'une couche de feu, à l'extérieur du monde, ce qui donnait naissance aux astres insolites (VII, ch. 13-16; éd. Oltramare, p. 314-318).

[22] Ch. 19, 1.

[23] Ch. 20-23.

[24] Ch. 4, 1; éd. Oltramare, p. 304.

[25] Ch. 17, 2; trad. Oltramare, p. 318.

toutes les autres restent là, foule figée et immobile? Si maintenant on me demande pourquoi l'on n'a pas observé le cours des comètes comme celui des cinq planètes, voici ce que je répondrai: il y a bien des choses dont nous reconnaissons l'existence sans savoir ce qu'elle sont.[26]

A défaut d'une démonstration, les *Questions naturelles* offraient un programme de recherche, en se fondant sur l'idée que la vérité astronomique est fille du temps et que les phénomènes les plus énigmatiques réclament les séries d'observations les plus longues:

> Le temps viendra où une étude attentive et poursuivie pendant des siècles fera le jour sur ces phénomènes de la nature. A supposer qu'elle se donnât tout entière à la connaissance du ciel, une seule vie ne suffirait pas à de si vastes recherches.[27]

Le *De cometis* de Sénèque se fondait donc sur une épistémologie différente de l'aristotélisme: au lieu d'une science de l'*a posteriori* qui avance lentement, lourdement et sûrement, en élaborant des démonstrations à partir des données de l'expérience, il défendait une science de l'*a priori* qui projette loin vers l'avant une légère construction hypothétique, en confiant à de futures vérifications le soin de combler l'intervalle. Sa théorie particulière pouvait donc difficilement s'intégrer à un corpus physique gouverné par des principes qui n'étaient pas les siens.

Les trois livres qui viennent d'être rapidement évoqués ont constitué la principale source, disponible au Moyen-Age et à la Renaissance, pour connaître le savoir antique sur les comètes. S'y ajoutaient quelques textes poétiques qui fournissaient plutôt des modèles littéraires, comme la description des *Astronomica* de Manilius.[28] Tous restèrent assez largement connus,[29] sans jouir d'une égale autorité. En effet, Ptolémée avait suivi Aristote en considérant les comètes comme des météores: il n'en est pas question dans l'*Almageste*;[30] de sorte que les deux piliers de l'enseignement scolastique pour la philosophie et les "mathématiques", se trouvaient d'accord pour exclure cet objet déconcertant du domaine de l'astronomie.

L'altitude des comètes: premiers essais d'évaluation

La thèse de l'exhalaison resta donc prédominante durant tout le Moyen-Age où la littérature sur le sujet se répartit grossièrement en deux groupes, entre lesquels se produisaient des interférences:[31] celui des livres d'actualité,

---

[26] Ch. 24, 1 et 3, et ch. 25, 1; trad. Oltramare, p. 325. Voir aussi *infra*, p. 489-491

[27] Ch. 25, 4; trad. Oltramare, p. 326-327.

[28] I, v. 809-926. Manilius considérait les comètes comme des météores.

[29] Du livre de Sénèque, moins répandu que ceux de Pline et d'Aristote, les éditeurs recensent plus de cinquante manuscrits, échelonnés du XIIème au XVème siècle. Voir l'éd. Oltramare, t. I, p. XXIX; l'éd. de T.H. Corcoran (Cambridge, Mass., 1971-1972), t. I, p. XXVI.

[30] En revanche la *Tétrabible*, qui s'occupe des présages astrologiques mentionne les comètes (en II, 9 et II, 13): elles annoncent des guerres, de la sècheresse, du vent. Leur forme, leur durée, la direction de leur queue permettent de mieux cerner la nature de la menace.

[31] Un certain nombre de traités appartenaient aux deux; par exemple, le *De essentia, motu et significatione cometarum* d'Aegidius de Lessines, sur la comète de 1264 (voir L. Thorndike,

souvent écrits par des astrologues, à l'occasion du passage d'une comète, et mêlant observations et présages;[32] et celui des traités de philosophie qui discutaient du phénomène, généralement à la lumière d'Aristote. Dans cette dernière catégorie se distingue une série de commentaires sur les *Météorologiques*:[33] celui d'Averroes,[34] celui d'Albert le Grand, qui comprend notamment une réfutation de Sénèque,[35] celui de Thomas d'Aquin,[36] et celui de Pierre d'Ailly.[37] Durant toute cette période, une certaine contradiction se manifestait déjà: les philosophes rangeaient les comètes parmi les météores; mais d'un autre côté, elles étaient observées par les astronomes, qui utilisaient naturellement dans cette tâche les mêmes méthodes et les mêmes instruments que dans l'étude des astres.[38] Pendant longtemps cette contradiction ne tira à aucune conséquence; puis elle devint plus voyante, avant de se résoudre définitivement, lorsque les astronomes eurent démontré que la comète appartenait pleinement à leur domaine.

Les travaux de Jane Jervis, et ceux de Peter Barker et Bernard Goldstein,[39] ont montré que l'observation des comètes a connu un développement décisif au cours des XVème et XVIème siècles. A Florence, Paolo Toscanelli réalisa des séries d'observations sur les comètes de 1433, 1449-1450, 1456, 1457 et 1472, en améliorant progressivement sa méthode pour noter le plus justement possible les coordonnées des positions, avec un souci de précision qui dépassait largement les exigences de l'astrologie.[40]

Latin treatises ..., ch. 5); ou la *Quaestio de cometa* de Henri de Hesse qui discute la thèse d'Aristote et critique les prédictions, à propos de la comète de 1368 (voir L. Thorndike, *A History*..., III, p. 492-495; D. Hellman, *The comet* ..., p. 62-63; C. Kren, "Homocentric...").

[32] Le traité de Johannes de Legnano sur la comète de 1383 (voir L. Thorndike, *A History*..., III, p. 595-597; D. Hellman, *The comet* ..., p. 60); celui de Pierre de Limoges, sur la comète de 1299 (voir L. Thorndike, *Latin treatises*..., ch. 7; Idem, "Peter of Limoges..."; J. Jervis, *Cometary theory*..., p. 29-31); ceux de Geoffroy de Meaux sur les comètes de 1315 et 1337 (voir L. Thorndike, *A History*..., t. III, p. 281-293; J. Jervis, *Cometary theory*..., p. 31-32).

[33] La traduction latine des *Meteorologica* par Guillaume de Moerbeke a été achevée en 1260; elle était répandue en Europe dès 1267 et a aussitôt donné lieu à des commentaires.

[34] 1ère édition, Padoue, 1474. Voir D. Hellman, *The comet* ..., p. 47; voir aussi *supra* p. 24.

[35] Voir L. Thorndike, *Latin treatises* ..., ch. 3, 4; D. Hellman, *The comet* ..., p. 51-52; J. L. Jervis, *Cometary theory* ..., p. 28-29. - 1ère éd. Venise, J. et G. de Gregoriis, en 1494.

[36] *Sententia super Meteora*, ca. 1268-1269 (voir L. Thorndike, *Latin treatises*..., ch. 4; D. Hellman, *The comet*..., p. 52). Cet ouvrage a été publié à Venise, en 1532, par Fr. Vatable, avec un texte défectueux: le commentaire (inachevé) avait été complété par un troisième et un quatrième livre (voir J.-P. Torrell, *Introduction à saint Thomas d'Aquin*, p. 344-5).

[37] Ce traité, antérieur à 1396, a été imprimé plusieurs fois au début du XVIème s., notamment à Strasbourg, par J. Prüs, en 1504: *Tractatus super libros metheororum de impressionibus aeris. Ac de hiis quae in prima, secunda atque tertia regionibus aeris fiunt.* Voir L. Thorndike, *A History*..., IV, p. 102; D. Hellman, *The comet*..., p. 64; L. A. Smoller, *History*..., p. 46.

[38] Lynn Thorndike et Jane Jervis ont ainsi souligné l'intérêt des observations réalisées par Pierre de Limoges, avec un *torquetum*, sur la comète de 1299, et de celles de Geoffroy de Meaux (qui utilisa le repérage sur des étoiles fixes), sur la comète de 1315.

[39] P. Barker et B. Goldstein, "The role of comets...". Cet article défend l'idée d'une continuité entre les observations médiévales et celles de la Renaissance; il n'en reconnaît pas moins le rôle décisif d'un Regiomontanus.

[40] Toscanelli a tenu un journal, avec schémas et calculs, en utilisant des alignements d'étoiles (et des intersections d'alignements) pour déterminer les positions. Comme Maestlin un siècle plus tard (voir *infra*), il s'est probablement servi de la méthode du fil tendu entre deux étoiles connues. Le manuscrit de ce journal, conservé à la B.N. de Florence, a été étudié par

Cependant, si intéressant que fût son journal d'observations, il resta inconnu et sans influence identifiable, tandis que les travaux de Georg Peurbach et de son disciple Regiomontanus inaugurèrent véritablement une nouvelle phase dans l'histoire des comètes. S'il est permis d'utiliser une notion anachronique, les deux astronomes furent à l'origine d'une sorte de programme de recherche,[41] tel qu'aurait pu en rêver Sénèque, visant à déterminer l'altitude des comètes. Les moyens mis en oeuvre à cet effet étaient astronomiques et n'avaient plus rien à voir avec le type d'argumentation utilisé dans les *Météorologiques* d'Aristote. Dans un traité resté manuscrit, Peurbach expliqua comment il avait utilisé la mesure de la parallaxe pour estimer la distance de la comète de 1456.[42] Et cette méthode fut exposée de manière complète et systématique dans un traité de Regiomontanus, imprimé à Nuremberg en 1531, cinquante-six ans après la mort de l'auteur, par les soins de Johannes Schöner: *De cometae magnitudine, longitudineque ac de loco ejus vero problemata XVI.*[43] Regiomontanus observa lui-même, avec Bernard Walther, la comète de 1472.[44]

La parution de ces *Problemata* coïncida avec une remarquable série de comètes qui traversèrent le ciel en 1531, 1532 et 1533. Elles furent observées de différents endroits d'Europe, mais surtout d'Allemagne et d'Italie. Johannes Vögelin, professeur à Vienne (où avaient enseigné Peurbach et Regiomontanus), utilisa la méthode décrite dans le deuxième des *Problemata* pour calculer la distance de la comète de 1532. Il lui attribua d'ailleurs une forte parallaxe ce qui renforçait encore davantage la thèse d'Aristote.[45] Au même moment, d'autres astronomes notaient la direction de la queue de la comète, toujours opposée au soleil, et en tiraient parfois des conclusions qui remettaient en cause les idées reçues. Girolamo Fracastor fut sans doute le premier à remarquer la chose, et il la signala dans ses

G. Celoria dans la collection éd. par G. Uzielli: *La vita ...* (rééd. dans G. Celoria, *Sulle osservazioni ...*). J. Jervis en a publié une analyse complète (*Cometary theory...*, p. 43-85).

[41] Il est impossible de parler, pour la Renaissance, de "programmes de recherche" au sens moderne: le cadre institutionnel ne s'y prêtait guère. Les astronomes scientifiquement productifs restaient des individus aussi rares qu'isolés dans leur université ou à la cour de leur prince. Cependant, grâce à l'intensification des échanges d'informations, ils commencèrent à travailler sur des problèmes communs, et avec des méthodes identiques.

[42] La méthode de la parallaxe (*diversitas aspectus*) est exposée dans l'*Almageste*, où elle s'applique à la lune et au soleil: étant donné que la terre n'est pas un point, les observations ne sont pas réellement effectuées du centre du monde (pour un géocentriste). La "ligne du vrai lieu" (qui joint le centre du monde, l'objet observé et le fond de ciel) ne se confond pas avec la "ligne du lieu apparent" (qui part de l'observateur), sauf si l'objet est au zénith. L'écart est d'autant plus grand que l'objet est proche: au-delà du soleil, il devient difficilement perceptible. Sa mesure doit donc permettre d'évaluer la distance des corps célestes. - A notre connaissance, Peurbach est le premier astronome à avoir songé à l'appliquer aux comètes; il n'obtint pas lui-même de résultat probant parce qu'il s'agissait d'une méthode très difficile à utiliser. Le traité latin, qui lui est attribué avec une quasi certitude, bien que les manuscrits antérieurs à 1500 ne portent pas son nom, a été publié en 1960 par A. von Lhotsky et K. Ferrari d'Ochieppo. Jane Jervis l'analyse dans *Cometary theory...*, p. 88-92.

[43] Facsimilé, trad. et analyse dans J. Jervis, *Cometary theory...*, p. 93-114 et 170-93.

[44] Voir la coll. publiée par Schöner en 1544, et J. Jervis, *Cometary theory...*, p. 112-4.

[45] Vögelin, *Significatio cometae qui anno 1532 apparuit*, 1533; de nouveau publ. par Thaddaeus Hagecius, dans le livre qu'il consacra à la nova de 1572 (dans sa *Dialexis...*, Francfort, 1574, p. 150-167). Voir J. Jervis, "Vögelin on the comet...".

Homocentrica parus à Venise en 1538,[46] mais sans chercher vraiment la raison de cette orientation constante. Tandis que Pierre Apian esquissa une explication optique appelée à jouer un certain rôle par la suite. Apian publia d'abord ses observations dans ses *Practica*, les tracts astrologiques en allemand qu'il faisait paraître annuellement, sans parler de la direction des queues des comètes qui était cependant évoquée de façon très claire sur les gravures des pages de titre.[47] En 1540, dans l'*Astronomicum caesareum*, il présenta de nouveau les résultats de ses observations sur les comètes,[48] en affirmant la permanence de l'orientation de la queue à l'opposé du soleil, et en suggérant que cette queue n'était peut-être qu'une traînée lumineuse, créée par les rayons solaires qui traversaient la tête de la comète et se trouvaient réfractés par elle comme par une grosse lentille sphérique.[49] Même si Apian ne le soulignait pas, cette hypothèse contredisait celle d'Aristote, ce qui ne l'empêcha pas de jouir d'une grande faveur auprès des astronomes. Gemma Frisius la reprit, en 1545, dans son *De radio astronomic*;[50] puis Cardan en tira une conséquence prévisible: si la comète n'était pas une exhalaison enflammée mais un corps sphérique, diaphane et cristallin, les raisons de la loger sous la lune devenaient moins impératives.[51]

Le livre IV du *De subtilitate* de Cardan, paru à Nuremberg en 1550, pouvait proposer une théorie entièrement différente de celle des *Météorologiques*, à la fois novatrice et largement constituée à partir d'une synthèse des idées avancées depuis le temps de Peurbach: les comètes étaient des globes transparents qui se formaient dans le ciel et brillaient sous l'effet des rayons solaires; leurs formes étranges n'avaient qu'une réalité optique. Cardan commençait par démontrer l'absurdité de la thèse d'Aristote;[52] il invoquait l'exemple de la comète observée par Albumasar dans la sphère de Vénus,[53] et conseillait, pour vérifier sa thèse, d'utiliser la méthode de la parallaxe qu'il semblait juger facile: "Tu vois par quels légers artifices

---

[46] Dans le système des *Homocentrica*, les comètes occupent le plus bas des 79 orbes concentriques, juste au-dessous de la lune. Le passage qui nous intéresse, et qui repose sur l'observation des comètes de 1531, 1532 et 1533, et sur des informations obtenues sur celle de 1472, se trouve au ch. 23 de la section du soleil . Voir D. Hellman, *The comet* ..., p. 87-8.

[47] Les observations sur la comète de 1531 sont dans la *Practica auff dz. 1532. Jar [...]*, Landshut, [1531], f. E4 r°-K4 r°; voir F. Van Ortroy, *Bibliographie de l'oeuvre de Pierre Apian*, 1902, n°17. La page de titre de ce tract montre plusieurs soleils dans un lion; chaque soleil est relié à une comète par une ligne dans le prolongement de laquelle s'allonge la queue. L'année suivante parut *Ein kurtzer bericht d'Observation unnd urtels des Jüngst erschinnen Cometen jm weinmon uñ wintermon dises XXXII. Jars [...]*, Ingolstadt, 1532 (Van Ortroy, n° 97), qui rassemblait les observations sur les comètes de 1531 et 1532. La gravure de la page de titre est encore plus claire. Voir A. Pogo, "Earliest diagrams ...".

[48] Apian a observé les comètes de 1531, 1532, 1533, 1538 et 1539.

[49] *Astronomicum caesareum*, Ingolstadt, 1540, part. II, cap. 14, p. 5, col. 1.

[50] Anvers, G. Bontius, 1545, ch. 9, f. 33r°-v°. Livre rééd. à Paris, par Cavellat, en 1557.

[51] Sur la théorie de Cardan, voir D. Hellman, *The comet* ..., p. 92-96.

[52] Notamment parce que les comètes durent souvent plus de deux mois et devraient consommer une invraisemblable quantité de matière (*De subtilitate*, 1550, l. IV, p. 96).

[53] "Quemadmodum illud Albumasaris cometem supra Venerem esse: Est autem Venus multo altior Luna", *Ibid.*, p. 96. Ce rappel joua sans doute par la suite un rôle dans l'interprétation de la comète de 1577 par Tycho Brahe; voir Willy Hartner, "Tycho Brahe and Albumasar".

l'humaine industrie s'avance jusqu'à découvrir les arcanes du ciel".[54] Certain de la nature astrale des comètes, il s'occupait d'analyser leur mouvement, comme s'il se fût agi de planètes: il le décomposait en trois, la révolution diurne, un mouvement propre en longitude, analogue à celui de Vénus,[55] et un très important mouvement en latitude. Dans sa conclusion, enfin, il n'oubliait pas de justifier l'existence fugitive de ces corps inhabituels:

> Il en résulte de toute évidence que la comète est un globe situé au ciel qui se voit parce qu'il est éclairé par le soleil; et lorsque les rayons le traversent ils forment l'image d'une barbe ou d'une queue. Or donc cette <comète> peut être produite dans le ciel s'il y existe de la génération; si on ne l'admet pas, il est nécessaire de dire, et c'est aussi plus vrai, que le ciel est plein d'astres assez nombreux mais qui ne sont pas tout à fait denses; il<s> rencontrent notre regard lorsque l'air s'est asséché et raréfié, ou pour d'autres causes encore. En effet l'on voit aussi parfois Vénus au milieu du jour, alors qu'il est assez évident qu'elle n'a pas fait l'objet d'une génération nouvelle.[56]

Jean Pena qui retint aussi l'hypothèse de la lentille, n'hésita pas davantage à situer les comètes dans le ciel: il le faisait d'autant plus volontiers qu'il ne reconnaissait plus de différence radicale entre les monde infra- et supra-lunaires: pour lui, l'univers entier, depuis la surface de la terre jusqu'aux étoiles était rempli d'air, un air plus ou moins pur et raréfié, mais substantiellement identique.[57] L'opinion de Pena retient l'attention pour différentes raisons. Tout d'abord, elle est celle d'un lecteur au Collège royal[58] et figure dans un livre imprimé à Paris,[59] alors qu'au XVIème siècle

[54] "Vides quam levibus artificiis humana subtilitas ad detegenda coeli archana progrediatur", *Ibid.*, p. 96.

[55] Tout au moins dans le cas de la comète de 1532: si la comète était plus lente que la lune, elle devait se trouver au-dessus (*Ibid.*, p. 97). Cf. Aristote, *De caelo*, II, 10.

[56] "Quod fit ut clare pateat, Cometem globum esse in coelo constitutum, qui a Sole illuminatus videtur, et dum radii transeunt, barbae aut caudae effigiem formant. Hic igitur in coelo, si ibi est generatio, fieri potest: si non admittatur, dicere necesse est, quod et verius est, coelum esse syderibus pluribus sed non admodum densis plenum, quod cum aer siccessit et attenuatur, vel etiam aliis ex causis, oculis nostris se subjicit. Nam et quandoque Venus media die videtur, quam de novo genitam non esse satis constat", *Ibid.*, p. 97. L'exemple de Vénus sert à prouver que toute apparition inhabituelle ne correspond pas à la naissance d'un corps nouveau. - Voir aussi Cardan, *De rerum varietate*, Bâle, H. Petri, 1557, p. 2-6.

[57] Cette thèse devait être adoptée par Christoph Rothmann, mathématicien du Landgrave de Hesse, dans son traité sur la comète de 1585 communiqué à Tycho Brahe en 1586 et publié par W. Snell en 1619; par suite, Rothmann eut une longue polémique épistolaire avec Tycho, sur la réfraction atmosphérique. Voir notamment B. Moran, "Christoph Rothmann...".

[58] Après la mort de Fine, en 1555, J. Magnien enseigna au Collège les mathématiques et la médecine; Magnien mourut à l'automne 1556 et fut remplacé par Augier d'Harambour. Mais Ramus obtint que la chaire de Fine fût mise au concours, et son élève Pena, protégé du cardinal de Lorraine, fut choisi. Pena, né en 1528 dans une famille de magistrats aixois, mourut en août 1558, moins d'un an après sa nomination. Voir L. A. Sédillot, "Les professeurs ...".

[59] Dans la préface, intitulée *De usu optices*, de son éd. et trad. latine de l'*Optique* et de la *Catoptrique* d'Euclide (Paris, Wechel, 1557, f. aa2-bb3r°). Cette préface a été réimprimée dans les *Petri Rami [...] et Audomari Talaei collectaneae praefationes*, Marbourg, 1599, p. 140-158; puis avec l'optique de F. Risner (Kassel, 1606, f. 4-13). L'optique de Risner qui

les mathématiciens ou les philosophes français se faisaient rarement remarquer pour la nouveauté de leurs idées en cosmologie.[60] De plus, elle s'appuie sur une démonstration scientifique tout à fait différente, par sa conception, de la démonstration d'Aristote: si Pena n'utilisait pas la preuve de la parallaxe, il empruntait ses arguments à l'optique.[61] Enfin, Pena fut le premier à relier explicitement l'hypothèse des comètes célestes à celle de la fluidité des cieux.[62]

Catalogues et crainte de Dieu

La parution du livre de Jean Pena était survenue juste entre deux passages de comètes, celles de 1556 et de 1558 qui eurent pour principal effet d'entretenir l'intérêt des astronomes et du public pour ces phénomènes exceptionnels: les premiers catalogues de comètes, si l'on ne compte pas la *Cometographia* de Mizauld (Paris, 1549) parurent à ce moment-là: celui de Benedict Marti von Bätterkinden, dit Aretius,[63] et surtout celui de Ludwig Lavater.[64] Ces catalogues avaient d'ailleurs en commun de ne poursuivre aucun objectif scientifique, au sens moderne. Ils ne cherchaient pas à établir une typologie, ni à constituer un dossier permettant de mieux connaître la nature des comètes ou leur mouvement. Leur projet clairement formulé consistait à mettre en évidence les effets des comètes et leur statut de présages ou, plus exactement, de signes annonciateurs de la colère de Dieu.

Cette orientation n'était pas nouvelle. Les traités sur les comètes, des plus modestes aux plus savants, étaient les seuls dans la littérature astronomique à comporter presque immanquablement des prières, des appels à la clémence divine et à l'amendement des pécheurs, et à avancer des raisons religieuses pour justifier leurs choix théoriques. Le *De vera cometae significatione* de Giovanni Ferrerio, composé pour Jacques V d'Ecosse en 1531 et imprimé à Paris par Vascosan en 1540, contenait une vive attaque contre l'astrologie; l'auteur y adoptait la thèse d'Aristote et sa perspective purement "naturelle":

avait travaillé avec Ramus à partir de 1554, avait été éditée sous les auspices de Moritz de Hesse, le successeur du patron de Rothmann. - Voir aussi P. Barker, "Jean Pena ...".

[60] Dans son comm. sur les *Météorologiques* Vicomercato passe en revue les opinions sur les comètes et conclut que celle d'Aristote suffit à justifier les apparences: il est donc inutile de se mettre en quête de parallaxes (Paris, Vascosan, 1556, p. 63-90; voir notamment p. 83).

[61] Pena affirme que les cieux sont faits d'une substance homogène et rare parce que l'image des astres nous parvient sans être déformée par des réfractions. Pena est important pour avoir inspiré Rothmann, mais il n'est pas l'inventeur de cet argument: celui-ci était formulé par J. Ziegler, dans son comm. sur le livre II de Pline, pour défendre l'idée stoïcienne de la fluidité des cieux (Bâle, 1531, p. 30-31, 70, 193sqq.). Voir M. Lerner, *Tre saggi...*, p. 76-77.

[62] M. Lerner (*Tre saggi...*, p. 103-104) montre que la localisation des comètes au-dessus de la lune n'a pas automatiquement détruit la croyance dans les sphères solides, mais que les deux faits ont été liés, amenés par un ensemble de facteurs, pas tous scientifiques. Dans le problème qui nous occupe, deux arguments "mathématiques" ont joué un grand rôle: ceux de la parallaxe et des réfractions. - Sur la dissolution des sphères, voir W.H. Donahue, *The dissolution ...*; E. Grant, "Celestial matter ..."; Idem, "Celestial orbs ..."; E. Rosen, "The dissolution ..."; M. Lerner, "Le problème de la matière ..."; Idem, *Le monde des sphères*.

[63] Aretius, *Brevis cometarum explicatio...*, Berne, Samuel Apiarius, 1556.

[64] *Cometarum omnium fere catalogus ...*, Zurich, Gesner, 1556. Une version allemande de ce texte parut la même année, chez le même imprimeur. Hellman n° 24.

> La comète est l'oeuvre de la nature; c'est pourquoi elle a des significations naturelles et qu'il ne faut pas craindre [...][65]

Or son argumentation était largement nourrie par la topique de la *vana curiositas*,[66] et se concluait par le rappel de la toute puissance de la Providence.[67] L'astrologue Mizauld, pour soutenir le point de vue inverse, devait exhiber la même piété. Sa *Cometographia* s'achève par cette prière:

> Quant à nous, tant que le permet la tranquillité des empires, affermissons nous de notre mieux par la connaissance de la pure doctrine de l'Evangile qui parle du fils de Dieu, et armons nous par l'usage de tous les autres arts qui sont nécessaires à l'Eglise. Demandons encore à Dieu, par des voeux ardents, l'adoucissement des châtiments que l'on voit quasiment à nos portes, et montrons clairement, par une vraie pénitence, que nous sommes sérieusement affectés par la menace de la colère divine que nul n'a jamais méprisée sans encourir sa perte.[68]

Mentionnon aussi un petit traité de Paul Fabricius sur la comète de 1556,[69] dont une version française parut à Amsterdam en 1557:[70] non seulement parce que Fabricius était un astronome assez important, dont les observations ont été utilisées par Pingré[71] et qui a écrit par la suite sur la nova de 1572 et sur la comète de 1577, mais parce qu'il prenait fermement parti pour Sénèque. Ici encore les motifs allégués étaient surtout religieux: Fabricius était persuadé que les comètes étaient des astres créés par Dieu au commencement du monde, pour en faire des signes. Il adoptait franchement la perspective apocalyptique qui prit une importance croissante dans la seconde moitié du siècle.

Les catalogues d'Aretius et de Lavater, tous deux parus en Suisse, en 1556, comportaient, comme celui de Mizauld, une partie "philosophique",

---

[65] "Cometa opus est naturae: ideo naturales habet significationes, et non timendas [...]", f. 5 v°. Un peu plus loin (f. 6 v°), Lefèvre d'Etaples est blâmé pour avoir affirmé, dans sa paraphrase sur les *Météorologiques*, que les comètes présageaient de la stérilité, des guerres, la mort de princes et des séditions: pour Aristote elles signalaient seulement la sécheresse de l'air et des vents. Voir L. Thorndike, *A History...*, t. V, p. 293-295.

[66] Voir *supra* le ch. VII. - Cette attitude se retrouve, par exemple, chez Joachim Camerarius (voir son *De eorum qui Cometae appellantur, nominibus...*, Leipzig, 1578).

[67] *Ibid.*, f. 12 r°-v°.

[68] "Nos dum per tranquillitatem Imperiorum licet, sedulo confirmemus nos cognitione purae doctrinae Evangelii de Filio Dei, ac instruamus nos caeterarum artium usu, quae Ecclesiae necessariae sunt. Petamus etiam ardentibus votis a Deo mitigationem poenarum, quae pro foribus quasi cernuntur, et poenitentia vera declaremus nos serio affici comminatione irae divinae, quam nunquam quisquam sine suo exitio contempsit", *Cometographia*, Paris, 1549, p. 234. - Parmi les *artes* nécessaires à l'Eglise, il faut compter l'astrologie qui permet de mieux liree les signes de Dieu. L'ouvrage est précédé par un poème latin de Gervasius Marstaller, disciple de Melanchthon. - Mizauld acceptait par ailleurs la théorie d'Aristote.

[69] Texte d'abord paru en allemand, à Nuremberg, en 1556 (Lalande, p. 79). Voir D. Hellman, *The comet...*, p. 106-111; Lalande, p. 79-80 et 82.

[70] *Le cours et signification du comete qui a este veu l'année precedente, dans le discours duquel il dispute doctement de son opinion touchant la fin du monde*, Amsterdam, 1557; édition mentionnée par Rudolph Wolf, *Geschichte der Astronomie*, Munich, 1877, p. 408.

[71] A.G. Pingré, *Cométographie*, 2 vol., Paris, Imprimerie royale, 1783-1784, t. I, p. 72.

traitant de la nature du phénomène,[72] mais ils visaient surtout à inspirer une crainte salutaire et à enseigner le bon usage de la science des comètes. Ce qu'offre la variété du monde, expliquait Aretius, pouvait se partager en trois classes: les objets utiles, ceux qui étaient là pour le plaisir de l'homme (*ad delectationem et voluptatem*), et ceux qui servaient à l'éduquer (*eis paidian*). Les derniers étaient les plus précieux, ils représentaient "ce que Dieu met sous les yeux de l'homme dans la nature, pour qu'il s'en aide pour se corriger et devenir meilleur".[73] Les comètes, qui étaient les "verges de Dieu",[74] appartenaient eminemment à la troisième catégorie. La longue série des exemples historiques montrait comment leur apparition avait toujours annoncé des catastrophes,[75] mais elle ne devait pas provoquer le désespoir.

> Car Dieu, parce qu'il est miséricordieux, diffère parfois le châtiment; mais si les hommes dédaignent sa clémence et persistent dans leurs crimes, il montre, par l'événement même, que ces signes ne se montrent pas par hasard. Les astrologues écrivent d'ailleurs que les effets des comètes durent de nombreuses années après qu'elles soient passées [...] Les épicuriens et les impies pensent qu'elles ne naissent pas par la volonté de Dieu mais par hasard, ou bien qu'elles ne signifient rien puisqu'elles ont des causes naturelles [...]. Il faut reconnaître à la fois la colère et la miséricorde de Dieu qui, par des présages de ce genre, nous réveille de temps en temps, comme avec une trompette céleste [...]. Car nous ne devons pas croire que Dieu ne puisse être fléchi par des prières, ou qu'il soit inutile de s'amender, que Dieu ne fasse pas attention à tout cela et doive envoyer le châtiment puisque ces présages apparaissent. Dieu, qui a tout créé de rien pour ses élus peut détourner et adoucir les maux dont il menace.[76]

---

[72] C'est surtout vrai de celui d'Aretius qui comporte un examen des thèses antiques (avec, notamment, une analyse du *De cometis* de Sénèque). Aretius et Lavater suivaient Aristote, tout en affirmant que Dieu était la cause efficiente des comètes et la pénitence de l'humanité leur cause finale (Aretius, b 4 v°- c 1 r°). Le traité d'Aretius s'achève par une citation de Sénèque (VII, 25, 1-3): "Multa sunt, quae esse concedimus, quae qualia sint, ignoramus [...]".

[73] "hoc est quae Deus, homini proponit, in natura, ut iis corrigatur et melior fiat", f. a 3 v°.

[74] *Ibid.*, f. a 4 r°.

[75] C'était déjà l'idée directrice de la *Cometographia* de Mizauld.

[76] "Deus enim quia misericors est, poenam interdum differt: sed si homines contempta ipsius clementia pergant in sceleribus, reipsa ostendit haec signa non temere ostendi. Astrologi etiam scribunt cometarum effectus multis annis durare postquam transierunt [...] Epicurei et prophani homines, haec non divinitus sed temere oriri putant, aut cum naturales causas habeant, nihil significare [...]. Agnoscenda est ira simul et misericordia Dei, qui hujusmodi ostentis nos tanquam coelesti tuba subinde excitat [...]. Non enim putandum est, Deum precibus flecti non posse, aut emendationem vitae supervacaneam esse, Deum neglectis his omnibus, cum haec ostenta apparent, poenam immissurum esse. Deus qui ex nihilo omnia condidit propter electos suos, mala quae minatur avertere et mitigare potest", Lavater, *Cometarum omnium fere catalogus*, 1556, f. A 6 r°-A 7 r°. - Cet intérêt pour la divination, doublé d'un rejet complet du déterminisme et fondé sur la croyance en la miséricorde de Dieu envers ses enfants de bonne volonté rappelle la position de Melanchthon. La sympathie de Du Bartas envers une astrologie destinée à "désenfl<er> <les> coeurs" grâce à la connaissance des signes est également toute proche (voir *supra*, p. 130-131, 137).

Les comètes étaient étudiées pour leur valeur de signe, et cette attitude ne fit que croître, à mesure que s'imposait l'idée du "vieillissement du monde"[77] et de l'approche de sa fin. Il est donc nécessaire de replacer l'enquête scientifique dans ce climat d'inquiétude. Les recherches qui aboutirent à placer les comètes dans le ciel, pour en faire de plus grands prodiges, furent menées pour mieux déchiffrer la volonté de Dieu, dans un contexte menaçant.

Objets célestes extraordinaires: la nova de 1572 et la comète de 1577

Les progrès décisifs dans la théorie des comètes s'accomplirent en effet grâce à des événements perçus comme sensationnels. Ce fut d'abord l'apparition de la nova de 1572 qui donna l'occasion de prouver l'efficacité de la méthode de la parallaxe, en mettant à profit l'amélioration des techniques d'observation.[78] La nouvelle étoile surgie dans Cassiopée fut observée de presque partout en Europe, et les astronomes les plus compétents ne lui trouvèrent aucune parallaxe,[79] ce qui les obligea à la situer bien au-dessus de la lune, et même parmi les étoiles fixes. Diverses hypothèses furent émises pour expliquer cette apparition subite dans une zone de l'univers réputée incapable de changement: certains pensèrent qu'une ancienne étoile avait pour un temps redoublé d'éclat, ou bien s'était tout à coup rapprochée pour devenir visible, avant de s'éloigner à nouveau; mais la plupart se rallièrent à l'idée d'une création miraculeuse et, se souvenant de l'étoile de Bethléem, tentèrent de deviner ce qu'elle pouvait annoncer de merveilleux ou de terrible.[80] Rares furent ceux qui virent dans l'étoile une comète,[81] et cependant un rapprochement s'imposait entre les deux phénomènes: ils relevaient de la

---

[77] L'expression se trouve dans Cyprian von Leowitz, *De conjunctionibus ... et Cometis*, Laugingen, 1564; voir notamment la citation de *Daniel*, 2, au v° du titre: "Est Deus in coelo revelans arcana, que ventura sunt in novissimis temporibus", et la conclusion du "pronosticon" où l'auteur affirme, pour garantir la validité de son travail de déchiffrement des signes, que Dieu conservera intact l'ordre du monde "ad finem hujus mundi senescentis" (éd. Londres, Th. Vantrouillerius, 1573, f. L 4 v°). - Après la comète de 1577, parut le catalogue de Georgius Caesius qui marquait le désir significatif de remonter jusqu'au Déluge, *Catalogus ... omnium cometarum ... a Diluvio conspectorum*, Nuremberg, 1579. Hellman n° 23.

[78] Ce progrès n'était pas lié à des inventions exceptionnelles, mais à des améliorations techniques dues au regain d'intérêt pour l'observation. Un Regiomontanus, un Gemma Frisius composèrent des traités sur les instruments. A Kassel, le Landgrave de Hesse Wilhelm IV (1532-1592) fit venir des fabricants prestigieux: Eberhart Baldewein et Jost Bürgi. Tycho Brahe n'allait pas tarder à utiliser la protection du roi du Danemark pour se faire construire un observatoire extraordinaire sur l'île de Hveen. Sur le développement de l'instrumentation au XVIème siècle, et sur le rôle joué par le mécénat, voir B. Moran, "Princes..."; Idem, "Wilhelm IV..."; Idem, "German prince-practitioners...".

[79] Non seulement Tycho Brahe, qui publia en 1573, à Copenhague, un *De nova et nullius aevi memoria prius visa stella*, mais Michael Maestlin, Muñoz en Espagne, Paul Fabricius, Guillaume Postel en France etc. Le Landgrave de Hesse se livra lui-même à des observations et encouragea les cours voisines à l'imiter (voir B.T. Moran, "Wilhelm IV...", p. 85-7).

[80] Sur l'impact de la nova de 1572, voir D. Hellman, *The comet...*, p. 111-117; J. Céard, "Postel et l'*étoile nouvelle*..."; M. Lerner, *Tre saggi...*, p. 80-87.

[81] C'était l'idée de Hieronymo Muñoz qui publia, en 1573, un *Libro del nuevo cometa*, que traduisit La Boderie (*Traicté du nouveau comete...et comme il se verra par les Parallaxes combien ils sont loing de la terre, et du Pronostic d'iceluy*, Paris, Martin Le Jeune, 1573).

même méthode d'observation, ils étaient tous deux extraordinaires et, s'il s'avérait qu'ils étaient situés dans le ciel, on ne pouvait les justifier ni l'un ni l'autre dans le cadre de la physique et de l'astronomie traditionnelles.

Le climat d'émulation scientifique et de curiosité inquiète établi par la nouvelle étoile prépara donc un accueil exceptionnel à la comète de 1577. Celle-ci, pour reprendre les termes de Doris Hellman "fut le point focal de la pensée astronomique dans le dernier quart du XVIème siècle".[82] En favorisant les échanges et les collaborations,[83] elle révéla définitivement l'existence d'une communauté des mathématiciens. En effet, ce fut grâce aux observations menées séparément, mais suivant une méthode analogue, en divers endroits d'Europe (quoique surtout dans les pays germaniques) que la nature sublunaire de la comète fut solidement démontrée. La synthèse de tous ces travaux ne fut pas immédiatement disponible puisque Tycho Brahe attendit jusqu'en 1588 pour publier son *De mundi aetherei recentioribus phaenomenis* qui passait en revue toute la littérature consacrée à la comète, prouvait qu'elle se trouvait dans l'orbe de Vénus et proposait une théorie de son mouvement.[84] Mais il parut dès 1578 un certain nombre de traités qui présentaient des résultats concluants et enlevaient une grande part de sa crédibilité à la thèse d'Aristote ou, tout au moins, manifestaient son insuffisance. Celui de Michael Maestlin, le futur professeur de Kepler à Tubingen alors diacre à Backnang, localisait déjà la comète dans la sphère de Vénus, analysait son mouvement et en donnait un schéma conforme à l'hypothèse copernicienne.[85] Cornelius Gemma, le fils de Gemma Frisius, se contentait de hisser la comète jusqu'au ciel de Mercure car ses observations manquaient de précision. Il convenait donc, selon lui, de ranger le nouveau phénomène parmi le "troisième genre de comètes" et de voir en lui un prodige très rare qui, s'ajoutant à celui de la *stella nova*, annonçait des bouleversements immenses.[86] L'astrologue et médecin Helisaeus Roeslin se ralliait entièrement à ses vues: le miracle de la comète éthérée prouvait que la puissance de Dieu ne se laissait pas borner par la physique aristotélicienne:

> Nous concluons encore des arguments précédents que les comètes peuvent se trouver aussi bien au-dessous qu'au-dessus de la lune, dans n'importe quelle sphère jusqu'au firmament, et être de nouveau enlevées par Dieu, chaque fois qu'il lui aura plu, sans nous soucier de ceux qui disent que le ciel ne reçoit aucunes impressions étrangères, ou que Dieu ne crée aucunes espèces nouvelles.[87]

82 *The comet* ..., p. 118.

83 Le réseau le plus actif se forma autour de Tycho Brahe qui, notamment, utilisa les observations réalisées à Prague par Hagecius pour les comparer avec les siennes.

84 Impr. à Uraniborg. Le *De cometa...* en allemand de Tycho (1578) resta manuscrit.

85 *Observatio et demonstratio cometae aetherei*, Tubingen, 1578; déd. à Louis, duc de Wurtemberg. - Voir D. Hellman, *The comet...*, p. 146-159; R.S. Westman, "The comet...".

86 *De prodigiosa specie, naturaque cometae*, Anvers, 1578, p. 41 sq. L'ouvrage se termine par une urgente invitation à la piété. Voir aussi D. Hellman, *The comet* ..., p. 177-83.

87 "Concludimus etiam ex superioribus argumentis, et infra et supra Lunam, in qualibet Sphaera in Firmamentum usque consistere posse Cometas et collocari, ac iterum adimi a Deo, quotiescumque illi visum fuerit: non morantes illos, qui dicunt coelum non recipere ullas peregrinas impressiones: aut Deum nullas novas creare species", H. Roeslin, *Theoria nova coelestium* ΜΕΤΕΩΡΩΝ, Strasbourg, 1578, f. E3r°. Voir D. Hellman, *The comet..*, p. 159-173.

En face se trouvaient les hésitants ou les réfractaires qui tenaient à l'opinion traditionnelle ou qui n'avaient pas été suffisamment convaincus par leurs propres observations. Thaddaeus Hagecius publia ainsi un premier traité qui attribuait à la comète une parallaxe de cinq ou six degrés, ce qui la plaçait au-dessous de la lune;[88] et il ne rectifia son erreur que deux ans plus tard, après avoir pris connaissance des travaux de Maestlin et de Roeslin.[89] Bartholomeus Scultetus, professeur à Görlitz, trouva également une parallaxe supérieure à 5°.[90] D'autres, comme Conrad Dasypodius, professeur à Strasbourg, et comme de nombreux astrologues, ne prirent pas la peine d'évaluer des distances et se contentèrent de répéter la doctrine traditionnelle.[91]

Après 1577, le statut des comètes n'était donc pas une question tranchée, sinon pour quelques astronomes avertis, mais il avait fait l'objet d'un vrai débat scientifique dont l'audience avait probablement dépassé le cercle étroit des spécialistes. Même s'il n'était paru en France aucun livre important sur le sujet,[92] un professeur de collège parisien, désireux de se documenter pour perfectionner son extraordinaire poème sur les objets célestes, aurait sans doute pu en recueillir quelques échos.

La littérature des comètes en France

Le passage des comètes d'une catégorie dans une autre suscita donc moins de remous en France qu'en Allemagne. Il n'y passa pourtant pas inaperçu. En 1556 et 1557, notamment, deux livres importants furent imprimés à Paris: la traduction du *De subtilitate* de Cardan par Richard Le Blanc[93] et l'édition de l'*Optique* d'Euclide par Jean Pena.[94] En revanche, la comète de 1577 ne suscita d'émulation que chez les auteurs de pronostications ou éventuellement chez leurs adversaires. Le catalogue dressé par Doris Hellman[95] permet de mesurer le retentissement de l'événement, mais aussi la nature assez peu scientifique de l'intérêt qu'il suscita.

---

[88]*Descriptio cometae...*, Prague, 1578. Hagecius n'en partageait pas moins les pressentiments apocalyptiques de Gemma ou Roeslin. Après avoir tonné contre les "lucianistes et épicuriens hypocrites", il rassurait les bons chrétiens qui ne devaient rien craindre: "imo vero edocti e scriptura et Christo, ea venire oportere, gaudent et laetantur, adesse finem afflictionum, et appropinquare jam tandem exoptatam et diu expectatam redemptionem" (p. 32).

[89] *Epistola ad Martinum Mylium. In qua examinatur sententia Michaelis Moestlini et Helisaei Roeslin de cometa anni 1577. Ac simul etiam pie asseritur contra profanas et Epicureas quorundam opiniones, qui cometas nihil significare contendunt*, Gorlitz, Ambrosius Fritsch, 1580 (Prague, Bibl. nat. et univ., 14.F.289). - Hellman n° 49. Voir D. Hellman, *The comet of 1577...*, p. 184-206.

[90] Bartholomaeus Scultetus, *Cometae anno ... 1577 ... in sublunari regione adparentis descriptio*, Görlitz, 1578. Voir D. Hellman, *The comet ...*, p. 206-216.

[91] Conrad Dasypodius, *Brevis doctrina de cometis*, Strasbourg, 1578. Version allemande la même année. Voir D. Hellman, *The comet ...*, p. 236-243.

[92] Alors qu'en 1572, Guillaume Postel avait participé au débat (voir *supra*, notes 79-80). En 1577-1578, la comète ne suscita en France qu'un déluge de pronostications.

[93]*De la subtilité et subtiles inventions*, Paris, G. Le Noir, 1556. Voir *supra*, p. 465-6.

[94] Voir *supra*, p. 466-7.

[95] A la fin de *The comet of 1577...*, cité *supra*.

Il n'existait en France, à la fin du XVIème siècle, aucun astronome susceptible de soutenir une discussion avec Maestlin et Tycho Brahe, ce qui n'empêcha pas les libraires de diffuser quantité de plaquettes qui transmettaient au public le jugement d'astrologues et de spécialistes des prodiges plus ou moins réputés, Francesco Giuntini,[1] Himbert de Billy,[2] Francesco Liberati (un Romain probablement installé à Paris),[3] ou Antoine Crespin.[4] A Lyon notamment, il parut un bon nombre de pronostications italiennes traduites en français.[5] Toutes ces publications avaient une valeur inégale, certaines émanaient d'humanistes distingués et montraient une bonne connaissance de la littérature antique sur le sujet, comme les traités d'Etienne Turnèbe[6] et surtout de Blaise de Vigenère,[7] mais aucune ne laissait soupçonner que l'objet dont elles traitaient constituait, pour citer encore une fois Doris Hellman "le point focal de la pensée astronomique" contemporaine. A l'exception du traité de Vigenère, qui sera analysé plus bas, elles acceptaient toutes la thèse d'Aristote. Leur principal souci était religieux; un adversaire de l'astrologie, comme Turnèbe, tombait d'accord sur ce point avec un Giuntini. Là où le premier concluait:

---

[1] *Discours sur ce que menace devoir advenir la comete...*, Lyon, François Didier, [1577]; Hellman n° 63a; Baudrier, IV, 84. Réimpr. à Paris, Gervais Mallot, 1577 "Jouxte la copie de Lyon"; Hellman n° 62. - Giuntini composa également un traité philosophique sur les comètes strictement aristotélicien: *Tractatio... de cometarum causis...*, Leipzig, 1580.

[2] *Description , et ample discours prognostic du comete...*, Lyon, Rigaud, 1578. - *Sommaire discours sur la vision et presage du comete*, Lyon, Rigaud, 1577; D. Hellman (n° 78b) attribue ce dernier traité à Guillaume Paradin: le volume comporte effectivement (au f. A 2) un poème latin "De cometa" signé par Paradin, mais il est daté de Saint-Amour en Bourgogne comme tous les ouvrages d'H. de Billy, et il annonce un plus long discours qui est probablement la *Description* ... citée *supra*, dont la dédicace est datée du 1er janvier 1578.

[3] *Description de l'estrange et prodigieuse comete...*, Paris, Jean de Lastre, 1577; Hellman n° 67, et p. 296-297. - Le même texte, à quelques détails près, parut la même année, chez le même libraire, sous le titre de: *Discours de la comete commencee a apparoir sur Paris* ... Le texte est dédié à M. d'Habin, ambassadeur à Rome, et daté de Paris, 12 novembre 1577; Hellman n° 67b. Il parut également à Lyon, chez Benoist Rigaud, avec la date de 1577; Baudrier, III, 334; Hellman n° 67a. Avec la date de 1578; Hellman n° 67c.

[4] *Au Roy. Epistre ...*, Paris, Gilles de S. Gilles, 1577. Daté de Saint Denis, 18 novembre 1577 (Brit. Libr. 1192. e. 15); Hellman n° 31a. - Ce texte, d'abord paru à Poitiers, fut imprimé à Lyon par Rigaud en 1578; Hellman n° 31b.

[5] G. Maria Fiornovelli, *Discours sur la comette...*, Lyon, Patrasson, 1578; Hellman n°41. Trad. du *Discorso sopra la cometa*, Ferrare, Baldini, 1577; Hellman n° 40, et p. 282-5. - Giacomo Marzari, *Notable discours...touchant la comette*, Lyon, Patrasson, 1578; Hellman n°71 et p. 279-82. Trad. du *Discorso intorno alla cometa ...*, Venise, Niccolini, 1577; Pérouse, 1978; Hellman n° 72 et 72a. - Hannibal Raimondo, *Discours sur la noble comette ... plus notable, gracieuse, et benevole que l'on ait veu de nostre temps...*, Lyon, Patrasson, 1578; Hellman n° 85.Trad. du *Discorso ...*, Venise, nov. 1577; Hellman n° 86. - Voir aussi Ascanio Montelli, *Lettres... Contenant la prediction des affaires de Flandres... selon la signification d'un comette...*, Paris, J. de Lastre, [1578]; Hellman n°74a.

[6] *Petit traité de la nature, causes, formes et effects des cometes. Par P.S.T.A.F.* ["Per Stephanum Turnebum Adriani Filium], Paris, pour Lucas Breyer, 1577; Hellman n° 38a; Renouard, *Breyer*, n° 34. - Nouvelle émission 1580; Hellman n° 38b; Renouard, *Breyer*, n° 41.

[7] *Traicté des cometes*, Paris, Nicolas Chesneau, 1578; Hellman n° 106.

si nous devons estre malheureux, ce sera à cause que nous sommes desbordés en toute meschanceté, et non pas à raison de la comete.[8]

Le second invitait à prier "celuy qui seul regit le timon de ce navire de l'univers", afin que "sa miséricorde surmonte notre malice".[9] Le pessimisme était général. Hannibal Raimondo, de Vérone, était probablement l'un des rares à croire que "la noble Comette" de 1577 était "la plus notable, gracieuse, et benevole que l'on ait veu de nostre temps".[10] Certains lui attribuaient une signification politique précise, comme Antoine Crespin pour qui elle visait spécialement les sujets rebelles à leur roi:

> O Villes Libertines qui ne voulez recognoistre nul Roy ne Prince en ce temps que doit venir le Ciecle (*sic*) doré il vous faudra estre obeissans au roy malgré vostre volonté, et pource qu'il soit cogneu par ceux du suyvant aage, prenez de moy ce don en tesmoignage.[11]

Mais la plupart songeaient à une catastrophe universelle, venant punir les fautes de tous, et Himbert de Billy traduisait mieux le sentiment dominant:

> Il ne se trouvera aucun, si ce n'est par adventure quelque Athee Epicurien, qui ne confesse franchement, que la fureur de la justice de Dieu est enflammee contre noz pechez, et qu'il prepare de lascher la bonde de son ire contre noz vices: voyans tant des Eclipses, meteores, visions, Cometes se monstrer tous de suite.[12]

Le *Traicté* de Vigenère présentait le phénomène sous une lumière analogue. Il montrait dans les comètes les "verges de Dieu",[13] avertissements faits

> pour nostre grand bien et salut, si nous sçavons bien savourer le fruict qui en depend; Et les admonestemens et menaces que la divine clemence se met par là en debvoir de nous faire, pour nous retirer de noz vices et iniquitez à une penitence et amendement de vie [...][14]

Il s'en prenait à la vaine curiosité des pronostiqueurs, à la vanité de "courir ainsi ardemment apres ces fantastiqueries des choses futures":[15]

---

[8] Turnèbe, *Petit traité*, cité *supra*. Position proche de celle de Giovanni Ferrerio.

[9] F. Giuntini, *Discours sur ce que menace...*, Paris, 1577, p. 16. Cf. p. 10-11: "la certitude de leur demonstration, et signifiance ja si souvent cogneue observee ne permet dire ny estimer qu'elles adviennent pas cas fortuit et sans raison, en ce temps seulement, auquel tousjours elles precedent quelque notable effect".

[10] H. Raimondo, *Discours sur la noble Comette...* (cit. *supra*, note 5)

[11] A. Crespin, *Au roy. Epistre...*, Lyon, Rigaud, 1578, f. B 2 v°.

[12] *Description et ample discours...*, Lyon, Rigaud, 1578, f. 4 r°. Comme Lavater ou Aretius, H. de Billy estimait que la comète prouvait la miséricorde de Dieu en invitant au repentir.

[13] B. de Vigenère, *Traicté des Cometes...*, Paris, Chesneau, 1578, p. 73 sq.

[14] *Ibid.*, p. 7.

[15] *Ibid.*, p. 8. Pour Vigenère, la divination était inutile puisque Dieu pouvait changer les événements à son gré: c'était l'inverse du point de vue de Melanchthon, Lavater, Aretius ou Du Bartas. Cf. p. 101: "une trop songneuse curiosité de sçavoir ce qui nous doit advenir" est "l'une des choses que Dieu deteste et abhorre le plus en nous". Sur ce thème, voir *supra*, ch. VI.

> Le surplus de cette curieuse recherche ressembleroit proprement à quelque fils de famille, deja grandelet et en aage de cognoissance; lequel sentant avoir griefvement offensé son pere, s'il le voyoit saisir là dessus d'une bonne poignee de verges, ce seroit une grande simplesse à luy de s'amuser à discourir et examiner en soy-mesme, ce qu'il en veut faire: si elles sont de genets, de boulleau, ou d'osiers [...][16]

Mais il invitait l'homme à "lever sa face au ciel"[17] et à étudier l'astronomie pour en acquérir, avec la certitude de la Providence divine, "une notice (au moins selon sa portee) de son essence et divinité".[18] Et il citait, outre Platon, un passage de l'*Epître aux Romains* souvent rencontré dans ce contexte:

> L'ire de Dieu se manifeste du ciel sur toutes les meschancetez et desraisons de ceux qui detiennent sa verité en une injustice: car ses invisibles secrets sont apperceuz de la creature, par les ouvrages qu'elle cognoist avoir esté faits de luy en ce monde: sa sapience eternelle semblablement, sa divinité, et vertu.[19]

Le *Traité des comètes* exprimait donc une attitude religieuse qui le rapprochait des publications contemporaines, mais il comportait aussi une partie philosophique plus originale. Fait rare, son auteur ne manifestait aucun attachement pour la thèse d'Aristote qu'il exposait pourtant.[20] Il n'hésitait pas à s'opposer à l'idée des cieux inaltérables, pour des raisons d'ailleurs douteuses.[21] Débarrassé des préjugés péripatéticiens, il donnait un résumé du traité de Sénèque, sans d'ailleurs l'approuver.[22] Ce qui devait s'accorder à ses vues dans le *De cometis*, par opposition au dogmatisme des *Meteorologica*, c'était la reconnaissance de l'inconnu:

> Et de vray il seroit bien mal-aisé aussi de comprendre que ce peult estre, ni dequoy, ou comment ces queues et chevelleures se font.[23]

D'autre part s'il ne citait pas de travaux récents ni d'observations précises, il se montrait instruit de la méthode de la parallaxe et de ses résultats:

---

[16] *Ibid.*, p. 134.
[17] P. 102. Il cite aussi les vers célèbres des *Métamorphoses*: "Pronaque cum spectent...".
[18] *Ibid.*, p. 103.
[19] *Ibid.*, p. 103-104; Réf. à Paul, *Romains*, I: 18-20. Ce texte, parfois cité dans les éloges de l'astronomie (voir *supra*, p. 69 n. 54), se trouve, par exemple, dans le *Discours de la comete* de F. Liberati (Lyon, 1578, f. A 2 v°).
[20] P. 11-14. - Notons que le rejet complet de cette thèse n'était pas courant, même chez ceux qui admettaient que la comète de 1577 était supralunaire; si Cardan, Maestlin ou Tycho s'inquiétaient d'intégrer les comètes dans le domaine astronomique, en construisant la théorie de leur mouvement, Cornelius Gemma ou Roeslin estimaient que la thèse des exhalaisons restait valable: seules certaines comètes miraculeuses se produisaient dans l'éther.
[21] Il donnait comme motifs (p. 14) la variation de la déclinaison du soleil et les changements entraînés par la précession, ce qui prouve une certaine confusion. Voir aussi p. 19-22.
[22] *Ibid.*, p. 15 sq.
[23] *Ibid.*, p. 5.

> Tiercement si les Cometes sont plus bas que la Lune, il s'ensuivroit de necessité que leur Paralaxe deust estre plus grande; Mais on voit du contraire: Parquoy il faut qu'elles soient au dessus.[24]

Muni de toutes ces informations, il exposait prudemment sa thèse préférée, dont il semblait méconnaître totalement l'excentricité:

> Or parmy tant de varietez, il est bien mal-aisé de choisir le plus asseuré [...]. Neantmoins la plus solide et receüe opinion tient que ce sont estoilles attachees à la huictieme sphere; Et leur queüe, chevelure, ou barbe [...] une excroissance de lumiere, qui à certaines revolutions de temps s'espanoüist ainsi de leurs globes, tout ainsi que quelques rejettons d'arbres et plantes, hors de leurs tiges et racines. Mais aux estoilles, cecy se fait par un exces de superfluité du norrissement qu'elles ont attiré d'ici bas, lequel est la cause de cette procreation de Comettes [...][25]

Cette solution batarde qui associait le souvenir des travaux de Muñoz sur la nova de 1572[26] et une adaptation de l'ancienne théorie des exhalaisons, peut-être sous l'influence des idées de Pena,[27] ne constituait pas une contribution significative à la recherche sur les comètes, et son auteur l'entendait bien ainsi. Aussi la fin de son *Traicté* rendait-il la parole à Sénèque, non pas le Sénèque confiant dans le progrès futur des sciences mais celui qui mettait l'accent sur les ignorances du présent:

> Si ce que nous avons discouru des cometes est veritable ou non, les Dieux immortels le savent [...][28]

L'actualité des comètes dans la poésie française

Dans un tel contexte nous ne nous étonnerons pas que la poésie ait presque ignoré le débat scientifique. Elle n'a suivi l'actualité des comètes que pour signaler, çà et là, une apparition notable. La comète de 1556 est ainsi saluée par Ronsard dans une ode de la *Nouvelle continuation des amours*:

> Tu es un trop sec biberon
> Pour un tourneur d'Anacreon,
> Belleau: et quoy? cette comette
> Qui naguere au ciel reluisoit
> Rien que la soif ne predisoit,
> Ou je suis un mauvais profette.[29]

---

[24] *Ibid.*, p. 24; la méthode de la parallaxe est exposée p. 24-25.
[25] *Ibid.*, p. 37.
[26] Pour Muñoz la nova était une comète. Vigenère devait connaître la trad. de La Boderie.
[27] Pour Vigenère (p.37-39), les exhalaisons pouvaient monter librement jusqu'au firmament.
[28] P. 170. Vigenère (p. 170-1) traduit, avec des coupures, la fin du ch. 29 et le début du ch. 30 du *De cometis*.
[29] Ed. Laumonier, VII, p. 311.

Tandis celle de 1558 prend place dans un sinistre tableau des présages, inspiré par les *Géorgiques*:

> Certainement le ciel, marry de la ruine
> D'un sceptre si gaillard, en a monstré le signe:
> Depuis un an entier n'a cessé de pleurer:
> On a veu la comette ardente demeurer
> Droit sur notre païs: et du ciel descendante
> Tomber à Sainct Germain une collonne ardente [...][30]

Le même rapprochement entre cette comète et la mort d'Henri II se trouve dans une élégie de P. Sorel, sans qu'on puisse déterminer la part de la convention littéraire et celle du souvenir précis:

>   avant que le desastre
> Tombast dessus le chef, (ô memoire marastre)
> De Henri le vaincueur, vaincu par l'un des siens
> Combien vis tu tomber de feus aetheriens:
> Et hors le naturel se noircir la Comete,
> D'une si grande mort tresassuré Prophete?[31]

Dans le *Premier des météores* de Baïf, les références à l'actualité s'accompagnent de notations beaucoup plus précises; l'observation passe par les catégories des descriptions scientifiques:

> Encor il me souvient quand la tréve fourrée
> Entre France et l'Espagne,[32] fut malement jurée
> Sous HENRY le bon Roy, pour la voir rompre, exprês
> Afin que nous vissions mille maleurs aprês:
> Fébus tint les Poissons [...]
>   Il me souvient qu'alors une étoile barbuë
> Par neuf soirs bien serens dedans le ciel fut vuë
> Du cartier d'Aquilon. L'astre qui regardoit
> Le matin vers Boré, ses longs rayons dardoit:
> Je la vy d'une fuite au tour des Cieux rebourse
> Chaque nuit clairement se retirer à l'Ourse,
> Jusqu'à ce qu'à la fin sa clarté qui mourut
> Evanouïe en l'air du tout se disparut.[33]

---

[30] *Elegie à des Autels*, dans le Vème livre des *Poemes*, pub. dans les Oeuvres de 1560. Les présages annonçant la mort d'Henri II (10 juil. 1559), sont décrits à peu près dans les mêmes termes que ceux de la mort de Jules César (*Géorgiques*, I, v. 463-490), mais avec des allusions à des prodiges contemporains. Cf.Leovitius associait la mort de Henri II à la comète d'août 1558, encore agissante en 1559 (*De conjunctionibus...*, éd. 1573, f. H3v°). - Pour Ronsard, surtout à partir des troubles civils), les comètes faisaient partie d'un ensemble de signes qui exprimaient la colère de Dieu (voir notamment J. Céard, *La nature* ..., p. 218-220).

[31] P. Sorel, Chartrain, *Plaincte sur la mort de ... Anne de Montmorency...Traduicte du latin de M. Legier du Chesne* ..., Paris, Ph. G. de Roville, 1568, B1v°.

[32] La trève de Vaucelles, conclue entre Heuri II et Charles Quint au début de 1556.

[33] Baïf, *Le premier des météores*, v. 749-753 et 761-768; éd. Demerson, p. 73.

Il s'agit d'une "chose vue" (le poète rappelle à plusieurs reprises qu'il parle en témoin oculaire), mais vue par un spectateur avisé qui a su noter tout ce qui pourrait servir à classer le phénomène dans un catalogue savant: la date, le type de la comète (une "barbue", c'est-à-dire une *pogonie* pour reprendre le terme grec utilisé par Aristote[34] et par Pline),[35] sa situation et la direction de son mouvement, son aspect ("clair" avec de "longs rayons") et sa façon de disparaître (la comète ne s'est pas couchée comme un astre, elle s'est évanouie en plein ciel).[36] Rien de cela n'est original: la comète de 1556, décrite par Baïf, ressemble à celles des *Météorologiques*, de l'*Histoire naturelle* ou d'autres traités plus récents mais conventionnels.

La comète de 1577 a suggéré à Antoine de Cotel l'un de ses sonnets:

> Recherche curieux l'effect de la Comette
> Qui luisist cest hyver: son crin long et vermeil
> N'a rien, soit en beauté, ou en effais, pareil
> A l'estoille d'esté qui m'apparut blondette [...]
>   Tu as eu en six mois beau chercher et resver,
> Et si n'as encor sçeu rien de certain trouver
> En l'astre chevelu, qui tout le monde tance [...][37]

Et chez Du Bartas, elle fournit le thème d'imprécations qui rappellent celles des prophètes de l'Ancien-Testament:

> Que ne fai-tu profit, ô frenetique France,
> Des signes dont le ciel t'appelle à repentance?
> Peux-tu voir d'un oeil sec ce feu prodigieux
> Qui nous rend chasque soir effroyables les cieux?
> Cest astre chevelu, qui menace la terre
> De peste, guerre, faim, trois pointes du tonnerre,
> Qu'en sa plus grand' fureur Dieu foudroye sur nous?[38]

Ces allusions aux trois fléaux de la fin du monde[39] pourraient avoir été provoquées par d'autres comètes que celle de Maestlin et de Tycho, mais elles ont l'avantage de restituer le climat apocalyptique de l'année 1577.

---

[34] *Mét.*, I, 7, 344 a 23-24. Aristote reconnaît deux sortes de comètes: la *comètè*, c'est-à-dire la "chevelue", sans queue, et la *pogonia*, c'est-à-dire la *barbue* (avec une queue).

[35] "les Grecs nomment *pogonies* celles qui traînent à leur partie inférieure une crinière en forme de longue barbe", *Hist. nat.*, II, 22; trad. Beaujeu, p. 38.

[36] Cf. *Météorol.*, I, 6, 343b 14-15: "de plus, toutes les comètes observées à notre époque ont disparu, sans se coucher, au-dessus de l'horizon, en s'évanouissant petit à petit".

[37] *Ier l. des mignardes et gaies poesies*, Paris, 1578; s. 28, "A D. Astrologue", f. 9rº.

[38] *La Sepmaine*, II, v. 821-827; éd. Bellenger, p. 78.

[39] Dans la Bible, Dieu menace son peuple infidèle d'un triple châtiment: *quoniam gladio, et fame, et peste consumam eos*, *Jérémie*, 14: 12. Dans l'*Apocalypse* (6: 1-8) ces fléaux sont répandus sur la terre par les cavaliers issus de l'ouverture des premiers sceaux. *La derniere semaine ou consom-mation du monde* de M. Quillian (Paris, Huby, 1596; éd. augm., Rouen, Le Villain, 1597) est ainsi composée de 7 Jours: dans le 2ème "Il parle du premier signe qui en doit preceder la fin à sçavoir de la guerre", dans le 3ème "du second signe, qui est de la famine", dans le 4ème "du troisiesme, sçavoir la Peste, et autres maladies"; les 5ème, 6ème et 7ème Jours sont consacrés à l'Antéchrist, au Jugement et au grand Sabbat (éd. 1597, â 5).

La théorie des comètes en poésie

Dans la poésie scientifique française de la Renaissance, comme dans la poésie latine de Pontano, la comète était restée solidement installée dans la haute région de l'air, et faisait l'objet d'un discours immuable dérivant d'Aristote et de Pline. Le poète de *L'Amour des amours* est invité à explorer d'abord les "hauz climaz" de l'Air pour y voir les causes des divers météores,

> Les tandres e basses Rosees,
> Puis les Brouees e Frimaz,
> La Pluye, la Nege, la Gréle,
> E l'Etoele aus crins portanteus [...][40],

afin que cet exercice le prépare "Au vol des places plus hautaines",[41] c'est-à-dire à l'évocation des cieux. Le premier "traité des comètes" en vers français a été celui de Baïf, qui repose entièrement sur la tradition universitaire des commentaires aux *Meteorologica* et sur la tradition poétique instituée par Pontano. Guy Demerson, dans son édition de ce *Premier des météores*, a bien éclairé le contexte intellectuel dans lequel il se situait. Nous nous contenterons de rendre compte sommairement de la démarche de Baïf.

Le début du poème construit brièvement le cadre cosmologique: le monde sublunaire est constitué des quatre éléments dont les mélanges ont permis d'"engendrer les mortelles essences",[42] dont la vie et le mouvement dépendent de la vertu astrale.[43] Au-dessus s'arrondissent les cieux, ébranlés d'un double mouvement: Baïf les évoque l'un après l'autre, sans oublier d'indiquer les effets qu'ils peuvent induire ici-bas.[44] La lune, qui "sur l'humeur exerce son empire",[45] et le "Soleil nourricier",[46] qui règne sur l'alternance des saisons, ont naturellement droit au discours le plus fourni, car le couple de l'humidité et de la chaleur est directement responsable de toute la météorologie. L'explication aristotélicienne du phénomène de l'exhalaison donne ainsi une conclusion bien venue à la description des saisons:

> Tel est le cours de l'an que le Soleil nous borne [...]
> Rendant nostre séjour chaud et puis froidureux,
> Puis tiède et tempéré, comme sa flamme bone
> Ou de loin ou de prés sur la terre rayone,
> Qui resoûte dessous sa puissante chaleur
> De son sein jette en l'air une double vapeur.[47]

---

[40] Peletier, *L'Amour des amours*, Lyon, Jean de Tournes, 1555, p. 69.
[41] *Ibid.*
[42] *Le premier des météores*, dans *Le premier livre des Poëmes*, éd. Demerson, p. 57, v. 22. L'exposé sur les éléments occupe les v. 1-32.
[43] *Ibid.*, v. 29-32, p. 57.
[44] *Ibid.*, v. 33-248, p. 57-62.
[45] *Ibid.*, v. 117, p. 59.
[46] *Ibid.*, v. 146, p. 60.
[47] *Ibid.*, v. 241 et 244-248, p. 62.

Baïf distingue une exhalaison "pesante humide à grand peine élevée",[48] qui se changera en pluie, en grêle, en neige et en brouillard, et

> L'autre vapeur legière et chaleureuse,
> Promte s'élance en l'air, de nature fumeuse,
> Et va dedans le Ciel des flammes alumer
> Qu'on voit diversement leurs figures former,
> Selon que la matière, ou gluante ou sutile,
> Epandue ou serrée, à s'enflammer abile
> Les déguise à nos yeux, ou longuement ou peu,
> En rondeur ou largeur faisant luire le feu.[49]

Les deux grandes familles des météores aqueux et ignés, se trouvant ainsi séparées, deux informations complémentaires sont données: l'importance fondamentale du froid et du chaud en météorologie,[50] et le fait que l'Air comprenne trois étages, aptes à recevoir différents types de météores; la zone proche de la terre est réchauffée par la reverbération des rayons solaires, de sorte qu'elle subit les effets de la variation des saisons; au-dessus se situe une zone glacée, elle-même entourée par une zone brûlante,

> soit que là soit la place
> Du plus chaud élément qui l'air voisin embrasse,[51]
> Ou soit que la roideur, dont se tournent les Cieux,
> Face bouillir le chaud excessif en ces lieux.[52]

---

[48] *Ibid.*, v. 249, p. 62.

[49] *Ibid.*, v. 257-264, p. 62. Cette distinction est dans Aristote, *Meteor.*, I, 4, 241b, 1-12.

[50] *Ibid.*, v. 265-276, p. 62.

[51] Si l'on applique à la lettre la théorie de l'étagement des éléments, un orbe de feu doit se trouver sous la lune: c'est l'idée que popularisaient les manuels. Mais Aristote lui-même était un peu évasif sur ce point: pour lui la région la plus haute de l'atmosphère est le lieu d'une "substance chaude et sèche que nous appelons feu" (*Meteor.*, I, 4, 341b, 13-14). Au XVIème siècle, certains philosophes niaient l'existence de la sphère du feu, notamment Cardan dans le *De subtilitate* (voir aussi la note suivante). On voit que Baïf reste dans le doute.

[52] V. 293-296, p. 63. L'hypothèse de la chaleur créée par le mouvement céleste produisant un frottement avec la sphère de l'air, se dans les *Meteorol.* (I, 3, 341, 17-18), mais elle est surtout développée dans le *De Caelo* (I, 7): "La chaleur que répandent les astres, ainsi que leur lumière, naissent du frottement violent de l'air par le mouvement de translation de ces corps-là [...]. Il en va de même, par exemple, des projectiles lancés par l'artillerie: ils deviennent brûlants au point que les balles de plomb fondent [...]" (trad. Moraux, p. 72). L'idée sera définitivement tournée en ridicule dans le *Saggiatore* de Galilée (1623), qui tire une conclusion absurde de l'anecdote exemplaire du Babylonien cuisant ses oeufs grâce à une fronde: "nous ne manquons ni d'oeufs, ni de frondes, ni d'hommes robustes pour les faire tourner, et pourtant nos oeufs ne cuisent pas en tournant et même, s'ils sont chauds, ils se refroidissent plus vite; et comme rien ne nous manque, sinon d'être Babyloniens, la véritable cause du durcissement, c'est donc le fait d'être Babylonien et non pas le frottement de l'air" (*L'essayeur*, trad. Chauviré, Paris, 1980, p. 233). Mais elle avait déjà depuis longtemps ses détracteurs: à Du Bartas qui l'exposait tranquillement, Gamon (*La Semaine*, [Genève], G. Petit, 1609, p. 36) rétorque en niant successivement (comme Cardan) l'existence de la sphère du feu: "L'air donc plus eslevé n'ard de chaleur extreme / Pour estre de bien pres voisin du feu supreme, / Car ce feu ne fut onc [...]", puis celle de la chaleur engendrée par la proximité du mouvement céleste: "Moins pour estre emporté d'un ordinaire tour /Par le prompt mouvement

Le texte suit alors le voyage de "la sèche vapeur et fumeuse et légère",[53] assez "forte" pour traverser la zone glacée; parvenue "en l'air de là haut que le Ciel voisin pousse / Elle s'embrazera violemment secousse".[54] Cette combustion ne produit pas toujours des effets identiques, car la vapeur sèche qui sert de combustible peut avoir une constitution variable,

> Et comme elle sera esparse ou continuë,
> Egale ou non égale, ou grossière ou menuë,
> Si tost qu'en la vapeur la flamme s'éprendra,
> De diverses façons sa forme elle prendra.[55]

Baïf dresse donc l'inventaire de nombreuses apparitions lumineuses: javelots, chevrons, torches ou chèvres, crevasses, dragons et feux-follets divers.[56]

> Mais eussé-je cent voix, je ne pourroy déduire
> Tous les brandons de feu que Nature fait luire
> Des terrestres vapeurs: cent mille elle en a fais,
> Et cent mille en fera qui ne furent jamais.[57]

Fidèle à la Aristote, il ne mêle pas la comète à l'innombrable troupeau des météores ignés, comme l'avait fait Pline.[58] Avant d'aborder ce nouveau sujet, il prend de la distance et emprunte au début du *De cometis* de Sénèque sa méditation sur l'attitude illogique du genre humain qui n'admire plus le spectacle quotidien de l'ordre cosmique et n'éprouve de curiosité que pour ses anomalies apparentes.[59] Avec une solennité toute inspirée des *Géorgiques*, il fait l'éloge du savant qui méprise les "foles peurs" et ne redoute ni le destin, ni même "le bruit d'Acheron qui ne se peut souler", parce qu'il

du celeste sejour: / Car le Ciel ne <m>eut point. Et quand il courroit ore / De l'Aube à l'Occident, du Ponant à l'Aurore, / De soy le mouvement l'ardeur ne peut cauzer". Pour Gamon (qui reprend la thèse de Jean Chrysostome, dans l'idée d'appliquer à la lettre le commentaire de Calvin sur la Genèse), il n'y a pas de sphères entraînant les astres, ceux-ci se meuvent librement dans un ciel immobile. Mais, même en admettant, la réalité de la rotation des cieux, celle-ci ne saurait produire un "aspre frottement" générateur de chaleur: d'abord parce que l'air la suivrait sans résistance, et ensuite parce qu'il n'est pas "solide".

[53] *Le premier des météores*, v. 297, p. 63.

[54] *Ibid.*, v. 305-306, p. 63.

[55] V. 321-324, p. 63-64. Cf. *Meteor.*, I, 4, 241b, 24-25: "L'importance du phénomène varie selon la position et la quantité de la réserve inflammable" (trad. Louis, t. I, p. 12).

[56] *Ibid.*, v. 325-612, p. 64-70.

[57] *Ibid.*, v. 613-616, p. 70.

[58] Pline traite ensemble toutes sortes d'apparitions lumineuses (*H. n.*, II, 22-37). Cependant, s'il se situe dans un cadre aristotélicien, Baïf, comme le montre G. Demerson, a dû puiser a d'autres sources: au comm. de St Thomas sur les *Meteor.*, à celui de Johannes Vercurio (*Comm. in universam physicam Aristotelis*, 1539), aux *Quaestiones* de Sénèque, à Pline, voire aux *Meteora* de Pontano qui donnent une description plus foisonnante et confuse.

[59] V. 623-668, p. 70-71. Cf. *Quaest. nat.*, VII, 1-5. Le détail des présages que les superstitieux associent à la comète (v. 645-667) ne vient pourtant pas de Sénèque, Baïf énumère, pour les critiquer, les croyances courantes: la comète était censée annoncer la mort des princes, des tempêtes, des tremblements de terre, des sécheresses, des famines, des pestes, des guerres civiles. Pontano ne se faisait pas faute de détailler ces présages.

"sçait / Les segrets de Nature et comme tout se fait".[60] Mais ce ralliement à la sagesse stoïcienne se fait entièrement au profit d'Aristote. Baïf affirme en effet que toutes les théories élaborées par les anciens Grecs ont été éclipsées "depuis qu'un flambeau se monstra de Stagire";[61] et il le prouve en résumant en vers la série de réfutations des *Météorologiques*.[62] La comète n'est donc ni le résultat d'une conjonction astrale, ni une planète, ni un effet d'optique, elle est la soeur des *chèvres*, des *lances* et des feux-follets,

> la mesme exalaison
> L'engendre dans le ciel par mesme enflamaison [...]
> Ainsi se concréta cet astre qu'on apèle
> Selon que la vapeur s'alonge ou s'amoncelle:
> On l'apelle Barbu, s'il étand son ardeur, `
> Il sera chevelu s'il la presse en rondeur.[63]

Le développement s'achève par distinction entre la comète proprement dite, née "en la région basse / De l'élément de feu",[64] et dont le mouvement subit la force entraînante de la révolution diurne:

> Ce n'est hors de raison que par la grand'boutée
> Du milieu des hauts Cieux l'étoile rejetée
> Se pousse vers le Nort, là où le tournement
> Come étant près l'esseuil se fait plus lentement[65],

et celle qui se produit "en la haute contrée / De l'élément du feu près la voûte éthérée", lorsque la vapeur, se trouvant sous un astre lui donne une queue en réfléchissant sa lumière et semble suivre son mouvement.[66]

Le premier des météores de Baïf, qui faisait pourtant état d'une observation personnelle de la comète de 1556,[67] ne transmettait donc que les informations dont disposait la science antique. Il suivait scrupuleusement le modèle de l'exposé d'Aristote, sans accorder la moindre allusion aux

---

[60] V. 669-676, cf.*Géorg.*, II, 490-492: "Felix qui potuit rerum cognoscere causas,/atque metus omnis et inexorabile fatum/subjecit pedibus strepitumque Acheruntis avari". Cf. Lucrèce, I, v. 102-135.

[61] *Ibid.*, v. 685.

[62] *Ibid.*, v. 689-724, p. 71-72. Voir *supra*, p. 629. Baïf, guidé par la "noble pudeur" des poètes (voir *supra*, p. 403 sq.), ne cite aucun nom.

[63] *Ibid.*, v. 727-728 et 737-740, p. 72-73. Cf. Aristote, *Meteor.*, I, 7, 344a, 23-24; voir *supra*, p. 478, note 34.

[64] *Ibid.*, v. 741-742, p. 73.

[65] *Ibid.*, v. 773-776, p. 73. Cette explication de l'attirance des comètes pour le Nord pourrait avoir été inspirée par le passage où Sénèque expose la théorie de Posidonius: "Nos stoïciens veulent donc que les comètes ... prennent naissance par condensation de l'air. Si elles se montrent très fréquemment vers le nord, c'est que l'air y est particulièrement paresseux", *Quaest. nat.*, VII, 21, 1; trad. Oltramare, II, p. 322. Cependant chez Baïf, c'est la violence de la rotation de la zone équatoriale qui expulse la comète vers le Nord; tandis que chez Sénèque c'est la présence au Nord d'un air paresseux (en raison de l'atténuation de la rotation diurne, mais aussi probablement du froid) qui favorise la naissance et l'entretien des comètes.

[66] *Ibid.*, v. 797-816, p. 74. La distinction entre ces deux types de comètes se trouvait déjà chez Aristote (*Météor.*, I, 7, 344a, 33-344b, 18).

[67] Voir *supra*, p. 477.

hypothèses et aux recherches des astronomes contemporains. La méthode de la parallaxe, les remarques sur l'orientation de la queue, l'idée de la lentille réfractante n'y étaient nulle part mentionnées; et il utilisait plusieurs fois les *Questions naturelles* de Sénèque, sans même citer leur thèse centrale. Engagée sur une telle voie, la carrière poétique des comètes se déroula donc jusqu'au début du XVIIème siècle dans l'ignorance du contexte scientifique, en perpétuant la légende des exhalaisons:

> Comme l'on void dans l'air une masse visqueuse
> Lever premierement l'humeur contagieuse
> De l'haleine terrestre; et quand aupres des cieux
> Le choix de ce venin est haussé, vicieux,
> Comm'un astre il prend vie, et sa force secrete
> Espouvante chacun du regard d'un comette.[68]

La Sepmaine de Du Bartas a tendance à mélanger, comme Pline, toutes les variétés de météores ignés, bien qu'elle accorde un traitement privilégié à ceux qui ont réussi a franchir la barrière de la zone glacée:

> Mais quand l'exhalaison
> Des engourdis hyvers surmonte la maison,
> De mesme elle s'enflamme, et, faite un nouvel astre,
> Denonce tristement quelque prochain desastre.[69]

L'exhalaison s'enflamme, à son avis, à cause du mouvement rapide imprimé par "le branle du ciel", ou parce qu'elle est allumée par le feu qui est au-dessus d'elle.[70] Et elle prend de multiples formes:

> Selon que la vapeur est esparse, ou serree,
> Qu'elle est ou longue, ou large, ou spherique, ou carree,
> Esgale ou non esgale, elle figure en l'air
> Des pourtraits qui d'effroy font les hommes trembler.
> Un clocher tout de feu de nuict ici flamboye:
> Ici le fier dragon à replis d'or ondoye:
> Ici le clair flambeau, ici le traict volant,
> La lance, le chevron, le javelot bruslant
> S'esclatent en rayons, et la chevre paree
> De grands houpes de feu, sous la voute etheree
> Bondit par-ci par-là. Un astre estincelant
> Menace en autre part d'un crin presque sanglant
> De gresle les bouviers, les pasteurs de pillage,
> Les citoyens d'esmeute, et les nochers d'orage.[71]

---

[68] A. D'Aubigné, *Les Tragiques*, I, v. 705-710; éd. Garnier, p. 87-88. La comète est ici comparée à deux autres fléaux, la reine Catherine et le cardinal de Lorraine. - D'Aubigné aurait rédigé un traité des comètes, à la demande de Mlle de Belleville (voir éd. Réaume, I, p. 447).

[69] *La Sepmaine*, II, v. 611-614. Du Bartas situe la comète dans la région supérieure de l'air, région qu'il estime coiffée par la sphère du feu (II, v. 849-886).

[70] *Ibid.*, II, v. 617-624; éd. Bellenger, p. 68.

[71] *Ibid.*, II, v. 625-638; éd. Bellenger, p. 68-69.

Ces vers résument naïvement ("ou sphérique, ou carrée"...) le texte de Baïf, et transforment le dernier étage de l'air en l'officine d'un pyrotechnicien inspiré. Bien que la crainte et le tremblement règnent sur terre, et malgré la méchanceté des présages qui menacent les différents corps de métiers, toutes ces figures radieuses, ondoyantes et bondissantes composent un tableau assez euphorique. A cet égard, le cercle des météores est bien digne du Zodiaque tout pimpant et "chamarré" au-dessous duquel il se range: quoique moins ordonné, il rivalise avec lui de richesse, de vie et de pittoresque.[72] Dans les deux cas, la vision réelle cède à l'imaginaire, et le théâtre obscur des astronomes est remplacé par un album de gravures joliment colorées.

Les comètes de Milles de Norry (1583) et de Joseph Du Chesne (1587) ne furent pas plus affectées par l'évolution du contexte scientifique,[73] et les *Météores* d'Isaac Habert, parus en 1585,[74] se contentèrent de se glisser honnêtement dans le sillage des *Météores* de Baïf. Habert n'était pas un farouche adversaire des craintes superstitieuses; il croyait, comme presque tout le monde, à la signification néfaste de la comète, astre de malheur et instrument de la colère divine[75] qui annonçait la mort, la guerre, la peste et la famine.[76] Mais pour le reste, son projet était tout aussi didactique que celui de Baïf, et il mit en vers la même doctrine: l'exposé des thèses critiquées par Aristote et leur réfutation,[77] la théorie des exhalaisons,[78] quelques remarques sur le mouvement de la comète, soumise à l'entraînement de la rotation diurne, mais sans être attachée à une sphère,

> Ores en Occident, or en autre quartier
> Vagabonde elle va, mais plus souvent vers l'Ourse.[79]

Et il se contenta d'établir une vague nomenclature qui se fondait aussi bien sur la tradition aristotélicienne (en établissant un rapport entre la forme et le mouvement de la comète, et la constitution de l'exhalaison qui la nourrit) et sur des éléments purement astrologiques.[80]

---

[72] Voir *supra*, p. 70 et 388. Certains éléments des deux descriptions se répondent d'ailleurs: les "replis" du "fier dragon" rappellent les "plis d'or" du fleuve étoilé (IV, v. 256), et les météores qui "S'esclatent en rayons","le Chevreul celeste esclatant tout de rais" (IV, v. 249).

[73] On pourrait citer, par exemple, la définition de la comète que donne Norry dans la "Table servant à l'intelligence ... de ce livre", à la fin des *Quatre premiers livres de l'univers* (Paris, G. Beys, 1583): "Comettes, impressions en l'air en formes d'estoilles, causees d'exallation chaude et seche, poussee en la supreme region de l'air" (f. P 2 r°). Voir aussi *Le grand miroir du monde* de Joseph Du Chesne: "N'avons-nous pas ça-bas nos comettes ardantes, / O cieux, si bien que vous en l'air estincellantes?[...]" (Lyon, Honorat, 1587, p. 49).

[74] Isaac Habert, *Les trois livres des météores*, Paris, J. Richer, 1585.

[75] *Ibid.*, f. 12 v°.

[76] *Ibid.*, f. 11r°.

[77] *Ibid.*, f. 11v°.

[78] *Ibid.*, f. 12v°.

[79] *Ibid.*, f. 13r°.

[80] *Ibid.*, f. 13r°-v°. Habert considerait ainsi que la comète prenait différentes couleurs selon la planète qui la dominait (noir pour Saturne, blanc pour Jupiter, rouge pour Mars), mais que cette couleur dépendait aussi de la densité de l'exhalaison (elle était blanche si la vapeur était rare et subtile, noire si elle était grossière, jaune ou rouge si elle était l'un et l'autre).

Du Monin et Sénèque: une conversion épistémologique?

Dans ce contexte, les déclarations audacieuses de Du Monin produisent une agréable surprise, même si ses promesses tournent à la rodomontade. L'on ne songera pas à lui reprocher son incohérence, à observer que sa vision du monde subit un changement radical (et seulement provisoire). Partout ailleurs dans *L'Uranologie*, la plus grande gloire des cieux est de n'admettre aucune fantaisie, de ne déranger par aucune surprise les calculs des astronomes: ils font l'objet d'un discours dogmatique qui bâtit ses démonstrations avec des certitudes inentamables (chaque planète est enchâssée dans une sphère qui roule d'un mouvement uniforme etc.). Or l'auteur affiche soudain la volonté d'introduire la comète, sa chevelure provocante et ses caprices dans cet univers conformiste et réglé comme une horloge; et il justifie ce projet par des affirmations désinvoltes:

> " Nature ainsi se vante en sa diversité,
> " Tous corps sur un patron elle n'a limité,
> " Divers sont les tresors de la mere Nature:
> " Il lui plait peu souvent etaler la parure
> " De cet Astre crinier, il lui plut le loger
> " En une chambre à part, voire aus yeus le cacher [...][1]

Le bouillant professeur reconnaît, pour une fois, que le monde est trop vaste pour la philosophie du collège et qu'il promet bien des découvertes futures:

> Buquons à forte main au guichet de Nature,
> Enfin nous entrerons en sa basse cambrure,
> Où se void le cachot où Comète se tient,
> Comete, à qui le droit de clair Astre apertient:
> Un secret embusqué en fosse si profonde,
> Ne se peut debusquer sinon à longue sonde.[2]

Cette étonnante conversion a été remarquée par A.-M. Schmidt.[3] Selon lui, la comète aurait été pour notre poète l'instrument d'une prise de conscience; elle lui aurait fait comprendre l'immensité du champ ouvert aux investigations humaines, l'inachèvement perpétuel de la science, condition de son perpétuel progrès. Son exégèse enthousiaste traduit bien le soulagement du lecteur du XXème siècle qui voit enfin jaillir l'esprit de la révolution scientifique d'un monceau de textes incroyablement conservateurs. Mais la volte-face de Du Monin résulte seulement de son passage d'une sphère d'autorité à une autre. Pour parler de la comète, Du Monin a choisi de suivre Sénèque et non plus Aristote, et il importe surtout de déterminer dans quelle mesure ce choix a pu se trouver lié à l'actualité.

---

[1] *L'Uran.*, III, v. 1149-1154, f. 84r°. Cf. Sénèque, *Quaest. nat.*, VII (*De cometis*), 22, 5.
[2] *Ibid.*, III, v. 1177-1182, f. 84 v°.
[3] A.-M. Schmidt, *La poésie scientifique...*, p. 341: "il arrive au malheureux chantre des encyclopédies pédagogiques de faire montre d'un état d'esprit scientifique aux allures véritablement modernes...".

Du Monin s'est en partie comporté avec Sénèque comme avec Buchanan, dans la mesure où il s'est largement contenté d'une imitation paresseuse, sans se donner la peine de refaçonner le matériau "pillé". L'analyse suivante tentera d'en donner une idée.

Réfutation d'Epigénès

a - les comètes fixes

L'Uranologie, III, v. 959-968, f. 80 v°:

Quoi? dois je m'arranger au supos d'Epigene,
Prenant le Tourbilhon pour naïve fontane
De l'Astre chevelu? comme si l'AEr melé
Par le vent, produisoit ce cheveil etoilé?
Ainsi j'auroi le foüet de Raison ma Princesse:
"Si le Vent est son pere, avec le vent il cesse:
"Puis le Vent va choquant mille pars de nôtre air,
"Cet Astre en un seul lieu se void toujours flamber
"L'AEolide escadron ne trouve en haut passa-ge,
"Ce crin guinde son aile au plus hautain etage.

b - les comètes mobiles
L'Uranologie, III, v. 969-978, f. 81r°:

A ceus donrai je foi, qui de louche Raison
Suçans des reins terrains la seche exhalaison,
L'agitent par l'epais de la belle Orithie,[4]
Balais de l'AEr broüilhé, horreur de la Scithie.
"Il faudroit que toujour cet esprit orageus
"Poussât ce crin ardant vers l'Autan nuageus.
Ores il piroüete en l'Indique barriere,
Ore il prent pour son lit Phorcide la nuitiere:
Il faudroit seulement que regnant Aquilon
L'on vid brilher en haut ce perruquier balon.

[*De cometis*, 6, 1-2: pour Epigénès il y a deux sortes de comètes: les fixes et les mo-biles. Les premières sont peu élevées, elles proviennent d'exhalaisons enflammées sous l'effet d'un courant d'air.]
6, 3: La comète fixe se forme comme les feus lancés par un cyclone .... Mais 7,1:"[...] Si le vent lui donnait nais-sance, elle disparaîtrait avec le vent [...]. Tandis que le vent agite l'atmosphère en plusieurs points, une comète se montre en une seule place; ensuite, le vent ne monte pas à une grande hauteur, au lieu que les comètes apparaissent au-dessus de la limite que les vents ne peuvent franchir."
VII, 7, 2-3: [Epigénès parle ensuite des comètes qui avancent dans le ciel; elles ont les mêmes causes que les premières, mais] les exhalaisons montent davan-tage et sont chassées par le vent du nord dans les régions plus élevées du ciel. "Mais si c'était l'aquilon qui les poussait, elles iraient toujours vers le sud, direction que prend toujours ce vent. Or elles courent en divers sens". [Toutes suivent une courbe, ce qu'un vent ne saurait donner. Ensuite, si c'était l'aquilon qui les poussait de la terre vers le haut], les comètes ne naîtraient pas quand il y a d'autres vents, or elles naissent."

La méthode de Du Monin se reconnaît déjà en ce début: il a procédé à un montage de fragments, collés les uns aux autres en respectant l'ordre original. Quelques informations importantes ont été sacrifiées, de sorte que la différence entre les deux premières hypothèses rejetées n'apparaît plus clairement. Le lecteur du poème français n'est guère incité à comprendre qu'il s'agit, dans le premier cas, de météores immobilisés dans la région basse de l'atmosphère, et, dans le second, de météores poussés par le vent du nord, à la fois vers le haut et vers le sud. Du Monin a coupé toute la fin de le réfutation d'Epigénès, et un chapitre consacré à rappeler les caracté-ristiques générales des comètes; il a préféré passer immédiatement à l'hypo-

---

[4] Orithye, fille du roi d'Athènes enlevée par Borée, remplace Aquilon, dans le rôle du vent du nord. Il faut comprendre que cette "belle Orithie" n'est pas elle-même épaisse, mais qu'elle transporte une exhalaison épaisse.

thèse de la conjonction planétaire (celle de Démocrite), en restituant l'essentiel du chapitre 12 de Sénèque.[5] Après avoir parlé des conjonctions des planètes connues, Sénèque affrontait Artémidore qui imaginait d'innombrables planètes invisibles, ou bien supposait que des flammèches, venues d'un feu extérieur au monde, réussissaient à s'insinue, par les soupiraux de notre voûte céleste. Sa réfutation s'achevait par deux exemples: les seuls éléments qui se retrouvent dans *L'Uranologie*.

Les comètes de Démétrius et d'Attale

L'Uranologie, III, v. 1005-1016, f. 81 v°:

Charon aiant passé, butin Plutonien,
Outre le Stix fangeus Demetre Syrien,
Une Comete au Ciel montra sa lampe clere,
Ne doivant rien ou peu à la grandeur Solaire.
Du Diademe blanc Attale ornant son front
Un tel Astre naquit, puis fait enfant plus promt
Avança loin ses nerfs, puis en adolescence
Vers l'AEquinoctial etendit sa croissance:
Et n'eut voulu ceder à ce Chemin laiteus
Qui guide au Louvre saint des elus bienheureus.
Or je requiers ici, quantes quantes Planettes
Par leurs fils contissus trament telles Comettes?

De cometis, 15, 1-2:
"[...] Après la mort de Démétrius, roi de Syrie [...], une comète brilla, qui n'était pas plus petite que le soleil [...].Sous le règne d'Attale, il apparut une comète qui au début était moyenne; ensuite elle s'éleva, elle s'étendit, arriva jusqu'à l'équateur, jusqu'à ce que s'étant immensément étendue, elle égalât cette région du ciel que l'on appelle la Voie Lactée. Combien donc aurait-il fallu que se rencontrassent de planètes pour qu'elles occupent d'un feu continu un aussi grand espace de ciel?"

Le raccourci emprunté par Du Monin n'aboutit pas vraiment à une incohérence, puisque ces comètes monstrueuses peuvent tout aussi bien servir à répondre à Démocrite qu'à Artémidore. Cependant, au lieu de continuer dans cette veine abréviatrice, *L'Uranologie* reproduit à la suite un passage qui, dans le traité de Sénèque, ressemble à une digression assez mal intégrée; il s'agit d'une attaque dirigée contre Ephore de Cumes,[6] accusé d'avoir parlé mensongèrement de la comète de 373.[7] Ce chapitre n'a guère d'intérêt car il ne traite pas d'une hypothèse nouvelle mais il s'agissait d'un exemple célèbre dont le côté spectaculaire a pu séduire Du Monin.

Sénèque exposait ensuite la thèse de son choix, celle d'Apollonius de Myndos, avant de combattre l'opinion de sa propre secte philosophique. Du Monin, plus logiquement, a préféré en finir d'abord avec les réfutations. Pour la première fois même, il fait preuve d'initiative en renvoyant dos à dos stoïciens et aristotéliciens.[8] Tandis que Sénèque n'attribue qu'à *plerique nostrorum* la thèse des exhalaisons qu'il va réfuter, il se pose en adversaire des croyances populaires.

---

[5] *L'Uran.* III, v. 979-1004, f. 81 r°-v°. Cf. *De cometis*, 12, 1-4.
[6] Un disciple d'Isocrate, auteur d'une *Histoire universelle* (voir Polybe, VI, 45, 1).
[7] Cette comète fut suivie du ras-de-marée qui engloutit Hélicé et Buris, villes du golfe de Corinthe (voir Pseudo-Aristote, *De mundo*, 1V, 396a; Strabon, I, 49; Pline, *Hist. nat.*, II, 94 et IV, 12; Ovide, *Metam.*, XV, 293-295). Ephore avait affirmé que la comète se sépara en deux étoiles. *L'Uran.*, III, v. 1017-1024, f. 81v° // *De cometis*, 16, 2.
[8] *L'Uran.*, III, v. 1025-1028, f. 82 r°.

La thèse des exhalaisons

L'Uranologie, III, v. 1029-1038, f. 82 r°:

La vois des quarrefours pousse un AEr epessi
Pour assuré motif de céte etoile ici:
Ce qui vers ce bassin fait pancher la peuplace,
C'est du Septentrion le gros AEr plein de crasse,
Qui semble plus souvent la Comete fournir,
Et dans son champ natal en etat maintenir.
Que si ce Feu ne court vers la Celique voute,
Son aliment en bas lui fait prendre sa route:
Où la veine du vivre ouvre son soupiral,
Cet Astre de son cours tend le sentier fatal.

Réfutation: 1er argument

L'Uranologie, III, v. 1039-1056, f. 82r°-v°:

De ce commun advis à autre cour j'appelle,
J'evoque mon procés à la juste Tournelle
D'un jugement non serf: Croire je ne pourroi
Si raison ne dement de Nature la Loi,
Que la Comete soit un feu brusque et volage,
Nature l'avou' sienne en eternel lignage,
"Non pour fantasque enfant de cet Aer tempêteus,
"Qui ne peut inconstant de quelques constans feus
"Etre pere ou parrein: l'Aer hote des nuages,
"Des postans tourbihons, des bigarres visages,
Qui d'un vague pinceau plus de frons se depaint
Que nul hagart Prothé des aïeus ne fut paint,
Pourroit il assurer en sa loge mal sure
Ce Feu, dont le pied seul et seurement s'assure?
Comme lors que Neron, monstre prodigieus,
Vergongne de Nature, et la honte des Cieus,
Entoit dedans son poing le grand Sceptre de Rome
La Comete pour age eut de sis mois la somme.

De cometis, 21, 1: "Nos stoïciens pensent donc que les comètes [...] se forment à partir d'un air épaissi. Elles apparaissent ainsi très fréquemment vers le nord parce qu'il y a là-bas une grande quantité d'air stagnant (*piger*)." [Pourquoi la comète ne reste-t-elle pas immobile? c'est qu'elle est en quête de nourriture] "quoiqu'elle soit encline à s'élever, pourtant, si la matière lui manque, elle revient en arrière et descend. [...] Elle rampe là où la mène la veine de sa nourriture [...]"
22, 1: "Je ne suis pas de l'avis des nôtres. En effet, je ne pense pas que la comète soit un feu qui apparaît subitement, mais qu'elle appartient aux ouvrages éternels de la nature. D'abord, toutes les créations de l'air durent peu, car elles naissent dans un élément fugace et muable. Comment une chose peut-elle rester longtemps la même dans l'air, alors que l'air lui-même ne reste jamais longtemps le même? [...] Les nuages, ses hôtes très familiers [...] ne restent jamais immobiles [...]. Il ne se peut qu'un feu déterminé (*certus*) s'installe dans un corps mouvant et se fixe aussi fortement que celui que la nature a disposé de façon à ce qu'il ne soit jamais être soumis à des secousses."
21, 3:"[Pourquoi ne s'éteint-elle pas rapidement?] En effet celle que nous avons vue, sous le très heureux principat de Néron s'est offerte aux regards pendant six mois".

Le stade du résumé timide est dépassé; Du Monin exécute ses propres broderies, convoque la raison au tribunal, couvre Néron d'opprobre, pastiche vaguement Du Bartas ("L'air, hoste des brouillats, jouet des forts orages, / Domicile inconstant des emplumez nuages, / Regne du viste AEole, et magazin des vents ...")[9], mais il ne change rien ni au contenu, ni à la forme de l'argumentation, ce que confirme la suite:

---

[9] *La Sepmaine*, II, v. 389-391. L'image de Protée était utilisée par Du Bartas pour évoquer la "cire informe" de la matière première (II, v. 208).

2d argument:

L'Uranologie, III, v. 1057-1064, f. 82 v°.

De plus si la Comete à son vivre couroit,
Toujour aus bras terrains, ses nourriciers iroit:
Car l'Aer qui plus prochain de Terre s'avoisine,
Couvre un laiz plus crasseus au fond de sa poitrine:
Or jamais la Comete à ce centre n'ateint,
Mais le but de la flame est l'arc du Ciel depeint,
Ou le corp compagnon a sa chaleur rongearde
Contre qui tous ses trets son grand apetit darde.

De cometis, 22, 3: "Ensuite, si elle poursuivait son aliment, elle descendrait toujours, car l'air est d'autant plus épais qu'il est proche de la terre. Or la comète ne descend jamais jusqu'à la région basse..."
23, 1: "De plus, le feu va soit où sa nature le mène, c'est-à-dire vers le haut, soit là où l'entraîne la matière qu'il poursuit et dont il se nourrit."

Conclusion

L'Uranologie, III, v. 1065-1066, f. 82 v°:

"L'Astre seul fait en rond son cours acoutumé,
"Ce feu sanglant est tel soit donc Astre nommé.

"Aucun des ordinaires feux célestes ne suit un chemin recourbé. Le propre des astres est de décrire un cercle. [D'autres comètes l'ont-elles fait? Je l'ignore; mais en tout cas les deux comètes apparues de notre temps l'ont fait]".

Sénèque tirait prudemment argument de son expérience et se gardait de généraliser, Du Monin tranche dogmatiquement, sans donner de témoignages, ou dire qu'un longue série d'observations, accumulées depuis le temps de Néron, avait confirmé que les comètes décrivent une ligne courbe. Encore moins cherche-t-il à semer le doute, en notant que les astronomes de son temps ne s'accordaient pas sur leur trajet. Il s'empresse d'ailleurs d'interrompre la démonstration du *De cometis*, et entame la réponse aux objections, où apparaît le thème de l'hymne à la Nature.

Réponse aux objections

L'Uranologie, III, v. 1067-86, f. 82v°-83r°:

Mais, dis tu, si ce feu est etoile Erratique,
Il se promene donc par le Bodrier oblique.
Nego: limites tu ces brandons si etroit?
Au droit humain veus tu sommer le divin droit?
Quoi? tu enchénes donc en tes fers la Nature,
Comme ne pouvant pas à quelque Creature
Merquer un trac à part: et quand ainsi seroit,
Ores tes cous fuitifs mon fer reboucheroit:
Car de ce Feu crinier le cercle tant s'avance,
Qu'au train des clous Errans un de ses bous il lance.
Certes il m'est advis que l'on fait plus d'honneur
A cil qui de Nature est l'eternel moteur,
De croire que ce Tout en maints sentiers se tranche
Que batre un seul chemin jour ouvrier et Dimanche

De cometis, 24, 1-3: "Si c'était une planète, dit-on, elle serait dans le zodiaque. Qui impose aux étoiles un seul chemin? Qui confine à l'étroit les êtres divins ? [...] Pourquoi n'y aurait-il pas certains astres qui suivent à part, loin des autres, leur propre chemin? [Si tu juges qu'aucun astre ne peut circuler sans toucher le zodiaque,] la comète peut ainsi avoir un autre cercle, à condition toutefois de le couper à quelque endroit, [...]. Considère s'il ne sied pas mieux à la grandeur du monde d'être <partout> animée en étant sillonnée de nombreuses routes, plutôt que de battre un seul chemin et de rester partout ailleurs en torpeur.

Crois tu qu'en ce grand ôt des clous etincelans
Qui vont le firmament d'un bel art piolans,
Cinq falôs marchent seuls en pompeus Capi taines
De nul soldat suivis? tant de torches hautaines
Croupir, peuple muet? veuf de tout mouvement
Servant de culs d'éplingue au luisant firmament?

Crois-tu que dans ce corps si grand et si beau, parmi les innombrables étoiles qui ornent la nuit de leur beauté diverse..., il n'y en ait que cinq qui aient la liberté de se mouvoir, que toutes les autres soient arrêtées, peuple fixe et immobile?"

Le poème français rend plus chrétienne la cosmologie stoïcienne en rendant à Dieu une partie des mérites que l'autre attribue à la nature. Il adopte et adapte comme il peut la conception d'un ciel vivant, dont les facultés dormantes seraient ranimées par les passages des astres. Dégagé d'Aristote, et prêt à accorder au Créateur la liberté de "dimanches" fantaisistes, il dépasse même finalement sa cible; les derniers vers ouvrent des perspectives inédites: ils laissent imaginer que la troupe des étoiles, lasse de "croupir" dans son inactivité décorative, décide de s'enrôler sous la bannière des capitaines planétaires.[10] Sénèque s'était contenté de comparer le faible nombre des astres errants et celui des astres fixes, pour suggérer que le premier était probablement sous-évalué. Bien qu'il imite presque textuellement son modèle Du Monin semble distinguer parmi la multitude de "têtes d'épingles" qui brillent au firmament autant de comètes ou de voyageuses virtuelles. Comme s'il projetait dans le futur le mythe des origines imaginé par Ronsard dans l'*Hymne des astres*. Mais cette vision audacieuse reste fugitive, et l'hymne à la science peut succéder à l'hymne à la nature.

L'Uranologie, III, v.1087-1118, f. 83r°-v°:

Pourquoi donc, diras-tu, l'ombre d'un obscur voile
Nous a caché le cours de la criniere etoile,
Si des Astres Errans les remerqués sentiers
Nous touchent par les mains des sages devanciers?
Nous sommes pres d'accord: ne sais tu pas novice,
Nôtre esprit empereur, nôtre ame, la nourrice
Du charnel magazin? tu ne sais toutefois
A quel Saint le voüer, ni dessous quelles lois:
"De vrai l'Esprit humain a tant ailheurs d'afaire,
"Qu'encor il n'a loisir de voir son inventaire,
"De se cercher soi méme, et de pouvoir nommer
"Son joïau qui le fait sur tout autre estimer.
Il n'y a que trois jours que la troupe etoilée,
Chez les Grecs a sa merque, et sa somme coulée:
Combien ore aujourdui en ces Mondes nouveaus
Se trouvent qui n'ont veu que des charnels tuïaus[11]
De Phœbus et Phebé la claire defailhance,
Et du Ciel seulement ont au front connoissance?[12]
Un tems, un tems viendra que nos neveus futeurs

De cometis, 25, 1-6: "Si, maintenant, l'on me demande: pourquoi donc n'a-t-on pas observé leur cours, comme celui des cinq planètes? [...] Tout le monde avouera que avons un esprit, par le pouvoir duquel nous sommes poussés et retenus; mais nul ne t'apprendra ce qu'est cet esprit, notre guide et seigneur, ni où il est. [...] L'esprit peu d'autant moins obtenir des certitudes sur tout le reste qu'elle en est encore à se chercher elle-même.[...] Il n'y a pas encore quinze siècles que la Grèce *a compté et nommé les étoiles*,[13] et aujourd'hui bien des peuples connaissent seulement le ciel part son aspect visible (*facie tantum noverunt caelum*), et ne savent pas encore pourquoi la lune s'éclipse, pourquoi elle se couvre d'ombre. [...]"

[10] L'image du "capitaine", ou de tout autre chef militaire ou politique, était traditionnellement associée au soleil qui semble exercer son autorité sur les autres planètes.
[11] Par leurs yeux de chair (et non pas ceux de la raison).
[12] *Facie tantum noverunt caelum*: ils ne connaissent du ciel que le "front", l'aspect extérieur.
[13] Virgile, *Géorgiques*, I, 137 (Virgile évoque dans ce passage les débuts de la civilisation, après l'âge d'or; il attribue aux premiers marins la découverte des rudiments de l'astronomie).

Nous accuseront tous paresseus seducteurs,
D'avoir par la fenétre au Ciel dressé la téte,
Nous crevant les deus yeus au Jour de la Comete
Ce nuage ignorant dedans un Tems fatal
Guidera droit leurs pieds sur un guet de Cristal.
"Nature ne veut pas d'un siecle étre la mére,
"Et maratre de l'autre, elle fait bonne chere
"A l'un et à l'autre âge, elle germe aus Neveus
"Un art des mouvemens des Cometaires Feus,
"Comme pour contrepois de maint doüaire rare,
"Duquel son riche poing ce present siecle pare:
"Elle veut que noz filz viennent symboliser
"A la cerche du Vrai, pour leur siecle priser.

Un temps viendra où nos successeurs s'étonneront que nous ayons ignoré de telles évidences.

[...]Contentons nous de ce qui a été trouvé; que nos descendants eux aussi puissent apporter quelque chose à la vérité.

Toute cette philosophie de la *Vérité fille du temps*[14] tire bien son origine du *De cometis*, mais Du Monin l'a reprise à son compte avec une grande chaleur, n'hésitant pas à la croiser avec ses thèmes favoris, pour enrichir encore cet éloge des pouvoirs de la connaissance. Là où Sénèque, avec une pointe de pessimisme, notait qu'un esprit incapable de s'examiner lui-même devait être mal doué pour observer les objets extérieurs, notre poète n'a songé qu'à justifier l'instrument défaillant: s'il n'avait pas eu le loisir de bien s'étudier, c'était que trop de tâches l'accaparaient ailleurs. L'idée de la supériorité de l'oeil rationnel sur celui du corps le ramène à l'un de ces thèmes les plus chers,[15] et celle de la collaboration des générations passées et futures, dans la recherche de la vérité lui suggère des variations inspirées.

L'hymne à une science fantôme

Pourtant, Du Monin ne s'est pas empressé d'aller de la déclaration générale à son application, en montrant comment le programme généreusement esquissé par Sénèque avait reçu un début d'application. L'occasion s'en offrait pourtant. Le *De cometis* poursuivait son argumentation en répondant à plusieurs objections dont l'une, que reproduit *L'Uranologie*, touchait à un problème optique. Il s'agissait de comprendre pourquoi l'on ne voit pas au travers des étoiles, alors que le regard peut au moins traverser la queue de la comète.[16] Un philosophe du XVIème siècle aurait dû

---

[14] *Veritas filia temporis*, ce vieil adage était déjà attribué à Thalès de Milet (voir Diogène Laerce, *De vitis*, I, 35). Erasme l'a commenté dans ses *Adagia* ("Tempus omnia revelat", *Adagia*, Lyon, Gryphe, 1556, col. 537). Il existait à la Renaissance tout un courant philosophique valorisant la modernité, et insistant sur l'idée du progrès des connaissances humaines. Voir F. Saxl, "*Veritas filia temporis*"; F. Simone, "*Veritas filia temporis*".
[15] Il est ailleurs développé dans *L'Uranologie* (notamment au livre II, v. 91-122, f. 32r°-v°), et le sera de nouveau dans *Le Phoenix* qui s'étend complaisamment sur les erreurs des sens que corrige la raison: le soleil est bien plus grand qu'il n'apparaît, le ciel n'est pas bleu et l'étoile filante (et la comète?) n'est qu'un phénomène aérien: "Le mesme oeil fait à croire au simple crocheteur, / Que le trait brillonnant qui s'echet de roideur / Des lambris etherez, n'est que quelque parcelle / Qu'ebriche de son corps l'astriere citadelle: / Mais la Raison jugeant que ce rond etoilé /Ne peut, chaire des Dieus, se voir ecartelé, / Fait leçon à nostre oeil, que l'Etoile drillante / Vient du logis venteus, Junonienne tente. " (éd. Paris, 1585, f. 18 v°).
[16] *De cometis*, 26, 1. *L'Uran.*, III, v. 1123-1126, f. 83v°.

pouvoir songer aux explications avancées par Apian ou Cardan qui attribuaient la formation de cette queue à un phénomène de réfraction lumineuse. Du Monin avait probablement lu le *De subtilitate*, puisqu'il a attaqué Cardan à propos de sa conception de la chaleur céleste,[17] or il s'est contenté de condenser sèchement la réponse de Sénèque, sans y rien ajouter.

> "Je répons que tu vois par ces Brandons Errans,
> "Non par endrois epais, ains par les transparans,
> "Tu ne transperse aussi la Comete solide,
> "Ains le rare entre-deus, d'epesses flames vuide.[18]

La seconde objection, qui concernait la forme allongée de la comète et aurait pu donner lieu à la même réponse, a été traitée d'une façon tout aussi passive par notre poète,[19] qui ne reprend vie que pour chanter, après Sénèque, l'inépuisable diversité de la nature et ses riches contrastes,[20] et pour s'élever solennellement vers la louange du Créateur[21] et des inépuisables secrets de la nature:

> Le Monde seroit bien une chose petite,
> "Si tout le monde en lui de cercher etoit quite:
> "Nature en certain siecle, et en moment certain,
> "De ses reliques fait quelque elu secretain:
> "Elle ferme à cent clefs sa sainte Sacristie,
> "Et, quand lui semble bon, les siens elle convie
> "A lui déserrurer son plus rare tresor
> Qu'elle va decelant de l'un à l'autre bor.[22]

Le *De cometis* s'achevait sur la constatation découragée de la corruption morale et de la ruine de la philosophie qui rendait bien incertain l'espoir d'un progrès scientifique. Or Du Monin a manifesté un tout autre état d'esprit. Au lieu de reprocher à ses contemporains de ne chercher la vérité qu'à la surface et d'une main négligente (*in summa terra et levi manu*), il les invite à se joindre à lui dans une énergique exploration des profondeurs:

[17] Voir *supra*, p. 480, n. 51-52. - Dans sa *Semaine*, Gamon, devait adopter l'explication optique d'Apian, contre Du Bartas et Aristote: "Mais que voy-je dans l'air? Quel trait estincelant / Quel Dragon, quel Chevron, quel Chevreau sautelant / Et surtout quel flambeau sur noz testes flamboye? / Quel esclair subsistant sous les Astres ondoye? / Est-ce point la vapeur non dans l'air s'enflammant, / Comme chante Bartas, ainçois que l'oeil Solaire, / Dont opozite elle est, le plus souvent esclaire?" (éd. Genève, 1609, p. 47).

[18] *L'Uran.*, III, v. 1129-1132, f. 83v°. Cf. *De cometis*, 26, 1.

[19] *L'Uran.*, III, v. 1133-1148, f. 83v°-84r°. Gf. *De cometis*, 26, 2 et 27, 1-2. Du Monin affirmait que la comète était ronde, bien qu'elle parût allongée ("il etend sa lueur, / Mais son corp ne dechet de parfaite rondeur", 84r°), mais il n'avançait aucune explication.

[20] *L'Uran.*, III, v. 1149-56, f. 84r° (passage cité *supra* p. 485). Cf. *De cometis*, 27, 5-6.

[21] *L'Uran.*, III, v. 1161 sq., f. 84 r°-v°; cf. *De cometis*, 30, 3.

[22] *L'Uran.*, III, v. 1169 sq., f. 84 v°; cf. *De cometis*, 30, 5-6: "Le monde serait peu de chose (*pusilla res*), si tout le monde ne trouvait en lui matière à recherche. ..La nature ne livre pas ses mystères en une fois .... Ces arcanes ne s'ouvrent pas indifféremment pour tous..."

> Buquons à forte main au guichet de Nature,
> Enfin nous entrerons en sa basse cambrure [...][23]

Cet optimisme ne saurait trouver son explication dans le contexte histo-rique; au début des années 1580, Paris n'était pas un lieu beaucoup plus enchanteur que Rome sous Néron; la déroute progressive du dernier Valois, la faillite financière de la monarchie, la crise économique, le désengagement des mécènes, l'agitation ligueuse[24] ne constituaient pas un cadre bien favorable à l'essor des recherches philosophiques:

> Les Senecques chenus ont encore en ce temps,
> Morts et mourans, servi aux Rois de passe-temps [...][25]

Un désastre si général explique assez que la comète de 1577 soit apparue comme un signe apocalyptique, invitant à supputer ses "effroyables ef-fects"[26] dans une indifférence presque totale pour le travail des astrono-mes. Et nous en considérons avec d'autant plus d'intérêt le choix de Du Monin, oubliant momentanément la menace du "decès du monde"[27] et adaptant le *De cometis* pour en tirer un hymne triomphal à la science future, et exprimer son inébranlable confiance en la richesse de la nature. Qu'il soit tombé sur le traité de Sénèque n'a rien d'étonnant: même s'il ne faisait pas école, c'était l'un des textes classiques de la littérature des comètes, et l'on s'y référait souvent. Blaise de Vigenère, par exemple, avait conclu son traité en le citant.[28] D'autre part, il avait tout pour séduire un ardent défenseur des pouvoirs de l'esprit humain, comme notre poète philo-sophe. Il a même tant dû lui plaire qu'il l'a conduit à embrasser incontinent une théorie qui contredisait ses principes les mieux enracinés et qu'il reniait à d'autres endroits de son livre: dans le livre I, en effet, les comètes sont présentées comme logées dans la zone de l'air ou du feu élémentaires.

> Mais les cercles de Feu, et l'Aer voisin d'iceus
> D'un pied piroëtant se voltent quant et eus.
> Le crin etincelant des brilhantes Cometes

---

[23] *L'Uran.*, III, v. 1177-1178, f. 84 v°. Texte plus longuement cité *supra*, p. 485. Peut-être est-il permis de rapprocher ce volontarisme de celui de la jeune Pléiade. Cf., malgré la différence du contexte, Du Bellay: " [Les Muses] n'ouvrent jamais la porte de leur sacré cabinet, si non à ceux qui hurtent rudement", *La deffence*, II, ch. 11, éd. Chamard, p. 170.

[24] Même si les pires troubles ne se produisirent qu'après la formation de la seconde ligue (1585). Voir E. Pasquier, *Un curé de Paris...*; D. Richet, "Aspects socio-culturels ..."; P. Miquel, *Les guerres de religion*, notamment p. 317-339.

[25] A. D'Aubigné, *Les Tragiques*, II, v. 841-842, éd. Garnier Plattard, t. I, p. 60.

[26] Cf., par exemple, le titre du traité déjà cité de F. Liberati, *Description de l'estrange et prodigieuse comete [...] et la prediction et intelligence de ses effroyables effets.[...]* Paris, J. de Lastre, 1577.

[27] Cette absence d'allusions apocalyptiques là où on les attendrait, c'est-à-dire dans le chapitre sur les comètes, est d'autant plus remarquable que Du Monin croyait, comme beaucoup de ses contemporains à la fin prochaine du monde. Toute la fin du livre IV (f. 117 r°-120 r°) est consacrée à ce thème, ainsi qu'une notice en prose qui succède à ce livre: l'"annotation sur le decès du monde" (f. 120 v°- 123 r°).

[28] Du Monin a cité Vigenère dans la dédicace du *Phoenix* (1585), f. â 8 r°.

Annonçans que Jupin pend ses fleaus sur nos têtes,
Et mille autres portrais, qui d'une horrible poeur
Glacent nôtre sang froid autour de nôtre coeur,
Talonnant de Titan la coche radieuse,
Soit au bers de l'Aurore, ou sous la mer ondeuse,
Sont fidelles témoins de ce rond mouvement,
Non que l'Aer, et ses feus fassent tel roulement
Maîtres de leur vouloir, mais la voute maitresse
De leur seigneur le Ciel à ces voltes les presse.[29]

Le traité des comètes du troisième livre de *L'Uranologie* est une paraphrase assez réussie du *De cometis* de Sénèque, mais sans doute privée d'arrière-plan. Grâce à cette tirade de théâtre l'auteur s'est donné une pose spécialement flatteuse. Il déclame un hymne au progrès, sans se soucier du monde réel. Il appelle de ses voeux l'astronome futur, qui explorera les plus profonds sanctuaires de la nature, mais les comètes d'Attale et de Néron (et ce qu'en dit Sénèque) lui suffisent amplement. Il avance une théorie qui contredit l'enseignement officiel et ne songe pas à la confirmer avec les preuves ou les indices disponibles. Si le traité de Maestlin sur la comète de 1577 n'avait pas atteint les collèges parisiens, les travaux de Postel sur la nova de 1572 ou la traduction du *Traité du nouveau comète* de Muñoz par La Boderie ne devaient pas être inaccessibles: sans aller chercher bien loin, Du Monin aurait pu s'appuyer sur une expérience toute proche pour affirmer que le ciel réserve des surprises. Or il n'a rien tenté de ce genre.

Cette abstention est un peu décevante, mais elle nous rappelle utilement qu'un poète philosophe du XVIème siècle, nourri des préceptes ronsardiens, n'était pas un précurseur de Jules Verne. Du Monin ne se voyait pas en "vulgarisateur", il s'était choisi un sujet élevé et tentait de se maintenir à sa hauteur. Pour ce faire, il cherchait à donner de la science la meilleure image poétique, en "pillant" les meilleurs textes de sa bibliothèque. Ces meilleurs textes, parfois, séduisaient aussi au même moment les véritables philosophes: c'est pourquoi l'on retrouve chez Tycho Brahe, chez Giordano Bruno, plus tard chez Galilée et chez Kepler, des éloges du progrès qui utilisent des thèmes identiques pour mettre en valeur une réelle activité de recherche.[30] Ces ressemblances ne prouvent pas que le monde de la poésie et celui de la science fussent encore reliés à la fin du XVIème siècle.

[29] *L'Uran.*, I, v. 799-810, f. 15 v°.
[30] Voir notamment Tycho Brahe, lettre à Rothmann du 24 novembre 1589 (éd. Dreyer, t. VI, p. 197); Giordano Bruno, parlant de lui-même dans *Le Banquet des cendres* (1584): "c'est lui qui avec les clefs de sa compétence a ouvert par ses recherches ceux des cloîtres de la vérité auxquels nous ne pouvions avoir accès. Il a mis à nu la nature que des voiles enveloppaient" (trad. Hersant, p. 25); Johannes Kepler, *Le secret du monde* (1597): "s'il existe une si grande variété dans les choses et des trésors si cachés dans la machine des cieux, c'est pour que l'esprit humain ne manque jamais d'un aliment nouveau" (trad. A. Segonds, Paris, Les Belles Lettres, 1984, p. 14).

CONCLUSION

Cette enquête sur la poésie du ciel à la Renaissance et sur la façon dont elle a pu s'inscrire dans l'ensemble du paysage philosophique amène d'abord à constater des ruptures et des discontinuités, au point qu'il semble difficile, voire artificiel, d'en tirer un harmonieux faisceau de conclusions. La faille la plus évidente sépare cette poésie des travaux des astronomes: il serait même permis de parler d'une complète absence de contact entre deux discours, ou deux activités, pourtant attachés au même objet. Alors qu'au seizième siècle les philosophes cherchaient généralement à connaître la réalité du monde et ne s'intéressaient plus autant à spéculer sur les possibles que les docteurs du dernier Moyen Age, les poètes se sont presque toujours contentés d'un ciel vague et inactuel; ils ne s'inquiétaient guère de vérifier si la représentation qu'ils en donnaient, en imitant la représentation traditionnelle, conservait quelque lien avec la nature des choses. Leurs zodiaques brillaient de tous leurs feux, leurs sphères tournaient avec une vigueur irréprochable, mais leurs plus belles descriptions trahissaient rarement le désir d'accéder à l'objet et de révéler le secret de sa marche. En ce sens, comme en d'autres, ils restaient très éloignés du modèle offert par Lucrèce. Un tel relâchement des liens avec ce que nous appelons le référent pourrait sembler sans importance, s'agissant d'oeuvres littéraires auxquelles nous avons pris l'habitude d'accorder le droit de fonctionner en système clos; et pourtant la question mérite examen: Ronsard, Du Monin et leurs semblables acceptaient dans l'ensemble, même s'ils n'en faisaient pas état, les grandes lignes de la poétique humaniste qui accordait encore une place essentielle aux problèmes posés par Platon et Aristote: celui de la nature de l'imitation et celui de la valeur philosophique de la poésie.

La curiosité ou l'intérêt passionné de nos poètes semblent toujours se diriger soit trop haut, soit trop bas, pour s'arrêter sur les étoiles. Du Bartas, par exemple, était ému par une certaine image de l'ordre divin, il s'indignait contre les athées et les philosophes présomptueux, et il exprimait le désir de lire attentivement le livre de la nature pour rendre hommage au Créateur; mais il ne semble avoir accompli cette dernière tâche avec plaisir que pour la nature proche. Ses catalogues de poissons ou d'oiseaux manifestent une sorte d'investissement personnel d'énergie dans l'investigation, un goût de la documentation qui restent absents de son évocation du cosmos. Le ciel de *La Sepmaine* est presque impeccable, tant sur le plan doctrinal que sur celui des conventions esthétiques, mais il laisse deviner un artiste un peu guindé, intimidé à la fois par la grandeur de son sujet et par les pièges qu'il recèle, et trop soucieux de bien remplir sa tâche pour s'interroger sur ce qu'il est en train de reproduire ou pour s'abandonner au bonheur de voir, de comprendre et de peindre. Cet artiste surchargé de devoirs ne s'indigne pas contre les coperniciens au nom d'un intérêt réel pour la constitution du monde, il saisit ce prétexte pour lancer un avertissement exemplaire aux "frénétiques" et aux esprits pervers. Pour un La Boderie, les cieux ne sont que les faubourgs de l'immensité divine, pour un Ronsard, ils représentent essentiellement le lieu d'où l'homme est absent, qui le surplombe et lui fait ressentir sa sujétion, en ravivant la conscience d'une séparation et d'un écart mais aussi d'une indissoluble solidarité. Jacques Peletier du Mans, notre seul mathématicien-poète, a mis son point d'honneur à effacer de *L'Amour des amours* les marques trop visibles de sa science, pour qu'il n'ait pas l'air d'être l'oeuvre d'un spécialiste. Et lorsque à la fin du siècle un poète sorti des collège s'est résolu à "parler comme en une école", à exhiber ses livres et à citer les astronomes de l'histoire au lieu de rendre un mystérieux hommage à une science révélée et obscure, il a dépassé son but, n'aboutissant qu'à changer de fiction et à tomber d'une abstraction dans une autre. L'impressionnante bibliothèque de *L'Uranologie* n'aidera aucun lecteur à s'approcher du ciel réel; elle ne lui donnera jamais qu'elle-même, c'est-à-dire un grand trompe-l'oeil, en l'enfermant dans un labyrinthe de paroles.

La réserve observée par les poètes français à l'égard de l'astrologie n'a fait qu'accentuer cet évanouissement de l'objet. Le ciel d'un Pontano n'était pas savamment décrit ni exactement observé, mais il possédait une indéniable présence. Ses planètes montées sur des chars virevoltants, entourées d'attributs, pourvues d'une histoire, d'un caractère et d'un réseau de relations, avaient beau composer un spectacle tout artificiel, elles incarnaient des forces agissantes, auxquelles on devait croire, et elles transmettaient sous une forme attrayante et mythologiquement organisée un peu de cette électricité vivifiante et dangereuse dont les astres réels étaient chargés. Or la poésie française a constamment tenu en bride l'inspiration astrologique, la condamnant presque à dépérir. Même les partisans de l'influence céleste se gardaient des écarts. Peletier du Mans lorsqu'il a imité l'*Urania*, a presque toujours transformé ses vigoureuses créatures en de gracieuses silhouettes, dont les actions ne cherchaient pas à déborder du cadre de leurs petites strophes. Et Du Bartas a préféré composer un plaidoyer en faveur d'une astrologie chrétienne, plutôt que de tenter une représentation, directe ou allégorique, des puissances astrales: ses monographies planétaires conservent un aspect étriqué ou si l'on veut contenu, le poète ne se permettant d'insister un peu que sur les images les plus courantes, celles d'un Mars rouge de colère ou d'une Vénus "douillette". D'ailleurs son apologie tient à peine compte des étoiles elles-mêmes et ne parle que de Dieu, qui ne crée jamais rien d'inutile, et de l'homme, qui ferait bien d'épier plus attentivement les signes d'en-haut pour implorer à temps la clémence divine.

Ronsard, qui méprisait la technique et le langage des faiseurs d'horoscopes et qui n'a jamais utilisé sérieusement leur symbolisme et leur mythologie attitrés, est paradoxalement celui qui a donné le sentiment le plus vif de la puissance oppressante du ciel physique. Il a inventé une poésie du cosmos presque entièrement indépendante des savoirs de l'astronomie et de l'astrologie, et dont on oserait pourtant dire qu'elle est la moins évanescente, la plus "vraie", la plus solidement rattachée à son objet parce qu'elle s'y intéresse sans distraction. Si l'*Hymne du ciel* ne disait presque rien de précis, rien qui dépassât ce que son lecteur savait déjà, il tirait de cette pauvreté particulière le meilleur de son énergie, parce qu'il évitait ainsi de se disperser et de quitter la représentation de la chose pour l'imitation d'un discours étranger.

Il est vrai que Ronsard n'a pas été du tout suivi dans cette direction, ce qui nous amène à constater une autre discontinuité, de type chronologique. La Pléiade a vu naître une poésie du ciel plutôt originale, malgré ses modèles néo-latins, et solidement "motivée". Ni *L'Amour des amours*, ni *Les Hymnes* ne ressemblent à des créations aléatoires, entreprises sans raison évidente en adaptant au jour le jour les intentions et les moyens: il existait une forte liaison entre le projet de transformer brusquement la poésie française, de lui faire absorber à la fois le meilleur de la littérature antique et tout l'esprit de l'humanisme pour lui donner une capacité expressive presque illimitée, et celui d'affronter un sujet prestigieux, chargé d'"importance", réputé pour son exceptionnelle difficulté, et d'une indiscutable universalité. D'autre part cette première poésie de la grande nature a utilisé un langage qui lui semble spécialement adapté. Ce caractère est surtout visible chez Ronsard dont les hymnes cosmiques parus en 1555-1556 se différencient de l'ensemble du recueil et surtout des autres formes de discours sur le cosmos. Ils excluent ce que le poète ne se serait pas totalement approprié. De là découlent le choix de l'hymne, de la fable, le rejet de la technique, du raisonnement, des mots et des idées venues directement des écoles.

A cette poésie jalouse de la spécificité de son langage et qui visait surtout une représentation originale de l'objet a succédé une poésie centrifuge, franchement orientée vers le didactisme, qui dérivait du thème cosmique pour accomplir d'autres tâches, ou qui s'en servait comme d'un prétexte, une poésie qui accueillait assez largement les informations et les types de discours divers pour modifier significativement son équilibre. Dans les exposés astronomiques de *La Sepmaine* et de *L'Uranologie* quelques bourdes authentiques ont fait leur apparition, comme pour signaler l'assimilation imparfaite d'une science étrangère. Les contradictions ou les incohérences qui figurent dans ces poèmes (surtout dans le second, à vrai dire) diffèrent radicalement de ces failles ou de ces ruptures de la continuité logique qui surviennent parfois dans la poésie philosophique de Ronsard. Dans le dernier cas le silence, l'énigme ou l'inconséquence font partie du système poétique et du système de signification, dans le premier ce sont des fautes, car le lecteur est autorisé à se référer à l'encyclopédie commune.

La génération de ce que nous avons appelé l'âge didascalique a renoncé à maintenir la poésie dans un domaine réservé, en même temps qu'elle abandonnait ostensiblement son moyen d'expression le plus spécifique, c'est-à-dire la fable. Avec elle, la poésie du ciel s'est trouvée chargée de missions traditionnelles: entrer dans l'élaboration de la preuve cosmologique, témoi-gner en grand détail que "les cieux racontent la gloire de Dieu", ou encore constituer la pièce maîtresse d'une monumentale *Aristotiade*, édifiée à la gloire de la philosophie des collèges; et pour les accomplir, elle a adopté un langage plus sérieux, toujours généreusement ornementé mais dépouillé de son paganisme diffus et de sa fantaisie parfois intempestive. Une telle évolution impliquait le reniement de certains principes auxquels le fondateur de la Pleiade attachait un grand prix, comme l'indépendance du poète et l'exclusivité de sa vocation qui le dispensait de partager les devoirs, les préjugés et les façons de penser ou de parler des spécialistes des autres métiers et disciplines. Même si les poètes les plus sévères ou les plus furieusement pédants sont restés fortement attachés à quelques épaves de l'héritage de Ronsard, ce serait donc sans doute peine perdue que de chercher à montrer comment la seconde poésie du ciel est sortie de la première: peut-être ne constituait-elle d'ailleurs qu'une sorte de retour vers la normale sous la pression des circonstances et après une tentative exceptionnelle dont les fruits ne pouvaient être assimilés. Ronsard avait voulu apporter d'un coup à la poésie française, et sous une forme non diluée, des conceptions esthétiques proches de celles qui avaient été élaborées dans le milieu de l'humanisme italien, alors que l'âge de la Contre-Réforme commençait déjà. Il les soutint lui-même avec constance (l'extrême liberté du cycle des *Saisons* en témoigne), mais aucun de ses successeurs immédiats n'eut l'énergie ni la conviction nécessaires pour s'opposer de la même façon à l'esprit du temps.

Les facteurs de rupture nous semblent donc prédominants, et pourtant cette vision morcelée pourrait être corrigée à certains endroits. Il est vrai, par exemple, que le cosmos des astronomes et celui des poètes ont peu de choses en commun, en dépit d'une ressemblance générale, parce qu'ils ne répondent pas aux mêmes intérêts. Il est vrai que *L'Amour des amours*, *La Sepmaine* et même *L'Uranologie* ne nous laissent à peu près rien voir du ciel de leur temps, des apparitions extraordinaires qui l'ont traversé et des grands débats auxquels il a donné lieu. Mais ceci ne veut pas dire que ces oeuvres n'aient pas d'autre sens que celui que leur accorde l'histoire littéraire. Elles constituent un beau miroir des idées reçues et des représentations imaginaires. Il est même possible de tirer un enseignement de la façon dont elles ont effectué un tri parmi les lieux communs pour recomposer un tableau presque sans ombre de la science des étoiles, ou dont elle ont choisi certains emblèmes, comme la sphère d'Archimède, devenus le support d'une sorte de cristallisation.

La vision idéale, un peu béate et presque uniformément pieuse qu'elles nous donnent pourrait sembler rétrograde et fausse, mal adaptée à la réalité inventive, agitée et conflictuelle de la première phase de la révolution astronomique, pour reprendre l'expression d'Alexandre Koyré. Mais elle nous aide ainsi à comprendre pourquoi des idées nouvelles, qui ne nous semblent pourtant ni terribles, ni absurdes et qui ne menaçaient pas réellement la foi chrétienne, ont rencontré autant de résistance. Elles expriment encore une conception solidement unitaire de la culture, où la cosmologie ne se sépare ni de la théologie, ni de la morale. Et l'on peut reconnaître dans telle ou telle page de Du Bartas, par exemple, les signes d'un malaise sous-jacent: quand ce poète de bonne volonté, si peu enclin à la critique et à la désobéissance, s'extasie devant les prodiges de l'intelligence humaine et le courage des explorateurs de la nature, avant d'en condamner l'excessive audace.

Quant au défaut d'unité observé dans notre corpus, il serait inutile de chercher à le masquer. De toute évidence, *Les Hymnes* et *La Sepmaine* ou *L'Encyclie* correspondaient à des projets foncièrement différents, et l'étude de la poésie du ciel au XVIème siècle aurait peine à aboutir à l'histoire d'une évolution logique. Mais la discontinuité et les oppositions n'excluent pas l'existence d'une sorte de cohérence souterraine. Sans se soumettre aux mêmes exigences, ni assumer les mêmes fonctions, chacun de nos poètes a dû affronter à sa manière un problème analogue, celui de la poésie de la nature, c'est-à-dire, en dernière analyse, de la poésie des choses, de ce qui n'était pas humain. Les goûts de leur époque, leur expérience de la poésie ancienne et leurs propres théories littéraires les amenaient à fuir ce type de sujet, réputé ingrat et dangereux car il exposait aux pires défauts: la froideur, l'obscurité, le pédantisme et le sectarisme. Or ils ont visiblement été fascinés par ce risque, tout en restant certainement persuadés que la vocation naturelle de la poésie, celle qui lui permettait d'impressionner le plus efficacement ses lecteurs ou ses auditeurs, était l'évocation des actions héroïques et des passions humaines. Et les premiers à le courir n'avaient justement pour cela aucun motif contraignant: ni Peletier, ni Ronsard n'avaient de thèse à défendre qui nécessitât de parler du ciel et du monde.

Sans vouloir donner raison de tout, il est permis d'établir un lien entre cette tentative et le développement parallèle des idées sur l'art. A la Renaissance, la redécouverte de la *Poétique* d'Aristote donna des arguments aux humanistes pour corriger la vision négative de Platon sur l'imitation artistique et affirmer sa valeur philosophique. Pour le vérifier, la peinture des choses représentait sûrement l'épreuve la plus décisive, car elle ne permettait aucune illusion flatteuse, aucun appel facile à l'émotion. L'un des derniers textes de Ronsard, la préface posthume de la *Franciade*, développait une théorie du style proche de celle des humanistes italiens, et notamment de Fracastor, en mettant en lumière la qualité essentielle de l'ornement "tant pour représenter la chose que pour l'ornement et splendeur des vers". Il ne s'agissait pas d'une découverte tardive, mais plutôt d'une ultime façon d'éclairer une longue expérience poétique; et diverses allusions aux "peintres de la nature", chez Du Bellay, chez Jamyn ou chez Du Monin nous indiquent que les poètes de la Pléiade et leurs admirateurs voulaient savoir quelle sorte de langage était la poésie, si, au-delà de plaire et d'enseigner, elle n'était pas un moyen de connaître une certaine vérité, et surtout d'en donner une perception "vive".

Même s'ils n'avaient pas toujours conscience de cet enjeu, ils ont au moins cherché instinctivement à créer un mode d'expression moins froid que celui des leçons en prose, afin que la description d'une éclipse impressionne autant que la mort d'Euryale, et que l'idée de la rotation des sphères provoque l'étonnement. La fable, la magnificence de l'élocution, l'invocation émue, la dramatisation ou même l'emportement polémique ont été autant de moyens destinés à transformer une nature indifférente en spectacle héroïque et sublime pour qu'elle se rende intéressante et que certaines zones privilégiées de l'imagination et de la sensibilité lui deviennent enfin perméables. C'est ainsi que nous décrivons en termes inadéquats, peut-être trop influencés par des lectures proustiennes, cette psychologie de l'expérience artistique qui jouait un rôle si important pour Vida, pour Du Bellay, pour Ronsard ou pour Montaigne.

Pour leurs contemporains *L'Hymne du Ciel* et *L'Hymne de l'Eternité* ont aussitôt paru des modèles insurpassables, tandis que *L'Uranologie* a été traitée de galimatias à peu près dès sa parution. Ce sort inégal a d'évidentes raisons, mais nous n'entrerons pas dans ce débat pour évaluer l'intelligence ou la réussite esthétique de telle et telle réalisation, nous contentant de souligner une dernière fois la situation très particulière de la poésie du ciel dans la France du XVIème siècle: elle a occupé une position problématique à la fois par son sujet et par son statut littéraire. C'est à ce double titre qu'elle nous paraît une production caractéristique de la fin de la Renaissance et qu'on peut y chercher la trace encore vivante de débats incertains, d'expérimentations audacieuses, de préjugés tenaces et d'illusions sur le point de se perdre.

BIBLIOGRAPHIE

I TEXTES ANCIENS

Achillini (Alessandro), *Quatuor libri de orbibus*, Bologne, 1494; repris dans *Alexandri Achillini Bononiensis [...] opera omnia in unum collecta [...] cum annotationibus [...] Pamphilii Montii Bononiensis scholae Patavinae publici professoris*, Venise, H. Scotus, 1555 (B.N. R. 245)

Agrippa de Nettesheim, *De incertitudine et vanitate scientiarum et artium atque excellentia Verbi Dei declamatio*, Anvers, J. Grapheus, 1530; [Paris, Savetier, ca. 1532] (B.N. Z. 19071). - Trad. par Louis de Mayerne-Turquet (1ère éd. 1582), s. l. 1603 (B.N. Z. 19078)

Albategnius, *De scientia stellarum*, Bologne, 1645 (B.N. V. 8205)

Albategnius, voir aussi Alfraganus

Alberti (Leone Battista), *De pictura* -1435-, éd. et trad. par J. L. Schefer, Paris, Macula, 1992

Alfraganus, *Brevis ac perutilis compilatio*, Ferrare, 1493 (B.N. Rés. V. 914)

Alfraganus, *Rudimenta astronomica Alfragani. Item Albategnius [...] de motu stellarum [...] cum demonstrationibus geometricis et additionibus Joannis de Regiomonte. Item oratio introductoria in omnes scientias mathematicas Joannis de Regiomonte [...]. Ejusdem introductio in Elementa Euclidis. Item epistola Philippi Melanthonis nuncupatoria*, Nuremberg, J. Petreius, 1537

Alpetragius, *Sphaerae tractatus Joannis de Sacrobusto [...]. Alpetragii arabi theorica planetarum nuperrime latinis mandata literis a Calo Calonymos Hebreo Neapolitano, ubi nititur salvare apparentias in motibus planetarum absque eccentricis et epicyclis [...]*, Venise, Giunta, 1531

Alphonse le Sage, voir *Tabulae alphonsinae*

Amico (G.B.), *De motibus corporum coelestium juxta principia peripatetica sine eccentricis et epicyclis*, Venise, 1536

Aneau (Barthelemy), *Les trois premiers livres de la metamorphose d'Ovide. Traduictz en vers françois. Le premier et second par Cl. Marot. Le tiers par B. Aneau [...]. Avec une preparation de voie a la lecture et intelligence des Poëtes fabuleux*, Lyon, Roville, 1556

Anselme (saint), *De humanis moribus* (*De similitudinibus*), dans R.W. Southern et F.S. Schmitt éds, *Memorials of Saint Anselm*, vol. I, Londres, 1969

Apian (Pierre), *Astronomicum Caesareum*, Ingolstadt, 1540 (B.N. Rés. V. 219)

Apollonios de Rhodes, *Argonautiques*, éd. et trad. par F. Vian et E. Delage, Paris, Les Belles Lettres, 1974-1981, 3 vol. (Collection des Universités de France)

Archimède, voir Du Hamel

Aretius, *Brevis cometarum explicatio, physicum ordinem et exempla historiarum praecipua complectens*, Berne, Samuel Apiarius, 1556

Aristote, *Opera omnia*, comment. par Averroes, Venise, Tommaso Giunta, 1550-1552; éd. augm., Venise, Giunta, 1562, 11 tomes en 13 vol. 8° (B.N. R. 1752-1765)

Aristote, *De Caelo*, trad. J. Perion et N. de Grouchy, Paris, Vascosan, 1552 (B.N. R. 1652)

Aristote, *De Cælo. Du Ciel*, éd. et trad. par P. Moraux, Paris, 1965 (Coll. des Universités de France)

Aristote, *De generatione et corruptione*, éd. et trad. par C. Mugler, Paris, 1966 (Coll. des Universités de France)

Aristote, *Ethica Nicomachea*, éd. par F. Susemihl et O. Apelt, Leipzig, 1912 (Bibliotheca Teubneriana)

Aristote, *Ethique à Nicomaque*, trad. par J. Tricot, Paris, Vrin, 1990 (7ème tirage)

Aristote, *Metaphysica*, éd. par W. Christ, Leipzig, 1895 (Bibliotheca Teubneriana)

Aristote, *Metaphysica. Metaphysics*, éd. et trad. par H. Tredennick, Cambridge (Mass.), 1933-1935, 2 vol. (Loeb Classical Library)

Aristote, *Métaphysique*, trad. par J. Tricot, Paris, Vrin, 1933; trad. rev., *Ibid.*, 1953

Aristote, *Meteorologica*, éd. et trad. par H.D.P. Lee, Cambridge (Mass.), 1952 (Loeb Classical Library)

Aristote, *Météorologiques*, éd. et trad. par P. Louis, Paris, 1982, 2 vol. (Coll. des Universités de France)

Aristote, *Physica. Physics*, éd. et trad. par P.H. Wicksteed et F.M. Cornford, Cambridge (Mass.), 1929-1934, 2 vol. (Loeb Classical Library)

Aristote, *Poétique*, éd. et trad. par J. Hardy, Paris, 1923 (Coll. des Universités de France)

Aristote, voir aussi *Auctoritates*, Charpentier, Nifo, Ramus, Sainctfleur, Thomas d'Aquin, Vicomercato

Pseudo Aristote, *De mundo*, trad. par G. Budé, éd. par Jacques Toussain, Paris, Josse Bade, 1526; Paris, C. Néobar, 1541 (R. 26891)

Pseudo-Aristote, *Le livre du monde faict par Aristote, et envoyé à Alexandre le Grand: trad. en françois par Loys Meigret*, Paris, 1541 (Maz.: 28606 -4-)

Aubigné (Agrippa d'), *Oeuvres*, éd. Réaume et Caussade, Paris, 1873-1892, 6 vol.

Aubigné (Agrippa d'), *Le Printemps (L'Hécatombe à Diane et les stances)*, éd. par H. Weber, Paris, 1960

Aubigné (Agrippa d'), *Les Tragiques*, éd. A. Garnier et J. Plattard, Paris, S.T.F.M., éd. mise à jour, 1990

Auctoritates Aristotelis, éd. dans J. Hamesse, *Les Auctoritates Aristotelis. Un florilège médiéval: étude historique et édition critique*, Louvain, 1974

Augustin (saint), *Omnia opera*, éd. par Erasme, Bâle, 1528-1529, 10 vol. in-fol. (B.N.: Rés. C. 462)

Augustin (saint), *De civitate Dei*, éd. et comm. par J. L. Vivès, Bâle, 1522

Augustin (saint), *Quintus tomus operum [...] continens xxii. libros de Civitate Dei. Cui accesserunt commentarii Io. Lodo. Vivis*, Paris, Claude Chevallon, 1531 (B.N. C. 827 -5-)

Augustin (saint), *La cité de Dieu*, comment. par J.L. Vives, trad. par Gentian Hervet et ann. par François de Belleforest, 3ème éd., Paris, Somnius, 1585 (B.N. C. 562)

Augustin (saint), *La Cité de Dieu*, éd. par B. Dombart et A. Kalb, trad. par G. Combès, 5 vol., Paris, 1959-1960 (Bibliothèque augustinienne)

Augustin (saint), *Confessions*, éd. et trad. par G. Labriolle, Paris, 1989 -1ère éd. 1926-, 2 vol. (Collection des Universités de France)

Augustin (saint), *Confessions*, éd. et trad. par A. Solignac et M. Skultella, Paris, 1962 (Bibliothèque augustinienne)

Augustine on Romans, éd. par Paula Fredriksen Landes, Chicago, 1982

Baïf (Jean Antoine de), *Le premier des meteores*, Paris, Estienne, 1567

Baïf (Jean Antoine de), *La premier des météores*, dans le *Premier livre de poemes*, éd. par Guy Demerson, Grenoble, 1975

Baïf (Jean Antoine de), *Mimes, enseignemens et proverbes*, éd. par Jean Vignes, Genève, Droz, 1992

Baïf (Jean Antoine de), *Euvres en rime*, éd. par Ch. Marty-Laveaux, Paris, Lemerre, 1881-1890, 5 vol.

Basile de Césarée, *Homélies sur l'Hexaemeron*, éd. et trad. par S. Giet, 2e éd. augm., Paris, 1968 (Sources chrétiennes)

Bassantin (Jacques), *Astronomique discours [...]*, Lyon, J. de Tournes, 1557

Bayle (Pierre), *Dictionnaire historique et critique*, 3ème éd. revue par l'auteur, Rotterdam, M. Bohm, 1720, 4 vol. (1ère éd. Rotterdam, 1697)

Belleau, *Commentaire au Second livre des amours de Ronsard*, fac-similé de l'édition de Paris, Buon, 1560, présenté par Marie-Madeleine Fontaine et François Lecercle, Genève, Droz, 1986

Belliard (Guillaume), *Le premier livre des poemes de Guillaume Belliard, secretaire de la Royne de Navarre*, Paris, Claude Gauthier, 1578 (B.N. Rés. Ye. 351 et 520)

Bersuire (Pierre), *Reductorium morale. Liber XV*, éd. par J. Engels, Utrecht, 1960

Bez (Ferrand de), *Les epistres heroïques amoureuses aux Muses*, Paris, Micard, 1579 (B.N.: Rés. Ye. 1850)

[Billy (Himbert de)?], *Sommaire discours sur la vision et presage du comete, qui premierement s'apparut environ le commencement du moys de Novembre, mil cinq cens soixante et dixsept, que l'on voit encores à present [...]*, Lyon, Benoist Rigaud, 1577 (B.N. Rés. p. V. 202)

Billy (Himbert de), *Description et ample discours prognostic du comete, qui s'est monstré au ciel le douzieme jour de Novembre, mil cinq cens septante sept [...]: et commencera produire ses effects vers la feste des Roys, en l'an 1578. qui dureront longuement. Par M. Himbert de Billy, natif de Charlieu en Lyonnois, disciple de noble Corneille de Montfort, dict de Blockland, etc.*, Lyon, Benoist Rigaud, 1578 (B.N.: V. 21083)

Birague (Flaminio de), *Premieres oeuvres poetiques*, Paris, Perier, 1585 (B.N. Rés. Ye. 1883)

Blanchon (Joachim), *Les premieres oeuvres poetiques*, Paris, Thomas Perier, 1583 (B.N. Rés. p. Ye. 177)

Boccace, *Genealogia deorum*, Bâle, J. Hervagius, 1532 (B.N. J. 1941; 1942)

Boèce, *De consolatione philosophiae*, éd. et comm. par Johannes Murmellius, Rodolphus Agricola et Johannes Caesarius, Cologne, E. Cervicornus, 1535 (B.N. R. 18085); Anvers, Plantin, 1562 (B.N. R. 29 369)

Boèce, *The theological tractates. The Consolation of Philosophy*, éd. et trad. angl. par H.F. Stewart, E.K. Rand et S.J. Tester, Cambridge (Mass.), nouv. éd., 1973 (Loeb Classical Library)

Boèce de Dacie, *De summo bono*, éd. par N. G. Green-Pedersen, *Boetii Daci Opera*, t. VI, Copenhague, 1976

Boèce de Dacie, *On the supreme good. On the eternity of the world. On dreams*, trad. par John F. Wippel, Toronto, Pontifical institute of mediaeval studies, 1987

Bouchereau (Jacques), *Flores illustriore Aristotelis*, Paris, Marnef, 1560 (B.N. R. 26 893); 1963 (B.N. R. 9548); 1575 (B.N. R. 9549)

Bovelles (Charles de), *L'art et science de geometrie*, Paris, Estienne, 1514

Brahe (Tycho), *De nova et nullius aevi memoria prius visa stella [...] contemplatio mathematica*, Copenhague, L. Benedictus, 1573

Brahe (Tycho), *De mundi aetherei recentioribus phaenomenis liber secundus qui est de illustri stella caudata ab elapso fere triente Novembris anni 1577, usque in finem Januarii sequentis conspecta*, Uraniborg, impr. de l'auteur, 1588

Brahe (Tycho), *Opera omnia*, éd. par J..L.E. Dreyer, Copenhague, 1913-1929, 15 vol. (réimpression, Amsterdam, 1972)

Bretin (Filber), *Poesies amoureuses reduites en forme d'un discours de la nature d'amour [et Meslanges]*, Lyon, Rigaud, 1576 (B.N. Rés. Ye. 1670)

Bretonnayau (René), *La generation de l'homme et le temple de l'âme avec autres oeuvres poetiques extraittes de l'Esculape*, Paris, L'Angelier, 1583 (Ars. 4°. B. 3217; 3218)

Bretonnayau (T.), *Complainte funebre sur le trespas de Jean Edouard Du Monin, poëte et philosophe, composée par T. Bretonnayau T., escolier*, Paris, Estienne Prevosteau, 1586. (Rés. Ye. 3623)

Bruès (Guy de), *Les Dialogues* (Paris, Cavellat, 1556); éd. par P. P. Morphos, Baltimore, 1953

Bruno (Bruno), *Dialoghi italiani*, éd. par G. Gentile et G. Aquilecchia, Florence, 1985 (1ère éd. 1958)

Bruno (Giordano), *Le souper des Cendres [La Cena de le Ceneri -1584-]*, éd. et trad. par G. Aquilecchia et Y. Hersant, Paris, Les Belles Lettres, 1994

Buchanan (George), *Elegiarum liber I. [...]*, [Heidelberg], 1584

Buchanan (George), *Sphaera Georgii Buchanani Scoti poetae clarissimi: in quinque libros distributa, tam eleganter et accurate scriptos, ut cum antiqua poesi certare posse videantur [l. 1 seul]*, Paris, F. Morel, 1585 (B.N. Rés. V. 1038)

Buchanan (George), *Sphaera Georgii Buchanani Scoti, poetarum nostri seculi facile principi : quinque libris descripta: nunc primum e tenebris eruta et luce donata*, Herborn, Christoph Corvin, 1586 (B.N. Yc. 9616; 9639)

Buchanan (George), *Sphaera à Georgio Buchanano Scoto [...] quinque libris descripta, multisque in locis ex collatione aliorum exemplorum integritati restituta. Cui accessere libri quarti et quinti, quos autor non absolverat, supplementa. Autore Johanne Pinciero, aulae Dillebergensis medico*, Herborn, C. Corvin, 1587 (B.N. Yc. 10 057; 11 939)

Bugnyon (Philibert), *Erotasmes de Phidie et Gelasine [...]*, Lyon, J. Temporal, 1557 (B.N.: Ye. 7349; Rés. Ye. 1683 et 1770)

Caesius (Georgius), *Catalogus, nunquam antea visus, omnium cometarum secundum seriem annorum a Diluvio conspectorum, usque ad hunc praesentem post Christi nativitatem 1579 annum, cum portentis seu eventuum annotationibus, et de cometarum in singulis Zodiaci signis, effectibus: ex quibus prudens lector posthac facillime de quovis cometa judicare poterit, etc. ex multorum historicorum, philosophorum et astronomorum, quorum praefatio mentionem facit, scriptis, memoriae causa, et propter alias multiplices utilitates, plurimo labore et diligentissima inquisitione collectus, et dedicatus [...] Senatui inclytae Reip. Norimbergensis, a M. Georgio Caesio pastore in oppidulo Leutershausen: et ejusdem judicium de cometa nuper in fine anni 77. elapsi viso*, Nuremberg, Valentin Fuhrman, 1579

Calvin (Jean), *Opera omnia*, éd. par G. Baum, E. Cunitz, E. Reuss, Braunschweig-Berlin, 1863-1900, 59 vol. (*Corpus Reformatorum*)

Calvin (Jean), *Commentaire sur le premier livre de Moise*, Paris, 1554

Calvin (Jean), *Mosis libri V cum commentariis*, Genève, H. Estienne, 1563 (B.N. A. 1538)

Calvin (Jean), *Commentaires sur les V livres de Moyse, Genese est mis à part*, Genève, François Estienne, 1564 (B.N.: A. 940; Rés. A. 941)

Calvin (Jean), *Le livre des Pseaumes exposé par Jehan Calvin*, (Genève), Conrad Badius, 1558 (B.N. A. 2142)

Calvin (Jean), *Commentaires sur le prophete Isaie [...] reveuz, corrigez et augmentez*, Genève, F. Perrin, 1572 (B.N. A. 1530)

Calvin (Jean), *Commentaires sur le Nouveau Testament*, Paris, Meyrueis, 1854-1855, 4 vol.

Calvin (Jean), *Commentarius in Epistolam Pauli ad Romanos*, éd. par T.H.L. Parker, Leiden, Brill, 1981

Calvin (Jean), *Advertissement contre l'astrologie judiciaire* (Genève, 1549), éd. par O. Millet, Genève, Droz, 1985

Camerarius (Joachim), *De eorum qui Cometae appellantur, nominibus, natura, causis, significatione, cum historiarum memorabilium illustribus exemplis, disputatio atque narratio*, Leipzig, 1578

Cardan (Jérome), *De subtilitate*, Nuremberg, J. Petreius, 1550 (B.N. R. 777)

Cardan (Jérome), *De la subtilité*, trad. par Richard Le Blanc, Paris, Le Noir, 1556

Charpentier (Jacques), *Admonitio ad Thessalum [...] de aliquot capitibus proemii mathematici quae continet ejusdem Carpentarii praelectiones in Sphaeram*, Paris, Brumen, 1567 (B.N. R. 30 653; V. 33 944)

Charpentier (Jacques), *Universae naturae brevis descriptio ex Aristotele*, Paris, T. Richard, 1560 (B.N.: Res. p. R. 937 -1-)

Charpentier (Jacques), *Descriptio universae naturae ex Aristotele*, Paris, Buon, 1560-1564, 2 vol.

Charpentier (Jacques), *Platonis cum Aristotele in universa philosophia comparatio. Quae hoc commentario, in Alcinoi Institutionem ad ejusdem Platonis doctrinam, explicatur*, Paris, J. du Puys, 1573 (B.N. R. 1564-1565)

Chrestien (Florent), *Le Jugement de Paris*, s. l., 1567 (B.N.: Rés. Ye. 1767; 1768)

Cicéron, *De natura deorum*, éd. W. Ax, Stuttgart, Teubner, 1980 (Bibliotheca Teubneriana)

Cicéron, *De l'orateur*, éd. et trad. par E. Courbaud et H. Bornecque, Paris, 1922-1930, 3 vol. (Coll. des Universités de France)

Cicéron, *L'orateur*, éd. et trad. par A. Yon, Paris, 1964 (Coll. des Universités de France)

Cicéron, *Tusculanes*, éd. et trad. par G. Fohlen et J. Humbert, Paris, 1931, 2 vol. (Coll. des Universités de France)

Cicéron, voir aussi Ramus

Claudien, *Quotquot nostra hac tempestate extant opuscula*, Paris, S. de Colines, 1530

Claudien, *Opera*, éd. et trad. par Maurice Platnauer, Cambridge (Mass.), 1922, 2 vol. (Loeb Classical Library)

Clavius (Christophorus), *In Sphaeram Joannis de Sacrobosco commentarius*, Rome, 1570

Clichtove (Josse), *Elucidatorium ecclesiasticum ad officium ecclesiae pertinentia planius exponens*, Paris, Henri Ier Estienne, 1516; *Idem*, Bâle, Froben, 1517 et 1519; 2ème éd. parisienne augmentée, Colines et Estienne, 1521

Colletet (Guillaume), *Vie de M.A. Muret*, éd. par Tamizey de Laroque, *RHLF*, 3, 1896, p. 270-285

Concile de Trente, *Canons and decrees of the Council of Trent*, éd. et trad. par H. J. Schroeder, Saint-Louis et Londres, Herder, 1950

Conti (Natale), *Mythologia sive explicationes fabularum librum libri X*, Venise, 1568

Conti (Natale), *Mythologie*, trad. par Jean de Montlyard (1ère éd. 1599), 2ème éd., Lyon, Paul Frelon, 1604

Copernic, *Commentariolus*: H. Hugonnard-Roche (H.), Rosen (E.) et Verdet (J.P.) trad. et comm., *Introduction à l'astronomie de Copernic. Le* Commentariolus *de Copernic. La* Narratio prima *de Rheticus*, Paris, Blanchard, 1975

Copernic (Nicolas, *De revolutionibus orbium coelestium libri VI. Habes in hoc opere jam recens nato, motus stellarum, tam fixarum, quam erraticarum, cum ex veteribus, tum etiam ex recentibus observationibus restitutos: et novis hypothesibus ornatos. Habes etiam tabulas ex quibus eosdem ad quodvis tempus quam facillime calculare poteris*, Nuremberg, J. Petreius, 1543 (B.N. Rés. V. 217)

Copernic (Nicolas), *Des révolutions des orbes célestes*, éd. et trad. du livre I par Alexandre Koyré, Paris, 1934

Copernic (Nicolas), *De revolutionibus*, éd. et trad. par Michel Lerner, Alain Segonds et Jean-Pierre Verdet, Paris, Les Belles Lettres, 1996-

Copernic, voir M. Curtze, "Der Brief des Coppernicus an dem Domherrn Wapowski...", *Mittheilungen des Coppernicus-Vereins für Wissenschaft und Kunst zu Thorn*, I, 1878, p. 18-33

Cotel (Antoine de), *Le premier livre des mignardes et gaies poesies*, Paris, Robinot, 1578 (B.N.: Rés. Ye. 596)

Courtin de Cissé (Jacques de), *Les Euvres poetiques*, Paris, Beys, 1581 (B.N. Rés. Ye. 1919; Ars. 4°. B. 8912 Rés.)

Crespin (Antoine), *Au Roy. Epistre et aux autheurs de disputation sophistique de ce siecle sur la declaration du presage et effaictz de la Comette qui a esté commencée d'estre veuë dans l'Europe, X. de Novembre à cinq heures du soir 1577. Assez veuë et cogneuë à tout le monde. Par M. Crespin Archidamus seigneur de haute ville astrologue de France docteur, et medecin conseiller ordinaire du Roy, et de Monsieur, son frere unique. Dediée à messieurs de la ville, cité et Université de Paris ville cappitale de ce royaulme*, Paris, Gilles de S. Gilles, "suyvant la coppie de Poytiers. Avec permission de l'Auteur", 1577

Cuse (Nicolas de), *Opera*, éd. par Jacques Lefèvre d'Etaples, Paris, Josse Bade, 1514

Cuse (Nicolas de), *De conjecturis*, éd. par J. Koch et C. Bormann, Hambourg, 1972 (*Opera omnia*, éd. de l'Université de Heidelberg, t. III)

Cuse (Nicolas de), *Philosophisch-Theologische Schriften*, éd. et trad. par Leo Gabriel, Dietlind Dupré et Wilhelm Dupré, Wien, 1965-1967, 3 vol.

Daniello (Bernardino), *La poetica*, Venise, G.A. di Nicolini, 1536

Dante, *Il Dante. Con argomenti, e dichiaratione de molti luoghi [= Divina commedia]*, Lyon, Jean de Tournes, 1547

Dasypodius (Conrad), *Brevis doctrina de cometis, et cometarum effectibus*, Strasbourg, Niclauss Wyriot, 1578

Deimier (Pierre de), *L'Académie de l'art poëtique*, Paris, J. de Bordeaulx, 1610

Denifle (Henri) et Chatelain (Emile), *Chartularium Universitatis Parisiensis*, Paris, Delalain, 1889-1897, 4 vol.

Pseudo-Denys, *Oeuvres complètes*, trad. par M. de Gandillac, Paris, 1943

Des Autels (Guillaume), *Repos de plus grand travail. Dialogue moral*, Lyon, Jean de Tournes, 1550 (B.N. Rés. Ye. 1406)

Des Masures (Louis), *Oeuvres poëtiques*, Lyon, J. de Tournes et G. Gazeau, 1557 (Rés. Ye. 366; 420)

Des Roches (Catherine et Madeleine), *Les Oeuvres de Mesdames Des Roches*, Paris, L'Angelier, 1578; 2de éd. augm., Paris, L'Angelier, 1579; éd. crit. par A. R. Larsen, Genève, Droz, 1993

Des Roches (Catherine et Madeleine), *Secondes oeuvres*, Poitiers, N. Courtoys, 1583 (Ars. 4°. B. 2912)

Dominicus Gundissalinus, *De divisione philosophiae*, éd. par Ludwig Baur, Munster, 1903 (*Beiträge zur Geschichte der Philosophie des Mittelalters*, IV, 2-3)

Dondi (Giovanni de), *Astrarium*, fac-similé et trad. française par Emmanuel Poulle, Paris-Padoue, Les Belles Lettres- Edizioni 1+1, 1987

Doublet (Jehan), *Elegies*, Paris, L'Angelier, 1559

Du Bartas (Guillaume de Saluste), *Les oeuvres*, comm. par Simon Goulart, Paris, J. de Bordeaux *et al.*, 1610

Du Bartas (Guillaume), *La Sepmaine*, Paris, Fevrier et Gadoulleau, 1578

Du Bartas (Guillaume), *La Seconde Semaine*, Paris, P. L'Huillier, avril 1584

Du Bartas (Guillaume), *Brief advertissement [...] sur quelques points de sa Premiere et Seconde Sepmaine*, Paris, P. L'Huillier, 1584

Du Bartas (Guillaume), *The works*, éd. par U.T. Holmes, J.C. Lyons et R.W. Linker, Chapel Hill, Univ. of North Carolina Press, 1935-1940, 3 vol.

Du Bartas (Guillaume), *Die Schöpfungswoche*, éd. par Kurt Reichenberger, Tubingen, 1963

Du Bartas (Guillaume), *La Sepmaine*, éd. par Y. Bellenger, Paris, STFM, 1981

Du Bartas (Guillaume), *La Seconde Semaine*, éd. par Y. Bellenger *et al.*, Paris, STFM, 1992, 2 vol.

Du Bartas (Guillaume), voir aussi Du Monin, Thévenin

Du Bellay (Joachim), *La Deffence et illustration de la langue françoyse*, éd. par H. Chamard, Paris, Didier, 1948

Du Bellay (Joachim), *Oeuvres poétiques*, éd. par H. Chamard, Paris, S.T.F.M., 1908-1991, 6 tomes

Du Buys (Guillaume), *Les Oeuvres*, Paris, J. Fevrier, 1583 (Ars. 8°. B. 8919 Rés.); Paris, Guillaume Bichon, 1585 (B.N.: Rés. Ye. 192)

Du Chesne (Joseph), *Le grand miroir du monde*, Lyon, B. Honorat, 1587, 4° (B.N.: Ye. 1044; Rés. Ye. 479); éd. augmentée d'un livre et annotée par S. Goulart, Lyon, héritiers d'E. Vignon, 1593, 8° (B.N.: Rés. Ye. 1872)

Du Hamel (Pascal), *Commentarius in Archimedis de numero arenae*, Paris, Cavellat, 1557

Du Hamel (Pascal), voir *Tabulae alphonsinae*

Du Monin (Jean Edouard), *Miscellaneorum Poëticorum adversaria, tomum alterum, in quo lyra cothurno plenius forsan nubet, comitem accitura. Interjecta sunt philosophica pleraque, ex Platonis, Aristotelis, D. Thomae et Jul. Scaligeri, legitimi philosophorum dictatoris, pene eruta. Ad Claudium de La Baulme, Vesontinum ante archiepiscopum, Cardinalem recens*, Paris, Jean Richer, 1578 (B.N. Yc. 8009)

Du Monin (Jean Edouard), *Beresithias, sive Mundi Creatio, ex gallico G. Salustii Du Bartas Heptamero expressa... Ejusdem Edoardi Manipulus poëticus non insulsus*, Paris, Jean Parant et Hilaire Le Bouc, 1579 (B.N.: Ye. 20 552)

Du Monin (Jean Edouard), *Nouvelles oeuvres [...] contenant Discours, Hymnes, Odes, Amours, Contramours, Eglogues, Elegies, Anagrammes, et Epigrammes* , Paris, J. Parant, s. d. [1581] (Ars. 8°. B. 8921)

Du Monin (Jean Edouard), *L'Uranologie, ou le Ciel de Jan Edouard Du Monin PP. contenant, outre l'ordinaire doctrine de la Sphaere, plusieurs beaus discours dignes de tout gentil esprit. A Monseigneur Philippes Des-Portes*, Paris, Guillaume Julien, 1583 (B.N.: 8°. Ye. 5537; Ars. 8°. B. 11 140)

Du Monin (Jean Edouard), *Le Quareme de Jan Edouard Du Monin, divisé en trois parties: premiere, le triple amour , ou l'amour de Dieu, du monde angélique et du monde humain; seconde, l.a Peste de la Peste, ou le jugement divin, tragédie, et troisieme, la consuivance du Quarême en vers françois*, Paris, Jean Parent, 1584 (Ars. 4°. B. 3145)

Du Monin (Jean Edouard), *Le Phoenix de Jan Edouard Du Monin PP. A Monseigneur l'illustrissime Phoenix de France, Charles de Bourbon, Cardinal de Vandome, et Archevêque de Rouen. Tome sixieme*, Paris, Guillaume Bichon (B. N.: Rés. Ye. 1926; Ars. 4°. B. 11106 Rés.)

Du Petit-Bois (Sieur), *Chant pastoral à [...] François de la Trimouille, sr de l'isle de Noirmoutiers*, Poitiers, Bouchetz, 1576 (B.N.: Rés. Ye. 458)

Du Val (Pierre), évêque de Seez, *De la grandeur de Dieu et de la cognoissance qu'on peut avoir de luy par ses oeuvres*, Paris, Vascosan, 1553 (Ars. 8°. B. 10186); Paris, Vascosan, 1555 (Ars. 8°. B. 10 185 Rés.)

Du Val (Pierre), *De la puissance, sapience et bonté de Dieu*, Paris, Vascosan, 1558 (Ars. 8°. B. 10 188 Rés.); réimpr. sous le titre de *Psalme de la puissance [...]*, Paris, Vascosan, 1559 (Ars. 4°. B. 3054)

Du Verdier (Claude), *In auctores pene omnes, antiquos potissimum, censio*, Lyon, B. Honorat, 1586

Elegie sur la mort du sieur Jean Edouart du Monin tres-excellent poëte Philosophe, Paris, Estienne Prevosteau, 1586 (Rés. Ye. 7434)

Erasme, *Adagia*, Lyon, Sébastien Gryphius, 1556 (B.N. Z. 538)

Erasme, *Paraphrases in Novum Testamentum*, Bâle, Froben, 1541, 2 tomes (B.N. A. 1595); *ibidem*, 1556 (B.N. A. 1139)

Erasme, *Oeuvres choisies*, trad. et comm. par Jacques Chomarat, Paris, Livre de Poche, 1991

Erasme, *L'éloge de la folie [et alia opera]*, trad. et prés. par C. Blum, A. Godin, J.-C. Margolin, D. Ménager, Paris, Laffont, 1992

Espence (Claude d'), *De coelorum animatione*, Paris, Somnius, 1571 (B.N.: D. 13 227; R. 12 818; R. 25 805)

Estienne (Henri) éd., *Poièsis philosophos. Poesis philosophica, vel saltem, reliquiae poesis philosophicae, Empedoclis, Parmenidis, Xenophanis, Cleanthis, Timonis, Epicharmi. Adjuncta sunt Orphei illius carmina qui a suis appellatus fuit ho theologos. Item, Heracliti et Democriti loci quidam, et eorum epistolae*, [Genève], 1573

Euclide, voir Peletier, Pena

Fabricius (Paulus), *Judicium de cometa, qui anno Domini M.D.LXXVII. a 10. die Novemb: usque ad 22. diem Decemb: Viennae conspectus est. In quo varia de cometarum natura et forma in genere breviter tractantur. Ad magnificum et generosum Dominum [...] Hartmannum, Dom: à Liechtenstein etc. Autore Paulo Fabricio Med: Doct: et Caesaris Mathematico*, Vienne, Michael Apffel, [1577 ou 1578]

Fernel (Jean), *De abditis rerum causis*, Paris, Wechel, 1548 (B.N. Fol. Te[7]. 9)

Ferrerio (Giovanni), *De vera cometae significatione contra astrologorum omnium vanitatem*, Paris, Vascosan, 1540 (B.N. V.7959)

Ficino (Marsilio), *Opera omnia*, Bâle, Heinrich Petri, 1561, 2 vol.; *Ibidem*, 1576, 2 vol., repr. en facsimilé prés. par M. Sancipriano et P. O. Kristeller, Turin, 1959-1960

Ficino (Marsilio), *De Sole. De Lumine*, Florence, A. Miscomini, 1493 (B.N.: Rés. R. 744; Rés. Y^2. 992)

Ficino (Marsilio), *Commentaria in Platonis Timaeum, Phaedrum, Philebum, Parmenidem, Sophistam*, Florence, Lorenzo d'Alopa, 1496

Ficino (Marsilio), *Commentaire sur le Banquet de Platon*, éd. et trad. par R. Marcel, Paris, 1978 (2ème éd.)

Ficino (Marsilio), *Théologie platonicienne de l'immortalité des âmes [Theologia platonica de immortalitate animae]* (ed. pr. Florence, A. Miscomini, 1482), éd. et trad. par R. Marcel, Paris, 1964-1970, 3 vol.

Ficino (Marsilio), voir aussi Platon, Plotin

Filarete (Antonio Averlino, dit), *Trattato d'Architettura*, éd. par A.-M. Finoli et Liliana Grassi, Milan, Il Polifilo, 1972, 2 vol.

Filarete (Antonio Averlino, dit), *Treatise on architecture*, facsimilé du ms prés. et trad. par John R. Spencer, Yale U.P., 1965, 2 vol.

Fine (Oronce), *De mundi sphaera*, Paris, 1542 (B.N. Rés. V. 122); *Sphaera mundi*, Paris, Vascosan, 1551 (B.N. Vz. 823 -1)

Fine (Oronce), *Lesphere du Monde*, Paris, Vascosan, 1551 (B.N.: V. 7642; V. 7643)

Fine (Oronce), éd. Georg Peurbach, *Theoricae novae planetarum*, Paris, 1525 (Rés. V. 1041)

Fine (Oronce), trad. Georg Peurbach, *La theorique des cielz*, Paris, J. Pierre, 1528 (B.N. Rés. V. 207)

Fiornovelli (Giovanni Maria), *Discorso sopra la cometa [...]*, Ferrare, Vittorio Baldini, 1577

Fiornovelli (Giovanni Maria), *Discours sur la comette aparue en l'an mille cinq cents septante sept, és terres de Ferrare, avec l'observation des effets de plusieurs autres comettes aparues en divers temps antiques et modernes. Recueillis par M. Jean Maria Fiornovelli*, Lyon, Jean Patrasson, 1578 (B.N. V. 21092bis)

Flavius Josèphe, *De l'Antiquité judaique nouvellement translaté de latin en vulgaire françoys*, Paris, Nicolas Cousteau pour Galliot du Pré, 1534. In- fol.

Flavius Josèphe, *De l'Antiquité judaique* (trad. par G. Michel), Paris, Est. Caveiller, 1539. In-fol (B.N.: Rés. H. 341)

Fontaine (Charles) éd. Manilius, *Astronomica*, Lyon, 1551 (B.N.: Yb. 1540)

Forcadel (Etienne), *Poesie*, Lyon, Jean de Tournes, 1551

Forcadel (Etienne), *Oeuvres poetiques*, Paris, Chaudière, 1579

Forcadel (Etienne), *Les oeuvres poétiques (Opuscules, chants divers, encomies et élégies)*, éd. par Françoise Joukovsky, Genève, Droz, 1577

Fornier (Jean), *L'Uranie*, Paris, L'Angelier, 1555 (Ars. 8°. B. 8819 Rés.)

Fracastor (Girolamo), *Homocentrica. Ejusdem de causis criticorum dierum per ea quae in nobis sunt*, Venise, 1538 (B.N. V. 14747)

Fracastor (Girolamo), *Syphilis sive morbus gallicus* , Vérone, [Nicolini da Sabio], 1530 (B.N. Yc. 10436)

Fracastor (Girolamo), *Opera omnia*, Venise, Giunta, 1555 (B.N. Z. 3788)

Fracastor (Girolamo), *Naugerius sive de poetica dialogus*, éd. et trad. angl. par Ruth Kelso, Urbana, 1924

Galileo Galilei, *Le Opere. Edizione nazionale sotto gli auspicii di sua maestà il re d'Italia*, éd. par Antonio Favaro, Florence, 1890-1909, 20 vol. (réimpr. 1964-1968)

Galland (Pierre), *Pro Schola Parisiensi contra novam academiam Petri Rami oratio*, Paris, Vascosan, 1551 (B.N. Rz. 643)

Gamon (Christophe de), *La Semaine*, Genève, G. Petit, 1609 (B.N.: Ye. 7584; Rés. Ye. 1966). 2e éd., Lyon, C. Morillon, 1610 (B.N.: Ye. 7585)

Gaurico (Luca), *Opera*, Bâle, 1575

Gaurico (Luca), *De eclipsi Solis miraculosa in Passione Domini celebrata*, Rome, Bladus Asulanus, 1539 (B.N.: V. 7915); Paris, Wechel, 1553 (B.N: R. 3093)

Geminos, *Introduction aux phénomènes*, éd. et trad. par G. Aujac, Paris, 1975 (Coll. des Universités de France)

Geminos, voir aussi Pseudo Proclus

Gemma (Cornelius), *De prodigiosa specie, naturaque cometae, qui nobis effulsit altior Lunae sedibus, insolita prorsus figura, ac magnitudine, anno 1577. plus septimanis 10. Apodeixis tum physica tum mathematica. Adjuncta his explicatio duorum chasmaton anni 1575. nec non ex cometarum plurium phaenomenis epilogistica quaedam assertio de communi illorum natura, generationum causis atque decretis supra quam hactenus a peripateticis annotatum est*, Anvers, Plantin, 1578 (B.N. V. 21081)

Gemma Frisius, *Principes d'astronomie et de cosmographie*, trad. par Claude de Boissière, Paris, Cavellat, 1556

Gemma Frisius, *De radio astronomico et geometrico*, Anvers, G. Bontius, 1545; Paris, Cavellat, 1557

Gerson (Jean), *Opera omnia [...] in V tomos distributa*, éd. par M. L. Ellies Du Pin, Anvers, 1706

Giuntini (Francesco), *Discours sur ce que menace devoir advenir la comete apparue le 12. de ce present mois de Novembre 1577. laquelle se voit encore aujourd'hui à Lyon, et autres lieux. Dedié a Monsieur de la Mante*, Lyon, F. Didier, [1577]

Giuntini (Francesco), *Discours sur ce que menace devoir advenir la comete, apparüe à Lyon le 12. de ce mois de Novembre 1577. laquelle se voit encores à present. Par M. François Junctini grand astrologue et mathematicien*, Paris, Gervais Mallot, 1577 "Jouxte la copie de Lyon" (B.N. V. 21093)

Giuntini (Francesco), *Tractatus de cometarum causis [...]*, Leipzig, Steinmann, 1580 (B.N. V. 19 144)

Giovio (Paulo), *Historiarum sui temporis libri XLV*, dans ses *Opera omnia*, Bâle, P. Perna, 1578

Goujet (Abbé Claude Pierre), *Bibliothèque françoise, ou histoire de la litterature françoise*, Paris, Mariette, 1740-1756, 18 vol.

Granchier (François), *Les larmes, regrets et deplorations sur la mort de J. E. du Monin, excellent poete grec, latin et françois,. Composé par François Granchier, Marchois, son nepveu et escolier*, Paris, Pierre Ramier, 1586 (Rés. Ye. 1930)

Gueroult (Guillaume), *Le premier livre des emblemes*, Lyon, Balthazar Arnoullet, 1550 (B.N. Rés. Ye. 1407)

Gyraldi (Lilio Gregorio), *De deis gentium*, Bâle, 1548; facsimilé, New York, 1976

Gyraldi (Lilio Gregorio), *Herculis vita. De Musis syntagma*, Bâle, M. Isingrinus, 1539

Habert (François), *Le Songe de Pantagruel* (1542), éd. par J. Lewis, dans *Etudes rabelaisiennes*, 17, Genève, Droz, 1985, p. 103-162

Habert (Isaac), *Les Oeuvres poetiques*, Paris, L'Angelier, 1582 (Ars. 4°. B. 2899)

Habert (Isaac), *Poeme du soleil. Au Roy de la Grande Bretaigne*, s. l. n. d. (Ars. 4°. B. 3223)

Habert (Isaac), *Les trois livres des meteores*, Paris, J. Richer, 1585 (B.N.: Ye 7433; Rés. Ye. 1924; Rés. Ye. 1925; Ars. 8°. B. 11068 Rés.)

Hagecius (Thaddeus), *Dialexis de novae et prius incognitae stellae inusitatae magnitudinis et splendidissimi luminis apparitione, et de ejusdem stellae vero loco constituendo*, Francfort, 1574

Hagecius (Thaddeus), *Descriptio cometae, qui apparuit anno Domini M.D.LXXVII. à IX. die Novembris usque ad XIII. diem Januarii, anni etc. LXXVIII. Adjecta est spongia contra rimosas et fatuas cucurbitulas Hannibalis Raymundi, Veronae sub monte Baldo nati, in larva Zanini Petoloti à monte Tonali. Autore Thaddaeo Hagecio ab Hayck*, Prague, Georgius Melantrichus ab Aventino, 1578 (B.N. V. 7793, sans l'appendice)

Hagecius (Thaddeus), *Epistola ad Martinum Mylium. In qua examinatur sententia Michaelis Moestlini et Helisaei Roeslin de cometa anni 1577. Ac simul etiam pie asseritur contra profanas et Epicureas quorundam opiniones, qui cometas nihil significare contendunt*, Gorlitz, Ambrosius Fritsch, 1580

Héraclite, *Allégories d'Homère*, éd. et trad. par F. Buffière, Paris, 1962 (Coll. des Universités de France)

Hermès Trismégiste, *Corpus hermeticum*, éd. et trad. par A. D. Nock et A.J. Festugière; t. I, *Poimandrès. Traités II-XII*, Paris, 1945; t. II, *Traités XIII-XVIII. Asclepius*, Paris, 1946 (Coll. des Universités de France)

Horace, *Epîtres*, éd. et trad. par F. Villeneuve, Paris, 1939 (Coll. des Universités de France)

Horace, *Odes et épodes*, éd. et trad. par F. Villeneuve, Paris, 1929 (Coll. des Universités de France)

Hyginus, *L'Astronomie*, éd. et trad. par A. Le Boeuffle, Paris, 1983 (Coll. des Universités de France)

Jamyn (Amadis), *Les oeuvres poétiques*, Paris, Mamert Patisson, 1575

Jamyn (Amadis), *Les oeuvres poétiques (Premières poésies [1567-1574] et livre premier [de l'éd. de 1575])*, éd. crit. par S. M. Carrington, Genève, Droz, 1973

Jamyn (Amadis), *Les oeuvres poétiques. Livres II, III et IV (1575)*, éd. crit. par S.M. Carrington, Genève, Droz, 1978

Jean Chrysostome (saint), *In totum Geneseos librum homiliae*, trad. par Johannes Oecolampadius [latin seul], Bâle, A. Cratander, 1523 (B.N. C. 213)

Jodelle (Etienne), *Oeuvres*, éd. par Charles de La Mothe, Paris, N. Chesneau et M. Patisson, 1574

Jodelle (Etienne), *Oeuvres complètes*, éd. par Enea Balmas, Paris, Gallimard, 1965-1968, 2 vol.

Johannes de Sacrobosco, *Sphaera*, éd. par Ph. Melanchthon, Wittenberg, 1531; Paris, Jean Loys, 1543

Johannes de Sacrobosco, *La Sphere*, trad. par Martin de Perer, Paris, Jean Loys, 1546

Johannes de Sacrobosco, *La Sphere [...] mis<e> de latin en françois par Guillaume Des Bordes*, Paris, Marnef et Cavellat, 1570; *ibid.*, 1584

Johannes de Sacrobosco, voir aussi Alpetragius, Clavius

Joly (Abbé Philippe-Louis), *Remarques critiques sur le dictionnaire de Bayle*, Paris, H.-L. Guérin, 1748

La Boderie (Guy Le Fèvre de), *L'Encyclie des secrets de l'Eternité*, Anvers, Plantin, [1571; privilège d'octobre 1570] (B.N. Ye. 1052; Rés. Ye. 518; Ars. 4°. B. 3055)

La Boderie (Guy Le Fèvre de), *La Galliade ou de la révolution des arts et sciences*, Paris, Chaudière, 1578 (B.N. Ye. 3341; Rés. Ye. 519; Ars. 4°. B. 3233; 3234); éd. augm. 1582 (Ars. 4°. B. 9314); éd. crit. par François Roudaut, Paris, 1994

La Boderie (Guy Le Fèvre de), *Hymnes ecclesiastiques selon le cours de l'annee, avec autres Cantiques spirituelz. Seconde edition par le commandement du Roy*, Paris, R. Le Mangnier, 1582 [1ère éd., Paris, 1578] (Ars. 8°. B. 10 461)

La Boderie (Guy Le Fèvre de), *Diverses meslanges poetiques*, Paris, R. Le Mangnier, 1582 (1ère éd. 1578); éd. crit. par Rosanna Gorris, Genève, Droz, 1993

La Boderie (Guy Le Fèvre de), trad. J. Muñoz, *Traicté du nouveau comète*, Paris, Le Jeune, 1573 (B.N. V. 47 365); 1574 (B.N.: V. 21 090).

La Boderie (Guy Le Fèvre de), trad. François George (Francesco Giorgio ou Zorzi), *L'Harmonie du monde*, Paris, Macé, 1978 (B.N.: Rés. g. R. 58). - Fac-similé, Paris, Arma artis, 1978 (B.N.: Fol. R. 1148)

Lactance, *Divinarum institutionum libri VII. Ejusdem De ira Dei, liber I. De opificio Dei, liber I. Epitome in libros suos, liber acephalus. Phoenix. Carmen de dominica resurrectione. Cum indice rerum locupletissimo*, Lyon, Seb. Gryphius, 1543

Lactance, *De divinis institutionibus*, Cologne, P. Quentel, 1544

Lactance, *Divines institutions*, trad. par René Fame, Paris, Galliot du Pré, 1543; Paris, M. du Puys, G. Cavellat et A. L'Angelier, 1547 (B.N. C. 4151)

Landino (Cristoforo), *Camaldulenses disputationes*, Strasbourg, M. Schurer, 1508 (B.N. Rés. g. Z. 42); *Camaldulensium disputationum opus*, éd. par Girolamo Aleandro et Pierre Phoenix, Paris, Jean Petit, 1511 (B.N. Rés. Z. 1061); *Camaldulenses disputationes*, éd. par P. Lohe, Florence, 1980

Landino (Cristoforo), voir Virgile

Lavater (Ludwig), *Cometarum omnium fere catalogus qui ab Augusto quo imperante Christus natus est usque ad hunc 1556 annum apparuerunt ex variis historicis collectus*, Zurich, A. et J. Gesner, s.d. (B.N. Rés. R. 2503)

Le Caron (Louis), *Les Dialogues* (1556); éd. J.A. Buhlmann et D. Gilman, Genève, Droz, 1986

Lefèvre d'Etaples (Jacques), *Totius philosophiae naturalis paraphrases*, Paris, W. Hopyl, 1501; Henri Ier Estienne, 1504; *ibidem*, 1510; Paris, S. de Colines, 1528 (B.N. R. 12340)

Le Loyer (Pierre), *Les oeuvres et meslanges poetiques*, Paris, J. Poupy, 1575 (Rés. p. Ye. 146)

Leone Hebreo, *Dialoghi d'Amore*, Rome, 1531

Leone Hebreo, *De l'amour*, trad. par Pontus de Tyard, Lyon, J. de Tournes, 1551

Leowitz (Cyprian von), *De conjunctionibus magnis [...] et cometis*, Laugingen, E. Salczer, 1564 (B.N. V. 8820); Londres, Vantrouillerus, 1573 (B.N. V. 12 097 -1-)

Le Roy (Louis), voir Platon

L'Estoile (Pierre de), *Mémoires-Journaux*, éd. par G. Brunet, A. Champollion, E. Halphen et al., Paris, 1875-1896, 12 vol.; vol. I-III: Journal du règne de Henri III (1574-1589); vol. IV: la Ligue

Liberati (François), *Description de l'estrange et prodigieuse comete, apparue le unziesme jour de Novembre, à six heures du soir. Avec la figure du lieu de sa scituation, en la huictiesme maison du Ciel, et la prediction et intelligence de ses effroyables effets. Plus l'approbation tant par historiens ecclesiastiques que prophanes que lesdites cometes n'apparurent oncques pour neant. Par tres-docte et excellent astrologue M. Françoys Liberati, de Rome*, Paris, Jean de Lastre, 1577

Liberati (François), *Discours de la comete [...]*, Lyon, Benoît Rigaud, 1578 (Rés. p. V. 200)

Lucrèce, *De natura rerum*, éd. et comm. par Denis Lambin, Paris, G. Rouille, 1563 (B.N.: Yc. 545)

Lucrèce, *De natura rerum*, éd. et trad. par José Kany-Turpin, Paris, Aubier, 1993

Macrobe, *In Somnium Scipionis lib. II. Saturnalium lib. VII*, Lyon, Gryphius, 1548 (B.N. Rés. Z. 2062)

Macrobe, *Commentarii in Somnium Scipionis*, éd. J. Willis, Leipzig, 1963 (Bibliotheca Teubneriana). - Trad. angl. par W.H. Stahl, New York, 1952

Maestlin (Michael), *Observatio et demonstratio cometae aetherei, qui anno 1577. et 1578. constitutus in sphaera Veneris, apparuit, cum admirandis ejus passionibus, varietate scilicet motus, loco, orbe, distantia a terrae centro, etc. adhibitis demonstrationibus geometricis et calculo arithmetico, ejusmodi de alio quoquam cometa nunquam visa est*, Tubingen, Georg Gruppenbach, 1578 (B.N. V. 7918)

Magny (Olivier de), *Les Odes*, Paris, Wechel, 1559; éd. E. Courbet, Paris, Lemerre, 1876, 2. vol.

Magny (Olivier de), *Odes amoureuses (1559)*, éd. par M.S. Whitney, Genève, Droz, 1964

Manilius, *Astronomica*, éd. par Joseph Juste Scaliger, Paris, Mamert Patisson pour Robert Estienne, 1579 (B.N.: Yc. 6284; Rés. p. Yc. 618)

Manilius, voir aussi Fontaine (Charles)

Manilius, *Astronomica*, éd. et trad. par G.P. Gould, Cambridge (Mass.), 1977 (Loeb Classical Library)

Marchant (Estienne), *Les Regrets sur le meurtre et assassinat commis le 4. novembre à la personne de M. Du Monin, excellent poëte de son temps, hebreu, grec, latin, françois et italien. Composé par son disciple Estienne Marchant, Champenois*, Paris, Pierre Hury, 1586 (Rés. Ye. 1929)

Marco da Benevento, *Apologeticum opusculum adversus ineptias Cacostrologi anonimi subcensentis recentioribus astrophilis ac autumantis erratum esse in determinatione aequinoctiorum ex ephemeridibus partorum. Necnon editio nova motus octavae sphaerae secundum recentiorum observationes*, Naples, Ant. de Frizis Corinaldensis, 9 mars 1521

Marco da Benevento, *Novum opusculum ... in cacostrologum referentem ad eclypticam immobilem abacum Alphonsinum*, Naples, Ant. de Frizis, 12 août 1521

Marullus (Michael), *Hymni et epigrammata*, Florence, Societas Colubris, 1497. - Ed. par Beatus Rhenanus, Strasbourg, Matthias Schurer, 1509; rééd. Paris, Wechel, 1529. - Ed. par Guillielmus Crispius, Paris, Wechel, 1561 (B.N. Yc. 9474)

Marullus (Michael), éd. Perosa, Zurich, 1951

Marzari (Giacomo), *Discorso intorno alla cometa apparsa il mese di Novembre 1577 [...]*, Venise, Domenico Niccolini, 1577

Marzari (Giacomo), *Notable discours de M. Jacques Marzari, Vicentino, touchant la comette apparue au moys de Novembre 1577. Auquel est traité des occasions d'icelle, de ce qu'elle peut predire et signifier: et de la reigle de vivre en ce temps, pour obvier à la maligne affection d'icelle. Traduit de nouveau, d'Italien en langue Françoise*, Lyon, Jean Patrasson, 1578 (B.N. V. 21092)

Maurolico (Francesco), *Cosmographia*, Venise, héritiers de Giunta, 1543; Paris, Cavellat, 1558 (B.N. V. 20 656)

Melanchthon, *Opera quae extant omnia*, éd. par C.G. Bretschneider, Halle et Brunswick, 1834-1860, 28 vol. (*Corpus reformatorum*)

Melanchthon, *In obscuriora aliquot capita Geneseos annotationes*, Hagenau, 1523 (B.N. A. 6686)

Melanchthon, *Initia doctrinae physicae*, Wittemberg, 1549; *Doctrinae physicae elementa sive initia*, Lyon, J. de Tournes et J. Gazeau, 1552 (B.N.: R. 43 513)

Melanchthon, *Enarrationes in Hesiodum* (1ère éd. Haguenau, Johann Setzer, 1532), Paris, J. Bogard, 1543 (B.N. Yb. 1415)

Mesmes (Jean Pierre de), *Les institutions astronomiques*, Paris, Vascosan, 1557

Mizauld (Antoine), *Cometographia*, Paris, Wechel, 1549

Mizauld (Antoine), *Asterismi sive stellatarum octavi caeli imaginum officina*, Paris, C. Guillard, 1553 (B.N.: G. 32 792 -2-; V. 21 343; Rés. p. Yc. 1093)

Mizauld (Antoine), *De mundi sphaera sive cosmographia*, Paris, Cavellat, 1552 (B.N.: Yc. 8372)

Monantheuil (Henri de), *Oratio pro mathematicis artibus*, Paris, Denis du Pré, 1574 (B.N. X. 3758)

Montaigne (Michel de), *Essais*, éd. par P. Villey et V.L. Saulnier, Paris, 1978 (3ème éd.), 2 vol.

Montelli (Ascanio), *Lettres du seigneur Ascanio Montelli medecin, et mathematicien napolitain, traduit d'Italien en François. Contenant la prediction des affaires de Flandres, et d'autres guerres des Chrestiens, selon la signification d'un comette apparue n'agueres [...]*, Paris, Jean de Lastre, [1578]

Morel (Jean), *In miserabilem indignamque necem Eduardi Monini funebris panegyrica oratio ad suos auditores classicos*, Paris, Estienne Prevosteau, 1586

Muñoz, voir La Boderie

Muret (Marc Antoine), *Hymnorum sacrorum liber*, Rome, 1581

Muret (Marc Antoine), *Orationes XXIII [...]. Ejusdem interpretatio quincti libri Ethicorum Aristotelis ad Nicomachum. Ejusdem hymni sacri ...*, Venise, Alde, 1576 (B.N. X. 18 048); *Orationes*, Lyon, A. Gryphius, 1591

Muret (Marc Antoine), *Commentaires au premier livre des Amours de Ronsard*, facsimilé de l'éd. des *Oeuvres* de Ronsard (Paris, 1623), prés. par Jacques Chomarat, Marie-Madeleine Fragonard et Gisèle Mathieu-Castellani, Genève, Droz, 1985

Naudé (Gabriel), *Apologie pour tous les grands personnages qui ont esté faussement soupçonnez de magie*, La Haye, A. Vlac, 1653 (1ère éd. Paris, 1625)

Nicéron, *Mémoires pour servir à l'histoire des hommes illustres dans la République des Lettres*, Paris, 1729-1745

Nifo (Agostino), *In Aristotelis libros de caelo et mundo*, Naples, 1517

Norry (Milles de), *Les Quatre premiers livres de l'univers*, Paris, G. Beys, 1583 (B.N. 4° Ye. 73; Ars. 4°. B. 3197))

Origène, *Homélies sur la Genèse*, éd. de la trad. latine de Rufin et trad. par L. Doutreleau, Paris, 1976 (Sources Chrétiennes)

Orphée, *Opera*, trad. par René Perdrier, Bâle, J. Oporin, 1555

Orphée, voir aussi Estienne (Henri)

Ovide, *Les Fastes*, éd. et trad. par R. Schilling, Paris, 1992-1993, 2 vol. (Coll. des Universités de France)

Ovide, *Les Métamorphoses*, éd. et trad. par G. Lafaye, 3 vol., Paris, 1928-1930 (Coll. des Universités de France)

Palingenius (Pietro Angelo Manzolli, dit), *Zodiacus vitae*, Venise B. Vitalis, [ca 1536] (B.N.: Yc. 13 458); Bâle, 1548 (B.N.: Yc. 7791); Lyon, de Tournes et Gazeau, 1559 (B.N.: Yc. 7792)

Patrizzi (Francesco), *Della poetica*, Ferrare, Baldini, 1586 [l. I et II]; éd. par D. Aguzzi Barbagli, Florence, 1969-1971, 3 vol.

Peletier du Mans (Jacques), *L'Aritmetique*, Poitiers, Marnef, 1549; Lyon, J. de Tournes, 1554

Peletier du Mans (Jacques), *L'Algebre*, Lyon, J. de Tournes, 1554 (B.N. V. 18126)

Peletier du Mans (Jacques), *L'Art poetique* (1555); éd. crit. par A. Boulanger, Paris, Les Belles Lettres, 1930. - Dans F. Goyet éd. *Traités de poétique et de rhétorique de la Renaissance*, Paris, Livre de Poche, 1990

Peletier du Mans (Jacques), *L'Amour des amours*, Lyon, J. de Tournes, 1555. - Ed. crit. par Jean-Charles Monferran, Paris, S.T.F.M., à paraître

Peletier du Mans (Jacques), *In Euclidis Elementa*, Lyon, J. de Tournes et G. Gazeau, 1557 (B.N. Rés. V. 126)

Peletier du Mans (Jacques), *Commentarii tres. I. De dimensione circuli. II. De contactu linearum. III. De constitutione horoscopi*, Bâle, Oporin, 1563

Peletier du Mans (Jacques), *Oratio Pictavii habita in praelectiones mathematicas* (Poitiers, Bouchet, 1579), éd. dans P. Laumonier, "Un discours inconnu de Peletier du Mans", *Revue de la Renaissance*, 5 (1904), p. 281-303

Peletier du Mans (Jacques), *Euvres poetiques intitulez Louanges*, Paris, Coulombel, 1581 (B.N.: Rés. Ye. 470 -1-)

Pena (Jean) éd. et trad., *Euclidis optica et catoptrica [...] His praeposita est ejusdem Joannis Penae de usu Optices praefatio [...]*, Paris, André Wechel, 1557

Perion (Joachim), voir Aristote et Platon

Peucer (Caspar), *Commentarius de praecipuis divinationum generibus*, Wittemberg, J. Crato, 1553 (B.N. R. 46 446). Trad. par Simon Goulart sous le titre de: *Les devins, ou commentaire des principales sortes de devinations*, Anvers, H. Connix, 1584 (B.N. R. 8226); Lyon, B. Honorat, 1584 (B.N. R. 8227)

Peucer (Caspar), *Elementa doctrinae de circulis coelestibus et primo motu*, Wittemberg, 1551 (B.N. V. 20974)

Peurbach (Georg), voir aussi Fine, Reinhold

Peurbach (Georg), *Theoricae planetarum*, trad. angl. par E.J. Aiton, *Osiris*, 2d. ser., 3 (1987), p. 5-44

Peurbach (Georg), Observations sur les comètes de 1456 et 1457, dans A. von Lhotsky et K. Ferrari d'Ochieppo, "Zwei Gutachten Georgs von Peuerbach über Kometen (1456 und 1457)", *Mitteilungen des Institut für Österreichische Geschichtsforschung*, 68, 1960, p. 266-290; K. Ferrari d'Ochieppo, "Weitere Dokumente zu Peuerbachs Gutachten über den Kometen von 1456", *Österreichische Akademie der Wissenschaften Sitzungsberichte*, Abt. II. 169, 1960, p. 149-169

Philon, *Opera*, trad. par Sigmund Gelen, Joannes Christopherson, Joannes Voeuroeus, Lyon, héritiers de Seb. Gryphe, 1561

Philon, *De mundi opificio [et alia opera]*, grec et latin, Paris, Turnèbe, 1552

Philon, *De opificio mundi*, éd. et trad. par R. Arnaldez, Paris, 1961

Piccolomini (Alessandro), *De la sfera del mondo*, Venise, 1540 (B.N. V. 7639)

Piccolomini (Alessandro), *La Sphere du monde*, trad. par J. Goupyl, Paris, Cavellat, 1550 (B.N.: V. 20694)

Pico della Mirandola, *Commentationes [= Opera omnia]*, Bologne, 1495-1496; *Opera omnia*, Bâle, H. Petri, 1557 (B.N. Z. 570)

Pico della Mirandola (Giovanni), *Disputationes adversus astrologiam divinatricem*, Bologne, 1496; éd. et trad. par E. Garin, Florence, 1946-1952, 2 vol.

Pico della Mirandola (Giovanni), *Heptaplus*, Florence, 1489; éd. et trad. par E. Garin, avec le *Commento a la canzone d'amore di Girolamo Benivieni*, *De hominis dignitate. De ente et uno e scritti vari*, Florence, 1942

Pico della Mirandola (Giovanni), *Oeuvres philosophiques*, éd. et trad. par O. Boulnois et E. Tognon, Paris, P.U.F., 1993

Pighius (Albertus), *De aequinoctiorum solsticiorumque inventione*, Paris [1520] (B.N. Rés. V. 282)

Pighius (Albertus), *Adversus novam Marci Beneventani astronomiam quae positionem Alphonsinam ac recentiorum omnium de motu octavi orbis multis modis depravavit et secum pugnantem fecit ... Apologia in qua tota ferme Alphonsina positio, hactenus a paucissimis recte intellecta, a Purbachio etiam in multis perperam explicata, mathematice demonstrata est*, Paris, S. de Colines [1522] (B.N. V. 7078 -1-; Rés. p.V. 144 -1-)

Pingré (A.G.), *Cométographie; ou traité historique et théorique des comètes*, Paris, Imprimerie royale, 1783-1784, 2 vol.

Pithopoeus (Lambertus Ludolfus), *Oratio de astronomia*, Heidelberg, A. Smesmann, 1589

Platon, *Opera*, trad. par Marsilio Ficino, Florence, Lorenzo de Alopa Veneto, [1484/1485]; Bâle, 1532 (B.N. R. 1116); *ibidem*, 1539 (B.N. R. 1117)

Platon, *Timaeus.* (texte grec), Paris, Wechel, 1532 (B.N.: R. 1516). - (grec et latin), Paris, Jean Loys Tiletanus, 1542 (B.N. Rés. R. 728)

Platon, *[...] Luculenta Timaei traductio*, trad. et comm. par Chalcidius, éd. par Agostino Giustiniani, Paris, Josse Bade, 1520 (B.N. 4°. C. 11)

Platon, *Timaeus vel de natura*, trad. par Marsilio Ficino, éd. par Francisco Zampino, Paris, [Prigent Calvarin], 1527 (B.M. Besançon); *ibidem*, 1536 (B.N. R. 47000); Paris, Jacques Bogard, 1544 (Londres, Brit. libr.); Paris, Th. Richard, 1551 (B.N. Rés. R. 729)

Platon, *Ex Platonis Timaeo particula, Ciceronis de Universitate libro respondentia. Qui duo libri inter se conjuncti et respondentes, nunc primum opera Joachimi Perioni ... proferuntur in lucem*, Paris, Tiletanus, 1540 (B.N.: R. 5828; Rés. R. 730)

Platon, *Timée [...] translaté de grec en françois, avec l'exposition des lieux plus obscurs et difficiles*, trad. par Louis Le Roy, Paris, Vascosan, 1551 (B.N. R. 8256-8257); Paris, L'Angelier, 1581 (B.N. R.1522)

Platon, *Théétète*, éd. et trad. par A. Diès, Paris, 1926 (Coll. des Universités de France)

Platon, *Timée*, éd. et trad. par A. Rivaud, Paris, 1925 (Coll. des Universités de France)

Platon, voir aussi Charpentier, Ficino

Pline, *Hist. nat. lib. II*, comment. par Jacob Milichius, Hagenau, P. Brubach, 1535; Francfort, P. Brubach, 1543 (B.N. S. 2401; S. 6639). - Idem augm. par Barthol. Schonbornius, Leipzig, J. Steinman, 1573 (B.N. S. 2402)

Pline, *Le Second livre...*, trad. par Loys Meigret, Paris, C. Wechel, 1552 (B.N. S. 9651)

Pline, voir aussi Ziegler

Pline, *Histoire naturelle. Livre II*, éd. et trad. par Jean Beaujeu, Paris,1950 (Coll. des Universités de France)

Plotin, *Opera omnia*, trad. par Marsile Ficin, Florence, A. Miscomini, 1492 (B.N. Rés. Z. 291); Bâle, 1559 (B.N. R. 1121)

Plotin, *Enneades*, éd. et trad. par E. Bréhier, Paris, 1924-1938, 6 tomes (Coll. des Universités de France)

Plutarque, *De facie quæ in orbe Lunæ apparet*, dans *Moralia*, trad. par Guilielmus Xylander, Paris, Jacques Dupuys, 1570

Plutarque, *The Face on the moon*, éd. et trad. par H. Cherniss, dans *Plutarch's Moralia*, t. XII, Cambridge (Mass.), 1957 (Loeb Classical Library)

Plutarque, *Dialogues Pythiques*, dans *Œuvres morales*, t. VI, éd. et trad. par R. Flacelière, Paris, Les Belles Lettres, 1974 (Collection des Universités de France)

Plutarque, *Quæstiones conviviales*, dans *Moralia*, t. IV, éd. par C. Hubert, Leipzig, 1971 (Bibliotheca Teubneriana)

Plutarque, *Propos de table*, éd. et trad. par F. Fuhrmann, Paris, 1972-1978, 2 vol. (Coll. des Universités de France)

Pseudo-Plutarque, *De placitis philosophorum*, éd. et trad. par Guillaume Budé, Paris, Josse Bade et Jean Petit, 1505

Pseudo-Plutarque, *Placita philosophorum*, dans *Moralia*, t. V, 2, 1, éd. par J. Mau, Leipzig, 1971 (Biblioteca Teubneriana)

Pseudo-Plutarque, *Opinions des philosophes*, éd. et trad. par Guy Lachenaud, Paris, 1993 (Coll. des Universités de France)

Pontano (Giovanni Gioviano), *Urania [et alia opera]*, Venise, Alde Manuce, 1505 (B.N. Res. p. Yc. 974)

Pontano (Giovanni Gioviano), *Urania*, dans *Opera*, t. IV, Bâle, H. Petreius, 1556 (B.N.: Z. 19 033)

Pontano (Giovanni G.), *Actius de numeris poeticis et lege historiae [...]*, Naples, 1507 (B.N. Rés. g. R. 35 -2-)

Pontano (Giovanni G.), *I Dialoghi*, éd. Carmelo Previtera, Florence, 1943

Pontano (Giovanni G.), *Dialoge*, éd. et trad. all. par Hermann Kiefer *et al.*, Munich, Fink, 1984

Pontano (Giovanni G.), *Meteororum liber*, dans Mauro De Nichilo, *I poemi astrologici di G. Pontano. Storia del testo con un saggio di edizione critica del Meteororum liber*, Bari, Dedalo libri, 1975

Possevino (Antonio), *Bibliotheca selecta*, Rome, typ. apostolica vaticana, 1593

Possevino (Antonio), *Tractatio de poesi et pictura ethnica*, Lyon, Pillehotte, 1594

Postel (Guillaume), *De universitate*, Paris, J. Gueullart, 1552 (B.N. D^2. 1556)

Pseudo-Proclus, *La Sphere*, trad. par Elie Vinet, Poitiers, E. de Marnef, 1544; éd. corr. Paris, Marnef et Cavellat, 1573 (B.N. V. 20620)

Pseudo-Proclus, *Sphaera* [= extrait de l'*Introduction aux phénomènes* de Geminos], voir aussi Geminos

Ptolémée, *Syntaxis mathematica*, éd. par J.L. Heiberg, 2 vols, Leipzig, 1898-1903 (Bibliotheca Teubneriana)

Ptolémée, *Composition mathématique*, éd. et trad. par l'abbé Halma, 2 vol., Paris, 1813-1816. - Facsimilé, Paris, 1988

Ptolémée, *The Almagest*, trad. par G.J. Toomer, Londres, 1984

Ptolémée, *Le Previsioni astrologiche [Tetrabiblos]*, éd. et trad. par Simonetta Feraboli, s.l., 1985 (Fondazione Lorenzo Valla, coll. Scrittori greci e latini)

Quillian (Michel), *La derniere semaine ou consommation du monde*, Paris, F. Huby, 1596; éd. augm., Rouen, Claude Le Villain, 1597 (B.N.: Rés. Ye. 1967)

Quintilien, *Institution oratoire*, éd. et trad. par J. Cousin, Paris, 1975-1980, 7 vol. (Collection des Universités de France)

Rabelais, *Oeuvres complètes*, éd. par Mireille Huchon, avec la collaboration de François Moreau, Paris, 1994 (Bibl. de la Pléiade)

Rabelais (François), *Almanach pour l'an 1535*, éd. par M.A. Screech, Genève, Droz, 1974

Rabelais (François), *Pantagruel (1532)*, éd. par V. L. Saulnier, Genève, Droz, 1965

Rabelais (François), *Le Tiers Livre*, éd. par M. A. Screech, Genève, Droz, 1964

Rabelais (François), *Le Tiers Livre*, éd. par Jean Céard, Paris, Le Livre de Poche, 1995

Raimondo (Hannibal), *Discorso sopra la nobilissima cometa [...]*, Venise, nov. 1577

Raimondo (Hannibal), *Discours sur la noble comette apparue a Venise au mois de Novembre 1577. plus notable, gracieuse, et benevole que l'on ait veu de nostre temps. Avec l'arc qui la precedoit à l'heure de son apparition, contenant les grands effets d'icelle. Fait en Italien par M. Hannibal Raimondo de Veronne, et depuis traduit en langue Françoise*, Lyon, Jean Patrasson, 1578 (B.N. V. 21091bis)

Ramus (Petrus), *Aristotelicae animadversiones*, Paris, Jacques Bogard, 1543 (B.N. Rés. R. 1886)

Ramus (Petrus), *Oratio de studiis mathematicis*, dans *Tres orationes a tribus liberalium disciplinarum professoribus, Petro Ramo, Audomaro Talaeo, Bartholomeo Alexandro Lutetiae, in gymnasio Mariano habitae, et ab eorum discipulis exceptae*, Paris, J. Bogard, 1544 (B.N. X. 3635)

Ramus (Petrus), *Oratio de studiis philosophiae et eloquentiae conjungendis, Lutetiae habita anno 1546*, Paris, Jacques Bogard, 1546; rééd. avec les *Brutinae quaestiones in Oratorem Ciceronis*, Paris, Jacques Bogard, 1547 (Ste Geneviève X. 4°. 435 inv. 425); Paris, M. David, 1549 (B.N. X. 17083)

Ramus (Petrus), *Somnium Scipionis Ciceronis praelectionibus explicatum*, Paris, J. Bogard, 1546/1547; 2ème éd.: *Praelectiones in Ciceronis Somnium Scipionis*, Paris, M. David, 1550 (B.N. *E. 254; X. 3217 -1-)

Ramus (Petrus), *Pro philosophica parisiensis academiae disciplina*, Paris, M. David, 1551 (B.N. Rz. 2838; Z. 19118)

Ramus (Petrus), *Prooemium mathematicum*, Paris, A. Wechel, 1567 (B.N. V. 19180)

Ramus (Petrus), *Scholae mathematicae*, Bâle, 1569

Ramus (Petrus), *Petri Rami [...] et Audomari Talaei collectaneae praefationes, epistolae, orationes*, éd. par Nicolas Bergeron, Paris, D. Vallensis, 1577 (B.N. Z. 19117); éd. augm., éd. par Johannes Hartmann, Marbourg, P. Egenolph, 1599

Recueil d'épitaphes en diverses langues composez par plusieurs doctes hommes de France et autres, sur le trespas de J. E. du Monin et de Jean de Caurres, Paris, 1587

Regiomontanus, *Epytoma in Almagestum Ptolomei*, Venise, J. Hamman, 1496

Regiomontanus, *Epitome [...] continens propositiones et annotationes, quibus totum Almagestum, dilucida et brevi doctrina ita declaratur [...]*, Bâle, H. Petri, 1543

Regiomontanus, *Scripta clarissimi mathematici M. Ioannis Regiomontani de torqueto, astrolabio armillari, regula magna Ptolemaica baculoque astronomico et observationibus cometarum aucta necessariis Ioannis Schoneri Carolostadii additionibus. Item observationes motuum solis ac stellarum tam fixarum quam erraticarum [...]*, Nuremberg, J. Montanus et U. Neuber, 1544

Regiomontanus, *Opera collectanea*, coll. de fac-similés éd. par F. Schmeidler, Osnabrück, Zeller, 1972

Regiomontanus, voir aussi Alfraganus

Reinhold (Erasmus), Commentaire aux *Theoricae* de Peurbach, Paris, Perier, 1553 (éd. pr., Wittemberg, 1542)

Reinhold (Erasmus), *Tabulae prutenicae*, Tubingen, V. Morhardus, 1551

Reisch (Gregor), *Margarita philosophica*, éd. pr. Heidelberg, 1496; éd. par O. Fine, Bâle, H. Petri, 1535 (B.N. R. 1775)

Rheticus (Georg Joachim), *Narratio prima*, éd. et trad. par H. Hugonnard-Roche et J.-P. Verdet avec la collaboration de M.-P. Lerner et A. Segonds, Wroclaw, 1982 (*Studia copernicana*, 20)

Rheticus, voir aussi Copernic

Rhodiginus, *Lectionum antiquarum* [l. I-XVI], Venise, Alde, 1516; *Idem l. XXX*, éd. par Camillo Ricchieri, Bâle, Froben et Episcopius, 1542 (B.N. Z. 410)

Ricci (Agostino), *De motu octave sphere [...] in quo et quamplurima platonicorum et antique magie (quam Cabalam hebrei dicunt) dogmata videre licet intellectu suavissima [...]. Item ejusdem epistola de astronomie auctoribus. In oppido Tridini, Joannes de Ferrariis alias de Jolitis*, 1513 (B.N. Rés. V. 1039)

Ricci (Agostino), *De motu octavae sphaerae*, éd. par Oronce Fine, Paris, Simon de Colines, 1521 (B.N. V. 8231; Rés. p. V. 144 -2-)

Ricci (Bartolomeo), *De imitatione*, Venise, Alde, 1545

Ricci (Paulo), *De anima coeli compendium*, Augsbourg, 1519 (B.N.: Rés. p. V. 154)

Rigolet (J.), Breton, *In obitum miserabilem et luctuosum domini de Monin, poetae et philosophi prope divini*, Paris, P. Hury, 1586

Riolan (Jean), *Exercitatio philosophica an Deus sit primus motor*, Paris, Thomas Brumen, 1571

Riolan (Jean), *Nobilis et philosophica exercitatio de anima mundi*, Paris, Thomas Brumen, 1570 (B.N.: *E. 234 -7-)

Riolan (Jean), *Opuscula metaphysica*, Paris, Adrien Perier, 1598 (B.N. R. 49 191)

Risner (Friedrich), *Opticae libri quatuor ex voto Petri Rami novissime per Fridericum Risnerum ejusdem in mathematicis adjutorem olim conscripti*, Kassel, 1606

Roeslin (Heliseus), *Theoria nova coelestium [en grec:] ΜΕΤΕΩΡΩΝ, in qua ex plurium cometarum phoenomenis epilogisticôs quaedam afferuntur, de novis tertiae cujusdam miraculorum sphaerae circulis, polis et axi: super quibus cometa anni M.D.LXXVII. novo motu et regularissimo ad superioribus annis conspectam stellam, tanquam ad Cynosuram progressus, harmoniam singularem undique ad mundi cardines habuit, maxime vero medium Europae, et exacte Germaniae horizontem non sine numine certo respexit*, Strasbourg, Bernhard Jobin, 1578 (B.N. V. 7960)

Ronsard (Pierre de), *Hymne de Bacus [...]. Avec la version latine de Jean Dorat*, Paris, André Wechel, 1555

Ronsard (Pierre de), *Les Hymnes*, Paris, André Wechel, 1555

Ronsard (Pierre de), *Le second livre des hymnes*, Paris, André Wechel, 1556

Ronsard (Pierre de), "Les quatre saisons de l'an", dans *Recueil des nouvelles poësies*, Paris, 1563

Ronsard (Pierre de), *Hymnes*, éd. par Albert Py, Genève, Droz, 1978

Ronsard (Pierre de), *Oeuvres complètes*, éd. par Paul Laumonier, Isidore Silver et Raymond Lebègue, Paris, S.T.F.M., 1914-1975, 20 tomes

Ronsard (Pierre de), *Oeuvres complètes*, éd. par Jean Céard, Daniel Ménager et Michel Simonin, Paris, Gallimard, 1993-1994, 2 vol. (Bibliothèque de la Pléiade)

Ronsard, voir aussi Belleau, Muret, Thévenin

Sacrobosco, voir Johannes de Sacrobosco

Sainctfleur (Pierre), *Thesaurus Aristotelis*, Paris, Martin Lejeune, 1562

Sainct-Gelais (Mellin de), *Advertissement sur les jugemens d'astrologie, a une studieuse damoyselle*, Lyon, 1546 (B.N. Rés. p. V. 557 -2-)

Sainte-Marthe (Scévole de), *Premières oeuvres [...] qui contiennent ses imitations et traductions recueillies de divers poetes grecs et latins*, Paris, F. Morel, 1569 (B.N. Rés. Ye. 2118; Rés. Ye. 2119; Ars. 8° B. 8894 Rés.; 8895 Rés.)

Sainte-Marthe (Scévole de), *Les Oeuvres [Poèmes. Palingène... Metamorphoses chrestiennes]*, Paris, Mamert Patisson pour Robert Estienne, 1579 (B.N. Ye. 1098; Ars. 4°. B. 2910)

Salmon Macrin (Jean), *Hymnorum libri VI*, Paris, R. Estienne, 1537

Scaliger (Joseph Juste), voir Manilius

Scaliger (Jules César), *Exotericarum exercitationum liber quintus decimus, De Subtilitate, ad Hieronymum Cardanum*, Paris, Vascosan et F. Morel, 1557 (B.N. 8514)

Scaliger (Jules César), *Poetices libri VII*, [Genève], J. Crispinus et [Lyon], Antoine Vincent, 1561; [Genève], Petrus Santandreanus, 1581

Scaliger (Jules César), *Poetices libri VII*, fac-similé de l'édition de 1561, prés. par August Buck, Stuttgart, 1964

Scève (Maurice), *Délie (1544)*, éd. E. Parturier, Paris, Didier, 1939

Scève (Maurice), *Microcosme*, Lyon, J. de Tournes, 1562; éd. par E. Giudici, Cassino et Paris, 1976

Scultetus (Bartholomeus), *Cometae anno [...] 1577 [...] in sublunari regione adparentis, descriptio. De illius motu visibili et vero, adjectis cognitu dignioris calculi, tabularum et demonstrationum ocularium fundamentis. Denique de hujus meteoricae impressionis significatione, ex praemissa descriptione, concepta*, Görlitz, Ambrosius Fritsch, 1578

Sebillet (Thomas), *Art poetique françois*, Paris, Arnoul L'Angelier, 1548; éd. par F. Goyet, dans *Traités de poétique et de rhétorique de la Renaissance*, Paris, 1990

Sénèque, *Quaestionum naturalium libri VII*, éd. par Matteo Fortunato, Erasme et Jacques Louis d'Estrebay , Paris, Vascosan, 1540 (B.N. 4°. R. 1509)

Sénèque, *Question naturelles*, éd. et trad. par Paul Oltramare, Paris, Les Belles Lettres, 1929, 2 vol. (Collection des Universités de France)

Sorel (P.), Chartrain, *Plaincte sur la mort de tresvertueux et trespuissant Seigneur, Anne de Montmorency, Pair et Connestable de France. Traduicte du latin de M. Legier du Chesne professeur du Roy. Ensemble plusieurs Elegies et sonnets*, Paris, Ph. G. de Roville, 1568, B1v° (B.N.: Rés. mYc. 945 -3-)

Spifame (Martin), *Les premieres oeuvres poetiques*, Bourges, [Pierre Bouchier, 1576?]; Paris, Veuve Breyer, 1583 (B.N. Rés. Ye. 1871; Ars. 8°. B. 8923 Rés.)

Sponde (Jean de), *Hesiodi Ascraei Opera et dies. I. Spondanus... recensuit*, La Rochelle, J. Haultin, 1592

Stadius (Johannes), *Tabulae Bergenses*, Cologne, 1560

Johann Stœffler, *In Procli Diadochi sphœram commentarius*, Tubingen, 1534

Tabulae alphonsinae, éd. par Luca Gaurico et Pascal Du Hamel, Paris, 1545

Tables alphonsines, avec les canons de Jean de Saxe, éd. et trad. par Emmanuel Poulle, Paris, C.N.R.S., 1984

Tahureau (Jacques), *Sonnets, odes et mignardises amoureuses de l'Admirée*, Poitiers, Marnef, 1554

Tahureau (Jacques), *Les Poesies [I. Premieres poesies. II. Sonnets, odes et mignardises]*, Paris, Chesneau, 1574. *Idem*, éd. par P. Blanchemain, Paris, librairie des bibliophiles, 1870, 2 vol.

Talon (Omer), *Academia*, Paris, Mathieu David, 1550 (B.N. X. 3217 -2-)

Talon, voir aussi Ramus

Thévenin (Pantaléon), Comment. à Ronsard, *Hymne de la philosophie ... avec un traicté general de la nature, partition et origine de la philosophie*, Paris, 1582 (B.N. Rés. Ye. 510; Rés. Ye. 1112)

Thévenin (Pantaléon), Comment. à Du Bartas, *La Sepmaine*, Paris, Marnef et Cavellat, 1584 (B.N. Rés. Ye. 540)

Thomas d'Aquin, *Opera omnia*, Rome, 1570; 18 tomes en 15 vol. in-fol. (B.N. D. 98)

Thomas d'Aquin, *Commentarii in quattuor libros de Caelo et mundo*, Paris, Kerver, 1536 (B.N. R. 1244); *In Aristotelis libros de Caelo et mundo*, éd. par R.M. Spiazzi, Turin, 1952

Thomas d'Aquin, *In librum Boethii De Trinitate. Quaestiones quinta et sexta*, éd. par P. Wyser, Fribourg et Louvain, 1948

Thomas d'Aquin, *The division and methods of the sciences. Questions V and VI of his commentary on the De Trinitate of Boethius*, trad. par Armand Maurer, Toronto, 1986 (1ère éd., 1953)

Thomas d'Aquin, *Somme théologique*, trad. et prés. par A. Raulin, A.-M. Roguet, J.-P. Torrell *et al.*, Paris, Le Cerf, 1984-1986, 4 vol.

Le Tombeau de Jean Edoard du Monin, PP, Paris, Estienne Prevoteau, 1587

Tomitano (Bernardino), *Ragionamenti della lingua toscana*, Venise, G. de Farri, 1546

Tory (Geoffroy), *Champ fleury au quel est contenu Lart et science de la deue et vraye proportion des lettres Attiques*, Paris, Gilles de Gourmont et G. Tory, 1529, facsimilé prés. par J.W. Jolliffe, New York, Johnson reprint, 1970

[Turnèbe (Adrien)], *Animadversiones in Rullianos Petri Rami commentarios*, Paris, Vascosan, 1553

Turnèbe (Etienne), *Petit traité de la nature, causes, formes et effects des cometes. Par P. S. T. A. F.* ["Per Stephanum Turnebum Adriani Filium], Paris, Lucas Breyer, 1577

Tyard (Pontus de), *Erreurs amoureuses [L. I]*, Lyon, J. de Tournes, 1549

Tyard (Pontus de), *Continuation des erreurs amoureuses [L. II]*, Lyon, Tournes, 1551

Tyard (Pontus de), *Erreurs amoureuses, augmentees d'une tierce partie. Plus un livre de Vers Liriques*, Lyon, Tournes, 1555

Tyard (Pontus de), *Erreurs amoureuses*, éd. crit. (d'après les éd. de 1549, 1551 et 1555) par John A. McClelland, Genève, Droz, 1967

Tyard (Pontus de), *Les Oeuvres poëtiques [...] Asçavoir, trois livres des Erreurs amoureuses. Un livre de nouvelles oeuvres poetiques*, Paris, Galiot du Pré, 1573; éd. crit. par John C. Lapp, Paris, S.T.F.M., 1966

Tyard (Pontus de), *Solitaire premier, ou, prose des Muses, et de la fureur poëtique*, Lyon, Tournes, 1552; éd. crit. par Silvio Baridon, Genève, Droz, 1950

Tyard (Pontus de), *Solitaire second ou prose de la musique*, Lyon, Tournes, 1555; éd. crit. par C. M. Yandell, Genève, Droz, 1980

Tyard (Pontus de), *Discours du temps, de l'an et de ses parties*, Lyon, Tournes, 1556

Tyard (Pontus de), *Mantice, discours de la vérité de divination par astrologie*, Lyon, Tournes, 1558; éd. crit. par Sylviane Bokdam, Genève, Droz, 1990

Tyard (Pontus de), *L'Univers ou discours des parties et de la nature du monde*, Lyon, 1557; repris dans les *Discours philosophiques*, Paris, L'Angelier, 1587

Tyard (Pontus de) *The Universe*, éd. par J. C. Lapp, Ithaca, N.Y., 1950

Université de Paris, *Cartularium*, voir Denifle

Vadianus (Joachim), *De arte poetica et carminis ratione ad Melchiorem Vadianum fratrem*, Vienne, Luca Atlantsee, 1518

Vercurio (Johannes),*Commentarii in universam physicam Aristotelis*, 1539

Vergilio (Polidoro), *De rerum inventoribus* [en 8 livres], Bâle, Froben, 1521

Vergilio (Polidoro), *Pollidore Vergille [...] en langaige vulgaire*, trad. [des l. I-III] par Guillaume Michel, de Tours, Paris, Pierre Le Brodeur, 1521 (B.N. Rés. G. 520)

Vergilio (Polidoro), *Les memoires et histoire de l'origine, invention et autheurs des choses*, trad. par François de Belleforest, Paris, Le Mangnier, 1576 (B.N. G. 29941)

Vicomercato (Francesco), *Commentarii in tertium librum de anima Aristotelis [...]. De anima rationali peripatetica disceptatio*, Paris, C. Wechel et J. de Roigny, 1543 (B.N. R. 13 110); Venise, 1566; Venise, 1574

Vicomercato (Francesco), *Aristotelis de naturali auscultatione l. VIII, graece et latine, cum F.Vicomercati commentariis*, Paris, Vascosan, 1550; Venise, H. Scotus, 1564

Vicomercato (Francesco), *In eam partem duodecimi libri metaphys. Aristotelis [...] commentarii*, Paris, Matthieu David, 1551

Vicomercato (Francesco), *In IV l. Aristotelis Meteorologicorum commentarii*, Paris, Vascosan, 1556 (B.N. R. 257); Venise, H. Scotus, 1565; Paris, F. Morel, 1598

Vida (Marco Girolamo), *Poemata omnia, tam quae ad Christi veritatem pertinent, quam ea quae haud plane disjunxit a fabula, utraque sejunctis ab alteris*, Crémone, J. Mutius et B. Locheta, 1550

Vida (Marco Girolamo), *De arte poetica libri III*, éd. pr. 1527; Paris, C. Wechel, 1534

Vida (Marco Girolamo), *De arte poetica*, fac-similé de l'éd. de 1527 et trad. angl. par Ralph Williams, New York, Columbia U. P., 1976

Vida (Marco Girolamo), *Scacchia ludus*, Rome, 1927; éd. et trad. angl. par Mario A. Di Cesare, *The game of chess: M. G. Vida's Scacchia ludus*, Nieuwkoop, Antiquariat De Graaf, 1975

Vigenère (Blaise de), *Traicté des cometes, ou estoilles chevelues, apparoissantes extraordinairement au ciel: avec leurs causes et effects*, Paris, Nicolas Chesneau, 1578 (B.N. V₃. 1636; V. 1660; V. 21089)

Virgile, *Opera*, comm. par Servius, Cr. Landino, E. Donati et D. Calderino, prés. par Cr. Landino, Venise, B. de Zanis de Portesio, 1491 (B.N. Rés. g. Yc. 269)

Virgile, *Enéide*, éd. et trad. par J. Perret, Paris, Les Belles Lettres, 1978-1980, 3 vol. (Collection des Universités de France)

Virgile, *Géorgiques*, éd. et trad. par E. de Saint-Denis, Paris, Les Belles Lettres, 1957 (Collection des Universités de France)

Vives (Juan Luis), *De corruptis artibus*, dans le *De disciplinis*, Anvers, Michæl Hillenius, 1531

Vives (Juan Luis), voir Augustin (saint)

Werner (Johannes), *In hoc opere continentur libellus super vigintiduobus elementis conicis [...] De motu octavae sphaerae tractatus duo; ejusdem summaria ennaratio theoricae motus octavae sphaerae*, Nuremberg, Peypus, 1522 (B.N.: V. 6397)

Wimpheling (J.) et Baquelier (P.), *Expositio hymnorum [...] per totius anni circulum*, Strasbourg, J. Knobloch, 1513 (B.N.: Rés. D. 11529); *Idem*, Paris, B. Aubry et J. Bignon, 1518; *Idem*, Paris, B. Aubry et Jean II du Pré, 1519 (B.N.: Rés. B. 9824)

Wimpheling (Jacob), *De hymnorum et sequentiarum auctoribus, generibusque carminum que in Hymnis inveniuntur brevissima erudiuncula*, Heidelberg, 1500

Wimpheling (Jacob), *Castigationes locorum in canticis ecclesiasticis et divinis officiis depravatorum*, Strasbourg, 1513

Ziegler (Johannes), *In C. Plinii ...librum secundum commentarius*, Bâle, 1531

II LITTÉRATURE SECONDAIRE

ACNL = Acta Conventus Neo-Latini
BHR = Bibliothèque d'Humanisme et Renaissance
CAIEF = Cahiers Internationaux d'Etudes Françaises
RHLF = Revue d'Histoire Littéraire de la France
RHR = Renaissance Humanisme Réforme
JWCI = Journal of the Warburg and Courtauld Institutes

ACNL Lovaniensis (Louvain, 1971), éd. par J. Ijsewijn et E. Kessler, Munich, 1973

ACNL Amstelodamensis (Amsterdam, 1973), éd. par P. Tuynman, G. C. Kuiper et E. Kessler, Munich, 1979

ACNL Turonensis (Tours, 1976), éd. par J.-C. Margolin, Paris, Vrin, 1980

ACNL Bononiensis (Bologne, 1979), éd. par R. J. Schoeck, Binghamton, 1985

ACNL Sanctandreani (St Andrews, 1982), éd. par I. D. Mc Farlane, Binghamton, 1986

ACNL Guelpherbytani (Wolfenbüttel, 1985), éd. par S. P. Revard, Binghamton, 1988

ACNL Torontonensis (Toronto, 1988), éd. par A. Dalzell, Ch. Fantazzi et R. J. Schoeck, Binghamton, 1991

Aiton (E.J.), "Celestial spheres and circles", *History of science*, 19 (1981), p. 75-114

Akkerman (A.), "Auf der Suche nach dem Lehrgedicht in einigen neulateinischen Poetiken", dans S.P. Revard éd., *ACNL Guelpherbytani*, p. 409-418

Alexandre (Monique), *Le commencement du livre. Genèse I-V. La version grecque de la Septante et sa réception*, Paris, 1988

Allen (D.C.), *Doubt's boundless sea: scepticism and faith in the Renaissance*, Baltimore, 1964

Allen (D.C.), *Mysteriously meant: the rediscovery of pagan symbolism and allegorical interpretation in the Renaissance*, Baltimore, J. Hopkins U.P., 1970

Allen (D.C.), *The Star-crossed Renaissance*, New York, 1973

Alverny (M.-Th. d'), *Alain de Lille*, Paris, 1965

Alverny (M.-Th. d'), "Le Muses et les sphères célestes", dans C. Henderson éd., *Mélanges B.L. Ullman*, Rome, 1962, 2 vol., II, p. 7-13

Angelelli (I.), "The Technique of Disputation in the History of Logic", *Journal of Philosophy*, 67, 1970, p. 800-815

Antonioli (R.), "Rabelais et les songes", *CAIEF.*, 30, 1978, p. 7-21

L'Averroismo in Italia (Colloque, Rome, 1977), Rome, 1979 (*Atti dei Conv. Lincei*, 40)

Baldini (U.), "C. Clavius and the scientific scene in Rome", dans Coyne (G.V.) éd., *The Gregorian reform of the calendar*, p. 137-169. Repris dans Baldini (U.), *Legem subactis imponere*, Rome, Bulzoni, 1992

Banderier (Gilles), "Une dédicace inédite de Du Monin", *BHR*, 56 (1994), p. 465-468

Barber (Giles), "Thomas Linacre: a bibliographical survey of his works", dans F. Maddison et al. éd., *Essays on the life and work of T. Linacre*, Oxford, 1977

Barbier (J. P.), "Les deux premières éditions du *Recueil des nouvelles poésies* de Ronsard", *BHR*, 42 (1980), p. 79-113

Barker (Peter), "Jean Pena (1528-1558) and stoic physics in the XVIth century", dans R.H. Epp éd., *Recovering the Stoics*, *The Southern Journal of Philosophy*, 23, suppl. de 1985, p. 93-107

Barker (Peter) et Goldstein (Bernard R.), "The role of comets in the copernican revolution", *Studies in history and philosophy of science*, 19 (1988), p.299-320

Bauer (R.) et Haupt (H.), "Das Kunstkammerinventar Kaiser Rudolfs II, 1607-1611", *Jahrbuch der kunsthistorischen Sammlungen in Wien*, 72, 1976

Bäumer (Anne), "J. Werners Abhandlung *Uber die Bewegung der achten Sphäre*", *Wolfenbütteler Renaissance Mitteilungen*, 12 (1988), p. 49-61

Baümer (S.), *Histoire du Breviaire*, trad. par R. Biron, Paris, 1905, 2 vol.

Baumgartner (F. J.), "Scepticism and french interest in Copernicanism to 1630", *Journal for the History of astronomy*, 17 (1986), p. 77-88

Baxandall (M.), *Les humanistes à la découverte de la composition en peinture. 1340-1450*, trad. par M. Brock, Paris, Seuil, 1989

Baxandall (M.), "Guarino, Pisanello and Manuel Chrysoloras", *JWCI*, 28 (1965), p. 187-189

Bedini (S.) et Maddison (Fr.), *Mechanical universe, the Astrarium of Giovanni de Dondi*, Philadelphie, 1966 (*Trans. of the American Philos. Society*, N. S., vol. 56, 5)

Belloni (A.), *Il poema epico e mitologico*, Milan, Vallardi, 1912

Bellucci (D.), "Melanchthon et la défense de l'astrologie", *BHR*, 50 (1988), p. 587-622

Bellucci (D.), "Genèse I, 14 et astrologie dans l'exégèse de P. Melanchthon", dans I. Backus et F. Higman éd., *Théorie et pratique de l'exegèse*, Genève, Droz, 1990, p. 177-190

Bellucci (D.), "Luther et le défi de la théologie de la Parole à la science contemporaine du ciel", dans Olivier Fatio éd., *Les Eglises face aux sciences*, p. 53-63

Béné (C.), "L'humanisme de J. Wimpheling", *ACNL Lovaniensis*, 1973, p. 77-84

Berriot (F.), "A propos des chapitres xiii et xiv du *Tiers Livre*: notes sur quelques manuscrits d'interprétation des songes à la Renaissance", *RHR*, 23 (1986), p. 5-14

Biagioli (Mario), "The social status of italian mathematicians, 1450-1600", *History of science*, 27 (1989), p. 41-95

Bianchi (Luca), *L'errore di Aristotele. La polemica contro l'eternità del mondo nel XIII secolo*, Florence, Nuova Italia, 1984

Bianchi (Luca), *Il vescovo e i filosofi. La condanna parigina del 1277 e l'evoluzione dell'aristotelismo scolastico*, Bergame, Lubrina, 1990

Bianchi (Luca), *L'inizio dei tempi. Antichità e novità del mondo da Bonaventura a Newton*, Florence, Olschki, 1987

Bianchi (Luca), "La felicità intellettuale come professione nella Parigi del Duecento", *Rivista di filosofia*, 78 (1987), p. 181-199

Bianchi (Luca), "*Ucelli d'oro e pesci di piombo*: Galileo Galilei e la *potentia Dei absoluta*", dans *Sopra la volta del mondo. Onnipotenza e potenza assoluta di Dio tra medioevo e età moderna*, Bergame, Lubrina, 1986, p. 139-146

Bianchi (Luca) et Randi (Eugenio), *Vérités dissonantes. Aristote à la fin du Moyen Age*, trad. par C. Pottier, Paris, Le Cerf, 1993

Blake (R.M.), "Theory of hypothesis among Renaissance astronomers", dans E.H. Madden éd., *Theories of scientific method, the Renaissance through the XIXth century*, Seattle, University of Washington Press, 1960

Boase (A.), *Vie de Jean de Sponde*, Genève, Droz, 1977

Bokdam (Sylviane), "La figure du Curieux dans les *Discours philosophiques* de Pontus de Tyard, dans J. Céard éd., *La curiosité à la Renaissance*, p. 99-110

Bokdam (Sylviane), "Les mythes de l'origine de l'astrologie à la Renaissance", dans J. Céard éd., *Divination et controverse religieuse*, p. 57-72

Bottin (Francesco), "Strumentalismo e macchinismo nell' universo astrologico di G. Pontano", dans G. Roccaro éd., *Platonismo e aristotelismo nel mezzogiorno d'Italia (secc. XIV-XVI)*, Palerme, Officina di studi medievali, 1989, p. 159-172

Bouché-Leclercq (Auguste), *L'astrologie grecque*, Paris, Leroux, 1899

Bowen (B.C.), "Cornelius Agrippa's *De vanitate*: polemic or paradox?", *BHR*, 34 (1972), p. 249-256

Boyancé (Pierre), *Le culte des Muses chez les philosophes grecs*, Paris, 1936

Boyancé (Pierre), *Etudes sur le Songe de Scipion*, Paris, 1936

Boyancé (Pierre), *Sur le discours d'Anchise*, coll. Latomus, XLV, 1960

Brague (R.) éd., *Saint Bernard et la philosophie*, Paris, PUF, 1993

Brisca (Lidia), "Il *Naugerius* di G. Fracastoro", *Aevum*, 24 (1950), p. 545-565

Broad (W. J.), "A bibliophile's quest for Copernicus", *Science*, 219 (1982), p. 661-664

Buffière (F.), *Les mythes d'Homère et la pensée grecque*, Paris, 1956

Bunker (Ruth), *A bibliographical study of the Greek works and translations published in France: the decade 1540-1550*, New York, Columbia Univ., 1939

Busson (Henri), *Le rationalisme dans la littérature française de la Renaissance*, Paris, 1957

Busson (Henri), "Ronsard et l'entéléchie", *Mélanges Chamard*, Paris, 1951, p. 91-95

Cairns (Francis), *Generic composition in Greek and Roman poetry*, Edimbourg, 1972

Calin (W.), "Ronsard's cosmic warfare: an interpretation of his *Hymnes* and *Discours*", *Symposium*, 28 (1974), p. 101-118

S. Camporeale, *Lorenzo Valla. Umanesimo e teologia*, Florence, 1972

Capello (G.), "Niccolò Cusano nella corrispondenza di Briçonnet con Margherita di Navarra", *Medioevo*, 1 (1975), p. 97-128

Carmody (Fr. J.), "The planetary theory of Ibn-Rushd", *Osiris*, 10 (1952), p. 556-586

Carmody (Fr. J.) éd., *The astronomical works of Thâbit B. Qurra*, Berkeley, 1960

Caroti (Stefano), "Comete, portenti, causalità naturale e escatologia in Filippo Melantone", dans *Scienze, credenze occulte, livelli di cultura* (Congrès, Florence, 1980), Florence, 1982, p. 393-426

Caroti (Stefano), "Melanchthon's astrology", dans P. Zambelli éd. *Astrologi hallucinati*, Berlin, De Gruyter, 1986, p. 115-121

Cave (Terence), *The cornucopian text*, Oxford, Clarendon, 1979

Cave (Terence), "Ronsard's bacchic poetry: from the *Bacchanales* to the *Hymne de l'Automne*", *L'Esprit créateur*, X (1970), p. 104-116

Cave (Terence), "Ronsard's mythological universe", dans Idem éd., *Ronsard the poet*, Londres, Methuen, 1973, p. 159-208

Cazenave (M.) et Taton (R.), "Contribution à l'étude de la diffusion du *De revolutionibus* de Copernic", *Revue d'histoire des sciences*, 27 (1974), p. 307-327.

Céard (Jean), *La nature et les prodiges*, Genève, Droz, 1977

Céard (Jean) éd., *La curiosité à la Renaissance*, Paris, Sédès, 1986

Céard (Jean) éd., *Divination et controverse religieuse à la Renaissance*, Paris, Presses de l'E.N.S.J.F., 1987

Céard (Jean), "Montaigne et l'Ecclésiaste. Recherches sur quelques sentences de la *Librairie*", *BHR*, 33 (1971), p. 367-374

Céard (Jean), "La notion de *miraculum* dans la pensée de Cardan", dans *ACNL Turonensis*, p. 925-937

Céard (Jean), "Postel et l'*étoile nouvelle* de 1572", dans *Guillaume Postel. 1581-1981 (Colloque, Avranches, 1981)*, Paris, Trédaniel, 1985, p. 349-360

Céard (Jean), "La querelle des Géants et la jeunesse du monde", *Journal of Medieval and Renaissance Studies*, VII (1978), p. 37-76

Céard (Jean), "La révolte des Géants, figure de la pensée de Ronsard", dans *Ronsard en son IVème centenaire*, t. II, p. 221-232

Céard (Jean), "Dieu, les hommes et le poète: structure, sens et fonction des mythes dans les *Hymnes* de Ronsard", dans M. Lazard éd., *Autour des Hymnes ...*, p. 83-101

Céard (Jean), "Les mythes dans les *Hymnes* de Ronsard", dans M. T. Jones-Davies éd. *Les mythes poétiques au temps de la Renaissance*, Paris, Touzot, 1985, p. 21-34

Céard (Jean), "Muret commentateur des *Amours* de Ronsard", dans *Sur des vers de Ronsard (Colloque, Duke,1985)*, Paris, Aux amateurs de livres, 1990, p. 37-50

Celano (A.J.), "Boethius of Dacia: *On the Highest Good*", *Traditio*, 43 (1987), p. 199-214

Celoria (G.), *Sulle osservazioni di comete fatte da Paolo dal Pozzo Toscanelli e sui lavori astronomici suoi in generale*, Milan, 1921

Chapiro (A.), Meslin-Perrier (C.) et Turner (A.), *Musée national de la Renaissance, Château d'Ecouen. Catalogue de l'horlogerie et des instruments de précision*, Paris, Réunion des musées nationaux, 1989

Charpentier (Françoise) éd., *Le Songe à la Renaissance (Colloque, Cannes, 1987)*, Saint-Etienne, 1990

Charpentier (Françoise), "Mythes et fantasmes de la création dans *Les Hymnes des IIII Saisons*", dans Ph. de Lajarte éd., *Aspects de la poétique ronsardienne*, p. 87-100

Chenu (M.-D.), *Dialogue et dissensions entre saint Bonaventure et saint Thomas d'Aquin à Paris (1252-1273)*, Paris, Vrin, 1974 (*Bibliothèque thomiste*, 41)

Chenu (M.-D.), *La théologie comme science au XIIIème siècle*, Paris, Vrin, 1957

Chevalier (Ulysse), *Poésie traditionnelle de l'Eglise catholique en Occident*, Tournai, 1894

Chevalier (Ulysse), *Repertorium hymnologicum. Catalogue des chants, hymnes, proses, séquences, tropes en usage dans l'église latine depuis les origines jusqu'à nos jours*, Louvain puis Bruxelles, 1892-1921, 6 vol.

Chibnall (Marjorie), "Pliny's *Natural history* and the Middle Ages", dans T.A. Dorey éd., *Empire and Aftermath: Silver Latin II*, Londres, 1975, p. 57-78

Chomarat (Jacques), "L'immortalité de l'âme dans les *Hymnes naturels* de Marulle", *Mélanges Demerson*, Paris, Champion, 1993, p. 69-81.

Chomarat (Jacques), "Sur l'interprétation des *Hymnes naturels* de Marulle", *Revue des études latines*, 65 (1987), p. 228-243

Ciceri (P.L.), "Michele Marullo e i suoi *Hymni naturales*", *Giornale storico della letteratura italiana*, 64, 2 (1914), p. 289-357

Clark Keating (L.), *Studies on the literary salon in France (1550-1615)*, Cambridge (Mass.), Harvard U.P., 1941

Combes (André), "Les deux *lectiones contra vanam curiositatem in negotio fidei* de J. Gerson", *Divinitas*, 4 (1960), p. 299-316

Comparot (A.), "La tradition de la *République* de Cicéron au XVIème siècle et l'influence de Lactance", *RHLF*, 1982, p. 371-391

Cooper (Richard), "Two figures from the *Regrets* in Italy with Du Bellay: Girolamo della Rovere and Jean de Morel", *Mélanges Franco Simone*, t. I, Genève, Slatkine, 1980, p. 481-501

Copenhaver (Brian P.), "The historiography of discovery in the Renaissance: the sources and composition of Polydore Vergil's *De inventoribus rerum*", *JWCI*, 41 (1978), p. 192-214

Copenhaver (Brian P.), "Lefèvre d'Etaples, Symphorien Champier and the secret names of God", *JWCI*, 40 (1977), p. 189-211

Cornilliat (François), "De l'ode à l'épopée: sur le projet épique dans le discours poétique de Ronsard", dans *Ronsard en son IVème centenaire*, p. 3-12

Corti (M.), *La felicità mentale. Nuove prospettive per Cavalcanti e Dante*, Turin, Einaudi, 1983

Costa (Gustavo), "The latin translations of Longinus's *Péri Upsous* in Renaissance Italy", *ACNL Bononiensis*, 1985, p. 224-238

Courcelle (Pierre), *La Consolation de Boèce dans la tradition littéraire*, Paris, Etudes Augustiniennes, 1967

Courcelle (J. et P.), *Iconographie de saint Augustin. II Les cycles du XVème siècle*, Paris, 1969; *III Les cycles du XVIème et du XVIIème siècles*, Paris, 1972

Courcelle (Pierre), *Lecteurs païens et lecteurs chrétiens de l'Enéide*, Paris, 1984, 2 vol.

Courcelle (Pierre), "Scènes anciennes de l'iconographie augustinienne", *Revue des études augustiniennes*, 10 (1964), p. 51-96

Courtenay (W. J.), *Capacity and volition: a history of the distinction of absolute and ordained power*, Bergame, Lubrina, 1990

Courtenay (W. J.), "The dialectic of omnipotence in the high and late Middle Ages", dans T. Rudavsky éd., *Divine omniscience and omnipotence in medieval philosophy*, Dordrecht, Reidel, 1985, p. 243-269

Coyne (G.V.) éd., *The Gregorian reform of the calendar*, Vatican, 1983

Crahay (Roland), "Un manifeste religieux d'anticulture: le *De incertitudine et vanitate scientiarum et artium* de Corneille Agrippa", dans *ACNL Turonensis*, p. 889-924

Cranz (F. Edward), *A bibliography of Aristotle editions 1501-1600*, Baden-Baden, 1971

Cranz (F. Edward), "Editions of the latin Aristotle accompanied by the commentaries of Averroes", dans E. P. Mahoney éd. *Philosophy and humanism (Mélanges Kristeller)*, Leiden, Brill, 1976, p. 116-128

Cranz (F. Edward), "The publishing history of the Aristotle commentaries of Thomas Aquinas", *Traditio*, 34 (1978), p. 157-192

Cuisat (M.), "L'éloge de Peletier par Jean Vetus de Saint-Amour", *Actes du colloque Renaissance-classicisme du Maine (Le Mans, 1971)*, Paris, 1975, p. 235-261

Cumont (F.), *After life in roman paganism*, New Haven, 1922

Cumont (F.), *Recherches sur le symbolisme funéraire des romains*, Paris, 1942

Curtius (E. R.), *La littérature européenne et le Moyen-Age latin*, trad. par J. Bréjoux, Paris, Presses Pocket, 1986 (2ème éd. all., 1953)

Curtius (E. R.), "Die Musen im Mittelalter", *Zeitschrift für Romanische Philologie*, 59 (1939), p. 129-188; 63 (1943), p. 256-268

Damisch (Hubert), *Le jugement de Pâris*, Paris, Flammarion, 1992

Dassonville (Michel), "Eléments pour une définition de l'hymne ronsardien", *BHR*, 24 (1962), repris dans M. Lazard éd., *Autour des Hymnes de Ronsard*, p. 1-32

Dauphiné (James) éd., *Du Bartas, poète encyclopédique du XVIème siècle (Colloque Pau, 1986)*, Lyon, 1988

Dauphiné (James) éd., *Du Bartas 1590-1990*, Mont-de-Marsan, 1992

Dauphiné (James) éd., *Du Bartas et l'expérience de la beauté*, Paris, Champion, 1993

Dauphiné (James), "Du Monin dramaturge", *Bull. de l'Assoc. Budé*, 1991, p. 194-203

Dauphiné (James), ""Du songe dans l'*Orbecche* de Giraldi et dans l'*Orbecc-Oronte* de Du Monin", *Mélanges Descotes*, Pau, 1988, p. 187-197

Dauphiné (James), "Une vision musicale du monde au XVIème siècle: Du Monin", *Studi francesi*, 59 (1976), p. 269-277

Davies (M.G.), "A humanist family in the XVIth century", *Mélanges Gustave Rudler*, Oxford, 1952, p. 1-16

Davis (Nathalie Z.), "XVIth-century french arithmetics on the business life", *Journal of the history of ideas*, 21 (1960), p. 18-48

Davis (Nathalie Z.), "Peletier and Beza part company", *Studies in the Renaissance*, 11 (1964), p. 188-222

Dear (Peter), "Jesuit mathematical science and the reconstitution of experience in the early XVIIth century", *Studies in history and philosophy of science*, 18 (1987), p. 133-175

De Bujanda (J.M.) *et al.* éd., *Index de l'Université de Paris*, Sherbrooke, 1985

Dejob (C.), *Marc-Antoine Muret*, Paris, 1881

De Libera (Alain), *Penser au Moyen Age*, Paris, Seuil, 1991

De Libera (Alain), *La philosophie médiévale*, Paris, PUF, 1993

Deloince-Louette (Christiane), "Le *De origine et dignitate Poeticae* de Jean de Sponde: éléments d'une doctrine poétique à la fin du XVIème siècle", *Mélanges Chocheyras, Recherches et travaux*, 45, 1993, p. 27-45

Demats (P.), *Fabula. Trois études de mythographie antique et médiévale*, Genève, Droz, 1973

Demerson (Geneviève), "Dorat commentateur d'Homère", dans *Etudes seiziémistes offertes à V.-L. Saulnier ...*, Genève, Droz, 1980, p. 223-234

Demerson (Geneviève), *Dorat en son temps. Culture classique et présence au monde*, Clermont-Ferrand, Adosa, 1983

Demerson (Geneviève), "J. du Bellay traducteur de lui-même", dans G. Castor et T. Cave éd., *Neo-latin and the vernacular*, Oxford, Clarendon, 1984, p. 113-128

Demerson (Guy), *La mythologie classique dans l'oeuvre lyrique de la Pléiade*, Genève, Droz, 1972

Demerson (Guy), "Dialectique de l'amour et *Amour des amours* chez Jacques Peletier du Mans", dans *Actes du colloque Renaissance Classicisme du Maine*, Paris, 1975, p. 263-282

Demonet (Marie Luce), *Les voix du signe. Nature et origine du langage à la Renaissance (1480-1580)*, Paris, Champion, 1992

Desantis (G.), "Pico, Pontano e la polemica astrologica. Appunti sul libro XII del *De rebus coelestibus* di G. Pontano", *Annali della Facoltà di Lettere e filosofia dell' Università di Napoli*, 29 (1986), p. 155-191

Desgraves (L.), *Elie Vinet*, Genève, Droz, 1977

Desguine (A.), "Deux éloges posthumes de J. Dorat", *Mélanges Silver, Kentucky Romance Quarterly*, 22, 1974, suppl. 2, p. 143-155

Desrosiers-Bonin (D.), "Le *Songe de Scipion* et le commentaire de Macrobe à la Renaissance", dans F. Charpentier éd., *Le Songe à la Renaissance*, p. 71-81

Di Bono (Mario), *Le sfere omocentriche di Giovan Battista Amico*, Genova, 1990

Di Bono (Mario), "Il modello omocentrico di G. B. Amico", *Rinascimento*, 32 (1992), p. 275-289

Di Cesare (Mario A.), *Bibliotheca Vidiana: a bibliography of Marco Girolamo Vida*, Florence, Sansoni, 1974

Di Cesare (M. A.), "The *Scacchia ludus* of Vida", *ACNL Guelpherbytani*, p. 425-432

Diels (H.) et Kranz (W.), *Die Fragmente der Vorsokratiker*, Berlin, 1934-1937, 3 vol.

Dillenberger (John), *Protestant thought and natural science, a historical interpretation*, Londres, 1961

Dizionario biografico degli Italiani, Rome, 1960- (en cours de publication)

Dobrzycki (Jerzy), "John Werner's theory of the motion of the eighth sphere", dans *XIIème Congrès international d'histoire des sciences (Paris, 1968). Actes III A: Science et philosophie. Antiquité, Moyen-Age, Renaissance*, Paris, 1971, p. 57-64

Dölger (F.J.), "Sonne und Sonnenstrahl als Gleichnis in des Logostheologie des christlichen Altertums", *Antike und Christentum*, 1 (1929), p. 271-290

Donahue (W. H.), *The Dissolution of the celestial spheres, 1595-1650*, New York, 1981

Dorez (L.), "François Ier et la *Commedia*", dans *Dante, mélanges de critique et d'érudition*, Paris, 1921.

Dreyer (J.L.E.), *A history of astronomy from Thales to Kepler*, New York, Dover, 1953

Dreyer (J. L. E.), *Tycho Brahe*, Gloucester, 1977 (1ère éd. 1890)

Dronke (Peter), *Fabula. Explorations into the uses of myth in medieval platonism*, Leiden, Brill, 1974

Dronke (Peter), "Integumenta Virgilii", dans *Lectures médiévales de Virgile*, Rome, E. F. R., 1985, p. 311-329

Dubois (C.-G.), *La conception de l'histoire en France au XVIème siècle*, Paris, 1977

Duhem (Pierre), *Le mouvement absolu et le mouvement relatif*, Montligeon, 1909

Duhem (Pierre), *Sôzein ta phainoména*, Paris, 1908

Duhem (Pierre), *Le Système du monde. Histoire des doctrines cosmologiques de Platon à Copernic*, Paris, 1913-1959, 10 vol.

Dumont (J.P. dir.), *Les Présocratiques* [trad. des *Fragmente der Vorsokratiker*, voir Diels], Paris, Gallimard, 1988

Dupèbe (Jean), "Curiosité et magie chez Johannes Trithemius", dans J. Céard éd., *La curiosité à la Renaissance*, p. 71-97

Durkan (John), "George Buchanan: some french connections", *Bibliotheck*, IV, 1963

Eastwood (Bruce S.), "Plinian astronomy in the Middle Ages and Renaissance", dans R. French et F. Greenaway éd., *Science in the Early Roman Empire: Pliny the Elder, his sources and influence*, Londres, Croom Helm, 1986

Eco (Umberto), *Lector in fabula*, trad. par M. Bouzaher, Paris, 1985 (éd. ital., 1979)

Effe (B.), *Dichtung und Lehre*, Munich, Beck, 1977

Ehrhart (Margaret J.), *The judgment of the trojan prince Paris in medieval literature*, Philadelphie, Univ. of Pennsylvania P., 1987

Eichel-Lojkine (Patricia), "Quand le poète-*fictor* devient *pictor*... Lecture de l'ode II, 28 de Ronsard", *BHR*, 53 (1991), p. 619-643

Eigeldinger (Marc), "Le mythe d'Icare dans la poésie française du XVIème s.", *CAIEF*, 25 (1973), p. 261-280

Elders (Leo), *Faith and science. An introduction to St Thomas' Expositio in Boethium De Trinitate*, Rome, 1974

Emery (Kurt), "Mysticism and the coincidence of opposites in XVIth and XVIIth century France", *Journal of the history of ideas*, 45 (1985), p. 3-23

Fabian (B.), "Das Lehrgedicht als Problem der Poetik", dans H. R. Jauss éd., *Die nicht mehr schönen Künste*, Munich, 1968, p. 67-89

Faisant (Claude), "L'herméneutique du sens caché dans les discours préfaciels de Ronsard", *Versants*, 15 (1989), p. 99-119

Faisant (Claude), "L'imaginaire du songe chez Ronsard", dans F. Charpentier éd., *Le songe à la Renaissance*, p. 179-189

Faisant (Claude), "Le sens religieux de l'*Hercule chrestien*", dans M. Lazard éd., *Autour des Hymnes de Ronsard*, p. 243-257

Faisant (Claude), "Un des aspects de la réaction humaniste à la fin du XVIème siècle: la paraphrase latine des poètes français", dans *ACNL Amstelodamensis*, p. 358-370

Farinelli (A.), *Dante e la Francia*, Milan, 1908

Fatio (Olivier) éd., *Les Eglises face aux sciences du Moyen-Age au XXème siècle (Colloque, Genève, 1989)*, Genève, Droz, 1991

Festugière (R. P.), *La philosophie de l'amour de Marsile Ficin et son influence sur la littérature française du XVIème siècle*, Paris, Vrin, 1980 (1ère éd. 1923)

Festugière (R. P.), *La révélation d'Hermès Trismégiste*, Paris, 1981, 4 t. en 3 vol. (repr. de la 2ème éd.)

Fleischmann (W. B.), "Titus Lucretius Carus", *Catalogus translationum et commentariorum*, 2 (1971), p. 349-366

Floridi (Luciano), "The diffusion of Sextus Empiricus's work in the Renaissance", *Journal of the history of ideas*, 51 (1995), p. 63-85

Fontaine (Marie Madeleine), "*Alector* de Barthelemy Aneau: la rencontre des ambitions philosophiques et pédagogiques avec la fiction romanesque en 1560", dans N. Kenny éd. *Philosophical fictions ...*, p. 29-43

Ford (Philip), "Conrad Gesner et le fabuleux manteau", *BHR*, 47 (1985), p. 305-320

Ford (Philip), "La fonction de l'*ekphrasis* chez Ronsard", dans *Ronsard en son IVème centenaire*, t. II, p. 81-89

Ford (Philip), "The *Hymni naturales* of M. Marullus", *ACNL Bononiensis*, p. 475-482

Ford (Philip), "Neoplatonic fictions in the *Hymnes* of Ronsard", dans N. Kenny éd. *Philosophical fictions...*, p. 45-55

Ford (Philip), "Ronsard and homeric allegory", dans *Ronsard in Cambridge*, Cambridge, 1986, p. 40-54

Ford (Philip), "Ronsard et l'emploi de l'allégorie dans le *Second livre des Hymnes*", *BHR*, 43 (1981), p. 89-106

Fraisse (Simone), *L'influence de Lucrèce en France au XVIème siècle*, Paris, 1962

Franchet (Henri), *Le poète et son oeuvre d'après Ronsard*, Paris, 1922

Fredouille (J. C.), *Tertullien et la conversion de la culture antique*, Paris, 1972

Freedman (J. S.), "Cicero in XVIth and XVIIth century rhetoric instruction", *Rhetorica*, 4 (1986), p. 227-254

Fremy (E.), *Origines de l'Académie française. L'Académie des derniersValois*, Paris, 1887

Freyburger (P.), "Le problème du fatalisme astral dans la pensée protestante en pays germanique", dans J. Céard éd., *Divination et controverse religieuse...*, p. 35-55

Friedensburg (W.) éd., *Urkundenbuch der Universität Wittenberg. I (1502-1611)*, Magdebourg, 1926

Funkenstein (Amos), *Theology and the scientific imagination from the Middle Ages to the XVIIth century*, Princeton, 1986

Gable (A.), "Du Monin's Orbecc-Oronte", *Renaissance drama*, 11 (1980), p. 3-25

Galland-Hallyn (Perrine), *Les yeux de l'éloquence. Poétiques humanistes de l'évidence*, Orléans, Paradigme, 1995

Galand-Hallyn (Perrine), "Les trois degrés du style chez Marsile Ficin", dans *Les yeux de l'éloquence*, p. 31-43

Gamber (S.), *Le livre de la Genèse dans la poésie latine du Vème s.*, Paris, 1899

Garin (Eugenio), "La *dignitas hominis* e la letteratura patristica", *Rinascita*, oct. 1938, p. 102-146

Garin (Eugenio), *L'Età nuova. Ricerche di storia della cultura dal XII al XVI secolo*, Naples, 1969

Garin (Eugenio), *Moyen-Age et Renaissance*, trad. par C. Carme, Paris, 1989

Garin (Eugenio), *Le Zodiaque de la vie*, trad. par J. Carlier, Paris, Les Belles Lettres, 1991

Gendre (André), *Ronsard, poète de la conquête amoureuse*, Neuchâtel, La Baconnière, 1970

Gerber (Uwe), *Disputatio als Sprache des Glaubens*, Zurich, 1970

Gilbert (N.W.), "The early Renaissance humanists and disputation", dans *Mélanges Hans Baron*, Florence, 1971, p. 201-226

Gilbert (N.W.), "Francesco Vimercato of Milan: a bio-bibliography", *Studies in the Renaissance*, 12 (1965), p. 188-217

Gilson (Etienne), *La philosophie au Moyen Age*, Paris, 1944; Paris, Payot, 1986

Gilson (Etienne), *La théologie mystique de St Bernard*, Paris, 1934; Paris, Vrin, 1969

Ginsburg (C.), "L'alto ed il basso. Il tema delle conoscenze proibite nel Cinquecento e nel Seicento", dans *Miti, emblemi, spie*, Turin, 1986, p. 107-132

Godin (A.), "Erasme: pia / impia curiositas", dans J. Céard éd., *La curiosité à la Renaissance*, p. 25-36

Goldstein (B. R.), "The Arabic version of Ptolemy's *Planetary hypotheses*", *Transactions of the American Philosophical Society*, n.s., 57 (4), 1967, p. 1-55

Goldstein (B. R.), "On the theory of trepidation according to Thâbit b. Qurra and al-Zarqâllu and its implication for homocentric planetary theory", *Centaurus*, 10 (1964), p. 232-247

Gombrich (E.), *Symbolic images*, Londres, 1972

Gordon (A.L.), *Ronsard et la rhétorique*, Genève, Droz, 1970

Gordon (A.L.), "Le protocole du style bas chez Ronsard", *Travaux de Littérature*, V, 1992, p. 69-87

Graham (V.E.), "Fables of flight in Ronsard's poetry", dans *Mélanges Silver*, éd. par F.S. Brown, *Kentucky Romance Quarterly*, 21, 1974, suppl. n°2, p. 44-46

Grant (Edward), *Much ado about nothing. Theories of space and vacuum from the Middle Ages to the scientific revolution*, Cambridge (Mass.), 1981

Grant (Edward), "The condemnation of 1277, God's absolute power and physical thought in the late Middle Ages", *Viator*, 10 (1979), p. 211-244

Grant (Edward), "Celestial matter: a medieval and Galilean cosmological problem", *Journal of Medieval and Renaissance Studies*, 13 (1983), p. 157-186

Grant (Edward), "Celestial orbs in the Latin Middle Ages", *Isis*, 78 (1987), p. 153-173

Grant (Edward), "Medieval and Renaissance scholastic conceptions of the influence of the celestial regions on the terrestrial", *Journal of Medieval and Renaissance studies*, 17 (1987), p. 1-23

Grant (Edward), "Ways to interpret the terms *aristotelian* and *aristotelianism* in medieval and Renaissance natural philosophy", *History of science*, 25 (1987), p. 335-358

Greenfield (Concetta Carestia), *Humanist and scholastic poetics, 1250-1500*, Lewisburg (Penn.), 1981

Gregory (Tullio), *Anima mundi. La filosofia di Guglielmo di Conches e la scuola di Chartres*, Florence, Sansoni, 1955

Haar (J.), "The frontispiece of Gafori's *Practica musicae* (1496)", *Renaissance Quarterly*, 27 (1974), p. 7-22

Hagiwara (M. P.), *French epic poetry in the XVIth century*, La Haye, 1972

Hall (K.M.), *Pontus de Tyard and his Discours philosophiques*, Oxford, 1963

Hall (K.M.), "What did Peletier mean by clarity?", *L'Esprit créateur*, 12-3 (1972), p. 205-213

Hallyn (Fernand), *La structure poétique du monde: Copernic, Kepler*, Paris, Seuil, 1987

Hallyn (Fernand), "L'inscription de la science dans l'*Hymne du Ciel* de Ronsard", dans Ph. de Lajarte éd., *Aspects de la poétique ronsardienne*, p. 101-111

Hardison (O.B.), *The enduring monument: a study of the idea of praise in Renaissance literary theory and practice*, Chapel Hill, 1962

Hardison (O.B.), "The place of Averroes commentary on the *Poetics* in the history of Medieval criticism", dans J.L. Lievsay éd., *Medieval and Renaissance studies*, Durham (N.C.), 1970, p. 57-81

Hartfelder (H.), "Der Aberglaube Philipp Melanchthons", *Historisches Taschenbuch*, Leipzig, 1889, p. 233-269

Hartner (Willy), "Trepidation and planetary theories, common features in late Islamic and early Renaissance astronomy", dans *Oriente e Occidente nel medioevo: filosofia e scienze*, Rome, Accademia dei Lincei, 1971, p. 609-629

Hartner (Willy), "Tycho Brahe and Albumasar", dans *La science au XVIème siècle*, Paris, 1960, p. 137-150

Heitmann (K.), "Orpheus im Mittelalter", *Archiv für Kulturgeschichte*, 45 (1963), p. 253 sq.

Hellman (C. Doris), *The Comet of 1577: its place in the history of astronomy*, New York, 1944. Rééd. avec suppl., New York, 1970

Hikada (Kenichiro), "La Casa della Virtù e del Vizio nel trattato del Filarete", dans J. Guillaume éd., *Les traités d'architecture de la Renaissance (Colloque, Tours, 1981)*, Paris, Picard, 1988, p. 129-133

Hillard (D.) et Poulle (E.), "Oronce Fine et l'horloge planétaire de la bibliothèque Sainte-Geneviève", *BHR*, 33 (1971), p. 311-334

Hillard (D.) et Poulle (E.) éd., *Science et astrologie au XVIème siècle. O. Fine et son horloge planétaire (Exposition, Paris, Bibl. Sainte-Geneviève, 1971)*, Paris, 1971

Hissette (R.), *Enquête sur les 219 articles condamnés à Paris le 7 mars 1277*, Louvain et Paris, 1977

Hoffmann (S. F.), *Bibliographisches Lexicon der Gesammten Literatur der Griechen*, Leipzig, 1838-1845, 3 vol.

Hommel (Hildebrecht), "*Per aspera ad astra*", *Würzburger Jahrbucher für die Altertumswissenschaft*, 4 (1949), p. 157-165

Huber (F.), "The clock as intellectual artefact", dans Maurice (K.) et Mayr (O.), *The Clockwork Universe*, New York, 1980, p. 9-18

Hübner (Wolfgang), "Die Rezeption des astrologischen Lehrgedichts des Manilius in der italianischen Renaissance", dans F. Krafft et R. Schmitz éd. *Humanismus und Naturwissenschaften*, Boppard, 1980

Imprimeurs et libraires parisiens du XVIème siècle [...] d'après les manuscrits de Philippe Renouard, tomes I-V (Abada-Bonamy), rédigés par Marie-Josèphe Beaud-Gambier, Sylvie Postel-Lecocq *et al.*, Paris, Service des Travaux historiques de la Ville de Paris, 1964-1991

Imprimeurs et libraires parisiens du XVIème siècle [...] - Fascicule Breyer, rédigé par Geneviève Deblock et Geneviève Guilleminot, Paris, Bibliothèque Nationale, 1982

Imprimeurs et libraires parisiens du XVIème siècle [...] - Fascicule Brumen, rédigé par Elizabeth Quéval, Paris, Bibliothèque nationale, 1984

Imprimeurs et libraires parisiens du XVIème siècle [...] - Fascicule Cavellat; Marnef et Cavellat, rédigé par Isabelle Pantin, Paris, Bibliothèque nationale, 1986

Imprimeurs et libraires parisiens du XVIème siècle, voir aussi Moreau (Brigitte)

Jaki (Stanley), *The Milky Way*, New York, 1972

Jardine (Nicholas), *The Birth of history and philosophy of science. [A critical edition and traduction of]* Kepler, *A Defense of Tycho against Ursus, with essays on its provenance and significance*, Cambridge, éd. corr., 1988 (1ère éd., 1984)

Jardine (Nicholas), "The forging of modern realism: Clavius and Kepler against the sceptics", *Studies in history and philosophy of science*, 10 (1979), p. 141-173

Jardine (Nicholas), "Scepticism in Renaissance astronomy: a preliminary study", dans R.H. Popkin et C.B. Schmitt éds, *Scepticism from the Renaissance ...*

Jervis (Jane L.), *Cometary theory in XVth century Europe*, Wroclaw, 1985 (*Studia copernicana*, 26)

Jervis (Jane L.), "Vögelin on the comet of 1532: error analysis in the XVIth century", *Centaurus*, 1980, p. 216-229

Jones (L. C.), *Simon Goulart (1543-1628). Etude biographique et bibliographique*, Genève-Paris, 1917

Jones (R.M.), "Posidonius and the flight of the mind", *Classical philology*, 21 (1926), p. 97-113

Joukovsky (Françoise), *Orphée et ses disciples dans la poésie française et néo-latine du XVIème siècle*, Genève, Droz, 1970

Joukovsky (Françoise), *Poésie et mythologie au XVIème siècle*, Paris, 1969

Joukovsky (Françoise), "Le commentaire d'Henri Estienne aux *Hypotyposes* de Sextus Empiricus", dans *Henri Estienne. Cahiers V.L. Saulnier*, 5, Paris, 1988, p. 129-145

Joukovsky (Françoise), "Complaintes et épitaphes d'E. Forcadel", *BHR*, 36 (1974)

Joukovsky (Françoise), "La guerre des Dieux et des Géants chez les poètes français du XVIème siècle (1500-1585)", *BHR*, 29 (1967), p. 55-92

Joukovsky (Françoise), "Quelques termes du vocabulaire philosophique dans les *Hymnes* de Ronsard", dans *Histoire et littérature. Les écrivains et la politique*, Paris, PUF, 1977, p. 247-263

Joukovsky (Françoise), "Ronsard *fantastique* dans les *Hymnes des Saisons*", *Studi di letteratura francese*, 12 (1986), p. 115-142

Joukovsky (Françoise), "Temps et éternité dans les *Hymnes*", dans M. Lazard éd., *Autour des Hymnes de Ronsard*, p. 53-82

Kallendorf (Craig), *In praise of Aeneas: Virgil and epideictic rhetoric in the early Italian Renaissance*, Hanover (New England), 1989

Kallendorf (Kraig), "From Virgil to Vida: the *poeta theologus* in Italian Renaissance commentary", *Journal of the history of ideas*, 51, 1995, p. 41-62

Keefer (M. M.), "Agrippa's dilemma: hermetic rebirth and the ambivalences of *De vanitate* and *De occulta philosophia*", *Renaissance quarterly*, 41 (1988), p. 614-653

Keller (Luzius), *Palingène, Ronsard, Du Bartas. Trois études sur la poésie cosmologiques de la Renaissance*, Berne, 1974

Kelley (Donald R.), "Louis Le Caron philosophe", dans *Mélanges Kristeller*, Leiden, 1976, p. 30-49

Kemp (Martin), "Taking and use of evidence with a Botticellian case study", *Art journal*, 44 (1984), p. 207-215

Kenny (Neil) éd., *Philosophical fictions and the Renaissance*, Londres, Warburg Institute, 1991

Kenny (Neil), *The palace of secrets: Beroalde de Verville and Renaissance conceptions of knowledge*, Oxford, 1991

Kirchvogel (P. A.), "Wilhelm IV, Tycho Brahe, and Eberhard Baldewein, the missing instrument of the Kassel observatory", *Vistas in astronomy*, 9 (1968), p. 109-121

Klibansky (Raymond), *The continuity of the platonic tradition during the Middle Ages*, Londres, Warburg Institute, 1939

Knobloch (Eberhard), "Sur la vie et l'œuvre de Christophore Clavius", *Revue d'histoire des sciences*, 41 (1988), p. 331-356

Koyré (Alexandre), *La Révolution astronomique*, Paris, 1961

Koyré (Alexandre), *Du monde clos à l'univers infini*, Paris, 1973 (1ère éd. angl. 1957)

Koyré (Alexandre), "Le vide et l'espace infini au XIVème siècle", *Archives d'histoire doctrinale et littéraire du Moyen Age*, 24 (1949), p. 45-91

Kren (Claudia), "Homocentric astronomy in the latin West", *Isis*, 59 (1968), p. 269-281

Kristeller (P. O.), "The active and the contemplative life in Renaissance humanism", dans Vickers (Brian) éd., *Arbeit, Musse, Meditation...*, p. 133-152

Kunitzsch (P.), *Der Almagest: Die Syntaxis Mathematica des Claudius Ptolemaeus in arabisch-lateinischer Überlieferung*, Wiesbaden, 1974

Kushner (E.), "Le personnage d'Orphée chez Ronsard", *Lumières de la Pléiade*, Paris, Vrin, 1966, p. 271-304

Kushner (E.), "Le personnage de Ronsard dans les dialogues de son temps", dans *Ronsard en son IVème centenaire*, t. I, p. 91-102

Kusukawa (Sachiko), *The transformation of natural philosophy. The case of Philip Melanchthon*, Cambridge, Cambridge U.P., 1995

Kusukawa (Sachiko), "*Aspectio divinorum operum*: Melanchthon and astrology for lutheran medics", dans O. P. Grell et A. Cunningham éd., *Medicine and the Reformation*, Londres, 1993, p. 33-56

Labarre (A.), "La diffusion de l'*Historia naturalis* de Pline au temps de la Renaissance", *Mélanges Claus Nissen*, Wiesbaden, 1973, p. 451-470

Labarre (J.), *L'Homère de Platon*, Paris, 1949

Labhardt (A.), "*Curiositas*. Notes sur l'histoire d'un mot et d'une notion", *Museum helveticum*, 17, 1960, p. 206-224

Labhardt (A.), "Tertullien et la philosophie, ou la recherche d'une *position pure*", *Museum helveticum*, 7 (1950), p. 159-180

Lafeuille (G.), *Cinq hymnes de Ronsard*, Genève, Droz, 1973

Lajarte (Ph. de) éd., *Aspects de la poétique ronsardienne (Colloque, Caen, 1985)*, Caen, 1989

Lämmel (Klaus), "Luthers Verhältnis zu Astronomie und Astrologie (nach Äusserung in Tischreden und Briefen)", dans G. Hammer éd., *Lutheriana*, Cologne, Böhlau Verlag, 1984, p. 299-312

Lancel (Serge), "*Curiositas* et préoccupations spirituelles chez Apulée", *Annales du Musée Guimet. Revue de l'histoire des religions*, 160 (1961), p. 25-46

Langlois (Ch. V.), *La connaissance de la nature et du monde au Moyen Age*, Paris, 1911

Laplanche (François), "Herméneutique biblique et cosmologie mosaïque", dans Olivier Fatio éd., *Les Eglises face aux sciences*, p. 29 sq.

Lardet (Pierre), "J.-C. Scaliger et ses maîtres: la rhétorique dans le champ du savoir", *Rhetorica*, 4 (1986), p. 375-394

Lattis (James M.), *Christopher Clavius and the Sphere of Sacrobosco...*, PhD, University of Wisconsin, Madison, 1989

Lattis (James M.), *Between Copernicus and Galileo. Christoph Clavius and the collapse of Ptolemaic cosmology*, Chicago, University of Chicago Press, 1994

Lazard (Madeleine) éd., *Autour des Hymnes de Ronsard*, Paris, Champion, 1984

Lecoq (Anne Marie), *François Ier imaginaire*, Paris, Macula, 1987

Lee (R.W.), *Ut pictura poesis. Humanisme et théorie de la peinture. XVème-XVIIIème siècles*, trad. par M. Brock, Paris, Macula, 1991

Lefkowitz (Mary), *Pindar's lives in classica et iberica*, Worcester, 1975

Legrand (Emile), *Bibliographie hellénique ou description raisonnée des ouvrages publiés en grec par des grecs aux XVème et XVIème siècles*, Paris, 1885-1906, 4 vol.

Lelut (F.), *Lettre à mon père, médecin à Gy, en Franche-Comté, sur J. E. du Monin, poète célèbre du 16ème s., né à Gy*, Paris et Gy, 1840

Lemay (R.), *Abu Ma'shar and latin aristotelianism in the XIIth century*, Beyrouth, 1963

Leopold (J. H.), *Astronomen Sterne Geräte. Landgraf Wilhelm IV. und seine sich selbst bewegenden Globen*, Lucerne, J. Fremersdorf, 1986

Lerner (Michel), *Le monde des sphères*, Paris, Les Belles Lettres, 1996

Lerner (Michel), "L'Achille des Coperniciens", *BHR*, 42 (1980), p. 313-327

Lerner (Michel), "Le problème de la matière céleste après 1550: aspects de la bataille des cieux fluides", *Revue d'Histoire des Sciences*, 42 (1989), p. 255-280

Lerner (Michel), *Tre saggi sulla cosmologia alla fine del Cinquecento*, Naples, 1992 (Istituto Italiano per gli Studi Filosofici)

Leslie (B.R.), *Ronsard's successfull epic venture: the epyllion*, Lexington, 1979

Lestringant (Frank), *L'atelier du cosmographe*, Paris, Albin Michel, 1991

Levi (A.H.T.) éd., *Humanism in France at the end of the Middle Ages and in the early Renaissance*, Manchester, U.P., 1970

Levine (R.), "Exploiting Ovid: medieval allegorization of the *Metamorphoses*", *Medioevo romanzo*, 14 (1989), p. 197-213

Lewis (J.), "Les pronostications et la propagande évangélique", dans J. Céard éd., *Divination et controverse religieuse...*, Paris, 1987, p. 73-83

Ley (Klaus), "Traduction ou transformation? L'hymne au soleil de Giovanni della Casa, mis en français par Du Bellay", *BHR*, 46 (1984), p. 421-428

Ligota (C.R.), "L'influence de Macrobe pendant la Renaissance", dans *Le soleil à la Renaissance*, Bruxelles, 1965, p. 463-482

Lindberg (D. C.), *Theories of vision from Al-Kindi to Kepler*, Chicago, 1976

Lindberg (D.C.), "Science and the medieval church: a preliminary appraisal", dans Olivier Fatio éd., *Les Eglises face aux sciences...*, p. 11-27

Lindberg (D.C.), "Science as handmaiden, Roger Bacon and the patristic tradition", *Isis*, 78, 1987, p. 518-536.

Lindberg (D.C.), "Science and the early church", dans D.C. Lindberg et R.L. Numbers éds., *God and nature ...*, p. 26-38

Lindberg (D.C.) et Numbers (R.L.) éds., *God and nature: historical essays on the encounter between Christianity and science*, Berkeley, Univ. of California Press, 1986

Lindsay (R.) et Neu (J.), *French political pamphlets, 1547-1648*, Londres, 1969

Litt (Thomas), *Les corps célestes dans l'univers de St Thomas d'Aquin*, Louvain, 1963

Lohr (C.H.), *Latin Aristotle commentaries. II. Renaissance authors*, Florence, 1988

Lowry (M.), *Le monde d'Alde Manuce*, trad. par S. Mooney et F. Dupuigrenet, Paris, Promodis, 1989

Ludolphy (I.), "Luther über Astrologie", *Mélanges E. Barnikol*, Berlin, 1964, p. 168-76

Ludolphy (I.), "Luther und die Astrologie", dans P. Zambelli éd., *Astrologi hallucinati*, p. 101-107

Maddison (F.) *et al.* éd., *Essays on the life and work of T. Linacre*, Oxford, 1977

Magnien (Michel), "Bibliographie scaligérienne", dans J. Ijsewijn prés., *Acta Scaligeriana (Colloque, Agen, 1984)*, Agen, 1986, p. 293-331

Magnien (Michel), "Une lecture catholique de *La Premiere Sepmaine*: Du Monin traducteur de Du Bartas", dans J. Dauphiné éd., *Du Bartas poète encyclopédique...*, p. 195-210

Mahé (Nathalie), *Le mythe de Bacchus dans la poésie lyrique de 1549 à 1600*, Berne, Lang, 1988

Marcel (Pierre), "Calvin et Copernic. La légende ou les faits? La science et l'astronomie chez Calvin", fascicule spécial de la *Revue réformée*, XXXI, n° 121 (mars 1980)

Margoliouth (D.S.), *The Homer of Aristotle*, Oxford, 1923

Marietan (Joseph), *Le problème de la classification des sciences d'Aristote à St Thomas*, Paris, 1901

Marrou (H. I.), *Saint Augustin et la fin de la culture antique*, Paris, 1938

Marrou (H. I.), "Saint Augustin et l'ange, une légende médiévale", *Mélanges De Lubac*, Paris, 1964, t. II, p. 137-149

Marzi (D.), *La questione della riforma del calendario nel quinto concilio lateranense (1512-1517)*, Florence, 1896

Massaut (J. P.), *Josse Clichtove, l'humanisme et la réforme du clergé (Thèse philos. Liège)*, Paris, Les Belles Lettres, 1968

Matton (Sylvain), "Le face à face Charpentier-La Ramée à propos d'Aristote", *Revue des sciences philosophiques et théologiques*, 70 (1986), p. 67-86

Maurer (A.), "Ockham on the possibility of a better world", *Mediaeval studies*, 38 (1976), p. 291-312

Maurer (W.), "Melanchthon und die Naturwissenschaft seiner Zeit", dans W. Maurer, *Melanchthon Studien*, Gütersloh, 1964, p. 39-66

Maurer (W.), *Der junge Melanchthon zwischen Humanismus und Reformation*, Göttingen, 1967, t. I, p. 129-170

Maurice (K.) et Mayr (O.), *Die Welt als Uhr. Deutsche Uhren und Automaten, 1550-1650*, Munich, 1980; trad. angl.: *The Clockwork Universe*, New York, 1980

Mc Farlane (I. D.), *Buchanan*, Londres, Duckworth, 1981

Mc Farlane (I. D.), "George Buchanan and France", dans J. C. Ireson *et al.* éd., *Studies in French literature presented to A. W. Lawton*, Manchester, U.P., 1968, p. 223-245

Mc Farlane (I. D.), "George Buchanan and french humanism", dans A.H.T. Levi éd., *Humanism in France*, Manchester, 1970, p. 295-319

Mc Farlane (I. D.), "George Buchanan's latin poems from script to print: a preliminary survey", *The Library*, Vth ser., 24 (1969), p. 277-332

Mc Farlane (I. D.), "The history of George Buchanan's *Sphaera*", dans P. Sharratt éd., *French Renaissance Studies 1540-1570. Humanism and the encyclopaedia*, Edimbourg, U.P, 1976, p. 194-212

Mc Farlane (I. D.), "Jean Salmon Macrin", *BHR*, 21 (1959), p. 321-339

McFarlane (I. D.), "Ronsard and the neo-latin poetry of his time", *Res publica litterarum*, 1 (1978), p. 177-205

Mc Laughlin (M. M.), *Intellectual freedom and its limitations in the University of Paris in the XIIIth and XIVth centuries*, New York, 1977

Meerhoff (Kees), *Rhétorique et poétique au XVIème siècle en France. Du Bellay, Ramus et les autres*, Leyden, Brill, 1986

Meerhoff (Kees), "Ramus et Cicéron", *Revue des sciences philosophiques et théologiques*, 70 (1986), p. 25-35

Mélanges Kristeller: Philosophy and humanism. Renaissance essays in honor of Paul Oskar Kristeller, éd. par Edward P. Mahoney, Leiden, Brill, 1976

Ménager (Daniel), *Ronsard. Le roi, le poète et les hommes*, Genève, Droz, 1979

Ménager (Daniel), "Le *Credo* de Ronsard", *Mélanges Balmas*, Paris, Klincksieck, 1993, t. I, p. 459-470

Ménager (Daniel), "L'*Hymne du treschrestien roy de France Henry II de ce nom*", dans M. Lazard éd., *Autour des Hymnes de Ronsard*, p. 161-185

Meier-Oeser (S.), *Die Präsenz des Vergessenen. Zur Reception der Philosophie des Nicolaus Cusanus vom 15. bis zum 18. Jahrhundert*, Munster, 1989

Mercier (R.), "Studies in the medieval conception of precession", *Archives internationales d'histoire des sciences*, 27 (1977), p. 33-71

Michel (Alain), *La parole et la beauté. Rhétorique et esthétique dans la tradition occidentale*, Paris, Les Belles Lettres, 1982

Michel (Alain), *Rhétorique et philosophie chez Cicéron. Essai sur les fondements philosophiques de l'art de persuader*, Paris, 1960

Michel (Alain), "Les théories de la beauté littéraire de Marsile Ficin à Torquato Tasso", *ACNL Sanctandreani*, p. 159-171

Miernowski (Jan), *Dialectique et connaissance dans* La Sepmaine *de Du Bartas*, Genève, Droz, 1992

Miernowski (Jan), "La poésie scientifique française à la Renaissance: littérature, savoir, altérité", dans *What is literature? France 1100-1600*, éd. par F. Cornilliat, U. Langer et D. Kelly, French Forum, 1992, p. 85-99

Miller (J. L.), *Measures of wisdom. The cosmic dance in classical Antiquity*, Toronto, 1986

Miquel (Pierre), *Les guerres de religion*, Paris, Fayard, 1980

Moesgaard (K. P.), "The 1717 Egyptian years and the copernican theory of precession", dans *Centaurus*, 13 (1968), p. 120-138

Mommsen (T. E.), "Petrarch and the story of the choice of Hercules", *JWCI*, 16 (1953), p. 178-192

Monfasani (J.), *George of Trebizond*, Leiden, 1976

Monferran (J.-Ch.), "De quelques lunes au XVIème siècle: *L'Amour des amours* de J. Peletier du Mans, *La Sepmaine* de Du Bartas", à paraître dans la *RHLF*

Montgomery (J. W.), "L'astrologie et l'alchimie luthériennes à l'époque de la Renaissance", *Revue d'histoire et de philosophie religieuse*, 46 (1966), p. 323-345

Moran (Bruce T.), "German prince-practitioners: aspects in the development of courtly science, technology, and procedures in the Renaissance", *Technology and culture*, 1981, p. 253-274

Moran (Bruce T.), "Princes, machines, and the valuation of précision in the XVIth century", *Südhofs Archiv*, 61 (1977), p. 209-228

Moran (Bruce T.), "Christoph Rothmann, the copernican theory, and institutionnal and technical influences on the criticism of aristotelian cosmology", dans *Sixteenth century studies*, 13 (1982), p. 85-108

Moran (Bruce T.), "Wilhelm IV of Hesse-Kassel: informal communication and the aristocratic context of discovery", dans T. Nickles éd., *Scientific discovery: case studies*, Dordrecht, Reidel, 1980, p. 67-96

Moraux (P.), "La joute dialectique dans le huitième livre des *Topiques*", dans G.E.L. Owen éd., *Aristotle on dialectic. The Topics. Proceedings of the 3rd Symposium Aristotelicum*, Oxford, 1968, p. 277-311

Moreau (Brigitte), *Inventaire chronologique des éditions parisiennes du XVIème siècle [...] d'après les manuscrits de Philippe Renouard*, tomes I-IV (1501-1535), Paris, Imprimerie municipale, 1972-1993 (*Histoire générale de Paris*)

Moreau (J.), "De la concordance d'Aristote avec Platon", dans *Platon et Aristote à la Renaissance*, p. 45-58

Morrison (M.), "Ronsard and Catullus: the influence of the teaching of M.-A. Muret", *BHR*, 1956, p. 240-274

Moss (Ann), *Ovid in Renaissance France*, Londres, Warburg Institute, 1982

Moss (Ann), "The counter-reformation latin hymn", *ACNL Sanctandreani*, p. 371-378

Moss (Ann), "Fabulous narrations in the *Concorde des deux langages*", dans N. Kenny éd., *Philosophical fictions and the Renaissance*, Londres, Warburg Institute, 1991

Mouchel (Christian), *Cicéron et Sénèque dans la rhétorique de la Renaissance*, Marburg, Hitzeroth, 1990 (*Ars rhetorica*, 3)

Müller-Jahncke (Wolf-Dieter), "Kaspar Peucers Stellung zur Magie", dans A. Buck éd., *Die okkulten Wissenschaften in der Renaissance*, Wiesbaden, 1992, p. 91-102

Mulryan (John), "Translations and adaptations of Vincenzo's Cartari's *Imagini* and Natale Conti's *Mythologiae*: the mythographic tradition in the Renaissance", *Canadian review of comparative literature*, 8 (1981), p. 272-283

Murphy (James J.) éd., *Renaissance eloquence*, Berkeley, Univ. of California, 1983

Naiden (James R.), *The Sphaera of George Buchanan* [prés. et trad. angl. de la *Sphaera*] , s. l., 1952

Nauert (Charles), *Agrippa and the crisis of Renaissance thought*, Urbana, 1965

Nauert (Charles), "Caius Plinius Secundus", *Catalogus translationum et commentariorum*, 4 (1980), p. 297-422

Nauert (Charles), "Humanists, scientists and Pliny: changing approaches to a classical author", *American historical review*, 84 (1979), p. 72-85

Naux (C.), "Le Père C. Clavius (1537-1612). Sa vie et son oeuvre", *Revue des questions scientifiques*, 153 (1983), p.55-67, 181-193, 325-347

Neugebauer (O.), *A History of ancient mathematical astronomy*, New York, 1975, 3 vol.

Neugebauer (O.), *Les sciences exactes dans l'antiquité*, trad. par P. Souffrin, Arles, 1990 (1re éd. angl. 1957)

Neugebauer (O.), "On the allegedly heliocentric theory of Venus by Heraclides Ponticus", *American Journal of Philology*, 93 (1972), p. 600-601

Neugebauer (O.), "Thabit ben Qurra. *On the solar year* and *On the motion of the eight sphere*", *Proceedings of the American Philosophical Society*, 106 (1962), p. 264-99

Nolhac (Pierre de) *Ronsard et l'humanisme*, Paris, Champion, 1966

North (J.D.), "Celestial influence: the major premiss of astrology", dans P. Zambelli éd., *Astrologi hallucinati*, Berlin, De Gruyter, 1986, p. 45-100

Oberman (Heiko Augustinus), *Contra vanam curiositatem*, Zurich, 1973

Ong (Walter J.), *Ramus and Talon inventory*, Cambridge (Mass.), Harvard U. P., 1958

Palisca (C. V.), *Humanism in Italian Renaissance musical thought*, Yale, U.P., 1985

Panofsky (Erwin), *Hercules am Scheidewege*, Leipzig, 1930

Panofsky (Erwin), *Idea. Contribution à l'histoire du concept de l'ancienne théorie de l'art*, trad. par H. Joly, Paris, Gallimard, 1983

Pantin (Isabelle), "A la recherche d'Homère: prolégomènes à une lecture de la *Franciade*", dans K. Christodoulou éd., *Ronsard et la Grèce (Colloque, Athènes et Delphes, 1985)*, Paris, Nizet, 1988, p. 192-201

Pantin (Isabelle), "Chaos et lumière, la cosmogonie du *Premier Jour*", *Op. cit.*, 2 (1993), p. 37-45

Pantin (Isabelle), "Les commentaires sur le livre II de l'*Histoire naturelle*", dans *Pline à la Renaissance*, dir. par J. Céard et J.-F. Maillard, Paris, C.N.R.S., à paraître

Pantin (Isabelle), "Une *Ecole d'Athènes* des astronomes? La représentation de l'astronome antique sur les frontispices de la Renaissance", dans E. Baumgartner et L. Harf éd. *Images de l'Antiquité...*, Paris, PENS, 1993, p. 87-100

Pantin (Isabelle), "Le haut et le bas dans *Les Regrets*", dans Y. Bellenger éd., *Du Bellay*, Paris, Champion, 1994, p. 137-159

Pantin (Isabelle), "L'Hymne aux luminaires: Du Bartas et la poétique de Ronsard", *Cahiers textuel*, 13 (1993), p. 41-52

Pantin (Isabelle), "L'*Hymne du Ciel*", dans M. Lazard éd., *Autour des Hymnes de Ronsard*, p. 187-214

Pantin (Isabelle), "Jean Pierre de Mesmes et ses *Institutions astronomiques* (1557)", *Revue de Pau et du Béarn*, 13 (1986), p.167-182

Pantin (Isabelle), "La lettre de Melanchthon à Symon Grynæus: avatars d'une défense de l'astrologie", dans J. Céard éd., *Divination et controverse ...*, 1987, p. 85-101

Pantin (Isabelle), "Latin et langues vernaculaires dans la littérature scientifique européenne au début de l'époque moderne (1550-1635)", dans R. Chartier et P. Corsi éd., *Sciences et langues en Europe (Colloque, Paris, 1994)*, à paraître

Pantin (Isabelle), "Mercure et les astronomes: la question des *planètes inférieures* à la Renaissance", *Mercure à la Renaissance (Colloque, Lille, 1984)*, Paris, 1987, p. 131-144

Pantin (Isabelle), "Microcosme et *Amour volant* dans l'*Amour des amours* de Jacques Peletier du Mans", *Nouvelle revue du XVIème siècle*, 1984, p. 43-54

Pantin (Isabelle), "Poésie, exégèse et didascalie dans le *Quatrième Jour*", dans J. Dauphiné éd., *Du Bartas et l'expérience de la beauté*, p. 149-171

Pantin (Isabelle), "La querelle savante dans l'Europe de la Renaissance: éthique et étiquette", dans E. Baumgartner, A.-C. Fiorato et A. Redondo, *Problèmes interculturels en Europe (XVème-XVIIème siècles)*, à paraître

Pantin (Isabelle), "*La Sepmaine* et les livres de la sphère: de l'hexaméron au traité", dans J. Dauphiné éd., *Du Bartas, poète encyclopédique ...*, p. 289-256

Pantin (Isabelle), "*Spiritus intus alit*: Échos du discours d'Anchise dans la poésie française de la Renaissance", *Europe*, t. 71, n° 765-766 (janvier 1993), p. 118-129

Pasquier (E.), *Un curé de Paris pendant les guerres de religion. René Benoist, le pape des Halles, 1521-1608*, Paris, 1913

Pedersen (O.), *A survey of the Almagest*, Odense, Odense U. P., 1974

Pedersen (O.), "The *Theorica planetarum* literature of the Middle Ages", *Classica et Mediaevalia*, 23 (1962), p. 225-232

Pellegrino (M.), "Il *topos* dello *status erectus* nel contesto filosofico e biblico", dans *Mullus. Mélanges Theodor Klauser, Jahrbuch für Antike und Christentum*, ergänzungsband I, 1964, p. 273-281

Pellissier (G.), *La vie et les oeuvres de Du Bartas*, Paris, 1883 (repr. Slatkine, 1969)

Pépin (Jean), *La tradition de l'allégorie de Pétrarque à Dante. II Etudes historiques*, Paris, Etudes augustiniennes, éd. augm., 1987

Percopo (Erasmo), "La vita di G. Pontano"; "Gli scritti di G. Pontano", *Archivio storico per le prov. Napoletane*, 61 (1936), p. 116-250; 62 (1937), p. 57-228

Percopo (E.), *Vita di Giovanni Pontano*, éd. par M. Manfredi, Naples, 1938

Peruzzi (Enrico), "Note e ricerche sugli *Homocentrica* di Girolamo Fracastoro", *Rinascimento*, 25 (1985), p. 247-268

Peters (E.), *The magician, the witch and the law*, Philadelphie, 1978

Peters (E.), "*Libertas inquirendi* and the *vitium curiositatis* in medieval thought", dans G. Makdisi éd., *La notion de liberté au Moyen Age*, Paris, 1985, p. 89-98

Petersen (Peter), *Geschichte der aristotelischen Philosophie im protestantischen Deutschland*, Leipzig, F. Meiner, 1921

Petri (I.), "*Omnia in mensura et numero et pondere disposuisti*: die Auslegung von *Weish*. 11, 20 in der lateinischen Patristik", *Miscellanea mediaevalia*, 16 (1983), p. 1-22

Picot (Emile), *Les français italianisants*, Paris, Champion, 1907, 2 vol.

Pietrzak (W.K.), "Les *Hymnes des IV saisons* de Ronsard. Problèmes de genre", *Acta Universitatis Lodziensis. Folia litteraria*, 20 (1987), p. 95-125

Platon et Aristote à la Renaissance (XVIème Coll. Internat. d'Etudes Humanistes de Tours), Paris, Vrin, 1976

Plattard (J.), "Le système de Copernic dans la littérature du XVIème siècle", *Revue du XVIème siècle*, 16 (1913), p. 220-237

Pogo (A.), "Earliest diagrams showing the axis of a comet tail coinciding with the radius vector", dans *Isis*, 20 (1934), p. 443-444

Popkin (R.), *The history of scepticism from Erasmus to Spinoza*, Los Angeles, 1979

Popkin (R.), "Skepticism and the Counter-Reformation in France", *Archiv für Reformationsgeschichte*, 51 (1960), p. 58-87

Poulle (Emmanuel), *Equatoires et horlogerie planétaire du XIIIème au XVIème siècle*, Genève, Droz, 1981

Poulle (Emmanuel), *Un constructeur d'instruments astronomiques...*, *Jean Fusoris*, Paris, 1963

Poulle (Emmanuel), "Jean de Murs et les tables alphonsines", *Archives d'histoire doctrinale et littéraire du Moyen Age*, t. 47, 1980, p. 241-271

Prag um 1600. Kunst und Kultur am Hofe Kaiser Rudolfs II (Exposition, Vienne, Kunsthistorisches Museum, 1988), Vienne, 1988, 2 vol.

Préaux (Claire), *La Lune dans la pensée grecque*, Bruxelles, 1973

Prost (A.), *Les sciences et les arts occultes au 16ème s. Corneille Agrippa sa vie et ses oeuvres*, Paris, 1881-1882, 2 vol. (repr. Nieuwkoop, De Graaf, 1965)

Quainton (Malcolm), *Ronsard's ordered Chaos: visions of flux and stability in the poetry of Pierre de Ronsard*, Manchester, U.P., 1970

Randi (Eugenio), *Il sovrano e l'orologiaio. Due immagini di Dio nel dibattito sulla potentia absoluta fra XIII e XIV secolo*, Florence, La Nuova Italia, 1987

Randi (Eugenio), voir aussi Bianchi (Luca)

Randles (W.G.L.), *De la terre plate au globe terrestre*, Paris, E.H.E.S.S., 1980

Randles (W.G.L.), "Le ciel de l'Empyrée, lieu des bienheureux dans l'imaginaire du Moyen Age et de la Renaissance", dans C.G. Dubois éd., *L'imaginaire de la découverte*, Bordeaux, Université de Bordeaux III, 1994 (*Eidôlon*, n° 42)

Raymond (Marcel), *L'influence de Ronsard sur la poésie française*, 2e éd., Genève, Droz, 1965

Renaudet (A.), *Préréforme et humanisme à Paris pendant les premières guerres d'Italie*, Paris, Champion, 1916

Renouard (Philippe), voir *Imprimeurs et libraires parisiens du XVIème siècle*

Reulos (M.), "L'enseignement d'Aristote dans les collèges du XVIème s.", dans *Platon et Aristote à la Renaissance*, p. 147-154

Revard (S. P.), "Neo-latin commentaries on Pindar", *ACNL Bononiensis*, p. 583-591

Rhodes (D.E.), "Two early German editions of Proclus", dans *Mélanges Hans Widmann*, Stuttgart, 1974, p. 178-182

Richet (D.), "Aspects socio-culturels des conflits religieux à Paris dans la 2de moitié du XVIème siècle", *Annales E. S. C.*, 32, 1977, p. 764-789

Ridgely (B.S.), "The cosmic voyage in french sixteenth-century learned poetry", *Studies in the Renaissance*, 10 (1963), p. 136-162

Rieu (Josiane), "Du Bartas: réflexion sur *Le septième jour*", dans J. Dauphiné éd., *Du Bartas et l'expérience de la beauté*, p. 173-197

Rigolot (François), *Poétique et onomastique*, Genève, Droz, 1977

Rigolot (François), "Ronsard et Muret: les pièces liminaires aux *Amours* de 1553", *RHLF*, 88 (1988), p. 3-16

Robbins (Frank Egleston), *The Hexameral literature*, Chicago, 1912

Roberts (H.), "St. Augustine in *St. Jerome's study*: Carpaccio's painting and its legendary source", *Art Bulletin*, 12 (1959), p. 283-297

Roellenbleck (Georg), *Das epische Lehrgedicht Italiens im 15. und 16. Jahrhundert*, Munich, 1975

Ronchi (Vasco), *Histoire de la lumière*, trad. par J. Taton, Paris, 1956

Ronsard en son IVème centenaire (Colloque Paris-Tours 1985), éd. par Y. Bellenger, J. Céard, D. Ménager et M. Simonin, Genève, Droz, 1988-1989, 2. vol.

Rose (P. L.), *The Italian Renaissance of mathematics: studies on humanists and mathematicians from Petrarch to Galileo*, Genève, Droz, 1975

Rosen (Edward), "The dissolution of the solid celestial spheres", dans *Journal of the history of ideas*, 46 (1985), p. 13-31

Roudaut (François), *Le point centrique*, Paris, Klincksieck, 1992

Roussel (B.), "Histoire de l'Eglise et histoire de l'exégèse au 16ème siècle", *BHR*, 37 (1975), p. 181-192

Rüdiger (Horst), "*Curiositas* und Magie. Apuleius und Lucius als literarische Archetypen der Faust-Gestalt", *Wort und Text (Mélanges Fritz Schalk)*, Francfort, 1963, p. 57-82

Saulnier (V.-L.), *Maurice Scève (ca. 1500-1560)*, Paris, Klincksieck, 1948, 2 vol.

Saulnier (V.-L.), "Maurice Scève vu par Pontus de Tyard d'après le *Discours du temps*", *Mélanges Jean Bonnerot*, Paris, Nizet, 1954, p. 161-174

Saulnier (V.-L.), "Une pièce inédite de J.-E. Du Monin", *BHR*, 8 (1946), p. 276-278

Saunders (Alison), *The Sixteenth century French emblem book*, Genève, Droz, 1988

Saxl (Fritz), "Veritas filia temporis", dans R. Klibansky et H.J. Paton éd., *Philosophy and history (Mélanges Cassirer)*, Oxford, 1936, p. 197-222

Schmidt (A.-M.), *La poésie scientifique en France au XVIème siècle*, Lausanne, Ed. Rencontre, 1970 (1ère éd. Paris, 1938)

Schmidt (A.-M.), *Etudes sur le XVIème siècle*, Paris, Albin Michel, 1967

Schmitt (C. B.) , *Cicero scepticus: a study of the influence of the Academica in the Renaissance*, La Haye, 1972

Schmitt (C. B.), *Aristotle and the Renaissance*, Cambridge (Mass.), Harvard U.P., 1983

Schmitt (C. B.), "The rediscovery of ancient skepticism in modern times", dans M. F. Burnyeat éd., *The skeptical tradition*, Berkeley, 1983, p. 225-251

Schmitt (C. B.), "Renaissance Averroism studied through the venetian editions of Aristotle-Averroes", dans *L'Averroismo in Italia*, Rome, 1979, p. 121-142

Schmitt (C. B.), "Science in the Italian universities in the XVIth and early XVIIth centuries", dans M. P. Crosland éd., *The emergence of science in western Europe*, Londres, 1975, p. 35-56; repris dans C. B. Schmitt, *The aristotelian tradition and Renaissance universities*, Londres, Variorum, 1984

Schmitt (C. B.) et Skinner (Q.) éd., *The Cambridge history of Renaissance philosophy*, Cambridge, 1988

Schmitz (Thomas), *Pindar in der französischen Renaissance. Studien zu seiner Rezeption in Philologie, Dichtungstheorie und Dichtung*, Göttingen, 1993 (*Hypomnemata*, 101)

Scott (Alan), *Origen and the life of the stars: a history of an idea*, Oxford, 1991

Sealy (Robert J.), *The Palace Academy of Henry III*, Genève, Droz, 1981

Secret (François), *L'ésotérisme de Guy Le Fèvre de la Boderie*, Genève, Droz, 1969

Secret (François), *Les kabbalistes français de la Renaissance*, 2e éd., s. l., Arma Artis, 1984

Sed (Nicolas-Jean), *La Mystique cosmologique juive*, Paris / Berlin, 1981

Sédillot (L. A.), "Les professeurs de mathématiques et de physique générale au Collège de France. Deuxième période: les derniers Valois. 1547-1589", dans *Bullettino di bibliografia e di storia delle scienze matematiche e fisiche*, 2, sept. 1869, p. 387-448

Seigel (J.E.), *Rhetoric and philosophy in Renaissance humanism: the union of eloquence and wisdom*, Princeton, 1968 (repr. 1991)

Seznec (Jean), *La survivance des Dieux antiques*, Paris, 1980 (2ème éd.)

Sharratt (Peter), "Du Bellay and the Icarus complex", dans K. Aspley éd., *Mélanges Steele*, Londres, 1982, p. 73-87

Sharratt (Peter), "Peter Ramus and the reform of the University: the divorce of philosophy and eloquence?", dans P. Sharratt éd., *French Renaissance Studies (1540-1570)*, Edimbourg, 1976, p. 4-20

Sharratt (Peter), "Ronsard et Pindare: un écho de la voix de Dorat", *BHR*, 39 (1977), p. 97-114

Silver (Isidore), *The intellectual evolution of Ronsard. I The formative influences*, Saint-Louis, Washington U.P., 1969

Silver (Isidore), *The intellectual evolution of Ronsard. II. Ronsard's general theory of poetry*, Saint Louis, 1973

Silver (Isidore), *Three Ronsard studies* ("Ronsard's reflections on cosmogony and nature"; "Ronsard's reflections on the heaven and time"; "The commentaries of the *Amours* by Muret and Belleau"), Genève, Droz, 1978

Simon (Gérard), *Le Regard, l'être et l'apparence*, Paris, 1988

Simon (Marcel), *Hercule et le christianisme*, Paris, 1959

Simone (Franco), "Quattro lettere di J. Peletier du Mans", *Rivista di letterature moderne*, 1 (1946), p. 173-188

Simone (Franco), "*Veritas filia temporis*. A proposito di un testo di Giordano Bruno", *Revue de littérature comparée*, 22 (1948), p. 508-521

Simonin (Michel), "Ronsard et l'exil de l'âme", *CAIEF*, 43 (1991), p. 25-44

Simonin (Michel), "Ronsard et la poétique des *Oeuvres*", *Ronsard en son IVème centenaire*, t. I, p. 47-59

Smalley (B.), "Ecclesiastical attitudes toward novelty, c. 1100- ca. 1250", *Studies in Church history*, 13 (1975), p. 113-131

Smeur (J.E.M.), "The *rule of the false* applied to the quadratic equation in three sixteenth century arithmetics", *Archives internationales d'histoire des sciences*, 28 (1976), p. 66-101

Smith (Malcolm), "The hidden meaning of Ronsard's *Hymne de l'Hyver*", dans *Mélanges Silver. Kentucky Romance Quarterly*, 22, suppl. 2, 1974, p. 85-98

Smith (Malcolm), "Latin translations of Ronsard", *ACNL Guelpherbytani*, p. 331-337

Smoller (Laura Ackerman), *History, prophecy, and the stars. The christian astrology of Pierre d'Ailly (1350-1420)*, Princeton, Princeton U.P., 1994

Soldati (B.), *La poesia astrologica nel quattrocento*, Florence, Sansoni, 1906

Le Soleil à la Renaissance, Bruxelles, 1965

Sozzi (Lionello), "La *dignitas hominis* dans la littérature française de la Renaissance", dans A.H.T. Levi éd., *Humanism in France ...*, p. 176-198

Sozzi (Lionello), "La *dignitas hominis* chez les auteurs lyonnais du XVIème siècle", dans *L'humanisme lyonnais au XVIème siècle*, Lyon et Grenoble, p. 295-338

Spampanato (V.), *Vita di Giordano Bruno*, Messine, 1921, 2 vol.

Spitzer (Leo), *Classical and christian ideas of world harmony*, Baltimore, 1963

Spitzmuller (Henry), *Poésie latine chrétienne du Moyen Age*, Paris, Desclée, 1971

Staub (Hans), *Le curieux désir*, Genève, Droz, 1967

Stauffer (R.), *Dieu, la Création et la Providence dans la prédication de Calvin*, Berne, 1978

Steinmetz (D.C.) "Calvin and the natural knowledge of God", dans *Via Augustini. Augustine in the later Middle Ages, Renaissance and Reformation (Mélanges Damasus Trapp)*, éd. par H. A. Oberman, Leiden, Brill, 1991, p. 142-156

Swerdlow (Noel), *Mathematical astronomy in Copernicus's De revolutionibus*, New York, Springer, 1984

Swerdlow (Noel), "Aristotelian planetary theory in the Renaissance: G.B. Amico's homocentric spheres", *Journal of the history of astronomy*, 3 (1972), p. 36-48

Swerdlow (Noel), "On Copernicus' theory of precession", dans R.S. Westman éd., *The copernican achievement*, Berkeley, U.C.L.A., 1975, p. 49-98

Swerdlow (Noel), "The origin of the gregorian civil calendar", *Journal of the history of astronomy*, 5 (1974), p. 48-49

Swerdlow (Noel), "Science and humanism in the Renaissance: Regiomontanus's oration on the dignity and utility of the mathematical sciences", dans Paul Horwich éd., *World changes: Th. Kuhn and the nature of science*, Cambridge (Mass.), MIT Press, 1993, p. 131-168

Sylvestre (H.), "Note sur la survie de Macrobe au Moyen-Age", *Classica et mediaevalia*, 24 (1963), p. 170-180

Szövérffy (J.), *Die Annalen der lateinischen Hymnerdichtung*, Berlin, 1964-1965, 2 vol.

Tallarigo (C.M.), *G. Pontano ed i suoi tempi*, Naples, 1874, 2 vol.

Tarabochia Canavero (A.), *Esegesi biblica e cosmologia*, Milan, 1981

Tateo (F.), *Astrologia e moralità in G. Pontano*, Bari, Adriatica, 1960

Taton (René), "Bovelles et les premiers traités de géométrie en langue française", dans *Charles de Bovelles. Colloque de Noyon, 1979*, Paris, 1982, p. 183-196

Tervarent (Guy de), *Attributs et symboles de l'art profane. 1450-1600*, Genève, 1958 1964, 2 tomes

Tester (S. J.), *A history of western astrology*, Woodbridge, 1987

Thibaut de Maisières (M.), *Les poèmes inspirés du début de la Genèse à l'époque de la Renaissance*, Louvain, 1931

Thorndike (Lynn), *A History of magic and experimental science*, t. VI et VII, New York, 1941-1958

Thorndike (Lynn), *Latin treatises on comets between 1238 and 1368*, Chicago, 1950

Thorndike (Lynn), *The Sphere of Sacrobosco and his commentators*, Chicago, 1949

Thorndike (Lynn), "Peter of Limoges on the comet of 1299", *Isis*, 36 (1945), p. 3-6

Tietze-Conrat (E.), "Notes on Hercules at the Crossroads", *JWCI*, 14 (1951), p. 305-309

Tigerstedt (E.N.), "Observations on the reception of the Aristotelian Poetics in the latin West", *Studies in the Renaissance*, 15 (1968), p. 7-24

Tigerstedt (E.N.), *The decline and fall of the neoplatonic interpretation of Plato*, Helsinki, 1974 (*Commentationes humanarum litterarum*, 52)

Tomlinson (Gary), *Music in Renaissance magic: toward a historiography of others*, Chicago, Chicago U. P., 1993

Toomer (G.J.), "A survey of the *Toledan tables*", dans *Osiris*, 15 (1968), p. 5-174

Torrell J.P., *Introduction à saint Thomas d'Aquin*, Fribourg, Ed. universitaires, 1993

Trinkaus (Charles), "The astrological cosmos and rhetorical culture of Giovanni Gioviano Pontano", *Renaissance Quarterly*, 38 (1985), p. 446-472

Trinkaus (Charles), "*In our image and likeness*". *Humanity and divinity in Italian humanist thought*, Londres, 1970, 2 vol.

Trinquet (R.), "Recherches chronologiques sur la jeunesse de M. A. de Muret", *BHR*, 27 (1965), p. 273-283

Uzielli (Gustavo) dir., *La vita e i tempi di Paolo dal Pozzo Toscanelli. Raccolti di documenti e studi pubbl. dalla R. Com. Colombiana*, Vème p., vol. I, Rome, 1894

Van der Haeghen (Ferdinand), *Bibliographie des oeuvres de Josse Clichtove*, Gand, 1888

Van Helden (Albert), *Measuring the universe. Cosmic dimensions from Aristarchus to Halley*, Chicago, 1985

Van Ortroy (F. G.), *Bio-bibliographie de Gemma Frisius*, Bruxelles, 1920

Van Steenberghen (Fernand), *La philosophie au 13ème siècle*, Louvain, 1966

Van Steenberghen (Fernand), "Le problème de l'entrée d'Averroes en Occident", dans *L'Averroismo in Italia*, Rome, 1979, p. 81-89

Verdier (Pierre), "L'iconographie des arts libéraux", dans *Arts libéraux et philosophie au Moyen Age (Congrès, Montréal, 1967)*, Paris, Vrin, 1969, p. 305-355

Vian (Francis), *La Guerre des Géants. Étude sur le mythe avant l'époque hellénistique*, Paris, 1952 (Études et Commentaires, XI)

Viarre (Simone), "Pontano et la tradition paienne du récit cosmogonique dans le prologue du *De laudibus divinis*", dans *ACNL Turonensis*, p. 139-152

Vickers (Brian) éd., *Arbeit, Musse, Meditation. Betrachtungen zur "vita activa" und "vita contemplativa"*, Zurich, 1985

Vulliaud (P.), "Un prétendant à la couronne de Ronsard", *Mercure de France*, 175, oct. 1924, p. 338-363

Walker (D.P.), *Music, spirit and language in the Renaissance* [recueil d'articles publiés de 1941 à 1984], éd. par P. Gouk, Londres, Variorum reprints, 1985

Walker (D.P.), *La Magie spirituelle et angélique de Ficin à Campanella*, trad. par M. Rolland, Paris, Albin Michel, 1988 (1ère éd. angl., 1959)

Walker (D.P.), *The ancient theology*, Londres, 1972

Walker (D.P.) "Orpheus the theologian...", *JWCI*, 16 (1953), p. 100-120

Wallace (W.), "Traditional natural philosophy", dans Schmitt et Skinner éds., *The Cambridge history of Renaissance philosophy*, Cambridge, 1988, p. 201-235

Ward (John O.), "Renaissance commentators on Ciceronian rhetoric", dans James J. Murphy éd., *Renaissance eloquence*, p. 126-172

Weber (Henri), *La création poétique au XVIème siècle en France de Maurice Scève à Agrippa d'Aubigné*, Paris, Nizet, 1955

Weber (Hermann), "L'accettazione in Francia del Concilio di Trento", dans Hubert Jedin éd., *Il Concilio di Trento come crocevia della politica europea*, Bologne, 1979, p. 85-107

Weinberg (Bernard), *A history of literary criticism in the Italian Renaissance*, Chicago, 1961, 2 vol.

Weinberg (Bernard), "Translations and commentaries of Longinus's *On the sublime*: a bibliography", *Modern philology*, 47 (1950), p. 145-151

Weisheipl (J. A.), "Classification of the sciences in Medieval thought", *Mediaeval studies*, 27 (1965), p. 54-90

West (M. L.), *The orphic poems*, Oxford, 1984

Westman (R. S.), "The astronomer's role in the XVIth century: a preliminary study", *History of science*, 18 (1980), p. 105-147

Westman (R. S.), "The comet and the cosmos: Kepler, Maestlin and the copernican hypothesis", *Studia Copernicana*, V, Varsovie, 1972, p. 7-30

Westman (R. S.), "Humanism and scientific roles in the XVIth century", dans F. Kraft et R. Schmitz éd., *Humanismus und Naturwissenschaften*, Boppard, 1980, p. 83-99

Westman (R. S.), "Kepler's theory of hypothesis and the realist dilemma", *Internationales Kepler Symposium. Weil der Stadt 1971*, Hildesheim, 1973, p. 29-54

Westman (R. S.), "Kepler's theory of hypothesis", *Vistas in astronomy*, 18 (1975), p. 713-720

Williams (Arnold), *The common expositor*, Chapel Hill, Univ. of North Carolina, 1948

Wilson (Dudley), "Ronsard's orphism in the *Hymnes*. The eloquent lie", dans *Histoire et littérature. Les écrivains et la politique*, Paris, PUF, 1977, p. 237-246

Wilson (Dudley), "Science et allégorie chez Ronsard. Etat présent des études sur sa poésie scientifique", *Oeuvres et critiques*, VI- 2, hiver 1981-1982, p. 47-52

Wilson (R. M.), "The early history of the exegesis of *Gen*. I, 26", *Studia patristica*, 63 (1957), p. 420-437

Witt (Ronald G.), *Hercules at the crossroads. The life, works and thought of Coluccio Salutati*, Durham (North Car.), Duke U.P., 1983

Witt (Ronald G.), "Coluccio Salutati and the conception of the *poeta theologus* in the XIVth century", *Renaissance Quarterly*, 30 (1977)

Yates (Frances), *The french academies of the XVIth century*, Londres, 1947

Yates (Frances), "Poètes et artistes dans les entrées de Charles IX et de sa reine à Paris en 1571", dans J. Jacquot éd., *Les fêtes de la Renaissance*, Paris, 1956, t. I, p. 61-84

Zambelli (Paola) éd. *Astrologi hallucinati*, Berlin, De Gruyter, 1986

Zambelli (Paola), "C. Agrippa, Erasmo e la teologia umanistica", *Rinascimento*, IIa ser., 10 (1970), p. 29-88

Zeeberg (Peter), "Science versus secular life: a central theme in the latin poems of Tycho Brahe", dans *ACNL Torontonensis*, p. 831-838

Zumthor (P.), *Le masque et la lumière. La poétique des Grands Rhétoriqueurs*, Paris, 1978

INDEX DES PERSONNAGES ET DES AUTEURS ANCIENS

TABLE DES MATIÈRES

Impression:
Imprimerie de Prado
CH-1217 Meyrin

Octobre 1995